JN439828

민 법 판 례 교 재

2020 개정판

불법행위법

연세대학교 법학전문대학원
불법행위법판례교재간행위원회 편 저

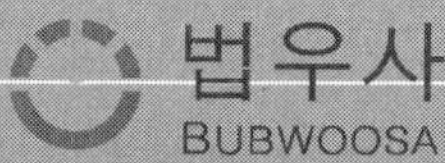

법우사
BUBWOOSA

❙판례교재를 내면서❙

법학전문대학원에서 교재용으로 사용할 계약법과 불법행위법의 판례모음집을 출간한다. 2008년 6월부터 교재 출간을 구상하였으나 그동안 여러 사정으로 미루어지다가 수업계획서 확정과 때를 맞추어 같은 해 9월부터 작업이 본격화된 결과이다. 이 교재는 철저히 수업에서 다룰 판례를 수업계획서 순서에 따라 선별하여 각 판결의 원심 및 대법원의 판결문을 모아 놓은 것이다. 부분적으로는 외국판례도 수록되었다. 원심판결은 입수 가능한 것은 모두 수록하였다. 대상판결에 간략한 해설을 덧붙이는 문제에 대하여 고민을 하며 여러 차례 논의는 하였지만 수강생들이 독자적으로 판례의 쟁점을 파악하고 스스로 학습케 하여 분쟁해결능력을 함양하는 것이 우선 급선무라 판단하여 이번에는 각 판례에 대한 검토의견은 생략되었다. 교수들이 평석을 달아 놓으면 아무래도 그 검토의견에 선입견을 가질뿐 아니라 맹종하는 우를 범할 수 있다고 보았기 때문이다. 앞으로 교육효과를 보아가며 이 부분은 보완할 예정이다.

일반적으로 우리나라를 비롯한 대륙법계 국가는 성문법주의를 취하므로 법률인 성문민법이 제1차적인 민법의 법원이며, 영미법계 국가는 불문법주의를 취하므로 불문민법이 주된 민법의 법원이 된다. 성문법국가는 법체계의 통일화 및 법내용의 명확화를 통하여 법질서가 안정적이라는 장점이 있는 반면 불문법국가의 장점인 사회변화에 대한 탄력적인 적응성 면에는 단점이 발견된다. 그러나 오늘날 어느 법계의 국가이든 성문민법과 불문민법을 모두 민법의 법원으로 하고 있을 뿐만 아니라, 성문법 국가에서 판례가 중시되는 한편, 불문법 국가에서는 동일사안에 대한 단행법률이 제정되어 성문법 국가에 접근하고 있다. 요컨대, 성문법국가와 불문법국가의 구분은 그 출발의 차이에 불과하다. 따라서 우리나라가 성문법 국가라고 판례공부를 소홀히 하거나 무시하면 법학공부를 제대로 하지 않는 결과에 불과할 것이다.

한편 판례공부는 사안을 중심으로 쟁점을 검토하는 것이 필요하지 판례요지만 기억하고 암기하는 것이 판례공부가 결코 아니다. 판례요지는 아무리 기억력이 우수한 자라도 며칠 있으면 가물가물 망각 속에 자리잡는다. 그러나 구체적 사안을 중심으로 쟁점을 확인하고 하급심과 대법원의 태도를 탐구하면 흥미도 유발되고 논리적 사고도 저절로 축적될 수 있을 것이다. 주의할 것은 어느 하나의 판단이 진리라고 확인하고 맹종할 것이 아니라 그 논거의 전개과정을 면밀히 살펴보며 비판하는 사고의 훈련이 필요하다는 점이다. 법학을 비롯한 사회과학은 하나의 절대적 진리를 추구하는 학문이 아니기 때문이다.

여기 판례모음집에 수록된 판례는 (i) 관련조문 또는 법리를 처음 적용하여 역사적으로 의미가 있거나 先例로서 작용하는 판결, (ii) 종전의 판례의 태도를 변경하여 하나의 전환점으로서 중요한 판결, 특히 중요한 대법원의 전원합의체판결 (iii) 성문법률의 틈을 보완하여 법형성작용에 이바지한 판결, (iv) 국민의 정의관념에 영향을 주어 윤리적 또는 사회경제적으로 파장을 일으킨 판결을 중심으로 수록하였다.

끝으로 이 책이 나오기 까지 계약법과 불법행위법의 담당교수님들이 여러 차례 회의를 거듭하며 수고를 아끼지 않았다. 특히 이연갑 교수님과 오병철 교수님을 비롯하여 민사법교실의 대학원생들과 조교들의 도움이 컸다. 판결문 자체의 誤字·脫字를 발견하고 꼼꼼히 교정을 보아 준 나산하 조교와 권오현 조교의 수고에 감사한다. 그리고 어려운 출판환경에도 불구하고 흔쾌히 출판을 허락해 준 법우사의 황영성 사장님께도 이 자리를 빌어 감사드린다.

2020년 2월

판례교재간행위원회의 이름으로

백태승 씀

❙차 례❙

Ⅳ. 위법성(2) / 105

Ⅴ. 불법행위의 효과 / 237

Ⅷ. 사용자책임 / 351

Ⅸ. 공동불법행위 / 383

Ⅹ. 부당이득(1) / 405

XI. 부당이득(2) / 421

I

불법행위 개설/손해

불법행위 개설/손해

1 불법행위와 부당이득제도와의 관계

서울고등법원 1992. 11. 11. 선고 91나42113 판결

【원고,항소인겸 피항소인】 최○훈

【피고,항소인겸 피항소인】 이○영

【원심판결】 서울민사지방법원 1991. 7. 19. 선고 91가합5513 판결

【주 문】

1. 원심판결 중 다음에서 지급을 명하는 원고 패소부분을 취소한다. 피고는 원고에게 금7,894,480원 및 이에 대하여 1989. 10. 13.부터 1992. 11. 11.까지 연5푼, 그 다음날부터 완제일까지 연2할5푼의 각 비율에 의한 금원을 지급하라.
2. 원고의 나머지 항소 및 피고의 항소를 각 기각한다.
3. 소송총비용은 2등분하여 그 1은 원고의, 나머지는 피고의 각 부담으로 한다.
4. 위 제1항은 가집행할 수 있다.

【청구취지】

피고는 원고에게 금25,463,822원 및 이에 대하여 1989. 10. 13.부터 이 사건 소장송달일까지 연5푼, 그 다음날부터 완제일까지 연2할5푼의 각 비율에 의한 금원을 지급하라는 판결.

【항소취지】

원고의 항소취지 : 원심판결 중 다음에서 지급을 명하는 원고패소부분을 취소한다. 피고는 원고에게 금 9,743,680원 및 이에 대하여 1989. 10. 13.부터 이 사건 소장송달일까지 연5푼, 그 다음날부터 완제일까지 연2할5푼의 각 비율에 의한 금원을 지급하라는 판결.

피고의 항소취지 : 원심판결 중 피고 패소부분을 취소하고 그 부분에 대한 원고의 청구를 기각한다는 판결.

【이 유】

1. 손해배상청구권

가. 손해배상책임의 발생

갑제1호증, 갑제2호증의 1,2 갑제6호증의 9,11,15,16,27, 갑제7호증의 6,9,10,12,13의 각 기재와 원심 및 당심 증인 김○태의 각 증언에 변론의 전취지를 종합하면, 피고는 1989. 5월 초순경부터 같은 해 8월 초순까지 미국 플로리다주의 황무지를 택지로 개발하여 판매하는 미국 마이애미주 소재 제네랄 디벨롭먼트회사(General Development Co.)로 부터, 미화 1,000불을 지급하고 위 택지의 한국 내에서의 판매권을 얻고 그 한국판촉회사로서 해외부동산의 투자자문 및 알선업을 영업으로 하는 소외 주식회사 제이.엘.엘. 인터내셔날(J.L.L. International Co. Ltd., 이하 '소외회사'라고 한다.)을 설립하여 명목상으로는 위 회사의 전무이사로 되어 있으나(그 명목상 대표이사는 피고의 부친이 소외 이○구였다.) 실제로는 피고가 위 회사의 모든 운영자금을 조달하면서 위 회사를 경영하여 온 사실, 소외회사는 1989. 6월경까지 총 14건 정도의 거래실적(계약고는 미화 39,518,880불이고 수수료는 미화 58,116불이었다.)을 올렸으나 같은 해 7월 이후에는 거의 거래실적을 올리지 못하여 적자가 누적되는 상황이었고 1989. 8. 1.에는 재무부가 해외부동산투자확대 정책을 추진하되, 그 제한규정으로서 개인의 장기체류로 인하거나 영업상 목적에 의하지 않은 해외부동산취득을 금지함으로써, 그 영업을 할 수 없는 상황에 이르게 되자 피고는 소외회사를 기망의 방법으로 타인에게 넘기고 손해를 면하려고 1989. 8. 10. 서울 서대문구 연신내 소재 지원다방에서 소외 이○훈의 소개로 만난 원고에게 "지금 택지에 대한 개인의 해외투자가 가능한데 위 제네랄 디벨롭먼트회사의 한국 판매권을 취득하기가 힘이 들고 현재 그 판매권을 얻으려면 금5,000,000원정도가 필요하다. 이 사업에 대한 전망이 좋아서 상당한 수입이 보장되니 금35,000,000원에 소외회사를 인수하라"고 거짓말을 하여 이에 속은 원고와 다음날인 1989. 8. 11. 피고경영의 '서울체인' 사무실에서 영업양도양수계약을 맺은 사실, 위 영업양도양수계약의 내용은 피고가, 소외회사가 당시 임차하여 사용하고 있던 서울 ○○구 ○○동 13의 5 ○○빌딩 404호 사무실의 임대보증금 14,000,000원의 반환채권, 소외회사가 소지하고 있던 위 제네랄 디벨롭멘트회사 발행 미화 22,490달러의 외환수표, 소외회사의 사무용집기 및 영업권일체를 금35,000,000원에 원고에게 양도하기로 하고, 다만 소외회사가 같은 날 현재 부담하고 있는 부채 4,609,222원 상당은 원/피고 사이에서 원고가 인수하기로 한 사실, 이에 따라 원고는 피고에게 같은 날 계약금으로 금10,000,000원을, 같은 날 잔금으로 22,000,000원을 각 지급하여준 사실을 인정 할 수 있고 달리 반증이 없다.

위 인정사실에 의하면, 피고는 국내법상 개인의 업무용이외의 해외부동산구입이 금지되어 있음에도 그것이 가능한 것처럼 원고를 속여 소외 회사를 양도하고 이로써 원고에게 손해를 가한 것이므로, 피고는 원고에게 위와 같은 불법행위로 인하여 원고에게 가한 손해를 배상하여줄 책임이 있다고 할 것이다.

나. 손해배상청구권의 범위

(1) 원고의 손해

(가) 기본적인 손해

원고가 피고에게 금32,000,000원을 지급한 사실은 위 인정과 같으므로 원고에게 기본적으로 위 금원상당의 손해가 발행하였음은 의심의 여지가 없다.(원고가 소외 김○태에게 가불금으로 지급하였다는 금310,000원 상당은 원고가 구하고 있지 않으므로 이를 판단하지 아니한다.)

(나) 특별손해

갑제4호증의 1 내지 15의 각 기재와 위 증인 김○태의 각 증언, 당심법원의 ○○빌딩대표 김○호에 대한 사실조회회보결과에 변론의 전취지를 종합하면 원고는 1989. 8. 11. 피고와 위 양도양수계약을 체결한 후 그 사업을 위하여 서울 ○○구 ○○동204의 4 ○○빌딩 지하 302호 및 306호를 임차하여 그달 21.에 그곳에 입주한 뒤 1989. 8. 19.부터 같은해 8. 31.까지의 임대료 및 관리비로 금671,520원을 지급하였고 위 회사의 폐업으로 위 임대차계약을 해지하게 되어 그 손해배상금으로 금3,634,160원(위 306호에 대한 해약금 300,000을 포함한다.)을 지급하였으며 사무실 이전에 따른 이사비용으로 금300,000원을, 위 ○○빌딩내 콘센트 및 전화설치비로 금173,000원을, 실내장식비로 금3,500,000원을, 사무칸막이철거 및 설치비로 금245,000원을, 소파구입비로 금520,000원을, 신입사원급료로 금700,000원 도합 금9,743,680원을 각 지급한 사실, 이는 위 사업수행과 관련한 필요비의 지출로서, 사업을 기망의 방법으로 양도한 피고로서도 이를 충분히 알고 있었거나 알 수 있었던 사실을 인정할 수 있고 반증이 없으므로, 피고는 원고의 이러한 특별사정으로 인한 손해를 배상할 의무가 있다. 피고는 원고가 위와 같은 점유사용으로 인하여 이득을 얻었다고 주장하나, 피고가 이 사건 계약으로 인하여 이득을 얻지 못하였음은 아래에서 인정하는 바와 같으므로 피고의 위 주장은 이유가 없다.

(2) 공제

(가) 외환수표

그런데 원고가 위 외환수표 2매를 추심하여 결제 받아 금18,557,122원을 수령하였음을 자인하고 있으므로 위 금원은 피고의 손해배상책임액으로부터 공제되어야 할 것이다.

(나) 임대보증금등

피고는, 원고가 위 ○○빌딩 404호에 대한 임대보증금 14,000,000원과 관리비보증금 780,000원을 반환받았으므로 위 금원 역시 공제되어야 한다고 다투므로 살피건대, 갑제6호증의 11, 갑제8호증의 1,2의 각 기재에 의하면, 원고가 위 ○○빌딩의 임대인으로부터 위 금14,000,000원으로부터 1989. 7. 10.부터 같은 해 8. 23.까지의 월 임료 금2,007,000원, 소외 이○훈에 대한 차용금 1,000,000원, 계약 잔금 3,000,000원을 공제한 금7,993,000원(14,000,000 - 2,007,000 - 1,000,000 - 3,000,000)과 관리비보증금 780,000원을 반환받은 사실을 인정할 수 있고 달리 반증이 없으므로, 결국 위 금8,773,000(7,993,000 + 780,000)도 피고의 손해배상액으로부터 공제되어야 할 것이다.

(다) 집기등 공제주장

피고는, 원고가 소외회사를 양도받으면서 금1,500,000원 상당의 전화가입권 6개, 금2,255,000원 상당의 키폰 1조, 금330,000원 상당의 환등기 1대, 금 820,000원 상당의 텔레비젼과 비.티.알 각 1대, 금630,000원 상당의 세계지도 1조, 금4,421,955원 상당의 책상등 사무집기를 피고로부터 인수받아 위 물품가액상당의 이득을 얻었으므로 위 금원을 위 손해액으로부터 공제하여야 한다고 주장하나, 이 사건 양수도계약은 피고의 사기로 인한 것임은 앞에서 본 바와 같고 원고가 위 기망으로 인한 양수도계약을 이 사건 1992. 9. 9.자 준비서면 송달로써 취소하였음이 명백한 이 사건에서는 위 물건들은 피고에게 반환되어야 할 것이고 원고가 이로써 어떤 이득을 얻었다고 볼 수 없으므로 피고의 위 주장은 더 나아가 살필 필요없이 이유없다. 피고는 원고가 위 집기를 반환할 때까지는 손해배상을 할 수 없다고 주장하나, 원고가 불법행위로 인한 손해배상을 구하고 있는 이상, 설사 원고가 피고에게 위 집기를 반환할 의무가 있다고 하더라도 위 집기반환의무가 위 손해배상의무와 동시이행의 관계에 있다고 볼 수 없으므로 피고의 위 주장도 더 나아가 살필 필요 없이 이유가 없다.

(라) 대위변제액 공제주장

피고는, 원고가 위 회사를 양도받으면서 피고의 금8,546,558원의 채무도 인수하기로 하였는데 원고가 이를 이행하지 아니하여 피고가 위 채무금중 금7,273,916원을 대위변제하였으므로 위 금원에 대한 구상채권을 가지는 바, 위 채권을 자동채권으로 하여 피고의 원고에 대한 손해배상채권과 그 대등액에서 상계한다는 취지로 주장하므로 살피건대, 이 사건 영업양도양수계약은 피고의 사기로 인한 것임은 앞에서 본 바와 같고 원고는 이 사건 1992. 9. 9.자 준비서면 송달로써 위 계약을 취소하는 의사표시를 하였음이 기록상 명백하므로 피고의 위 채무변제는 결국 피고가 자기의 채무를 변제한 것이 되고 원고가 위 채무를 변제할 의무는 없다 할 것이니, 원고의 채무를 피고가 대위변제하였음을 전제로 하는 피고의 위 주장은 더 나아가 살펴볼 필요 없이 이유 없다.

2. 구상금청구권

갑제5호증의 1 내지 12의 각 기재와 위 증인 김○태의 증언에 변론의 전취지를 종합하면, 원고가 본래 피고가 지급하여야 할 1989. 8월분 전화요금 407,790원, 차량할부금 115,804원, 소외회사의 직원인 소외 김○선에 대한 체불임금 50,000원, 같은 김○한에 대한 체불임금 200,000원, 같은 김○태에 대한 체불임금 434,470원, 합계 1,208,064원을 피고를 대위하여 지급한 사실을 인정할 수 있고 달리 반증이 없으므로, 피고는 원고에게 위 금 1,208,064원을 지급하여줄 의무가 있다고 할 것이다. 원고는, 위 ○○빌딩 404호에 대한 7월분 임대료 금626,360원 및 8월분의 임대료 금442,840원도 피고를 대위하여 지급하였으므로 귀 금원도 구상한다고 주장하나, 위 각 임대료는 앞에서 본 바와 같이 이미 피고의 위 임대보증금에서 이를 공제한 나머지를 원고가 수령한 바 있고, 따라서 이는 원고가 지급한 것이 아니므로, 원고의 위 주장 역시 이유가 없다.

3. 결 론

그렇다면 피고는 원고에게 손해배상 및 구상금으로서 합계 금15,621,622원(32,000,000 + 9,743,680 + 1,208,064 - 18,557,122 - 8,773,000) 및 이중 원심에서 인용된 금7,727,142원에 대하여는 이 사건 손해발행일 이후로써 원고가 구하는 바에 따라 1989.10. 13.부터 원심판결 선고일인 1991. 7. 19. 까지는 민법 소정 연5푼, 그 다음날부터 완제일까지 소송촉진 등에 관한 특례법 소정 연 2할5푼의 각 비율에 의한 지연손해금을, 당심에서 추가로 인용된 금7,849,480원에 대하여는 위 1989. 10. 13.부터 피고가 그 금액의 범위 내에서 그 이행의무의 존부 및 범위에 관하여 항쟁함이 상당하다고 인정되는 당심판결 선고일인 1992. 11. 11.까지 위 연5푼, 그 다음날부터 완제일까지 위 연2할5푼의 각 비율에 의한 지연손해금을 각 지급할 의무가 있다 할 것이니, 원고의 이 사건 청구는 위 인정범위 내에서 이유있어 인용하고 그 나머지는 이유없어 이를 기각하여야 할 것인바, 이와 일부 결론을 달리한 원심판결은 그 범위 내에서 부당하므로 원고의 항소를 일부 받아들여 원심판결의 원고패소부분중 해당부분을 취소 그 부분 원고의 청구를 추가로 인용하고, 원고의 나머지 항소와 피고의 항소는 이유없어 이를 각 기각하기로 하여 주문과 같이 판결한다.

대법원 1993. 4. 27. 선고 92다56087 판결 [공1993.7.1.(947),1565]

【원고, 피상고인】 최○훈

【피고, 상고인】 이○영

【원심판결】 서울고등법원 1992.11.11. 선고 91나42113 판결

【주 문】

상고를 기각한다.

상고비용은 피고의 부담으로 한다.

【이 유】

1. 피고소송대리인의 상고이유 제1점에 대한 판단.

원심은, 피고가 미국 플로리다주의 황무지를 택지로 개발하여 판매하는 미국 소재 제네랄 디벨롭먼트회사로부터 위 택지의 한국 내에서의 판매권을 얻고 그 한국 내 판촉회사로서 해외부동산의 투자자문 및 알선업을 영업으로 하는 주식회사 제이·엘·엘·인터내셔날(J.L.L. INTERNATIONAL Co. LTD., 이 뒤에는 소외 회사라고 약칭한다)을 설립하여 경영하던 중, 국내법상 개인의 업무용 이외의 해외부동산의 취득이 금지되어 있음에도 그것이 가능한 것처럼 원고를 속여 원고에게 소외 회사를 양도함으로써 원고에게 손해를 가한 사실을 인정하였는바, 원심판결이 설시한 증거관계에 비추어 보면 원심의 위와 같은 인정판단은 정당한 것으로 수긍이 되고, 그 과정에 소론과 같이 채증법칙을 위반하여 사실을 잘못 인정한 위법이 있다고 볼 수 없다.

논지는 결국 원심의 전권에 속하는 증거의 취사선택과 사실의 인정을 비난하거나 원심이 인정한 사실과 상치되는 사실을 전제로 원심의 판단을 헐뜯는 것에 지나지 아니하여 받아들일 수 없다.

2. 같은 상고이유 제2점에 대한 판단.

원심은, 원고가 소외 회사를 양도받으면서 전화가입권 6개(금 1,500,000원 상당) 키폰 1조(금 2,255,000원 상당) 환등기 1대(금 330,000원 상당) 텔레비젼과 뷔티알 각 1대(금 820,000원 상당) 세계지도 1조(금 630,000원 상당) 책상 등 사무집기(금 4,421,955원 상당) 등을 피고로부터 인수하여 위 물품가액 상당의 이득을 얻었으므로 위 금원을 원고의 손해액으로부터 공제하여야 한다는 피고의 주장과, 원고가 소외 회사를 양도받으면서 피고의 금 8,546,558원의 채무도 인수하기로 하였는데 원고가 이를 이행하지 아니하여 피고가 위 채무금 중 금 7,273,916원을 대위변제하였으므로 위 금원에 대한 구상채권으로 원고의 손해배상채권과 대등액에서 상계한다는 피고의 주장에 대하여 판단하기를, 이 사건 영업양수도계약은 피고의 사기로 인한 것으로서 원고가 기망으로 인한 그 계약을 1992.9.9.자 준비서면의 송달로써 취소하였으므로, 위 물건들은 피고에게 반환되어야 할 것이고 원고가 위 물건들로써 어떤 이득을 얻었다고 볼 수 없을 뿐만 아니라, 피고의 위와 같은 채무의 변제는 결국 피고 자신의 채무를 변제한 것이 되고 원고의 채무를 대위변제하였다고 볼 수는 없는 것이라는 이유로, 피고의 위 주장들을 배척하였다.

어떤 법률행위가 사기에 의한 것으로서 취소되는 경우에 그 법률행위가 동시에 불법행위를 구성하는 때에는 취소의 효과로 생기는 부당이득반환청구권과 불법행위로 인한 손해배상의 청구권은 경합하여 병존하는 것이므로, 채권자는 어느 것이라도 선택하여 행사할 수 있지만 중첩적으로는 행사할 수 없는 것임이 소론과 같다고

하더라도, 피고에게 불법행위로 인한 손해배상책임을 인정하면서 이 사건 영업양도계약이 취소되었다는 이유로 피고의 이와 같은 주장들을 배척한 원심판결에 소론과 같이 불법행위책임과 채무불이행책임(부당이득반환책임의 오기로 보인다)의 경합에 관한 법리를 오해한 위법이 있다고 볼 수는 없으므로, 논지도 받아들일 수 없다.

3. 같은 상고이유 제3점에 대한 판단.

원심은, 원고가 1989.8.11. 피고와 이 사건 영업양수계약을 체결한 후 그 사업을 위하여 서울 강남구 논현동 204의4 삼화빌딩 지하 302호 및 306호를 임차하여 8.21.에 그 곳에 입주한 뒤 1989.8.19.부터 8.31.까지의 차임 및 관리비로 금 671,520원을 지급하였고, 위 회사의 폐업으로 위 임대차계약을 해지하게 되어 그 손해배상금으로 금 3,634,160원(위 306호에 대한 해약금 300,000원을 포함한다)을 지급하였으며, 사무실의 이전에 따른 이사비용으로 금 300,000원을, 위 삼화빌딩 내 콘센트 및 전화설치비로 금 173,000원을, 실내장식비로 금 3,500,000원을, 사무실칸막이의 철거 및 설치비로 금 245,000원을, 소파의 구입비로 금 520,000원을, 신입사원의 급료로 금 700,000원 합계 금 9,743,680원을 각 지급한 사실, 이는 위 사업수행과 관련한 필요비의 지출로서 사업을 기망의 방법으로 양도한 피고로서도 이를 충분히 알고 있었거나 알 수 있었던 사실 등을 인정한 다음, 피고는 원고의 이와 같은 특별한 사정으로 인한 손해를 배상할 책임이 있다고 판단하였다.

원심판결의 이유에 의하면 원심이 원고가 소론과 같이 1989.8.11. 삼화빌딩 지하 306호를 임차한 것으로 사실을 인정하였다고 보기 어려울 뿐만 아니라, 설사 원심이 원고가 1989.8.31. 위 사무실을 임차하였는데 위와 같이 사실을 잘못 인정하였다고 하더라도, 관계증거 및 기록과 민법 제763조 및 제393조 등 관계법령의 규정내용에 비추어 보면, 원고가 피고의 불법행위로 인하여 입게 된 위와 같은 손해가 이른바 특별한 사정으로 인한 손해로서, 피고가 이 사건 영업양도계약을 체결할 당시 위와 같은 손해가 발생할 것이라는 사정을 알았거나 알 수 있었다는 취지로 판단한 원심판결에 소론과 같이 채증법칙을 위반하여 사실을 잘못 인정하거나 손해배상의 범위에 관한 법리를 오해한 위법이 있다고 볼 수 없으므로, 논지도 이유가 없다.

4. 그러므로 피고의 상고를 기각하고 상고비용은 패소자인 피고의 부담으로 하기로 관여 법관의 의견이 일치되어 주문과 같이 판결한다.

2 손 해

서울고등법원 1998. 4. 14. 선고 97나40188 판결

【원고,항소인】 전△연

【피고,피항소인】 김◇대 외 1명

【원심판결】 춘천지방법원 1997. 7. 3. 선고 97가합65 판결

【주 문】

1. 원고의 항소를 기각한다.
2. 항소비용은 원고의 부담으로 한다.

【청구취지 및 항소취지】

피고들은 각자 원고에게 금10,000,000원 및 이에 대한 1994. 10. 27.부터 이 사건 판결 선고일까지는 연 5푼, 그 다음날부터 완제일까지 연 2할5푼의 비율에 의한 금원을 지급하라.

【이 유】

1. 인정사실

다음 사실은 갑 제1호증, 갑 제2호증, 갑 제3호증, 갑 제4호증, 갑 제5호증의 7, 8, 9, 11, 18, 26, 28, 46, 갑 제6호증의 1 내지 3, 갑제7 내지 16호증의 각 기재에 변론의 전취지를 종합하면 인정할 수 있고, 이에 반하는 듯한 갑 제5호증의 10, 45의 각 기재는 위 각 증거에 비추어 믿지 아니하고 달리 반증이 없다.

가. 소외 권▽숙은 1994. 2. 초순경 둘째 딸인 원고를 임신하였고 임신 11주 6일 되던 때인 같은 해 4. 26.부터 같은 달 28.까지 감기증상과 입덧으로 인하여 피고 지◇공사강원도춘▼의료원(이하 피고병원이라 한다)에 입원하여 그 소속 산부인과 의사인 피고 김◇대로부터 진료를 받은 이래 그 출산일인 같은 해 10. 28.까지 피고 김◇대로부터 정기적으로 진찰을 받았다.

나. 위 권▽숙은 1960. 5. 10.생으로서 위 임신 당시 만 33세였고, 남편인 소외 전♡명과 사이에 1990. 7. 13. 첫딸인 소외 전◎연을 낳았는데, 위 전◎연은 피고병원 의사로부터 선천성 뇌수종이라는 진단을 받았으나 그 후 다른 병원에서 선천성 뇌수종이 아닌 것으로 판명되었으며 정상아로 잘 자랐다.

다. 원고의 아버지인 위 전♡명의 조카인 소외 전*연(1983. 3. 27.생, 위 전♡명의 형인 소외 전▣용의 딸이다)은 수막척수류로 서울대병원에서 수술을 받은 적이 있고, 또 소외 이◈근(1988. 9. 22.생 위 전♡명의 누나인 소외 전▲순의 아들이다)은 생후 3개월일 때 담도폐쇄증으로 수술을 받았으나 1989. 9. 22.경 사망하였다.

라. 위 권▽숙은 위와 같은 사정으로 인하여 자신이 임신한 원고가 정상아인지에 대하여 특별한 관심을 가지게 되었고, 이에 1994. 5. 31. 정기 진찰을 받으면서 피고 김◇대에게 위와 같은 사정을 말하면서 기형아 검사를 해 줄 것을 부탁하였다.

마. 피고 김◇대는 위 부탁에 따라 초음파검사를 한 후 태아가 정상이라고 판단하여 다른 기형아 검사를 하지 않으려 하였으나, 위 권▽숙이 다른 검사를 해 줄 것을 부탁하여 서울에 있는 기형아 전문검사기관인 소외 의료법인 이원의료재단의 이원임상검사센터에 기형아검사를 의뢰하여 위 권▽숙은 1994. 6. 1. 그곳에서 기형아검사 방법의 하나인 에이.에프.피검사(모체혈청 단백질 검사)를 받았고, 검사결과 그 수치는 위 권▽숙과 같은 임신 16주의 경우의 정상수치 범위 내인 23.43ng/ml로 나왔다.(에이에프피의 정상수치의 범위에 관하여는 병원마다 약간씩 다른 기준치를 갖고 있으나 피고병원의 경우에는 임신 16주의 경우 16.2ng/ml과 94.95ng/ml 사이를 정상수치로 보고 있다)

바. 위 권▽숙은 위 검사 후에도 계속 태아의 크기가 작다느니, 태동이 없다느니 하면서 피고 김◇대에게 정기적으로 진찰을 받았는데, 그때마다 피고 김◇대는 위 권▽숙에게 태아가 정상이라고 진단하였고, 위 권▽숙은 분만예정일보다 14일 전인 1994. 10. 28. 원고를 낳았는데 원고는 다운증후군(21번염색체 이상)의 기형으로 태어났다.

사. 다운증후군은 21번 염색체에 이상이 있는 것으로서 지능장애와 발육장애가 있고, 낮은 코, 손/발가락의 이상, 선천성 심장판막증, 발육장애 등의 특이한 용모와 증세를 나타내는데 체내 저항력이 떨어져 폐감염과 백혈병 이환율이 높으며 나이 많은 임산부에게서 태어나는 수가 많다.

아. 태아기형의 산전진단방법에는 방사선이나 초음파 또는 태아경으로 관찰하는 방법 이외에 모체의 혈액중의 일정물질을 측정하여 태아기형을 예측하는 간접적 방법과 양수천자 또는 융모세포채취를 이용한 세포배양이나 생화학적 검사를 하는 직접적 방법이 있다.

자. 모체의 혈액을 검사하는 방법에는 에이에프피검사, 에이치씨지검사, uE3검사 등이 있는데 에이에프피검사시 개방형 신경관 결손의 검출율은 85퍼센트정도이나 다운증후군의 검출율은 약 20퍼센트정도로 낮으며 위 세 가지 검사를 동시에 하는 경우(트리플 마커 검사)에서는 다운증후군의 검출율을 60퍼센트이상으로 높일 수 있다.(다만 위 이원임상검사센타에서는 위 권▽숙이 검사를 받을 당시 위 에이치씨지검사, uE3검사는 시행하지 않고 있었다)

차. 양수천자는 태아와 양수의 비율이 제일 큰 임신 16주경에 복벽을 통하여 양수를 채취하여 세포를 배양하거나 생화학적물질을 측정하여 유전적 질환이나 기형을 진단하는 방법으로 태아손상 및 출혈, 모체감염 등의 부작용이 있으며, 융모세포검사는 임신 1기(7-12주)에 자궁경부를 통하여 흡입하거나 직접적으로 융모세포를 얻어서 염색체 질환이나 유전적 질환을 진단하는 방법으로 자궁감염, 출혈, 양막천공 및 유산 등의 부작용이 있으나 위 방법들은 확진을 위한 검사방법들로서 위 간접적 검사방법보다 훨씬 확실한 진단결과를 얻을 수 있다.

2. 원고의 주장

원고는, 피고 김◇대는 위 권▽숙의 태아가 기형아일 수도 있다는 의심을 하여 판별확률이 비교적 높은 위 트리플마커 검사법이나 양수천자검사를 실시하거나 적어도 위 권▽숙에게 위와 같은 검사법이 있음을 설명하여 위 권▽숙으로 하여금 위와 같은 검사를 받아 원고가 기형아임을 알 수 있게 할 주의의무가 있음에도 불구하고, 이를 게을리 하여 판별확률이 낮은 초음파 검사와 에이에프피 검사만을 실시하여 태아가 정상이라고 판단한 채, 위 권▽숙에게 위와 같이 비교적 판별확률이 높은 검사법에 대하여는 아무런 설명을 하지 아니하여 위 권▽숙으로 하여금 확실한 검사방법을 택하여 태아가 기형아인지의 여부를 확인하고, 만일 그 태아가 기형아라면 낙태할 수 있는 기회를 박탈하여 기형아인 원고가 태어나게 하여 원고로 하여금 향후치료비 및 부양료를 부담하게 하는 손해를 가하였으므로, 피고 김◇대는 불법행위자로서, 피고병원은 피고 김◇대의 사용자로서 원고에게 각자 향후 치료비와 양육비 등 상당의 손해금을 지급할 의무가 있다고 주장하므로 살펴본다.

3. 판단

가. 피고

김◇대의 과실위 인정사실에 의하면 피고 김◇대는 위 권▽숙이 기형아 검사에 대하여 집착하면서 태아의 기형아 검사를 부탁하였으므로 위 권▽숙에게 기형아 검사를 위한 산전진단방법으로 앞에서 본 바와 같은 여러 가지 검사방법의 필요성 및 위험성, 그 비용 등에 관하여 상세히 설명하여 위 권▽숙으로 하여금 검사를 받을지 여부를 판단할 기회를 주어서 원고의 부모가 스스로 확실한 검사방법을 택하여 태아가 기형아인지 여부를 확인하고, 만일 기형아라면 출산하여 키울 것인지 여부를 선택하고 이에 대한 대비를 할 수 있는 자기결정권을 행사할 수 있도록 하여야 하였음에도 그와 같이 하지 아니한 잘못이 있다 할 것이다. 그러나 원고 부모들의 자기결정권이 침해됨으로써 기형아로 태어난 원고 본인이 위와 같은 사유를 들어 독립적으로 손해배상을 구할 수 있는지 여부는 원고 부모들의 청구권과는 별개 문제이므로 이에 관하여 살펴보기로 한다.

나. 판단

원고의 위와 같은 장애 자체가 피고 김◇대의 과실로 인하여 생긴 것이 아님은 명백하므로 결국 원고의 청구는 원고 자신이 태어나지 않았어야 함에도 장애를 가지고 태어난 것이 손해라는 점을 근거로 하고 있다 할 것이다. 그러나 인간 생명의 존엄성과 그 가치의 무한함을 생각해 볼 때 원고가 장애를 갖고 출생한 것과 출생 전 인공임신중절로 출생하지 않는 것과 비교해서 손해의 유무를 판단할 수는 없는 것이다. 물론 원고가 기형아로 태어남으로써 정상인에 비하여 치료비와 양육비가 더 소요될 것임은 능히 짐작이 되나 이것이 피고 김◇대의 의료상의 과실(채무불이행이나 불법행위를 모두 포함한다)로 인한 원고의 손해라고 볼 수는 없어 그 사이에 상당인과관계를 인정할 수는 없다.

4. 결론

그렇다면 원고의 이 사건 청구는 이유없어 이를 기각할 것인 바 원심판결은 이와 결론을 같이 하여 정당하고, 원고의 항소는 이유없으므로 이를 기각하기로 하여 주문과 같이 판결한다.

대법원 1999. 6. 11. 선고 98다22857 판결 [공1999.7.15.(86),1361]

【원고,상고인】 원고

【피고,피상고인】 김○대 외 1인

【원심판결】 서울고등법원 1998. 4. 14. 선고 97나40188 판결

【주문】

상고를 기각한다. 상고비용은 원고의 부담으로 한다.

【이유】

상고이유를 판단한다.

1. 원심판결 이유에 의하면, 원심이 인정한 사실관계는 다음과 같다.

소외인은 33세에 둘째 딸인 원고를 임신하여 11주쯤 된 때부터 출산일까지 피고 지방공사 강원도춘천의료원에서 그 소속 산부인과 의사인 피고 김○대로부터 정기적으로 진찰을 받았다. 소외인은 전에 첫딸을 낳았을 때 피고 병원으로부터 첫딸이 선천성 뇌수종이라는 진단을 받고 놀랐으나 그 후 다른 병원에서 선천성 뇌수종이 아닌 것으로 판명되었고 정상아로 잘 자랐으며, 원고의 사촌언니는 수막척수류로 수술을 받았고, 원고의 고종사촌오빠는 생후 3개월 때 담도폐쇄증으로 수술을 받았으나 사망한 터였다. 소외인은 위와 같은 사정으로 인하여 자신이 임신한 원고가 정상아인지에 대하여 특별한 관심을 가지게 되어 1994. 5. 31. 정기진찰을 받으면서 피고 김○대에게 위와 같은 사정을 말하면서 기형아 검사를 해줄 것을 부탁하였다. 피고 김○대는 초음파검사에 의하

여 태아가 정상이라고 판단하였고 서울에 있는 기형아 전문검사기관인 이원임상검사센터에 기형아검사를 의뢰하여 소외인은 1994. 6. 1. 그 곳에서 에이.에프.피(AFP)검사(모체혈청 단백질 검사)를 받은 결과 정상수치 범위 내인 23.43ng/ml로 나왔다. 소외인은 위 검사 후에도 계속 태아의 크기가 작다느니, 태동이 없다느니 하면서 피고 김○대에게 정기적으로 진찰을 받았는데, 그 때마다 피고 김○대는 소외인에게 태아가 정상이라고 진단하였고, 출생예정일보다 14일 전인 1994. 10. 28. 원고는 다운증후군의 기형아로 태어났다. 다운증후군은 21번 염색체에 이상이 있는 것으로서 낮은 코, 손・발가락의 이상, 선천성 심장판막증, 지능장애, 발육장애 등의 특이한 용모와 증세를 나타내는데 그런 환자는 체내 저항력이 떨어져 폐감염과 백혈병 이환율이 높으며 나이 많은 임산부에게서 태어나는 경우가 많다. 태아기형의 산전진단 방법에는 방사선이나 초음파 또는 태아경으로 관찰하는 방법 이외에, 모체의 혈액을 검사하여 태아기형을 예측하는 간접적 방법과 양수천자 또는 융모세포검사와 같은 직접적 방법이 있고, 모체의 혈액을 검사하는 방법에는 에이.에프.피검사, 에이취.씨.지(hCG)검사, 유.이.3(uE3)검사 등이 있는데 에이.에프.피검사시 다운증후군의 검출률은 약 20% 정도로 낮으며 위 세 가지 검사를 동시에 하는 경우(트리플 마커 검사)에서는 다운증후군의 검출률을 60% 이상으로 높일 수 있지만, 이원임상검사센타에서는 위 소외인이 검사를 받을 당시 위 에이취.씨.지검사, 유.이.3검사는 시행하지 않고 있었고, 양수천자와 융모세포검사는 태아손상, 유산, 모체감염 등의 위험이 있기는 하지만 간접적 검사 방법보다 훨씬 확실한 진단결과를 얻을 수 있다.

2. 원고는 위와 같은 사실관계를 바탕으로 하여 그의 다운증후군이 모자보건법 제14조 제1항 제1호에 의하여 인공임신중절이 허용되는 질환에 해당하므로, 피고 김○대가 위 소외인에게 기형아 판별확률이 비교적 높은 검사법에 대하여 아무런 설명을 하지 아니하여, 소외인으로 하여금 확실한 검사 방법을 택하여 태아가 기형아인지의 여부를 확인하고 만일 그 태아가 기형아라면 낙태할 수 있는 기회를 상실하게 함으로써, 기형아(다운증후군)인 원고 자신을 태어나게 하였다고 주장하면서, 원고 자신의 향후 치료비 및 양육비 상당의 손해 중 일부를 청구하고 있다.

3. 그러나 모자보건법 제14조 제1항 제1호는 인공임신중절수술을 할 수 있는 경우로 임산부 본인 또는 배우자가 대통령령이 정하는 우생학적 또는 유전학적 정신장애나 신체질환이 있는 경우를 규정하고 있고, 모자보건법 시행령 제15조 제2항은 같은 법 제14조 제1항 제1호의 규정에 의하여 인공임신중절수술을 할 수 있는 우생학적 또는 유전학적 정신장애나 신체질환으로 혈우병과 각종 유전성 질환을 규정하고 있을 뿐인데, 기록에 의하면 다운증후군은 유전성 질환이 아님이 명백하다. 따라서 다운증후군은 위 조항 소정의 인공임신중절사유에 해당하지 않음이 명백하여 원고의 부모가 원고가 다운증후군에 걸려 있음을 알았다고 하더라도 원고를 적법하게 낙태할 결정권을 가지고 있었다고 보기 어려우므로, 원고의 부모의 적법한 낙태결정권이 침해되었음을 전제로 하는 원고의 이 사건 청구는 이 점에 있어서 이미 받아들이기 어렵다고 할 것이다.

나아가서 원고는 자신이 출생하지 않았어야 함에도 장애를 가지고 출생한 것이 손해라는 점도 이 사건 청구원인 사실로 삼고 있으나, 인간 생명의 존엄성과 그 가치의 무한함(헌법 제10조)에 비추어 볼 때, 어떠한 인간 또는 인간이 되려고 하는 존재가 타인에 대하여 자신의 출생을 막아 줄 것을 요구할 권리를 가진다고 보기 어렵고, 장애를 갖고 출생한 것 자체를 인공임신중절로 출생하지 않은 것과 비교해서 법률적으로 손해라고 단정할 수도 없으며, 그로 인하여 치료비 등 여러 가지 비용이 정상인에 비하여 더 소요된다고 하더라도 그 장애 자체가 의사나 다른 누구의 과실로 말미암은 것이 아닌 이상 이를 선천적으로 장애를 지닌 채 태어난 아이 자신이 청구할 수 있는 손해라고 할 수는 없다.

원심판결은 그 이유는 약간 다르나 그 결론은 같으므로 결국 정당하고, 거기에 상고이유에서 지적하는 바와 같은 심리미진, 인과관계에 관한 법리오해 등의 위법이 있다고 할 수 없다. 그 밖에 단순한 사실오인의 점은 원심의 적법한 사실확정을 비난하는 것으로 적법한 상고이유가 될 수 없다. 상고이유 및 상고이유보충서 중 상고이유를 보충하는 부분은 모두 받아들일 수 없다.

4. 그러므로 상고를 기각하고, 상고비용은 상고인인 원고의 부담으로 하기로 관여 법관의 의견이 일치되어 주문과 같이 판결한다.

인과관계/책임능력

인과관계/책임능력

(1) 대법원 2002. 10. 11. 선고 2002다564 판결 [공2002.12.1.(167),2695]

【원고,피상고인】 임○희 외 1인
【피고,상고인】 ○○화재해상보험 주식회사
【원심판결】 서울지방법원 200 1. 12. 13. 선고 2001나36831 판결

【주문】

원심판결을 파기하고, 사건을 서울지방법원 본원 합의부로 환송한다.

【이유】

상고이유를 판단한다.

1. 원심의 인정 및 판단

원심판결 이유에 의하면, 원심은 그 채용 증거들을 종합하여 다음과 같은 사실을 인정하고 이를 바탕으로 다음과 같이 판단하였다.

가. 기초사실

(1) 김○형(법정상속인인 원고 임○희의 남편이자 원고 김○현의 아버지)은 1999. 7. 7. 보험자인 피고와의 사이에 운전자상해보험계약을 체결하였는데, 그 계약 내용은 다음과 같다.

- 보험기간 : 1999. 7. 7. 16:00부터 2004. 7. 7. 16:00까지
- 교통사고로 인한 사망사고에 대한 보장내용

① 보상하는 손해 : 피보험자가 보험기간 중 운행중의 교통승용구에 탑승하고 있을 때 급격하고도 우연한 외래의 사고로 신체에 상해를 입고, 그 상해의 직접적인 결과로써 사고일로부터 180일 내에 사망하였을 경우 수익자(법정상속인)에게 사망보험금 지급

② 사망보험금 : 매년 2,500,000원씩 20년간 지급, 또는 수익자가 원하는 경우 연 7%의 비율로 할인한 일시금 지급

(2) 김○형은 2000. 2. 14. 19:10경 서울 2소1527호 승용차를 운전하여 서울 은평구 갈현동 3262 앞 노상에서 신호대기하고 있던 중 뒤에서 시속 40 ~ 50㎞의 속도로 진행하여 오던 경기 8푸2398호 화물차에 추돌당하여 가슴과 배 부위를 운전대에 부딪혔다.

(3) 당시 김○형은 신체에 별다른 증상을 느끼지 못하여 위 화물차 운전자와의 사이에 위 사고를 종합보험으

로 처리하기로 하고 그대로 귀가하였다. 그런데 같은 날 20:00경 김○형이 갑자기 호흡이 곤란해지고 팔이 뒤틀리는 등의 증상을 나타내 원고들이 김○형의 몸을 주무르는 등 응급조치를 하여 일단 진정시켰는데, 같은 날 22:30경 다시 같은 증세를 나타내자 원고들이 김○형을 급히 병원으로 옮겼지만, 김○형은 같은 날 23:25경 심관상동맥경화에 의한 허혈성 심장질환으로 사망하였다.

(4) 한편, 부검결과 김○형은 심장에 고도의 관상동맥경화, 심비대 및 심근 비후 증상을 가지고 있었다.

나. 보험금 지급의무 발생 여부에 대한 판단

(1) 심관상동맥경화에 의한 허혈성 심장질환은 동맥경화로 인해 발생하는 심장을 비롯한 혈관계통의 질환을 의미하는 것으로, 이는 외부적인 자극이 주어졌을 때에 잘 발병하는데, 이러한 자극으로는 외력에 의한 손상, 과로, 운동, 중노동, 과음, 과식 등 육체적인 자극이나, 흥분, 기쁨, 슬픔, 분노, 경악 등 정신적인 자극 등 신체에 어떤 방법으로든 스트레스를 가할 수 있는 모든 것이 포함된다. 이러한 자극은 일시적으로 심장에 과도한 부담을 주거나 혈압을 상승시켜 심혈관계, 특히 심장과 뇌혈관의 질환에 가장 큰 영향을 주고, 따라서 이러한 자극이 주어졌을 경우 심장의 기질적 질환, 특히 심관상동맥질환 및 고혈압성 질환 등을 가진 사람이 사망에 이르게 될 가능성은 정상인보다 월등히 높다.

(2) 위 교통사고로 인하여 김○형의 요배부 근육 사이에 출혈이 있었고, 우측 후복막강의 신장 부위에서 비교적 많은 출혈이 있었으며, 대동맥의 외막, 종격 등 폐문부, 쇄골하부에서 극소적인 출혈이 있었다. 이러한 출혈은 김○형의 신체상태로 보아 심장에 무리한 부담을 줄 수 있는 충분한 요인이 된다.

위 인정 사실에 의하면, 위 교통사고로 인하여 김○형이 입은 출혈 등의 상해는 사망의 직접적인 원인은 아닐지라도 김○형의 지병인 동맥경화와 겹쳐 사망을 촉진시켰다고 봄이 상당하므로, 위 교통사고로 인한 상해와 김○형의 사망 사이에는 상당인과관계가 있다.

다. 피고의 기왕증 기여도 주장에 대한 판단

이 사건 보험의 보통약관 제29조 제1항에는 "피보험자가 제3조에서 정한 상해(보통약관 제3조에는 피고가 보상하는 상해를 열거하고 있다.)를 입은 경우 이미 존재한 신체장해 또는 질병의 영향으로 또는 제3조에서 정한 상해를 입은 후에 그 원인이 된 사고와 관계없이 새로이 발생한 상해나 질병의 영향으로 제3조에서 정한 상해가 중하게 된 경우 회사는 그 영향이 없었던 때에 상당하는 금액을 결정하여 지급한다."고 규정되어 있다. 피고는 망인의 기왕증인 심관상동맥경화로 인한 허혈성심장질환이 위 사망을 촉진시켰고 차사고로 인한 손상이 망인의 사망에 대한 관여도는 30%에 불과하므로 피고는 위 약관에 따라 원고에게 위 보험계약에 기한 사망보험금 중 30%만 지급할 의무가 있다고 주장한다.

살피건대, 원고 주장과 같이 차사고 손상이 망인의 사망에 대한 관여도가 30%란 점에 관하여 이에 부합하는 듯 한 을제5호증의 1, 2의 각 기재는 이를 믿기 어렵고 달리 이를 인정할 만한 증거가 없고 오히려 당심의 국립과학수사연구소에 대한 사실조회결과에 의하면, 그 기여도를 수치로 산정하는 것이 불가능하다는 사실이 인정될 뿐만 아니라, 위 보통약관 제29조 제1항은 위 보통약관 제3조에서 정한 상해의 직접적인 결과로 사망에 이르게 된 경우에까지 적용된다고 볼 수 없고, 한편 을 제3호증(운전자상해보험 특별약관)의 기재에 의하면, 보통약관 제3조에서 정한 상해의 직접적인 결과로 180일 이내에 사망하였을 경우에는 일정금액의 사망보험금을 지급하도록 규정하고 있으므로, 이 사건 보험계약은 상법 제727조에서 정하는 정액보험의 일종인 생명보험으로서 보험계약에 기한 보험사고가 발생하면 보험자인 피고는 보험계약에서 정한 보험금을 지급할 의무가 있는 것이므로, 앞서 본 바와 같이 위 교통사고로 인한 상해와 사망 사이에 상당인과관계가 인정되는 이상 그 선행원인인 기왕증 기여부분을 구분하여 이를 참작할 필요 없이 위 보험계약에서 정한 보험금을 지급하여야 할 것이다.

2. 이 법원의 판단

가. 인과관계에 관한 상고이유에 대한 판단

민사분쟁에 있어서의 인과관계는 의학적 · 자연과학적 인과관계가 아니라 사회적 · 법적 인과관계이고, 그 인과관계는 반드시 의학적 · 자연과학적으로 명백히 입증되어야 하는 것은 아닌바, 보험약관상의 '상해의 직접 결과로 사망하였을 때'의 의미도 이와 같은 견지에서 이해되어야 한다(대법원 2000. 3. 28. 선고 99다67147 판결 참조).

위와 같은 법리와 기록에 비추어 관계 증거를 살펴보면, 김○형이 위 교통사고로 인한 상해의 직접 결과로 사망하였다고 본 원심의 인정 및 판단은 수긍이 되고, 거기에 상고이유에서 주장하는 바와 같이 사실을 오인하거나 법리를 오해한 위법이 있다 할 수 없다.

나. 기왕증과 약관해석에 관한 상고이유에 대한 판단

상해보험약관에서 계약체결 전에 이미 존재한 신체장해 또는 질병의 영향으로 상해가 중하게 된 때에 보험자가 그 영향이 없었을 때에 상당하는 금액을 결정하여 지급하기로 하는 내용의 약관이 있는 경우에는 그 약관에 따라 보험금을 감액하여 지급할 수 있다(대법원 1999. 8. 20. 선고 98다40763, 40770 판결, 2002. 3. 29. 선고 2000다18752 판결 등 참조).

원심이 적법히 인정한 바와 같이 이 사건 상해보험의 보통약관 제29조 제1항에 피보험자가 약관 소정의 상해를 입고 이미 존재한 신체장해 또는 질병의 영향으로 약관 소정의 상해가 중하게 된 경우 피고는 그 영향이 없었던 때에 상당하는 금액을 결정하여 지급한다고 규정되어 있는바, 그 취지는 보험사고인 상해가 발생하였더라도 보험사고 외의 원인이 부가됨에 따라 본래의 보험사고에 상당하는 상해 이상으로 그 정도가 증가한 경우 보험사고 외의 원인에 의하여 생긴 부분을 공제하려는 것이고, 따라서 여기의 '약관 소정의 상해가 이미 존재한 신체장해 또는 질병의 영향으로 중하게 된 경우'에서 '중하게 된 경우'에는 피보험자가 사망에 이른 경우가 포함되지 않는다고 볼 수 없다.

이 사건에서 원심이 인정한 바와 같이 피보험자가 약관 소정의 상해를 입었는데 이미 존재하던 기왕증인 심관상동맥경화와 약관 소정의 상해가 겹쳐 사망을 촉진시켰다고 보는 한 위 약관규정이 적용되어 피고로서는 기왕증의 영향이 없었던 때에 상당하는 금액만을 보험금으로서 지급할 의무가 있다고 할 것이고, 이 사건 상해보험이 정액보험인지의 여부는 위 약관규정의 적용 여부와는 무관하다고 할 것이며, 이와 같이 기왕증의 영향이 없었던 때에 상당하는 금액만을 보험금으로 지급하여야 하는 이상 특별한 사정이 없는 한 그 금액을 심리 · 확정하여야 하는 것이므로 이에 관한 증명이 불충분할 경우 법원은 그 이유만으로 그 부분 피고의 주장을 배척할 것이 아니라 그 금액에 관하여 적극적으로 석명권을 행사하고 증명을 촉구하여 이를 밝혀야 할 것이다.

그럼에도 불구하고, 원심이 그 판시와 같은 이유를 들어 이 부분 피고의 주장을 배척한 것에는 약관의 해석을 그르친 나머지 석명권을 행사하지 아니하고 심리를 다하지 아니하여 판결에 영향을 미친 위법이 있다.

3. 결 론

그러므로 원심판결을 파기하고, 이 사건을 새로 심리 · 판단하게 하기 위하여 원심법원으로 환송하기로 하여 관여 법관의 일치된 의견으로 주문과 같이 판결한다.

(2-1) 대전고등법원 2000. 10. 25. 선고 96나738, 745 판결

【원고(반소피고),항소인】 한국전력공사
【피고(반소원고), 피항소인】 김○연 외 152인
【변론종결】 2000. 9. 20.
【제1심 판결】 대전지방법원 홍성지원 1995. 12. 22. 선고 93가합1753(본소), 93가합2428(반소)판결

【주문】

1. 제1심 판결을 다음과 같이 변경한다.

가. 원고(반소피고)는 피고(반소원고)들에 대하여 별지 제2목록 피고별 배상액 중 배상액란 기재 각 금원 및 각 이에 대한 1993. 8. 25.부터 2000. 10. 25.까지는 연 5%, 그 다음날부터 완제일까지는 연 25%의 각 비율에 의한 각 금원을 초과하는 채무가 존재하지 아니함을 확인한다.

나. 원고(반소원고)는 피고(반소원고)들에게 별지 제2목록 피고별 배상액 중 배상액란 기재 각 금원 및 각 이에 대한 1993. 8. 25.부터 2000. 10. 25.까지는 연 5%, 그 다음 날부터 완제일까지는 연 25%의 각 비율에 의한 각 금원을 지급하라.

다. 원고(반소피고)의 나머지 본소청구와 피고(반소원고)들의 나머지 반소청구를 모두 기각한다.

2. 소송총비용은, 당심에서의 감정비용을 제외한 소송비용은 본소, 반소, 제1,2심을 통하여 모두 이를 5분하여 그 4는 원고(반소피고)의, 나머지는 피고(반소원고)의, 당심에서 감정비용은 원고(반소피고)의 각 부담으로 한다.

【청구취지 및 항소취지】

1. 청구취지

본소 : 원고(반소피고, 이하 원고라고만 한다)는 피고(반소원고, 이하 피고라고만 한다)들에 대하여 별지 제2목록 피고별 배상액 중 청구금액란 기재 각 금원지급채무가 존재하지 아니함을 확인한다.

반소 : 원고는 피고들에게 별지 제2목록 피고별 배상액 중 청구금액란 기재 각 금원 및 이에 대한 1993. 8. 25.부터 이 판결 선고일까지는 연 10%, 그 다음날부터 완제일까지는 연 25%의 각 비율에 의한 금원을 지급하라.

2. 항소취지

제1심 판결을 취소하고 반소청구를 기각하며 위 본소의 청구취지기재와 같은 판결을 구함.

【이 유】

1. 기초사실

원고는 1983. 3.경부터 충남 서천군 서면 마량리 소재 서해안 부근에 서천화력발전소를 설치, 가동하고 있고, 피고들은 원고가 위 발전소를 설치, 가동하기 이전부터 위 발전소로부터 2 내지 7km 정도 떨어진 위 서면 앞바다인 비인만(庇仁灣) 해역에서 김양식어업에 종사하여오던 어민들인 사실, 피고들 중 일부를 포함한 위 비인만 해역 김양식어민들은 1986. 8. 위 발전소로부터 배출되는 온배수로 인하여 그들 김양식어장의 해수온도가 상승하여 김수확량이 감소되었다는 이유로 원고에게 김수확량 감소로 인한 손해배상을 요구하여 군산수산전문대학

수산과학연구소의 용역조사결과에 따라 1987. 11. 24. 원고로부터 피해배상금 및 지원금으로 합계 금 1,520,000,000원을 지급받았고, 그 후 1993. 2. 25. 피고들은 다시 환경처 산하 중앙환경분쟁조정위원회에 위 발전소로부터 배출되는 온배수로 인하여 해수온도가 상승함에 따라 1993년산 김(1992. 9.부터 1993. 3.까지 생산되는 김을 말함) 수확량이 감소하였다는 사유로 금4,405,050,000원의 손해배상을 구하는 재정신청을 하여 1993. 8. 24. 위 중앙환경분쟁조정위원회는 피고들의 재정신청이 이유있다고 인정하여 "원고는 피고들에게 별지 제2목록 피고별 배상액 중 청구금액란 기재 각 금원 및 이에 대한 재정결정서 송달일 다음날부터 완제일까지 1년 만기 정기예금 이자율 1할을 가산하여 지급하라"는 내용의 재정을 하였고, 원고는 위 재정에 불복하여 이 사건 본소를 제기한 사실은, 당사자 사이에 다툼이 없거나, 갑 제1호증의 1(재정문서송달안내문), 2(재정문서), 갑 제2호증(인증서, 을 제3호증의 4와 같다), 을 제1호증의 28(재정신청서), 을 제3호증의 5(영수증)의 각 기재에 변론의 전취지를 종합하여 이를 인정할 수 있고 반증없다.

2. 본소청구 및 반소청구 중 손해배상책임의 발생부분에 관한 판단

가. 당사자들의 주장

(1) 원고의 주장

원고는 이 사건 본소 청구원인으로, 원고가 위 발전소에서 나오는 온배수를 바다로 배출한 사실은 인정하나 위 온배수가 피고들의 김양식어장으로 유입되어 해수온도를 상승시킴으로 인하여 피고들의 1993년산 김수확량이 감소하였는지 여부에 관하여는 ①위 발전소에서 배출되는 온배수는 자연 냉각되고 확산되면서 자연해수와 섞여 근거리에서 자연해수와 비슷한 온도를 유지하는바, 1994. 9. 원고 및 피고들 대표의 입회하에 실시한 부표에 의한 유동방향과 동일 시간, 동일 지점의 해수온도측정결과에 의하면 위 온배수의 확산범위는 발전소 배수구로부터 1km 이내에 불과하고 이는 가장 과학적인 조사방법인 인공위성촬영결과와도 일치하므로, 위 발전소 배수구로부터 2 내지 7km 떨어진 피고들의 어장에까지 온배수가 유입된다고 보기 어렵고(피고들 어장으로의 온배수 유입의 부인), ②1993. 7.과 같은 해 8. 해수온도를 측정한 결과에 의하면 위 발전소 주변 해역보다 비인만 해역의 수온이 높게 나타났는바, 이는 위 비인만 해역의 수온이 위 발전소로부터 배출되는 온배수의 영향을 전혀 받지 않음을 의미하고(온도는 높은 곳에서 낮은 곳으로 이동하므로), 위 비인만의 해역의 수온이 높은 이유는 수심이 얕고 조류소통이 원활하지 못한 정체해역인 까닭에 대기온도에 절대적으로 영향을 받기 때문이며(온배수 배출과 비인만 해역 해수 온도 상승과의 인과관계 부인), ③1993년 온배수 배출량은 피고들의 김작황이 풍작이었던 1989년, 1990년, 1992년의 그것에 비하여 증가율이 미미하고 위 발전소 가동 이후 매년 배출된 온배수의 양과 피고들 김작황의 풍작, 흉작과의 관계를 살펴보면 온배수 배출량과 피고들의 김수확량이 항상 비례하는 것은 아니었으며(온배수 배출량과 피고들 김수확량과의 비례관계 부인), ④위 발전소 주변 해역은 1980년도에 들어서면서 대규모 간척사업이 시행되어 그로 인하여 해류의 변화, 영양염류 유입의 감소, 해수 중 부유물질 농도의 증가 또는 부유물질의 퇴적 등 김양식에 지대한 영향을 미치는 많은 자연환경의 변화가 나타났으므로 이러한 자연환경의 변화가 김수확량 감소에 직접적인 영향을 미친 것이고, 또한 김생육에 있어서 가장 중요한 것은 수온 및 영양염류이고, 비인만과 같이 만(灣)이 협소하고 영양염류의 직접적인 공급원인이 없는 곳에서는 영양염류 공급에 따라 김작황이 크게 좌우되는 것인 바, 국립수산진흥원에서 시행한 비인만 해역의 해수 수질검사결과에 의하면, 비인만 해역의 영양염류는 김생육에 필요한 영양염류 기준보다 훨씬 낮게 나타나고 있으므로 위 영양염류의 부족 또한 피고들의 김수확량 감소에 직접적인 영향을 미친 것이며(피고들 김수확량 감소에 온배수 이외의 다른 요인 주장). ⑤위 비인만 일대는 만(灣)이 협소하고 담수의 공급원이 없으며 조류의 소통이 원활하지 못하고 파도가 거의 없으며 김양식밀도가 높은 지역인데, 이와 전혀 반대여건에 있는 즉 담수유입이 좋아 영양염류가 풍부하고 조류소통이 원활하며 위 비인만에 비하여 김양식밀도가 낮고 김생산기술이 발달한 전남 완도군등과 비교하여 위 비인만 해역의 김수확량의 감소 여부를 평가하는 것은 불합리한 평가방법이어서(비인만의 자연적 조건과 불합리한 평가 방법 주장) 결국 위 발전소의 온배수 배출과 피고들의 1993년산 김수확량 감소와의 사이에 아무런 인과관계가 없으므로 위 위원회의 1993 8. 24.자 재정은 부당하고, 따라서 원고는 피고들에게 김수확량감소를 원인으로 한 손해배상책임이 전혀 없다고 주장하면서 그 확인을 구한다.

(2) 피고들의 주장

이에 대하여 피고들은 반소로서, 피고들의 1993년산 김수확량이 감소한 이유는 위 발전소에서 배출된 온배수가 피고들의 어장으로 유입되어 해수온도를 상승시켰기 때문이므로 위 발전소의 소유자인 원고는 피고들에게 위 김수확량 감소로 인한 손해를 배상할 책임이 있다고 주장한다.

(3) 사건의 쟁점과 판단 방법

위 당사자들의 주장에 의하면 이 사건의 쟁점은 원고의 온배수 배출과 피고들의 1993년산 김수확량 감소와의 사이에 인과관계가 있는지 여부, 즉 위 발전소에서 배출된 온배수가 피고들의 김양식어장에까지 유입되어 해수온도를 상승시켰고 그로 인하여 김수확량이 감소한 것인지 여부에 있는 바, 일반적으로 수질오염이나 대기오염등과 같은 공해로 인한 손해배상청구소송에 있어서는 가해자가 배출한 원인물질이 물이나 대기 등을 매개로 간접적으로 손해를 끼치는 수가 많고, 공해문제에 관하여는 현재의 과학수준으로 해명할 수 없거나 분석하기 어려운 분야가 있기 때문에 가해행위와 손해발생간의 인과관계의 고리를 모두 자연과학적으로 증명하는 것이 극히 어렵거나 불가능한 경우가 대부분이어서 피해자에게 사실적 인과관계의 존재에 관한 엄격한 과학적 증명을 요구함이 현저히 불합리하므로, 가해자가 배출한 어떤 유해한 원인물질이 피해물건에 도달하여 손해가 발생하였다면 가해자측에서 그 무해함을 입증하지 못하는 한 책임을 면할 수 없다고 봄이 사회형평의 관념에 적합한바, 이 사건에 있어서는 ①원고의 위 발전소에서 김의 생육에 악영향을 줄 수 있는 온배수가 배출되고 ②그 온배수의 열이 해류를 통하여 피고들의 김양식어장에 도달하여 해수온도 상승에 영향을 미쳤으며 ③이로 인하여 김에 피해가 있었다는 사실이 증명되면, 위 발전소의 온배수 배출과 피고들이 양식하는 김수확량이 감소됨으로써 입은 손해 사이의 인과관계가 일응 증명되었다고 할 것이므로, 이를 기준으로 하여 사실관계를 살펴본다.

나. 사실관계

갑 제1호증의 2(재정문서), 갑 제6호증(비인만해태작황불량원인조사보고서, 을 제1호증의 18 및 을 제3호증의 15 내지 17은 각 그 일부), 을 제1호증의 5(환경피해분쟁개황), 6(피해분쟁조정안), 7(연도별해태생산량현황), 13 내지17(각 연도별김생산실적), 18(해태작황불량원인조사보고서), 36, 45(각 어업면허○), 37, 44(각 허가장), 38, 39(각 지령서), 43(어업권입어자현황), 46(어업면허유효기간연장허가증), 을 제2호증(조정사례집), 을 제3호증의 18내지20(해조양식표지, 목차, 내용, 을 제1호증의 27은 그 일부), 을 제4, 5호증의 각 1(각 허가장), 각2(각 어업면허○), 을 제12호증(어장도), 을 제13내지17호증(각 어업권원부등본), 을 제21호증(재정, 비인면 김 양식장), 을 제22호증의 1내지 3, 을 제26호증의 1내지 4(각 발전기가동 중단 요청, 중단 연장 요청 및 회신)의 각 기재와 제1

심 증인 김○광, 이○우의 각 증언 및 제1심에서의 군산대학교 해양산업대학 양식학과 교수 이○화에 대한 사실조회 결과회신에 변론의 전취지를 종합하면 다음과 같은 사실을 인정할 수 있고, 갑 제4호증의 1, 2(각 사진), 갑 제5호증(보령화력및서천화력주변해역 항공촬영원격탐사), 갑 제6호증(비인만 해태작황 불량원인 조사 보고서), 갑 제7호증(서천화력주변환경조사보고서), 갑 제14호증(환경부 재정결과 자문 내용 통보)의 각 기재 및 영상과 제1심 증인 지○훈, 박○래의 각 증언, 당심 감정인 이○호의 감정결과만으로는 위 인정사실을 뒤집기에 부족하고, 달리 반증이 없다.

(1) 피고들의 어업면허 및 어장위치

피고들은 위 발전소로부터 가까운 순서대로 ①면허번호 제1112호(면적 20헥타아르, 면허기간 1980. 9. 17.부터 1994. 9. 16.까지), ②제1666호(면적 70헥타아르, 면허기간 1988. 11. 2.부터 1995. 11. 1.까지), ③제1667호(면적 135헥타아르, 면허기간 1988. 11. 2.부터 1993. 11. 1.까지), ④제1078호(면적 20헥타아르, 면허기간 1979. 10. 23.부터 1993. 10. 22.까지), ⑤제1116호(면적 6헥타아르, 면허기간 1980. 10. 2.부터 1997. 10. 1.까지)의 각 김부류식 양식어업면허를 취득하고, 위 각 어장에 별지 제2목록 피고별 배상액 중 김책수란 기재와 같은 규모의 양식시설을 설치하여 김양식을 하고 있다.

(2) 김의 생육조건(수온이 김작황에 미치는 영향)

김은 저온성 생물로서 수온상승에 치명적인 영향을 받는 바, 매년 9. 파종을 하여 10월부터 11월 상순까지 발아기를 거쳐 11월 중순부터 다음해 3월까지 성장을 하게 되고, 각 단계별 생장적온은, 파종기: 섭씨 23도, 발아기: 섭씨 23도 내지 15도, 성장기: 섭씨 8도 내지 5도이며, 위 파종기에서부터 성장 시작시기까지 계속 수온이 떨어져 섭씨 8도 내지 5도의 수온을 유지하는 것이 생장에 적합하고 이때 수온이 순조롭게 내려가지 않으면 흉작의 원인이 된다.

(3) 위 발전소의 온배수 배출, 배출량 및 온배수의 온도

위 발전소는 1983. 3. 가동을 시작하면서부터 발전기를 냉각시킬 때 나오는 온배수를 배수구를 통하여 인근 바다로 배출하여 왔는바, 김양식기간(매년 9.부터 다음해 3.까지) 중의 온배수 배출량이 위 1차 분쟁 당시인 1986. 9.부터 1987. 3.까지는 1일 439,000톤이었던 것이 발전량의 증가와 함께 매년 점진적으로 증가하여 1992. 9.부터 1993. 3.까지는 1일 726,000톤에 이르러 위 1차 분쟁 당시보다 65%가 증가하였고, 특히 김생육 초기인 1992. 9.부터 같은 해 11.까지 배출된 1일당 온배수량은 전년의 같은 시기보다 46%(10월에는 121% 증가한 1,131,000톤을 배출) 증가하였는데, 위 배출당시 온배수의 온도는 1993. 3. 기준으로 취수온도 섭씨 6도, 배수온도 섭씨 16도로 해수온도보다 10도 정도 높다.

(4) 피고들의 김수확량

피고들의 단위생산시설(책, 1책의 크기는 1.8m × 40m임)당 김수확량을 위 비인만 해역과 자연조건이 비슷한 전북 부안군 및 전남 완도군의 그것과 비교하여 보면, 위 발전소의 가동 전인 1981년부터 1983년까지는 위 비인만 해역의 책당 김수확량이 77.8속으로서(1속은 완제품 김을 100장씩 묶은 것을 말함) 위 대조지역의 69.5속보다 11.9% 정도가 높았으나, 위 발전소 가동 이후 위 대조지역은 해마다 수확량이 증가하는 한편, 위 비인만 해역은 그 수확량이 계속 감소하면서 위 대조지역보다 낮아지기 시작하여 1988년부터 1992년까지는 위 대조지역이 81.4속, 위 비인만 해역은 66.1속으로서 위 대조지역 수확량의 81.2%에 불과하였고, 1993년산 김의 경우에는 위 대조

지역의 책당 수확량이 92속인데 반하여 위 비인만 해역의 그것은 19.7속으로서 위 대조지역 수확량의 21.4%에 불과하였다.

(5) 위 온배수의 피고들 김양식어장에의 도달 및 해수온도 상승

(가) 위 비인만 해역의 조류

서해는 조수간만의 차가 매우 큰 해역으로서, 위 발전소 배수구 부근 해수의 흐름은 썰물시 남쪽으로 이동하고, 밀물 초기에 북동쪽인 비인만 안쪽으로 이동하다가 나중에 동쪽으로 이동함으로써 위 발전소 배수구에서 나온 온배수는 해류를 따라 밀물시에 피고들의 김양식어장으로 유입되며 그 시간은 하루에 6시간 정도 된다.

(나) 온배수에 의한 비인만 해역 해수온도의 상승

위 1차 분쟁 당시 1987년산 김양식기간 중에는 1일 439,000톤의 온배수가 해류를 따라 위 발전소로부터 5.5km 거리의 김양식어장에까지 유입되어 어장의 수온을 섭씨 0.5도 정도 상승시켰고, 1993년산 김양식기간 중에는 위 1987년산 김양식기간 때보다 1일 온배수 배출량이 65% 증가하여 온배수의 확산범위도 증가하였는바, 1993. 7.과 같은 해 8. 발전소로부터 3 내지 5km정도 떨어진 비인만 해역의 해수온도와 위 비인만 일대와 해산식물학적으로나 해양학적으로 유사해역인 충남 태안반도 인근 해역의 해수온도를 각 밀물시에 실측하여 본 결과, 최저 섭씨 1.6도부터 최고 섭씨 2.9도까지 위 비인만 해역의 수온이 높은 것으로 나타났고, 위 발전소로부터 가장 먼 거리에 있는 피고들 어장의 밀물시 수온이 썰물시의 수온보다 최고 섭씨 1.2도 정도 높으며(위 태안반도 인근 어장은 밀물과 썰물시의 수온이 거의 같다), 또한 위 수온실측결과에 의하면 위 발전소 주변 해역의 수온보다 발전소 남동쪽 어장의 수온이 높은 것으로 나타났는데(원고는 이를 들어 비인만 해역의 수온이 위 태안반도 해역의 그것보다 높은 것이 위 발전소로부터 나오는 온배수의 영향 때문이 아님을 극명하게 보여주는 것이라고 주장한다), 그 이유는 발전소 주변 해역의 해수 덩어리(수괴=水槐)가 비인만 해역의 그것과 서로 다르기 때문이고, 피고들의 어장이 밀집한 발전소로부터 5 내지 8km 떨어진 비인만 해역의 수괴는 인근 간석지와 금강하천수로부터 온도영향을 받는데, 위 간석지와 금강하천수의 온도가 하절기에는 해수온도보다 높으나 동절기에는 해수온도보다 낮게 나타나므로 그 온도영향을 받아 위 5 내지 8km 떨어진 해역의 수괴의 수온은 김양식기간인 동절기에는 위 발전소 주변 해역의 수온보다 낮게 되고, 열은 높은 쪽에서 낮은 쪽으로 이동하는 법칙에 따라, 동절기에 위 발전소 온배수의 열이 온도가 보다 낮은 위 약 8km 떨어진 비인만 해역까지 전달되어 피고들의 어장이 위치한 위 비인만 해역 수온상승에 영향을 미치게 된다.

(6) 피고들의 발전소 가동 중단 요청과 김의 생육

이에 피고들은 원고에게 김 양식의 피해에 대하여 그 진상 요구를 하며 발전소 가동 중지를 요청하였는데, 원고는 이를 받아 들여 발전기 점검을 위한 가동정지 일정을 조정하는 방법으로, 1994년도에는 같은 해 9. 16.부터 10. 15까지, 1995년도에는 같은 해 9. 16.부터 10. 16.까지 및 같은 해 10. 19.부터 10. 31.까지, 1996년도에는 같은 해 9. 20.부터 10. 31.까지, 1997년도에는 같은 해 9. 14.부터 11. 22.까지, 1998년도에는 같은 해 9. 14.부터 10. 6.까지, 1999년도에는 같은 해 9. 15.부터 10. 3.까지 각 발전기 1기의 가동을 정지하였다. 그 결과 김의 발아 및 생육 초기인 매년 9월경부터 11월경까지 온배수의 배출을 조절한 1993년부터 1999년까지 사이에는 붉은 갯병이 발생하지 않았고, 김 생산량도 태풍 또는 강풍의 피해를 입은 해를 제외하고는 1993년 이전 3개년 평균 수확량과 비슷한 수준이었다.

나. 판단

위 인정사실에 의하면, 원고 소유의 위 발전소에서 배출된 온배수는 해류를 따라 밀물시에 하루 6시간씩 피고들의 김양식어장에 유입되어 해수온도를 상승시켰고, 그로 인하여 수온상승에 치명적인 영향을 받는 피고들의 김수확량이 현격히 감소된 것으로서 원고의 온배수 배출과 피고들의 1993년산 김수확량의 감소 사이에는 상당한 인과관계가 있다고 할 것이므로, 원고는 피고들에게 위 김수확량 감소로 인하여 입은 손해를 배상할 책임이 있다고 할 것이고, 원고는 위 인과관계를 부정할 만한 반증을 들지 못하고 있는 이상 그 손해배상책임을 면할 수 없다 할 것이다.

3. 원고의 본소 청구 중 피고가 청구권을 포기하기로 합의했다고 주장하는 부분에 대한 판단

가. 원고의 주장

원고는, 원고에게 이 사건 손해배상책임이 있다 하더라도, 피고들은 위 1차 분쟁 당시 1987. 11. 24. 원고로부터 손해배상금 1,520,000,000원을 지급받으면서 앞으로 영구히 비인만 해역 김양식 피해를 원인으로 한 일체의 청구권을 포기하기로 합의한 바 있으므로 피고들의 반소청구는 이유없다고 주장한다.

나. 인정사실 및 판단

살피건대, 갑제2호증(인증서, 을제3호증의 4와 같다), 갑제3호증의 2(각서)의 각 기재에 변론의 전취지를 종합하면, 피고들 중 일부를 포함한 위 비인만 해역 김양식어민들은 위 1차 분쟁 당시 1987. 11. 24. 원고와 사이에 위 어민들이 원고로부터 손해배상금 및 지원금 1,520,000,000원을 지급받음으로써 과거분은 물론이고 앞으로 영구적으로 원고를 상대로 하여 위 비인만 해역의 김양식장에 대한 피해보상에 관하여 일체의 민, 형사상의 청구권을 포기하기로 합의한 사실은 인정이 된다.

그러나 일반적으로 비록 합의서의 권리포기조항이 문언상으로는 나머지 일체의 청구권을 포기한다고 되어 있다 할지라도, 당사자 쌍방간에 있어 손해의 대체의 범위가 암묵리에 상정되어 있고, 후에 생긴 손해가 위 범위를 현저히 일탈할 정도로 중대하여 당초의 손해금과 비교할 때 심히 균형을 잃고 있으며, 합의의 경위, 내용, 시기 기타 일체의 사정을 고려하더라도 처음의 합의에 의하여 후의 손해 전부를 포함하도록 함이 당사자의 신의, 공평에 반한다고 인정되는 경우에는 먼저의 합의에 있어서 권리포기조항은 그 후에 발생한 손해에는 미치지 않는 것으로, 즉 합의 당시에 예측하였던 손해만을 포기한 것으로 한정적으로 해석함이 당사자의 합리적 의사에 합치한다고 보아야 할 것인 바, 앞에서 인정한 사실 및 을 제3호증의 12내지 14(어업권피해보상액조서표지, 목차, 내용), 을 제3호증의 15 내지 17(비인만해태작황불량원인조사보고서표지, 목차, 내용)의 각 기재에 변론의 전취지를 종합하면, 피고들 중 일부를 포함한 비인만 해역 김양식 어민들은 원고가 1983. 3. 위 발전소의 가동을 시작한 이후 김수확량이 감소되었다는 이유로 1986. 8. 원고에게 김수확량 감소로 인한 손해의 배상을 요구한 사실, 이에 원고는 위 어민들의 동의 아래 군산수산전문대학 수산과학연구소에 위 발전소의 온배수의 배출과 위 어민들의 김수확량 감소와의 사이에 인과관계가 있는지 여부 및 인과관계가 있는 경우의 보상액을 평가하여 줄 것을 의뢰하였고, 이에 위 연구소가 여러 자료의 수집 분석과 현장실험 등을 거친 결과 1987년산 김양식기간인 1986. 9.부터 1987. 3.까지 사이에 위 발전소로부터 배출된 온배수의 양은 1일 439,000톤으로서 이것이 위 발전소로부터 5.5km 가량 떨어진 비인만 해역에까지 유입되어 해수온도를 섭씨 0.5도 상승시켰고, 그로 인하여 위 어민들의 김수확량을 감소시킨 것으로 판명되었으며, 이로써 위 발전소의 온배수 배출과 위 어민들의 김수확량 감소 사이의 인과관계가 인정되자 원고는 이에 승복하여 1987. 11. 24. 위 어민들에게 금1,520,000,000원을 지급하면서 위와 같은 내용의 합의를 하게 된 사실, 그런데 원고는 위 합의 이후에 매년 위 발전소의 발전량을 늘렸고 그에 따라 온배수 배출량도 점진적으로 증가하여 1992. 9.부터 1993. 3. 사이에는 1일 배출량이 726,000톤으로서 위 1차 분쟁 당시인 1986. 9.부터 1987. 3.까지의 배출량보다 65%가 증가하였는데 위 어민들로서는 원고가 위와 같이 발전량을 늘릴 것이라고는 예상하지 못하였던 사실, 위와 같이 온배수 배출량이 증가함에 따라 위 온배수가 위 발전소로부터 약 8km 떨어진 비인만 해역에까지 유입되는 등 그 확산범위가 증가하자 그에 따라 피고들의 김수확량도 감소하여 위 1차 분쟁 당시인 1984년산부터 1987년산까지의 경우 책당 69.2속을 수확한 반면 1993년산의 경우에는 책당 19.7속으로서 위 1차 분쟁 당시 수확량의 28% 정도에 불과한 사실, 위 1차 분쟁 당시에는 위 온배수가 발전소로부터 5.5km 떨어진 비인만 해역까지 영향을 미치는 것으로 인정하여 위 5.5km 이내에 위치한 면허번호 제71호, 제64호, 제1450호, 제1451호 각 김지주식 양식어장 및 이 사건 피고들의 어장 중 일부인 위 면허번호 제1112호 김부류식 양식어장의 피해에 대하여만 배상을 받았으나, 그 후 1993년산 김양식기간 중 온배수 배출량의 증가로 그 영향권이 8km 떨어진 비인만 해역으로까지 확산됨에 따라 위 제1112호 어장 이외에, 위 발전소 가동 이전부터 면허취득된 어장이면서도 위 1차 분쟁 당시에는 온배수의 영향권 밖에 위치하고 있어서 별다른 피해를 받지 않았다가 1992. 9.부터 김수확량 감소의 피해를 입은 면허번호 제1078호 및 제1116호 양식어장과 위 1987. 11. 24. 합의 이후에 신규로 면허취득된 면허번호 제1666호 및 제1667호 양식어장 등 위 4개의 피해어장은 위 1차분쟁 이후에 추가로 위 온배수로 인한 김양식피해를 입은 어장으로서 위 1차 분쟁 당시에는 전혀 예상하지 못하였던 어장인 사실을 인정할 수 있고 이에 반하는 제1심 증인 유○웅의 증언은 믿지 아니하며 달리 반증없는 바, 위 인정사실에 의하면 위 1987. 11. 24.자 합의는 당시의 온배수 배출량을 고정적으로 유지할 경우 나타날 김수확량 감소율을 전제로 한 합의에 불과하고, 위 합의 당시 피고들이 전혀 예상하지 못하였던 위 온배수 배출량의 증가로 그 영향권이 확산되어 위 합의당시 양식피해를 입은 어장 이외의 다른 어장에까지 추가로 김수확량 감소라는 피해가 나타날 경우의 손해배상청구권까지 포기하는 취지로 합의한 것으로는 볼 수 없고, 피고들이 위 합의 당시에는 예상하지 못하였던 추가손해의 배상을 구하고 있는 이상 위 1987. 11. 24.자 권리포기의 합의는 피고들의 이 사건 반소청구에 아무런 영향을 미칠 수 없다고 할 것이므로, 원고의 위 주장은 이유없다.

4. 책임의 제한

다만 위 각 증거들에 의하면, ①1993년산 해태채묘기 및 발아기(1992. 9.-11.)의 수온의 경우 평년(1988-1992)에 비하여 섭씨 0.2-2.1도가 높았고 수온이 섭씨 22도에서 섭씨 13도로 떨어지는 기간도 50일이 넘었으며 영양염류가 부족한데다가 해수 유속도 느려 1993년도 해태 작황이 인근 마서, 장항지역의 평년작보다 낮았던 사실, ②비인만 일대는 만이 협소하고 담수의 공급원이 별로 없어 조류의 소통이 원활하지 못한데다가 다른 어장에 비해 김 양식의 밀도가 높고 어장도 노화되어 있었던 사실, ③피고들은 위 1차 분쟁 당시 위 군산수산전문대학 수산과학연구소의 용역조사결과에 따라 위 발전소로부터 배출되는 온배수가 위 비인만 해역에 유입되어 김의 생육에 치명적인 요인이 되는 해수온도 상승에 영향을 미친다는 사실을 이미 알았거나 알 수 있었기때문에 그 후 원고가 위 발전소의 발전량을 늘릴 경우에는 온배수 배출량이 증가하여 위 온배수의 영향권 즉 피해 해역이 늘어날 것이라는 점을 예상할 수 있었음에도 불구하고 위 비인만 해역에서 김양식을 계속한 사실, ④1993년산 김수확량 감소로 인건비 및 가공비 등도 따라서 감소한 사실 등을 인정할 수 있는바, 위 인정사실에 의하면 피고들의 이 사건 김수확량 감소로 인한 손해는 피고들의 어장인 위 비인만의 지리적 조건과 당시의 기상 환경 등, 쌍방 당사자에게 책임질 수 없는 불가항력적인 사유인 자연적 요인과 원고의 위 발전소로부터 온배수가 배출되었다는 인위적 요인이 복합적으로 경합하여 발생한 것으로 보이고 그렇다면 이러한 점을 감안하여 면허번호 제1666호, 제1667호, 제1078호, 제1116호 어장의 경우에는 그 피해액의 80%, 위 1차 분쟁 당시 기배상받은 면허번호 제1112호 어장의 경우에는 피해액의 70%만을 이 사건 원고의 과실로 인정하여, 뒤에서 원고가 배상할 손해액을 산정함에 있어 이를 참작함이 상당하다.

5. 반소청구 중 손해배상채무의 범위에 관한 판단

앞에서 인정한 사실 및 위 을 제1호증의 7의 기재와 제1심 증인 이○우의 증언에 변론의 전취지를 종합하면, 피고들 김양식어장의 1993년 이전 과거 10년간(위 1차 분쟁이 발생한 1987년을 제외한 1982년부터 1992년까지)의 책당 평균 김수확량은 76.2속이고 1993년산 김의 책당 실제 수확량은 19.7속이며, 피고들의 1993년산 김의 시설책수는 별지 제2목록 피고별 배상액 중 각 피고별 김책수란 기재와 같고, 1993년산 김의 속당 가격은 금 3,000원 정도인 사실을 인정할 수 있고 반증없는 바, 위 인정사실과 위 발전소 온배수로 인한 피해가 발생하지 않았을 경우 피고들 어장의 1993년산 김의 정상예상수확량을 위 과거 10년간의 책당 평균 수확량인 76.2속으로 보아 위 1993년산 김수확량의 감소율을 계산하면 74.1%[{(76.2-19.7)/76.2}×100]이고, 책당 피해수확량은 위 정상예상수확량의 74.1%에 해당하는 56.5속(76.2속×0.741)이 되며, 여기에 위에서 인정한 피고들의 과실상계율을 적용하여 피고들의 손해액을 산출하면, 별지 제2목록 배상액란 및 배상액 산출내역란 기재와 같다.

6. 결 론

그렇다면 원고는 피고들에게 별지 제2목록 피고별 배상액 중 배상액란 기재 각 금원 및 각 이에 대하여 손해발생일 이후로서 피고들이 구하는 바에 따라 위 재정결정일 다음날인 1993. 8. 25.부터, 원고가 이 사건 피고들의 청구권의 범위와 존부에 관하여 항쟁함이 상당하다고 인정되는 이 판결 선고일인 2000. 10. 25.까지는 민법 소정의 연 5%, 그 다음날부터 완제일까지는 소송촉진등에관한특례법 소정의 연 25%의 각 비율에 의한 지연손해금을 지급할 의무가 있다 할 것이고, 한편 이 사건 온배수 배출에 따른 원고의 피고들에 대한 손해배상지급채무는 위에서 인정한 각 금원을 초과하여서는 존재하지 아니한다 할 것인데 피고들이 이를 다투고 있는 이상, 원고로서는 그 확인을 구할 이익도 있다.

따라서 이 사건 원고의 본소 및 피고의 반소 청구는 위 각 인정범위내에서 이유 있어 이를 각 일부 인용하고, 나머지 본소 및 반소청구는 이유 없어 이를 모두 기각하기로 할 것인바 제1심 판결은 이와 결론을 일부 달리하여 부당하므로 원고의 항소를 일부 받아들여 제1심 판결을 위와 같이 변경하기로 하고, 소송총비용은, 당심에서의 감정비용을 제외한 소송비용은 본소, 반소, 제1,2심을 통하여 모두 이를 5분하여 그 4는 원고(반소피고)의, 나머지는 피고(반소원고)의, 당심에서의 감정비용은 원고(반소피고)의 각 부담으로 하기로 하여 주문과 같이 판결한다.

(2-2) 대법원 2002. 10. 22. 선고 2000다65666, 65673 판결[공2002. 12.15.(168),2788]

【원고(반소피고), 상고인】 한국전력공사의 소송수계인 한국중부발전 주식회사

【피고(반소원고), 피상고인】 김○연 외 152인

【원심판결】 대전고등법원 2000. 10. 25. 선고 96나738, 745 판결

【주 문】

상고를 기각한다. 상고비용은 원고(반소피고)의 부담으로 한다.

【이 유】

1. 원심은 그 채용 증거를 종합하여, 원고(반소피고, 이하 '원고'라고 한다)는 1983. 3.경부터 충남 서천군 서면 마량리 소재 서해안 부근에 서천화력발전소를 설치, 가동하고 있고, 피고(반소원고, 이하 '피고'라고 한다)들은 원고의 발전소로부터 2 내지 7km 정도 떨어진 위 서면 앞바다인 비인만(비인만) 해역에서 김양식이업에 종사하여오던 어민들인데, 김은 저온성 생물로서 수온상승에 치명적인 영향을 받는 사실, 위 발전소는 1983. 3. 가동을 시작하면서부터 발전기를 냉각시킬 때 나오는 온배수를 배수구를 통하여 인근 바다로 배출하여 왔고, 그 양은 발전량의 증가와 함께 매년 점진적으로 증가한 사실, 피고들의 단위생산시설(책, 1책의 크기는 1.8m × 40m임)당 김수확량을 위 비인만 해역과 자연조건이 비슷한 전북 부안군 및 전남 완도군의 그것과 비교하여 보면, 1993년산 김의 경우 위 지역의 책당 수확량이 92속인데 반하여 위 비인만 해역의 그것은 19.7속으로서 위 대조지역 수확량의 21.4%에 불과한 사실, 비인만 해역의 조류에 따라 위 발전소에서 배출된 온배수는 발전소로부터 약 8km 떨어진 비인만 해역까지 전달되어 피고들의 어장이 위치한 위 비인만 해역 수온상승에 영향을 미치게 된 사실을 각 인정하고, 원고 소유의 위 발전소에서 배출된 온배수는 해류를 따라 밀물시에 하루 6시간씩 피고들의 김양식어장에 유입되어 해수온도를 상승시켰고, 그로 인하여 수온상승에 치명적인 영향을 받는 피고들의 김수확량이 현격히 감소된 것으로서 원고의 온배수 배출과 피고들의 1993년산 김수확량의 감소 사이에는 상당한 인과관계가 있다고 하여, 원고는 위 인과관계를 부정할 만한 반증을 들지 못하고 있는 이상 그 손해배상책임을 면할 수 없다고 판단하였다.

일반적으로 불법행위로 인한 손해배상청구사건에 있어서 가해행위와 손해발생 간의 인과관계의 입증책임은 청구자인 피해자가 부담하나, 대기오염이나 수질오염에 의한 공해로 인한 손해배상을 청구하는 소송에 있어서는 기업이 배출한 원인물질이 물을 매체로 하여 간접적으로 손해를 끼치는 수가 많고 공해문제에 관하여는 현재의 과학수준으로도 해명할 수 없는 분야가 있기 때문에 가해행위와 손해의 발생 사이의 인과관계를 구성하는 하나 하나의 고리를 자연과학적으로 증명한다는 것은 극히 곤란하거나 불가능한 경우가 대부분이므로, 이러한 공해소송에 있어서 피해자에게 사실적인 인과관계의 존재에 관하여 과학적으로 엄밀한 증명을 요구한다는 것은 공해로 인한 사법적 구제를 사실상 거부하는 결과가 될 우려가 있는 반면에 가해기업은 기술적, 경제적으로 피해자보다 훨씬 원인조사가 용이한 경우가 많을 뿐만 아니라, 그 원인을 은폐할 염려가 있고 가해기업이 어떠한 유해한 원인물질을 배출하고 그것이 피해물건에 도달하여 손해가 발생하였다면 가해자측에서 그것이 무해하다는 것을 입증하지 못하는 한 책임을 면할 수 없다고 보는 것이 사회형평의 관념에 적합하다(대법원 1984. 6.

12. 선고 81다558 판결, 1991. 7. 23. 선고 89다카1275 판결, 1997. 6. 27. 선고 95다2692 판결 등 참조).

같은 취지에서 이 사건 발전소의 온배수 배출과 피고들이 양식하는 김수확량이 감소됨으로써 입은 손해 사이의 인과관계가 증명되었다고 판단한 원심의 조치는 정당하고, 거기에 원고가 지적하는 바와 같은 공해소송에서의 인과관계에 관한 채증법칙 위반으로 인한 사실오인 및 법리오해의 위법이 있다고 할 수 없다. 상고는 이유 없다(원고가 원심이 위반하였다고 지적하는 위 대법원 1984. 6. 12. 선고 81다558 판결은 공해소송에서의 인과관계의 입증에 관하여 원심과 같은 태도를 취하고 있고, 그 판시에 위반하였다고 볼 점이 없다).

2. 원심은 또한, 피고들이 1987. 11. 24. 원고로부터 손해배상금 1,520,000,000원을 지급받으면서 앞으로 영구히 비인만 해역 김양식 피해를 원인으로 한 일체의 청구권을 포기하기로 합의하였다는 주장에 대하여 피고들 중 일부를 포함한 위 비인만 해역 김양식어민들이 원고 주장과 같은 합의를 한 사실은 맞지만, 일반적으로 비록 합의서의 권리포기조항이 문언상으로는 나머지 일체의 청구권을 포기한다고 되어 있다 할지라도, 당사자 쌍방 간에 있어 손해의 대체의 범위가 암묵리에 상정되어 있고, 후에 생긴 손해가 위 범위를 현저히 일탈할 정도로 중대하여 당초의 손해금과 비교할 때 심히 균형을 잃고 있으며, 합의의 경위, 내용, 시기 기타 일체의 사정을 고려하더라도 처음의 합의에 의하여 후의 손해 전부를 포함하도록 함이 당사자의 신의, 공평에 반한다고 인정되는 경우에는 먼저의 합의에 있어서 권리포기조항은 그 후에 발생한 손해에는 미치지 않는 것으로, 즉 합의 당시에 예측하였던 손해만을 포기한 것으로 한정적으로 해석함이 당사자의 합리적 의사에 합치한다고 보아, 위 1987. 11. 24.자 합의 당시에는 예상할 수 없었던 온배수 배출량의 증가와 이로 인한 피해지역의 확대 등 사정에 비추어 피고들이 구하는 이 사건 손해배상은 위 합의 당시에는 예상하지 못하였던 추가손해의 배상을 구하고 있는 것이라는 이유로 위 원고의 주장을 배척하고 있는바, 원심의 위와 같은 판단은 정당하고, 거기에 원고가 주장하는 바와 같은 청구권 포기의 효력에 관한 사실오인 및 법리오해의 위법이 있다고 할 수 없다. 상고는 이유 없다.

3. 원심은, 피고들의 이 사건 손해배상 청구를 받아들이면서도 이 사건 김양식 어장 주변의 자연환경 및 어장의 노후성, 기타 지리적 조건과 당시의 기상 환경 등, 쌍방 당사자에게 책임질 수 없는 불가항력적인 사유인 자연적 요인을 고려하여 피고들의 배상액을 면허번호 제1666호, 제1667호, 제1078호, 제1116호 어장의 경우 피해액의 80%, 면허번호 제1112호 어장의 경우에는 피해액의 70%로 그 책임액을 제한하고 있는바, 원심의 위와 같은 책임제한 조치는 정당하고, 거기에 원고가 지적하는 바와 같은 사실오인 및 법리오해의 위법이 있다고 할 수 없다. 상고는 이유 없다.

4. 원고는 상고이유로서 원심의 손해배상 범위 판단은 경비를 제하지 않아 위법하다고 주장하므로 살피건대, 원심은, 이 사건 손해배상의 범위를 판단함에 있어, 피고들 어장의 1993년산 김의 정상 예상수확량을 위 과거 10년간의 책당 평균수확량을 산정한 후 1993년산 김수확량의 감소율인 74.1%에 해당하는 책당 피해수확량을 산정하였고, 거기에 원심이 판시한 바와 같이 각종 경비 등을 감안한 책임제한 비율에 따라 피고들의 손해액을 산출하고 있는바, 위와 같은 원심의 손해액 산정은 수긍할 수 있고, 거기에 원고가 지적하는 바와 같이 손해액 산정에 관한 사실오인 및 법리오해의 위법이 있다고 할 수 없다. 상고는 이유 없다.

5. 그러므로 상고를 기각하고, 소송비용은 패소자인 원고의 비용으로 하기로 하여 관여 대법관의 일치된 의견으로 주문과 같이 판결한다.

(3-1) 서울고등법원 2003. 2. 13. 선고 2002나12248 판결

【원고, 피항소인 겸 항소인】 박○희

【피고, 항소인 겸 피항소인】 대우자동차 주식회사의 소송수계인 정리회사 대우자동차 주식회사의 관리인 이○대

【제1심 판결】 인천지방법원 2002. 1. 25. 선고 99가합7073 판결

【변론종결】 2003. 1. 23

【주 문】

1. 제1심판결 중 피고 패소부분을 취소하고, 그 취소부분에 해당하는 원고의 청구를 기각한다.
2. 원고의 항소와 피고의 주위적 항소를 각 기각한다.
3. 소송총비용은 원고의 부담으로 한다.

【청구취지 및 항소취지】

1. 청구취지

원고는 정리회사 대우자동차 주식회사에 대하여 65,815,000원의 정리채권을 가짐을 확인한다

2. 항소취지

원고 : 제1심판결 중 원고 패소부분을 취소한다. 원고는 정리회사 대우자동차 주식회사에 대하여 32,689,000원의 정리채권을 가짐을 확인한다.

피고 : 주위적으로, 제1심판결을 취소한다. 원고의 이 사건 소를 각하한다. 예비적으로, 주문 제1항과 같다.

【이 유】

1. 본안전 항변에 대한 판단

이 법원이 이 부분에 관하여 설시할 이유는 제1심판결 이유란 해당부분의 기재와 같으므로 민사소송법 제420조에 의하여 이를 그대로 인용하기로 한다.

2. 기초사실

이 법원이 이 부분에 관하여 설시할 이유는 제1심판결 이유란 해당부분의 기재와 같으므로 민사소송법 제420조에 의하여 이를 그대로 인용하기로 한다.

3. 하자담보책임의 발생 여부에 관하여

이 법원이 이 부분에 관하여 설시할 이유는 제1심판결 이유란 해당부분의 기재와 같으므로 민사소송법 제420조에 의하여 이를 그대로 인용하기로 한다.

4. 불법행위책임(이른바 제조물책임)의 발생 여부에 관하여

가. 책임의 근거

(1) 원고의 주장

이 법원이 이 부분에 관하여 설시할 이유는 제1심판결 이유란 해당부분의 기재와 같으므로 민사소송법 제420

조에 의하여 이를 그대로 인용하기로 한다.

(2) 판단

이 법원이 이 부분에 관하여 설시할 이유는 제1심판결의 이유 제4의 가.(2).(마)항 "시프트 록(Shift Lock) 미장착의 설계상 결함 주장에 관하여" 부분을 다음과 같이 고쳐 쓰는 것 이외에는 제1심판결 이유란의 해당부분 기재와 같으므로 민사소송법 제420조에 의하여 이를 그대로 인용하기로 한다.

(마) 시프트 록(Shift Lock) 미장착의 설계상 결함 주장에 관하여

1) 이 사건 자동차에 시프트 록을 장착하지 않은 것이 설계상 결함에 해당하는지 여부에 관하여 살펴보기로 한다.

무릇 물품을 제조, 판매하는 제조업자 등은 그 제품의 구조, 품질, 성능 등에 있어서 그 유통 당시의 기술수준과 경제성에 비추어 기대 가능한 범위 내의 안전성과 내구성을 갖춘 제품을 제조, 판매하여야 할 책임이 있고, 당해 제조물에 제조, 설계 또는 표시상의 결함이나 기타 통상적으로 기대할 수 있는 안전성이 결여되어 있는 경우 결함이 있게 되며, 그 중 설계상의 결함이라 함은 제조업자가 합리적인 대체설계를 채용하였더라면 피해나 위험을 줄이거나 피할 수 있었음에도 대체설계를 채용하지 아니하여 당해 제조물이 안전하지 못하게 된 경우를 말하는바, 설계상의 결함의 유무를 판단함에 있어서는, 통상의 소비자가 기대하는 안전성을 제품이 가지고 있는가의 여부, 기존 설계에 따른 손해발생의 개연성, 대체설계의 가능성, 제조자에 의한 위험회피 가능성, 소비자에 의한 위험방지 가능성, 위험에 대한 소비자의 인식 등 여러 사정을 참작하여 판단하여야 할 것이다.

2) 갑제11, 16, 30 각 호증, 을제2, 4 각 호증, 을제6호증의 1, 2의 각 기재와 제1심증인 배○병, 이○종의 각 일부 증언에 변론의 전취지를 종합하면, 미국의 경우, 국립도로교통안전청(NHTSA, National Highway Traffic Safety Administration)이 1989. 1.경 시프트 록을 자동변속기 자동차의 급발진 사고의 원인인 운전자의 오조작을 예방하기 위한 방법의 하나로 소개하면서 이를 장착할 것을 권고하여 1990년 이후에는 거의 모든 자동변속기 자동차에 시프트 록이 장착된 사실, 일본의 경우에도 자동차공업회가 1990. 1.경 자동변속기 자동차의 급발진 사고의 원인인 운전자의 오조작을 예방하기 위한 방법의 하나로 키 인터록(Key Interlock) 부착 시프트 록을 장착할 것을 권고하였고, 그 무렵 거의 대부분의 자동변속기 자동차에 시프트 록이 장착된 사실, 우리나라의 경우, 현대자동차가 미국에 소나타 차종을 수출하면서 1990년경부터 처음으로 자동변속기 자동차에 시프트 록을 장착한 사실, 국내에서 판매된 자동차의 경우에는, 현대자동차가 1992년경 뉴그랜저 차종에 대하여 처음으로 시프트 록을 장착하였고, 1994년경 정리회사가 프린스와 수퍼살롱 차종에 대하여 처음으로 시프트 록을 장착하면서 차량설명서에서 시프트 록을 급출발 방지장치로 소개하고 있는 사실, 정리회사의 구동설계실 주임연구원으로 근무했던 배○병이 1993. 3.경 동료인 김○성과 함께 정리회사의 기술회보에 'AT(자동변속기)차량 급발진 사고에 대하여'란 제목 하에 위에서 살펴본 미국 국립도로교통안전청과 일본 자동차공업회의 조사보고서 내용을 소개한 사실, 시프트 록의 부품 가격이 3,500원으로 비교적 저렴하고, 이 사건 자동차가 1996년도에 제작된 사실 등을 각 인정할 수 있다.

3) 그러나, 한편 갑제4호증의 1, 2, 갑제24호증, 을제1호증의 2, 을제2, 5 각 호증, 을제6호증의 1, 2, 을제8, 23, 30, 31 각 호증의 각 기재에 변론의 전취지를 종합하면, 아래와 같은 사실들을 인정할 수 있다.

가) 시프트 록은 급발진 사고의 주된 원인이라고 보여지는 운전자의 브레이크 페달과 가속 페달의 오조작을 예방하기 위한 목적에서 발명된 것이 아니라는 점이다. 시프트 록은 운전자가 브레이크를 밟아야만 기어 변속레

버를 주차(P) 위치에서 후진(R)이나 전진(D) 위치로 움직일 수 있도록 고안된 장치(즉, 브레이크를 밟기 전에는 기어 변속레버가 주차 위치에서 다른 위치로 움직일 수 없도록 하는 장치이다)로서, 1976. 3. 9.경 미국의 톰슨(Thompson)에 의하여 특허발명되었는데, 그 발명의 배경을 보면, 당시 운전자들이 기어 변속레버를 주차(P) 또는 중립(N) 위치에 놓고 시동을 켜 놓은 채로 잠시 자동차를 떠나 있는 사이에 조수석 등에 함께 타고 있던 어린 아이들이 기어 변속레버를 만지다가 레버가 전진(D) 또는 후진(R) 위치로 움직여 자동차가 구동되어(수동변속기 자동차를 구동하기 위해서는 클러치의 조작을 필요로 하나, 자동변속기 자동차는 클러치 없이 기어 변속레버만의 조작에 의해 구동력이 발생하므로, 한편으로는 편리한 장점이 있으나, 다른 한편으로는 여러 위험을 안고 있기도 하다) 사고가 발생하는 경우가 많았는바, 그러한 사고를 막기 위한 방법으로 브레이크를 밟기 전에는 기어 변속레버가 움직일 수 없도록 한 것이다. 따라서, 시프트 록은 본래 자동차 급발진 사고의 주된 원인이라고 보여지는 운전자의 브레이크 페달과 가속 페달의 오조작을 방지하기 위한 목적에서 만들어진 것이 아닌 것이다.

나) 시프트 록이 급발진 사고의 주된 원인이라고 보여지는 운전자의 브레이크 페달과 가속 페달의 오조작을 예방하기 위한 방법의 하나로 소개된 것은 시프트 록의 부수적이고 간접적인 효과에 기인한 것이라는 점이다. 앞에서 살펴본 바와 같이 미국과 일본에서 1980년대에 들어 급발진 사고가 사회문제로 확대되자 급발진 사고에 대해 체계적인 조사를 실시하였는데, 조사 결과 차량 자체에는 급발진 사고에 직접적으로 영향을 줄만한 기계적 결함은 발견할 수 없고, 사고 원인은 운전자의 브레이크 페달과 가속 페달의 조작 잘못인 것으로 보인다는 결론을 내리면서, 그러한 페달 오조작을 예방할 수 있는 방법의 하나로 시프트 록 장착을 다른 여러 방법들, 즉 브레이크 페달과 가속 페달간의 간격을 좌우로 넓게 배치할 것, 브레이크 페달과 가속 페달의 높이를 다르게 설치할 것, 후진(R) 위치 경보장치를 장착할 것, 운전자에게 자동변속기 자동차의 올바른 운전방법을 홍보할 것 등과 함께 권고하였음을 알 수 있다.

그와 같이 시프트 록 장착을 여러 예방책 중 하나로 권고하게 된 것은 운전자의 페달 오조작으로 인한 급발진 사고가 최초 시동을 켜는 순간부터 주행 후 시동을 끄는 순간까지 모든 단계에서 발생할 수 있는데, 그 중에서 최초 시동을 켠 후 기어 변속레버를 주차(P) 위치에서 전진(D) 또는 후진(R) 위치로 변속하는 단계에서 운전자들이 브레이크를 밟지 않은 상태로 기어 변속레버를 위와 같이 변속하다가 자동차가 평소보다 강하게 움직이는 것에 놀라 브레이크 페달을 밟으려다 가속 페달을 밟아 급발진 사고가 일어나는 경우가 있다는 것이 여러 차례 보고되었기 때문이다. 즉, 시프트 록이 장착된 경우에는 시동을 켠 후 기어 변속레버를 주차 위치에서 전진 또는 후진 위치로 변속하기 위해서 반드시 브레이크페달을 밟고 있어야 하기 때문에 위와 같은 급발진 사고의 경우에 대한 예방책으로 효과가 있다고 보기 때문이다. 따라서, 시프트 록 자체가 급발진 사고 방지 장치가 아니고, 직접적으로 급발진 사고를 예방하는 효과가 있는 것도 아니며, 단지 운전자가 기어 변속레버를 주차 위치에서 다른 위치로 변속하는 경우 브레이크 페달을 밟도록 강제함으로써 브레이크 페달을 밟으려다 가속 페달을 밟는 오조작을 예방할 수 있어 간접적으로 그와 같은 경위로 발생하는 급발진 사고를 예방할 수 있다는 것이다.

다) 시프트 록 장착으로 인한 급발진 사고 예방은 모든 급발진 사고에 대하여 간접적으로 예방효과가 있는 것이 아니고, 여러 급발진 사고 유형 중 일부에 대한 예방 효과와 관련된다는 점이다. 즉, 급발진 사고는 운전자가 브레이크 페달과 가속 페달을 잘못 조작하여 일어나는 것으로 보이고, 그와 같이 페달을 잘못 조작할 수 있는 경우는 시동을 켠 순간부터 주행 후 시동을 끄는 순간까지 모든 단계에서 가능한바, 그 중에서 시프트 록 장착으로 인해 페달 오조작을 예방할 수 있는 효과가 생기는 단계는 시동을 켠 후 기어 변속레버를 주차 위치에서 후

진 또는 전진 위치로 변속하는 단계뿐이라는 것이다.

우리나라의 경우에도 1997년경부터 급발진 사고가 사회문제로 대두되자, 한국소비자보호원이 1997. 11.경부터 1998. 1.경까지 조사를 실시하여 1998. 2.경 조사결과를 발표하였는데, 그 조사대상이 1994년부터 1997년까지 발생한 급발진 사고라고 주장되는 총 80건의 사례였는바, 그 주장되는 사고 유형을 보면, ① 기어 변속레버가 주차 또는 중립 상태에서 시동을 켜자 급발진한 경우가 10건 (12.5%), ② 주차 또는 중립 상태에서 기어 변속레버를 전진 또는 후진 위치로 변속할 때 급발진한 경우가 29건 (36.3%), ③ 기어 변속레버를 전진 또는 후진 위치로 변속한 후 출발하려고 브레이크 페달에서 발을 떼는 순간 또는 주차 브레이크 레버를 내리는 순간 급발진한 경우가 6건 (7.5%), ④ 기어 변속레버를 전진 또는 후진 위치로 변속한 상태에서 가속 페달을 천천히 밟으면서 출발을 시도한 순간 또는 출발 직후 급발진한 경우가 31건 (38.7%), ⑤ 기타 시동이 꺼진 상태에서 자동차가 저절로 급발진한 경우, 또는 기어 변속레버가 주차 위치에 있는 상태에서 아무런 조작을 가하지 않았음에도 자동차가 저절로 급발진한 경우가 4건 (5%)이었다.

위 한국소비자보호원의 조사에서도 알 수 있듯이, 급발진 사고라고 주장되는 사례들 중 시프트 록 장착으로 인해 간접적으로 페달 오조작으로 인한 급발진 사고를 예방할 수 있는 것으로 보이는 것은 위 ②번 사례 중 일부(그 중에서도 주차 상태에서 기어 변속레버를 전진 또는 후진 위치로 변속할 때 급발진한 경우와만 관련되고, 중립 상태에서 그와 같이 변속할 때 급발진한 경우는 관련되지 않음)와 관련된 것으로 그 비율은 전체 급발진 사고 유형 중 최대 36.3% 정도(중립 상태에서 위와 같이 변속하다가 급발진한 경우는 제외해야 함)이다.

라) 시프트 록 장착으로 인해 페달 오조작에 기한 급발진 사고를 예방할 수 있는 효과는, 굳이 시프트 록 장착을 하지 않더라도 운전자가 자동변속기 자동차의 기본적인 안전운전요령을 지킴으로써 얻을 수 있다는 것이다. 즉, 자동변속기 자동차는 수동변속기 자동차와 달리 클러치의 조작을 필요로 하지 않고 기어 변속레버만의 조작으로 자동차가 구동되는 편리함이 있는 반면에, 시동을 켠 후 기어 변속레버를 주차 위치에서 전진 또는 후진 위치로 변속하면 즉시 자동차가 구동되기 때문에 그와 같이 기어를 변속하기 전에 미리 브레이크 페달을 밟고 있어야 하고, 기어를 변속한 후 발을 브레이크 페달에서 서서히 떼어 자동차가 움직이도록 해야 하는 것이며, 이는 자동변속기 자동차를 운전하는 운전자로서 지켜야 할 기본적인 운전요령이고, 위와 같은 기본적인 운전요령을 지킴으로써 시프트 록의 부수적이고 간접적인 효과인 페달 오조작으로 인한 급발진 사고를 예방할 수 있는 것이다. 이 사건 자동차의 취급설명서에서도 "출발시, 오른발로 브레이크 페달을 밟은 채로 변속 레버를 전진은 D4(또는 D3), 후진은 R로 위치시키십시오", "변속 레버를 P, N 이외로 위치시키면 클립현상으로 인하여 가속페달을 밟지 않아도 차가 움직여 나갑니다. 출발 전에는 반드시 브레이크 페달을 밟으십시오", "엔진 시동 직후는 자동으로 엔진 회전수가 올라가고, 클립 현상이 강하게 되오니 브레이크 페달을 확실히 밟고 있으십시오", "가속페달을 밟은 상태에서는 변속레버를 조작하지 마십시오. 급발진하여 예기치 못한 사고의 원인이 됩니다" 등 여러 차례 출발시 기어 변속레버를 주차 위치에서 전진 또는 후진 위치로 변속하기 전에 반드시 브레이크 페달을 밟도록 주의를 환기시키고 있고, 일본 자동차공업회가 1990. 1.경 발표한 조사보고서와 우리나라 한국소비자보호원이 1998. 2.경 발표한 조사보고서 및 교통안전공단 자동차성능시험연구소가 1999. 11.경 발표한 조사보고서에서 모두 급발진 사고 예방대책의 하나로 '운전자에게 자동변속기 자동차의 올바른 운전방법을 홍보할 것'을 들고 있다.

마) 시프트 록 장착으로 인해 페달 오조작으로 인한 급발진 사고를 예방할 수 있는 효과가 어느 정도인지 불

명확하다는 점이다. 시프트 록이 급발진 사고를 예방할 수 있다고 보는 것은 시프트 록이 장착됨으로써 운전자가 기어 변속레버를 주차 위치에서 다른 위치로 변속하는 경우 브레이크 페달을 밟고 있도록 강제함으로써 운전자가 가속 페달과 브레이크 페달을 혼동하여 브레이크 페달을 밟으려다 가속 페달을 밟아 발생하는 급발진 사고를 예방할 수 있다는 것인데, 이는 어디까지나 시프트 록이 장착됨으로써 부수적이고 간접적으로 그와 같은 효과를 볼 수 있다고 보는 것에 불과하다.

정리회사에 접수된 급발진 사고의 차종별 접수현황을 보면, 1993년부터 2001. 3.까지 총 967건이 접수되었는데, 그 중 1994년부터 시프트 록이 장착된 차종인 프린스와 수퍼살롱 및 1997년부터 시프트 록이 장착된 차종인 매그너스를 합한 접수건수가 390건으로 전체 사고 접수건수에서 40.3%를 차지하고 있는바, 비록 위 현황은 각 연도별 접수현황을 통계화한 것으로서 각 접수차량의 제작연도를 알 수 없어 접수된 프린스, 수퍼살롱 및 매그너스 차종 중 시프트 록이 장착된 비율을 정확히 알 수는 없으나, 그러한 사정을 감안하더라도 그 비율이 매우 높음을 알 수 있어, 시프트 록 장착으로 인해 페달 오조작으로 인한 급발진 사고를 예방할 수 있는 효과가 크다고 보기 어렵고, 그 정도를 가늠하기가 쉽지 않다고 할 것이다(원고는 미국에서 시프트 록을 대부분의 자동차에 장착한 결과 자동변속기 자동차의 사용 중 급발진 사고를 당하였다고 보고되는 사건이 75%가 감소된 것으로 조사되었고, 일본에서도 시프트 록이 자동변속기 자동차의 급발진 사고의 개선에 상당한 효과를 거두었다고 주장하나, 을제2호증의 기재만으로는 이를 선뜻 인정하기 어렵고, 달리 이를 인정할 증거가 없으며, 오히려 앞서 든 증거에 의하면, 시프트 록 장착으로 인해 급발진 사고를 예방할 수 있을 것으로 보이는 것은 여러 급발진 사고 유형 중 일부에 불과하고, 그 효과도 부수적이고 간접적인 것이며, 미국과 일본에서 급발진 사고에 관한 조사보고서 발표 이후 급발진 사고를 당하였다고 보고되는 사건이 감소하였다고 하는 것은 위 각 보고서에서 급발진 사고의 예방책으로서 권고한 여러 방안들, 즉 브레이크 페달과 가속 페달간의 간격을 넓게 배치할 것, 브레이크 페달과 가속 페달의 높이를 다르게 설치할 것, 시프트 록을 장착할 것, 후진위치 경보장치를 장착할 것, 운전자에게 자동변속기 자동차의 올바른 운전방법을 홍보할 것 등의 복합적인 결과로 인한 것인 사실을 인정할 수 있으므로, 그 중 시프트 록이 미친 영향이 어느 정도인지는 쉽게 판단할 수 없다고 할 것이다).

바) 시프트 록이 장착되어 있지 않다고 하여 그 자동차가 급발진 사고를 당할 심각한 위험에 놓여 있는 것이 아니고, 또한 시프트 록이 장착되어 있지 않은 자동변속기 자동차를 운전하는 운전자가 급발진 사고에 대한 위험을 느낀다거나, 자동차 제조회사에게 시프트 록을 새로이 장착해 줄 것을 강하게 요구하고 있는지도 의문이라는 점이다. 즉, 운전자들의 시프트 록 장착에 대한 기대가 그리 크지 않다는 점이다. 자동변속기 자동차 운전자들이 기본적인 운전요령인 기어 변속레버를 주차 위치에서 다른 위치로 변속하는 경우 브레이크 페달을 밟고 있어야 함을 지킨다면 페달 오조작으로 인한 급발진 사고를 예방할 수 있다는 의미에서의 시프트 록은 불필요한 것이기 때문이다.

사) 우리나라에서 급발진 사고에 대한 대응과 자동변속기 자동차에 시프트 록이 장착된 경위는 다음과 같다. 1992년경 현대자동차가 뉴그랜저 차종에 시프트 록을 장착하기 시작하여, 1994년경 정리회사가 프린스와 수퍼살롱 차종에, 1997년경 정리회사가 레간자 차종에, 1998년경 현대자동차가 EF소나타와 그랜저 XG 차종에 각 시프트 록을 장착하였고, 그 후 정리회사가 1999년 말경 누비라, 매그너스, 레조 차종에, 2000년경 마티즈, 라노스 차종에, 현대자동차가 2000년경 아토스, 베르나, 아반떼, 티뷰론, 갤로퍼, 싼타모, 스타렉스 차종에, 기아자동차가

1999년 말경 비스토, 아벨라, 프라이드, 세피아, 슈마, 크레도스, 스포티지 차종에, 2000년경 포텐샤, 엔터프라이즈 차종에 각 시프트 록을 장착하였다.

위와 같이 우리나라의 경우 시프트 록이 1999년 말경부터 널리 장착되기 시작한 배경을 보면, 1997년경 급발진 사고가 언론에 소개되어 널리 알려지면서 사회문제로 대두되었고, 그 원인이 자동차 자체에 결함이 있는 것이라고 주장하는 사고 피해자들과 운전자의 페달 오조작이라고 주장하는 자동차 제조회사들간에 다툼이 있게 되자, 그 원인을 규명하는 차원에서 한국소비자보호원이 1997. 11.경부터 1998. 1.경까지 1994년부터 1997년까지 급발진 사고라고 주장된 총 80건의 사고사례를 대상으로 엔진, 미션, 제동장치 및 전자제어장치 등의 구조 및 작동원리 등에 관하여 조사를 실시한 결과, 차량측 요인에 의한 급발진 가능성은 거의 희박하다고 결론을 내렸고, 교통안전공단 자동차성능시험연구소가 한국소비자보호원 조사 시기를 전, 후하여 전자파 장애로 인한 급발진 사고 가능성을 조사하였으나 역시 자동차 자체에 결함이 없다는 결론을 내렸다.

그러나, 여전히 그 조사 결과의 신빙성 및 객관성에 의문이 제기되어 보다 체계적인 조사를 위해, 자동차성능시험연구소가 1999. 2. 4. 건설교통부에 급발진 사고 조사 연구 계획을 보고하였고, 1999. 2. 25. 건설교통부 주관하에 자동차성능시험연구소, 한국소비자보호원, 자동차 제작 3사 등이 구체적인 일정 등 계획을 확정하였으며, 1999. 3. 2. 조사전담팀을 구성하였고, 1999. 5. 11. 자문위원으로 선정된 학계 전문가인 대학교수 3인의 자문을 거쳐 실험항목 및 방법을 확정하였으며, 자동차성능시험연구소가 1999. 6. 1.부터 실험에 착수하였는데, 조사 및 실험의 공정성과 신뢰성을 확보하기 위하여 정부기관, 언론기관 및 시민단체 등에 실험과정을 공개하였고, 실제로 실험 진행 중 정부기관으로서 정보통신부, 전파연구소 및 국립과학수사연구소, 정부출연기관으로서 한국소비자보호원, 시민단체로서 급발진사고피해자모임, YMCA, 소비자연맹, 교통문제를연구하는시민의모임 및 교통문화운동본부 등이 참관하였으며, 자동차성능시험연구소가 1999. 11.경 조사결과 엔진 분야, 변속기 분야, 제동장치 분야 및 전자파 분야 등 모든 분야에서 급발진을 발생시키는 자동차의 구조적인 결함은 발견되지 않았다고 발표하면서, 그 사고예방 대책으로 정부와 제작사들에게 시프트 록 장착, 매트고정장치 부착 및 운전자로 하여금 올바른 운전을 유도할 수 있는 방안들을 강구할 것을 권고하였는바, 위 권고에 따라 정리회사를 포함한 자동차 제조회사들이 1999년 말경부터 2000년경에 걸쳐 시프트 록을 모든 자동차에 장착하기 시작하였음을 알 수 있다.

4) 위에서 인정한 사실들을 종합하면, 시프트 록을 장착함으로써 기본적인 안전운전요령을 지키지 않는 운전자들로 하여금 여러 급발진 사고 유형 중 일부인 기어 변속레버를 주차 위치에서 다른 위치로 변속하는 단계에서 브레이크 페달과 가속 페달을 혼동하여 발생하는 급발진 사고를 예방할 수 있는 효과가 있을 것으로 보이기는 하나, 그러한 효과를 위해 자동차 제조회사로 하여금 시프트 록 장착을 권고 또는 강제하거나 시프트 록을 장착하지 않았다고 하여 이를 설계상 결함으로 보아 손해배상책임이 있다고 인정하기 위해서는 소비자들의 기대 가능성, 시프트 록 미장착으로 인한 위험 정도 등과 함께 시프트 록의 보급 정도도 감안하여 판단하여야 할 것인바, 지금까지 위에서 살펴본 여러 사정들, 즉 시프트 록은 그 자체가 자동차 급발진 사고 방지 장치가 아니고, 급발진 사고의 원인으로 보이는 운전자의 브레이크 페달과 가속 페달의 오조작을 방지하기 위한 것과 직접적인 관련이 없는 점, 시프트 록이 급발진 사고 예방에 효과가 있다고 보는 것은 시프트 록이 장착되면 운전자가 기어 변속레버를 주차 위치에서 다른 위치로 변속할 경우 브레이크 페달을 밟도록 강제하는 효과가 있어 그로 인해 운전자가 브레이크 페달과 가속 페달을 혼동하여 오조작을 일으킬 확률이 낮아지고 그로 인해 그러한 페달 오조작으로 인한 급발진 사고를 예방할 수 있는 부수적이고, 간접적인 효과가 있다고 보기 때문인 점, 시프트 록 장착으로

인해 페달 오조작에 기한 급발진 사고 예방 효과는 여러 급발진 사고 유형 중 일부인 운전자가 기어 변속레버를 주차 위치에서 다른 위치로 변속하는 단계에서만 문제되는 것으로서 그 비율이 그리 높지 않은 점, 기어 변속레버를 주차 위치에서 다른 위치로 변속하는 경우 브레이크 페달을 밟고 있어야 하는 것은 자동변속기 자동차를 운전하는 운전자로서 당연히 지켜야 할 기본적인 안전운전요령으로서 그와 같은 안전운전요령을 지킨다면 굳이 시프트 록이 장착되어 있지 않더라도 시프트 록을 장착한 것과 동일한 효과를 거둘 수 있는 점, 시프트 록 장착이 급발진 사고 예방에 어느 정도 효과가 있는지 불분명한 점, 시프트 록이 장착되어 있지 않다고 하여 그 자동차가 급발진 사고의 발생가능성이 높다고 보기 어렵고, 운전자 또한 시프트 록이 장착되어 있지 않다고 하여 급발진 사고 발생의 위험을 심각하게 인식하지도 않는다는 점, 자동차 기술 수준의 발달과 자동차의 보급 정도, 자동차의 이용 모습 등 사용문화는 각 나라마다 다르기 때문에 이를 동일하게 취급할 수 없고, 우리나라의 경우 급발진 사고가 사회문제로 대두된 것은 1997년경이고, 객관적이고 체계적인 조사결과가 발표된 시기는 1999. 11.경이며, 그 조사보고서에서 급발진 사고를 예방할 수 있는 대책의 하나로 시프트 록을 장착할 것을 자동차 제조회사들에게 권고한 점 등을 종합적으로 고려해 볼 때, 자동차를 제작하는 정리회사로서는, 그 동안 급발진 사고 문제가 사회문제로 제기되고 그 원인에 대하여 건설교통부의 주관 하에 객관적이고 체계적인 조사가 이루어진 결과 그에 대한 대책으로 자동변속기 자동차에 시프트 록을 장착하도록 권고받은 1999. 11.경에는 적어도 자동변속기 자동차 운전자의 페달 오조작으로 인한 사고 발생 방지를 위하여 안전장치인 시프트 록을 설치할 의무를 부담하게 되었다고 봄이 상당하고, 그 이후에 제작된 자동변속기 자동차에 시프트 록을 설치하지 않는 것은 설계상의 결함에 해당함과 아울러 제조업자로서의 결함 없는 제조물을 생산할 주의의무를 위반한 과실이 있다고 봄이 상당할 것이나, 이 사건 자동차가 그 이전인 1996년도에 제작된 사실은 앞서 본 바와 같으므로, 이 사건 자동차에 시프트 록이 장착되어 있지 않다고 하여 이 사건 자동차가 사회통념상 확보하여야 할 안전성을 결하고 있다고 보기 어렵다고 할 것이므로, 이 사건 자동차에 시프트 록을 장착하지 않은 것이 설계상 결함에 해당한다는 원고의 주장은 이유 없다(나아가 원고는, 정리회사가 이 사건 자동차를 제조, 공급한 후 시프트 록이 급발진을 방지할 수 있는 장치로 기능함을 알고 있었음에도 불구하고, 사후에 급발진 사고 가능성이 있는 이 사건 자동차에 시프트 록을 장착하지 않은 것은 제조자로서 제조물 계속감시의무를 게을리 한 것이므로 과실이 있다는 취지로 주장하나, 1999. 11.경 이전에 제작된 이 사건 자동차에 시프트 록을 장착하지 않은 것이 설계상 결함에 해당한다고 할 수 없음은 앞에서 본 바와 같고, 앞에서 인정한 시프트 록의 개발 목적, 효과, 장착 경위와 결과 등에 비추어 보면, 정리회사가 이 사건 자동차 제조 후에 시프트 록이 급발진을 방지할 수 있는 장치로 기능함을 알고 있었다고 하더라도 이 사건 사고 당시까지 이를 장착하지 않은 것이 제조물 계속감시의무를 위반하였다고 인정하기 어렵고, 달리 원고가 제출한 모든 증거를 종합하더라도 이를 인정하기에 부족하다).

나. 소결론

따라서, 이 사건 자동차에 제조, 설계 또는 경고상의 결함이 있거나 그와 같은 결함이 있음이 추정되어 정리회사에게 이 사건 자동차의 제조와 관련된 과실이 있음을 전제로 한 원고의 이 사건 청구는 더 나아가 살펴볼 필요 없이 이유 없다.

5. 결 론

그렇다면, 원고의 이 사건 청구는 이유 없어 이를 기각할 것인바, 이와 결론을 일부 달리한 제1심판결은 부당하므로 피고의 예비적 항소를 받아들여 제1심판결 중 피고 패소부분을 취소하고, 그 취소부분에 해당하는 원고의 청구를 기각하기로 하며, 원고의 항소와 피고의 주위적 항소는 모두 이유 없어 이를 각 기각하기로 하여 주문과 같이 판결한다.

(3-2) 대법원 2004. 3. 12. 선고 2003다16771 판결[공2004.4.15.(200), 611]

【원고, 상고인】 박○희

【피고, 피상고인】 대우자동차 주식회사의 소송수계인 정리회사 대우자동차 주식회사의 관리인 이○대의 소송수계인 정리회사 대우자동차 주식회사의 관리인 김○식

【원심판결】 서울고등법원 2003. 2. 13. 선고 2002나12248 판결

【주 문】

상고를 기각한다. 상고비용은 원고가 부담한다.

【이 유】

1. 자동차의 제조·설계상의 결함 주장에 관하여

원심은 제1심판결의 일부를 인용하여, 원고는 서광건설산업 소속 주차관리원으로서 1997. 2. 3. 18:00경 위 건물 부설 주차장에 세워져 있던 주식회사 금강이앤아이 소유의 아카디아 승용차(이하 '이 사건 자동차'라고 한다)를 이동시키기 위하여 위 자동차에 탑승하여 시동을 켜고 자동변속기의 선택레버를 주차에서 전진으로 이동하였는데, 그러자 위 자동차가 갑자기 앞으로 진행하면서 그 곳에 주차되어 있던 다른 자동차를 충격하고 계속 전진하면서 다른 주차차량과 음식점의 벽면을 잇달아 충격한 후 정지하였고 그에 따라 위 자동차들 및 음식점 벽의 일부가 파손된 사실, 이 사건 자동차는 위 사고 이전에 엔진, 자동변속기, 브레이크 내지 전자제어장치에 이상이 생기거나 급발진사고를 일으킨 적이 없으며 사고 후 점검 결과 차량 부품 등의 이상이 발견되지 않은 사실, 위 자동차는 정리회사 대우자동차 주식회사(2000. 11. 30. 회사정리절차 개시)가 1996.에 제조한 사실을 인정하였다.

그 다음 원심은, 정리회사가 이 사건 자동차를 제조함에 있어 엔진제어장치를 부적절한 위치에 장착하고 전자파 간섭을 받지 않도록 하는 장치를 부가하지 않고 전자파 간섭시험을 하지 않은 등의 제조·설계상 결함이 있고, 그 결함이 사고 당시 전자파 간섭으로 인한 엔진제어장치의 작동불량상태를 일으켜 급발진사고를 초래하였다는 원고의 주장에 대하여, 판시 증거들을 종합할 때 자동차가 운전자의 의도와 달리 급발진(급전진 및 급후진)하여 사고로 연결되려면 분당 엔진회전수가 4000 정도까지 올라간 상태가 유지되고 스로틀 밸브가 완전히 열리며 브레이크에 의한 제동이 제대로 되지 않는 등의 조건을 갖추어야 하는데, 스로틀 밸브는 액셀러레이터 페달을 밟아야만 열리도록 되어 있고 엔진제어장치의 결함으로 공회전속도조절장치밸브 등이 열린다고 할지라도 급발진에 필요한 분당 엔진회전수에 이르지 못하는 등 자동차공학상 운전자의 의사와 무관하게 즉, 운전자가 액셀러레이터 페달을 밟지 않은 상태에서 급발진이 일어나기는 사실상 어려운 사실, 미국에서는 국립도로교통안전청이 1989. 1.경 자동변속기 차량의 급발진사고 원인을 조사하여 자동차 자체에는 급발진에 직접적인 영향을 줄 기계적 결함을 발견할 수 없고 급발진사고 원인은 운전자의 조작 잘못으로 보인다는 결과를 발표한 바 있으며, 캐나

다 및 일본에서도 유사한 연구조사 결과가 발표된 사실, 우리나라에서도 소비자보호원이 1998. 2.경 급발진사고 사례를 조사한 외 교통안전공단 자동차성능시험연구소가 1999. 11.경 건설교통부 주관하에 연구조사한 결과 급발진을 일으키는 자동차의 구조적인 결함은 발견되지 않고 일상생활에서 접할 수 있는 전자파 간섭의 영향력은 미미하여 운전자가 액셀러레이터 페달을 밟지 않는 한 급발진이 생길 수 없다는 조사 결과가 발표된 사실 등을 인정하고, 그렇다면 이 사건 급발진사고는 원고가 시동을 걸고 자동변속기 레버를 전진으로 이동하는 단계에서 액셀러레이터 페달을 밟지 않아야 할 상황인데도 비정상적으로 액셀러레이터 페달을 밟음으로써 발생한 것으로 추인함이 상당한바, 그렇다면 이 사건 자동차의 엔진제어장치에 원고 주장과 같은 전자파 간섭과 관련한 제조·설계상 결함이 존재한다거나 그 결함으로 인하여 급발진사고가 발생하였다고 볼 수 없다고 판단하였다.

나아가 원심은 오랜 운전경력에 동종의 사고를 낸 적이 없는 원고가 통상적으로 자동차를 운전하던 중 급발진사고가 발생하였으니 정리회사가 이 사건 자동차를 제조·설계하는 과정에서 발생한 결함으로 인하여 급발진사고가 발생한 것으로 추정되어야 한다는 원고의 주장에 대하여, 원고의 페달 오조작으로 인하여 위 자동차가 급발진한 것으로 추인되는 한 이러한 사고경위에 비추어 볼 때 원고가 사고 당시 이 사건 자동차를 정상적으로 사용하고 있었음에도 제조업자의 배타적인 지배하에 있는 영역에서 사고가 발생하였다고 볼 수 없으므로 이 사건 자동차의 결함으로 인하여 급발진사고가 발생한 것으로 추정할 수도 없다는 취지로 판단하였다.

물품을 제조·판매하는 제조업자는 그 제품의 구조·품질·성능 등에 있어서 그 유통 당시의 기술수준과 경제성에 비추어 기대 가능한 범위 내의 안전성과 내구성을 갖춘 제품을 제조·판매하여야 할 책임이 있고, 이러한 안전성과 내구성을 갖추지 못한 결함으로 인하여 소비자에게 손해가 발생한 경우에는 불법행위로 인한 손해배상의무를 부담하며(대법원 1977. 1. 25. 선고 75다2092 판결, 1992. 11. 24. 선고 92다18139 판결 등 참조), 한편 고도의 기술이 집약되어 대량으로 생산되는 제품의 결함을 이유로 그 제조업자에게 손해배상책임을 지우는 경우 그 제품의 생산과정은 전문가인 제조업자만이 알 수 있어서 그 제품에 어떠한 결함이 존재하였는지, 그 결함으로 인하여 손해가 발생한 것인지 여부는 일반인으로서는 밝힐 수 없는 특수성이 있어서 소비자 측이 제품의 결함 및 그 결함과 손해의 발생과의 사이의 인과관계를 과학적·기술적으로 입증한다는 것은 지극히 어려우므로 그 제품이 정상적으로 사용되는 상태에서 사고가 발생한 경우 소비자 측에서 그 사고가 제조업자의 배타적 지배하에 있는 영역에서 발생하였다는 점과 그 사고가 어떤 자의 과실 없이는 통상 발생하지 않는다고 하는 사정을 증명하면, 제조업자 측에서 그 사고가 제품의 결함이 아닌 다른 원인으로 말미암아 발생한 것임을 입증하지 못하는 이상 그 제품에게 결함이 존재하며 그 결함으로 말미암아 사고가 발생하였다고 추정하여 손해배상책임을 지울 수 있도록 입증책임을 완화하는 것이 손해의 공평·타당한 부담을 그 지도원리로 하는 손해배상제도의 이상에 맞는 것임(대법원 2000. 2. 25. 선고 98다15934 판결 등 참조)은 상고이유에서 주장하는 바와 같다.

그러나 위 법리에 비추어 살펴보더라도 앞서본 바와 같이 이 사건 자동차의 엔진제어장치에 원고 주장과 같은 결함이 있음을 인정할 수 없고, 나아가 이 사건 자동차가 정상적으로 사용되는 상태에서 제조업자의 배타적 지배하에 있는 영역에서 사고가 발생하였다는 점이 입증되지 아니하므로 원심이 위 급발진사고가 자동차의 결함으로 인하여 발생하였다고 추정할 수도 없다고 보아 이 부분 원고의 주장을 배척한 조치는 정당하고, 거기에 상고이유 주장과 같은 판결에 영향을 미친 채증법칙 위배로 인한 사실오인, 심리미진, 대법원판례 위반, 판단유탈 등의 위법이 있다고 할 수 없다. 한편, 자동차의 급발진은 엔진제어장치의 결함이 아니라 원고의 페달 오조작으로 인한 것으로 추인되는 이 사건에서 원심이 원고 주장의 다른 결함, 즉 고성능의 컴퓨터를 장착하지 않았다거나 전자파 간섭에 의한 작동불량유형 및 영향분석실험을 실시하지 않았다는 점에 대하여 별도로 판단하지 아니하였다 하여 판단유탈의 위법이 있다고 할 수 없다.

2. 보다 안전한 대체설계를 하지 않음으로 인한 설계상의 결함 주장에 관하여

설령 이 사건 급발진사고가 운전자의 액셀러레이터 페달 오조작으로 발생하였다고 할지라도, 만약 제조자가 합리적인 대체설계를 채용하였더라면 급발진사고를 방지하거나 그 위험성을 감소시킬 수 있었음에도 대체설계를 채용하지 아니하여 제조물이 안전하지 않게 된 경우 그 제조물의 설계상의 결함을 인정할 수 있지만, 그러한 결함의 인정 여부는 제품의 특성 및 용도, 제조물에 대한 사용자의 기대의 내용, 예상되는 위험의 내용, 위험에 대한 사용자의 인식, 사용자에 의한 위험회피의 가능성, 대체설계의 가능성 및 경제적 비용, 채택된 설계와 대체설계의 상대적 장단점 등의 여러 사정을 종합적으로 고려하여 사회통념에 비추어 판단하여야 할 것이다(대법원 2003. 9. 5. 선고 2002다17333 판결 참조).

그런데 기록에 의하여 살펴보면, 이 사건에서 원고가 급발진사고를 방지할 수 있는 대체설계로서 주장한 쉬프트 록(Shift Lock)은 운전자가 브레이크 페달을 밟아야만 자동변속기 레버를 주차 위치에서 전(후)진 위치로 움직일 수 있도록 고안된 장치로서 쉬프트 록을 장착하더라도 모든 유형의 급발진사고에 대하여 예방효과가 있는 것이 아니고 시동을 켠 후 자동변속기의 레버를 주차 위치에서 후진 또는 전진 위치로 변속하는 단계에서 비정상적으로 액셀러레이터 페달을 밟는 경우에 한하여 이를 방지 또는 감소시키는 효과를 가질 뿐이며, 또한 설령 쉬프트 록이 장착된 차량이라고 할지라도 운전자가 자동변속기를 주차가 아닌 다른 위치에서 변속시키는 과정에서 급발진사고가 발생하는 위험성은 방지할 수 없어서 쉬프트 록의 장착으로 급발진 사고를 예방할 수 있는 효과가 크다고 보기 어렵고 그 정도를 가늠하기도 어려운 점, 운전자가 자동변속기 자동차의 기본적인 안전운전 요령만 숙지하여 실행하면 굳이 쉬프트 록을 장착하지 않더라도 동일한 사고예방효과가 있는데 자동차는 법령에 정하여진 바에 따른 운전면허를 취득한 사람만이 운전할 수 있고 액셀러레이터 페달의 올바른 사용은 자동차 운전자로서 반드시 숙지하여야 할 기본사항인 점, 일반적으로 자동변속기 또는 액셀러레이터 페달의 오조작을 감소시키려면 쉬프트 록 이외에도 여러 가지 안전장치를 강구할 수 있는 점, 통계상 급발진사고를 일으킨 차량은 그 이전에 동종의 사고를 일으킨 적이 없으며 그 후에도 그러하기 때문에 그 차량에 대하여 급발진사고를 대비한 안전장치가 없다고 하여 그 자동차가 통상적으로 기대되는 안정성을 결하였다고 보기 어렵다는 점 등 여러 사정에 비추어 볼 때 정리회사가 이 사건 자동차에 쉬프트 록을 장착하였더라면 급발진사고를 방지하거나 그 위험성을 감소시킬 수 있었음에도 이를 장착하지 아니하여 위 자동차가 안전하지 않게 된 설계상의 결함이 있다고는 볼 수 없는 것이다.

또한, 기록에 의하면 국내외의 조사 결과 급발진사고를 일으킨 차량들에 있어서 액셀러레이터 페달과 브레이크 페달 사이의 간격과 사고 사이에는 관련성은 없는 것으로 밝혀진 사실, 페달 간격을 넓게 배치하면 오히려 위급상황시의 대처가 어렵게 될 위험성이 있는 사실이 인정되는바, 그렇다면 이 사건 자동차의 페달 간격에 있어서 운전자의 오조작을 야기할 수 있는 설계상의 결함이 있다고 볼 수도 없다.

원심이 같은 취지에서 이 사건 자동차의 쉬프트 록 미장착 또는 액셀러레이터 페달과 브레이크 페달 사이의 간격과 관련한 설계상 결함이 운전자의 페달 오조작을 일으켜 급발진사고가 발생하였다는 원고의 주장을 배척한 조치는 정당하고, 거기에 상고이유의 주장과 같은 판결에 영향을 미친 사실오인, 법리오해의 위법이 없다.

3. 표시상의 결함 주장에 관하여

제조자가 합리적인 설명·지시·경고 기타의 표시를 하였더라면 당해 제조물에 의하여 발생될 수 있는 피해나 위험을 줄이거나 피할 수 있었음에도 이를 하지 아니한 때에는 표시상의 결함에 의한 제조물책임이 인정될 수 있지만, 그러한 결함 유무를 판단함에 있어서는 제조물의 특성, 통상 사용되는 사용형태, 제조물에 대한 사용자의 기대의 내용, 예상되는 위험의 내용, 위험에 대한 사용자의 인식 및 사용자에 의한 위험회피의 가능성 등의 여러 사정을 종합적으로 고려하여 사회통념에 비추어 판단하여야 할 것이다(위 대법원 2002다17333 판결 등 참조).

기록에 의하면, 이 사건 자동차의 취급설명서에 엔진시동 시에는 액셀러레이터 페달과 브레이크 페달의 위치를 확인한 후 브레이크 페달을 밟고 시동을 걸고 자동변속기 선택레버를 이동시키라는 지시문구가 기재되어 있으므로 원고가 위 지시 내용을 확인하고 이에 따랐더라면 이 사건 사고는 충분히 예방할 수 있었던 점을 인정할 수 있으므로, 법령에 의한 면허를 갖춘 사람만이 운전할 수 있는 자동차에 있어서 위의 지시 외에 운전자가 비정상적으로 액셀러레이터 페달을 밟는 경우까지 대비하여 그에 대한 경고나 지시를 하지 아니하였다 하여 결함이 존재한다고 볼 수는 없다고 할 것이다.

같은 취지에서 지시상 결함을 부정한 원심의 조치는 정당하고, 거기에 상고이유의 주장과 같은 판결에 영향을 미친 사실오인, 법리오해의 위법이 없다.

4. 그러므로 상고를 기각하고, 상고비용은 패소자인 원고가 부담하기로 관여 대법관의 의견이 일치되어 주문과 같이 판결한다.

(4-1) 서울고등법원 2001. 11. 29. 선고 2000나36455 판결

【원고, 항소인】 이○미외 3인
【피고, 피항소인】 김○회
【변론종결】 2001. 11. 15.
【원심판결】 춘천지방법원 강릉지원 2000. 6. 15. 선고 97가합2194 판결

【주 문】

1. 원심판결 중 아래에서 지급을 명하는 부분에 해당하는 원고들 패소부분을 취소한다. 피고는 원고 이○미에게 금 43,584,188원, 원고 이○규, 같은 정○선에게 각 금 3,000,000원, 원고 이○은에게 금 1,000,000원 및 위 각 금원에 대한 1994. 6. 11.부터 2001. 11. 29.까지는 연 5%의, 그 다음날부터 다 갚을 때까지는 연 25%의 각 비율로 계산된 금원을 지급하라.
2. 원고들의 나머지 항소를 모두 기각한다.
3. 소송비용은 1, 2심을 통하여 이를 5분하여 그 3은 피고의, 나머지는 원고들의 각 부담으로 한다.
4. 제1항은 가집행할 수 있다.

【청구취지 및 항소취지】

원심판결을 취소한다. 피고는 원고 이○미에게 금 85,998,341원, 원고 이○규, 같은 정○선에 각 금 5,000,000원, 원고 이○은에게 금 4,000,000원 및 위 각 금원에 대한 1994. 6. 11.부터 이 판결 선고일까지는 연 5%의, 그 다음날부터 다 갚는 날까지는 연 25%의 각 비율로 계산된 금원을 지급하라(당심에 이르러 원고 이○미는 청구

를 감축하고, 원고 이○은은 청구를 확장했다).

【이 유】

1. 손해배상책임의 발생

가. 인정사실

아래 인정사실은 당사자 사이에 다툼이 없거나, 갑 제1호증, 갑 제2호증, 갑 제3호증, 갑 제4호증, 갑 제5호증, 갑 제6호증, 갑 제10호증의 1, 2, 갑 제13호증의 1 내지 3, 갑 제14호증, 갑 제15호증, 갑 제16호증, 갑 제17호증, 갑 제18호증, 갑 제20호증의 1, 2, 을 제1호증, 을 제2호증의 1 내지 5의 각 기재, 갑 제9호증의 1 내지 3, 갑 제11호증의 1, 2의 각 영상과 원심법원의 의료법인 동인병원장, 원광대학교 의과대학병원장, 연세대학교 원주의과대학 원주기독병원장에 대한 각 사실조회결과, 원심법원의 대한의사협회장에 대한 사실조회결과, 원심법원의 서울대학교병원장에 대한 신체감정촉탁결과, 이 법원의 대한의사협회장에 대한 사실조회결과, 이 법원의 연세대학교 영동세브란스병원장에 대한 사실조회결과 및 진료기록감정촉탁결과를 종합하면 인정할 수 있고, 을 제3호증의 1, 2의 각 기재는 그 인정에 방해가 되지 아니하며 달리 그 인정을 좌우할 증거가 없다.

(1) 원고 정○선은 1994. 6. 11. 피고 경영의 강릉시 옥천동에 있는 '○산부인과의원'에 입원하여 원고 이○미를 출산한 산모이고, 원고 이○규는 원고 이○미의 아버지이며 원고 이○은은 그 언니이다.

(2) 원고 정○선은 1990. 9. 21. 위 의원에서 정상적인 질식분만(膣式分娩)을 통하여 3.5kg의 원고 이○은을 어렵게 출산한 경험이 있는 경산부(更産婦)로서 1993. 10. 20. 위 위원에 내원하여 피고로부터 임신(출산예정일 1994. 6. 15.경)을 확인받고 그때부터 피고로부터 진찰을 받아왔다.

(3) 원고 정○선은 1993. 12. 3. 피고로부터 진단을 받은 결과 혈압은 110/60, 체중은 66kg, 태아의 심장박동 및 운동은 양호하고 태아의 크기는 12+4주 크기이며, 소변검사결과 요단백은 없고 요당에서 약양성의 반응이 보였다. 그 후 정기적인 산전진찰에서 혈압, 산모의 체중증가, 태아심박, 태아성장도 및 태위는 모두 정상이었으나 피고는 위 소변검사결과 위 원고에게 임신성당뇨가 있을지 모른다고 의심하여 이에 대한 검사를 하거나 기왕력(既往歷) 또는 가족력(家族歷)을 조사한 적은 없었다. 위 원고는 1994. 6. 9. 피고로부터 출산전 최종적으로 산전진찰을 받았는데, 혈압은 120/70, 체중은 77kg, 자궁고(子宮高)는 38cm, 정상태위, 태아 심장박동 및 운동은 양호, 태아두횡경(胎兒頭橫經)은 92mm, 자궁경부(子宮頸部)는 약간 소실(消失)되고 1횡지(橫指) 정도 개대(開大)된 상태로 특별한 이상 소견을 보이지 않았으나 피고로부터 초음파검사에 따르면 임신한 태아가 크다는 이야기를 들었다.

(4) 원고 정○선은 1994. 6. 11. 06:30경 양수가 파열되자 같은 날 07:35경 위 의원에 입원하였다. 위 원고는 전에 원고 이○은을 출산할 당시 난산한 경험이 있고 임신한 태아가 크다는 이야기를 들었으므로 피고에게 정상적인 질식분만이 아닌 제왕절개술에 의한 출산을 바란다고 하였으나, 피고는 원고 정○선이 전에 정상적인 질식분만을 한 경험이 있어 제왕절개술을 할 필요가 없다고 판단하여 원고의 요청에도 불구하고 질식분만을 실시하였다. 그런데 분만 도중인 같은 날 10:14경 피고는 원고 이○미의 태아두가 만출되지 않자 흡입분만기를 이용하여 위 원고의 태아두를 만출시켰으나 태아의 어깨가 산모의 골반내에 걸려 더 이상 분만이 진행되지 않는 견갑난산(肩胛難産, shoulder dystocia)에 처하게 되자 원고 정○선의 회음부(會陰部)의 가운데 부분을 절개한 후 위 원고의 치골(恥骨, pubis)상부를 압박하면서 후방어깨분만법으로 4.45kg의 원고 이○미를 만출시켰다. 그

런데 원고 이○미는 출산 당시 신경마비로 인한 우측상지의 근력 약화, 근위축, 관절가동 영역의 제한의 우측 상완(上腕) 신경총(神經叢) 부분마비 증세가 나타나 분만 직후부터 오른쪽 팔의 운동성이 전혀 나타나지 않으며 그 후 재활치료를 받았음에도 불구하고 향후 신경재생이 이루어질 가능성이 희박한 영구적인 장애가 남게 되었다.

(5) 한편, 원고 정○선은 1996. 3. 15. 실시한 혈액 및 소변검사에서 당뇨증세가 있는 것으로 밝혀졌다.

(6) 견갑난산은 태아의 머리보다 어깨가 더 커서 머리는 산모의 골반을 통과하였음에도 어깨가 산모의 골반 내에 걸리는 것으로, 분만전까지 이를 정확하게 진단하는 것은 불가능하다. 견갑난산이 발생할 위험요인으로는 임산부가 비만이거나 경산부인 경우, 임산부에게 당뇨가 있는 경우, 지연임신, 분만 1기와 2기 사이의 지연, 감자분만 등 여러 가지 요인이 있으나 실제 임상적으로 이러한 개개의 요소들이 견갑난산의 발생에 다인적 요인으로 영향을 주며 이것이 단일 요인에 의하여 발생한다고는 판단할 수 없다. 그러나 임산부에게 당뇨증세가 있어 과다한 혈당으로 태아가 커지는 경우에는 지방과 근육의 발달로 불균형하게 복부와 어깨가 커지고 또한 경산부의 경우에는 초산부에 비하여 거대아를 임신할 가능성이 높으며 따라서 임상적으로 당뇨증세가 있는 경산부의 경우에는 거대아를 임신하여 견갑난산이 발생할 가능성이 높다. 일반적으로 견갑난산의 위험성을 예측할 수 있는 경우에는 무리한 질식분만보다는 제왕절개술에 의한 분만을 행하는 것이 안전하다. 질식분만 중 견갑난산이 발생하는 경우에는 회음부를 절개하여 충분히 공간을 확보한 후 태아의 머리를 하부견인하면서 조수가 적당한 치골상박을 압박하여 주는 치골상방압박법을 사용하고, 위 방법이 실패했을 경우에는 산모의 다리를 배에 닿게끔 구부려 골반경사(pelivic inclination)의 각을 줄여 골반에서 두위(頭位)가 회전함으로써 꽉 끼인 앞쪽 어깨를 풀어 주는 방법(McRoberts 수기법)을 사용하며, 위 방법도 실패하였을 경우에는 뒤쪽 어깨를 시계방향으로 180도 회전시킴으로써 꽉 끼인 앞쪽 어깨를 풀어 주는 방법(Wood 나사법)을 사용한다. 위 방법마저 실패하는 경우에는 뒤쪽 팔의 분만을 시도하고 최후로 쇄골을 골절하여 분만하는 방법을 시도하는 것이 권장되고 있으나 어느 것이든 상완 신경총 마비를 완전히 예방할 수 있는 방법은 되지 못한다.

(7) 상지의 근력 약화, 근위축, 관절가동 영역의 제한을 초래하는 상완 신경총 마비는 목 뒤의 경추에 연결된, 팔의 운동을 제어하는 신경이 어떠한 원인으로 손상되었을 때에 발생하는바, 견갑난산의 경우 태아의 목과 어깨 뒷부분을 잡고 태아를 회전시키는 과정에서 심하게 잡아당기거나 회전시키는 경우에 발생할 가능성이 있다.

나. 판단

위에서 인정한 산전진찰 및 분만과정 등을 종합하여 보면, 비록 견갑난산을 분만전까지 정확하게 진단하는 것은 불가능하고 또한 견갑난산이 발생할 위험요인으로는 여러 가지가 있어 그것들이 다인적 요인으로 영향을 주며 단일 요인에 의하여 견갑난산이 발생한다고 판단할 수는 없다 할지라도, 임산부가 경산부이거나 임산부에게 당뇨가 있는 경우에 거대아를 임신할 가능성이 높고 특히 당뇨가 있는 임산부의 경우에는 불균형하게 복부와 어깨가 큰 거대아를 임신할 가능성이 높아 견갑난산이 발생할 가능성이 일반적인 경우보다 높으므로, 산부인과 전문의인 피고로서는 일단 원고 정○선에게 당뇨의 증상이 있으면 그에 따른 견갑난산의 발생가능성을 예측하여 향후 질식분만이 아닌 제왕절개술에 의한 분만도 고려하였어야 할 것이다. 그런데 앞서 본 바와 같이 1993. 12. 3. 실시한 산전진찰에서 위 원고에게 요당에 약양성의 반응이 있었으며 실제로 출산 후 당뇨증세가 있었으므로 피고는 산전에 위 원고에게 당뇨증세가 있는지 여부를 확진하기 위하여 기왕력이나 가족력을 조사하고 위 원고에게 임신성 당뇨검사를 실시하였어야 함에도 이를 게을리 한 과실이 있다. 또한 산전진찰 과정에서 별다른 이상이 발견되지 않고 있던 원고 이○송에게 이 사건 분만 직후에 나타난 상완 신경총 마비증세는 분만 도중 견갑난산에 처하자 피고가 위 원고의 어깨를 만출시키는 과정에서 미숙한 솜씨로 무리하게 견인함으로써 발생하였다고 밖에 볼 수 없다.

따라서 위 원고의 위 증세가 산전진찰상의 과실 및 분만시술상의 과실로 인한 것이 아니라 전혀 다른 원인으로 말미암은 것이라는 점을 입증하지 못하는 이상 피고는 불법행위로 인하여 위 원고 및 그와 신분관계에 있는 나머지 원고들이 입은 손해를 배상할 책임이 있다.

다. 피고의 주장에 관한 판단

(1) 주장

피고는, 1993. 12. 3. 원고 정○선을 진찰할 당시 소변검사에서 당이 약양성으로 나왔으나 이는 호르몬의 변화에 따른 것일 수도 있어 반드시 그 결과를 보고 임신성 당뇨라 볼 수 없을 뿐만 아니라 그 당시에도 미국에서 임신성 당뇨검사는 일정한 요건에 해당하는 경우 선별적으로 추천되고 있었을 뿐 우리나라에서는 이에 관한 지침도 없고 의료보험의 대상도 아니었으므로, 피고가 임신성 당뇨검사를 하지 않은 데 과실이 없다고 주장한다.

(2) 판단

살피건대, 피고의 위 주장사실에 의하더라도 소변검사에서 당이 약양성으로 나오는 경우 임신성 당뇨의 가능성을 전적으로 배제할 수 없는 한 산부인과 전문의인 피고로서는 비록 임신성 당뇨검사에 대한 지침이 없고 의료보험 대상이 아니더라도 당연히 위 원고에게 위 검사의 실시를 권고하고 이를 시행하였어야 한다고 봄이 상당하다. 피고의 위 주장은 이유 없다.

라. 책임의 제한

한편 앞서 든 각 증거에 의하면, 현대의학의 수준으로도 태아의 견갑난산을 정확히 예측하는 것은 불가능한 사실, 일반적으로 견갑난산이 발생하면 분만과정에서 상환신경마비가 발생할 확률이 16.8% 정도에 이르는 사실, 피고가 견갑난산에 처하여 원고 이○미를 출산시키는 데 사용한 시술방법은 현재 우리나라에서 시행되고 있는 보편적인 분만시술방법인 사실, 견갑난산이 발생하는 경우 그와 같은 상황이 장시간 지속되면 산모와 태아 모두에게 치명적인 결과를 초래할 수 있으므로 신속하게 태아를 만출시키는 것이 중요한데 그 과정에서 어느 정도 강한 견인술을 사용하지 않을 수 없는 사실을 인정할 수 있는바, 이와 같은 사정을 참작하면 위 분만을 담당한 피고에게 앞서 인정할 바와 같은 과실이 있다고 하더라도 그 손해의 전부를 부담하게 함은 공평의 원칙에 비추어 부당하다 할 것이므로, 피고의 이 사건 손해배상책임을 제한하되 이는 60% 정도로 봄이 상당하다.

2. 손해배상의 범위

가. 일실수입

원고 이○미가 이 사건 사고로 상실한 가동능력에 대한 금전적 총 평가액 상당의 일실수입 손해는 아래 (1)과 같은 인정사실과 평가내용을 기초로 하여, 아래 (2)와 같이 월 5/12푼의 비율에 의한 중간이자를 단리할인법에 따라 공제하는 호프만식 계산법에 따라 이 사건 사고 당시의 현가로 계산한 금 59,798,341원이다.

(1) 인정사실과 평가내용

(가) 성 별 : 여자 생년월일 : 1994. 6. 11.

연 령 : 사고 당시 0세 기대여명 : 78.12년 정도

(나) 주거생활권 : 도시

(다) 소득기준 : 도시일용노동에 종사하는 보통인부의 노임으로서 위 원고가 구하는 바에 따라 2001. 5.의 노임단가 1일 금 38,932원

(라) 가동기간 및 가동일수 : 성년에 달하는 2014. 6. 11.부터 60세가 될 때까지인 2054. 6. 11.까지 480개월간 월 22일씩

(마) 후유장애 및 가동능력상실율

① 후유장애 : 영구적인 우측 상지 수부 운동감각 기능 약화

② 맥브라이드 후유장애 종합평가표 해당 항목 : 말초신경 I-A-4-a

③ 가동능력 상실률 : 42%

[증거] 갑 제2호증, 갑 제8호증의 1, 2, 갑 제19호증의 1, 2의 각 기재, 원심법원의 서울대학교병원장에 대한 감정촉탁결과, 경험칙, 변론의 전취지

(2) 계 산

금 38,932원 x 22일 x 0.42 x (332.3359 - 166.1055) = 금 59,798,341원(원 미만 버린다, 이하 같다)

나. 향후치료비

(1) 필요한 치료 : 향후 신경재생 정도를 보기 위한 근전도 검사 및 정형외과적 근육 수술이 필요함

(2) 추정 치료비 : 근전도 검사 1회 금 200,000원 + 수술비 금 6,000,000원

= 금 6,200,000원

[증거] 위 감정촉탁결과

(3) 계산 : 금 6,200,000원 x 0.7272 (변론종결일 이후 시술하는 것으로 보며 변론종결일은 사고 후 90개월로 본다)= 금 4,508,640원

다. 책임의 제한

(금 59,798,341원 + 금 4,508,640원) x 0.6 = 금 38,584,188원

라. 위자료

(1) 참작사유 : 원고들의 나이, 가족관계, 이 사건 사고의 경위 및 결과, 후유장해의 부위 및 정도, 기타 이 사건 변론과정에 나타난 여러 사정

(2) 결정금액

원고 이○미 : 금 5,000,000원

원고 이○규, 같은 정○선 : 각 금 3,000,000원

원고 이○은 : 금 1,000,000원

3. 결 론

그렇다면, 피고는 원고 이○미에게 금 43,584,188원(금 38,584,188원 + 금 5,000,000원), 원고 이○규, 같은 정○

선에게 각 금 3,000,000원, 원고 이○은에게 금 1,000,000원과 위 각 금원에 대하여 이 사건 사고일인 1994. 6. 11.부터 원고가 구하는 바에 따라 이 판결 선고일인 2001. 11. 29.까지는 민법 소정의 연 5%의, 그 다음날부터 다 갚을 때까지는 소송촉진등에관한특례법 소정의 연 25%의 각 비율로 계산된 지연손해금을 지급할 의무가 있다 할 것이므로 원고들의 이 사건 청구는 위 인정범위 내에서 이유 있어 이를 인용하고 나머지 청구는 이유 없어 이를 기각할 것이다.

원심판결은 이와 일부 결론을 달리하여 부당하므로 원고들의 항소를 각 일부 받아들이기로 한다.

(4-2) 대법원 2003. 1. 24. 선고 2002다3822 판결[공2003.3.15.(174), 705]

【원고, 피상고인】 원고 1 외 3인
【피고, 상고인】 피고
【원심판결】 서울고등법원 2001. 11. 29. 선고 2000나36455 판결
【주 문】
상고를 기각한다. 상고비용은 피고의 부담으로 한다.

【이 유】

상고이유(기간 경과 후에 제출된 상고이유보충서는 상고이유를 보충하는 범위 안에서)를 본다.

1. 원심판결 이유에 의하면, 원심은 그 판시와 같은 사실을 인정한 다음, 이에 기초하여 다음과 같이 판단하였다.

가. 원고 2에 대한 피고의 산전진찰 및 분만과정 등을 종합하여 보면, 비록 견갑난산을 분만 전에 정확하게 진단하는 것이 불가능하고, 견갑난산이 발생할 위험요인으로 여러 가지가 있어 그것들이 다인적 요인으로 영향을 주며 단일 요인에 의하여 견갑난산이 발생한다고 판단할 수는 없다 할지라도, 임산부가 경산부이거나 임산부에게 당뇨가 있는 경우에 거대아를 임신할 가능성이 높고, 특히 당뇨가 있는 임산부의 경우에는 불균형하게 복부와 어깨가 큰 거대아를 임신할 가능성이 높아 견갑난산이 발생할 가능성이 일반적인 경우보다 높으므로, 산부인과 전문의인 피고로서는 일단 위 원고에게 당뇨의 증상이 있으면 그에 따른 견갑난산의 발생가능성을 예측하여 질식분만이 아닌 제왕절개술에 의한 분만도 고려하였어야 할 것인데, 1993. 12. 3. 실시한 산전진찰에서 위 원고에게 요당에 약양성의 반응이 있었으며 실제로 출산 후 당뇨증세가 있었으므로, 피고는 산전에 위 원고에게 당뇨증세가 있는지 여부를 확진하기 위하여 기왕력이나 가족력을 조사하고 임신성 당뇨검사를 실시하였어야 함에도 이를 게을리한 과실이 있다.

또한, 산전진찰 과정에서 별다른 이상이 발견되지 않고 있던 원고 1에게 이 사건 분만 직후에 나타난 상완신경총 마비증세는 분만 도중 견갑난산에 처하자 피고가 위 원고의 어깨를 만출시키는 과정에서 미숙한 솜씨로 무리하게 견인함으로써 발생하였다고밖에 볼 수 없고, 따라서 위 원고의 그 증세가 산전진찰상의 과실 및 분만시술상의 과실로 인한 것이 아니라 전혀 다른 원인으로 말미암은 것이라는 점을 입증하지 못하는 이상, 피고는 불법행위로 인한 손해배상의 책임이 있다.

나. 원심은 또, 1993. 12. 3. 원고 2를 진찰할 당시 소변검사에서 당이 약양성으로 나왔으나, 이는 호르몬의 변화에 따른 것일 수도 있어 반드시 그 결과만으로 임신성 당뇨로 볼 수 없을 뿐만 아니라, 그 당시 미국에서 임신성 당뇨검사는 일정한 요건에 해당하는 경우 선별적으로 추천되고 있었을 뿐, 우리 나라에서는 이에 관한 지침도 없고 의료보험의 대상도 아니었으므로, 임신성 당뇨검사를 하지 않은 데 과실이 없다는 피고의 주장에 대하여, 소변검사에서 당이 약양성으로 나오는 경우 임신성 당뇨의 가능성을 전적으로 배제할 수 없다면, 산부인과 전문의인 피고로서는 비록 임신성 당뇨검사에 대한 지침이 없고 의료보험 대상이 아니더라도, 당연히 같은 원고에게 당뇨검사의 실시를 권고하고 이를 시행하였어야 한다고 봄이 상당하다고 판단하여 이를 배척하였다.

2. 의사가 진찰·치료 등의 의료행위를 하는 경우 사람의 생명·신체·건강을 관리하는 업무의 성질에 비추어 환자의 구체적인 증상이나 상황에 따라 위험을 방지하기 위하여 요구되는 최선의 조치를 행하여야 할 주의의무가 있고, 의사의 이와 같은 주의의무는 의료행위를 할 당시 의료기관 등 임상의학 분야에서 실천되고 있는 의료행위의 수준을 기준으로 판단하여야 하며, 특히 진단은 문진·시진·촉진·청진 및 각종 임상검사 등의 결과에 터잡아 질병 여부를 감별하고 그 종류, 성질 및 진행 정도 등을 밝혀내는 임상의학의 출발점으로서 이에 따라 치료법이 선택되는 중요한 의료행위이므로, 진단상의 과실 유무를 판단하는 데에는 비록 완전무결한 임상진단의 실시는 불가능할지라도, 적어도 임상의학 분야에서 실천되고 있는 진단 수준의 범위 안에서 해당 의사가 전문직업인으로서 요구되는 의료상의 윤리와 의학지식 및 경험에 터잡아 신중히 환자를 진찰하고 정확히 진단함으로써 위험한 결과 발생을 예견하고 그 결과 발생을 회피하는 데에 필요한 최선의 주의의무를 다하였는지 여부를 따져 보아야 한다(대법원 1998. 2. 27. 선고 97다38442 판결 등 참조).

또 인간의 생명과 건강을 담당하는 의사에게는 그 업무의 성질에 비추어 위험 방지를 위하여 필요한 최선의 주의의무가 요구되고, 따라서 의사로서는 환자의 상태에 충분히 주의하고 진료 당시의 의학적 지식에 입각하여 그 치료방법의 효과와 부작용 등 모든 사정을 고려하여 최선의 주의를 기울여 치료를 실시하여야 하며, 이러한 주의의무의 기준은 진료 당시의 이른바 임상의학의 실천에 의한 의료수준에 의하여 결정되어야 하나, 그 의료수준은 규범적으로 요구되는 수준으로 파악되어야 하고, 해당 의사나 의료기관의 구체적 상황을 고려할 것은 아니다(대법원 2000. 1. 21. 선고 98다50586 판결 등 참조).

그리고 원래 의료행위에 관하여 주의의무 위반으로 인한 불법행위 또는 채무불이행으로 인한 책임이 있다고 하기 위하여는 의료행위상 주의의무의 위반, 손해의 발생 및 주의의무 위반과 손해 발생 사이의 인과관계의 존재가 전제되어야 함은 물론이나, 의료행위가 고도의 전문적 지식을 필요로 하는 분야이고 그 의료의 과정은 대개의 경우 환자 본인이 그 일부를 알 수 있는 외에 의사만이 알 수 있을 뿐이며, 치료의 결과를 달성하기 위한 의료기법은 의사의 재량에 달려 있기 때문에, 손해 발생의 직접적인 원인이 의료상의 과실로 말미암은 것인지 여부는 전문가인 의사가 아닌 보통인으로서는 도저히 밝혀낼 수 없는 특수성이 있어서 환자측이 의사의 의료행위상 주의의무 위반과 손해 발생 사이의 인과관계를 의학적으로 완벽하게 입증한다는 것은 극히 어려운 일이므로, 의료사고가 발생한 경우 피해자측에서 일련의 의료행위 과정에서 저질러진 일반인의 상식에 바탕을 둔 의료상의 과실이 있는 행위를 입증하고 그 결과와 사이에 일련의 의료행위 외에 다른 원인이 개재될 수 없다는 점, 이를테면 환자에게 의료행위 이전에 그러한 결과의 원인이 될 만한 건강상의 결함이 없었다는 사정을 증명한 경우에는, 의료행위를 한 측이 그 결과가 의료상의 과실로 말미암은 것이 아니라 전혀 다른 원인으로 말미암은 것이라는 입증을 하지 아니하는 이상, 의료상 과실과 결과 사이의 인과관계를 추정하여 손해배상책임을 지울 수 있도록 입증책임을 완화하는 것이 손해의 공평·타당한 부담을 그 지도원리로 하는 손해배상제도의 이상에 맞는다(대법원 1999. 6. 11. 선고 99다3709 판결, 2000. 9. 8. 선고 99다48245 판결 등 참조).

3. 그런데 원심이 인정한 사실과 기록(원심의 대한의사협회에 대한 사실조회결과 등)에 비추어 보면, 원고 2에 대해 피고가 임신 초기인 1993. 12. 3.(임신 12+4주) 실시한 소변검사결과 요당치가 약양성(+/-)의 반응을 나타내었는바, 이는 양성과 음성의 중간 정도로서 비록 그 자체가 곧바로 임신성 당뇨 상태임을 의미하는 것은 아니라 하더라도, 이러한 결과가 의학상 완전히 무시되어도 좋은 검사치는 아니고, 피고의 주장과 같이 호르몬의 변화에 따른 것일 수도 있지만, 임신성 당뇨의 가능성 또는 적어도 그 후 임신 주수가 증가함에 따라 임신성 당뇨로 진행될 가능성까지 배제할 수는 없을 것이므로 피고로서는 그와 같은 임신성 당뇨와의 관련성까지도 감안하여 그 소변검사결과를 토대로 같은 원고의 기왕력이나 가족력을 조사하여 그 요당치가 임신과 관련된 것일 가능성이 있는지부터 확인한 다음, 나아가 그 때에 임신성 당뇨의 선별검사 또는 진단적 검사(모두 혈중 당수치를 검사하는 것들임)를 실시하든가 아니면 적어도 임신 주수의 증가에 따른 임신성 당뇨로의 진행 여부를 확인하기 위하여 임신 주수가 24 내지 28주쯤의 중기에 이르렀을 무렵에라도 임신성 당뇨의 선별검사 또는 진단적 검사를 실시하는 등 필요한 조치를 취하였어야 할 것임에도 불구하고, 이러한 조치를 취하지 아니하였음을 알 수 있다.

더구나 당뇨 증세가 있는 경산부인 경우에는 거대아가 되어 견갑난산이 발생할 가능성이 높고, 질식분만 중 견갑난산이 발생하는 경우에는 그 분만 과정에서 상완신경총 마비의 후유증을 완전히 예방할 방법이 없어 그 후유증이 발생할 확률이 16.8%나 되며, 그와 같은 상완신경총 마비 증세가 올 경우 영구적인 후유장해가 발생하는 등 중대한 결과를 일으키는 반면에, 거대아인지 여부 등을 진단하기 위하여 일반적으로 실시되는 초음파검사방법이 피고의 주장과 같이 65% 정도의 비교적 낮은 정확도를 보이고, 특히 임산부가 비만한 경우나 태아가 거대아인 경우 그 정확도가 더욱 떨어지며, 4.5kg 이상의 태아에서 양성 예측률이 33%에 불과한 점 등 한계를 지니고 있다면, 피고로서는 더욱더 그 소변검사결과가 호르몬의 변화에 따른 것이거나 그 자체를 임신성 당뇨로 볼 수 없다는 등의 이유로 가볍게 보아 넘겨서는 아니 되었을 것이고, 여기에 당뇨 증세가 있는 경산부인 경우에는 거대아를 임신할 가능성이 높은 데다가, 당시 원고 2가 피고로부터 초음파검사에 따르면 임신한 태아가 크다는 말을 듣고, 전에 맏딸인 원고 3을 출산할 당시 난산한 경험이 있고 임신한 태아가 크다는 말을 들어 정상적인 질식분만이 아닌 제왕절개술에 의한 출산을 희망한 사실과 임신성 당뇨의 선별검사나 진단적 검사, 특히 선별검사는 비용이 많이 들거나 복잡한 검사가 아닌 것으로 보이는 점까지 더하여 보면, 더욱 그러한 조치를 취할 필요가 있었다고 할 것이며, 피고의 주장과 같이, 소변검사에서 요당치가 약양성으로 나왔다고 하더라도 그 검사만으로 호르몬 변화에 의한 것인지, 임신성 당뇨에 의한 것인지 알 수 없어 곧바로 임신성 당뇨로 볼 수 없고, 요 검사상 당이 약양성이라는 것은 양성과 음성의 중간으로 의사에 따라서 양성으로 보지 않을 수도 있다거나, 그 당시 우리 나라에서는 임신성 당뇨 선별검사에 관하여 학회 차원에서 정해진 지침(가이드라인)이 없었고, 의료보험의 급여대상이 아니어서 일부 의료기관에 따라 부분적으로 시행되었다고 하여 달리 볼 수는 없다.

4. 그리고 이 사건의 경우 앞에서 본 피고의 주의의무 위반, 즉 과실과 원고 1의 상완신경총 손상으로 인한 후유장해와의 인과관계는, ① 피고가 원고 2가 임신성 당뇨 상태에 있게 된 것을 진단해 내지 못하였고, ② 위 원고의 임신성 당뇨로 인해(적어도 다른 원인들과 함께) 거대아를 출산하게 되었고, 이로 인해(적어도 다른 원인들과 함께) 견갑난산이 되었으며, ③ 피고가 거대아 출산과 견갑난산을 예견하지 못함으로써 제왕절개술이 아닌 질식분만 방법을 택하게 되었고, ④ 그 견갑난산 과정에서 피고의 분만시술상의 과실이 더하여지거나 또는 불가피하게 상완신경총 손상이 발생한 것인바, 이와 같은 인과관계는 원고들이 입증하여야 하는 것이 아니라 피고에게 입증책임이 전환되어 있으므로, 피고는 적어도 그 인과관계를 이루는 사실들 중 어느 하나의 부존재를 입증하여야만 그 책임을 면하게 된다.

우선 피고는, 원고 2가 출산 당시까지 임신성 당뇨 상태에 있었다고 볼 증거가 없다(또는 위 원고의 출산 후 당뇨 증세가 임신성 당뇨에 의하여 진행된 것인지 여부가 불분명하다)거나, 나아가 출산 당일 실시한 소변검사 결과가 약양성(+/-)으로 나왔다는 점을 근거로 오히려 임신성 당뇨 상태가 아니었다고 주장하고 있으나, 위 원고가 임신기간 중에 임신성 당뇨 상태에 있었다는 점은 원고들이 입증할 사항이라고 보기 어렵고(원고 2를 임신기간 동안 계속 진단한 피고 스스로 필요한 혈당치 검사를 실시하지 않고는 이제 와서 원고들이 그 입증을 하지 못하였다고 주장하는 것도 부당하다.), 한편 소변검사 결과가 약양성으로 나온 것을 두고 곧바로 임신성 당뇨라고 할 수 없지만, 반대로 이 점이 임신성 당뇨가 아니라는 것을 확실하게 입증한다고 할 수도 없다.

피고는 또, 원심이 거대아 출산 가능성이 높아지는 '과다한 혈당'이 어느 정도인지 등을 심리하지 않은 잘못이 있다고 주장하나, 이는 피고 자신에게 그 입증책임이 있는 사항에 대해 심리미진을 주장하는 것에 불과하다(거대아 출산 가능성이 높아지는 '과다한 혈당'이 어느 정도인지를 심리한다고 하더라도, 원고 2의 임신기간 중의 혈당치를 이제 와서 밝힐 수도 없는 이상 그 의미가 없고, 임신기간 중 계속해서 위 원고를 진단해 온 피고가 혈당측정을 실시하지 않고서 이러한 주장을 하는 것 또한 사리에 맞지 않는다.).

한편, 임신성 당뇨의 경우 7% 정도에서 견갑난산이 발생한다는 것인바(기록 479쪽), 이와 관련하여 피고가 원고 2의 임신성 당뇨를 진단해 내고, 이 점을 위 원고에게 설명하였다고 하더라도, 위 원고가 그와 같은 위험을 감수하면서 굳이 제왕절개술이 아닌 질식분만을 원하였을 것이라는 점을 인정할 자료가 없을 뿐 아니라, 위 원고는 이미 본 바와 같이 제왕절개의 방식을 희망하였음에도 피고가 이를 듣지 아니하였다는 것이다.

그리고 비록, 피고 주장과 같이 피고에게 분만시술상의 과실이 없었다고 하더라도, 즉 견갑난산 과정에서 원고 1에게 상완신경총 손상이 발생한 것이 불가피한 것이었다고 하더라도, 앞에서 본 인과관계가 단절된다고 할 수도 없다(기록상 원심의 판시와 같이 '피고가 위 원고의 어깨를 만출시키는 과정에서 미숙한 솜씨로 무리하게 견인함으로써 발생하였다.'고 인정하거나 추정할 만한 사유는 없는 것으로 보이므로, 이러한 원심의 사실인정 내지 판단은 부적절한 것으로 보이나, 그 결론에는 영향이 없다.).

5. 따라서, 원심판결의 이유 설시는 다소 부적절하거나 미흡하지만, 피고에게 손해배상책임이 있다고 판단한 결론은 옳은 것으로 수긍이 가고, 거기에 심리미진이나 채증법칙 위배로 사실을 오인하거나, 의료과실에 관한 법리를 오해한 위법이 있다고 할 수 없다.

이 점을 다투는 상고이유는 받아들이지 아니한다.

그러므로 상고를 기각하고, 상고비용은 패소자의 부담으로 하기로 하여 관여 법관의 일치된 의견으로 주문과 같이 판결한다.

(5-1) 서울고등법원 1999. 7. 6. 선고 98나50977 판결

【원고, 항소인 겸 피항소인】 하○숙 외 4인

【피고, 항소인 겸 피항소인】 박○호 외 2인

【변론종결】 1999. 6. 15.

【제1심 판결】 서울지방법원 남부지원 1998. 8. 27. 선고 96가합6111 판결

【주 문】

1. 제1심 판결을 다음과 같이 변경한다.
2. 피고들은 각자 원고 하○숙에게 금18,402,676원, 원고 이○현, 이○현에게 각 금10,435,117원, 원고 이○호, 윤○희에게 각 금1,000,000원 및 이에 대하여 1995. 12. 11.부터 1999. 7. 6.까지는 연 5푼의, 그 다음날부터 완제일까지는 연 2할5푼의 비율에 의한 금원을 지급하라.
3. 원고들의 나머지 청구를 각 기각한다
4. 소송총비용은 이를 3분하여 그 1은 원고들의, 나머지는 피고들의 각 부담으로 한다.

【청구취지】

피고들은 연대하여 원고 하○숙에게 금107,039,266원, 원고 이○현, 이○현에게 각 금67,692,844원, 원고 이○호, 윤○희에게 각 금2,000,000원 및 각 이에 대하여 1995. 12. 11.부터 이 사건 판결 선고일까지는 연 5푼의, 그 다음날부터 완제일까지는 연 2할5푼의 각 비율에 의한 금원을 지급하라.

【항소취지】

원고들: 제1심 판결 중 다음에서 지급을 명하는 부분에 해당하는 원고들 패소부분을 취소한다. 피고 박○호는 피고 홍○호, 권○홍과 연대하여 원고 하○숙에게 금72,666,280원, 원고 이○현, 이○현에게 각 금46,777,520원, 원고 이○호, 윤○희에게 각 금500,000원 및 각 이에 대한 1995. 12. 11.부터 1998. 8. 27.까지는 연 5푼, 그 다음날부터 완제일까지는 연 2할5푼의 각 비율에 의한 금원을 지급하고, 피고 홍○호, 권○홍은 피고 박○호와 연대하여 위 금원 중 원고 하○숙에게 금59,838,827원, 원고 이○현, 이○현에게 각 금38,225,885원, 원고 이○호, 윤○희에게 각 금500,000원 및 각 이에 대한 1995. 12. 11.부터 1998. 8. 27.까지는 연 5푼, 그 다음날부터 완제일까지는 연 2할5푼의 각 비율에 의한 금원을 지급하라.

피고들: 제1심 판결 중 피고들 패소부분을 취소하고, 그 취소부분에 해당하는 원고들의 청구를 모두 기각한다.

【이 유】

1. 손해배상책임의 발생

가. 인정사실

다음 사실은 갑제1, 2호증의 각 1, 2, 갑제3호증, 갑제15호증의 16, 17, 26, 28, 29, 38, 39, 44, 51, 54, 59, 갑제17호증의 1 내지 4, 갑제19, 20호증의 각 1, 2, 을제2호증, 을제3호증의 기재와 원심증인 지○회, 노○하, 연○미의 증언(증인 연○미의 증언 중 믿지 않는 부분 제외), 원심법원의 현장검증결과, 원심법원의 대한의사협회에 대한 진료기록 감정촉탁결과, 대한의사협회 및 한마음외과의원에 대한 각 사실조회결과, 당심법원의 서울대학교병원

장에 대한 진료기록감정촉탁결과에 변론의 전취지를 종합하면 이를 인정할 수 있고, 이에 반하는 을제4호증의 1의 기재와 원심증인 연○미, 유○진, 당심증인 송○근의 각 일부 증언, 원심법원의 증인 신○업에 대한 증인신문결과 및 피고 권○홍에 대한 원심법원의 본인신문결과는 믿기 어렵고, 달리 반증이 없다.

(1) 피고 박○호는 경기 이천군 부발읍 아미리 산 20에서 청○농장이라는 상호로 축구장 등 각종 운동시설과 숙박시설을 설치하고 일반인들에게 이를 유료로 대여하는 관광농원의 소유자 겸 경영자이고, 피고 홍○호는 경기 이천읍 중리 467의 2 소재 파○마병원의 운영자, 피고 권○홍은 위 병원에서 피고 홍○호에게 고용된 외과의사이며, 소외 망 이○길은 위 청○농장에서 체육시설을 사용하던 중 복부에 상해를 입고 위 파○마병원에서 피고 권○홍으로부터 치료를 받다가 다른 병원으로 이송 중 사망한 자이고, 원고 하○숙은 망인의 처, 원고 이○현, 이○현은 망인의 자, 원고 이○호, 윤○희는 망인의 부모이다.

(2) 소외 망인은 1995. 12. 11. 소외 망인이 과장으로 근무하던 소외 현○전자산업 주식회사의 정보기기 마케팅부에서 위 청○농장의 숙박 및 운동 시설을 1박2일 일정으로 빌려 개최하는 단합대회에 참가하여 같은날 15:00경 동료 직원들과 어울려 위 농장의 족구장에서 족구를 한 다음 족구장에서 약 13미터 정도 떨어진 축구장으로 이동하면서 축구장에 설치된 축구골대 뒷쪽에서 축구골대를 향하여 뛰어가면서 점프를 하여 축구골대의 전면 상단 가로대 부분을 손으로 잡다가 그 충격으로 앞으로 넘어지는 축구골대와 함께 지면으로 떨어지면서 축구골대의 전면 가로대 부분이 망인의 상복부를 충격하여 복강내 출혈상 등을 입었다.

(3) 위 축구골대는 별지도면과 같은 사다리꼴 형태로 철제파이프로 제작되었고 지면에 고착시키는 장치가 없는 이동식으로 된 것으로서 전면 상단 가로대의 길이는 5m, 높이는 2.5m, 직경은 11.5cm이며, 전면 하단 가로대 및 후면 상단 가로대는 없었고, 그물망은 설치되어 있지 아니하였으며, 축구골대가 지면에 서 있을 수 있도록 지탱하는 밑변인 골대 전면부와 후면 하단 가로대 사이의 길이는 1.13m로서, 위 축구골대를 지면에 고착시키는 아무런 아무런 장치가 없는 경우 성인남자가 손으로만 밀어도 골대가 흔들려 넘어질 우려가 있는 불안정한 상태였는데 위 사고당시 위 축구골대에는 아무런 고착장치가 설치되어 있지 아니하였다.

(4) 위 사고직후 동료 직원인 소외 지○회 등은 망인을 위 파○마병원으로 후송하여 같은날 15:25경 위 병원 응급실에 도착하여 위 병원 외과의사인 피고 권재홍으로부터 치료를 받게 되었는데, 위 피고는 위 지○회 등으로부터 사고 경위를 듣고 망인의 상해부위를 촉진하는 등 진찰을 하고, 수액정맥주사를 하는 한편 흉부, 복부 엑스선 촬영을 지시하였는데 그 당시 망인의 의식은 정상적이었고, 복부통증을 호소하고 복부에 좌상이 있었으며, 혈압은 130-90으로 활력징후는 정상적이었다.

(5) 피고 권○홍은 위 엑스선촬영결과 통상 장파열이 일어날 경우 장 안의 가스가 장 밖으로 나와 생기는 유리가스가 망인의 횡경막하 복강 내에 있는 소견이 나오자 지○회에게 망인이 장파열된 것 같아 수술을 해야 하니 보호자에게 연락을 취해 달라고 요청하고 간호사에게 수술준비를 하도록 지시하는 한편, 다른 장기의 동반손상 여부 등 보다 자세한 상태를 확인하기 위해 같은날 16:00경 복부 컴퓨터단층촬영을 실시하였으며, 위 촬영시 망인이 장파열 상태이므로 경구조영제가 아닌 혈관조영제를 사용하여 촬영하였다.

(6) 같은날 16:30경 위 복부 컴퓨터단층촬영결과가 나왔는데 그 컴퓨터단층촬영 소견상 망인은 복강 내 공기와 소량의 복수가 있고, 비장에 가느다란 검은 선이 보여 비장손상의 가능성이 있으며, 복수 가운데 군데군데 고밀도 음영이 보여 복강내 출혈 가능성이 있고, 장간막내에 혈종으로 생각되는 7x7x3cm 크기의 연부조직음영이 관찰되어, 외상에 의한 소장파열 및 장간막내 혈종의 가능성, 비장손상의 가능성이 있는 상태였고, 피고 권○

홍도 위 촬영결과를 보고 비장손상 등을 의심하였다.

(7) 한편 지○회는 위 병원에 도착한 후 군포시 산본동에 있는 망인의 집으로 전화하여 망인의 처인 원고 하○숙에게 망인이 사고를 당하여 위 병원 응급실에 있는데 지금 엑스선 촬영중이고 촬영이 끝나면 다시 연락하겠다고 하면서 처음 통화를 한 후 피고 권○홍으로부터 위와 같은 엑스선 촬영결과를 듣고 위 원고에게 전화하여 망인이 장파열로 수술을 해야 할 상태라고 이야기하자, 위 원고는 집과 가까운 병원에서 치료를 받을 수 있는지 여부를 알아봐 달라고 부탁하였다. 지○회가 피고 권○홍에게 위와 같은 위 원고의 뜻을 전하자 피고 권○홍은 위 병원에서 수술을 준비하는데 한 시간 정도 걸리는데 보호자가 원한다면 다른 병원으로 옮겨도 좋다고 하였다.

(8) 이에 원고 하○숙은 장파열 수술이 가능한 병원을 수소문하여 수원시 권선구 세류3동 1079의 3에 있는 한○음외과의원에서 망인에 대한 수술을 받기로 하고 지○회와 통화시 한○음외과의원로 이송하였으면 한다고 이야기하였고, 지○회는 피고 권○홍에게 망인의 처가 수원시 소재 한○음외과의원으로의 이송을 원한다고 하자 위 피고는 위와 같이 컴퓨터단층촬영결과 망인의 비장손상 의심이 있음에도 위 파○마병원으로부터 자동차로 1시간 정도 걸리는 거리에 있는 한○음외과의원으로 이송하여도 이송 도중 망인의 상태가 크게 악화되지는 않을 것이라고 만연히 생각하고 전원을 하도록 하라고 하였다.

(9) 피고 권○홍은 망인에게 하트만 링거액(수액) 외에 혈액 1파인트(pint) 수혈지시를 하는 한편 전원소견서에 혈압 130-70, 헤모글로빈(15.7), 혈색소(45.6) 정상, 흉부 엑스선상 유리공기가 보이며, 복부단층촬영에서 비○파열이 의심된다고 하면서 응급수술 예정이었으나 연고지 관계상 전원한다는 내용을 기재하여 파○마병원의 구급차로 망인을 한○음외과의원으로 이송하게 하였다.

(10) 망인은 위 파○마병원 응급실에 도착할 때부터 이송할 무렵까지 의사소통이 가능할 정도로 의식이 있었는데, 피고 권○홍은 망인의 전원을 결정함에 있어서 망인이나 망인의 처인 위 원고에게 직접 그 당시 망인이 시급히 수술을 받아야 하는 응급상태에 있었음에 대하여 설명을 한 바는 없었으며, 망인은 한○음외과의원으로 전원된다는 것을 알고 위 병원 간호조무사인 소외 연○미에게 통증을 호소하면서 여기서 수술을 받게 하지 어디로 데려가는 것이냐고 말하는 등 불만을 표시하였다.

(11) 망인을 태운 구급차에는 망인 이외에 구급차의 운전기사와 지○회만이 승차한 후 같은날 17:00경 파○마병원을 출발하였는데 후송 도중인 18:00경 신갈인터체인지 부근에서 망인이 불편을 호소하는 등 의식이 있었으나 같은날 18:10경 한○음외과의원에 도착하여 확인한 때에는 이미 사망한 상태였으며, 사후 부검을 실시하지 아니하였고, 망인의 사인은 장파열 및 복강내 출혈 등으로 인한 허혈성 쇼크로 추정되었다.

(12) 비장은 흉복과 복벽에 의해 보호받는 좌상복부 심부에 위치하고 있음에도 불구하고 손상을 받는 일이 많으며, 혈관이 많고 아주 취약한 기관인데, 손상되면 복강내에 대출혈을 일으키는 수가 보통이며 이는 비교적 경한 손상인 경우에도 올 수 있고, 조기진단과 적절한 치료를 하지 않으면 생명을 잃는 수가 많으므로 극히 조심해야 되는 것으로 알려져 있다. 비장파열이 확진되거나 또는 의심이 될 때에는 대개 응급개복술을 실시하여야 하고, 수술준비를 하는 동안 혈액량감퇴증을 교정하고 적절한 검사를 시행한 후 즉시 개복하는데, 세밀한 검사 때문에 수술개시가 지연되는 일이 없도록 주의하여야 한다. 한편 위 엑스선 검사소견상 나타난 장파열의 경우에도 장파열 자체만으로는 즉시 사망하는 경우는 드물지만 심폐기능의 안정을 취하고 수액과 혈액을 공급하면서 적절한 수술준비를 하여 가능한 한 즉시 수술을 하여야 한다. 또한 위와 같은 장파열 또는 비장손상의 의심이 있어 응급환자로 분류되는 망인과 같은 경우에는 전원도중 허혈성쇼크 및 심폐기능장애 등이 예상되므로 수액

공급과 심폐기능을 유지받으면서 전원하는 것이 바람직하다.

(13) 비장단독손상시의 수술사망율은 1% 이하이며, 타장기의 치명적 손상시에만 사망율은 10-25%로 높아지고, 위와 같은 수술은 경험있는 집도의 1인과 보조사 1인이 전신마취하에 실시할 수 있는 수술이다.

나. 판단

(1) 의료사고

위 인정사실에 의하면, 피고 권○홍은 망인에 대해 컴퓨터단층촬영 등 진찰을 한 결과 망인의 장파열, 비장손상 등을 의심하였고, 이러한 경우 위급한 상황이므로 그 당시 의식이 있었던 망인이나 병원에 동행한 동료인 지○회 또는 전화통화가 가능하였던 망인의 처인 원고 하○숙에게 망인의 상태가 위와 같이 조기에 수술을 하지 아니하면 생명이 위험한 상황이 될 수도 있음을 충분히 설명하여 그 동의를 얻어 즉시 응급개복술을 시행하고 수술개시가 지연되어 생명에 위험을 초래하는 일이 없도록 하여야 함에도 앞서 본 바와 같이 망인의 처인 원고 하○숙에게 망인의 상태가 위와 같이 조기에 수술을 하지 아니하면 생명이 위험할 수도 있는 상황임을 충분히 설명하지 아니하여 이러한 사정을 알지 못한 위 원고가 집근처에서 수술받기를 희망하였다는 이유만으로 만연히 위 사고를 당한지 2시간이 지난 같은날 17:00경 망인을 위 파○마병원으로부터 자동차로 1시간 정도 거리에 있는 수원시 소재 병원으로 전원하도록 하였는바, 앞서 본 바와 같이 위와 같은 수술은 경험있는 집도의 1인과 보조사 1인이 전신마취하에 실시할 수 있는 수술로서 그 준비가 크게 필요한 수술이 아닌 점, 비장 단독손상시 수술사망률이 낮고, 망인의 엑스선검사결과가 나온 16:00경 수술준비를 지시하였고, 망인의 사망시각은 같은날 18:00경에서 18:10경 사이인 점 등에 비추어 앞서 본 바와 같이 장파열 및 복강내 출혈로 인한 허혈성 쇼크로 사망한 것으로 추정되는 이 사건에 있어서 다른 사망원인이나 위 피고가 즉시 개복수술을 시행하였어도 사망하였을 것이라는 점에 대한 입증이 없는 이상 위 피고가 즉시 수술을 실시하지 아니한 채 만연히 위와 같이 망인을 다른 병원으로 이송하도록 한 과실로 수술이 지연되어 망인이 사망하였다고 추정함이 상당하다 할 것이다. (피고 홍○호, 권○홍은 위 지○회를 통하여 원고 하○숙에게 위와 같은 위험성을 충분히 설명하였음에도 망인측에서 수술을 거부하고 전원하여 줄 것을 요구하였다고 주장하나, 이에 부합하는 듯한 원심증인 연○미, 원심법원의 원고 권○홍 본인신문결과, 당심증인 송○근의 증언은 믿기 어렵고 달리 이를 인정할 만한 증거가 없다.)

(2) 축구골대 사고

위 청○농장의 소유자 겸 경영자인 피고 박○호는 그 시설물인 축구골대가 넘어져 사람이 다치는 일이 없도록 축구골대를 지면에 고착시키거나 축구골대를 앞서 본 바와 같은 이동식으로 설치하였더라도 일단 이동시킨 후에는 사용 중 넘어지지 아니하도록 고착장치를 하거나 무거운 물건을 하단부에 올려놓는 등 안전조치를 하여야 하며, 이건 축구골대의 경우에는 그 재질 및 크기에 비해 축구골대의 지면에 닿는 하단 부분의 폭이 좁은 등 그 구조가 불안하여 외부에서 힘이 가해졌을 경우 쉽게 축구골대가 넘어져 사람이 다칠 가능성이 있었으므로 위와 같은 고착장치나 안전조치를 하였어야 하고, 만일 그렇지 못한 경우라 할지라도 그 사용자들에게 그 사용시 이러한 사고 위험성에 대한 주의를 주어 위와 같은 사고를 당하지 아니하도록 하였어야 함에도 이러한 조치를 게을리한 채 망인 등에게 위 축구골대를 사용하게 하다가 위와 같은 사고를 당하게 한 과실이 있다 할 것이다.

위와 같이 피고 박○호의 그 소유물 설치, 보존의 하자로 인해 망인이 상해를 입고 망인이 그 치료를 받는 과정에서 그 수술시기의 지연 등으로 인해 사망의 결과에 이른 경우에 있어서 위 망인의 사망이 의사의 중대한 과실에 기인한 것이라는 등 위 피고에게 망인의 사망결과를 예견하기 전혀 곤란하여 그 책임을 부담시키는 것이 상당하지 않다고 볼 만한 특단의 사정을 찾아 볼 수 없는 이상 망인의 사망과 위 축구골대의 설치, 관리상의 잘못으로 인한 사고 사이에는 상당한 인과관계가 있다고 보아야 할 것이다.

(3) 소결론

위 인정사실에 의하면, 피고 박○호, 권○홍은 각 위와 같은 불법행위자로서, 피고 홍○호는 그 직무와 관련하여 위와 같은 불법행위를 한 피고 권○홍의 사용자로서 이 사건 사고에 대하여 책임이 있다 할 것인데, 이와 같이 축구골대로 인한 사고와 의료사고가 각기 독립하여 불법행위의 요건을 갖추고 있으면서 객관적으로 관련되고 공동하여 위법하게 피해자에게 손해를 가한 것으로 인정되는 이 사건의 경우 피고들 사이에 공동불법행위가 성립되므로 피고들은 각자 위 사고로 말미암아 망인 및 원고들이 입은 손해를 배상할 책임이 있다 할 것이다.

다. 책임의 면제 또는 제한

(1) 피고 홍기호, 권재홍의 면책 주장

피고 홍○호, 권○홍은, 즉시 파○마병원에서 개복수술을 시행하였어도 망인의 그 당시 상태에 비추어 사망하였을 것이므로 위 피고들은 책임이 없다는 취지의 주장을 하므로 살피건대, 앞서 본 바와 같이 피고 권○홍이 즉시 망인에 대하여 수술을 실시하지 아니한 채 이송을 하도록 함으로써 수술이 지연되어 사망하였다고 봄이 상당하고, 달리 망인의 경우 즉시 개복수술을 준비하고 이를 시행하였어도 사망하였을 것이라는 점을 인정할 만한 증거도 없으므로 위 주장은 이유없다.

(2) 책임의 제한

다만 앞서 본 바와 같이 망인으로서도 축구골대에 매달리기 전에 축구골대가 매달려도 안전한지 여부를 확인하지 아니한 채 위와 같이 축구골대에 매달리다가 이건 사고를 당한 잘못이 있고, 원고 하○숙도 지○회를 통하여 망인에게 수술적 처치가 필요한 상황임을 들었음에도 담당의사인 피고 권○홍에게 좀 더 철저히 망인의 상태에 대하여 확인하지 아니한 채 치료와 간호의 편의만을 우선적으로 고려하고 이송으로 인한 수술지연의 위험성을 과소 평가하여 전원하여 줄 것을 요구한 잘못이 있다 할 것이고, 이러한 원고측의 과실은 이 사건 손해의 발생 및 확대에 있어 한 원인이 되었다 할 것이나 피고들의 책임을 면제할 정도는 아니므로 피고들이 배상할 손해액의 산정에 있어 이를 참작하기로 하되, 원고측의 위와 같은 과실과 손해의 공평한 분담이라는 손해배상제도의 이념에 비추어 피고들의 이건 사고에 있어서 손해의 부담비율을 산정하면 40%로 정함이 상당하다고 할 것이다.

2. 손해배상의 범위

이 부분에서 당원이 설시할 이유는 원심판결문 제2의 '다', '라', '마', '바'항을 다음과 같이 고쳐 쓰는 것 이외에는 위 제2항 기재와 같으므로 이를 그대로 인용한다.

다. 책임의 제한

(1) 피고들의 손해배상책임 비율 : 40%

(2) 계산

119,722,892원=(일실 수입 287,757,748원+일실 퇴직금 11,549,483원)x40%

라. 공제

(1) 망인의 산재보험금 중 유족보상일시금으로 수령한 금 98,449,980원(다툼 없는 사실)

(2) 계산

119,722,892원-98,449,980원=21,272,912원

마. 위자료

(1) 참작한 사유 : 나이, 가족관계, 재산 및 교육정도, 사고의 경위 및 결과, 피해자측 과실의 정도 기타 이 사건 변론에 나타난 여러 사정

(2) 결정 금액

㉮ 망인 : 금10,000,000원 ㉯ 원고 하○숙 : 금5,000,000원

㉰ 원고 이○현, 이○현 : 각 금1,500,000원 ㉱ 원고 이○호, 윤○희 : 각 금1,000,000원

바. 상속관계

(1) 망인의 재산상속인 : 원고 하○숙, 이○현, 이○현

(2) 상속금액

(가) 총상속금액

공제후 일실소득금 21,272,912원+위자료 10,000,000원= 31,272,912원

(나) 상속인별 상속금액

원고 하○숙 : 금13,402,676원(=31,272,912원x3/7)

원고 이○현, 이○현 : 각 금8,935,117원(=31,272,912원x2/7)

3. 결 론

그렇다면, 피고들은 각자 원고 하○숙에게 금18,402,676원(=상속분 13,402,676원+위자료 5,000,000원), 원고 이○현, 이○현에게 각 금10,435,117원(=상속분 8,935,117원+위자료 1,500,000원), 원고 이○호, 윤○희에게 각 금 1,000,000원 및 각 이에 대하여 이 사건 사고일인 1995. 12. 11.부터 피고들이 그 이행의무의 존부와 범위에 관하여 항쟁함이 상당한 당심 판결 선고일인 1999. 7. 6.까지는 민법이 정한 연 5푼의, 그 다음날부터 완제일까지는 소송촉진등에관한특례법이 정한 연 2할5푼의 각 비율에 의한 지연손해금을 지급할 의무가 있다 할 것인바 이와 결론을 일부 달리한 원심판결은 부당하므로 피고들의 항소를 일부 받아들여 원심판결을 위와 같이 변경하기로 하여 주문과 같이 판결한다.

(5-2) 대법원 2000. 9. 8. 선고 99다48245 판결 [공2000.11.1.(117),2074]

【원고,피상고인겸상고인】 하○숙 외 4인
【피고,상고인겸피상고인】 피고 1외 2인
【원심판결】 서울고등법원 1999. 7. 6. 선고 98나50977 판결

【주 문】

상고를 모두 기각한다. 상고비용은 각자의 부담으로 한다.

【이 유】

상고이유를 본다.

1. 원심 인정의 기초사실

(1) 피고 1은 경기 이천군 부발읍 아미리에서 축구장등 각종 운동시설과 숙박시설을 설치하고 일반인들에게 이를 유료로 대여하는 관광농원의 소유자 겸 경영자이고, 피고 2는 소재 병원의 운영자, 피고 3은 위 병원에서 피고 3에게 고용된 외과의사이며, 소외 망 이○길은 위 관광농원에서 체육시설을 사용하던 중 복부에 상해를 입고 위 병원에서 피고 3으로부터 치료를 받다가 다른 병원으로 이송 중 사망한 자이고, 원고 하○숙은 망인의 처, 원고 이○현, 이○현은 망인의 자, 원고 이○호, 윤○희는 망인의 부모이다.

(2) 소외 망인은 1995. 12. 11. 자신이 과장으로 근무하던 소외 현대전자산업 주식회사의 정보기기 마케팅부에서 위 관광농원의 숙박 및 운동 시설을 1박 2일 일정으로 빌려 개최하는 단합대회에 참가하여 같은 날 15:00경 동료 직원들과 어울려 위 농장의 족구장에서 족구를 한 다음 족구장에서 약 13m 정도 떨어진 축구장으로 이동하면서 축구장에 설치된 축구골대 뒷쪽에서 축구골대를 향하여 뛰어가면서 점프를 하여 축구골대의 전면 상단 가로대 부분을 손으로 잡다가 그 충격으로 앞으로 넘어지는 축구골대와 함께 지면으로 떨어지면서 축구골대의 전면 가로대 부분이 망인의 상복부를 충격하여 복강내출혈상 등을 입었다.

(3) 위 축구골대는 사다리꼴 형태로 철제파이프로 제작되었고 지면에 고착시키는 장치가 없는 이동식으로 된 것으로서 전면 상단 가로대의 길이는 5m, 높이는 2.5m, 직경은 11.5cm이며, 전면 하단 가로대 및 후면 상단 가로대는 없었고, 그물망은 설치되어 있지 아니하였으며, 축구골대가 지면에 서 있을 수 있도록 지탱하는 밑변인 골대 전면부와 후면 하단 가로대 사이의 길이는 1.13m로서, 위 축구골대를 지면에 고착시키는 아무런 장치가 없는 경우 성인남자가 손으로만 밀어도 골대가 흔들려 넘어질 우려가 있는 불안정한 상태였는데 위 사고 당시 위 축구골대에는 아무런 고착장치가 설치되어 있지 아니하였다.

(4) 위 사고 직후 동료 직원인 소외 지○회 등은 망인을 위 병원으로 후송하여 같은 날 15:25경 위 병원 응급실에 도착하여 위 병원 외과의사인 피고 3으로부터 치료를 받게 되었는데, 위 피고는 위 지○회 등으로부터 사고 경위를 듣고 망인의 상해부위를 촉진하는 등 진찰을 하고, 수액정맥주사를 하는 한편 흉부, 복부 엑스선 촬영을 지시하였는데 그 당시 망인의 의식은 정상적이었고, 복부통증을 호소하고 복부에 좌상이 있었으며, 혈압은 130-90으로 활력징후는 정상적이었다.

(5) 피고 3은 위 엑스선촬영 결과 통상 장파열이 일어날 경우 장 안의 가스가 장 밖으로 나와 생기는 유리가스가 망인의 횡경막하 복강 내에 있는 소견이 나오자 지○회에게 망인이 장파열된 것 같아 수술을 해야 하니

보호자에게 연락을 취해 달라고 요청하고 간호사에게 수술준비를 하도록 지시하는 한편, 다른 장기의 동반 손상 여부 등 보다 자세한 상태를 확인하기 위해 같은 날 16:00경 복부 컴퓨터단층촬영을 실시하였으며, 위 촬영시 망인이 장파열 상태이므로 경구조영제가 아닌 혈관조영제를 사용하여 촬영하였다.

(6) 같은 날 16:30경에 결과가 나온 복부 컴퓨터단층촬영 소견상 망인은 복강 내 공기와 소량의 복수가 있고, 비장에 가느다란 검은 선이 보여 비장손상의 가능성이 있으며, 복수 가운데 군데군데 고밀도 음영이 보여 복강내출혈 가능성이 있고, 장간막내에 혈종으로 생각되는 7×7×3cm 크기의 연부조직음영이 관찰되어, 외상에 의한 소장파열 및 장간막내 혈종의 가능성, 비장 손상의 가능성이 있는 상태였고, 피고 3도 위 촬영결과를 보고 비장손상 등을 의심하였다.

(7) 한편, 지○회는 위 병원에 도착한 후 군포시 산본동에 있는 망인의 집으로 전화하여 망인의 처인 원고 하○숙에게 망인이 사고를 당하여 위 병원 응급실에 있는데 지금 엑스선 촬영중이고 촬영이 끝나면 다시 연락하겠다고 하면서 처음 통화를 한 후 피고 3으로부터 위와 같은 엑스선 촬영결과를 듣고 위 원고에게 전화하여 망인이 장파열로 수술을 해야 할 상태라고 이야기하자, 위 원고는 집과 가까운 병원에서 치료를 받을 수 있는지 여부를 알아봐 달라고 부탁하였다. 지○회가 피고 3에게 위와 같은 위 원고의 뜻을 전하자 피고 3은 보호자가 원한다면 다른 병원으로 옮겨도 좋다고 하였다.

(8) 이에 원고 하○숙은 장파열 수술이 가능한 병원을 수소문하여 수원시 권선구 세류 3동 1079의 3에 있는 한○음외과의원에서 망인에 대한 수술을 받기로 하고 지○회와 통화시 한○음외과의원으로 이송하였으면 한다고 이야기하였고, 지○회는 피고 3에게 망인의 처가 수원시 소재 한○음외과의원으로의 이송을 원한다고 하자 위 피고는 위와 같이 컴퓨터단층촬영 결과 망인의 비장손상 의심이 있음에도 위 병원으로부터 자동차로 1시간 정도 걸리는 거리에 있는 한○음외과의원으로 이송하여도 이송 도중 망인의 상태가 크게 악화되지는 않을 것이라고 만연히 생각하고 전원을 하도록 하라고 하였다.

(9) 피고 3은 망인에게 하트만 링거액(수액) 외에 혈액 1파인트(pint) 수혈지시를 하는 한편, 전원소견서에 혈압 130-70, 헤모글로빈(15.7), 혈색소(45.6) 정상, 흉부 엑스선상 유리공기가 보이며, 복부단층촬영에서 비장파열이 의심된다고 하면서 응급수술 예정이었으나 연고지 관계상 전원한다는 내용을 기재하여 위 병원의 구급차로 망인을 한○음외과의원으로 이송하게 하였다.

(10) 망인은 위 병원응급실에 도착할 때부터 이송할 무렵까지 의사소통이 가능할 정도로 의식이 있었는데, 피고 3은 망인의 전원을 결정함에 있어서 망인이나 망인의 처인 위 원고에게 직접 그 당시 망인이 시급히 수술을 받아야 하는 응급상태에 있었음에 대하여 설명을 한 바는 없었으며, 망인은 한○음외과의원으로 전원된다는 것을 알고 위 병원 간호조무사인 소외 연○미에게 통증을 호소하면서 여기서 수술을 받게 하지 어디로 데려가는 것이냐고 말하는 등 불만을 표시하였다.

(11) 망인을 태운 구급차에는 망인 이외에 구급차의 운전기사와 지○회만이 승차한 후 같은 날 17:00경 위 병원을 출발하였는데 후송 도중인 18:00경 신갈인터체인지 부근에서 망인이 불편을 호소하는 등 의식이 있었으나 같은 날 18:10경 한○음외과의원에 도착하여 확인한 때에는 이미 사망한 상태였으며, 사후 부검을 실시하지 아니하였고, 망인의 사인은 장파열 및 복강내출혈 등으로 인한 허혈성 쇼크로 추정되었다.

(12) 비장은 흉복과 복벽에 의해 보호받는 좌상복부 심부에 위치하고 있음에도 불구하고 손상을 받는 일이 많으며, 혈관이 많고 아주 취약한 기관인데, 손상되면 복강 내에 대출혈을 일으키는 수가 보통이며 이는 비교적

경한 손상인 경우에도 올 수 있고, 조기진단과 적절한 치료를 하지 않으면 생명을 잃는 수가 많으므로 극히 조심해야 되는 것으로 알려져 있다. 비장파열이 확진되거나 의심될 때에는 대개 응급 개복술을 실시하여야 하고, 수술준비를 하는 동안 혈액량감퇴증을 교정하고 적절한 검사를 시행한 후 즉시 개복하는데, 세밀한 검사 때문에 수술개시가 지연되는 일이 없도록 주의하여야 한다. 한편 위 엑스선 검사소견상 나타난 장파열의 경우에도 장파열 자체만으로는 즉시 사망하는 경우는 드물지만 심폐기능의 안정을 취하고 수액과 혈액을 공급하면서 적절한 수술준비를 하여 가능한 한 즉시 수술을 하여야 한다. 또한 위와 같은 장파열 또는 비장손상의 의심이 있어 응급환자로 분류되는 망인과 같은 경우에는 전원 도중 허혈성쇼크 및 심폐기능장애 등이 예상되므로 수액공급과 심폐기능을 유지받으면서 전원하는 것이 바람직하다.

(13) 비장 단독손상시의 수술사망률은 1% 이하이며, 타장기의 치명적 손상시에만 사망률은 10~25%로 높아지고, 위와 같은 수술은 경험 있는 집도의 1인과 보조사 1인이 전신마취하에 실시할 수 있는 수술이다.

2. 피고 1의 상고이유 제1점에 대하여

축구골대의 전면 가로대 부분이 망인의 상복부를 충격하여 복강내출혈상 등을 입게 되었다는 원심의 사실인정은 기록에 비추어 수긍할 수 있고(기록에 의하면 망인은 축구골대를 손으로 잡고 발로 허공을 차며 자신의 배 부분을 골대 상단부로 향하여 구르기까지 하다가 축구골대가 넘어지면서 망인의 상복부를 충격한 것으로 보인다), 거기에 사실오인이나 심리미진의 위법이 있다고 할 수 없다. 이에 관한 상고이유의 주장은 받아들일 수 없다.

3. 피고 1의 상고이유 제2점에 대하여

사고로 인하여 상해를 입은 피해자가 치료를 받던 중 치료를 하던 의사의 과실 등으로 인한 의료사고로 증상이 악화되거나 새로운 증상이 생겨 손해가 확대된 경우에는, 의사에게 중대한 과실이 있다는 등의 특별한 사정이 없는 한 확대된 손해와 최초의 사고 사이에도 상당인과관계가 있다고 할 것이고(대법원 1997. 8. 29. 선고 96다46903 판결, 1998. 11. 24. 선고 98다32045 판결 등 참조), 위와 같은 특별한 사정의 존재에 관한 입증책임은 최초의 사고를 야기한 자에게 있다고 할 것이다. 아래에서 보는 바와 같이 피고 3의 과실은 인정되지만, 그에게 중대한 과실이 있음을 인정할 증거는 없는 이 사건에 있어, 원심이 최초의 사고와 망인의 사망 사이의 인과관계를 인정한 것은 정당하고, 거기에 상고이유로 주장하는 바와 같은 이유모순, 심리미진, 입증책임의 전도, 인과관계의 법리오해 등의 위법이 있다고 할 수 없다.

이에 관한 상고이유의 주장도 받아들일 수 없다.

4. 피고 3, 2 원심판결 이유에 의하면 원심은, 망인은 장파열, 복강내출혈로 보였고 비장 손상의 가능성이 있었으며 이러한 경우 위급한 상황이므로 피고 3으로서는 그 당시 의식이 있었던 망인이나 병원에 동행한 동료인 지○회 또는 전화통화가 가능하였던 망인의 처인 원고 하○숙에게 망인의 상태가 조기에 수술을 하지 아니하면 생명이 위험한 상황이 될 수도 있음을 충분히 설명하여 그 동의를 얻어 즉시 응급개복술을 시행하고 수술개시가 지연되어 생명에 위험을 초래하는 일이 없도록 하여야 함에도 위와 같은 상황임을 충분히 설명하지 아니하여 이러한 사정을 알지 못한 위 원고가 집근처에서 수술받기를 희망하였다는 이유만으로 만연히 위 사고를 당한 지 2시간이 지난 같은 날 17:00경 망인을 위 파○마병원으로부터 자동차로 1시간 정도 거리에 있는 수원시 소재 의원으로 전원하도록 한 과실이 있다고 판단하였는바, 원심의 이와 같은 사실인정과 판단은 기록에 비추어 수긍

할 수 있고 거기에 사실오인이나 이유불비, 의사의 설명의무 내지 설득의무에 관한 법리오해 등의 위법이 있다고 할 수 없다.

이에 관한 상고이유의 주장도 받아들일 수 없다.

5. 피고 3, 2의 상고이유 제2점에 대하여

원래 의료행위에 있어서 주의의무 위반으로 인한 불법행위 또는 채무불이행으로 인한 책임이 있다고 하기 위하여는 의료행위상의 주의의무의 위반과 손해의 발생과의 사이의 인과관계의 존재가 전제되어야 하나, 의료행위가 고도의 전문적 지식을 필요로 하는 분야이고, 그 의료의 과정은 대개의 경우 환자 본인이 그 일부를 알 수 있는 외에 의사만이 알 수 있을 뿐이며, 치료의 결과를 달성하기 위한 의료 기법은 의사의 재량에 달려 있기 때문에 손해 발생의 직접적인 원인이 의료상의 과실로 말미암은 것인지 여부는 전문가인 의사가 아닌 보통인으로서는 도저히 밝혀낼 수 없는 특수성이 있어서 환자측이 의사의 의료행위상의 주의의무 위반과 손해의 발생과 사이의 인과관계를 의학적으로 완벽하게 입증한다는 것은 극히 어려우므로, 환자가 치료 도중에 사망한 경우에 있어서는 피해자측에서 일련의 의료행위 과정에 있어서 저질러진 일반인의 상식에 바탕을 둔 의료상의 과실 있는 행위를 입증하고 그 결과와 사이에 일련의 의료행위 외에 다른 원인이 개재될 수 없다는 점, 이를테면 환자에게 의료행위 이전에 그러한 결과의 원인이 될 만한 건강상의 결함이 없었다는 사정을 증명한 경우에 있어서는, 의료행위를 한 측이 그 결과가 의료상의 과실로 말미암은 것이 아니라 전혀 다른 원인으로 말미암은 것이라는 입증을 하지 아니하는 이상 의료상 과실과 결과 사이의 인과관계를 추정하여 손해배상책임을 지울 수 있도록 입증책임을 완화하는 것이 손해의 공평·타당한 부담을 그 지도원리로 하는 손해배상제도의 이상에 맞는다고 하지 않을 수 없다(대법원 2000. 1. 21. 선고 98다50586 판결 등 참조).

원심판결 이유에 의하면 원심은, 망인에 대한 수술은 경험 있는 집도의 1인과 보조사 1인이 전신마취하에 실시할 수 있는 수술로서 그 준비가 크게 필요한 수술이 아닌 점, 비장 단독손상시 수술사망률이 낮고, 망인의 엑스선 검사 결과가 나온 16:00경 수술준비를 지시하였고, 망인의 사망시각은 같은 날 18:00경에서 18:10경 사이인 점 등에 비추어 장파열 및 복강내출혈로 인한 허혈성 쇼크로 사망한 것으로 추정되는 이 사건에 있어서 다른 사망원인이나 위 피고가 즉시 개복수술을 시행하였어도 사망하였을 것이라는 점에 대한 입증이 없는 이상 위 피고가 즉시 수술을 실시하지 아니한 채 만연히 위와 같이 망인을 다른 병원으로 이송하도록 한 과실로 수술이 지연되어 망인이 사망하였다고 추정함이 상당하다고 판단하였는바, 이는 위와 같은 의료소송에 있어서의 인과 관계에 관한 법리에 부합하는 것으로서 정당하고, 거기에 인과관계의 입증책임을 전도한 위법이 있다고 할 수 없다. 이에 관한 상고이유의 주장도 받아들일 수 없다.

6. 원고들의 상고이유 제1점에 대하여

피고 3이 망인의 비장 손상의 가능성을 의심하기는 하였다는 원심의 사실인정은 기록에 비추어 수긍할 수 있고 피고 3이 비장 손상의 가능성을 완전히 간과한 것으로는 보이지 아니하며 원심판결에 채증법칙 위배로 인한 사실오인 등의 위법이 있다고 할 수 없다. 이에 관한 상고이유의 주장도 받아들일 수 없다.

7. 원고들의 상고이유 제3점에 대하여

망인이 한○음외과의원으로 전원된다는 것을 알고 위 병원간호조무사인 소외 연○미에게 통증을 호소하면서 여기서 수술을 받게 하지 어디로 데려가는 것이냐고 말하는 등 불만을 표시하였음은 원심이 판시한 바와 같은 바, 망인의 위와 같은 발언은 이미 결정된 이송방침에 따르면서 내심의 불만스러움을 표시한 것에 불과하고 이송을 거부하면서 위 병원에서 수술할 것을 요구한 것이라고는 보기 어려우며 피고 3이 망인의 수술요구를 거부하여 의료법상의 진료거부를 하였다고 보기 어렵다. 원심은 피고 3이 소극적으로 진료거부를 하였다는 원고들의 주장을 배척한 취지로 볼 수 있고 거기에 판결의 결과에 영향을 미친 심리미진 또는 이유불비의 위법이 있다고 할 수 없다.

이에 관한 상고이유의 주장도 받아들일 수 없다.

8. 원고들의 상고이유 제5점에 대하여

공동불법행위 책임은 가해자 각 개인의 행위에 대하여 개별적으로 그로 인한 손해를 구하는 것이 아니라 그 가해자들이 공동으로 가한 불법행위에 대하여 그 책임을 추궁하는 것으로, 법원이 피해자의 과실을 들어 과실상계를 함에 있어서는 피해자의 공동불법행위자 각인에 대한 과실비율이 서로 다르더라도 피해자의 과실을 공동불법행위자 각인에 대한 과실로 개별적으로 평가할 것이 아니고 그들 전원에 대한 과실로 전체적으로 평가하여야 한다(대법원 1997. 4. 11. 선고 97다3118 판결, 1998. 6. 12. 선고 96다55631 판결, 1998. 10. 20. 선고 98다31691 판결 등 참조).

비록 망인의 사망에 대한 피고 1의 과실과 피고 3의 과실이 동일하지 않더라도 원심이 위와 같은 법리에 따라 원고측의 과실을 피고들 전원의 과실과 전체적으로 평가한 것은 정당하고 거기에 공동불법행위에 있어서의 과실상계의 법리를 오해한 위법이 있다고 할 수 없다. 이에 관한 상고이유의 주장도 받아들일 수 없다.

9. 피고 1의 상고이유 제3점과 원고들의 상고이유 제2, 4, 6점에 대하여 불법행위로 인한 손해배상 청구사건에서 과실상계 사유에 관한 사실인정이나 그 비율을 정하는 것은 그것이 형평의 원칙에 비추어 현저히 불합리하다고 인정되지 않는 한 사실심의 전권에 속하는 사항이다(대법원 2000. 1. 21. 선고 98다50586 판결 등 참조).

원심은 이 사건 변론에 나타난 여러 사정을 참작하여 피고들의 손해배상책임을 40%로 제한하였는바, 기록에 비추어 살펴보면(원심이 설시한 쌍방의 잘못 이외에도, 망인은 축구골대를 손으로 잡고 발로 허공을 차며 자신의 배 부분을 골대 상단부로 향하여 구르기까지 하여 적극적으로 위험을 초래한 잘못이 있는 반면에, 피고 3은 망인에게 의식이 있는데도 망인의 의향은 물어보지도 않고 이송한 잘못과 이송중의 망인에 대한 배려를 소홀히 한 잘못이 있는 것으로 보여진다) 원심의 위와 같은 판단은 정당한 것으로 수긍이 가고, 책임제한 비율을 현저히 과다하게 정하거나 현저히 과소하게 정한 위법이 있다고 할 수 없다. 이 점에 관한 쌍방의 상고이유의 주장은 모두 받아들일 수 없다.

10. 그러므로 상고를 모두 기각하고, 상고비용은 각자의 부담으로 하기로 하여 관여 법관의 일치된 의견으로 주문과 같이 판결한다.

고의 · 과실/위법성(1)

고의 · 과실/위법성(1)

1 고의 · 과실

(1-1) 부산고등법원 2001. 6. 15. 선고 99나4702 판결

【원고(탈퇴), 피항소인 겸 항소인】 김○수
【원고승계참가인】 이○재 외 , 14명
【피고, 항소인 겸 피항소인】 (망 노○구의 소송수계인) 강○란 외 1명
【변론종결】 2001. 5. 25.
【원심판결】 부산지방법원 동부지원 1999. 4. 9. 선고 96가합5116 판결

【주 문】

1. 원심판결 중 피고들 패소부분을 취소하고, 위 취소부분에 해당하는 원고승계참가인들의 청구를 모두 기각한다.
2. 원고승계참가인들의 항소와 당심에서 추가된 청구를 모두 기각한다.
3. 소송비용은 제1, 2심 모두 원고승계참가인들이 부담한다.

【청구취지 및 항소취지】

1. 청구취지

원고승계참가인(이하 참가인이라 한다) : 피고 강○란은 참가인 김○학에게 금46,098,783원, 같은 김○태에게 금83,125,000원, 같은 김○희에게 금247,000,000원, 같은 이○락에게 금135,000,000원, 같은 김○분에게 금288,000,000원, 같은 김○이에게 금200,000,000원, 같은 노○○아나에게 금170,000,000원, 같은 김○애에게 금390,000,000원, 같은 이○석에게 금48,000,000원, 같은 김○옥에게 금60,000,000원, 같은 김○술에게 금30,000,000원, 같은 이○재에게 금39,311,079원, 같은 김○수에게 금10,002,253원을, 피고 노○희는 참가인 김○학에게 금30,732,522원, 같은 김○태에게 금49,875,000원, 같은 김○희에게 금183,000,000원, 같은 이○락에게 금65,000,000원, 같은 김○분에게 금192,000,000원, 같은 김○이에게 금120,000,000원, 같은 노○○아나에게 금90,000,000원, 같은 김○애에게 금280,000,000원, 같은 이○석에게 금32,000,000원, 같은 김○옥에게 금40,000,000원, 같은 김○술에게 금20,000,000원, 같은 이○재에게 금26,207,386원, 같은 김○수에게 금6,668,170원을, 피고들은 참가인 김○례, 같은 김○심에게 금233,739,040원 및 각 이에 대한 1996. 5. 30.부터 1999. 4. 9.까지는 연 5%, 그 다음날부터 다 갚을 때까지는 연 25%의 각 비율에 의한 금원을 지급하라.

2. 항소취지

참가인 : 원심판결 중 원고 패소부분을 취소하고 청구취지와 같은 판결을 구하다.

피고들 : 주문 제1항과 같다.

【이 유】

1. 기초사실

다음의 사실은 당사자 사이에 다툼이 없거나 갑 제3호증의 29, 33, 갑 제5호증의 12 내지 27, 갑 제14호증의 10, 을 제1호증의 3(탈퇴한 원고 김○수는 글을 읽고 쓸 줄도 몰라 노○구가 위 각서에 서명날인하라고 하여 읽어 보지도 않고 서명날인하였다고 주장하나 이를 인정할 증거가 없다), 을 제2호증의 2, 3, 5, 6, 9, 10, 12, 13, 14, 16, 을 제4호증의 1, 2, 을 제30호증의 각 기재와 원심증인 권○덕, 당심증인 한○준의 각 일부증언에 변론의 전취지를 종합하여 인정된다.

가. 원고(탈퇴, 이하 원고라고 그대로 칭한다)는 황○재와 함께 1992. 6. 30.경 노○구로부터 그 소유의 부산 해운대구 송정동 711-5 전 2,257㎡를 임차한 후 그 지상에 어곡수산이라는 상호로 어류(광어, 우럭) 양식장(이하 이 사건 양식장이라 한다)을 설치, 경영하다가 1994. 4. 30.경 황○재로부터 그의 지분을 모두 인수하여 단독으로 이를 경영하면서 같은 해 11. 5. 노○구와 사이에 임대료는 연 12,000,000원, 임차기간은 1995. 7. 1.부터 1996. 6. 30.까지로 하는 임대차 계약을 체결하였다.

나. 노○구는 1995. 7.경 원고가 주식회사 부산은행으로부터 금150,000,000원을 대출받음에 있어 원고를 위하여 연대보증을 하면서 자기 소유의 부산 해운대구 송정동 711-18 대 227㎡외 토지 3필지를 물상담보로 제공하여 위 은행 앞으로 근저당권을 설정하고, 다시 원고가 위 은행에 대하여 부담하고 있는 어음할인거래상의 채무 금 10,000,000원에 대하여 연대보증을 하였는데 원고가 1995. 10. 28.경 부도를 내어 위 은행에 대한 채무를 변제하지 못하게 되자, 위 은행은 1995. 11. 1. 담보부동산인 위 4필지를 포함하여 노○구 소유의 부동산 합계 11필지에 대하여 가압류를 하였다.

다. 노○구가 원고에게 위 은행에 대한 채무를 조속히 변제할 것을 촉구하였으나, 원고는 이를 계속 미루어 오다가 1996. 2. 28.경 노○구에게 같은 해 5. 15.까지는 위 은행에 대한 모든 채무를 원고 자신이 변제하여 노○구 소유의 토지에 대한 근저당권 및 가압류를 말소하기로 하되, 만일 이를 이행하지 못할 경우에는 원고 경영의 양식장 시설과 그 곳의 생물을 모두 철거하여도 일체의 민·형사상 이의를 제기하지 않겠다는 내용의 각서를 작성하여 교부하였다.

라. 원고가 위 약정기한까지 위 은행에 대한 채무를 변제하지 아니하자, 노○구는 위 약정에 기하여 1996. 5. 20. 인부 3명을 동원하여 보일러실의 천장지붕 보온덮개를 낫으로 찢으면서 보일러실의 천장 보온덮개를 전부 걷어내게 하고, 다음날인 5. 21. 과 5. 22.에도 인부 3 - 5명을 동원하여 철골로 된 수조관의 보온덮개를 낫과 칼로써 전부 걷어내었으며, 같은 달 29.과 30. 포크레인 1대와 인부 2명을 동원하여 수조관 외벽 7 - 10m를 부수고 포크레인을 진입시켜 수조관으로 들어가서 수조벽을 포크레인으로 부수었다.

마. 노○구가 위와 같이 이 사건 양식장 시설을 철거하기 시작할 당시 그 곳 수조관에는 우럭치어와 광어치어 등이 들어 있었는데 위 망인이 수조관을 덮고 있던 지붕을 걷어내는 과정에서 수조관에 이물질이 들어가고 햇빛

에 노출되어 수조관 내에 있는 우럭과 광어의 치어가 모두 폐사하였다.

바. 노○구는 1998. 2. 21. 사망하여 상속인으로는 처인 피고 강○란과 아들인 피고 노○희가 있다.

사. 참가인들은 원고로부터 별지 2 기재와 같이 원고의 노○구에 대한 손해배상청구권에 관하여 채권압류 및 전부 또는 추심명령, 채권양도를 각 받았다.

2. 손해배상책임의 발생

가. 참가인들은 노○구가 원고 경영의 이 사건 양식장을 파손함으로 인하여 원고가 입은 손해를 노○구의 상속인들인 피고들이 배상할 책임이 있다고 주장한다. 그러나 원고가 위 부산은행에 대한 담보대출금 채무와 어음할인 채무 등을 변제하지 못하여 노○구 소유의 11개 필지 부동산에 대하여 가압류가 설정된 상태에서 노○구에게 1996. 5. 15.까지 위 부산은행의 채무를 변제하여 위 근저당권 및 가압류를 말소하지 못하는 경우에는 노○구가 이 사건 양식장 시설과 생물을 철거하여도 이에 대하여 일체의 민·형사상 이의를 제기하지 않겠다는 각서를 작성하여 교부하였다면 이는 노○구의 자력구제에 의한 철거행위를 원고가 승낙하는 의사표시를 한 것으로 봄이 상당하므로 원고가 약정기한까지 위 부산은행에 대한 채무를 해결하지 아니한 이상 노○구가 이 사건 양식장을 철거한 행위 자체는 피해자의 승낙에 따른 행위로서 위법성이 있다고 할 수 없다. 노○구의 이 사건 양어장 시설물 철거행위 자체가 불법행위에 해당함을 전제로 하는 참가인들의 주장은 이유 없다.

다만 원고의 승낙에 따라 이 사건 양어장 시설물을 철거함에 있어서도 노○구로서는 원고에게 양어장 시설 내에 있는 치어 등을 다른 곳으로 옮기도록 촉구하고 이에 응하지 않더라도 다른 수조관으로 치어 등을 옮겨 보관하는 등 원고 소유의 물건에 대한 피해를 가능한 한 줄이는 조치를 취한 다음 철거에 착수하여야 할 선량한 관리자로서의 주의의무가 있다고 할 것임에도 이를 게을리 한 채 약정기한이 지나자 5일만에 수조관 내 치어 등에 대한 아무런 보존조치를 취하지 아니하고 철거를 단행함으로써 치어 등을 폐사 또는 손상시켜 원고에게 손해를 입힌 것이라 할 것이니, 피고들은 노○구의 위와 같은 불법행위로 인하여 원고가 입은 손해를 배상할 책임이 있다.

나. 책임의 제한

앞서 든 증거에 의하면 노○구가 1996. 5. 20. 이 사건 양식장의 시설을 철거하기 시작하면서 차양막 및 보온덮개 등 주로 지붕부분만 철거하였지 수조 등 기타 시설 일체를 훼손하지는 않았으며, 원고로 하여금 수조에 있는 어류를 다른 곳으로 옮길 시간적 여유를 주었으나 원고 스스로 이를 방치한 사실을 인정할 수 있는바, 여기에 원고가 노○구 소유 토지를 물상담보로 제공받고 노○구의 연대보증을 받아 은행으로부터 대출을 받은 후 이를 변제하지 못하여 노○구가 은행으로부터 변제의 독촉을 받고 그 소유의 토지 11필지에 가압류가 집행된 상황에서 1996. 5. 15.까지 모든 채무를 해결하지 못하는 경우 이 사건 양어장의 철거를 승낙하기로 하고도 이를 지키지 아니하여 노○구의 철거행위를 유발한 사정 등을 덧붙여 보면 원고에게도 이 사건 사고의 발생과 그 손해의 확대에 기여한 과실이 있다고 할 것이므로 이 사건 손해배상액수를 정함에 있어서 이러한 원고의 과실을 참작하기로 하되, 그 비율은 전체의 60%정도로 봄이 상당하다.

3. 손해배상의 범위

가. 어류폐사로 인한 손해

참가인들은, 노○구의 이 사건 철거행위로 인하여 이 사건 양식장 내 수조관에 있던 우럭(조피볼락)과 광어(넙치) 중 자어(子魚) 단계를 지나 재산상 가치가 있는 치어(稚魚) 상태의 우럭 700만 마리와 광어 10만 마리가 폐사하였는데 당시의 우럭치어 1마리당 거래가격은 금500원, 광어치어는 금600원이 되므로 원고는 합계 금 3,560,000,000원(7,000,000×500원 + 100,000×600원)의 손해를 입었다고 주장한다.

살피건대, 갑 제10호증의 2(갑 제3호증의41은 그 중 일부이고, 을 제19호증과 같다)의 기재와 원심에서의 비디오테이프에 대한 검증결과(원고는 비디오테이프가 조작되었다고 주장하나 이에 부합하는 듯한 갑 제28호증의 기재는 믿지 아니하고 달리 이를 인정할 증거가 없으므로 위 주장은 이유 없다), 원심의 남해수산종묘배양장장에 대한 1998. 3. 14.자 감정촉탁결과 및 당심에서의 부경대학교 수산과학연구소장에 대한 2000. 2. 21.자 감정촉탁결과에 변론의 전취지를 종합하면, 우럭의 경우, 친어(어미고기)에서 산란 후 부화되어 자어로 되기까지의 소요 기간은 25 - 40일이고, 자어가 되어야만 일반 양식업자간의 매매거래 대상물이 되는데 자어에서 치어가 되기까지는 15 - 30일이 소요되는 사실, 이 사건 양식장에 있는 크기 정도의 수조에는 자어 단계에서는 3,000 - 5,000마리 정도로 수용밀도를 조절하여야 적정한 생육이 가능하고 3㎝의 치어는 1㎥당 2,000마리 정도로 수용밀도를 조절하여야 폐사되지 않는 사실, 광어의 경우는 산란 후 1 - 2일만에 부화하며 부화 후 60 - 70일 경과 후 상품가치가 있는 전장 50 - 70㎜의 치어로 성장하는데 그 생존율은 60 - 80%정도 되는 사실, 이 사건 불법행위 당시의 이 사건 양식장에 있던 우럭새끼의 크기는 8 - 12㎜ 정도로서, 사육밀도는 1톤 당 5,000마리 정도가 적정하고 이 사건 양식장에 있던 수조의 규격은 30톤 정도이므로 그 당시 16개 사각 수조에서 양식되고 있던 우럭새끼의 수는 총 2,400,000마리(=5,000마리×30톤×16개) 정도로 추산되는 사실, 위 크기 정도의 우럭새끼의 생산단가는 1마리 당 금30원 정도인 사실, 한편 이 사건 양식장에는 광어새끼가 100,000마리 정도 양식되고 있었고, 위 크기 정도의 광어새끼의 1마리당 거래단가는 금400원인 사실, 그런데 노○구가 이 사건 양식장을 철거하는 바람에 이 사건 양식장에 있던 우럭과 광어새끼가 전부 폐사된 사실을 각 인정할 수 있고 이에 반하는 갑 제4, 6, 7호증, 갑 제9호증 의 1 내지 18(갑 제5호증의 1 내지 11은 그 중 일부로서, 위 각 영상이 1996. 5. 22.경 촬영되었다는 원심증인 김○호의 증언은 믿지 아니하고 달리 이 사건 사고 후 촬영되었음을 인정할 증거가 없다), 갑 제34호증의 34, 35의 각 기재와 원심증인 김○태, 김○호, 정○화의 각 증언 및 원심에서의 1998. 5. 27.자 국립수산진흥원 동해수산연구소장의 감정촉탁결과는 믿지 아니하고 달리 반증이 없다. 위 인정사실에 의하면, 우럭새끼의 폐사로 인한 손해는 금72,000,000원(=2,400,000마리×30원)이 되고, 광어새끼의 폐사로 인한 손해는 금40,000,000원(=100,000마리×400원)이 되므로 결국 우럭과 광어새끼의 폐사로 인한 원고의 손해액은 금112,000,000원이 된다.

나. 양식장 시설물

참가인들은, 원고가 기존의 하우스 건물, 파이프, 수조 등이 설치된 이 사건 양식장을 황○재로부터 금 250,000,000원에 인수하였을 뿐 아니라 인수 후에도 별지 1 기재와 같이 5억 원의 비용을 들여 새로운 시설을 추가 또는 개조하였는데 노○구의 손괴행위로 인하여 이 사건 양식장의 시설이 전부 파손되었으므로 시설물 가액에 상당한 합계 금725,706,165원의 손해를 입었다고 주장한다.

살피건대, 앞서 인정한 양식장 시설의 철거행위 이외에 노○구가 별지목록 제6 내지 16기재의 기계 내지 설비를 손괴하였거나 양식장 시설의 철거행위로 인하여 손상하였다는 점에 부합하는 갑 제3호증의 10 내지 14, 20

내지 27, 갑 제15 내지 18의 각 1,2. 갑 제19호증, 갑 제20, 21호증의 각 1, 2, 갑 제22, 23호증, 갑 제24 내지 27호증의 각 1, 2, 갑 제35호증의 1 내지 11의 각 기재는 믿을 수 없고 원심 감정인 이○건의 감정결과만으로는 위 기계 내지 설비의 손상사실을 인정하기에 부족하며(을 제1호증의 9의 기재와 당심에서의 원심감정인 이○건에 대한 사실조회결과에 변론의 전취지를 종합하면, 원심 감정인은 원고측이 제시하는 사진, 도면, 거래명세표 등으로 손괴 전의 상태를 파악하고 원고가 제시하는 거래명세표 등에 의하여 그대로 이 사건 양식장의 시설비로 감정하였는데 감정인이 현장확인을 하였을 때, 별지목록 제6 내지 16기재의 열교환기, 수중펌프, 진공펌프, 발전기, 온도조절기 등은 현장에 없었던 사실을 인정할 수 있을 뿐이다.) 달리 이를 인정할 증거가 없다. 따라서, 노○구가 훼손한 이 사건 양식장 시설물은 수조, 하우스 건물 등 양어장 시설, 하우스 덮개, 파이프 등 별지목록 제1 내지 5 기재의 시설에 불과하고, 위 시설물 철거에 대하여는 원고가 이를 승낙하였으므로 노○구가 위 시설물을 철거한 것이 불법행위에 해당한다고 볼 수 없다. 참가인들의 위 주장은 모두 이유 없다.

다. 과실상계

따라서, 노○구의 이 사건 불법행위로 인하여 노○구의 상속인들인 피고들이 배상하여야 할 손해배상액수는 앞서 인정한 원고의 과실을 참작하면 금44,800,000원(=금112,000,000원×40%)이 된다.

라. 상계

(1) 피고 소송대리인은 이 사건 양어장에 방치되어 있는 파손된 시설물은 산업폐기물로서 이를 처리하기 위하여는 그 비용으로 금25,000,000원이 소요되므로 위 금원은 이 사건 손해배상채권과 상계되어야 한다고 주장하나, 을 제23호증의 1, 2, 을 제24, 25호증의 각 기재만으로는 이 사건 양어장에 방치되어 있는 파손된 시설물의 처리비용으로 금25,000,000원이 소요된다고 인정하기에 부족하고 달리 이를 인정할 증거가 없으므로 피고 소송대리인의 위 주장은 이유 없다.

(2) 을 제5호증, 을 제21호증의 각 기재에 변론의 전취지를 종합하면, 원고가 위 부산은행에 대한 채무를 변제하지 못하여 연대보증인인 노○구는 부산지방법원 97가단5820호 대여금 청구소송에서 위 은행에 금130,613,261원 및 이에 대한 1996. 2. 23.부터 완제일까지 연 19%의 비율에 의한 금원을 지급하라는 판결을 선고 받아 위 판결은 1997. 5. 16. 확정된 사실, 피고들은 2000. 3. 2. 원고의 위 은행에 대한 채무 중 금37,772,639원을 변제하여 이자 채무만 금105,782,135원이 남아 있는 사실, 원고는 현재 무자력으로써 위 이자 채무를 변제할 능력이 전혀 없는 사실을 인정할 수 있고 반증이 없는바, 위 인정사실에 의하면, 피고들은 원고에 대하여 위 금 143,554,774원(=금37,772,639원+금105,782,135원) 상당의 구상금 내지 사전구상금채권을 가진다 할 것이므로 이로써 원고의 피고들에 대한 이 사건 손해배상채권 금44,800,000원과 대등액에서 상계하면 결국, 피고들이 원고에게 지급할 손해배상채권은 없게 된다.

참가인들은, 원고의 노○구에 대한 이 사건 손해배상채권은 노○구의 고의의 불법행위로 인한 것이므로 그 채무를 상속한 피고들은 민법 제496조에 의하여 피고들의 원고에 대한 채권으로서 상계할 수 없다고 주장한다. 그러나 노○구의 이 사건 불법행위가 노○구의 과실에 의한 것임은 앞서 본 바와 같고 과실의 불법행위로 인한 손해배상채권을 수동채권으로 한 상계는 가능한 것이므로 참가인들의 위 주장은 이유 없다.

마. 위자료청구

참가인들은, 원고가 노○구의 불법행위로 인하여 자신의 전 재산이라 할 수 있는 이 사건 양식장이 폐허가

됨으로써 막대한 정신적 손해를 입었으므로 피고들이 이를 배상하여야 한다고 주장하나, 재산상 손해로 인하여 받는 정신적 고통은 그것이 재산상 손해의 배상만으로는 전보될 수 없을 정도의 심대한 것이라고 볼 만한 특별한 사정이 없는 한 재산상 손해배상으로써 위자된다고 할 것인바, 그와 같은 특별한 사정에 대한 주장, 입증이 없으므로 참가인들의 위 주장은 이유 없다.

4. 결 론

그렇다면, 참가인들의 이 사건 청구는 이유 없어 이를 모두 기각하여야 할 것인바, 원심판결은 이와 결론을 달리하여 부당하므로 피고들의 항소를 받아들여 원심판결 중 피고들 패소부분을 취소하여 그 취소부분에 해당하는 참가인들의 청구와 당심에서 추가된 청구 및 참가인들의 항소를 모두 기각하기로 하여 주문과 같이 판결한다.

(1-2) 대법원 2002. 7. 12. 선고 2001다46440 판결 [공2002.9.1.(161),1943]

【원고(탈퇴)】	김○수
【원고승계참가인,상고인】	이○새 외 8인
【피고,피상고인】	망 노○구의 소송수계인 강○란 외 1인
【원심판결】	부산고등법원 200 1. 6. 15. 선고 99나4702 판결

【주 문】

원심판결의 우럭 및 광어치어의 폐사로 인한 손해배상청구 중 금 44,800,000원 및 이에 대한 지연손해금 부분을 파기하고, 이 부분 사건을 부산고등법원에 환송한다. 원고 승계참가인들의 나머지 상고를 모두 기각한다.

【이 유】

1. 원심이 인정한 기초사실

가. 원고(탈퇴, 이하 '원고'라고 그대로 칭한다)는 황○재와 함께 1992. 6. 30.경 노○구로부터 부산 해운대구 송정동 711-5 전 2,257㎡를 임차한 후 그 지상에 어곡수산이라는 상호로 광어, 우럭 등 어류 양식장(이하 '이 사건 양식장'이라 한다)을 설치·경영하다가 1994. 4. 30.경 황○재의 지분을 모두 인수하여 단독으로 이를 경영하면서, 1994. 11. 5. 노○구와 사이에 위 부동산에 관하여 임차기간은 1995. 7. 1.부터 1996. 6. 30.까지로 하는 임대차계약을 체결하였다(당초의 임대차계약을 갱신한 것으로 보인다).

나. 노○구는 1995. 7.경 원고가 주식회사 부산은행으로부터 금 150,000,000원을 대출받음에 있어 원고를 위하여 연대보증을 하면서 자기 소유의 토지 4필지를 물상담보로 제공하여 위 은행 앞으로 근저당권을 설정하고, 다시 원고가 위 은행에 대하여 부담하고 있는 어음할인거래상의 채무 금 10,000,000원에 대하여 연대보증을 하였는데, 원고가 1995. 10. 28.경 부도를 내어 위 은행에 대한 채무를 변제하지 못하게 되자, 위 은행은 1995. 11. 1. 담보부동산인 위 4필지를 포함하여 노○구 소유의 부동산 합계 11필지에 대하여 가압류를 하였다.

다. 노○구가 원고에게 위 은행에 대한 채무를 조속히 변제할 것을 촉구하였으나, 원고는 이를 계속 미루어 오다가 1996. 2. 28.경 노○구에게 1996. 5. 15.까지는 위 은행에 대한 모든 채무를 변제하여 노○구 소유의 토지에 대한 근저당권 및 가압류를 말소하되, 만일 이를 이행하지 못할 경우에는 이 사건 양식장 시설과 그 곳의 생물을 모두 철거하여도 일체의 민·형사상 이의를 제기하지 않겠다는 내용의 각서를 작성하여 교부하였다.

라. 원고가 위 약정기한까지 위 은행에 대한 채무를 변제하지 아니하자, 노○구는 위 약정에 기하여 1996. 5. 20. 인부 3명을 동원하여 보일러실의 천장지붕 보온덮개를 낫으로 찢으면서 보일러실의 천장 보온덮개를 전부 걷어내게 하고, 다음날인 5. 21.과 5. 22.에도 인부 3~5명을 동원하여 철골로 된 수조관의 보온덮개를 낫과 칼로써 전부 걷어내었으며, 같은 달 29.과 30. 포크레인 1대와 인부 2명을 동원하여 수조관 외벽 7~10m를 부수고 포크레인을 진입시켜 수조관으로 들어가서 수조벽을 포크레인으로 부수었다.

마. 노○구가 위와 같이 이 사건 양식장 시설을 철거하기 시작할 당시 그 곳 수조관에는 우럭치어와 광어치어 등이 들어 있었는데 위 노○구가 수조관을 덮고 있던 지붕을 걷어내는 과정에서 수조관에 이물질이 들어가고 햇빛에 노출되어 수조관 내에 있는 우럭과 광어의 치어가 모두 폐사하였다.

바. 노○구는 1998. 2. 21. 사망하여 상속인으로는 처인 피고 강○란과 아들인 피고 노○희가 있다.

사. 원고 승계참가인(이하 '참가인'이라고 한다)들은 원고로부터 원심 판시 별지 2 기재와 같이 원고의 노○구에 대한 손해배상청구권에 관하여 채권압류 및 전부 또는 추심명령, 채권양도를 각 받았다.

2. 참가인들 소송대리인 및 참가인 이강재의 각 상고이유에 대한 판단

가. 원심은, 피고들은 노○구의 상속인으로서 원고에게 노○구가 이 사건 양식장을 파손하였음으로 인하여 손괴된 원심 판시 별지 1 기재 시설물 및 기계·기구의 가액 상당 손해와 폐사한 우럭과 광어치어의 각 거래가액 상당의 손해를 배상할 책임이 있다는 원고의 주장에 대하여 ① 원고가 노○구에게 위와 같이 각서를 작성·교부함으로써 노○구의 자력구제에 의한 철거행위를 승낙하였으므로, 노○구가 이 사건 양식장을 철거한 행위 자체로 인한 직접적인 피해인 별지 1 기재 순번 1 내지 5 기재 각 시설물의 손괴로 인한 손해는 피해자의 승낙에 따른 것으로서 위법성이 없어 불법행위에 해당하지 아니하고, 별지 1 기재의 순번 6 내지 16 기재의 각 기계·기구를 노○구가 손괴하였거나 위 기계·기구들이 위 양식장 시설물 철거행위로 인하여 손상되었다는 점에 부합하는 증거들은 믿을 수 없고 그 이외의 증거들만으로는 이를 인정하기 부족하다는 이유로 별지 1 기재 각 시설물 및 기계·기구에 관한 참가인들의 주장을 모두 배척하고, ② 다만 노○구는 원고의 승낙에 따라 이 사건 양식장 시설물을 철거함에 있어서 원고에게 미리 양어장 시설 내에 있는 치어 등을 다른 곳으로 옮기도록 촉구하고 이에 응하지 않더라도 다른 수조관으로 치어 등을 옮겨 보관하는 등 원고 소유의 물건에 대한 피해를 가능한 한 줄이는 조치를 취한 다음 철거에 착수하여야 할 선량한 관리자로서의 주의의무가 있다고 할 것임에도 이를 게을리 한 채 약정기한이 지나자 5일만에 수조관 내 치어 등에 대한 아무런 보존조치를 취하지 아니하고 철거를 단행함으로써 치어 등을 폐사 또는 손상시켜 원고에게 손해를 입힌 것이라 할 것이므로, 피고들은 노○구의 위 불법행위로 인하여 원고가 입은 손해를 배상할 책임이 있다고 판단하였다.

관련 증거들을 기록에 비추어 살펴보면, 원고가 노○구의 이 사건 양식장 철거를 승낙하였다는 원심의 사실인정과 이 사건 양식장 시설물 중 위 별지 1의 순번 1 내지 5 기재 각 시설물의 철거행위는 원고의 승낙 범위 내에 포함되어 그 위법성이 없고, 위 별지 1의 순번 6 내지 16 기재 각 기계·기구의 손괴사실에 대하여는 이를 인정할 증거가 없다고 한 원심의 판단은 모두 정당한 것으로 수긍이 가고, 거기에 채증법칙 위배로 인한 사실오인 또는 법리오해의 위법이 있다고 할 수 없다.

원고가 원심 제1차 변론기일에 진술한 1999. 7. 2.자 항소장에 의하면(기록 1513쪽), 원고는, 원고가 위 망인으로부터 미리 작성해 온 각서에 서명날인할 것을 강요받고 전혀 글을 모르는 문맹자로서 그 내용을 확인해 보지도 않고 위 망인의 강요에 못이겨 하는 수 없이 위 각서에 날인하게 되었던바 이는 불공정 법률행위로써 무효이다는 취지의 주장을 한 바가 있으나, 원심은 이에 대한 판단을 하지 않았음은 상고이유의 주장과 같다. 그러나 기록을 살펴 보아도, 원고의 위 각서 작성이 원고의 궁박 · 경솔 · 무경험으로 인하여 현저히 공정을 잃은 것이라고 볼 만한 사정을 인정할 만한 아무런 증거가 없어 이를 불공정 법률행위라고 볼 수 없으므로, 원심의 위와 같은 잘못은 판결 결과에 영향이 없다. 이 부분에 관한 참가인들의 상고이유는 받아들이지 않는다.

나. 원심은 위에서 인정한 불법행위로 인한 손해배상의 범위에 관하여 노○구의 이 사건 양식장 철거행위로 인하여 이 사건 양식장 내 수조관에 있던 우럭(조피볼락)과 광어(넙치) 중 자어(子魚) 단계를 지나 재산상 가치가 있는 치어(稚魚) 상태의 우럭 700만 마리와 광어 10만 마리가 폐사하였는데, 당시의 우럭치어 1마리당 거래가격은 금 500원, 광어치어 마리당 거래가격은 금 600원이 되므로, 피고들은 위 우럭과 광어치어의 숫자와 거래가격을 곱한 금액 상당의 손해를 배상할 책임이 있다는 참가인들의 주장에 대하여 그 내세운 증거들을 종합하여, 이 사건 불법행위 당시 이 사건 양식장에는 크기 8～12㎜ 정도의 우럭새끼 총 240만 마리 정도가 있었던 것으로 추산되고, 위 크기 정도의 우럭새끼의 생산단가는 1마리 당 금 30원 정도(기록에 의하면, 우럭치어는 그 크기가 5㎝정도가 되어야 매매대상이 되므로, 원심은 이 사건 우럭새끼에 대하여 시중거래가격을 적용하지 아니하고 생산단가를 적용하여 그 손해액을 계산한 것으로 보임)인 사실, 한편 이 사건 양식장에는 광어새끼가 10만 마리 정도 양식되고 있었고, 그 크기 정도의 광어새끼의 1마리당 거래단가는 금 400원인 사실을 인정할 수 있고, 이에 반하는 증거들은 믿기 어려우므로, 결국 우럭과 광어새끼의 폐사로 인한 원고의 손해액은 그 판시와 같이 금 112,000,000원이 된다는 이유로 그 인정금액을 초과하는 참가인들의 주장을 배척하였다.

원심이 내세운 증거들을 기록에 비추어 살펴보면, 노○구가 이 사건 양식장을 철거함으로 인하여 폐사한 우럭과 광어새끼의 각 숫자 및 그 가격에 관한 원심의 사실인정은 정당한 것으로 수긍이 가고, 거기에 채증법칙 위배로 인한 사실오인의 위법이 있다고 할 수 없다.

상고이유는 원심의 전권에 속하는 사실인정 및 증거취사를 비난하는 것이거나 원심이 인정한 사실과 다른 사실을 전제로 원심판결을 탓하는 것에 지나지 아니하여 받아들일 수 없다.

다. 불법행위에 있어서 과실상계 사유에 관한 사실인정이나 그 비율을 정하는 것은 그것이 형평의 원칙에 비추어 현저히 불합리하다고 인정되지 않는 한 사실심의 전권사항에 속한다고 할 것인데, 기록에 의하여 원심판결을 살펴보면, 원심의 과실상계 사유에 관한 사실인정이나 그 비율 판단이 형평의 원칙에 비추어 현저히 불합리하다고 볼 수 없으므로, 이 점에 관한 상고이유는 받아들이지 않는다.

라. 원심은 내세운 증거를 종합하여, 피고들이 원고에 대하여 금 143,554,774원 상당의 구상금 내지 사전구상금 채권을 취득한 사실을 인정하고 나서, 이로써 원고의 피고들에 대한 이 사건 손해배상채권과 대등액에서 상계하면 결국 원고의 손해배상채권(금 112,000,000원 × 40/100 = 금 44,800,000원)은 모두 소멸하였다고 판단한 다음, 노○구의 원고에 대한 이 사건 손해배상채무는 노○구의 고의의 불법행위로 인한 것이므로 그 채무를 상속한 피고들은 민법 제496조에 의하여 상계로 대항할 수 없다는 참가인들의 주장에 대하여 노○구의 이 사건 불법행위는 과실에 의한 것이라는 이유로 참가인들의 위 주장을 배척하였다.

불법행위에 있어서 고의는 일정한 결과가 발생하리라는 것을 알면서 감히 이를 행하는 심리상태로서, 객관적으로 위법이라고 평가되는 일정한 결과의 발생이라는 사실의 인식만 있으면 되고 그 외에 그것이 위법한 것으로 평가된다는 것까지 인식하는 것을 필요로 하는 것은 아니라고 할 것이다.

그런데 원심이 채택한 을 제2호증의 12(기록 395쪽)와 기록에 의하면, 노○구는 이 사건 양식장의 차양막을 걷어내면 수조관에 있는 위 우럭과 광어치어들이 죽는다는 것을 알고 있었으면서도 위 각서로 인하여 그 결과에 대하여 책임이 없다고 믿고서 위 치어들을 살리기 위한 아무런 조치도 강구하지 아니한 채 임의로 양식장의 시설을 철거함으로써 위 치어들을 모두 폐사시킨 사실을 인정할 수 있는바, 위 법리에 비추어 보면 노○구의 위 불법행위는 고의에 의한 것이라고 할 것이므로, 노○구의 상속인들인 피고들로서는 민법 제496조에 의하여 이 사건 불법행위로 인한 손해배상채무에 대하여 상계로써 대항할 수 없다고 할 것이다.

그럼에도 불구하고, 원심은 노○구의 이 사건 불법행위가 과실에 의한 것이라고 본 나머지 노○구의 상속인인 피고들의 이 사건 불법행위로 인한 손해배상채무가 상계로 인하여 소멸하였다고 판단하였던바, 거기에는 불법행위에 있어서 고의에 관한 법리를 오해하여 판결 결론에 영향을 미친 위법이 있다고 할 것이다.

3. 그러므로 원심판결의 우럭 및 광어치어 폐사로 인한 손해배상청구 중 금 44,800,000원 및 이에 대한 지연손해금 부분(피고의 상계 주장과 관련된 부분)을 파기하고, 이 부분 사건을 다시 심리·판단하도록 원심법원에 환송하며, 참가인들의 나머지 상고를 모두 기각하기로 하여, 관여 법관의 일치된 의견으로 주문과 같이 판결한다.

(2-1) 대구지방법원 2000. 1. 21. 선고 99나12671 판결

【원고, 피항소인】 이○길 외 4인

【피고, 항소인】 양○이

【변론종결】 1999. 12. 10

【원심판결】 대구지방법원 1999. 6. 17 선고 97가단9823 판결

【주 문】

1. 원심판결 중 피고 패소부분을 취소하고 그 부분에 해당하는 원고들의 청구를 모두 기각한다.
2. 소송비용은 1, 2심 합하여 모두 원고들의 부담으로 한다.

【청구취지】

피고들은 연대하여 원고 이○길에게 25,587,503원, 원고 박○수에게 3,000,000원, 원고 이○영, 이○경, 김○주에게 각 1,000,000원 및 위 각 금원에 대하여 1996. 5. 8부터 이 사건 소장 송달일까지 연 5푼, 그 다음날부터 완제일까지 연 2할 5푼의 각 비율에 의한 금원을 지급하라.

【항소취지】

주문과 같다.

【이 유】

1. 기초사실

가. 피고는 1996. 5. 7. 16:50경 소외 경북대구자동차학원 소유의 운전교습용 16호 승용차를 운전하여 대구 동구 지저동 소재 경북대구자동차학원내 장거리 연습코스의 주행을 마친 후 위 승용차를 대기실 앞에 주차하기 위하여 일방통행 2차로인 연습코스에서 연장된 차로의 피고의 진행방향에서 보아 왼쪽 내측코스를 진행하던 중 원고 이○길이 피고 바로 앞을 우측에서 좌측으로 횡단하는 것을 발견하고는 피고가 "아저씨"하고 고함을 질렀으나 위 원고가 듣지 못하고 그대로 보행하였는데, 피고는 운전미숙으로 제동도 하지 못한 채 핸들을 급히 좌측으로 꺾었으나 피하지 못하고 원고 이○길을 위 승용차의 앞범퍼부분으로 충격하여 동인에게 우측비골간부분쇄골절 등의 상해를 입게 하였다.

나. 피고는 1996. 3. 초순경 위 운전학원에 등록을 하여 운전면허취득시험의 필기시험을 통과하고 기능시험에 응시하고자 연습하던 중이었으며, 위 장거리 연습코스는 위 학원의 기능강사와 동승하여 약 10여회 정도 주행연습을 하였고, 사고 당일은 피고의 운전교습을 맡은 기능강사인 소외 정○오의 지시에 따라 처음으로 혼자서 연습코스를 주행하던 중이었다.

다. 원고 이○길은 위 사고 당시 먼저 위 사고지점을 횡단한 위 운전학원의 실기과장인 소외 박○석의 뒤를 따라 횡단하던 중이었다.

라. 위 사고지점은 일방 통행의 2차로 연습코스의 차선이 계속하여 출발선까지 이어져 있는 구간으로서 기능점수가 채점이 되는 연습코스가 끝난 후의 지점이나 피교습자들이 교육용 승용차를 출발선에 주차시키기 위해 통상 운전하고 가는 구간이다.

마. 한편, 원고 박○수는 원고 이○길의 처, 원고 이○영, 이○경은 그의 자녀, 원고 김○수는 그의 어머니이다.

[증거] 갑 제 1, 2, 3호증, 갑 제 10호증의 5, 6, 10, 13, 14, 갑 제 12호증, 을가 제1호증의 2, 3, 5, 6, 7의 각 기재 (다만 갑 제2호증의 기재 중 뒤에서 믿지 아니하는 부분 제외), 변론의 전취지

[배척증거] 갑 제2호증, 갑 제10호증의 3,4,8,9,11,12의 각 기재

2. 원고들의 주장에 대한 판단

원고들은, 피고는 자동차손해배상보장법 제3조 소정의 자기를 위하여 자동차를 운행하는 자로서 이 사건 사고로 인하여 원고들이 입은 손해를 배상할 책임이 있다고 주장하므로 살피건대, 자동차손해배상보장법 제3조에서 자동차 사고에 대한 손해배상책임을 지는 자로 규정하고 있는 '자기를 위하여 자동차를 운행하는 자'란 사회통념상 당해 자동차에 대한 운행을 지배하여 그 이익을 향수하는 책임주체로서의 지위에 있다고 할 수 있는 자를 말하는 것인 바, 이 사건 사고를 일으킨 위 운전교습용 자동차에 대한 운행을 지배하여 그 이익을 향수하는 자는 위 운전교습용 자동차를 이용하여 운전연습자를 교육하고 그 대가로서 그들로부터 교습비를 지급받는 소외 경북대구자동차학원이라 할 것이고, 위 학원의 피교습자인 피고라고 할 수는 없으므로, 피고가 자동차손해배상보장법 소정의 '자기를 위하여 자동차를 운행하는 자'에 해당됨을 전제로 한 원고들의 위 주장은 더 나아가 살필 필요 없이 이유 없다.(가사 피고가 '자기를 위하여 자동차를 운행하는 자'에 해당된다 하더라도 뒤에서 보

는 바와 같이 이 사건 사고에 대하여 피고에게 과실이 있다고 할 수 없으므로 이 점에서도 원고들의 위 주장은 이유 없다.)

나아가 피고가 불법행위자로서 책임을 부담하는지에 대해서 살피건대, 이 사건 사고는 피고가 위 학원의 운전연습자로서 위 사고 당일 처음으로 기능강사인 정○오의 지시에 의해 혼자서 장거리 연습코스를 주행하다가 원고 이○길이 먼저 위 지점을 횡단한 위 운전학원의 실기과장인 위 박○성을 따라 위 사고지점을 횡단하는 것을 발견하자 운전미숙으로 이를 쉽사리 피하기 어려울 것으로 생각하고 위 원고를 향하여 주의를 환기시키기 위하여 큰 소리로 고함을 쳤음에도 위 원고는 이를 듣지 못하여 그대로 위 사고지점을 횡단하였고, 피고는 위 원고와의 충돌을 피하고자 핸들을 좌측으로 틀었으나 미치지 못하여 충돌사고가 발생한 것이며, 이 사건 사고지점은 기능점수가 채점이 되는 연습코스가 끝난 후의 지점이나 연습코스의 차선이 출발선까지 계속 연장되어 있고 또한 운전연습자들이 주행연습을 반복적으로 하기 위하여는 위 구간을 통과하여 출발선까지 계속하여 운행할 수 밖에 없는 사정임을 고려할 때 이 사건 사고지점은 연습코스의 일부에 해당된다고 볼 것인 바, 이와 같이 운전연습자가 연습코스를 운전교습용 자동차를 운행하다가 운전미숙으로 그 연습코스를 횡단한 타인을 충격하는 사건을 발생시킨 경우 그 운전연습자에게 과연 과실이 있다고 할 수 있는지에 대하여 보건대, 불법행위의 성립요건으로서의 과실이라 함은 보통인, 표준인, 평균인으로서 요구되는 주의의무를 게을리하는 것을 말하는 것이라 할 것이고, 이때의 보통인, 표준인, 평균인이라 함은 구체적인 사례에 있어서의 보통인, 표준인, 평균인을 의미한다고 할 것이므로, 자동차 운전능력이 전혀 없거나 미숙하여 그 기능을 습득하고자 운전학원에서 운전교습을 받는 운전연습자에게 운전면허를 취득하고 자동차를 운전하여 도로를 주행하는 보통인에게 요구되는 주의의무를 기대할 수는 없다 할 것이고, 운전연습자가 운전교습자의 지시를 고의로 전혀 따르지 아니한 결과 사고가 발생된 경우와 같이 운전연습자로서의 보통인을 기준으로 할 때에도 그에게 그 사고를 막을 만한 운행에 대한 분명한 지배가능성이 있고, 그에 대한 비난가능성이 있을 경우에만 주의의무를 위반하였다 할 것이고, 그렇지 아니한 경우에는 주의의무를 위반하였다고 할 수 없다 할 것인데, 이 사건 사고의 경우 위에서 본 사고 경위 등에 비추어 보면 피고에게 위와 같은 기준에 따른 주의의무를 위반하였다고 보기 어려우므로{자동차운전전문학원운영규칙 제24조 제3항(을가 제2호증)의 기재에 의하면, 코스주행과 같은 기능교육에 있어 기능강사가 동승하지 않는 운전피교습자의 단독운행이 배제되어 있지 아니할 뿐만 아니라, 이 사건 사고에 있어 피고는 기능강사인 위 정○오의 지시에 따라 단독주행을 한 만큼 피고가 기능강사의 동승 없이 위 운전교습용자동차를 운행하다가 위 사고를 일으켰다 하더라도 이 점을 들어 피고에게 주의의무의 위반이 있다고 하기도 어렵다.}, 따라서 피고에게는 이 사건 사고에 대하여 과실이 있다고 할 수 없고, 그 결과 불법행위자로서의 책임도 부담하지 않는다 할 것이다.{한편 이와 같은 이론상의 이유 외에 운전학원에서 운전피교습자가 운전연습을 하다가 운전미숙으로 사고를 일으킨 경우 원칙적으로 그 피교습자에게 그 사고에 대한 책임이 있다고 가정한다면, 특히 운전교습용자동차가 이 사건의 경우와 같이 보험에 가입되어 있지 아니한 경우에 있어서는 그 피교습자는 실질적인 손해배상책임을 부담할 가능성이 크고 경우에 따라서는 그 배상액이 거액에 이를 수 있다 할 것인데, 그 피교습자에게는 당초 그 교습용차량에 대하여 종합보험등을 가입할 여지가 사실상 없다는 것을 고려할 때 그와 같은 결론은 실질적인 이유라는 관점에서도 부당하다고 할 것이다. 피교습자는 이와 같은 경우를 대비하여 일반보험을 들지 아니하면 안 될 것이다.}

3. 결 론

그렇다면, 원고들의 청구는 이유 없어 이를 모두 기각할 것인 바, 원심판결은 이와 결론을 달리하여 부당하므로, 피고의 항소를 받아들여 원심판결 중 피고 패소부분을 취소하고 그 부분에 해당하는 원고들의 청구를 모두 기각하며, 소송비용의 부담에 관하여는 민사소송법 제96조, 제93조, 제89조를 적용하여 주문과 같이 판결한다.

(2-2) 대법원 2001. 1. 19. 선고 2000다12532 판결[공2001.3.15.(126), 502]

【원고, 상고인】 이○길 외 4인

【피고, 피상고인】 양○이

【원심판결】 대구지방법원 2000. 1. 21. 선고 99나12671 판결

【주 문】

원심판결을 파기한다. 사건을 대구지방법원 본원 합의부에 환송한다.

【이 유】

상고이유를 판단한다.

1. 원심판결 이유에 의하면, 원심은 그 판결에서 채용하고 있는 증거들을 종합하여, 피고가 1996. 5. 7. 16:50경 경북대구자동차학원 소속의 운전교습용 16호 승용차를 운전하여 위 학원 내 장거리 연습코스의 주행을 마친 후 위 승용차를 대기실 앞에 주차하기 위하여 연습코스에서 연장된 2차로의 일방통행로 중 왼쪽 내측코스를 진행하다가 진행방향 오른쪽에서 왼쪽으로 위 연습코스를 횡단하는 원고 이○길을 발견하였으나 운전미숙으로 미처 피하지 못하고 충격하여 동인에게 우측비골간부분쇄골절 등의 상해를 입게 한 사실을 인정한 다음, 피고는 자동차손해배상보장법 제3조 소정의 자기를 위하여 자동차를 운행하는 자로서 이 사건 사고로 인하여 원고들이 입은 손해를 배상할 책임이 있다는 원고들의 주장에 대하여, 이 사건 사고를 일으킨 위 운전교습용 자동차에 대한 운행을 지배하여 그 이익을 향수하는 자는 위 운전교습용 자동차를 이용하여 운전연습자를 교육하고 그 대가로서 그들로부터 교습비를 지급받는 경북대구자동차학원이라 할 것이고, 위 학원의 피교습자인 피고는 자동차손해배상보장법 소정의 '자기를 위하여 자동차를 운행하는 자'에 해당하지 않는다는 이유로 이를 배척하고, 나아가 그 판시와 같은 사고 경위에 비추어 보면 피고는 자동차 운전기능을 습득하고자 운전학원에서 운전교습을 받는 운전연습자로서의 보통인을 기준으로 할 때에 주의의무를 위반하였다고 보기 어려우므로 이 사건 사고에 대하여 과실이 있다고 할 수 없고, 그 결과 불법행위자로서의 책임도 부담하지 않는다고 판단하고 있다.

2. 제1점에 대하여

그러나 자동차운전학원에서 연습중인 피교습자에게 학원 소유의 교습용 자동차를 이용하여 운전연습을 하게 하는 경우, 학원과 피교습자 사이에 교습용 자동차에 관하여 임대차 또는 사용대차의 관계가 성립된다고 할 것이고, 이와 같이 임대차 또는 사용대차의 관계에 의하여 자동차를 빌린 차주(차주)는 자동차를 사용할 권리가 있는 자로서 자기를 위하여 자동차를 운행하는 자에 해당하므로, 그 교습용 자동차를 이용하여 운전연습을 하던 중 제3자에게 손해를 가한 경우에는 제3자에 대한 관계에서 자동차손해배상보장법 제3조 소정의 운행자책임을

면할 수 없다고 할 것이다.

그럼에도 불구하고 원심이 자동차운전학원의 피교습자인 피고는 이 사건 사고차량에 관하여 자동차손해배상보장법 제3조 소정의 운행자에 해당하지 아니한다는 이유로 이 사건 사고로 인하여 상해를 입은 원고 이○길과 그 가족인 나머지 원고들에 대하여 자동차손해배상보장법 소정의 배상책임을 부담하지 아니한다고 판단한 것은, 운행자에 관한 법리를 오해한 위법을 저지른 것이라고 하지 않을 수 없다. 상고이유 중 이 점을 지적하는 부분은 이유 있다.

3. 제2, 3점에 대하여

불법행위의 성립요건으로서의 과실은 이른바 추상적 과실만이 문제되는 것이고 이러한 과실은 사회평균인으로서의 주의의무를 위반한 경우를 가리키는 것이지만, 그러나 여기서의 '사회평균인'이라고 하는 것은 추상적인 일반인을 말하는 것이 아니라, 그때 그때의 구체적인 사례에 있어서의 보통인을 말하는 것인바(대법원 1967. 7. 18. 선고 66다1938 판결 참조), 운전능력이 없거나 운전기능이 미숙하여 자동차운전학원에서 기능교육을 받고 있는 피교습자라 하더라도 사고의 발생이 예견되는 경우에 일률적으로 사고를 회피할 정도의 주의의무를 기대할 수 없다고 할 수는 없는 것이고, 그때 그때의 구체적인 사정에 비추어 사고회피에 관한 주의의무를 위반하였다고 볼 수 있는 경우에는 과실이 있다고 하여야 할 것이다.

원심이 인정한 바에 의하면, 피고는 운전면허 필기시험에 합격한 다음 기능시험에 응시하고자 연습하던 중이었으며 이 사건 사고 이전에 위 학원의 기능강사와 동승하여 약 10여회 정도 학원 내 주행코스를 연습주행하였고 사고 당일은 피고의 운전교습을 맡은 기능강사의 지시에 따라 처음으로 혼자서 주행코스의 연습주행을 마치고 주차하기 위하여 차량을 이동하다가 원고 이○길이 사고지점을 횡단하는 것을 발견하자 순간적으로 당황하여 제동조치를 취하지 못한 채 위 원고를 향하여 주의를 환기시키기 위하여 고함을 질렀으나 위 원고가 이를 듣지 못하자 핸들을 급히 조작하였지만 미치지 못하여 이 사건 사고를 야기하였다는 것인바, 기능강사가 동승한 상태에서 이미 약 10여회의 주행코스 연습주행을 하였고, 기능강사의 지시에 따라 혼자서 주행코스의 연습주행까지 하였다면, 그러한 정도에 이르게 된 보통·일반의 피교습자로서는 자동차의 조향 및 제동장치 등의 조작에 관한 기본적인 기능은 습득하였다고 보아야 할 것이므로 이 사건 사고 당시와 같은 상황 아래에서는(기록상 사고차량의 사고 당시의 속력은 알 수 없으나, 운전학원 내에서 주행연습을 하는 통상의 교습차량과 마찬가지로 즉시 제동할 수 있을 정도로 서행하고 있었다고 보아야 할 것이다) 제동조치를 취하거나 핸들을 제대로 조작하여 사고를 회피할 정도의 주의의무가 있다고 보는 것이 상당하다고 할 것이므로, 피고가 주행연습코스의 연결차로에서 횡단하는 위 원고를 발견하고 순간적으로 당황하여 제동조치 등의 안전조치 등을 취하지 못한 채 이 사건 사고를 야기한 이상, 피고에게 과실이 없다고 할 수는 없을 것이다.

그럼에도 불구하고, 원심이 피고에게 이 사건 사고에 관하여 과실이 없다고 판단한 것은 채증법칙을 위배하여 사실을 오인하였거나 불법행위의 성립요건으로서의 과실에 관한 법리를 오해함으로써 판결에 영향을 미친 위법을 저지른 것이라고 하지 않을 수 없다. 상고이유 중 이 점을 지적하는 부분도 이유 있다.

4. 그러므로 원심판결을 파기하고, 사건을 다시 심리·판단케 하기 위하여 원심법원에 환송하기로 관여 법관의 의견이 일치되어 주문과 같이 판결한다.

(3-1) 서울고등법원 1998. 10. 22. 선고 98나16229 판결

【원고, 항소인 겸 피항소인】 이○부 외 522인

【피고, 항소인 겸 피항소인】 한국전력공사

【변론종결】 1998. 9. 3.

【제1심 판결】 서울지방법원 1998. 2. 10. 선고 96가합90899 판결

【주 문】

1. 원고들의 항소 및 피고의 항소를 모두 기각한다.
2. 항소비용은 각자의 부담으로 한다.

【청구취지】

피고는 원고들에게 별지 2. 원고별 손해액 목록 중 청구금액란 기재 원고들 해당 금액 및 위 각 금원에 대한 이 사건 소장 부본 송달 다음날부터 제1심 판결 선고일까지는 연 5푼의, 그 다음날부터 완제일까지는 연 2할 5푼의 각 비율에 의한 금원을 지급하라.

【항소취지】

1. 원고들 : 제1심 판결 중 다음에서 추가로 지급을 구하는 금원에 해당하는 원고들 패소부분을 각 취소한다. 피고는 원고들에게 별지 2. 원고별 손해액 목록 중 청구금액란 기재 원고들 해당 금액의 10분의 6에서 같은 목록 인용금액란 기재 원고들 해당 금액을 공제한 각 금액 및 위 각 금원에 대한 1997. 2. 2.부터 당심 판결 선고일까지는 연 5푼의, 그 다음날부터 완제일까지는 연 2할 5푼의 각 비율에 의한 금원을 지급하라.
2. 피고 : 제1심 판결 중 피고 패소부분을 취소하고, 이에 해당하는 원고들의 청구를 각 기각한다.

【이 유】

1. 기초사실

다음의 사실은 당사자 사이에 다툼이 없거나, 갑 제5호증의 1 내지 619의 각 기재와 원심 증인 유○식의 증언에 변론의 전취지를 종합하여 이를 인정할 수 있고, 반증이 없다.

가. 원고들은 경북 고령군 고령읍, 개진면, 쌍림면 등지에서 비닐하우스를 설치하여 농작물을 조기 재배하는 농민들로서, 피고와 사이에 농사용 전기수급계약을 체결하고 피고로부터 공급받는 전기로써 위 비닐하우스에 설치된 난방기 등을 가동하여 겨울철에도 농작물을 재배해 왔는바, 1996. 1.경 원고 유○근은 들깻잎, 원고 박○규는 오이, 원고 노○도는 토마토를 재배하였고, 나머지 원고들은 모두 딸기를 재배하고 있었다.

나. 그런데, 1996. 1. 12. 04:05경 피고가 소유 · 관리하는 경북 고령군 쌍림면 소재 합천간 113호 전주에 설치된 자동개폐로차단기(Recloser 또는 R/C, 일명 니크로자, 이하 '자동개폐기'라고 한다)가 고장나는 바람에 경북 달성군 소재 논공변전소로부터 고령군 지역으로 공급되던 전기가 차단됨으로써 원고들의 비닐하우스가 위치한 쌍림면 전지역 및 고령읍과 개진면의 일부 지역이 같은 날 07:50경까지 3시간 45분 동안 정전되는 사고(이하 '이 사건 정전사고'라고 한다)가 발생하였다. 당시 위 정전지역의 외부 온도는 -12℃였다.

다. 이에 따라 원고들의 비닐하우스에 설치된 난방기 등의 작동이 중지되어 비닐하우스의 내부 온도가 영하로

떨어지는 바람에, 딸기 모종 중 일부는 딸기꽃이 1 내지 2방기에 해당하여 동사하였고, 일부는 꽃눈과 과실이 냉해를 입었으며, 들깻잎, 오이, 토마토 등의 농작물도 냉해를 입게 되었다.

2. 쌍방 주장의 요지

가. 원고들의 주장

(1) 이 사건 정전사고는 피고가 위 자동개폐기를 제대로 관리하지 못한 과실로 발생하였고, 피고는 이 사건 정전사고 직후 신속한 복구를 하는 데에도 실패하였는바, 이는 피고의 중대한 과실로 말미암은 것이다.

(2) 뿐만 아니라, 피고는 이 사건 정전사고 후에 원고들의 손해를 배상하겠다고 별도의 약정을 한 바도 있다.

(3) 따라서, 피고로서는 피고의 면책을 규정한 전기공급규정의 일부 조항에도 불구하고 채무불이행 또는 불법행위에 기하여 원고들이 이 사건 정전사고로 말미암아 입게 된 모든 손해를 배상할 책임이 있다.

나. 피고의 주장

(1) 이 사건 정전사고의 발생 및 복구에 관하여 피고에게는 아무런 과실도 없었다.

(2) 설령 피고에게 과실이 있었다고 해도, 전기공급규정 제51조, 제49조에 의하면 피고는 이 사건 정전사고로 원고들이 입은 손해를 배상할 책임이 없다.

(3) 또한, 원고들이 주장하는 손해배상 약정은 피고의 위임을 받지 아니하고 대리권도 없는 일부 직원에 의하여 이루어진 것일 뿐만 아니라, 원고들의 강박에 의하여 이루어진 것이므로 이를 취소한다. 따라서, 위 약정은 피고에 대하여 아무런 효력도 없다.

(4) 따라서, 원고들의 이 사건 청구는 모두 이유 없다.

3. 손해배상책임의 발생에 관한 판단

가. 이 사건 정전사고의 원인 및 경위

앞에 나온 증거들 및 갑 제8 내지 13호증, 갑 제14호증의 1 내지 51, 을 제8호증, 을 제10 내지 12호증, 을 제13호증의 1 내지 48, 을 제14호증의 1 내지 138, 을 제20 내지 23호증, 을 제26호증, 을 제28호증의 1 내지 10, 을 제30호증의 각 기재와 원심 증인 채○수, 배○원, 박○문, 배○성의 각 증언에 변론의 전취지를 종합하면, 다음과 같은 사실을 인정할 수 있고, 위 인정에 반하는 위 증인들의 각 일부 증언은 이를 믿지 아니하며, 달리 반증이 없다.

(1) 이 사건 정전사고의 원인이 된 위 113호 전주에 설치된 자동개폐기(일련번호 3817)는 피고 산하 고령지점이 관리하던 3대의 자동개폐기 중 하나로서 1977. 1. 6.경 미국에서 제작되어 그 무렵 피고에 의해 수입된 장비이고, 그 수명은 30년 정도인데, 위 자동개폐기는 과전류가 흐르면 자동으로 전기를 차단하는 고가의 장치로서 배전선로(발전소, 변전소 또는 송전선로로부터 다른 발전소 또는 변전소를 거치지 아니하고 수급지점에 이르는 전선로와 이에 속하는 개폐장치, 변압기 및 기타 전기설비)를 구성하는 중요한 전기설비인 관계로 피고는 이러한 자동개폐기에 일련번호를 붙이고, 별도의 보수이력카아드(을 제10호증)를 작성하여 이를 관리하고 있다.

(2) 그런데, 위 자동개폐기는 1996. 1. 12. 04:05경 그 탱크 내부에 설치된 자기(瓷器, 일명 애자) 부분인 부싱(Bushing) 6개 중 한 개가 파손됨으로써 고장을 일으켰고, 이에 따라 위 자동개폐기가 속한 배전선로에 22,900V의 전기를 공급하던 논공변전소의 자동차단기(CB)가 작동하는 바람에 위 변전소로부터 총긍장(亘長) 96.5㎞, 1,935경간에 이르는 배전선로 전부가 정전되는 사태가 발생하게 되었다. 이와 같이 자동개폐기 내부의 부싱이

파손된 것은, 조립과정이나 수리 등 분해된 상태에서 외부 충격 등으로 형성된 표면의 미세한 방사상 균열이 단락현상을 일으키고 이에 발생하는 고열에 의하여 절연유가 탄화되어 파단면에 부착됨으로써 절연성을 약화시켜 누설 전류량이 증가함에 따라 2차적 파손이 일어남에 따른 것이었다.

(3) 피고의 송배전선로 순시점검 및 정비규정(을 제12호증)에 의하면, 피고는 배전선로에 관하여 정기순시, 특별순시, 간부직원 순시, 안전순시 등의 순시(제5조)를 하는 외에, 이러한 순시만으로 충분히 조사하기 어려운 선로의 상태 · 기기 및 보안장치 등을 자세히 조사하기 위하여 전선로의 점검 및 청소를 실시하여 경미한 사항의 보수공사를 시행하여야 하고(제6조), 정격전압의 유지 · 배전선로상의 기기 및 보안장치의 정상상태 유지 등을 위하여 별도로 측정업무를 실시하여야 하는데(제7조), 자동개폐기의 경우에는 순시 이외에도 1년에 1회씩 정기점검을 실시하여야 하고(별표 2 제9항), 선로전압 및 전류 측정은 1년에 1회, 누설전류 측정은 2년에 1회씩 이루어져야 하도록(별표 3 제1, 3항) 규정되어 있다. 또한, 위와 같은 자동개폐기 내부의 부싱 손상 여부는 절연저항 측정, 상용주파 내전압시험, 기계적 동작시험, 최소동작 전류시험 등을 통하여 이를 발견할 수 있다(을 제26호증).

(4) 그러나, 피고는 이 사건 정전사고를 야기한 자동개폐기를 유지 · 관리함에 있어서 다음과 같은 잘못을 저질렀다.

① 먼저 위 자동개폐기의 수명은 30년이고, 피고 산하 서울자재관리사무소는 같은 종류의 자동개폐기를 여러 번 수리한 경력도 있으므로(기록 제2428쪽 참조), 피고로서는 그 수명이나 상태에 유의하여 위 자동개폐기를 유지 · 관리하였어야 함에도 불구하고, 이 사건 정전사고를 야기한 자동개폐기의 보수이력카아드에는 1988. 9. 9. 서울보급소에서의 수리품을 설치하였다는 내용만이 최초로 기재되어 있을 뿐이고 그 이전의 자료는 보관되어 있는 것이 없다. 이에 따라 피고는 이 사건 제1심 소송 도중인 1997. 10.경에야 비로소 그 제작사에 조회를 함으로써 위 자동개폐기가 1977. 1. 6.경 제작된 것임을 확인하였다.

② 피고로서는 위 자동개폐기를 유지 · 관리함에 있어서 앞서 본 점검 및 정비규정에 따라 순시 · 점검 · 측정 등의 업무를 면밀히 시행하였어야 함에도 불구하고, 그 외부상태를 육안으로 검사하는 일상적 점검만을 시행하였을 뿐이다(피고는 육안으로 하는 일상적 점검만을 하였음을 명백히 인정하고 있다. 기록 제2461쪽 등 참조). 이에 따라 위 자동개폐기의 보수이력카아드에는 기기가 양호하다는 형식적인 내용만 기재되어 있을 뿐 아무런 측정 수치도 기재되어 있지 아니하고, 이러한 현상은 위 사고개폐기에 관하여 점검기록이 남아 있는 1992. 4. 15.부터 이 사건 정전사고 직전인 1995. 12. 29.까지 무려 48회(이 가운데 정기점검은 5회로서 그 간격은 일정하지도 않다)에 걸쳐 순시와 점검을 시행한 결과에 따르더라도 마찬가지였다.

③ 위 자동개폐기는 1988. 9. 수리품으로 달성(S/S)-위천(D/L)간 성산지 18호 전주에 설치된 다음, 1989년 논공(S/S)-구지(D/L)간 합천 164호 전주로 이설되었고, 그 후 1992. 4.경 현재의 위치에 다시 이설된 경력이 있음에도 불구하고, 그 사이에 앞서 본 바와 같은 정밀 측정이 이루어졌다는 자료는 전혀 없고, 심지어 이 사건 정전사고를 조사한 피고 감사실은 위 자동개폐기의 고장개소가 탱크 내부에 있어 현행 선로순시 및 점검시 확인이 불가능하다는 이유로 위 자동개폐기의 유지 · 보수에는 아무런 문제도 없었다는 식의 결론을 내리고 있는 실정이다(갑 제14호증의 43).

(5) 한편, 이 사건 정전사고 발생 당시 피고 고령지점에는 보수반 직원인 전○배, 박○문이 야간근무 중이었고, 위 논공변전소 직원인 김○수는 같은 날 04:07경 전○배에게 정전사고를 통고하였다. 당시 이 사건 정전사고를 복구하기 위하여 조작을 시행하여야 할 자동개폐기는 2대, 단순개폐기는 50대 정도로서 이는 모두 피고 산하

고령지점의 관할 범위 내에 위치하고 있었고, 일반적으로 정전사고가 발생할 경우 전선로를 따라 순차적으로 개폐기 등 기기를 조작하는 방법으로 사고 원인을 찾아내는데, 이 사건 정전사고가 발생한 지역이 딸기재배 지역이라는 점을 잘 알고 있던 전○배, 박○문은 농가 대부분이 고령간 252호 전주로부터 논공변전소 반대방향에 분포하고 있는 사정을 고려하여 고령간 252호 전주로 먼저 출동하여 점검한 결과, 04:43경 정전사고 원인이 되는 지점이 고령간 252호 전주로부터 논공변전소 반대방향에 있음을 발견하고 그 시경 피고 달성지점(고령지점의 상급지점이다) 수리반에 지원요청을 한 후, 각자 점검작업을 하기로 하여 일단 고령지점으로 복귀한 다음, 박○문은 05:10경 다시 고령간 252호 전주와 05:26경 합천간 80호 전주로 순차 이동하여 점검작업을 하였고, 전○배는 05:00경 전선로 중앙에 있는 합천간 80호 전주, 05:25경에는 이 사건 정전사고를 야기한 자동개폐기가 설치된 합천간 113호 전주로 순차 이동하여 점검작업을 하였지만, 사고지점을 발견할 수 없었다.

(6) 또한, 수리지원 요청을 받은 피고 달성지점 보수반 직원인 원○희는 피고 고령지점 보수주임인 채○수에게 전화로 사고통보 및 직원 비상동원을 요청하였고, 이에 채○수는 딸기재배 지역이 정전되어 긴급한 상황임을 인식하고 고령지점 보수반 직원 중 김○환, 이○용, 이○용 등을 비상호출하여, 이○용은 05:43경 합천간 80호 전주에 도착하여 박○문과 같이 점검작업에 들어갔으며, 김○환은 달성지점 직원인 박○호와 함께 05:45경 현장에 출동하여 정전구간 순시에 임하였다. 그리고 채○수와 원○희는 고령지점에 남아 작업지휘와 전화응대 및 고객응대에 임하였다.

(7) 위와 같이 이 사건 정전사고의 복구작업을 위하여 배전선로에 출동한 직원은 모두 5명(여기에는 달성지점 직원 1명이 포함되어 있다)이었는데, 같은 날 07:36경이 되어서야 비로소 박○문이 합천간 113호 전주에 설치된 자동개폐기에 이상이 있음을 발견하고 복구작업을 실시하여 이 사건 정전사고가 발생한 후 3시간 45분만인 07:50경부터 위 비닐하우스들이 소재한 위 정전지역에 다시 송전이 되었다.

(8) 그러나, 변전소로부터 고령 252호 전주 사이에 고장없음을 확인하는 데는 34분(04:05-04:39), 변전소로부터 합천 80호 전주 사이에 고장없음을 확인하는 데는 31분(04:39-05:10), 합천 80호 전주에서 113호 전주 사이에 고장의 원인이 있음을 발견하는 데는 23분(05:10-05:33), 합천 80호 전주에서 99호 전주 사이에 고장없음을 확인하는 데는 1시간 12분(05:33-06:45), 합천 99호 전주에서 113호 전주 사이의 선로순시 및 고장복구에 1시간 5분(06:45-07:50)이 각기 소요됨으로써, 전체 3시간 45분 중 실제로 고장복구에 소요된 최종 14분(07:36-07:50)을 제외한 3시간 31분은 합천 80호부터 113호 사이(513경간)의 고장구간을 알아내고 개폐기를 조작하면서 이를 순차로 정밀순시함으로써 정확한 사고 개소를 확인하는 데에 소요되었다. 또한, 이 사건 정전사고 당시 피고 고령지점의 보수반 직원은 모두 9명이었고, 고령지점의 책임자인 지점장 배○원은 이 사건 정전사고를 제대로 보고받지도 못하여 사고가 복구된 이후 정상 출근을 한 다음에야 비로소 이 사건 정전사고를 알게 되었다.

(9) 피고의 비상근무규정(을 제21호증)에 의하면, 전시·사변 기타 안보에 영향을 미치는 중대 사태시를 안보비상, 전력수급에 영향을 미치는 중대한 전력계통 사고시나 국가적 중요 행사시를 전력계통비상, 천재지변으로 인한 중대한 전력계통 사고 등이 발생하거나 사고발생의 우려가 많을 때를 재해비상으로 구분하여 위와 같은 비상사태가 발생할 경우 그 구분에 따라 전직원, 또는 필요 인원을 소집할 수 있도록 규정하고 있지만, 다른 한편 이 사건 정전사고가 발생한 직후인 04:05경부터 다시 송전이 이루어지기까지 농민들은 수십차례에 걸쳐 피고 고령지점에 전화를 하여 정전사고를 알림과 동시에 농작물 냉해를 우려하면서 신속한 복구를 요구하였고, 이에 피고 고령지점의 직원은 신속히 복구하겠으나 정확한 소요시간은 알 수 없다고만 통보하였으며, 일부 농민들은 고령지점 또는

복구현장을 직접 방문하여 농작물의 냉해 가능성을 언급하면서 신속한 복구를 요구하기까지 하였다.

(10) 딸기는 저온성작물로 다른 작물에 비해 비교적 냉해에 대한 저항력이 큰 작물이나 개화후 7일 내지 20일의 중과실은 온도가 -2℃ 이하로 되면 발육이 정지되고, 개화후 7일 이내의 적온과실은 -2℃에서 3시간, -5℃에서 1시간 방치해 두면 흑색으로 변하게 되며, 개화 3일 내지 8일전의 사분자(四分子) 분열기에 있는 꽃봉오리는 -2℃에서 암술이 흑색으로 변하여 과실을 수확할 수 없는 동해를 입는 생리적 특성을 가지고 있다.

나. 피고의 면책을 규정한 전기공급규정의 효력

(1) 전기사업법은 다수의 일반수요자에게 생활에 필수적인 전기를 공급하는 공익사업인 전기사업의 합리적 운용과 사용자의 이익보호를 위하여 계약자유의 원칙을 일부 배제하여 일반전기사업자와 일반수요자 사이의 공급계약 조건을 당사자가 개별적으로 협정하는 것을 금지하고 오로지 공급규정의 정함에 따르도록 하고 있고(제15조, 제16조, 제19조 등 참조), 이러한 공급규정은 일반전기사업자와 그 공급구역 내의 현재 및 장래의 불특정 다수의 수요자 사이에 이루어지는 모든 전기공급계약에 적용되는 보통계약 약관으로서의 성질을 가지는바(대법원 1989. 4. 25. 선고 87다카2792 판결 참조), 을 제19호증의 기재에 의하면, 피고의 전기공급규정 제51조 제3호, 제49조 제1항 제3호는 피고의 전기설비에 고장이 발생하거나 발생할 우려가 있는 때 피고는 전기의 공급을 중지하거나 그 사용을 제한할 수 있고, 이 경우 피고는 수용가가 받는 손해에 대하여 배상책임을 지지 않는다고 규정하고 있는 사실을 인정할 수 있다.

(2) 살피건대, 이러한 규정은 면책약관의 성질을 가지는 것으로서 피고의 고의 또는 중대한 과실로 인한 경우까지 적용된다고 보는 경우에는 약관의규제에관한법률 제7조 제1호에 위반되어 무효라고 할 것이나, 그 외의 경우에 한하여 피고의 면책을 정한 규정이라고 해석하는 한도에서는 유효하다고 할 것이다(대법원1995. 12. 12. 선고 95다11344 판결 참조). 또한, 앞서 본 전기사업법의 규정 취지와 전기공급규정의 성질에 비추어 볼 때, 유효한 것으로 해석되는 한도에서의 위 면책규정은 피고가 부담하는 손해배상 책임의 근거가 채무불이행인 경우이건 불법행위인 경우이건 상관없이 모두 적용된다고 봄이 상당하다.

다. 이 사건 정전사고가 피고 공사의 중대한 과실로 말미암은 것인지 여부

(1) 그러므로 나아가 이 사건 정전사고가 피고의 중대한 과실로 말미암은 것인지 여부에 관하여 보건대, 위 인정사실에 의하면, 이 사건 정전사고는 피고가 소유 · 관리하는 전기공작물인 위 자동개폐기의 고장으로 인하여 발생한 것임이 분명하고, 이 사건 정전사고 당시 피고는 위 자동개폐기의 수명이 언제까지인지조차도 파악하지 못하고 있었던 점, 위 자동개폐기의 고장은 외부로부터 부싱에 가해진 충격으로 인한 미세한 균열 및 이에 따른 반복 단락현상에 의한 2차적 파손에 의한 것이므로 이는 상당한 기간 동안 진행된 결과라고 보여지는데, 피고는 위 자동개폐기가 1989년에 수리된 다음 설치된 이래 여러번에 걸쳐 이설되는 과정에서도 단순히 외관검사만을 실시하였을 뿐 그 탱크 내부에 대한 점검이나 측정을 전혀 실시하지 아니하였던 점, 피고의 자인이나 피고 감사실의 조사보고서에서도 나타나는 바와 같이 이는 피고가 위 자동개폐기를 유지 · 관리함에 있어서 자체의 점검 및 정비규정을 무시한 채 그 탱크 내부의 점검이나 측정은 이를 아예 포기하는 방식으로 업무를 수행하고 있었음에 기인하는 점, 결국 피고와 같이 위 자동개폐기를 관리하는 경우에는 그 시기만이 문제로 될 뿐 이 사건 정전사고와 같은 대형 사고는 발생할 수밖에 없고, 그 때 피고는 면책약관을 내세움으로써 책임을 면하려 하게 되는 점 등의 사정에다가, 이 사건의 경우 전기의 공급은 피고가 독점하면서 그 관리 역시 피고가 전담하도록 되어 있는 점, 따라서 위 자동개폐기 등의 점검이나 보수 등에 관련된 기술도 역시 피고만이 이를 보유하

고 있는 점, 피고 산하 고령지점이 관리하는 자동개폐기는 도합 3대에 불과한 점 등의 제반 사정을 종합해 보면, 피고가 관리하는 전체적인 전기공급 설비의 광역성이나 이로 인한 보수·점검의 곤란성을 감안하더라도, 피고의 이와 같은 사고 자동개폐기의 유지·관리는 그 주의의무를 심히 결여한 것으로서 중대한 과실에 해당한다고 봄이 상당하다.

(2) 뿐만 아니라, 위 인정사실에 의하면, 피고 고령지점의 직원들은 원고들이 피고가 공급하는 전력에 의존하여 난방기를 가동함으로써 딸기 등 농작물을 조기 재배하고 있는 사정을 잘 알고 있었던 점 및 이 사건 정전사고로 전기공급이 차단된 전선로의 총긍장이 96.5㎞이고 1,935경간에 이르며 총 52대의 개폐기가 설치되어 있어 정전사고가 발생할 경우 그 복구를 위하여 장시간이 소요될 여지가 있는 점 등에 비추어 볼 때, 피고 고령지점으로서는 이 사건 정전사고가 장시간 계속될 경우 원고들이 재배하는 딸기 등이 냉해를 입을 수 있음을 인식하고 그 복구작업을 위하여 적어도 수리반 직원 전원을 투입하여 복구에 만전을 기할 의무가 있음에도 불구하고, 수리반 직원 9명 전원을 투입할 수 없는 특별한 사정도 엿보이지 않는 이 사건에 있어서, 5명의 직원(그 중 1명은 달성지점의 직원이다)만을 배전선로 현장에 투입시킴으로써 정전시간의 대부분을 사고 개소를 발견하는 데에 허비함으로써 복구작업이 지연되게 한 명백한 과실이 있는바, 여기에다가 앞서 본 위 자동계폐기의 유지·관리상의 귀책사유를 더하여 보면, 이 사건 정전사고에 관한 피고의 귀책사유로서의 중과실은 더욱 분명해 진다고 할 것이다. (비록 이 사건 정전사고가 피고의 위 비상근무규칙에서 정하고 있는 비상사태에 해당하지 아니한다고 하더라도, 위에서 인정한 바와 같이 이 사건 정전사고가 발생하자마자 농민들이 피고 고령지점으로 전화하여 사태의 심각성을 알리고 피고 고령지점의 직원들도 긴급상황임을 인식하고 있었던 점 등에 비추어 보면, 피고로서는 이 사건 정전사고가 위 규칙상의 비상사태가 아님을 이유로 위와 같은 주의의무를 게을리할 수는 없다고 할 것이다.)

라. 원고들과 피고 사이의 별도 약정 및 그 효력

(1) 한편, 앞에 나온 증거들 및 갑 제6호증의 기재와 당심 증인 석○길의 각 증언에 변론의 전취지를 종합하면, 원고들을 포함한 피해 농민들은 이 사건 정전사고가 발생한 당일인 1996. 1. 12. 피고 고령지점에 찾아가 지점장인 배○원에게 피해보상을 요구하면서 이 사건 정전으로 인한 농작물 피해는 피고가 대처를 잘못하여 일어난 것임을 확인한다는 취지의 내용이 기재된 확인서(갑 제3호증)에 날인할 것을 요구하여 배○원은 위 확인서에 날인하였던 사실, 그 후 피해농민들의 보상요구가 격렬해지자 같은 달 13. 고령군 쌍림농협 조합장실에서 대책회의가 개최되었는데, 피고는 경상북도를 관할 구역으로 하는 경북지사의 지사장을 통하여 부지사장인 석○길을 포함한 직원 5명을 대표로 참석하게 하고, 그 외에 피해 농민 대표 10명, 고령군 부군수, 고령군의회 의장, 신한국당 위원장, 쌍림농협 조합장 등이 참석하여 피해보상에 관하여 협의를 한 결과, 신한국당 위원장의 의견에 기초하여 피고의 직원인 전○재가 이 사건 정전사고로 농작물이 냉해를 입은 것은 피고의 책임으로 농작물의 피해상황 파악을 위한 합동조사를 실시하여 피고가 보상조치를 취한다는 내용의 각서(갑 제2호증)를 작성하여 석○길과 배○원이 이에 서명·무인하였으며, 그 자리에서 고령군 특작계장 유○식과 고령경찰서 정보과장 김○수가 위 각서 뒷면에 입회인으로 서명한 사실, 위 대책회의 당시 피고측은 처음에는 전기공급규정을 내세워 면책을 주장하였다가 피해 농민들의 강력한 반발에 부딪치자, 피고측 대표로 참석한 경북지사 부지사장 석○길 등이 피고 경북지사장과 본사에 연락을 취하면서 협상을 진행하여 위 각서가 작성되기에 이르렀던 사실, 위 각서에 따라 피고는 1996. 1. 14. 개최된 협의회에 직원인 김○현과 김○근을 참석시키고, 같은 달 16. 이○관 등

7명의 직원을 합동조사반 2차 조사원으로 편성시켰으나(갑 제5호증의 40, 41), 그 후 태도를 바꾸어 피해조사에 참여하지 아니하였던 사실을 인정할 수 있고, 위 인정에 반하는 위 증인 석○길의 일부 증언은 이를 믿지 아니하며, 을 제33호증의 1 내지 6의 각 기재는 위 인정에 방해가 되지 아니하고, 달리 반증이 없다.

(2) 위 인정사실에 의하면, 이 사건 정전사고로 인한 피해보상을 위한 협의업무를 담당했던 석○길, 배○원은 협의업무에 관하여 피고로부터 위임을 받고 위 각서에 서명·무인함으로써 이 사건 정전사고에 관하여 피고의 과실이 인정될 경우 위 면책약관의 적용을 배제하고 피고가 피해 농민들에 대하여 손해배상책임을 부담하겠다는 취지의 약정을 한 것으로 봄이 상당하다고 할 것이다.

(3) 이에 대하여 피고는, 원고들과 피고 사이에 면책약관의 적용을 배제하는 약정이 이루어졌다고 하더라도, 이는 전기사업법의 관계 규정 및 이에 근거하여 마련된 전기공급규정에 정면으로 배치되는 것으로서 그 효력이 부인되어야 마땅하다는 취지의 주장을 한다.

살피건대, 앞서 본 바와 같이 공익사업인 전기사업의 합리적 운용과 사용자의 이익보호를 위하여 전기사업법이 계약자유의 원칙을 일부 배제하여 공급규정의 정함에 따르도록 하고, 이에 따라 전기공급규정이 제정되었다고 하더라도, 이러한 계약자유 원칙의 일부 배제는 일반전기사업자와 일반수요자 사이의 공급계약 조건을 당사자가 개별적으로 협정하는 것을 금지하는 취지에 불과하다. 따라서, 이 사건과 같이 피고의 귀책사유로 말미암아 정전사고가 발생한 후에 피고가 그에 따른 배상 또는 보상 여부를 그 피해자와 협의하면서 별도의 약정으로 전기공급규정 중 면책조항만의 적용을 배제시키는 것은 전기사업법의 취지에 어긋나는 것이라고 볼 수 없다. 위 주장은 이유 없다.

(4) 또한 피고는, 위 정전사고 대책회의가 진행될 당시 농민대표들은 과격한 언동과 욕설로 분위기를 험악하게 하였고, 회의실 밖에서는 농민 500여명이 국도를 점거하면서 농성을 하고 있었으며, 농민 수십명은 회의실로 난입하여 석○길과 배○원을 구타하면서 협박을 하는 등 보상약속을 강요하는 상태에서 석○길과 배○원은 어쩔 수 없이 위 각서에 서명·무인한 것이므로, 이는 강박에 기한 의사표시에 해당하여 이를 취소한다는 취지의 주장을 한다.

그러나, 위 각서 작성 당시 석○길과 배○원이 강박을 당하였다는 점에 부합하는 갑 제14호증의 43, 을 제31호증의 2 내지 5, 을 제34호증의 각 기재 및 위 증인 배○원, 석○길의 각 일부 증언은, 앞서 본 각서의 작성 경위(특히, 입회인의 서명과 본사 및 지사장과의 연락) 및 각서에 따른 후속 조치에 피고가 일부 응하기까지 한 점 등의 제반 사정에 비추어 믿을 수 없고, 을 제2호증, 을 제31호증의 1의 각 기재만으로는 이 점을 인정하기에 부족하며, 달리 이를 인정할 만한 증거가 없으므로, 위 주장 역시 이유 없다.

마. 소결론

(1) 사정이 이러하다면, 피고의 귀책사유(중과실)의 측면에서 보거나 이 사건 정전사고 직후 원고들과 피고 사이에 이루어진 별도 약정의 측면에서 보거나, 피고가 내세우는 전기공급규정상의 면책조항은 이 사건 정전사고에 관하여 적용될 여지가 없다.

따라서, 이 사건 정전사고로 인하여 위와 같이 비닐하우스에 설치된 난방기가 가동중단됨으로 말미암아 원고들이 재배하던 딸기 등이 냉해를 입은 이상, 피고의 위와 같은 귀책사유와 원고들의 농작물 냉해에 의한 손해발생과의 사이에는 상당인과관계가 있다고 할 것이므로, 피고로서는 채무불이행 또는 불법행위에 기하여 이 사건 정전사고로 말미암아 원고들이 입게 된 손해를 배상할 책임이 있다.

(2) 이에 대하여 피고는, 원고들은 피고와 사이에 전기수급계약을 체결하면서 전기사용신청서의 설비내용에 전기난방기를 포함시킨 바 없으므로 이 사건 정전사고와 원고들의 손해 사이에는 상당인과관계가 없다는 취지의 주장을 하면서, 그 근거로서 을 제35호증의 1 내지 256을 내세우고 있다.

그러나, 위 을호증들의 각 기재에 의하면, 이는 원고들 523명 중 237명에 관한 전기수용신청서에 불과할 뿐만 아니라, 그 내용을 보아도 계약종별은 농사용(병), 주생산품은 딸기 등 농작물로 명백히 기재되어 있고, 설비내용에도 전기난방기의 사용을 전제로 한 모터, 열풍기 등의 품목이 대부분 기재되어 있다(설비내용이 전등으로만 표시된 경우도 그 계약전력은 모터 등이 기재된 경우와 비교하여 별 차이가 없다). 뿐만 아니라, 피고의 원고들에 대한 책임은 채무불이행 이외에도 불법행위에 기한 것이기도 한데, 위 인정사실에 의하면, 이 사건 정전사고 당시 피고는 원고들이 피고로부터 공급받는 전기로써 난방기 등을 가동하여 겨울철에도 비닐하우스에서 농작물을 조기 재배하고 있는 사정을 능히 알고 있었으므로, 위 을호증들을 내세워 상당인과관계를 부인하는 피고의 위 주장 역시 받아들일 수 없다.

4. 책임의 제한

(1) 다만, 앞에 나온 증거들에 변론의 전취지를 종합하면, 농작물을 조기 재배하는 원고들로서는 돌발적인 정전사고에 대비하여 자가발전기나 가스난로 등 난방시설을 사전에 준비하고, 정전시에 실내온도가 하강하지 않도록 비닐하우스 전체에 보온시설을 철저히 하는 등의 자구책을 스스로 마련하여야 함에도 불구하고(전기공급규정 제41조 제2항 참조), 그와 같은 대비책을 전혀 준비하지 아니한 잘못으로 이 사건 정전사고를 당하여 농작물이 냉해를 입는 손해를 입게 된 사실, 피고가 매월 발부하는 전기요금고지서에도 정전시 피해가 예상되는 고객은 피해를 스스로 예방하기 위하여 자가발전기 등 자구설비를 갖추도록 권고하는 주의 문구가 기재되어 있는 사실을 인정할 수 있다.

(2) 위 인정사실에 의하면, 원고들이 불시의 정전사태에 대비하여 사전 안전조치를 전혀 취하지 아니한 것은 이 사건 정전사고로 인한 손해의 발생 및 확대의 한 원인이 되었다 할 것이나, 그 정도가 피고의 책임을 면할 정도는 아니라고 판단되므로 뒤에서 피고가 배상할 손해액을 정함에 있어 이를 참작하기로 하되, 그 비율은 이 사건 정전사고의 발생원인과 그 복구경위 및 정전시간 등의 제반 사정에 비추어 60% 정도로 봄이 상당하다. 따라서, 피고의 책임을 전체의 40%로 제한한다.

5. 손해배상책임의 범위

(1) 그러므로 나아가 피고가 배상할 손해의 액수에 관하여 보건대, 앞에 나온 증거들에 의하면, 다음과 같은 사실을 인정할 수 있고 반증이 없다.

① 고령군 농촌지도소의 분석자료상 원고들이 농작물을 재배하는 지역의 1996년도 예상수확량은 전년도의 수확량보다 10% 증가한 10a당 3,020kg이고, 1996년도 예상수확액은 10a당 금 8,955,000원으로 평당 금 29,603원 {=8,955,000원÷302.5(1a를 30.25평으로 하여 산정), 원미만 버림, 이하 같다}이다. (위 분석자료에 의하면, 딸기와 토마토, 오이 및 들깻잎 등 농작물의 종류와 관계없이 평당 예상수확액은 동일하다.)

② 이 사건 정전사고 발생 이후 고령군청, 농촌지도소, 농민 대표로 구성된 합동조사반의 두차례에 걸친 피해조사 결과, 원고들이 경작하는 농작물 재배지의 면적은 별지 2. 원고별 손해액 목록 중 재배면적란 기재와 같고, 원고들의 1996년도 예상수확액은 같은 목록 재배면적란 기재의 평수에 금 29,603원을 곱한 금액으로서 같은 목

록 예상수확액란 기재와 같다.

③ 원고들은 이 사건 정전사고로 말미암아 위 예상수확액 중 같은 목록 피해율란 기재의 피해율에 해당하는 수확액이 감소하는 손해를 입게 되었다. (다만, 원고 김○연은 그의 남편인 김○율의 명의로, 원고 이○자는 그의 남편인 김○중의 명의로, 원고 김○순은 그의 아들인 백○수의 명의로, 원고 전○채는 그의 아들인 전○교의 명의로, 원고 서○달은 그의 아들인 서○갑의 명의로 각 피해조사를 받았다)

(2) 위 인정사실에 의하면, 원고들이 이 사건 정전사고로 인하여 입은 손해액은 같은 목록 예상수확액란 기재 금액에다가 같은 목록 피해율란 기재 피해율을 곱한 금원으로서 같은 목록 수확감소액란 기재와 같으나, 앞에서 본 바와 같은 원고들의 과실을 참작하면 피고가 원고들에게 배상하여야 할 액수는 같은 목록 수확감소액란 기재 각 금액에다가 피고의 책임비율인 40%를 곱한, 같은 목록 인용금액란 기재의 각 금액이 된다.

6. 결 론

그렇다면, 피고는 원고들에게 별지 2. 원고별 손해액 목록 중 인용금액란 기재의 각 금액 및 위 각 금원에 대하여 원고들이 구하는 바에 따라 이 사건 소장 부본 송달 다음날임이 기록상 분명한 1997. 2. 2.부터 제1심 판결 선고일인 1998. 2. 10.까지는 민법 소정의 연 5푼의, 그 다음날부터 완제일까지는 소송촉진등에관한특례법 소정의 연 2할 5푼의 각 비율에 의한 지연손해금을 지급할 의무가 있다 할 것이므로, 원고들의 이 사건 청구는 위 인정범위 내에서 이유 있어 이를 각 인용하고, 나머지는 이유 없어 이를 각 기각할 것인바, 제1심 판결은 이와 결론을 같이하여 정당하므로, 피고의 항소는 이유 없어 이를 모두 기각하기로 하고, 주문과 같이 판결한다.

(3-2) 대법원 2002. 4. 12. 선고 98다57099 판결[공2002.6.1.(155), 1067]

【원고, 피상고인】 이○부 외 522인
【피고, 상고인】 한국전력공사
【원심판결】 서울고등법원 1998. 10. 22. 선고 98나16229 판결
【주 문】
상고를 기각한다. 상고비용은 피고의 부담으로 한다.
【이 유】

상고이유를 본다.

1. 사실관계

원심판결 이유에 의하면, 원심은 그 채용 증거들을 종합하여 다음과 같은 사실을 인정하였다.

가. 개요

(1) 원고들은 비닐하우스를 설치하여 농작물을 조기 재배하는 농민들로서, 피고와 사이에 농사용 전기수급계약을 체결하고 비닐하우스에 설치된 난방기 등을 가동하여 겨울철에도 농작물을 재배해 왔는바, 1996. 1.경 원고 유○근은 들깻잎, 원고 박○규는 오이, 원고 노○도는 토마토를 재배하였고, 나머지 원고들은 모두 딸기를 재배하고 있었다.

(2) 그런데 1996. 1. 12. 04:05경 피고가 소유 · 관리하는 경북 고령군 쌍림면 소재 합천 간 113호 전주에 설치

된 자동개폐로차단기(Recloser 또는 R/C, 일명 니크로자, 이하 '자동개폐기'라 한다.)의 고장으로 논공 변전소로부터 고령군 지역으로 공급되던 전기가 차단되어 원고들의 비닐하우스가 위치한 전 지역이 같은 날 07:50경까지 3시간 45분 동안 정전되는 사고가 발생하였다. 당시 정전지역의 외부 온도는 -12℃였다.

(3) 이에 원고들의 비닐하우스에 설치된 난방기 등의 작동이 중지되어 비닐하우스의 내부 온도가 영하로 떨어지는 바람에, 딸기 모종 중 일부는 동사하고, 일부는 냉해를 입었으며, 들깻잎, 오이, 토마토 등의 농작물도 냉해를 입었다.

나. 이 사건 정전사고의 원인 및 경위

(1) 고장난 자동개폐기(일련번호 3817)는 피고 산하 고령지점이 관리하던 3대의 자동개폐기 중 하나로 1977. 1.경 미국에서 제작되어 그 무렵 피고에 의해 수입된 장비이고, 그 수명은 30년 정도로 1988. 9. 수리하여 달성—위천 간에 설치된 다음 1989년 논공—구지 간에 이설되었다가 1992. 4. 현재의 위치로 다시 이설된 것인데, 자동개폐기는 과전류가 흐르면 자동으로 전기를 차단하는 고가의 장치로서 배전선로를 구성하는 중요한 전기설비인 관계로 피고는 자동개폐기에 일련번호를 붙이고, 별도의 보수이력카드를 작성하여 이를 관리하고 있다.

(2) 그런데 이 자동개폐기는 1996. 1. 12. 04:05경 그 탱크 내부에 설치된 자기(자기, 일명 애자) 부분인 부싱(Bushing) 6개 중 한 개가 파손됨으로써 고장을 일으켜 이 자동개폐기가 속한 배전선로에 22,900V의 전기를 공급하던 논공 변전소의 자동차단기(CB)가 작동하는 바람에 이 변전소로부터 총긍장(亘長) 96.5㎞, 1,935경간에 이르는 배전선로 전부가 정전되는 사태가 발생하게 된 것이었다. 이처럼 자동개폐기 내부의 부싱이 파손된 것은, 조립과정이나 수리 등 분해된 상태에서 외부 충격 등으로 형성된 표면의 미세한 방사상 균열이 단락현상을 일으키고 이에 발생하는 고열에 의하여 절연유가 탄화되어 파단면에 부착됨으로써 절연성을 약화시켜 누설 전류량이 증가함에 따라 2차적 파손이 일어난 때문이다.

(3) 피고의 송배전선로 순시점검 및 정비규정에 의하면, 피고는 배전선로에 관하여 정기순시, 특별순시, 간부직원 순시, 안전순시 등의 순시(제5조)를 하는 외에, 이러한 순시만으로 충분히 조사하기 어려운 선로의 상태·기기 및 보안장치 등을 자세히 조사하기 위하여 전선로의 점검 및 청소를 실시하여 경미한 사항의 보수공사를 시행하여야 하고(제6조), 정격전압의 유지·배전선로상의 기기 및 보안장치의 정상상태 유지 등을 위하여 별도로 측정업무를 실시하여야 하는데(제7조), 자동개폐기의 경우에는 순시 이외에도 1년에 1회씩 정기점검을 실시하여야 하고(별표 2 제9항), 선로전압 및 전류 측정은 1년에 1회, 누설전류 측정은 2년에 1회씩 하도록(별표 3 제1, 3항) 규정되어 있다. 또한 위와 같은 자동개폐기 내부의 부싱 손상 여부는 절연저항 측정, 상용주파 내전압 시험, 기계적 동작시험, 최소동작 전류시험 등을 통하여 이를 발견할 수 있다.

다. 정전사고 후의 복구과정

(1) 정전사고 발생 당시 피고 고령지점에는 보수반 직원 전○배, 박○문이 야간근무중이었고, 논공 변전소 직원인 김○수는 같은 날 04:07경 전○배에게 정전사고를 통고하였다. 당시 이 사건 정전사고를 복구하기 위하여 조작을 시행하여야 할 자동개폐기는 2대, 단순개폐기는 50대 정도로서 이는 모두 피고 산하 고령지점의 관할 내에 위치하고 있었고, 일반적으로 정전사고가 발생할 경우 전선로를 따라 순차적으로 개폐기 등 기기를 조작하는 방법으로 사고 원인을 찾아내는데, 이 사건 정전사고가 발생한 지역이 딸기재배 지역이라는 점을 잘 알고 있던 전○배와 박○문은 농가 대부분이 고령 간 252호 전주로부터 논공 변전소 반대방향에 분포하고 있는 사정을 고려하여 고령 간 252호 전주로 먼저 출동하여 점검한 결과, 04:43경 정전사고 원인이 되는 지점이 고령 간

252호 전주로부터 논공 변전소 반대방향에 있음을 발견하고 그 무렵 피고 달성지점(고령지점의 상급지점이다.) 수리반에 지원요청을 한 후, 각자 점검작업을 하기로 하여 일단 고령지점으로 복귀한 다음, 박○문은 05:10경 다시 고령 간 252호 전주, 05:26경 합천 간 80호 전주로 순차 이동하여 점검작업을 하였고, 전○배는 05:00경 전 선로 중앙에 있는 합천 간 80호 전주, 05:25경에는 이 사건 정전사고를 야기한 자동개폐기가 설치된 합천 간 113호 전주로 순차 이동하여 점검작업을 하였지만, 사고지점을 발견할 수 없었다.

(2) 또한, 수리지원 요청을 받은 피고 달성지점 보수반 직원인 원○희는 피고 고령지점 보수주임인 채○수에게 전화로 사고통보 및 직원 비상동원을 요청하였고, 이에 채○수는 딸기재배 지역이 정전되어 긴급한 상황임을 인식하고 고령지점 보수반 직원 중 김○환, 이○용, 이○용 등을 비상호출하여, 이○용은 05:43경 합천 간 80호 전주에 도착하여 박○문과 같이 점검작업에 들어갔으며, 김○환은 달성지점 직원인 박○호와 함께 05:45경 현장에 출동하여 정전구간 순시에 임하였다. 그리고 채○수와 원○희는 고령지점에 남아 작업지휘와 전화응대 및 고객응대에 임하였다.

(3) 위와 같이 이 사건 정전사고의 복구작업을 위하여 배전선로에 출동한 직원은 모두 5명(달성지점 직원 1명 포함.)이었는데, 같은 날 07:36경이 되어서야 비로소 박○문이 합천 간 113호 전주에 설치된 고장난 자동개폐기에 이상이 있음을 발견하고 복구작업을 실시하여 사고 발생후 3시간 45분만인 07:50경부터 정전지역에 다시 송전이 되었다.

(4) 그러나 이러한 고장확인과 그 복구에, 변전소로부터 고령 252호 전주 사이에 34분(04:05-04:39), 변전소로부터 합천 80호 전주 사이에 31분(04:39-05:10), 합천 80호 전주에서 113호 전주 사이에 23분(05:10-05:33), 합천 80호 전주에서 99호 전주 사이에 1시간 12분(05:33-06:45), 합천 99호 전주에서 113호 전주 사이의 선로순시 및 고장복구에 1시간 5분(06:45-07:50)이 각기 소요됨으로써, 전체 3시간 45분 중 실제로 고장복구에 소요된 최종 14분(07:36-07:50)을 제외한 3시간 31분은 합천 80호부터 113호 사이(513경간)의 고장구간을 알아내고 개폐기를 조작하면서 이를 순차로 정밀순시함으로써 정확한 사고 개소를 확인하는 데에 소요되었다. 또한, 이 사건 정전사고 당시 피고 고령지점의 보수반 직원은 모두 9명이었고, 고령지점의 책임자인 지점장 배○원은 이 사건 정전사고를 제대로 보고받지도 못하여 사고가 복구된 이후 정상 출근을 한 다음에야 비로소 이 사건 정전사고를 알게 되었다.

(5) 피고의 비상근무규정에 의하면, 전시 · 사변 기타 안보에 영향을 미치는 중대사태시를 안보비상, 전력수급에 영향을 미치는 중대한 전력계통 사고시나 국가적 중요행사시를 전력계통비상, 천재지변으로 인한 중대한 전력계통 사고 등이 발생하거나 사고발생의 우려가 많을 때를 재해비상으로 구분하여 위와 같은 비상사태가 발생할 경우 그 구분에 따라 전직원, 또는 필요 인원을 소집할 수 있도록 규정하고 있지만, 다른 한편 이 사건 정전사고가 발생한 직후인 당일 04:05경부터 다시 송전이 이루어지기까지 농민들은 수 10 차례에 걸쳐 피고 고령지점에 전화를 하여 정전사고를 알림과 동시에 농작물 냉해를 우려하면서 신속한 복구를 요구하였고, 이에 피고 고령지점의 직원은 신속히 복구하겠으나 정확한 소요시간은 알 수 없다고만 통보하였으며, 일부 농민들은 고령지점 또는 복구현장을 직접 방문하여 농작물의 냉해 가능성을 언급하면서 신속한 복구를 요구하기까지 하였다.

(6) 딸기는 저온성 작물로 다른 작물에 비해 비교적 냉해에 대한 저항력이 큰 작물이나 개화 후 7일 내지 20일의 중과실은 온도가 -2℃ 이하로 되면 발육이 정지되고, 개화 후 7일 이내의 적온과실은 -2℃에서 3시간, -5℃에서 1시간 방치해 두면 흑색으로 변하게 되며, 개화 3일 내지 8일 전의 사분자(사분자) 분열기에 있는 꽃봉오리는 -2℃에서 암술이 흑색으로 변하여 과실을 수확할 수 없는 동해를 입는 생리적 특성을 가지고 있다.

라. 원·피고 사이의 합의과정

(1) 원고들을 포함한 피해 농민들은 사고발생 당일인 1996. 1. 12. 피고 고령지점에 찾아가 지점장 배○원에게 피해보상을 요구하면서 정전으로 인한 농작물 피해는 피고가 대처를 잘못하여 일어난 것임을 확인한다는 취지의 내용이 기재된 확인서에 날인을 요구하여 배○원은 그 확인서에 날인하였다.

(2) 그 후 피해 농민들의 보상요구가 격렬해지자 같은 달 13. 고령군 쌍림농업협동조합장실에서 대책회의가 개최되었는데, 피고는 경상북도를 관할구역으로 하는 경북지사의 지사장을 통하여 부지사장인 석○길을 포함한 직원 5명을 대표로 참석하게 하고, 피해 농민 대표 10명, 고령군 부군수, 고령군의회 의장, 신한국당 위원장, 쌍림농업협동조합장 등이 참석하여 피해보상에 관하여 협의를 한 결과, 신한국당 위원장의 의견에 기초하여 피고 직원 전○재가 이 사건 정전사고로 농작물이 냉해를 입은 것은 피고의 책임으로 농작물의 피해상황 파악을 위한 합동조사를 실시하여 피고가 보상조치를 취한다는 내용의 각서를 작성하여 석○길과 배○원이 이에 서명·무인하였으며, 그 자리에서 고령군 특작계장 유○식과 고령경찰서 정보과장 김○수가 이 각서 뒷면에 입회인으로 서명하였다.

(3) 이 대책회의 당시 피고측은 처음에는 전기공급규정을 내세워 면책을 주장하다가 피해 농민들의 강력한 반발에 부딪치자, 피고측 대표로 참석한 경북지사 부지사장 석○길 등이 피고 경북지사장과 본사에 연락을 취하면서 협상을 진행하여 각서가 작성되기에 이르렀다.

(4) 이 각서에 따라 피고는 1996. 1. 14. 개최된 협의회에 직원인 김○현과 김○근을 참석시키고, 같은 달 16. 이○관 등 7명의 직원을 합동조사반 2차 조사원으로 편성시켰으나, 그 후 태도를 바꾸어 피해조사에 참여하지 아니하였다.

2. 원심의 판단

원심은 위와 같은 사실관계를 토대로 먼저 자동개폐기의 유지 관리와 관련하여, 이 사건 정전사고는 피고가 소유·관리하는 전기공작물인 자동개폐기의 고장으로 인하여 발생한 것임이 분명하고, 이 사건 정전사고 당시 피고는 자동개폐기의 수명이 언제까지인지조차도 파악하지 못하고 있었던 점, 자동개폐기의 고장은 외부로부터 부싱에 가해진 충격으로 인한 미세한 균열 및 이에 따른 반복 단락현상에 의한 2차적 파손에 의한 것이므로, 이는 상당한 기간 동안 진행된 결과로 보이는데, 피고는 그 자동개폐기가 1988.(원심판결의 1989.은 오기로 보인다.)에 수리, 설치된 이래 여러 번에 걸쳐 이설되는 과정에서도 단순히 외관 검사만을 실시하였을 뿐 그 탱크 내부에 대한 점검이나 측정을 전혀 실시하지 아니하였던 점, 피고의 자인이나 피고 감사실의 조사보고서에서도 나타나는 바와 같이 이는 피고가 이 사건 자동개폐기의 유지·관리에 자체의 점검 및 정비규정을 무시한 채 그 탱크 내부의 점검이나 측정은 이를 아예 포기하는 방식으로 업무를 수행하고 있었음에 기인하는 점, 결국 피고처럼 자동개폐기를 관리하는 경우에는 그 시기만이 문제로 될 뿐 이 사건 정전사고와 같은 대형 사고는 발생할 수밖에 없고, 그 때 피고는 면책약관을 내세움으로써 책임을 면하려 하게 되는 점 등의 사정에다가, 이 사건의 경우 전기의 공급은 피고가 독점하면서 그 관리 역시 피고가 전담하도록 되어 있는 점, 따라서 자동개폐기 등의 점검이나 보수 등에 관련된 기술도 역시 피고만이 이를 보유하고 있는 점, 피고 고령지점이 관리하는 자동개폐기는 도합 3대에 불과한 점 등의 사정을 종합해 보면, 피고가 관리하는 전체적인 전기공급설비의 광역성이나 이로 인한 보수·점검의 곤란성을 감안하더라도, 피고의 이와 같은 사고 자동개폐기의 유지·관리는 그 주의의무를 심히 결여한 것으로서 중대한 과실에 해당한다고 봄이 상당하다고 판단하였다.

나아가 정전사고 후 복구과정과 관련하여서도, 피고 고령지점의 직원들은 원고들이 피고가 공급하는 전력에 의존하여 난방기를 가동함으로써 딸기 등 농작물을 조기 재배하고 있는 사정을 잘 알고 있었던 점 및 이 사건 정전사고로 전기공급이 차단된 전선로의 총긍장이 96.5㎞이고 1,935경간에 이르며 총 52대의 개폐기가 설치되어 있어 정전사고가 발생할 경우 그 복구를 위하여 장시간이 소요될 여지가 있는 점 등에 비추어 볼 때, 피고 고령지점으로서는 이 사건 정전사고가 장시간 계속될 경우 원고들이 재배하는 딸기 등이 냉해를 입을 수 있음을 인식하고 그 복구작업을 위하여 적어도 수리반 직원 전원을 투입하여 복구에 만전을 기할 의무가 있음에도 불구하고, 달리 특별한 사정도 엿보이지 않는데도 5명의 직원(그 중 1명은 달성지점의 직원이다.)만을 배전선로 현장에 투입시킴으로써 정전시간의 대부분을 사고 개소를 발견하는 데에 허비하여 복구작업이 지연되게 한 명백한 과실이 있는바, 여기에다가 앞서 본 자동개폐기의 유지 · 관리상의 귀책사유를 더하여 보면, 이 사건 정전사고에 관한 피고의 중과실은 더욱 분명해진다는 이유로 피고는 원고에게 채무불이행 또는 불법행위로 인한 손해배상의 책임이 있다고 판단하고, 미리 정전에 대비하지 못한 원고들의 과실을 60%로 평가하여 피고의 책임을 40%로 제한하였다.

3. 이 법원의 판단

가. 전기공급규정 중 면책약관의 효력

전기사업법은 다수의 일반 수요자에게 생활에 필수적인 전기를 공급하는 공익사업인 전기사업의 합리적 운용과 사용자의 이익보호를 위하여 계약자유의 원칙을 일부 배제하여 일반 전기사업자와 일반 수요자 사이의 공급계약조건을 당사자가 개별적으로 협정하는 것을 금지하고 오로지 공급규정의 정함에 따를 것을 규정하고 있는바, 이러한 공급규정은 일반 전기사업자와 그 공급구역 내의 현재 및 장래의 불특정 다수의 수요자 사이에 이루어지는 모든 전기공급계약에 적용되는 보통계약약관으로서의 성질을 가진다(대법원 1989. 4. 25. 선고 87다카2792 판결 참조). 그리고 피고의 전기공급규정 제51조 제3호, 제49조 제1항 제3호는 피고의 전기설비에 고장이 발생하거나 발생할 우려가 있는 때 피고는 전기의 공급을 중지하거나 그 사용을 제한할 수 있고, 이 경우 피고는 수용가가 받는 손해에 대하여 배상책임을 지지 않는다고 규정하고 있는바, 이는 면책약관의 성질을 가지는 것으로서 피고의 고의 또는 중대한 과실로 인한 경우까지 적용된다고 보는 경우에는 약관의규제에관한법률 제7조 제1호에 위반되어 무효이나, 그 외의 경우에 한하여 피고의 면책을 정한 규정이라고 해석하는 한도에서는 유효하다고 보아야 할 것이다(대법원 1995. 12. 12. 선고 95다11344 판결 참조).

나. 피고의 중과실 인정 여부

전기산업의 경우 피고가 일반 수요자들에 대한 공급을 사실상 독점하고 있고, 관련 시설의 유지 및 관리에 필요한 기술과 책임도 사실상 단독으로 보유하고 있는 등 그 특수성에 비추어 전기공급 중단의 경우 피고의 책임이 면제되지 않는 고의에 준하는 중대한 과실의 개념은 위와 같은 피고의 특수한 지위에 비추어 마땅히 해야 할 선량한 관리자의 주의의무를 현저히 결하는 것이라고 봄이 상당하다.

이 사건의 경우 원심이 적절히 지적하고 있는 바와 같이, 피고가 정전사고의 원인이 된 자동개폐기를 제대로 유지 · 관리하기 위하여서는 점검 및 정비규정에 따라 순시 · 점검 · 측정 등의 업무를 면밀히 시행하여야 함에도 불구하고, 이와 같은 주의의무를 게을리한 채 자동개폐기 내부의 손상 여부에 대한 점검은 사실상 포기한 상태였던 점이 인정되는바, 여기에 그 밖에 원심이 판시한 바와 같은 여러 사정을 종합해 보면, 이 사건 정전사고는 피고의 중대한 과실로 말미암아 일어난 것이라고 봄이 상당하고, 이러한 피고의 과실과 농작물에 대한 냉해에 의한 원고들의 손해 사이에 상당인과관계 또한 당연히 인정된다.

같은 취지의 원심 판단은 정당하고, 거기에 상고이유에서 지적하는 바와 같은 사실오인이나 채증법칙 위반, 법리오해 등의 위법이 있다고 할 수 없다.

피고는 원고들과 피고 사이의 면책약관의 적용을 배제하는 합의의 효력 등에 대한 원심의 판단도 다투고 있으나, 위에서 본 바와 같은 이유로 피고의 책임이 인정되는 이상, 이 점에 관한 상고이유는 원심의 가정적 판단을 문제삼는 것으로서 더 나아가 판단할 필요 없이 받아들일 수 없다.

4. 결 론

그러므로 상고를 기각하고, 상고비용은 패소자의 부담으로 하기로 하여 관여 법관의 일치된 의견으로 주문과 같이 판결한다.

2 위법성 (1)

(1-1) 부산지방법원 2009.8.26. 선고 2009나3637 판결 손해배상(기)

【원고, 항소인】 1. 이영*
미성년자이므로 법정대리인 친권자 부 이선*, 모 문미*
2. 문미*
3. 이선*
4. 김경*
원고들 주소 부산 사하구 **동 46*-*6
원고들 소송대리인 변호사 정판희

【피고, 피항소인】 삼성에버랜드 주식회사
서울 중구 을지로1가 87
대표이사 최주현
소송대리인 변호사 박행남

【제 1 심 판 결】 부산지방법원 2009. 1. 22. 선고 2007가단21852 판결

【변 론 종 결】 2009. 7. 22.

【판 결 선 고】 2009. 8. 26.

【주 문】

1. 원고들의 항소를 기각한다.
2. 항소비용은 원고들이 부담한다.

【청구취지 및 항소취지】

제1심 판결을 취소한다. 피고는 원고 이영*에게 32,307,600원, 피고 문미*에게 2,936,603원, 원고 이선*에게 2,000,000원, 원고 이경*에게 1,000,000원 및 위 각 돈에 대하여 2004. 5. 12.부터 이 사건 소장 송달일까지는 연 5%, 그 다음날부터 갚는 날까지는 연 20%의 각 비율로 계산한 돈을 지급하라.

【이 유】

1. 기초사실

이 법원이 이 부분에 관하여 설시할 이유는, 제1심 판결 이유 해당 부분 기재와 같으므로, 민사소송법 제420조 본문에 의하여 이를 그대로 인용한다.

2. 청구원인에 관한 판단

가. 원고 주장의 요지

피고는 놀이공원을 설치 운영하는 자로서 원고 이영*와 같은 놀이시설 이용자가 이용료를 지급하고 놀이공원에 입장하여 놀이시설을 이용할 경우에 이용자의 신체, 생명에 대한 안전을 보호할 포괄적 보호의무가 있음에도 이 사건 사고가 발생한 무빙웨이 입구 쪽의 탑승객들로 하여금 앞사람과 일정한 간격을 유지하여 탑승할 수 있도록 하는 등 무빙웨이 탑승에 관한 충분한 조치를 취하지 아니한 채 만연히 원고 이영*를 비롯한 탑승객으로 하여금 앞사람과 일정한 간격을 유지하지 않고 탑승하게 함으로써 이 사건 사고가 발생하여 원고 이영*가 상해를 입게 된 것이므로, 피고는 원고들에게 주위적으로는 불법행위책임에 따라, 예비적으로는 채무불이행책임에 따라 이 사건 사고로 발생한 손해를 배상할 책임이 있다.

나. 판단

피고는 놀이공원을 설치 운영하는 자로서 놀이시설 이용자가 놀이공원에서 놀이시설을 이용할 경우에 이용자의 신체, 생명에 대한 안전을 보호할 포괄적 보호의무가 있다고 볼 것이고, 이 경우 피해자인 원고가 구체적 보호의무의 존재와 그 위반사실을 주장 · 입증하여야 할 책임이 있는바, 원고가 주장하는 구체적 보호의무 위반 즉 피고가 무빙웨이 입구 쪽의 탑승객들로 하여금 앞사람과 일정한 간격을 유지하여 탑승할 수 있도록 하는 등 무빙웨이 탑승에 관한 충분한 조치를 취하지 아니하였는지에 관하여 살펴본다.

을 2, 3호증의 각 기재에 변론 전체의 취지를 종합하면, 이 사건 사고가 발생한 무빙웨이 입구에는 앞사람과 일정한 거리를 두고 탑승하라는 내용이 기재된 무빙웨이 이용안내문이 있고, 방송을 통하여 주의 사항을 알리고 있었던 사실이 인정되고, 피고가 무빙웨이 입구에 안전요원을 배치하지 아니하였다는 사정만으로는 무빙웨이 탑승에 관한 충분한 조취를 취하지 아니한 것이라고 보기 어렵다.

따라서 피고가 무빙웨이 탑승에 관한 충분한 조치를 취하지 아니하였음을 전제로 한 원고의 주장은 더 나아가 살필 필요 없이 이유 없다.

3. 결 론

그렇다면, 원고들의 이 사건 청구는 이유 없어 이를 기각할 것인바, 제1심 판결은 이와 결론을 같이 하여 정당하므로 원고들의 항소는 이유 없어 이를 기각하기로 하여, 주문과 같이 판결한다.

(1-2) 대법원 2010.1.14. 선고 2009다73332 판결 【손해배상(기)】

【원고, 상고인】 원고 1외 3인

【피고, 피상고인】 삼성에버랜드 주식회사 (소송대리인 변호사 박행남)

【원심판결】 부산지법 2009. 8. 26. 선고 2009나3637 판결

【주 문】

원심판결을 파기하고, 사건을 부산지방법원 본원 합의부로 환송한다.

【이 유】

상고이유를 판단한다.

원심판결 이유에 의하면, 원심은 이 사건 사고가 발생한 에버랜드 내 경사지에 설치된 자동보행기(moving way, 이하 '무빙 웨이'라 한다) 입구에는 앞 사람과 일정한 거리를 두고 탑승하라는 내용이 기재된 무빙 웨이 이용안내문이 있었고, 방송을 통하여 이용객들에게 주의사항을 알리고 있었던 사정을 고려하면 피고가 무빙 웨이 입구에 안전요원을 배치하지 아니하였다는 사정만으로는 무빙 웨이 탑승에 관하여 이용객을 보호하기 위한 충분한 조치를 취하지 아니한 것이라고 보기 어렵다고 판단하여, 원고들의 이 사건 사고로 인한 손해배상청구를 배척하였다.

그러나 원심판결 이유 및 기록에 의하여 알 수 있는 다음과 같은 사정들, 즉, ① 이 사건 사고는 유모차를 몰고 무빙 웨이에 탑승하였던 탑승자가 무빙 웨이 출구에서 제대로 내리지 못하자 무빙 웨이의 진행에 따라 뒤에서 앞으로 순차적으로 이동하고 있던 탑승자들이 차례로 겹쳐지게 되면서 40여 명의 탑승자들이 연쇄적으로 뒤로 넘어지게 되었고, 당시 중학교 2학년에 재학중이던 원고 1도 뒤로 넘어지면서 앞에서 넘어지던 탑승자에 깔리게 되어 슬관절 인대 손상 등의 상해를 입게 된 것인 점, ② 무빙 웨이의 구조상 그 출구 부분에는 일정한 높이의 턱이 생길 수밖에 없는데, 특히 이용객이 유모차나 수레(카트) 등을 몰고 무빙 웨이에 탑승하는 경우에는 출구에서 내릴 때 바퀴가 위 턱을 통과하기 위하여 상당한 주의가 요구되는 점, ③ 특히 경사지에 설치된 무빙 웨이에서는 앞에서 진행하는 유모차 등이 원활하게 내리지 못할 경우 이 사건 사고와 같이 연쇄적으로 뒤로 밀려 넘어지는 안전사고가 발생할 개연성이 높은 점, ④ 또한 성인들이 주로 이용하는 공항 등에 설치된 무빙 웨이와 달리 에버랜드와 같은 놀이공원에 설치된 무빙 웨이에는 안전사고에 취약한 연소자 등의 이용객들이 일시적으로 많이 몰릴 것으로 충분히 예견할 수 있는 점, ⑤ 그럼에도 불구하고 피고가 제공한 무빙 웨이 이용안내문이나 안내방송에서 유모차 등을 몰고 무빙 웨이에 탑승하는 경우의 주의사항은 안내하지 않았고, 유모차 등의 승차를 제한하거나 유모차 등의 하차를 돕기 위한 안전요원을 배치하지도 아니한 점 등을 종합하면, 피고가 유모차 등을 포함하여 다수의 이용객이 무빙 웨이를 이용하는 경우에 안전사고가 발생하는 것을 예방하고 이용객들을 보호하기 위하여 필요한 주의의무를 다하지 못하였다고 볼 여지가 충분하다.

그럼에도 불구하고 피고에게 어떠한 의무 위반도 없다고 판시한 원심에는 채증법칙을 위반하거나 놀이시설 운영자의 주의의무에 대한 법리오해 등으로 판결에 영향을 미친 위법이 있다.

그러므로 원심판결을 파기하고, 사건을 다시 심리 · 판단하게 하기 위하여 원심법원으로 환송하기로 하여 관여 법관의 일치된 의견으로 주문과 같이 판결한다.

(2-1) 서울고등법원 2000. 12. 6. 선고 99나31997 판결

【원고, 항소인 겸 피항소인】 김○웅,

【피고, 피항소인 겸 항소인】 한국전력공사

【변론종결】 2000. 8. 30.

【원심판결】 서울지방법원 1999. 5. 21. 선고 97가합77725 판결

【주 문】

1. 원심판결 중 아래에서 추가로 지급을 명하는 금원에 해당하는 원고 패소부분을 취소한다.
   피고는 원고에게 금 307,500,000원 및 이에 대한 1994. 7. 24.부터 2000. 11. 29.까지는 연 5%의, 그 다음날부터 완제일까지는 연 25%의 각 비율에 의한 금원을 지급하라.
2. 원고의 나머지 항소와 피고의 항소를 각 기각한다.
3. 소송총비용은 이를 3분하여 그 2는 원고의, 나머지는 피고의 각 부담으로 한다.
4. 제1항의 금원지급 부분은 가집행할 수 있다.

【청구취지 및 항소취지】

1. 청구취지

피고는 원고에게 금 2,430,000,000원 및 이에 대한 1994. 7. 24.부터 1999. 5. 21.까지는 연 5%의, 그 다음날부터 완제일까지는 연 25%의 각 비율에 의한 금원을 지급하라. (원고는 피고에 대하여 이 사건 양수금으로 원심에서 금 2,424,400,000원 및 이에 대한 지연손해금의 지급을 구하였으나, 당심에 이르러 손해배상액 산정시 일부계산이 잘못되었음을 이유로 금 2,430,000,000원 및 이에 대한 지연손해금의 지급을 구하는 것으로 청구취지를 변경하였다.)

2. 항소취지

원고의 항소취지: 원심판결 중 원고 패소부분을 취소한다. 피고는 원고에게 금 2,063,750,000원(당심에서의 청구취지 변경에 따라 금 2,069,250,000원이 되는 것이 계산상 올바르나 원고는 이와 같이 항소취지를 변경하지는 아니하였다.) 및 이에 대한 1994. 7. 24.부터 1999. 5. 21.까지는 연 5%의, 그 다음날부터 완제일까지는 연 25%의 각 비율에 의한 금원을 지급하라.

피고의 항소취지: 원심판결 중 피고 패소부분을 취소한다. 원고의 청구를 기각한다.

【이 유】

1. 손해배상책임의 발생

가. 인정사실

다음의 각 사실은 갑 제2호증, 갑 제3호증의 2, 갑 제4호증의 1, 2, 갑 제5호증의 2, 3, 10, 갑 제6호증의 5, 7, 9 내지 12, 14, 15, 16, 18, 23의 1, 2, 24의 1, 2, 26의 1, 2, 27의 1 내지 3, 갑 제7 내지 9호증, 갑 제11호증의 1, 2, 갑 제12, 17, 18호증, 갑 제22호증의 2, 을 제18, 21, 22, 24, 25호증, 을 제29호증의 24 내지 29, 을 제33호증의 2, 을 제36, 38, 41호증의 각 기재, 원심증인 신○균, 당심증인 조○현, 임○현의 각 증언, 당심법원의 현장검증결과에 변론의 전취지를 모아보면 이를 인정할 수 있다.

(1) 소외 북양수산주식회사(이하, 소외회사라 한다)는 1989년경부터 경북 울진군 북면 덕천리 92의 7에서 인근 바다로부터 취수관을 통하여 해수를 끌어들여 넙치(광어)와 전복을 양식하는 수조식 육상 양식장(이하 이 사건 양식장이라 한다)을 운영하면서 아래에서 보는 넙치와 전복의 폐사(이하 이 사건 폐사라 한다) 당시 넙치 1년어 300,000마리, 2년어 250,000마리, 전복 1년생 100,000마리, 3년생 40,000마리를 양식하고 있었다. 소외회사가 설치한 취수관은 모두 13개의 파이프로 이루어져 해안으로부터 250m 떨어진 지점의 해저에서 해수를 취수하였는데, 여름철 해수 온도의 상승에 대비하여 취수지점을 조절할 수 있는 선별취수설비나 지하 또는 심층해수 공급설비를 갖추지는 아니하였다.

(2) 피고는 같은 군 북면 덕천리와 부구리 일대 2.2㎢ 부지에 가압경수로형(PWR) 원자로 2기를 건설하여 1988. 9. 10.경부터 1호기의, 1989. 9. 30.경부터 2호기의 상업운전을 시작하였는데(이하 위 1, 2호기를 합쳐 울진원전이라 한다), 울진원전의 취·배수계통은 냉각수 1회 통과방식(once-through Cooling System)으로 원전 부지 북쪽을 향하여 해안선을 따라 설치되어 있는 지상 취수구(방류제)를 통하여 자연해수를 끌어들여 원자로 발전터빈의 냉각수로 사용한 다음 남쪽으로 향하여 역시 해안선을 따라 설치되어 있는 지상 배수구(방류제)를 통하여 이를 바다로 배출시켜 왔으며, 냉각수로 사용된 해수는 자연 수온에서 약 6-7℃ 정도 가온된 채 복수기 출구로부터 길이 약 1,570m의 지하배수관을 거쳐 지상 방류지점에 이른 다음 길이 약 660m의 지상 배수구를 거쳐 바다와 만나게 된다. 울진원전의 위 지상 취수구의 입구와 지상 배수구의 출구는 모두 해수면에 그대로 설치되어 있고, 지상 취·배수구 사이의 거리가 짧기 때문에 지상 배수구로부터 배출된 온배수가 다시 지상 취수구로 재유입되어 냉각수로 사용됨으로써 배출되는 온배수의 수온이 더욱 높아지는 경우도 있다. 한편 이 사건 양식장은 울진원전의 지상배수구 출구로부터 남쪽으로 약 400-500m 떨어진 지점에 위치하고 있는데, 울진원전 부근에 있는 양식장들 중 울진원전에 가장 가까운 양식장이다.

(3) 그런데 이 사건 양식장의 육상 수조의 사육 수온이 1994. 7. 22.부터 상승하기 시작하여 같은 달 23. 약 27℃에서 같은 달 27.까지 사이에 최고 30.8℃까지 급상승하자 소외회사는 넙치들에게 먹이를 주지 아니하고 액화농축산소통을 이용하여 수조 안에 산소를 주입해주고 환수율(물을 교환하는 주기)을 높여 주며 대형 얼음을 수조에 넣어 사육 수온을 낮추려는 노력을 하였으나, 이 사건 양식장의 넙치와 전복들이 같은 달 24. 20:00경부터 폐사하기 시작하여 같은 달 27.까지 집단 폐사하였다. 당시 집단 폐사한 넙치와 전복들에 대한 외견상 관찰 및 현미경 검사에 의한 어병 감염 여부를 검사한 결과 특이한 질병 징후는 발견할 수 없었다.

(4) 예년의 경우 7. 10.경부터 7. 27.경까지 사이에 이 사건 양식장 남쪽에 위치한 죽변방파제 끝 부근 수온은 17℃에서 20℃ 사이인데 반하여 1994년 하절기에는 이상 고온 및 가뭄으로 전국적으로 30℃ 이상의 기상상태가 지속되었고, 예년의 경우 동해안에 형성된 냉수대가 7월말 내지 8월초까지 유지되었으나 1994년에는 냉수대가 7. 16.경 일찍 소멸되어 수온이 같은 달 10. 21.2℃에서 같은 달 27. 최고 28.7℃까지 계속 상승하였고, 근해의 바람도 같은 달 23. 오후부터 북북서풍에서 북동풍으로 바뀌어 같은 달 24.에서 27.까지 내내 북북동 내지 북동풍이 불었다.

(5) 울진원전 배수구의 가까운 쪽에 위치한 울진원전 2호기의 복수기 입·출구의 수온은 과거에는 복수기 입구의 하계 최고수온이 23.9℃, 울진 연안의 5년 평균수온이 15.9℃였다. 그런데 이 사건 폐사 당시 피고가 복수기 입·출구의 수온을 기록한 로그시트(Log sheet)에 의하면, 1994. 7. 24.부터 같은 달 27.까지 사이의 울진원전의 취수구 입구의 수온은 최저 25.2℃, 최고 27℃에, 배수구 출구의 수온은 최저 31.3℃, 최고 33.5℃에 이른 것으로

나타났고, 이 사건 폐사의 원인을 조사한 국립수산진흥원 동해수산연구소의 조사결과에 따르면, 같은 달 27. 17:00경 조사된 울진원전 인근 연안의 수온은 울진원전의 배수구 앞 바다가 34.2℃, 이 사건 양식장의 취수관이 위치한 부근 바다가 32.4℃였으나 죽변방파제 쪽으로 내려가면서 수온이 하강하여 죽변등대 앞 부근 바다는 29.8℃, 죽변방파제 끝 부근 바다는 28.6℃였던 것으로 조사되었다.

(6) 일반적으로 어류는 변온동물로서 서식지의 수온변화에 민감하게 반응하며 수온의 급격한 상승은 용존산소 절대량의 감소를 가져와 어류가 호흡에 이용할 수 있는 산소량을 급격히 감소하게 하는 한편, 어류의 체온상승을 가져와 산소 소비량이 급격히 증가하게 되어 어류의 호흡대사에 치명적인 영향을 주게 되고, 어류의 혈액내 혈당치, 헤모글로빈, 코티졸의 상승 등으로 어류에 강한 스트레스를 유발시켜 생체대사리듬을 깨뜨려 어류의 대량 폐사를 일으킬 수 있는바(이 경우 치어보다는 성어가 크게 영향을 받는다), 넙치의 경우 성장에 적정한 수온은 18-23℃ 정도이나 수온이 26-27℃에 이르면 넙치가 생리적으로 위험한 상태에 이르고, 특히 29-31℃ 정도의 고수온은 넙치의 대량 폐사를 일으킬 수 있는 치명적인 온도가 되어 결국 넙치가 살 수 있는 최고임계수온(CTMax)은 30℃ 정도이고, 전복의 경우도 동일하다.

(7) 이 사건 폐사가 일어난 시기를 전후하여 경북 영일군 내보면의 양식장에서 넙치가, 같은 군 구룡포 일대 양식장에서 넙치와 우렁쉥이가, 대청호에서 빙어떼가 이상 기온으로 인하여 대량 폐사하기도 하였으나, 반면 울진원전으로부터 남쪽으로 7-8㎞ 떨어진 온양양어장이나 16㎞ 정도 떨어진 두리수산, 대하수산 등지에서는 일반적인 피해 외에 넙치의 집단 폐사는 일어나지 아니하였다.

(8) 세계의 원자력발전소들은 대부분 울진원전과 마찬가지로 냉각수 1회 통과방식을 취하고 있는데 이러한 경우 선진국에서는 원자력발전소에서 배출되는 온배수가 해양생태계에 미치는 영향을 완화하기 위하여 취·배수구를 연안에서 상당한 거리에 있는 심층에 설치하고 있고(예: 미국 California주의 San Onofre 원자력발전소의 경우 연안에서 1,065m 거리의 10m 깊이에서 취수하며, 연안에서 867m 지점의 약 9m 깊이에서 배수한다), 냉각탑(Wet or Dry Cooling Tower)을 설치하기도 하며 냉각수 추가취수희석(tempering) 방식을 사용하기도 한다. 한편 냉각수 1회 통과방식 외에 폐쇄순환식 냉각시스템(closed-cycle cooling system)을 이용하여 냉각수를 재순환하여 사용하는 방식도 있다(예: 미국 Florida주의 Turkey Point 원자력발전소의 경우 이러한 시스템을 이용하여 냉각수를 일체 취수하지도 않을 뿐 아니라 온배수를 바다로 방류하지도 않고 있다).

(9) 한편, 피고는 이 사건 폐사 이후에 한국해양연구소와 공동으로 영광원자력발전소(이하 영광원전이라 한다)와 울진원전의 증설로 대량 배출되는 온배수의 영향을 저감시키기 위한 방안을 연구한 결과, 영광원전의 경우 채택 가능한 9가지 안 중 영광원전 부지의 현장 사정에 적합한 안은 방류제 축조안, Basin 축조안, 냉각탑 설치안이 있는데 그 중 발전소 운전 중에도 시공이 가능한 방류제 축조안(방류제를 외해로 2km 연장 축조하는 방안, 공사비 474억원)이 환경성을 고려할 때 가장 타당하다고 제시하였고, 울진원전의 경우 울진원전 부지의 현장사정에 적합한 기본방안으로 남방파제 연장축조안(공사비 216억원), 남방파제 및 도류제 연장축조안(공사비 277억원), 유공방파제 설치안(공사비 1080억원) 등 6가지 방안을 제시하였다. 그리고 울진원전의 경우 위에서 본 온배수 영향 저감방안을 확정하더라도 그 설치는 울진원전 5호기 준공 전인 2003년에 가능하다고 보고하였다.

나. 판단

위 인정사실에 의하면, 이 사건 폐사는 당시의 이상고온 및 가뭄의 지속과 풍향, 냉수대의 조기소멸 등 자연적 현상으로 인하여 이 사건 양식장 부근 바다의 수온이 예년의 평균 수온인 17-20℃에서 25.2-27℃까지 급상승하였고 이에 따라 울진원전에서 배출된 온배수의 수온 역시 31.3-34.2℃로 급상승함으로써, 이 부근 해수를 끌어들여 양식업을 하는 이 사건 양식장의 육상 수조의 사육 수온이 넙치와 전복이 살수 있는 최고임계수온인 30℃을 넘는 바람에 발생하였다 할 것이므로, 피고는 환경오염 피해에 대한 무과실 책임을 규정한 환경정책기본법 제31조 제1항에 의하여 그 사업장인 울진원전에서 발생된 환경오염의 하나인 온배수의 배출로 인한 소외회사의 피해를 배상할 의무가 있다 할 것이다.

원고는, 피고의 손해배상 책임의 근거로 위 환경정책기본법상의 무과실 책임에 관한 규정을 적용하는 외에도 민법 제750조의 일반 불법행위법상의 과실 책임에 관한 규정 역시 적용하여야 한다고 주장한다. 그러나, 위 환경정책기본법의 규정은 손해의 책임과 발생에 관한 입증책임을 환경오염을 발생시키는 사업자에게 과하는 규정으로서 민법 제750조에 대한 특별규정이라고 보아야 할 것이어서, 환경오염으로 인한 손해배상 사건에 관하여는 그 피해자가 환경정책기본법의 적용을 구하는 주장을 하였는지 여부를 가리지 아니하고 민법상의 손해배상 규정에 우선하여 환경정책기본법상의 손배배상 규정을 적용하여야 할 것이므로(대법원 1967. 9. 26. 선고 67다1695 판결 참조), 원고의 위 주장은 받아들이지 아니한다. (단 환경오염을 발생시킨 사업자의 과실 역시 피해자의 과실비율을 따지는 단계에서는 참작되어야 할 것이다.)

2. 손해배상책임의 제한

가. 자연력의 기여 부분

(1) 피고의 주장

피고는, 이 사건 폐사 당시 전국적인 이상 고온의 지속과 냉수대의 조기 소멸로 해수온이 급격히 상승함에 따라 이 사건 양식장의 사육 수온이 급상승한 것이고, 울진원전이 배출한 온배수는 그 취수온도가 높아져 자연히 배수온도도 높아진 것뿐이며, 이에 따라 도(道)와 수산청에서는 영일·울진 지역 양식장의 어패류 폐사가 가뭄 및 이상 고수온으로 인한 자연재해라고 결론짓고 농어업재해대책법에 따라 각 군에 재해복구를 시달하였는바, 이러한 제반 사정에 비추어 보면 이 사건 폐사는 울진원전의 온해수 배출과는 상당인과관계가 없는 자연재해에 의한 것이므로 피고는 면책되거나 책임이 제한되어야 한다고 주장한다.

(2) 판단

살피건대, 위 1.의 가.항 기재 인정사실에서 인정한 바와 같이, 이 사건 폐사 당시 이상고온 및 가뭄의 지속과 풍향, 냉수대의 조기소멸 등 자연적 현상으로 인하여 이 사건 양식장 부근 바다의 수온이 예년의 평균 수온인 17-20℃에서 25.2-27℃까지 급상승하였고 이에 따라 울진원전에서 배출된 온배수의 수온 역시 31.3-34.2℃로 급상승하였던 점, 넙치와 전복이 살 수 있는 최고임계수온은 30℃ 정도인 점, 이 사건 폐사 당시 울진원전에서 400-500m 떨어진 지점에 위치한 이 사건 양식장에서는 넙치와 전복이 집단 폐사하였지만, 울진원전으로부터 남쪽으로 7-8km 떨어진 온양양어장이나 16km 떨어진 두리수산, 대하수산 등지에서는 일반적인 피해 외에 집단 폐사가 일어나지 않았던 점, 당시 집단 폐사한 넙치와 전복들에 대한 외견상 관찰 및 현미경 검사에 의한 어병 감염 여부를 검사한 결과 특이한 질병 징후는 발견할 수 없었던 점 등에 비추어 보면, 이 사건 폐사는 위와 같은 자연적 현상으로 인하여 해수온도가 높아지고 이에 따라 울진원전에서 배출된 온배수가 그 취수온도가 높아짐으로써 자연히 배수온도도 높아지게 되어 이 사건 양식장 육상 수조의 사육 수온이 넙치와 전복이 살 수 있는 최고임계수온 이상으로 급격히 상승하게 된 것을 원인으로 하여 발생한 것으로 보이고, 이와 달리 울진원전의 온배수가 작용하지 아니하였더라도 해수온의 비정상적인 상승만으로 소외회사가 입은 모든 손해가 발생하였을 것이라는 사정을 인정할 자료가 없으므로, 피고의 위 면책 주장은 받아들이지 아니한다.

다만, 위에서 본 바와 같이 이 사건 폐사는 이 사건 양식장 부근 바다의 수온상승 등의 자연적 현상이 한 원인으로 작용하여 발생하였으므로 피고의 배상범위는 손해의 공평한 분담이라는 견지에서 손해발생에 대하여 자연력이 기여하였다고 인정되는 부분을 공제한 나머지 부분으로 제한하여야 할 것인데(대법원 1993. 2. 23. 선고 92다52122 판결 참조), 그 자연력 기여도의 비율은 위 사실관계에 비추어 50% 정도로 봄이 상당하다.

(3) 원고의 주장에 관한 판단

(가) 이에 대하여 원고는, 자연력 기여도를 인정하기 위하여는 자연력 자체로 피해를 야기할 개연성이 있어야 하는데, 이 사건의 경우 자연적 현상으로 인한 해수온도의 상승은 26℃ 정도에 불과하여 넙치와 전복이 살 수 있는 최고임계수온에 못미치므로 자연력만으로는 이 사건 폐사가 일어나지 않았을 것이어서 자연력 기여도를 인정하여서는 안된다는 취지의 주장을 한다.

그러나, 위 (2)항에서 본 바와 같이 이 사건 폐사는 자연적 현상으로 인하여 해수온도가 높아지고 이에 따라 울진원전에서 배출된 온배수가 그 취수온도가 높아짐으로써 자연히 배수온도도 높아지게 되어 이 사건 양식장 육상 수조의 사육 수온이 넙치와 전복이 살 수 있는 최고임계수온 이상으로 급격히 상승하게 된 것을 원인으로 하여 발생한 것인바, 그렇다면 이 사건 폐사는 자연력과 울진원전의 온배수 배출행위가 경합된 원인으로 작용하여 발생한 것으로서 그 중 어느 하나만에 의하여 충분히 손해가 발생하였는지의 입증이 곤란한 경우에 해당하므로 손해의 공평한 분담이라는 견지에서 손해배상의 범위를 정함에 있어 자연력의 기여분을 인정하여야만 할 것이다. 따라서 원고의 위 주장은 받아들일 수 없다. (이처럼 자연력과 온배수 배출행위가 경합된 원인으로 작용하여 손해가 발생한 경우에 있어서 원고의 주장과 같이 자연력 자체만으로 피해를 야기할 개연성이 없었던 경우 그 자연력의 기여도를 인정하지 않는다고 가정한다면, 역으로 자연력이 가공하지 아니한 상태에서 온배수 배출행위 자체만으로 피해를 야기할 개연성이 없었던 경우 역시 온배수 배출행위로 인한 손해배상 책임을 인정할 수 없게 되는 부당한 결론에 도달하고 만다.)

(나) 원고는 또한, 환경정책기본법 제31조 제2항이 '사업장등이 2개 이상 있는 경우에 어느 사업장등에 의하여 제1항의 피해가 발생한 것인지 알 수 없을 때에는 각 사업자는 연대하여 배상하여야 한다'고 규정하고 있는바, 이러한 규정은 자연력과 단일기업의 사업활동이 경합하여 피해가 발생한 경우에도 유추적용되어야 하므로 결국 피고가 단독으로 피해를 발생시키지 아니하였다 할지라도 자연력의 기여분을 손해배상의 범위에서 공제할 수 없다는 취지의 주장을 한다.

그러나 위 환경정책기본법 제31조 제2항은 복수 사업장의 사업활동으로 인한 복합오염의 경우 그 과실책임과 인과관계의 입증이 어렵기 때문에 피해자의 보호를 위하여 특정 사업자가 오염피해에 기여하지 않았음을 입증하지 못하는 한 복수 사업자 전원에게 공동불법행위 책임을 지우기 위하여 둔 규정인바, 자연적 재해는 원래 누구에게도 귀책될 수 없는 것으로서 그로 인한 피해는 특별한 사정이 없는 한 피해자 스스로 감수하여야 할 위험에 속한다고 보는 것이 타당하다는 점에 비추어 보면, 위와 같은 공동불법행위 법리를 인간의 행위가 아닌 자연력에도 그대로 적용하는 것은 결국 환경오염으로 인한 손해배상의 경우에는 자연력의 기여분을 전혀 인정하지 않는다는 결론에 귀착될 수도 있어 부당하다 할 것이므로, 원고의 위 주장 역시 받아들이지 아니한다.

나. 피고의 과실 부분

(1) 피고의 주장

피고는, 소외회사는 울진원전의 상업가동 무렵부터 울진원전의 온배수 배출과 그로 인한 영향이 계속되어 온 상황 속에서 이 사건 양식장을 설치·운영하여 왔으며, 울진원전은 이 사건 폐사 당시 정상가동 중이어서 평상시와 같이 일정량의 온배수를 배출하였고 그 설비 특성상 정상가동 중 임의로 주변 연안의 해수 온도에 따라 온배수의 양을 조절할 수 없어 울진원전 주변 바다의 수온 변화에 따른 신속한 대처가 현실적으로 가능하지 아니할 뿐만 아니라, 다른 나라의 원자력발전소의 경우에도 울진원전과 마찬가지로 온배수 영향 저감시설을 설치한 예가 거의 없으므로, 피고로서는 이 사건 폐사 사고에 대하여 책임을 져야 할 아무런 과실이 없다고 주장한다.

(2) 판단

살피건대, 환경정책기본법 제31조 제1항 소정의 손해배상책임은 무과실 책임이고 나아가 면책사유도 규정되어 있지 아니하므로 피고는 그 사업장인 울진원전에서 발생한 환경오염으로 인하여 소외회사에게 피해가 발생한 이상 그 손해방지에 필요한 주의의무를 해태하지 아니하였다 하더라도 그 면책을 주장할 수는 없다 할 것이다.

그러나 나아가, 소외회사의 과실비율을 산정하기 위하여는 피고에게 이 사건 폐사 사고에 대하여 어느 정도의 과실이 있는지 여부가 중요한 참작요소로 된다 할 것이므로 이에 관하여 보건대, 위 1.의 가.항 기재 인정사실에서 인정한 바와 같이 선진국의 원자력발전소에서는 배출되는 온배수가 해양생태계에 미치는 영향을 완화하기 위하여 취·배수구를 연안에서 상당한 거리에 있는 심층에 설치하고 있는데 반해 울진원전은 그 취·배수구를 해안선을 따라 설치하였고 그 입·출구 역시 해수면에 그대로 설치한 점, 울진원전의 지상 취·배수구 사이의 거리가 짧아 지상 배수구로부터 배출된 온배수가 다시 지상 취수구로 재유입되어 냉각수로 사용됨으로써 배출되는 온배수의 수온이 더욱 높아지는 경우도 있는 점, 피고가 한국해양연구소와 공동으로 이 사건 폐사 이후 영광원전과 울진원전의 증설로 대량 배출되는 온배수의 영향을 저감기키기 위한 방안을 연구한 결과, 방류제를 연장 축조하거나 냉각탑을 설치하는 등의 채택가능한 안이 있다고 제시하였고, 울진원전의 경우에는 2003년에 이러한 온배수 영향 저감방안의 설치가 가능하다고 보고한 점 등에 비추어 보면, 울진원전의 가동을 책임지고 있는 피고로서는 위 원전으로부터 배출되는 온배수로 인하여 해양생태계가 파괴되지 않도록 함은 물론 인근 어업 및 양식업에 피해가 발생하지 않도록 울진원전 설치 당시부터 취·배수구를 해안으로부터 상당한 거리에 위치한 심층 바다에 설치하여야 할 의무가 있음에도 이에 이르지 못하였고, 또한 이미 취·배수구를 설치한 후일지라도 위와 같은 피해방지를 위하여 냉각탑을 신설하거나 취·배수구의 방류제를 연장하는 등 온배수 영향 저감 시설 등을 설치하여야 할 의무가 있음에도 이에 이르지 못하는 등 울진원전의 설치·보존·관리상의 과실이 있었다 할 것이고, 이러한 피고의 과실은 이 사건 폐사 사고의 한 원인으로 작용하였다고 볼 것이므로, 결국 피고의 위 주장은 이유 없다.

다. 소외회사의 과실 부분

(1) 피고의 주장

피고는, 소외회사는 온배수에 의하여 자연해수의 온도가 상승할 수 있는 영향권 내에 있다는 사정을 잘 알면서 온배수를 이용하여 양식을 할 목적으로 울진원전 가동 무렵 그 인근에 이 사건 양식장을 설치·운영하면서도 필수적인 온도조절설비를 갖추거나 심층 취수 등 취수지점을 조정하여 취수할 수 있는 선별취수설비를 갖추지 아니하였고 적정수용밀도를 초과하여 넙치와 전복을 밀식하여 넙치와 전복의 대량 폐사를 스스로 자초한 것이므로 피고는 면책되거나 책임이 제한되어야 한다고 주장한다.

(2) 판단

살피건대, 위 1.의 가.항 기재 인정사실에서 인정한 바와 같이 소외회사는 이 사건 폐사 당시 13개의 취수관을 설치하여 해안으로부터 250m 떨어진 지점의 해저에서 해수를 취수하여 이 사건 양식장 수조의 해수로 이용하여 왔는데, 여름철 해수 온도의 상승에 대비하여 취수지점을 조절할 수 있는 선별취수설비나 지하 또는 심층해수 공급설비를 갖추지는 아니하였고, 갑 제5호증의 6, 갑 제6호증의 26의 1, 2, 을 제1 내지 15, 24, 25, 26, 29, 32호증의 각 기재와 당심증인 임정현의 증언에 변론의 전취지를 종합하면, 소외회사는 1987. 4. 9. 피고에게 울진원전의 온배수를 이용하여 해산 어류 양식장을 운영하려고 하니 협조하여 달라는 통지를 하였고, 피고는 이를 승낙하고 소외회사와 온배수 이용에 관한 사항을 협약한 사실, 그 후 소외회사는 온배수를 직접적으로 이용하기 위하여 온배수 취수시설을 울진원전의 배출구 근처에 설치하려고 하였으나 소외회사와 피고의 여러 사정에 의하여 위 온배수 취수시설을 설치하지는 못하였는데, 이 사건 양식장이 울진원전에 가장 가까운 곳에 위치한 양식장으로서 울진원전의 지상 배수구 출구로부터 남쪽으로 불과 400-500m 정도만 떨어져 있어 울진원전에서 배출된 온배수의 영향을 많이 받기 때문에 그 앞 바다에 취수관을 설치하여 이 사건 양식장을 운영하여 온 사실, 넙치와 전복은 친온성 어류로 수온이 낮으면 성장 속도가 매우 늦기에 봄, 가을 및 겨울에는 온배수를 이용하면 과중한 동력비 부담 없이 연중 조기 성장이 가능하나 여름에 수온이 급격히 상승하면 대사리듬을 깨뜨려 폐사를 일으킬 수 있는 사실, 국립수산진흥원에서는 매년 양식업자들에게 고온자료속보 등을 통하여 냉수대의 약화로 인한 이상 고수온에 대비하여 그 피해대책을 사전에 강구하도록 공지하여 왔으며 이 사건 폐사 무렵인 1994. 7. 18.부터 같은 달 23. 사이에도 연안고수온특보 등의 제목으로 계속적 폭염의 영향으로 연근해역의 표면수온이 급상승하여 전년도에 비하여 높게 나타나므로 양식업자들에게 고수온에 대한 대책을 촉구하여온 사실, 넙치의 적정사육밀도는 넙치의 크기, 수온, 환수량, 수조면적 등 제반 사육조건에 따라 다르기는 하나 일반적으로 1년어의 경우 15-20kg/m², 2년어의 경우 25kg/m² 정도이며 넙치는 비교적 고수온에 약하므로 7, 8월의 고수온기에는 사육밀도를 더욱 낮추어 사육하여야 하는 사실, 이 사건 폐사 당시 소외회사는 면적 6,796.4m²의 넙치수조(당심증인 임정현의 증언에 의하면 이 사건 양식장의 수조면적은 8,917m²가 된다고 하나, 이는 전복수조의 면적도 포함한 수치인 것으로 보이므로, 당심은 보다 객관적인 증거인 갑 제5호증의 5의 기재내용에 따라 넙치수조의 면적을 위와 같이 본다)에서 넙치 1년어(어체중 30-50g, 이하 평균 40g으로 계산한다) 300,000마리, 2년어(어체중 600-800g, 이하 평균 700g으로 계산한다) 250,000마리를 양식하고 있었던 사실{따라서 총 어체중(A)은 1년어 12,000kg(= 40g×300,000마리), 2년어 175,000kg(= 700g×250,000마리)이고, 위 적정사육밀도(B)를 적용한 양식장의 필요면적(A/B)은 최소 약 7,600m²(= 12,000/20 + 175,000/25)가 된다} 등을 각 인정할 수 있다.

위 인정사실에 의하면, 소외회사는 울진원전에서 배출되는 온배수를 이 사건 양식장 수조의 해수로 이용하기 위하여 울진원전으로부터 불과 400-500m 정도 떨어져 있어 온배수의 영향을 많이 받는 지역권 내에 이 사건 양식장을 설치·운영하였으면서도, 여름철 고수온기에 대비하여 넙치 및 전복 양식을 위하여 취수하는 해수의 수온을 조절할 수 있는 온도조절시설이나 일부 취수관을 기존의 취수관보다 해안으로부터 더 멀리 떨어진 해저 지점에 설치함으로써 온배수의 영향을 비교적 덜 받는 해수를 취수할 수 있는 선별취수설비 등을 갖추지 아니하였고,

또한 적정수용밀도를 초과한 상태에서 넙치를 양식하였으며 미리 고수온기에 대비하여 사육밀도를 더욱 낮추어야 함에도 이에 이르지 아니한 잘못이 있다 할 것인바, 이러한 소외회사의 과실은 이 사건 폐사로 인한 손해의 발생 및 그 확대의 한 원인이 되었다 할 것이나 이로써 피고의 책임을 면제할 정도에는 이르지 아니하므로 피고가 배상할 손해액을 산정함에 있어 이를 참작하기로 하되, 이러한 소외회사의 과실과 앞서 본 피고의 과실 정도에 비추어 볼 때 소외회사의 과실비율은 자연력의 기여도를 제외한 나머지 부분 중 45% 정도로 봄이 상당하다.

(3) 피고의 기타 주장에 관한 판단

피고는 위에서 인정한 소외회사의 과실 외에도, 첫째, 소외회사는 이 사건 양식장 건물의 지붕을 단열장치 없는 단순 슬레이트로 낮게 설치하여 이에 따라 지붕으로부터 방사되는 태양복사열이 양식장 수조의 수온을 더욱 상승시켰으므로 이러한 소외회사의 과실 역시 피고가 배상할 손해배상액을 산정함에 있어 고려하여야 하고, 둘째, 최적의 양식환경을 갖춘 상태에서도 넙치의 자연폐사율이 10-30%에 이르므로 이러한 점을 피고가 배상할 손해배상액을 산정함에 있어 감안하여야 한다고 주장한다.

그러나, 당심법원의 현장검증결과에 의하면 이 사건 양식장의 지붕은 상당히 높은 상태로 슬레이트를 치고 그 밑에 검정색 단열장치를 설치하여 단열과 통풍효과를 도모하고 있었던 사실이 인정되므로 피고의 위 첫째 주장은 이유 없고, 피고의 둘째 주장에 일부 부합하는 듯한 을 제43호증의 1, 2의 각 기재만으로는 이 사건 양식장에서 대량 폐사한 넙치와 전복의 장래 자연폐사율이 10-30% 정도 되리라는 점을 인정하기에 부족하고 달리 이를 인정할 증거가 없을 뿐만 아니라 소외회사가 넙치와 전복의 사육으로 인한 장래의 수익 상실에 관한 손해의 배상을 구하는 것도 아니므로 피고의 위 둘째 주장 역시 이유 없다.

라. 피고와 소외회사 사이의 협약에 의한 면책주장에 대한 판단

(1) 피고의 주장

피고는 마지막으로, 소외회사가 피고와 사이에 온배수로 인하여 피해가 발생하더라도 보상을 요구하지 않기로 약정하였으므로 피고는 소외회사의 피해에 대하여 그 손해를 배상할 책임이 없다고 주장한다.

(2) 판단

살피건대, 을 제1 내지 3호증의 각 기재에 의하면, 소외회사가 1987. 4.경 피고에게 해산어류양식을 위한 울진원전의 온배수 이용 협조를 구하여 같은 해 6.경 소외회사의 대표이사인 지○삼과 피고 사이에 기간을 1987. 6. 1.부터 1992. 6. 1.까지로 정하여 소외회사가 울진원전의 온배수를 이용하여 양식장 사업을 운영함에 있어 소외회사는 온배수이용 양식업이 발전소 운영에 지장이 없도록 하고, 발전소의 비정상 사태 또는 사고로 인하여 양식사업장에 피해가 유발되었을 시 소외회사가 이에 대한 보상을 요구하지 않기로 하는 등을 내용으로 한 협약을 체결한 사실은 인정되나, 한편 갑 제6호증의 7, 을 제13 내지 15호증의 각 기재에 의하면 위 협약이 만료된 후 소외회사가 피고에게 온배수 취수시설 설치 협조요청을 하면서 위 협약서 내용과 거의 같은 협약서의 체결을 요청하였으나 피고는 소외회사에게 현재 검토 중이므로 구체적인 사항은 추후에 통보하겠다는 내용의 회신만을 통지한 사실, 그 후 이 사건 폐사 사고 발생 당시까지 소외회사는 온배수 취수시설을 설치하지 못한 사실을 인정할 수 있는바, 위 협약서가 기간의 만료 이후 갱신되었다거나 명시적으로 갱신되지는 않았으나 소외회사와 피고 사이에 이 사건 폐사 당시 위 협약이 묵시적으로 유지되고 있다는 등의 사정을 인정할 자료가 없으므로, 피고의 위 주장은 이유 없다.

3. 손해배상의 범위

가. 인정사실

갑 제2호증, 갑 제3호증의 2, 갑 제6호증의 9, 을 제18호증의 각 기재, 당심증인 임정현의 증언에 변론의 전취지를 종합하면, 소외회사가 운영하던 이 사건 양식장에서 1994. 7. 24. 20:00부터 27. 14:00까지 사이에 넙치 1년어 57,000마리, 2년어 232,000마리가, 전복 1년생과 3년생 각 30,000마리가 각 폐사한 사실, 1994. 7.경 양식 넙치의 마리당 단가가 1년어는 금 1,500원, 2년어(어체중 600g 기준)는 금 9,600원, 양식 전복의 마리당 단가가 1년생(15g 기준)은 750원, 3년생(65g 기준)은 3,250원 이상인 사실을 각 인정할 수 있으므로, 결국 이 사건 넙치와 전복의 집단폐사로 소외회사가 입은 손해액은 적어도 합계 금 2,430,000,000원{= (57,000마리×1,500원) + (232,000마리×9,600원) + (30,000마리×750원) + (30,000마리×3,250원)}이 된다. (소외회사가 이 사건 폐사로 입은 손해액수에 관하여는 피고가 이를 명백히 다투지 아니하고 있다.)

나. 책임의 제한

위에서 본 바와 같이 자연력의 기여도와 소외회사의 과실비율을 함께 고려한 피고의 책임비율은 이를 27.5%{= 100% - 50% - (50×45/100)%}로 볼 것이므로, 피고가 소외회사에게 배상하여야 할 손해배상액은 금 668,250,000원(= 금 2,430,000,000원×27.5%)이 된다.

다. 재해복구비 공제 주장에 대한 판단

(1) 피고의 주장

피고는, 소외회사가 이 사건 폐사로 인한 피해에 대하여 울진군으로부터 농어업재해대책법에 의하여 금 232,190,000원을 수령하였으므로 위 금액을 피고가 배상할 금액에서 공제하여야 한다고 주장한다.

(2) 판단

살피건대, 을 제18, 19호증, 을 제27호증의 1, 2의 각 기재에 의하면, 1994. 7.에서 9.에 걸친 이상조류 및 적조현상으로 인한 양식수산물피해에 대하여 풍수해대책법에 의거한 재해구조 및 복구비용부담 기준과 농어업재해대책법에 의거하여 어업재해대책심의위원회에서 결정한 기준에 따라 종묘(치어)대금 및 폐사양식물 철거비조로 울진군에서 소외회사에게 국고금 103,577,000원, 군비 금 25,820,000원을 지급한 사실은 인정되나, 이는 농어민의 재활을 위하여 정부 및 지방자치단체가 지원하는 치어구입비 및 폐사어류 철거비조로 받은 것이고 폐사한 넙치와 전복 자체에 대한 피해에 대한 보상이 아닐 뿐만 아니라, 그 액수가 이 사건 자연력으로 인한 피해액에 미달함은 계산상 분명하므로, 이를 피고가 지급하여야 할 손해배상액에서 공제할 것은 아니라 할 것이다. 따라서 피고의 위 공제 주장은 이유 없다.

4. 손해배상채권의 양도

갑 제1호증의 1, 2의 각 기재에 의하면, 소외회사는 1997. 6. 3. 이 사건 폐사에 따른 피고에 대한 손해배상청구권을 원고에게 양도하고 같은 날 피고에게 채권양도의 통지를 한 사실이 인정되므로, 결국 피고는 소외회사로부터 이 사건 손해배상채권을 양수한 원고에게 양수금으로 위 인정의 금 668,250,000원 및 이에 대한 지연손해금을 지급할 의무가 있다.

5. 결 론

그렇다면, 피고는 원고에게 위 인정의 양수금 668,250,000원 및 위 금원 중 원심에서 인용한 금원인 금 360,750,000원에 대하여는 이 사건 폐사 발생 시작일인 1994. 7. 24.부터 원심판결 선고일인 1999. 5. 22.까지는 민법 소정의 연 5%의, 그 다음날부터 완제일까지는 소송촉진등에관한특례법 소정의 연 25%의 각 비율에 의한, 당심에서 추가로 인용한 금원인 금 307,500,000원(= 668,250,000원 - 360,750,000원)에 대하여는 이 사건 폐사 발생 시작일인 1994. 7. 24.부터 피고가 그 이행의무의 범위에 관하여 항쟁함이 상당하다고 인정되는 당심판결 선고일인 2000. 11. 29.까지는 민법 소정의 연 5%의, 그 다음날부터 완제일까지는 소송촉진등에관한특례법 소정의 연 25%의 각 비율에 의한 지연손해금을 지급할 의무가 있으므로, 원고의 이 사건 청구는 위 인정범위 내에서 이유 있어 이를 인용하고 나머지 청구는 이유 없어 이를 기각할 것인바, 원심판결 중 당심에서 추가로 인용하는 원고 패소부분은 부당하므로 그 부분을 취소하여 피고에 대하여 위 금원의 추가지급을 명하기로 하고, 그 외의 부분은 이와 결론을 같이 하여 정당하므로 원고의 나머지 항소와 피고의 항소를 모두 기각하기로 하여, 주문과 같이 판결한다.

(2-2) 대법원 2003. 6. 27. 선고 2001다734 판결 [공2003.8.1.(183),1592]

【원고,피상고인겸상고인】 김○웅
【피고,상고인겸피상고인】 한국전력공사의 소송수계인 한국수력원자력 주식회사
【원심판결】 서울고등법원 2000. 12. 6. 선고 99나31997 판결

【주 문】

원심판결 중 피고 패소 부분을 파기하고, 이 부분 사건을 서울고등법원에 환송한다.
원고의 상고를 기각한다.

【이 유】

1. 원고의 자연력기여도에 관한 상고이유에 대하여

가. 원심은 피고의 울진원전 온배수배출구 인근에 설치된 소외 회사의 이 사건 수조식 육상 양식장에서 양식하던 넙치와 전복이 1994. 7. 24.부터 같은 달 27. 사이에 집단폐사한 것은 피고의 울진원전에서 배출된 온배수가 소외 회사의 양식장에 유입되어 양식장수조의 수온을 급상승시킨 때문이라고 인정하여 피고의 손해배상책임을 인정하고, 다만 위 손해발생에는 해수온도의 이상고온이라는 자연력이 기여하였다는 이유로 자연력의 기여도를 50%로 인정하여 피고의 책임을 그 나머지 50%로 제한하였다.

나. 불법행위에 기한 손해배상 사건에 있어서 피해자가 입은 손해가 자연력과 가해자의 과실행위가 경합되어 발생된 경우 가해자의 배상범위는 손해의 공평한 부담이라는 견지에서 손해발생에 대하여 자연력이 기여하였다고 인정되는 부분을 공제한 나머지 부분으로 제한하여야 함이 상당하고(대법원 1993. 2. 23. 선고 92다52122 판결 등 참조), 다만 피해자가 입은 손해가 통상의 손해와는 달리 특수한 자연적 조건 아래 발생한 것이라 하더라도 가해자가 그와 같은 자연적 조건이나 그에 따른 위험의 정도를 미리 예상할 수 있었고 또 과도한 노력이나 비용을 들이지 아니하고도 적절한 조치를 취하여 자연적 조건에 따른 위험의 발생을 사전에 예방할 수 있었다면,

그러한 사고방지 조치를 소홀히 하여 발생한 사고로 인한 손해배상의 범위를 정함에 있어서 자연력의 기여분을 인정하여 가해자의 배상범위를 제한할 것은 아니라고 할 것이다(대법원 1995. 2. 28. 선고 94다31334 판결 참조).

다. 원심이 적법하게 인정한 사실과 기록에 의하여 피고가 이 사건 손해발생을 쉽게 예견할 수 있었는지에 관하여 판단하건대, 피해자인 소외 회사는 1989.경부터 양식을 시작하였는데, 그 사이에 원고가 지적하는 바와 같은 해수온도의 상승이 수차 있었으나 한 번도 그와 같은 피해발생보고가 없었으므로 피고로서는 경험적으로 알 수 있었다고 보여지지 아니하고, 이 사건 당시에는 바람의 방향이 예년과 달라서 온배수의 확산방향 및 속도가 바뀌어 소외 회사의 양식장에 평소와 달리 큰 영향이 미치게 된 것이므로, 양식비전문가인 피고가 바람의 방향이 예년과 달라진 것을 온배수의 확산방향이나 속도의 변화, 나아가 양식장의 수온 상승까지 연결지어 그에 따른 폐사가능성을 쉽게 예견할 수 있으리라고 도저히 기대되지 아니한다.

더구나 소외 회사는 1987. 4.경 피고에게, "국내에서도 영동화력발전소의 온배수를 이용한 광어양식이 성공리에 진행되고 있으며 이 분야에 선진된 일본 등 세계 각국에서도 온배수 양어로 식량생산을 증대시키고 있는 실정이니, 발전소의 온배수를 취수하여 양어할 수 있도록 적극 배려하여 달라."는 취지의 협조요청을 한 것을 비롯하여, 이 사건 사고발생 직전인 1994. 4.까지 계속하여 이 사건 온배수를 광어양식에 이용할 수 있도록 배려하여 달라는 취지의 요청을 하였는바, 이러한 사정하에서라면 피고로서는 넙치(광어)양식에 대한 온배수의 위험성에 대하여 인식하는 것도 쉽지 않아 보이고, 소외 회사가 온배수를 직접 취수할 수 있는 시설을 갖추지 못하여 그러한 시설을 갖추게 해달라고 계속 요청해 오고 있었던 이상 온배수가 이 사건 육상양식장에 유입되는지, 유입되는 동안 얼마나 온도가 유지되고 그로 인하여 넙치나 전복이 폐사할 수 있는지를 쉽게 예견할 수 있었다고 볼 수 없고, 이는 양식업자인 소외 회사조차 구체적으로 예견하지 못한 이상 양식비전문가인 피고의 예견은 거의 불가능해 보인다.

라. 다음으로, 피고가 과도한 노력이나 비용을 들이지 않고도 피해를 방지할 수 있었는지에 대하여 보건대, 원고가 제출한 갑 제6호증의 16에 의하더라도 원전건설시의 온배수저감시설 중 가장 경제적이고 효율적인 것은 방류제 설치이고, 차선책으로는 냉각탑설치인바, 냉각탑설치안은 국내적용경험이 없고 공사비가 과다하며 냉각탑 설치를 위한 넓은 부지확보가 필요하여 매우 불리하다는 것이며, 한편 피고는 울진원전에 이미 1570m의 지하배수로와 600m의 지상 방류제를 설치하고 있었는데 그 동안 온배수로 인한 피해가 없었고 사고 당시의 해수의 고온이 이례적인 것이었다면 설령 위 방류제가 이 사건 사고 당시에는 다소 온배수영향을 저감시키기에 부족하였더라도 그러한 급작스런 상황에서 온배수영향저감시설을 신속히 설치하는 것이 과도한 노력이나 비용을 들이지 않고도 가능한 것이었다고 할 수는 없고, 또 일반적으로 원전의 출력을 감소시켜 온배수를 줄일 수 있다고 하더라도, 울진원전은 설비특성상 출력을 조절함으로써 온배수의 온도를 조절하거나 정상운전 중에 임의로 온배수의 양을 조절할 수 없으며, 특히 당시는 이상고온으로 전력소비가 급증하여 전력예비율이 위험수인이 2.8%까지 떨어진 상황이었으므로 출력을 조절한다면 제한송전을 하여야 하는데, 제한송전을 하게 되면 피고는 물론이고 사회 전체에 큰 피해가 예상됨은 상식으로 알 수 있는 것이므로, 이 사건 사고 당시 울진원전이 과도한 노력이나 비용을 들이지 아니하고 이 사건 손해발생을 방지할 수 있었다고 볼 수도 없다.

마. 따라서 이 사건 손해는 해수온도의 상승이라는 자연력과 온배수의 배출이라는 피고의 행위 두 요인이 복합적으로 작용하여 발생한 것인 한편, 피고로서는 피해를 쉽게 예견할 수 있었다거나 과도한 노력이나 비용을 들

이지 않고도 피해를 방지할 수 있었다고는 볼 수 없으므로, 공평의 원칙상 자연력의 기여도를 고려하는 것은 타당하다.

원심의 이 부분 설시는 미흡하기는 하나 이러한 법리에 따른 것으로서 정당하고, 거기에 법리오해나 채증법칙 위배의 위법은 없다.

또 원고의 주장 중 자연력과 피고는 공동불법행위자로서 연대배상책임관계에 있으므로 피고에게 손해 전액의 배상을 명하여야 하고, 자연력의 기여분을 따로 공제하여서는 안 된다는 주장은 위의 법리에 반하는 독단의 주장에 불과하여 받아들일 수 없다.

바. 한편 자연력과 가해자의 과실행위가 경합되어 손해가 발생된 경우 가해자의 배상범위를 제한함에 있어서 자연력의 기여도에 관한 비율의 결정은 그것이 형평의 원칙에 비추어 현저히 불합리하다고 인정되지 아니하는 한 사실심의 전권사항에 속한다고 보아야 할 것인바, 위에서 인정한 사실과 기록에 나타난 제반 사정을 종합하여 보면 원심이 자연력 기여도를 50%로 인정한 것은 형평의 원칙에 비추어 현저히 불합리하다고 보여지지는 않는다.

따라서 원고의 이 부분에 관한 상고이유도 받아들일 수 없다.

2. 피고의 환경오염 내지 환경오염물질에 대한 법리오해 및 이유불비에 관한 상고이유에 대하여

환경정책기본법 제3조 제4호는 "환경오염이라 함은 사업활동 기타 사람의 활동에 따라 발생되는 대기오염, 수질오염, 토양오염, 해양오염, 방사능오염, 소음·진동, 악취 등으로서 사람의 건강이나 환경에 피해를 주는 상태를 말한다."고 규정하고 있으므로, 원전냉각수순환시 발생되는 온배수의 배출은 사람의 활동에 의하여 자연환경에 영향을 주는 수질오염 또는 해양오염으로서 환경오염에 해당한다고 할 것이고(대법원 1998. 9. 4. 선고 97누19588 판결, 2002. 10. 22. 선고 2000다65680, 65697 판결 등 참조), 한편 원심은 "일반적으로 어류는 변온동물로서 서식지의 수온변화에 민감하게 반응하며 수온의 급격한 상승은 용존산소 절대량의 감소를 가져와 어류가 호흡에 이용할 수 있는 산소량을 급격히 감소하게 하는 한편, 어류의 체온 상승을 가져와 산소 소비량이 급격히 증가하게 되어 어류의 호흡대사에 치명적인 영향을 주게 되고, 어류의 혈액 내 혈당치, 헤모글로빈, 코티졸의 상승 등으로 어류에 강한 스트레스를 유발시켜 생체대사리듬을 깨뜨려 어류의 대량 폐사를 일으킬 수 있다(이 경우 치어보다는 성어가 크게 영향을 받는다)."고 판시함으로써 수온이 어류의 생태변화에 중대한 영향을 주는 요소임을 분명히 함과 동시에, "넙치의 경우 성장에 적정한 수온은 18-23℃ 정도이나 수온이 26-27℃에 이르면 넙치가 생리적으로 위험한 상태에 이르고, 특히 29-31℃ 정도의 고수온은 넙치의 대량 폐사를 일으킬 수 있는 치명적인 온도가 되어 결국 넙치가 살 수 있는 최고임계수온(CTMax)은 30℃ 정도이고, 전복의 경우도 동일하다."라고 판시함으로써 그 적정 수온기준을 제시하였고, 나아가 "울진원전에서 배출된 온배수의 수온이 31.3-34.2℃로 급상승함으로써, 이 부근 해수를 끌어들여 양식업을 하는 이 사건 양식장의 육상 수조의 사육 수온이 넙치와 전복이 살수 있는 최고임계수온인 30℃를 넘는 바람에 발생하였다 할 것이므로, 피고는 환경오염 피해에 대한 무과실 책임을 규정한 환경정책기본법 제31조 제1항에 의하여 그 사업장인 울진원전에서 발생된 환경오염의 하나인 온배수의 배출로 인한 소외 회사의 피해를 배상할 의무가 있다."라고 판시하였는바, 이는 피고가 방류한 온배수로 인하여 자연수온이 상승되고 이에 따라 이 사건 집단폐사에 이르렀음을 밝힌 것으로, 온배수가 환경오염원에 해당함을 분명히 설시한 것이라고 볼 수 있으므로 원심에 이유불비의 위법이 있다고 볼 수 없다.

따라서 이 부분 상고이유는 이유 없다.

3. 피고의 위법성에 대한 법리오해에 관한 상고이유에 대하여

가. 불법행위 성립요건으로서의 위법성은 관련 행위 전체를 일체로만 판단하여 결정하여야 하는 것은 아니고, 문제가 되는 행위마다 개별적 · 상대적으로 판단하여야 할 것이므로 어느 시설을 적법하게 가동하거나 공용에 제공하는 경우에도 그로부터 발생하는 유해배출물로 인하여 제3자가 손해를 입은 경우에는 그 위법성을 별도로 판단하여야 하고, 이러한 경우의 판단 기준은 그 유해의 정도가 사회생활상 통상의 수인한도를 넘는 것인지 여부라고 할 것이다(대법원 2001. 2. 9. 선고 99다55434 판결 등 참조).

나. 이러한 관점에서 이 사건을 보면, 온배수 영향권 내에서의 양식업을 금지하는 규정이 없는 이상 피고가 먼저 원전을 설치하였다고 하여 온배수 영향권 내의 자연환경을 독점적으로 이용할 권리는 없으므로 원전 설치 후에 후발적으로 온배수 영향권 내에서 양식을 시작하는 것은 위법한 것이 아니고, 따라서 소외 회사의 양식도 보호를 받아야 하는바, 이 사건이 비록 이상고온이라는 특수한 자연환경이 작용하기는 하였지만 피고가 배출한 온배수로 인하여 구체적이고도 사회통념상 용인될 수 없는 피해가 발생한 이상 피고의 이 사건 사고 당시의 온배수 배출행위와 그 결과는 수인한도를 초과하여 위법하다고 할 것이다.

따라서 이 부분 상고이유도 이유 없다.

4. 피고의 계약의 갱신 및 묵시적 갱신에 관한 법리오해에 대한 상고이유에 대하여

원심은 소외 회사와 피고 사이에 기간을 1987. 6. 1.부터 1992. 6. 1.까지로 정하여 소외 회사가 울진원전의 온배수를 이용하여 양식장 사업을 운영함에 있어 소외 회사는 온배수이용 양식업이 발전소 운영에 지장이 없도록 하고, 발전소의 비정상 사태 또는 사고로 인하여 양식사업장에 피해가 유발되었을 시 소외 회사가 이에 대한 보상을 요구하지 않기로 하는 등을 내용으로 한 협약을 체결한 사실, 위 협약이 만료된 후 소외 회사가 피고에게 온배수 취수시설 설치 협조요청을 하면서 위 협약서 내용과 거의 같은 협약서의 체결을 요청하였으나 피고는 소외 회사에게 현재 검토중이므로 구체적인 사항은 추후에 통보하겠다는 내용의 회신만을 통지하였고, 그 후 이 사건 폐사 사고 발생 당시까지 소외 회사는 온배수 취수시설을 설치하지 못한 사실 등을 인정한 후, 이러한 사실로 보아, 위 협약서가 기간의 만료 이후 갱신되었다거나 명시적으로 갱신되지는 않았으나 소외 회사와 피고 사이에 이 사건 폐사 당시 위 협약이 묵시적으로 유지되고 있다는 등의 사정을 인정할 자료가 없다고 하여 위 주장을 배척하였다.

기록에 의하여 살펴보면 이 부분에 관한 원심의 판단은 정당하고, 거기에 계약의 갱신 및 묵시적 갱신에 관한 법리오해의 위법은 없다.

상고이유는 받아들이지 아니한다.

5. 피고의 자연폐사율에 관련된 손해배상법리의 오해, 채증법칙 위배로 인한 사실오인 또는 심리미진에 관한 상고이유에 대하여

가. 피고가 넙치의 폐사율은 최적의 양식환경을 갖춘 상태에서도 10~30%에 이르므로, 손해액 산정에 있어서 이를 고려하여야 한다고 주장함에 대하여, 원심은 피고가 든 증거만으로는 이 사건 양식장에서 대량 폐사한 넙치와 전복의 장래 자연폐사율이 10~30% 정도 되리라는 점을 인정하기에 부족하고, 달리 이를 인정할 증거가 없

을 뿐만 아니라 소외 회사가 넙치와 전복의 사육으로 인한 장래의 수익 상실에 관한 손해의 배상을 구하는 것도 아니므로 피고의 위 주장 이유 없다고 배척하였다.

나. 기록에 의하면 원전 온배수나 이상고온 피해가 없었던 97년, 98년의 영덕군 및 울진군의 수조식 육상 넙치 양식장에서 넙치가 계속 폐사하였고, 심지어 온배수와 전혀 상관없는 영덕군 지역에서 폐사율이 더 높은 경우도 있다는 점에 비추어 보면 통상의 자연폐사가 있음은 인정할 수는 있다.

그러나 이 사건 폐사는 특수한 이상고온 상태에서 단기간에 발생한 것이고, 더구나 이 사건은 넙치나 전복의 폐사 당시의 객관적 교환가치에 기초한 손해의 배상을 구하는 것이지 소외 회사가 넙치와 전복의 양식으로 인하여 얻을 수 있는 장래의 수익 상실에 관한 손해의 배상을 구하는 것이 아니므로 이러한 경우에는 피고가 주장하는 통상의 자연폐사율 즉 치어일 때부터 성어가 되어 출하할 때까지의 전 기간을 관찰하여 얻은 자연폐사율은 의미가 없고, 오로지 이 사건과 같은 특수한 상황에서의 자연폐사율이 얼마냐가 문제될 뿐인데, 이 사건과 같은 특수상황에서의 자연폐사율을 인정할 증거가 없는 이상 이러한 사정은 자연력의 기여도를 참작하여 합리적으로 고려하는 수밖에 없다.

이러한 관점에서 이 사건에서 원심이 결정한 자연력의 기여도를 보면, 원심은 이 사건과 같은 특수한 상황에서의 폐사율까지 고려하여 자연력의 기여도를 정한 것으로 볼 수 있고, 따라서 비록 원심의 설시가 미흡하기는 하지만, 거기에 손해배상법리의 오해, 채증법칙 위배로 인한 사실오인 또는 심리미진의 위법은 없다.

이 부분 상고이유도 받아들이지 아니한다.

6. 원고 및 피고의 과실상계에 대한 상고이유에 대하여

가. 원심은 앞에서 본 것과 같은 경위로 자연력의 기여도를 50%로 인정한 후 과실상계를 함에 있어서, 피고에게는, 선진국의 원자력발전소에서는 배출되는 온배수가 해양생태계에 미치는 영향을 완화하기 위하여 취·배수구를 연안에서 상당한 거리에 있는 심층에 설치하고 있는 데 반해 울진원전은 그 취·배수구를 해안선을 따라 설치하였고 그 입·출구 역시 해수면에 그대로 설치한 점, 울진원전의 지상 취·배수구 사이의 거리가 짧아 지상 배수구로부터 배출된 온배수가 다시 지상 취수구로 재유입되어 냉각수로 사용됨으로써 배출되는 온배수의 수온이 더욱 높아지는 경우도 있는 점, 피고가 한국해양연구소와 공동으로 이 사건 폐사 이후 영광원전과 울진원전의 증설로 대량 배출되는 온배수의 영향을 저감시키기 위한 방안을 연구한 결과, 방류제를 연장축조하거나 냉각탑을 설치하는 등의 채택가능한 안이 있다고 제시하였고, 울진원전의 경우에는 2003.에 이러한 온배수 영향 저감방안의 설치가 가능하다고 보고한 점 등에 비추어 보면, 울진원전의 가동을 책임지고 있는 피고로서는 위 원전으로부터 배출되는 온배수로 인하여 해양생태계가 파괴되지 않도록 함은 물론 인근 어업 및 양식업에 피해가 발생하지 않도록 울진원전 설치 당시부터 취·배수구를 해안으로부터 상당한 거리에 위치한 심층 바다에 설치하여야 할 의무가 있음에도 이에 이르지 못하였고, 또한 이미 취·배수구를 설치한 후일지라도 위와 같은 피해방지를 위하여 냉각탑을 신설하거나 취·배수구의 방류제를 연장하는 등 온배수 영향 저감 시설 등을 설치하여야 할 의무가 있음에도 이에 이르지 못하는 등 울진원전의 설치·보존·관리상의 과실이 있고, 피해자인 소외 회사에게는, 소외 회사가 울진원전에서 배출되는 온배수를 이 사건 양식장 수조의 해수로 이용하기 위하여 울진원전으로부터 불과 400-500m 정도 떨어져 있어 온배수의 영향을 많이 받는 지역권 내에 이 사건 양식장을 설치·운영하였으면서도, 여름철 고수온기에 대비하여 넙치 및 전복 양식을 위하여 취수하는 해수의 수온을 조절

할 수 있는 온도조절시설이나 일부 취수관을 기존의 취수관보다 해안으로부터 더 멀리 떨어진 해저 지점에 설치함으로써 온배수의 영향을 비교적 덜 받는 해수를 취수할 수 있는 선별취수설비 등을 갖추지 아니하였고, 또한 적정수용밀도를 초과한 상태에서 넙치를 양식하였으며 미리 고수온기에 대비하여 사육밀도를 더욱 낮추어야 함에도 이에 이르지 아니한 잘못이 있다고 지적하고, 소외 회사의 과실과 피고의 과실을 교량한 후 소외 회사의 과실비율을 자연력의 기여도를 제외한 나머지 부분 중 45%로 제한하였다.

나. 불법행위로 인한 손해의 발생 또는 확대에 관하여 피해자에게도 과실이 있어서 가해자의 손해배상의 범위를 정하기 위하여 양자의 과실비율을 교량함에 있어서는 손해의 공평부담이라는 제도의 취지에 비추어 사고 발생에 관련된 제반 상황이 충분히 고려되어야 할 것이며, 과실상계 사유에 관한 사실인정이나 그 비율을 정하는 것이 사실심의 전권사항이라고 하더라도 그것이 형평의 원칙에 비추어 현저히 불합리해서는 안될 것인바(대법원 1999. 8. 24. 선고 99다21264 판결 등 참조), 원심이 지적한 피고의 과실은 수긍할 수 있다고 하더라도, 피해자인 소외 회사의 과실과 이를 기초로 쌍방의 과실을 교량하여 원심이 정한 과실상계의 비율은 수긍할 수 없다.

(1) 우선 소외 회사의 과실에 대하여 본다.

(가) 소외 회사는 이 사건 사고 전에도 여름철의 해수 온도가 넙치의 양식에 지장을 초래할 만한 온도까지 상승한 적이 수차 있었다는 것을 알고 있었고, 또한 온배수를 이용하기 위하여 자의로 온배수의 영향권 내에 양식장을 설치하였으므로, 여름철에는 해수온도의 상승과 온배수가 결합하면 넙치의 양식에 치명적인 영향을 줄 수 있다는 것을 피고보다 더 잘 알고 있었거나 알 수 있었으며, 한편 자연재해에 대비하는 경우는 연평균기온이 아니라 최고기온을 기준으로 하여야 할 것이다(대법원 2001. 2. 23. 선고 99다61316 판결 참조).

그런데 일반적으로 해양이나 호수 또는 호소(湖沼)의 경우 수표면으로부터 아래로 내려갈수록 수온이 내려가는바, 기록에 의하면 일본 가시와자끼 원전의 경우 해수면으로부터 수심 4m 이하에서는 온배수영향이 없는 것으로 조사되어 있고, 이 사건에서도 울진의 경우 5m 수심에서는 수온이 28.9~28.2℃일 때, 10m 수심에서는 18.5℃로서 강한 성층현상을 보이며, 울진 근해의 수심은 해안에서 500m만 떨어지면 수심 10m에 이르는 것으로 밝혀졌다.

따라서 소외 회사는 해안으로부터 500m 떨어진 곳의 수심 10m까지 갈 것도 없이 그 중간 적절한 곳의 수심에서 해수를 취수할 수 있는 취수관을 설치함으로써 여름철에 온배수의 영향을 완전히 벗어날 수도 있었다.

특히 춘계 표층수온분포를 보면 온배수의 영향은 해수의 장축방향(흐름방향)으로는 약 1㎞까지 미치고, 단축방향(흐름의 직각방향)으로는 약 200m까지 미치는데, 하계의 표층수온분포는 춘계에 비해 온배수의 영향이 비교적 장축방향으로 넓게 분포하고 있어서, 적어도 해안으로부터 500m까지 확산되는 경우는 드문 것으로 보이고, 특히 이 사건 당시에는 바람의 방향이 바뀌어 온배수가 장축방향으로 더욱 확산되어 소외 회사보다 더 아래쪽에 있는 양식장까지 영향을 줄 정도였으므로 배출되는 온배수의 양이 일정한 이상 해안으로부터 200m까지 확산되지도 아니하였던 것으로 보인다.

이러한 제반 사정에 비추어 보면, 소외 회사가 해안으로부터 250m 떨어진 곳의 해저에서 해수를 취수하였다는 주장은 믿기도 어렵거니와, 이 사건 사고보다 훨씬 전인 7. 16.경 이미 냉수대가 소멸되어 그 무렵부터 해수의 온도가 상승하기 시작하였고, 한편 당시 국립수산진흥원에서는 연일 인공위성자료 등을 분석하여 냉수대의 약화로 인한 고수온에 대비하여 양식업자들에게 그 피해대책을 강구하도록 적극적으로 공지해 왔으며, 특히 이 사건 육상수조의 수온이 상승하기 시작한 것은 사고발생 2일 전인 7. 22.부터인 점에 비추어, 사고발생 전까지 소외 회사의 취수관을 200m 정도 더 길게 연결하고 취수펌프의 용량을 증대하는 것이 기술적으로 불가능한 것이었는지, 그리고 소외 회사의 양식장 규모에 비추어 과도한 노력이나 비용을 들이는 것이었는지 납득하기도 어렵다(원고는 낮은 수온의 심층수를 양식장까지 인입하는 방법은 막대한 시설비를 요하게 되므로 어민들의 양식장에서는 사용불가능하다고 주장하며 같은 취지의 증거를 제출하였으나, 기록에 의하면 영동화력발전소에서 배출되는 온배수를 이용하는 양식장은 이미 이 사건 사고 당시에 집수정 등 여름철에 저온의 자연해수를 취수할 수 있는 시설을 갖추고 있었고, 1995. 이후에는 집수정을 폐쇄하고 해저 수심 12~13m 지점에 파이프를 설치하여 해수를 취수하고 있으므로, 원고가 제출한 증거는 신빙성이 없다).

(나) 또한, 이 사건 양식장은 해양에 설치된 가두리양식장이 아니라 수조식 육상 양식장으로서 인위적으로 물을 공급하여야 하는 대신 해수를 선택적으로 공급함으로써 태풍, 적조 등의 해양환경의 악화에 의한 피해를 방지할 수 있는 시설임은 원고의 주장 자체로 명백하므로 적조 등에 대비한 선별취수시설은 수조식 육상 양식장의 기본시설로 보이는 한편, 수조식 육상 양식장에 물을 공급하는 방식으로는 항상 새로운 물을 계속 공급하는 방식뿐 아니라, 시간을 정해놓고 주기적으로 물을 교환하는 방식으로도 환수가 가능한데, 을 제43호증의 1, 2에 의하면, 넙치의 수조식 육상 양식에 있어서, 종묘는 방양한 후 약 1주일이 지나면 물을 교환하기 시작하여 점차 환수량을 증가시키고, 양성시의 환수율은 밀식 여부와 깊은 관련이 있으며, 넙치양식수조의 수심은 30~80㎝ 정도면 충분한 것으로 인정된다. 한편, 소외 회사의 넙치의 양식장 면적은 6,796.4㎡이고, 환수는 수조의 물을 일시에 전부 교환하는 것은 아니다.

따라서 소외 회사의 양식장의 특성이 위와 같은 이상 원심으로서는 마땅히 이 사건 온배수가 양식장 수조에 유입된 경위와 관련하여, 소외 회사가 수조식 육상 양식장을 설치하면서 충분한 선별취수시설을 갖추지 못한 이유가 무엇인지, 이 사건 당시에는 어떤 방식으로 환수하였는지, 시간을 정해놓고 일정량의 해수를 공급하는 방식으로 환수가 가능하였는지, 넙치양식수조의 수심은 얼마였고, 이 사건과 같은 비상시에 최대한 얼마나 낮출 수 있었는지, 그리하여 환수주기나 환수시에 공급한 수량은 얼마인지, 수조 안에 얼음과 액화산소를 공급하였다면 환수주기가 늦춰도 되는 것은 아닌지, 환수시에 공급한 물은 가온된 해수를 그대로 공급한 것인지, 환수에 필요한 수량에 따라 자연해수를 달리 저장하였다가 식은 후에 공급할 수는 없었는지 등을 면밀히 심리한 후 그에 따라 소외 회사의 과실을 인정하였어야 할 것이고, 당해 사태시의 소외 회사의 구체적인 대처방식에 따라 선별취수시설부족이나 밀식으로 인하여 평가된 과실보다 소외 회사의 과실은 더욱 커질 수 있다.

더구나 앞에서 본 바와 같이, 이 사건 사고보다 훨씬 전부터 국립수산진흥원이 냉수대의 약화로 인한 고수온에 대비하여 피해대책을 강구하도록 적극적으로 공지해 왔으므로, 소외 회사로서는 해수를 저장하여 식힌 후 공급할 수 있는 탱크를 준비하거나 양식어류를 조기출하하여 밀식을 줄이는 등 해수온도의 상승에 대비할 시간적인 여유가 충분히 있었다고 보여지는 바, 소외 회사가 피해를 방지하거나 줄이기 위하여 이러한 조치를 취하였는지, 취하지 아니하였다면 그 이유가 무엇인지도 더 심리해 볼 필요가 있다.

(다) 그리고 본 사건에서 소외 회사는 발전소 가동 이후에 양식장을 설치하였고, 배수구부근이 온배수의 확산영역임을 사전에 알고 온배수를 자신의 이익으로 이용하기 위하여 자의로 들어선 것이며, 피고는 소외 회사로부터 온배수 이용에 대한 어떠한 대가를 받은 바 없으므로, 온배수의 악영향을 피하는 것은 일차적으로 소외 회사의 의무라고 할 것이고, 이러한 사정 하에서는 원심이 인정한 피고의 과실과 소외 회사의 과실만을 고려하더라도, 피고의 과실에 비하여 소외 회사의 과실이 훨씬 중대하다고 할 수 있으므로, 원심이 소외 회사의 과실을

45%로 제한한 것은 형평의 원칙에 비추어 현저히 불합리하다고 인정되고, 따라서 이 점을 지적하는 피고의 상고이유는 이유 있고, 이에 반하는 원고의 상고이유는 이유 없다.

7. 결 론

그러므로 원심판결 중 피고 패소 부분을 파기하고, 이 부분 사건을 다시 심리 · 판단하게 하기 위하여 원심법원에 환송하기로 하며, 원고의 상고를 기각하기로 하여 관여 법관의 일치된 의견으로 주문과 같이 판결한다.

위법성(2)

위법성(2)

(1-1) 서울고등법원 2000. 5. 30. 선고 99나7314 판결

【원고, 항소인】 기아에이에스안전유리 주식회사
【피고, 피항소인】 주식회사 금강 외 1명
【변론종결】 2000. 5. 8.
【제1심 판결】 서울지방법원 1998. 12. 11. 선고, 97가합57615 판결

【주 문】

1. 제1심 판결 중 아래에서 지급을 명하는 부분에 해당하는 원고 패소부분을 취소한다.
2. 피고들은 연대하여 원고에게 450,560,374원과 이에 대하여 1997. 8. 21.부터 2000. 5. 30.까지는 연 5%, 그 다음날부터 완제일까지 연 25%의 각 비율에 의한 금원을 지급하라.
3. 원고의 피고들에 대한 나머지 항소를 기각한다.
4. 소송 총비용은 이를 5분하여 그 중 3은 피고들의, 나머지는 원고의 각 부담으로 한다.
5. 제2항은 가집행할 수 있다. 단 피고들이 담보로 520,000,000원을 공탁하면 위 가집행을 면제받을 수 있다.

【청구취지】

제1심 판결을 취소한다. 피고들은 연대하여 원고에게 716,800,595원 및 이에 대하여 이 사건 소장부본 최종송달일 다음날부터 완제일까지 연 25%의 비율에 의한 금원을 지급하라(당심에서 감축되었다).

【이 유】

1. 손해배상책임의 발생

가. 인정되는 사실

(1) 원, 피고회사의 성격

원고회사는 자동차유리 및 부품의 제조판매업 등을 목적으로 하는 중소기업으로 소외 기아자동차 주식회사(이하 기아자동차라고만 한다)에서 생산되는 자동차의 부품 중 안전유리의 판매를 주된 영업으로 하고 있고, 피고 주식회사 금강(이하 금강이라고만 한다)은 건축자재 종합생산판매 등을, 피고 한국안전유리 주식회사(이하 한국유리라고만 한다)는 안전유리제품의 제조가공 및 판매업 등을 각 목적으로 하는 대기업으로 국내의 자동차유리를 사실상 양분하여 독점생산하고 있는 회사이다.

(2) 피고회사들의 납품계약

피고회사들은 1990. 1. 1. 기아자동차와 사이에 각각 별도로 부품거래기본계약(부수적으로 보수용 부품에 대하여는 따로 공급협정서를 체결하였다. 이하 이를 포괄하여 부품거래계약이라 한다.)을 체결한 다음, 그 즈음부터 주문자상표부착(OEM)방식으로 조립용 자동차 안전유리 및 보수용 자동차 안전유리를 각각 생산하여 위 기아자동차에 납품하여 온 이래 매년 위 각 부품거래계약을 갱신하여왔는데, 이 사건 '보수용' 자동차 안전유리에 대하여는 각자 위 기아자동차를 통하여 소외 기아써비스 주식회사(1996. 3. 7. 기아자동차써비스 주식회사로 상호가 변경되었다가 1997. 7. 4. 기아자동차판매 주식회사로 다시 상호가 변경되었다. 이하 기아써비스라고만 한다)에 납품하여 왔다.

한편, 위 각 부품거래계약에 따르면, 피고들은 위 보수용 자동차 안전유리를 기아자동차에게만 공급하여야 하고, 기아자동차의 서면에 의한 사전 동의 없이는 위 보수용 자동차 안전유리를 제3자에게 제공하거나 판매할 수 없도록 되어 있다.

(3) 상품의 특성 및 원고회사의 독점판매계약

(가) 상품의 특성

이 사건에서 문제되고 있는 상품은 상표등록 제324114호로 등록된 KIA 상표가 부착된 보수용(A/S) 자동차안전유리(이하 보수용유리라고만 한다)로서 그 특성상 소비자의 안전을 위하여 순정품의 공급이 중요하고, 취급시 발생하는 파손율이 높아 물류를 위한 별도의 용기가 필요하며, 포장의 전문성이 요구되는 점 등의 이유로 일반자동차부품과는 달리 자동차메이커가 직접 공급하지 않고 전문특약점을 통하여 공급되고 있다.

(나) 원고의 독점판매계약

종전에는 기아써비스 및 유리제조업체인 피고회사들 등이 독점적인 판매특약점이 아닌 전국에 산재한 소규모의 대리점들을 통하여 각자 보수용유리를 공급하여 왔으나, 제조업체로부터 직접 공급받는 대리점과의 가격경쟁력 등으로 이러한 판매체제에 한계를 느낀 기아써비스는 기존의 유리대리점들이 모아서 1992. 6. 25. 기아자동차유리판매주식회사를 설립케 한 후, 같은 해 7. 14. 특약점계약 및 유리공급약정을 체결하여 보수용유리의 독점적 공급을 시도하였으나 실패하였고, 그 후 1993. 7. 28. 다시 원고회사의 대표이사인 소외 민○우와 특약점계약을 체결한 후 원고회사로 법인격을 갖추게 되자 1994. 2. 28. 원고회사와 특약점계약 및 유리거래약정을 체결하여 보수용유리의 판매에 관한 독점권을 부여하였고, 이에 따라 원고회사는 전국 각지에 15개의 보증수리점을 모집하여 전국의 유통망을 정비하였으며, 기아써비스는 위 계약체결 이후 원고회사에게만 보수용유리를 공급하여 왔는데, 그 공급체계는 원고회사가 보수용유리를 기아써비스를 거치지 않고 직접 피고회사들로부터 공급받아 위 판매망을 통하여 전국적으로 공급하는 방식이고 기아써비스는 원고회사로부터 수수료만 받았다{피고는 유리거래약정서(갑 2호증의 2)의 2조 가.항에 '기아써비스는 원고에게 유리를 공급하고 원고는 기아써비스에게만 유리를 공급받아야 한다'고 되어 있어 원고는 기아써비스로부터만 공급받아야 하나 우월적 지위에 있는 기아써비스가 원고에게만 공급하여야 하는 것은 아니고, 소외 대화유리 주식회사도 1996. 5. 11. 특약점계약을 체결하여 유리공급을 받고 있으므로 원고에게 독점적 공급권이 있는 것은 아니라고 다투나, 위와 같은 유리거래약정서 기재내용, 소외 대화유리 주식회사와의 특약점계약(보수용유리에 대한 독점판매권을 인정하는 유리거래약정이 체결되지 않았다)이 위 인정사실을 방해하는 것은 아니며, 오히려 갑 8호증의 1 내지 15, 갑 52, 53호증의 각 기재에 의하여 인정되는 기아써비스, 원고회사, 전국의 보증수리점은 3면계약을 통하여 보증수리점이 원고회사로부터만 보수용유리를 공급받도록 한 사실이 인정되고, 뒤의 표에서 보는 바와 같이 피고회사들 스스로 원고회사에게 독점판매권이 부여되었음을 전제로 이에 대하여 기아써비스에 협의를 요청하여 왔다}.

(4) 피고회사들에 의한 독점판매권 침해.

피고회사들이 보수용유리 제조업체로서의 가격경쟁력을 앞세워 별도의 피고들의 대리점망을 구축하면서 기아써비스와 함께 보수용유리 공급시장을 나누어 점유하여 왔던 것은 앞서 본 바와 같고, 이후 기아자동차와 납품계약을 체결하여 기아자동차의 서면에 의한 사전동의 없이는 보수용 자동차 안전유리를 시중에 판매할 수 없도록 약정하였음에도 불구하고 그 약정을 위반하여 시중유통을 계속하여 왔다(다만 기아측이 원고회사에 독점판매권을 주기 전까지는 위 (2)항의 납품계약을 위반한 피고회사들의 위와 같은 행위를 사실상 묵인하여 온 것으로 보인다).

일 자	내 용
1990. 1. 1.	피고회사들과 기아 납품계약체결
1992. 8. 26.	기아 피고회사들에 시중유출 중지요구
9. 14.	피고회사들 기아에 협의 요청
10. 7.	기아와 피고회사들 기아 공급가격과 일반대리점 공급가격 차등화 협의
1993. 3. 29.	기아 피고회사들에 시중유출 중지요구
5. 7.	기아와 피고회사들 기아 공급가격과 일반대리점 공급가격 차등화 재협의
1993. 7. 28.	원고회사와 기아 특약점계약 및 유리거래약정 체결
9.3, 9.9.	기아 피고회사들에 시중유출 중지촉구, 미이행시 법적조치 통보
9.13, 9.16.	피고회사들 기아에 재고문제 및 대리점문제 이유로 협의 요청
10. 27.	기아 피고회사들에 다시 시중유출 중지 요구
11.9, 11.17.	피고회사들 기아에 다시 협의 요청
1994. 4. 13.	기아와 피고회사들 부정유출억제 합의
5. 30.	피고회사들 기아에 원고회사 독점권에 이의제기하며, 기아요구 수용불가통보
7. 7.	기아 피고회사들에 시중유출 중지요구
7.21, 7.26.	피고회사들 기아에 원고회사 독점권에 이의제기하며, 기아요구 수용불가통보
1995. 12. 9.	원고회사 피고회사들을 상표법위반 등으로 검찰에 고발
1996. 1. 4.	기아와 피고회사들 원고회사를 통한 공급합의
2. 22.	기아와 피고회사들 원고회사를 통한 공급합의(1996. 7. 1.부터 시행키로)
2. 28.	2. 22.자 합의 재확인, 피고회사들 이행각서제출
3. 28.	피고회사들 상표법위반 기소유예처분
1997. 4. 17.	원고회사 기아를 통하여 피고회사들의 시중유출을 재개하였다면 항의

그러나, 기아써비스가 원고회사에 독점판매권을 부여한 이후로는 기아측도 원고회사를 통한 유통질서의 확립을 위하여 수차에 걸쳐 피고회사들에게 시중유출의 중지를 요청하였으나, 피고회사들은 원고회사에 대한 판매독점권 부여는 자신들의 재고관리를 어렵게 하고, 피고회사의 기존 대리점의 반발을 초래할 수 있다는 이유 등을 들어 그 요청을 받아들이지 아니한 채 계속하여 시중유출을 하여 오다가, 원고회사가 피고회사들을 검찰에 고발하기에 이르자 비로소 시중유출을 중지하겠다는 각서를 제출하고 기소유예처분을 받은 사실이 인정된다

그간의 경위를 표로 정리하면 아래와 같다(기아자동차와 기아써비스를 기아라고 한다).

(5) 그 후의 상황

피고회사는 1997. 7. 이후 기아자동차에 대한 보수용 유리의 공급을 일방적으로 중단하였고, 이에 같은 해 8. 4. 원고회사가 피고회사들을 상대로 이 사건 소송을 제기하자, 같은 해 10. 10. 기아써비스는 원고회사에게 분쟁해결이 원만히 되지 않으면 원고회사와의 유리공급계약이 해지될 수 있음을 경고하였으나, 같은 달 16. 원고가 소송을 취하할 의사가 없음을 통보하자 기아써비스는 원고회사에게 1998. 7. 30.부 계약해지를 통보하였고, 1998. 8. 3. 원고회사의 특약점계약체결가처분신청으로 인한 수원지방법원 98카합903 특약점계약체결가처분결정으로 인하여 계약해지가 미루어지다가 1999. 2. 27. 원고회사와 기아써비스와의 계약이 정식으로 해지되었다, 한편 피고회사들은 1998. 8. 말경 기아자동차에 대한 보수용 유리의 공급을 재개하였으나 정상적인 공급은 원고회사와 기아써비스와의 계약이 정식으로 해지된 이후 이루어지고 있다.

[증거] 갑 1, 2호증의 각 1, 2, 갑 3, 4호증의 각 1, 2, 3, 갑 7호증의 1, 2, 갑 8호증의 1 내지 15, 갑 9호증의 1 내지 27, 31 내지 49, 갑 19호증, 갑 20호증의 1 내지 6, 갑 23호증, 갑 24, 25호증의 각 1, 갑 26호증의 1, 2, 갑 28호증, 갑 29호증의 1 내지 5, 갑 30호증의 1, 2, 갑 31호증, 갑 33호증의 1 내지 15, 갑 34, 35, 37, 38호증, 을 1호증의 1 내지 21, 을 2호증의 1 내지 17, 을 3호증의 1, 2, 을 5호증, 을 6호증의 1, 을 7호증의 1 내지 4, 1심 증인 한○석, 김○동, 명○, 당심증인 하○보, 한○석, 김○겸

나. 판단

위 인정사실을 요약하면, 원고회사가 기아써비스와 사이에 보수용유리에 관하여 이른바 특약점계약을 통하여 그 독점적 판매권을 취득하였고, 피고회사들은 납품계약에 의하여 기아써비스에게만 보수용유리를 공급하기로 되어 있어, 결국 피고회사들에 의하여 제조되는 기아자동차 보수용유리는 원고회사에게 공급되어 원고회사를 통하여만 전국에 판매될 수 있도록 계약체계가 형성되어 있고, 피고회사들은 이러한 계약체계의 한 당사자로서 이러한 사정을 잘 알면서 기존의 자신들의 이익을 유지하기 위하여 오히려 이러한 계약체계, 즉 납품계약에 따른 기아써비스에게만의 공급, 기아써비스의 원고회사에 대한 독점적 판매권부여를 무시하면서 수차례에 걸친 원고회사 및 기아써비스의 제지 및 시정요구에도 불구하고 계속하여 수년간 보수용유리의 불법시중유출을 감행한 것으로, 무릇 독점판매계약의 침해로 인한 제3자의 채권(계약)침해의 인정은 경쟁저해성의 문제 때문에 한정적으로 인정할 수밖에 없고, 단순히 계약의 인식으로는 부족하고 해의 또는 그에 준하는 불법성의 존재를 필요로 한 것이기는 하나, 이 사건의 경우 앞서 본 모든 사정을 종합하여 보면, 적어도 원고회사에 독점적 판매권이 부여된 이후의 피고회사들의 시중유출은 부당, 위법하다고 아니할 수 없다. 따라서 피고회사들은 원고회사에 대하여 앞서 본 바와 같은 불법 시중유출로 인하여 원고회사에 생긴 손해를 배상하여야만 할 것이다.

2. 손해배상의 범위

원고회사의 손해액은 피고회사들에 의한 불법 시중유출이 없는 상황에서의 순이익 또는 순손실과 불법시중유출이 있는 상황에서의 순이익 또는 순손실과의 차액인 될 것인바, 갑 39호증의 1 내지 9, 갑 40, 41, 42, 43호증의 각 1 내지 5, 갑 44호증의 1 내지 8, 갑 45호증의 1 내지 7, 갑 46호증의 1 내지 16, 갑 47, 48호증의 각 1 내지 13, 갑 49호증의 1 내지 8, 갑 50호증의 각 기재 및 당심 증인 윤○순의 증언에 의하면, 피고회사들이 앞서 본 각서에 따라 시중유출을 중지하였다고 보여지는 1996. 7. 1.부터 피고회사들의 원고회사에 대한 보수용유리 공급이 중단되기 직전인 1997. 6. 30.까지 1년간 원고회사의 순이익은 222,842,115원이고, 그 월평균 순이익은

18,570,176원(222,842,115원/12개월)인 사실, 한편 피고회사들이 보수용유리를 시중유출하던 1993. 8.부터 1996. 6.까지의 원고회사의 영업실적은 총 손실액이 96,938,693원이고, 총 이익금이 30,094,227원으로 35개월간의 순손실액은 66,844,466원이고, 월 평균 순 손실액은 1,909,841원(66,844,466원/35개월)인 사실을 인정할 수 있고 반증 없다. 따라서 그 차액인 20,480,017원[18,570,176원 - (-)1,909,841원]이 매월 원고회사가 입은 순이익 감소액이므로 당사자 사이에 다툼이 없는 손해배상액 산정의 기간, 즉 22개월분의 순이익 감소액 합계액은 450,560,374원(20,480,017원 x 22개월)이 됨은 계산상 명백하고, 한편 앞서 본 사정에 의하면 피고회사들의 행위는 공동불법행위이거나 혹은 공동성은 결여하였으나 하나의 손해발생에 관하여 각각 독립하여 불법행위의 구성요건을 갖추고 하나의 손해발생에 결합되어 있는 이른바 독립적 공동불법행위 내지 병존적 공동불법행위라고 인정되므로 원고회사에 대하여 위 손해액에 관하여 연대책임을 져야 할 것이다.

3. 결 론

그렇다면, 피고들은 연대하여 원고에게 위 손해액 450,560,374원 및 이에 대하여 원고가 구하는 바에 따라 이 사건 소장부본이 최종 송달된 날 다음날임이 기록상 명백한 1997. 8. 21.부터 피고들이 그 이행의무의 존부 및 범위에 관하여 항쟁함이 상당하다고 인정되는 당심 판결선고일인 2000. 5. 30.까지는 민법 소정 연 5%, 그 다음날부터 완제일까지는 소송촉진등에관한특례법 소정 연 25%의 각 비율에 의한 금원을 지급할 의무가 있으므로, 원고의 피고들에 대한 청구는 위 인정범위 내에서 이유 있어 이를 인용하고 나머지 청구는 이유 없어 이를 기각할 것인바, 제1심 판결은 이와 결론을 달리 하여 부당하므로 제1심 판결중 위에서 지급을 명한 부분에 해당하는 원고 패소부분을 취소하여 피고들에게 위 금원의 연대지급을 명하고, 원고의 피고들에 대한 나머지 항소는 이유 없어 이를 기각하기로 하되, 민사소송법 89조, 92조, 199조 2항을 적용하여 주문과 같이 판결한다.

(1-2) 대법원 2003. 3. 14. 선고 2000다32437 판결[공2003.5.1.(177), 965]

【원고,피상고인】	기아에이에스안전유리 주식회사
【피고,상고인】	피고 1 주식회사 외 1인
【원심판결】	서울고등법원 2000. 5. 30. 선고 99나7314 판결

【주 문】

원심판결을 파기하고, 사건을 서울고등법원에 환송한다.

【이 유】

1. 원심판결의 요지

가. 사실관계

원심판결 이유와 기록에 의하여 인정되는 이 사건의 사실관계는 다음과 같다.

(1) 원 · 피고 회사들의 성격

원고 회사는 자동차유리 및 부품의 제조판매업 등을 목적으로 하는 중소기업으로 소외 기아자동차 주식회사

(이하 '기아자동차'라고만 한다)에서 생산되는 자동차의 부품 중 안전유리의 판매를 주된 영업으로 하고 있고, 피고 1 주식회사는 건축자재 종합생산판매 등을, 피고 2 주식회사는 안전유리제품의 제조가공 및 판매업 등을 각 목적으로 하는 기업으로 국내의 자동차유리를 사실상 양분하여 독점생산하고 있는 회사이다.

(2) 피고 회사들의 납품계약

피고 회사들은 1990. 1. 1. 기아자동차와 사이에 각각 별도로 부품거래기본계약(부수적으로 보수용 부품에 대하여는 따로 공급협정서를 체결하였다. 이하 이를 포괄하여 '부품거래계약'이라 한다)을 체결한 다음, 그 즈음부터 주문자상표부착(OEM)방식으로 조립용 자동차안전유리 및 보수용 자동차안전유리를 각각 생산하여 위 기아자동차에 납품하여 온 이래 매년 위 각 부품거래계약을 갱신하여 왔는데, 이 사건 '보수용' 자동차안전유리에 대하여는 각자 위 기아자동차를 통하여 소외 기아써비스 주식회사(1996. 3. 7. 기아자동차써비스 주식회사로 상호가 변경되었다가 1997. 7. 4. 기아자동차판매 주식회사로 다시 상호가 변경되었다. 이하 '기아써비스'라고만 한다)에 납품하여 왔다. 기아써비스는 기아자동차의 계열회사로서 기아자동차와의 계약에 따라 기아자동차가 생산한 자동차에 대한 보수용 부품들을 독점적으로 공급 판매하여 왔으며, 보수용 부품들의 공급에 관한 한 기아자동차를 전적으로 대행하여 왔고, 따라서 피고들 회사도 보수용 안전유리에 관한 한 기아써비스를 거래의 상대방으로 취급하여 왔다(이하 기아자동차와 기아써비스를 포괄하여 '기아측'이라 한다).

한편, 위 각 부품거래계약에 따르면, 피고 회사들은 위 보수용 자동차안전유리를 기아자동차에게만 공급하여야 하고, 기아자동차의 서면에 의한 사전 동의 없이는 위 보수용 자동차안전유리를 제3자에게 제공하거나 판매할 수 없도록 되어 있다.

(3) 상품의 특성 및 원고 회사의 독점판매계약

(가) 상품의 특성

이 사건에서 문제되고 있는 상품은 상표등록 제324114호로 등록된 KIA 상표가 부착된 보수용(A/S) 자동차안전유리(이하 '보수용 유리'라고만 한다)로서 그 특성상 소비자의 안전을 위하여 순정품의 공급이 중요하고, 취급시 발생하는 파손율이 높아 물류를 위한 별도의 용기가 필요하며, 포장의 전문성이 요구되는 점 등의 이유로 일반 자동차부품과는 달리 자동차생산자가 직접 공급하지 않고 전문특약점을 통하여 공급되고 있다.

(나) 원고 회사의 독점판매계약

종전에는 기아써비스 및 유리제조업체인 피고 회사들 등이 독점적인 판매특약점이 아닌 전국에 산재한 소규모의 대리점들을 통하여 각자 보수용 유리를 공급하여 왔으나, 제조업체로부터 직접 공급받는 대리점과의 가격경쟁력 등으로 이러한 판매체제에 한계를 느낀 기아써비스는 기존의 유리대리점들을 모아서 1992. 6. 25. 기아자동차유리판매 주식회사를 설립케 한 후, 같은 해 7. 14. 특약점계약 및 유리공급약정을 체결하여 보수용 유리의 독점적 공급을 시도하였으나 실패하였고, 그 후 1993. 7. 28. 다시 원고 회사의 대표이사인 소외 민○우와 특약점계약을 체결한 후 1994. 1. 19. 원고 회사로 법인격을 갖추게 되자 같은 해 2. 28. 원고 회사와 특약점계약 및 유리거래약정을 체결하여 보수용 유리의 판매에 관한 독점권을 부여하였고, 이에 따라 원고 회사는 전국 각지에 15개의 보증수리점을 모집하여 전국의 유통망을 정비하였으며, 기아써비스는 위 계약 체결 이후 원고 회사에게만 보수용 유리를 공급하여 왔는데, 그 공급체계는 원고 회사가 보수용 유리를 기아써비스를 거치지 않고 직접 피고 회사들로부터 공급받아 위 판매망을 통하여 전국적으로 공급하는 방식이고 기아써비스는 원고 회사로부터 수수료만 받았다.

(4) 피고 회사들에 의한 독점판매권 침해

피고 회사들이 보수용 유리 제조업체로서의 가격경쟁력을 앞세워 별도의 피고 회사들의 대리점망을 구축하면서 기아써비스와 함께 보수용 유리 공급시장을 나누어 점유하여 왔던 것은 앞서 본 바와 같고, 이후 기아자동차와 납품계약을 체결하여 기아자동차의 서면에 의한 사전동의 없이는 보수용 자동차안전유리를 시중에 판매할 수 없도록 약정하였음에도 불구하고 그 약정을 위반하여 시중유통을 계속하여 왔다(다만, 기아측이 원고 회사에 독점판매권을 주기 전까지는 위 (2)항의 납품계약을 위반한 피고 회사들의 위와 같은 행위를 사실상 묵인하여 온 것으로 보인다).

그러나 기아써비스가 원고 회사(원고 회사의 전신인 대표이사 민○우의 개인기업 포함)에게 독점판매권을 부여한 이후로는 기아측도 원고 회사를 통한 유통질서의 확립을 위하여 1993. 9. 3. 및 9. 9.과 1993. 10. 27. 등 수차에 걸쳐 피고 회사들에게 시중유출의 중지를 요청하였으나, 피고 회사들은 원고 회사에 대한 판매독점권 부여는 자신들의 재고관리를 어렵게 하고 피고 회사들의 기존 대리점의 반발을 초래할 수 있다는 이유 등을 들어 그 요청을 받아들이지 아니한 채 계속하여 시중유출을 하여 오다가, 1995. 12. 9. 원고 회사가 피고 회사들을 상표법 위반 혐의로 검찰에 고발하기에 이르자 1996. 2. 28. 비로소 1996. 7. 1.부터 시중유출을 중지하겠다는 각서를 제출하고 기소유예처분을 받았다.

(5) 그 후의 상황

피고 회사들은 1997. 7. 이후 기아자동차에 대한 보수용 유리의 공급을 일방적으로 중단하였고, 이에 같은 해 8. 4. 원고 회사가 피고 회사들을 상대로 이 사건 소송을 제기하자, 같은 해 10. 10. 기아써비스는 원고 회사에게 분쟁해결이 원만히 되지 않으면 원고 회사와의 유리공급계약이 해지될 수 있음을 경고하였으나, 같은 달 16. 원고 회사가 소송을 취하할 의사가 없음을 통보하자 기아써비스는 원고 회사에게 1998. 7. 30.부 계약해지를 통보하였고, 1998. 8. 3. 원고 회사의 특약점계약체결가처분신청으로 인한 수원지방법원 98카합903 특약점계약체결가처분결정으로 인하여 계약해지가 미루어지다가 1999. 2. 27. 원고 회사와 기아써비스와의 계약이 정식으로 해지되었다. 한편, 피고 회사들은 1998. 8. 말경 기아자동차에 대한 보수용 유리의 공급을 재개하였으나 정상적인 공급은 원고 회사와 기아써비스와의 계약이 정식으로 해지된 이후 이루어지고 있다.

나. 원심의 판단

원심은 위 인정 사실에 터잡아 다음과 같이 판단하였다.

(1) 손해배상책임의 발생

위 인정 사실을 요약하면, 원고 회사가 기아써비스로부터 보수용 유리에 관하여 이른바 특약점계약을 통하여 그 독점적 판매권을 취득하였고, 피고 회사들은 납품계약에 의하여 기아써비스에게만 보수용 유리를 공급하기로 되어 있어, 결국 피고 회사들에 의하여 제조되는 기아자동차 보수용 유리는 원고 회사에게 공급되어 원고 회사를 통하여만 전국에 판매될 수 있도록 계약체계가 형성되어 있었고, 피고 회사들은 이러한 계약체계의 한 당사자로서 이러한 사정을 잘 알면서 기존의 자신들의 이익을 유지하기 위하여 오히려 이러한 계약체계, 즉 납품계약에 따른 기아써비스에게만의 공급, 기아써비스의 원고 회사에 대한 독점적 판매권 부여를 무시하면서 수차례에 걸친 원고 회사 및 기아써비스의 제지 및 시정요구에도 불구하고 계속하여 수년간 보수용 유리의 불법시중유출을 감행한 것으로, 무릇 독점판매계약의 침해로 인한 제3자의 채권(계약)침해의 인정은 경쟁저해성의 문제때문에 한정적으로 인정할 수밖에 없고, 단순히 계약의 인식으로는 부족하고 해의 또는 그에 준하는 불법성의 존재를 필요로 한 것이기는 하나, 이 사건의 경우 앞서 본 모든 사정을 종합하여 보면, 적어도 원고 회사에게 독점적 판매권이 부여된 이후의 피고 회사들의 시중유출은 부당, 위법하다고 아니할 수 없다. 따라서 피고 회사들은 원고 회사에 대하여 앞서 본 바와 같은 불법시중유출로 인하여 원고 회사에 생긴 손해를 배상하여야만 할 것이다.

(2) 손해배상액의 산정

원고 회사의 손해액은 피고 회사들에 의한 불법시중유출이 없는 상황에서의 순이익 또는 순손실과 불법시중유출이 있는 상황에서의 순이익 또는 순손실과의 차액이 될 것인바, 기록상의 각 증거에 의하여 피고 회사들이 앞서 본 각서에 따라 시중유출을 중지하였다고 보여지는 1996. 7. 1.부터 피고 회사들의 원고 회사에 대한 공급이 중단되기 직전인 1997. 6. 30.까지 1년간 원고 회사의 순이익은 금 222,842,115원이고, 그 월평균 순이익은 금 18,570,176원(금 222,842,115원/12개월)인 사실, 한편 피고 회사들이 보수용 유리를 시중유출하던 1993. 8.부터 1996. 6.까지의 원고 회사의 영업실적은 총 손실액이 금 96,938,693원이고, 총 이익금이 금 30,094,227원으로 35개월간의 순손실액은 금 66,844,466원이고, 월평균 순손실액은 금 1,909,841원(금 66,844,466원/35개월)인 사실을 인정할 수 있고 반증 없다. 따라서 그 차액인 금 20,480,017원{금 18,570,176원 - (-)금 1,909,841원}이 매월 원고 회사가 입은 순이익 감소액이므로 당사자 사이에 다툼이 없는 손해배상액 산정의 기간, 즉 22개월분의 순이익 감소액 합계액은 금 450,560,374원(금 20,480,017원 × 22개월)이 됨은 계산상 명백하니, 위 합계액이 피고 회사들이 배상하여야 할 금액이 되며, 한편 앞서 본 사정에 의하면 피고 회사들의 행위는 공동불법행위이거나 혹은 공동성은 결여하였으나 하나의 손해발생에 관하여 각각 독립하여 불법행위의 구성요건을 갖추고 하나의 손해발생에 결합되어 있는 이른바 독립적 공동불법행위 내지 병존적 공동불법행위라고 인정되므로 원고 회사에 대하여 위 손해액에 관하여 연대책임을 져야 할 것이다.

2. 상고이유 제1점에 대하여

기록에 의하여 판시 증거들을 살펴보면, 기아측이 원고 회사에게 보수용 유리에 관한 독점판매권을 부여한 것으로 본 원심의 판단은 수긍이 가고, 거기에 상고이유가 지적하는 바와 같은 채증법칙의 위배 또는 심리미진의 위법이 있다고 볼 수 없다.

3. 상고이유 제2점에 대하여

일반적으로 채권에 대하여는 배타적 효력이 부인되고 채권자 상호간 및 채권자와 제3자 사이에 자유경쟁이 허용되는 것이어서 제3자에 의하여 채권이 침해되었다는 사실만으로 바로 불법행위로 되지는 않는 것이지만, 거래에 있어서의 자유경쟁의 원칙은 법질서가 허용하는 범위 내에서의 공정하고 건전한 경쟁을 전제로 하는 것이므로, 제3자가 채권자를 해한다는 사정을 알면서도 법규에 위반하거나 선량한 풍속 또는 사회질서에 위반하는 등 위법한 행위를 함으로써 채권자의 이익을 침해하였다면 이로써 불법행위가 성립한다고 하지 않을 수 없고, 여기에서 채권침해의 위법성은 침해되는 채권의 내용, 침해행위의 태양, 침해자의 고의 내지 해의의 유무 등을 참작하여 구체적, 개별적으로 판단하되, 거래자유 보장의 필요성, 경제·사회정책적 요인을 포함한 공공의 이익, 당사자 사이의 이익균형 등을 종합적으로 고려하여야 할 것이다.

이렇게 볼 때 특정기업으로부터 특정물품의 제작을 주문받아 그 특정물품을 그 특정기업에게만 공급하기로 약정한 자가 그 특정기업이 공급받은 물품에 대하여 제3자에게 독점판매권을 부여함으로써 제3자가 그 물품에 대한 독점판매자의 지위에 있음을 알면서도 위 약정에 위반하여 그 물품을 다른 곳에 유출하여 제3자의 독점판매권을 침해하였다면, 이러한 행위는 특정기업에 대한 계약상의 의무를 위반하는 것임과 동시에 제3자가 특정기업으로부터 부여받은 독점판매인으로서의 지위 내지 이익을 직접 침해하는 결과가 되어, 그 행위가 위법한 것으로 인정되는 한, 그 행위는 위 특정기업에 대하여 채무불이행 또는 불법행위로 됨과는 별도로 그 제3자에 대한 관계에서 불법행위로 된다고 할 것이다.

돌이켜 이 사건을 살펴보면, 피고 회사들은 기아측의 주문에 따라 기아측의 상표가 부착된 이 사건 물품을 제작하고 이를 기아측에게만 공급하며 제3자에게는 일체 유출하지 아니하기로 약정하고서도 계속하여 이를 타에 유출함으로써 기아측과의 계약을 위반하여 오던 중, 원고 회사가 기아측과 사이에 독점판매계약을 체결하고 독점판매를 위한 판매망을 구축하는 등 영업을 위한 제반 준비를 갖추고서 기아측과 함께 수차례에 걸쳐 유출행위를 중단하여 줄 것을 요구하였으나 다른 이유를 들며 계속하여 그 요청을 거절하여 오다가, 원고 회사가 피고 회사들을 상표법위반 혐의로 고발하자 비로소 유출행위를 중단한 사실이 인정되는 바, 피고 회사들의 이러한 유출행위는 적어도 피고 회사들이 원고 회사의 독점판매권 취득을 알게 된 시점부터는 자신들의 행위로 인하여 원고 회사가 적법하게 취득한 위 독점판매권자로서의 지위 내지 이익을 침해하게 됨을 알면서도 자신들의 이익을 유지하기 위하여 상표법에 위반하면서까지 불법유출을 계속한 것으로서, 앞서 본 판단 기준에 비추어 볼 때 상업거래의 공정성과 건전성을 해하고 사회통념상 요구되는 경제적 질서에 반하는 위법한 행위로 평가된다고 할 것이다.

같은 취지에서 피고 회사들의 침해행위가 원고 회사에 대한 불법행위로 된다고 본 원심의 결론은 옳고, 거기에 상고이유가 지적하는 바와 같은 위법이 있다고 할 수 없다(다만 원심은, 피고 회사들의 유출행위는 원고 회사에게 독점적 판매권이 부여된 때부터 불법행위로 된다고 하였으나, 피고 회사들이 원고 회사의 독점적 판매권 취득을 안 때부터 불법행위로 된다는 것이 정확한 표현이다).

4. 상고이유 제3점, 제4점에 대하여

이상에서 본 이유로 피고 회사들은 원고 회사에 대하여 불법행위로 인한 손해배상책임을 지는 것이나, 원심이 그 손해배상액을 산정한 방법 및 액수는 다음과 같은 이유에서 수긍하기 어렵다.

가. 이 사건 불법행위로 인한 손해액을 산정함에 있어서는 피고 회사들의 각 불법유출 행위로 인하여 원고 회사가 입은 손해를 구체적으로 산정함이 원칙이고, 가령 그 점을 명확하게 주장·입증하는 것이 쉽지 아니하다는 점을 감안하여, 원고 회사가 입은 손해를 직접 입증하는 것이 아니라 원심이 채용한 방법과 같이 불법행위가 행해진 기간과 행해지지 않은 기간의 원고 회사의 이익액을 비교하는 방법에 의하여 손해액을 산출한다고 하더라도, 이렇게 산정된 이익액의 차액을 그대로 손해액으로 인정하려면 피고들의 유출행위가 중단된 이후의 이익의 증가는 오로지 그 중단에 기인한 것이라는 점 등의 제반 사정이 밝혀져야 할 것이고, 또 기업의 이익에는 매출액의 대소 외에도 여러 가지의 수입요소와 지출요소가 종합적으로 반영되는 것이므로 원고 회사의 이익 중 위 물품의 판매와 관련이 없는 부분이 없는지를 살펴보아 그런 부분이 있다면 전체 이익에서 이를 공제한 나머지 금액을 비교하는 방법으로 이루어져야 할 것이다(피고들의 유출행위가 중단된 이후의 원고 회사의 매출액의

증가가 오로지 그 중단에 기인한 것이라는 점이 입증되는 경우라도, 손해액의 산정은 원고 회사의 손익계산서에 나타난 당기순이익 또는 순손실의 비교에 의하기 보다는 증거에 의하여 매출액의 증가분을 인정 내지 추인하고 이에 대하여 적정범위 내에서의 평균순수익률을 적용하여 산출하는 방식이 보다 합리적일 것으로 보인다).

그러나 원심은 위와 같은 점에 대한 심리를 거치지 아니한 채, 단순히 피고 회사들에 의한 불법시중유출이 없는 상황에서의 순이익 또는 순손실과 불법시중유출이 있는 상황에서의 순이익 또는 순손실과의 차액이 이 사건에서의 손해액이 될 것이라고 전제하고서는, 만연히 불법시중유출이 중단된 이후의 원고 회사의 기간당 순이익에서 중단되기 전의 기간당 순이익을 공제한 금액을 기준으로 산출된 액수 전액을 그대로 그 손해배상액으로 인정하고 말았으니, 여기에는 불법행위로 인한 손해액에 관한 법리를 오해한 나머지 적절한 심리를 다하지 아니한 위법이 있다 할 것이다.

나. 또한 원심이 인정한 사실관계와 기록에 나타난 사정만으로는, 피고 회사들이 공동으로 불법행위를 한 것으로 보기는 어렵고, 피고들의 각 불법행위가 하나의 손해발생에 결합되어 있는 것이라 할 수도 없으므로, 달리 특별한 사정에 관한 입증이 없는 한, 피고 회사들의 행위는 원고에 대하여 각각 불법행위가 되는 것이고, 그 손해 역시 각각 별개로 발생하는 것으로 보아야 할 것이다.

그럼에도 불구하고, 원심은 피고 회사들의 행위를 공동불법행위로 보아 피고들에게 연대책임이 있다고 판단하였으니, 여기에는 공동불법행위의 법리를 오해한 결과 판결 결론에 영향을 미친 위법이 있다고 할 것이다. 이 점을 지적하는 상고이유도 이유 있다.

다. 덧붙여, 원심은 손해배상액 산정의 기간이 22개월이라는 점이 당사자 사이에 다툼이 없다고 하여 22개월간의 손해액을 산정한다고 하였을 뿐 그 기간이 어느 때부터 어느 때까지인지를 특정하지 아니하였는바, 이와 같은 손해산정방식은 손해 발생의 시점을 특정함이 없이 손해액을 산정한 것이어서 적절하지 아니하다는 점을 지적해 둔다.

5. 그러므로 원심판결을 파기하고, 사건을 다시 심리·판단하도록 원심법원에 환송하기로 하여 관여 법관의 일치된 의견으로 주문과 같이 판결한다.

(2-1) 서울고등법원 2004. 9. 1. 선고 2003나82275 판결

【원고, 항소인】 이△호 외 17인
【피고, 피항소인】 이♡건설주식회사 외 1인
【제1심 판결】 서울서부지방법원 2003. 11. 12. 선고 2002가합3921 판결
【판결변론종결】 2004. 8. 11.

【주 문】

1. 원심판결 중 다음에서 지급을 명하는 원고들 및 원고 석♡혜의 승계참가인의 패소 부분을 취소한다. 피고들은 각자 원고들 및 원고 석♡혜의 승계참가인에게 별지 1. 청구표 중 '인용금액'란 기재 각 금원 및 이에 대한 2002. 7. 26.부터 2004. 9. 1.까지는 연 5%, 그 다음날부터 완제일까지는 연 20%의 각 비율에 의한 금원을 지급하라.

2. 원고들 및 원고 석♡혜의 승계참가인의 나머지 항소를 각 기각한다.

3. 소송 총비용중 원고 이△호, 홍◈표, 정△복 사이에 생긴 부분은 제1, 2심 모두 10분하여 그 9는 위 원고들의 나머지는 피고들의 각 부담으로 하고, 나머지 원고들 및 원고 석♡혜의 승계참가인과 피고들 사이에 생긴 부분은 제1, 2심 모두 10분하여 그 1은 나머지 원고들 및 원고 석♡혜의 승계참가인의, 나머지는 피고들의 각 부담으로 한다.

4. 제1항 중 금원지급 부분은 가집행할 수 있다.

【청구취지 및 항소취지】

1. 청구취지 : 피고들은 연대하여 원고들 및 원고 석♡혜의 승계참가인에게 별지 1. 청구표 중 '청구금액'란 기재 각 금원 및 이에 대한 이 사건 소장 부본 송달 다음날부터 원심판결 선고일까지는 연 5%, 그 다음날부터 완제일까지는 연 25%의 각 비율에 의한 금원을 지급하라.

2. 항소취지 : 원심판결 중 다음에서 지급을 명하는 원고들 및 원고 석♡혜의 승계참가인 패소부분을 취소한다. 피고들은 연대하여 원고들 및 원고 석♡혜의 승계참가인에게 별지 1. 청구표 중 '청구금액'란 기재 각 금원 및 이에 대한 이 사건 소장 부본 송달 다음날부터 이 사건 항소장 부본 송달일까지는 연 5%, 그 다음날부터 완제일까지는 연 20%의 각 비율에 의한 금원을 지급하라.

【이 유】

1. 기초사실

아래 사실은 당사자 사이에 다툼이 없거나, 갑 제1호증의 1, 2, 갑 제2호증의 1 내지 4, 갑 제4호증의 1 내지 5, 갑 제5호증의 1 내지 6, 갑 제6호증의 1 내지 9, 갑 제7호증, 갑 제8호증의 1, 2, 갑 제9호증의 1 내지 20, 갑 제10호증의 1, 2, 갑 제11호증의 1 내지 4, 갑 제12호증의 1, 2, 갑 15 내지 18호증의 각 1 내지 4, 갑 제19, 20호증, 갑 제 21,22호증의 각 1, 2, 갑 제23호증, 갑 제24호증의 1, 2의 각 기재와 원심감정인 유○철의 감정결과, 원심의 한국감정원 부동산컨설팅사업단장에 대한 각 사실조회결과 및 원심, 당심의 각 현장검증결과에 변론의 전취지를 종합하여 인정할 수 있고, 반증이 없다.

가. 침해 발생의 경위

(1) 피고 이♡건설 주식회사는 서울 ○○구 ○○동300-30 외 66필지 대 46,133.15㎡의 소유자로서, 위 토지 위에 건립되어 있던 지상 5층의 ××아파트 18개 동을 철거하고 지상 19층 내지 25층의 ○○아파트 10개 동 총 656세대(이하 ○○아파트라 한다)를 신축하는 재건축사업을 시행할 목적으로 2000. 3. 25. 용산구청장으로부터 주택건설사업승인을 받고, 2000. 5. 16. 피고 엘◈건설 주식회사와 사이에 ○○아파트의 신축공사에 관한 도급계약을 체결하였다.

(2) 2003. 4.경 완공된 ○○아파트는 동마다 층수가 균일하지 아니한 탑상형의 건물로서 '∧' 또는 'ㅜ'의 모양으로 신축되었으며, ○○아파트 107동 내지 110동의 바깥쪽 즉, 남쪽에는 강변북로 및 고수부지에 이어서 한강이 위치하고 있다.

(3) 원고들 및 원고 석♡혜의 승계참가인(이하 원고 등이라 한다)은 서울 ○○구 ○○동300-27에 있는 지하 1층, 지상 10층의 시장 및 공동주택건물 중 지상 4층 내지 10층에 위치한 △△아파트 59세대 가운데 별지 1. 청구표 중 '호수'란 기재 각 아파트의 구분소유자들이다(○○아파트 905호는 당초 탈퇴한 원고 석♡혜의 소유였

으나, 위 석♡혜는 이 사건 소송 계속 중인 2003. 8. 4. 승계참가인에게 위 세대를 매도하고, 이 사건 손해배상청구권을 양도한 다음 2003. 8. 29. 피고들에게 그 양도사실을 통지하였다).

(4) △△아파트는 ○○아파트의 북동쪽에 인접하여 위치함 'ㄱ'자 형태의 건물로서, 'ㄱ'자의 바깥쪽 부분은 정남향에서 정서향으로 21°가량 기운 상태로 남서쪽을 향하고 있으며, 'ㄱ'자의 안쪽 부분은 북동쪽을 향하고 있고, 4층부터 9층까지의 바깥쪽에는 왼쪽 끝에서 시작하여 오른쪽 끝까지 순서대로 1호부터 5호가 있으며(1, 2, 3호는 남향, 4, 5호는 서향), 4층부터 9층까지 층마다 복도를 사이에 두고 건너편에는 6호부터 9호가 있고, 원고 등의 세대는 모두 'ㄱ'자의 바깥쪽, 즉 남서쪽에 위치하고 있다.

나. 분쟁의 경과 및 보상사례

(1) △△아파트 중 원고 등을 포함한 남서쪽 세대는 종전 저층의 ××아파트가 있을 당시 한강, 국립묘지 및 관악산이 보이는 뛰어난 전망을 가지고 있었다.

(2) △△아파트 입주민들은 ○○아파트의 신축으로 예상되는 조망, 일조 등의 침해와 공사 도중 발생하는 분진, 진동, 소음으로 인한 피해에 대하여 수차 피고들에 대하여 대책 마련을 요구하는 한편 관할 용산구청에 민원을 제기하였다. 피고들은 이를 무마하기 위하여 ○○아파트의 신축에 맞추어 염가의 비용으로 △△아파트를 리모델링해 주겠다는 제안하였으나, 피고들에 의하여 구체적인 계획이 마련되지 못한 채 무산되었다.

(3) △△아파트 입주민들의 이의제기에도 불구하고 최단 16.5m의 가까운 거리에 ○○아파트 중에서도 가장 높은 24층 또는 25층의 4개 동이 배치되어 △△아파트를 둘러싸게 된 반면, 그보다 상당히 먼 거리에 ○○아파트의 공원이 배치됨으로써 원고 등의 조망, 일조 침해가 가중되었다. 그에 반하여, 인근 동부이촌동 302-55 지상에서 ㅁㅁ아파트를 신축 중인 동부건설 주식회사는 인근에 위치한 정우맨션 24세대 주민들의 반대에 부딪치자 그들의 조망, 일조를 확보해주기 위하여 24세대를 빈 공간으로 설계를 변경하여 건축하고 있다.

(4) △△아파트와 도로를 사이에 두고 북서쪽으로 인접한 서울 ○○구 ○○동405 소재 ##아파트의 입주민들이 서울서부지방법원 2001카합971호로 공사금지가처분을 신청하자, 피고들은 피해 보상조로 세대별로 500,000원에서 68,541,000원까지 공탁하였다.

다. 조망 등의 침해

(1) 조망 침해

(가) 쾌적한 주거환경을 선호하는 추세에 따라 자연경관이 양호하고 강, 공원, 녹지 등 조망이 우수한 곳의 주택가격이 높게 거래되고 있는 현재의 실정에서 서울과 △△아파트의 여러 가지 조망권 중 가장 각광받는 것은 한강변에 △△아파트의 한강 조망권으로서 한강 조망이 △△아파트의 경우 적게는 수천만 원, 많게는 수억원의 조망권 프리미엄이 형성되고 있으며(한강 조망권의 경우 한강이 많이 보이고 작게 보이고의 양적인 문제보다 한강이 보이고 안 보이고의 조망 여부가 세대별 주택가치에 더 큰 영향을 미치는 것으로 조사되고 있다), △△아파트 54평형의 경우를 보면 한강에 대한 조망의 유무에 따라 2억 원 이상 분양가에 차이를 두고 있다.

(나) △△아파트의 신축 후 뛰어났던 원고 등 세대의 한강 조망비율은 별지 2. 침해표의 기재와 같이 감소하였는데, 거실을 기준으로 604호, 704호, 705호, 804호, 805호, 904호, 905호 등 4, 5호 라인은 전망이 완전히 소멸되었고, 그보다 한강 전망이 뛰어났던 1, 2, 3호 라인은 대폭 감소하였으며, 조망이 양적으로 감소한 외에도 △△아파트가 세워진 빈 틈사이로 보게 됨으로써 질적인 조망 수준도 크게 저하되었다. 한편 아래와 같이 인접하고 있는

건물에 의한 전체적인 원거리 조망 방해를 의미하는 압박감이 증대함에 따라 한강 조망도 더욱 저해되었다.

(2) 압박감

(가) 인간의 시야는 원추체로서 일상생활에 작용하는 시야의 범위는 시선의 좌우측 및 상하 30°로서 60°가 한계이고, 마주보는 건물에서 조망, 압박감과 관련하여 수직시야의 범위는 외부공간을 감안할 때 위쪽 시야만이 고려의 대상으로 중요하며, 압박감의 대표 인자로서 거실창 면적에서 하늘이 보이는 면적비율을 의미하는 천공률은 지평선을 고려할 때 최고 50% 내외인바, 천공률에 따라 실제로 느낄 수 있는 압박감(폐쇄감)의 정도는 40% 이상이면 양호하고, 30% 이상 40% 미만이면 보통이며, 20% 이상 30% 미만이면 약간 심하고, 10% 이상 20% 미만이면 심하며, 10% 미만이면 매우 심한 정도가 된다.

(나) 별지 2. 침해표의 기재와 같이 ○○아파트가 신축되기 전 원고 등 세대의 천공률은 29.9%에서 49.4%로 양호하거나 보통인 정도이던 것이 신축 후 2.7%에서 28.7%의 수준으로 최고 31.0%까지 대폭 감소하였으며, 그중 405호, 504호, 604호, 704호, 705호, 804호, 805호, 904호, 905호 등 4, 5호 라인의 세대는 압박감이 매우 심한 정도인 천공률 10% 미만의 상태이다.

(3) 일조침해

(가) 동지를 기준으로 한 원고 등 세대의 일조시간은 ○○아파트의 신축으로 별지 2. 침해표의 기재와 같이 57.6분 내지 205.5분의 범위에서 감소하였는데, 감소 후에도 1, 2, 3호 라인은 8시부터 16시까지의 8시간 중 일조시간이 통틀어 4시간 이상이거나 9시부터 15시까지의 6시간 중 연속 2시간의 일조시간이 확보되고, 이러한 일조시간에 미달하는 4, 5호 라인은 종전에도 그만큼의 일조시간을 갖고 있지 못하기는 하였다.

(나) 그러나 특히 4, 5호 라인의 일조시간은 127.5분에서 131.7분이던 것이 15.0분에서 71.7분으로 감소하여 거의 하루 종일 햇볕을 볼 수 없는 세대가 발생하며, 그 감소비율은 45.6%에서 88.2%에 달한다.

(4) 사생활 침해

○○아파트 102동과 △△아파트의 서쪽면 사이의 최단거리가 16.5m로, ○○아파트의 103동과 △△아파트의 남쪽면 사이의 최단거리가 38.8m로 건축되는 등으로 원고 등 세대의 사생활 침해가능성이 별지 2. 침해표의 기재와 같이 상당히 증가하였다.

(5) 소음, 진동, 분진

○○아파트가 신축 중이던 2000. 7. 7. △△아파트에서 공사로 인한 소음을 측정한 결과 소음진동규제법 소정의 생활소음 규제기준인 70.0dB을 초과하는 70.2dB이 측정되었고, 원고 등은 공사장의 굉음으로 인한 고통으로 피고들에게 공사기간 중 이주시켜 줄 것을 요구할 정도였으며, 일부 △△아파트 입주민들은 병원을 찾기까지 하는 등 ○○아파트의 신축공사 중 소음, 진동, 분진으로 생활상 큰 불편을 겪었다.

2. 손해배상책임의 발생

가. 조망이익의 법적 보호

(1) 일반적으로 조망은 미적 만족감이나 정신적 안정을 주는 점에서 인간의 생활상 적지 않은 가치를 가지지만, 조망의 이익은 당해 장소의 소유 내지 점유와 밀접하게 결부된 이익이고, 그 장소의 독점적 점유자만이 사실상 향수하게 되는 결과 독점적으로 귀속하는 것에 지나지 않으며, 그 내용은 주변에 있어서 객관적 상황의 변화

에 의해 저절로 변용되는 제약을 받지 않을 수 없는 것이어서 조망의 이익이 항상 법적 보호를 받을 가치가 있다고는 할 수 없다. 그러나 특정의 장소가 그 장소로부터의 조망의 점에서 특별한 가치를 가지고, 당해 건물의 소유자 내지 점유자에 의한 조망이익의 향수가 사회관념상 독자의 이익으로서 승인되어야 할 중요성을 가지고 있는 것이라고 인정되는 경우에는 법적으로 보호되어야 할 이익이 된다 할 것이다.

(2) 주거용 건물에 그러한 이익이 존재하기 위해서는 조망 향수자가 단지 주관적으로 조망에 애착을 가지고 있다는 것만으로는 족하지 않고, 일반 통념에 비추어 그 경관을 조망하는 것에 의해 미적만족감 등을 얻을 수 있는 조망가치가 있는 경관이 존재하며, 당해 장소의 장소적 가치가 그 경관을 조망할 수 있는 점에 크게 의존하고 있는 장소이고, 그 장소로부터의 조망을 보존, 유지하는 것이 주변 토지의 이용과 조화를 이룰 수 있을 것 등이 요구된다.

(3) ○○아파트 등 △△아파트에서 바라보이는 한강과 그 주변의 경관은 미적, 정신적인 측면뿐 아니라 사회적, 문화적 나아가 경제적인 측면에서 그 조망가치가 매우 큰 것이며, 앞서 본 바와 같이 한강 조망의 가능 여부나 정도에 따라 수억 원까지의 프리미엄이 형성되고 △△아파트처럼 신규 ○○아파트의 분양가도 수억 원의 차이를 두고 책정되었으며, ○○아파트의 경우 한강 ○○이피트리는 점에시 프리미임이 더해져 국내 최고가 ○○아파트로 손꼽히게 된 점 등을 볼 때, ○○아파트 등 ○○아파트의 가치는 한강 조망에 크게 좌우되는 것이 분명하다 할 것이고, 이러한 한강 조망권의 특성이나 다른 건설회사의 사례에 비추어 기존에 한강 조망이익을 △△아파트 인근에 조망에 침해를 줄 ○○아파트를 건축하는 것이 불가피한 경우라도 그 침해를 최소화하여 △△아파트의 조망을 보존, 유지할 수 있는 방법으로 건축함으로써, 한강변에 위치함으로써 얻을 수 있는 조망으로 인한 환경이익을 △△아파트와 ○○아파트 사이에서 합리적으로 나누어 갖는 것이 타당하다 할 것이므로, 원고 등이 한강을 경관으로 누리던 조망이익은 법적으로 보호할 가치가 생활이익이라고 보아야 할 것이다.

나. 침해의 위법성

(1) 조망의 이익도 주변의 객관적 상황의 변화에 의해 변용되는 등의 제약을 받지 않을 수 없는 것이기 때문에 다른 경합하는 이익과의 조화에서만 용인되어야 할 것이며, 따라서 조망이익에 대한 침해가 위법으로 되는 것은 침해행위가 구체적인 상황 아래에서 다른 이익과의 관계상 일반적으로 시인되는 정도를 넘는 경우, 다시 말해서 조망이익을 가진 자의 수인한도를 넘는 경우에 한한다고 해석해야 할 것이다.

(2) 앞서 인정한 것처럼 완전히 소멸하거나 큰 폭으로 감소된 원고 등 세대의 한강 조망에 대한 침해 정도와 한강 조망을 포함한 전체적인 조망비율을 나타내는 천공률이 감소하여 조망의 피해가 가중되고, 이에 더하여 일조시간이 대폭 감소하고 사생활의 침해 가능성이 중대됨으로써 원고 등이 받는 고통이 확대된 점, 한강 ○○아파트의 지역적 특성, 피고들은 원고 등의 반대에도 불구하고 △△아파트와의 경계에 가능한 근접하여 고층의 ○○아파트를 배치하고 단지내 공원이나 낮은 층수의 동들은 먼 쪽으로 배치하여 ○○아파트로서는 한강 조망을 최대한 누리게 된 반면 원고 등의 피해는 확대된 점, 리모델링 사업이나 보상을 제의하여 △△아파트 입주민들을 무마하려 한 피고들의 협의 태도나 피고들이 인근 ##아파트 등에 대하여 한 보상사례, 피고들은 성공적으로 ○○아파트를 분양하고 그 입주민들은 높은 프리미엄을 얻게 된 것과는 반대로 원고 등의 세대는 조망 침해 등으로 인하여 재산적 가치가 하락하게 된 점 등을 종합하여 보면, ○○아파트의 신축으로 인하여 원고 등이 입게 된 한강 조망이익 등 환경이익의 침해는 수인한도를 넘어서 위법한 것이라고 할 것이다. 다만 401호(원고 이△호), 502호(원고 홍◈표), 503호(원고 정△복)의 경우 ○○아파트의 신축 후 한강 조망비율이 건물의 전부나

이루에서 개선되는 것으로 나타나고 있어, 위 원고들의 조망 침해 등을 이유로 한 손해배상청구는 받아들일 수 없다 할 것이나(소음, 진동, 분진으로 인한 손해배상청구는 아래와 같이 인용된다), 한강 조망비율에 있어 비슷한 결과가 나온 405호(원고 손△자), 504호(원고 최▲현)의 경우에는 개방감(천공률)이 수인한도라고 봄이 상당한 10% 미만인 2.7%, 3.4%로 감소하였으며, 일조시간의 감소비율이 72.6%, 88.2%에 달하는 등 다른 환경이익의 침해가 수인한도를 초과하는 것으로 보이므로, 피고들에 대하여 손해배상을 구할 수 있다 할 것이다.

3. 손해배상책임의 범위

가. 조망이익 침해 등으로 인한 재산적 손해(원고 이△호, 홍◈표, 정△복 제외)

피고들은 ㅇㅇ아파트를 신축함으로써 원고 등에게 조망이익의 저해 등 위법한 침해행위를 하였으므로, 공동불법행위자로서 각자 그로 인하여 원고 등이 입게 된 재산적 손해를 배상할 책임이 있다 할 것이며, 그 손해액은 특별한 사정이 없는 한 원고 등 세대의 주거환경의 악화에 따른 시가하락액 상당이라고 보는 것이 타당할 것인바, 원심감정인 유ㅇ철의 감정결과에 의하면, 그 세대별 액수는 별지 1. 청구표 중 '시가하락분'란 기재 각 금원이 된다.

나. 소음, 진동, 분진으로 인한 정신적 손해(원고 이△호, 홍◈표, 정△복 포함)

(1) 피고들이 ㅇㅇ아파트를 신축하면서 그 공사 도중 법률이 허용하는 한도를 초과하는 소음을 배출한 것은 앞서 본 바와 같고, 원고 등이 입은 소음, 진동, 분진으로 인한 고통 정도가 현저하게 커 수인한도를 넘었다고 보이므로, 피고들은 각자 원고 등이 입은 정식적 손해를 배상할 의무가 있다 할 것이다.

(2) 나아가 피고들이 배상할 구체적인 위자료 액수에 관하여 보건대, 피해의 성질, 내용 및 정도, 원고 등의 주거관계, 원고 등과 피고들의 분쟁 경과 기타 이 사건 변론에 나타난 모든 사정을 종합하여 볼 때 피고들이 지급할 위자료액은 별지 1. 청구표중 '위자료'란 기재 각 금원으로 정함이 상당하다 할 것이다.

다. 인용금액

따라서 피고들이 원고 등에게 배상하여야 할 손해액은 위 가.항의 금액과 위 나.항의 금액을 합산한 금액으로 별지 1. 청구표 중 '인용금액'란 기재 각 금원이 된다.

4. 결 론

그렇다면, 피고들은 각자 원고 등에게 별지 1. 청구표 중 '인용금액'란 기재 각 금원 및 이에 대하여 ㅇㅇ아파트가 완공된 이후로서 원고 등이 구하는 이 사건 소장 부본 송달 다음날인 2002. 7. 26.부터 피고들이 그 이행의무의 존부 및 범위에 관하여 항쟁함이 상당한 당심판결 선고일인 2004. 9. 1.까지는 민법 소정의 연 5%, 그 다음날부터 완제일까지는 소송촉진등에관한특례법 소정의 연 20%의 각 비율에 의한 지연손해금을 지급할 의무가 있다 할 것이므로, 원고 등의 이 사건 청구는 위 인정범위 내에서 이유 있어 인용하며, 나머지 청구는 이유 없어 기각할 것인바, 원심판결은 이와 일부 결론을 달리 하여 부당하므로, 원심판결 중 위에서 지급을 명한 부분에 해당하는 원고 등의 패소부분을 취소하고, 피고들에 대하여 위 각 인용금액의 지급을 명하며, 원고 등의 나머지 항소는 이유 없어 기각하기로 주문과 같이 판결한다.

(2-2) 대법원 2007.6.28. 선고 2004다54282 판결[공2007.8.1.(279), 1135]

【원고, 상고인 겸 피상고인】 원고 1외 17인
【원고(탈퇴)】 원고 19
【원고 19의 승계참가인, 상고인 겸 피상고인】 원고 19-1
【피고, 피상고인 겸 상고인】 피고 1 주식회사 외 1인
【원심판결】 서울고등법원 2004. 9. 1. 선고 2003나82275 판결

【주 문】

원심판결 중 원고 1, 4, 7을 제외한 나머지 원고들 및 원고 19의 승계참가인의 재산상 손해배상 청구에 관한 피고들 패소 부분을 파기하고, 이 부분 사건을 서울고등법원에 환송한다. 피고들의 나머지 상고와 원고들 및 원고 19의 승계참가인의 상고를 모두 기각한다. 원고 1, 4, 7과 피고들 사이의 상고비용은 각자가 부담한다.

【이 유】

1. 피고 1 주식회사의 상고이유 제1, 2점과 피고 2 주식회사의 상고이유 제1, 2, 3점에 대하여 본다.

가. 조망의 이익 침해 부분

(1) 어느 토지나 건물의 소유자가 종전부터 향유하고 있던 경관이나 조망이 그에게 하나의 생활이익으로서의 가치를 가지고 있다고 객관적으로 인정된다면 법적인 보호의 대상이 될 수 있는 것인바, 이와 같은 조망이익은 원칙적으로 특정의 장소가 그 장소로부터 외부를 조망함에 있어 특별한 가치를 가지고 있고, 그와 같은 조망이익의 향유를 하나의 중요한 목적으로 하여 그 장소에 건물이 건축된 경우와 같이 당해 건물의 소유자나 점유자가 그 건물로부터 향유하는 조망이익이 사회통념상 독자의 이익으로 승인되어야 할 정도로 중요성을 갖는다고 인정되는 경우에 비로소 법적인 보호의 대상이 되는 것이라고 할 것이고, 그와 같은 정도에 이르지 못하는 조망이익의 경우에는 특별한 사정이 없는 한 법적인 보호의 대상이 될 수 없다고 할 것이다.

그리고 조망이익이 법적인 보호의 대상이 되는 경우에 이를 침해하는 행위가 사법상 위법한 가해행위로 평가되기 위해서는 조망이익의 침해 정도가 사회통념상 일반적으로 인용하는 수인한도를 넘어야 하고, 그 수인한도를 넘었는지 여부는 조망의 대상이 되는 경관의 내용과 피해건물이 입지하고 있는 지역에 있어서 건조물의 전체적 상황 등의 사정을 포함한 넓은 의미에서의 지역성, 피해건물의 위치 및 구조와 조망상황, 특히 조망과의 관계에서의 건물의 건축・사용목적 등 피해건물의 상황, 주관적 성격이 강한 것인지 여부와 여관・식당 등의 영업과 같이 경제적 이익과 밀접하게 결부되어 있는지 여부 등 당해 조망이익의 내용, 가해건물의 위치 및 구조와 조망방해의 상황 및 건축・사용목적 등 가해건물의 상황, 가해건물 건축의 경위, 조망방해를 회피할 수 있는 가능성의 유무, 조망방해에 관하여 가해자측이 해의(害意)를 가졌는지의 유무, 조망이익이 피해이익으로서 보호가 필요한 정도 등 모든 사정을 종합적으로 고려하여 판단하여야 한다(대법원 2004. 9. 13. 선고 2003다64602 판결 등 참조).

(2) 원심판결 이유와 기록에 의하면, 서울 용산구 이촌동 300-30 외 60필지 대 46,133.15㎡ 위에는 원래 1970년경에 지어진 지상 5층짜리 외인아파트 18개동이 있었는데, 위 대지의 소유자인 피고 1 주식회사는 위 외인아파트를 철거하고 그 자리에 19층 내지 25층짜리 엘지한강빌리지 아파트 10개동을 건설하기 위하여 2000. 3. 25.

용산구청장으로부터 주택건설사업승인을 받고 2000. 5. 16. 피고 2 주식회사{원래의 명칭은(명칭 생략)주식회사였는데 2005. 3. 21. 현재의 명칭으로 변경되었다.}에게 그 건설공사를 도급한 사실, 피고 2 주식회사는 2003. 4.경 엘지한강빌리지 아파트 건설공사를 마쳤는데, 한강 쪽에서 바라보면, 강북강변도로에 접하여 동쪽부터 서쪽 방향으로 107동에서 110동까지(모두 24층) 4개동이 위치하고, 107동 북쪽에 106동(25층)이, 108동 북쪽에 105동(19층)이 있으며, 다시 106동 북쪽에는 103동(25층)이, 105동 북쪽에는 104동(25층)이 있고, 104동 북쪽에 101동(25층), 101동의 동북쪽에 102동(24층)이 있는 사실, 엘지한강빌리지 아파트는 한강 쪽에서 보아 ∨자 모양이거나 서쪽으로 기울어진 ㅗ자 모양으로 되어있는 사실, 원고들 및 원고 19의 승계참가인(이하 '원고들'이라고만 한다)이 구분소유하고 있는 리바뷰아파트는 엘지한강빌리지 아파트 단지의 북동쪽 모서리(즉, 엘지한강빌리지 아파트 103동의 북쪽이고, 102동의 동쪽에 있음)에 있는 서울 용산구 이촌동 300-27 대지 위에 있고, 1974년경 지어진 10층짜리 건물 중 4층 내지 10층에 있는 사실(1층 내지 3층은 상가), 리바뷰아파트 건물은 서쪽으로 약 21° 기울어진 ㄴ자 모양의 건물로서 ㄴ자의 가로획 바깥쪽에 해당하는 부분의 동쪽에서 서쪽 방향으로 각 층의 1호, 2호, 3호가 있고, ㄴ자의 세로획 바깥쪽에 해당하는 부분의 남쪽에서 북쪽 방향으로 각 층의 4호, 5호가 있으며, ㄴ자의 안쪽 부분에는 각 층의 6 내지 9호가 있어, 각 층의 1호, 2호, 3호는 남향, 각 층의 4호, 5호는 서향, 각 층의 6 내지 9호는 동향 또는 북향인 사실, 이 지역은 고층 아파트 건설이 가능한 지역이고 엘지한강빌리지 아파트를 건설함에 있어 이격거리나 높이 제한 등 건축법규에 위반한 사항은 없는 사실, 엘지한강빌리지 아파트 건설을 전후하여 원고들이 구분소유하는 리바뷰아파트의 각 호실의 일조시간(동짓날 오전 8시부터 오후 4시까지의 8시간 중 원고들 아파트 거실에 일조가 확보되는 시간), 한강조망률(원고들 아파트 거실 창문에서 연직 방향으로 한강을 바라보았을 때 거실 창문 면적 중 한강 경관이 차지하는 비율), 천공률(원고들 아파트 거실 창문에서 바라보았을 때 하늘이 보이는 면적 비율), 사생활침해율을 비교하여 보면 원심판결의 별지 2 침해표의 각 해당항목 기재와 같이 대체적으로 원고들 아파트의 일조시간, 한강조망률, 천공률은 감소한 반면, 사생활침해 가능성은 증가한 곳도 있고 감소한 곳도 있는 사실(다만, 원고 1소유인 401호, 원고 4 소유인 502호, 원고 7 소유인 503호의 한강조망률은 오히려 증가하였고, 원고 16 소유인 405호, 원고 11 소유인 504호는 원래부터 한강 조망이 불가능하였다.)을 알 수 있는바, 원심은, 원고 1, 4, 7, 16, 11을 제외한 나머지 원고들이 누리던 한강 조망의 이익은 법적인 보호의 대상이 되는 것으로서 그에 대한 피고들의 침해행위의 정도가 수인한도를 초과하여 위법하므로 피고들의 한강 조망침해 행위는 불법행위에 해당한다고 판단하였다.

(3) 그러나 원고 1, 4, 7, 16, 11을 제외한 나머지 원고들의 한강 조망이익이 법적인 보호의 대상이 된다거나 피고들의 침해행위의 정도가 수인한도를 초과하여 위법하다는 원심의 판단은 다음과 같은 이유에서 수긍하기 어렵다.

(가) 우선, 위 원고들이 조망을 누리던 한강의 경관이 매우 아름다운 것으로서 법적으로 보호받는 조망의 대상이 되기에 충분하다고 할 것이지만, 위 원고들이 구분소유하는 리바뷰아파트가 그 장소로부터 한강을 조망함에 있어 특별한 가치를 가지고 있다고 할 수는 없다.

조망의 대상과 그에 대한 조망의 이익을 누리는 건물 사이에 타인 소유의 토지가 있지만 토지 위에 건물이 건축되어 있지 않거나 저층의 건물만이 건축되어 있어 그 결과 타인의 토지를 통한 조망의 향수가 가능하였던 경우 그 타인은 자신의 토지에 대한 소유권을 자유롭게 행사하여 그 토지 위에 건물을 건축할 수 있고 그 건물 신축이 국토의 계획 및 이용에 관한 법률에 의하여 정해진 지역의 용도에 부합하고 건물의 높이나 이격거리에 관한 건축관계법규에 어긋나지 않으며 조망 향수자가 누리던 조망의 이익을 부당하게 침해하려는 해의에 의한 것으로서 권리의 남용에 이를 정도가 아닌 한 인접한 토지에서 조망의 이익을 누리던 자라도 이를 함부로 막을 수는 없으며, 따라서 조망의 이익은 주변에 있는 객관적 상황의 변화에 의하여 저절로 변용 내지 제약을 받을 수밖에 없고, 그 이익의 향수자가 이러한 변화를 당연히 제약할 수 있는 것도 아니다.

리바뷰아파트와 한강 사이에는 강북강변도로와 엘지한강빌리지 아파트의 부지인 토지가 있고 엘지한강빌리지 아파트가 건축되기 전에 그 토지 위에는 리바뷰아파트보다 먼저 건축된 외인아파트 18개 동이 있었음에도 위 원고들이 그동안 한강 조망을 누릴 수 있었던 것은 철거된 위 외인아파트가 5층인 반면 리바뷰아파트는 그보다 높은 10층이었기 때문인데, 리바뷰아파트와 엘지한강빌리지 아파트가 있는 이촌동 일대는 고층아파트의 건축이 허용되는 지역이고 엘지한강빌리지 아파트 부지에 있던 외인아파트는 이미 건축된 지 30년 정도 경과하여 그 자리에 재건축이 이루어지는 경우 고층아파트가 건축되리라는 점은 쉽게 예상할 수 있었다고 보아야 한다. 따라서 위 원고들이 한강 조망의 이익을 누리던 리바뷰아파트가 언제나 한강 조망에 있어 특별한 가치를 가진다고 볼 수는 없고, 나아가 5층짜리 외인아파트의 뒤에 그보다 높은 10층짜리 건물을 세움으로써 리바뷰아파트의 한강 조망을 확보한 것처럼, 보통의 지역에 인공적으로 특별한 시설을 갖춤으로써 누릴 수 있게 된 조망의 이익은 법적으로 보호받을 수 없다고 하여야 한다. 만일 이러한 경우까지 법적으로 보호받는 조망의 이익이라고 인정한다면 그 건물과 조망의 대상 사이에 있는 토지에는 그 누구도 고층 건물을 건축할 수 없다는 결론이 되어 부당하기 때문이다.

결국, 위 원고들이 구분소유하는 리바뷰아파트는 그 장소로부터 한강을 조망함에 있어 특별한 가치를 가지고 있어 그 조망의 이익이 사회통념상 독자의 이익으로 승인되어야 할 정도로 중요성을 갖는다고 인정하기 어렵다고 할 것이다.

(나) 나아가 앞서 본 법리에 비추어 위 원고들이 누리던 한강 조망의 이익의 중요성 및 그에 대한 보호의 필요성과 피고들의 엘지한강빌리지 아파트 건설의 필요성 및 상당성을 비교해보더라도, 피고들의 고층 아파트 건축으로 인한 위 원고들의 한강 조망의 이익 침해 정도가 사회통념상 일반적으로 인용하는 수인한도를 넘는다고 보기 어렵다.

앞서 본 것처럼 리바뷰아파트와 엘지한강빌리지 아파트가 있는 지역은 고층 아파트의 건설이 가능한 지역이므로 엘지한강빌리지 아파트 부지의 소유자인 피고 1 주식회사나 그로부터 아파트 건축공사를 수급한 피고 2 주식회사가 19층 내지 25층짜리 엘지한강빌리지 아파트를 건축하는 것은 토지의 소유권에 기초한 것으로서 특별한 사정이 없는 한 정당한 권리행사범위 내에 있다고 보아야 하고, 리바뷰아파트는 엘지한강빌리지 아파트 단지의 북동쪽 모서리에 자리잡고 있으므로 그 앞에 고층아파트가 건축되는 경우 리바뷰아파트에서의 한강 조망이 제한되는 것은 당연하다고 할 것이다. 그렇기 때문에 피고들로서는 가능한 한 리바뷰아파트 거주자들의 한강 조망이 가장 적게 침해되는 방법으로 아파트를 건축함으로써 리바뷰아파트 거주자들을 배려하여야 하고 만일 리바뷰아파트 거주자들이 종전에 누리던 한강 조망의 이익 침해를 최소화할 방법이 있다면 이를 외면하여 다른 방법을 선택하여서는 아니 된다고 할 것이다. 그런데 앞서 본 엘지한강빌리지 아파트의 동수 및 각 동의 층수(가장 낮은 19층짜리가 한 동, 24층짜리가 다섯 동, 25층짜리가 네 동임), 엘지한강빌리지 아파트의 배치 상황을 고려하여 보면, 건축 당시 아파트의 방향이나 높이를 위 원고들의 조망에 유리하도록 배려할 여지가 전혀 없었다고는 할 수 없겠지만 단지 자체의 규모, 단지 배치의 합리성, 각 동 사이에 확보되어야 할 공간 등에 비추어 보면 그 배치를 달리 하더라도 위 원고들의 조망이 그리 크게 개선될 것으로 보이지 않는다.

한편, 피고들이 위 원고들을 포함한 리바뷰아파트 구분소유자들에게 리바뷰아파트의 리모델링을 제의하였다거나, 피고들이 인근 한가람아파트 주민들에게 보상을 하였다는 점만으로는 피고들의 침해행위의 정도가 수인한도를 넘었다고 인정하기에 부족하다(리모델링 사업이 원활하게 진행되지 않은 사유에 관하여 위 원고들과 피고들의 주장이 서로 다르고 기록을 살펴보아도 그 사유에 관한 자료가 없다. 또한 기록에 의하면, 피고들은 엘지한강빌리지 아파트 건축 공사 도중 위 원고들에게 1,125만 원 내지 3,500만 원의 합의금을 제시하였으나 위 원고들이 거절하였던 사실을 엿볼 수 있을 뿐 아니라, 피고들이 인근 주민들에게 보상을 하였다는 사정만 가지고 피고들에게 위 원고들에 대한 해의가 있었다고 단정할 수도 없다).

결국, 원심이 내세우는 사정만으로는 조망이익에 대한 침해의 정도가 그 수인한도를 벗어난 것이라고 보기도 어렵다고 할 것이다.

(4) 그럼에도 불구하고, 위 원고들이 종전에 누리던 한강 조망의 이익이 사회통념상 독자의 이익으로 승인되어야 할 정도로 중요하여 법적인 보호를 받을 수 있음을 전제로 하여 피고들의 침해행위의 정도가 수인한도를 넘어 위법하다고 판단한 원심판결에는 조망의 이익 침해로 인한 불법행위의 성립에 관한 법리를 오해하여 판결에 영향을 미친 위법이 있다고 할 것이다.

나. 4, 5호 라인 거주 원고들에 대한 일조의 이익 침해 부분

(1) 건물의 신축으로 인하여 그 이웃 토지상의 거주자가 직사광선이 차단되는 불이익을 받은 경우에 그 신축행위가 정당한 권리행사로서의 범위를 벗어나 사법상 위법한 가해행위로 평가되기 위해서는 그 일조방해의 정도가 사회통념상 일반적으로 인용하는 수인한도를 넘어야 하고, 일조방해행위가 사회통념상 수인한도를 넘었는지 여부는 피해의 정도, 피해이익의 성질 및 그에 대한 사회적 평가, 가해건물의 용도, 지역성, 토지이용의 선후관계, 가해 방지 및 피해 회피의 가능성, 공법적 규제의 위반 여부, 교섭 경과 등 모든 사정을 종합적으로 고려하여 판단하여야 한다. 또한, 가해건물의 신축으로 인하여 일조피해를 받게 되는 건물이 이미 다른 기존 건물에 의하여 일조방해를 받고 있는 경우 또는 피해건물이 남향이 아니거나 처마가 돌출되어 있는 등 그 구조 자체가 충분한 일조를 확보하기 어렵게 되어 있는 경우에는, 가해건물 신축 결과 피해건물이 동짓날 08시부터 16시 사이에 합계 4시간 이상 그리고 동짓날 09시부터 15시 사이에 연속하여 2시간 이상의 일조를 확보하지 못하게 되더라도 언제나 수인한도를 초과하는 일조피해가 있다고 단정할 수는 없고(한편, 피해건물이 종전부터 위와 같은 정도의 일조를 확보하지 못하고 있었던 경우라도 그 일조의 이익이 항상 보호의 대상에서 제외되는 것은 아니다), 가해건물이 신축되기 전부터 있었던 일조방해의 정도, 신축 건물에 의하여 발생하는 일조방해의 정도, 가해건물 신축 후 위 두 개의 원인이 결합하여 피해건물에 끼치는 전체 일조방해의 정도, 종전의 원인에 의한 일조방해와 신축 건물에 의한 일조방해가 겹치는 정도, 신축 건물에 의하여 발생하는 일조방해시간이 전체 일조방해시간 중 차지하는 비율, 종전의 원인만으로 발생하는 일조방해시간과 신축 건물만에 의하여 발생하는 일조방해시간 중 어느 것이 더 긴 것인지 등을 종합적으로 고려하여 신축 건물에 의한 일조방해가 수인한도를 넘었는지 여부를 판단하여야 한다(대법원 2002. 12. 10. 선고 2000다72213 판결, 2004. 10. 28. 선고 2002다63565 판결 등 참조).

(2) 원심판결 이유와 기록에 의하면, 원고 16(405호)의 경우 엘지한강빌리지 아파트가 건축되기 전에는 동짓날 오전 8시부터 오후 4시까지의 8시간 중 131.7분 동안 일조를 확보하고 있었는데, 위 아파트 건축 후에는 36분 동안만 일조를 확보하게 되어 기존 일조시간 중 72.6%가 감소되었고, 원고 11(504호), 12(604호)의 경우 종전에는

127.5분 동안 일조를 확보하고 있었는데 위 아파트 건축 후에는 30분(원심은 15분이라고 하였으나 이는 30분의 오기라고 보인다.) 동안만 일조를 확보하게 되어 기존 일조시간 중 76.4%(원심은 88.2%라고 하였으나 오기를 정정하면 76.4%가 된다.)가 감소되었고, 원고 13(704호)의 경우 종전에는 127.5분 동안 일조를 확보하고 있었는데 위 아파트 건축 후에는 30.6분(원심은 29.4분이라고 하였으나 이는 30.6분의 오기로 보인다.) 동안만 일조를 확보하게 되어 기존 일조시간 중 76%(원심은 76.9%라고 하였으나 오기를 정정하면 76%가 된다.)가 감소되었고, 원고 14(804호)의 경우 종전에는 127.5분 동안 일조를 확보하고 있었는데 위 아파트 건축 후에는 59.4분(원심은 30분이라고 하였으나 이는 59.4분의 오기로 보인다.) 동안만 일조를 확보하게 되어 기존 일조시간 중 53.4%(원심은 76.5%라고 하였으나 오기를 정정하면 53.4%가 된다.)가 감소되었고, 원고 18(805호)의 경우 종전에는 131.7분 동안 일조를 확보하고 있었는데 위 아파트 건축 후에는 66분 동안만 일조를 확보하게 되어 기존 일조시간 중 49.9%가 감소되었고, 원고 백○호(904호)의 경우 종전에는 131.7분 동안 일조를 확보하고 있었는데 위 아파트 건축 후에는 61.2분(원심은 37.5분이라고 하였으나 이는 61.2분의 오기로 보인다.) 동안만 일조를 확보하게 되어 기존 일조시간 중 53.5%(원심은 71.5%라고 하였으나 오기를 정정하면 53.5%가 된다.)가 감소되었으며, 승계참가인 19-1의 경우 종전에는 131.7분 동안 일조를 확보하고 있었는데 위 아파트 건축 후에는 71.7분 동안만 일조를 확보하게 되어 기존 일조시간 중 45.6%가 감소되는 등 리바뷰아파트 4, 5호 라인의 일조시간이 종전에 127.5분 내지 131.7분이던 것이 30분 내지 71.7분으로 감소된 사실, 그런데 리바뷰아파트 4, 5호 라인은 남쪽으로 21° 기울어진 서향일 뿐만 아니라 종전부터 인근에 일조를 방해하는 건물이 있어서 종전에도 오후 2시경 이전에는 일조를 확보할 수 없었던 사실을 알 수 있는바, 원심은 엘지한강빌리지 아파트 건축으로 인한 리바뷰아파트 4, 5호 라인에 거주하는 원고들에 대한 일조 침해가 수인한도를 넘었다는 취지로 판단하였다.

(3) 앞서 본 법리에 비추어 살펴볼 때, 리바뷰아파트 4, 5호 라인이 서향인데다가 종전부터 다른 기존 건물로 인하여 일조를 방해받아 온 관계로 종전부터 확보하고 있던 일조시간이 동짓날 오전 8시부터 오후 4시까지의 8시간 중 127.5분 내지 131.7분에 그쳤던 점, 엘지한강빌리지 아파트 신축으로 인하여 추가된 일조방해시간은 60분 내지 97.5분으로서 전체 일조방해시간인 408.3분(승계참가인 19-1의 경우, 480분 - 71.7분) 내지 450분(원고 11의 경우, 480분 - 30분)의 1/4에 미달하고, 종전부터 있던 일조방해시간(원고 16등의 경우 480분 - 131.7분 = 348.3분, 원고 11등의 경우 480분 - 127.5분 = 352.5분)의 1/3에 미달하는 점 등을 고려하여 보면, 피고들이 엘지한강빌리지 아파트를 건축한 후 위 원고들이 누리게 된 일조시간이 더욱 짧아지게 되었다는 점만을 강조하여 피고들에게 통상의 경우보다 더 큰 양보를 강요하는 것은 형평에 맞지 않는다고 할 것이므로 결국 위 원고들에 대한 피고들의 일조 침해의 정도가 수인한도를 초과한다고 보기는 어렵다.

(4) 그럼에도 불구하고, 엘지한강빌리지 아파트 건축 전에 위 원고들이 확보하고 있던 일조시간과 위 아파트 건축 후 위 원고들이 확보하게 된 일조시간만을 비교하여 4, 5호 라인에 거주하는 위 원고들에 대한 일조 침해가 수인한도를 넘었다고 판단한 원심판결에는 일조의 이익 침해로 인한 불법행위의 성립에 관한 법리를 오해하여 판결에 영향을 미친 위법이 있다고 할 것이다.

다. 생활이익에 관한 수인한도 판단 부분

(1) 일조 장해, 사생활 침해, 조망 침해, 시야 차단으로 인한 압박감, 소음, 분진, 진동 등과 같은 생활이익에 대한 침해가 사회통념상의 수인한도를 초과하여 위법한지를 판단하고 그에 따른 재산상 손해를 산정함에 있어서는, 생활이익을 구성하는 요소들을 종합적으로 참작하여 수인한도를 판단하여야만 형평을 기할 수 있는 특별

한 사정이 없다면, 원칙적으로 개별적인 생활이익별로 침해의 정도를 고려하여 수인한도 초과 여부를 판단한 후 수인한도를 초과하는 생활이익들에 기초하여 손해배상액을 산정하여야 하며, 수인한도를 초과하지 아니하는 생활이익에 대한 침해를 다른 생활이익 침해로 인한 수인한도 초과 여부 판단이나 손해배상액 산정에 있어서 직접적인 근거 사유로 삼을 수는 없다고 할 것이다.

(2) 원심은, 수인한도를 초과하여 조망 피해를 입었다고 인정한 원고들에 대하여 조망 피해 외에도 일조 침해, 천공률의 감소로 인한 압박감의 증가 및 사생활침해 가능성의 증가로 인하여 고통이 확대되고 있다는 사정을 인정한 다음, 조망 침해와 위 생활이익들을 함께 고려하여 볼 때에 환경이익의 침해가 수인한도를 넘는다고 판단하고, 또한 원고 16및 원고 11에 대하여도 일조 피해 외에 천공률의 감소로 인한 압박감의 증가를 함께 참작하여 환경이익의 침해가 수인한도를 넘는다고 판단한 후, 위 생활이익들을 모두 시가 하락으로 인한 손해배상액 산정의 근거 사유로 반영하였다.

(3) 그러나 원심이 인정한 사실에 의하면, 조망 피해를 입었다고 인정된 원고들 중 1, 2, 3호 라인에 거주하는 원고들은 엘지한강빌리지 아파트 건축 후에도 동짓날 9시부터 15시 사이에 연속하여 2시간 이상, 동짓날 8시부터 16시 사이에 합계 4시간 이상의 일조를 확보하게 되어 위 아파트 건축으로 인한 일조 침해가 수인한도 내에 있음이 명백하므로 그들에 대하여는 일조 침해로 인한 손해가 발생하였다고 볼 수 없고, 원고 16및 원고 11을 포함하여 4, 5호 라인에 거주하는 원고들의 경우에도 위에서 살펴본 것 같이 피고들의 일조 침해의 정도가 수인한도를 넘는다고 보기는 어렵다. 뿐만 아니라, 원심판결 이유와 기록에 의하여 알 수 있는 사실만으로는 위 아파트 신축 후 원고들 아파트에 대한 천공률 감소로 인한 압박감 증대나 사생활 침해의 가능성도 수인한도를 넘는다고 보기 어렵다.

(4) 그럼에도 불구하고, 여러 생활이익들을 종합적으로 참작하여 수인한도를 판단하여야만 형평을 기할 수 있는 특별한 사정이 있음을 인정하기 어려운 이 사건에서 조망 및 일조 침해로 인한 수인한도 초과 여부를 판단함에 있어서 수인한도를 초과하지 않는 다른 생활이익들에 관한 사정을 참작하고 나아가 그와 같은 다른 생활이익들에 관한 사정까지 모두 반영하여 손해배상액을 산정한 원심판결에는, 생활이익 침해로 인한 불법행위 성립 및 손해배상액 산정에 관한 법리를 오해하여 판결에 영향을 미친 위법이 있다고 할 것이다.

2. 피고 1 주식회사의 상고이유 제3점과 피고 2 주식회사의 상고이유 제4점에 대하여 본다.

원심은 그 채택 증거들을 종합하여 엘지한강빌리지 아파트 신축중이던 2000. 7. 7. 리바뷰아파트에서 공사로 인한 소음을 측정한 결과 소음진동규제법 소정의 생활소음 규제기준인 70.0dB을 초과하는 70.2dB이 측정되었고, 원고들은 공사장의 굉음으로 인한 고통으로 피고들에게 공사기간 중 이주시켜 줄 것을 요구할 정도였으며, 일부 리바뷰아파트 입주민들은 병원을 찾기까지 하는 등 엘지아파트의 신축공사 중 소음, 진동, 분진으로 생활상 큰 불편을 겪었던 사실을 인정한 다음, 원고들이 입은 소음, 진동, 분진으로 인한 고통 정도가 현저하게 커 수인한도를 넘었다고 보이므로, 피고들은 각자 원고들이 입은 정신적 손해를 배상할 의무가 있다고 판단하였는바, 기록에 의하여 살펴보면, 이러한 원심의 사실인정과 판단은 옳은 것으로 수긍이 가고, 거기에 채증법칙 위배나 심리미진 또는 건물 신축공사 중 발생한 소음, 진동, 분진으로 인한 불법행위 성립에 관한 법리오해 등의 위법이 있다고 할 수 없다.

3. 원고들의 상고이유에 대하여 본다.

원고들의 상고이유의 주장은 피고들이 엘지한강빌리지 아파트를 건축함으로써 원고들이 누리던 한강 조망과 일조의 이익 및 사생활을 침해하고 압박감을 증가시킨 것이 불법행위에 해당함을 전제로 하는 것인바, 위와 같은 피고들의 행위가 불법행위에 해당하지 않는다는 점은 앞서 본 바와 같아 설령 원심판결에 판단누락이 있었다고 하더라도 판결에 영향을 미쳤다고는 볼 수 없으므로, 원고들의 상고이유의 주장은 더 나아가 살필 필요 없이 이유 없다.

4. 결 론

그러므로 원심판결 중 원고 1, 4, 7을 제외한 나머지 원고들 및 원고 19의 승계참가인의 재산상 손해배상 청구에 관한 피고들 패소 부분을 파기하고, 이 부분 사건을 다시 심리・판단하게 하기 위하여 원심법원에 환송하며, 피고들의 나머지 상고와 원고들 및 원고 19의 승계참가인의 상고를 모두 기각하고, 원고 1, 4, 7과 피고들 사이의 상고비용은 각자가 부담하도록 하여 관여 법관의 일치된 의견으로 주문과 같이 판결한다.

(3-1) 광주고등법원 2006. 5. 17. 선고 2005나9790 판결 손해배상(기)

【원고, 피항소인】 1. 이용O
남원시 OOO101동 105호
2. 하정O
남원시 OOO5동 204호

【원고, 항소인 겸 피항소인】 3. 방복O
남원시 OOO896-1

【원고, 피항소인】 4. 이재O
남원시 OOO101동 108호

【원고, 항소인】 5. 장인O
남원시 OOO101동 109호

【원고, 항소인 겸 피항소인】 6. 강연O
남원시 OOO101동 205호

【원고, 피항소인】 7. 유수O
남원O101동 206호
8. 박화O
남원시 OOO1978-1

【원고, 항소인】 9. 안명O
남원시 OOO101동 208호

【원고, 항소인 겸 피항소인】 10. 이문O)
남원시 OOO101동 209호
11. 모정O
남원시 OOO494

【원고, 피항소인】 12. 양재O
남원시 OOO101동 306호

【원고, 항소인 겸 피항소인】 13. 심점O
남원시 OOO101동 307호

【원고, 항소인】 14. 소봉O
남원시 OOO101동 308호

【원고, 피항소인】 15. 김종O
남원시 OOO101동 309호

16. 신경O
남원시 OOO101동 405호

17. 서기O
남원시 OOO101동 406호

【원고, 항소인】 18. 임영O
남원시 OOO101동 407호

【원고, 항소인 겸 피항소인】 19. 형일O
남원시 OOO101동 408호

【원고, 항소인】 20. 진미O
남원시 OOO101동 409호

21. 이강O
남원시 OOO101동 505호

【원고, 피항소인】 22. 소명O
남원시 OOO101동 506호

23. 오판O
남원시 OOO101동 507호

【원고, 항소인 겸 피항소인】 24. 유영O
남원시 OOO101동 508호

【원고, 피항소인】 25. 황순O
남원시 OOO101동 509호

26. 이용O
남원시 OOO102동 103호

【원고, 항소인 겸 피항소인】 27. 박성O
남원시 OOO3

【원고, 항소인】 28. 김연O
남원시 OOO510-5

【원고, 항소인 겸 피항소인】 29. 황연O

남원시 OOO102동 107호

【원고, 피항소인】 30. 김순O
남원시 OOO102동 203호

【원고, 항소인 겸 피항소인】 31. 신병O
남원시 OOO102동 205호
32. 이현O
남원시 OOO102동 206호

【원고, 항소인】 33. 이정O
부산 OOO217
34. 민일O
남원시 OOO102동 303호

【원고, 항소인 겸 피항소인】 35. 송만O
남원시 OOO102동 305호
36. 박환O
남원시 OOO102동 306호

【원고, 항소인】 37. 구재O
남원시 OOO401호

【원고, 항소인 겸 피항소인】 38. 이윤O
대전 대덕구 OOO112동 906호
39. 오효O
남원시 OOO183

【원고, 피항소인】 40. 한호O
남원시 OOO102동 406호

【원고, 항소인 겸 피항소인】 41. 김순O
남원시 OOO102동 407호
42. 김명O
남원시 OOO102동 503호
43. 최은O
남원시 OOO102동 505호

【원고, 피항소인】 44. 박상O
남원시 OOO102동 506호
45. 이종O
남원시 OOO102동 507호

【원고, 항소인】 46. 김은O
남원시 OOO565-2

【원고, 항소인 겸 피항소인】 47. 양경O
남원시 OOO102동 605호
48. 최석O
남원시 OOO102동 606호

【원고, 항소인】 49. 노점O
남원시 OOO102동 607호
원고들 소송대리인 변호사 태기정

【피고, 피항소인 겸 항소인】 주식회사 부영
서울 영등포구 당산동3가 2-7
대표이사 이중근, 김승기, 정훈
소송대리인 법무법인 바른
담당변호사 조중한, 박인호, 강훈, 박주범, 정기돈, 문선영, 임영민

【제1심 판결】 전주지방법원 남원지원 2005. 10. 6. 선고 2003가합163 판결

【변 론 종 결】 2006. 4. 26.

【판 결 선 고】 2006. 5. 17.

【주 문】

1. 제1심판결 중 원고 이용O, 하정O, 이재O, 유수O, 박화O, 양재O, 김종O, 신경O, 서기O, 소명O, 오판O, 황순O, 이용O, 김순O, 한호O, 박상O, 이종O에 대한 부분 및 원고 방복O, 강연O, 이문O, 모정O, 심정O, 형일O, 유영O, 박성O, 황연O, 신병O, 이현O, 송만O, 박환O, 이윤O, 오효O, 김순O, 김명O, 최은O, 양경O, 최석O에 대한 피고 패소부분을 모두 취소하고, 그 취소부분에 해당하는 위 원고들의 청구를 모두 기각한다.

2. 원고 방복O, 강연O, 이문O, 모정O, 심정O, 형일O, 유영O, 박성O, 황연O, 신병O, 이현O, 송만O, 박환O, 이윤O, 오효O, 김순O, 김명O, 최은O, 양경O, 최석O, 장인O, 안명O, 소봉O, 임영O, 진미O, 이강O, 김연O, 이정O, 민일O, 구재O, 김은O, 노점O의 항소를 모두 기각한다.

3. 소송총비용 중 원고 이용O, 하정O, 이재O, 유수O, 박화O, 양재O, 김종O, 신경O, 서기O, 소명O, 오판O, 황순O, 이용O, 김순O, 한호O, 박상O, 이종O, 방복O, 강연O, 이문O, 모정O, 심정O, 형일O, 유영O, 박성O, 황연O, 신병O, 이현O, 송만O, 박환O, 이윤O, 오효O, 김순O, 김명O, 최은O, 양경O, 최석O와 피고 사이에 생긴 부분은 위 원고들의 각 부담으로 하고, 원고 장인O, 안명O, 소봉O, 임영O, 진미O, 이강O, 김연O, 이정O, 민일O, 구재O, 김은O, 노점O의 각 항소로 인한 부분은 위 원고들의 각 부담으로 한다.

【청구취지 및 항소취지】

1. 청구취지

피고는 원고들에게 별지 제1 청구취지 손해배상금내역 중 ③ '손해금의 항목별내역'란의 ⑥ 합계란 기재의 해당 각 금원 및 이에 대하여 1995. 11. 20.부터 제1심 판결선고일까지는 연 5%, 그 다음날부터 완제일까지는 연 20%의 각 비율에 의한 금원을 지급하라는 판결.

2. 항소취지

원고들 : 제1심판결 중 원고 방복O, 강연O, 이문O, 모정O, 심점O, 형일O, 유영O, 박성O, 황연O, 신병O, 이현O, 송만O, 박환O, 이윤O, 오효O, 김순O, 김명O, 최은O, 양경O, 최석O의 패소 부분 및 원고 장인O, 안명O, 소봉O, 임영O, 진미O, 이강O, 김연O, 이정O, 민일O, 구재O, 김은O, 노점O에 대한 부분을 모두 취소하고, 피고는 원고들에게 별지 제2 원고들 항소취지 손해배상금내역 중 ③ '손해금의 항목별내역'란의 ⑥ 합계란 기재의 해당 각 금원 및 이에 대하여 1995. 11. 20.부터 이 사건 소장 부본 이 송달된 날까지는 연 5%, 그 다음날부터 완제일까지는 연 20%의 각 비율에 의한 금원을 지급하라는 판결.

피고 : 주문 제1항과 같은 판결.

【이 유】

1. 기초사실

아래 각 사실은 당사자 사이에 다툼이 없거나, 갑제1호증의 1 내지 53, 갑제7호증의 1 내지 4, 갑제8호증의 1 내지 4, 갑제9호증의 1 내지 4, 갑제10호증의 1 내지 3, 갑제11호증의 1 내지 4, 갑제12호증의 1 내지 4, 갑제13호증의 1 내지 4, 갑제14호증의 1 내지 4, 갑제15호증의 1 내지 4, 갑제16호증의 1 내지 3, 갑제17호증의 1 내지 4, 갑제18호증의 1 내지 3, 갑제19호증의 1 내지 4, 갑제20호증의 1 내지 4, 갑제21호증의 1 내지 4, 갑제22호증의 1 내지 5, 갑제23호증의 1 내지 5, 갑제24호증의 1 내지 4, 갑제25호증의 1 내지 3, 갑제26호증의 1 내지 4, 갑제27호증의 1 내지 3, 갑제28호증의 1 내지 4, 갑제40호증의 1 내지 49, 갑제44호증, 갑제45호증의 1, 갑제46호증, 갑제47호증의 1, 갑제48호증, 갑제49호증의 1, 2, 3, 을제1호증의 1, 2, 을제2호증의 1, 2의 각 기재, 제1심법원의 검증결과, 감정인 김재수의 일조권피해감정결과, 제1심법원의 남원시장, 감정인 김재수에 대한 각 사실조회결과에 변론 전체의 취지를 종합하여 이를 인정할 수 있다.

가. 피고는 1993. 10. 27. 남원시장으로부터 남원시 도통동 144 대 29,413㎡ 지상에 임대아파트인 부영아파트 7동 1,032세대(이하 '부영아파트'라 한다)를 건설하는 사업계획승인을 받은 다음 부영아파트 건축공사를 시행하여(이하 '이 사건 공사'라 한다) 1995. 11. 18. 사용검사를 마쳤고, 1995. 11. 20. 준공검사를 받았다.

나. 부영아파트와 약 40m 떨어진 곳에 건축된 OO아파트(이하 '이 사건 아파트'라 한다)는 1993. 3. 5. 남원시장으로부터 사업계획승인을 받고 위 아파트 건축공사를 진행하여 1995. 2. 28.경부터 사용승인을 받았고, 원고들은 피고가 이 사건 공사를 완료한 시점인 1995. 11. 20.을 기준으로 별지 제3 원고별 소유 및 점유의 변동내역 기재와 같이 그 이전에 이 사건 아파트를 분양받아 소유 및 점유·사용하고 있거나, 1995. 11. 20. 이전에 분양받은 소유자로부터 이를 매수하여 그 이후에 이를 소유 및 점유·사용하고 있다.

다. 원고 장인O(5), 강연O(6), 안명O(9), 이문O(10), 모정O(11), 심점O(13), 소봉O(14), 임영O(18), 형일O(19), 진미O(20), 이강O(21), 박성O(27), 김연O(28), 이현O(32), 이정O(33), 민일O(34), 송만O(35), 구재O(37), 이윤O(38), 오효O(39), 김순O(41), 김명O(42), 최은O(43), 김은O(46), 최석O(48), 노점O(49)은 모두 별지 제3 원고별 소유 및 점유의 변동내역의 소유권변경란의 기재와 같이 1995. 11. 20. 당시의 각 소유자나 점유·사용자로부터 2004. 11.경 부영아파트의 신축으로 인하여 이 사건 아파트의 일조권이 침해받음으로써 피고에 대하여 가지고 있는 재산상 손해배상청구권 및 위자료청구권을 각 양수하였고, 2004. 12. 15. 피고에게 위 채권양도사실을 내용증명우편으로 각 통지하였으며, 위 각 통지는 그 무렵 각 도달하였다.

2. 손해배상책임의 발생

건물의 소유자가 종전부터 향유하고 있던 일조, 조망 등이 쾌적하고 건강한 생활에 필요한 생활이익으로서 가치를 가지고 있다고 객관적으로 인정될 경우 이는 법적으로 보호할 대상이 되는 것이므로, 타인에 의하여 위 권리들을 침해당한 자는 일응 그 침해행위가 수인한도 내의 정당한 권리행사의 범위를 벗어나 위법한 행위임을 원인으로 하여 그로 인하여 입은 손해의 배상을 청구할 수 있다고 할 것이고, 일반적으로 건물 신축으로 인하여 그 이웃 토지상의 거주자가 직사광선이 차단되고, 조망・사생활이 침해되는 등 불이익을 받은 경우에 그 신축행위가 정당한 권리행사로서의 범위를 벗어나 사법상 위법한 가해행위로 평가되기 위해서는 그 일조 등의 방해 정도가 사회통념상 일반적으로 인용하는 수인한도를 넘어야 하고, 건축법 등 관계 법령에 일조방해에 관한 직접적인 단속법규가 있다면 동 법규에 적합한지 여부가 사법상 위법성을 판단함에 있어서 중요한 판단자료가 될 것이지만 이러한 공법적 규제에 의하여 확보하고자 하는 일조는 원래 사법상 보호되는 일조를 공법적인 면에서도 가능한 한 보증하려는 것으로서 특별한 사정이 없는 한 일조 보호를 위한 일응의 기준으로 봄이 상당하고, 구체적인 경우에 있어서 어떠한 건물신축이 건축 당시의 공법적 규제에 형식적으로 적합하다고 하더라도 현실적인 일조방해의 정도가 현저하게 커 사회통념상 수인한도를 넘은 경우에는 위법행위로 평가될 수 있고, 사회통념상 수인한도를 넘었는지 여부는 피해의 정도, 피해이익의 성질 및 그에 대한 사회적 평가, 가해 건물의 용도, 지역성, 토지이용의 선후관계, 가해방지 및 피해회피의 가능성, 공법적 규제의 위반 여부, 교섭 경과 등 모든 사정을 종합적으로 고려하여 판단하여야 할 것인바(대법원 1999. 1. 26. 선고 98다23850 판결, 2000. 5. 16. 선고 98다56997 판결 등 참조), 특히 일조량은 인공적으로 증가시킬 수 없고, 토지의 효율적 이용을 위한 건물의 고층화 경향 등을 고려할 때, 아파트와 같은 공동주택의 경우 동지일을 기준으로 9시부터 15시까지 사이의 6시간 중 일조시간이 연속하여 2시간 이상 확보되는 경우 또는 동지일을 기준으로 8시에서 16시까지 사이의 8시간 중 일조시간이 통틀어서 최소한 4시간 정도 확보되는 경우에는 이를 수인하여야 할 것이고, 위 두 가지 중 어느 것에도 속하지 아니하는 경우에는 일조권의 침해가 수인한도를 초과한다고 봄이 상당하다.

돌이켜 이 사건에 관하여 보건대, 앞서 믿은 증거들에 의하면, 피고는 소외 OO제지 주식회사 소유의 남원시 OOO144 대 29,413㎡를 매수하였는데, 그 곳에는 단층의 제사공장이 존재하였던 사실, 피고는 1993. 10. 27. 남원시 OOO144 지상에 부영아파트 1차단지(7개동 1,032세대)에 대한 사업승인을 받아 1995. 11. 18. 준공검사신청을 하여 1995. 11. 20. 준공검사를 필한 사실, 피고의 부영아파트가 신축되기 이전에는 원고들 소유의 이 사건 아파트가 일조권침해를 전혀 받지 않고 있다가 피고가 신축한 부영아파트로 말미암아 별지 일조피해내역 기재와 같이 '동지일을 기준으로 9시에서 15시까지 사이의 6시간 중 일조시간이 연속하여 2시간이상 확보되는 경우(연속시간) 또는 동지일을 기준으로 8시에서 16시까지 사이의 8시간 중 일조시간이 통틀어서 최소한 4시간정도 확보되는 경우(총일조시간)'를 기준으로 일조시간을 일부 또는 전부 잃게 된 사실을 인정할 수 있는바, 사실관계가 이와 같다면 피고는 부영아파트를 신축함으로써 사회통념상의 수인한도를 초과하여 원고들의 일조권을 침해하였다고 할 것이어서, 이러한 불법행위로 인하여 원고들이 위 권리를 침해당함으로써 입게 된 재산상 손해 및 위자료를 배상할 의무가 있다고 할 것이다.

3. 소멸시효 항변 및 판단

가. 당사자의 주장

피고는, 피고가 부영아파트의 준공검사를 받은 1995. 11. 20.경에는 원고들이 부영아파트의 건축으로 인한 일조권 등이 침해당하고 있다는 사정을 알게 되었으므로 그 무렵 그로 인한 손해 및 그 가해자를 알게 되었다 할 것이고, 이 사건 소는 그로부터 3년이 경과된 2003. 8. 14.에야 비로소 제기되었으므로, 원고들의 이 사건 손해배상청구채권은 소멸시효의 완성으로 소멸하였다고 항변한다.

이에 대하여 원고들은, 첫째로, 피고의 침해행위는 일회적인 것이 아니라 부영아파트가 그대로 유지되는 한 끊임없이 계속되는 것이기 때문에 소멸시효가 완성되지 않았으며, 둘째로, 이 사건의 소멸시효의 기산점은 원고들이 구체적으로 일조량 침해시간을 확인한 때라고 보아야 하므로 이 사건 아파트의 일조권침해조사위원회가 1차로 일조시간을 측량한 2000. 12. 21.이거나 이 사건 감정인의 감정결과가 원고들의 소송대리인에게 도달한 2003. 12. 29.이라고 주장한다.

나. 판 단

불법행위에 의한 손해배상청구권의 단기소멸시효의 기산점이 되는 민법 제766조 제1항 소정의 ‘그 손해 및 가해자를 안 날’이라 함은 현실적으로 손해의 발생과 가해자를 알아야 할 뿐만 아니라 그 가해행위가 불법행위로서 이를 이유로 손해배상을 청구할 수 있다는 것을 안 때를 의미하고(대법원 1996. 8. 23. 선고 95다33450 판결 등 참조), 불법행위가 계속적으로 행하여지는 결과 손해도 역시 계속적으로 발생하는 경우에는 특별한 사정이 없는 한 그 손해는 날마다 새로운 불법행위에 기하여 발생하는 손해로서 민법 제766조 제1항을 적용함에 있어서 그 각 손해를 안 때로부터 각별로 소멸시효가 진행된다고 보아야 할 것이나(대법원 1999. 3. 23. 선고 98다30285 판결 참조), 손해가 계속 발생하더라도 가해행위 자체가 이미 종결되어 이를 제거할 수 없는 경우에는 그 계속적 손해는 피해자가 가해행위시에 실제로 인식한 손해와 연계되어 일체를 이루는 것으로서 당초부터 그 발생에 대한 예견이 가능한 것이므로 그 손해 전체에 대하여 처음부터 피해자가 이를 알았다고 보아 그 불법행위시에 전 범위에서 일률적으로 그 소멸시효가 진행된다고 보아야 할 것이다.

이 사건의 경우, 부영아파트의 건축으로 인한 일조침해의 불법행위는 위 준공검사 이후에는 더 이상의 적극적인 가해행위가 없었고, 또한 부작위에 의한 가해행위가 계속되고 있다고 보기 위해서는 피고에게 부영아파트에 대한 철거의무가 인정되어야 할 것인데, 앞에서 인정한 정도의 이 사건 일조침해가 있다고 하여 피고에게 이러한 철거의무가 있다고 인정하기 어려우므로, 결국 이 사건 불법행위는 건축행위의 종료와 함께 종결되고 다만 그 손해만이 계속하여 발생한다고 봄이 상당하고, 따라서 원고들의 이 사건 손해는 그 전체에 대하여 피고가 부영아파트의 건축을 마치고 준공검사를 받은 때에 이미 피해자가 이를 알았다고 보아 특별한 사정이 없는 한, 그 때로부터 전범위에서 일률적으로 그 소멸시효가 진행되었다고 할 것이다.

나아가 원고들이 구체적으로 피고의 일조권침해행위가 불법행위임을 이유로 손해배상을 청구할 수 있다는 것을 안 때가 언제인지에 관하여 보건대, 여기서 말하는 '손해를 안 날'이란 불법행위의 요건 사실에 대한 인식으로서 위법한 가해행위의 존재, 가해행위와 손해의 발생 사이에 상당인과관계 등이 있다는 사실 등을 피해자가 알았을 때를 의미하는 것이지 당해 행위가 불법행위에 해당한다는 법률적 평가까지 알았을 것을 요구하지는 아니한다고 보아야 할 것이고, 이렇게 볼 때, 피고가 부영아파트의 건축을 종료하고 준공검사를 받은 1995. 11. 20.경에 수분양자들로서는 수인한도를 넘는 일조침해로 인하여 아파트의 가격저하, 광열비 및 조명비 등의 증가와 생활상의 고통 등 손해가 발생하는 사실과 그 가해자가 위 건물을 신축한 피고라는 사실을 알았다 할 것이므로, 원고들의 피고에 대한 이 사건 손해배상채권은 1995. 11. 20.경부터 이미 소멸시효가 진행되기 시작하여 그로부터 3년 후에 소멸시효가 완성되었다고 보아야 할 것이므로 이를 지적하는 피고의 위 주장은 이유 있다.

4. 결 론

그렇다면, 원고들의 이 사건 청구는 더 나아가 판단할 필요 없이 모두 이유 없어 이를 기각하여야 할 것인바, 제1심판결은 이와 일부 결론을 달리하여 부당하고, 피고의 항소는 이유 있어 제1심판결 중 원고 이용O, 하정O, 이재O, 유수O, 박화O, 양재O, 김종O, 신경O, 서기O, 소명O, 오판O, 황순O, 이용O, 김순O, 한호O, 박상O, 이종O에 대한 부분 및 원고 방복O, 강연O, 이문O, 모정O, 심정O, 형일O, 유영O, 박성O, 황연O, 신병O, 이현O, 송만O, 박환O, 이윤O, 오효O, 김순O, 김명O, 최은O, 양경O, 최석O에 대한 피고 패소부분을 모두 취소하고, 그 취소부분에 해당하는 위 원 고들의 청구를 모두 기각하기로 하고, 원고 방복O, 강연O, 이문O, 모정O, 심정O, 형일O, 유영O, 박성O, 황연O, 신병O, 이현O, 송만O, 박환O, 이윤O, 오효O, 김순O, 김명O, 최은O, 양경O, 최석O, 장인O, 안명O, 소봉O, 임영O, 진미O, 이강O, 김연O, 이정O, 민일O, 구재O, 김은O, 노점O의 항소는 이유 없어 이를 모두 기각하기로 하여 주문과 같이 판결한다.

(3-2) 대법원 2008.4.17. 선고 2006다35865 전원합의체 판결 【손해배상(기)】

【원고, 상고인】 원고 1외 36인 (소송대리인 변호사 태기정외 1인)
【피고, 피상고인】 주식회사 부영 (소송대리인 법무법인 바른 담당변호사 조중한외 8인)
【원심판결】 광주고법 2006. 5. 17. 선고 2005나9790 판결

【주 문】

상고를 모두 기각한다. 상고비용은 원고들이 부담한다.

【이 유】

상고이유(상고이유서 제출기간이 지난 후에 제출된 보충상고이유서의 기재는 상고이유를 보충하는 범위 내에서)를 판단한다.

1. 토지의 소유자 등이 종전부터 향유하던 일조이익(日照利益)이 객관적인 생활이익으로서 가치가 있다고 인정되면 법적인 보호의 대상이 될 수 있는데, 그 인근에서 건물이나 구조물 등이 신축됨으로 인하여 햇빛이 차단되어 생기는 그늘, 즉 일영(日影)이 증가함으로써 해당 토지에서 종래 향유하던 일조량이 감소하는 일조방해가 발생한 경우, 그 일조방해의 정도, 피해이익의 법적 성질, 가해 건물의 용도, 지역성, 토지이용의 선후관계, 가해 방지 및 피해 회피의 가능성, 공법적 규제의 위반 여부, 교섭 경과 등 모든 사정을 종합적으로 고려하여 사회통념상 일반적으로 해당 토지 소유자의 수인한도를 넘게 되면 그 건축행위는 정당한 권리행사의 범위를 벗어나 사법상(私法上) 위법한 가해행위로 평가된다(대법원 2004. 10. 28. 선고 2002다63565 판결, 대법원 2007. 6. 28. 선고 2004다54282 판결 등 참조). 일반적으로 위와 같이 위법한 건축행위에 의하여 건물 등이 준공되거나 외부골조공사가 완료되면 그 건축행위에 따른 일영의 증가는 더 이상 발생하지 않게 되고 해당 토지의 소유자는 그

시점에 이러한 일조방해행위로 인하여 현재 또는 장래에 발생 가능한 재산상 손해나 정신적 손해 등을 예견할 수 있다고 할 것이므로, 이러한 손해배상청구권에 관한 민법 제766조 제1항 소정의 소멸시효는 원칙적으로 그 때부터 진행한다(대법원 1966. 6. 9. 선고 66다615 전원합의체 판결 등 참조). 다만, 지극히 예외적이기는 하지만, 위와 같은 일조방해로 인하여 건물 등의 소유자 내지 실질적 처분권자가 피해자에 대하여 건물 등의 전부 또는 일부에 대한 철거의무를 부담하는 경우가 있다면, 이러한 철거의무를 계속적으로 이행하지 않는 부작위는 새로운 불법행위가 되고 그 손해는 날마다 새로운 불법행위에 기하여 발생하는 것이므로 피해자가 그 각 손해를 안 때로부터 각별로 소멸시효가 진행한다고 볼 수 있을 것이다(대법원 1999. 3. 23. 선고 98다30285 판결 등 참조).

원심은 그 채택 증거를 종합하여 그 판시와 같은 사실을 인정한 다음, 피고가 건축주로서 1995. 11. 20. 사용승인을 받은 부영아파트의 신축으로 인하여 이 사건 아파트 부지에 발생한 일조방해의 정도는 사회통념상 일반적으로 인용해야 할 수인한도를 초과하는 것이지만 그 위법성의 정도가 피고에게 철거의무를 부과해야 할 정도에는 이르지 않는다고 보고, 원고들은 1995. 11. 20.경 피고가 부영아파트를 건축하였다는 점과 이러한 피고의 불법행위로 인하여 재산상 손해 및 정신적 손해가 발생한다는 점 등을 모두 알았다고 할 것이므로 그로부터 3년이 경과함으로써 이 사건 손해배상청구권의 소멸시효가 완성되었다고 판단하였다. 앞에서 본 법리에 비추어 볼 때 원심의 이러한 조치는 정당한 것으로 수긍이 가고, 거기에 상고이유로 주장하는 바와 같은 일조방해로 인한 손해배상청구권의 소멸시효에 관한 법리오해 등 판결에 영향을 미친 위법이 없다.

그러므로 상고를 기각하기로 하여 주문과 같이 판결한다. 이 판결에는 대법관 고현철, 대법관 김영란, 대법관 이홍훈, 대법관 김능환의 반대의견이 있는 외에는 관여 법관들의 의견이 일치하였다.

2. 대법관 고현철, 대법관 김영란, 대법관 이홍훈, 대법관 김능환의 반대의견은 다음과 같다.

다수의견은, 사회통념상 토지 소유자의 수인한도를 넘는 건축행위에 의하여 건물이 준공되거나 외부골조공사가 완료되면(이하 건물 준공이나 외부골조공사 완료를 '건물의 완성'이라 한다) 그 건축행위에 따른 일영의 증가는 더 이상 발생하지 않게 되고 해당 토지의 소유자는 건물의 완성 시점에 이러한 일조방해행위로 인하여 현재 또는 장래에 발생 가능한 손해를 예견할 수 있다고 할 것이므로, 이러한 손해배상청구권에 관한 민법 제766조 제1항 소정의 소멸시효는 원칙적으로 건물의 완성 시점부터 진행한다고 보고 있다. 그러나 다수의견의 견해 중 일조방해로 인하여 발생하는 정신적 손해에 대한 손해배상청구권에 관하여도 건물의 완성 시점부터 소멸시효가 진행한다는 부분에는 동의할 수 없다.

일조방해란 태양의 직사광선이 차단되는 불이익을 말하는 것이고, 그 일조방해의 정도가 사회통념상 일반적으로 인용하는 수인한도를 넘게 되면 사법상 위법한 가해행위로 평가되는 것이다. 우리 헌법 제35조 제1항이 모든 국민은 건강하고 쾌적한 환경에서 생활할 권리를 가진다고 선언하고 있는 점에 비추어 보더라도, 위법한 일조방해는 단순한 재산권의 침해에 그치는 것이 아니라 건강하고 쾌적한 환경에서 생활할 개인의 인격권을 침해하는 성격도 지니고 있다.

위법한 일조방해행위로 인한 피해 부동산의 시세 하락 등 재산상의 손해는 특별한 사정이 없는 한 가해 건물이 완성될 때에 일회적으로 발생한다고 볼 수 있으나, 위법한 일조방해로 인하여 직사광선이 차단되는 등 생활환경이 악화됨으로써 피해 건물의 거주자가 입게 되는 정신적 손해는 가해 건물이 존속하는 한 날마다 계속적으로 발생하는 것으로 보아야 한다.

다수의견은 가해 건물의 완성 시점에 일조방해행위로 인하여 장래에 발생 가능한 정신적 손해를 예견할 수 있으므로 그 때부터 소멸시효가 진행한다고 판단하고 있으나, 일조방해로 인한 정신적 손해는 피해 부동산의 시세 하락 등 재산상 손해로 인하여 겪게 되는 정신적 고통을 의미하는 것이 아니라 일조방해로 인하여 직사광선이 차단되는 등 생활환경이 악화됨으로써 거주자가 입게 되는 정신적 고통을 의미하는 것인데, 피해 건물의 거주자가 일조방해를 받는 상태에서 단기간을 거주한 경우와 장기간을 거주한 경우에 그 정신적 손해의 정도가 같을 수 없고, 이러한 거주 기간을 가해 건물의 완성 시점에는 예견할 수 없다는 점에서도 다수의견의 견해에 찬성할 수 없다.

따라서 이 사건에서 부영아파트가 신축되어 이 사건 아파트의 일조를 방해하는 상태로 존속하는 한, 날마다 새로운 일조방해행위가 되어 이 사건 아파트 주민인 원고들의 정신적 손해를 발생시키는 것으로 보아야 하고, 그 위자료 청구권의 소멸시효는 부영아파트가 존속하는 한 날마다 개별적으로 진행된다고 할 것이므로, 원심판결 중 위자료 청구 부분에 관한 원고들 패소 부분은 파기되어 원심법원으로 환송되어야 한다.

3. 대법관 김황식, 대법관 김지형, 대법관 안대희는 다음과 같이 다수의견을 보충하고자 한다.

다수의견은 제1항에서, 건물 등의 신축에 따른 위법한 일조방해로 인하여 그 소유자 내지 실질적인 처분권자가 철거의무를 부담하게 되는 지극히 예외적인 사안과 그에 해당하지 않는 일반적인 사안을 구분할 수 있음을 전제하고서, 그 불법행위의 성립시기, 계속 여부 및 그에 따른 소멸시효 진행 등에 관하여 각각 차이가 있음을 지적하였다.

그런데 반대의견은 위와 같은 구분에 대해서는 별다른 언급을 하지 아니한 채, 위법한 건축행위로 인한 재산적 손해와 정신적 손해를 달리 취급하여 정신적 손해만은 가해 건물이 존속하는 한 날마다 계속적으로 발생하고 그에 관한 위자료 청구권의 소멸시효도 위법 건물이 존속하는 한 날마다 개별적으로 진행된다고 보고 있다.

그러나 일조방해를 가져오는 위법한 건축행위라도 그 건물의 전부 또는 일부에 대한 철거의무가 인정되지 않는 일반적인 일조방해 사안에서는 그 건축행위의 완료와 함께 불법행위가 성립·종료하는 것이고, 이 경우 모든 손해는 그 시점에 발생한 것으로 보는 것이 법리상 옳다고 생각한다. 이는 자동차 사고로 인하여 피해자가 상해를 입는 등의 불법행위가 성립하는 경우 이에 관하여 장래에 발생하는 재산적 손해와 정신적 손해를 모두 불법행위의 성립시점에 발생하는 것으로 파악하는 것과 같은 이치일 것이다. 그렇다면 위와 같이 일반적인 일조방해 사안에서도 날마다 새로운 일조방해행위가 이루어진다거나 혹은 하나의 건축행위로 인하여 발생하는 재산적 손해와 정신적 손해에 관하여 각각 다른 법률적 취급을 해야 한다는 반대의견에는 찬성하기 어렵다.

한편, 우리 헌법은 제35조 제1항에서 모든 국민은 건강하고 쾌적한 환경에서 생활할 권리를 가진다고 선언하면서, 동시에 제23조 제1항에서 모든 국민의 재산권은 보장되고 그 내용과 한계는 법률로 정한다고 규정하고 있다. 그런데 이 사건은 일조이익의 보호와 타인 재산권의 보장, 법적 안정성 등 서로 대립할 수 있는 여러 법익을 종합적으로 고려하여 실제로 발생하는 손해의 전보 및 그 분담의 공평문제 등을 규율하게 되는 손해배상제도에 관한 것이기 때문에, 반대의견이 내세우는 헌법 제35조 제1항이 그 주장을 정당화하는 법리적 근거가 되기 어렵다. 실질적으로도 일조방해를 가져오는 위법한 건축행위가 완료되고 그에 관한 손해배상문제가 논의되는 경우, 재산적 손해와 정신적 손해에 관한 법적 분쟁을 한꺼번에 해결하는 것이 합리적인 분쟁해결방식이라고 할 것이다. 만일 반대의견과 같은 입장을 취하면 정신적 손해배상 청구의 시기·범위·방법이나 위법하게 건축된 건물과 피해 토지의 권리변동 등에 관련하여 그 법적 분쟁의 해결이 사실상 어렵게 되거나 매우 복잡하게 되기 때문에, 결국 부동산거래에 관한 법적 안정성 내지 거래 안전을 심하게 훼손하는 결과를 가져올 것이다.

이와 같이 반대의견을 취하는 경우 여러 가지 문제가 발생한다는 점을 다수의견의 보충의견으로서 덧붙이고자 한다.

4. 대법관 이홍훈은 다음과 같이 반대의견을 보충하고자 한다.

다수의견은, 위법한 일조방해로 인하여 가해 건물의 소유자 내지 실질적인 처분권자(이하 '소유자 등'이라 한다)가 철거의무를 부담하게 되는 지극히 예외적인 사안과 그에 해당하지 않는 일반적인 사안을 구분할 수 있고, 이에 따라 그 불법행위의 성립시기, 계속 여부 및 그에 따른 소멸시효 진행 등에 관하여 각각 차이가 있다고 전제한 다음, 일반적인 일조방해의 경우에는 가해 건물의 완성 시점부터 소멸시효가 진행하는 것이지만, 소유자 등의 철거의무를 부담하게 되는 일조방해의 경우에는 손해가 날마다 새로운 불법행위에 기하여 발생하고 각별로 소멸시효가 진행하는 것이라고 설시하고 있다.

일조방해의 정도가 어느 수준을 넘게 되면 소유자 등의 철거의무가 발생한다는 것은 수긍할 수 있으나, 이로 인하여 불법행위의 성질이 일회적 불법행위에서 계속적 불법행위로 변하여 그 성립시기나 소멸시효의 진행이 달라질 수 있다는 다수의견의 논리에는 선뜻 동의하기 어렵다. 자동차 사고로 인하여 피해자에게 심각한 신체장애가 발생하여 평생 개호가 필요하다고 하여 불법행위의 성질이 계속적 불법행위로 바뀔 수 없는 것과 마찬가지로, 일조방해라는 동일한 가해행위에 대하여 단지 일조방해의 정도가 중대하다는 이유만으로 그 성질이 계속적 불법행위로 변하여 불법행위의 성립시기나 소멸시효 진행이 달라진다는 것은 불합리하기 때문이다. 또한, 이와 같이 소유자 등의 철거의무를 부담하게 되는 일조방해의 경우에 철거만 계속적으로 요구할 수 있는지, 아니면 재산상 손해나 정신적 손해도 날마다 발생하여 이에 대한 배상을 계속적으로 요구할 수 있는지에 관하여도 일관성 있는 설명에 어려움이 예상된다. 그러나 반대의견에서는 철거의무의 발생 여부와는 무관하게, 일조를 방해하는 가해 건물의 완성 시점에 예견 가능한 재산상 손해와 날마다 발생하는 정신적 손해를 구분하여 두 손해가 소멸시효의 진행을 달리한다고 일관성 있게 설명할 수 있다고 할 것이다.

다수의견에 대한 보충의견은, 자동차 사고로 인하여 피해자가 입게 되는 정신적 손해와 일조방해로 인하여 피해자가 입게 되는 정신적 손해를 동일하게 볼 수 있다는 전제 아래, 하나의 건축행위로 인하여 발생하는 재산적 손해와 정신적 손해에 관하여 다른 법률적 취급을 해야 하는 반대의견에는 찬성하기 어렵다고 설시하고 있다.

그러나 자동차 사고는 한 번 발생하는 것이지만, 일조방해는 날마다 발생하는 것이다. 자동차 사고로 인하여 발생한 정신적 손해는 일단 한 번 발생하면 사고가 없었던 상태로 되돌릴 수 없는 것이지만, 일조방해로 인한 정신적 손해는 영구적인 것이 아니라 가해 건물이 사라지게 되면 소멸한다는 점에서 자동차 사고와 일조방해를 동일시할 수는 없다고 본다.

끝으로, 다수의견은 일조방해를 둘러싼 법적 분쟁의 일회적이고 효율적인 해결의 필요성을 강조하는 입장에서 있는 것으로 보이는데, 이는 가해 건물 소유자 등의 재산권을 보장하기 위한 측면에서는 바람직할 수 있다. 그러나 헌법 제35조와 환경정책기본법 제6조에서 보장하고 있는 환경권은 자유권이나 재산권 등 다른 기본권 보호의 전제가 되는 종합적 기본권의 성격을 가지고 있어 재산권 등 다른 기본권의 우위에 있는 권리라고 볼 여지도 있기 때문에 다수의견은 피해 건물 거주자의 환경권이나 인격권을 보장하는 데에는 미흡할 수 있다는 점을 지적하면서, 반대의견에 대한 보충의견을 밝히는 바이다.

(4-1) 서울고등법원 2001. 7. 5. 선고 2001나9191 판결

【원고, 항소인】 심△섭

【피고, 피항소인】 사단법인 한◇무역협회

【변론종결】 2001.6.14.

【원심판결】 서울지방법원 2001. 1. 17. 선고 99가합111315 판결

【주 문】

1. 원고의 항소를 기각한다.
2. 당심에 이르러 추가된 주위적 청구 및 예비적 청구 중 재산상 손해에 관한 청구를 모두 기각한다.
3. 항소비용 및 당심에 이르러 추가된 주위적 청구 및 예비적 청구 중 재산상 손해에 관한 소송비용은 원고의 부담으로 한다.

【청구취지 및 항소취지】

1. 청구취지 주위적 및 예비적으로, 피고는 원고에게 금 500,000,000원 및 이에 대한 이 사건 소장부본 송달 다음날부터 다 갚는 날까지 연 25%의 비율로 계산된 금원을 지급하라(원고는 원심에서 불법행위 책임으로 위자료 금 500,000,000원만을 구하다가, 당심에 이르러 주위적으로 채무불이행 책임으로 재산상 손해 금 330,000,000원 및 위자료 금 100,000,000원을 구하는 것으로 청구를 추가하고, 예비적으로 불법행위 책임으로 재산상 손해 금 330,000,000원을 구하는 것으로 청구를 추가하면서 아울러 위자료 청구는 금 100,000,000원으로 감축하였다).
2. 항소취지원심판결 중 다음에서 지급을 구하는 부분에 관한 원고의 패소부분을 취소한다. 피고는 원고에게 금 300,000,000원 및 이에 대한 이 사건 소장부본 송달 다음날부터 다 갚는 날까지 연 25%의 비율로 계산된 금원을 지급하라.

【이 유】

1. 기초사실

아래 인정사실은 당사자 사이에 다툼이 없거나, 갑 제1호증 내지 갑 제5호증, 을 제1호증 내지 을 제22호증의 각 기재 및 갑 제6호증의 1 내지 3의 각 영상과 당심증인 하○현의 일부증언에 변론의 전취지를 종합하여 이를 인정할 수 있고, 반증이 없다.

가. 피고는 1996. 1.경 수출 1,000억불 달성을 기념하고 무역의 중요성 및 수출증진에 관한 국민적 공감대를 형성한다는 목적으로 통상산업부와 협의하여 무역센터 부지 내에 수출 1,000억불 달성을 기념하는 영구조형물(이하 이 사건 조형물이라고 한다)을 건립하기로 계획하고, 그 건립사업의 추진을 위하여 피고 산하에 수출 1,000억불 기념 영구조형물 건립기획위원회(이하 이 사건 위원회라고 한다)를 결성하였다.

나. 이 사건 위원회는 1996. 1. 25. 1차 회의를 개최하여 이 사건 조형물의 건립방법에 관하여 분야별로 5인 가량의 작가를 선정하여 조형물의 시안 제작을 의뢰한 후 그 중에서 최종적으로 1개의 시안을 선정하는 것으로 결의하였고, 1996. 2. 12. 2차 회의를 개최하여 시안 제작을 의뢰할 작가로 ㅇㅇ학교 ㅇㅇ대학 조소학과 교수로 재직하고 있는 원고를 비롯하여 소외 강ㅁ엽, 신▽중, 권♡걸, 정◎원 등 5인을 선정하였다(다만 위 신▽중은 선

정 직후 사퇴하였다).

다. 피고는 1996. 3.경 원고, 위 강□엽, 권♡걸, 정◎원(이하 원고 등 4인이라고 한다)과 사이에, 원고 등 4인은 1996. 5. 15.까지 이 사건 조형물의 시안을 제작하여 피고에게 제출하고 피고는 그에 대한 보수로 1인당 금 500만원을 지급하기로 약정하였고, 그 무렵 원고 등 4인에게 시안제작비로 각 금 500만원을 지급하였다. 원고 등 4인은 1996. 5.경 위 의뢰에 따라 위 조형물의 시안을 제작하여 피고에게 제출하였다.

라. 피고는 1996. 6. 24. 심사위원회를 개최하여 조형성 및 상징성을 수정, 보완할 것을 조건으로 원고가 제출한 시안을 이 사건 조형물의 최종 시안으로 선정하였고, 1996. 8. 16. 그 사실을 원고에게 통보하였다.

마. 피고는 1996년 및 1997년에는 이 사건 조형물 건립사업에 관한 예산으로 무역진흥기금에서 금 7억 4,000만원을 배정하였으나 무역센터 확충사업에 관한 세부설계작업이 지연되는 등의 사유로 사업을 진행하지 못하였고, 1996년부터 1999년까지 산업자원부 장관이 5차례 변경되면서 사업에 관한 정부의 관심도 줄어들자 1998년 이후에는 사업에 관한 예산을 배정하지도 아니하였으며, 1999. 5. 하순경 사업부지 확보 및 사업비 조달의 곤란, 국가경제의 어려움에 따른 수출 1,000억불 기념사업의 의미 퇴색 등을 이유로 이 사건 조형물 건립사업을 취소하였다. 결국 피고는 원고와 사이에 위 선정된 시안을 기초로 한 구체적인 조형물 설립에 관하여 논의조차 하지 못한 상태에서 1999. 6. 8. 원고에게 위 취소 사실을 통보하였다.

바. 한편 해양수산부는 1천여년 전 동북아시아 해상무역권을 제패한 장보고의 해양개척정신을 계승하여 이를 국민적 사표로 삼아 국민들에게 미래에 대한 꿈과 희망을 심어주고 21세기 해양부국 건설의 정신적 기반을 마련한다는 것을 목표로 내걸고 1998. 11.부터 2010. 13.까지 사이에 국고 611억원과 민자 690억원의 총사업비를 들여 <해상왕 장보고 재조명 · 평가사업>을 추진하였다. 피고는 그 사업의 일환으로 해양수산부와 협의하여 무역센터 부지에 신축중인 아셈(ASEM)컨벤션센터 앞에 아셈컨벤션센터의 건설회계에 이미 책정되어 있는 예술장식품 예산 중 일부를 들여 <해상왕 장보고 상징조형물>을 건립하기로 하였다. 이에 따라 피고는 1999. 8. 20. 위 조형물의 건립추진위원회를 구성하고 이 사건 조형물 건립과정과 같은 방식으로 소외 전▣천을 조형물 제작 및 설치자로 선정한 후 같은 해 11. 29. 전▣천과 사이에 대금 8억 5,000만원에 장보고 기념 상징조형물 제작 · 납품 및 설치계약을 체결하였고, 전▣천은 2000. 5.경 위 상징조형물을 위 부지에 제작하여 설치하였다.

2. 원고의 주위적 청구에 관한 판단

가. 주장

원고는, 이 사건 위원회가 이미 금 15억원 전후의 예산범위 내에서 이 사건 조형물을 무역센터 부지 내에 건립한다는 구체적인 건립계획을 세운 다음 조형물의 건립방법에 관하여 분야별로 5인 가량의 작가를 선정하여 시안제작을 의뢰하는 방식으로 공모하였고 위 공모에 따라 원고가 제출한 시안을 최종 시안으로 선정하여 1996. 8. 16. 그 사실을 원고에게 통보하였으므로 원고와 피고 사이에는 총제작비를 금 15억원으로 한 이 사건 조형물의 건립에 관한 계약이 유효하게 성립되었다고 할 것인데, 피고는 그 이후 위 계약에 따른 의무를 이행하지 않고 있다가 다른 작가로 하여금 '해상왕 장보고 상징조형물'을 제작 · 설치하게 하기 위하여 1999. 6. 8.에 이르러 일방적으로 원고에게 위 계약의 취소 사실을 통보하고 그 이행을 거절하고 있으므로, 피고는 위 계약의 불이행에 따른 손해배상금으로 작가의 정신적 · 예술적 노력에 대한 대가인 창작비 금 3억원(총제작비의 20% 상당액)과

이 사건 조형물의 제작을 준비하기 위하여 소요된 비용 금 3,000만원을, 그리고 피고가 다른 작가로 하여금 '해상왕 장보고 상징조형물'을 제작・설치하게 하기 위하여 위 계약을 일방적으로 취소하여 원고의 예술작가로서의 명예감정을 훼손하였으므로 위자료 금 1억원을 지급할 의무가 있다고 주장한다.

나. 판단

살피건대, 원고 등 4인에게 이 사건 조형물의 시안 제작을 의뢰할 당시 이 사건 위원회가 이미 금 15억 전후의 예산범위 내에서 이 사건 조형물을 무역센터 부지 내에 건립한다는 구체적인 건립계획을 세웠다는 점 및 피고가 다른 작가로 하여금 '해상왕 장보고 상징조형물'을 제작・설치하게 하기 위하여 위 조형물 건립사업을 취소한 것이라는 점에 부합하는 듯한 당심증인 하○현의 일부 증언은 앞서 인정할 사실에 비추어 믿기 어렵고 달리 이를 인정할 증거가 없다. 또 앞서 인정한 바와 같이 이 사건 조형물 건립사업의 시안으로 원고가 제출한 시안이 선정되었다고 하더라도, 그 후 원고와 피고 사이에 위 조형물의 제작・납품 및 설치에 관하여 그 제작비, 설치기간, 설치장소 및 그에 따른 제반사항을 정한 구체적인 계약이 체결되지 않은 한 위에서 인정한 사정만으로써 바로 원고와 피고 사이에 위 조형물의 제작・납품 및 설치계약이 체결되었다고 볼 수는 없다. 다만 자기가 제출한 시안이 선정된 원고로서는 특별한 사정이 없는 한 피고와 사이에 위 조형물의 건립에 관하여 장래 구체적인 계약을 체결할 것을 신뢰할 수 있는 지위에 있을 뿐이라 할 것이다. 따라서 이 사건 조형물의 제작・납품 및 설치에 관하여 피고와 사이에 구체적인 계약이 성립되었음을 전제로 한 원고의 위 주장은 더 나아가 살펴 볼 필요 없이 이유 없다.

3. 원고의 예비적 청구에 관한 판단

가. 주장

원고는, 피고가 원고가 제출한 시안을 이 사건 조형물의 최종 시안으로 선정하여 원고에게 통보한 후 뚜렷한 이유 없이 원고와 사이에 위 조형물의 건립에 관하여 구체적인 계약을 체결하지 않고 있다가 2년 9개월이 경과한 후 일방적으로 그 건립사업을 취소하고 다른 작가로 하여금 '해상왕 장보고 상징조형물'을 제작・설치하게 하였으므로 이는 불법행위에 해당하는바, 피고는 이로 인하여 원고가 입은 손해를 배상할 의무가 있다고 주장하면서 피고에게 주위적 청구에서 주장한 바와 같은 금액의 손해의 배상을 구하고 있다.

나. 판단

(1) 손해배상의무의 발생

살피건대, 앞서 본 바와 같이 원고가 제출한 시안이 이 사건 위원회에 의하여 이 사건 조형물의 최종 시안으로 선정된 이상 원고로서는 구체적인 계약의 당사자로서의 지위에 있지는 않다고 하더라도 특별한 사정이 없는 한 피고와 사이에 위 조형물에 관하여 장래 구체적인 계약을 체결할 것을 신뢰할 수 있는 지위에 있게 되었다 할 것이므로, 피고로서는 원고가 신뢰함으로써 입은 손해를 배상할 의무가 있다 할 것이다.

(2) 손해배상의 범위에 관한 판단

우선 원고는, 위와 같은 신뢰에 의하여 총제작비의 20% 상당에 이르는 작가의 정신적・예술적 노력에 대한 대가인 창작비 금 3억원의 손해를 입었다고 주장한다.

살피건대 통상 조형물을 제작・납품 및 설치함으로써 작가에게 지급되는 창작비는 작가가 조형물을 구상하여 실현하는 정신적·예술적 노력에 대한 보상 및 대가로서의 성격도 있으나 또한 정신적·예술적 노력의 결과 완성된 조형물의 소유권을 양도하면서 그에 따른 조형물에 대한 저작권을 일부 양도하는 것에 대가로서의 성격도 있는바, 위와 같은 창작비의 성격과 원고가 피고에게 이 사건 조형물의 시안을 제출하여 선정되었다는 이유만으로는 정신적·예술적 노력의 구현물이 소멸한다거나 피고에게 양도되어 원고가 위 시안에 대한 저작권을 제한받아 이를 다른 작품에 사용하는 것이 방해받게 되는 것은 아니라는 점에 비추어 보면, 원고가 위 시안에 따라 구체적 조형물을 피고에게 제작·납품 및 설치한 것이 아닌 한 피고에게 창작비 상당 손해의 배상을 구할 수는 없다 할 것이다. 원고의 위 주장은 이유 없다.

다음 원고는, 이 사건 조형물의 제작을 준비하기 위하여 금 3,000만원의 비용을 지출하였다고 주장하면서 그 비용 상당의 손해의 배상을 구하고 있다. 살피건대, 위 주장사실은 이를 인정할 증거가 없다. 원고의 위 주장도 이유 없다.

마지막으로 원고는, 피고가 이 사건 조형물의 건립에 관한 구체적 계약의 체결을 뚜렷한 이유 없이 지체하여 오다가 위 조형물 건립사업을 취소하여 원고의 예술작가로서의 명예감정을 훼손하였으므로 위자료로 금 1억원을 지급할 의무가 있다고 주장한다.

살피건대, 앞서 본 바와 같은 이 사건 조형물 건립사업의 추진 경위, 원고가 제출한 시안을 위 조형물의 최종 시안으로 선정하게 된 과정, 피고가 위 사업을 취소하게 된 경위 등을 종합하여 보면, 피고는 원고가 제출한 시안을 최종 시안으로 선정함으로써 원고에게 조만간 위 조형물 건립에 관한 구체적 계약이 체결될 것이라는 신뢰를 일으켰다 할 것이므로 그에 따라 위 조형물 건립에 관한 계약체결을 위해 노력할 의무가 있음에도 불구하고, 그 선정 후 장기간 위 사업을 진행하지 아니하면서도 원고에게 그에 대한 양해를 구하지 아니함은 물론 그에 관하여 아무런 설명도 하지 아니하였을 뿐 아니라, 피고측의 사정만을 이유로 위 사업을 일방적으로 취소하여 위 조형물 건립에 관한 구체적 계약의 체결이 이루어지지 못하게 함으로써 원고에게 정신적 고통을 가하였다 할 것이다. 따라서 피고는 원고에게 그에 대한 위자료를 지급할 의무가 있다 할 것이다.

나아가 그 위자료의 액수에 관하여 보건대, 앞서 본 바와 같은 원고와 피고의 사회적 지위, 이 사건 조형물 건립사업의 추진 경위, 원고가 제출한 시안을 위 사업에 관한 시안으로 최종 선정하게 된 과정, 당초 위 사업에 배정되었던 예산의 액수, 피고가 위 사업을 취소하게 된 경위 등 이 사건 변론에 나타난 제반 사정을 참작하여 보면 그 액수는 금 30,000,000원으로 정함이 상당하다 할 것이다.

4. 결론

그렇다면, 예비적 청구에 따라 피고는 원고에게 위자료 금 30,000,000원 및 이에 대한 원고가 구하는 바에 따라 이 사건 소장부본 송달 다음날인 2000. 1. 8.부터 피고가 그 이행의무의 존부 및 범위에 관하여 항쟁함이 상당하다고 인정되는 이 사건 판결선고일인 2001. 1. 17.까지는 민법 소정의 연 5%, 그 다음날부터 다 갚는 날까지는 소송촉진등에관한특례법 소정의 연 25%의 각 비율로 계산된 지연손해금을 지급할 의무가 있다 할 것이다.

따라서, 이와 결론을 같이 한 원심판결은 정당하여 이에 대한 원고의 항소는 이유 없고 이를 기각하고, 당심에 이르러 추가된 원고의 주위적 청구 및 예비적 청구 중 재산상 손해에 관한 청구는 모두 이유 없어 이를 기각한다.

(4-2) 대법원 2003. 4. 11. 선고 2001다53059 판결[공2003.6.1.(179), 1151]

【원고,상고인】 심○섭
【피고,피상고인】 사단법인 한○무역협회
【원심판결】 서울고등법원 2001. 7. 5. 선고 2001나9191 판결
【주 문】
상고를 기각한다. 상고비용은 원고가 부담한다.

【이 유】

상고이유를 본다.

1. 상고이유 제1점에 대하여

계약이 성립하기 위하여는 당사자의 서로 대립하는 수개의 의사표시의 객관적 합치가 필요하고 객관적 합치가 있다고 하기 위하여는 당사자의 의사표시에 나타나 있는 사항에 관하여는 모두 일치하고 있어야 하는 한편, 계약 내용의 '중요한 점' 및 계약의 객관적 요소는 아니더라도 특히 당사자가 그것에 중대한 의의를 두고 계약성립의 요건으로 할 의사를 표시한 때에는 이에 관하여 합치가 있어야 계약이 적법 · 유효하게 성립하는 것이다. 그리고 계약이 성립하기 위한 법률요건인 청약은 그에 응하는 승낙만 있으면 곧 계약이 성립하는 구체적, 확정적 의사표시여야 하므로(대법원 1992. 10. 13. 선고 92다29696 판결, 1993. 10. 22. 선고 93다32507 판결, 1998. 11. 27. 선고 97누14132 판결 등 참조), 청약은 계약의 내용을 결정할 수 있을 정도의 사항을 포함시키는 것이 필요하다 할 것이다.

기록과 원심판결 이유에 의하면, 피고가 무역센터 부지 내에 수출 1,000억 $ 달성을 기념하는 영구조형물(이하 '이 사건 조형물'이라고 한다)을 건립하기로 하고 그 건립방법에 관하여 분야별로 5인 가량의 작가를 선정하여 조형물의 시안(試案) 제작을 의뢰한 후 그 중에서 최종적으로 1개의 시안을 선정한 다음 그 선정된 작가와 이 사건 조형물의 제작 · 납품 및 설치계약을 체결하기로 한 사실, 피고는 원고 등 조각가 4인에게 시안(試案)의 작성을 의뢰하면서 시안이 선정된 작가와 조형물 제작 · 납품 및 설치계약(이하 '이 사건 계약'이라고 한다)을 체결할 것이라는 사실을 알렸으나 당시 이 사건 조형물의 제작비, 제작시기, 설치장소를 구체적으로 통보하지 않은 사실, 피고는 작가들이 제출한 시안 중 원고가 제출한 시안을 당선작으로 선정하고 원고에게 그 사실을 통보한 사실, 그 후 피고는 여러 가지 피고 협회의 내부적 사정과 외부의 경제여건 등으로 원고와 사이에 그 제작비, 설치기간, 설치장소 및 그에 따른 제반사항을 정한 구체적인 이 사건 계약을 체결하지 아니하고 있다가 당선사실 통지 시로부터 약 3년이 경과한 시점에 원고에게 이 사건 조형물의 설치를 취소하기로 하였다고 통보한 사실을 알 수 있는바, 사실관계가 그러하다면 비록 피고가 작가들에게 시안 제작을 의뢰할 때 시안이 당선된 작가와 사이에 이 사건 계약을 체결할 의사를 표명하였다 하더라도 그 의사표시 안에 이 사건 조형물의 제작 · 납품 및 설치에 필요한 제작대금, 제작시기, 설치장소를 구체적으로 명시하지 아니하였던 이상 피고의 원고 등에 대한 시안제작 의뢰는 이 사건 계약의 청약이라고 할 수 없고, 나아가 원고가 시안을 제작하고 피고가 이를 당선작으로 선정하였다 하더라도 원고와 피고 사이에 구체적으로 이 사건 계약의 청약과 승낙이 있었다고 보기는 어렵다고 할 것이다.

같은 취지에서 원・피고 사이에 이 사건 계약이 체결되지 아니하였다는 원심의 판단은 정당하고, 거기에 주장과 같은 채증법칙 위배로 인한 사실오인이나 계약의 성립요건에 관한 법리오해의 위법이 없다.

2. 상고이유 제2점에 대하여

어느 일방이 교섭단계에서 계약이 확실하게 체결되리라는 정당한 기대 내지 신뢰를 부여하여 상대방이 그 신뢰에 따라 행동하였음에도 상당한 이유 없이 계약의 체결을 거부하여 손해를 입혔다면 이는 신의성실의 원칙에 비추어 볼 때 계약자유 원칙의 한계를 넘는 위법한 행위로서 불법행위를 구성한다고 할 것이다(대법원 2001. 6. 15. 선고 99다40418 판결 참조). 그리고 그러한 불법행위로 인한 손해는 일방이 신의에 반하여 상당한 이유 없이 계약교섭을 파기함으로써 계약체결을 신뢰한 상대방이 입게 된 상당인과관계 있는 손해로서 계약이 유효하게 체결된다고 믿었던 것에 의하여 입었던 손해 즉 신뢰손해에 한정된다고 할 것이고, 이러한 신뢰손해란 예컨대, 그 계약의 성립을 기대하고 지출한 계약준비비용과 같이 그러한 신뢰가 없었더라면 통상 지출하지 아니하였을 비용상당의 손해라고 할 것이며, 아직 계약체결에 관한 확고한 신뢰가 부여되기 이전 상태에서 계약교섭의 당사자가 계약체결이 좌절되더라도 어쩔 수 없다고 생각하고 지출한 비용, 예컨대 경쟁입찰에 참가하기 위하여 지출한 제안서, 견적서 작성비용 등은 여기에 포함되지 아니한다고 볼 것이다. 한편 그 침해행위와 피해법익의 유형에 따라서는 계약교섭의 파기로 인한 불법행위가 인격적 법익을 침해함으로써 상대방에게 정신적 고통을 초래하였다고 인정되는 경우라면 그러한 정신적 고통에 대한 손해에 대하여는 별도로 배상을 구할 수 있다고 할 것이다.

돌이켜 이 사건에 관하여 살피건대, 원심판결 이유 및 기록에 나타나는 제반정황에 의하면, 비록 원・피고 사이에 이 사건 계약에 관하여 확정적인 의사의 합치에 이르지는 못하였다고 하더라도 그 계약의 교섭단계에서 피고가 원고 등 조각가 4인에게 시안의 작성을 의뢰하면서 시안이 선정된 작가와 조형물 제작・납품 및 설치에 관한 이 사건 계약을 체결할 것을 예고한 다음 이에 응하여 작가들이 제출한 시안 중 원고가 제출한 시안을 당선작으로 선정하고 원고에게 그 사실을 통보한 바 있었으므로 당선사실을 통보받은 시점에 이르러 원고로서는 이러한 피고의 태도에 미루어 이 사건 계약이 확실하게 체결되리라는 정당한 기대 내지 신뢰를 가지게 되었다고 할 것이고 그 과정에서 원고는 그러한 신뢰에 따라 피고가 요구하는 대로 이 사건 조형물 제작을 위한 준비를 하는 등 행동을 하였을 것임에도, 앞서 본 바와 같이 피고가 원고와는 무관한 자신의 내부적 사정만을 내세워 근 3년 가까이 원고와 계약체결에 관한 협의를 미루다가 이 사건 조형물 건립사업의 철회를 선언하고 상당한 이유 없이 계약의 체결을 거부한 채 다른 작가에게 의뢰하여 해상왕 장보고 상징조형물을 건립한 것은 신의성실의 원칙에 비추어 볼 때 계약자유원칙의 한계를 넘는 위법한 행위로서 불법행위를 구성한다고 할 것이다.

나아가 그 손해배상의 유형과 범위에 관하여 보건대, 이 사건과 같은 피고의 계약교섭의 부당파기는 조형물 작가로서의 원고의 명예감정 및 사회적 신용과 명성에 대한 직간접적인 침해를 가한 불법행위에 해당된다고 할 것이므로 피고는 그로 인하여 원고가 입은 정신적 고통에 대하여 이를 금전으로 위자할 책임이 있다고 할 것이지만, 원고가 재산적 손해라고 주장하는 추정 총 제작비 20% 상당의 창작비 3억 원의 손해는 결과적으로 이 사건 계약이 정당하게 체결되어 그 이행의 결과에 따라 원고가 얻게 될 이익을 상실한 손해와 같은 성질의 것이어서 계약교섭이 중도파기되었을 뿐 종국에 가서 적법한 계약이 체결되지 아니한 이 사건에 있어서 원고로서는 계약의 이행을 청구할 수도 없고 또한 그 불이행책임을 청구할 아무런 법적 지위에 놓여 있지 아니하게 된 이상 계약의 체결을 전제로 한 이와 같은 손해의 배상을 구할 수는 없다고 할 것이고, 또한 이 사건 조형물의 제작을 준비하기 위하여 지출하였다는 비용 중 피고의 공모에 응하여 시안을 제작하는 데 소요된 비용은 아직 피고로부터 계약체결에 관한 확고한 신뢰가 부여되기 이전 상황에서 지출된 것으로서 원고로서는 그 대가로 500만 원을 지급받는 것에 만족하고 그 공모에 응하여 당선되지 않더라도 무방하다고 생각하고 지출한 비용에 불과하여 이 사건에서 용인될 수 있는 신뢰손해의 범위에 속한다고 볼 수도 없다고 할 것이며, 그 이외에 달리 원고가 이 사건 계약의 체결을 신뢰하고 지출한 비용이 있음을 뒷받침할 아무런 자료도 기록상 찾아볼 수 없다.

따라서 원고의 위자료 청구를 인용한 반면 주장과 같은 재산상 손해에 관한 청구를 배척한 원심판결은 그 이유설시에 있어 다소 미흡한 점이 있으나 그 결론에 있어서 수긍할 수 있고, 거기에 재판 결과에 영향을 미친 손해배상의 범위에 관한 법리오해의 위법이 없다.

3. 결 론

그러므로 상고를 기각하고, 상고비용은 패소자가 부담하도록 하여 관여 법관의 일치된 의견으로 주문과 같이 판결한다.

(5-1) 서울고등법원 2001. 7. 26. 선고 2000나25745 판결

【원고, 피항소인】 조○선

【피고, 항소인】 주식회사 문화방송 외 1인

【변론종결】 2001. 5. 24.

【제1심 판결】 수원지방법원 성남지원 2000. 4. 28. 선고 99가합2207 판결

【주 문】

1. 제1심 판결 중 피고들은 각자 원고에게 6천만원과 이에 대하여 1999. 3. 21.부터 2001. 7. 26.까지는 연 5%, 그 다음날부터 갚는 날까지는 연 25%의 각 비율로 계산한 금액을 초과하여 지급을 명한 피고들 패소부분을 취소하고, 위 취소부분에 해당하는 원고의 청구를 기각한다.
2. 피고들의 나머지 항소를 기각한다.
3. 소송 총비용은 이를 4분하여 그 중 1은 피고들의, 나머지는 원고의 각 부담으로 한다.

【청구취지 및 항소취지】

1. 청구취지

피고들은 각자 원고에게 5억원 및 이에 대한 1999. 3. 21.부터 제1심 판결선고일까지는 연 5%, 그 다음날부터 갚는 날까지는 연 25%의 각 비율로 계산한 금액을 지급하라.

2. 항소취지

제1심 판결 중 피고들 패소부분을 취소한다. 원고의 청구를 모두 기각한다.

【이 유】

1. 인정사실

다음과 같은 사실은 당사자 사이에 다툼이 없거나 갑제1호증의 1, 2, 갑제3호증의 1 내지 14, 23 내지 26, 갑제4호증의 1 내지 8, 갑제5호증, 갑제6호증의 1 내지 13, 갑제7호증의 1, 2, 갑제8, 9호증의 각 기재, 원심 증인 이○수, 양○암의 각 증언, 당심에서의 피고 이○마 본인신문결과에 변론의 전취지를 종합하여 인정된다.

가. 당사자들의 지위

(1) 원고는 1993. 3. 서울지방검찰청 검사로 초임발령을 받아 춘천지방검찰청 속초지청을 거쳐 수원지방검찰청 성남지청에서 검사로 재직하다가 이 사건 방송보도 후인 1999. 8. 31.경 사직하였다.

(2) 피고 주식회사 문화방송(이하 피고 회사라고 한다)은 방송사업 및 문화서비스업을 목적으로 설립되어 MBC 텔레비전, 라디오를 통하여 방송을 하는 법인이며, 피고 이○마는 이 사건을 취재하고 기사를 작성한 피고 회사의 기자이다.

나. 이 사건 방송의 내용

(1) 피고 회사는 1999. 3. 6. 오후 9시 MBC 뉴스데스크 시간에 "한심한 검찰"이라는 제목 하에 조○환에 대한 검찰의 이중기소사실을 보도하였다. 당시 앵커가 일사부재리의 원칙에 대하여 설명한 후 피고 이○마가 조○환(이 사건 방송에서는 성남시 하대원동에 사는 조모씨로 익명보도 됨)이 1200만원을 횡령한 혐의로 불구속 기소되어 징역 8월에 집행유예 2년의 형을 선고받았음에도 1년 반이 지난 1998. 9. 또다시 같은 혐의로 재조사를 받았다고 설명하였다. 이어서 "검사에게 재판받은 판결문이 있다고 말했더니 두 사람이 웃더라구요..."라고 하는 조○환과의 인터뷰 내용을 보도한 후 피고 이○마 기자가 "검찰은 조씨를 구속하겠다며 3시간여 동안 불법적으로 구금했습니다. 하지만 피의자를 구금까지 하면서도 검찰은 조씨가 이미 처벌을 받았는지 확인도 안 했습니다."라고 설명하고, 기본적인 전과조회를 실시하였는지를 묻는 기자의 질문에 대한 검찰 참여계장의 부정적인 답변을 방송하였다. 다음 피고 이○마 기자는 조○환이 피해자와 합의를 하겠다는 약속을 한 뒤에야 풀려났다가 한 달이 지나도 변제하지 못하자 검찰이 그를 횡령죄로 이중기소하였다고 설명한 후 담당검사는 사건이 고소인 소재 불명으로 기소 중지되어 있었기에 조○환이 이미 처벌을 받은 줄 몰랐다고 말한다면서 "이 정도 경미한 것으로 무슨 잘못을 할 수 있겠나. 잘못 됐으면 법원에서 공소기각 판결날 것 아닌가"라는 내용의 원고의 해명을 보도하고, 위 이○마 기자가 "한 번 형이 확정된 조씨는 사법사상 처음 같은 사건으로 또 한번 재판을 받고 있습니다"라고 말하는 것으로 보도를 마쳤다.(이하 이 사건 제1방송이라 한다)

(2) 피고 회사는 1999. 3. 21. 오후 9시 MBC 뉴스데스크 시간에 "보복수사 논란"이라는 제목 하에 명예훼손혐의로 조○환을 구속한 검찰에 대하여 보도하였다. 당시에 앵커가 검찰의 이중기소에 대한 이 사건 제1방송 보도가 나간 이후 검찰이 사과는 커녕 조○환을 명예훼손혐의로 구속하여 보복수사논란이 일고 있다고 설명한 후 피고 이○마 기자가 조○환이 성남지청 조○선 검사에 의해 이중기소되어 재판을 받고 있다는 이 사건 제1방송 보도가 나간 이후 일주일도 안되어 검찰은 재판을 받기 위해 법원에 나온 조○환을 출판물등에 의한 명예훼손혐의로 긴급체포하였다는 설명을 하였다. 이어서 문제가 된 이 사건 제1방송에서의 조○환과의 인터뷰 부분을 보도한 후 피고 이○마 기자가 검찰은 조○환이 조사 과정에서 이미 처벌받은 사실을 말한 적이 없으면서 검찰을 비방하기 위해서 문화방송 측에 허위 제보를 했다고 밝혔으나 이중기소라는 검찰의 명백한 잘못으로 인해 조씨가 큰 고통을 받았는데도 조씨의 표현을 문제삼아 구속 수사하는 것은 부당하다라는 취지의 설명을 하고, 이러한 주장을 뒷받침하기 위하여 이에 대하여 논평한 한 변호사의 인터뷰 내용을 보도한 후, "검찰의 명예는 국민적 신뢰를 바탕으로 해서만 확보된다는 사실을 직시해야 할 것입니다"라는 설명으로 보도를 마쳤다.(이하 이 사건 제2방송이라 한다)

다. 방송의 경위

(1) 박○정은 1994. 10. 13. 조○환과 김○근이 어음을 할인하여 주겠다고 속여 2000만원권 약속어음 1장을

건네주자 이를 할인한 후 그 돈을 자신에게 돌려주지 않고 편취하였다는 내용으로 위 조○환과 김○근을 성남경찰서에 고소하였는데 경찰에 고소한 사건의 처리가 지지부진하자 더 이상 경찰을 믿을 수 없다고 생각하고 변호사와 상담한 후 경찰보다 검찰에 고소하는 것이 더 신속하고 공정하게 처리될 수 있을 것이라고 판단하여 같은 해 10. 28. 성남지청에 동일한 내용으로 다시 고소하였다. 그런데 위 두 사건은 병합되지 아니한 채 검찰과 경찰에서 각각 수사가 진행되다가 경찰고소사건도 성남지청에 송치되었고, 성남지청의 담당 검사는 위 박○정의 소재불명을 이유로 1994년 말경 위 두 사건에 대하여 각 기소중지결정을 하였다. 그 후 박○정의 소재가 발견되자 검찰에 고소한 사건(이하 제1사건이라고 한다)은 1996. 12.경 재기되어 조○환은 수원지방법원 성남지원에 횡령죄로 불구속 구공판되었고, 위 법원은 1997. 3. 21. 위 조○환에 대하여 징역 8월에 집행유예 2년의 형을 선고하였으며, 위 판결은 같은 달 29. 확정되었다.

(2) 한편, 박○정은 1998. 9. 3. 참고인 소재불명으로 기소중지되어있던 경찰고소사건(이하 제2사건이라고 한다)에 대하여도 성남지청에 재기신청을 하였고, 이 사건의 주임검사가 된 원고는 같은 달 24. 조○환을 소환하여 박○정과 대질신문까지 하였으나, 위 조○환은 조사를 받는 동안 합의를 하기 위한 시간을 줄 것을 호소하였을 뿐 원고나 참여계장에게 자신이 같은 범죄로 이미 재판을 받았다는 사실을 진술하지 않았다.

(3) 원고는 조○환을 조사한 결과 범죄혐의가 인정되고, 범죄 후 5년 동안 피해변제가 이루어지지 않은 것으로 드러나자 동인에 대하여 구속영장 청구를 준비하던 중 점심시간이 되어 동인을 일단 긴급체포한 후 청내 경찰관실에 1시간 가량 대기시켰다가 다시 소환하여 조사를 마쳤는데, 위 조○환이 합의기간을 달라고 간청하자 원고는 추석명절을 앞둔 시기인 점을 참작하여 합의기간을 부여하고 긴급체포장을 작성하지 아니한 채 조○환을 귀가조치하였다.

(4) 그러나 그 후 조○환이 약정한 기간까지 박○정과 합의도 하지 않고 소환에도 불응하자, 원고는 경찰에서 송치된 수사기록상의 범죄경력조회 외에 따로 제2사건에 관하여 참고인 소재불명으로 기소중지 결정이 된 이후 위 조○환에게 새로운 전과사실이 발생하였는지에 관하여 범죄경력조회를 하는 등 확인조치를 취하지 아니한 채 1998. 10. 23. 위 조○환을 횡령죄로 성남지원에 불구속 구공판하였고, 조○환은 그 공판기일인 1999. 2. 5.경 법정에서 재판장에게 같은 사안으로 이미 처벌받은 사실을 진술하지 아니한 채 합의를 위한 시간만을 요청하여 다음 공판기일이 1999. 3. 12.로 지정되었다.

(5) 한편 조○환은 1999. 3. 2. 피고 회사 성남지국 사무실로 피고 이○마를 찾아가 제2사건으로 인하여 이중기소되었다고 제보하면서 원고나 참여계장으로부터 조사를 받는 과정에서 동일 사건으로 이미 재판받은 판결문이 있다고 말한 사실이 없으면서도 "검사에게 재판받은 판결문이 있다고 말했더니 웃더라"는 거짓말을 하였다.

(6) 피고 이○마는 조○환을 취재한 다음, 1999. 3. 3. 원고를 찾아가 위 조○환이 검찰에서 조사를 받을 때 확정판결문까지 제시하며 이미 동일한 사건으로 처벌받았다고 변소하는데도 이를 묵살하고 불법구금하였다가 그래도 피해변제를 하지 않자 이중으로 기소하였다는데 사실이냐고 물었고, 이에 원고가 "조○환이 동일 사건으로 처벌받은 사실을 전혀 진술하지 않은 채 피의 사실을 순순히 자백하고 합의기간을 달라고 호소하여 주임검사로서 업무착오를 일으키게 된 것이며 검사로서는 동일한 사건으로 기소되었는지의 여부를 알 수 없었다. 동일한 사건으로 처벌받은 사실을 알고서도 이중기소를 할 검사는 없고 그러한 일은 검사로서는 자살행위이다. 오해로 인한 왜곡보도를 삼가 달라"는 취지의 말을 하였다. 그러나 피고 이○마는 참여계장과 고소인과의 결탁가능성을 언급하면서 위 해명을 믿지 아니하고 바로 성남지청 형사 1부장실을 방문하였는데 형사 1부장검사로부터도 다

시 한번 진상에 관한 설명과 함께 오해에 기한 성급한 보도를 자제해 달라는 당부를 받았으나 원고와의 약 40여 분간에 걸친 대화내용을 담은 카메라와 녹음기의 내용을 편집한 후 "한심한 검찰"이라는 제목 하에 별지 제1목록 방송내용 기재에 상응하는 내용의 기사를 작성하여 피고 회사의 보도국으로 보냈고, 보도국은 1999. 3. 6. 오후 9시 MBC 뉴스데스크 시간에 이를 방송하였다.

(7) 위 보도가 나가자 제2사건에 대하여 검사가 공소를 취소하여 1999. 3. 12. 성남지원에서 공소기각결정을 하였으나, 성남지청 소속 양○승 검사는 같은 날 이 사건 제1방송의 제보자인 조○환을 출판물등에의한명예훼손죄로 긴급체포하여 조○환으로부터 1998. 9. 24. 조사 당시 검사나 참여계장에게 같은 사건으로 이미 재판받은 판결문이 있다는 말을 한 사실이 없다는 진술을 받아낸 후 1999. 3. 31. 조○환을 성남지원에 구속 기소하였고, 성남지원은 조○환에 대하여 1999. 5. 28. 징역 8월에 집행유예 2년의 형을 선고하여 그 형이 그 무렵 확정되었다.

(8) 그러자 피고 이○마는 "보복수사 논란"이라는 제목 하에 별지 제2목록 방송내용 기재와 같은 내용의 기사를 작성하였고, 피고 회사는 1999. 3. 21. 피고 회사 오후 9시 MBC 뉴스데스크 시간에 이를 방송하였다.

2. 판단

가. 손해배상책임의 발생

(1) 피해자의 특정여부

명예훼손책임이 성립하기 위해서는 명예를 훼손당하게 될 피해자가 특정되어야 하나 사람의 성명 등이 명시되지 아니하여 게재된 기사나 영상 자체만으로는 피해자를 인식하기 어렵게 되어 있더라도 그 표현의 내용을 주위사정과 종합해 보면 기사나 영상이 나타내는 피해자가 누구인가를 알 수 있고 또 그 사실을 아는 사람이 다수인 경우에는 피해자가 특정되어 있다고 볼 것이다.

살피건대 이 사건 제1방송에 있어서는 비록 원고의 이름을 직접적으로 명시하지는 아니하였으나 이중기소된 조○환의 주소를 적시하였고 보도와 함께 나간 화면으로 성남지청건물을 보여 주어 원고가 성남지청의 검사임을 암시하고 있을 뿐만 아니라, 짧은 시간이기는 하나 원고가 집무하는 검사실의 앞에 걸린 검사실의 호실과 검사명 표시를 화면으로 보여주고 원고의 해명을 방송한다면서 원고의 육성을 그대로 방송하여, 원고의 업무를 평소 잘 알고 있는 사람들이나 원고의 직역과 관계되는 업무에 종사하는 사람들은 물론 상당수의 일반인도 조○환을 이중기소한 검사가 원고임을 쉽게 인식할 수 있었다고 보이고 따라서 원고가 피해자임을 특정하기에 충분하다 할 것이며, 이 사건 제2방송의 보도에 있어서는 "성남지청 조○선 검사"라고 특정하여 원고의 실명을 명시하고 있으므로 피해자의 특정과 관련하여 아무런 문제가 없다할 것이다.

(2) 책임의 성부

이 사건 제1방송은 그 내용이 전체적으로 보아 일사부재리의 원칙상 한 번 처벌을 받은 사람은 같은 범죄로 다시 처벌할 수 없다할 것인데 검사인 원고가 전과조회만 하였더라면 조○환이 동일한 범죄로 인하여 이미 처벌받은 사실을 쉽게 확인할 수 있었음에도 위 피의자를 구금까지 하면서도 전과조회를 아니하여 이미 처벌받아 형이 확정까지 된 조○환을 또다시 기소하는 잘못을 저질렀다는 것이고, 이 사건 제2방송의 내용은 이중기소는 명백히 검사인 원고가 잘못한 것이고 이로 인하여 조○환은 큰 고통을 받게 되었음에도 검찰이 사과는커녕 오히려 조○환을 명예훼손 혐의로 구속하였다는 것으로서, 이 사건 방송은 이러한 사실을 적시함으로써 공정하고도 사려 깊게 수사 및 기소업무를 처리하여야 할 검사인 원고가 사회로부터 받는 객관적인 평가를 침해하였음이 인정된다.

나. 위법성의 판단

피고들은 이 사건 방송은 공공의 이해에 관련된 것으로서 그 목적이 공공의 이익을 위한 것이고 적시된 사실들이 모두 진실한 것이거나 또는 진실한 것으로 믿은 데 상당한 이유가 있으므로 위법성이 없다고 항변한다.

(1) 공공성

이 사건 보도는 범죄를 수사하고 기소하는 책무를 지고 있는 검사의 공적인 업무와 관련한 잘못을 지적하고 있다는 점에서 그 표현에 있어서 다소의 과장이나 원고에 대한 악의가 엿보이기는 하나 전체적으로 보아 이 사건 방송의 내용이 공공의 이해에 관련된 것이고 그 목적이 공익을 위한 것임을 인정할 수 있다.

(2) 진실성

의견 또는 논평을 표명하는 표현행위로 인한 명예훼손에 있어서는 사실을 적시하는 표현행위로 인한 명예훼손과는 달리 그 의견 또는 논평 자체가 진실인가 혹은 객관적으로 정당한 것인가 하는 것은 위법성 판단의 기준이 될 수 없고, 그 의견 또는 논평의 전제가 되는 사실이 중요한 부분에 있어서 진실이라는 증명이 있는가, 혹은 그러한 증명이 없다면 표현행위를 한 사람이 그 전제가 되는 사실이 중요한 부분에 있어서 진실이라고 믿을 만한 상당한 이유가 있는가 하는 것이 위법성 판단의 기준이 되는 것이므로, 어떠한 표현행위가 명예훼손과 관련하여 문제가 되는 경우 그 표현이 사실을 적시하는 것인가 아니면 의견 또는 논평을 표명하는 것인가, 또 의견 또는 논평을 표명하는 것이라면 그와 동시에 묵시적으로라도 그 전제가 되는 사실을 적시하고 있는 것인가 그렇지 아니한가를 구별할 필요가 있다. 따라서 이하에서는 이 사건 방송에 있어서의 각 표현이 사실을 적시한 것인지 의견을 표명한 것인지를 구분하여 검토하기로 한다.

(가) 이 사건 제1방송 중 이○마 기자의 "검찰은 조씨를 구속하겠다며 3시간여 동안 불법적으로 구금했습니다. 하지만 피의자를 구금까지 하면서도 검찰은 조씨가 이미 처벌을 받았는지 확인도 안했습니다"라는 설명 부분

위 표현 중에서 피의자를 구금까지 하면서도 검찰이 조씨가 처벌을 받았는지 확인하지 아니하였다는 것은 사실의 적시이고, 검찰이 조○환을 구금하면서도 경찰에서 기록을 송부받을 당시에 첨부되어 있던 약 4년이 경과한 범죄경력조회서와 조○환 본인의 형식적인 진술에 의하여 전과를 확인한 외에 경찰에서의 범죄경력조회 이후에 새로운 전과사실이 발생하였는지의 여부를 확인하기 위하여 다시 전과조회를 하고 의문이 드는 전과기록에 관하여 보다 구체적으로 조○환을 신문하거나 공소장이나 판결문을 확인하는 방법으로 조○환이 이미 같은 범죄사실로 인하여 처벌을 받았음을 확인하지 아니하였음은 앞서 본 바와 같으므로 이는 진실한 사실임이 인정된다.

한편, 검찰은 조씨를 구속하겠다며 3시간여 동안 불법적으로 구금했다는 부분은 검찰이 조○환을 구속하겠다며 구금하여 조사한 것은 사실이나, 조○환이 이미 동일한 범죄로 처벌받았음을 진술하지 아니하여 그러한 사실을 알지 못한 채 긴급체포의 요건이 된다고 판단하여 조○환을 긴급체포하여 구금한 것을 불법감금이라고 단언하기는 어렵다할 것이다. 하지만 어떠한 표현이 사실의 적시인지 의견 또는 논평의 표명인지를 구별하기 위해서는 당해 표현의 객관적인 내용과 아울러 일반의 시청자가 보통의 주의로 보도를 접하는 방법을 전제로 표현에 사용된 어휘의 통상적인 의미, 표현의 전체적인 흐름, 문구의 연결 방법 등을 기준으로 하여 판단하여야 하고, 여기에다가 당해 표현이 게재된 보다 넓은 문맥이나 배경이 되는 사회적 흐름 등도 함께 고려하여야 할 것인데, 피고 이○마가 이 사건 제1방송에서 불법감금이라는 표현을 쓴 것은 일사부재리의 원칙에 비추어 한 번 처벌을

받은 사람을 이중으로 기소할 수 없음에도 검사가 전과확인을 게을리 하여 조○환이 같은 범죄사실로 이미 처벌을 받은 것을 인식하지 못한 채 피의자를 구금까지 한 것은 잘못된 것으로서 그 구금은 매우 부당한 것이라는 자신의 의견을 법조인이 아닌 기자의 입장에서 강력하게 나타내려고 한 것으로 봄이 상당하고 그 전제사실의 진실성은 인정된다 할 것이다.

(나) 이 사건 제1방송 중 이○마 기자의 “한 번 형이 확정된 조씨는 사법사상 처음 같은 사건으로 또 한번 재판을 받고 있습니다”라는 설명 부분

이 부분 중 조○환이 동일한 범죄행위로 이미 재판을 받아 형이 확정된 것과 다시 같은 혐의로 기소되어 재판을 받고 있는 것은 사실이라 할 것이나 이중기소가 사법사상 처음이라는 부분은 사실이 아니다. 하지만 사법사상 처음이라는 표현도 전체적인 문맥에 비추어 보면 실제로 이중기소가 사법사상 처음이라는 의미라기보다는 원고가 전과확인을 게을리 한 잘못으로 인하여 조○환을 이중기소한 것은 극히 이례적이며 부당하다는 자신의 의견을 강조하여 표현한 것으로 봄이 상당하고, 그 전제사실의 진실성은 인정된다 할 것이다.

(다) 이 사건 제1방송 중 조○환과의 인터뷰 방영부분

언론기관이 인터뷰 내용을 그대로 방영하는 경우에 그것이 그가 그와 같은 발언을 하였다는 사실을 적시한 것인지 아니면 그 발언내용인 사실을 적시한 것인지를 가려야 한다. 만일 인터뷰의 상대방이 그와 같은 발언을 하였다는 사실을 적시한 것이라면 언론기관의 명예훼손책임은 부정될 것이나 적어도 표현 전체의 취지로 보아 그 사실이 존재할 수 있다는 것을 암시하는 이상은 사실의 적시가 있었다고 보아야 한다.

살피건대 첫째, 조○환에 대한 인터뷰 내용은 이 사건 제1방송의 전체 문맥으로 보아 조○환이 검사에게 이미 동일한 범죄사실로 재판을 받아 그 판결문이 있다고 말하였음에도 검사나 검찰 참여계장이 이를 묵살하였다는 취지로서, 조○환이 수사받는 과정에서 이미 처벌받은 사실을 전혀 진술하지 아니한 채 피의 사실을 자백하고 합의기간을 달라고 호소하여 업무착오를 일으켰다는 원고의 해명과는 그 내용이 크게 다른 것이며, 검사로서의 직무를 고의로 유기하였다는 비난을 받을 수 있을 정도로 원고에게는 치명적인 명예훼손 내용을 담고 있는 것임에도 이를 그대로 방영하였고, 둘째, 이 사건에 대한 취재시에 담당 검사인 원고나 검찰 참여계장이 조○환의 위 진술부분에 대하여 충분한 해명을 하였음에도 제1방송에서 방영된 조○환에 대한 인터뷰 내용에 대응하는 원고나 참여계장의 진술부분은 조○환의 진술에 대한 해명이라기 보다는 기자의 설명을 보강할 수 있는 부분이나 엉뚱한 말을 하고 있는 부분만을 편집하여 방영하였으며, 셋째, 방송의 제목으로 뽑은 “한심한 검찰”과 중간에 덧붙인 조○환을 “불법적으로 구금”하였다는 설명, 끝에 부가한 조○환이 “사법사상 처음”으로 이중기소되어 재판을 받고 있다는 설명 등과 앞서 본 원고나 참여계장 진술부분의 문제점을 감안하면 위 조○환에 대한 인터뷰 부분은 피고들의 방송의도에 부합하여 의도적으로 방영된 것으로 보이는 점 등을 종합하면, 조○환에 대한 인터뷰 부분에 대한 방영은 조○환이 그와 같은 발언을 하였다는 사실을 적시한 것이라기보다는 피고들이 위 인터뷰 내용을 방영함으로써 간접적으로 그 사실을 표현하였다고 봄이 상당하고, 조○환에 대한 인터뷰 내용이 허위임은 앞서 본 바와 같다.

또한 조○환이 조사를 받을 당시에 동일한 범죄사실로 인하여 처벌받은 판결문이 있다고 진술하였음에도 이를 묵살하고 그 변소내용의 진위를 확인하지 아니하고 기소하였다는 사실은 실수로 조○환의 전과조회를 게을리 하여 결과적으로 동일한 범죄사실로 이중기소하게 되었다는 사실과는 비교할 수 없을 정도로 원고의 명예에 치명적인 영향력을 가진 것이라는 점, 피고 이○마가 원고에 대하여 취재할 당시에 원고가 이를 강력히 부인하

였을 뿐만 아니라 원고가 조○환의 변소를 묵살하고 이중기소를 하는 경우 조○환이 법정에서 제1사건으로 인한 판결문을 제출하기만 하면 즉각 면소판결이 선고될 터인데 검사가 동일 범죄로 처벌받은 사실을 알면서 다시 기소한다는 것은 납득하기 어려운 일이므로 조○환이 조사를 받을 당시에 합의를 볼 시간만을 간청하였을 뿐 동일한 범죄로 인하여 처벌받은 사실을 진술하지 아니하여 제1사건으로 인한 판결의 존재를 전혀 알지 못하였다는 원고의 변소를 수긍할 수 있는 점, 이에 반하여 조○환은 피의자 또는 피고인의 입장에 있던 자로서 자신에게 불리한 사실을 은폐할 가능성이 높았고 특히 그의 전력이나 범죄 내용 등에 비추어 그 진술의 신빙성에 상당한 의문을 가질 수 있었으므로 기자에게 조○환의 진술내용의 진위를 확인하기 위한 상당한 노력이 필요하였던 점, 조○환이 검사 등에게 자신이 이미 동일한 범죄로 인하여 처벌받은 사실을 말하였음에도 부당하게 묵살당하고 이중기소되었다면 기자를 찾아가 그 부당함을 호소할 정도로 적극적이며 이미 재판을 받아본 경험이 있는 조○환으로서는 공판기일에 법정에서 그 사실을 진술하거나 판결문을 제출하는 등의 방법으로 이미 처벌받은 사실을 알리려 하였을 것이고, 이는 조○환과 함께 공판기록을 열람하는 등의 방법을 통하여 쉽게 확인할 수 있었음에도 조○환의 진술의 진위를 확인하기 위한 아무런 노력도 아니한 채 오히려 원고와 검찰 참여계장의 강력한 부인에도 불구하고 조○환의 일방적 진술을 믿고 그대로 방영한 점 등을 고려하면 원고가 조○환의 진술이 진실이라고 믿었음에 관하여 상당성이 있다고 보기도 어렵다.

(라) 이 사건 제1방송 중 나머지 부분

이 사건 제1방송 중 앞서 본 부분을 제외한 나머지 부분, 즉 일사부재리의 원칙을 설명한 앵커의 설명부분과 조○환이 같은 혐의로 이미 처벌을 받았음에도 다시 소환되어 조사를 받고 피해자와 합의를 하겠다고 하여 풀려났다가 채무액을 변제하지 못하자 검찰이 조○환을 횡령혐의로 다시 기소하였다는 부분, 담당 검사가 조○환이 이미 처벌을 받은 줄 몰랐다고 말하였다는 부분은 모두 진실에 부합한다 할 것이고, 컴퓨터 전과조회여부를 묻는 질문에 대한 계장의 부정적인 답변과 전과조회를 하지 아니한 것이 경미한 잘못이고 잘못되었다면 법원에서 공소기각 판결이 날 것이라는 원고의 진술을 방송한 부분도 그것이 비록 전체 진술 중에서 방송의 의도에 필요한 부분만을 의도적으로 발췌한 것이라 하여도 그 내용은 당사자의 진술에 부합하는 것으로서 진실한 것이다.

(마) 이 사건 제2방송 부분

이 사건 제2방송 부분 중 조○환이 원고에 의해 이중 기소되어 재판을 받고 있다는 이 사건 제1방송 보도가 나간 이후 일주일도 안되어 검찰이 재판을 받기 위해 법원에 나온 조○환을 출판물등에의한명예훼손혐의로 긴급체포하였다는 부분은 사실의 적시로서 그 내용이 진실에 부합하는 것이다.

제1방송에서 방송된 조○환의 인터뷰 부분을 다시 방송한 부분은 그 전후의 문맥과 관련하여 고찰하면 제1방송에서와는 달리 시청자에게 조○환이 진술한 사실이 존재할 수 있다는 것을 암시하는 것이라기보다는 검찰이 제1방송에서 방송된 조○환의 인터뷰 내용이 허위라고 하여 조○환을 명예훼손으로 긴급체포하였다는 사실을 설명하기 위한 것으로서 조○환이 그와 같은 진술을 하였다는 사실을 적시한 것에 불과하다고 봄이 상당하고, 이는 진실에 부합하는 것이다.

다음으로 "보복수사 논란"이나 "이중기소라는 검찰의 명백한 잘못으로 인해 조씨가 큰 고통을 받았는데도 조씨의 표현을 문제삼아 구속 수사하는 것은 앞뒤가 바뀐 것", "검찰의 명예는 국민적 신뢰를 바탕으로 해서만 확보된다는 사실을 직시해야..."라는 부분은 모두 피고들의 의견의 표명이며, 보복수사의 의혹을 불러일으키기에 충분하다는 한 변호사의 논평을 보도한 부분은 전후의 문맥에 비추어 그 변호사가 그러한 내용의 진술을 하였다는 사실을 적시한 것이라기보다는 위 변호사와의 인터뷰 내용을 방송함으로써 피고들의 의견을 간접적으로 표명한 것이라고 봄이 상당하다. 따라서 이 부분 표현의 진실성을 판단하기 위해서는 모두 전제되는 사실, 즉 조○환이 원고에 의해 이중기소되어 재판을 받고 있다는 방송이 나간 후 얼마 안되어 검찰이 조○환을 구속하였다는 사실의 진실성을 검토하여야 할 것인데 이 부분이 진실에 부합함은 앞서 본 바와 같다.

(3) 판단

(가) 그렇다면 피고들이 방영한 이 사건 제1, 2방송 중 사실을 적시한 부분은 이 사건 제1방송 중 조○환과의 인터뷰를 보도한 부분은 위법성이 인정되고 나머지 부분은 모두 위법성이 없다고 할 것이다.

이 사건 제1, 2방송 중 의견의 표명에 해당하는 부분은 그 전제사실이 진실하다고 할지라도 의견의 표명 자체가 전제사실로부터 합리적으로 도출될 수 없는 잘못된 의견이라면 면책될 수 없다고 하여야 할 것인데, 원고의 조○환에 대한 이중기소에 관하여 "불법감금", "사법사상 처음"이라는 표현을 동원하여 "한심한 검찰"이라고 단정한 것과, 검찰이 조○환의 제1방송에서의 인터뷰 내용을 문제삼아 구속한 것을 "보복수사"라고 표현한 것에 관하여 보면, 이러한 표현들은 피고들이 원고의 실수를 빌미로 지나치게 과도한 비난을 가한 것으로서 다소 부적절하기는 하나 전체적으로 보아 잘못된 의견이라고 보기는 어렵고 결과적으로 피고들의 논평의 자유의 범위에 속하여 위법성이 조각된다고 봄이 상당하다.

(나) 피고들은, 원고는 사인이 아닌 국가기관인 공인으로서 기본권이 제한되므로 언론의 자유에 입각한 피고들의 이 사건 보도행위는 원고가 피고들의 현실적인 악의에 대하여 입증하지 못하는 한 원고에 대하여 명예훼손을 구성하지 않거나 명예훼손이 되더라도 책임이 경감된다고 주장한다.

살피건대, 공인의 공적인 관심 영역에 대한 보도에 있어서의 위법성의 판단은 헌법상 보장되는 표현의 자유의 본질적 의미와 관련하여 볼 때 사인의 사적영역에 대한 보도에 있어서의 위법성의 판단에 있어서보다 신중을 기하여야 하고 표현의 자유가 보다 널리 보장되어야 할 것이지만, 나아가 원고가 공인이기 때문에 기본권이 제한되며 따라서 표현의 자유로 인하여 얻어지는 이익과 인격권의 보호에 의하여 달성되는 가치를 상호 비교형량함이 없이 피고들의 원고에 대한 이 사건 방송이 명예훼손을 구성하지 않거나 책임이 경감된다는 피고들의 위 주장은 받아들이기 어렵다.

시청률이 높고 공신력이 있는 공중파 TV 방송의 정규뉴스는 특히 그 영향력이 지대하며 시청자들로서는 보도된 내용의 진실여부를 확인할 수 있는 별다른 방도가 없을 뿐만 아니라 언론기관이 가지는 권위와 그에 대한 신뢰로 인하여 보도내용을 그대로 진실로 받아들이는 경향이 있고, 언론보도가 가지는 광범위하고도 신속한 전파력으로 인하여 사후 정정보도나 반박보도 등의 조치에 의한 피해구제만으로는 사실상 충분한 명예회복을 기대할 수 없는 것이 보통이므로, 보도내용의 진실여하를 불문하고 그러한 보도 자체만으로도 피해자 또는 그 주변 인물들이 입게 되는 피해의 심각성을 고려할 때 보도가 공적 인물에 대한 것이라 하더라도 보도내용의 진실성을 담보하기 위하여 기자와 언론사는 필요한 취재를 하여야 할 것이며 그러하지 아니하고 허위사실을 보도하여 명예를 훼손하는 경우에는 위법성이 조각된다고 할 수 없다.

3. 손해배상의 범위

피고들이 배상하여야 할 위자료의 수액에 관하여 보건대, 이 사건 방송 내용 중 허위 사실이 차지하는 비중, 이 사건 방송의 내용 및 방송 시점, 방영 시간, 피고 회사가 우리나라 언론에서 차지하고 있는 위치, 텔레비전

방송이 시청자에게 미치는 영향력, 피고들의 사실 확인을 위한 노력의 정도, 그밖에 원고의 나이, 가족관계, 신분, 특히 원고가 이 사건 방송보도 후 견디지 못하고 결국 공직을 사직한 점, 이 사건 방송이 법집행자로서 검사라는 사회적 지위에 있는 원고 개인에 대한 명예를 훼손하는 결과를 가져왔을 뿐만 아니라, 나아가 검찰이 피의자의 변소마저 묵살하고 피의자를 이중기소함으로써 피의자의 인권을 유린한 듯한 인상을 주어 법집행기관에 대한 불신감을 조장한 점을 한편으로 고려하고, 원고가 검사로서의 기본적인 의무인 조○환에 대한 전과 확인을 게을리 하여 조○환을 이중기소하게 되었다는 보도내용의 중요한 부분이 진실에 부합하며 이 사건 방송의 표현이 원고의 잘못에 비하여 다소 지나친 것이기는 하나 공인의 공적인 활동영역에 대한 보도로서 공익성이 인정되는 점을 다른 한편으로 고려하여 보면, 피고들이 원고에게 배상하여야 할 위자료는 6천만원으로 정함이 상당하다.

4. 결론

그렇다면, 피고들은 각자 원고에게 위자료 6천만원 및 이에 대하여 원고가 구하는 바에 따라 이 사건 제2방송일인 1999. 3. 21.부터 당심 판결선고일인 2001. 7. 26.까지는 연 5%, 그 다음날부터 갚는 날까지는 연 25%의 각 비율에 의한 지연손해금을 지급할 의무가 있다 할 것이므로, 원고의 피고들에 대한 각 청구는 위 인정범위내에서 이유 있어 이를 인용하고, 나머지 청구는 이유 없어 이를 기각할 것인바, 제1심 판결은 이와 일부 결론을 달리하여 부당하므로 피고들의 항소를 일부 받아들여 제1심 판결 중 위 인정범위를 초과하여 지급을 명한 피고들 패소부분을 취소하고 그 취소부분에 해당하는 원고의 청구를 기각하며, 피고들의 나머지 항소는 이를 기각하기로 하여 주문과 같이 판결한다.

(5-2) 대법원 2004. 2. 27. 선고 2001다53387 판결[공2004.4.15.(200), 594]

【원고, 피상고인】 원고

【피고, 상고인】 주식회사 문화방송 외 1인

【원심판결】 서울고등법원 2001. 7. 26. 선고 2000나25745 판결

【주 문】

원심판결 중 피고들 패소 부분을 파기하고, 이 부분 사건을 서울고등법원에 환송한다.

【이 유】

1. 사실관계

원심이 적법하게 확정한 사실관계는 다음과 같다.

가. 소외 1에 대한 이중기소

(1) 박○정은 소외 1과 소외 2가 약속어음을 할인하여 주겠다고 속여 액면 2,000만 원의 약속어음 1장을 받아가 이를 할인한 후 그 돈을 돌려주지 않고 편취하였다는 내용으로 소외 1과 소외 2를 1994. 10. 13. 성남경찰서에 고소하였다.

(2) 박○정은 위 고소사건의 처리가 지지부진하다는 이유로 같은 달 28. 소외 1과 소외 2를 수원지방검찰청

성남지청에 동일한 내용으로 다시 고소하였다.

(3) 위 두 사건은 병합되지 아니한 채 각각 수사가 진행되다가 경찰 고소사건도 성남지청에 송치되었고, 성남지청의 담당검사는 박○정의 소재불명을 이유로 1994. 말경 위 두 사건에 대하여 각각 기소중지결정을 하였다.

(4) 그 후 박○정의 소재가 발견되자 검찰 고소사건이 1996. 12.경 재기되어 소외 1은 수원지방법원 성남지원에 횡령죄로 불구속 기소되었고, 위 법원은 1997. 3. 21. 소외 1에 대하여 징역 8월, 집행유예 2년을 선고하여 그 판결이 같은 달 29. 확정되었다.

(5) 그런데 박○정은 1998. 9. 3. 성남지청에 참고인 소재불명을 이유로 기소중지되어 있던 경찰 고소사건에 대한 재기를 신청하였고, 이 사건의 주임검사가 된 원고는 1998. 9. 24. 소외 1을 소환하여 박○정과 대질신문을 하였으나, 소외 1은 합의를 할 수 있는 시간을 달라고 호소하기만 하였을 뿐, 원고나 참여계장에게 자신이 같은 범죄로 이미 재판을 받았다는 사실은 진술하지 않았다.

(6) 원고는 소외 1을 조사한 결과, 범죄혐의가 인정되고 범죄 후 5년 동안 피해변제가 이루어지지 않은 것으로 드러나자 소외 1을 일단 긴급체포한 후 청내 경찰관실에 1시간 가량 대기시켰다가 다시 소환하여 조사를 마쳤는데, 소외 1이 합의할 시간을 달라고 간청하자 원고는 추석명절을 앞둔 시기인 점을 고려하여 긴급체포장을 작성하지 아니하고 소외 1을 귀가조치시켰다.

(7) 그 후 소외 1이 약속한 기한까지 박○정과 합의를 하지 아니하고 소환에도 불응하자, 원고는 경찰에서 송치된 수사기록상의 범죄경력조회 외에 참고인 소재불명으로 기소중지결정된 후 소외 1에게 새로운 전과사실이 발생하였는지에 관하여 따로 범죄경력조회를 하는 등 확인조치를 취하지 아니한 채 1998. 10. 23. 소외 1을 수원지방법원 성남지원에 횡령죄로 불구속 기소하였다.

나. 소외 1의 제보와 피고 1의 취재

(1) 피고 주식회사 문화방송(이하 '피고 회사'라고 한다)은 방송사업 및 문화서비스업을 목적으로 설립되어 MBC 텔레비전과 라디오를 통하여 방송을 하는 법인이고, 피고 1은 이 사건을 취재하고 기사를 작성한 피고 회사의 기자이다.

(2) 1999. 2. 5. 위 형사사건의 공판기일에서 소외 1이 합의할 시간을 달라고 요청함에 따라 다음 공판기일이 1999. 3. 12.로 지정되었는데, 소외 1은 1999. 3. 2. 피고 회사 성남지국 사무실로 피고 1을 찾아가 자신이 동일한 사건으로 이중기소되었다고 제보하면서 그가 원고나 참여계장으로부터 조사받을 때 이미 재판받은 판결문이 있다고 말한 사실이 없었음에도 "검사에게 재판받은 판결문이 있다고 말했더니 웃더라."고 거짓말하였다.

(3) 피고 1은 소외 1을 취재한 다음, 1999. 3. 3. 원고를 찾아가 "소외 1이 검찰에서 조사를 받을 때 확정판결문까지 제시하며 이미 동일한 사건으로 처벌받았다고 변소하였는데도 이를 묵살하고 불법구금하였다가 그래도 피해변제를 하지 않자 이중으로 기소하였다는데 사실이냐."고 물었고, 이에 원고가 "소외 1이 동일 사건으로 처벌받은 사실을 전혀 진술하지 않은 채 피의사실을 순순히 자백하고 합의기간을 달라고 호소하여 주임검사로서 업무착오를 일으키게 된 것이며, 검사로서는 동일한 사건으로 기소되었는지의 여부를 알 수 없었다. 동일한 사건으로 처벌받은 사실을 알고서도 이중기소할 검사는 없고, 그러한 일은 검사로서는 자살행위이다. 오해로 인한 왜곡보도를 삼가해 달라."는 취지의 말을 하였다.

(4) 그러나 피고 1은 참여계장과 고소인과의 결탁가능성을 언급하면서 위 해명을 믿지 아니하고 성남지청 형

사1부장검사를 방문하였는데, 형사1부장검사로부터도 다시 한 번 진상에 관한 설명과 함께 오해에 기한 성급한 보도를 자제해 달라는 당부를 받았으나, 원고와의 약 40여 분간에 걸친 대화를 촬영하고 녹음한 내용을 편집한 후, '한심한 검찰'이라는 제목하에 이 사건 방송의 기사를 작성하여 피고 회사의 보도국으로 보냈고, 보도국은 1999. 3. 6. 오후 9시 MBC 뉴스데스크 시간에 이를 방송하였다.

다. 이 사건 방송보도의 내용

(1) 제목은 '한심한 검찰'로 되어 있고, 앵커가 먼저 일사부재리의 원칙에 대하여 설명한 다음, 피고 1이 소외 1(방송에서는 성남시 하대원동에 사는 조모씨라고 익명보도하였다.)이 1,200만 원을 횡령한 혐의로 불구속 기소되어 징역 8월, 집행유예 2년의 형을 선고받았음에도 1년 반이 지난 1998. 9. 같은 혐의로 재조사를 받았다고 설명하였다.

(2) 이어서 "검사에게 재판받은 판결문이 있다고 말했더니 두 사람이 웃더라구요 ……"라고 하는 소외 1에 대한 인터뷰(이하 '이 사건 인터뷰'라고 한다)를 보도한 후, 피고 1은 "검찰은 조씨를 구속하겠다며 3시간 여 동안 불법적으로 구금했습니다. 하지만 피의자를 구금까지 하면서도 검찰은 조씨가 이미 처벌을 받았는지 확인도 안 했습니다."라고 설명하고, 기본적인 전과조회를 실시하였는지를 묻는 기자의 질문에 대하여 이를 실시하지 않았다는 검찰 참여계장의 답변을 보도하였다.

(3) 계속해서 피고 1은 소외 1이 피해자와 합의를 하겠다는 약속을 한 뒤에야 풀려났다가 한 달이 지나도 변제하지 못하자 검찰이 그를 횡령죄로 이중기소하였다고 설명한 후, 담당검사는 사건이 고소인 소재불명으로 기소중지되어 있었기에 소외 1이 이미 처벌을 받은 줄 몰랐다고 말했다면서 "이 정도 경미한 것으로 무슨 잘못을 할 수 있겠나. 잘못 됐으면 법원에서 공소기각 판결 날 것 아닌가 ……"라는 내용의 원고의 해명을 보도하고, 피고 1이 "한 번 형이 확정된 조씨는 사법사상 처음 같은 사건으로 또 한 번 재판을 받고 있습니다."라고 말하는 것으로 보도를 마쳤다.

2. 이 사건 인터뷰의 방영으로 인한 명예훼손의 성립 여부

가. 언론의 보도에 의한 명예훼손이 성립하려면 피해자의 사회적 평가를 저하시킬 만한 구체적인 사실의 적시가 있어야 하는데, 여기에서 말하는 사실의 적시란 반드시 사실을 직접적으로 표현한 경우에 한정할 것은 아니고, 간접적이고 우회적인 표현에 의하더라도 그 표현의 전취지에 비추어 그와 같은 사실의 존재를 암시하고, 또 이로써 특정인의 사회적 가치 내지 평가가 침해될 가능성이 있을 정도의 구체성이 있으면 족하다(대법원 2000. 7. 28. 선고 99다6203 판결, 2002. 1. 22. 선고 2000다37524, 37531 판결, 2003. 1. 24. 선고 2000다37647 판결, 2003. 8. 19. 선고 2001다3214 판결 등 참조).

그리고 텔레비전 방송보도의 내용이 특정인의 명예를 훼손하는 내용을 담고 있는지의 여부는 당해 방송보도의 객관적인 내용과 아울러 일반의 시청자가 보통의 주의로 방송보도를 접하는 방법을 전제로, 보도 내용의 전체적인 흐름, 화면의 구성방식, 사용된 어휘의 통상적인 의미와 문구의 연결 방법 등을 종합적으로 고려하여 그 보도 내용이 시청자에게 주는 전체적인 인상도 그 판단 기준으로 삼아야 한다(대법원 1999. 10. 8. 선고 98다40077 판결, 2000. 5. 12. 선고 2000다5510 판결, 2003. 8. 19. 선고 2001다3214 판결 등 참조).

나. 원심이 적법하게 확정한 사실관계 및 기록에 의하면, 이 사건 인터뷰의 내용은 소외 1이 검사에게 동일한 범죄사실로 이미 재판을 받아 그 판결문이 있다고 말하였음에도 검사나 참여계장이 이를 묵살하였다는 취지로

서 소외 1이 수사받는 과정에서 이미 처벌받은 사실을 전혀 진술하지 아니한 채 피의사실을 자백하면서 합의할 시간을 달라고만 호소하는 바람에 업무착오를 일으켰다는 원고의 해명과는 그 내용이 크게 다른 것이고, 검사로서의 직무를 고의로 유기하였다는 비난을 받을 수 있을 정도로 원고의 명예를 훼손하는 내용을 담고 있는 것임을 알 수 있는바, 여기에다가 방송보도의 제목을 '한심한 검찰'로 정하고, 방송보도의 중간과 마지막에 '불법적으로 구금하였다'거나 '사법사상 처음'이라는 설명을 덧붙인 점과 일반의 시청자가 보통의 주의로 방송보도를 접하는 방법까지 감안하여 이 사건 방송보도의 전체적인 문맥과 취지에 비추어 살펴보면, 이 사건 인터뷰의 방영은 소외 1이 그와 같은 발언을 하였다는 사실 자체를 전달한 것이라기보다는 재판받은 판결문이 있다는 소외 1의 말을 원고가 고의로 묵살하였다는 사실의 존재를 암시하거나 이를 간접적으로 표현한 것이라고 봄이 상당하고, 따라서 이 사건 인터뷰의 방영은 검사로서 수사 및 기소 업무를 공정하고도 사려깊게 처리하여야 할 원고에 대한 사회적인 평가를 저하시킬 만한 구체적인 사실의 적시에 해당한다고 보아야 한다.

다. 같은 취지의 원심의 판단은 옳고, 거기에 채증법칙을 위배하여 사실을 오인하거나 방송보도에 의한 명예훼손에 있어서의 사실의 적시 또는 그 판단 기준에 관한 법리를 오해한 위법이 없다.

3. 위법성의 조각 여부

가. 원심은 나아가 이 사건 인터뷰를 방영한 것이 전체적으로 보아 공공의 이해에 관련된 것이고, 그 목적이 공익을 위한 것임은 인정할 수 있으나, 그 판시와 같은 여러 사정들에 비추어 볼 때, 진실이 아닌 이 사건 인터뷰의 내용을 피고들이 진실이라고 믿은 데에 상당한 이유가 있다고 보기 어렵다고 판단하여 위법성 조각사유에 관한 피고들의 주장을 배척하였다.

나. 방송 등 언론매체가 사실을 적시하여 개인의 명예를 훼손하는 행위를 한 경우에도 그것이 공공의 이해에 관한 사항으로서 그 목적이 오로지 공공의 이익을 위한 것일 때에는 적시된 사실이 진실이라는 증명이 있거나 그 증명이 없다 하더라도 행위자가 그것을 진실이라고 믿었고 또 그렇게 믿을 상당한 이유가 있으면 위법성이 없다고 보아야 할 것이나, 그에 대한 입증책임은 어디까지나 명예훼손 행위를 한 방송 등 언론매체에 있고 피해자가 공적인 인물이라 하여 방송 등 언론매체의 명예훼손 행위가 현실적인 악의에 기한 것임을 그 피해자측에서 입증하여야 하는 것은 아니다(대법원 1998. 5. 8. 선고 97다34563 판결, 2003. 9. 2. 선고 2002다63558 판결 등 참조).

원심이 같은 취지에서 이 사건 인터뷰의 내용이 진실이거나 피고들이 이를 진실이라고 믿은 데에 상당한 이유가 있다는 점의 입증책임이 피고들에게 있음을 전제로 하여 판단한 조치는 정당하고, 거기에 명예훼손의 위법성 조각사유의 입증책임에 관한 법리를 오해한 위법이 없으며, 나아가 기록에 의하여 살펴보면, 이 사건 인터뷰의 내용이 진실이라고 볼 수 없다는 원심의 판단 역시 옳고, 거기에 채증법칙을 위배하여 사실을 오인한 위법이 없다.

다. 그러나 원심이 이 사건 인터뷰를 방영한 것과 관련한 피고들의 위법성 조각의 주장을 배척한 조치는 다음과 같은 이유에서 수긍할 수 없다.

언론·출판의 자유와 명예보호 사이의 한계를 설정함에 있어서는 당해 표현으로 인하여 명예를 훼손당하게 되는 피해자가 공적인 존재인지 사적인 존재인지, 그 표현이 공적인 관심 사안에 관한 것인지 순수한 사적인 영역에 속하는 사안에 관한 것인지 등에 따라 그 심사기준에 차이를 두어 공공적 · 사회적인 의미를 가진 사안에 관한 표현의 경우에는 언론의 자유에 대한 제한이 완화되어야 하고, 특히 공직자의 도덕성 · 청렴성이나 그 업무처리가 정당하게 이루어지고 있는지 여부는 항상 국민의 감시와 비판의 대상이 되어야 한다는 점을 감안하면, 이러한 감시와 비판기능은 그것이 악의적이거나 현저히 상당성을 잃은 공격이 아닌 한 쉽게 제한되어서는 아니 된다(대법원 2003. 7. 8. 선고 2002다64384 판결, 2003. 7. 22. 선고 2002다62494 판결, 2003. 9. 2. 선고 2002다63558 판결 등 참조).

검사가 피의자에 대한 전과관계를 확인하지 않고 이중기소한 것은 업무처리상의 명백한 잘못이라 할 것인바, 원심이 적법하게 확정한 사실관계 및 기록에 의하여 알 수 있는 바와 같이 이 사건 방송보도의 핵심은 검사인 원고가 피의자에 대한 전과조회를 제대로 하지 않아 이중기소를 하였다는 직무상의 잘못을 지적하고자 한 것이고, 이 사건 인터뷰는 이중기소가 분명하다는 점에 대한 취재원으로서의 근거를 밝히기 위하여 삽입한 것인 점, 피고 1이 취재를 위하여 원고에게 찾아가 "경위가 어떻게 된 것인지 알고 싶다."고 하였으나, 원고는 해명과 함께 "사소한 실수에 불과하다."는 말을 계속 되풀이하면서 "기자가 무슨 사실을 확인하느냐, 당신이 수사관이냐." 라고 답변하였고, 또 원고는 "소외 1이 조사 당시 같은 혐의로 재판을 받았다는 진술을 전혀 한 바 없다."라고 진술하는 한편으로 "피의자가 스스로 자신이 처벌받은 사실을 이야기하지 않았다는 것은 상상하기 어렵다."라고 진술하기도 한 점, 소외 1이 재판받은 판결문이 있다고 검사에게 말하였는지 여부는 위와 같이 진술이 서로 엇갈리는 부분으로서 기자가 이를 정확하게 조사 · 확인하기는 어려운 영역에 속한다고 보여지고, 피고들 역시 이러한 점을 고려하여 이 사건 인터뷰의 내용에 대한 원고의 반론을 인용하여 "담당검사는 사건이 고소인 소재불명으로 기소중지되어 있었기 때문에 조씨가 처벌을 받은 줄 몰랐다고 말합니다."라는 취재기자의 설명을 함께 보도함으로써 그 진위 여부에 대하여 유보적인 태도를 취한 점, 이 사건 방송보도는 그 내용이 공적인 관심 사안에 관한 것으로서 악의적이거나 현저히 상당성을 잃은 공격이라고 볼 수 없는 점 등을 종합하여 보면, 이 사건 인터뷰의 방영은 피고들이 그 내용이 진실이라고 믿은 데에 상당한 이유가 있는 것이거나 공직자의 업무처리의 공정성 여부에 관한 언론의 감시와 비판기능의 중요성에 비추어 허용될 수 있는 범위 내의 것으로서 그 위법성을 인정할 수 없다고 할 것이다.

라. 그런데도 원심은 그 판시와 같은 이유만으로 피고들의 위법성 조각에 관한 주장을 배척하였으니 원심판결에는 명예훼손에 있어서의 위법성의 조각사유에 관한 법리를 오해한 위법이 있고, 이는 판결에 영향을 미쳤음이 분명하다.

4. 결 론

그러므로 피고들의 나머지 상고이유에 대한 판단을 생략한 채 원심판결 중 피고들 패소 부분을 파기하고, 이 부분 사건을 다시 심리 · 판단하게 하기 위하여 원심법원에 환송하기로 하여 관여 법관의 일치된 의견으로 주문과 같이 판결한다.

(6) 대법원 1996. 4. 12. 선고 93다40614, 40621 판결(집44(1)민, 323; 공1996. 6.1.(11), 1486)

【원고(반소피고), 피상고인】 ㅇㅇ유업 주식회사

【피고(반소원고),상고인】 ㅇㅇㅇㅇ분유 주식회사

【원심판결】 서울고등법원 1993. 7. 2. 선고 92나43779, 43786 판결

【주 문】

상고를 기각한다. 상고비용은 피고(반소원고)의 부담으로 한다.

【이 유】

상고이유를 본다.

1. 제1 내지 4점에 대하여

원심이 이 사건 우유 건조기와 카제인나트륨에 관하여 그 판시와 같은 사실을 인정하고 피고(반소원고, 이하 피고라고만 한다)의 이 사건 광고들은 모두 사실과 다르게 원고(반소피고, 이하 원고라고만 한다)를 비방하고 그 명예를 훼손하는 내용을 담고 있다고 판단한 데에 이어 우리나라 우유업계가 피고의 도발로 이른바 '광고전쟁'에 빠졌다고 인정하는 한편, 원고가 피고를 비방하는 내용의 광고를 하였음을 전제로 하는 피고의 반소 청구원인을 배척하였음은 모두 옳고 거기에 소론과 같은 증거 취지의 오해, 채증법칙 위배, 증거에 대한 판단유탈, 이유불비, 심리미진의 잘못이 있다고 할 수 없으므로 논지들은 모두 받아들일 수 없다.

2. 제6점에 대하여

원심이 인정한 바와 같이, 원고가 피고에 의한 이 사건 비방광고들로 인한 피해를 최소한으로 줄이기 위하여 이 사건 광고들이 실렸던 일간지마다 동일한 크기의 대응광고를 게재할 필요가 있었다면, 그 비용도 이 사건 광고들로 인하여 원고가 입은 손해라 할 것이므로 같은 취지의 원심판단은 옳고 거기에 소론과 같은 손해배상에 관한 법리오해의 위법은 없다. 논지도 이유가 없다.

3. 제7점에 대하여

원심은 이어서, 이 사건 광고들로 인하여 원고의 인격과 명예, 신용 등이 훼손됨으로써 분유제조업체인 원고의 사회적 평가가 낮아지고 그 사업수행에 커다란 악영향이 미쳤으리라는 점은 경험칙에 비추어 쉽게 인정할 수 있으므로, 피고는 위 사회적 평가의 침해에 따라 원고가 입은 무형의 손해를 배상할 의무가 있다고 판단한 다음, 원고가 입은 손해의 종류와 성격, 원고의 지명도와 영업의 신용도, 원고 회사의 규모 및 영업실적, 이 사건 광고들의 허위성의 정도와 비방성의 강도, 피고의 광고행태 전반에서 드러나는 악의성의 정도, 조제분유 제품을 선택하는 소비자들의 보수성, 부정적 광고가 미치는 영향의 즉각성과 지속성, 부정적 영향으로부터 회복함이 곤란한 점, 부정적 광고에 대하여 효율적인 구제수단인 사죄광고가 허용되지 아니하는 점, 피고 회사의 규모와 재산 정도 등 여러 사정을 참작하여 그 손해액을 금 300,000,000원으로 정하였는바, 피고에게 원고가 입은 무형의 손해를 배상할 책임이 있다는 원심의 판단은 옳고(민법 제764조 참조), 또한 기록에 비추어 보건대, 원심이 산정한 손해액도 적정하다고 보여지므로 원심판결에 위자료에 관한 법리오해나 이를 과다하게 정한 위법이 있다는 논지도 모두 받아들일 수 없다.

4. 제5점에 대하여

가. 원심이, 인격권은 그 성질상 일단 침해된 후의 구제수단(금전배상이나 명예회복 처분 등)만으로는 그 피해

의 완전한 회복이 어렵고 손해전보의 실효성을 기대하기 어려우므로, 인격권 침해에 대하여는 사전(예방적) 구제수단으로 침해행위 정지·방지 등의 금지청구권도 인정된다고 전제한 다음, 우리 나라 우유업계 전체가 이른바 '광고전쟁'의 소용돌이에 휘말리게 된 경위와 그 동안의 피고의 광고행태에 비추어 보면, 피고가 원고를 비방하는 광고를 재현할 위험은 아직도 존재하므로 원고는 피고가 자행할 위법한 광고로부터 그 명예·신용 등을 보전하기 위하여 피고에게 그러한 광고의 중지를 요구할 권리가 있다고 판단하였음은 옳고, 거기에 소론과 같은 법리오해의 위법이 있다고 할 수 없다.

나. 그런데 부작위채무는 부대체적 채무로서 그에 대한 강제집행은 간접강제만 가능한 것이고 통상적으로는 판결절차(협의의 소송절차)에서 먼저 채무명의가 성립한 후에 채권자의 별도의 신청에 의하여 채무자에 대한 필요적 심문(민사소송법 제694조)을 거쳐 민사소송법 제693조에 따라 채무불이행시에 일정한 배상을 하도록 명하는 간접강제결정을 할 수 있는 것이라고 할 것이다.

그러나 부작위채무에 관하여 언제나 위와 같이 먼저 채무명의가 성립하여야만 그 다음 단계에서 비로소 간접강제결정을 할 수 있다고 한다면, 채무명의의 성립과 집행단계 사이의 시간적 간격이 있는 동안에 채무자가 부작위채무를 위반할 경우 손해배상이나 위반 결과의 제거 등 사후적 구제수단만으로는 채권자에게 충분한 손해전보가 되지 아니하여 실질적으로는 집행제도의 공백을 초래할 우려가 있는 것이므로, 부작위채무를 명하는 판결의 실효성 있는 집행을 보장하기 위하여는 부작위채무에 관한 소송절차의 변론종결 당시에서 보아 채무명의가 성립하더라도 채무자가 이를 단기간 내에 위반할 개연성이 있고, 또한 그 판결절차에서 민사소송법 제693조에 의하여 명할 적정한 배상액을 산정할 수 있는 경우에는 위의 부작위채무에 관한 판결절차에서도 위 법조에 의하여 장차 채무자가 그 채무를 불이행할 경우에 일정한 배상을 할 것을 명할 수 있다고 함이 상당하다. 이렇게 하더라도 판결절차는 필요적으로 변론을 거치므로 민사소송법 제694조에 의한 심문을 거치지 아니하여도 채무자에게 불이익이 없으며, 이 판결의 배상명령 부분에 대하여 상소할 수도 있으므로 별도로 같은 법 제693조 제2항에 의한 즉시항고가 인정되지 아니한다고 하여 채무자에게 아무런 불이익도 없는 것이다.

기록에 의하면 이 사건 원심 변론종결 당시를 기준으로 하여 볼 때 비방광고를 금지하는 이 사건 판결 이후에도 단기간 내에 피고가 이를 위반할 개연성이 있었던 것으로 보여지고, 또한 원심 변론종결시까지 심리한 자료만으로도 그에 대한 적정한 배상액을 산정하기에 충분하였다고 보여지므로 위 판결절차에서 채무자인 피고가 장차 채무불이행시에 채권자인 원고에게 그 판시의 금액을 배상할 것을 명할 수 있다고 할 것이다.

원심이 그 판시 비방광고의 중지명령에 이어 이를 강제하기 위하여 이를 위반할 경우의 배상을 명한 근거는 논지가 주장하는 바와 같이 명예회복을 위한 적당한 조치를 규정한 민법 제764조에 있는 것이 아니라, 부작위채무에 대한 간접강제를 규정한 민사소송법 제693조에 있는 것으로 보여 이는 앞에서 설시한 법리에 기초한 것으로서 정당하고, 거기에 논지가 주장하는 바와 같은 불법행위로 인한 명예훼손의 경우의 원상회복을 위한 적당한 처분에 관한 법리오해의 위법이 있다고 할 수 없다.

5. 그러므로 상고를 기각하고 상고비용은 패소한 피고의 부담으로 하기로 관여 법관의 의견이 일치되어 주문과 같이 판결한다.

(7-1) 서울고등법원 2008. 5. 8. 선고 2007나102467 판결 손해배상(기)

【원고, 피항소인 겸 항소인】 강의O
서울 동대문구 OOO3동 1302호
소송대리인 변호사 김기현 외

【피고, 항소인 겸 피항소인】 학교법인 대광학원
서울 동대문구 신설동 53-3
대표자 이사장 이철O
소송대리인 법무법인 로고스
담당변호사 최중현, 기문주, 이상진, 강인원, 고의중

【피고, 피항소인】 서울특별시
대표자 교육감 공정O
소송대리인 변호사 정현수

【제1심판결】 서울중앙지방법원 2007. 10. 5. 선고 2005가단305176 판결

【변 론 종 결】 2008. 4. 3.

【판 결 선 고】 2008. 5. 8.

【주 문】

1. 제1심 판결 중 피고 학교법인 대광학원의 패소부분을 취소하고, 위 취소부분에 해당하는 원고의 청구를 기각한다.
2. 원고의 피고들에 대한 항소를 모두 기각한다.
3. 원고와 피고 학교법인 대광학원 사이에 생긴 소송총비용 및 원고의 피고 서울특별시에 대한 항소비용은 각 원고의 부담으로 한다.

【청구취지 및 항소취지】

1. 청구취지

피고들은 각자 원고에게 50,000,100원과 이에 대하여 이 사건 소장부본이 송달된 다음날부터 제1심 판결 선고일까지는 연 5%, 그 다음날부터 다 갚는 날까지는 연 20%의 각 비율로 계산한 돈을 지급하라는 판결

2. 항소취지

가. 원고의 항소취지

제1심 판결 중 원고의 패소부분을 취소하고, 원고에게, ① 피고 서울특별시는 금 50 ,000,100원 및 이에 대하여 이 사건 소장부본이 송달된 다음날부터 제1심 판결 선고일까지는 연 5%, 그 다음날부터 다 갚는 날까지는 연 20%의 각 비율로 계산한 돈을 지급하되 아래 ②항 기재 금원은 피고 학교법인 대광학원과 각자 지급하고, ② 피고 학교법인 대광학원은 피고 서울특별시와 각자 위 ①항 기재 금원 중 금 35,000,100원 및 이에 대하여 이 사건 소장부본이 송달된 다음날부터 제1심 판결 선고일까지는 연 5%, 그 다음날부터 다 갚는 날까지는 연 20%의 각 비율로 계산한 돈을 지급하라는 판결

나. 피고 학교법인 대광학원의 항소취지

제1심 판결 중 피고 학교법인 대광학원의 패소부분을 취소하고, 그 취소부분에 해당하는 원고의 청구를 기각한다는 판결

【이 유】

1. 기초사실

아래 각 사실은 당사자 사이에 다툼이 없거나, 갑 제3호증 내지 갑 제9호증, 갑 제12호증 내지 갑 제14호증, 갑 제16호증 내지 갑 제18호증, 갑 제21호증, 을가 제1호증, 을가 제2호증, 을가 제5호증, 을가 제6호증의 2, 을가 제18호증, 을가 제19호증의 1 내지 3의 각 기재, 제1심 증인 류상O의 증언, 제1심 증인 이수O, 신상O의 각 일부 증언, 원고 본인신문 결과, 제1심 법원의 성일중학교장에 대한 사실조회 결과에 변론 전체의 취지를 종합하여 이를 인정할 수 있다.

가. 피고 산하 대광고등학교의 설립 및 교육과정 편성권의 변천 경위

(1) 피고 학교법인 대광학원(이하, '피고 대광학원'이라고만 한다)은 대한민국의 교육이념과 기독교정신에 입각하여 초등보통교육과 중등교육 및 고등보통교육을 실시함을 목적으로 설립된 법인으로서 산하에 대광고등학교 등을 운영하고 있다.

(2) 광복 이후부터 제5차 교육과정(1988년 - 1992년)까지는 국가가 교과목과 교과별 시간배당기준을 고시하면 모든 학교는 일률적으로 이 기준에 따라 교원을 배치하고 일과표를 작성하고, 국가가 편찬 또는 심의한 교과용 도서를 활용하여 교육을 실시하여 왔으나 1993년 제6차 교육과정(1992년 - 1997년)부터 교육과정의 편성과 운영에 있어서 중앙·지방·학교의 역할과 책임을 분담하는 새로운 교육과정 편성·운영체계가 도입되었다. 이후 제7차 교육과정에서도 이러한 역할 분담체제는 더욱 발전·심화되어 교육과정에 관한 학교의 재량권이 확대되었다.

나. 대광고등학교의 각종 행사와 종교교육

(1) 피고 대광학원은 1947. 12. 4. 대광고등학교의 전신인 대광중학교를 개교하였는데, 당시 선택과목으로 성경과목을 편성하여 각 학년 모두 주당 2시간씩을 배정하였고, 1955년부터 1967년까지의 기간에는 필수과목으로 성경과목을 편성하여 1, 2학년은 주당 2시간씩, 3학년은 1시간씩을 배정하였으며, 1968년부터 1973년까지의 기간에는 필수과목으로 성경과목을 편성하여 1학년은 주당 2시간씩, 2, 3학년은 주당 1시간씩을 배정하였고, 1985년부터는 선택과목으로 성경과목을 편성하여 1, 2, 3학년 모두 주당 1시간씩을 배정하였다. 그 후 7차 교육과정이 시행된 1998년부터 2004년까지는 종교과목을 편성하고, 1, 2, 3학년 모두 주당 1시간씩을 배정하였는데, 종교과목에 대하여는 시험평가가 실시되지 않았다.

(2) 원고가 재학할 당시 대광고등학교는 아래와 같이 각종 행사시에 기독교의식을 포함시키거나, 학생들로 하여금 기독교의식을 행하게 하였다.

(가) 신입생 입학식이나 개학식, 졸업식 행사시는 전 학년 학생들 모두가 참석한 가운데 찬송 및 기도와 목사의 설교 등을 포함시켜 진행하였고, 수업이 있는 날 매일 아침에는 이른바 '경건회 시간'을 두어 담임교사가 입회한 가운데 5분 정도 학급 부회장인 종교부장 등의 인도 아래 '찬송-묵도-성경구절 낭독-기도'를 하는 방식으로 진행하고, 학급에 따라서는 학생들이 번호순으로 일률적으로 기도 등을 행하게 하였다.

(나) 방학기간을 제외한 매주 수요일에는 정규 교과시간에, 각 학급에 설치된 텔레비전 수상기를 통하여 간접적으로 참여하는 3학년 학생들을 제외하고 1, 2학년 학생들 전부를 학교 강당에 집합시켜 1시간가량 '묵도-찬송-사도신경 낭독-대표자 기도-성경 봉독-찬송-목사 설교-축도'의 순으로 기독교의식인 이른바 '수요예배'를 진행하였다.

(다) 매년 반별로 3박 4일간 합숙하며 진행하는 생활관교육 프로그램을 시행하면서 아침기도회, 식사 전 기도회, 취침 전 기도회, 촛불의식이나 성경읽기, 찬송 등을 포함시켜 왔고, 그 생활관교육중의 각종 강연 프로그램 진행시에는 개회예배, 폐회예배 등을 행하였으며, 그 생활관 생활수칙 중 "우리는 예수그리스도를 따라 생활한다."는 구절을 암기하게 하기도 하였다.

(라) 부활절에는 전 학년 학생들이 모두 참석한 가운데 정규 교과시간에 부활절예배를 진행하였고, 부활절과 동시에 3일간 정규 교과시간인 3, 4교시에 '심령수양회'라는 시간을 편성하여 외부 강사를 초빙하여 설교 및 기도, 예배를 진행하기도 하였다.

(마) 매년 반별 성가합창대회를 개최하여 모든 반이 참여하도록 하였고, 추수감사절에는 정규수업 대신에 감사예배를 진행하기도 하였으며, 휴일인 성탄절에 학생들을 교회에 출석하게 하기도 하였다.

(3) 원고가 재학할 당시 대광고등학교는 또한, 학교의 지도로 제정된 학생회 회칙에 '학생회 회장, 부회장은 교회에 다니는 자여야 한다'는 취지의 규정을 두었고, '학교가 종교과목을 부과할 때에는 종교 이외의 과목을 포함하여 복수로 과목을 편성하여 학생에게 선택의 기회를 주어야 한다'라는 교육부 고시(1997. 12. 30. 제1997-15호; 이하, '이 사건 교육부 고시'라 한다)가 있음에도 종교과목 이외의 다른 대체 과목을 편성하지 아니하였으며, 학교 생활기록부의 '세부능력 및 특기사항'에 그 종교과목에 대한 교사의 의견을 기재하게 하기도 하였다.

(4) 원고가 재학할 당시 대광고등학교는 각 반에서 진행되는 아침 '경건회 시간'에 학생들이 참석하지 않으면 담임선생님이 학급지각으로 처리하고 주의를 주기도 하였으며, '수요예배' 시에는 선생님들이 수시로 학급을 돌면서 교실에 남아 있는 학생이 있는지 여부를 확인하고, 적발되는 경우에는 청소를 시키는 등의 불이익을 주거나 체벌을 가하기도 하였다. 그리고 종교과목 시간에는 일반적인 종교교육은 물론 성경읽기와 토론 등을 진행하기도 하였으며, 십계명이나 사도신경을 써오도록 과제를 부여하기도 하였다. 부활절이나 추수감사절에는 전 학년 학생들이 모두 참석한 가운데 정규 교과시간에 예배를 드렸고, 휴일인 성탄절에 학생들을 교회로 출석하게 하여 출석을 부르기도 하였다. 음악시험의 가창곡목으로 '주기도송'을 부르게 한 적도 있고, 각종 예배시에는 자비로 성경책을 구입하여 소지하도록 하면서 그 지참 여부를 검사하여 소지하지 않은 학생에게는 벌을 주기도 하였다.

(5) 원고와 같은 학년의 학생 1명은 1학년 때인 2002년 대광고등학교의 종교행사에 명시적으로 반대의사를 표명하고 다른 학교로 전학을 간 사례가 있었고, 그로부터 3-4년 전에는 여호와증인을 신봉하는 학생이 예배에 참석하지 않고 교실에 남아서 공부를 하기도 하였으며, 그로 인하여 불이익을 받지 아니하였다.

다. 원고의 입학 경위 및 수학 내용

(1) 원고는 서울특별시 교육위원회의 학교 배정에 따라 2002. 3. 4. 대광고등학교에 입학하여 재학하다가 2004. 7. 8. 퇴학처분을 받았으나 퇴학처분 직후 퇴학처분효력정지 및 지위보전가처분을 신청하여 2004. 8. 31. 그 인용결정을 받았고, 아래 바.항에서 보는 바와 같은 소송절차를 통하여 복학한 후 2005. 2. 졸업을 하였으며, 2004년

9월 대광고등학교장의 추천으로 서울대학교 법과대학에 수시 2학기 모집 중 특기자전형에 합격하였다.

(2) 대광고등학교는 신입생 입학시에 기독교적 교육방식에 대하여 학생과 학부모에게 설명하고, 학생들로부터 '기독교 교육과 함께 모든 교과과정을 충실히 받겠다'라는 내용의 선서를 받아 왔고, 원고는 입학 당시 신입생들을 대표하여 그러한 내용이 담긴 선서서를 낭독하였다.

(3) 원고는 원래 기독교를 신봉하지 않았으나 위와 같은 대광고등학교의 방침에 따라 다음과 같이 기독교의식이 포함된 각종 행사에 참석하거나, 그 행사에 참석하여 기독교의식을 행하였는데, 1학년 초 증조부의 사망을 계기로 학교에서 행하는 종교교육과 예배시간에 앞장서서 손뼉치고 큰소리로 찬송가를 부르는 등 적극적으로 참여하게 되었다.

(가) 2003. 3. 3. 시행된 2003년도 제1학기 개학식은 물론 2004. 3. 2. 시행된 2004년도 개학식, 2005. 2.에 시행된 졸업식에 각 참석하였다.

(나) 2003. 3. 3.부터 2003. 7. 20.까지, 2003. 8. 21.부터 2003. 12. 말까지, 2004. 3. 3.부터 2004. 7. 20.까지, 2004. 8. 21.부터 2004. 12. 말까지 휴일을 제외한 매일 08:20경부터 위 '경건회 시간'에 참석하였고, 같은 기간 내에 매주 수요일 08:40경부터는 수요예배에 참석하였으며, 그 외 반원 전원이 참가하여 진행되는 반별 성가합창대회에도 참가하였다.

(다) 2003. 9. 3.부터 2003. 9. 6.까지 시행된 3박 4일간의 생활관교육, 같은 해에 진행된 부활절 예배 및 그에 이은 3일간의 '심령수양회'에 각 참석하였고, 같은 해의 추수감사절에는 전일 정규수업을 받지 아니한 채 감사예배에 참여하였으며, 같은 해의 성탄절에는 서울 중구 명동에 있는 영락교회에 출석하였다.

(4) 원고는 2004. 3. 10. 학생회장으로 취임하면서 학교의 교육방침에 따르겠다는 내용의 서약을 하였다.

라. 원고의 항의와 퇴학처분

(1) 원고는 2002년도 1학기 말 학생회 부회장 선거에 출마하면서 그 자격요건으로 '교회에 1년 이상 다녀야 한다.'는 규정이 있음을 알고는 이를 시정하여 주도록 학교의 교목 선생님에게 건의하였으나 교목 선생님으로부터 기독교를 종교가 아닌 서양철학으로 공부해보라는 권유를 듣고 학생회 임원이 될 목적으로 1년 정도 교회에 다녔고, 2002년 말에는 교목 선생님에게 '예배를 강요하는 것은 잘못된 것이 아니냐'는 취지로 각종 예배참가에 대한 거부감을 표시하였는데, 교목 선생님으로부터 학교에서 진행되는 예배나 교회출석에 대하여 넓게 생각하고 교양으로 접하라는 말을 듣고 이야기가 안 통한다고 생각하였으나 일단 수긍하여 종전과 같이 대광고등학교의 행사 및 종교교육에 참여하였다.

(2) 원고는 2004년 초경에는 담임선생님에게 명시적으로 '예배는 잘못된 것이니 자신은 참여하지 않겠다'라는 의사를 표시하였는데, 담임선생님은 '원고의 말이 맞지만 종교행사 이전에 학교행사이므로 따라주어야 하지 않겠느냐, 공적인 행사에 참석하는 의미에서 일어서거나 장소를 이동하는 것 정도는 하자'라고 제안하였고, 원고는 부모님과 대화를 해본 후 설교시간에 다른 책을 보는 것 외에는 일단 따르기로 하였다.

(3) 원고는 2004. 6. 16. 08:30경 대광고등학교 방송실에서 '대광고등학교는 학생들에게 매주 수요일마다 예배를 강요하는데 이는 잘못된 것이다. 원고는 수요예배를 거부하겠다. 원고가 학교를 떠나게 되는 상황이 되더라도 그때까지 원고가 할 수 있는 일은 무엇이든지 할 것이다'라는 취지의 1차 교내방송을 하였고, 그 직후 '1차 교내방송 내용은 원고의 개인적인 생각이고, 학생회와는 관련이 없다'는 취지의 2차 교내방송을 하였다.

(4) 원고는 1, 2차 교내방송이 있은 직후 학교 교목실에서 생활지도부장, 교목실장과 면담을 하고 교실로 돌

아가는 길에 1, 2차 교내방송을 전해듣고 교목실로 향하던 담임교사인 소외 문경O를 만나 위 문경O에게 종교의 자유에 대한 자신의 의지를 재차 피력하였는데, 위 문경O는 흥분한 원고와의 대화가 힘들다고 판단하고 원고를 일단 교실로 돌려보냈다.

(5) 같은 날 오후 위 문경O는 3학년 4반 교실 옆 복도에서 원고를 다시 만나 원고에게 '종교 문제는 고민할 만한 내용이나, 방송실을 무단으로 사용한 것은 잘못이고, 그로 인해 방송실 담당교사가 학교로부터 관리책임을 추궁당할 수 있으므로 원고가 이 부분에 대한 잘못을 시인하고, 학교에 사과하는 것이 좋겠다'는 취지로 말하였는데, 이에 대하여 원고는 벽을 주먹으로 치면서 '자신은 잘못이 없고, 잘못이 있다면 방송실 관리를 소홀히 한 학교측에 책임이 있다'고 소리를 쳤고, 위 문경O가 다시 원고가 대학입시를 앞둔 고등학교 3학년 학생인 사실을 지적하면서 '종교 문제는 하루아침에 해결될 수 없고, 그렇게 되어서도 안 되므로 추후 대학에 진학하여 좀 더 많은 공부와 사색, 그리고 많은 사람과의 토론을 거쳐 판단을 해 보라'는 취지로 타이르자, 원고는 '원고가 전학을 하든 퇴학을 당하든 상관이 없고, 학교가 원고가 주장하는 바에 따라 변화될 때까지 싸우겠다'는 취지로 대답하였다.

(6) 원고는 같은 날 16:10경 정규수업을 마치고 평소와 달리 자율학습을 하지 않고 하교한 후 18:00경부터 약 1시간 동안 서울특별시 교육청 앞에서 "헌법 제20조 '모든 국민은 종교의 자유를 가진다.' 그런데 학교에서는 예외다?!"라고 쓰인 피켓을 목에 걸고 이른바 1인 시위를 하였다.

(7) 위 문경보는 2004. 6. 17. 오전에 원고의 위와 같은 1인 시위 사실을 전해 듣고 원고의 어머니인 소외 백완O에게 전화를 하여 이를 알리면서 2004. 6. 18. 학생선도위원회가 열릴 예정이니 그 전에 학교를 방문할 것을 당부하였고, 위 백완O은 2004. 6. 16. 집에 늦게 들어가 원고와 충분한 대화를 하지 못하였다고 대답하였다.

(8) 원고는 2004. 6. 17. 점심시간 무렵에 교무실로 찾아와 위 문경O에게 자퇴에 필요한 서류가 무엇인지, 위 문경O의 컴퓨터를 사용하여 원고의 인터넷카페를 만들 수 있는지, 원고의 문제를 헌법재판소와 법원 중 어느 곳에 문의하여야 해결할 수 있는지 등에 대하여 문의하였고, 위 문경O는 원고에게 자퇴를 만류하면서 다른 사항에 대하여는 대답할 수 없다고 한 후, 2004. 6. 18. 학생선도위원회가 예정되어 있으니 원고의 부모를 학교로 모시고 오라고 하자, 원고는 '자신은 아무런 잘못도 저지르지 않았는데 부모가 왜 학교에 죄인처럼 와야 하느냐'고 큰소리로 항의하였고, 이에 위 문경O는 학생에게 문제가 생기면 부모에게 알리는 것이 담임교사의 임무라고 대답하였다.

(9) 원고는 2004. 6. 17. 정규수업이 종료한 16:10경 위 문경O에게 '어머니와 만나기로 약속이 되어있어 자율학습을 하지 않고 하교를 하겠다'는 취지로 말하였고, 이에 위 문경O는 원고에게 1인 시위를 하지 말라는 교감선생님의 말을 전한 후 원고의 하교를 허락하였는데, 원고는 교문 앞에서 생활지도부교사로부터 하교를 저지당하였고, 이를 전해들은 위 문경O는 위 백완O과 통화를 하여 위 백완O으로부터 '1인 시위에 앞서 원고와 충분한 대화를 하겠으며 이에 따라 1인 시위를 하지 않을 수도 있고, 하더라도 보충수업 또는 자율학습을 마친 이후 통상적인 하교시간인 18:00 이후에 하겠다'라는 말을 듣고, 원고에게 1인 시위를 하더라도 18:00 이후에 할 것을 당부한 후 원고를 하교시켰으나, 원고는 17:30경 서울특별시 교육청 앞에서 재차 1인 시위를 하였다.

(10) 위 문경O는 2004. 6. 18. 07:30경 위 백완O과 면담을 하였는데, 위 백완O은 학교의 선처를 구하면서 원고가 전학을 받아들인다면 그에 따르겠다고 하였다.

(11) 이후 위 문경O는 2004. 6. 18. 08:30경 교장실에서 교장 이하 관련 선생님들과 회의를 한 후 학생선도위원

회의 심의에 앞서 10:00경 원고에게 '앞으로 학교에 적대적인 모든 대외활동을 중단하고, 학교에 사과하라'고 권유하면서 '만약 원고가 학교의 명예와 위신을 실추시키는 행동을 계속하면 다른 학교로 전학을 가야할 수도 있고, 종교 문제에 관한 한 원고는 이미 의도한 바를 모두 얻었으니 원고가 현재 고등학교 3학년 학생인 사실을 생각하라'고 충고하였으나, 원고는 '자신이 진행하는 일을 그만둘 수 없다'고 하였다.

(12) 대광고등학교는 2004. 6. 18. 13:00경 교감, 교목실장, 생활지도부장, 생활지도차장, 상담부장, 담임교사, 담당교사가 참석하여 학생선도위원회를 개최하였는데, 학생선도위원회는 ① 2003. 11. 11. 학생선도위원회 결과와 위 사안의 가중처벌에 관한 건, ② 학교 공동 기물 개인 무단 사용 건, ③ 교사의 정당한 지도에 강한 반발과 불손한 태도로 불응한 건, ④ 학생회장 신분으로 학생선동한 건, ⑤ 1인 시위로 학교 명예를 훼손한 건, ⑥ 무단이탈 건을 징계사유로 하여 협의한 후, 위 징계사유 중 ⑤, ⑥항은 원고가 방과 후에 1인 시위를 하였고, 원고의 1인 시위는 합법적인 시위이므로 징계사유로 삼기에 애매한 점이 있다는 이유로 징계사유에서 제외하였고, 위 징계사유 중 ① 내지 ④항만이 대광고등학교의 학칙 및 학생선도규정 위반에 해당한다고 판단하였다. 그에 따라 학생선도위원회는 먼저 원고에게 전학을 권유하여 원고가 승낙하면 학교장추천으로 1주일 이내에 전학을 보내고, 원고가 거부하면 대광고등학교 학생선도규정의 별표 징계기준 제6항(교사에게 불손한 반항을 하거나 폭력을 가한 학생) 등을 적용하여 원고에 대하여 퇴학처분을 하기로 하는 징계결의(이하 '이 사건 징계결의'라고 한다)를 하였다.

(13) 위 문경O는 학생선도위원회의 이 사건 징계결의가 있은 이후 그 취지를 원고와 위 백완O에게 알렸으나, 원고와 원고의 부모는 결국 전학을 거부하였고, 이에 대광고등학교 학교장은 2004. 7. 8.자로 원고에게 퇴학처분(이하, '이 사건 퇴학처분'이라 한다)을 하였다.

마. 대광고등학교의 학칙 등

대광고등학교의 학칙 및 학생선도규정은 다음과 같은 규정을 두고 있다.

(1) 학칙

(가) 학교장이 교육상 필요가 있다고 인정할 때에는 학생에게 징계를 가할 수 있다(제32조 제1항).

(나) 징계는 그 정도에 따라 학생선도위원회의 규정에 의한다(제32조 제2항).

(다) 퇴학은 성행이 불량하여 개전의 가망이 없다고 인정된 자, 정당한 이유 없이 무단결석이 수업일수의 3분의 1 이상인 자, 학생 본분에 어긋나는 집단적 행동으로 수업을 고의적으로 방해한 자, 특별교육을 이수한 자가 동일한 내용의 교칙을 위반했을 때에 해당할 경우 명할 수 있다(제32조 제3항).

(2) 학생선도규정

(가) 학생들의 징계사항을 심의하기 위하여 학생선도위원회를 둔다(제3조 제1항).

(나) 학생선도위원회는 학생에 대한 징계 사안이 발생했을 때 소집하여 이를 심의한다(제4조).

(다) 학생선도위원회는 심의 전에 담당교사 및 담임교사로부터 사안의 설명과 의견을 청취하고, 학생의 보호자(학부모)에게도 의견을 진술할 기회를 부여하여야 한다(제5조).

(라) 징계의 종류에는 학교 내의 봉사, 사회봉사, 특별교육이수, 퇴학처분이 있고(제8조), 징계의 기준은 학생선도규정의 별표 징계기준(이하 '징계기준'이라고 한다)과 같으며, 특별한 사안에 대하여는 선도위원회에서 심의·의결하는데(제10조), 징계기준에 의하면, 교사에게 불손한 반항을 하거나 폭력을 가한 학생(제6항)에 대하

여는 학교 내의 봉사, 특별교육이수, 퇴학처분을, 공공시설, 문서를 나쁜 목적으로 사용하거나 대여한 학생(제8항)에 대하여는 학교 내의 봉사, 사회봉사, 특별교육이수, 퇴학처분을, 징계지도에 불응한 학생(제14항)에 대하여는 사회봉사, 특별교육이수, 퇴학처분을, 품행이 불량하여 개선의 가망이 없다고 인정된 학생(제18항)에 대하여는 퇴학처분을 각 할 수 있게 되어 있다.

바. 행정소송의 결과

원고는 이 사건 퇴학처분 후 피고 대광학원을 상대로 서울북부지방법원 2004가합4809호로 퇴학처분무효확인의 소를 제기하여 2005. 1. 21. 전부 승소의 판결을 선고받았고, 그 판결은 그 무렵 그대로 확정되었는데, 그 판결 이유의 요지는 다음과 같다.

(1) 이 사건 징계결의가 2003. 11. 11. 학생선도위원회 결의 당시의 징계사유(원고가 대광고등학교의 부회장으로 있던 2003. 11. 3. 사단법인 21세기청소년공동체 희망이라는 단체로부터 지원을 받아 교내 급식의 개선을 요구하는 배지 1,000개와 학생의 날 행사관련 유인물 500장을 만들어 등교시간에 학생들에게 이를 배포한 행위와 생활지도부장의 인증 없이 대자보를 교실에 부착한 행위)를 다시 징계사유로 삼고 있으나, ① 학생선도위원회는 2003. 11. 11. 원고의 당시 행위에 대하여 정식 징계결의를 한 바는 없고, 대신 지도 차원에서 훈계하기로 하여 훈계기간 동안 원고에게 반성문을 작성하도록 결의하였으므로, 그 결의 당시 원고의 위 행위에 대한 징계를 차후에 하기로 보류한 것은 아닌 것으로 보이는 점, ② 이 사건 징계결의 및 퇴학처분은 1, 2차 교내방송으로 인하여 촉발된 것으로 위 2003. 11. 11. 학생선도위원회 결의 당시의 징계사유와는 아무런 관련이 없는 점 등을 종합하여 보면, 이 사건 징계결의에서 위 2003. 11. 11. 학생선도위원회 결의 당시의 위 징계사유를 다시 징계사유로 삼은 것은 실질적으로 이중징계에 해당하여 부당하다.

(2) 위 1, 2차 교내방송과 관련해서는, 원고가 전교생을 상대로 종교의 자유에 대한 자신의 개인적인 견해 및 그에 따라 원고가 앞으로 대광고등학교에서 시행되고 있는 수요예배를 거부할 것임을 알려 앞으로 있을 자신의 행동에 대하여 다른 학생들의 이해와 지지를 얻을 개인적인 목적으로 학교의 공공시설인 방송실을 사용하였고, 이와 같이 방송실을 사용함에 있어 이러한 원고의 목적을 알리지 아니하고 방송실을 관리하는 문화부차장으로부터 방송실 사용 허락을 얻은 점이 엿보이기는 하나, ① 교육기본법 제12조 제1항의 규정에 비추어 원고와 같은 고등학생의 종교의 자유 및 표현의 자유 등 기본권도 존중되어야 하는 점, ② 종교의 자유에는 신앙선택, 신앙변경, 신앙고백, 신앙 불표현 및 무신앙의 자유가 포함되고, 이러한 내심의 자유는 절대적 자유에 해당하는 점, ③ 교육기본법 제2조의 반대해석상 사립학교는 특정 종교를 위한 종교교육을 실시할 수 있으나, 학생들의 신앙을 가지지 않을 자유를 침해하지 않는 범위 내에서만 학생들로 하여금 일정한 내용의 종교교육을 받도록 하는 것이 가능한 점, ④ 현재 주요 대도시의 경우 국·공립고등학교는 물론 사립고등학교까지 본인의 의사와는 관계없이 학교가 일방적으로 배정되고 있어 학생들의 학교선택권이 인정되지 않는 점, ⑤ 사립고등학교에서 종교교육을 실시하는 경우에는 종교의 자유와 함께 교육에 관한 헌법상의 원칙 즉 중립성, 교육제도법정주의와 교육의 정치적 중립성, 교육이념 등에 의한 제약을 받으므로, 사립고등학교에서 학생의 의사에 반하여서까지 종교의례의 참석 또는 종교교리교육의 이수를 요구할 수 없고, 사립학교에서 학생들을 상대로 종교의례를 거행하거나 종교교리교육을 할 경우에는 그 참가를 원하지 않는 학생들을 위하여 그에 상응하는 대체교과를 마련하여야 하는 점, ⑥ 대광고등학교는 매주 수요일 교회의 일요일 예배와 같은 형식의 예배시간을 가지고, 매일 아침 각 반별로는 성경낭독과 기도를 하는 방식으로 아침예배시간을 가지는데, 위 수요예배 및 아침예배에 참석을

원하지 않는 학생들을 위한 대체교과가 편성되어 있지 않은 점, ⑦ 2003년까지는 종교적인 사유로 전학이 가능하였고, 대광고등학교에서도 종교적인 사유로 전학을 한 예가 있으나, 현재는 종교적인 사유로는 전학이 불가능해졌고, 거주이전의 편법을 써서 전학을 한 예가 있을 뿐이며, 대광고등학교는 종교상의 문제로 전학이 가능하다는 사실을 학생들에게 공개적으로 공표한 적은 없는 점, ⑧ 원고는 1차 교내방송 이후 2차 교내방송에서 1차 교내방송의 내용은 원고의 개인적인 생각임을 분명히 하였고, 위 1, 2차 교내방송 이후에는 교내에서 학생들을 상대로 방송을 하거나 자신의 견해를 밝히기 위한 시위를 하는 등의 행동은 하지 않은 점 등의 사정에 비추어 보면, 원고의 1, 2차 교내방송이 징계기준 제8항에서 규정한 '공공시설을 나쁜 목적에 사용한 것'에 해당한다고 보기 어렵다.

(3) 원고가 담임교사인 문경O의 정당한 지도에 대하여 반발하고 불손한 태도를 보인 점은 징계기준 제14항에 해당한다고는 볼 수 없고, 다만 퇴학처분까지 가능한 징계기준 제6항에는 일단 해당하나, 위 나)의 ① 내지 ⑦의 각 점과 원고가 자신이 가지는 종교의 자유를 표현하는 과정에 1, 2차 교내방송과 앞서 본 바와 같은 1인 시위를 하였고, 원고의 1, 2차 교내방송 및 1인 시위에 대한 문경O의 원고에 대한 지도 과정에서 원고의 위 징계사유에 해당하는 행위가 있었던 점, 원고의 위 징계사유에 해당하는 행위의 정도가 품행이 불량하여 개선의 가망이 없다고 인정되는 정도에 이른 것으로는 보이지 않는 점 등을 종합하여 보면, 피고 대광학원이 위 징계사유에 기하여 원고에게 징계처분 중 가장 무거운 퇴학처분을 한 것은 비례의 원칙에 반하고 징계재량권의 범위를 벗어난 것으로서 위법하다.

(4) 초·중등교육법 제18조 제2항과 대광고등학교의 학칙 및 학생선도규정의 관련 조항에 의하면, 학생선도위원회는 그 심의절차에서 학생의 보호자(학부모)에게 의견을 진술할 기회를 부여하여야 하는데, 학생선도위원회는 원고의 부모에게 학생선도위원회에 참석하여 진술할 수 있음을 알리지 않았고, 심의절차에서 의견을 진술할 기회를 부여하지 않았으므로, 징계절차에도 하자가 있다.

(5) 따라서, 이 사건 퇴학처분은 실체적으로 재량권을 남용한 위법한 처분일 뿐 아니라, 징계절차에 있어서도 하자가 있어 무효이다.

2. 당사자의 주장

가. 원고의 주장

원고는, ① 피고 대광학원이 교과에 정해진 책자로 수업을 진행하지 아니하고 목사가 임의로 개인적인 교리를 설파하고 종교과목의 편성에 있어서 정규시간표상 다른 과목을 함께 편성하지 아니함으로써 학생들에게 선택권을 부여하지 않는 등 종교교육이라는 명목으로 원고에게 특정 종교의 행사를 강제하여 원고의 헌법상 기본권인 행복추구권, 신앙의 자유, 학습권 등을 침해하였고, ② 피고 대광학원은 원고가 위와 같은 피고 대광학원의 위법행위에 반발한다는 이유로 원고에게 위법한 퇴학처분을 자행함으로써, 원고에게 엄청난 정신적 고통을 주었다고 주장한다.

원고는 또한 ① 피고 서울특별시는 피고 대광학원을 관리·감독할 의무가 있음에도 이를 게을리 하여 피고 대광학원이 학생들에게 특정 종교의 행사를 강제하는 것을 방치한 과실이 있고, ② 피고 대광학원이 원고에게 위법한 퇴학처분을 하였음에도 수수방관한 과실이 있으므로 피고 대광학원과 연대하여 원고가 입은 손해를 배상할 책임 있으며, ③ 설사 그렇지 않다고 하더라도 피고 서울특별시는 국가로부터 위탁받은 피고 대광학원에 대한 사용자로서의 책임이 있다고 주장한다.

나. 피고 대광학원의 주장

피고 대광학원은, 대광고등학교는 기독교 사학으로 설립된 것으로 광범위한 재량권을 가지고 있다 할 것인데, ① 이 사건은 기독교 사학의 특수성과 현행법상 고교평준화로 인한 무작위 학생배정 사이의 갈등에서 표출된 것으로 대광고등학교의 종교교육으로 인하여 원고의 기본권이 일부 침해된 것이 있다고 하더라도 피고 대광학원이 그 책임을 질 수는 없고, ② 대광고등학교가 각종 기념일이나 기독교계가 중시하는 날에 약간의 종교의식을 거행하였고 종교수업 시간에 복수의 교과목을 편성하지 않았다고 하여 원고의 헌법상 행복추구권, 신앙의 자유 등을 침해하였다고 볼 수는 없으며, ③ 원고는 신앙의 자유를 주장하며 1인 시위를 하기 전까지는 적극적으로 대광고등학교가 마련한 종교행사에 참여하였으므로, 피고 대광학원은 원고의 헌법상 기본권인 행복추구권, 신앙의 자유, 학습권 등을 침해하지 않았으며, ③ 이 사건 교육부 고시는 대외적인 구속력이 있는 법규명령으로서의 효력이 있다고 보기 어려우므로 피고 대광학원이 위 고시를 위반하여 단수의 종교과목만 편성하고 이를 대체할 다른 과목을 편성하지 아니하였다 하더라도 위법한 것은 아니라고 주장한다.

피고 대광학원은 또한, 원고의 교사에 대한 반항적 태도는 학칙상 퇴학처분사유에 해당하였음에도 다만 법원은 재량권 남용을 이유로 퇴학처분을 무효라고 판결하였는데, 재량권 남용이라고 하여 무조건 불법행위를 구성하는 것은 아니고, 그 당시 상황으로서는 원고의 행위로 인하여 다른 학생들이 동요하는 것을 막을 급박한 필요성이 있었으므로 위 피고에게 불법행위책임을 물을 수 없고, 설사 퇴학처분이 위법하다고 하더라도 원고는 이러한 사태를 이용하여 서울대학교 법과대학에 특별전형으로 입학할 수 있었음에도 이 사건 소를 제기한 것은 신의칙에 반한다고 주장한다.

다. 피고 서울특별시의 주장

피고 서울특별시는, 원고가 1인 시위를 하여 문제를 제기하였을 때 대광고등학교에 대한 현장 지도 등을 통하여 교육부의 교육편성지침을 따르도록 충실히 지도하였고, 사립학교가 학생을 징계한 경우에 피고 서울특별시는 사학에 대하여 직권으로 그 처분을 변경하도록 지시할 권한이 없으므로 퇴학처분에 대하여 조치를 취하지 아니한 것이 불법행위가 되지 않으며, 피고들 사이에는 사용자와 피용자 관계가 성립하지 않는다고 주장한다.

3. 쟁점별 판단

가. 기본 원칙

(1) 교육을 받을 권리와 자녀의 자유로운 인격발현권

헌법 제31조 제1항은 "모든 국민은 능력에 따라 균등하게 교육을 받을 권리를 가진다"라고 규정함으로써 국민의 교육을 받을 권리를 보장하고 있고, 이는 단순히 취학의 기회균등만을 뜻하는 것이 아니라 모든 국민에게 그의 능력에 따른 교육가능성을 제공하는 공교육제도를 보장하여야 할 국가의 의무를 의미한다(헌법재판소 2004. 4. 27. 선고 98헌가16 결정 등 참조). 오늘날 현대국가에서 교육은 직업의 자유를 행사하기 위한 전제조건이자 개인의 자유로운 인격발현과 행복추구를 위하여 요구되는 불가결한 실질적 조건이기 때문에, 국가는 사회국가원리에 따라 급부의 주체로서 이러한 조건을 형성하여야 할 과제와 의무를 부담하는 한편, 헌법 제31조 제6항에서 입법자로 하여금 학교교육에 관한 교육제도를 법률로 정하도록 위임함으로써 교육과정, 교육목표, 교육내용, 교육방법 등에 관련된 정책을 결정하고 추진함에 있어서 광범위한 형성의 자유를 가진다.

그러나 국민은 국가의 간섭이나 방해, 규율 등을 받지 않고 교육을 통하여 자유롭게 자신의 인격을 발현할 자유를 가지므로 국가의 이러한 형성권은 무제한적이 아니라, 자녀의 교육에 있어서 부모가 가지는 자연적·선국가적 권리인 자율권 및 학습의 자유 등에 의하여 제한을 받는다.

따라서 국가는 학교의 조직과 구조에 관하여 원칙적인 결정권을 행사하되, 누구보다도 자녀의 이익을 잘 보호할 수 있는 부모는 자녀의 교육에 관한 전반적인 계획을 세울 권리를 가지고 있으므로 부모가 학교교육에 일정 부분 영향력을 행사할 수 있어야 하고, 학교영역에서 부모의 자녀교육권이 존중되어야 하며, 부모와 국가가 상호연관적 협력관계를 이루어야 한다(헌법재판소 2000. 4. 27. 선고 98헌가16 결정 등 참조).

다만, 학교에서 공동으로 이루어지는 집단교육의 형태를 취하는 공교육에 있어서는 그 자체로 학부모의 다양한 견해와 가치관을 완전히 수용할 수 없는 현실적 제약이 따르기 때문에 불가피한 범위 내에서 부모나 자녀의 주관적·개인적 의사가 배제될 수밖에 없다. 특히 다원주의적 사회에서 부모의 의사는 필연적으로 다원적인 반면, 학교는 국가에 의하여 일원적으로 조직되고 유지되어야 하므로, 국가는 헌법 제31조 제4항에서 규정하는 것처럼 정치적으로 중립성이 유지되도록 공교육을 운영하여야 한다. 뿐만 아니라 교육의 중립성과 관용의 원칙은 부모의 교육권과 학생의 자유로운 인격발현권으로부터 나오는 필연적인 헌법적 요청이므로 문화적·종교적·세계관적의 영역에서도 중립성이 지켜져야 하며, 국가는 교육의 기회를 제공함에 있어서 다양한 가치관에 대하여 개방적이어야 하고, 학교는 학생에게 사상주입의 어떠한 시도도 하여서는 아니 된다. 이러한 관용과 중립성의 요청은 교사에게도 그대로 적용되어, 교사는 자신의 세계관·종교관 또는 정치관을 학생들에게 주입하기 위한 수단으로 수업시간을 남용하여서는 안된다고 할 것이다. 한편 가치관·종교관 및 세계관과 같은 영역은 원칙적으로 부모의 개별교육권에 속하는 것이므로 그 교육내용이 일차적으로 부모에 의하여 결정되어야 한다.

(2) 사립학교의 자유와 학교선택의 자유

이와 같이 헌법 제31조의 요청상 학교교육은 국공립학교가 담당하는 것이 원칙이다. 그러나 종교와 세계관에 관한 자녀교육이 일차적으로 부모의 교육권에 속하는 이상, 공교육이 담당할 수 없는 종교적 또는 세계관적 대안교육의 가능성을 보장하고 교육학적 관점에서 개혁이나 대안, 독자적 시도를 실현할 수 있는 다양한 자유공간이 확보될 필요가 있다. 사립학교는 이러한 필요적 공간을 채우는 데에 그 본래적 의미가 있고, 부모로서는 사립학교의 설립이나 선택을 통하여 자신의 특별한 교육관이나 가치관을 실현할 수 있는 가능성이 주어진다(헌법재판소 2001. 11. 29. 선고 2000헌마278 결정 참조). 세계관적인 중립의무가 있는 국공립학교에 비하여 사립학교는 처음부터 특정 세계관이나 종교관에 터 잡은 대안교육을 실시할 수 있다는 점에서 그 존재의의가 있다고 할 수 있다. 한편 사립학교가 공교육의 일부를 담당하고 국가의 교육과제의 이행을 보완한다는 점에서, 국가는 사립학교의 교육에 대해서도 여전히 지식과 기술의 전달을 비롯한 교육의 전반적인 기본 틀을 형성하여야 할 의무를 부담한다고 할 것이다. 그렇지만 앞서 본 사립학교의 자유가 보장되는 근본 취지에 비추어 볼 때, 사립학교에 대한 선택의 자유가 전제되지 아니하는 한 사립학교에 대한 설립의 자유는 무의미하다고 할 것이다.

현재 우리의 교육현실은 헌법의 규범적 내용과는 달리 초등학교를 제외하고는 사학에 대한 의존도가 매우 높은 편이고, 다수의 사립학교가 오래전에 특정 종교의 교육관을 실현하기 위하여 설립되었으며, 현행법상으로도 사립학교의 설치가 학교법인의 설립 등을 통하여 허용되고 있다(교육기본법 제11조 제2항, 사립학교법 제3조, 제10조). 이러한 상황하에서 국가가 국공립 또는 사립 여부를 묻지 않고 강제로 학교를 배정함으로써 학부모로 하여금 자신의 교육관·가치관에 부합하는 사립학교를 선택할 권리를 인정하지 않는다면 이는 사립학교의 자유를 보장하는 본래의 헌법적 의미를 무시하는 처사라고 할 것이다. 물론 과열된 입시경쟁으로 인한 과외교육의 만연과 학교교육의 비정상적으로 운영, 과다한 과외비용의 지출, 학생들의 신체적·정신적 발달의 저해, 재수생의 누증 등 여러 부작용을 시정할 목적으로 고교평준화제도가 실시되었고, 이러한 방안의 선택은 서로 충돌되는 가치를 조절하는 과정에서 취해진 입법권자의 재량권 행사로서 그 범위 내에서는 정당성을 가진다고 할 것이지만(헌법재판소 1995. 2. 23. 선고 91헌마204 결정 참조), 사립학교의 자유가 본래 국공립학교와는 달리 종교적 또는 세계관적 대안교육의 가능성을 보장하는 데에 본질적 의미가 있는 점을 감안할 때, 적어도 이미 상당 정도의 자기결정과 자기실현 능력을 갖춘 단계에서 취학하게 되는 고등학교의 입학에 있어서 학생과 학부모의 학교선택권은 학생의 자유로운 인격발현권을 비롯한 기본권 행사를 위하여 결코 양보할 수 없는 필수적 권리라고 할 것이다.

(3) 학교의 강제배정과 사립학교 종교교육의 한계

앞에서 본 바와 같이 헌법 제31조의 규정상 학교교육에 관한 포괄적인 권한과 책임이 국가에 부여된 이상 사립학교는 공립학교를 대체할 수 없고, 이를 보완하여 종교적·세계관적·교육학적 관점에서 대안교육을 제공하는 부수적 역할을 담당하게 된다. 이러한 사립학교가 고교평준화와 같은 공익상의 이유로 부득이하게 강제로 학생을 배정받게 되는 경우, 그 학생들은 학교선택의 자유를 보장받지 못한 채 입학하게 된 것이므로 당해 사립학교로서는 당초의 설립목적인 종교적 대안교육의 실시와 공교육에서 요구되는 종교적 중립성이 조화를 이루도록 배려하여야 하고, 국가는 사립학교의 존재 목적을 살릴 수 있도록 학교장이 가지는 의사결정의 자율성 및 재량권을 보장하되 해당 사립학교에서 종교교육이 학생의 의사에 반하여 강제로 행하여지지 않도록 규율할 의무를 진다고 할 것이다.

특히 기독교적 신앙은 인간 내면의 영혼이 절대자인 하나님을 향하는 귀의 또는 신과 내세에 대한 내적 확신으로서 그 성질상 절대자의 은혜를 통하여 자발적 · 자주적으로 이루어지는 것이지 결코 강제적인 방법으로는 향유될 수 없는 것이므로, 비록 기독교적 교육관에 입각하여 설립된 학교라고 할지라도, 소속 학생에게 학교선택의 자유가 보장되지 아니한 현행 교육제도하에서는, 이를 운영함에 있어서 교리이나 종교적 진리를 객관적으로 소개하는 것은 별론으로 하되 예배와 같이 내면적 신앙을 외부에 표출하는 종교의식을 강제하는 것은, 신앙의 본질상 합당하지 하지 아니할 뿐만 아니라 도리어 자연스러운 영적 개안(開眼)이나 종교적 인격성숙을 방해하는 것으로서 바른 수업방법은 아니라고 할 것이고, 경우에 따라서는 정당한 교육의 범위를 일탈하는 행위로서 그 자체로 인간으로서의 존엄과 가치 및 종교의 자유를 침해하는 위법한 행위라는 평가를 면하기 어렵다고 할 것이다.

나. 피고 대광학원에 대한 청구에 관하여

(1) 종교행사의 강제와 위법성

기본권은 국가권력에 대한 국민의 방어권이고 다른 한편 공동생활의 기초가 되고 국가존립에 정당성을 부여해 주는 객관적인 가치질서를 뜻하므로 모든 생활영역에 이른바 방사효과를 미치게 되고, 따라서 사인간의 사적인 법률관계에 대하여도 신의성실, 권리남용, 공서양속 등의 사법상의 일반원칙을 창구로 하여 기본권의 방사효과가 미치게 되며, 한편 사인간의 기본권이 충돌하는 경우에는 기본권 상호간의 상하관계나 인격적 가치 및 자유우선의 원칙 등을 적용한 구체적인 이익형량의 방법이나 비례의 원칙 위배 여부나 대안적 해결방법의 존재

여부 등을 고려한 이른바 규범조화적 해석을 통하여 사인의 다른 사인에 대한 기본권 침해행위가 합리적인 이유 없이 사회적인 허용한도를 초과하였는지 여부를 검토하여 이를 초과한 경우에는 사법상으로도 공서양속 위반 등의 위법한 행위가 된다고 할 것이므로, 피고 대광학원의 종교행사 등이 위와 같은 일반원칙에 위반된 경우 원고에 대한 불법행위를 구성하게 된다고 할 것이다.

앞에서 인정한 사실관계에서 드러나는 다음과 같은 사정, 즉 피고 대광학원의 설립목적은 기독교 정신에 입각한 교육에 있고, 사립학교에서는 국·공립학교와는 달리 특정 종교교육이 폭넓게 허용되어야 하는 점, 원고가 입학 당시 기독교 교육과 함께 모든 교과교육을 충실히 받겠다고 선서하였고, 원고나 원고의 부모는 그 이후에도 원고가 교내방송을 한 2004. 6. 16.까지, 적어도 2004년 초경 담임선생님에게 예배참가에의 거부의사를 표명하기 전까지는 피고 대광학원의 종교의식과 종교교육에 대하여 명시적으로 거부의 의사를 표시하지 않았을 뿐만 아니라 기독교의식이 포함된 각종 학교행사에 적극적으로 참여해 온 점, 원고와 같은 학년의 학생 1명은 1학년 때 피고 대광학원의 종교행사에 명시적으로 반대의사를 표명하고 다른 학교로 전학을 간 사례가 있었고, 그로부터 3-4년 전에는 여호와증인을 신봉하는 학생이 예배에 참석하지 않고 교실에 남아서 공부를 하기도 했던 점 등을 종합하여 보면, 원고가 기독교의식이 일부 포함된 개학식 등 행사, 경건회 시간, 수요예배, 생활관교육, 부활절예배 및 심령수양회 등에 참가한 것을 두고 원고의 의사에 반하여 강제로 이루어진 것이라고 단정하기 어렵고, 비록 신앙의 자유가 인격적 가치를 지닌 상위의 기본권이고 그 과정에서 학생인 원고의 자발적·자주적인 의사가 충분히 존중되지 못하였다고 할지라도, 이러한 행사나 의식 및 수업이 실시된 동기 내지 목적, 대광고등학교의 기독교학교로서의 전통 등에 비추어 볼 때, 그것이 원고의 행복추구권, 신앙의 자유 내지 학습권을 침해하는 행위로서 합리적인 이유 없이 사회적인 허용한도를 초과한 위법한 행위로 평가할 수는 없다고 할 것이다.

(2) 종교교육의 실시와 위법성

갑 제12호증의 기재에 관계 법령을 종합하여 보면, 이 사건 교육부 고시는 구 교육법(1997. 12. 13. 법률 제5438호로 초·중등교육법으로 대체되어 폐지되기 전의 것) 제155조 제1항에서 "대학·사범대학·교육대학·전문대학·기술대학·각종학교를 제외한 각 학교의 학과 및 교과는 대통령령으로, 교육과정은 교육부장관이 정한다."라고 규정한 데에 근거하여, 초·중등학교의 교육목적과 교육목표를 달성하기 위한 국가 수준의 교육과정으로 초·중등학교에서 편성 운영하여야 할 학교 교육과정의 공통적·일반적 기준을 제시하기 위하여 마련된 것으로서, 현재도 초·중등교육법 부칙 제14조, 제23조 제2항에 의하여 그 효력이 그대로 존속중임을 알 수 있는바, 사정이 이러하다면, 이 사건 교육부 고시는 위 구 교육법 등 관계 법령의 규정에서 특정 행정기관인 교육부장관에게 법령 내용의 구체적 사항을 정할 수 있는 권한을 부여함으로써 그 법령 내용을 보충하는 행정규칙에 해당한다고 할 것이므로, 근거 법령인 위 구 교육법 등의 규정과 결합하여 대외적으로 구속력이 있는 법규로서의 효력을 가진다 할 것이다.

이 사건에 있어서 피고 대광학원이 이 사건 교육부 고시를 위반하여 종교 이외의 과목을 포함한 복수과목을 편성하지 아니한 것이 원고에 대하여 불법행위를 구성하는지에 관하여 보건대, 갑 제12호증, 을가 제3호증의 1 내지 3의 각 기재, 제1심 증인 신상O의 일부증언에 변론 전체의 취지를 종합하면, 이 사건 교육부 고시는 "학교 교육과정을 편성·운영함에 있어서는 교원의 조직, 학생의 실태, 학부모의 요구, 지역사회의 실정 및 교육시설·설비 등 교육여건과 환경이 충분히 반영되도록 노력한다.", "선택과목은 학교의 실정과 학생들의 요구를 반영해서 편성한다."라고 규정하고 있는 사실, 대광고등학교의 종교시간에는 기독교를 포함한 종교일반을 수업대상으로 삼았고 별도의 시험평가를 실시하지 아니한 사실을 인정할 수 있는바, 위 인정사실에 원고나 원고의 부모가 위 종교시간의 실시에 대하여 명시적으로 거부의 의사를 표명하지 아니한 점, 교육과정은 교원수, 학급수, 시설 등 현실적인 조건을 고려하여 운영되지 않을 수 없으므로 교원수급상의 문제나 희망 학생이 소수일 경우에는 종교과목 이외의 다른 대체과목 개설이 어려워 부득이 종교과목을 희망하지 않은 일부 학생도 종교과목을 이수하게 될 여지가 있는 점 등 제반사정을 종합하여 보면, 비록 대광고등학교가 종교과목을 부과함에 있어서 종교 이외의 과목을 포함하여 복수로 과목을 편성하지 않음으로써 이 사건 교육부 고시를 위반하였다고 할지라도 이것만으로 곧바로 원고에 대하여 불법행위를 구성한다고 보기는 어렵다고 할 것이다.

(3) 퇴학처분의 위법성과 불법행위의 성립 여부

학생에 대한 징계가 징계대상자의 소행, 평소의 학업태도, 뉘우치는 정도 등을 참작하여 학칙에 정한 징계 절차에 따라 징계위원들이나 징계권자의 자율적인 판단에 따라 행하여진 것이고, 실제로 인정되는 징계사유에 비추어 그 정도의 징계를 하는 것도 무리가 아니라고 인정되는 경우라면, 비록 그 징계양정이 결과적으로 재량권을 일탈한 것으로 인정된다고 하더라도 이는 특별한 사정이 없는 한 법률전문가가 아닌 징계위원들이나 징계권자가 징계의 경중에 관한 법령의 해석을 잘못한 데 기인하는 것이라고 보아야 하므로 원칙적으로 불법행위책임을 물을 수 있는 과실이 있다고 할 수 없으나, 그렇지 않고 잘못의 내용이나 정도에 비하여 징계처분의 내용이 현저히 중하여 비례의 원칙에 위배함이 객관적으로 명백한 경우 등 사회통념상 용인될 수 없을 정도로 징계권의 남용이 분명한 경우에는 그 징계처분의 효력이 단순히 부정되는 데 그치는 것이 아니고, 위법하게 징계처분 대상자에게 정신적 고통을 가한 것이 되어 불법행위를 구성한다고 할 것이다.

이 사건의 경우, 앞서 본 학칙이나 선도규정이 위법하다고 볼 만한 사정이 없는 이 상, 원고가 담임교사의 정당한 지도에 대하여 반발하고 불손한 태도를 보였다는 점만으로도 일단 위 학칙이 정하는 퇴학처분까지 가능한 징계사유에 해당한다고 할 것이고, 그 밖에 원고의 위반 내용, 담임교사의 권면 및 학부모와 관계를 비롯한 이 사건 퇴학처분에 이르게 된 경위 등에 비추어 볼 때, 원고에 대한 징계로 학칙에 따라 퇴학처분을 선택한 것이 비례의 원칙에 어긋나 재량권을 남용한 것으로 인정된다고 하더라도 이는 법률전문가가 아닌 징계위원들이나 징계권자가 징계의 경중에 관한 법령의 해석을 잘못한 것으로 보아야지, 조금만 주의를 기울였더라면 원고에 대한 징계사유가 퇴학처분을 할 사유가 되지 못한다는 것을 쉽게 알 수 있었음에도 제적처분을 한 것으로 사회통념상 용인될 수 없을 정도의 징계권 남용에 해당한다고 보기는 어려우므로, 이 사건 퇴학처분이 불법행위를 구성한다는 원고의 주장도 받아들일 수 없다고 할 것이다.

다. 피고 서울특별시에 대한 청구에 관하여

(1) 관리·감독의무의 해태와 국가배상책임의 성립 여부

(가) 관련 법리

국민의 생명, 신체, 재산 등에 대하여 절박하고 중대한 위험상태가 발생하였거나 발생할 우려가 있어서 국민의 생명, 신체, 재산 등을 보호하는 것을 본래적 사명으로 하는 국가가 초 법규적·일차적으로 그 위험배제에 나서지 않으면 국민의 생명, 신체, 재산 등을 보호할 수 없는 경우에는 형식적 의미의 법령에 근거가 없더라도 국가나 관련 공무원에 대하여 그러한 위험을 배제할 작위의무를 인정할 수 있을 것이지만, 그와 같은 절박하고 중대한 위험상태가 발생하였거나 발생할 우려가 있는 경우가 아니라면 원칙적으로 공무원이 관련 법령을 준수하여 직무를 수행하였다면 그와 같은 공무원의 부작위를 가지고 '고의 또는 과실로 법령에 위반'하였다고 할 수는 없을 것이므로, 공무원의 부작위로 인한 국가배상책임을 인정할 것인지 여부가 문제되는 경우에 관련 공무원에 대하여 작위의무를 명하는 법령의 규정이 없다면 공무원의 부작위로 인하여 침해된 국민의 법익 또는 국민에게 발생한 손해가 어느 정도 심각하고 절박한 것인지, 관련 공무원이 그와 같은 결과를 예견하여 그 결과를 회피하기 위한 조치를 취할 수 있는 가능성이 있는지 등을 종합적으로 고려하여 판단하여야 한다(대법원 2005. 6. 10. 선고 2002다53995 판결, 2001. 4. 24. 선고 2000다57856 판결 등 참조).

(나) 인정사실

아래 각 사실은 당사자 사이에 다툼이 없거나, 갑 제20호증의 1, 2, 을나 제1호증의 1 내지 6, 을나 제2호증 내지 을나 제21호증, 을나 제22호증의 1, 2, 을나 제23호증의 1 내지 4, 을나 제24호증의 1 내지 3의 각 기재에 변론 전체의 취지를 종합하여 이를 인정할 수 있다.

1) 피고 서울특별시 산하 서울특별시 교육청(이하, '교육청'이라고만 한다)에서는 대광고등학교를 비롯한 관할 고등학교에 대하여 2002년에 4회, 2003년에 5회, 2004년에 4회의 각 담임장학지도와 2004년에 1회의 종합장학지도를 시행하면서 종교과목과 관련하여 학생의 선택권이 침해되는 일이 없도록 지도를 하였는데, 대광고등학교에 대한 그 구체적인 장학지도 내용은 다음과 같다.

① 2002. 3. 27.과 2002. 7. 10. 2회의 각 담임장학지도시 '학교가 종교과목을 부과할 때에는 종교 이외의 과목을 포함하여 복수로 과목을 편성하여 학생에게 선택의 기회를 주어야 한다'는 내용이 포함된 제7차 교육과정 편성·운영지침을 준수하도록 지도하였고,

② 2004. 7. 8.의 담임장학지도시에는 종교과목 운영시 인성교육, 종교에 대한 이해 등에 중점을 두도록 지도하였으며,

③ 2004. 4. 19.의 종합장학지도시에는 보완사항으로 '학교 종교교육과정 편성·운영의 정상적인 운영 : 종교과목 개설시에는 종교 이외의 과목을 포함하여 복수로 개설할 것, 정규교과 시간 외 종교활동은 학생의 참여 자율성을 보장할 것' 등을 지적하였다.

2) 교육청은 또한, 교무부장·교감·교장 회의 등을 비롯한 각종 회의와 연수시에도 학교 종교교육에 대한 구체적인 지침을 안내하고 설명하기도 하였고, 정규교과 외의 시간에 이루어지는 종교활동에는 학생들의 희망에 따른 자율적인 참여를 보장하도록 대광고등학교 등에 각종 공문을 지속적으로 발송하기도 하였다.

3) 한편 교육청에서는 특정 학교의 지침위반 사실이 구체적으로 지적되거나 민원이 발생한 경우에는 특별장학반을 해당 학교에 파견하여 지침위반 사항을 조사하고, 위반사항이 있으면 이를 시정하도록 하고 있는데, 2004. 6. 16. 원고가 교육청 건물 앞에서 '학교내 종교의 자유'를 주장하는 1인 시위를 시작하자, 교육청 중등교육과 소속 장학관인 소외 윤명O과 고등학교 담당 장학사인 소외 최승O이 원고를 면담하여 사정을 자세히 청취하였고, 다음날인 2004. 6. 17. 위 최승O이 대광고등학교를 방문하여 학생들을 상대로 구두 질의를 하는 등의 방법으로 사실을 조사·확인한 후 음악과목의 가창시험 평가 곡목에서 '주기도송'을 제외하고, 정규교과 시간 외 종교활동(예배)에 대한 운영·방법을 개선하도록 시정조치를 하였다.

4) 나아가 원고가 위와 같이 1인 시위를 벌인 이후에도 원고가 퇴학처분을 당하기 전까지 대광고등학교의 담임 장학사인 소외 이긍O, 위 최승O 등이 3차례 정도 학교를 방문하여 학교의 종교 교육현황을 점검·지

도하였고, 2004. 7. 8. 원고가 퇴학처분된 후 2004. 8. 31. 퇴학처분효력정지 및 지위보전가처분 인용결정이 내려질 때까지 사이에는 위 최승O, 윤명O 등이 다시 2차례 학교를 방문하여 지도를 하였으며, 위 가처분 인용결정이 내려진 후에도 장학사인 위 이긍O, 최승O, 장학관인 위 윤명O, 중등교육과장인 소외 김영O 등이 학교를 4차례 정도 방문하여 대광고등학교의 교육이 종교교육과 관련된 교육과정 지침에 따라 운영되도록 지도하였다.

5) 교육청은 그밖에 피고 대광학원으로부터 대광고등학교의 학칙 등 원고에 대한 퇴학처분과 관련된 자료를 제출받아 퇴학처분에 중대한 하자가 있는지 여부를 검토하는 한편, 원고가 이 사건을 2004. 7. 13. 국가인권위원회에 진정한 것과 관련하여 담당공무원이 국가인권위원회의 중재절차에 입회인 자격으로 참가하여 조언을 하기도 하였다.

(다) 손해배상책임의 존부

위 인정사실에 의하면, 피고 서울특별시로서는 사립학교인 대광고등학교가 그 존재 목적을 살릴 수 있도록 학교장이 가지는 의사결정의 자율성 및 재량권을 보장하면서 도 종교교육 등이 학생의 의사에 반하여 강제로 행하여짐으로써 학생들의 인권이 침해되지 않도록 일반적인 지도·감독을 지속적으로 다하여 왔다 할 것이고, ① 원고가 1인 시위를 하기 이전에도 원고나 기타 대광고등학교의 다른 학생들이 대광고등학교에서의 종교교육이나 종교의식 등과 관련하여 피고 서울특별시측에게 구체적인 문제제기를 하였다고 볼 만한 아무런 증거가 없는 이상, 대광고등학교가 행하여온 종교교육과 종교의식을 통하여 그 학생들이 생명, 신체, 재산 등에 대하여 절박하고 중대한 위험상태가 발생할 우려가 있었다고 보기 어려울 뿐만 아니라 가사 그러한 우려가 있었다고 할지라도 피고 서울특별시가 이를 알기는 어려웠다고 할 것이고, 특히 원고의 경우는 앞서 본 바와 같이 입학식이나 학생회장 취임식에서 기독교 교육을 비롯한 학교방침을 충실히 따르겠다는 취지로 선서한 적이 있고, 1학년 초 증조부가 돌아가신 후부터는 종교교육과 예배시간에 적극적으로 참여하여 앞장서서 손뼉치고 큰소리로 찬송가를 부르기도 하였으며, 1년 정도 실제 교회에 다니기도 한 적이 있는 점 등을 고려하면 더욱 그러하다고 볼 수 있는 점, ② 사립학교의 자유가 본래 국공립학교와는 달리 종교적 또는 세계관적 대안교육의 가능성을 보장하는 데에 본질적 의미가 있으며, 학교의 교육과정 운영과 학생지도는 원칙적으로 학교장에게 위임되어 있는 사항인 점, ③ 이 사건 교육부 고시에 의하더라도 "학교 교육과정을 편성·운영함에 있어서는 교원의 조직, 학생의 실태, 학부모의 요구, 지역사회의 실정 및 교육시설·설비 등 교육여건과 환경이 충분히 반영되도록 노력한다."고 규정되어 있고, 교육과정은 교원수, 학급수, 시설 등 현실적인 조건을 고려하여 운영되지 않을 수 없으므로 교원수급상의 문제나 희망 학생이 소수일 경우에는 종교과목 이외의 다른 대체과목 개설이 어려워 부득이 종교과목을 희망하지 않은 일부 학생도 종교과목을 이수하게 될 수도 있는 점, ④ 초·중등교육법 제63조 제1항의 규정형식을 보더라도 그 규정에 의한 시정명령이나 변경명령은 감독기관의 의무사항이 아니라 여러 가지 사정을 종합하여 합목적적으로 발할지 여부를 결정할 수 있는 재량사항으로 되어 있는 점 등을 고려하면, 원고의 1인 시위가 있기 이전에 피고 서울특별시 소속 교육감 등 담당공무원이 피고 대광학원이 실시한 기독교 종교의식이나 종교교육에 대하여 즉시 조사하여 초·중등교육법 제63조 제1항에 따른 정식의 시정명령 등을 발하지 아니하였다 하여 곧바로 '고의 또는 과실로 법령에 위반'한 경우에 해당한다고 단정하기는 어렵다. 그리고 교육청이 원고의 1인 시위 후에 취한 제반 조치도 감독기관으로서의 재량권 범위 내에서 나름대로 합당한 조치를 취하였다고 봄이 상당하고, 거기에 공무원의 부작위로 인한 국가배상책임을 인정할 정도의 위법성이 있다고 평가하기는 어렵다.

또한, ① 학생에 대한 징계처분은 해당 학교의 학교장이 교칙에 의하여 행하는 것으로서 원칙적으로 해당 학교장의 권한이고, 원고가 이 사건 퇴학처분과 관련하여 피고 서울특별시측에 그 부당성을 진정하거나 취소를 요구한 적은 없는 점, ② 원고에게도 일정 부분 징계사유 자체는 존재하는 것으로 인정되는 점, ③ 사립학교 학생과 그 학교를 운영하는 학교법인 사이의 관계는 기본적으로 사법관계(私法關係)에 속하는 것으로서 감독기관인 피고 서울특별시 소속 교육감 등이 직권으로 학생에 대한 징계처분에 대하여까지 어떤 구제조치를 취할 수 있는 법령상의 근거는 존재하지 아니하는 것으로 보이는 점, ④ 이 사건 퇴학처분 후 원고가 국가인권위원회에 진정을 하여 별도로 그 절차가 진행 중이었던 점 등을 고려하면, 피고 서울특별시 소속 교육감 등 담당공무원이 피고 대광학원의 퇴학처분에 특별한 하자가 없다고 판단하고 국가인권위원회의 중재를 지켜보며 직접 원고의 권리구제를 위하여 별다른 조치를 취하지는 아니한 것에 어떠한 감독 · 지도상의 잘못이 있었다고 볼 수 없다.

(2) 사용자책임의 존부

어떤 위임 · 위탁관계와 관련하여 위임인 내지 위탁자에게 민법 제756조 소정의 사용자책임을 묻기 위해서는, 그 위임인 내지 위탁자와 수임인 내지 수탁자 사이에 구체적인 지휘 · 감독관계가 있어야만 한다.

그런데, 국가 공교육 체제 아래에서는 원고의 주장과 같이 국가가 공교육을 사립학교에 위탁한 것으로 볼 수 있고, 국가나 이에 갈음한 지방자치단체가 관련 법령에 의하여 사립학교의 운영재정을 지원하면서 그 대신 상당히 광범위한 감독권을 행사하고 있다 하더라도, 사립학교법 등 관련 법령상 그 감독권은 일정한 기준을 제시하고 그 기준을 위배하는 일이 없도록 하는 등의 일반 · 추상적인 것에 불과할 뿐, 오히려 사립학교의 설립자는 재산관리나 교직원의 임면 등에서 국 · 공립학교에 비하여 상당히 광범위한 자율성을 누리고 있으므로, 법령상 공교육의 위탁자인 국가나 이에 갈음한 지방자치단체와 개별 사립학교 운영자 사이에 학교 운영과 관련하여 민법상의 사용자책임을 물을 수 있을 정도로 구체적인 지휘 · 감독관계가 있다고 보기는 어렵고, 달리 원고의 전 입증으로도 피고 서울특별시가 피고 대광학원에 대하여 대광고등학교의 운영과 관련하여 일반 · 추상적인 감독권 행사를 넘어 민법상의 사용자책임을 물을 수 있을 정도로 실제로 구체적인 지휘 · 감독권을 행사하여 왔다고 볼 만한 증거도 없다.

그렇다면, 피고 서울특별시가 피고 대광학원에 대하여 대광고등학교 운영과 관련하여 민법 제756조 소정의 사용자의 지위에 있음을 전제로 하는 원고의 이 부분 주장도 받아들이기 어렵다.

4. 결 론

그렇다면, 원고의 피고들에 대한 청구는 모두 이유 없으므로 이를 기각할 것인바, 이와 결론을 일부 달리한 제1심 판결은 부당하므로 피고 대광학원의 항소를 받아들여 제1심 판결 중 피고 대광학원의 패소부분을 취소하고, 위 취소부분에 해당하는 원고의 청구를 기각하며, 원고의 피고들에 대한 항소는 모두 이유 없어 이를 모두 기각하기로 하여 주문과 같이 판결한다.

(7-2) 대법원 2010.4.22. 선고 2008다38288 전원합의체 판결 【손해배상(기)】

【원고, 상고인】 원고(소송대리인 변호사 강영구외 42인)

【피고, 피상고인】 학교법인 대광학원외 1인 (소송대리인 법무법인 로고스외 1인)

【원심판결】 서울고법 2008. 5. 8. 선고 2007나102467 판결

【주 문】

원심판결 중 피고 학교법인 대광학원에 대한 부분을 파기하고, 이 부분 사건을 서울고등법원에 환송한다. 피고 서울특별시에 대한 상고를 기각한다. 피고 서울특별시에 대한 상고비용은 원고가 부담한다.

【이 유】

상고이유(상고이유서 제출기간이 경과한 후에 제출된 상고이유보충서의 기재는 상고이유를 보충하는 범위 내에서)를 판단한다.

1. 피고 학교법인 대광학원(이하 '피고 대광학원' 이라 한다)에 대한 상고이유에 관하여

가. 종교교육과 관련한 손해배상청구

(1) 기본권의 침해와 손해배상청구

헌법상의 기본권은 제1차적으로 개인의 자유로운 영역을 공권력의 침해로부터 보호하기 위한 방어적 권리이지만 다른 한편으로 헌법의 기본적인 결단인 객관적인 가치질서를 구체화한 것으로서, 사법(私法)을 포함한 모든 법영역에 그 영향을 미치는 것이므로 사인간의 사적인 법률관계도 헌법상의 기본권 규정에 적합하게 규율되어야 한다. 다만 기본권규정은 그 성질상 사법관계에 직접 적용될 수 있는 예외적인 것을 제외하고는 사법상의 일반원칙을 규정한 민법 제2조, 제103조, 제750조, 제751조 등의 내용을 형성하고 그 해석기준이 되어 간접적으로 사법관계에 효력을 미치게 된다. 종교의 자유라는 기본권의 침해와 관련한 불법행위의 성립 여부도 위와 같은 일반규정을 통하여 사법상으로 보호되는 종교에 관한 인격적 법익침해 등의 형태로 구체화되어 논하여져야 한다.

(2) 학생과 학교법인의 기본권 충돌과 그 위법성 판단

(가) 헌법 제20조 제1항은 "모든 국민은 종교의 자유를 가진다."라고 규정하고 있고, 이러한 종교의 자유에는 신앙에 대한 침묵을 뜻하는 소극적인 신앙고백의 자유와 자신의 종교적인 확신에 반하는 행위를 강요당하지 아니하는 소극적인 종교행위의 자유 및 종교교육의 자유 등이 포함된다. 종교의 자유는 양심의 자유 등과 더불어 우리 헌법이 최고의 가치로 상정하고 있는 도덕적·정신적·지적 존재로서의 인간의 존엄성을 유지하기 위한 기본조건이고 민주주의체제가 존립하기 위한 불가결의 전제로서 다른 기본권에 비하여 보다 고도로 보장되어야 한다.

한편 사립학교의 설립자 및 학교법인은 일반적인 행동의 자유를 보장하는 헌법 제10조, 국민의 교육을 받을 권리를 규정하고 있는 헌법 제31조 제1항 그리고 교육의 자주성·전문성·정치적 중립성 등을 규정하고 있는 헌법 제31조 제4항 등에 의하여 인정되는 기본권으로서 자신의 의사와 재산으로 독자적인 교육목적을 구현하기 위하여 학교를 설립하고 이를 운영할 자유를 가진다(대법원 2007. 5. 17. 선고 2006다19054 판결 등 참조). 이러한 설립자나 학교법인이 가지는 사학 운영의 자유에는 설립자나 학교법인의 종교적·세계관적 교육이념에 따라 교과과정을 자유롭게 형성할 자유가 당연히 포함되므로 종교단체가 설립한 사립학교 즉 '종립학교'에서 종교행사 및 종교과목 수업(이하 종교행사와 종교과목 수업을 합하여 칭할 때는 '종교교육'이라 한다)을 할 자유는 종교의 자유뿐만 아니라 사학의 자유라는 관점에서도 일반적으로 보장되어야 한다.

(나) 그런데 우리나라는 대도시 및 주요도시를 중심으로 고등학교 평준화정책을 시행하고 있다. 고등학교 평준화정책은 고등학교 입시의 과열을 해소하여 중학교 교육이 입시과목 위주로 편성되는 것을 막아 학생에 대한 전인적 교육이 이루어지도록 교육과정을 정상화하고 고등학교 사이의 격차를 해소하여 고등학교 교육의 질적 균등과 확대를 위하여 도입된 것으로 일정 지역에 거주하는 학생들을 학교군별로 추첨을 통하여 학교에 강제로 배정하는 방법으로 실시되고 있다(초·중등교육법 제47조 제2항, 같은 법 시행령 제77조 제2항, 제84조 제2항).

학생은 헌법 제31조 제1항 및 헌법 제10조에 의하여, 그 부모는 혼인과 가족생활을 보장하는 헌법 제36조 제1항 및 헌법 제10조 등에 의하여 사립학교 선택권을 갖는 것이 원칙이고, 이러한 사립학교 선택권은 학생 인격의 자유로운 발현과 부모의 자녀에 대한 교육권을 보장하는 수단이 되는 데 그 의의가 있다. 사립학교 역시 사학의 자유에 의하여 학생 선발권을 가진다. 그런데 위와 같은 평준화 정책 및 그로 인한 강제배정으로 인하여 학생의 사립학교 선택권과 사립학교의 학생 선발권이 제한되었다.

그러나 헌법 제31조 제1항은 능력에 따라 균등하게 교육을 받을 권리를 국민의 기본권으로 보장함으로써 이를 실현할 의무와 책임을 국가가 부담하도록 하여 공교육체계를 교육제도의 근간으로 하고 있다. 또한 헌법 제31조 제6항이 선언하고 있는 교육제도 법률주의는 국가의 백년대계인 교육이 일시적인 특정 정치 세력에 의하여 영향을 받거나 집권자의 의도에 따라 수시로 변경되는 것을 예방하고 장래를 전망한 일관성이 있는 교육체계를 유지·발전시키기 위하여 교육제도 등에 관한 기본적인 사항을 법률로 정하도록 하고 있다(헌법재판소 2000. 3. 30. 선고 99헌바14 결정 등 참조). 이에 따라 예외적인 일부를 제외한 대부분의 사립 고등학교는 교원, 교육내용, 교과용 도서의 사용, 학교에 대한 공적 지도·감독 등 학교에 관한 사항에 관하여 국·공립학교와 구분 없는 동일한 규율을 받고(초·중등교육법 제19조, 제23조, 제29조, 제63조, 제64조, 제65조 등), 국가로부터 학교의 기본적 운영을 위한 재정결함보조금과 교육활동을 위한 기타보조금 등의 재정지원을 받는 등으로 공교육체계 내에 편입되어 있다.

공교육체계 내에서 학생에 대한 교육은 집단적인 학교교육을 중심으로 이루어지게 되므로 다양한 가치관과 능력·적성을 가진 학생들이 그에 알맞은 교육을 받을 권리는 현실적인 한계뿐만 아니라 학교교육이라는 제도적인 이유로 인하여 제한될 수밖에 없다. 거기에다가 현재 우리나라 고등학생의 절반 가량이 사립학교에 다니고 있을 정도로 우리나라 교육체계 내에서 사립학교가 차지하는 비중이 크므로, 국·공립학교를 더 많이 신설하지 않는 이상 사립학교에게 학생 선발권을 전면적으로 부여하기 어렵고, 사립학교가 학생 선발권을 가진다 하여도 학생 또한 학교 선택권을 가지게 됨에 따라 상당수의 사립학교가 정원 확보에 실패할 수 있음에도 사립학교가 공교육체계에 편입되어 있는 이상 그러한 사립학교에 대하여 재정지원을 하지 않을 수 없다. 그러나 이러한 국·공립학교의 다수 신설과 사립학교에 대한 현재보다 더 많은 지원은 모두 현재의 교육재정상 현실적이지 않다. 즉 이러한 공교육체계 내에서는 교육의 확대와 기회균등이라는 국가 교육목표 달성을 위하여 불가피한 범위 내에서 학생과 학교 모두의 교육에 관한 기본권은 제한될 수 있고 그러한 기본권에 포함되는 학생의 사립학교 선택권과 그 이면에 있는 사립학교의 학생 선발권 또한 제한될 수밖에 없다.

그리하여 평준화정책이 시행되는 지역에 거주하는 학생은 자신의 신앙 또는 무신앙에 따라 자유로이 사립학교를 선택할 권리를 가지지 못하고, 자신과 다른 종교를 건학이념으로 하는 종립 고등학교로 진학할 수도 있게 된 반면, 종립 고등학교 역시 자신과 동일한 종교를 가진 학생만을 선발하지 못하고, 신앙을 가지지 아니한 학생들이나 나아가서는 학교와는 다른 종교를 가진 학생까지도 배정받지 않을 수 없게 되었다. 그러나 사립학교가 공교육체계에 편입되었고 평준화정책이 실시되었다고 하더라도 그로 인하여 학교법인의 사학의 자유가 근본적으로 박탈된다고 볼 것은 아니므로 종립학교는 여전히 종교교육을 할 자유를 가지고, 학생 역시 종립학교에 진학하게 되었다고 하더라도 종교의 자유를 완전히 잃게 되는 것은 아니므로 여전히 자신의 의사에 반한 종교교육을 거부할 자유를 가진다고 볼 것이다.

위와 같은 공교육체계의 헌법적 도입과 우리의 고등학교 교육 현실 및 평준화정책이 고등학교 입시의 과열과 그로 인한 부작용을 막기 위하여 도입된 사정, 그로 인한 기본권의 제한 정도 등을 모두 고려한다면 고등학교 평준화정책에 따른 학교 강제배정제도에 의하여 학생이나 학교법인의 기본권에 일부 제한이 가하여진다고 하더라도 그것만으로는 위 제도가 학생이나 학교법인의 기본권을 본질적으로 침해하는 위헌적인 것이라고까지 할 수는 없다.

(다) 그렇지만 이로써 학생들이 신앙에 따른 자유로운 선택을 하지 못한 채 강제배정된 학교로 입학하게 되고, 종립학교가 그 학생들을 상대로 자유로운 참가를 보장하지 아니하고 종교적 중립성이 유지된 보편적인 교양으로서의 종교교육의 범위를 넘어서서 학교의 설립이념이 된 특정의 종교교리를 전파하는 이른바 '종파교육' 형태의 종교교육을 실시한다면, 그 특정 종교와 다른 종교를 가지거나 종교를 가지지 아니한 학생들은 자신들이 이를 원하는 경우를 제외하고는 그 종교교육에 강제로 참여할 수밖에 없게 되고 전학을 가는 등의 특별한 조치 없이는 이를 면할 길이 없으며, 참여한 후에도 그 특정 종교를 신앙으로 가진 학생과는 달리 적극적으로 호응할 수 없게 된다는 문제가 생긴다.

즉 위와 같은 교육제도가 위헌이 아니라고 하더라도 여전히 학교가 가지는 종교교육의 자유 및 운영의 자유와 학생들이 가지는 소극적 종교행위의 자유 및 소극적 신앙고백의 자유 사이에 충돌이 생기게 되는 것이다. 이와 같이 하나의 법률관계를 둘러싸고 두 기본권이 충돌하는 경우에는 구체적인 사안에서의 사정을 종합적으로 고려한 이익형량과 함께 양 기본권 사이의 실제적인 조화를 꾀하는 해석 등을 통하여 이를 해결하여야 하고(대법원 2006. 11. 23. 선고 2004다50747 판결, 대법원 2009. 1. 15.자 2008그202 결정 등 참조), 그 결과에 따라 정해지는 양 기본권 행사의 한계 등을 감안하여 그 행위의 최종적인 위법성 여부를 판단하여야 한다.

학생이 가지는 소극적 종교행위의 자유 및 소극적 신앙고백의 자유는 부작위에 의하여 자신의 종교적 신념을 외부로 표현하고 실현하는 기본권이라는 점에서(대법원 1982. 7. 13. 선고 82도1219 판결, 대법원 2004. 7. 15. 선고 2004도2965 판결 참조) 학교법인이 가지는 종교교육의 자유와의 사이에서 위계질서를 논하기는 어려우며 양자의 기본권 모두 인격적 가치 및 자유권적 가치를 가지므로 추상적인 이익형량만으로는 우선하는 기본권을 정할 수 없다.

헌법상 기본권의 행사는 국가공동체 내에서 타인과의 공동생활을 가능하게 하고 다른 헌법적 가치 및 국가의 법질서를 위태롭게 하지 않는 범위 내에서 이루어져야 한다는 점에서 충돌하는 기본권 모두 최대한으로 그 기능과 효력을 유지할 수 있는 조화점이 모색되어야 한다. 이는 헌법과 법률의 규정 및 그로부터 도출되는 기본권 행사의 한계, 그러한 한계 설정으로 인한 기본권 제약의 정도가 필요 최소한에 그치는지 등을 종합적으로 고려함으로써 이루어질 수 있다.

그런데 우리 헌법 제31조 제6항은 교육제도 법률주의를 선언하면서 헌법 스스로 학교법인의 기본권이 교육의 공공성이라는 헌법적 가치나 학생의 학습권이라는 기본권을 구체화한 법률에 의하여 제한될 수 있음을 밝히고 있다. 그리고 위와 같은 헌법 규정에 터 잡아 제정된 교육기본법 제12조 제1항은 "학생을 포함한 학습자의 기본적 인권은 학교교육 또는 사회교육의 과정에서 존중되고 보호된다."고 규정하여 학교법인의 기본권은 학생의 기본권이 존중되어야 하는 한도에서 한계를 가질 수 있음을 보여 준다. 구 교육법(1997. 12. 13. 법률 제5437호 교육기본법 부칙 제2조로 폐지된 것) 제155조 제1항을 근거로 제정되어 이 사건 당시 시행되던 교육부고시 제1997-15호(이후 교육부고시 제2004-85호로 그 내용이 그대로 이어졌다. 이하 '이 사건 교육부고시'라 한다)가 "학교가 종교과목을 부과할 때에는 종교 이외의 과목을 포함, 복수로 과목을 편성하여 학생에게 선택의 기회를 주어야 한다."라고 규정하여, 종립학교가 정규과목으로서의 종교과목을 부과하는 경우 그와 다른 선택과목을 편성하도록 함으로써 신앙을 가지지 않은 학생들이나 학교법인과 다른 종교를 가진 학생들에 대하여 종교교육을 할 자유를 상당히 제한하고 있는 것 역시 학교 강제배정제도 아래서의 학생의 기본권과 학교법인의 기본권을 조화하기 위한 방책으로 마련된 것이라고 할 것이다.

그러나 학교 강제배정제도로 인하여 학교법인의 기본권만 제한되어야 하는 것은 아니다. 즉 사립학교는 독자적인 건학이념을 실현하기 위하여 설립되는 것이고 종립학교의 건학이념은 특정한 종교의 교리를 전파하는 것이라고 할 수 있으며, 선교의 자유의 일종인 종교교육의 자유는 종립학교와 다른 종교를 가진 학생들이나 신앙을 가지지 아니한 학생들을 상대로 특정 종교를 선전하고 전파하는 자유를 당연히 포함하고 있으므로, 이러한 종립학교에 대하여 평준화정책이 합헌이고 학생들이 강제로 배정되었다는 이유로 종교교육을 제한하는 것은 종립학교의 종교교육의 자유나 운영의 자유를 중대하게 침해하는 것이라고 볼 수 있으며, 학교교육은 학생의 창의력 개발 및 인성 함양을 포함한 전인적 교육을 중시하여 이루어져야 하고(교육기본법 제9조 제3항), 종교교육 역시 학생들의 올바른 심성과 가치관을 기르는 데에 도움이 될 수 있으므로, 종립학교가 종파교육 형태의 종교교육을 실시한다고 하여 그 자체만으로 바로 강제로 배정된 학생들에 대한 관계에서 학교법인의 종교교육의 자유나 사학의 자유의 한계를 넘은 것이라고 단정할 수는 없을 것이다. 한편 학생의 소극적 종교행위의 자유 및 소극적 신앙고백의 자유도 외부로 표현되는 실현 과정에서 다른 법익과 충돌한다면 제한이 수반될 수 있으므로, 학생 또한 피교육자의 입장에서 올바른 인성을 함양하고 민주 시민으로서 필요한 자질을 기르기 위하여 앞서 본 한계 내에서 실시되는 종교교육을 용인하여야 한다.

다만 종립학교와 학생의 기본권 모두 일정 한도에서 제한이 될 필요가 있다고 하더라도 종립학교의 종교교육을 할 자유는 독립한 기본권의 주체인 학생들에 대하여 영향을 미치기 위한 것인 반면 학생의 종교교육을 거부할 자유는 소극적으로 자신의 권리를 지키기 위한 것인 점, 종립학교의 종교교육이 비판의식이 성숙되지 않은 학생에게 일방적으로 주입되는 방식으로 행하여진다면 그 자체로 교육 본연의 목적을 벗어났다고 볼 소지가 높은 점, 그로 인하여 학생이 입게 되는 피해는 지속적이고 치유되기 어려울 것이라는 점들을 고려한다면 종립학교와 학생 사이의 관계에 있어서 학생의 법익이 보다 두텁게 보호될 필요가 있다.

아울러 앞서 본 고등학교 평준화정책의 목적과 그 불가피성 및 그로 인한 학교 강제배정제도의 시행으로 종립학교는 학생 선발권을 가지지 못하더라도 그 반면에 학생들을 강제로 배정받아 정원을 확보하여 경영을 정상화할 수 있고 나아가 교세를 확장할 수도 있으며 종교교육을 거부하지 아니하는 학생들에게 종교교육을 실시하는 등의 방법으로 제한된 범위 내에서 종교의 자유 및 운영의 자유를 누릴 여지가 있기도 하나, 종립학교로 진학하게 된 학생은 국·공립학교 등 종교교육을 실시하지 아니하는 학교에 배정된 것에 비하여 그 배정으로 인하여 누리는 특별한 이익이 거의 없다는 점도 고려되어야 한다.

그러므로 이 사건에서 대립하는 양 법익의 가치와 보호목적 등을 모두 고려하여 양 법익 행사에 있어서 실제적인 조화를 실현하려면, 먼저 이러한 고등학교 평준화정책 및 교육 내지 사립학교의 공공성, 학교법인의 종교의 자유 및 운영의 자유가 학생들의 기본권이나 다른 헌법적 가치 앞에서 가지는 한계를 고려하여야 한다. 그리고 종립학교에서의 종교교육은 필요하고 또한 순기능을 가진다는 것을 간과하여서는 아니 되나 한편으로 종교교육으로 인하여 학생들이 입을 수 있는 피해는 그 정도가 가볍지 아니하며 그 구제수단이 별달리 없음에 반하여 학교법인은 제한된 범위 내에서 종교의 자유 및 운영의 자유를 실현할 가능성이 있다는 점도 역시 고려하여야 한다. 이러한 점을 모두 감안한다면 비록 학교법인이 국·공립학교의 경우와는 달리 종교교육을 할 자유와 운영의 자유를 가진다고 하더라도, 그 종립학교가 공교육체계에 편입되어 있는 이상 원칙적으로 학생의 종교의 자유, 교육을 받을 권리를 고려한 대책을 마련하는 등의 조치를 취하는 속에서 그러한 자유를 누린다고 해석하여야 할 것이다.

그리하여 종립학교가 고등학교 평준화정책에 따라 학생 자신의 신앙과 무관하게 입학하게 된 학생들을 상대로 종교적 중립성이 유지된 보편적인 교양으로서의 종교교육의 범위를 넘어서서 학교의 설립이념이 된 특정의 종교교리를 전파하는 종파교육 형태의 종교교육을 실시하는 경우에는 그 종교교육의 구체적인 내용과 정도, 종교교육이 일시적인 것인지 아니면 계속적인 것인지 여부, 학생들에게 그러한 종교교육에 관하여 사전에 충분한 설명을 하고 동의를 구하였는지 여부, 종교교육에 대한 학생들의 태도나 학생들이 불이익이 있을 것을 염려하지 아니하고 자유롭게 대체과목을 선택하거나 종교교육에 참여를 거부할 수 있었는지 여부 등의 구체적인 사정을 종합적으로 고려하여 사회공동체의 건전한 상식과 법감정에 비추어 볼 때 용인될 수 있는 한계를 초과한 종교교육이라고 보이는 경우에는 위법성을 인정할 수 있다.

(3) 이 사건 종교교육의 위법 여부에 관한 판단

(가) 먼저 피고 대광학원이 실시한 종교행사에 관하여 본다.

원심판결 이유에 의하면, 원고는 학교 강제배정에 따라 피고 대광학원이 기독교 정신을 건학이념으로 하여 설립·운영하는 대광고등학교에 입학하였으나 평소 종교를 가지지 아니하였던 학생인 사실, 대광고등학교에서는 수업이 있는 매일 아침에 담임교사의 입회 아래 5분 정도 찬송과 기도 등을 실시하는 경건회 시간을 가졌고, 매주 수요일 정규 교과시간에 강당 등에서 1시간 가량 찬송과 목사의 설교, 기도 등을 하는 수요예배를 진행하였는데 원고는 입학 이후부터 위 경건회 시간 및 수요예배에 참석한 사실, 위 학교는 학생들에게 매년 3박 4일에 걸쳐 합숙하면서 각종 기도와 성경읽기 등을 하는 생활관 교육을 받게 하였고, 부활절에는 정규 교과시간에 부활절 예배를 진행하였으며 그로부터 3일간 정규 수업시간 일부로 심령수양회라는 시간을 편성하여 설교 및 기도 등을 진행한 사실, 또한 매년 반별 성가대회를 개최하였고 추수감사절에도 정규수업 대신 감사예배를 진행하였으며 성탄절에는 학생들을 교회에 출석하도록 한 사실, 원고는 2003년에 위 생활관 교육, 부활절 예배, 성가대회, 추수감사절 예배에 참석하였고 성탄절에는 교회로 출석한 사실, 대광고등학교는 위와 같은 종교행사를 거행함에 있어 원고를 포함한 학생들에게 자율적 참여를 보장하지 않고 동의를 구하지도 않은 채 학생들이 경건회 시간에 참석하지 아니하면 지각으로 처리하고 주의를 주기도 하였으며 수요예배가 있을 때에는 교사들이 학급을 돌아다니며 참석하지 않는 학생이 있는지 확인하여 참석하지 않는 학생들에게는 청소를 시키는 등 불이익을 주고 성탄절에 교회에 출석하였는지 여부를 확인하기도 한 사실, 원고는 2002년 1학기말 학생회 부회장 선거에 출마하면서 '교회에 1년 이상 다녀야 한다.'는 학생회 회칙상의 자격요건을 시정하여 줄 것을 교목교사에게 건의

한 적이 있고, 2002년 말과 2004년 초경에는 교목 및 담임교사에게 예배참가에 대한 거부감을 표시하였으나 교사들로부터 자중하고 학교방침에 따르라는 취지의 답변을 들었을 뿐이고 학교의 정책에는 아무런 변화가 없었던 사실 등을 알 수 있다.

위와 같은 사실관계에 의하면, 대광고등학교가 실시한 종교행사는 보편적인 교양으로서의 종교교육이 아니라 기독교라는 특정 종교의 교리를 기도와 설교, 찬송 등의 방법으로 전파하는 종파적인 행사라고 할 것임에도 위 학교는 이에 참석하지 아니하는 학생들에게 일정한 불이익을 줌으로써 참석을 거부하는 것이 사실상 불가능한 분위기를 조성하여 아무런 신앙을 갖지 아니한 원고가 그러한 행사에 대한 참가 여부를 자유로운 상태에서 결정할 수 없도록 하였다고 보이므로, 이는 신앙을 가지지 아니한 원고의 기본권을 고려한 처사라고 보기 어렵다. 또한 대광고등학교가 원고에게 종교행사의 내용과 방식에 대하여 사전에 어떠한 설명을 하거나 동의를 받는 등의 조치를 취하지 않고 심지어는 수차례에 걸친 이의가 있었음에도 별다른 조치 없이 계속하여 기독교 교리에 입각한 여러 종류의 종교행사를 오랜 기간 동안 빈번하게 반복하여 실시한 행위는 그러한 종교행사가 학생의 올바른 심성 함양에 도움이 된다는 점을 고려하더라도 원고에 대한 관계에서는 종립학교에서 허용되는 종교행사의 한계를 넘은 것으로 보지 않을 수 없다. 비록 원고가 입학 당시 기독교 교육과 함께 모든 교과교육을 충실히 받겠다고 선서하거나 일시적으로 종교행사에 적극적으로 참여한 바 있다고 하더라도, 이러한 사정을 들어 입학 이후 이루어질 다양한 종교행사의 내용과 방식을 충분히 이해한 후 자유로운 상태에서 종교행사 참가에 포괄적으로 동의한 것으로 볼 수는 없으며, 오히려 원고가 수차례 종교행사 등에 대하여 부정적인 의견을 밝혀왔던 점, 원고가 성년에 이르지 못한 고등학생으로 학교의 교육방침에 대하여 일일이 명시적인 반대 의사를 밝히는 것이 우리의 교육현실에서 용이하지 아니할 것이라는 점 등을 고려하면, 이와 달리 볼 것이 아니다.

(나) 다음으로 피고 대광학원이 실시한 종교과목 수업에 관하여 본다.

원심판결 이유에 의하면, 대광고등학교는 주당 1시간씩 정규 수업으로 종교과목을 부과함에 있어 대체과목을 편성하지 아니하였고, 그 수업시간에 기독교 경전인 성경을 읽고 그에 관한 토론 등을 진행하였으며 학생들에게 십계명이나 사도신경을 써오도록 과제를 부과하기도 한 사실, 학생의 생활기록부에 그 종교과목 이수에 대한 교사의 평가의견을 기재하도록 한 사실 등을 알 수 있다.

이와 같이 대광고등학교가 실시한 종교과목 수업은 기독교 교리에 입각한 종파교육이라고 할 것인데 그럼에도 학교가 이 사건 교육부고시와는 달리 대체과목을 개설하지 아니함으로써 학생들에게 선택의 기회를 부여하지 않았고 실질적인 참가의 자율성도 보장하지 아니하였으며 사전 동의조차 얻지 아니하였다는 점에서 비록 학교에서 제공하는 교육과정은 교원수, 학급수, 시설 등 학교의 현실적인 조건을 고려하여 운영될 수밖에 없다 하더라도, 위와 같은 종교과목 수업 진행이 종파교육을 실시함에 있어 원고의 종교의 자유라는 기본권으로 말미암아 생기는 한계를 고려하여 이루어진 조치라고 보기는 어렵다. 이는 대광고등학교가 종교과목에 대하여 별도의 시험평가를 실시하지 아니하였다거나 원고가 학교에 대하여 명시적으로 종교과목 수업에 관한 거부의 의사를 표시한 바 없다 하더라도 달리 볼 것이 아니다.

(다) 이러한 사정을 종합하여 보면, 결국 피고 대광학원이 시행한 종교교육은 우리 사회의 건전한 상식과 법감정에 비추어 용인될 수 있는 한계를 벗어난 것으로 원고의 종교에 관한 인격적 법익을 침해하는 위법한 행위라고 보지 않을 수 없다. 그리고 강제배정으로 입학한 학생들 모두가 피고 대광학원과 동일한 종교를 가지고 있지는 않을 것이라는 점은 경험칙상 분명하므로, 위와 같은 형태의 종교교육을 실시할 경우 그로 인하여 인격

적 법익을 침해받는 학생이 있을 것이라는 점은 충분히 예견가능하고 그 침해는 회피가능하다고 할 것이어서 과실 역시 인정된다. 나아가 이로 인하여 피고 대광학원의 건학이념과 같은 종교를 가지지 않은 원고가 정신적으로 고통을 받았음은 넉넉하게 추인할 수 있다.

그럼에도 원심이 그 판시와 같은 사정들만으로 피고 대광학원의 종교교육이 원고에 대하여 불법행위를 구성하지 아니한다고 판단하고 손해배상책임을 부정한 조치는, 학생의 종교에 관한 인격적 법익 침해로 인한 불법행위의 성립요건에 관한 법리를 오해하여 판결에 영향을 미친 위법이 있다.

나. 징계처분으로 인한 손해배상청구

(1) 학생에 대한 징계가 징계대상자의 소행, 평소의 학업 태도, 개전의 정 등을 참작하여 학칙에 정한 징계절차에 따라서 징계위원들이나 징계권자의 자율적인 판단에 따라 행하여진 것이고, 실제로 인정되는 징계사유에 비추어 그 정도의 징계를 하는 것도 무리가 아니라고 인정되는 경우라면, 비록 그 징계양정이 결과적으로 재량권을 일탈한 것으로 인정된다고 하더라도 이는 특별한 사정이 없는 한 법률전문가가 아닌 징계위원들이나 징계권자가 징계의 경중에 관한 법령의 해석을 잘못한 데 기인하는 것이라고 보아야 하므로, 이러한 경우에는 징계의 양징을 잘못한 것을 이유로 불법행위책임을 물을 수 있는 과실이 없다(대법원 1997. 9. 9. 선고 97다20007 판결 등 참조). 그러나 학교가 그 징계의 이유로 된 사실이 퇴학 등의 징계처분의 사유에 해당한다고 볼 수 없음이 객관적으로 명백하고 조금만 주의를 기울이면 이와 같은 사정을 쉽게 알아 볼 수 있는데도 징계에 나아간 경우와 같이 징계권의 행사가 우리의 건전한 사회통념이나 사회상규에 비추어 용인될 수 없음이 분명한 경우에 그 징계는 그 효력이 부정됨에 그치지 아니하고 위법하게 상대방에게 정신적 고통을 가하는 것이 되어 그 학생에 대한 관계에서 불법행위를 구성하게 된다(대법원 2004. 9. 24. 선고 2004다37294 판결 등 참조).

(2) 원심판결 이유에 의하면, 대광고등학교 학칙은 성행이 불량하여 개전의 가망이 없다고 인정된 자, 정당한 이유 없이 무단결석이 수업일수의 3분의 1 이상인 자, 학생 본분에 어긋나는 집단적 행동으로 수업을 고의적으로 방해한 자, 특별교육을 이수하였음에도 동일한 내용의 교칙을 위반한 자에 대하여 퇴학처분을 할 수 있다고 규정하고 있고, 학칙의 위임에 따라 징계기준을 정한 대광고등학교 학생선도규정은 교사에게 불손한 반항을 하거나 폭력을 가한 학생에 대하여 학교내 봉사·특별교육 이수·퇴학처분을 할 수 있다고 규정하고 있음을 알 수 있다. 그런데 위 학생선도규정에서 교사에게 불손한 반항을 하거나 폭력을 가한 학생에 대해서는 마치 개전의 가망이 있는지 여부를 묻지 않고 퇴학처분을 할 수 있는 것처럼 규정하고 있다 하더라도 이는 학칙의 위임에 따라 제정된 것이므로, 상위규범인 학칙에서 정한 데에 따라 학생이 교사에게 불손한 반항을 하거나 폭력을 가하였음을 징계사유로 한 경우에도 그에 따른 퇴학처분은 학생에게 개전의 가망이 없다고 인정된 때에만 가능하다고 해석하여야 할 것이다.

원심이 인정한 사실관계에 의하면, 원고는 담임교사에게 불손한 반항을 하였고, 2003. 11. 교내 급식과 관련하여 학교의 명예를 실추한 사건에 대한 가중처벌이 필요하며, 학교 공동 기물을 무단으로 사용하였고, 학생회장 신분으로 학생들을 선동하였다는 등의 징계사유로 이 사건 퇴학처분을 받은 사실, 그러나 원고와 피고 대광학원 사이의 서울북부지방법원 2004가합4809호 퇴학처분무효확인 소송에서 교사에게 불손한 반항을 하였다는 것 이외에는 정당한 징계사유에 해당하지 않는다고 판단되었고, 위 판결은 그대로 확정된 사실, 원고는 2004. 6. 16. 08:30경 대광고등학교 방송실에서 '대광고등학교는 학생들에게 매주 수요일마다 예배를 강요하는데 이는 잘못된 것이다. 원고는 수요예배를 거부하겠다. 원고가 학교를 떠나게 되는 상황이 되더라도 그때까지 원고가 할 수 있는 일은 무엇이든지 할 것이다.'라는 취지의 교내방송을 한 사실, 그 후 담임교사가 원고에게 방송실을 무단으로 사용한 것에 대하여 잘못을 시인하고 학교 측에 사과하라고 권유하자, 원고는 담임교사 앞에서 벽을 주먹으로 치면서 '자신은 잘못이 없고, 잘못이 있다면 방송실 관리를 소홀히 한 학교 측에 책임이 있다.'라고 소리를 치고 '원고가 전학을 하든 퇴학을 당하든 상관이 없고, 원고가 주장하는 것처럼 학교가 변화될 때까지 싸우겠다.'는 취지로 말한 사실, 원고는 같은 날 학교를 마친 후 18:00경부터 약 1시간 동안 서울특별시 교육청 앞에서 대광고등학교에서는 학생의 종교의 자유가 인정되지 않는다는 내용의 피켓을 목에 걸고 1인 시위를 한 사실, 원고는 그 다음날인 2004. 6. 17. 점심시간 무렵에 교무실로 찾아가 담임교사에게 자퇴에 필요한 서류가 무엇인지 등을 문의하였고, 담임교사로부터 학생선도위원회의 개최가 예정되어 있으니 학교에 부모를 모시고 오라는 말을 듣고는, '자신은 아무런 잘못도 저지르지 않았는데 부모가 왜 학교에 죄인처럼 와야 하느냐.'고 큰 소리로 항의한 사실, 원고는 방과 후인 같은 날 17:30경에도 재차 서울특별시 교육청 앞에서 1인 시위를 한 사실, 담임교사가 2004. 6. 18. 10:00경 원고에게 학교에 적대적인 모든 대외활동을 중단하고 학교에 사과할 것을 권유하였으나 원고는 '자신이 진행하는 일을 그만둘 수 없다.'고 대답한 사실, 대광고등학교는 같은 날 13:00경 교감, 교목실장, 생활지도교사 등이 참석한 학생선도위원회를 개최하여 앞서의 징계사유를 들어 먼저 원고에게 전학을 권유하여 이를 승낙하면 다른 학교로 전학을 보내고, 이를 거부하면 퇴학처분을 하기로 하는 내용의 징계결의를 한 사실, 그 후 원고와 원고의 부모가 전학을 거부하자, 원고에게 이 사건 퇴학처분을 한 사실 등을 알 수 있다.

이 사건 징계처분의 사유가 된 원고의 담임교사에 대한 불손한 행동이나 지도에 불응한 행위의 내용 및 정도가 결코 경미한 것이라고는 볼 수 없다. 그러나 학생에 대한 징계처분 중 가장 무거운 퇴학처분은 학생의 신분이나 명예에 대하여 쉽사리 회복할 수 없는 불이익을 가하는 것으로 그 처분에 최대한의 신중을 기하여야 함이 당연하고, 학칙에 따라 개전의 가망이 없다고 인정되는 때에 한하여 취하여져야 한다.

원고가 이 사건 징계처분의 발단이 된 교내 방송 및 1인 시위를 하고 학교당국 및 담임교사와 갈등을 빚게 된 근본적인 원인은 대광고등학교가 학생들에게 종교교육을 위법하게 강행한 데 있고, 학생인 원고가 학교의 위법·부당한 행위를 시정하기 위하여 취할 수 있는 수단은 일반적으로 교사에 대한 의견표현 이외에 달리 마땅한 수단이 없다는 점을 고려할 때 원고가 수차례 교사들에게 그 문제점을 지적하였음에도 아무런 조치가 이루어지지 않은 채 학교의 방침에 따르라는 답변만을 들은 후 위와 같은 행위를 하였다는 사정이나 우리 사회의 정서상 학교 내부의 문제를 교육감 등에게 진정하는 등 다른 방법으로 해결하기란 쉽지 아니하다는 사정도 이 사건 징계의 불법성을 판단함에 있어서 고려하여야 하고 아울러 대광고등학교가 사랑과 용서라는 기독교 이념을 실현하는 것을 목표로 하여 설립되었다는 점도 위 판단에 참고할 수 있다. 더구나 원고는 입학식에서 신입생 대표로 선서를 하였고 재학 중에는 학생회 부회장 및 회장을 차례로 역임하였으며, 이 사건 교내 방송 이전의 재학기간 동안에는 교내 급식 개선과 관련하여 학교 측과 마찰을 빚은 것 이외에는 학교의 교육방침이나 정책에 순응해 왔고 달리 학교 정책에 반대하거나 비협조적인 태도를 보이지는 않은 것으로 보인다. 이러한 원고가 교사에 대하여 다소 극단적인 반항을 하였다고 하더라도 이는 수차례의 시정 요구가 묵살되어 더 이상의 방법이 없다고 보고 선택한 교내방송 후 흥분된 감정을 추스르지 못한 채 학교의 잘못에 대하여는 언급이 없고 자신의 잘못만을 질책당하는 상태에서 저지른 우발적인 행동으로 보이고 그 이후의 언행도 그러한 연장선상에서 나온 것으로서, 이러한 여러 사정을 감안한다면 원고의 위와 같은 언행만으로 원고가 개전의 가망이 없는 학생이라고는 도저히 볼 수 없다.

그러므로 원고에 대한 이 사건 징계사유만으로는 학칙에서 정하는 퇴학처분 사유에는 해당하지 아니함이 객관적으로 명백할 뿐만 아니라 징계권자 또는 징계위원들이 조금만 주의를 기울였더라면 이러한 사정을 쉽게 알 수 있었다고 할 것이다.

그럼에도 원심이, 원고의 담임교사에 대한 불손한 태도만으로도 퇴학처분까지 가능한 징계사유에 해당한다고 전제하고, 원고의 위반 내용이나 담임교사의 권면 등 이 사건 퇴학처분에 이르게 된 경위에 비추어 볼 때 원고에 대한 징계로 퇴학처분을 선택한 것이 사회통념상 용인될 수 없을 정도의 징계권 남용에 해당한다고 보기는 어렵다고 판단한 조치에는, 학생에 대한 징계처분으로 인한 불법행위의 성립요건에 관한 법리를 오해하여 판결에 영향을 미친 위법이 있다.

2. 피고 서울특별시에 대한 상고이유에 관하여

가. 초·중등교육법은 제6조에서 사립학교는 교육감의 지도·감독을 받는다고 규정하고, 제7조에서 교육감은 학교에 대하여 교육과정운영 및 교수·학습방법에 대한 장학지도를 실시할 수 있도록 규정하고 있다. 또한 제63조 제1항에서 "관할청은 학교가 시설·설비·수업·학사 및 기타 사항에 관하여 교육관계법령 또는 이에 의한 명령이나 학칙을 위반한 경우에는 학교의 설립·경영자 또는 학교의 장에게 기간을 정하여 그 시정 또는 변경을 명할 수 있다."고 규정하고 있다. 이러한 규정은 교육의 공공성을 고려하여 사립학교 교육에 있어서도 국가 교육이념을 실현하고 그 운영의 적정성을 확보하기 위한 것일 뿐 아니라 나아가 그러한 학교 운영을 통하여 학생 개개인의 균형 있는 정신적·육체적 발달을 도모하려는 취지라고 봄이 상당하다. 그러나 교육감이 위 법률의 규정에서 정하여진 직무상의 의무를 게을리하여 그 의무를 위반한 것으로 위법하다고 하기 위해서는 그 의무위반이 직무에 충실한 보통 일반의 공무원을 표준으로 할 때 객관적 정당성을 상실하였다고 인정될 정도에 이르러야 할 것이다. 또한 교육감의 장학지도나 시정·변경명령 권한의 행사 등이 교육감의 재량에 맡겨져 있는 위 법률의 규정 형식과 교육감에게 그러한 권한을 부여한 취지와 목적에 비추어 볼 때 구체적인 상황 아래에서 교육감이 그 권한을 행사하지 않은 것이 현저하게 합리성을 잃어 사회적 타당성이 없는 경우에 해당하여야만 교육감의 직무상 의무를 위반한 것으로서 위법하게 된다고 할 수 있을 것이다(대법원 1998. 5. 8. 선고 97다54482 판결, 대법원 2006. 7. 28. 선고 2004다759 판결, 대법원 2008. 4. 10. 선고 2005다48994 판결 등 참조).

나. 원심판결 이유에 의하면, 서울특별시 교육감 및 담당 공무원이 2002년경부터 대광고등학교에 대하여 수차례 장학지도 등을 통하여 학교 내의 종교교육이 이 사건 교육부고시를 준수하여 운영되도록 지도를 해 왔으며, 교장·교감 회의 등 각종 회의와 연수 시에 학교 종교교육에 관한 구체적인 지침을 안내하여 온 사실, 원고가 서울특별시 교육청 건물 앞에서 앞서 본 1인 시위를 한 후, 담당 장학사 등이 수차례 대광고등학교를 방문하여 학생들을 상대로 질의를 하는 등으로 종교교육 현황을 점검하고 정규교과 시간 외 종교행사에 관하여 그 운영 등을 개선하도록 시정조치를 한 사실, 담당 공무원이 피고 대광학원으로부터 대광고등학교의 학칙 등 자료를 제출받아 원고에 대한 이 사건 퇴학처분에 중대한 하자가 있는지 여부를 검토하고 국가인권위원회의 중재절차에 참가하여 조언을 하기도 한 사실 등을 알 수 있다.

이와 같이 시정·변경명령 권한 등의 행사가 교육감의 합리적 재량에 맡겨져 있는 상황 아래서 서울특별시 교육감은 이 사건 교육부고시를 준수할 것을 내용으로 하는 장학지도나 종교교육 현황을 점검하고 일부 시정조치를 하는 등으로 어느 정도 필요한 조치를 하였다. 뿐만 아니라 교육감은 시정·변경명령을 이행하지 아니할 경우 그 위반행위를 취소하거나 학교의 정원 감축 등의 조치를 취할 수 있지만(초·중등교육법 제63조 제2항) 이는 사립학교의 자율성과 학생의 학습권을 해할 우려가 있으므로 교육감이 시정·변경명령과 그 위반에 대한 조치를 취할 때에는 신중을 기할 필요가 있다는 점도 함께 고려하여야 한다.

이러한 사정을 모두 종합하여 본다면, 비록 서울특별시 교육감과 담당 공무원이 한 위와 같은 조치들만으로는 피고 대광학원의 위법한 종교교육이나 퇴학처분을 막기에는 부족하여 결과적으로 원고의 인격적 법익에 대한 침해가 발생하였다고 하더라도, 교육감이 더 이상의 시정·변경명령 권한 등을 행사하지 아니한 것이 위 법리에서 말하는 것과 같이 객관적 정당성을 상실하였다거나 그와 같은 상황 아래서 현저하게 합리성을 잃어 사회적 타당성이 없다고 볼 수 있는 정도에까지 이르렀다고 하기는 어렵다.

같은 취지의 원심 판단은 수긍할 수 있고, 거기에 상고이유에서 주장하는 바와 같은 공무원의 지도감독 권한 또는 시정·변경명령 권한 등의 불행사로 인한 불법행위책임의 성립에 관한 법리오해 등의 위법이 없다.

3. 결론

그러므로 원심판결 중 피고 대광학원에 대한 부분을 파기하고 이 부분 사건을 다시 심리·판단하게 하기 위하여 원심법원에 환송하며, 피고 서울특별시에 대한 상고를 기각하기로 하고, 상고기각 부분에 관한 상고비용은 패소자가 부담하기로 하여, 주문과 같이 판결한다.

이 판결에는 피고 대광학원에 대한 상고이유 중 종교교육에 관한 판단에 대한 대법관 안대희, 대법관 양창수, 대법관 신영철의 반대의견과 징계처분에 관한 판단에 대한 대법관 양승태, 대법관 안대희, 대법관 차한성, 대법관 양창수, 대법관 신영철의 반대의견, 피고 서울특별시에 대한 상고이유의 판단에 대한 대법관 박시환, 대법관 이홍훈, 대법관 전수안의 반대의견이 있는 외에는 관여 법관들의 의견이 일치되었다.

4. 피고 대광학원에 대한 상고이유 중 종교교육에 관한 판단에 대한 대법관 안대희, 대법관 양창수, 대법관 신영철의 반대의견

가. 다수의견은 피고 대광학원이 행한 이른바 종파교육이 원고의 종교에 관한 인격적 법익을 침해하는 위법한 행위라고 하고, 나아가 그러한 교육을 실시할 경우 그로 인하여 인격적 법익을 침해받는 학생이 있을 것임은 충분히 예견·회피될 수 있어서 피고 대광학원의 과실 역시 인정된다고 한다. 그러나 이와 같이 다수의견이 이 부분 불법행위책임을 긍정한 것에는 다음과 같은 이유로 찬성할 수 없다.

나. 다수의견도 인정하고 있는 바와 같이, 학교법인은 학생과 마찬가지로 헌법상의 기본권을 향유하는 주체이고, 종교단체가 설립한 종립학교에서 종교교육을 할 자유는 헌법 제20조에 의하여 보장되는 종교의 자유 및 헌법 제10조, 제31조 제1항, 제4항에 의하여 보장되는 사학의 자유에 의하여 뒷받침되는 기본권이자 우리나라의 기본적인 가치질서에 해당한다. 그리고 종립학교는 특정 종교의 교리에 대한 이해를 더욱 깊게 하고 또 이를 전파하는 것을 건학이념으로 하여 설립된 사립학교이므로 종립학교에서 특정 종교에 관한 교육을 실시하는 것은 그 존립의 목적을 구현하기 위한 핵심적 사항에 해당한다. 또한 이러한 종교교육을 할 자유는 그 특정 종교를 신앙하는 학생들에 대한 관계에서 뿐만 아니라 종교를 가지지 아니한 학생들이나 그 특정 종교와 다른 종교를 가진 학생들에 대한 관계에서도 마찬가지로 보장되는 것이다. 그러므로 국가가 이러한 종립학교에 대하여 교육의 공공성을 이유로 하여 교과과정 등을 지도·감독할 수 있다고 하더라도 종립학교가 가지는 종교의 자유의

본질적 내용을 침해할 수는 없으며, 동시에 그러한 간섭은 필요한 최소한도에 그쳐야 한다.

한편 헌법에 규정된 모든 기본권은 각자 독자적인 의미와 기능을 가지며 국가공동체의 다양한 이해관계를 조정하는 객관적 가치질서로서 서로 동등한 지위에 있는 것이라고 보아야 할 것이므로, 충돌되는 기본권 상호간에 섣사리 그 우열을 논할 수 없다. 그러므로 사회공동생활에서 하나의 법률관계를 둘러싸고 둘 이상의 기본권이 충돌하는 경우에 그 우열을 비교하여 그 중 하나의 기본권의 행사를 다른 기본권의 침해로 보아 이를 위법행위로 단정하는 일은 가급적 피하지 않으면 안 된다. 특히 이 사건과 같이 상호 충돌되는 기본권들이 모두 외부적으로 표현되는 이른바 상대적 기본권으로서 동등한 지위에 있는 때에는 그 기능과 효력을 유지할 수 있는 조화점이 모색되어야 하고, 이 점은 다수의견도 수긍하고 있는 바이다.

다. 원래 종립학교의 종교교육은 학생이 그 학교를 선택하여 입학한다는 자발적인 동의에 의하여 정당화된다. 학생은 학교에 자발적으로 입학함으로써 그 학교의 독자적인 설립이념 및 이에 근거한 교육목표나 교과과정 등 자율적 질서에 편입되는 것을 포괄적으로 승인하는 것이다. 그런데 우리나라에서는 고등학교 평준화정책의 시행으로 그 정책이 시행되는 지역에 거주하는 학생들은 자신이 원하는 학교를 선택할 수 없게 되었고, 나아가 종교를 가지지 아니한 학생들이 종립학교에 배정되거나 종교를 가진 학생들도 자신의 종교와 다른 종교를 설립이념으로 하는 종립학교에 배정되는 일이 발생하게 되었다. 그 결과 학생이 종립학교의 자율적 질서에 편입되는 근거를 학생 자신의 동의에 근거한 것이라고 보기 어려운 면이 있는 것도 사실이다.

그러나 종립학교가 국가의 고등학교 평준화정책 및 학교 강제배정제도에 따라 학생을 배정받게 되었다 하여서 종립학교가 본래 가지는 헌법상의 기본권인 종교교육의 자유까지 당연히 제한된다고 보기는 어렵다. 이에 따라 종교교육을 실시하는 종립학교와 그 종교를 신앙하지 아니하는 학생들의 소극적 종교의 자유 사이에 갈등이 생긴다고 하더라도, 이러한 문제는 기본적으로 국가가 위와 같은 교육정책을 실시한 데 기인한 것이므로 그 해결에 관한 제1차적인 책임도 국가에 있다고 할 것이다.

따라서 국가로서는 모든 학생이 능력에 따라 균등하게 교육을 받을 수 있도록 국·공립학교를 설치·운영하여 종립학교 진학을 희망하지 아니하는 학생들이 본인의 의사에 반하여 종립학교에 배정되는 일이 발생하지 않도록 하는 것이 바람직하다는 데에는 의문이 없다. 그러나 사립학교가 고등학교 교육에서 차지하는 비중이 현저하여 종립학교를 포함한 사립학교를 대상으로 학교 강제배정제도를 실시하는 것이 우리나라의 교육 현실과 국가의 교육재정 등에 비추어 불가피하다고 한다면, 사립학교 중 상당수가 종립학교라는 실정 등을 감안하여 적어도 이러한 제도의 시행으로 야기되는 문제점에 대한 해결 방안을 마련할 책임은 국가가 부담하여야 하고 이를 해결할 책무를 종립학교에게 전가할 성질의 것은 아니라고 보아야 할 것이다.

이러한 점에서 이 사건 교육부고시의 내용을 살펴보면, 그 고시는 종립학교는 종교과목 수업을 부과할 경우에는 종교 이외의 과목을 포함, 복수로 편성하여 학생에게 선택의 기회를 주어야 한다고 규정하고 있다. 그러나 위 고시는 교육행정상의 규제에 관한 것일 뿐 학생에게 학교에 대한 관계에서 그 이행을 구할 권리를 부여하는 것은 아니라는 점, 국가가 종립학교를 위하여 위 고시 내용을 구체적으로 실현할 수 있도록 별도의 인적·물적 자원을 지원하였다고 볼 만한 아무런 자료가 없는 점 등 제반 사정을 감안하여 보면, 종립학교가 종교과목을 수강하는 대다수의 학생들과는 별도로 소수의 학생들을 위하여 대체과목 수강 등의 기회를 충분히 제공하지 못하였다 하여 이를 사법상 위법한 행위라고 평가하기는 어렵다고 할 것이다.

라. 학교교육은 건전한 양식을 가지고 타인과 더불어 살아가는 민주 시민을 양성하기 위한 전인적 교육이고(교

육기본법 제2조, 제9조 제3항), 종교교육은 학생들의 올바른 심성과 가치관을 기르는 데에 도움이 될 수 있는 것이다. 또한 우리나라는 다양한 종교와 이를 믿는 사람들이 서로를 존중하며 살아가는 사회이고 우리나라 국민은 종교적 관용을 자랑스러운 전통으로 여기고 있다. 그러므로 고등학교 평준화정책 및 학교 강제배정제도의 실시로 특정 종립학교에서 그 설립이념과 다른 종교를 가지거나 또는 종교가 없는 학생들이 그 설립이념인 종교를 신앙하는 학생들과 함께 교육을 받게 되었다 하더라도 종립학교가 종교과목의 부과 등과 관련하여 일정한 제약을 받는 것과 마찬가지로 학생 역시 일정한 범위 내에서는 종립학교에서 실시하는 종교수업과 종교행사는 물론 선교행위 등도 이를 용인할 의무를 부담한다고 보아야 한다. 이는 타인에 대한 존중과 배려이기도 하지만 법질서의 통일성을 지키고 조화로운 국가공동체를 유지하는 데 필요한 대가로서 일정한 한도 내에서는 감내하여야 할 성질의 것으로 볼 수도 있을 것이다.

더욱이 종교가 없는 사람이나 다른 종교를 가진 사람이라고 하더라도 선교를 통하여 종교를 가지게 되거나 개종을 할 수도 있다. 이러한 종교 선택이나 개종은 한 번의 선교로 바로 이루어지는 것이 아니라, 지속적인 선교와 그에 따른 내면에서의 진지한 성찰과 반성 심지어는 내적 갈등을 통하여 그 특정 종교에서 말하는 신이나 피안의 세계 등에 대한 종교적 확신을 가질 때 비로소 이루어진다는 특성이 있다. 그러므로 종교 선택이나 개종을 위하여는 당연히 어느 정도의 기간 동안 내면적인 갈등이나 혼란이 생길 수 있고 오히려 그러한 갈등 등이 생기는 것이 일반적이다. 물론 종립학교에서 종교교육을 실시할 경우 생길 수 있는 이러한 갈등이나 혼란 등을 학생이 원하지 아니할 수도 있다. 그러나 무릇 인간이 종교적 정체성을 비롯한 자신의 정체성과 가치관을 정립하려면 이미 자신이 가진 것과는 다른 세계관·가치관·종교관 등과 부딪히며 숱한 내면적 갈등과 심적인 고민의 과정 등을 겪어야 하고, 이러한 과정 속에서 다양한 세계관·가치관·종교관에 대한 자신 나름의 검증과 비판의 기회를 가지게 되며, 이를 통하여 자신의 정체성을 형성하거나 더욱 공고하게 다지는 것이다. 특히 고등학생 시절은 아직 성년에 이르지 못한 학생들이 자신의 종교적 정체성을 탐색해 가는 중요한 성장기라는 점을 감안하면, 그 과정에서 어느 정도의 내면적인 갈등과 혼란 등을 겪는 것은 오히려 정신적으로 건강한 성인으로 성장하기 위해서 반드시 거쳐야 할 과정으로 볼 수도 있다. 따라서 종립학교가 시행하는 종교교육이 개인의 성장과정에서 겪을 수도 있는 종교적 갈등이나 혼란 등을 야기하였다거나 이에 대하여 학생이 다소간 불만을 표시한 것만으로 섣불리 이를 한계를 벗어난 종교교육으로 보아 제한할 것은 아니다.

종립학교에서의 종교교육을 지나치게 제한하여 불법행위의 성립을 넓게 인정한다면, 헌법상 보장된 종교교육의 자유를 심하게 침해하는 결과를 초래하여 종교교육을 위축시킬 것은 물론이거니와, 종교단체의 사립학교 설립 등 교육투자를 크게 위축시키는 부작용을 초래할 수 있다. 이는 종교단체가 설립한 사립학교의 공교육 담당 비율이 상당한 수준에 이르고 있는 우리나라에서 자칫 공교육의 부실로도 이어질 수 있고, 다른 한편으로 학생들이 다양한 종교적 자극을 받고 그를 통하여 자신이 신앙할 종교를 선택할 기회를 제한받게 되는 결과가 될 수도 있어 바람직하다고 보기 어렵다.

마. 이상과 같이 생각하여 보면, 결국 종립학교의 종교교육이 그 허용되는 한계를 벗어나서 위법하다고 평가되어 불법행위가 성립된다고 볼 수 있으려면, 그 종교교육이 보편적이고 건전한 사회인의 양성이라는 교육목적에 전혀 어울리지 아니하는 것이 아닌 한, 학생이 자신의 종교적 신념이나 확신에 기초하여 종립학교의 종교교육을 거부한다는 의사를 명시적으로 표시하거나 또는 이와 동일하게 평가될 수 있는 행동을 하였음에도 그러한 학생에게 전학의 기회를 부여하는 등 보완책을 제시하지 아니한 채 종교의 자유를 가지는 학생의 인격적 가치를 무

시하여 일방적으로 종교교육을 강제한 것임이 인정되어야 할 것이다.

그리고 위와 같은 종교교육 거부의 의사가 학생 자신의 종교적 신념이나 확신에 기초한 것인지를 판단함에 있어서는 고등학생이라는 그 연령대가 아직 감정의 기복이 심하고 인격적으로 미성숙의 성장단계임을 감안한다면 학생 본인의 의사표현만 가지고 판단할 것이 아니라 부모의 태도 등을 충분히 고려하여 본인의 진지한 성찰을 거친 것임이 명확히 확증될 수 있어야 하고, 나아가 부모도 이에 동의한 경우라야 할 것이다.

바. 원심판결 이유에 의하면, 원고는 2002년 입학 당시 대광고등학교에서 이루어지는 기독교 교육과 함께 모든 교과교육을 충실히 받겠다고 선서하였고 학생회장으로 취임하면서도 학교의 교육방침에 따르겠다는 내용의 서약을 한 사실, 원고는 2004년 6월경 교내 방송을 하기까지 2년이 넘는 상당한 기간 동안 몇 차례 종교행사에 관한 불만을 나타내기는 하였으나 곧 교사의 권유에 따라 기독교의식이 포함된 각종 학교행사에 적극적으로 참여하였고 종교과목 수업에 대하여는 아무런 이의제기를 하지 않았으며 원고의 부모도 위 교내 방송 이전까지는 종교교육에 대하여 아무런 이의제기를 하지 아니하였던 사실, 원고와 같은 학년의 학생 1명이 종교행사를 거부하고 전학을 간 사례가 있었음에도 원고나 그의 부모는 전학을 요구한 일이 없었고 위 교내 방송 이후에는 학교 측에서 오히려 전학을 적극적으로 권유하였는데도 이를 거부한 사실, 대광고등학교는 종교과목에 대하여 별도의 시험평가를 실시하지 아니하였고, 따라서 이를 성적 등에 반영한 일이 없는 사실 등을 알 수 있다.

이와 같이 원고는 그와 같은 종교교육에 대하여 위 교내 방송 이전까지 자신의 종교적 신념이나 확신에 기초한 명시적인 거부의사를 표시하지 아니하였고 오히려 이를 따르겠다고 선서하고 적극적으로 참여하기도 하였고, 더구나 미성년인 원고를 보호하고 교육할 권한과 의무를 지닌 그의 부모 역시 피고 대광학원의 종교교육에 대하여 아무런 거부의사를 표시하지 아니하였다. 그렇다고 하면 아직 미성년자인 원고가 위 교내 방송 이후로 표시한 피고 대광학원의 종교교육에 대한 거부의 의사표시가 일시적·즉흥적인 것이 아니라 숙고한 결과로 얻어진 종국적인 결단에 기하여 종전의 종교교육 수용의 의사를 번복하여 행하여진 것인지가 의심된다고 하지 않을 수 없다. 또한 설사 그 점이 인정된다고 하더라도 그 의사표시에 대한 친권자인 부모의 동의를 인정할 아무런 자료가 없다.

그러므로 피고 대광학원이 원고의 위와 같은 의사표시에 지체없이 대응하여 인적 및 물적인 설비를 새롭게 마련하고 종교 이외의 과목을 편성하는 등의 조치를 취하지 아니하고 종전과 같은 종교교육을 실시한 것이 위법한 것으로 평가될 수는 없다고 할 것이다.

한편 원고가 위 교내 방송으로써 학교의 종교교육에 대한 종국적인 거부의사를 부모의 동의 아래 명확하게 밝혔다고 하더라도 그 이후에도 피고 대광학원이 종전대로 종교교육을 실시하였는지를 인정할 자료가 충분하다고 할 수 없고, 또 설령 그와 같이 실시되었다고 하여도 종립학교의 종교교육의 한계를 벗어난 것이라고 쉽사리 단정할 수 없다.

사. 또한 설사 이 사건에서 피고 대광학원의 종교교육이 그 한계를 넘어 위법한 것으로 평가될 수 있다고 하더라도, 피고 대광학원에게 이러한 위법한 종교교육을 실시한 것에 대하여 과실이 있다고 할 수 없다.

(1) 우선 종립학교가 행하는 종교교육이 학생의 소극적 종교의 자유를 침해하여 위법한지 여부에 대한 평가는 위에서 다수의견도 누누이 말하는 것처럼 헌법상의 여러 가치와 우리의 교육 현실을 종합적으로 고려한 이후에야 비로소 판단할 수 있는 매우 어려운 일이다. 이러한 미묘한 이익형량과 종합적인 고려를 통하여 비로소 해결책이 도출될 수 있는 어려운 문제에 관하여, 이제 강제배정제도가 실시됨을 계기로 종립학교가 종전부터

행하여져 오던 종교교육에 관하여 법적으로 허용되는 것과 허용되지 아니하는 것의 경계 설정에 관하여 스스로 적절한 판단을 하고, 그 허용된 것의 한계 내에서 종교교육이 행하여지도록 종전의 종교교육에 변경을 가하는 등의 조치를 취하지 아니하였다고 하여도 종립학교 측에 과실이 있다고 하기는 어려운 것이다.

일찍이 대법원 1973. 10. 10. 선고 72다2583 판결이 "법령의 해석이 복잡 미묘하여 어렵고 학설·판례가 통일되지 아니한 때에 공무원이 신중을 기해 그 중 어느 한 설을 취하여 처리한 경우에는 그 해석이 결과적으로 위법한 것이었다 하더라도 국가배상법상 공무원의 과실을 인정할수 없다"고 판시한 이래로, 대법원은 행정청이 위법한 행정처분을 행한 경우에 대하여 그 행정처분이 위법하는 것 자체만으로 곧바로 공무원의 고의 또는 과실로 인한 불법행위를 구성한다고 단정할 수 없고, 행정청이 관계 법령의 해석이 확립되기 전에 어느 한 설을 취하여 업무를 처리한 것이 결과적으로 위법하게 되어 그 법령의 부당집행이라는 결과를 빚었다고 하더라도 처분 당시 그와 같은 처리방법 이상의 것을 성실한 평균적 공무원에게 기대하기 어려웠던 경우라면 특별한 사정이 없는 한 이를 두고 공무원의 과실로 인한 것이라고 볼 수 없다고 여러 차례 판시한 바 있다. 이러한 판단이 반드시 행정처분의 특성으로 말미암은 것으로서 위법한 처분을 한 행정청의 불법행위책임 성립 여부에 한정하여 적용되는 것이라고 볼 이유는 없다.

또한 대법원은 —이는 다수의견이 징계처분으로 인한 불법행위책임에 관한 판단에서 이미 원용하였지만— 징계권의 일탈·남용으로 인한 불법행위책임 성립과 관련하여, 징계권자의 피징계자에 대한 징계의 양정이 결과적으로 재량권을 일탈·남용한 것이라고 인정되어 징계처분이 무효라고 판단된다 하더라도 그것이 법률전문가가 아닌 징계위원들의 징계 경중에 관한 관련 규정의 해석 잘못에 불과한 경우에는 그 징계의 양정을 잘못한 징계위원들에게 불법행위책임을 물을 수 있는 과실이 없으며, 또 피징계자에 대한 불이익처분을 할 당시의 객관적인 사정이나 근로자의 비위행위 등의 정도, 불이익처분을 하게 된 경위 등에 비추어 피징계자의 비위행위가 불이익처분 사유에 해당한다고 판단한 것이 무리가 아니었다고 인정되고 아울러 소정의 적법한 절차 등을 거쳐서 당해 불이익처분을 한 것이라면, 징계권자로서는 피징계자에 대하여 불이익처분을 하면서 기울여야 할 주의의무를 다한 것으로 보아야 하므로, 비록 당해 불이익처분이 사후 법원에 의하여 무효라고 판단되었다 하더라도 거기에 불법행위책임을 물을 만한 고의·과실이 없다는 태도를 확고하게 취하고 있다(최근의 재판례만을 들자면, 대법원 2008. 1. 31. 선고 2005두8269 판결 등 참조).

이러한 입장에서 보면, 이 사건에서 논의되고 있는 종립학교의 종교교육의 한계 설정이라는 극히 어려운 문제와 관련하여서도 종전과 같은 종교교육을 실시하여도 위법하지 아니하다고 판단한 것에 어떠한 무리한 점이 있다고 보기 어려워 과실이 없다고 할 것이므로, 역시 피고 대광학원의 불법행위책임은 부정되어야 한다.

(2) 더욱이 원심판결 이유에서 알 수 있듯이, 피고측의 대광고등학교는 평준화정책 훨씬 이전인 1947년경에 개교하여 그 때부터 수십 년에 걸쳐 종교과목을 필수과목으로 하는 등 종교교육을 실시하여 왔는데 그 동안 대광고등학교에 재학한 수많은 학생 중에 이러한 종교교육에 이의를 적극적으로 제기한 학생이 있었다는 자료를 찾을 수 없다. 이와 같이 오랜 기간 동안 이루어진 종교교육에 대하여 특별한 이의제기가 없었다면 피고 대광학원으로서는 자신의 종교교육이 정당하다는 데에 대한 강한 확신을 가졌을 것이라고 쉽게 짐작할 수 있다. 그러한 사정 아래에서 피고 대광학원에게 학교 강제배정제도가 시행되었다고 자신의 존재의의가 부정될 수 있는 종교교육 방식의 변경을 기대하는 것은 현실적이라고 보기 어렵다.

(3) 나아가 일찍이 대법원은, 기독교 재단이 설립한 사립대학이 학칙으로 6학기 이상의 대학예배 참석을 졸업

요건으로 정하고 있더라도 위 대학교의 대학예배는 목사에 의한 예배뿐만 아니라 강연이나 드라마 등 다양한 형식을 취하고 있고 학생들에 대하여도 예배시간의 참석만을 졸업의 요건으로 할 뿐 그 태도나 성과 등을 평가하지는 않는다는 점에서, 위 대학교의 예배는 복음 전도나 종교인 양성에 직접적인 목표가 있는 것이 아니고 신앙을 가지지 않을 자유를 침해하지 않는 범위 내에서 학생들에게 종교교육을 함으로써 진리·사랑에 기초한 보편적 교양인을 양성하는 데 목표를 두고 있다고 할 것이므로, 위와 같은 학칙은 헌법상 종교의 자유에 반하는 위헌무효의 학칙이 아니라고 판시한 바 있다(대법원 1998. 11. 10. 선고 96다37268 판결 참조).

이와 같은 대법원의 견해는 비록 종립대학에 관한 것이기는 하지만 그 판시에 표명된 사립학교의 종교교육의 자유 및 사학의 자유 보장에 관한 취지는 이 사건 종립학교에도 궤를 같이한다. 더욱이 위 대법원판결의 사안은 대학예배 참석을 학생의 신분관계에 절대적 영향을 미치는 졸업요건으로 한 것이었다는 점에서(이에 반하여 앞서 본 대로 이 사건 종교교육 등에 관하여는 학교 측이 그 수행 정도를 졸업요건으로 삼지 않은 것은 물론이고, 어떠한 평가대상으로조차 삼지 않았다) 전체 종립학교가 종교교육에 관한 규범적 판단기준을 형성하는 데 영향을 미쳤을 것이라는 점도 충분히 예상할 수 있는 것이다.

아. 그러므로 같은 취지에서 피고 대광학원의 불법행위책임을 부정한 원심판결은 정당하고 다수의견은 부당하며, 원고의 이 부분 상고이유의 주장은 받아들일 수 없는 것이다.

이상과 같이 다수의견에 찬동하지 아니하는 이유를 밝혀 둔다.

5. 피고 대광학원에 대한 상고이유 중 징계처분에 관한 판단에 대한 대법관 양승태, 대법관 안대희, 대법관 차한성, 대법관 양창수, 대법관 신영철의 반대의견

가. 다수의견은 원고에 대한 퇴학처분은 그 징계의 이유로 된 사실이 퇴학처분의 사유에 해당한다고 볼 수 없음이 객관적으로 명백하고 징계권자 또는 징계위원들이 조금만 주의를 기울이면 이와 같은 사정을 쉽게 알아볼 수 있음에도 징계에 나아간 것으로 그 징계권의 행사가 우리의 건전한 사회통념이나 사회상규에 비추어 용인될 수 없음이 분명하여 원고에 대하여 불법행위가 된다고 한다. 그러나 이러한 다수의견에는 아래와 같은 이유로 동의할 수 없다.

나. 징계가 징계양정을 그르친 것에 해당하여 결과적으로 징계의 재량권을 일탈한 것으로 판단되는 경우라고 하더라도 그 징계가 징계대상자의 소행, 평소의 태도, 개전의 정 등을 참작하여 학칙에 정한 징계절차에 따라 징계위원들이나 징계권자의 자율적인 판단에 따라 행하여진 것이고, 실제로 인정되는 징계사유에 비추어 그 정도의 징계를 하는 것도 무리가 아니라고 인정되는 경우라면, 특별한 사정이 없는 한 법률전문가가 아닌 징계위원들이나 징계권자가 징계의 경중에 관한 법령의 해석을 잘못한 데 기인하는 것이라고 보아야 할 것이어서, 이러한 경우에는 징계의 양정을 잘못한 것을 이유로 불법행위책임을 물을 수 있는 과실이 있다고 할 수 없는 것이다(다수의견이 인용하고 있는 대법원 1997. 9. 9. 선고 97다20007 판결 등 참조). 그리고 징계처분에서 징계사유로 되지 아니한 비위사실이나 피징계자의 평소의 소행 등도 징계양정의 참작자료로는 삼을 수 있다(대법원 1998. 5. 22. 선고 98다2365 판결, 대법원 2002. 5. 28. 선고 2001두10455 판결 등 참조).

그러므로 이 사건 퇴학처분의 이유가 된 사실이 퇴학처분의 사유에 해당한다고 볼 수 없음이 객관적으로 명백하고 징계권자 또는 징계위원들이 조금만 주의를 기울이면 이러한 사정을 쉽게 알아 볼 수 있음에도 징계를 한 것으로서 징계권의 행사가 우리의 건전한 사회통념이나 사회상규에 비추어 용인될 수 없음이 분명한 경우에 해당하는지 여부를 판단함에 있어서는 징계사유뿐만 아니라 그 징계양정에 참작한 비위사실 등도 종합적으로 고려하여야 한다.

다. 이 사건에서 본다. 대광고등학교는 당초 원고가 담임교사에게 불손한 반항을 하였고, 2003. 11. 학교의 명예를 실추한 사건에 대한 가중처벌이 필요하며, 학교 공동 기물을 무단으로 사용하였고, 학생회장 신분으로 학생들을 선동하였다는 등의 징계사유로 이 사건 퇴학처분을 하였으나 위 퇴학처분의 효력을 다투는 관련 소송에서 교사에게 불손한 반항을 하였다는 것 이외의 징계사유는 정당한 징계사유로 인정되지 않았다.

그러나 우선 징계사유로 인정된 원고의 담임교사에 대한 문제된 언행은 그 방식이나 내용에 있어서 학생으로서 스승에게 취할 수 있는 것으로는 도저히 보기 어려운 불손한 것으로 결코 사소한 잘못이라 할 수 없고, 나머지 징계사유에 해당하는 사실들도 비록 위 관련 소송에서 정당한 징계사유로 인정되지 아니하였으나 징계양정의 자료로는 삼을 수 있는 비위사실에 해당한다고 보인다.

즉 원심판결 이유에 의하면, 원고는 대광고등학교의 학생회 부회장으로 있던 2003. 11.경 외부 단체로부터 지원을 받아 교내 급식의 개선을 요구하는 배지와 학생의 날 행사 관련 유인물을 만들어 등교시간에 학생들에게 배포하고 생활지도부장의 인증 없이 대자보를 교실에 부착한 행위로 인하여 그 무렵 학생선도위원회에 회부되었다가 정식의 징계결의 없이 지도차원에서 훈계에 처하는 결정을 받았다는 것인바, 위와 같은 원고의 행위는 원고가 학생회 간부의 지위에 있으면서 학교 내부의 문제를 합리적인 절차를 통하여 해결하려고 하지 아니하고 외부 단체의 도움을 받아 다수 학생들의 의사표현인 것처럼 공론화시킴으로써 학교 내부의 갈등을 조장한 것으로 이 사건 징계양정의 불리한 참작자료가 될 수 있다. 또한 원고가 무단으로 교내방송을 한 것을 대광고등학교의 학칙에 정한 징계사유로 보기는 어렵다 하더라도, 이러한 원고의 행동은 종교의 자유를 내세워 의도적으로 돌출적인 행동을 하려고 한 것으로 볼 수 있고, 정상적인 절차와 방법으로 학교에 대하여 종교교육에 대한 시정을 요구하지 않고 곧바로 과격한 행동으로 나아간 것으로 학교의 공공시설인 방송실을 정당하지 못한 목적으로 사용한 것으로 볼 수 있다. 한편 원고가 학생회장이라는 지위에서 학생들을 상대로 교내방송을 통해 종교교육에 관한 학교의 방침을 정면으로 비판하면서 앞으로 수요예배를 거부하겠다는 취지의 발언을 한 것은 원고가 학교에 대하여 자신의 의사를 전달하고 이를 관철시키기 위하여 학생회장의 지위를 남용한 것으로 볼 수 있고 객관적으로 보아 학생들의 동참을 선동한 것으로 보일 여지도 있어, 이러한 점들도 원고에 대한 불리한 징계양정의 자료가 될 수 있다.

따라서 징계권자인 대광고등학교장이나 징계위원들인 학생선도위원들이 이러한 원고의 소행, 평소의 학업 태도, 개전의 정 등을 참작하여 자율적인 판단에 따라 징계결정을 한 것으로 보이는 이 사건에서, 교사에 대한 불손한 반항이라는 위 징계사유와 아울러 위와 같은 여러 가지 징계양정 사유들을 참작하면, 이 사건 징계처분의 이유로 된 사실만으로 원고가 개전의 가망이 없다고 단정하기에는 부족하여 퇴학처분이라는 징계양정이 과하다고 볼 수는 있을지라도, 이 사건 징계에서 인정된 사실이 퇴학처분을 할 정도의 사유에 해당하지 아니함이 객관적으로 명백하였거나 징계권자 또는 징계위원들이 조금만 주의를 기울였더라면 이를 쉽게 알 수 있었던 경우에 해당한다고 보기는 어렵다. 또한 위와 같은 사정에다가 이 사건 징계결정에 앞서 담임교사가 수차례에 걸쳐 원고에게 종교교육 등에 대한 이의제기는 충분히 되었으니 자중하고 학교에 대해 사과하라는 등으로 충고하였고, 대광고등학교가 최종적인 퇴학처분에 앞서 원고에게 다른 학교로 전학을 갈 수 있는 선택권을 부여하기도 하였던 사정들을 종합해 볼 때, 비록 원고의 불손한 행동이 학교의 과도한 종교교육으로 인한 측면이 있고 결과적으로 이 사건 퇴학처분이 징계양정의 한계를 일탈하여 위법한 것으로 인정되었다는 사정을 감안한다고 하더라도, 이는 법률전문가가 아닌 징계위원들이나 징계권자가 징계의 경중에 관한 법령의 해석을 잘못한 데 기인하는 것으로 보여서, 피고 대광학원에게 징계의 양정을 잘못한 것을 이유로 불법행위책임을 물을 수 있는 과실이 있다고 볼 수는 없다.

라. 그러므로 같은 취지의 원심의 판단은 정당하고, 원고의 이 부분 상고이유의 주장은 받아들일 수 없는 것이다.

6. 피고 서울특별시에 대한 상고이유에 관한 대법관 박시환, 대법관 이홍훈, 대법관 전수안의 반대의견

가. 서울특별시 교육감이 대광고등학교의 종교교육 실시와 퇴학처분 등에 대하여 적절한 시정・변경명령 권한 등을 행사하지 아니한 것이 위법하다고 볼 수 없다는 다수의견에는 아래와 같은 이유로 찬성할 수 없다.

나. 대법원은 종래 공무원의 부작위의 경우에도 공무원의 작위로 인한 국가배상책임을 인정하는 경우와 마찬가지로 '공무원이 직무를 집행하면서 고의 또는 과실로 법령을 위반하여 타인에게 손해를 입힌 때'라고 하는 국가배상법 제2조 제1항의 요건을 충족하면 국가배상책임이 인정됨을 밝혀 왔다. 여기서 '법령을 위반하여'라고 하는 것이 엄격하게 형식적 의미의 법령에 명시적으로 공무원의 작위의무가 규정되어 있는데도 이를 위반하는 경우만을 의미하는 것은 아니고, 국민의 생명, 신체, 재산 등에 대하여 절박하고 중대한 위험상태가 발생하였거나 발생할 우려가 있어서 국민의 생명, 신체, 재산 등을 보호하는 것을 본래적 사명으로 하는 국가가 초법규적, 일차적으로 그 위험 배제에 나서지 아니하면 국민의 생명, 신체, 재산 등을 보호할 수 없는 경우에는 형식적 의미의 법령에 근거가 없더라도 국가나 관련 공무원에 대하여 그러한 위험을 배제할 작위의무를 인정할 수 있는 것이며, 이를 위반하는 경우도 포함하는 것이다. 이러한 경우 위법성 판단의 전제가 되는 작위의무는 공무원의 부작위로 인하여 침해된 국민의 법익 또는 국민에게 발생한 손해가 어느 정도 심각하고 절박한 것인지, 관련 공무원이 그와 같은 결과를 예견하여 그 결과를 회피하기 위한 조치를 취할 수 있는 가능성이 있는지 등을 종합적으로 고려하여 판단하여야 한다(대법원 1998. 10. 13. 선고 98다18520 판결, 대법원 2001. 4. 24. 선고 2000다57856 판결, 대법원 2008. 10. 9. 선고 2007다40031 판결 등 참조). 이와 같이 국가배상법에서의 위법이라는 개념은 법령에 명문으로 정해진 작위의무의 위반뿐만 아니라 관련 법규 및 조리를 종합적으로 고려할 때 인정되는 공무원의 직무상 손해방지의무에 대한 위반을 포함하는 것이다. 또한 위와 같은 사정 아래에서 작위의무를 인정하는 결과, 그 작위의무의 판단 자체에 공무원의 예견가능성이나 회피가능성이라는 과실 요소에 관한 판단이 포함되게 되므로 위와 같이 인정되는 작위의무를 위반한 경우에는 특별한 사정이 없는 한 과실은 당연히 인정된다고 보아야 한다. 이러한 관점에서 서울특별시 교육감의 시정・변경명령 등의 불행사가 국가배상법 제2조 제1항의 요건을 충족하는지 살펴본다.

다. 종교의 자유는 우리 법상의 최고의 가치인 인간의 존엄성을 실현하기 위한 불가결의 조건이고 정치와 종교가 분리되어 있고 사회 내의 다양한 종교들 사이에 종교적 관용이 요청되는 민주사회의 기초가 된다는 점에서, 그 중요성은 생명, 신체라는 법익에 결코 못지않고 재산권보다 오히려 우위에 있다고도 할 수 있다.

그리고 자신의 종교적 신념에 반하는 행동을 강제당하지 아니하는 것이 소극적 신앙고백의 자유와 소극적 신앙실행의 자유의 가장 본질적이고 유일한 내용이라 할 수 있으므로, 종립학교가 학교 강제배정제도에 의하여 신앙을 가지지 않았거나 학교와 다른 신앙을 가졌음에도 그 학교에 입학하게 된 학생들을 상대로 참가의 실질적인 자율성을 보장하지 않거나 자유로운 상태에서의 동의를 받지 아니한 채 특정 종교교리를 전파하는 종파교육 형태의 종교교육을 강행하여 학생이 자신이 원하지 아니하는 종파교육에 노출되게 하는 것은 이러한 소극적 신앙고백의 자유와 소극적 신앙실행의 자유에 대한 본질적인 침해라고 할 수 있을 만큼 중대하고 절박한 침해라고 볼 수 있다.

나아가 종립학교가 공립학교와 동일하게 공교육체계에 편입되고 강제로 배정된 학생들을 대상으로 교육을 담당하고 있는 우리나라 교육 현실상 그러한 종립학교에서 이 사건 교육부고시를 제대로 이행하지 아니하거나 학생의 동의 없이 종파교육을 실시할 가능성이 상당함은 부정할 수 없으므로 학생에 대한 위와 같은 중대한 침해가 발생할 가능성이 매우 높다고 예견할 수 있고, 이러한 침해는 교육감의 적절한 시정・변경명령권의 행사로 충분히 회피할 수 있는 것이다. 이러한 교육감의 시정・변경명령 권한은 교육의 공공성 확보와 학생들의 종교의 자유 및 인격권이라는 헌법적인 가치의 수호를 위하여 적극적으로 활용될 필요가 있고, 초・중등교육법이 시정・변경명령이 일정 기간 내 불이행된 경우에는 교육감이 그 시정・변경명령의 대상이 된 행위를 직접 취소 또는 정지하거나 학교에 대하여 정원을 감축하는 등으로 강력한 제재를 가할 수 있도록 규정하여(제63조 제2항) 시정・변경명령의 이행 가능성을 담보하고 있는 것 역시 교육 시행과정에서 위와 같은 헌법적 가치를 수호할 교육감의 책무가 중요함을 잘 드러내고 있는 것이다.

원심에 제출된 증거에 의하면, 서울특별시 교육감 관할 고등학교 중 학생의 의사와 무관하게 종교행사를 실시하고 대체과목의 개설 없이 종교과목 수업을 실시하는 학교가 상당한 수에 이르고 있음을 알 수 있고, 이러한 점과 서울시 공무원이 수차례 대광고등학교를 방문하여 이 사건 교육부고시를 준수할 것을 지시하고 종교교육 현황을 점검하였다는 점 등을 종합하여 보면, 서울특별시 교육감은 대광고등학교가 이 사건 교육부고시를 위반하면서 학생들에게 선택권을 부여함이 없이 종교교육을 강행하고 있었다는 것을 알고 있었거나 또는 충분히 알 수 있었다고 보인다.

따라서 종교의 자유라는 침해법익의 중대성・절박성 및 고도의 예견가능성이 인정되고 충분한 회피가능성이 보인다는 점을 종합적으로 고려한다면, 비록 초・중등교육법이 교육감에게 시정・변경명령 권한행사에 재량을 부여하였다고 하더라도 이와 같은 사정 아래에서는 서울특별시 교육감의 시정・변경명령 권한의 행사에는 재량의 여지가 거의 없어지고 특별한 사정이 없는 한 이를 행사할 의무만이 남게 된다고 할 것임에도, 위 교육감이 이를 행사하지 아니한 것은 고의 또는 과실로 법령을 위반한 것이라고 하지 않을 수 없다.

라. 초・중등교육법 제63조 제1항은 학교가 학사 및 기타 사항에 대하여 교육관계 법령 또는 이에 의한 명령이나 학칙을 위반하는 경우에도 교육감에게 그 시정이나 변경을 명할 권한을 부여하고 있다. 그러므로 교육감은 학교장의 학생에 대한 퇴학처분 등 징계처분에 대하여도 당연히 시정・변경을 명할 권한을 가진다.

피고 대광학원에 대한 상고이유에 관한 다수의견에서 보듯이, 피고 대광학원의 원고에 대한 퇴학처분은 그 인정된 징계사유만으로는 학칙에서 정하는 퇴학처분 사유에 해당하지 아니함이 객관적으로 명백할 뿐만 아니라 징계처분권자 또는 징계위원들이 조금만 주의를 기울였더라면 이러한 사정을 쉽게 알 수 있었던 경우로서, 그러한 사유로 퇴학처분을 한 것은 징계권의 행사가 건전한 사회통념이나 사회상규상 용인될 수 없음이 분명하다.

이와 같이 사회통념이나 사회상규상 용인될 수 없어 원고에 대하여 불법행위를 구성할 정도로 심각한 불법성을 지닌 징계처분은 인간의 존엄성에 근거하는 인격권 및 교육을 받을 권리에 대한 중대한 침해이고 더구나 퇴학처분은 징계처분 중 가장 무거운 것으로 학생에게 심각하고 절박한 불이익을 가하는 것이 된다. 그런데 원심판결 이유에 의하면 서울특별시 교육감이 이러한 사실을 알았거나 충분히 알 수 있었던 것으로 보이므로, 그러한 상황하에서 서울특별시 교육감이 대광고등학교의 장에게 이에 대한 유효한 구제수단인 시정·변경명령 조치를 하지 않은 것 역시 조리 등에 의하여 인정되는 작위의무를 이행하지 아니한 것으로 고의 또는 과실로 법령을 위반한 것이라고 하지 않을 수 없다.

마. 한편 종립학교가 학교와 신앙이 다른 학생들에게 종파교육을 실시하는 경우 비록 이에 동의하지 아니하는 학생들에게 참여하지 아니할 자유를 보장한다고 하더라도, 그들이 학교 내에서 소수에 불과하다면 그러한 학생들은 불참가라는 사실 자체로 다른 다수의 학생들과 구별되게 되고 특별한 학생으로 취급받게 되므로 자신의 자유로운 의사에 따라 그러한 교육을 거부하는 것을 쉽게 기대하기는 어렵다. 교육과정에서의 학생의 지위는 성인이 공공장소에서 특정한 행사에 참가하거나 참가하지 않음으로써 자신의 신념을 표시할 수 있는 것과는 다르며, 주어진 학교 교육과정에 대하여 비판적으로 자신의 주장을 하기 어려운 미성년자라는 점을 고려하면 더욱 그러하다.

이러한 문제점은 학교가 학생에게 실질적인 참가의 자유를 보장하지 아니할 경우 더욱 심각하게 됨은 말할 나위가 없다. 종립학교가 종파교육을 실시하는 것을 전면적으로 금지할 수 없는 한 이를 해결하는 가장 좋은 방법은 그 학생에게 다른 학교로 전학할 수 있는 기회를 보장하는 것이라고 할 수 있다. 학생의 거주지 인근에 공립학교나 종파교육을 실시하지 아니하는 사립학교를 비교적 쉽게 찾을 수 있는 우리의 교육현실을 고려하면 이는 학생과 학교의 충돌하는 기본권을 직접 제한하지 않고 조화롭게 해결하는 좋은 대안이 될 수 있다.

따라서 학생의 전학에 관한 학칙을 인가하고(초·중등교육법 제8조 제1항), 교장이 학생의 교육상 교육환경을 바꾸어 줄 필요가 있다고 인정하여 전학을 추천한 자에 대하여 전학할 학교를 지정할 권한을 가지고 있는(초·중등교육법 시행령 제89조 제5항, 제73조 제5항) 교육감은 종교가 다르다는 이유로 학교생활에 적응하지 못하는 학생들에게 인근의 공립학교나 비종교계 학교 혹은 학생과 동일한 종교교육을 실시하는 종립학교로 전학할 수 있는 기회를 보장하여야 한다. 그런데 원심에 제출된 증거에 의하면, 서울특별시 교육감은 학교의 종교교육과 학생의 종교적 신념이 배치된다는 이유만으로는 전학이 불가능하도록 전학업무를 처리하여 왔음을 알 수 있는바, 이는 학생의 종교의 자유를 유효하게 보장할 수단을 학교나 학생이 선택할 수 없도록 한 것으로 적절하게 학사행정을 이끌고 지도할 교육감의 의무를 위반한 것에 다름 아니므로 이 역시 고의 또는 과실로 법령을 위반한 것이라는 점도 아울러 지적하여 둔다.

바. 그럼에도 원심이, 서울특별시 교육감이 시정·변경명령 등을 발하지 아니한 것이 위법하다고 단정하기 어렵다고 보아 피고 서울특별시의 손해배상책임을 부정한 조치에는 공무원의 부작위로 인한 국가배상책임의 성립요건에 관한 법리를 오해하여 판결에 영향을 미친 위법이 있다. 따라서 원심판결 중 피고 서울특별시에 관한 부분 역시 파기되어 원심법원으로 환송되어야 한다.

이상의 이유로 다수의견에 찬동하지 아니한다.

(8) 대법원 2009.4.16. 선고 2008다53812 판결 【손해배상(기)등】 전원합의체 판결

【원고, 피상고인】 원고(소송대리인 변호사 이지호외 2인)

【피고, 상고인】 엔에이치엔 주식회사외 2인 (소송대리인 변호사 이임수외 8인)

【원심판결】 서울고법 2008. 7. 2. 선고 2007나60990 판결

【주 문】

상고를 기각한다. 상고비용은 피고들이 부담한다.

【이 유】

1. 피고 엔에이치엔 주식회사와 피고 주식회사 다음커뮤니케이션에 관한 상고 이유를 판단한다.

가. 상고이유 제1점에 대하여

(1) 기사 선별 및 게재행위로 인한 책임

(가) 정보통신망 이용촉진 및 정보보호 등에 관한 법률 제2조 제1항 제3호 소정의 정보통신서비스 제공자로서, 인터넷 가상공간 내에 있는 각종 정보제공 장소(인터넷 이용자들은 '사이트'라고 부른다)들에 게재된 정보에 대한 분야별 분류 및 검색 기능을 비롯하여 인터넷 이용자가 직접 자신의 의견이나 각종 정보를 게시·저장하거나 이를 다른 이용자들과 서로 공유·교환할 수 있는 인터넷 게시공간(그 중 '블로그', '미니 홈페이지', '인터넷 동아리', '카페'라는 이름으로 개설된 게시공간을 아래에서는 '사적(私的) 인터넷 게시공간'이라고 한다)을 제공하고, 아울러 전자우편, 게임 이용 서비스를 제공하는 등 인터넷에 관한 종합적인 서비스를 제공하는 자(인터넷 이용자들은 위와 같은 서비스를 '포털서비스'로, 그 서비스가 이루어지는 정보제공 장소를 '포털사이트'로 부른다. 아래에서는 그 서비스를 '인터넷 종합 정보서비스', 그 서비스가 이루어지는 장소를 '인터넷 종합 정보제공 장소', 그 서비스를 제공하는 사업자를 '인터넷 종합 정보제공 사업자'라고 한다)가 보도매체가 작성·보관하는 기사에 대한 인터넷 이용자의 검색·접근에 관한 창구 역할을 넘어서서 보도매체로부터 기사를 전송받아 자신의 자료저장 컴퓨터 설비에 보관하면서 스스로 그 기사 가운데 일부를 선별하여 자신이 직접 관리하는 뉴스 게시공간에 게재하였고 그 게재된 기사가 타인의 명예를 훼손하는 내용을 담고 있다면, 이는 단순히 보도매체의 기사에 대한 검색·접근 기능을 제공하는 경우와는 달리 인터넷 종합 정보제공 사업자가 보도매체의 특정한 명예훼손적 기사 내용을 인식하고 이를 적극적으로 선택하여 전파한 행위에 해당하므로, 달리 특별한 사정이 없는 이상 위 사업자는 명예훼손적 기사를 보도한 보도매체와 마찬가지로 그로 인하여 명예가 훼손된 피해자에 대하여 불법행위로 인한 손해배상책임을 진다.

원심은 인터넷 종합 정보제공 사업자인 피고 엔에이치엔 주식회사(이하 '피고 엔에이치엔'이라 한다), 피고 주식회사 다음커뮤니케이션(이하 '피고 다음커뮤니케이션'이라 한다)은 보도매체로부터 위 피고들의 각 자료저장 컴퓨터 설비에 전송된 기사들 가운데 원고 관련 기사를 선별하여 위 피고들의 뉴스 게시공간에 게재하였는데, 위 원고 관련 기사들은 원고의 명예를 훼손하는 내용이므로, 위 피고들은 위 각 기사들에 관하여 이를 최초로 작성한 해당 보도매체들과 함께 원고에 대한 공동불법행위자로서 손해배상책임을 부담한다고 판단하였는바, 이는 위에서 본 법리에 따른 것으로서 정당하고, 원심 판단에 상고이유로 주장하는 바와 같이 인터넷 종합 정보

제공 사업자의 기사 선별 및 게재행위에 의한 명예훼손책임에 관한 법리를 오해한 위법이 없다.

(나) 위 피고들은 원고 관련 기사 선별 및 게재와 관련하여 그 중 일부 기사를 게재하지 않았으므로 그 책임이 없다고 주장하고 있으나, 위와 같은 주장은 결국 사실심인 원심의 전권사항인 증거의 취사선택과 사실인정을 문제삼는 것으로서 적법한 상고이유로 볼 수 없어 받아들이지 않는다.

(2) 기사들의 피해자 특정 여부

명예훼손은 공연히 사실을 적시하여 타인의 객관적인 사회적 평가를 침해하는 행위로서, 사람의 성명을 명시하지 않거나 또는 두문자(頭文字)나 이니셜만 사용한 경우라도 그 표현의 내용을 주위 사정과 종합하여 볼 때 그 표시가 피해자를 지목하는 것을 알아차릴 수 있을 정도이면 피해자가 특정되었다고 할 수 있다(대법원 2002. 5. 10. 선고 2000다50213 판결 참조).

위에서 본 법리와 기록에 비추어 보면, 원심이 그 채택 증거를 종합하여 판시와 같은 사실을 인정한 다음, 위 피고들이 게재한 원고 관련 기사들이 그 자체로서는 원고의 실명 및 신상에 관한 정보를 적시하고 있지 않으나 일부 기사에 실린 망 소외인의 사적(私的) 인터넷 게시공간(구체적으로 위 게시공간은 인터넷 이용자들이 '미니 홈페이지'라고 부르는 것으로서, 위 게시공간을 제공한 원심공동피고 에스케이커뮤니케이션즈 주식회사에서는 자신들이 제공한 '미니 홈페이지'를 가리켜 '미니홈피'라 부른다) 초기화면 사진으로 알 수 있는 망 소외인관련 정보 또는 위 기사들 내용으로부터 얻은 정보 등을 토대로 간단한 검색을 통하여 원고에 대한 구체적인 정보를 얻을 수 있으므로 그 주인공이 원고임을 알아차릴 수 있을 정도로 피해자가 특정되었다고 판단한 것은 정당하고, 거기에 상고이유 주장과 같이 명예훼손 피해자 특정에 관한 법리오해 등의 위법이 없다.

(3) 기사 삭제 금지 약정으로 인한 면책 여부

인터넷 종합 정보제공 사업자가 보도매체로부터 기사를 제공받기로 하면서 제공받은 기사를 임의로 삭제할 수 없다는 약정을 하였다고 하더라도 이는 보도매체와 사이의 내부적인 책임 분담 약정에 불과하여 이를 이유로 위 사업자의 기사 선별 및 게재행위로 인한 책임까지 면할 수는 없다.

원심이 같은 취지에서, 위 피고들이 보도매체와 사이에 체결한 기사 삭제 금지 약정만으로는 자신들의 원고 관련 기사 게재행위로 인한 손해배상책임을 면하지 못한다고 판단한 것은 정당하고, 이를 다투는 상고이유의 주장은 이유 없다.

나. 상고이유 제2점에 대하여

(1) 인터넷에서 타인의 명예를 훼손하는 게시물에 대하여 1차적인 책임을 지는 자는 위 게시물을 직접 게시한 자라 할 것이고, 인터넷 종합 정보제공 사업자가 제공한 인터넷 게시공간에 위와 같은 게시물이 게시되었고 위 종합 정보서비스의 검색기능을 통하여 인터넷 이용자들이 그 게시물을 쉽게 찾을 수 있다고 하더라도, 위 사업자에게 관리에 대한 책임을 별도로 인정할 수 있는 경우가 아니라면 위와 같은 사정만으로 곧바로 위 사업자에게 명예훼손적 게시물에 대한 불법행위책임을 지울 수는 없다.

그러나 인터넷 공간에서는 익명이나 가명에 의한 정보유통이 일반화되어 타인의 법익을 침해하는 내용의 표현물이 쉽게 게시될 수 있고 또한 많은 사람들이 동시에 접속하여 검색할 수도 있기 때문에 일단 게시된 표현물이 순식간에 광범위하게 전파됨으로써 그 표현물로 인한 법익 침해의 결과가 중대해질 수 있으며, 특히 인터넷을 이용한 다양한 서비스를 종합하여 제공하는 인터넷 종합 정보제공 사업자가 제공한 인터넷 게시공간에 그 표현물이 게시된 경우에는 인터넷 종합 정보서비스를 이용하는 무수한 이용자들에게 쉽게 노출될 수 있는 위험성이 훨씬 더 커서 다른 어느 경우보다 타인의 법익을 보호할 필요성이 크다. 뿐만 아니라, 인터넷 종합 정보제공 사업자는 인터넷 종합 정보서비스를 통하여 위와 같은 위험성을 안고 있는 인터넷 게시공간을 제공하고 이를 사업목적에 이용함으로써 정보의 유통으로 인한 직·간접적인 경제적 이익도 얻고 있다. 이와 같이 인터넷 종합 정보제공 사업자는 인터넷 게시공간이라는 위험원을 창출·관리하면서 그로 인한 경제적 이익을 얻고 있으므로, 위 게시공간 안에서 발생된 위험에 효과적으로 대처할 수도 있어, 위와 같은 위험으로 인하여 피해가 발생하지 않도록 상황에 따라 적절한 관리를 하여야 할 주의의무가 있다고 보는 것이 합리적이고 공평 및 정의의 관념에 부합한다 할 것이다.

다만, 인터넷 종합 정보제공 사업자에게 자신이 제공하는 인터넷 게시공간을 적절히 관리하여야 할 주의의무가 있다고 하더라도 위 사업자가 위 게시공간의 위험으로 인하여 초래될 수 있는 명예훼손 등 법익 침해와 그에 따른 손해배상을 우려한 나머지 그 곳에 게재되는 표현물들에 대한 지나친 간섭에 나서게 된다면 인터넷 이용자들이 가지는 표현의 자유는 위축될 수밖에 없으므로, 위 사업자의 관리책임은 불법성이 명백한 게시물로 인한 타인의 법익 침해 가능성을 충분히 인지할 수 있고 그의 관리가 미칠 수 있는 일정한 범위 내에서 제한적으로 인정되어야 한다.

따라서 명예훼손적 게시물이 게시된 목적, 내용, 게시기간과 방법, 그로 인한 피해의 정도, 게시자와 피해자의 관계, 반론 또는 삭제 요구의 유무 등 게시에 관련한 쌍방의 대응태도 등에 비추어, 인터넷 종합 정보제공 사업자가 제공하는 인터넷 게시공간에 게시된 명예훼손적 게시물의 불법성이 명백하고, 위 사업자가 위와 같은 게시물로 인하여 명예를 훼손당한 피해자로부터 구체적·개별적인 게시물의 삭제 및 차단 요구를 받은 경우는 물론, 피해자로부터 직접적인 요구를 받지 않은 경우라 하더라도 그 게시물이 게시된 사정을 구체적으로 인식하고 있었거나 그 게시물의 존재를 인식할 수 있었음이 외관상 명백히 드러나며, 또한 기술적, 경제적으로 그 게시물에 대한 관리·통제가 가능한 경우에는, 위 사업자에게 그 게시물을 삭제하고 향후 같은 인터넷 게시공간에 유사한 내용의 게시물이 게시되지 않도록 차단할 주의의무가 있고, 그 게시물 삭제 등의 처리를 위하여 필요한 상당한 기간이 지나도록 그 처리를 하지 아니함으로써 타인에게 손해가 발생된 경우에는 부작위에 의한 불법행위책임이 성립된다고 봄이 상당하다.

이와 같은 법리에 비추어 살펴보면, 이 사건에서 인터넷 종합 정보제공 사업자인 위 피고들이 원고와 망 소외인의 교제 및 망 소외인의 자살 경위에 관하여 인터넷에 공개된 게시물 내용에 대한 자세한 소개와 함께 원고의 신원노출을 수반하는 인터넷 이용자들의 과도한 비난 일색의 반응 등을 보도한 기사를 스스로 게재한 사정을 비롯하여 원심이 들고 있는 사정들에 의하면, 위 피고들은 자신들이 제공한 기사 댓글, 지식검색란에서의 답변들, 사적(私的) 인터넷 게시공간 등의 게시공간에 원고에 대한 명예훼손적 게시물들이 존재한다는 것을 인식할 수 있었음이 외관상 명백히 드러난다고 할 수 있으므로, 원고의 요청이 없더라도 불법성이 명백하고 기술적, 경제적으로 관리·통제가 가능하였던 위 명예훼손적 게시물들을 삭제하거나 그 검색을 차단할 의무가 있다는 이유로 위 피고들에게 불법행위책임을 인정한 원심판결은 수긍할 수 있고, 이를 다투는 취지의 상고이유의 주장은 이유 없다.

(2) 그리고 인터넷 종합 정보제공 장소는 특정 기사에 대한 댓글들, 지식검색란에서의 특정 질문에 대한 답변들, 특정 사적(私的) 인터넷 게시공간 등과 같이 일정한 주제나 운영 주체에 따라 정보를 게시할 수 있는 개별

인터넷 게시공간으로 나누어져서 그 각 개별 인터넷 게시공간별로 운영 및 관리가 이루어지고 있고, 위와 같은 개별 인터넷 게시공간 내에서의 게시물들은 서로 관련을 맺고 게시되므로, 불법 게시물의 삭제 및 차단의무는 위 개별 인터넷 게시공간별로 그 의무의 발생 당시 대상으로 된 불법 게시물뿐만 아니라 그 이후 이와 관련되어 게시되는 불법 게시물에 대하여도 함께 문제될 수 있고, 따라서 그 의무 위반으로 인한 불법행위책임은 개별 인터넷 게시공간별로 포괄적으로 평가될 수 있다.

또한, 불법행위로 인한 손해배상책임에 관하여 판결서의 이유를 기재할 때에는 그 원인이 된 불법행위를 특정하여야 하지만, 판결서의 이유에는 주문이 정당하다는 것을 인정할 수 있을 정도의 범위 내에서 당사자의 주장, 그 밖의 공격·방어방법에 관한 판단을 표시하면 되므로(민사소송법 제208조 제2항), 반드시 불법행위의 일시, 방법, 내용 등을 모두 구체적으로 상세히 기재할 필요는 없고 기판력의 객관적 범위가 특정될 수 있도록 어떤 불법행위로 인하여 손해배상책임이 인정되었는지 알 수 있는 범위 내에서 기재하면 된다(대법원 1992. 10. 27. 선고 92다23780 판결, 대법원 1997. 12. 26. 선고 97도2609 판결, 대법원 1998. 5. 29. 선고 97도1126 판결 참조).

위에서 본 법리들 및 기록에 비추어 보면, 원심이 불법행위로 평가되는 명예훼손적 게시물을 구체적으로 적시하지 아니한 것이 적절하지는 않지만 원심판결의 이유에 위 피고들이 제공한 인터넷 게시공간 가운데 원고에 대한 명예훼손적 게시물이 포함되어 있는 특정 기사 댓글, 지식검색란, 사적(私的) 인터넷 게시공간 등의 개별 인터넷 게시공간들이 구체적으로 기재되어 있고, 아울러 원심이 열거한 증거들과 원심이 위 개별 인터넷 게시공간의 게시물들로 인하여 원고의 명예가 훼손되었다고 판시한 부분의 내용들을 종합하여 보면, 이 사건에서 어떠한 불법행위를 대상으로 삼아 손해배상책임을 인정하는지를 알 수 있기 때문에, 게시물을 구체적으로 적시하지 않았다 하더라도 그로 인하여 판결 결과에 영향이 없으므로, 원심 판단에 삭제 및 차단 의무의 대상이 되는 명예훼손적 게시물이 특정되지 아니한 위법이 있다는 위 피고들의 상고이유 주장은 받아들이지 않는다.

2. 피고 야후코리아 유한회사에 대하여 판단한다.

위 피고는 상고장을 제출하였으나 상고장에 상고이유의 기재가 없고, 또 법정기간 내에 상고이유서를 제출하지 아니하였으므로, 위 피고의 상고는 기각되어야 한다.

3. 그러므로 상고를 기각하고, 상고비용은 패소자가 부담하도록 하여 주문과 같이 판결한다. 이 판결에서 피고 엔에이치엔과 피고 다음커뮤니케이션의 상고이유 제2점 중 피해자의 삭제 및 차단 요구가 반드시 있어야 하는지에 대한 판단에 관하여 대법관 박시환, 대법관 김지형, 대법관 전수안의 별개의견이 있는 외에는 관여 법관들의 의견이 일치하였으며, 대법관 김영란의 다수의견에 대한 보충의견이 있다.

4. 대법관 박시환, 대법관 김지형, 대법관 전수안의 별개의견은 다음과 같다.

가. 인터넷 종합 정보제공 사업자가 제공하는 인터넷 게시공간에 타인의 명예를 훼손하는 내용의 게시물이 게시된 경우 위 사업자가 그로 인한 손해배상책임을 부담하는지 여부 및 만약 손해배상책임을 부담하여야 한다면 어떠한 요건 아래 책임을 인정할 것인가의 문제가 여기서 다룰 논점이다. 이에 관한 법리를 정함에 있어서는 다음과 같은 점들이 고려되어야 한다.

(1) 먼저, '인터넷', '인터넷 종합 정보서비스', 그리고 '그러한 서비스를 제공하는 인터넷 종합 정보제공 사업

자'의 기능과 역할을 어떻게 이해할 것인가부터 짚어볼 필요가 있다.

인터넷은 기본적으로 대량의 의사소통을 위한 대중매체(大衆媒體, mass media)의 하나이다. 인터넷은 이른바 정보통신매체로서 종래의 인쇄매체, 영상매체, 전파매체 등과 대비하여 "진입장벽이 낮고, 표현의 쌍방향성이 보장되며, 그 이용에 적극적이고 계획적인 행동이 필요하다는 특성"을 지니고 있어, "오늘날 가장 거대하고 주요한 표현매체"로서 "가장 참여적인 (매체)시장", "표현촉진적인 매체"로 정의되고 있다(헌법재판소 2002. 6. 27. 선고 99헌마480 결정 참조).

이러한 인터넷의 매체로서의 특성은 인터넷 종합 정보제공 장소로부터 제공되는 '뉴스 서비스', '커뮤니티 서비스', '검색 서비스' 등 각종 정보서비스의 내용에 의해서도 쉽게 확인할 수 있다.

먼저, 뉴스 서비스는 신문사, 통신사, 인터넷신문 등으로부터 뉴스기사를 제공받아 인터넷 이용자들이 열람하거나 검색을 통하여 조회할 수 있도록 하는 서비스이다. 인터넷 종합 정보서비스에 회원으로 가입한 인터넷 이용자들은 이 서비스를 통하여 뉴스 기사를 열람 · 조회하는 것 이외에도 뉴스기사 하단에 설치된 댓글 창을 열어 뉴스기사 내용에 대한 자신의 의견을 짧게 덧붙일 수도 있다.

또한, 커뮤니티 서비스는 인터넷 종합 정보서비스에 회원으로 가입하여 '카페' 또는 '클럽', '미니홈피', '블로그' 등 인터넷 종합 정보제공 장소에 이미 만들어진 형식에 따라 자발적으로 개인이나 동호인별 게시공간을 개설한 다음 문서, 사진 및 동영상 등을 게시함으로써 회원들 상호간에 이를 자유로이 교환 및 열람하고 그 의견을 주고받을 수 있도록 한 서비스를 통칭한다. 그 중 '카페' 또는 '클럽'은 인터넷 종합 정보서비스에 회원으로 가입한 인터넷 이용자들 가운데 일정한 주제에 관하여 자료를 공유하거나 친목을 도모할 목적으로 뜻을 같이하는 인터넷 이용자들이 가입하여 폐쇄적 또는 공개적으로 운영하는 인터넷 동호회를 뜻한다. '미니홈피'나 '블로그'는 인터넷 종합 정보서비스에 회원으로 가입한 인터넷 이용자들이 인터넷 종합 정보제공 장소 안에 개설하여 운영하는 개인별 인터넷 게시공간을 말하는데, '미니홈피'의 개인운영자는 그 개인별 인터넷 게시공간을 직접 꾸미고 다른 미니홈피 운영자를 초대할 수 있는 공간으로 운영하면서 상당한 교류관계를 형성할 수 있고, '블로그' 역시 그 운영자인 '블로거' 개인의 관심사에 관하여 정보나 의견을 자유롭게 게시하는 개인별 인터넷 게시공간의 일종이지만 그 게시물이 자동연결(인터넷 이용자들은 위 서비스를 '링크'라고 부른다)기능에 의하여 다른 블로그와 서로 자동적으로 공유됨으로써 자신의 블로그에는 수많은 다른 블로그의 게시물이 그대로 올라오고 자신의 블로그에 게재한 게시물은 수많은 다른 블로그에 실리게 됨으로써, 결국 이른바 수많은 '1인 매체'가 모여 시공간을 초월하는 광범위한 의사소통을 가능하게 만들고 있다.

한편, 검색 서비스는 인터넷 이용자들이 인터넷 종합 정보제공 장소의 검색창에 검색어를 입력하면 인터넷상의 각종 정보제공 장소에 게시된 전자문서, 이미지, 뉴스 기사 등 수많은 정보자료 게시물 가운데 원하는 정보를 찾아주는 서비스이다. 이 서비스에서는 아울러 정보를 필요로 하는 인터넷 이용자가 지식검색 서비스란에 질의를 게재하면 다른 인터넷 이용자들이 그에 대한 답변을 댓글 형식으로 기재할 수 있도록 하는 방식으로 운영하는 지식검색 서비스를 제공하고 있다.

이와 같이 인터넷 종합 정보제공 장소에서 이루어지는 인터넷 이용자들의 표현행위는 인터넷의 대중매체로서의 특성인 쌍방향성, 접근의 용이성, 전파의 신속성, 시공간 초월성 등에 힘입어 종래의 대중매체에서 볼 수 있는 것과는 전혀 다른 형태로, 매체로서의 기능을 '1인 매체' 위주의 인터넷 이용자들이 주도하면서 정보와 의견의 교환이 적극적 · 개방적이고 다양한 모습으로 시간과 장소에 구애받지 않고 용이하며 자유롭고 신속하게 이루어지고 있다.

이처럼 인터넷은 지금까지의 어느 매체와도 비교할 수 없을 정도로 가장 완성된 형태의 참여적 대중매체이고, 인터넷의 이러한 기능은 인터넷 이용자가 인터넷상에서 자유롭게 활동하면서 의사소통의 시공간을 넓혀갈 수 있는 가상 공간을 제공하는 인터넷 종합 정보제공 사업자가 있음으로써 더욱 고양될 수 있다. 따라서 만약 이러한 사업자에 대하여 그가 제공한 인터넷 게시공간에서의 표현행위와 관련하여 법적 규제의 폭을 넓혀간다면 위와 같이 '1인 매체' 역할을 하는 인터넷 이용자들의 표현행위가 규제받을 수밖에 없어 결국 간접적인 형태로 인터넷 이용자들의 표현의 자유를 위축시키는 이른바 냉각효과(chilling effect)를 불러일으킬 수 있다. 인터넷 종합 정보제공 사업자의 법적 책임에 관하여 보다 신중한 접근이 요구되는 것은 바로 그 때문이다.

그러나 다른 한편으로 인터넷상의 표현행위가 정당하고 건전한 의사소통을 위한 것이 아니라 그와는 거리가 먼 불법적인 명예훼손의 수단으로 악용될 경우에는 바로 위에서 본 인터넷의 특성 때문에 그러한 행위에 따른 피해는 매우 광범위하고 급속히 발생할 수 있어 피해자에 대한 권리구제의 실현도 동시에 강구될 필요가 있다. 인터넷 종합 정보제공 사업자는 단순한 정보운반자와는 달리 자신이 운영하는 정보제공 장소에 게재된 표현물에 대하여 직접적이고 신속한 통제를 가할 수 있는 위치에 있음에도 불구하고 표현의 자유 신장만을 염두에 두고 명예훼손 게시물로 인하여 발생한 손해에 대하여 아무런 책임도 물을 수 없다거나 그 책임의 범위를 지나치게 축소시키는 것은 명예라는 또 하나의 중대한 인격적 법익의 보호를 거의 포기하는 것이기 때문이다.

결국, 인터넷 종합 정보제공 사업자에 대한 법적 책임은 표현행위라는 법익의 보호와 개인의 명예라는 인격적 법익의 보호가 서로 상충할 경우 그 두 가지 법익의 조화를 찾는 관점에서 그 한계가 설정되어야 할 것이다.

(2) 표현의 자유로부터 개인의 명예라는 인격권을 보호한다는 것은 달리 말하면 명예라는 인격권의 보호를 위하여 표현의 자유를 제한하는 것이다.

헌법재판소의 결정례에 의하면, 표현의 자유를 규제하는 입법과 관련하여, "현대 민주사회에서 표현의 자유가 국민주권주의의 이념의 실현에 불가결한 존재인 점에 비추어 볼 때, 불명확한 규범에 의한 표현의 자유의 규제는 헌법상 보호받는 표현에 대한 위축적 효과를 수반하고, 그로 인해 다양한 의견, 견해, 사상의 표출을 가능하게 하여 이러한 표현들이 상호 검증을 거치도록 한다는 표현의 자유의 본래의 기능을 상실하게 한다. … 그렇기 때문에 표현의 자유를 규제하는 법률은 규제되는 표현의 개념을 세밀하고 정확하게 규정하는 것이 헌법적으로 요구된다"고 한다(헌법재판소 1998. 4. 30. 선고 95헌가16 결정, 헌법재판소 2002. 6. 27. 선고 99헌마480 결정 등 참조).

이러한 '명확성의 원칙'은 표현의 자유를 제한하는 법률 등 입법에 있어서 뿐만 아니라 표현의 자유를 제한하는 내용의 법해석의 원리를 정함에 있어서도 마찬가지로 적용되어야 할 것이다.

따라서 이 사건의 경우와 같이 인터넷 종합 정보제공 사업자에게 명예훼손 게시물과 관련하여 손해배상책임을 부담시킬 것인가의 문제를 다루는 것이 위에서 본 것처럼 표현의 자유를 제한하는 법리와 관계있는 것이라면 이 역시 명확성의 원칙에 따라 이를 규율하는 법리가 최대한 명확하게 정립·제시되어야 한다.

(3) 나아가 인터넷 종합 정보제공 사업자가 제공하는 인터넷 게시공간에서의 게시물을 통하여 이루어지는 표현행위와 관련하여 위 사업자가 분담하여야 할 책임의 범위 또는 한계를 설정함에 있어서는 기본권 제한의 한계원칙으로 일반적으로 받아들여지고 있는 비례의 원칙(목적의 정당성, 수단의 적합성, 침해의 최소성, 법익의 균형성)이 적용되어야 한다.

즉, 명예훼손에 따라 피해를 입은 피해자의 인격적 법익의 보호라는 정당한 목적을 달성할 필요가 있는 이상 인터넷 종합 정보제공 사업자의 법적 책임을 전면적으로 부정하는 입장은 받아들일 수 없다. 그러나 그렇다고 하여 명예훼손 피해자에 대한 권리구제의 실효성을 더한다는 측면에 치중한 나머지, 인터넷 종합 정보제공 사업자를 불법적인 명예훼손 게시물을 직접 게시한 자의 불법행위를 방조한 공동불법행위자의 범주에 드는 것으로 포섭하여, 위 사업자의 법적 책임을 단순히 민법상 공동불법행위책임의 법리에 따라 정하려는 것도 마땅히 경계되어야 한다.

왜냐하면, 본래 인터넷 종합 정보제공 사업자는 인터넷 이용자들로 하여금 인터넷상에서 자유롭게 활동하면서 의사소통의 시공간을 넓혀갈 수 있는 게시공간을 제공하는 정보배포자로서의 역할을 의도하였던 것인데, 이러한 게시공간을 제공받아 이용하는 자가 위 사업자의 본래 의도에서 벗어나 그 공간을 불법적인 명예훼손 게시물을 게시하는 수단으로 악용한 것이 문제되는 상황이므로, 이러한 위 사업자에 대해서는 그 명예훼손 게시물을 직접 게시한 가해자의 법적 책임과는 별개로 독자적인 법리에 따라 책임을 묻는 것이 타당할 것이기 때문이다.

그렇다면 나아가 어떠한 요건 아래 인터넷 종합 정보제공 사업자의 법적 책임을 물을 수 있는 법리를 설정할 것인가 문제되는데, 기본적으로는 표현의 자유를 본질적으로 침해하지 않으면서 명예훼손 피해자의 권리구제를 위하여 가장 적합한 수단이 무엇인지를 가려보되, 표현의 자유에 대한 제한을 가능한 한 최소화하는 것, 즉 '명백하고 현존하는 위험'을 전제로 하여야 하고 그럼으로써 양자의 법익 보호에 균형을 잡을 수 있는 법리에 바탕을 두어야 할 것이다.

나. 위에서 본 여러 고려요소들을 종합하여 볼 때, 인터넷 종합 정보제공 사업자는 위에서 본 바와 같이 정보배포자로서 인터넷상의 각종 서비스를 통하여 일정한 게시공간을 제공하는 역할을 하면서 동시에 그 게시물에 대하여 직접적이고 신속한 통제를 가할 수 있는 위치에 있는 이상, 자신이 제공하는 인터넷 게시공간에서 명백히 불법적인 명예훼손의 표현행위가 행하여지고 있는 사실을 구체적으로 인식하였고 나아가 그 게시물에 대해 적절한 통제를 가하지 않을 경우 피해의 발생이나 확대를 피할 수 없는 명백하고 현존하는 위험이 있다고 인정될 때에는 피해자를 위하여 그 게시물에 대한 통제 수단으로서 그 게시물을 삭제 또는 차단하는 등의 조치를 취하여야 하고, 이를 위반하였을 때 비로소 그 법적 책임을 물을 수 있다고 봄이 상당하다 할 것이다.

그러므로 문제의 핵심은 인터넷 종합 정보제공 사업자에게 위와 같이 삭제·차단 등의 조치를 취할 의무(이하에서는 '삭제의무'라고만 한다)가 생기는 전제조건으로서 '그 사업자가 게시물의 불법성을 구체적으로 인식하였고 삭제 등의 조치를 취하지 않으면 안 될 명백하고 현존하는 위험이 있는 것으로 인정될 수 있는 때'라 함은 어떠한 경우를 말하는지, 명확성의 원칙에 부합하게 설정하는 것이 될 것이다.

결론부터 말하면, 인터넷 종합 정보제공 사업자의 명예훼손 게시물에 대한 삭제의무는 특별한 사정이 없는 한 위 사업자가 피해자로부터 명예훼손의 내용이 담긴 게시물을 '구체적·개별적으로 특정'하여 '삭제하여 달라는 요구'를 받았고, 나아가 그 게시물에 명예훼손의 불법성이 '현존'하는 것을 '명백'히 인식하였으며, 그러한 삭제 등의 조치를 하는 것이 '기술적·경제적으로 가능'한 경우로 제한하는 것이 합리적이고 타당하다고 본다. 위의 요건을 명확하게 하기 위하여 아래와 같이 항목별로 나누어 살피면서 그 근거는 어디에서 찾을 수 있는지 밝혀보기로 한다.

(1) '특별한 사정'이 없는 한 피해자의 '삭제요구'가 있어야 한다.

(가) 이는 인터넷 종합 정보제공 사업자에게 명예훼손 게시물에 대한 삭제 등의 조치까지 강제하기 위한

전제로서 필요하고 또한 매우 중요한 의미를 갖는다.

인터넷 종합 정보제공 사업자가 '명예훼손 게시물의 불법성을 인식하였다'고 함은 그 게시물의 표현이 명예훼손행위에 해당하는 실체적 구성요건, 즉 '(사람을 비방할 목적으로) 공연히 사실 또는 허위의 사실을 적시하여 사람이나 사자(死者)의 명예를 훼손하는 내용을 담고 있다는 점'을 알게 되었다는 것, 즉 범법행위로서 명예훼손의 가해행위가 행하여지고 있다는 것을 인식한 것만으로는 충분하지 않다는 것이다.

앞서 본 바와 같이 근본적으로 인터넷 종합 정보제공 사업자는 그 서비스를 통해 인터넷 게시공간을 제공하는 위치에 있어 명예훼손 게시물로 인한 피해자에 대한 관계에서 그 게시물을 게시한 직접 가해자와는 별개의 제3자적 지위에 있다. 이러한 인터넷 종합 정보제공 사업자에게 명예훼손 게시물을 삭제하는 등 피해구제를 위한 필요한 조치를 취하여야 한다고 요구하기까지 하려면, 그렇게 하지 않으면 안 될 '현존하는 위험'이 있어야 할 것인데, 바로 이 점에서, 위 사업자가 가해자의 가해사실을 인식하였을 뿐만 아니라 피해자가 그 게시물에 대한 삭제 등의 조치를 바라는 등 피해자의 문제 제기가 있다는 사정까지 구체적으로 인식하게 되었을 때에 비로소 가능하다고 봄이 상당하다는 것이다.

우선, 형사처벌법규와 대비하여 본다. 명예훼손행위에 대한 처벌을 정하고 있는 형사법규들은 그 형사처벌 여부를 피해자의 의사에 맡긴다는 취지에서 예외 없이 그 죄를 이른바 친고죄 또는 반의사불벌죄로 규정하여 피해자의 고소나 처벌의사가 존재하는 것을 종국적인 형사처벌의 전제로 삼고 있음은 이미 알고 있는 바와 같다(형법 제312조 제1, 2항, 정보통신망 이용촉진 및 정보보호 등에 관한 법률 제70조 제3항 등 참조). 이러한 형사법의 법정신을 인터넷 종합 정보제공 사업자의 경우에도 대응하여 본다면, 위 사업자가 자신이 제공한 인터넷 게시공간에서 아무리 불법성이 명백한 표현물이 게시되어 있는 것을 확인하였다고 하더라도 그에 대하여 피해자가 어떠한 조치를 원하는지 미처 확인되지도 않은 상황에서 위 사업자에게 삭제 등의 조치를 취하도록 강제할 수 있다고 할 것인지 의문이 아닐 수 없다.

명예훼손 게시물에 의한 피해자의 법익침해는 직접 가해자가 그 게시물을 게시공간에 게시하는 공표행위를 함으로써 발생하는 것임은 물론이다. 따라서 피해자는 직접 게시한 가해자에 대해서는 특별한 조건 없이 민사상의 법적 책임을 물을 수 있다. 그러나 그러한 게시공간을 제공한 인터넷 종합 정보제공 사업자에 대하여도 그러한 공표행위가 있다는 사정을 인식하였다는 이유만으로 삭제의무를 인정하고 법적 책임을 물을 수 있다면, 이는 위 사업자 역시 직접 가해자인 1차적 책임자와 동일한 범주 안에 놓고 책임 유무를 가리겠다는 것과 다를 바 없어 적절하지 아니하다. 인터넷 종합 정보제공 사업자는 자신이 제공하는 인터넷 게시공간에서의 예외적 상황으로서 게시물에 인한 명예훼손행위가 발생하였을 때 그러한 가해행위로부터 피해자를 보호하기 위한 후견적·방어적 역할을 할 위치에 있을 뿐이라는 측면에서 바라본다면, 위 사업자가 피해자로부터 보호를 요청받았음에도 이를 소홀히 하였다는 점에서 그 비난가능성의 단서를 찾아야 할 것이지, 피해자가 보호 요청 등 아무런 문제 제기도 하지 않고 있음에도 그에 앞서서 어떠한 조치를 취하여야 한다고 강제할 수는 없지 않을까 생각한다.

더구나, 인터넷 공간에서 다양한 형식으로 제공되는 서비스를 통하여 게시되는 게시물의 정보량은 엄청난 분량이다. 그럼에도 피해자의 명시적인 삭제요구가 없어도 인터넷 종합 정보제공 사업자가 법적 책임에 노출될 위험성이 상존한다면 위 사업자의 법적 지위는 불안정할 수밖에 없을 것이다. 이러한 결과는 앞서 본 대로 표현의 자유를 제한하는 법리를 정함에 있어서 요구되는 '명확성의 원칙'이라는 관점에서 인터넷 종합 정보제공 사업자의 법적 책임을 인정하기 위해서는 명확한 기준 또는 예측가능한 기준이 설정되어야 한다는 요청에 부합하지 아니한다.

나아가 인터넷 종합 정보제공 사업자의 법적 책임을 묻기 위한 전제로서 피해자의 삭제요구를 필요로 한다고 하더라도, 피해자의 삭제요구와 관계없이 삭제의무를 인정함으로써 위 사업자가 부담하게 될 과중한 위험성에 비하여 피해자에게 과도한 부담을 지우는 것이 아니다.

반면에 인터넷 종합 정보제공 사업자가 제공한 인터넷 게시공간은 본래 인터넷 이용자들에 의하여 자유로운 표현활동이 이루어질 수 있게 하는 장소로 제공된 공간이므로 그 곳에 게시된 게시물을 삭제하는 등의 조치를 취하는 것은 인터넷 이용자들에 대한 관계에서는 표현행위를 본질적·근원적으로 봉쇄하는 가장 강력한 조치에 해당하는 것이고, 그에 따라 인터넷 종합 정보제공 사업자의 사업 활동에도 중대한 제약을 초래할 수 있는 이상, 위 사업자에게 삭제조치까지 강제하는 것은 최대한 신중할 필요가 있다.

이러한 점을 감안한다면 인터넷 이용자들의 표현행위를 원천적으로 봉쇄하는 삭제조치에 따라 파생될 수 있는 여러 피해를 최소한으로 줄이면서도 명예훼손 피해자의 권리구제를 도모할 수 있는 가장 적합한 수단으로 피해자의 삭제요구가 필요하다고 보는 것은 비례의 원칙에 따른 '수단의 적합성', '피해의 최소성'의 관점에서도 결코 불합리하지 않다 할 것이다.

뿐만 아니라, 피해자의 삭제요구가 있기도 전에 인터넷 종합 정보제공 사업자가 스스로 알게 된 경우에도 삭제의무가 생긴다고 한다면, 인터넷상의 게시물에 대하여 아예 아무런 관리·감시도 하지 않아 명예훼손 게시물의 존재를 전혀 모르고 있는 사업자는 아무런 책임을 지지 않게 되는 반면에 오히려 자진하여 비용과 노력을 들여 관리·감시를 함으로써 그러한 게시물을 알게 된 사업자의 경우에는 법적 책임을 부담하게 될 위험성이 높아지는 '법익의 불균형'이 초래될 가능성이 있어 불합리하다.

이와 같이 피해자의 삭제요구가 있어야만 인터넷 종합 정보제공 사업자의 법적 책임을 물을 수 있다고 한다면, 피해자가 명예훼손 게시물의 존재를 알지 못하고 있는 경우에는 위 사업자가 제공한 인터넷 게시공간에 아무리 불법성이 명백한 명예훼손 게시물이 게시되고 그러한 사정을 위 사업자가 구체적으로 인식하고 있다고 하더라도 그대로 방치될 수밖에 없어 부당한 것이 아닌가 하는 의문이 있을 수 있다. 그러나 피해자의 삭제요구가 필요한 이유를 앞서 본 바와 같이 피해자의 명시적인 의사를 확인하기 전까지는 인터넷 종합 정보제공 사업자에게 삭제 등의 조치를 강제할 수 없기 때문이라는 점에서 찾아야 한다면 이러한 경우라 하여 예외를 인정할 수는 없을 것이다. 이러한 경우에서 더 나아가 비록 현실적으로 피해자의 삭제요구는 없지만 피해자가 명예훼손 게시물의 존재를 알았더라면 삭제요구를 하였을 것으로 확실히 예상되는 때에는 예외를 인정하여야 하는 것은 아닌가 상정해 볼 수 있으나, 이와 같은 피해자의 추정적·가정적 의사의 존부를 판단하는 것에 불명확한 기준이 개입될 소지가 있고, 형사처벌법규와 비교하여 국가의 형벌권 행사 여부를 피해자의 처벌의사를 추정하거나 가정하여 결정하는 것은 아니라는 점에 빗대어 보더라도 명확성의 원칙에 따라 일률적으로 결정하는 것이 바람직하다 할 것이다.

다만, 현실적으로 피해자의 삭제요구가 없어도 삭제요구가 있는 경우와 동일시할 수 있는 경우로서, 예를 들어 피해자로부터 직접적인 삭제요구는 없었으나 삭제를 희망하고 있음을 간접적인 경로를 통하여 충분히 알게 된 때에는 삭제요구가 있는 것과 동일하게 취급하여 삭제의무를 인정할 여지는 있다 할 것이나, 이와 같이 예외로 인정될 수 있는 특별한 사정은 삭제요구가 있는 것과 동일시할 수 있는 경우로 한정되어야 할 것이다.

이처럼 인터넷 종합 정보제공 사업자의 법적 책임은 원칙적으로 피해자의 삭제요구가 있거나 삭제요구가 있는 것과 동일시할 수 있는 경우를 전제로 하므로 그에 따라 위 사업자가 그러한 명예훼손 게시물의 존재를 '현실적으로 인식'한 경우에 한하여 책임을 지는 것은 논리필연적인 당연한 귀결이다.

따라서 이와 반대로 현실적으로 인식하지 못하여 모르고 있는, 즉 선의(善意)의 경우에는 어떠한 때에도 삭제・차단의무는 발생할 여지가 없다는 점에서 그 의미를 보다 분명히 새겨볼 수 있다.

위와 같이 선의인 이상 '인식할 수 있었음에도 과실로 알지 못한 경우'에도 삭제의무가 인정될 수 없는 것은 다른 측면에서도 그 근거를 찾을 수 있을 것이다. 즉, 게시물의 불법성을 '인식할 수 있었던 경우'에도 삭제의무를 인정한다는 것은, 바꾸어 말하면 인터넷 종합 정보제공 사업자에게 그러한 불법성을 '인식하여야 할 의무'가 있음에도 불구하고 이러한 의무를 위반한 잘못으로 이를 인식하지 못하여 삭제를 하지 아니한 경우 역시 삭제의무를 위반한 것으로 평가받을 수 있다는 것이다. 이럴 경우 인터넷 종합 정보제공 사업자로서는 손해배상책임을 면하기 위해서는 자신에게 과실이 없다는 것을 내세워야 할 것이고, 이를 위해서 게시물 등에 대한 관리 또는 감시에 나아갈 것이며, 이것은 결국 위 사업자에게 일반적・포괄적인 상시검열의무를 인정하는 것과 다를 바 없을 것이다.

그러나 인터넷 종합 정보제공 사업자에게 그가 제공한 인터넷 게시공간에 게재된 게시물에 대하여 상시검열의무를 인정하는 것은 인터넷상의 표현의 자유를 심각하게 제한하는 위축효과를 초래하는 것이므로 이것을 부정하고 있는 것에는 오늘날 거의 이론(異論)이 없다는 것인데, 만약 인터넷 종합 정보제공 사업자가 명예훼손 게시물의 존재를 알 수 있었음에도 이를 알지 못하여 삭제조치를 취하지 아니한 경우에도 법적 책임을 물을 수 있다고 한다면, 이는 결국 위와 같이 인터넷 종합 정보제공 사업자에게 부정되어야 할 상시검열의무를 인정하겠다는 것이 되어 부당하다 아니할 수 없다.

(나) 다수의견은 대체로 명예훼손 게시물에 대한 인터넷 종합 정보제공 사업자의 불법행위책임의 성립요건에 관하여 직접 가해자와는 독립하여 인터넷 게시공간을 제공한 자의 위치에서 요구되는 주의의무를 위반하였을 때 그 법적 책임을 물을 수 있음을 전제로 하여, 비교적 엄격한 요건을 구체적으로 설정하고 있는 것으로 이해된다. 다수의견의 이러한 접근방법은 바람직하고 큰 틀에서 이와 뜻을 같이하는 데 주저함이 있을 수 없다.

다만, 다수의견은 인터넷 종합 정보제공 사업자에게 명예훼손 게시물에 대한 삭제의무를 인정하기 위해서는 피해자의 삭제요구가 선행되어야 하는지 여부에 관하여, '인터넷 종합 정보제공 사업자가 피해자로부터 게시물의 삭제요구를 받지 않은 경우라 하더라도, 그 불법성이 명백한 게시물이 게시된 사정을 구체적으로 인식하였거나 그 게시물의 존재를 인식할 수 있었음이 외관상 명백히 드러난 때에는, 위 사업자에게 삭제의무가 인정될 수 있다'고 하여, 피해자의 삭제요구가 없어도 인터넷 종합 정보제공 사업자의 삭제의무가 인정될 수 있다는 견해를 취하고 있으나, 이러한 다수의견의 견해는 이미 위 나. (1). (가)항에서 본 바와 같은 여러 가지 점에 비추어 불합리를 초래할 수 있으므로 이에 동의할 수 없다.

나아가 다수의견은 인터넷 종합 정보제공 사업자에게 삭제의무가 생기는 경우로, 위 사업자가 '불법성이 명백한 게시물이 게시된 사정을 구체적으로 인식한 경우'뿐만 아니라 '그 게시물의 존재를 인식할 수 있었음이 외관상 명백히 드러나는 때'를 들고 있다. 그러나 후자(後者)의 의미가 반드시 명백하지는 않은 것으로 보여 명확성의 원칙에 비추어 적절한지 의문일 뿐만 아니라, 만약 그것이 '인터넷 종합 정보제공 사업자가 불법적인 명예훼손 게시물이 게시된 사정을 구체적으로 직접 인식하지는 못하였더라도 그가 인식하고 있는 다른 사실이나 정황들에 의하여 외관상 명백히 그 불법 게시물의 존재를 충분히 인식할 수 있었음에도 불구하고 부주의하여 그 게시물의 존재를 알지 못한 때에도 삭제의무를 인정할 수 있다'는 취지라면, 이러한 다수의견의 입장에도 찬성할 수 없다. 왜냐하면, 이 역시 불법적인 명예훼손 게시물이 게시된 사정을 구체적으로 인식하였을 경우와 관련하여 문제되는 것과 마찬가지로 인터넷 종합 정보제공 사업자가 그러한 사실이나 정황을 우연히 알게 되었는지 여부에 따라 책임 유무가 달라지는 것은 불합리하므로, 그러한 사실이나 정황을 인식하여야 할 의무가 있음에도 이를 지키지 않았을 때 책임이 인정될 수 있음을 전제로 하여야 할 것인데, 그렇게 되면 위 사업자의 입장에서는 그가 제공한 인터넷 게시공간에 게시될 가능성이 있는 불법적인 명예훼손 게시물의 존재를 알기 위해 그 정황이 될 만한 사실이나 정보들을 수집하여야 할 것이고, 이것은 결국 간접적인 방법으로 게시물에 대한 상시검열의무를 인정하는 것과 다를 바 없기 때문에 피해자의 삭제요구 없이도 위 사업자가 그러한 정황이나 사실을 인식하게 되었다거나 인식할 수 있었다는 사정만으로 삭제의무를 인정할 때와 똑같은 불합리가 생기기 때문이다.

(2) 위와 같이 인터넷 종합 정보제공 사업자의 삭제의무는 특별한 사정이 없는 한 피해자의 삭제요구가 있는 것을 전제로 하여야 할 것인데, 이러한 삭제요구의 방식은 원칙적으로 '구체적 · 개별적으로 특정하여' 이루어져야 한다.

즉, 게시물을 통한 명예훼손의 위험은 구체적으로 존재하여야 하므로, 명예훼손 게시물이라는 이유로 삭제를 요구함에 있어서는 구체적 · 개별적으로 특정하는 방식으로 이루어져야 한다. 삭제요구를 특정하는 것은 인터넷 게시공간에서 피해자에 대한 명예훼손사실을 다른 사실과 독립하여 구별할 수 있을 정도의 표지가 되는 사항을 적시하는 방법으로 할 수 있을 것이다.

다만, 명예훼손행위가 다수의 개별 인터넷 게시공간에서 광범위하고 급속하게 이루어지고 있어 피해자가 이를 일일이 확인하는 것이 현저히 곤란한 때도 있을 수 있으므로, 이러한 경우에는 개개의 명예훼손행위를 구체적으로 특정하지 않더라도, 예를 들어 '일정한 기간 동안 피해자에 대하여 어떠한 사항과 관련하여 어느 어느 개별 게시공간 내에서 게시되는 게시물' 등으로 특정하고 인터넷 종합 정보제공 사업자의 입장에서 이러한 정도만으로도 명예훼손 게시물을 탐지하는 것이 기술적 · 경제적으로 가능하다면, 이러한 정도로 특정하여 삭제요구하는 것은 유효한 삭제요구로 볼 수 있다 할 것이다.

그러나 이와 같이 특정성에 어느 정도 예외를 인정하더라도 이는 어디까지나 개별적 특정이 '현저히' 곤란한 극히 제한된 범위 안에서 허용되어야 하고, 특히 피해자가 그러한 삭제요구를 하더라도 인터넷 종합 정보제공 사업자가 피해자가 삭제를 요구하는 게시물이 구체적으로 무엇인지 특정하여 인식할 수 있는 경우로 한정되어야 하며, 삭제요구에 관한 특정성의 요청이 무색할 정도로 일반화할 수 있는 것은 결코 아니다. 다만, 이처럼 제한적으로라도 특정성의 예외를 인정할 경우 인터넷 종합 정보제공 사업자가 삭제요구받은 명예훼손 게시물을 개별적 · 구체적으로 확인하기 위하여 게시물을 검색하지 않으면 안 될 경우가 있어 결과적으로 그 범위 안에서는 인터넷 사업자의 검색의무를 인정하는 것과 다를 바 없지 않은가 하는 우려가 있을 수 있다. 그러나 이러한 예외는 반드시 피해자의 삭제요구가 있는 것을 전제로 하는 것이어서, 삭제요구와 관계없이 일반적으로 인터넷 종합 정보제공 사업자에게 상시검열의무를 인정하는 경우와는 분명히 구분되어야 하고, 이러한 예외는 피해자의 권리구제를 위해 불가피한 선택이라고 볼 것이다.

(3) 인터넷 종합 정보제공 사업자가 인식한 인터넷상의 게시물에 대한 명예훼손의 불법성이 '명백한' 경우이어야 한다.

피해자의 삭제요구가 있었고 그에 따라 인터넷 종합 정보제공 사업자가 명예훼손 게시물 등이 게시되고 있음을 인식하게 되었다고 하여 그에 따라 위 사업자에게 당연히 그 게시물을 삭제할 의무가 생기는 것은 아니다. 나아가 그러한 게시물이 명예훼손의 불법성 요건을 충족하고 있음이 '명백'한 것으로 인정될 수 있을 때 비로소 그것을 삭제할 의무가 생긴다는 것이다. 그 이유는 표현의 자유를 제한하기 위해서는 위험이 현존하고 있어야 할 뿐만 아니라 그 위험이 '명백'한 것이어야 하기 때문이다.

명예훼손이 불법행위를 구성하기 위해서는 그 불법성을 인정하기 위한 실체적 요건을 충족하여야 할 것인데, 그러한 요건을 구비하고 있는지 여부를 판단하는 것은 경우에 따라 결코 쉬운 일이 아닐 수 있다.

예를 들어, 어떤 표현이 사실을 적시하고 있는가, 아니면 단순히 의견 또는 논평을 표명하는 것인가, 의견 또는 논평을 표명하고 있더라도 그와 동시에 묵시적으로라도 그 전제가 되는 사실을 적시하고 있는가 아닌가를 구별하는 문제, 그 표현이 사실의 표현에 해당하더라도 사람을 비방할 목적이 있는지 여부나, 그것이 진실한 것인지 아니면 허위의 사실인지 여부 등을 판단하는 문제, 나아가 위법성 조각 여부와 관련하여 어떤 표현이 진실한 사실이거나 진실이라고 믿은 데 상당한 이유가 있고 그것이 공공의 이익에 관한 것인지 여부를 판단하는 문제 등이 그것이다.

더구나 인터넷상에서 흔히 볼 수 있듯이 인터넷 이용자들 사이에 특정 주제나 공동의 관심사에 관하여 비판이나 논쟁이 벌어져 그 과정에서 게시되는 표현행위 등과 관련해서는, '인터넷이라는 매체의 특성상 그 외의 매체를 통한 표현행위와는 달리 사람의 사회적 평가를 저하하는 표현에 해당되는지 여부를 판단함에 있어 보다 완화된 기준을 적용하여야 한다'는 견해, '그 표현이 사실의 적시인지 의견이나 논평의 표명인지 구별하는 기준도 다른 관점에서 이해하여야 한다'는 견해, '공공의 이익에 관한 것인지 여부도 인터넷의 쌍방향성과 그에 기한 반론 가능성을 이유로 인터넷상의 표현은 원칙적으로 공공의 이익에 관한 것으로 보아야 한다는 견해' 등이 제시되고 있는 등, 법률가의 입장에서도 그러한 명예훼손행위의 불법성 여부를 판단하는 데 곧바로 확실한 결론을 내리기 어려운 많은 문제들이 도사리고 있을 수 있다.

그런데 인터넷 종합 정보제공 사업자가 게시물의 삭제에까지 나아가려면 불법적인 명예훼손의 위험이 명백하여야 한다는 관점에서 볼 때, 다수의견이 적절히 적시하고 있는 바와 같이 게시물에 대한 삭제의무는 '명예훼손 게시물의 불법성이 명백한 경우'에 한하여야 하므로, 법률적인 평가를 거쳐 명예훼손의 불법성이 인정되는 모든 경우에 삭제의무가 인정되는 것은 아니라고 볼 것이다.

(4) 기술적 · 경제적으로 삭제조치가 가능하여야 한다.

앞서 본 모든 요건이 갖추어진 경우라 하더라도 인터넷 종합 정보제공 사업자가 문제의 게시물에 대한 삭제조치를 취하는 것이 기술적으로 어렵다거나 수인(受忍)의 한계를 넘는 과도한 비용이 소요되는 등 경제적 불이익을 초래하게 되어 삭제조치를 강구하는 것을 기대할 수 없는 경우에는 삭제의무를 면할 수 있다 할 것이다.

손해발생의 결과를 회피할 가능성이 있는 경우에 책임을 물을 수 있다는 법리에 따라 필요한 요건이고, 이 점에 관해서는 다수의견의 견해와 다를 바 없으므로 더 이상 보탤 것이 없다.

다. 이제 이 사건으로 돌아와 살펴보면, 원심이 그 판시와 같이 인터넷 종합 정보제공 사업자들인 피고 엔에이치엔과 피고 다음커뮤니케이션은 원고로부터 삭제요구가 없었다고 하더라도 원고에 대한 명예훼손적 게시물들을 삭제하거나 그 검색을 차단할 의무가 있다는 취지의 이유를 들어, 원고의 요구가 없이는 구체적인 게시물에 대한 위 피고들의 삭제의무도 발생할 여지가 없다는 위 피고들의 주장을 배척한 것은, 위에서 본 법리에 반하는 것으로 법리오해의 위법이 있다.

다만, 원심이 적법하게 확정한 사실과 기록에 의하면, 원고는 2005. 6. 27.에 이르러 위 피고들에게 원고에 대한 명예훼손이 우려된다면서 '1. 관련 기사에 달린 원고 관련 댓글 전체 삭제, 2. 관련 추모, 안티 까페, 미니홈피, 블로그 등 원고의 피해가 우려되는 커뮤니티의 폐쇄, 3. 원고와 관련한 검색시 나타나는 직간접 정보' 등의 삭제 및 차단을 요구하였으나, 위 피고들은 '원고의 요구만으로는 관련 게시물을 특정할 수 없어 이에 대한 해결책을 마련하기 어려우니 문제되는 글을 특정하여 삭제를 요구하여 달라'고만 답변하고 삭제 등의 조치를 취하지 않고 있다가, 원고가 2005. 7. 7. 기자회견을 열고 위 피고들을 상대로 민사상 손해배상청구를 할 것임을 밝히고 난 뒤에 비로소 원심 판시와 같은 삭제 및 차단조치를 취한 사실을 인정할 수 있다.

위 인정 사실에 의하면, 원고는 위 피고들에게 명시적으로 삭제를 요구하였음을 알 수 있으므로, 위의 나. (1). (가)항에서 본 법리에 의하여 피해자의 삭제요구가 있어야 한다는 절차적 요건을 일응 갖춘 것으로 보인다.

다만, 위 법리에 의하더라도 위 피고들이 원고의 삭제요구를 거부하는 사유로 삼은 바와 같이 원고가 위 삭제요구 당시 삭제할 게시물을 구체적·개별적으로 특정하여 삭제요구를 하지 않아 유효한 삭제요구가 없었다고 볼 것인지가 문제될 수 있다.

그런데 원심이 역시 적법하게 확정하고 있는 사실과 기록에 의하면, 인터넷 종합 정보제공 사업자인 위 피고들은 원고와 망 소외인의 교제 및 망 소외인의 자살 경위에 관하여 인터넷에 공개된 게시물 내용에 대한 자세한 소개와 함께 원고의 신원노출을 수반하는 네티즌들의 과도한 비난 일색의 반응 등을 보도한 원고 관련 기사를 선별하여 위 피고들의 뉴스 게시공간에 게재한 사실을 알 수 있고, 이는 제3자에 의하여 인터넷 게시공간에 게시물이 게시된 경우와는 달리 인터넷 종합 정보제공 사업자가 타인의 특정한 내용을 인식하고 이를 적극적으로 선택하여 전파한 행위에 해당한다 할 것이므로, 특별한 사정이 없는 이상 위 사업자인 위 피고들은 기사를 작성한 보도매체와 동일한 법적 책임을 지는 것임은 위에서 위 피고들의 상고이유 제1점에 대한 (1)항의 판단에서 보는 바와 같다.

그리고 위 피고들이 위와 같이 뉴스 게시공간을 통하여 적극적으로 선별하여 전파한 원고 관련 기사의 내용과 그 외에 정보배포자의 위치에서 제공한 인터넷 게시공간에 게재된 문제의 게시물들은 원고라는 동일한 피해자에 관련된 동일한 내용의 명예훼손에 관한 사항에 관련된 것인 점도 원심이 적법하게 확정한 바와 같다.

이러한 사정과 아울러 위의 나. (2)항에서 본 바와 같이 명예훼손행위가 다수의 인터넷 게시공간에서 광범위하고 급속하게 이루어진 사정 등이 있어 피해자가 이를 일일이 확인하는 것이 현저히 곤란한 때에는 개개의 명예훼손행위를 구체적으로 특정하지 않고 어느 정도 개괄적인 방식으로 특정하는 것도 유효한 삭제요구로 취급할 수 있다는 법리를 아울러 종합하여 본다면, 원고의 위 인정과 같은 삭제요구만으로도 위 피고들로서는 구체적으로 원고가 삭제를 요구하는 게시물이 무엇인지 특정하여 인식할 수 있다고 봄이 상당하다 할 것이다.

나아가 그 게시물들은 명예훼손의 불법성이 인정되는 실체적 요건을 갖추고 있음이 명백한 경우에 해당하고, 이러한 게시물에 대하여 위 피고들의 관리·통제 아래 기술적·경제적으로 삭제조치가 가능한 경우임은 다수의 견이 인정한 바와 같다.

결국, 원심판결에는 위 피고들의 삭제의무 위반을 인정하기 위해서 피해자인 원고의 삭제요구가 필요한지 여부에 관하여 법리를 오해한 위법은 있으나, 위에서 본 바와 같은 이유로 위 피고들의 삭제의무 위반을 인정할 수 있고 또한 그로 인한 불법행위책임을 포괄적으로 평가하여 원심 인정의 손해배상액을 정할 수 있다고 보이는 이상, 원심의 결론은 결과적으로 정당하여 판결에 영향이 없으므로, 위 피고들의 상고를 모두 기각하기로 하는 다수의견과 그 결론을 같이하나 그 이유를 달리하므로, 위와 같이 별개의견을 밝혀둔다.

5. 다수의견에 대한 대법관 김영란의 보충의견은 다음과 같다.

가. 인터넷 종합 정보제공 사업자가 피해자로부터 게시물의 삭제 및 차단 요구를 받지 않은 경우라 하더라도, 불법성이 명백한 게시물이 게시된 것을 구체적으로 인식하고 있었거나 그 게시물의 존재를 인식할 수 있었음이 외관상 명백하게 드러나는 때에는, 그 게시물에 대한 삭제 및 차단 의무가 인정된다는 다수의견에 대하여 별개의견이 개진되었으므로, 그와 같은 별개의견에 대하여 다음과 같이 다수의견을 보충하고자 한다.

나. 별개의견은, 인터넷 종합 정보제공 사업자에게 삭제의무를 인정하기 위해서는, 인터넷에서의 표현의 자유에 대한 제한을 가능한 한 최소화하면서 피해자 명예의 보호를 위한 가장 적합한 방법을 찾아야 하고, 그러기 위하여는 '명백하고 현존하는 위험'이 있는 경우에만 인터넷에서의 표현의 자유를 제한할 수 있다고 보아야 하는데, 인터넷 종합 정보제공 사업자로서는 피해자로부터 구체적·개별적인 게시물에 대한 삭제 및 차단 요구를 받음으로써 비로소 위 게시물의 불법성 외에도 피해자가 그 게시물에 대한 삭제 등의 조치를 바라는 사정까지 알 수 있게 되어 삭제 등의 피해구제가 필요할 정도의 불법성이 '현존'한다는 것을 '명백'히 인식할 수 있으므로, 특별한 사정이 없는 한 이와 같이 피해자의 요구에 의하여 특정 명예훼손적 게시물의 '명백하고 현존하는 위험'을 인식하는 경우에만 위 게시물을 삭제하거나 차단할 의무가 있다고 주장한다. 그러나 다음과 같은 이유로 위와 같은 별개의견에는 찬성할 수 없다.

(1) 별개의견은 인터넷 종합 정보제공 사업자의 삭제 및 차단 의무가 제한되어야 하는 논거를 인터넷에서의 표현의 자유에 대한 보장에서 구하고, 이에 따라 그 제한에서 벗어나 삭제 및 차단의무가 인정될 수 있는 논거를 피해자의 명예에 대한 '명백하고 현존하는 위험'에서 찾고 있다.

헌법 제21조 제4항은 언론·출판이 타인의 명예나 권리 또는 공중도덕이나 사회윤리를 침해하여서는 안 되고, 언론·출판이 타인의 명예나 권리를 침해한 때에는 피해자가 이에 대한 피해의 배상을 청구할 수 있다고 규정함으로써 언론·출판이 타인의 명예를 침해할 때에는 그 표현의 자유가 제한될 수밖에 없다고 하고 있고, 그 제한이 필요한 범위 안에서 최소한도로 그쳐야 한다는 점에 있어서는 별개의견의 견해와 같다. 그런데 별개의견에서 보호되어야 한다고 지적하는 인터넷에서의 표현의 자유는 게시물을 게재하는 인터넷 이용자의 표현의 자유를 의미하며, 인터넷 종합 정보제공 사업자 자신의 표현의 자유를 뜻하는 것은 아니라고 보인다. 따라서 인터넷 이용자가 게시한 게시물 자체가 이미 표현의 자유의 한계를 벗어난 경우에는 이를 보호할 필요가 없을 것이므로, 인터넷 종합 정보제공 사업자가 그에 관하여 삭제 등의 처리를 한다고 하더라도 표현의 자유를 제한하는 문제는 발생하지 않는다.

다만, 게시물이 피해자의 명예를 훼손하는지 여부가 명확하지 아니함에도 인터넷 종합 정보제공 사업자가 이를 삭제하거나 차단할 경우에는 그로 인하여 게시자가 가지는 표현의 자유를 침해하는 문제가 생길 수 있다. 따라서 별개의견이 주장하는 피해자의 명예에 대한 '명백하고 현존하는 위험'은 이와 같이 게시물의 명예훼손성 유무 그리고 이를 이유로 그 게시물을 삭제할 수 있는지 여부에 관한 판단에서는 의미가 있다.

이와 관련하여 다수의견에서는 인터넷 종합 정보제공 사업자의 삭제 및 차단 의무가 인정되기 위한 우선적인 요건으로서 '명예훼손적 게시물의 불법성이 명백한 경우'여야 한다고 밝히고 있다. 즉, 표현행위의 가치가 피해자의 명예에 우월하지 않다는 것을 쉽게 알 수 있는 경우여야 한다. 가령 피해자가 사적 존재이고, 게시물의 내용이 명예를 저하시키는 구체적인 사실에 관한 것이며, 사안 역시 전혀 공공성, 사회성 없이 사적인 생활영역을 폭로하는 것에 불과하여 여론형성이나 공개토론에 기여하지 않는 경우나, 구체적 사실을 적시하지 않더라도 그 표현 방법이 단순히 무례한 정도를 넘어 심한 모멸적 표현에 의한 인신공격적인 경우 등이 이에 해당될 수 있을 것이다. 그러나 이와 달리 명예훼손적 게시물의 불법성을 쉽게 알 수 없는 경우에는 그 게시물에 대한 인터넷 종합 정보제공 사업자의 삭제 및 차단 의무가 생기지 않으므로, 다수의견에 의하더라도 별개의견이 우려하는 바와 같이 그 게시물을 게시한 사람의 표현의 자유를 침해하는 위험이 발생할 정도로 인터넷 종합 정보제공 사업자에게 삭제에 관한 책임을 지우는 경우는 발생하지 않는다.

그리고 게시물의 내용 자체보다는 피해자의 허락 여부에 따라 저작권 침해 여부가 확인될 수 있는 저작권 침해 게시물과는 달리, 명예훼손적 게시물은 위에서 본 바와 같이 그 게시물의 내용 자체로 게시물의 불법성을 판단할 수 있다. 따라서 명예훼손적 게시물로서 불법성이 명백한 경우에는 누가 보더라도 그 불법성이 현존하고 있다고 볼 수 있으므로, 인터넷 종합 정보제공 사업자의 주관적인 불법성 인식 여부에 따라 그 불법성의 현존 여부가 달라진다고 할 수 없다.

그런데 이와 달리 별개의견은 삭제 및 차단 의무를 인정하려면 '인터넷 종합 정보제공 사업자가 삭제 등의 조치를 취하지 않으면 안 될 현존하는 위험'이 있어야 한다고 설명함으로써, 일반적인 명예훼손적 게시물 그 자체가 현존함으로 인한 위험과 다른 위험을 요구하고 있는 것으로 보인다. 그러나 인터넷에 게시된 명예훼손적 게시물로 인하여 피해자에게 현실적인 피해가 발생하고 있고 그 피해의 위험성이 커서 이로 인하여 게시자가 그 게시물을 삭제할 의무를 부담하고 있음이 명백한 사안이라면 이미 게시자의 표현의 자유는 그 한계에서 벗어나 이를 보호할 필요가 없음이 명백한 경우라 할 것이므로, 그 밖의 위험에 관한 사정을 더 요구하는 것은 표현의 자유를 보호하는 문제로 볼 수 없다. 따라서 게시자가 가지는 표현의 자유에 대한 보장을 기본적인 논거로 삼아, 인터넷 종합 정보제공 사업자의 삭제 및 차단 의무의 요건으로서 명예훼손에 관한 불법성의 명백 외에 또 다른 위험성이 요구된다는 별개의견은 논리적으로 타당하다고 할 수 없다.

(2) 나아가 별개의견은 피해자의 삭제 요구가 있는 경우에는 피해자에 의하여 '피해자가 그 게시물에 대한 삭제 등의 조치를 바라고 있다는 사정'을 인식할 수 있게 되어 '인터넷 종합 정보제공 사업자가 삭제 등의 조치를 취하지 않으면 안 될 현존하는 위험'에 관한 인식이 있는 경우로 볼 수 있다는 취지로 설명한다.

이에 따르면, 별개의견에서 요구하는 '인터넷 종합 정보제공 사업자가 삭제 등의 조치를 취하지 않으면 안 될 현존하는 위험'은 '피해자가 그 게시물에 대한 삭제 등의 조치를 바라고 있다는 사정'이 있으면 인정되는 위험으로서 '피해자가 그 게시물에 대한 삭제 등의 조치를 바랄 정도의 위험'이라는 것이 되며, 그 삭제 등의 조치를 바라는 사정은 구체적으로 피해자의 삭제 요구 내지 문제 제기에 의하여 객관화될 수 있게 되므로, 결국 피해자의 삭제 요구 내지 이와 동일시할 수 있는 사정이 있으면 그 위험성이 있고 피해자의 삭제 요구 등이 없으면 그 위험성이 없다고 보게 될 것인바, 이와 같이 피해자가 삭제를 바라는 의사 여부 내지 삭제 요구 여부에 따라 명예훼손에 관한 민사상의 불법행위 성립 여부가 달라진다는 것은 타당하지 못하다.

인터넷이 신속하고 막강한 전파력을 가지고 있다는 사실은 별개의견도 인정하고 있는바, 이와 같은 인터넷의 특성상 타인의 명예를 훼손하는 게시물이 인터넷에 게시됨으로써 이미 타인의 법익 침해라는 중대한 위험이 현실화되는 것이며, 피해자의 삭제나 차단 요구에 의하여 그 위험이 비로소 발생하거나 증가하는 것은 아니다. 인터넷 종합 정보제공 사업자가 피해자로부터 명예훼손적 게시물에 대한 삭제 요구 등을 받을 무렵에는 이미 피해자의 명예가 회복할 수 없을 정도로 심각하게 훼손되어 뒤늦게 위 사업자가 피해자의 요구에 따른 삭제 및 차단 조치를 취한다고 하더라도 명예훼손 피해의 구제를 위한 적절한 수단이 될 수 없는 경우가 대부분일뿐더러, 피해자의 요구를 받고서도 삭제 및 차단 조치를 취하지 않은 위 사업자에 대하여는 게시자의 직접적인 명예훼손책임에 대한 고의의 방조책임을 용이하게 인정할 수 있을 것이어서 굳이 별개의견에서 주장하는 바와 같이 위 사업자에게 게시자의 직접적인 불법행위책임과 별도의 독자적인 불법행위책임 법리를 적용할 필요도 없을 것이다. 사실을 적시하여 공연히 명예를 훼손하는 표현행위는 민사상 불법행위에 해당될 뿐 아니라 형사상으로도 범죄가 되고 피해자의 명시한 의사에 반하지 않는 한 피해자의 고소 여부에 관계없이 처벌된다. 그리고 모욕행위 역시 민사상 불법행위에 해당되고 형사상으로도 범죄가 성립되는 것은 마찬가지이나 피해자의 고소가 있어야 공소를 제기할 수 있다는 점에서 차이가 있을 뿐이다. 따라서 명예훼손이나 모욕의 경우 피해자의 처벌불원의 의사표시나 고소는 형사상의 소송조건에 불과하므로, 그 존부에 의하여 범죄의 성립 여부가 달라지지 아니하며, 더욱이 민사상으로는 불법행위 성립뿐 아니라 책임 유무에도 아무런 영향을 주지 못한다. 그리고 저작권법 제102조 제1항은 온라인서비스 제공자가 다른 사람에 의한 저작물 등의 복제・전송으로 인하여 그 저작권이 침해된다는 사실을 알고 당해 복제・전송을 방지하거나 중단시킨 경우에는 책임이 감경 또는 면제될 수 있다고 규정함으로써 피해자로부터의 요구를 온라인서비스 제공자의 방지・중단의무 발생의 요건으로 삼고 있지 않는바, 피해자의 허락 여부에 따라 저작권 침해 여부가 확인될 수 있는 저작권 침해 게시물의 경우에도 피해자의 요구가 책임의 성립에 영향을 주지 않음을 알 수 있다. 더욱이 2008. 6. 13. 법률 제9119호로 개정된 정보통신망 이용촉진 및 정보보호 등에 관한 법률에 의하더라도, 위 법 제44조 제2항, 제44조의2 제6항, 제2항, 제44조의3 제1항은, 정보통신서비스 제공자는 사생활 침해 또는 명예훼손 등 타인의 권리를 침해하는 정보가 유통되지 않도록 노력하여야 하고 그와 같은 정보에 대하여는 임시조치를 취할 수 있으며, 위 정보에 대하여 피해자의 요구에 따른 삭제나 임시조치 등의 필요한 조치를 취한 경우에는 책임이 감경되거나 면제될 수 있다고 규정되어 있는바, 이는 인터넷 종합 정보제공 사업자가 피해자의 요구가 없더라도 직권으로 필요한 조치 등을 취할 수 있음을 전제로 하여 피해자의 요구에 따라 필요한 조치를 취한 경우에 책임이 감경되거나 면제될 수 있다는 취지로 보일 뿐, 나아가 위 사업자가 피해자로부터 삭제 등의 요구를 받지 못하였다는 이유로 전혀 아무런 조치를 취하지 않은 경우에 항상 책임의 성립이 부정된다거나 책임이 면제된다는 취지로는 보이지 않는다. 이러한 사정 등을 종합하여 보면, 게시물의 내용 자체에 의하여 법익 침해로 인한 불법성 여부가 가려질 수 있는 명예훼손적 게시물은 피해자의 요구가 없이도 인터넷 종합 정보제공 사업자의 그 게시물에 대한 삭제 및 차단 의무가 생긴다고 보는 것이 합리적이다.

그렇다면 게시물의 불법성이 명백하고, 인터넷의 특성상 위 게시물의 게시행위 당시에 이미 그로 인한 법익 침해의 위험성이 현실화되어 있으며, 명예훼손이나 모욕의 경우 피해자의 의사에 관계없이 민사상 불법행위책임이 인정되는 이상, 인터넷 종합 정보제공 사업자의 손해배상책임이 게시물 관리의무 불이행으로 인한 간접적인 불법행위책임이라는 사정만으로 피해자의 삭제요구 유무에 따라 게시물 방치로 인한 명예훼손책임 성립 여부가 결정된다고 보는 것은 타당하지 않다. 이 사건에서 보더라도 별개의견의 해석론에 따른다면, 피고 엔에이치엔과 피고 다음커뮤니케이션은 인터넷 종합 정보서비스를 통하여 인터넷 게시공간을 제공・관리하는 자로서, 2005. 5. 초순경부터 이미 자신들이 제공한 인터넷 게시공간에 원고와 망 소외인의 교제 및 망 소외인의 자살에 관한 자세한 사연과 함께 원고를 비난하며 그 인적 사항을 노출시키는 내용의 게시물들이 급증하다가 같은 달

중순경에는 그와 같은 인터넷 이용자들의 반응이 위 피고들의 뉴스제공 공간에 기사로 게재될 정도로 원고의 명예가 심각하게 훼손되는 위험이 현실화되었고, 위 피고들이 이를 충분히 인식할 수 있었음이 위 기사 내용으로 보아 외관상 명백히 드러남에도 위 피고들은 2005. 6. 27.에 이르러서야 원고로부터 삭제를 요구받았다는 이유로 그 이전까지는 위와 같이 원고의 명예를 훼손하는 내용의 게시물을 방치한 데 대한 손해배상책임을 전혀 지지 않는다고 할 수밖에 없어 부당하다.

(3) 또한, 피해자로부터 삭제 및 차단 요구를 받은 경우에만 비로소 특정 명예훼손적 게시물을 삭제할 정도의 '명백하고 현존하는 위험'을 인식할 수 있다는 점에도 동의할 수 없다.

피해자의 삭제 및 차단 요구가 없는 경우에도 명예훼손적인 게시물의 존재와 그에 관한 불법성을 인식하는 경우는 얼마든지 가능하다. 특히, 인터넷에 게시된 정보에 대한 종합적인 검색서비스를 제공하는 인터넷 종합 정보제공 사업자의 경우에는 다른 누구보다 자신이 제공한 인터넷 게시공간에 게재된 게시물을 쉽게 검색하고 접할 수 있으므로 그 과정에서 불법성이 명백한 명예훼손적인 게시물을 인식할 가능성은 항상 존재한다. 따라서 일반적인 인식의 가능성을 전면적으로 부정하는 것은 경험칙에 비추어 타당하지 아니하며, 분쟁이 된 사건에서 인터넷 종합 정보제공 사업자가 불법성이 명백한 명예훼손적 게시물의 존재를 구체적으로 인식하고 있었는지 여부 등을 판단하면 된다. 나아가 불법행위책임의 경우에 주의의무 위반은 개별 행위자 개인의 주관적인 인식능력이 아닌 평균인 또는 사회 일반의 객관적인 인식능력을 기준으로 하여야 한다는 것이 우리 불법행위책임의 근간이다. 따라서 인터넷 종합 정보제공 사업자가 갖추어야 할 동종 업계 일반 운영자의 평균적인 인식능력을 기준으로 위 사업자가 불법성이 명백한 게시물의 존재를 인식할 수 있었는지 여부를 판단할 수 있는 것이고, 설령 별개의견이 주장하는 바와 같이 명예훼손적 게시물을 삭제할 정도의 위험이 필요하다고 하더라도 위와 같은 평균적인 인식능력을 기준으로 그 위험의 인식 여부를 가리면 되지 피해자의 삭제 및 차단 요구에 의하여서만 비로소 그 위험을 인식할 수 있다는 논리는 타당하지 않다.

그런데 별개의견은 피해자로부터 삭제 등의 요구를 받지 않은 경우에까지 위 사업자가 자신의 물적 설비와 노동력을 이용하여 스스로 관리·감시함으로써 게시물의 위험을 인식할 수 있었다는 이유로 삭제 등의 조치를 취하도록 강제된다면 비례의 원칙에 비추어 보더라도 인터넷 이용자들의 표현행위가 봉쇄될 우려가 높아 수단의 적합성, 침해의 최소성의 관점에서 불합리할 뿐만 아니라 관리·감시를 충실히 해 온 사업자일수록 법적 책임을 부담하게 될 위험성이 높아지는 법익의 불균형이 초래될 수 있어 적절하지 않으며, 위 사업자에게 일반적·포괄적인 상시검열의무를 인정하는 것과 다를 바 없게 될 수 있기 때문에 피해자로부터 삭제 등의 요구를 받은 바 없다면 위 사업자로서는 삭제 등의 조치를 취할 의무도 없다고 설명하면서 다수의견을 비판하고 있다.

그러나 헌법 제21조 제4항에서 규정하고 있는 명예훼손적인 표현물과 같이 헌법상 보호되지 않는 의사표현이 공개된 후에 이에 대하여 사후심사를 하거나 간섭하는 것은 헌법이 금지하고 있는 검열에 해당하지 않을 뿐만 아니라(헌법재판소 1996. 10. 4. 선고 93헌가13 등 결정 참조), 인터넷 종합 정보제공 사업자가 갖추어야 할 객관적인 인식능력을 기준으로 불법 게시물의 존재를 인식할 수 있었음이 외관상 명백히 드러나는 때에 한하여 그 게시물의 존재를 구체적으로 인식한 경우와 마찬가지로 그 게시물에 대한 삭제 및 차단 의무를 지운다면, 별개의견이 우려하는 바와 같이 비례의 원칙에 반한다거나 인터넷 종합 정보제공 사업자가 인터넷 게시공간의 게시물들을 상시검열함으로써 인터넷상 표현의 자유를 위축시키는 결과가 초래될 것을 염려할 필요는 없을 것이고, 위 사업자에게 사실상 파악하기 어려운 게시물에 관한 과도한 책임을 지운다고 할 수도 없다. 실제 소송에서는,

피해자가 구체적・개별적인 게시물에 대한 삭제나 차단 요구를 하지 아니한 상태에서 인터넷 종합 정보제공 사업자가 불법 게시물의 존재를 구체적으로 인식하였거나 그 게시물의 존재를 인식할 수 있었음이 외관상 명백히 드러났다고 입증되기는 쉽지 않을 것이므로, 많은 경우에는 위 사업자가 피해자로부터 구체적・개별적인 게시물에 대한 삭제나 차단 요구를 받아 불법 게시물의 존재를 인식한 때부터 삭제 및 차단 의무가 인정될 것이며, 그 인식에 관한 사실이 입증된 일부 사안의 경우에 한하여 피해자의 삭제나 차단 요구가 없더라도 그에 관한 의무가 인정될 수 있을 것이다.

앞서 본 바와 같이, 별개의견은 삭제의무의 대상이 되는 명예훼손적 게시물의 '명백하고 현존하는 위험'의 내용으로 명예훼손적 게시물 자체에 관한 불법성 외에 '인터넷 종합 정보제공 사업자가 삭제 등의 조치를 취하지 않으면 안 될 현존하는 위험'을 요구하고 그 위험을 '피해자가 그 게시물에 대한 삭제 등의 조치를 바라고 있다는 사정'과 관련짓고 있는데, 이에 의하면 피해자의 요구는 단순히 게시물의 존재와 불법성에 대한 인식 가능성을 제공하는 것 외에도 피해자가 그 게시물에 대한 삭제 등의 조치를 바라고 있다는 사정에 대한 인식 가능성을 제공하는 의미를 가지므로, 명예훼손적 게시물 자체에 관한 불법성만을 요구하는 다수의견과는 그 인식 내지 인식 가능성의 대상 및 내용에 차이가 있을 수밖에 없다. 그러나 '피해자가 그 게시물에 대한 삭제 등의 조치를 바라고 있다는 사정'에 기초하여 명예훼손적 게시물로 인한 위험을 파악하는 별개의견의 해석론이 타당하지 않음은 앞의 5. 나. (2)항에서 본 바와 같으므로, 이와 같이 받아들이기 어려운 전제에 서서 명예훼손적 게시물의 불법성에 관한 인식 내지 인식 가능성을 달리 평가하여야 한다는 별개의견은 받아들일 수 없다.

다. 나아가 별개의견은 게시물을 통한 명예훼손의 위험은 구체적으로 존재하여야 하므로 명예훼손적 게시물이라는 이유로 삭제를 요구할 때에는 구체적・개별적으로 특정하는 방식으로 이루어져야 하며, 명예훼손 사실을 다른 사실과 독립하여 구별할 수 있을 정도의 표지가 되는 사항을 적시하는 방법으로도 할 수 있다고 본다. 그러면서도 별개의견은, 명예훼손행위가 다수의 개별 인터넷 게시공간에서 광범위하고 급속하게 이루어지고 있어 피해자가 이를 일일이 확인하는 것이 현저히 곤란한 때도 있을 수 있으므로, 이러한 경우에는 개별적인 명예훼손행위를 구체적으로 특정하지 않더라도 '일정한 기간 동안 피해자에 대하여 어떠한 사항과 관련하여 어느 개별 인터넷 게시공간에 게시되는 게시물' 등으로 특정하고 인터넷 종합 정보제공 사업자의 입장에서 피해자가 표시한 정도만으로도 명예훼손적 게시물을 탐지하는 것이 기술적・경제적으로 가능하다면, 유효한 삭제 요구로 볼 수 있다고 한다.

그러나 별개의견에 의하면 피해자의 삭제 요구는 게시물의 존재와 불법성 및 피해자가 그 게시물에 대한 삭제 등의 조치를 바라고 있다는 사정을 인터넷 종합 정보제공 사업자가 인식할 수 있도록 하기 위하여 필요하다는 것인바, 피해자의 삭제 요구는 명예훼손적 게시물을 구체적・개별적으로 특정하는 방식으로 이루어져야 한다는 원칙론은 별개의견의 위 논리에 부합되지만, 그 예로 들고 있는 바와 같이 구체적・개별적인 게시물을 기재하지 않고 다른 사실과 독립하여 구별할 수 있을 정도의 표지를 특정한 것만으로 과연 구체적・개별적인 특정이 이루어진 것으로 볼 수 있는지는 의문이고, 특히 피해자가 명예훼손적 게시물을 일일이 확인하기 곤란하다는 이유로 그 확인에 관한 책임을 인터넷 종합 정보제공 사업자에게 넘겨 위 사업자가 탐지 가능한 범위 내에서는 명예훼손적 게시물을 특정하지 않더라도 유효한 삭제 요구라고 보는 예외적인 해석론이 위 논리에 부합되는지는 더욱 의문이다.

즉, 어느 특정 게시공간에 게재된 어느 특정 사안과 관련된 게시물들이라고 하더라도 저작권 침해 게시물과는 달리 개별 게시물마다 기재 내용이나 표현 방법이 다를 수밖에 없으므로, 피해자가 개별 게시물을 구체적으로 특정하지 않는 이상, 인터넷 종합 정보제공 사업자로서는 피해자가 어느 게시물에 대하여 삭제를 요구한 것인지 알 수 없어 별개의견에서 말하는 게시물의 불법성 여부 또한 확인할 수 없기 때문에, 어쩔 수 없이 개별 게시물마다 일일이 불법성이 명백한지 여부를 가려 삭제하거나 차단할 수밖에 없게 된다. 따라서 위와 같이 구체적·개별적으로 특정되지 않은 피해자의 삭제 요구는 인터넷 종합 정보제공 사업자가 개별 게시물의 불법성을 확인할 수 있는 상당한 방법이 될 수 없음에도 불구하고 위와 같이 별개의견이 이를 허용하는 것은 위 사업자가 게시물의 존재 및 불법성을 인식하기 위하여 피해자의 삭제 요구가 필요하다는 논거와 정면으로 배치된다.

나아가 별개의견은 위와 같은 해석론에 기초하여, 이 사건의 경우에는 원고가 2005. 6. 27. 위 피고들에 대하여 자신에게 관련된 기사 댓글이나 관련 게시판의 폐쇄, 원고 관련 검색시 나타나는 직·간접적인 정보 등을 삭제하거나 차단해 줄 것을 요구하였으므로 그로써 해당 게시물에 대하여 명시적으로 삭제를 요구한 것으로 보아야 하고, 위 피고들이 명예훼손적인 원고 관련 기사를 게재한 것에 대하여 직접 게시자로서의 명예훼손책임을 지는 사정 등을 고려하면, 위 피고들은 위와 같은 개괄적인 삭제요구만으로도 구체적으로 원고가 삭제를 요구하는 게시물이 무엇인지 특정하여 인식할 수 있었으므로 해당 명예훼손적 게시물을 삭제하거나 차단하여야 한다고 한다. 그런데 위 피고들이 명예훼손적인 원고 관련 기사를 게재하는 과정에서 인터넷상의 명예훼손적 게시물이 언급되어 있었다고 하더라도, 경험칙상 다른 사정이 없는 한 위 기사에 언급되고 있는 명예훼손적인 게시물 외에 원고에 관한 다른 게시물이 어디에 존재하는지 여부와 그 게시물의 불법성을 구체적으로 인식하고 있다고 볼 수는 없으므로, 위와 같은 별개의견은 개괄적인 삭제요구에 불구하고 인터넷 종합 정보제공 사업자인 위 피고들이 보유한 광범위한 정보 검색 능력을 고려하여 인터넷 공간에 광범위하게 흩어져 있는 원고에 대한 명예훼손적 게시물에 대하여도 인식 가능성을 긍정하고 이를 근거로 하여 삭제의무를 인정하는 결론을 취한 것으로 보아야 한다.

그러나 피해자의 구체적인 삭제요구가 없었던 게시물에 관하여 보면, 별개의견이 취한 위와 같은 결론은 그 불법 게시물이 게시된 사정을 구체적으로 인식하고 있었거나 그 게시물의 존재를 인식할 수 있었음이 외관상 명백히 드러나는 때에 삭제 및 차단의무가 인정될 수 있다는 다수의견의 견해와 크게 다르지 않을 뿐 아니라, 오히려 다수의견에 의하면 위와 같이 제한적인 경우에 인식가능성이 인정됨에 비하여 별개의견에 의하면 삭제요구에 기초한 다른 게시물의 인식 가능성만으로 검색 의무가 인정될 수 있는 것처럼 보여 다수의견보다 더 광범위한 삭제의무를 인정하는 결과가 될 수도 있다.

라. 결론적으로, 별개의견은 인터넷 종합 정보제공 사업자의 삭제의무가 제한되는 근거로 표현의 자유를 제시한 후 이에 기초하여 피해자가 삭제요구를 할 정도의 위험이 현존하여야 하고 이를 위 사업자가 인식하여야 하므로 피해자의 삭제요구가 필요하다는 논리를 전개하고 있지만 위에서 살펴 본 바와 같이 그 논거가 충분하다고 보기 어려우며, 또한 삭제요구가 필요하다고 하면서 주장된 논리와는 달리 삭제요구의 방식에 관하여는 그 특정성을 완화하고 오히려 인터넷 종합 정보제공 사업자 스스로의 인식 가능성에 기초하여 삭제의무를 인정함으로써 현실적인 운영의 면에서도 위와 같은 논리를 그대로 유지하는 것에 한계가 있음을 보이고 있으므로, 별개의견은 타당하지 아니함을 지적하면서, 다수의견에 대한 보충의견을 밝혀 둔다.

(9-1) 서울고등법원 2010. 1. 22. 선고 2009나33596 판결 손해배상(기)

【원고, 피항소인겸항소인】 국민건강보험공단
서울 마포구 염리동 168-9
대표자 이사장 정형근
소송대리인 법무법인 우면
담당변호사 남기정, 조용희

【피고, 항소인겸피항소인】 주식회사 휴온스
서울 금천구 가산동 60-73 벽산디지털밸리 5차 1513호
대표이사 윤성태
소송대리인 변호사 박정일

【제 1 심 판 결】 서울서부지방법원 2009. 2. 20. 선고 2008가합9204 판결

【변 론 종 결】 2009. 11. 13.

【판 결 선 고】 2010. 1. 22.

【주 문】

1. 제1심 판결 중 아래에서 지급을 명하는 금원을 초과하는 피고 패소부분을 취소하고, 그 취소부분에 해당하는 원고의 청구를 기각한다.
   피고는 원고에게 금 322,844,356원과 이에 대하여 2007. 11. 15.부터 2010. 1. 22.까지는 연 5%의, 그 다음 날부터 다 갚는 날까지는 연 20%의 각 비율로 계산한 돈을 지급하라.
2. 원고의 항소와 피고의 나머지 항소를 모두 기각한다.
3. 소송총비용 중 70%는 원고가, 나머지는 피고가 각 부담한다.

【청구취지 및 항소취지】

1. 청구취지

피고는 원고에게 금 1,127,589,292원 및 이에 대하여 2007. 11. 15.부터 이 사건 소장 부본 송달일까지는 연 5%, 그 다음 날부터 다 갚는 날까지는 연 20%의 각 비율에 의한 금원을 지급하라.

2. 항소취지

가. 원고

제1심 판결 중 아래에서 지급을 명하는 금원에 해당하는 원고 패소부분을 취소한다. 피고는 원고에게 금 426,100,720원 및 이에 대하여 2007. 11. 15.부터 이 사건 소장 부본 송달일까지는 연 5%, 그 다음 날부터 다 갚는 날까지는 연 20%의 각 비율에 의한 금원을 지급하라.

나. 피고

제1심 판결 중 피고 패소부분을 취소하고, 위 취소부분에 해당하는 원고의 청구를 기각한다.

【이 유】

1. 인정사실

가. 당사자의 지위 등

(1) 원고는 국민건강보험법 제12조에 의하여 설립되어 보험급여의 관리, 보험급여비용의 지급 등의 업무를 하는 법인이고, 피고는 의약품 수출입 및 제조, 판매업을 영위하는 주식회사이다.

(2) 국민건강보험법 제39조 제1항, 제2항, 제42조 제7항, 국민건강보험법 시행령 제24조 제3항, 국민건강보험 요양급여의 기준에 관한 규칙 제8조 제2항, 제14조에 의하면, 보건복지가족부장관은 요양급여대상인 약제의 비용 상환의 기준이 되는 상한금액을 정하여 고시하도록 되어 있고, 요양기관은 그 고시금액의 범위 안에서 약제 구입비용을 원고에게 청구하여 상환받을 수 있도록 되어 있다. 보건복지가족부장관은 이에 따라 2000. 7. 1. 국민건강보험법이 시행된 후부터 보건복지가족부 고시인 "신의료기술 등의 결정 및 조정기준(이하 '조정기준'이라 한다)"과 "약제급여 목록 및 급여상한금액표(이하 '상한금액표'라 한다)"에 의해 요양급여의 대상이 되는 각 약제와 그 약제에 대한 상한금액을 고시하여 왔다.

나. 원료직접생산 의약품에 대한 특례

(1) 구 국민건강보험 요양급여의 기준에 관한 규칙(2005. 10. 11. 보건복지부령 제328호로 개정되기 전의 것) 제14조의 규정에 의하여 약제 상한금액 등을 결정, 조정하는 기준을 정한 조정기준(2005. 2. 22. 보건복지가족부 고시 제2005-14호)에 의하면, 등재신청한 의약품의 상한금액은 동일성분, 동일제형, 동일함량 의약품 중 상한금액표에 최초로 등재된 의약품(이른바 '신약'이다)의 상한금액을 최고가로 하여 그 후 등재되는 의약품(이른바 '복제 의약품'이다)의 등재 순서에 따라 최고가를 일정한 비율로 체감하는 방식으로 정하게 되어 있다.

(2) 그런데, 위와 같은 체감방식에 대한 예외로서 위 조정기준 중 [별표1] 1.의 다항은 "등재 신청한 업소에서 신청 제품의 원료를 직접 생산한 경우(일부 염기만을 부착하는 경우 등 일련의 제조공정 중 일부만을 제조하는 경우는 제외한다)에는 기존에 등재된 동일성분 · 제형 · 함량의 제품(이하 '동일제제'라 한다) 중 최고가와 동일가로 할 수 있다"라고 하여 원료직접생산 의약품에 대한 특례규정(이하 '이 사건 특례규정'이라 한다)을 두고 있는바, 이는 특정한 완제의약품에 대하여 상한금액표에 등재를 신청한 제약회사가 당해 신청제품의 원료의약품도 함께 생산하여 이를 원료로 사용하는 경우에는 위 완제의약품이 신약이 아니라 복제 의약품이라 하더라도 상한금액표의 등재 순서와 관계없이 동일제제 중 최고가품목과 동일한 상한금액을 인정하여 줌으로써 국내 제약회사들의 원료의약품 생산기술 개발을 촉진하기 위한 것이다.

(3) 한편, 약제 상한금액의 산정에 관한 실무는 건강보험심사평가원의 약제전문평가위원회가 담당하여 왔는데, 위 위원회는 2004년 제5차 위원회의 심의결과에 따라 완제의약품의 제조회사가 원료의약품의 제조회사 지분의 50%를 초과하여 보유하고 있는 경우에는 이 사건 특례규정을 적용하기로 한 바 있다.

다. 이 사건 의약품의 상한금액 결정경위

(1) 주식회사 대희화학(이하 '대희화학'이라 한다)은 위 회사가 생산하는 원료의약품인 '대희 구연산타목시펜'에 관하여 2004. 10. 11. 경인지방식품의약품안전청장에게 의약품 제조품목신고를 하였다. 그 후 대희화학의 주식 4만주(발행주식의 100%이다)를 소유하고 있던 민남O은 2004. 11. 29. 피고와 사이에 주식양도계약을 체결함으로써 대희화학의 발행주식 중 2만주를 피고에게 양도하였다.

(2) 피고는 피고가 생산하는 전문의약품인 타모렉스정(구연산타목시펜을 주성분으로 하는 의약품이다. 이하 '이 사건 의약품'이라 한다)에 관하여 2004. 12. 2. 경인지방식품의약품안전청장에게 의약품 제조품목신고를 한 다음, 2004. 12. 21. 보건복지가족부 장관에게 약제결정신청(요양급여대상신청)을 하였다. 피고가 위 약제결정신청을 할 당시 동일제제로 등재되어 있던 의약품은 아래 [도표 1] 기재와 같았는데, 피고는 '피고가 이 사건 의약품의 주성분인 구연산타목시펜을 생산하는 대희화학의 주식 50%를 소유하고 있다'는 이유를 들어 동일제제로 등재되어 있던 의약품들 중 최고가인 명지약품의 타모프렉스정 10mg과 동일한 상한금액인 금 479원으로 상한금액을 결정하여 줄 것을 요구하였다.

[도표 1]

순번	업체	제품명	상한금액	등재일자
1.	한서제약	한서타목시펜정	122원	1995. 2. 1.
2.	한불제약	한불구연산타목시펜정	142원	1992. 2. 1.
3.	한국유나이티드제약	타목센정 10mg	180원	1989. 10. 1.
4.	대우약품공업	대우타목시펜정 10mg	185원	1997. 2. 1.
5	대화제약	대화타목시펜정	189원	1989. 10. 1.
6.	광동제약	광동타목시펜정	192원	1993. 8. 1.
7.	태준제약	목사펜정	200원	1989. 10. 1.
8.	한국아스트라제네카	놀바덱스정	476원	2002. 1. 1.
9.	명지약품	타모프렉스정 10mg	479원	1999. 8. 1.

(3) 그 후 약제전문평가위원회의 심의절차를 거치는 과정에서 위 위원회가 피고의 대희화학에 대한 지분보유율이 50%를 초과하지 아니하므로 이 사건 의약품의 상한금액은 조정기준 [별표 1] 1.의 가. (3)항에 따라 최저가의 90%인 금 109원에 해당하는 것으로 검토하게 되자, 피고는 2005. 1. 10. 민남O으로부터 대희화학의 주식 1,000주(발행주식 4만주의 2.5%이다)를 추가로 양도받은 다음 위 위원회에 이의신청을 하였다. 그에 따라 약제전문평가위원회는 2005. 4. 22. '피고의 대희화학에 대한 지분보유율이 현재 50%를 초과하게 되었으므로, 이 사건 특례규정을 적용할 수 있다'는 이유를 들어 이 사건 의약품의 상한금액을 금 479원으로 심의하였다.

(4) 이에 따라 보건복지가족부장관은 2005. 5. 16. 보건복지가족부 고시 제2005-33호(이하 '이 사건 제1고시'라 한다)로 이 사건 의약품을 상한금액표에 신규등재하고 그 상한금액을 금 479원으로 정하는 내용을 포함하여 상한금액표를 개정·고시하였고, 이는 2005. 6. 1.부터 시행되었다.

(5) 그런데, 피고는 이 사건 제1고시가 이루어지기 전날인 2005. 5. 15. 보유하고 있던 대희화학의 주식을 모두 민남O에게 다시 양도하였음에도 불구하고 이러한 사실을 보건복지가족부 또는 건강보험심사평가원 등에 알리지 아니하였다.

라. 상한금액 변경 경위

(1) 보건복지가족부장관은 2007. 6.경부터 이 사건 특례규정을 이용하여 높은 상한금액을 받은 후 원료수입 등의 방법으로 원료조달방법을 변경한 의약품들에 대한 전면조사를 실시하였고, 이어 2007. 8. 16. 이 사건 특례규정을 적용받은 의약품이 원료제조방법을 변경한 경우에는 그러한 사항을 보건복지가족부에 알리도록 하는 의무를 신설할 계획임을 발표하였다.

(2) 그 후 보건복지가족부장관은 위와 같은 조사결과 등을 토대로 2007. 10. 31. 보건복지가족부 고시 제

2007-98호(이하 '이 사건 제2고시'라 한다)로 이 사건 의약품의 상한금액을 금 109원으로 변경하는 내용을 포함하여 상한금액표를 개정·고시하였고, 이는 2007. 11. 15.부터 시행되었다.

(3) 한편, 보건복지가족부장관은 2007. 10. 이전에는 원료조달방법의 변경이나 원료생산회사에 대한 지분율변동 등을 이유로 상한금액을 조정한 적이 없었다.

[인정근거] 다툼 없는 사실, 갑 1 내지 10호증, 갑 11호증의 1, 2, 갑 12호증, 갑 14 내지 17호증의 각 기재, 제1심 법원의 보건복지가족부장관에 대한 사실조회결과, 이 법원의 건강보험심사평가원에 대한 각 사실조회결과, 변론 전체의 취지

2. 판단

가. 부당이득반환청구

(1) 원고의 주장

이 사건 제2고시는 이 사건 제1고시에 원시적인 하자가 있다는 사유에 따라 행하여진 것으로서 그 법적인 성격은 장래에 향하여 효력이 발생하는 행정행위의 철회가 아니라 대상처분이 행하여진 시기로 그 효과가 소급하여 발생하는 행정행위의 취소에 해당한다. 따라서, 이 사건 의약품에 대하여 최고가의 상한금액인 금 479원을 인정한 이 사건 제1고시가 적법하게 취소되고, 이 사건 제2고시에 의하여 새로운 상한금액으로 금 109원의 상한금액이 인정되었으므로, 원고가 요양기관에 지급한 요양급여비용 중 정당하게 인정되어야 할 상한금액인 금 109원을 초과하는 부분은 법률상 원인없이 지급된 것이라고 보아야 한다. 따라서, 피고는 원고에게 부당이득반환의무의 이행으로서 청구취지 기재 금액을 지급할 의무가 있다.

(2) 판단

(가) 보건복지부 고시인 약제급여·비급여목록 및 급여상한금액표는 다른 집행행위의 매개 없이 그 자체로서 국민건강보험가입자, 국민건강보험공단, 요양기관 등의 법률관계를 직접 규율하는 성격을 가지므로 항고소송의 대상이 되는 행정처분에 해당한다고 할 것이다(대법원 2006. 9. 22. 선고 2005두2506 판결 참조). 한편, 행정처분이 아무리 위법하다고 하여도 그 하자가 중대하고 명백하여 당연무효라고 보아야 할 사유가 있는 경우를 제외하고는 아무도 그 하자를 이유로 무단히 그 효과를 부정하지 못하는 것으로, 이러한 행정행위의 공정력은 판결의 기판력과 같은 효력은 아니지만 그 공정력의 객관적 범위에 속하는 행정행위의 하자가 취소사유에 불과한 때에는 그 처분이 취소되지 않는 한 처분의 효력을 부정하여 그로 인한 이득을 법률상 원인 없는 이득이라고 말할 수 없는 것이다(대법원 1994. 11. 11. 선고 94다28000 판결 참조).

(나) 그런데 이 사건의 경우, 이 사건 제1고시 이전에 피고가 대희화학의 주식을 모두 처분함으로써 이 사건 특례규정을 적용받을 수 없었음에도 불구하고 이 사건 의약품에 대하여 상한금액을 금 479원으로 하는 위 고시가 이루어졌음은 앞서 본 바와 같으나, 2005. 4. 22. 약제전문평가위원회의 심의 당시까지도 피고는 대희화학의 주식 52.5%를 보유하고 있는 상태였을 뿐만 아니라 피고가 위 주식을 처분한 것은 이 사건 제1고시가 있기 하루 전이었던 점 등에 비추어 볼 때, 이 사건 제1고시가 중대하고 명백한 하자로 인하여 당연무효에 해당하는 것이라고 볼 수는 없다. 한편, 이 사건 제2고시는 종전의 행정처분인 이 사건 제1고시의 내용을 변경하는 새로운 행정처분일 뿐 종전의 행정처분의 효력을 소급적으로 소멸시키는 행정행위의 취소에 해당하는 것이라고 볼 수는 없다. 결국, 이 사건 제1고시가 당연무효라거나 소급적으로 취소되었다고 볼 수 없는 이상, 위 고시에 터 잡아

피고가 요양기관들과 사이에 의약품거래를 함으로써 어떠한 이득을 얻었다고 하더라도 이를 들어 법률상 원인 없이 이득을 얻은 것이라고 볼 수는 없다. 원고의 위 주장은 이유없다.

나. 불법행위에 기한 손해배상청구

(1) 손해배상책임의 발생

(가) 행정청이 그 상대방으로부터 일정한 사정에 관한 고지를 받았더라면 어떠한 행정처분을 하지 않았을 것임이 경험칙상 명백한 경우에는 신의성실의 원칙상 그 상대방은 행정청에게 그와 같은 사정을 고지할 의무가 있다고 할 것이며, 그와 같은 고지의무의 대상이 되는 것은 직접적인 법령의 규정뿐 아니라 관습상 또는 조리상의 일반원칙에 의하여도 인정될 수 있다.

(나) 그런데 이 사건의 경우, ① 원료직접생산 의약품에 대한 특례는 완제의약품의 제조자가 원료의약품까지 생산하는 경우 그 원료합성기술에 들인 노력을 보상하고 기술개발을 장려하기 위하여 일반적인 복제의약품과는 달리 예외적으로 최고가를 인정하는 제도인 점, ② 행정청이 이 사건 특례규정에 대한 유권해석을 통해 원료의약품을 직접 생산하는 경우뿐만 아니라 원료의약품 생산회사의 지분을 과반수 이상 보유하고 있는 경우에도 이 사건 특례규정을 적용하여 왔다면 그와 반대로 원료의약품 생산회사의 지분을 과반수 이상 보유하고 있지 아니한 경우에는 이 사건 특례규정을 적용하지 아니하였을 것임은 명백한 점, ③ 피고가 원료의약품 생산회사인 대희화학의 지분 과반수 이상을 보유하고 있음을 들어 이 사건 특례규정의 적용을 적극적으로 요구한 이상 그 지분을 처분하는 등 행정처분의 근거가 되는 사실관계에 변동이 발생하였다면 이러한 사정을 행정청에 고지하여야 할 조리상의 의무가 있다고 봄이 상당한 점, ④ 피고는 당초 약제전문평가위원회의 검토 단계에서 상한금액이 금 109원으로 검토되자 대희화학의 지분을 추가매수하여 이의신청을 하는 등 적극적인 행위를 하였음에도 불구하고 지분을 처분하는 단계에서는 위 위원회나 건강보험심사평가원 등에게 그와 같은 처분사실을 고지하는 등의 아무런 조치도 취하지 아니한 채 이 사건 제1고시에 터 잡아 이 사건 의약품의 판매행위를 계속하여 왔던 점 등에 비추어 보면, 피고는 신의칙상의 고지의무 위반에 따른 불법행위책임을 부담한다고 할 것이다.

(2) 손해배상의 범위

(가) 불법행위로 인한 재산상 손해는 위법한 가해행위로 인하여 발생한 재산상 불이익, 즉 그 위법행위가 없었더라면 존재하였을 재산 상태와 그 위법행위가 가해진 현재의 재산 상태의 차이를 말하는 것이다(대법원 2008. 10. 23. 선고 2007다44194 판결 참조). 그런데 이 사건의 경우, ① 피고의 불법행위가 없었더라면 이 사건 의약품의 상한금액이 금 479원이 아니라 금 109원으로 결정되었을 것이나, 위 상한금액의 차이는 피고가 얻을 수 있었던 이득의 최고치를 산정하는 근거가 될 수 있을 뿐인 데다가 피고가 설사 그러한 이득을 얻었다고 하더라도 아래와 같은 사정에 비추어 볼 때 그러한 이득액 상당이 곧바로 원고의 손해액으로 귀착된다고 할 수는 없는 점, ② 피고가 이 사건 특례규정의 적용을 받지 못한 채 그 상한금액이 금 109원으로 결정되었다고 하더라도 이 사건 의약품을 제조·판매하였을 것이라는 특별한 사정을 인정할 만한 증거는 없는 점, ③ 요양기관들은 이 사건 의약품이 판매되지 아니하였더라면 그와 동일제제인 다른 의약품을 구매하였을 것임이 분명한 점 등에 비추어 볼 때, 원고가 입은 손해는 이 사건 의약품이 이 사건 제1고시에 터 잡아 판매됨에 따라 원고가 부담한 공단부담금과 이 사건 의약품과 동일제제의 다른 의약품이 같은 기간 동안 같은 수량만큼 판매되었을 경우에

원고가 부담하였을 공단부담금의 차액이라고 봄이 상당하다(손해배상의 범위와 관련하여 원고는 '원고가 국민건강보험법 제52조 제4항에 따라 요양기관이 그 가입자로부터 부당하게 징수한 금액에 대하여는 이를 직접 환수하여 가입자에게 지급할 수 있는 권한을 보유하고 있는 반면, 이 사건 의약품을 사용하였던 환자들이 피고에 대하여 개별적으로 손해배상청구소송을 제기할 것을 기대하는 것은 사실상 불가능한바, 원고가 공단부담금 부분에 대한 손해배상과 함께 환자본인부담금에 대한 손해배상까지 아울러 청구할 수 없다고 한다면 이는 결과적으로 피고가 당해 부분에 대하여 취득한 위법한 이득을 보유하는 것을 사실상 인정하는 결과가 되어 지극히 부당하다고 할 것이므로, 원고는 민법 제734조의 사무관리 또는 조리를 근거로 하여 이 사건 의약품을 사용하였던 환자들이 입은 손해부분까지도 피고에 대하여 이를 청구할 수 있다'는 취지로 주장한다. 그러나, 민법 제734조 소정의 사무관리에 관한 규정에 터 잡아 타인의 권리를 소송상 행사할 수 있다고 볼 수는 없고, 원고가 주장하는 바와 같은 사정을 들어 조리상 원고에게 환자들을 위한 소송수행권이 인정된다고 볼 수도 없으므로, 원고의 이 부분 주장은 받아들일 수 없다).

(나) 아래 각 사실은 당사자들 사이에 다툼이 없거나, 갑 13, 20호증의 각 기재와 이 법원의 건강보험심사평가원에 대한 각 사실조회결과에 변론 전체의 취지를 더하여 보면, 이를 인정할 수 있다.

1) 피고가 이 사건 제1고시가 시행된 이후인 2005. 6. 1.부터 이 사건 제2고시가 시행되기 이전인 2007. 11. 14.까지 판매한 이 사건 의약품의 수량은 3,047,557정이었는데, 그 중 20정은 금 446원에, 198정은 금 448원에, 나머지 3,047,339정은 금 479원에 판매됨으로써 그 약품대금은 합계금 1,459,773,005원[=(446원×20정) + (448원×198정) + (479원×3,047,339정)]이었고, 위 약품대금 중 원고가 부담한 공단부담금은 금 1,297,349,345원이었으며, 환자들이 부담한 본인부담금은 금 162,423,660원이었다.

2) 한편, 2005년 하반기부터 2007년 하반기까지 이 사건 의약품과 동일제제인 9개 의약품의 판매량 및 판매금액은 아래 [도표 2] 기재와 같고, 1정당 평균 판매금액은 금 330원(금 4,905,169,000원 ÷ 14,827,554정, 원미만은 버림, 이하 같다)이다.

[도표 2]

	제품명	2005년 하반기	2006년 상반기	2006년 하반기	2007년 상반기	2007년 하반기	합계
1.	한서타목시펜정	7,483	1,578	1,274	1,508	1,610	13,454
		913	193	155	185	196	1,642
2.	한불구연산타목시펜정	722	480				1,204
		103	68				171
3.	타목센정 10mg	544,337	487,455	377,132	321,853	273,962	2,004,752
		97,414	87,340	67,692	57,727	49,175	359,348
4.	대우타목시펜정 10mg	157,983	145,037	156,208	121,884	112,821	693,947
		29,080	26,707	28,832	22,537	20,855	128,011
5	대화타목시펜정	66,544	71,579	70,189	65,839	21,856	296,012
		12,577	13,528	13,266	12,444	4,131	55,946
6.	광동타목시펜정	499,135	462,408	470,473	346,521	218,599	1,997,142
		95,802	88,726	89,816	66,151	41,726	382,221

7.	목사펜정	612,685	583,118	445,034	397,231	400,389	2,438,464
		122,333	116,254	88,359	78,529	79,104	484,579
8.	놀바덱스정	1,595,410	1,338,801	1,347,020	1,212,739	1,104,451	6,598,429
		757,995	633,267	637,048	573,632	522,349	3,124,291
9.	타모프렉스정 10㎎	94,418	105,726	168,077	170,702	245,208	784,150
		45,193	50,620	79,017	79,916	114,214	368,960
					합계	판매량	14,827,554
						판매금액	4,905,169

** 제품별로 상단 부분은 판매량(단위 : 정)이고, 하단 부분은 판매금액(단위 : 천원)이다.

(다) 따라서, 원고가 입은 손해는 아래와 같이 계산된다.

1) 이 사건 의약품과 동일제제의 다른 의약품이 같은 기간 동안 같은 수량만큼 판매되었을 경우의 약품대금 차액

(446원-330원)×20정 + (448원-330원)×198정 + (479원-330원) × 3,047,339정 = 454,079,195원

2) 위 약품대금 차액 중 비율에 따라 산정한 공단부담금

(1,297,349,345원 ÷ 1,459,773,005원) × 454,079,195원 = 403,555,446원

(3) 책임의 제한

한편, 국민건강보험법 등 관계법령에는 이 사건 특례규정에 의하여 최고가의 상한금액을 인정받은 의약품에 대하여 위 특례규정의 적용을 받을 수 없는 사유가 발생하였을 때 의약품 제조업자로 하여금 보건복지가족부장관 등에게 그 사유를 고지하도록 하는 명시적인 규정은 없었던 점, 보건복지가족부장관은 2007. 10.에 이르러 이 사건 제2고시를 하기 이전까지는 원료조달방법의 변경이나 원료의약품 생산회사에 대한 지분율변동 등의 사유를 들어 상한금액을 조정하는 조치를 취한 전례가 없었던 점, 이 사건 제1고시 이후 보건복지가족부장관 등은 2년여가 경과하도록 이 사건 의약품에 대한 상한금액 결정의 타당성이나 원료의약품의 수급관계 등에 대하여 사후적인 관리·감독조치를 취하지 아니하였는바 이러한 사정으로 인하여 원고의 손해가 더욱 확대된 것으로 보이는 점 등을 모두 종합하여 보면, 손해의 공평타당한 분담이라는 손해배상제도의 이념에 비추어 피고의 손해배상책임을 80%로 제한함이 상당하다.

(4) 소결

따라서, 피고는 원고에게 금 322,844,356원(금 403,555,446원 × 80%)과 이에 대하여 불법행위일 이후로서 원고가 구하는 바에 따른 2007. 11. 15.부터 피고가 그 이행의무의 범위에 관하여 항쟁함이 상당한 당심 판결 선고일인 2010. 1. 22.까지는 민법 소정의 연 5%의, 그 다음 날부터 다 갚는 날까지는 소송촉진 등에 관한 특례법 소정의 연 20%의 각 비율로 계산한 지연손해금을 지급할 의무가 있다.

3. 결 론

그렇다면, 원고의 이 사건 청구는 위 인정범위 내에서 이유 있어 이를 인용하고, 나머지 청구는 이유 없어 이를 기각할 것인바, 이와 결론을 일부 달리한 제1심 판결 중 위 인정 금원을 초과하여 지급을 명한 피고 패소부분은 부당하므로 이를 취소하고 그 취소부분에 해당하는 원고의 청구를 기각하기로 하며, 원고의 항소와 피고의 나머지 항소는 이유 없어 이를 모두 기각하기로 하여, 주문과 같이 판결한다.

(9-2) 대법원 2010.7.8. 선고 2010다21276 판결 【손해배상(기)】

【원고, 상고인 겸 피상고인】 국민건강보험공단 (소송대리인 법무법인 바른 담당변호사 김동건외 2인)
【피고, 피상고인 겸 상고인】 주식회사 휴온스 (소송대리인 변호사 박정일)
【원심판결】 서울고법 2010. 1. 22. 선고 2009나33596 판결
【주 문】

원심판결의 원고 패소 부분 중 원고의 부담금에 관한 손해배상청구 부분을 파기하고, 이 부분 사건을 서울고등법원에 환송한다. 원고의 나머지 상고와 피고의 상고를 모두 기각한다.

【이 유】

상고이유를 살펴본다.

1. 원고의 상고이유 제1점에 관하여

가. 행정처분이 위법하다고 하여도 그 하자가 중대하고 명백하여 당연무효라고 보아야 할 사유가 있는 경우를 제외하고는 아무도 그 하자를 이유로 무단히 그 효과를 부정하지 못하며, 행정행위의 하자가 취소사유에 불과한 때에는 그 처분이 취소되지 않는 한 그로 인한 이득을 법률상 원인 없는 이득이라고 말할 수 없다(대법원 1994. 11. 11. 선고 94다28000 판결 등 참조).

한편 하자 있는 행정처분이 당연무효가 되기 위해서는 그 하자가 법규의 중요한 부분을 위반한 중대한 것으로서 객관적으로 명백한 것이어야 하며, 하자가 중대하고 명백한지 여부를 판별함에 있어서는 그 법규의 목적, 의미, 기능 등을 목적론적으로 고찰함과 동시에 구체적 사안 자체의 특수성에 관하여도 합리적으로 고찰함을 요하는바, 행정청이 어느 법률관계나 사실관계에 관하여 어느 법률의 규정을 적용하여 행정처분을 한 경우에 그 법률관계나 사실관계에 관하여는 그 법률의 규정을 적용할 수 없다는 법리가 명백히 밝혀져 그 해석에 다툼의 여지가 없음에도 불구하고 행정청이 위 규정을 적용하여 처분을 한 때에는 그 하자가 중대하고도 명백하다고 할 것이나, 그 법률관계나 사실관계에 관하여 그 법률의 규정을 적용할 수 없다는 법리가 명백히 밝혀지지 아니하여 그 해석에 다툼의 여지가 있는 때에는 행정관청이 이를 잘못 해석하여 행정처분을 하였더라도 이는 그 처분 요건사실을 오인한 것에 불과하여 그 하자가 명백하다고 할 수 없다(대법원 2004. 10. 15. 선고 2002다68485 판결, 대법원 2006. 10. 26. 선고 2005다31439 판결 등 참조).

나. 원심판결 이유에 의하면, 원심은 그 채용 증거들에 의하여 그 판시와 같은 사실들을 인정한 다음, 2005. 4. 22. 약제전문평가위원회의 심의 당시까지도 피고는 주식회사 대희화학(이하 '대희화학'이라 한다)의 주식 52.5%를 보유하고 있는 상태였을 뿐만 아니라 피고가 위 주식을 처분한 것은 이 사건 제1고시가 있기 하루 전이었던 점 등에 비추어 이 사건 제1고시가 중대하고 명백한 하자로 인하여 당연무효에 해당하는 것이라고 볼 수는 없고, 이 사건 제2고시는 종전의 행정처분인 이 사건 제1고시의 내용을 변경하는 새로운 행정처분일 뿐 종전의 행정처분의 효력을 소급적으로 소멸시키는 행정행위의 취소에 해당하지 않으므로, 위 고시에 터 잡아 피고가 요양기관들과 의약품거래를 함으로써 어떠한 이득을 얻었다고 하더라도 이를 들어 법률상 원인 없이 이득을 얻은 것이라고 볼 수는 없다고 판단하였는바, 앞서 본 법리를 기록에 비추어 살펴보면, 원심의 이러한 조치는 정당하고, 거기에 원고가 상고이유에서 주장하는 바와 같이 부당이득의 법리나 행정행위의 하자에 관한 법리 등을 오해한

잘못이 없다.

2. 피고의 상고이유 제1, 2점에 관하여

가. 원심은, ① 원료 직접 생산 의약품에 대한 특례는 완제의약품의 제조자가 원료의약품까지 생산하는 경우 그 원료합성기술에 들인 노력을 보상하고 기술개발을 장려하기 위하여 일반적인 복제의약품과는 달리 예외적으로 최고가를 인정하는 제도인 점, ② 행정청이 이 사건 특례규정에 대한 유권해석을 통해 원료의약품을 직접 생산하는 경우뿐만 아니라 원료의약품 생산회사의 지분을 과반수 이상 보유하고 있는 경우에도 이 사건 특례규정을 적용하여 왔다면, 그와 반대로 원료의약품 생산회사의 지분을 과반수 이상 보유하고 있지 아니한 경우에는 이 사건 특례규정을 적용하지 아니하였을 것임이 명백한 점, ③ 피고가 원료의약품 생산회사인 대희화학의 지분을 과반수 이상을 보유하고 있음을 들어 이 사건 특례규정의 적용을 적극적으로 요구한 이상 그 지분을 처분하는 등 행정처분의 근거가 되는 사실관계에 변동이 발생하였다면 이러한 사정을 행정청에 고지하여야 할 조리상의 의무가 있다고 봄이 상당한 점, ④ 피고는 당초 약제전문평가위원회의 검토 단계에서 상한금액이 금 109원으로 검토되자 대희화학의 지분을 추가매수하여 이이신청을 하는 등 적극적인 행위를 하였음에도 불구하고, 지분을 처분하는 단계에서는 위 위원회나 건강보험심사평가원 등에게 그와 같은 처분사실을 고지하는 등의 아무런 조치도 취하지 아니한 채 이 사건 제1고시에 터잡아 이 사건 의약품의 판매행위를 계속하여 왔던 점 등에 비추어 보면, 피고는 신의칙상의 고지의무 위반에 따른 불법행위책임을 부담한다고 판단하였다.

나. 원심판결 이유 및 기록에 의하면, 피고는 이 사건 의약품에 관한 약제결정신청을 하기 직전에 원료제조회사인 대희화학의 주식 50%를 양수하고 심사진행과정에서 다시 2.5%를 양수하여 과반을 소유한 후 곧바로 이를 건강보험심사평가원에 알린 사실, 건강보험심사평가원의 약제평가위원회 회의 결과 이 사건 의약품에 관하여 479원의 최고가 상한금액을 인정받게 되자, 피고는 보건복지부장관의 약제급여 목록 및 급여상한금액표의 개정고시가 있기 하루 전날 다시 위 주식을 매도인에게 전부 반환한 사실, 피고는 제약회사로서 약제에 관한 요양급여 및 상한금액의 산정기준 등에 관하여 자세하게 알고 있었던 사실 등을 알 수 있다.

이러한 사실관계에 비추어 보면, 피고는 원료제조회사인 대희화학의 주식 과반수를 계속하여 보유할 의사가 없이 이 사건 의약품에 관한 최고가의 상한금액을 인정받은 다음 바로 이를 반환할 의도로 일시적·형식적으로 주식을 취득하였으면서도 주식 보유에 관한 근거서류를 심사기관에 제출하면서 마치 계속하여 대희화학 주식의 과반을 보유할 것처럼 이 사건 특례규정의 적용을 요청하였는바, 이러한 피고의 행위는 위 특례의 적용을 심사하는 건강보험심사평가원 또는 보건복지부장관을 착오에 빠뜨리는 적극적인 기망행위에 해당한다고 봄이 상당하다. 따라서 이 사건 제1고시의 공정력으로 인하여 피고가 얻은 이득이 법률상 원인 없는 이득에 해당하지 않는다고 하더라도, 피고의 위와 같은 기망행위로 인하여 원고에게 손해가 발생하였다면 피고는 원고에게 불법행위로 인한 손해배상책임을 부담한다고 할 것이다.

그렇다면 원심은 그 이유설시에 있어 다소 부적절한 면이 있으나 피고가 불법행위책임을 부담한다고 본 결론에 있어서는 정당하고, 거기에 피고가 상고이유에서 주장하는 것과 같은 고지의무와 불법행위책임의 손해발생에 관한 법리오해나 채증법칙 위반 등의 잘못이 없다.

3. 원고의 상고이유 제2점에 관하여

가. 불법행위로 인한 재산상 손해는 위법한 가해행위로 인하여 발생한 재산상 불이익, 즉 그 위법행위가 없었더라면 존재하였을 재산상태와 그 위법행위가 가해진 현재의 재산상태의 차이를 말하는 것이므로(대법원 1992. 6. 23. 선고 91다33070 전원합의체 판결 등 참조), 손해액을 산정함에 있어서는 먼저 위법행위가 없었더라면 존재하였을 재산상태를 상정하여야 하는데, 위법행위가 없었을 경우의 재산상태를 상정함에 있어 고려할 사정들은 위법행위 전후의 여러 정황을 종합한 합리적인 추론에 의하여 인정될 수 있어야 하고, 당사자가 주장하는 사정이 그러한 추론에 의하여 인정되지 않는 경우라면 이를 위법행위가 없었을 경우의 재산상태를 상정하는 데 참작할 수 없다(대법원 2009. 9. 10. 선고 2008다37414 판결, 대법원 2010. 4. 29. 선고 2009다91828 판결 등 참조).

나. 원심은, ① 피고의 불법행위가 없었더라면 이 사건 의약품의 상한금액이 금 479원이 아니라 금 109원으로 결정되었을 것이나, 위 상한금액의 차이는 피고가 얻을 수 있었던 이득의 최고치를 산정하는 근거가 될 수 있을 뿐인데다가 피고가 설사 그러한 이득을 얻었다고 하더라도 그러한 이득액 상당이 곧바로 원고의 손해액으로 귀착된다고 할 수는 없는 점, ② 피고가 이 사건 특례규정의 적용을 받지 못하여 그 상한금액이 109원으로 결정되었을 경우에도 이 사건 의약품을 제조·판매하였을 것이라는 특별한 사정을 인정할 만한 증거가 없는 점, ③ 요양기관들은 이 사건 의약품이 판매되지 않았다면 그와 동일제제인 다른 의약품을 구매하였을 것이 분명한 점 등에 비추어 볼 때, 원고가 입은 손해는 이 사건 의약품이 이 사건 제1고시에 터잡아 판매됨에 따라 원고가 부담한 공단부담금과 동일제제의 9개 의약품이 같은 기간 동안 이 사건 의약품 판매량과 같은 수량(3,047,557정)만큼 판매되었을 경우에 원고가 부담하였을 공단부담금(같은 기간 9개 의약품의 총판매대금을 총판매량으로 나눈 1정당 평균 판매금액에 기해 산정)의 차액이라고 봄이 상당하다고 판단하였다.

다. 원심의 이러한 판단은 피고가 이 사건 의약품의 상한금액이 109원으로 결정되었다면 위 의약품을 제조·판매하지 않았을 것이라는 가정을 전제로 하고, 다시 피고가 같은 기간 동안 판매한 이 사건 의약품 3,047,557정이 동일제제 9개 의약품들에 의해 판매금액 비율로 균등하게 대체되어 판매되었을 것이라는 가정에 기초하고 있다. 그러나 앞서 본 법리와 기록에 비추어 살펴보면, 이 사건에서 피고의 위법행위가 없었더라면 존재하였을 원고의 재산상태는 피고가 이 사건 의약품에 관하여 기망행위로 이 사건 특례규정의 적용을 주장하지 않았을 경우의 상태로 보아야 하고, 이 사건 의약품 자체를 피고가 제조·판매하지 않는 것으로 상정하는 것은 합리적인 추론의 범위를 넘어서는 것이며, 위 3,047,557정이 상한금액이 122원부터 479원까지 큰 차이를 보이고 있는 동일제제 9개 의약품들에 의해 어떤 비율로 대체되었을 것인지도 쉽사리 예측할 수 없는 것이어서, 원심 판시의 위와 같은 사정들은 이를 위법행위가 없었을 경우의 재산상태를 상정하는 데 참작할 수 없다고 봄이 상당하다.

그러므로 원고가 피고의 기망행위로 인하여 입게 된 손해는 이 사건 의약품의 상한금액으로 인정된 479원의 범위에서 요양기관에 실제로 지급한 요양급여비용과 피고의 기망행위가 없었더라면 상한금액으로 결정되었을 109원을 기준으로 산정한 요양급여비용과의 차액이라고 할 것이다.

그럼에도 불구하고 이와 달리 원고의 손해액을 산정한 원심판결에는 불법행위로 인한 손해액의 산정에 관한 법리를 오해하여 판결 결과에 영향을 미친 잘못이 있다고 할 것이다. 이 점을 지적하는 원고의 주장은 이유 있다.

4. 원고의 상고이유 제4점 및 피고의 상고이유 제3점에 관하여

가. 손해배상청구소송에서 피해자에게 과실이 인정되면 법원은 손해배상의 책임 및 그 금액을 정함에 있어서 이를 참작하여야 하며, 배상의무자가 피해자의 과실에 관하여 주장하지 않는 경우에도 소송자료에 의하여 과실이 인정되는 경우에는 이를 법원이 직권으로 심리・판단하여야 할 것이지만, 피해자의 부주의를 이용하여 고의로 불법행위를 저지른 자가 피해자의 바로 그 부주의를 이유로 자신의 책임을 감하여 달라고 주장하는 것은 허용될 수 없다(대법원 2005. 10. 7. 선고 2005다32197 판결 등 참조).

나. 원심은, ① 국민건강보험법 등 관계 법령에는 이 사건 특례규정에 의하여 최고가의 상한금액을 인정받은 의약품에 대하여 위 특례규정의 적용을 받을 수 없는 사유가 발생하였을 때 의약품 제조업자로 하여금 보건복지부장관 등에게 그 사유를 고지하도록 하는 명시적인 규정은 없었던 점, ② 보건복지부장관은 2007. 10.에 이르러 이 사건 제2고시를 하기 전까지는 원료조달방법의 변경이나 원료의약품 생산회사에 대한 지분율 변동 등의 사유를 들어 상한금액을 조정하는 조치를 취한 전례가 없었던 점, ③ 이 사건 제1고시 이후 보건복지부장관 등은 2년여가 경과하도록 이 사건 의약품에 대한 상한금액 결정의 타당성이나 원료의약품의 수급관계 등에 관하여 사후적인 관리・감독조치를 취하지 아니하였는바 이러한 사정으로 인하여 원고의 손해가 더욱 확대된 것으로 보이는 점 등을 종합하여 보면, 손해의 공평타당한 분담이라는 손해배상제도의 이념에 비추어 피고의 손해배상책임을 80%로 제한함이 상당하다고 판단하였다.

다. 그러나 원심이 들고 있는 피고의 손해배상책임의 범위를 제한하는 사유를 앞서 본 법리에 비추어 보면, 원고가 사후적인 관리・감독조치를 소홀히 하였더라도 이러한 틈을 이용하여 고의로 기망행위를 저지른 피고에게 원고의 부주의를 이유로 책임의 감액을 인정하는 것은 허용될 수 없고, 원고가 지분율 변동 등의 사유를 들어 상한금액을 조정하는 단속조치를 취한 전례가 없다는 사유를 손해배상책임의 제한사유로 삼는 것 역시 손해의 공평한 분담이라는 견지에서 상당하다고 인정되는 제한사유라고 볼 수 없으며, 피고는 이 사건 특례규정을 적용받기 위하여 적극적으로 기망행위를 하였으므로 상한금액 결정 후 사정변경을 이유로 한 고지의무 위반의 문제를 논할 여지가 없다는 점에서 이러한 사유 역시 손해배상책임의 범위를 제한하는 사유로 삼을 수 없다.

그럼에도 불구하고 이와 달리 원심이 판시 사정에 따른 피고의 감액 주장을 받아들여 피고의 손해배상책임의 범위를 전체 손해액의 80%로 제한한 것은 손해배상액 산정에서 책임제한의 법리를 오해하고 필요한 심리를 다하지 아니하여 판결 결과에 영향을 미친 것이라고 할 것이다. 같은 취지의 원고 주장은 이유 있고, 반대로 책임제한의 비율이 과소하다는 취지의 피고 주장은 받아들일 수 없다.

5. 원고의 상고이유 제3점에 관하여

국민건강보험법 제43조 제3항에서는 원고가 요양급여비용을 요양기관에게 지급시 이미 과다 납부된 본인부담금이 있는 경우 이를 공제하여 그 금액을 가입자에게 환급하도록 규정하고 있으나, 이는 요양기관에 대한 원고의 요양급여비용 지급과정에서 과다 납부된 본인일부부담금의 환수를 위한 절차적 편의를 위하여 마련된 규정일 뿐, 원고가 요양기관에게 이 사건 의약품을 판매한 제약회사를 상대로 불법행위로 인한 손해배상청구를 구하고 있는 이 사건에는 위 규정이 적용 내지 유추적용될 여지가 없다고 할 것이고, 그 밖에 민법 제734조의 사무관리 규정이나 조리에 의하여 원고가 타인의 권리를 소송상 행사할 수 있다거나 건강보험가입자들을 위한 소송수행권이 인정된다고 볼 수도 없다.

원고의 이 부분 주장을 배척한 원심의 조치는 정당한 것으로 수긍할 수 있고, 거기에 원고가 상고이유에서 주장하는 바와 같은 국민건강보험법상 본인부담금 환급제도와 민법상 사무관리에 관한 법리 등을 오해한 잘못이 없다.

6. 결 론

그러므로 원심판결의 원고 패소 부분 중 원고의 부담금에 관한 손해배상청구 부분을 파기하고, 이 부분 사건을 다시 심리·판단하게 하기 위하여 원심법원에 환송하고, 원고의 나머지 상고와 피고의 상고는 이유 없어 이를 모두 기각하기로 하여, 관여 대법관의 일치된 의견으로 주문과 같이 판결한다.

(10-1) 서울고등법원 2008. 9. 11. 선고 2007나7074 판결 손해배상(기)

【원고, 피항소인】 1. 손운O
부산 북구 OOOOO빌딩 8층
2. 서은O
3. 손민O
위 원고들 주소 경기 양평군 OOO가동 103호
원고 손민O은 미성년자이므로 법정대리인 친권자 모 서은O
원고들 소송대리인 변호사 고승덕

【피고, 항소인】 1. 대한민국
법률상 대표자 법무부장관 김경한
소송대리인 법무법인 지성
담당변호사 강원일, 고은아
2. 한국뉴초이스푸드 주식회사
서울 강남구 OO 602호
대표이사 강영O
소송대리인 법무법인 지평
담당변호사 심재두, 이은우, 최찬욱

【제 1 심 판 결】 서울중앙지방법원 2006. 12. 8. 선고 2005가합57993 판결

【변 론 종 결】 2008. 7. 24.

【판 결 선 고】 2008. 9. 11.

【주 문】

1. 제1심 판결 중 피고들 패소부분을 취소한다.
2. 위 취소부분에 해당하는 원고들의 피고들에 대한 청구를 모두 기각한다.
3. 소송총비용은 원고들이 부담한다.

【청구취지 및 항소취지】

1. 청구취지

피고들은 각자 원고 손운O, 서은O에게 각 98,387,979원, 원고 손민O에게 5,000,000원 및 위 각 돈에 대하여 2004. 2. 2.부터 소장 송달일까지는 연 5%, 그 다음날부터 갚는 날까지는 연 20%의 각 비율에 의한 돈을 지급하라.

2. 항소취지

주문과 같다.

【이 유】

1. 기초사실

가. 당사자들의 관계 등

(1) 원고 손운O은 사망한 손석O의 아버지이고, 원고 서은O는 그 어머니, 원고 손민O은 누나이다.

(2) 피고 대한민국 산하 식품의약품안전청은 식품위생의 안전성 확보를 위한 조사・연구, 식품・식품첨가물・기구・용기・포장 등에 관한 안전관리 사항의 종합조정, 의약품 허가 및 임상관리, 의약품 제조 및 수출입품목 허가・신고 업무 관장 등의 업무를 하는 관청이고, 피고 한국뉴초이스푸드 주식회사(이하 '피고 한국뉴초이스푸드'라고만 한다)는 2003년 9회에 걸쳐 트라이코 주식회사(TRIKOFOODS Co., LTD.)를 통하여, 2004년 1. 7.에는 대만의 성향진(SHENG HANG JEN FOODS Co., LTD.)을 통하여 망고맛 미니 과일 젤리(MANGOFLAVOR MINI FRUITY GELS) 등을 수입하여 유통・판매한 회사이다.

(3) 한편, 위 트라이코 주식회사는 SHJ(성향진)제품, NC(뉴초이스)제품, TRIKO(트라이코)제품 등 여러 상품을 공급하는 회사이다.

나. 이 사건 젤리 구입 및 망인의 사망경위

(1) 손석O의 어머니인 원고 서은O가 2003. 12. 하순경 경기 양평군 소재 OOOOO마트에서 구입하여 망 손석O에게 택배로 보내 준 젤리는 제품명 망고맛 미니 과일 젤리(MANGOFLAVOR MINI FRUITY GELS), 원산지 및 제조원 대만 성향진(盛香珍, SHENG HSIANG JEN FOODS Co., LTD.), 수입원 및 판매자 피고 한국뉴초이스푸드라고 기재된 라벨이 부착된 플라스틱 통 포장용기에 담겨진 채 그 용기 상단이 비닐로 밀봉된 상품이었다.

(2) 망 손석O은 부모인 원고 손운O, 서은O의 이혼으로 외할머니 박분O의 거주지인 부산 동구 OOO 463-62에서 누나인 원고 손민O과 함께 박분O의 보살핌을 받으며 생활하던 중, 2004. 2. 2. 18:00경 저녁식사를 마친 후 박분O이 저녁상을 치우는 사이에 원고 손민O이 냉장고의 냉동실에서 꺼내 온 얼려진 상태의 젤리를 먹다가 젤리가 목에 걸려 기도를 막는 바람에 호흡이 곤란하게 되어 부산 동구 OOO소재 OOO병원으로 옮겨졌으나, 위 병원에 도착하기 직전인 같은 날 18:40경 기도폐쇄로 사망(이하 '이 사건 사고'라 한다)하였다.

(3) 망 손석O이 먹은 젤리는 원고 서은O가 택배로 보낸 플라스틱 통 포장용기 안에 있던 낱개 제품인데, 그 낱개 제품에는 'MangoMINI FRUIT JELLY'(갑 제1호증 사진 제품, 이하 ′ 이 사건 젤리′ 라 한다)라고 기재되어

있을 뿐 제조원이나 수입원 등에 대하여는 아무런 표시가 되어 있지 아니하다.

(4) 이 사건 젤리는 대만의 조조모사(JOJOMOENTERPRISE Co., LTD.)가 제조한 'MangoMINI FRUIT JELLY' 제품으로, 이 사건 젤리를 제조한 조조모사 제품은 한일식품, 조은식품 등 국내의 여러 수입업체에서 수입하고 있었다.

다. 미니컵 젤리로 말미암은 우리 나라의 질식사건 사례

(1) 2001. 4.경 안양시에 살고 있는 남자 아이(9세)가 미니컵 젤리를 먹다가 기도가 막히는 바람에 저산소 뇌손상으로 인한 1급 장애를 입었다.

(2) 2004. 2. 1.경 경산시에 있는 사회복지관에서 보호 중인 장애아(9세)가 보육사가 입에 넣어준 미니컵 젤리(mangomini fruit jelly)를 먹다가 질식하여 사망하였다.

(3) 이 사건 사고 이후 2004. 9. 23. 수원에 살고 있는 여자 어린이(6세)가 미니컵 젤리(MINI FRUIT JELLY ASSORTED FLAVORS)를 먹다가 질식하여 2004. 10. 10. 결국 사망하였다.

라. 미니컵 젤리에 대한 국내외 조치 내용

(1) 미국(호주, 캐나다도 동일)

미국 식품의약국(FDA)은 곤약을 함유한 미니컵 젤리가 어린이와 노약자에게 질식의 위험이 있다는 1차 경고를 발표(2001. 8. 17.)한 후 미니컵 젤리의 물성(physical properties)이 특히 어린이에게 질식의 위험이 있다고 판단함에 따라 2001. 10. 4. 곤약을 함유한 미니컵 젤리에 대하여 물리적 시험 없이 수입금지 조치를 내렸다{제품 크기 : 직경 1.5인치(4.5㎝) 이하의 원형제품, 직경 1.25인치(3.1㎝) 이하의 비원형제품}.

(2) 유럽연합

유럽연합집행위원회(EC)는 2002. 3. 27. 곤약(konjac gum과 konjac glucomannan)이 함유된 젤리에 대하여 잠정적으로 판매, 사용, 수입금지 결정을 하였고, 유럽연합의회는 2003. 6. 18. 젤리에 대한 곤약 사용을 영구 금지 조치하기로 결정하면서 각 회원국이 2004. 1. 17.까지 국내법에 반영하여 시행할 것을 권고하였고, 유럽연합집행위원회는 2004. 4. 23. 16종의 겔화제{한천(agar), 카라기난(carrageenan) 포함}가 함유된 미니컵 젤리에 대하여 잠정적으로 판매, 사용, 수입 금지를 결정하였고, 유럽식품안전청의 식품첨가물전문위원회는 2004. 7. 12. 미니컵 젤리의 위험요소로서 제품의 경도, 형태, 크기 및 섭취 방법을 지적하고 시험과정에서 일부 곤약을 함유하지 않은 미니컵 젤리가 곤약을 함유한 미니컵 젤리에 비하여 용해도가 높고 관통하는데 적은 힘이 필요한 것으로 나타났으나 곤약을 함유하지 않은 미니컵 젤리도 쉽게 용해되지 않고 한 번에 섭취할 때 기침을 하여 뱉어내기 어려운 물리화학적 특성을 나타내므로 질식의 위험이 있는 것으로 판단하였고, 나아가 해조류나 검류에서 유래한 식품첨가물은 종류와 관계없이 입으로 빨아들이는 방법 또는 미니컵을 눌러서 젤리를 입에 넣는 방법으로 섭취할 경우 미니컵 젤리에 의한 질식위험이 있으며 이러한 위험은 어린이에게만 한정되지 않는다는 입장을 밝혔다.

(3) 덴마크, 스위스, 이탈리아, 핀란드

곤약과 글루코만난을 함유한 미니컵 젤리 제품을 금지하고 있다.

(4) 일본

정부 차원에서 별도로 조치하는 사항은 없고, 소비자 단체에서 경고표시 및 구급방법 표시를 강화하고, 제품

입구 및 크기, 형태의 설계를 변경하는 등의 건의사항을 내어 놓고 있으며, 정부는 자율적으로 질식 위험이 없는 제품을 생산하도록 업계, 단체에 요청하고 있다.

(5) 피고 대한민국

(가) 곤약을 함유한 미니컵 젤리에 대한 미국 식품의약국의 일련의 조치에 따라 2001. 10. 23. 곤약 및 글루코만난이 함유된 직경 4.5㎝ 이하 원형, 원추형, 타원형의 미니컵 젤리의 생산, 수입, 유통 등을 금지하고, 이들 이외의 식품첨가물(카라기난 등)을 사용한 제품에도 “잘못 섭취할 경우 질식의 위험이 있다”는 내용의 경고문을 표시하도록 조치하였다.

(나) 한국소비자보호원은 2004. 2. 4. 미니컵 젤리로 말미암아 2004. 2. 1.과 2. 2. 연이어 2건의 질식사고가 발생하자 식품의약품안전청장에게 향후 유사 안전사고가 유발되지 않도록 미니컵 젤리에 대한 수입금지 등의 안전조치가 필요한 지에 대하여 검토해 줄 것을 촉구하였는데, 이에 대하여 식품의약품안전청은 위 두 사건은 제품 자체에 기인하여 발생한 위해라기보다는 특수한 환경(장애인, 냉동보관 및 섭취시 주의 소홀 등)에서 발생되었을 개연성이 크고, 떡과 같은 식품의 경우에도 유사 사례가 발생할 개연성이 있기 때문에 생산, 수입의 금지는 현실적으로 불가능하므로 교육, 홍보를 통한 위해방지가 보다 합리적인 것으로 판단된다고 회신하였다.

(다) 2004. 10. 10. 사망 사건과 2004. 4. 23. 유럽 연합의 미니컵 젤리에 관련된 잠정금지 조치에 따라 2004. 10. 12. 직경 4.5㎝ 이하의 원형, 원추형, 타원형의 모든 미니컵 젤리(함유성분 관계없음)를 잠정적으로 제조, 유통, 판매를 금지하였다가 2005. 4. 11.부터 ① 제품의 형태와 관계없이 곤약, 글루코만난을 함유한 제품 중 뚜껑에 직접 접촉하는 면의 직경 또는 최장길이가 4.5㎝ 이하인 제품은 계속하여 생산, 수입, 판매 등을 금지하고, ② 기타 식품첨가물 및 원료 등으로 제조한 제품도 제품의 형태와 관계없이 뚜껑에 직접 접촉하는 면의 직경 또는 최장길이가 4.5㎝ 이하인 경우에는 질김성과 깨짐성을 고려하여 정해진 기준에 따라 압착시험을 했을 경우 7N(Newton) 이하의 물성을 갖고 있으며, ′ 질식의 위험성이 있고 냉동섭취를 금하며(얼려서 먹지 말도록 표시), 5세 이하 어린이 및 노약자에게 섭취를 금지한다′ 는 내용의 주의경고를 표시한 제품에 한하여 생산, 수입, 판매 등을 허용하도록 하였다.

마. 미니컵 젤리에 대한 시험 등

(1) 미니컵 젤리의 특징

미니컵 젤리는 단단한 물성의 젤리 캔디로서, 반강직성의 반구형 등의 미니컵에 담겨 있고, 젤리를 입으로 빨아들이는 방법 또는 미니컵을 눌러서 젤리를 입에 넣는 방법으로 섭취한다. 미니컵 젤리는 젤리의 물성을 위하여 다양한 종류의 겔화제가 첨가되는데, 곤약(kojac), 글루코만난(glucomannan), 해조류(seaweeds)나 검류(gums)에서 유래한 첨가물, 과일에서 유래한 펙틴(pectin), 동물에서 유래한 젤라틴(gelatin) 등이 겔화제로 사용되고 있다.

(2) 질식의 원인

미니컵 젤리는 일반적으로 제품의 물리적 특성, 크기, 모양, 섭취방법 등이 질식사고와 개연성이 있는 요소로 알려져 있고, 질식사고는 이들 요소들이 서로 복합적으로 상호작용하여 기도를 막아 질식을 유발하는데, 미니컵 젤리가 용기로부터 쉽게 빠져나오지 않아 입으로 흡입하는 경우 젤리가 입 안으로 급하게 들어오면서 후두덮개가 미처 후두 입구를 닫기 전에 젤리가 기도로 들어가 기도폐쇄를 일으켜 사고가 나게 되며 제품의 특성상 일부만 기도를 막게 되어도 질식을 일으킬 수 있다.

(3) 식품위생심의회의 기준규격분과 위원회 심의 내용

(가) 식품의약품안전청은 이 사건 사고가 발생한 이후인 2004. 10.경부터 2004. 11.경 사이에 미니컵 젤리의 질식위험요인 규명과 합리적 조치 방안을 마련하기 위하여 유통되고 있는 미니컵 젤리의 시험 등을 실시하여 2005. 2. 1. '식품위생심의회의 기준규격분과 위원회 심의자료'로 '미니컵 젤리 관리방안'이 제출되었는데 그 내용은 다음과 같다.

(나) 대상 제품 : 2004. 10. 12. 당시 수입, 생산된 제품 등

(다) 미니컵 젤리의 모양, 크기 및 주의 표시사항

○ 모양 : 원추형, 빗살무늬 홈이 있는 원추형, 하트형, 반원형, 십자형

○ 크기

- 원형제품 : 직경 3.2㎝, 7㎝의 원형
- 비원형제품 : 장축 4.5 ~ 4.8㎝, 단축 2.5 ~ 3.2㎝
- 빗살무늬 홈이 있는 원추형제품 : 깊이 0.5㎜ ~ 5㎜의 홈이 10개 ~ 15개

○ 주의 표시사항 표시(국내에 유통되는 제품만을 기재한다)

- 국내제품
  · 유아, 어린이 및 노약자에게는 잘게 썰어 주시기 바람, 본 제품은 냉동제품이 아니므로 얼려 드시지 마십시오.
  · 잘못 섭취할 경우 질식의 위험이 있으니 잘게 썰어서 드십시오.
  · 5세 이하의 어린이에게는 잘게 썰어 주십시오.
    개봉한 제품은 냉장보관 하시고, 유통기한 내에 드시기 바랍니다.
  · 한 번에 드실 경우 질식의 위험이 있으니 잘 씹어 드십시오.
    어린이와 노약자는 반드시 먹기 좋은 크기로 잘라서 드시기 바랍니다.
- 말레이시아, 대만, 일본 수입제품
  · 한 번에 삼킬 경우 질식의 위험이 있으니 특히 어린이나 노약자는 반드시 잘게 썰어서 드십시오.
  · 본 제품은 잘못 섭취할 경우 질식의 위험이 있으니 섭취시 주의를 바랍니다(과일조각이 들어 있습니다. 충분히 씹어 삼키십시오. 5세 이하의 어린이에게는 권하지 않습니다. 섭취방법 도안 표시).
  · 본 제품을 드실 때 어린이와 노약자는 질식의 위험이 있사오니 잘게 썰어서 드십시오.
  · 본 제품 섭취시 어린이나 노약자는 질식의 위험이 있으니 잘게 씹어 드시기 바랍니다(과일조각이 들어 있습니다. 질식을 방지하기 위하여 작은 조각으로 잘라 씹어 삼키십시오, 5세 이하의 어린이와 60세 이상 노약자는 권하지 않습니다).

(라) 특성 분석을 위한 시험

미니컵 젤리의 잠재적 위험물성에 대한 분석을 위해 전방압출시험, 압착시험, 천공시험, 응집성시험을 하였는데, 그 결과는 다음과 같다.

① 전방압출시험(젤리가 원통의 구멍을 빠져나가거나 형태가 변형될 때 측정되는 힘으로 미니컵 젤

리의 질김성, 점착성, 탄성 등을 측정함)

㉮ 1차 시험으로 미니후르츠 젤리 등 22품목{수입산 : 18종(대만 13, 중국 4, 말레이시아 1), 국산 4종}의 깨짐성과 질김성을 측정한 결과 각각 1.2N ~ 측정범위초과, 2.4N ~ 측정범위초과로 나타났고, 카라기난 1.3%를 사용한 것으로 수입신고한 대만산 제품 6종이 측정범위를 초과하였으며, 2차 시험으로 미니후르츠젤리 등 41품목{수입산 : 29종(대만 21, 중국 4, 일본 3, 말레이시아 1), 국산 : 6종, pilot 시료 : 3종, 대조구(묵, 두부) : 3종}을 검사한 결과 1차 시험 결과와 유사하였고, 곤약을 사용하지 않은 것으로 수입신고한 대만산 미니컵 젤리와 곤약을 사용한 것으로 표시된 대만 현지 유통 미니컵 젤리의 측정 값이 유사하게 나타났다.

㉯ 이 사건 사고와 관련있는 미니컵 젤리로 보이는 종합과일맛미니젤리(검체6, 제조회사 : JOJOMOENTERPRISE Co.LTD)와 종합미니과일젤리(검체14, 제조회사 : JOJOMOENTERPRISE Co.LTD)(위 두 가지 미니컵 젤리를 합하여 부를 때에는 "이 사건 제품들"이라고 한다)는 검체의 겔이 납작하게 응집되어 고착되어 있고, 검체14의 경우는 겔이 응집되어 원통의 구멍을 빠져나가지 못하여 측정치기계의 측정범위 한계를 초과하여 측정불가 상태에 해당하였으며, 이 사건 제품들 모두 질식의 개연성이 가장 높은 제품으로 판단되었다.

② 압착시험(미니컵 젤리의 물직적 특성을 규명하기 위한 것으로 물성과 질식과의 개연성 여부를 판단하기 위하여 실험, 미니컵 젤리 조직의 단단함, 깨짐성 등을 측정)

㉮ 1차 시험으로 미니후르츠 젤리 등 41품목{수입 : 29종(대만 21, 중국 4, 일본 3, 말레이시아 1), 국산 : 6종, pilot 시료 : 3종, 대조구(묵, 두부) : 3종}을 검사한 결과 국산 5종, 대만산 1종, 두부 2종은 젤리의 구조적 붕괴 없이 파열되어 검체의 탄성 및 강도가 낮아 질식의 개연성이 가장 낮은 제품으로, 국산 1종, pilot 시료 3종, 말레이시아 1종, 대만산 9종, 중국산 4종, 일본산 2종, 묵 1종은 젤리의 구조가 약해 쉽게 부서지고 탄성 및 강도가 낮아 질식의 개연성이 미미한 제품으로, 대만산 11종, 일본산 1종은 젤리의 강도가 크고 탄성이 강한 젤리로 질식의 개연성이 매우 높은 제품으로 판단되었고, 2차 시험으로 미니후르츠젤리 34품목{수입 : 28종(대만 21, 중국 4, 일본 2, 말레이시아 1), 국산 : 6종}을 검사한 결과 1차 시험 및 전방압출시험의 측정값과 유사한 결과를 보였다.

㉯ 이 사건 제품들은 검체의 부서짐이 일어나지 않고, 젤리의 탄성이 강하여(31.2 ~ 56.9N) 잘 깨지지 않아서 질식의 개연성이 높은 제품으로 판단되었다.

③ 천공시험(미니컵 젤리의 저항값을 측정하는 실험)

㉮ 미니후르츠젤리 등 41품목{수입 : 29종, 국산 : 6종, pilot 시료 : 3종, 대조구(묵, 두부) : 3종}을 검사한 결과, 압착시험의 측정값과 유사한 결과를 보였다.

㉯ 이 사건 제품들은 Probe에 대응하여 구멍이 뚫리지 않고, 질김성 및 탄성이 강하여(1.7 ~ 2.9N) 질식의 개연성이 가장 높은 제품으로 판단되었다.

④ 응집성 시험(미니컵 젤리의 압축 시 반발력을 측정하는 실험)

㉮ 미니후르츠젤리 등 38품목(수입 : 29종, 국산 6종, pilot 시료 : 3종)을 검사한 결과 검체의 대부분이 0.32 ~ 0.44 범위에 속하였으며, 특히 국산 4개 제품은 0.09, 0.14, 0.19, 0.24로 낮은 값을

나타내었다.

㈏ 이 사건 제품들 중 검체6은 0.417, 검체14는 0.412로 응집성 시험에서 높은 수치를 나타내었다.

⑤ 관능검사

㉮ 미니컵 젤리를 입 안에서 씹기 전에 쉽게 깨지지 않는 단단한 성질과 유연하게 움직이는 탄력성을 관능적으로 검사하여 그 정도를 구분한 후 0 ~ 10 사이의 숫자로 표시하였는데, 실험 결과 단단함과 탄성에 대하여 그렇다고 답변했을 경우에는 5를 초과한 값을, 그렇지 않다고 답변했을 경우 5미만의 값을 선택하였는데, 단단함은 1.0 ~ 8.4, 탄성은 1.0 ~ 7.2까지 분포하였고, 평균과 중간값은 모두 5 부근에 위치하였다.

㈏ 질식사고와 관련 있다고 추정되는 1개 제품은 가장 강한 물성 그룹에 속하였고, 곤약을 함유한 것으로 표시된 제품 4개 중 3개는 물성이 강한 그룹에, 1개는 중간 그룹에 속한 것으로 나타났다. 그러나 곤약이 아닌 기타 겔화제를 사용한 것으로 표시한 제품의 관능검사결과도 상당수가 가장 물성이 강한 그룹에 속한 것으로 나타났다.

(4) 위 심의자료에 첨부되어 있는 국립독성연구원 위해성 연구부 검토의견과 식품의약품안전청 식품규격평가부 검토의견, 식품의약품안전청 식품안전국 검토의견을 살펴보면 다음과 같다.

(가) 국립독성연구원 위해성 연구부 검토의견

국내 유통 중인 미니컵 젤리 22개를 검사한 결과 곤약을 사용하지 않은 것으로 수입신고한 8개 제품의 깨짐성, 질김성 값이 곤약을 사용한 것으로 수입신고한 제품의 측정값보다 높게 나와 곤약을 사용하였을 것으로 추정되어 사실과 달리 신고한 것으로 판단되고, 카라기난으로 수입신고한 제품의 경우도 카라기난 외에 기타 증점제가 혼합된 것으로 추측되며, 국내 사망사고를 발생시킨 대만산 종합과일맛미니젤리 등 사고를 발생시킨 젤리는 곤약을 함유하지 않은 것으로 신고되었지만 모두 물성시험에서 젤강도, 응집성, 탄성 등이 높은 것으로 나타나 곤약을 함유한 것으로 추측되고, 이러한 제품들은 기도를 막았을 경우에 기도폐쇄의 가능성이 매우 높다고 판단되었다. 젤리의 물성은 냉장, 냉동보관 등 젤리의 보관방법에 따라서도 많이 달라진다고 한다.

(나) 식품의약품안전청 식품규격평가부 검토의견

미니컵 젤리의 안전성 확보를 위한 합리적 관리방안을 위해서 직경 4.5㎝ 이하의 모든 미니컵 젤리의 생산, 수입, 유통, 판매 등을 금지하는 것이 최근 주요 외국의 조치결과나 소비자의 안전을 최우선적으로 판단해야 한다는 점에서 타당할 것으로 판단된다고 검토하였다.

(다) 식품의약품안전청 식품안전국 검토의견

국립독성연구원 위해성연구부와 식약청 식품규격평가부의 검토의견과 식품안전국의 자체 조사자료를 바탕으로, 미니컵 젤리 제품 전부를 판매금지하는 것은 식품산업발전에 저해요인으로 작용할 수 있다고 보아서 잠정적으로 7N을 허용 물성기준으로 제시하여 관리하는 방안을 제안하였다.

바. 현재 과학적 기술로는 식물성 겔화를 구별하여 검출해 내기 어렵고 이를 확인하는 방법이 마련되어 있지 않으며, 곤약을 함유하고 있는 제품과 함유하고 있지 않은 제품의 성분을 구분할 수 있는 방법이 없고 이를 검사할 수 있는 기관이 없을 뿐만 아니라 수입 신고시 곤약 함유 제품이 아니라고 신고한 경우에 실제 곤약 성분이 함유되었는지 여부에 대하여 확인할 수 있는 방법도 없다.

사. 피고 한국뉴초이스푸드가 젤리를 판매하기 위하여 낱개 포장을 담는 용기인 플라스틱 통에는 '본 제품을 드실 때 목에 걸릴 수 있으므로 노약자나 유아에게는 잘게 썰어서 주십시오'라는 주의사항이 기재되어 있다.

[인정근거] : 다툼 없는 사실, 갑 2 내지 9, 15 내지 28, 33호증, 을가 2, 3, 5, 6호증(각 가지번호 포함)의 각 기재, 갑 1호증의 1 내지 5의 각 영상, 당심의 피고 한국뉴초이스푸드 대표이사 본인신문결과, 제1심 법원의 한국소비자보호원, 식품의약품안전청, 국립독성연구원에 대한 각 사실조회결과, 당심 법원의 서울세관장, 안양세관장에 대한 각 사실조회결과, 변론 전체의 취지

2. 판단

가. 피고 대한민국에 대한 청구

(1) 원고들의 주장

피고 대한민국은 이 사건 사고 이전에 미니컵 젤리로 인한 질식사고가 발생한 적이 있었음에도 불구하고, 미니컵 젤리 형태로 한 입에 흡입하여 내용물을 섭취할 경우 질식사고의 유발 가능성이 내재되어 있는 상황에서, 미니컵 젤리에 대한 물성 등에 대한 시험을 실시하여 그 물성과 질식사고 유발 가능성과의 관계를 파악하는 등으로 질식사고의 발생을 방지하여야 할 의무가 있음에도 이러한 조치를 취하지 않은 채 만연히 수입업자가 신고한 성분에 의존하여 이 사건 젤리를 국내에 수입·유통시킨 잘못으로 이 사건 사고 발생의 원인을 제공하였으므로, 이 사건 사고로 손석O 및 그 유족인 원고들이 입은 손해를 배상할 책임이 있다.

(2) 판단

(가) 일반적으로 공무원이 그 권한을 행사함에 있어서는 국민에 대하여 손해를 방지하여야 할 의무 내지 국민의 안전을 배려하여야 할 직무상의 의무를 부담하고, 공무원이 직무를 수행함에 있어 그 근거되는 법령의 규정에 의하여 구체적으로 공무원에게 부과된 의무 가운데 국민의 이익과는 관계 없이 순전히 행정기관 내부의 질서를 유지하기 위한 것이거나 또는 그 직무상 의무가 국민의 이익을 위한 것이라도 개개의 국민을 염두에 둔 것이 아니라 오로지 공공 일반의 전체적인 이익을 조장하기 위한 경우에 불과할 때에는 공무원이 그 직무상의 의무에 위반하여 국민에게 손해를 가하였다고 하더라도 이에 관하여 그 공무원이 소속된 국가나 지방자치단체의 손해배상책임이 인정되지 않는 반면에, 그 직무상 의무의 내용이 전적으로 또는 부수적으로라도 사회구성원 개인의 안전과 이익을 보호하기 위하여 설정된 것이라면 공무원이 그와 같은 직무상 의무를 위반함으로써 피해자가 입은 손해에 대하여는 상당인과관계가 인정되는 범위 내에서 국가나 지방자치단체가 배상책임을 지는 것이고, 이 때 상당인과관계의 유무를 판단함에 있어서는 일반적인 결과발생의 개연성은 물론이고 더 나아가 직무상 의무를 부과하는 법령 기타 행동규범의 목적이나 가해행위의 태양 및 피해의 정도 등 구체적인 사정을 종합적으로 고려하여야 한·다(대법원 1998. 5. 8. 선고 97다36613 판결 참조).

(나) 구 식품위생법(2005. 1. 27. 법률 제7374호로 개정되기 전의 것)의 규정

제1조 (목적)

이 법은 식품으로 인한 위생상의 위해를 방지하고 식품영양의 질적 향상을 도모함으로써 국민보건의 증진에 이바지함을 목적으로 한다.

제4조 (위해식품등의 판매등 금지)

다음 각호의 1에 해당하는 식품등은 판매하거나 판매할 목적으로 채취·제조·수입·가공·사용·조

리·저장 또는 운반하거나 진열하지 못한다.<개정 1988.12.31, 1991.12.14, 1995.12.29, 1998.2.28, 2002.8.26>

7. 수입이 금지된 것 또는 제16조제1항의 규정에 의하여 수입신고를 하여야 하는 경우에 신고하지 아니하고 수입한 것

제16조 (수입식품등의 신고등)

① 판매를 목적으로 하거나 영업상 사용하는 식품등을 수입하고자 하는 자는 보건복지부령이 정하는 바에 의하여 보건복지부장관·식품의약품안전청장에게 신고하여야 한다.<개정 1998.2.28>

② 보건복지부장관·식품의약품안전청장은 보건복지부령이 정하는 사유가 있는 경우에는 제1항의 규정에 의하여 신고된 식품등에 대하여 통관절차 완료전에 관계 공무원 또는 검사기관으로 하여금 필요한 검사를 하게 하여야 한다. 다만, 기구 또는 용기·포장의 경우에는 통관절차 완료후에 검사를 하게 할 수 있다.<개정 1998.2.28, 2000.1.12, 2002.8.26>

④ 제2항 및 제3항의 규정에 의한 검사의 종류·대상, 검사방법 및 수입식품등사전확인등록의 기준·절차 등에 관하여 필요한 사항은 보건복지부령으로 정한다.<신설 2002.8.26>

(다) 망인이 이 사건 젤리를 먹을 당시 시행중이던 구 식품위생법의 취지, 목적 및 그 법령에 따라 피고 산하 식품의약품안전청 공무원이 부담하는 의무를 고려하여 볼 때, 구 식품위생법은 국민 일반의 건강에 위험이 될 식품의 제조, 판매, 수입 등을 규제하고 국민의 생명·신체 및 재산상의 안전에 위해를 끼칠 물품이나 용역을 규제함으로써 국민 전체의 이익을 도모하기 위한 것이라고 할 것이고, 국민 개개인의 안전과 이익을 직접적으로 보호하기 위한 규정이라고 볼 수는 없으므로 이 사건 젤리의 수입이나 유통을 금지시키지 아니한 피고 소속 공무원의 직무상 행위와 이 사건 사고 사이에 상당인과관계가 있다고 할 수 없다 할 것이어서 원고들의 위 주장은 나아가 살펴 볼 필요없이 이유 없다.

설령 구 식품위생법 소정의 규정들이 오로지 공공 일반 또는 국민 전체의 이익을 도모하기 위한 것은 아니고, 부수적으로라도 사회구성원 개인의 안전과 이익을 보호하기 위하여 설정된 것이라고 본다 하더라도, 앞서 살핀 바와 같이 미국 식품의약국이 2001. 8. 17. 이후 곤약을 함유한 미니컵 젤리에 대하여 앞서 본 바와 같은 일련의 조치를 취하자, 피고 대한민국은 2001. 10. 22. 곤약 및 글루코만난이 함유된 직경 4.5cm 이하 원형, 원추형, 타원형의 미니컵 젤리의 제조·수입·유통 등을 금지하고, 이들 이외의 겔화제를 사용한 제품에도 경고문을 표시하도록 조치한 점, 유럽연합이 2004. 4. 23. 곤약 이외 겔화제로 사용되는 식품첨가물을 함유한 미니컵 젤리에 대하여 판매 및 수입을 금하는 잠정 조치를 취하였는데, 이는 이 사건 사고 이후인 점, 피고 대한민국이 2001. 10. 22. 곤약 및 글루코만난이 함유된 미니컵 젤리의 제조·수입·유통 등을 금지한 이후 이 사건 사고 이전까지에는 이 사건 사고 하루 전날 1회의 사고 이외에 다른 사고가 발생하지 않았던 점, 한국소비자보호원이 이 사건 사고 이후에야 2004. 2. 4. 식품의약품안전청장에게 미니컵 젤리에 대한 수입금지 등의 안전조치가 필요한 지에 대하여 검토해 줄 것을 요청한 점, 현재의 과학기술로 미니컵 젤리에 곤약 성분이 함유되었는지 여부에 대하여 검출할 수 있는 방법이 거의 없는 상황에서 피고 대한민국만 세계 각 국가와 달리 곤약 및 글루코만난이 함유된 미니컵 젤리 이외에 모든 미니컵 젤리를 일방적으로 수입을 금지하는 조치를 취하기 어려운 점, 얼려져 있는 상태의 미니컵 젤리를 입으로 흡입하여 빨아들이는 방법으로 섭취하는 경우에는 그 위험성이 현저히 증가함에도 불구하고, 손석O은 냉장고의 냉동실에 보관되어 있어 얼려져 있던 이 사건 젤리를 통째로 흡입한 점, 손석O

의 부모들인 원고 손윤O, 서은O나 외할머니인 박분O 또한 이 사건 젤리를 냉동실에 보관하면서 손석O이 평소 이 사건 젤리를 통째로 흡입하는 방법으로 섭취하는 데 대하여 제지하였다고 볼만한 자료가 없는 점 등에 비추어 보면, 식품의약품안전청 공무원이 위험성이 있는 식품 등임에도 이를 규제하지 않았고, 만일 이를 규제하였더라면 국민이 위험성 있는 식품 등을 사용하지 않았을 수도 있었다는 사정만으로는 이 사건 젤리의 수입이나 유통을 금지시키지 아니한 피고 소속 공무원의 직무상 행위와 이 사건 사고 사이에 상당인과관계가 있다고 할 수 없고, 한편 이 사건 젤리의 수입을 허용할 경우 국민의 생명, 신체, 재산 등에 대하여 절박하고 중대한 위험상태가 발생하거나 발생할 우려가 있음에도 피고 소속식품의약품안전청 공무원이 그 직무상의 주의의무를 다하지 아니하여 그 위험을 배제하지 않은 과실이 있다고 보기도 어려우므로, 원고들의 위 주장은 이 점에서도 이유 없다.

나. 피고 한국뉴초이스푸드에 대한 청구

(1) 당사자의 주장

원고들은, 이 사건 젤리는 피고 한국뉴초이스푸드가 수입한 제품으로서, 그 강도, 응집성, 탄성 등이 높은 물성을 가지고 있어 질식사고의 유발 개연성이 높을 뿐만 아니라, 그 형태에 있어서도 한 입 크기 정도로 제조되어 입으로 흡입을 하는 방법으로 섭취하도록 되어 있고, 표면이 매끄러워서 입에 쉽게 빨려 들어간 후 입 안에서 쉽게 부서지거나 녹지 않으며, 탄력성이 있어서 질식사고의 유발 가능성이 상존하고 있는 등 그 자체로서 결함이 있는 제품이라고 할 것이므로, 수입을 하여 유통시켜서는 아니됨에도, 피고 한국뉴초이스푸드는 이 사건 젤리를 수입하여 유통시킴으로써 이 사건 젤리를 먹은 손석O이 질식으로 사망하게 하는 사고를 야기하였으므로, 손석O및 원고들이 입은 손해를 배상할 의무가 있다고 주장한다.

이에 대하여 피고 한국뉴초이스푸드는, 피고 한국뉴초이스푸드가 수입・유통시킨 미니컵 젤리에는 플라스틱 통 포장용기 외에도 그 용기 안에 있는 낱개 포장 제품 포장지에 'MangoMINI FRUITY GELS'라고 상품명이 기재된 위에 'New Choice'라는 피고 한국뉴초이스푸드의 CI(Corporate Identity)가 표시되어 있음에도, 이 사건 젤리의 낱개 포장에는 'MangoMINI FRUIT JELLY'라고 기재되어 있을 뿐 제조원이나 수입원 등에 대하여는 아무런 표시가 되어 있지 아니하므로, 이 사건 젤리는 피고 한국뉴초이스푸드가 수입・유통시킨 제품이라고 할 수 없으므로, 원고들의 위 주장은 이유 없다고 다툰다.

(2) 판단

그러므로 과연 피고 한국뉴초이스푸드가 이 사건 젤리를 수입・유통시켰는지에 관하여 보건대, ① 손석O의 어머니인 원고 서은O가 2003. 12. 하순경 경기 양평군 소재 OOOOO마트에서 구입하여 택배로 젤리를 보내 주었는데, 원고 서은O가 구입한 젤리는 그 용기 상단이 비닐로 밀봉된 플라스틱 통 포장용기 상품으로 그 제품명은 망고맛 미니 과일 젤리(MANGOFLAVOR MINI FRUITY GELS), 원산지 및 제조원은 대만 성향진(盛香珍, SHENG HSIANG JEN FOODS Co., LTD.), 수입원 및 판매자는 피고 한국뉴초이스푸드라고 기재된 라벨이 부착된 상태였던 점, ② 이 사건 젤리의 낱개 포장에는 'MangoMINI FRUIT JELLY'라고 기재되어 있을 뿐 제조원이나 수입원 등에 대하여는 아무런 표시가 되어 있지 아니한 점, ③ 피고 한국뉴초이스푸드에 대한 수출 업체인 트라이코 주식회사는 SHJ(성향진)제품, NC(뉴초이스)제품, TRIKO(트라이코)제품 등 여러 상품을 공급하는 회사인 사실은 위에서 인정한 바와 같으나, 한편 이 사건 젤리와 별도로 피고 한국뉴초이스푸드가 이 사건 젤리가 담겨 있던 위와 동일한 용기에 포장하여 국내에 수입·유통시킨 미니컵 젤리 중에는 이 사건 젤리의 낱개 포장과는 달리 그 낱개 포장지에 'MangoMINI FRUITY GELS'라고 상품명이 기재된 위에 'New Choice'라는 피고 한국뉴초이스푸드의 CI(Corporate Identity)가 표시된 것이 있는 반면, 그와 같이 표시가 되어 있지 아니한 채 수입·유통시킨 미니컵 젤 리가 있다고 볼만한 자료가 없는 점(을나 3호증의 1 내지 13의 각 영상, 당심의 피고 한국뉴초이스푸드 대표이사 본인신문결과), ④ 원고 서은O가 망 손석O에게 미니컵 젤리를 택배로 보낸 2003. 12. 하순경으로부터 상당한 기간이 경과하여 이 사건 사고가 발생한 점, ⑤ 이 사건 젤리는 대만의 조조모사(JOJOMOENTERPRISE Co., LTD.)가 제조한 'MangoMINI FRUIT JELLY'제품인 반면, 피고 한국뉴초이스푸드가 위 조조모사로부터 직접 또는 위 트라이코 등 공급업체를 통하여 이를 수입·유통시킨 아무런 자료가 없는 점, ⑥ 이 사건 젤리의 제조사인 대만의 조모모사 제품은 한일식품, 조은식품 등 국내의 여러 수입업체에서 수입·유통시키고 있는 점 등에 비추어 볼 때, 위 인정사실만으로는 피고 한국뉴초이스푸드가 이 사건 사고의 원인인 이 사건 젤리를 수입 또는 판매·유통시킨 것이라고 인정하기에 부족하고, 달리 이를 인정할 증거가 없으므로, 원고들의 위 주장은 이유 없다.

3. 결론

그렇다면, 원고들의 피고들에 대한 청구는 이유 없어 이를 모두 기각할 것인바, 제1심 판결은 이와 결론을 일부 달리 하여 부당하므로, 피고들의 항소를 받아들여 제1심 판결 중 피고들 패소부분을 취소하고, 위 취소부분에 해당하는 원고들의 피고들에 대한 청구를 모두 기각하기로 하여 주문과 같이 판결한다.

(10-2) 대법원 2010.9.9. 선고 2008다77795 판결 【손해배상(기)】

【원고, 상고인】 원고 1외 2인 (소송대리인 변호사 고승덕)
【피고, 피상고인】 대한민국외 1인 (소송대리인 변호사 고은아외 1인)
【원심판결】 서울고법 2008. 9. 11. 선고 2007나7074 판결
【주 문】

상고를 모두 기각한다. 상고비용은 원고들이 부담한다.

【이 유】

1. 원고 1의 상고에 대하여

원고 1은 법정기간 내에 상고이유서를 제출하지 아니하고 그 기간이 도과된 후에 상고이유서를 제출하였을 뿐만 아니라, 상고장에도 상고이유의 기재가 없다.

2. 나머지 원고들의 상고에 대하여

상고이유(상고이유서 제출기간이 지나서 제출된 상고이유보충서의 기재는 상고이유를 보충하는 범위 내에서)를 판단한다.

가. 상고이유 제1점에 대한 판단

(1) 공무원이 고의 또는 과실로 그에게 부과된 직무상 의무를 위반하였을 경우라고 하더라도 국가는 그러한

직무상의 의무 위반과 피해자가 입은 손해 사이에 상당인과관계가 인정되는 범위 내에서만 배상책임을 지는 것이고, 이 경우 상당인과관계가 인정되기 위하여는 공무원에게 부과된 직무상 의무의 내용이 단순히 공공 일반의 이익을 위한 것이거나 행정기관 내부의 질서를 규율하기 위한 것이 아니고 전적으로 또는 부수적으로 사회구성원 개인의 안전과 이익을 보호하기 위하여 설정된 것이어야 한다(대법원 2003. 4. 25. 선고 2001다59842 판결, 대법원 2007. 12. 27. 선고 2005다62747 판결 등 참조).

(2) 구 식품위생법(2005. 1. 27. 법률 제7374호로 개정되기 전의 것, 이하 '구 식품위생법'이라고 한다)은 제1조에서 "이 법은 식품으로 인한 위생상의 위해를 방지하고 식품영양의 질적 향상을 도모함으로써 국민보건의 증진에 이바지함을 목적으로 한다."고 규정하고 있고, 같은 법 제7조, 제9조, 제10조, 제16조 등에서는 식품의약품안전청장(이하 '식약청장'이라고 한다) 등으로 하여금 식품 또는 식품첨가물의 제조 등의 방법과 성분, 용기와 포장의 제조방법과 그 원재료, 표시 등에 대하여 일정한 기준 및 규격 등을 마련하도록 하고, 그와 같은 기준 및 규격 등을 준수하는지 여부를 확인할 필요가 있거나 위생상 위해가 발생할 우려나 국민보건상의 필요가 있을 경우 수입신고시 식품 등을 검사하도록 규정하고 있다. 위와 같은 구 식품위생법의 관련 규정을 종합하여 보면, 같은 법 제7조, 제9조, 제10조, 제16조는 단순히 국민 전체의 보건을 증진한다고 하는 공공 일반의 이익만을 위한 것이 아니라, 그와 함께 사회구성원 개개인의 건강상의 위해를 방지하는 등의 개별적인 안전과 이익도 도모하기 위하여 설정된 것이라고 함이 상당하다.

(3) 이와 달리 구 식품위생법은 국민 일반의 건강에 위험이 될 식품의 제조, 판매, 수입 등을 규제하고 국민의 생명·신체 및 재산상의 안전에 위해를 끼칠 물품이나 용역을 규제함으로써 국민 전체의 이익을 도모하기 위한 것일 뿐, 국민 개개인의 안전과 이익을 직접적으로 보호하기 위한 규정이라고 볼 수 없다고 판단한 원심판결에는 구 식품위생법에 관한 법리를 오해한 잘못이 있다고 할 것이나, 아래에서 보는 바와 같이 피고 대한민국 소속 공무원이 위와 같은 구 식품위생법상의 규제권한을 행사하지 아니한 것이 위법하다거나 거기에 과실이 있다고 할 수 없어 상당인과관계의 유무와 관계없이 피고 대한민국의 원고들에 대한 배상책임이 인정되지 아니하는 이상, 그러한 원심판결의 잘못이 판결의 결과에 영향을 미쳤다고 할 수는 없다.

나. 상고이유 제2점 내지 제4점에 대한 판단

(1) 구 식품위생법 제7조, 제9조, 제10조, 제16조의 내용과 형식에 비추어 보면, 위 각 규정은 식품의 위해성을 평가하고, 식품산업 종사자들의 재산권이나 식품산업의 자율적 시장질서를 부당하게 해치지 않는 범위 내에서 적정한 식품의 규격과 기준을 설정하고 그러한 규격과 기준을 실행하기 위한 검사조치를 실시하는 등 식품으로 인한 국민의 생명·신체에 대한 위험을 예방하기 위한 조치를 취할 수 있는 합리적 재량권한을 식약청장 및 관련 공무원(이하 '식약청장등'이라고 한다)에게 부여한 것이라고 봄이 상당하다.

그러나 위와 같이 구 식품위생법의 관련규정이 식약청장등에게 합리적인 재량에 따른 직무수행 권한을 부여한 것으로 해석된다고 하더라도, 식약청장등에게 그러한 권한을 부여한 취지와 목적에 비추어 볼 때 구체적인 상황 아래에서 식약청장등이 그 권한을 행사하지 아니한 것이 현저하게 합리성을 잃어 사회적 타당성이 없는 경우에는 직무상 의무를 위반한 것이 되어 위법하게 된다(대법원 2008. 4. 10. 선고 2005다48994 판결, 대법원 2010. 4. 22. 선고 2008다38288 전원합의체 판결 등 참조). 그리고 위와 같이 식약청장등이 그 권한을 행사하지 아니한 것이 직무상 의무를 위반하여 위법한 것으로 되는 경우에는 특별한 사정이 없는 한 과실도 인정된다고 할 것이다.

(2) 그런데 원심판결이 인정한 사실관계에 의하여 알 수 있는 다음과 같은 사정들 즉, 이 사건 사고 이전에 미국, 유럽연합 등 세계 각국이 미니컵 젤리로 인한 질식의 위험성을 인식하고 그 규제를 시도하고 있었으나, 그 내용은 주로 곤약 등 미니컵 젤리의 성분 및 용기의 규격에 대한 규제에 머물러 있었고, 피고 대한민국도 그러한 국제적 규제수준에 맞추어 미니컵 젤리의 기준과 규격, 표시 등을 규제하고 나아가 그 실효성을 확보하기 위하여 수입신고시 관능검사 및 수출국 제조회사의 증명서 원본을 제출하도록 한 점, 그에 따라 2001. 4.경 발생한 최초의 미니컵 젤리와 관련한 질식사고 이후 이 사건 사고 발생 전날인 2004. 2. 1. 이전까지는 미니컵 젤리와 관련한 질식사고가 발생하지 않았던 점 등에 비추어 보면, 비록 당시의 과학수준상 미니컵 젤리의 성분에 대하여 허위신고를 하더라도 그 진위를 가려내기 어려웠고, 이 사건 사고 이후에 이루어진 시험 등을 통하여 그러한 허위신고의 가능성이 확인되고 곤약 등을 제외한 다른 성분을 함유한 미니컵 젤리로 인한 질식의 위험성 등이 드러났다고 하더라도, 이 사건 사고가 발생한 무렵에는 식약청장등으로서는 그러한 위험성을 인식하거나 예견하기 어려웠다고 할 것이다. 또한 2004. 2. 1. 또다시 미니컵 젤리와 관련한 질식사고가 발생함으로써 식약청장등이 비로소 기존의 규제조치로도 차단하기 어려운 미니컵 젤리의 위험성을 인식하게 되었다고 하더라도, 그에게 부여된 위 규제권한을 행사하여 그 다음날 발생한 이 사건 사고를 회피할 수 있었다고 할 수도 없다.

이러한 사정들에다가 식약청장등이 규제권한을 행사함으로써 미니컵 젤리의 수입·판매업자 등 이해관계인들이 입게 되는 재산상의 불이익 등도 아울러 고려하여 보면, 앞서 본 법리에 비추어 볼 때 식약청장등이 이 사건 사고 발생시까지 위 규제권한을 행사하여 미니컵 젤리의 수입, 유통 등을 금지하거나 그 기준과 규격, 표시 등을 강화하고 그에 필요한 검사 등을 실시하는 조치를 취하지 아니한 것이 현저하게 합리성을 잃어 사회적 타당성이 없다거나 객관적 정당성을 상실하여 위법하다고 할 수 있는 정도에까지 이르렀다고 보기 어렵고, 식약청장등의 그러한 권한 불행사에 과실이 있다고 할 수도 없다.

(3) 원심이 위와 같은 취지에서 피고 대한민국 소속 공무원이 직무상의 주의의무를 다하지 아니하여 그 위험을 배제하지 않은 과실이 있다고 할 수 없다고 하여 피고 대한민국의 원고들에 대한 배상책임을 인정하지 아니한 조처는, 그 이유설시에 있어서 다소 미흡한 점이 있기는 하나 결과적으로 정당하고, 거기에 상고이유에서 주장하는 바와 같이 국가배상법의 관련 법리를 오해하였거나 심리를 다하지 아니한 위법 등이 있다고 할 수 없다.

다. 상고이유 제5점에 대한 판단

이 부분 상고이유 주장은 사실심인 원심의 전권에 속하는 증거의 취사선택과 사실인정을 다투는 취지의 주장에 불과하여 적법한 상고이유가 되지 아니한다.

3. 결론

그러므로 상고를 모두 기각하고, 상고비용은 패소자들이 부담하기로 하여 관여 대법관의 일치된 의견으로 주문과 같이 판결한다.

불법행위의 효과

불법행위의 효과

1 손해배상의 방법

(1-1) 부산지방법원 2000. 1. 13. 선고 98나9707 판결

【원 고】 정○인 외 1인
【피 고】 동○화재해상보험 주식회사
【변론종결】 1999. 12. 23.
【원심판결】 부산지방법원 1998. 6. 26. 선고 97가단49769 판결
【주 문】

1. 원심판결 중 원고 정○인에 대한 부분을 다음과 같이 변경한다.

가. 피고는 원고 정○인에게,

(1) 금 287,704,855원 및 이에 대하여 1996. 4. 5.부터 2000. 1. 13.까지는 연 5푼, 그 다음날부터 완제일까지는 연 2할 5푼의 각 비율에 의한 금원을 지급하고,

(2) 위 원고가 생존하는 동안, 2017. 4. 5.부터 매월 5일에 금 709,501원, 2017. 12. 24.부터 매년 12. 24.에 금 667,454원, 매3년 12. 24.에 금 252,000원, 2019. 12. 24.부터 매5년 12. 24.에 금 560,000원, 매10년 12. 24.에 금 1,890,000원 및 위 각 금원에 대하여 각 지급기일 다음날부터 완제일까지 연 2할 5푼의 비율에 의한 금원을 지급하라.

나. 원고 정○인의 나머지 청구를 기각한다.

2. 원고 정○인의 당심에서의 확장청구와 원고 민○기의 항소 및 당심에서의 확장청구를 각 기각한다.

3. 원고 정○인과 피고 사이에 생긴 소송비용은 1, 2심을 통하여 이를 5분하여 그 1은 위 원고, 나머지는 피고의 각 부담으로 하고, 원고 민○기의 항소로 인한 소송비용과 당심에서의 확장 청구로 인한 소송비용은 모두 위 원고의 부담으로 한다.

4. 제1의 가의 (1)항은 가집행할 수 있다.

【청구취지】

피고는 원고 정○인에게 금 558,924,074원, 원고 민○기에게 금 11,000,000원 및 위 각 금원에 대하여 1996. 4. 5.부터 원심판결 선고일까지는 연 5푼, 그 다음날부터 완제일까지는 연 2할 5푼의 각 비율에 의한 금원을 각 지급하라는 판결(원심에서 원고 정○인은 금 407,453,661원, 원고 민○기는 금 10,000,000원 및 위 각 금원에 대하여

1996. 4. 5.부터 1998. 5. 2.까지는 연 5푼, 그 다음날부터 완제일까지는 연 2할 5푼의 각 비율에 의한 금원을 청구하다가, 당심에서 위와 같이 청구취지 확장)

【항소취지】

원고들 : 원심판결 중 다음에서 추가로 지급을 명하는 원고들 패소부분을 취소한다. 피고는 원고 정○인에게 금 226,656,546원, 원고 민○기에게 금 1,500,000원 및 위 각 금원에 대하여 1996. 4. 5.부터 원심판결 선고일까지는 연 5푼, 그 다음날부터 완제일까지는 연 2할 5푼의 각 비율에 의한 금원을 각 지급하라는 판결

피고 : 원심판결 중 피고에 대하여 원고 정○인에게 금 132,267,528원 및 이에 대하여 1996. 4. 5.부터 당심판결 선고일까지는 연 5푼, 그 다음날부터 완제일까지는 연 2할 5푼의 각 비율에 의한 금원을 초과하여 지급을 명한 피고 패소부분을 취소하고, 그 부분에 해당하는 위 원고의 청구를 기각한다는 판결

【이 유】

1. 손해배상책임의 발생

가. 책임의 근거

(1) 인정사실

(가) 소외 전○홍은 1996. 4. 5. 21:58경 혈중알콜농도 0.12%의 술에 취한 상태에서 자신의 소유인 경남 2추 2197호 세피아승용차를 운전하여 양산시 신기동에 있는 삼보아파트 뒤 35번 국도(편도 2차선)의 2차선을 양산시 쪽에서 부산 쪽으로 시속 약 70㎞로 진행 중 진행방향 좌측에서 우측으로 술에 취하여 무단횡단하던 원고 정○인을 발견하였는바, 이러한 경우 위 승용차의 속도를 줄여 충분한 간격을 두고 위 원고를 피해가거나 아니면 일단 정지하여 위 원고가 도로를 다 건너간 후에 다시 차를 운행시켜 사고를 방지해야할 업무상 주의의무가 있음에도 불구하고, 이를 게을리 한 채 위 원고가 위 승용차를 피하여 멈추어 주리라고 속단한 나머지 위 승용차를 계속 운전하다가 상황을 잘못 판단한 것을 깨닫고 뒤늦게 급제동을 하였으나 미치지 못하여 위 승용차 좌측 앞 범퍼로 위 원고를 충격하여 넘어뜨려 위 원고에게 뇌좌상, 외상성 뇌실질내출혈, 뇌경막하출혈(소량), 두개골골절, 두피좌상 및 열상 등의 상해를 입혔다.

(나) 피고는 당시 위 승용차의 소유자인 전○홍과 사이에 위 승용차의 운행 중 발생한 자동차 사고로 인하여 제3자에게 부담하게 되는 모든 손해배상책임을 전보하기로 하는 내용의 자동차종합보험계약을 체결한 보험자이다.

(다) 원고 민○기는 원고 정○인의 모(母)이다.

[증 거] 갑제1호증, 갑제3호증, 갑제4호증의 1, 2, 갑제6호증의 2 내지 7, 을제1호증의 1, 2, 을제4호증의 1, 2의 각 기재, 변론의 전취지

(2) 위 인정사실에 의하면, 피고는 위 자동차종합보험계약의 보험자로서 피보험자인 전○홍이 책임질 위 사고로 인하여 원고들이 입은 모든 손해를 배상할 책임이 있다.

나. 책임의 제한

앞서 원용한 증거에 의하면, 사고 당시 원고 정○인은 야간에 술에 취하여, 편도 2차선의 도로를 무단횡단한

과실이 인정되는데, 이러한 위 원고의 과실은 위 사고발생의 한 원인이 되었다고 할 것이나, 이는 전○홍의 책임을 면하게 할 정도에는 이르지 아니하므로 피고가 배상할 손해액의 산정에 이를 참작하기로 하되, 그 비율은 앞서 인정한 사실 및 변론에 나타난 제반 사정에 비추어 30%로 봄이 상당하다. 따라서 원고들에 대한 피고의 책임을 위 과실비율을 제외한 나머지 70%로 제한한다.

2. 손해배상의 범위

가. 일실수입

원고 정○인이 위 사고로 인하여 상실한 가동능력에 대한 금전적 총평가액 상당의 일실수입 손해는 금 208,560,953원인데, 이는 다음 (1)과 같은 인정사실 및 평가내용을 기초로 하여, 다음 (2)와 같이 월 5/12푼의 비율에 의한 중간이자를 단리할인법에 따라 공제하여 위 사고당시의 현가로 계산한 결과이다.

(1) 인정사실 및 평가내용

(가) 인적사항 및 기대여명

① 성별 : 남자　　　　　　　　생년월일 : 1968. 3. 1.

연령(사고당시) : 28세 1월 남짓

② 기대여명

위 원고는 그의 여명이 44.21년이라고 주장하고, 이에 대하여 피고는 위 원고가 심한 지능감퇴, 실어증, 우측하지 부전마비 증상 등을 보이고 있으므로, 위 원고의 여명은 통상의 경우보다 단축되었다고 보아야 한다고 주장한다.

우선, 위 원고의 여명과 관련한 증거를 보면, ㉠ 한국인의 표준생명표(갑제20호증의 1, 2, 1997년도)에 의하면, 위 원고와 같은 또래 남자의 기대여명은 44.21년이고, ㉡ 원심의 인제대학교부속부산백병원장에 대한 신체감정촉탁결과에 의하면, 위 원고의 여명단축은 감정일인 1997. 11. 18. 당시 위 원고가 심한 지능감퇴, 실어증, 우측하지 부전마비 증상을 보이고 있으나 여명에는 관계가 없을 것이라는 것이며, ㉢ 당심의 1999. 4. 16. 자 인제대학교부속부산백병원장에 대한 사실조회결과에 의하면, 1999. 4. 14. 현재 위 원고는 개호인의 도움으로 영양상태가 좋고, 언어장애, 우측상하지 부전마비 등으로 인하여 보행이 불가능하나 음식섭취 배뇨관계는 잘되고 있으며, 일반적으로 신경학적 결함이 있다하더라도 현대의 의학적 발전은 특별한 합병증이 없는 한 수명을 유지할 수 있다는 것이고, ㉣ 인제대학교부속부산백병원 신경외과의사 심○홍이 작성한 을제5호증의 1의 기재에 의하면, 위 원고는 1997. 2. 24. 현재 상태로 합병증의 발생, 증상의 악화 등 향후의 경과는 장담할 수 없으나, 대체로 양호하리라 짐작이 되며, 만약 합병증이 발생한다면 약 10년 정도의 여명단축은 예상되나, 합병증 발생 등 증상의 악화 없이 현재의 상태로만 유지된다면 여명기간에는 큰 지장이 없을 것으로 사료된다는 것이고, ㉤ 당심의 1999. 10. 9. 자 동아대학교병원장에 대한 여명감정촉탁결과에 의하면, 위 원고의 신경학적 증상으로 볼 때 여명단축은 있을 것으로 사료되나 그 정도에 대해서는 추정하기가 상당히 어려운데, 다만 Eyman에 의한 자료에 의하면 위 원고는 거동이 불가하고, 대소변을 가리지 못하지만 다른 사람이 먹여주면 받아먹을 수 있는 경우에 해당될 것으로 사료되나 이 경우도 지능에 대한 언급이 없으며, 거동가능과 거동불가능의 판단기준이 없어 이를 적용하기는 어려울 것으로 보이며, 임상경험으로 볼 때 위 원고는 의식표현이 다소 위축되어 있으나 명료한 편이고, 소변조절은 어려우나 기저귀로 소변 조절을 하고 있으며, 부축에 의해 거동이 가능한 점 등을 고려할 때

여명단축은 25% 이상 넘지 않을 것으로 사료된다는 것이고, ㉥ 당심의 1998. 12. 4. 자 부산대학교병원장에 대한 신체(정신)감정촉탁결과에 의하면, 정확한 예상은 불가능하나, 위 원고가 두부손상으로 인한 중증 뇌기능장해로 인한 100%의 노동능력상실을 가지고 있는 일상생활 동작이 전적으로 타인에 의존하는 상태의 중증 장해인 점을 고려하고, 1990년 Eyman 등의 거동이 불가능하고 대소변을 가리지 못하지만 받아먹을 수 있는 장해자의 여명 연구결과와 심한 지능저하로 대소변을 가리지 못하지만 거동이 가능하고 받아먹을 수 있는 장해자의 여명결과, 그리고 1998년 한국배상의학회보 제2호상의 이○석 교수의 두부외상 후유장해인의 정상인의 여명에 대한 여명비율 표7을 참조하여 판단한다면, 거동은 불가능하지만 밥먹기, 손쓰기, 몸 뒤척이기가 모두 가능하며, 지적인 능력이 좋은(지능지수 50이상) 경우로 볼 수 있으므로 위 원고의 여명은 정상여명의 약 50%로 볼 수 있겠고, 1990년 경제기획원 조사통계국 발표의 한국인의 평균여명표를 참조한 예상 기대여명은 19년 정도라는 것이며, ㉦ 당심의 1999. 3. 8. 및 3. 10. 자 부산대학교병원장에 대한 각 사실조회결과에 의하면, 위 원고의 경우 지남력 및 판단력 장애로 인한 우발적 사고 발생, 뇌수두증에 대한 뇌실복강단락술후 상태로서 인공재료인 단락기기의 신체내 거부반응으로 인한 합병증(뇌염 또는 뇌실염) 발생, 찌꺼기 물질에 의한 단락기기의 폐쇄현상으로 인한 뇌수두증 발생, 배뇨장애에 의한 요도감염으로 인한 신기능의 손상, 신체저항력 저하, 뇌기능장애로 인한 심폐기능 저하와 폐염 또는 심장질환의 합병증 발생 등을 고려하면 위 원고의 여명단축은 필연적인 것으로서 위 부산대학교병원장에 대한 신체(정신)감정촉탁결과와 같고, 다만 의학발전을 고려하면 10%의 여명연장이 가능하다고 추정되는데 1998. 11. 30. 기준으로 하면 23년 정도의 여명이 예상된다는 것이며, ㉧ 원심의 1998. 2. 18. 자 한국배상의학회장 주○근에 대한 사실조회결과에 의하면, 위 원고의 경우 전체적으로 기질성 뇌증후군을 동반한 거동 불가능한 중증 장애자로 본다면 그 여명은 9.46년이고, 기질성 뇌증후군을 동반한 거동 가능한 중증 장애자라면 여명은 18.69년이라고 예상된다는 것이다.

위 각 증거(단 ㉧의 원심의 1998. 2. 18. 자 한국배상의학회장 주○근에 대한 사실조회결과는 제외, 이는 위 증거들에 비하여 너무 극단적인 견해로서 받아들이지 아니함)를 종합하면, 위 원고는 이 사건 사고시부터 향후 적어도 약 21년간(위 ㉥의 감정일자와 위 ㉦의 사실조회일자가 사고일로부터 약 2년 지난 시점이므로, 사고일로부터 2년 + 감정일로부터의 여명 19년)은 생존할 수 있다고 볼 수 있으나, 그 이후의 생존가능여부에 관하여는 위와 같이 한국인의 생명표에 기초한 견해와 내·외국인의 보고서나 통계표에 기초한 견해들 사이에 그 차이가 매우 심하고, 또한 앞서 나타난 자료에 비추어 보면 위 원고는 추후 예상되는 합병증을 얼마나 예방하고 적절히 치료받을 수 있느냐의 여부와 현대의학의 발달정도, 환자 자신의 투병의지와 가족들의 환자에 대한 열의 정도 여하에 따라 그 여명에 많은 차이가 있을 것으로 예측되어 위 원고의 위 21년 이후의 생존가능여부는 예측하기가 어려운 사정이므로, 일응 위 한국인의 생명표를 기준으로 하되 위와 같은 사정을 참작하여 아래에서 나오는 위 원고의 장래 정기적으로 발생되는 손해부분(일실수입 부분은 제외)에 관하여는 이 사건 사고시부터 향후 21년까지는 일시금으로, 그 이후부터는 정기금으로 각 지급을 명하기로 한다.

(나) 직업, 소득실태 및 가동연한

○ 위 원고는 1996. 1. 초경부터 소외 박○기가 경영하는 동○개발에서 보일러설치(온수, 난방배관) 및 화장실 정화조 등 위생시설의 설치 등을 보조하였으므로, 위 원고의 직업은 직업사전에 있는 보일러설치보조원(7213-037)에 해당하고, 노동부발간 임금구조기본통계조사보고서{직종중(소)분류별, 경력년수별 등} 직종번호 721번 금속주형원, 용접원, 판금원, 구조금속준비원 및 관련기능근로자(경력 1년 미만)의 월 소득은, 1996년도 금

869,679원{=월 급여액 846,513원 + (연간특별급여액 277,993원÷12)}, 1997년도 금 875,340원{=월 급여액 846,934원 + (연간특별급여액 340,872원÷12)}, 1998년도 금 917,705원{=월 급여액 897,350원 + (연간특별급여액 244,265원÷12)}이며, 그 가동연한은 60세이다.

○ 위 원고는 그의 소득을 대한건설협회 발행 월간거래가격상의 보일러공의 일용노임을 기초로 구하고, 피고는 위 원고의 소득을 위 월간거래가격상의 도시보통인부의 일용노임을 기초로 하여야 한다고 주장하나, 앞서 본 바와 같이 사고 당시 위 원고의 직업은 보일러설치 보조원으로 보이므로, 위 각 주장은 모두 받아들이지 아니한다.

(다) 후유장애 및 가동능력상실율

○ 후유장애 : 심한 지능감퇴, 실어증, 우측하지 부전마비

○ 맥브라이드 불구장해표 해당항목 : 두부, 뇌 Ⅸ-b-4

○ 노동능력 상실율 : 100%

(2) 계산

(가) 기간(월 미만은 버림)

사고일로부터 가동연한인 60세가 될 때까지

(나) 계산

별지 손해배상액계산표 중 [일실수입]란 기재와 같음

[증 거] 갑제5호증의 1, 2, 갑제8호증의 1, 2, 갑제16호증의 1, 2, 갑제22호증의 1, 2의 각 기재, 원심 증인 박○기의 증언, 당심의 부산대학교병원장에 대한 신체(정신)감정촉탁결과, 당심의 동아대학교병원장에 대한 여명감정촉탁결과, 당심의 부산대학교병원장에 대한 사실조회결과, 경험칙, 변론의 전취지{특히 위 가. (1) ② 참조}

나. 기왕치료비

금 17,849,560원(=① + ② + ③ + ④ + ⑤)

① 동래봉생병원 : 합계 금 10,331,700원{=9,400,000원(원심의 동래봉생병원장에 대한사실조회결과) + 341,300원(갑제12호증의 17 내지 25의 각 기재) + 590,400원(갑제12호증의 14 내지 16의 각 기재)}

② 부산백병원 : 합계 금 3,867,610원{=1,927,270원(원심의 인제대학교부속부산백병원장에 대한 사실조회결과) + 1,036,270원(원심의 인제대학교부속부산백병원장에 대한 사실조회결과, 갑제12호증의 12의 각 기재) + 금 904,070원(갑제12호증의 1 내지 11의 각 기재)}

③ 춘해병원 : 금 20,000원(갑제12호증의 13의 각 기재)

④ 성인용기저귀대금 : 금 1,490,250원(갑제13호증의 1 내지 55의 각 기재)

⑤ 온열치료기 및 부대장비구입비 : 금 2,140,000원(갑제21호증의 각 기재)

○ 피고는 위 치료비 중 금 1,036,270원(갑제12호증의 12)은 본인부담금인 병실차액료 금 405,000원과 지정진료비 금 593,275원으로 위 사고와 상당인과관계가 없는 특별손해이므로 인정되어서는 안된다고 주장하나, 기록에 나타난 제반사정을 살펴볼 때 위 비용들은 위 원고의 치료를 위하여 필요하고, 위 사고와 상당인과관계가 있는 비용이라고 보여지므로, 위 주장은 받아들이지 아니한다.)

다. 향후치료비(원미만은 버림)

(1) 필요치료내역과 1년간 소요 비용

(가) 물리치료비 : 1주 5회, 1회당 금 18,500원
1년 금 4,810,000원(=18,500원×5×52)

(나) 재진접수비 : 1년 6회, 1회당 금 3,300원
1년 금 19,800원(=3,300원×6)

(다) 투약비 : 대변연화제 Dulcolax 2T poBid, 매일 2회, 2개, 1개당 금 50원
1년 금 73,000원(=50×2×2×365)

(라) 기저귀구입비 : 1일 2개, 1pkg당 7,000원(1pkg당 10개)
1년 금 511,000원(=7,000×365×2÷10)

(마) 검사비

① 혈액검사 : 6개월 1회, 1회당 금 14,100원
1년 금 28,220원(=14,110×2)

② 소변검사 : 6개월 1회, 1회당 금 3,520원
1년 금 7,040원(=3,520×2)

③ 간 및 신 기능검사 : 6개월 1회, 1회당 금 56,290원
1년 금 112,580원(=56,290×2)

④ 심전도검사 : 6개월 1회, 1회당 금 10,980원
1년 금 21,960원(=10,980×2)

⑤ 흉부X선검사 : 6개월 1회, 1회당 금 12,190원
1년 금 24,380원(=12,190×2)

⑥ 복부X선검사 : 6개월 1회, 1회당 금 18,815원
1년 금 37,630원(=18,815×2)

⑦ 뇌CT검사 : 약 6년에 1회, 1회당 금 277,300원
1년 금 46,216원(=277,300÷6)

{부산대학교병원장에 대한 신체(정신)감정촉탁결과에 의하면, 위 검사를 6년에 1회 하는 것으로 되어 있으나, 편의상 1년에 1회 하는 것으로 하고, 비용은 6으로 나누어 지출하는 것으로 함}

⑧ 소변배양검사 : 3개월 1회, 1회당 금 17,920원
1년 금 71,680원(=17,920×4)

○ 위 향후치료비 중 물리치료비는 향후 1년간, 나머지 치료비는 여명까지 각 지출함이 상당

(2) 계산

(가) 지급방법

앞서 본 위 원고의 기대여명 부분에서 설시한 바와 같은 사유로, 위 사고 이후로서 위 원고가 구하는 바인 1996. 4. 8.부터 그의 확실한 생존기간인 사고일로부터 21년이 되는 2017. 4. 4.까지 21년간의 향후치료비를 일시금으로 지급을 명하여야 하나, 위 원고가 사고일로부터 3년 7개월이 경과된 당심변론종결일까지 지출한 치료비

를 위와 같이 기왕치료비로 청구하고 있으므로, 당심변론종결일부터 2017. 4. 4.까지의 기간에 대하여 아래와 같이 계산한 위 사고당시의 현가인 금원을 일시금으로 지급을 명하고, 그 이후인 2017. 4. 5.부터는 위 원고의 생존여부가 불확실하므로 그가 생존하는 동안까지 정기적으로 지출하게 되는 향후치료비 손해를 아래와 같이 정기금으로 각 지급을 명함이 상당

(나) 일시금부분

① 물리치료비

원심은 사고일로부터 3년 후 1회 물리치료가 행해지는 것으로 보고 중간이자를 공제하였으나, 당심변론종결일까지 물리치료가 실시된 사실이 인정되지 않으므로, 편의상 사고일로부터 4년 뒤 물리치료가 실시되는 것으로 하여, 이를 기준으로 중간이자를 공제하면 금 4,008,173원(=4,810,000원 × 0.8333)

② 재진접수, 투약, 기저귀구입 및 검사비

1년 총 소요금액 953,506원(=19,800원 + 73,000원 + 511,000원 + 28,220원 + 7,040원 + 112,580원 + 21,960원 + 24,380원 + 37,630원 + 46,216원 + 71,680원)이므로, 당심변론종결일 이후부터 2016. 12. 24.(2017. 4. 4. 내의 기간으로서 위 금원이 최종 지급되는 시점)까지의 중간이자를 공제하면 금 10,049,476원{=953,506원 × (14.1038 - 3.5643), 편의상 연미만은 올림}

(다) 정기금부분

2017. 12. 24.(2016. 12. 24.부터 1년 뒤)부터 위 원고가 생존하는 동안 매년 12. 24.에 재진접수비, 투약, 기저귀 및 검사비로 금 953,506원씩

[증 거] 당심의 부산대학교병원장에 대한 신체(정심)감정촉탁결과, 변론의 전취지

라. 보조구구입비

(1) 필요보조구, 수명 및 비용

(가) 욕창방지용 의자차용 방석 : 3년에 1개, 1개당 금 360,000원

(나) 특수의자차 : 5년에 1대, 1대당 금 800,000원

(다) 특수침대 : 10년에 1개, 1개당 금 2,700,000원

(2) 계산

(가) 지급방법

앞서 본 위 원고의 기대여명 부분에서 설시한 바와 같은 사유로, 위 사고 이후로서 위 원고가 구하는 바인 1996. 4. 8.부터 그의 확실한 생존기간인 사고일로부터 21년이 되는 2017. 4. 4.까지 21년간의 향후치료비를 일시금으로 지급을 명하여야 하나, 위 원고가 사고일로부터 3년 7개월이 경과된 당심변론종결일까지 보조구를 구입하여 사용한 사실이 인정되지 않을 뿐만 아니라 이를 청구하지도 않으므로, 당심 변론종결일부터 2017. 4. 4.까지의 기간에 대하여 각 보조구의 수명기간마다 비용을 지급하는 것으로 하여 아래와 같이 계산한 위 사고당시의 현가인 금원을 일시금으로 지급을 명하고, 그 이후인 2017. 4. 5.부터는 위 원고의 생존여부가 불확실하므로 그가 생존하는 동안까지 정기적으로 지출하게 되는 보조구구입비 손해를 아래와 같이 정기금으로 각 지급을 명함이 상당

(나) 일시금부분

금 7,346,534원(=욕창방지용 의자차용 방석구입비 1,409,364원 + 특수의자차 구입비 2,099,120원 + 특수침대구

입비 3,838,050원, 계산은 별지 보조구비용계산표 기재와 같음)

(다) 정기금부분

위 원고가 생존하는 동안 2017. 12. 24.(욕창방지용 의자차용 방석 최종 구입일인 2014. 12. 24.부터 그 수명인 3년이 경과한 시점)부터 매3년 12. 24.에 욕창방지용 의자차용 방석구입비로 금 360,000원, 2019. 12. 24.(특수의자차 최종 구입일인 2009. 12. 24.부터 그 수명인 5년이 경과하고, 특수침대 최종 구입일인 2009. 12. 24.부터 그 수명인 10년이 경과한 시점)부터 매5년 12. 24.에 특수의자차 구입비로 금 800,000원, 매10년 12. 24.에 특수침대 구입비로 금 2,700,000원씩

[증 거] 당심의 부산대학교병원장에 대한 신체(정심)감정촉탁결과, 변론의 전취지

마. 개호비

(1) 개호인, 기간 및 비용

(가) 개호인

○ 1일, 도시 성인 여자 1인

○ 위 원고는 1일 2인의 개호인이 필요하다고 주장하고, 피고는 1년간 한시적으로 개호인이 필요할 뿐만 아니라 매일 2시간 개호하면 족하다고 주장하나, 현재 위 원고의 건강상태와 아래에서 인정되는 증거 등 기록에 나타난 제반 사정을 고려해 보면 위와 같이 정함이 상당

(나) 개호기간

위 원고가 구하는 바에 따라 1996. 4. 8.부터 여명까지(단, 1997. 2. 14.부터 1997. 3. 18.까지는 원고가 청구를 하지 않으므로 제외)

(다) 개호비용

성인여자의 도시일용노임 상당액은, 사고일 무렵인 1996. 4. 경 금 31,866원, 1996. 5. 경 금 34,005원, 1996. 9. 경 금 34,947원, 1997. 5. 경 금 35,932원, 1997. 9. 경 금 37,736원, 1998. 5. 경 34,098원, 1998. 9. 경 금 33,755원, 1999. 5. 경 금 33,323원

(2) 계산(계산의 편의상 월 단위로 계산하고, 월 미만은 수입이 적은 쪽에 편입)

(가) 지급방법

위 다의 ⑵의 ㈎의 지급방법과 같다.

(나) 일시금부분 : 금 177,272,704원

① 1996. 4. 8. ~ 1996. 5. 7. 1개월

금 31,866원 × 365 ÷ 12 × 0.9958 = 금 965,186원

② 1996. 5. 8. ~ 1996. 9. 7. 4개월

금 34,005원 × 365 ÷ 12 × (4.9384 - 0.9958) = 금 4,077,905원

③ 1996. 9. 8. ~ 1997. 2. 7. 5개월

금 34,947원× 365 ÷ 12 × (9.7773 - 4.9384) = 금 5,143,610원

*1997. 2. 8.부터 1997. 4. 7.까지는 개호비가 없음(계산의 편의상 한달로 계산)

④ 1997. 4. 8. ~ 1997. 5. 7. 1개월

금 34,947원 × 365 ÷ 12 × (12.6344 - 11.6858) = 금 1,008,334원

⑤ 1997. 5. 8. ~ 1997. 9. 7. 4개월

금 35,932원 × 365 ÷ 12 × (16.3918 - 12.6344) = 금 4,106,581원

⑥ 1997. 9. 8. ~ 1998. 5. 7. 8개월

금 37,736원 × 365 ÷ 12 × (23.7347 - 16.3918) = 금 8,428,205원

⑦ 1998. 5. 8. ~ 1998. 9. 7. 4개월

금 34,098원 × 365 ÷ 12 × (27.3235 - 23.7347) = 금 3,722,114원

⑧ 1998. 9. 8. ~ 1999. 5. 7. 8개월

금 33,755원 × 365 ÷ 12 × (34.3441 - 27.3235) = 금 7,208,152원

⑨ 1999. 5. 8. ~ 2017. 4. 4. 215개월

금 33,323원 × 365 ÷ 12 × (168.0952 - 27.3235) = 금 142,682,617원

(다) 정기금부분

2017. 4. 4. 다음날인 2017. 4. 5.부터 위 원고가 생존하는 동안 매월 5일에 금 1,013,574원(=33,323 × 365 ÷ 12) 씩

[증 거] 갑제7호증의 1, 2, 갑제11호증의 1, 2, 갑제17호증의 1, 2, 을제11호증의 1, 2, 을제12호증의 1, 2 의 각 기재, 원심의 인제대학교부속부산백병원장에 대한 사실조회결과, 원심의 동래봉생병원장에 대한 사실조회결과, 당심의 1998. 12. 5. 자 인제대학교부산백병원장에 대한 사실조회결과, 변론의 전취지

바. 과실상계

*책임비율 : 70%

(1) 일시금에 대한 과실상계 후 재산상손해액

금 297,561,180원{=425,087,400원(=가. 금 208,560,953원 + 나. 금 17,849,560원 + 다. (2) (나) ① 금 4,008,173원 + 다. (2) (나) ② 금 10,049,476원 + 라. (2) (나) 금 7,346,534원 + 마. (2) (나) 금 177,272,704원) × 0.7}

(2) 정기금에 대한 과실상계(원미만은 버림)

(가) 상계 후 향후치료비손해

매년 금 667,454원(=953,506원 × 0.7)

(나) 상계 후 보조구구입비손해

욕창방지용 의자차용 방석구입비로 매3년 금 252,000원(=360,000원 × 0.7)

특수의자차 구입비로 매5년 금 560,000원(800,000원 × 0.7)

특수침대 구입비로 매10년 금 1,890,000원(=2,700,000원 × 0.7)

(다) 상계 후 개호비손해

매월 금 709,501원(=1,013,574원 × 0.7)

사. 공제

(1) 공제금액

피고가 지급한 치료비 금 56,187,750원 중 위 원고의 과실비율 상당인 금 16,856,325원(=56,187,750원 × 0.3) 및

손해배상금의 일부로 이미 수령한 금 15,000,000원 합계 금 31,856,325원을 재산상손해액 중 일시금지급부분에서 공제

[증 거] 을제2호증의 1 내지 5, 을제3호증의 1 내지 8의 각 기재, 원심의 인제대학교부속부산백병원장에 대한 사실조회결과(을제7호증과 동일 내용), 원심의 동래봉생병원장에 대한 사실조회결과(을제9호증의 1, 2, 3의 각 기재와 동일 내용)

(2) 공제후 재산상손해액(일시금)

금 265,704,855원(=297,561,180원 - 31,856,325원)

아. 위자료

(1) 참작사유

원고들의 나이, 가족관계, 재산 및 교육정도, 사고경위 및 결과, 피해자측의 과실정도, 위 원고가 여명대로 생존하는 것이 불확실한 점, 기타 변론에 나타난 제반사정

(2) 결정금액

원고 정○인 : 금 22,000,000원

원고 민○기 : 금 9,500,000원

3. 결 론

따라서, 피고는 (1) 일시금으로서, 원고 정○인에게 금 287,704,855원(재산상손해 일시금 265,704,855원 + 위자료 22,000,000원), 원고 민○기에게 금 9,500,000원 및 위 각 금원에 대하여 위 사고일인 1996. 4. 5.부터 지급의무의 범위에 관하여 항쟁함이 상당한 당심판결 선고일인 2000. 1. 13.(원고 정○인에 대하여)과 원심판결 선고일인 1998. 6. 26.(원고 민○기에 대하여)까지는 민법 소정의 연 5푼, 각 그 다음날부터 완제일까지는 소송촉진등에관한특례법 소정의 연 2할 5푼의 각 비율에 의한 금원을 지급할 의무가 있고, (2) 정기금으로서, 원고 정○인에게 위 원고가 생존하는 동안, 2017. 4. 5.부터 개호비로 매월 5일에 금 709,501원, 2017. 12. 24.부터 향후치료비로 매년 12. 24.에 금 667,454원, 욕창방지용 의자차용 방석구입비로 매3년 12. 24.에 금 252,000원, 2019. 12. 24.부터 특수의자차 구입비로 매5년 12. 24.에 금 560,000원, 특수침대 구입비로 매10년 12. 24.에 금 1,890,000원 및 위 각 금원에 대하여 각 지급기일 다음날부터 완제일까지 위 특례법 소정의 연 2할 5푼의 비율에 의한 지연손해금을 지급할 의무가 있으므로, 원고들의 청구는 위 인정범위내에서 이유 있어 이를 각 인용하고, 나머지는 이유 없어 이를 각 기각할 것인바, 원고 정○인에 대하여 이와 일부 결론을 달리한 원심판결은 그 범위내에서 부당하므로 원심판결을 위와 같이 변경하고, 원고 정○인의 당심에서의 확장청구, 원고 민○기의 항소 및 당심에서의 확장청구를 각 기각하기로 하여, 주문과 같이 판결한다.

(1-2) 대법원 2000. 7. 28. 선고 2000다11317 판결 [공2000.10.1.(115),1937]

【원고, 피상고인】 원고

【피고, 상고인】 동○화재해상보험 주식회사

【원심판결】 부산지방법원 2000. 1. 13. 선고 98나9707 판결

【주 문】

원심판결 중 2017. 4. 5.부터 가동연한까지의 소극적 재산상 손해에 관한 피고 패소 부분을 파기하고, 그 부분 사건을 부산지방법원 본원 합의부에 환송한다. 피고의 나머지 상고를 기각한다.

【이 유】

상고이유를 판단한다.

제1점 및 제2점에 관하여

원심은, 원고가 이 사건 사고시부터 적어도 약 21년간 생존할 수 있다고 볼 수 있으나 그 이후의 생존 가능 여부에 관하여는 예측하기가 어렵다고 하여 일응 한국인의 생명표를 기준으로 하되 위와 같은 사정을 참작하여 원고의 장래 정기적으로 발생되는 손해부분(일실수익 부분은 제외)에 관하여는 이 사건 사고시부터 향후 21년까지는 일시금으로, 그 이후부터는 정기금으로 각 지급을 명하기로 한다고 판단한 다음, 일실수익 손해에 관하여는 사고시로부터 21년 이후인 가동연한까지 중간이자를 공제한 일시금으로 지급할 것을 명하고, 물리치료비를 제외한 향후 치료비, 개호비 손해에 관하여는 사고시부터 향후 21년까지는 일시금으로, 그 이후부터 원고가 생존하는 동안은 정기금으로 지급할 것을 명하였다.

불법행위로 입은 상해의 후유장애로 인하여 장래에 계속적으로 치료비나 개호비 등을 지출하여야 할 손해를 입은 피해자가 그 손해의 배상을 정기금에 의한 지급과 일시금에 의한 지급 중 어느 방식에 의하여 청구할 것인지는 원칙적으로 손해배상청구권자인 그 자신이 임의로 선택할 수 있는 것이나, 다만 식물인간 등의 경우와 같이 그 후유장애의 계속기간이나 잔존 여명이 단축된 정도 등을 확정하기 곤란하여 일시금 지급방식에 의한 손해의 배상이 사회정의와 형평의 이념에 비추어 현저하게 불합리한 결과를 초래할 우려가 있는 때에는 손해배상청구권자가 일시금에 의한 지급을 청구하였더라도 법원이 재량에 따라 정기금에 의한 지급을 명하는 판결을 할 수 있는 것이다(대법원 1996. 8. 23. 선고 96다21591 판결 참조).

그리고 향후 치료비와 개호비 손해를 산정함에 있어서 피해자의 여명 예측이 불확실한 경우에는 피해자가 확실히 생존하고 있으리라고 인정되는 기간 동안의 손해는 일시금의 지급을 명하고 그 이후의 기간은 피해자의 생존을 조건으로 정기금의 지급을 명할 수밖에 없으므로 그와 같은 산정방식을 두고 법원의 재량의 범위를 넘어섰다고 할 수는 없다(대법원 1992. 11. 27. 선고 92다26673 판결, 1994. 3. 25. 선고 93다43644 판결들 참조).

따라서 원심이 여명 예측이 불확실하나 이 사건 사고시부터 향후 적어도 약 21년간은 생존할 수 있다고 보아 그 때까지의 향후 치료비 및 개호비 손해는 일시금으로, 그 이후 원고가 생존하는 동안의 향후 치료비 및 개호비 손해는 정기금으로 배상을 명한 것은 위의 법리에 따른 것으로 옳고, 거기에 심리미진이나 채증법칙 위배로 인한 사실오인, 정기금배상에 관한 법리오해 등의 위법이 없다.

상고이유 중의 이 점의 주장을 받아들이지 아니한다.

그러나 여명 예측이 불확실하다고 보아 향후 치료비 및 개호비 손해에 대하여는 가동연한 이내로서 원고가 확실히 생존하고 있으리라고 인정되는 기간을 기준으로 일시금과 정기금을 혼용하여 지급을 명한 원심으로서는 원고가 일시금으로 구하고 있는 일실수익 손해를 산정하여 그 지급을 명함에 있어서도 피해자가 확실히 생존하고 있으리라고 인정되는 기간동안의 일실수익은 중간이자를 공제한 일시금으로, 그 기간 이후 가동연한까지의 일실수익은 생계비를 공제한 금액에서 중간이자를 공제한 일시금으로, 그 기간 이후 가동연한까지의 일실수익

중 생계비 상당의 손해는 피해자의 생존을 조건으로 매월 정기금으로 배상할 것을 명하였어야 할 것이다.

그럼에도 원심이 이 사건 사고 후 21년이 경과한 때인 2017. 4. 5.부터 가동연한까지의 기간에 대한 일실수익 손해를 인정함에 있어 생계비를 공제하지 않은 일실수익 전부에 대하여 중간이자를 공제한 손해를 일시금으로 지급하도록 명한 것은 이유모순과 아울러 일실수익 산정에 관한 법리를 오해한 위법사유가 되는 것이어서, 이 점을 지적하는 상고이유의 주장은 정당하기에 받아들인다.

제3점에 관하여

인신사고의 피해자가 치료 종결 후에도 개호가 필요한지의 여부 및 그의 정도에 관한 판단은, 전문가의 감정을 통하여 밝혀진 후유장해의 내용에 터잡아 피해자의 연령, 정신상태, 교육 정도, 사회적·경제적 조건 등 모든 구체적인 사정을 종합하여 경험칙과 논리칙에 비추어 규범적으로 행하는 평가이어야 한다(대법원 1998. 12. 22. 선고 98다46747 판결 참조).

기록에 의하니, 원고는 심한 지능 감퇴, 실어증, 우측하지부전마비로 인한 보행불가능으로 인하여 노동능력이 100% 상실된 상태로, 언어표현이 잘되지 않으며, 배변, 배뇨장해와 자력으로 서 있는 정도일 뿐 자력보행은 불가능하고, 보호자 부축시 불안정하게 걸을 수 있고, 일상생활 거의 모든 영역에서 보호자의 도움이 요구되는 상태로 독자적으로 신체를 움직일 수 있는 정도는 0.6세 이하에 속하며, 그 밖에 상지사용장애가 있고, 이동 및 목욕, 음식물 섭취, 착탈의, 배변·배뇨의 처리, 문밖 출입 등에 개호가 필요함을 알 수 있으므로 원심이 1일 성인여자 1인의 개호가 필요하다고 인정한 것은 정당하고, 거기에 심리미진이나 채증법칙 위배로 인한 사실오인, 개호에 관한 법리오해의 위법이 없다.

상고이유 중 이 점의 주장도 받아들이지 아니한다.

그러므로 원심판결 중 2017. 4. 5.부터 가동연한까지의 소극적 재산상 손해에 관한 피고 패소 부분을 파기하고, 그 부분 사건을 더욱 심리한 후 판단하게 하기 위하여 원심법원에 환송하며, 피고의 나머지 상고를 기각하기로 관여 대법관들의 의견이 일치되어 주문에 쓴 바와 같이 판결한다.

(2-1) 서울고등법원 2008. 9. 23. 자 2008라618 결정

【신청인, 항고인 겸 피항고인】 엔에이치엔 주식회사
성남시 분당구 정자동 25-1 분당벤처타운
대표이사 최0영
소송대리인 변호사 황정근, 홍석범, 임성훈, 전원열

【피신청인, 피항고인 겸 항고인】 인터넷채널이십일 주식회사
서울 강남구 삼성동 170-9 덕명빌딩 14층
송달장소 서울 강남구 역삼동 718-1 일월빌딩 3층
대표이사 주0용
소송대리인 법무법인 백상(담당변호사 김재철)
소송대리인 법무법인(유) 태평양(담당변호사 류광현, 이용희, 김태균)

【제1심 결정】 서울중앙지방법원 2008. 2. 18.자 2008카합45 결정

【주 문】

1. 제1심 결정을 다음과 같이 변경한다.

가. 신청인과 피신청인 사이의 서울중앙지방법원 2007카합2250호 제조등금지가처분 신청사건에 관하여 위 법원이 2007. 12. 31.에 한 가처분결정을 다음과 같이 변경하고 나머지 부분을 취소한다.

(1) 피신청인은 신청인이 운영하는 인터넷 사이트(www.naver.com)에 접속한 컴퓨터 사용자의 모니터에 별지 2 목록 기재 프로그램을 이용한 광고행위를 하여서는 아니 된다.

(2) 집행관은 위 명령의 취지를 적당한 방법으로 공시하여야 한다.

나. 신청인의 이 사건 신청 중 위 가처분 취소부분에 대한 신청을 기각한다.

2. 소송총비용은 이를 5분하여 그 1은 신청인이, 나머지는 피신청인이 각 부담한다.

【신청취지 및 항고취지】

1. 신청인의 신청취지 및 항고취지

제1심 결정 중 가처분취소 및 신청기각 부분을 취소한다. 신청인과 피신청인 사이의 서울중앙지방법원 2007카합2250호 제조등금지가처분 신청사건에 관하여 위 법원이 2007. 12. 31.에 한 가처분결정을 인가한다.

2. 피신청인의 항고취지 및 이의신청취지

제1심 결정 중 신청인용 부분을 취소한다. 위 가처분결정을 취소하고, 신청인의 가처분신청을 기각한다.

【이 유】

1. 가처분결정 등

신청인의 피신청인에 대한 서울중앙지방법원 2007카합2250호 제조등금지가처분 신청사건에 관하여 위 법원이 2007. 12. 31. 담보제공을 조건으로 신청인의 신청을 받아들여, '가. 피신청인은 별지 1 목록 기재 프로그램을 제조, 사용, 판매 및 배포하여서는 아니 된다. 나. 피신청인은 별지 1 목록 기재 프로그램 및 그 소스(source) 프로그램이 저장되어 있는 저장장치에 대한 점유를 풀고 이를 신청인이 위임하는 집행관에게 인도하여야 한다. 다. 집행관은 위 가.항의 명령을 적당한 방법으로 공시하여야 한다.'라는 가처분결정(이하 이 사건 가처분결정이라고 한다)을 한 사실, 피신청인의 이의신청에 따라 개시된 위 법원 2008카합45 가처분이의사건에서 위 법원이 2008. 2. 18. '1. 이 사건 가처분결정을 다음과 같이 변경하고 나머지 부분을 취소한다. 가. 피신청인은 신청인이 운영하는 웹사이트(http://www.naver.com)에 접속한 컴퓨터 사용자의 모니터에 별지 2 목록 기재 프로그램을 이용한 광고를 하거나 위 프로그램의 설치를 위한 보안경고(인증)창을 게시하여서는 아니 된다. 나. 집행관은 위 명령의 취지를 적당한 방법으로 공시하여야 한다. 2. 신청인의 이 사건 신청 중 위 가처분 취소부분에 대한 신청을 기각한다.'라는 결정을 한 사실은 기록상 명백하다.

2. 인정사실

다음 각 사실은 기록 및 심문 전체의 취지에 의하여 인정된다.

가. 당사자의 지위

(1) 신청인 회사는 국내 최대의 인터넷 포털사이트 '네이버(www.naver.com)'를 운영하는 회사로서 광고주들로부터 위 포털사이트에 배너광고를 유치하고 우선순위 검색결과 도출서비스를 제공하는 등의 방법으로 광고수익

을 얻고 있다.

(2) 피신청인은 인터넷 사이트를 이용한 광고시스템인 별지 2 목록 기재 프로그램(이하 '이 사건 프로그램'이라고 한다)을 개발하여 이를 배포하고 있는 회사로서 자신이 운영하는 인터넷 사이트인 'www.uplink.co.kr'를 통하여 인터넷 사용자들에게 이 사건 프로그램을 다운로드 받을 수 있도록 하고 있다.

나. 이 사건 프로그램의 기능

(1) 사업 모델

피신청인 회사는 광고주를 모집하여 이 사건 프로그램을 이용한 광고를 유치하는 한편 피신청인 회사의 인터넷 사이트에 회원으로 가입한 기업 및 개인들을 '배포파트너'로 정하여 위 '배포파트너'로 하여금 이 사건 프로그램을 그들의 쇼핑몰(쇼핑몰이 없는 회원은 피신청인이 제작하여 주기도 한다), 커뮤니티, 이메일 등을 통하여 인터넷상에 배포하게 하고 이에 따라 발생하는 수익의 일부를 '배포파트너'에게 지급한다.

(2) 설치 및 삭제 방법

이 사건 프로그램은 피신청인의 인터넷 사이트에서 회원가입 여부와 상관없이 다운로드 받을 수 있는바, 이 사건 프로그램(프로그램의 파일명은 'MyAD.exe'이다.)을 다운로드 받아 실행하면, 별지 3 기재 내용과 같은 안내문이 나타나고, '다음' 버튼을 선택하면 소프트웨어 사용권 계약 약관의 내용이 나타나며 이에 동의하면 다음과 같은 3가지 구성 프로그램에 대한 안내문이 순차로 나타난다.

[Uplink Layer 설명]

배너광고의 삭제 및 대체 광고 프로그램 기존의 배너광고를 삭제 후 대체하거나 그 위에 새로운 광고 또는 콘텐츠를 띄웁니다.

[Uplink Space 설명]

인터넷 빈공간의 배너광고 삽입 프로그램 인터넷 웹 화면의 빈공간을 찾아서 적절한 새로운 광고 또는 콘텐츠를 삽입합니다.

[Uplink Search 설명]

키워드 광고 삽입 프로그램 키워드 광고 검색 결과 최상단에 빈공간(여백)을 적절히 확보하여 새로운 키워드 광고를 삽입하거나 검색결과 위에 별도의 키워드 광고창을 띄웁니다.

위 3개의 단위 프로그램에 대하여 각 동의 여부를 선택하면 삭제 방법의 안내문이 나타난 후 최종적으로 설치화면에서 사용자가 설치를 선택할 수 있게 된다.

한편, 사용자가 이 사건 프로그램을 이용한 서비스를 일시적으로 원하지 않을 경우에는 개별 광고 및 콘텐츠 위에 표시된 'X' 또는 'CLOSE' 버튼을 눌러서 해당 광고 및 콘텐츠를 화면에서 사라지게 하여 원래의 광고 등을 보이게 할 수 있고, 이 사건 프로그램 전체의 영구 삭제를 원할 경우에는 '제어판'의 '프로그램 추가/삭제' 등 메뉴에서 이를 삭제할 수 있다.

(3) 동작 내용

이 사건 프로그램은 이를 자신의 컴퓨터에 설치한 인터넷 사용자가 인터넷상의 특정사이트(주로 포털사이트)를 방문하였을 때 피신청인이 제공하는 광고를 인터넷 사용자의 컴퓨터에 직접 나타내 보이도록 하는 것을 목적으로 하고 있다.

인터넷 사용자의 컴퓨터에 설치된 이 사건 프로그램은, 신청인의 인터넷 사이트의 여백을 스스로 찾아내어 피신청인이 선택한 배너광고를 노출하는 방식(이하 '삽입광고방식'이라 한다), 신청인이 제공하고 있는 광고란에 피신청인이 선택한 배너광고를 덮어쓰는 방식(이하 '대체광고방식'이라 한다) 또는 신청인 인터넷 사이트의 검색창 하단과 신청인이 제공하는 키워드광고 사이에 피신청인이 제공하는 키워드광고를 삽입하는 방식(이하 '키워드광고방식'이라 한다)으로 각 동작한다.

피신청인이 이 사건 프로그램을 이용하여 제공하는 배너광고에는 "본 콘텐츠는 인터넷채널이십일에서 제공한 것입니다."라는 문구가 하단에 표시되어 있고, 키워드광고에는 검색창 아래와 신청인이 제공하는 키워드광고 사이에 박스 형태로 구획된 공간을 만들고 그 공간 내에 광고의 내용을 표시한 다음 광고내용의 오른쪽과 아래쪽에 "Uplink search는 인터넷채널이십일에서 제공합니다."라는 문구를 표시함으로써 각 광고의 출처가 피신청인임을 표시하고 있다.

3. 피보전권리에 대한 판단

신청인은 다음과 같은 이유로 이 사건 프로그램이 신청인의 권리를 침해하는 위법한 것이라고 주장하면서, 피신청인에 대하여 이 사건 프로그램의 제조, 사용, 판매 및 배포의 금지 등을 구하고 있으므로 차례로 살펴본다.

가. 정보통신망이용촉진및정보보호등에관한법률위반 여부

신청인은 우선 이 사건 프로그램이 정보통신망 이용촉진 및 정보보호 등에 관한 법률(이하 '정보통신망법'이라 한다) 제48조 제2항에 정한 '악성프로그램'에 해당한다고 주장한다.

살피건대, 정보통신망법 제48조 제2항은 "누구든지 정당한 사유 없이 정보통신시스템, 데이터 또는 프로그램 등을 훼손·멸실·변경·위조 또는 그 운용을 방해할 수 있는 프로그램(악성프로그램)을 전달 또는 유포하여서는 아니 된다."라고 규정하고 있다.

그러나 이 사건 프로그램은 사용자의 명시적 동의에 따라 해당 사용자의 컴퓨터에 설치되어 그 컴퓨터 내에서만 실행되는 점, 이 사건 프로그램이 실행된다 하더라도 피신청인의 광고가 표시되는 해당 사이트의 콘텐츠 자체에는 아무런 변경을 일으키지 아니하며 해당 사이트의 운영에도 아무런 영향을 미치지 아니하는 점, 이 사건 프로그램의 사용을 원하지 아니하는 사용자는 이를 일시적 또는 영구적으로 삭제할 수 있는 점 등 기록상 소명되는 제반 사정에 비추어 보면, 이 사건 프로그램이 정당한 사유 없이 신청인의 정보통신시스템, 데이터 또는 프로그램 등을 훼손·멸실·변경·위조 또는 그 운용을 방해하는 악성프로그램이라고 단정하기 어렵다 할 것이므로, 신청인의 이 부분 주장은 이유 없다.

나. 저작권법 또는 컴퓨터프로그램보호법 위반 여부

신청인은, (1) 피신청인이 신청인의 저작물인 신청인 인터넷 사이트의 화면표시를 이 사건 프로그램에 의하여 함부로 변경, 수정하는 것은 신청인의 저작인격권을 침해하는 것이고, 광고를 위하여 신청인의 인터넷 사이트를 사용하는 것은 저작재산권 침해에 해당하며, (2) 이 사건 프로그램, 그중에서도 특히 '키워드광고방식' 부분은 신청인 인터넷 사이트로부터 HTML(hypertext markup language, 인터넷 홈페이지의 하이퍼텍스트 문서를 만들기 위해 사용되는 기본 언어) 파일을 다운로드 받은 다음 그 내용과 구성을 신청인의 광고용 HTML 파일을 이용하여 변경하는 것으로서 신청인 컴퓨터프로그램의 동일성유지권을 침해하는 것이라고 주장한다.

(1) 저작권 침해 여부

인터넷 홈페이지도 그 구성형식, 소재의 선택이나 배열에 있어 창작성이 있는 경우에는 편집저작물에 해당하여 독자적인 저작물로 보호받을 수 있다고 할 것이고, 앞서 인정한 사실에 의하면 이 사건 프로그램에 의한 배너광고, 키워드광고 등(이하 '이 사건 광고'라 한다)의 실행시 신청인이 운영하는 인터넷 사이트 화면과 위 배너광고 등이 겹쳐 보이거나(대체광고의 경우) 화면의 일부가 변형되어 보일(삽입광고, 키워드광고의 경우) 여지는 있다 할 것이다.

그러나 앞서 본 바와 같이 이 사건 프로그램은 신청인 홈페이지의 콘텐츠에 직접 작용하여 어떠한 변경을 일으키는 것이 아니라 프로그램의 설치에 동의한 사용자의 컴퓨터화면 내에서만 실행되는 것으로 이 사건 광고는 신청인 홈페이지의 화면과는 어느 정도 구분되어 표시되고 있으며 피신청인이 제공하는 광고임을 명시하고 있는 점, 이 사건 광고는 사용자에게 사전 고지된 삭제 방법에 따라 이 사건 프로그램을 삭제하거나 각 광고 내의 'X' 등의 버튼을 클릭하는 방법만으로 쉽게 제거할 수 있으며 이 사건 광고가 제거되면 그 즉시 본래의 신청인 홈페이지 화면으로 복귀하는 점 등에 비추어 보면, 이 사건 프로그램이 신청인 인터넷 홈페이지 화면의 동일성을 손상할 정도로 내용 또는 형식을 변경한 것이라고는 볼 수 없다 할 것이어서 신청인이 인터넷 홈페이지에 관하여 보유하는 저작인격권으로서의 동일성유지권을 침해하였다고 할 수 없고, 나아가 이 사건 프로그램이 신청인 홈페이지의 화면 내용에 관하여 복제, 공중송신, 배포 등의 행위를 한다고 볼 아무런 자료가 없는 이상 어떠한 저작재산권의 침해가 있다고도 볼 수 없으므로, 결국 신청인의 저작권 침해 주장은 이유 없다.

(2) 프로그램저작권 침해 여부

기록에 의하면, 사용자가 신청인 인터넷 사이트의 검색창에 키워드를 입력하여 검색을 하면 신청인의 인터넷 서버에서는 검색결과인 HTML 파일을 사용자의 컴퓨터로 전송하고, 사용자 컴퓨터의 웹브라우저는 임시 폴더로 위 HTML 파일을 내려받은 다음 검색결과를 표시하기 위하여 위 HTML 파일의 사본을 메모리로 로딩(Loading)하게 되는바, 이때 이 사건 프로그램이 사용자가 입력한 검색키워드에 해당하는 피신청인의 광고용 HTML 코드를 메모리에 로딩 되어 있는 신청인의 위 HTML 코드에 삽입하여 이를 변경함으로써 결국 웹브라우저는 피신청인의 키워드 광고가 삽입된 화면을 표시하게 되는 사실을 인정할 수 있다.

그러나 HTML 파일은 컴퓨터프로그램보호법 제2조 제1항에서 말하는 '특정한 결과를 얻기 위하여 컴퓨터 등 정보처리능력을 가진 장치 안에서 직접 또는 간접으로 사용되는 일련의 지시·명령으로 표현된 것'에 해당되기는 하나, JSP{웹 페이지의 내용과 모양을 제어하기 위해 별도의 자바(Java) 언어로 구축된 프로그램을 호출하는 기술} 등과 같은 별도의 웹 프로그래밍 요소가 포함되지 아니한 일반적인 HTML 문서 자체는 웹 문서를 정리하여 나타내기 위한 문법을 기술한 태그(Tag)에 불과하여 창작성 있는 표현이라고 볼 수 없으므로 그 문서가 표시하는 내용과 별도의 창작물이라고 인정하기는 곤란하다 할 것인바, 신청인이 그의 프로그램저작물로서 동일성유지권을 침해당하였다고 주장하는 검색결과를 나타내는 HTML 파일에 검색결과를 표시한 텍스트 부분과 이를 화면에 표시하기 위한 일반적인 HTML 코드 외에 저작권으로 보호할만한 창작적인 표현이 포함되어 있다는 점을 소명할 충분한 자료가 없는 점, 이 사건 프로그램은 신청인이 사용자의 컴퓨터로 보낸 HTML 파일 원본을 변경하는 것이 아니라 이를 화면에 나타내기 위하여 일시적으로 메모리(RAM, Random Access Memory)상으로 복제한 사본 파일에만 피신청인의 HTML 코드가 삽입되는 점, 앞서 본 바와 같이 신청인의 위 HTML 파일에 따라 사용자 컴퓨터의 화면에 표시된 신청인 홈페이지 내용의 일부를 이 사건 프로그램이 변경한다 하더라도 이를 위 화면 내용에 관한 신청인의 저작인격권으로서의 동일성유지권을 침해한다고 까지는 볼 수 없는 점 등을 종합하여 보면, 이 사건 프로그램이 신청인 인터넷 사이트에서 사용자의 컴퓨터로 보낸 HTML 파일의 사본을 메모리 상에서 일시적으로 변경하는 것만으로는 신청인의 프로그램저작물에 대한 동일성유지권이 침해되었다고 단정할 수 없다 할 것이므로, 신청인의 이 부분 주장 역시 이유 없다.

다. 부정경쟁행위방지법위반 여부

신청인은, 신청인의 인터넷 사이트가 신청인을 지칭하는 고유한 영업표지로 국내에 널리 알려져 있는데, 피신청인이 신청인의 인터넷 사이트에서 마치 신청인이 제공하는 광고서비스인 것처럼 광고를 함으로써 부정경쟁방지및영업비밀보호에관한법률(이하 '부정경쟁방지법'이라고만 한다.) 제2조 제1호 (나), (다)목에 정한 바와 같이 신청인의 영업과 혼동을 불러일으키거나 신청인 표지의 식별력 또는 명성을 손상케 하고 있다고 주장한다.

살피건대, 부정경쟁방지법 제2조 제1호 (나)목은 '국내에 널리 인식된 타인의 성명, 상호, 표장 기타 타인의 영업임을 표시하는 표지와 동일 또는 유사한 것을 사용하여 타인의 영업상의 시설 또는 활동과 혼동을 일으키게 하는 행위(영업주체 혼동행위)'를, 같은 (다)목은 '(가)목 또는 (나)목의 규정에 의한 혼동을 하게 하는 행위 외에 비상업적 사용 등 대통령령이 정하는 정당한 사유 없이 국내에 널리 인식된 타인의 성명·상호·상표·상품의 용기·포장 그 밖에 타인의 상품 또는 영업임을 표시한 표지와 동일하거나 이와 유사한 것을 사용하거나 이러한 것을 사용한 상품을 판매·반포 또는 수입·수출하여 타인의 표지의 식별력이나 명성을 손상하게 하는 행위(식별력 손상행위)'를 각 부정경쟁행위로 규정하고 있다.

위 각 부정경쟁행위는 모두 행위자가 타인의 영업임을 표시하는 표지와 동일 또는 유사한 것을 '사용'할 것을 그 요건으로 하고 있고, 그 사용의 형태에 대해서는 특별한 제한을 두고 있지는 아니하다. 그러나 타인의 영업표지를 부정하게 자신의 영업에 사용하여 출처의 혼동을 가져오는 부정경쟁행위를 방지하기 위한 부정경쟁방지법의 목적에 비추어 볼 때 타인의 영업표지를 '사용'한다고 하기 위해서는 적어도 타인의 영업표지를 행위자 자신의 영업의 출처를 나타내는 방법으로는 사용하여야 한다고 볼 것이다.

그런데 피신청인이 이 사건 프로그램을 이용하여 제공하는 이 사건 광고에는 그 광고 내에 "본 콘텐츠는 인터넷채널이십일에서 제공한 것입니다."라는 문구가 기재되어 있어 출처를 명시하고 있고, 이 사건 프로그램을 설치하기 위해서는 사용자가 이 사건 프로그램을 자신의 선택에 따라 다운로드 받아야 하며, 설치 시에는 이 사건 프로그램의 제공자 및 작동 원리에 대한 안내가 이루어진 후 이 사건 광고의 설치에 대한 사용자의 3단계에 걸친 개별적 동의가 필요하게 되어있는 사실은 앞서 인정한 바와 같다.

그리고 신청인의 인터넷 홈페이지 전체를 신청인의 영업표지라고 볼 수는 없고, 홈페이지의 명칭인 "NAVER" 및 그 외 홈페이지의 색채, 모양 등 다른 구성요소 중에서 자체 식별력을 획득한 것이 있는 경우에 한하여 이를 영업표지라 할 수 있을 것인데, 이 사건 광고가 신청인의 위와 같은 영업표지와 동시에 사용자의 컴퓨터 화면에 나타남에 따라 위 영업표지의 신용이나 고객흡인력에 편승하여 부당한 이익을 얻거나 위 영업표지의 식별력이나 명성을 손상하게 할 가능성이 있다고 하더라도, 피신청인이 자신의 영업의 출처를 명시하여 그 출처혼동의 가능성을 일단 제거하고 있는 이상 이를 부정경쟁방지법에서 말하는 타인의 영업표지를 '사용'하였다고 볼 수는 없다 할 것이다(특히 부정경쟁방지법 제18조가 위 각 조항에 따른 부정경쟁행위를 형사처벌하도록 정하고 있는 점에 비추어 보면, 위 '사용'의 개념을 자신의 영업표지와 타인의 영업표지를 함께 나타나게 하는 경우까지 포함하는 방법으로 확장하여 해석할 수는 없다고 할 것이다).

따라서 신청인의 이 부분 주장 역시 이유 없다.

라. 업무방해 여부

피신청인의 행위가 부정경쟁방지법 제2조에 한정적으로 열거되어 있는 부정경쟁행위 중 하나에 해당되지 않는다 하더라도, 그것이 타인의 권리 침해 또는 그에 상응하는 보호할만한 가치 있는 법익의 침해에 해당하거나 또는 상도덕이나 관습에 반하는 정도가 공서양속 위반에까지 이를 정도로 불공정하여 위법성이 인정되고 그로 인한 신청인의 업무방해 및 손해가 인정된다면, 일반법으로서 민법의 불법행위 규정을 적용할 수 있다 할 것이다.

그런데 앞서 본 바와 같이 신청인이 운영하는 인터넷 포털사이트는 주로 광고주를 유치하여 얻는 광고 수익으로 운영되고 있는 점, 이 사건 프로그램을 설치한 이용자가 신청인의 인터넷 사이트에 접속할 때마다 이 사건 광고가 함께 보이게 되는데, 이 사건 광고는 신청인이 이용자들에게 제공하는 광고 내용을 그대로 대체하거나 신청인이 공간으로 남겨 둔 부분을 이용하거나 이용자가 검색어를 입력한 경우 검색창과 검색결과 사이에 삽입되는 방법으로 나타남으로써 신청인 인터넷 사이트의 나머지 부분과 일체로서 구성되어 전체적으로 하나의 홈페이지와 유사하게 보이는 효과를 꾀하고 있어 결과적으로 신청인의 인터넷 사이트가 제공하는 광고인 것과 같은 외관을 형성하는 점(이러한 부분이 인터넷 사이트와 별도의 창을 띄워 광고를 표시하는 기존의 팝업 광고와 다른 점이다), 이 사건 프로그램이 동작하면 대체광고의 경우 신청인이 제공하는 광고는 모두 사라지게 되어 그 효과를 거둘 수 없게 되고, 특히 키워드 광고가 신청인 인터넷 사이트를 통한 검색결과의 최상위에 피신청인의 광고주들을 나타나게 하는 것은 신청인이 우선순위 검색결과 도출서비스를 통하여 검색결과의 순위를 광고주들에게 판매하고 있는 상황에서 그 순위를 가로채는 것으로서 신청인의 영업상의 이익을 중대하게 침해할 수 있는 행위인 점 등을 종합하여 보면, 이러한 신청인의 광고 방식은 결국 신청인의 인터넷 포털사이트의 신용과 고객흡인력을 자신의 영업을 위하여 무단으로 이용하고 신청인이 장기간의 노력과 투자에 의하여 구축한 저명한 인터넷 포털사이트라는 콘텐츠에 무임승차하려는 것으로 공정한 경쟁질서 내지 상거래 질서에 위반하는 행위라 할 것이고, 이로 인하여 신청인의 광고에 관한 영업상의 이익을 침해할 위험이 크다고 할 것이므로 이는 신청인의 인터넷 사이트에 관한 업무를 방해하는 부정경쟁행위로서 불법행위에 해당한다고 보아야 할 것이다.

마. 피신청인의 주장에 관한 판단

(1) 사용자의 권리에 관한 주장

피신청인은, TV 방송은 PVR 서비스를 통하여 사용자가 광고를 삭제하고 원하는 프로그램이나 광고 등을 시청할 수 있게 하고 있고, 인터넷 웹브라우저들도 사용자들이 광고를 삭제하고 볼 수 있는 기능을 제공하고 있으며, 신청인과 같은 포털사이트가 사용자들에게 배포하는 툴바 등도 웹브라우저의 형태 및 설정을 변경하고 있는 바, 이와 같이 사용자로서는 자신이 보는 인터넷 화면의 설정을 변경하고 사용자 컴퓨터에 전송된 콘텐츠에 대하여 자유롭게 활용할 수 있는 정당한 권리가 있고 그러한 권리의 하나로서 광고를 선택할 권리가 있다 할 것이며, 기술의 진보는 자유로운 경쟁과 사용자의 권리를 보호하는 방향으로 이루어져야 하므로, 피신청인이 사용자들로부터 명시적 동의를 얻어 이 사건 프로그램을 배포하였고 이 사건 프로그램이 사용자들의 컴퓨터 내에서만 작동하는 이상 이는 사용자들의 위와 같은 권리를 실현하는 것이어서 허용되어야 하고, 신청인과 같은 포털사이트가 그 독점적 지위를 이용하여 신청인의 광고만을 보도록 강제함으로써 자유로운 경쟁이나 사용자의 권리를 침해하여서는 아니 된다는 취지로 주장한다.

그러나 시청자들이 비교적 쉽게 광고를 보지 않을 수 있는 TV의 경우를 전혀 다른 매체인 인터넷과 동일시할 수는 없다 할 것이고, 인터넷 웹브라우저들이 일반적인 광고삭제기능 등을 제공한다고 하여 개별 사용자의 선택에 의한 개인적 화면 설정의 변경에서 더 나아가 그 광고에 다른 광고를 대체하여 넣거나 타 사이트의 콘텐츠를 그대로 이용하는 방식의 상업적 광고행위까지 무제한으로 허용된 것이라고 볼 수는 없다.

그리고 이 사건 프로그램이 사용자들로부터 동의를 얻어 설치된 것이라 하더라도(PC방에 설치된 컴퓨터와 같이 이 사건 프로그램 설치에 동의한 자와 실제 이용자가 다른 경우에는 위와 같은 사용자 동의의 의미도 없어진다.) 이는 그 사용자와 피신청인 사이에서만 효력이 있을 뿐, 앞서 본 바와 같이 이 사건 광고가 신청인의 콘텐츠가 축적한 신용이나 고객흡인력에 편승하여 자유 경쟁의 한도를 넘는 의도적인 영업방해 행위에 이르는 것인 이상 사용자의 동의나 권리만을 근거로 하여 이를 신청인에 대한 관계에서도 정당한 것이라고 볼 수는 없다 할 것이다.

따라서 피신청인의 이 부분 주장은 이유 없다.

(2) 특허의 실시라는 주장

피신청인은, 이 사건 프로그램은 피신청인이 특허로서 등록받은 기술을 실시하는 내용으로서 특별한 사정이 없는 한 이는 법적으로 정당한 것이라는 취지로 주장한다.

살피건대, 기록에 의하면 피신청인이 '인터넷 웹페이지를 이용한 광고 시스템 및 방법', '웹브라우저를 이용한 광고시스템 및 방법' 등의 특허를 보유하고 있는 사실은 인정되나, 설령 이 사건 프로그램이 위 각 특허를 실시하고 있는 것이라고 하더라도 이 사건 프로그램을 이용한 피신청인의 영업이 앞서 본 바와 같이 신청인의 정당한 영업상의 이익을 침해하는 위법한 부정경쟁행위의 형태로 이루어지고 있는 이상 피신청인이 위 각 특허를 보유하고 있다는 사정만으로는 이를 정당화할 수 없다 할 것이므로 피신청인의 위 주장은 이유 없다.

(3) 오인, 혼동의 우려가 없다는 주장

피신청인은 이 사건 프로그램의 설치 과정에서의 상세한 안내문 게시와 광고 내에 '인터넷채널이십일에서 제공한 것입니다.'라는 등의 출처 표시로 인하여 사용자로서는 이 사건 광고와 신청인이 제공하는 광고를 오인, 혼동할 가능성이 전혀 없으므로 이 사건 광고는 신청인의 영업에 대한 방해가 되지 아니한다고 주장한다.

그러나 이 사건 광고에 출처가 표시되어 있다고 하더라도 앞서 본 바와 같이 그 광고가 신청인의 인터넷 사이트와 하나로 된 외관을 형성하고 있어 적어도 신청인 인터넷 사이트가 후원하는 광고주로 여겨질 가능성이 있는 이상 그 오인, 혼동의 우려가 전혀 없다고 단정할 수 없을 뿐 아니라, 이용자들이 최종적으로는 이 사건 광고의 출처를 알게 된다고 하더라도 처음에는 신청인 인터넷 사이트의 방문 또는 이용을 계기로 하여 피신청인의 광고를 보게 되는 점 등에 비추어 보면 피신청인이 신청인 인터넷 사이트가 축적한 신용이나 고객흡인력에 편승하여 광고행위를 하고 이로 인하여 신청인이 제공하는 광고가 화면에서 사라지거나 후순위로 밀리는 등으로 신청인의 영업이익이 침해되고 있다 할 것이므로 피신청인이 단순히 출처의 표시를 하였다는 것만으로는 영업방해에 해당하지 아니한다고 볼 수는 없다 할 것이어서 결국 위 주장은 이유 없다.

(4) 마이크로소프트사에 의하여 공개된 방법을 사용하였으므로 정당하다는 주장

피신청인은, 웹브라우저인 인터넷 익스플로러를 제작, 배포하는 회사인 마이크로소프트사는 개발회사들로 하여금 웹브라우저를 원하는 방향으로 변경해서 사용할 수 있도록 '엠에스디엔 라이브러리(MSDN Library)'를 제공하고 있고, 피신청인은 위 라이브러리 상의 '웹브라우저 콘트롤(WebBrowser Control)', '인서트어제이슨트에이치티엠엘 메쏘드(insertAdjacentHTML Method)' 함수 등을 사용해서 이 사건 프로그램을 개발한 것으로서 이와 같이 피신청인은 웹브라우저의 제작사가 허용하는 정당한 방법에 의해 이 사건 프로그램을 제작하여 사용하고 있으므로 이는 적법한 행위라고 주장한다.

그러나 이 사건 프로그램이 피신청인이 주장하는 바와 같이 웹브라우저 제작 회사가 허용한 적법한 방법에 의해 개발된 것이 사실이라 하더라도, 웹브라우저는 컴퓨터 사용자의 화면에 인터넷 페이지를 나타나게 하는 기능을 구현하는 프로그램에 불과할 뿐 피신청인의 이 사건 광고를 이용한 사업의 방식까지 결정하는 것이 아님은 분명하고, 앞서 본 바와 같이 이 사건 프로그램의 운용을 통하여 영위하고 있는 피신청인의 광고 관련 사업이 위법하다고 판단되는 이상 이 사건 프로그램의 개발과정이 적법하다는 사실만으로 피신청인의 이 사건 광고까지 적법하다고 인정할 수는 없다 할 것이므로 위 주장 역시 이유 없다.

4. 보전의 필요성 및 가처분의 범위

가. 보전의 필요성

피신청인의 이 사건 업무방해 행위는 일회적인 불법행위와는 달리 계속, 반복적으로 이루어지고 사후의 금전적 배상만으로는 피해의 완전한 회복이 어려울 것으로 예상되는 점과 앞서 본 이 사건 프로그램의 동작 형태 및 그 위법성의 정도, 이로 인한 신청인의 예상 피해 정도에다가 신청인의 이 사건 가처분 신청에 대하여 피신청인이 이 사건 프로그램의 적법성을 주장하면서 이를 계속 제작, 배포할 뜻을 표명하고 있는 사정 등을 종합하여 보면 신청인으로서는 계속되는 권리관계에 끼칠 현저한 손해를 피하거나 급박한 위험을 막기 위한 사전 예방 조치로서 그 업무방해행위의 금지를 구하는 가처분을 구할 수 있다고 할 것이므로 이 사건 가처분 신청은 그 보전의 필요성이 충분히 소명된다 할 것이다.

나. 가처분의 범위

신청인은, 피신청인이 다른 인터넷 사이트를 통하여 이 사건 프로그램을 배포하고 있고 이 사건 프로그램이 사용자의 컴퓨터 내에서 실행되는 이상 신청인으로서는 이 사건 프로그램이 신청인 인터넷 사이트에서 실행되는지를 효율적으로 확인, 제재할 수 없는 점 등에 비추어 이 사건 프로그램의 제조, 사용 등의 전면적 금지와 이 사건 프로그램 등에 대한 피신청인의 점유해제 및 집행관 보관이 필요하다고 주장한다.

그러나 이 사건 프로그램은 그 기술 자체가 불공정한 것은 아니어서 이 사건 광고를 원하는 인터넷 사이트 운영자가 이 사건 프로그램의 운영에 동의한 경우(예를 들면 피신청인의 배포파트너로 가입한 쇼핑몰 사이트 운영자) 등을 비롯하여 얼마든지 적법한 방식으로도 운영될 수 있다고 보이는 점, 현재까지 피신청인의 이 사건 프로그램을 이용한 영업은 초창기 단계인 것으로 보이는 점, 피신청인이 자신의 홈페이지 등에서 이 사건 프로그램을 누구든지 자유롭게 내려받을 수 있도록 하고 있으므로 이 사건 프로그램이 신청인 사이트에서 실행되는지 여부를 확인하는 것은 비교적 어렵지 않다고 보이는 점 등 기록에 나타난 제반 사정에 비추어 보면, 이 사건 프로그램으로 인한 신청인의 영업상의 피해를 방지하기 위해서는 피신청인으로 하여금 '신청인의 인터넷 사이트에 접속한 컴퓨터 사용자의 모니터에 이 사건 프로그램을 이용한 광고행위를 하는 것을 금지'하는 것만으로도 충분히 그 목적을 달성할 수 있을 것으로 보이고, 더 나아가 이 사건 프로그램의 제조, 사용 등의 금지와 이 사건 프로그램 등에 대한 피신청인의 점유해제 등의 조치까지 필요한 것으로 보이지 아니한다.

그리고 제1심 결정은 주문 가.항에서 '신청인의 인터넷 사이트에 접속한 컴퓨터 사용자의 모니터에 이 사건 프로그램의 설치를 위한 보안경고(인증)창을 게시하여서는 아니 된다.'라고 명하였으나, 이는 앞서 본 바와 같이 신청인 홈페이지가 아닌 별도의 홈페이지에서 이 사건 프로그램을 미리 다운로드 받아 설치하도록 하고 있는 피신청인의 현재 서비스 내용과는 상이한 내용임이 분명하므로 가처분의 필요성이 인정되지 아니하는 부분이라 할 것이다.

5. 결론

그렇다면, 신청인의 이 사건 가처분신청은 '신청인의 인터넷 사이트에 접속한 컴퓨터 사용자의 모니터에 이 사건 프로그램을 이용한 광고행위를 하는 것을 금지'하는 범위 내에서만 이유 있으므로 이 사건 가처분결정을 위 범위 내로 변경하고 나머지 부분의 결정은 이유 없어 취소하며 그 취소부분에 대한 가처분신청을 기각할 것인바, 제1심 결정은 이와 일부 결론을 달리하여 부당하므로 이를 위와 같이 변경하기로 하여 주문과 같이 결정한다.

(2-2) 대법원 2010. 8. 25. 자 2008마1541 결정 [공2010하,1855]

【신청인, 상대방 겸 재항고인】 엔에이치엔 주식회사 (소송대리인 변호사 손지열외 2인)

【피신청인, 재항고인 겸 상대방】 네오콘소프트 주식회사 (소송대리인 법무법인 백상 담당변호사 김재철)

【원심결정】 서울고법 2008. 9. 23.자 2008라618 결정

【주 문】

재항고를 모두 기각한다. 재항고비용은 각자가 부담한다.

【이 유】

재항고이유(재항고이유서 제출기간 경과 후에 제출된 각 재항고이유보충서는 재항고이유를 보충하는 범위 내에서)를 판단한다.

1. 채무자의 재항고이유에 관한 판단

가. 피보전권리가 소명되지 아니하였다는 주장에 관하여

(1) 경쟁자가 상당한 노력과 투자에 의하여 구축한 성과물을 상도덕이나 공정한 경쟁질서에 반하여 자신의 영업을 위하여 무단으로 이용함으로써 경쟁자의 노력과 투자에 편승하여 부당하게 이익을 얻고 경쟁자의 법률상 보호할 가치가 있는 이익을 침해하는 행위는 부정한 경쟁행위로서 민법상 불법행위에 해당하는바, 위와 같은 무단이용 상태가 계속되어 금전배상을 명하는 것만으로는 피해자 구제의 실효성을 기대하기 어렵고 무단이용의 금지로 인하여 보호되는 피해자의 이익과 그로 인한 가해자의 불이익을 비교·교량할 때 피해자의 이익이 더 큰

경우에는 그 행위의 금지 또는 예방을 청구할 수 있다고 할 것이다.

(2) 위 법리와 기록에 비추어 살펴본다.

(가) 원심이 적법하게 인정한 사실들에 의하면, 채권자는 장기간 동안 상당한 노력과 투자에 의하여 정보검색, 커뮤니티, 오락 등의 다양한 서비스를 제공하는 국내 최대의 인터넷 포털사이트인 '네이버'(그 도메인 이름은 www.naver.com이고, 이하 '네이버'라 한다)를 구축하여 인터넷 사용자들로 하여금 위 서비스 이용 등을 위하여 네이버를 방문하도록 하고, 이와 같이 확보한 방문객에게 배너광고를 노출시키거나 우선순위 검색결과 도출서비스를 제공하는 방법 등으로 광고영업을 해 오고 있음을 알 수 있는바, 채권자의 네이버를 통한 이러한 광고영업의 이익은 법률상 보호할 가치가 있는 이익이라 할 것이다.

또한 원심이 적법하게 인정한 사실들에 의하면, 채무자가 제공한 원심 판시 이 사건 프로그램을 설치한 인터넷 사용자들이 네이버를 방문하면 그 화면에 채권자의 광고 대신 같은 크기의 채무자의 배너광고가 나타나거나(이른바 '대체광고 방식'), 화면의 여백에 채무자의 배너광고가 나타나거나(이른바 '여백광고 방식'), 검색창에 키워드를 입력하면 검색결과 화면의 최상단에 위치한 검색창과 채권자의 키워드광고 사이에 채무자의 키워드광고가 나타나는(이른바 '키워드삽입광고 방식') 등으로, 채무자의 광고가 대체 혹은 삽입된 형태로 나타남을 알 수 있다.

그런데 채무자의 이러한 광고는 위와 같이 인터넷 사용자들이 네이버에서 제공하는 서비스 등을 이용하기 위하여 네이버를 방문할 때 나타나는 것이므로, 이는 결국 네이버가 가지는 신용과 고객흡인력을 무단으로 이용하는 셈이 된다. 뿐만 아니라 그 광고방식도 채권자가 제공하는 광고를 모두 사라지게 하거나(대체광고 방식) 채권자가 제공하는 검색결과의 순위를 뒤로 밀리게 하는(키워드삽입광고 방식) 등의 방법을 사용함으로써 채권자의 영업을 방해하면서 채권자가 얻어야 할 광고영업의 이익을 무단으로 가로채는 것이다.

채무자의 위와 같은 광고행위는 인터넷을 이용한 광고영업 분야에서 서로 경쟁자의 관계에 있는 채권자가 상당한 노력과 투자에 의하여 구축한 네이버를 상도덕이나 공정한 경쟁질서에 반하여 자신의 영업을 위하여 무단으로 이용함으로써, 채권자의 노력과 투자에 편승하여 부당하게 이익을 얻는 한편, 앞서 본 바와 같이 법률상 보호할 가치가 있는 이익인 네이버를 통한 채권자의 광고영업 이익을 침해하는 부정한 경쟁행위로서 민법상 불법행위에 해당한다고 할 것이다.

(나) 한편 원심이 적법하게 인정한 사실들에 의하면, 채무자의 위와 같은 광고행위가 일회적인 것이 아니라 이 사건 프로그램을 설치한 인터넷 사용자들이 네이버에 접속할 때마다 계속적으로 반복되는 것임을 알 수 있다. 나아가 이 사건 프로그램에 의한 광고행위의 성질상 채권자가 인터넷 사용자들의 이 사건 프로그램의 설치현황 및 그로 인한 네이버에서의 채무자의 광고현황 등을 일일이 파악하여 대응하기가 매우 곤란할 것으로 보이는 점과 채무자의 광고내용에 따라서는 채권자의 신용, 명성 등 무형적인 가치까지도 손상시킬 수 있을 것으로 보이는 점 등을 고려할 때 채무자에게 금전배상을 명하는 것만으로는 채권자 구제의 실효성을 기대하기 어렵다고 할 것이다. 나아가 채무자의 이 사건 프로그램에 의한 네이버에서의 광고행위를 그대로 방치하는 경우 결국 네이버에서의 광고영업을 그 수익모델로 삼고 있는 채권자 회사의 존립 자체를 위협할 수 있다는 점에서 채무자의 위와 같은 광고행위를 금지함으로써 보호되는 채권자의 이익이 그로 인한 채무자의 영업의 자유에 대한 손실보다 더 크다고 할 것이다. 따라서 채권자는 채무자에 대하여, 네이버에 접속한 인터넷 사용자들의 모니터에서 이 사건 프로그램을 이용한 광고행위를 하는 것의 금지 또는 예방을 청구할 수 있다고 봄이 상당하다.

(다) 결국, 이 사건 가처분신청은 피보전권리가 소명된 것으로 인정된다.

(3) 따라서 원심의 이 부분에 관한 이유설시에 다소 미흡하거나 적절하지 않은 점은 있으나, 이 사건 가처분의 피보전권리가 소명되었다고 판단한 결론에 있어서는 정당하므로 결정에 영향을 미친 잘못이 없다.

나. 보전의 필요성이 소명되지 아니하였다는 주장에 관하여

민사집행법 제300조 제2항의 임시의 지위를 정하기 위한 가처분이 필요한지 여부는 당해 가처분신청의 인용 여부에 따른 당사자 쌍방의 이해득실관계, 본안소송에 있어서의 장래의 승패의 예상, 그 밖의 제반 사정을 고려하여 법원의 재량에 따라 합목적적으로 결정하여야 한다(대법원 2006. 11. 23. 선고 2006다29983 판결 등 참조).

위 법리와 기록에 비추어 살펴보면, 채권자의 이 사건 가처분신청에 대하여 채무자는 이 사건 프로그램에 의한 광고행위의 적법성을 주장하면서 그 광고영업을 계속할 뜻을 표명하고 있는바, 이 경우 앞서 본 이 사건 프로그램에 의한 광고행위의 과정과 형태 등에 비추어 채권자가 입을 손해가 현저할 것으로 보이는 점, 앞서 본 바와 같이 이 사건 가처분신청을 받아들임으로써 보호되는 채권자의 이익이 그로 인한 채무자의 손실보다 더 큰 점 등 제반 사정을 참작할 때, 이 사건 가처분신청에는 보전의 필요성이 있다고 할 것이다.

따라서 원심결정이 그 판시와 같이 보전의 필요성이 인정된다고 판단한 것은 정당하고, 거기에 보전의 필요성에 관한 법리오해의 잘못이 없다.

2. 채권자의 재항고이유에 관한 판단

가. 재항고이유 제1, 2점에 관하여

기록에 비추어 살펴보면, 채권자가 그의 컴퓨터프로그램저작물로서 동일성유지권을 침해당하였다고 주장하는 HTML(Hypertext Markup Language, 인터넷 홈페이지의 하이퍼텍스트 문서를 만들기 위해 사용되는 기본 언어) 코드에는, 검색결과를 표시한 텍스트 부분과 이를 화면에 표시하기 위한 일반적인 HTML 태그 정도가 포함되어 있을 뿐 저작권으로 보호할 만한 창작적인 표현까지 포함되어 있다는 점을 소명할 자료가 없고, 나아가 채권자가 사용자의 컴퓨터로 보낸 HTML 파일은 그 내용이 화면에 나타나기 위하여 일시적으로 램(Random Access Memory)상으로 복제되게 되는데, 이 때 이 사건 프로그램에 의한 채무자의 HTML 코드 역시 램에 올라오면서 채권자의 HTML 코드 자체에는 영향을 미치지 않은 채 이와 별도로 존재할 여지가 있는 반면, 그것이 채권자의 HTML 코드에 삽입되어 채권자의 HTML 코드 자체를 변경시킨다는 점은 이를 소명할 자료가 부족하므로, 채무자의 이 사건 프로그램에 의한 광고행위로 인해 채권자의 HTML 코드에 대한 동일성유지권이 침해되었다고 할 수 없다.

원심의 이 부분에 관한 이유설시에 다소 부적절한 점은 있으나, 채권자의 컴퓨터프로그램저작물에 대한 동일성유지권이 침해되지 않았다고 한 결론에 있어서는 정당하므로 결정에 영향을 미친 잘못이 없다.

나. 재항고이유 제3점에 관하여

원심결정 이유에 의하면, 원심은, 정보통신망 이용촉진 및 정보보호 등에 관한 법률(이하 '정보통신망법'이라 한다) 제48조 제2항은 "누구든지 정당한 사유 없이 정보통신시스템, 데이터 또는 프로그램 등을 훼손·멸실·변경·위조 또는 그 운용을 방해할 수 있는 프로그램(악성프로그램)을 전달 또는 유포하여서는 아니 된다"고 규정하고 있는데, 이 사건 프로그램은 인터넷 사용자의 명시적 동의에 따라 해당 사용자의 컴퓨터에 설치되어 그 컴퓨터

내에서만 실행되는 점, 이 사건 프로그램이 실행된다 하더라도 채무자의 광고가 나타나는 해당 사이트의 콘텐츠 자체에는 아무런 변경을 일으키지 아니하며 해당 사이트의 운영에도 아무런 영향을 미치지 아니하는 점, 이 사건 프로그램의 사용을 원하지 아니하는 사용자는 이를 일시적 또는 영구적으로 삭제할 수 있는 점 등 기록상 소명되는 제반 사정에 비추어 보면, 이 사건 프로그램이 정당한 사유 없이 채권자의 정보통신시스템, 데이터 또는 프로그램 등을 훼손·멸실·변경·위조 또는 그 운용을 방해하는 악성프로그램이라고 단정하기 어렵다고 판단하였다.

기록에 비추어 살펴보면, 원심의 위와 같은 판단은 정당한 것으로 수긍이 가고 거기에 정보통신망법 제48조 제2항 소정의 악성프로그램에 관한 법리오해의 잘못이 없다.

다. 재항고이유 제4점에 관하여

원심결정 이유에 의하면, 원심은 이 사건 프로그램은 그 기술 자체가 불공정한 것은 아니어서 인터넷 사이트 운영자가 이 사건 프로그램의 운영에 동의한 경우 등을 비롯하여 얼마든지 적법한 방식으로도 운영될 수 있다고 보이는 점, 현재까지 채무자의 이 사건 프로그램을 이용한 영업은 초기 단계인 것으로 보이는 점 등 기록에 나타난 제반 사정을 참작할 때, 이 사건 프로그램으로 인한 채권자의 영업상의 피해를 방지하기 위해서는 채무자로 하여금 '채권자의 인터넷 사이트에 접속한 컴퓨터 사용자의 모니터에 이 사건 프로그램을 이용한 광고행위를 하는 것을 금지'하는 것만으로도 충분히 그 목적을 달성할 수 있고, 더 나아가 이 사건 프로그램의 제조, 사용 등의 금지까지는 필요하지 않다는 취지로 판단하였다.

기록에 비추어 살펴보면, 원심의 위와 같은 판단은 정당한 것으로 수긍이 가고, 거기에 재항고이유로 주장하는 바와 같은 가처분의 범위에 관한 법리오해 등의 잘못이 없다.

3. 결론

그러므로 재항고를 모두 기각하고, 재항고비용은 각자가 부담하도록 하여, 관여 대법관의 일치된 의견으로 주문과 같이 판결한다.

2 특별손해의 배상

서울지방법원 1995. 1. 13. 선고 94나32657 판결

【원고,항소인】 황○주

【피고, 피항소인】 제△특장 외 1인

【변 론 종 결】 1994. 12. 23.

【원심판결】 서울민사지방법원 1994.6.24.선고, 93가단174973판결

【주 문】

1. 원고의 항소를 기각한다.
2. 항소비용은 원고의 부담으로 한다.

【청구취지】

피고들은 연대하여 원고에게 금 29,944,500원 및 이에 대한 1993. 2. 2.부터 이 사건 소장부본 송달일까지는 연 5푼의, 그 다음날부터 완제일까지는 연 2할 5푼의 각 비율에 의한 금원을 지급하라.

【항소취지】 원판결 취소 및 청구취지기재와 같은 판결

【이 유】

1. 기초사실다음과 같은 사실은 당사자 사이에 다툼이 없거나, 갑 제1호증(자동차등록원부), 갑 제2호증(통고서에대한답변), 갑 제7호증(신문), 갑 제10호증(통합공과금영수증), 갑 제12호증의 4(의견서), 5(범죄인지보고), 6,7(각 교통사고보고서), 8,9(각 진술서), 12,13(각 견적서), 갑 제11호증(호적등본), 을 제1호증(정전시간알림), 을 제2호증(일기상통계표), 을 제3호증(배선로 운전일지), 을 제4호증(개폐기 운전일지), 을 제7호증(화분대도감), 을 제12호증(전기수용신청서)의 각 기재, 갑 제12호증의 14 내지 19, 을 제6호증의 1 내지 3(각 사진)의 각 영상, 원심증인 이○국, 윤○진, 황×주의 각 증언에 변론의 전취지를 종합하여 이를 인정할 수 있고 이에 반하는 원심증인 이○양의 일부증언은 아래 사실관계에 비추어 믿지 아니하고 달리 반증이 없다.

가. 피고 제△특장 주식회사(이하 피고 제△특장이라 한다.)의 피용인인 소외 박☆수는 1993. 1. 31. 19:30경 ○○시 ○○동339의 25 소재 주차장에서 같은 피고 소유의 경기 XX하 XXXX 호 유류수송용 12톤 카고트럭을 주차시키기 위하여 후진을 하던중 후방주시를 게을리 한 과실로 위 주차장을 남북으로 가로질러 순차로 설치되어 있던 피고 한국전력공사(이하 피고 한☆이라 한다.) 소유의 전봇대 중 왕자간 216호를 충격하여 넘어뜨리는 바람에 위 왕자간 216호와 전선으로 연결되어 있던 왕자간 215호 및 왕자간 217호 전봇대를 연쇄적으로 넘어뜨려 파손케하는 사고가 발생하였다.

나. 위 사고로 인하여 위와 같이 왕자간 215호, 216호, 217호 등 3개의 전봇대와 이에 설치되어 있던 3대의 고압선 개폐기, 3대의 변압기가 파손되었고 이에 연결되어 있던 전선이 끊어져 위 전기공급시설로부터 일반수용가로의 전력공급이 중단되었다.

다. 이에 피고 한☆은 지체없이 위와 같은 사고의 복구를 전담하는 하도급업체인 소외 동일전기에게 이 사건 사고사실을 알리고 이를 복구하도록 지시하였고, 위 동일전기에서는 위 사고 직후인 1993. 1. 31. 19:45경부터 같은 날 21:10경까지 사이에 인부 5명, 전공 10명 및 오각크레인, 포크레인, 차량 3대, 기타 장비 등을 동원하여 같은 날 21:00경 부터 복구작업을 개시하였으며, 위 복구작업은 파손된 전봇대를 새로이 설치하고, 고압선 연결 및 고압선 개폐기의 설치 및 변압기의 설치, 변압기에 개별수용가의 전선연결 등의 순서로 진행되었으며, 위 왕자간 217호 전봇대의 설치 및 고압선 개폐기의 설치작업이 1993. 2. 1. 04:30경에 완료되었고, 변압기의 설치 및 변압기에 개별수용가의 전선을 연결하는 작업이 같은 날 08:00경 완료되어 위 전기공급시설이 복구됨으로써 그 때부터 비로소 위 왕자간 217호의 개별수용가에게 전기가 공급되기 시작하였다.

라. 원고는 ○○시 ○○동336의 24 답 2,000m2에서 비닐하우스 2동을 설치하여 서양란 7,000주, 벤자민 750주를 재배하고 있었고 위 화초들은 모두 최저온도 영상 7 내지 8도, 최고온도 영상 30도의 기온을 유지하여야 하는바, 원고는 1990. 7월경 일반전기사업자인 피고 한☆과 사이에 원고와 사촌간으로 위 토지의 소유자인 소외 황×주 명의로 농사용 전기공급계약을 체결하고 피고로부터 공급받는 전기를 이용하여 겨울철이던 이 사건 사고당시

전기온풍기를 가동하여 위 비닐하우스 내의 적정온도를 유지하고 있었다.

마. 그런데, 이 사건 사고로 위와 같이 정전됨으로써 위 왕자간 217호로부터 전기를 공급받고 있었던 원고는 약 12시간 30분 가량 전기온풍기를 사용하지 못하게 되었고, 그 복구가 완료되어 다시 전기가 공급될 무렵에는 위 비닐하우스 내의 온도가 이 사건 사고당시의 외부온도인 영하 1.4도 내지 4.4도와 비슷하게 되어 위 화초의 적정 최하온도 이하로 떨어짐으로써 위 화초들이 동해를 입게 되었다.

2. 피고 제△특장에 대한 청구에 관한 판단

원고는 이 사건 청구원인으로, 위 동해로 서양란 7,000주 중 700주가 동사하였고, 1,890주가 무거운 동해를 입어 가격이 30% 하락되었으며, 4,410주가 가벼운 동해를 입어 가격이 10% 하락하였을 뿐 아니라 벤자민 750주 중 187주가 동사하였고, 225주는 무거운 동해를 입어 가격이 30% 하락하였으며, 338주는 가벼운 동해를 입어 가격이 10% 하락됨으로써 위 동해로 인한 원고의 손해는 1주의 가격인 금 16,000원인 위 서양란의 손해가 금 27,328,000원이고, 1주의 가격이 금 17,000원인 위 벤자민의 손해가 금 4,910,100원으로 합계 금 32,229,100원이므로, 피고 제△특장은 원고에게 위 카고트럭의 운행자 내지 위 박☆수의 사용자로서 이 사건 사고로 인하여 발생한 위 금원을 배상하여야 한다고 주장한다.

그러므로 보건대, 위 제1항의 인정사실에 의하면, 피고 제△특장은 위 박☆수의 사용자로서 특별한 사정이 없는 한 그 피용인인 위 박☆수의 위와 같은 사무집행상의 과실로 인하여 발생한 위 사고로 말미암아 원고가 입은 손해를 배상할 책임이 있다 할 것이나, 앞서 원고가 위 피고에게 배상을 구하는 손해는 앞서 인정한 사실에서와 같이 위 피고의 운행차량이 일으킨 이 사건 사고로 인하여 정전이 되었고 그로 인하여 원고가 위 전기온풍기를 사용하지 못하여 원고가 설치한 위 비닐하우스 안의 기온이 외부온도에 가깝게 떨어져 원고가 재배하고 있는 서양란과 벤자민이 동사하게 되거나 동해를 입게 된 것임을 전제로 산정한 손해인바, 위와 같은 손해는 특별한 사정으로 인한 손해라고 할 것이므로 피고 제△특장 또는 위 박☆수가 그러한 사정을 알았거나 알 수 있었을 경우에 한하여 그 배상 책임이 있다 할 것인데, 당심증인 윤○식의 증언만으로는 이 사건 사고당시 피고 제△특장 또는 위 박☆수가 그러한 사정을 알거나 알 수 있었다고 인정하기 부족하고 달리 이를 인정할 증거가 없으므로 원고의 피고 제△특장에 대한 청구는 더 나아가 볼 필요없이 이유없다 할 것이다.

3. 피고 한☆에 대한 청구에 관한 판단

가. 불법행위책임

원고는 이 사건 청구원인으로, 피고 한☆이 이 사건 사고로 인한 위 전기공급시설의 복구를 지체하는 바람에 이 사건 사고당시부터 약 16시간동안이나 정전이 계속되었고 원고의 위 손해는 위와 같이 정전이 장시간 계속됨으로 인하여 발생된 것이므로 피고 한☆은 위와 같이 전기공급시설의 복구를 게을리 한 과실로 위 정전이 계속됨으로써 인하여 원고가 입은 손해 중 위 금 29,944,500원을 배상하여야 한다고 주장한다.

그러므로 보건대, 피고 한☆이 이 사건 사고로 파손된 위 전봇대, 고압전선, 변압기 등 전기공급시설을 복구하는데 약 12시간 30분 정도의 시간이 소요되었고, 그 동안에 원고를 비롯한 개별수용가에 전기공급이 중단된 사실은 앞서 본 바이나, 원고 주장과 같이 피고 한☆이 이 사건 사고로 파손된 전기공급시설을 복구하는데 약 16시간이 소요되었다는 점에 관하여 앞서 배척한 원심증인 이○양의 증언 이외에는 이를 인정할 증거가 없을 뿐만 아니라, 위와 같이 위 전기공급시설을 복구하는데 약 12시간 30분 내지 원고 주장과 같이 약 16시간이 소요되었다고 하더라도 그러한 사정만으로 이 사건 사고로 인하여 파손된 전기공급시설의 규모나 정도 및 그 복구방법, 기상조건 등에 비추어 피고 한☆이 이 사건 사고로 인하여 파손된 위 전기공급시설의 복구를 게을리 하였다고 보기도 어려우므로 피고 한☆이 파손된 위 전기공급시설의 복구를 게을리 하였음을 전제로 한 원고의 위 불법행위 주장은 더 나아가 볼 필요없이 이유없다 할 것이다.

나. 채무불이행책임

다시 원고는 피고 한☆과 사이에 전기공급계약을 체결하였는데 이 사건 사고로 위와 같이 정전이 장시간 계속됨으로 피고 한☆은 원고에게 전기를 공급해 주지 못하였고, 그로 인하여 원고는 위와 같이 난초가 동해를 입게 된 것이므로 피고 한☆은 원고에 대한 전기공급의무자로서 위와 같은 채무불이행으로 인한 원고가 입은 손해 중 위 금 29,944,500원을 배상하여야 한다고 주장한다.

그러므로 보건대, 앞서 본 사실관계에 의하면 피고공사는 위와 같이 이 사건 사고로 인하여 위 전기공급시설을 복구하는 동안에 원고에게 전기를 공급하지 못하였다고 할 것이므로 피고 한☆은 전기공급의무자로서 원고에게 위와 같은 채무불이행으로 인한 손해를 배상할 책임이 있다고 할 것이나, 한편, 을 제12호증(전기수용신청서), 을 제13호증(전기공급규정)의 각 기재에 변론의 전취지를 종합하면, 원고는 소외 황×주 명의로 피고 한☆과 사이에 전기공급계약을 체결할 당시 피고 한☆의 전기공급규정을 준수하기로 약정한 사실, 위 규정 제49조에는 피고가 전기의 공급을 중지하거나 그 사용을 제한할 수 있는데 그 중 제3호로써 피고 한☆의 전기공작물에 고장이 발생하거나 발생할 우려가 있는 때를 포함하고 있는 사실, 또한 위 규정 제51조에는 피고가 수용가가 받은 손해에 대하여 그 배상책임을 지지 않는 경우가 규정되어 있는데, 그 중 제3호로써 위 규정 제49조에 의하여 전기공급을 중단하거나 그 사용을 제한한 때가 포함되어 있는 사실을 인정할 수 있고 반증이 없는바, 위 각 규정은 전기공급시설의 광역성 및 이로 인한 점검, 보수의 곤란성 등을 감안하여 피고 한☆의 가능한 인적, 물적 설비만으로는 미리 대응할 수 없는 우발적인 사고등이 발생한 경우에는 전기공급을 제한하거나 중지할 수 있고 이 경우에 피고에게 고의 또는 중과실이 없는 한 전기공급중단으로 인하여 수용가에게 발생하는 손해에 대하여 채무불이행책임이 면제된다는 취지로 보아야 할 것이고, 앞서 본 이 사건 정전사고의 발생경위에 비추어 볼 때 피고 한☆에게 이 사건 정전사고의 발생과 그 복구에 관하여 고의 또는 중과실이 있다고 보기는 어렵다고 할 것이므로 피고의 위 정전사고로 인한 손해배상책임은 위 면책규정에 의하여 면제된다고 할 것이어서 이점을 지적하는 위 피고의 항변은 이유있다 할 것이다.

4. 결 론

그렇다면, 원고의 이 사건 청구는 모두 이유없어 이를 기각할 것인바, 원심판결은 이와 결론을 같이하여 정당하므로 원고의 항소는 이유없어 기각하기로 하고 항소비용은 패소자인 원고의 부담으로 하여 주문과 같이 판결한다.

대법원 1995. 12. 12. 선고 95다11344 판결 [공1996.2.1.(3),358]

【원고,상고인】 황○주

【피고,피상고인】 한국전력공사 외 1인

【원심판결】 서울민사지방법원 1995. 1. 13. 선고 94나32657 판결

【주 문】

상고를 기각한다. 상고비용은 원고의 부담으로 한다.

【이 유】

상고이유를 본다.

1. 피고 제○특장 주식회사에 대한 상고이유에 대하여

원심판결 이유에 의하면 원심은, 피고 제○특장 주식회사(이하 피고 제○특장이라 한다)의 피용인인 소외 박○수는 1993. 1. 13. 19:30경 미금시 도농동 339의 25 소재 주차장에서 같은 피고 소유의 판시 카고트럭을 주차시키기 위하여 후진을 하던 중 판시 전신주를 충격하여 넘어뜨리는 바람에 판시 전신주들을 연쇄적으로 넘어뜨려 파손케 하는 사고가 발생하여 이로 인하여 일반수용가로의 전력 공급이 중단된 사실, 원고는 미금시 지금동 336의 24 답 2,000㎡에서 비닐하우스 2동을 설치하여 서양란, 벤자민 등을 재배하고 있었고, 위 화초들은 모두 최저온도 영상 7도 내지 8도, 최고온도 영상 30도의 기온을 유지하여야 하는바, 원고는 피고 한국전력공사(이하 피고 한전이라 한다)로부터 공급받는 전기를 이용하여 겨울철이던 이 사건 사고 당시 전기온풍기를 가동하여 위 비닐하우스 내의 적정 온도를 유지하고 있었던 사실, 그런데 이 사건 사고로 위와 같이 정전됨으로써 원고가 약 12시간 30분 가량 전기온풍기를 사용하지 못하게 되었고, 그 복구가 완료되어 다시 전기가 공급될 무렵에는 위 비닐하우스 내의 온도가 이 사건 사고 당시의 외부 온도인 영하 1.4도 내지 4.4도와 비슷하게 되어 위 화초의 적정 최하온도 이하로 떨어짐으로써 위 화초들이 동해를 입게 된 사실을 인정한 다음, 원고가 피고 제○특장에 대하여 위 전력 공급의 중단으로 인하여 위 작물상 동해로 입은 손해의 배상을 구하고 있는 이 사건 청구에 대하여, 원고가 위 피고에게 배상을 구하는 손해는 앞서 인정한 사실에서와 같이 위 피고의 운행 차량이 일으킨 이 사건 사고로 인하여 정전이 되었고 그로 인하여 원고가 위 전기온풍기를 사용하지 못하여 원고가 설치한 위 비닐하우스 안의 기온이 외부 온도에 가깝게 떨어져 원고가 재배하고 있는 서양란과 벤자민이 동사하게 되거나 동해를 입게 된 것임을 전제로 산정한 손해인바, 위와 같은 손해는 특별한 사정으로 인한 손해라 할 것이므로 피고 제삼특장 또는 위 소외인이 그러한 사정을 알았거나 알 수 있었을 경우에 한하여 그 배상책임이 있다고 할 것인데, 원심 증인 윤○식의 증언만으로는 이를 인정하기 부족하고 달리 이를 인정할 증거가 없다는 이유로 원고의 청구를 기각하고 있다.

불법행위의 직접적 대상에 대한 손해가 아닌 간접적 손해는 특별한 사정으로 인한 손해로서 가해자가 그 사정을 알았거나 알 수 있었을 것이라고 인정되는 경우에만 배상책임이 있다고 할 것인바, 이 사건에서 위 소외인이 위 전신주를 충격하여 전선을 절단케 함으로써 위 전선으로부터 전력을 공급받아 비닐하우스 내 전기온풍기를 가동하던 원고가 전력 공급의 중단으로 전기온풍기의 작동이 중지됨으로 인하여 입은 손해는 특별한 사정으로 인한 손해로서 소외인이 이 사건 사고 당시에 이러한 사정을 알았거나 알 수 있었을 때에만 그 책임을 부담한다고 보아야 할 것이다.

그런데 소외인으로서는 이 사건 전신주는 비닐하우스가 밀집한 농촌지역에 위치하고 있고, 통상 비닐하우스에는 전기설비 내지 전기비품 등이 설치 또는 비치될 수 있으므로 위 전신주의 전선을 통하여 인근 비닐하우스 내에 전력이 공급된다는 사정 및 위 비닐하우스 내에는 보온 유지가 필수적인 농작물이 재배되고, 이러한 농작

물의 보온 유지에 필요한 전기용품이 비치되어 작동되리라는 사정은 알았거나 알 수 있었다고 하더라도, 기록에 의하면 위 전신주의 충격으로 전선이 절단되어 전력의 공급이 중단된 부근의 같은 종류의 농작물을 재배하고 있던 다른 비닐하우스에는 1시간 만에 절단된 전선이 복구되어 전력이 공급되었기 때문에 아무런 피해를 입지 아니한 사정을 알 수 있고, 이에 비추어 보면 이 사건 농작물의 동해는 위 비닐하우스 내 전기온풍기의 작동이 중단된 상태로 장시간 방치되고 달리 비닐하우스 내 보온 유지에 필요한 적절한 조치를 취하지 아니함으로 인한 것인바(통상 전력의 공급은 여러 가지 사정으로 인하여 중단될 수 있으므로, 전력을 공급받아 비닐하우스 내 재배 작물을 위해 필요한 보온 유지를 하는 수용가로서는 불시에 전력의 공급이 중단되는 사태에 대비하여 필요한 대비책을 강구하여 가능한 한 보온 유지가 되지 아니한 채로 방치되지 아니하도록 할 것이 요구된다.), 소외인이 이러한 사정까지 알았거나 알 수 있었다고 보기는 어렵다 할 것이다. 원심판결은 그 이유 설시에 있어 다소 미흡한 점이 있기는 하나 결국 같은 취지로 판단하고 있으므로 정당하고, 거기에 소론과 같은 법리오해, 채증법칙 위반 및 이유불비 등의 위법이 있다고 할 수 없다. 논지는 이유 없다.

2. 피고 한전에 대한 상고이유에 대하여

가. 제1점에 대하여

기록에 의하여 살펴보면 피고 한전이 이 사건 사고로 파손된 판시 전기공급 시설의 복구를 게을리하였다고 보기 어렵다고 본 원심의 조치는 수긍이 되고, 거기에 소론과 같은 채증법칙을 위반한 위법이 있다고 할 수 없다. 논지는 이유 없다.

나. 제2점에 대하여

기록에 의하여 살펴보면 원고는 피고 한전과 이 사건 전기공급계약을 체결할 당시에 피고 한전의 전기공급규정을 준수하기로 약정하였는데, 위 전기공급규정 제51조 제3호, 제49조 제3호에는 피고 한전의 전기 공작물에 고장이 발생하거나 발생할 우려가 있는 때 피고 한전은 부득이 전기의 공급을 중지하거나 그 사용을 제한할 수 있는데 이 경우 피고 한전은 수용가가 받은 손해에 대하여 그 배상책임을 지지 않는다는 규정을 두고 있는바, 이러한 규정은 면책약관의 성질을 가지는 것으로서 피고 한전의 고의, 중대한 과실로 인한 경우까지 적용된다고 보는 경우에는 약관의규제에관한법률 제7조 제1호에 위반되어 무효라고 볼 수밖에 없다고 할 것이나, 그 외의 경우에 한하여 피고 한전의 면책을 정한 규정이라고 해석하는 한도 내에서는 유효하다고 할 것이다. 원심이 위 규정은 피고 한전에게 고의 또는 중과실이 없는 한 전기공급 중단으로 인하여 수용가에게 발생하는 손해에 대하여 채무불이행 책임이 면제된다는 취지로 보아야 할 것이고, 판시 이 사건 정전사고의 발생 경위에 비추어 볼 때 피고 한전에게 이 사건 정전사고의 발생과 그 복구에 관하여 고의 또는 중대한 과실이 있다고 보기는 어렵다고 할 것이므로 피고 한전의 위 정전사고로 인한 손해배상 책임은 위 면책규정에 의하여 면제된다고 판단하고 있는바, 원심의 이러한 조치는 정당하고 거기에 소론과 같은 약관의규제에관한법률을 위반한 위법이 있다고 할 수 없다.

원심은 이 사건 전기공급계약 체결시 피고가 위 면책규정의 내용을 설명하지 아니하였으므로 원고에게 그 내용으로 주장할 수 없다는 주장에 대하여 아무런 판단을 하지 아니함으로써 원심판결에 지적하는 바와 같은 잘못이 있기는 하나, 위 면책규정을 피고 한전의 고의・중대한 과실이 아닌 경우에만 적용되는 것으로 보는 한 객관적으로 보아 원고가 이 사건 전기공급계약을 체결할 당시 위 면책규정의 내용에 관하여 피고로부터 설명을 들어 이를 알았더라면 위 전기공급계약을 체결하지 아니하였으리라고 인정할 만한 사정도 엿보이지 않는 이 사건에서 위 면책규정의 이러한 사항은 약관의규제에관한법률 제3조 제2항에서 규정하고 있는 약관의 중요한 내용에 해당하지 아니한다고 봄이 상당하므로 결국 위 면책규정에 따라 판단한 원심의 조치는 정당하고 원심의 위와 같은 잘못은 결과에 아무런 영향이 없다고 할 것이다. 논지는 모두 이유 없다.

3. 그러므로 상고를 기각하고 상고비용은 패소자의 부담으로 하여 관여 법관의 일치된 의견으로 주문과 같이 판결한다.

3 손해배상의 합의

부산고등법원 1990. 10. 17. 선고 90나875 판결

【원고, 항소인 겸 피항소인】 유△현외 4인

【피고, 피항소인 겸 항소인】 부☆직할시

【변론종결】 1990. 9. 26.

【원심판결】 부산지방법원 1989. 12. 13. 선고 88가합17088 판결

【주 문】

1. 원고들 및 피고의 항소를 모두 기각한다.
2. 항소비용은 각자 부담으로 한다.
3. 원판결 주문 제1항의 금원지급부분은 가집행할 수 있다.

【청구취지】

피고는 원고 유△현에게 금 48,444,093원, 원고 유○일, 같은 손○미에게 각 금 5,000,000원, 원고 유○열, 같은 박○자에게 각 금 1,000,000원 및 각 이에 대한 1986. 3. 21.부터 소장송달일까지는 연5푼의, 그 다음날부터 완제일까지는 연2할5푼의 각 비율에 의한 금원을 지급하라.

소송비용은 피고의 부담으로 한다라는 판결 및 가집행의 선고.

【항소취지】

원고들 : 원판결 중 원고들 패소부분을 취소한다. 피고는 원고 유△현에게 금 28,662,888원, 원고 유재일, 손영미에게 각 금 4,000,000원, 원고 유홍열, 박문자에게 각 금 500,000원 및 이에 대한 1986. 3. 21.부터 소장송달일까지는 연5푼의, 그 다음날부터 완제일까지는 연2할5푼의 각 비율에 의한 금원을 지급하라. 소송비용은 1,2심 모두 피고의 부담으로 한다라는 판결 및 가집행의 선고.

피고 : 원판결중 피고패소부분을 취소한다. 위 취소부분에 해당하는 원고들의 청구를 모두 기각한다. 소송비용은 1,2심 모두 원고들의 부담으로 한다라는 판결.

【이 유】

1. 손해배상책임의 발생

각 성립에 다툼이 없는 갑제1호증(호적등본), 갑제10호증의 1(등기부등본), 2(지적도), 각 변론의 전취지에 의하여 진정성립이 인정되는 갑제2호증(진단서), 갑제6호증의 1(진정사건기록표지), 2(진정서)의 각 기재와 원심증인 정○근, 정☆열의 각 증언(다만, 위 정☆열의 증언 중 뒤에서 믿지 아니하는 부분 제외)과 원심의 현장검증결과에 변론의 전취지를 종합하면, 피고산하 교육위원회 소속의 부산 ○○구 ○○동261의 3 소재 ○○학교는 위 학교 교내에 쓰레기 적치장을 설치하여 두기는 하였으나, 그 인접교실로부터 약7미터가량밖에 떨어져 있지 아니한 관계로 쓰레기를 소각하기 곤란한 상황이어서, 위 학교 후문 바로 옆 담장에 붙여 가로 3미터, 세로 2.5미터 넓이의 쓰레기 소각장을 설치하여 그곳에 위 학교에서 나오는 소각할 쓰레기를 모아 두었다가 이를 소각해 왔는데, 위 쓰레기 소각장은 3면을 시멘트블록 2장 정도의 높이로 둘레를 쌓고 그중 위 학교 후문 쪽의 한 면만을 손수레가 드나들 수 있도록 터놓고는 따로 문짝 등의 시정장치는 이를 설치하지 아니한 사실, 그런데 1986. 3. 20. 08:30경 위 쓰레기 소각장에 누군가가 쓰레기를 소각한 뒤 그 불씨가 완전히 꺼지지 않은 상태에서 위 쓰레기 소각장에서 떠나버린 사이에 인근 동네에 거주하는 원고 유△현(당시 만 2세 8개월)이 5,6세 정도의 성명불상의 어린아이들 3명과 함께 위 쓰레기 소각장 안에 들어가 놓다가 그 안에 있는 타다 남은 불씨가 위 원고의 옷에 인화되는 바람에 위 원고는 양측하지 및 하복부등에 2도 및 3도의 화상을 입고 또 그 화상에 의한 패혈증으로 망막부종 및 출혈로 인하여 양안시력장애의 상해를 입은 사실, 원고 유○일, 같은 손○미는 위 원고의 부모이고, 원고 유○열, 박○자는 위 원고의 조부모인 사실을 각 인정할 수 있고, 이와는 달리 위 쓰레기 소각장이 위 학교의 관리하에 있는 것이 아니고 위 학교의 인근동네주민들의 쓰레기장으로 사용되고 있는 것이라는 을제2호증의 2(사고진행현황), 3(경위서), 을제2호증의 5,6,7(각 진술서), 을제3호증(진정에 대한 조사처리문), 을제5호증의 3, 을제6호증(각 확인서), 을제5호증의 2, 을제8호증의 1(각 입증서)의 각 기재 및 원심증인 이×식, 김○우, 장○호의 각 증언, 위 증인 정☆열의 각 일부증언은 앞서 믿은 증거들에 의하여 인정되는 사실 즉, 위 쓰레기 소각장이 위 학교의 인근동네로부터 직선거리로 약 50 - 60미터, 도로상 거리로 약 100 - 120미터가량 떨어져 있을 뿐만 아니라, 이 사건 사고당시 원고 유△현, 유○일, 손○미가 거주하는 주택인근에는 위 원고들 주택이외에 다른 주택들이 별로 건립되어 있지 아니하였고, 또 위 학교와 인근 동네사이에는 쓰레기를 버리거나 모으기에 적합한 많은 빈터가 있어 굳이 인근 동네주민들을 위한 쓰레기장을 위 학교 후문 바로 옆에 설치할 별다른 이유가 없고, 종이가 소각된 흔적이 남아 있었던 점등에 비추어 이를 믿지 아니하고 달리 위 인정사실을 좌우할만한 증거가 없다.

위 인정사실에 의하면, 위 학교에서는 어린이들이 쉽게 접근할 수 ○○학교 후문 쪽에 쓰레기 소각장을 설치하고 그곳에서 쓰레기를 소각해 왔으므로(학교 아닌 다른 사람의 소각도 예상된다) 위 학교 저학년 학생들이나 동네 나이어린 어린이들이 소각장으로 들어가, 타고남은 불씨로 불장난을 하다 다치는 사고에 대비하여 담장을 높이 설치하고 출입문을 만들어 시정장치를 하는 등으로 어린이들의 출입을 막아 불의의 사고에 대비하였어야 함에도 만연히 별일 없으리라 믿고 쓰레기 소각장의 설치, 관리를 소홀히 한 과실로 이건 사고가 발생하였다 할 것이므로 피고는 위 사고로 인하여 원고 유△현이 상해를 입게 됨으로써 원고들이 입은 재산상, 정신상의 모든 손해를 배상할 책임이 있다 할 것이다.

피고는, 원고 유△현의 앞서 본 상해에 대한 치료가 종결된 이후인 1986. 5. 22. 원고들은 이 사건 사고당시 위 학교의 교장인 소외 추◑만의 부인과 위 학교의 인근동네 주민들이 원고 유△현의 치료비로 모금한 금

500,000원을 지급받고 향후 이 사건 사고로 말미암은 모든 손해에 대한 민사상의 이의를 제기하지 않기로 하여 손해배상청구권을 포기하였다는 취지의 주장을 하므로 살피건대, 앞서 든 갑제2호증(진단서), 각 성립에 다툼이 없는 갑제5호증(진료비청구명세서), 을제2호증의 4(각서), 원심증인 박△헌의 증언에 의하여 진정성립이 인정되는 갑제7호증의 1 내지 25(각 영수증)의 각 기재와 위 증인의 증언 및 원심증인 이×식의 일부증언(뒤에서 믿지 아니하는 부분 제외)과 원심의 ○○학교 부속 부산백병원장에 대한 신체감정촉탁결과에 변론의 전취지를 종합하면, 원고 유△현은 이 사건 사고로 앞서 본 상해를 입고 1986. 3. 21.부터 같은달 29.까지 부산시 소재 구포성◇병원에 입원하여 치료를 받다가 퇴원하여 같은달 31.부터 같은해 4. 19.까지 위 병원에 통원치료를 받고, 그 후 같은달 24.부터 같은해 7. 15.까지 위 병원에 다시 입원하여 치료를 받고 퇴원한 뒤, 같은달 16.부터 같은달 18.까지 통원치료를 받는 등으로 그 입원 및 통원치료비가 금 4,290,000원에 달한 사실, 그런데 원고 유△현이 2차로 위 병원에 입원하여 치료를 받던 기간 중인 같은해 5. 22. 위 학교 인근 동네주민들의 반상회 석상에서 그 당시 위 학교의 교장인 소외 추◑만의 부인과 위 학교의 인근동민들이 원고 유△현의 치료비로 모금한 금 500,000원을 위 원고의 부모인 원고 유○일, 손○미에게 전달하자, 가정형편이 어려웠던 위 원고들은 위 인근주민들의 치료비 보조를 매우 고맙게 생각한 나머지 원고 유△현의 앞서 본 상해에 대한 치료가 계속 중이었으나 완전히 치료되어 후유장애가 없을 것이라고 예상하고, 향후 원고 유△현의 앞서 본 화상으로 인한 제문제에 대하여 일체의 민/형사상의 이의를 제기하지 않겠다는 내용의 각서(을제2호증의 4)를 작성하여 위 학교의 인근 동네의 통/반장등에게 교부한 사실, 그런데 원고 유△현은 위 병원에서 앞서 본 상해를 계속 치료를 받다가 퇴원하였으나 그 치료가 종결되지 아니하여 원고 유○일은 1986. 7. 20.부터 1988. 5. 30.까지 사이에 25회에 걸쳐 부산 ○○구 ○○동120의 3 소재 소외 박△헌 경영의 성진의료기상에서 원고 유△현의 양측하지 및 하복부 화상부위에 대한 물리치료에 필요한 탄소봉 대금 합계 2,382,500원 상당을 구입하여 계속 치료를 하였으나 양측슬와부 구축성 및 비후성 반흔제거 및 식피술을 필요로 하는 후유장애와 양안안전수동의 시력장애가 남게 된 사실을 각 인정할 수 있고, 위 인정에 반하는 위 증인 이×식의 일부증언은 당원이 이를 믿지 아니하고 달리 위 인정을 좌우할 증거가 없는 바, 이에 의하면, 위 원고들이 앞서 본 바와 같은 각서를 작성, 교부한 취지는, 위 원고들이 지급받은 금 500,000원은 앞서 본 치료비 금액에 비하여 극히 소액이고 위 원고들이 원고 유△현의 치료가 종결되지 아니한 상태에서 후유장애가 있을 것을 예상하지 못하고 위 각서를 작성, 교부한 점등에 비추어, 원고 유△현이 입은 이건 상해에 대하여 형사상으로 문제를 제기하지 아니하고 민사상으로는 그 치료비로 지급받은 금 500,000원의 범위 안에서 이의를 제기하지 않겠다는 뜻에서 이루어진 것으로 해석함이 상당하고, 이와 달리 이 사건 사고로 인하여 원고들이 입은 모든 손해에 대한 배상청구권을 포기한 취지로는 볼 수 없다 할 것이므로 피고의 위 주장은 이유가 없다 할 것이다.

한편, 앞서 든 증거들에 의하면, 원고 유△현은 이 사건 사고당시 만 2세8개월 남짓하여 이 사건 사고발생에 대한 위험에 대처할 능력이 없는 어린아이이었으므로 위 원고의 부모인 원고 유○일, 같은 손○미로서는 위 원고로 하여금 혼자 집 밖에서 놀게 하여서는 아니되고 또 집 밖에서 놀게 하더라도 그 놀고 있는 상황을 보호감독할 주의의무가 있음에도 불구하고 이를 소홀히 하여 위 원고로 하여금 보호감독자 없이 집 밖에서 혼자 놀게 내버려 둔 잘못으로 위 원고가 이 사건 사고를 당하게 한 사실을 인정할 수 있는 바, 위 원고들의 이와 같은 과실은 이 사건 사고발생의 한 원인이 되었다 할 것인데, 이는 피고의 이 사건 손해배상책임을 면제할 정도에는 이르지 아니하므로, 피고가 배상하여야 할 손해액을 산정함에 있어 이를 참작하기로 하되, 쌍방의 과실내용에 비추어 과실상계 비율은 50퍼센트 정도로 봄이 상당하다 할 것이다.

2. 손해배상의 범위

가. 일실수입

앞에서 든 갑제1호증(호적등본), 각 성립에 다툼이 없는 갑제3호증(평균여명표표지 및 내용), 갑제11호증의 8(건설물가표지 및 내용)의 각 기재와 원심의 ○○학교 부속 부산백병원장에 대한 신체감정촉탁결과에 변론의 전취지를 종합하면, 원고 유△현은 1983. 7. 9.생으로서 이 사건 사고당시 만 2세8개월 남짓한 보통 건강한 남자이고, 그 평균여명은 약 62년인 사실, 이 사건 원심변론종결 당시에 가까운 1989. 9.월 현재의 성인남자의 일반도시일용노임이 1일 금 8,150원인 사실 및 위 원고는 위 사고로 인하여 앞서 본 상해를 입고 입원 및 통원치료를 받았으나 양안안전수동의 시력장애가 남아 도시일용노동자로서의 노동능력을 85퍼센트 상실한 사실을 인정할 수 있고 반증없으며, 도시일용노동자는 월 25일씩 59세가 끝날 때까지 종사할 수 있음은 경험칙상 명백하다.(위 원고는, 앞서 본 안과적 후유장애로 인하여 향후 성년이 되어도 도시일용노동에 전혀 종사할 수 없게 되었으므로 위 원고의 일실수입은 도시일용노동자의 월수입 전부를 상실한 것으로 하여 산정하여야 한다고 주장하나, 위 원고의 주장사실을 인정할 아무런 증거가 없다).

위 인정사실에 의하면, 위 원고는 이 사건 사고 후 성년이 되어 3년간의 군복무를 마친 만 23세가 되는 때인 2006. 7. 9.(사고일부터 243개월 19일 후이나 이를 244개월후로 보고 초과산입일자는 뒤의 일실수입기간에 포함시킨다)부터 위 원고의 평균여명 범위내로서 가동연한의 범위 안에서 위 원고가 구하는 만 55세가 끝나는 때인 2039. 7. 8.(사고일로부터 639개월 19일 후이나 앞서 초과산입된 일수를 포함시켜 이를 640개월로 본다)까지 396개월간은 위 직종에 종사하여 얻을 수 있었을 월수입중 위 노동능력감퇴비율 상당인 월 금 173,187원(8,150 × 25 × 0.85, 위 원고가 구하는 바에 따라 원미만 버림, 이하같다)의 수입을 월차적으로 상실하는 손해를 입게 되었다 할 것인 바, 위 원고는 위 손해전부를 이 사건 사고일을 기준으로 일시에 지급할 것을 구하고 있으므로, 월 5/12푼의 비율에 의한 중간이자를 단리로 공제하는 호프만식 계산법에 의하여 이 사건 사고일 현재의 일시금의 현가를 계산하면 금 24,829,711원{173,187원 × (311.46460122 - 168.09523174)}이 된다.

나. 치료비

원고 유△현은 이 사건 사고로 입은 앞서 본 상해를 치료하기 위하여 1985. 3. 21.부터 같은해 7. 18.경까지 사이에 위 구포 성◇병원에 입원 및 통원치료를 받아 그 치료비가 합계 금 4,290,200원인 사실 및 위 병원에서 퇴원한 후에도 물리치료를 하기 위하여 소외 박△헌 경영의 의료기상에서 금 2,382,500원 상당의 약품을 구입한 사실은 앞서 인정한 바와 같으므로, 위 원고의 기왕치료비는 금 6,672,700원(4,290,200원 + 2,382,500원)이 되고, 또한 앞서 든 신체감정촉탁결과에 변론의 전취지를 종합하면, 위 원고는 앞서 본 상해를 치료하였으나 성형외과적으로 양측슬와부구축성 및 비후성 반흔으로 2회에 걸쳐 반흔구축제거 및 식피술이 필요하고 그에 소요되는 비용은 금 3,060,000원 정도인 사실을 인정할 수 있고 반증이 없다.

다. 과실상계등

따라서, 원고 유△현이 이 사건 사고로 인하여 입은 재산상손해는 합계 금 34,562,411원(24,829,711 + 6,672,700 + 3,060,000)이 되나, 위 원고의 부모인 원고 유○일, 같은 손○미에게도 앞에서 본 바와 같은 비율의 과실이 있으므로 이를 참작하면 피고가 위 원고에게 배상하여야할 금액은 금 17,281,205원(34,562,411 × 50/100)이 된다 할 것이다.

한편, 위 원고가 위 기왕치료비 손해의 일부로서 금 500,000원을 지급받은 사실을 자인하고 있으므로, 피고가 배상할 위 금원에서 이미 지급받은 위 치료비 손해금을 공제하면 피고가 위 원고에게 배상하여야 할 금액은 금 16,781,205원(17,281,205 - 500,000)이 된다 할 것이다.

라. 위자료

원고 유△현이 이 사건 사고로 인하여 앞에서 인정한 상해를 입음으로서 위 원고는 물론, 그와 앞서 본 신분관계에 있는 나머지 원고들이 상당한 정신적 고통을 받았을 것임은 경험칙상 명백하므로, 피고는 이를 금전으로 위자할 의무가 있다 할 것인데, 이 사건 변론에 나타난 원고들의 나이, 가족관계, 재산 및 교육정도, 이 사건 사고의 경위 및 그 결과등 여러 사정을 참작하면, 그 위자료로서 피고는 원고 유△현에게 금 3,000,000원, 원고 유○일, 손○미에게 각 금 1,000,000원, 나머지 원고들에게 각 금 500,000원씩을 지급함이 상당하다 할 것이다.

3. 결 론

그렇다면, 피고는 원고 유△현에게 금 19,781,205원(재산상손해금 16,781,205원 + 위자료 금 3,000,000원), 원고 유○일, 같은 손○미에게 각 금 1,000,000원, 나머지 원고들에게 각 금 500,000원 및 각 이에 대한 이 사건 사고일 이후로서 원고들이 구하는 1986. 3. 21.부터 원심판결 선고일인 1989. 12. 13.까지는 민법소정의 연5푼의(피고가 원심판결 선고일까지는 손해배상책임의 존부 및 범위에 관하여 항쟁함이 상당하다고 인정된다). 그 다음날부터 완제일까지는 소송촉진등에관한특례법 소정의 연2할5푼의 각 비율에 의한 지연손해금을 지급할 의무가 있다 할 것이므로, 원고들의 이 사건 청구는 위 인정범위내에서 이유있어 이를 인용하고, 나머지 청구는 이유없어 모두 기각할 것인 바, 원판결은 이와 결론을 같이하여 정당하므로 원고들과 피고의 항소를 모두 기각하고, 항소비용은 패소자인 각자 부담으로 하고, 가집행의 선고를 붙여 주문과 같이 판결한다.

대법원 1991. 11. 26. 선고 90다12403 판결 [공1992.1.15.(912),275]

【원고, 피상고인】 유○현 외 4인

【피고, 상고인】 부산직할시

【원심판결】 부산고등법원 1990.10.17. 선고 90나875 판결

【주 문】

상고를 기각한다.

상고비용은 피고의 부담으로 한다.

【이 유】

상고이유를 본다.

1. 제1, 제2점에 대하여

원심판결 이유에 의하면 원심은, 이 사건 사고가 발생한 쓰레기 소각장은 피고 산하의 화명국민학교가 설치하여 그 곳에서 쓰레기를 소각해 온 사실 및 이 쓰레기소각장은 학교 후문 바로 옆 담장에 붙여 가로 3미터,

세로 2.5미터 넓이의 3면이 시멘트블록 2장 정도의 높이로 둘레를 쌓아 만든 것으로, 위 학교 후문쪽에 쓰레기소각장을 설치, 관리해 온 위 학교로서는 나이어린 학생들이나 동네 어린이들이 소각장으로 들어가 타다 남은 불씨로 불장난 등을 하다가 다치는 사고에 대비하여 어린이들이 함부로 들어가지 못하도록 담장을 높이 설치하고 출입문을 만들어 시정장치를 하는 등의 조치를 취하여야 함에도 이를 제대로 하지 아니하였으니, 피고는 본건 사고에 대하여 공작물의 설치보존상의 하자로 인한 손해배상의 책임이 있는 것이라고 판단하였는바, 기록에 의하여 살펴볼 때 피고의 이 사건 손해배상책임에 관한 원심의 증거취사와 사실인정은 수긍이 되고 거기에 소론과 같은 채증법칙 위배나 심리미진 또는 이유불비의 위법이 있다고 할 수 없으며 지적하는 당원 판결은 사안을 달리하여 이 사건에 적절한 선례가 되지 아니한다. 논지는 이유없다.

2. 제3점에 대하여

원심판결 이유에 의하면 원심은, 원고 유○현은 이 사건 사고로 상해를 입고 1986.3.21.부터 같은 달 29.까지 입원치료를 받다가 퇴원하여 같은 달 31.부터 같은 해 4.19.까지 통원치료를 받았고, 그 후 같은 달 24.부터 같은 해 7.15.까지 다시 입원치료를 받은 뒤, 같은 달 16.부터 같은 달 18.까지 통원치료를 받았으며 그 치료비가 금 4,290,000원에 달한 사실, 그런데 원고 유○현이 2차로 위 병원에 입원하여 치료를 받던 기간중인 같은 해 5.22. 경 위 원고의 부모인 원고 유○일, 손○미는 병원에서 위 학교 교장의 부인과 주민들이 반상회에서 모금한 금 500,000원을 전달받은 후, 가정형편이 어려웠던 위 원고들은 인근 주민들의 치료비 보조를 매우 고맙게 생각한 나머지 원고 유○현의 앞서 본 상해에 대한 치료가 계속중이었으나 완전히 치료되어 후유장애가 없을 것이라고 예상하고 향후 원고 유○현의 화상으로 인한 제 문제에 대하여 일체의 민·형사상의 이의를 제기하지 않겠다는 내용의 각서(을 제2호증의4)를 작성하여 위 학교 인근 동네의 통·반장 등에게 교부한 사실, 그 후로도 원고 유○현은 계속 치료를 받다가 퇴원하였으나 그 치료가 종결되지 아니하여 다시 1986.7.20.부터 1988.5.30.까지 사이에 25회에 걸쳐 물리치료에 필요한 탄소봉 합계 금 2,382,500원 상당을 구입하여 계속 치료를 받았으나 양측슬와부 구축성, 비후성화상후 반흔제거 및 식피술을 필요로 하는 후유장애와 양안안전 수동의 시력장애가 남게 된 사실을 인정한 다음, 이에 의하면 위 원고들이 이 사건 각서를 작성, 교부한 것은 원고들이 입은 모든 손해에 대한 배상청구권을 포기한 취지에서가 아니라, 원고 유○현이 입은 이 사건 상해에 대하여 형사상으로 문제를 제기하지 아니하고 민사상으로는 그 치료비로 지급받은 금 500,000원의 범위 안에서 이의를 제기하지 않겠다는 뜻에서 한 것으로 해석함이 상당하다고 하여 피고의 청구권 포기의 항변을 배척하였다.

기록에 의하면 원심의 위 사실인정은 옳고 또한 이 사건 각서 작성 당시까지의 치료비만도 합의금으로 교부받은 위 금 500,000원을 훨씬 상회하는 것으로 보여지고 원고 유○일은 사리를 잘 모르고 주민들의 치료비 보조를 고맙게 생각한 나머지 별 생각없이 반장 및 학교 육성회간부 등의 요청에 따라 미리 작성하여 가져 온 이 사건 각서에 이름만을 쓰고 무인한 사정이 엿보이며 원고 유○현이 현재 화상으로 인한 후유증으로 일반노동능력의 85퍼센트를 상실한 사실 등이 인정되는 점을 종합하여 볼 때, 이 사건 각서의 효력에 관한 원심의 위와 같은 해석(기록상 원고가 위 각서의 작성경위나 해석에 관한 피고의 주장에 대해 다투고 있는 것으로 보여지는 이 사건에서는 법원이 위 각서의 효력에 관해 해석할 수 있는 것이다)과 판단은 정당하고 거기에 소론과 같은 채증법칙 위배로 인한 사실오인이나 심리미진, 이유불비 또는 변론주의원칙 위배의 위법이 없으며 지적하는 당원 판결은 사안을 달리하여 이 사건에 적절한 선례가 되지 아니한다. 논지는 이유없다.

3. 제4점에 대하여

앞서 본 바와 같이 이 사건 합의각서는, 원고 유○현이 입은 이 사건 상해에 대하여 형사상으로 문제를 제기하지 아니하고 민사상으로는 그 치료비로 지급받은 금 500,000원의 범위 안에서 이의를 제기하지 않겠다는 취지에서 작성된 것일 뿐, 합의 당시까지 발생한 손해와 그 당시 예상할 수 있었던 손해를 포함한 모든 손해에 대한 배상청구권을 포기하는 뜻으로 작성되었다고 볼 수는 없으므로 위 합의각서가 합의 당시까지 발생한 손해와 그 당시 예상할 수 있었던 손해에 대한 청구권을 포기하는 취지에서 작성되었음을 전제로 한 이 점 상고논지도 이유 없다.

4. 제5점에 대하여

기록에 의하여 살펴보면, 원고 유○현이 1986.7.20.부터 1988.5.30.까지 사이에 25회에 걸쳐 소외 박○헌 경영의 성○의료기상에서 합계 금 2,382,500원 상당의 탄소봉을 구입하여 물리치료를 한 사실을 인정하고 그 치료비를 이 사건 손해배상금에 포함시킨 원심의 조처는 정당한 것으로 수긍되므로 이 점 상고논지는 이유없고, 또 원심판결 이유에 의하면 이 사건 합의금 500,000원을 피고가 배상할 손해배상액에서 공제하였음이 분명하므로 이 금액이 공제되지 아니하였음을 전제로 한 이 점 상고논지도 이유 없다.

5. 그러므로 상고를 기각하고 상고비용은 패소자의 부담으로 하기로 하여 관여 법관의 일치된 의견으로 주문과 같이 판결한다.

4 손해배상청구권의 소멸시효

서울고등법원 1998. 5.13. 선고 97나8092 판결

【원고, 항소인 겸 피항소인】 백△분외 3인
【피고, 피항소인 겸 항소인】 대한민국 외 4인
【원심판결】 서울지방법원 서부지원 1996. 1. 10. 선고 95가합5288 판결
【주 문】

1. 원심판결 중 아래의 금원을 초과하여 지급을 명한 피고 대한민국, 피고 안☆, 피고 김♧중의 패소부분을 취소하고, 위 취소부분에 해당하는 원고의 청구를 기각한다. 피고 대한민국, 피고 안☆, 피고 김♧중은 각자 원고 백△분에게 금38,229,480원, 원고 이○재, 원고 이○옥, 원고 이○재에게 각 금500,000원 및 위 각 금원에 대하여 피고 대한민국은 1996. 1. 17.부터, 피고 안☆, 피고 김♧중은 1995. 5. 25.부터 1998. 5. 13.까지는 연 5푼의, 그 다음날부터 완제일까지는 연 2할 5푼의 각 비율에 의한 금원을 지급하라.

2. 원고들의 피고들에 대한 항소와, 피고 대한민국, 피고 안☆, 피고 김♧중의 나머지 항소를 모두 기각한다.

3. 원고들과 피고 대한민국, 피고 안☆, 피고 김♧중 사이에서 생긴 소송총비용은 이를 5분하여 그 4는 원고들의, 나머지는 위 피고들의 각 부담으로 하고, 원고들과 피고 이×환, 피고 김◑남 사이에서 생긴 항소비용은 원고들의 부담으로 한다.

【청구취지】

피고들은 연대하여 원고 백△분에게 금131,162,860원, 원고 이○재, 원고 이○옥, 원고 이○재에게 각 금 3,000,000원 및 위 각 금원에 대한 이 사건 소장부본 송달 다음날부터 완제일까지 연 2할5푼의 비율에 의한 금원을 지급하라.

【항소취지】

원고들: 원심판결을 변경하여 청구취지 기재와 같은 판결을 구한다.

피고 대한민국, 피고 안☆, 피고 김♧중: 원심판결 중 같은 피고들의 패소부분을 취소하고, 위 패소부분에 해당하는 원고들의 청구를 모두 기각한다.

【이 유】

1. 기초사실

갑 제1호증(메모, 을 가 제3호증과 같다), 갑 제3호증(민원사항통보 및 시정지시), 갑 제4호증(동의서), 갑 제5호증의 3(건축허가신청서 및 허가서), 같은 호증의 6(변경전 설계도), 같은 호증의 7(변경후 설계도), 갑 제6호증의 1(증축신고서), 같은 호증의 3(변경전 설계도), 같은 호증의 4(변경후 설계도), 갑 제7호증(확인서), 갑 제9호증(위반건축물시정통보서, 을 나의 제5호증과 같다), 갑 제10호증(진정서처리결과회시, 갑제 18호증의 5와 같다.), 갑 제13호증의 1(과태료부과 및 위반사항 시정지시), 같은 호증의 4(위반건축물 고발조치), 같은 호증의 6(압류예고통지), 갑 제14호증의 2(사용검사신청서 및 사용검사필증), 갑제18호증의 7(진술조서), 같은 호증의 8(진술서), 같은 호증의 9(피의자신문조서), 같은 호증의 10(진술서), 갑 제19호증의 1 내지 5(주택지층 과다노출현황), 을 가 제2호증(각서, 을 나 제2호증과 같다), 을 가 제4, 15호증(질의사항처리), 을 가 제6호증(진정서 처리결과 조치지시), 을 가 제10호증(민원현황조사서), 을 가 제11호증(건축법운용에 관한 질의, 을 나 제7호증과 같다), 을 가 제12호증(질의회신), 을 가 제13호증(건축법해석운용에 관한 질의), 을 가 제14호증(질의회신), 을 가 제18호증(민원처리결과 조치지시에 대한 결과통보), 을 가 제19호증(민원처리결과 조치지시, 을 나의 제9증은 그 일부이다), 을 가 제20호증(위법건축공사 보고서), 을 나 제6호증(건설부 회신)의 각 기재, 원심 증인 김◇영, 유□현의 각 증언(증인 유□현의 증언 중 뒤에서 믿지 않는 부분 제외), 원고 백△분에 대한 본인신문결과, 원심 법원의 현장검증결과에 변론의 전취지를 종합하여 보면, 다음과 같은 사실을 인정할 수 있고, 이에 일부 반하는 취지의 위 증인 유□현의 일부 증언은 믿지 아니하고, 달리 위 인정을 좌우할 증거 없다.

가. 원고 백△분(아래에서 원고라고만 할 때에는 원고 백△분을 지칭한다)은 원고 소유의 서울 ○○구 ○○동 22의 4 토지(이하, 이 사건 토지라 한다)상의 구 주택을 철거하고 지하 1층, 지상 2층의 다가구 주택을 신축하여 이를 매도하기 위하여 1990. 7. 24. 은평구청(이하 구청이라 한다)으로부터 건축허가를 받은 다음 구청이 선정한 감리사 피고 안☆과 감리사보 피고 김♧중의 감리 하에 건축사 피고 이×환, 건△사보 피고 김◑남이 설계한 설계도면에 따라 1990. 8. 17. 건물신축공사에 착수하여 같은 해 10. 17. 주택(이하 이 사건 주택이라 한다)을 완공하였다.

나. 원고의 구 주택은 약 20년 전부터 서쪽으로는 위 같은 동 22의 3 소외 김♡현 소유 주택과, 동쪽으로는 같은 동 22의 6 소외 박◎옥(처 정○자) 소유 주택과 각 인접하고 있었는데, 이 사건 주택 신축에 앞서 측량결과 소외

김♡현 소유 주택은 원고의 대지를 약 2평정도 침범하고, 반면에 원고의 주택 담장은 위 박◎옥 소유의 대지를 약간 침범한 것으로 밝혀지면서 위 소외인들과 사이에 토지의 경계문제로 분쟁이 발생하였고, 원고의 신축 주택이 1층 창문을 통하여 위 소외인들의 주택 내부를 들여다 볼 수 있도록 지어 지자 위 소외인들은 원고의 위 공사를 방해하는 한편, 원고가 불법으로 건축공사를 한다면서 구청, 감사원 등에 경계문제, 사생활침해문제와 이 사건 주택의 지층노출문제 등의 이유로 진정을 제기하였다.

다. 이에 원고는 위 주택 완공전인 1990. 9. 30. 위 박◎옥에게 경계담장은 준공신청 10일전까지 새로 측량한 경계선에 따라 새로 축조하고, 동쪽 1층 창문은 완전 폐쇄하겠다는 내용의 각서(을 가의 제2호증, 을 나의 제2호증)를 작성하여 주었다.

라. 그러나 원고와 위 소외 김♡현과 사이에서는 위 김♡현의 건물이 원고의 대지를 침범한 관계로 합의에 이르지 못하고 이에 관한 민원이 계속되자, 구청 건축계장인 소외 유ㅁ현과 감리사보인 피고 김☖중은 합세하여 1990. 10. 27. 원고에게 이미 완공된 이 사건 주택에 대하여 "창문위치에 관한 설계가 잘못되었으니 설계변경을 하지 않으면 준공검사를 받을 수 없다."고 하면서 빨리 준공검사를 받아야 하는 원고의 약점을 이용하여 무리하게 원고에게 양보를 강요하여 '이 사건 주택의 동,서쪽 창문을 폐쇄하고 북쪽 보일러실 쪽의 벽체로 창문을 옮겨 시공한다'는 내용으로 위 유ㅁ현이 미리 작성하여 온 메모(갑 제1호증)에 서명하게 하고, 위 유ㅁ현은 같은 날 바로 원고에게 위 합의사항을 조속히 이행하고, 설계건축사는 그에 적합하도록 설계를 변경하도록 지시하는 내용의 공문(갑 제3호증)을 발송하였다.

마. 그 후 원고는 위 유ㅁ현과 피고 김☖중에게 창문의 경우는 차면시설을 하면 되는데 왜 설계변경을 강요하느냐고 항의하였으나 위 유ㅁ현은 설계변경을 하여야 준공검사를 받을 수 있다고 하면서 설계변경하는 대가로 지층 베란다에 샷시를 설치해도 된다고 하여, 원고는 1990. 11. 27. 설계사보인 피고 김◑남이 가져온 설계변경동의서에 날인하였고, 그 이틀후인 같은 달 29. 지층노출부분에 대한 성토와 창문위치변경을 내용으로 하는 1차 설계변경이 이루어 졌으나(그 후 다시 이 사건 주택의 외부계단에 설계도와 달리 기둥이 설치됨으로써 면적이 증가되어 1991. 2. 27. 면적증가를 이유로 한 2차 설계변경이 이루어 졌다), 위 1차 설계변경은 가옥의 채광과 환기에 관한 구 건축법(1991. 5. 31. 법률 제4381호로 개정전의 것) 제18조 제1항에 위반하여 거실 창문 면적이 그 바닥 면적의 10분의 1에 못미치게 잘못 설계되어 위 설계변경에 따라 개축된 이 사건 주택은 채광과 환기의 점에 있어서는 오히려 위 건축법에 위반된 위법 건축물이 되었고, 또한 감리자인 피고 안☆ 피고 김☖중의 지시에 따라 위 설계변경에 따른 지층노출부분을 성토하였으나 여전히 지층은 약 20 - 30센티미터 정도 과다 노출된 상태였으며, 한편 원고는 위 유ㅁ현의 지시에 따라 지층 베란다에 샷시를 설치하였다.

바. 한편 구청 건축계장인 위 유ㅁ현은 1990. 12. 1. 이 사건 설계변경문제와 관련하여 문책을 받고 그 시경 다른 곳으로 전보되었다.

사. 원고는 위 설계변경에 따라 공사를 마친 후 이 사건 주택에 대한 준공검사를 받기 위하여 1991. 3. 21. 감리자인 피고 안☆, 같은 김☖중에게 준공검사신청서 등 준공검사에 필요한 서류를 교부하면서 준공에 관한 현장조사 및 검사를 요구하였으나, 위 피고들과 구청 건축담당 공무원 등은 위 김♡현과 사이에 담장문제가 해결되지 않으면 준공검사를 받을 수 없다고 하면서 준공검사를 받으려면 원고가 양보를 해서라도 위 김♡현과의 담장문제를 해결하도록 요구하였고, 이에 원고는 준공검사를 빨리 받기 위하여 1991. 4. 27. 위 김♡현 소유 주택의 경

계선으로부터 10센티미터 내지 20센티미터를 후퇴하여 담장을 축조한 후 다시 준공검사를 요구하자, 이번에는 위 박◎옥과 사이에서는 위 담장문제가 해결되지 아니하였다면서 위 박◎옥과의 각서에 따라 원고의 기존의 담장을 헐고 새로 측량한 경계에 따라 담장을 새로 축조하도록 요구하였고, 위 박◎옥(처 정○자)으로부터 담장문제를 해결하고 준공을 해주라는 진정이 계속되자 구청 건축담당 공무원들도 이에 가세하여 이 사건 주택에는 다른 하자는 없으니 위 담장만 헐고 재축조하면 바로 준공검사를 받을 수 있다면서 담장의 재축조를 요구하였다. 이에 원고는 위 담장은 20년 전에 설치된 것으로서 그 담장 재축조문제는 설계도면에는 없는 내용이므로 준공검사와는 무관하다고 주장하면서 준공검사를 요구하다가 1991. 11. 25. 감사원에 위 감리사인 피고 안☆ 김♧중과 구청 공무원들이 이 사건 주택의 준공검사를 부당하게 지연하고 있다면서 진정을 하기에 이르렀다.

아. 위 진정을 이첩받은 서울특별시(이하 서울시라 한다)는 1991. 12. 9.부터 이 사건을 조사한 결과 이 사건 주택은 지층 과다노출(약 20-30센티미터)및 지층 베란다 샷시 설치로 인한 면적증가(약 4.75제곱미터 증평)로 위법시공되었고, 감리자는 경계담장 미축조를 이유로 준공검사를 장기간 방치하고, 위법시공사항에 대한 감리업무를 소홀히 하였다고 지적하고, 1992. 2. 14. 구청장에게 감리건축사와 위법시공한 건축주를 의법조치하고, 감리자로 하여금 조속히 준공검사를 실시하도록 지시(을 가의 제6호증)하는 한편 같은 날 원고에게도 같은 취지로 통보하였다.

자. 한편 감리자인 피고 안☆, 피고 김♧중은 위 서울시의 조사과정에서 이 사건 주택의 위와 같은 위법시공사실이 밝혀지자 1992. 1. 10. 원고에게 위 담장재축조와 함께 '지층노출, 지층 증평'등의 위반사항을 시정하도록 지시하고(갑제9호증), 같은 달 18. 구청에 위 같은 사항에 대한 위법시공사실을 보고한 다음, 감리자가 담장미축조를 이유로 준공검사를 지연하는 것은 부당하다는 서울시의 지적에 대하여는 1992. 2. 1.경 건설부에 질의를 하였고, 건설부에서는 기존 주택을 철거하고 신축하는 경우 담장이 인접대지 경계를 침범한 때에는 지적법령상의 대지경계선상에 담장을 축조하여야 하나 구체적인 문제는 허가권자에게 문의할 사안이라는 취지로 회신하였고(을 나 제6호증), 구청도 1993. 1. 12.과 같은 해 6. 23. 2회에 걸쳐 서울시에 같은 내용의 질의를 하자 위와 같은 경우 담장을 새로 설치하여야 할 것이나 사용검사필증 교부 여부는 허가권자인 구청에서 사안에 따라 합리적, 합목적적으로 판단하여 해결할 사안이라는 취지로 회신(을 나 제7호증, 을 가 제14호증) 하였다.

차. 위 서울시의 조사 이후에도 원고가 준공지연을 이유로 구청에 항의하면서 각계에 진정을 내자, 구청에서는 원고에게 위 지적된 위법사항을 시정하면 바로 준공이 될 수 있다고 하였으나 원고가 이의 시정을 거부하면서 현 상태에서의 준공을 요구하자, 원고를 위법 건축주로 고발하면서 다시 위법사항으로 '지층노출, 증평, 담장재축조'문제를 들어 이의 시정을 촉구하였고, 이에 불응하자 위 지층 노출 및 증평을 이유로 원고에게 과태료를 부과하고 압류예고처분을 하기도 하였다.

카. 그 후에도 원고의 진정이 계속되자 서울시는 1994. 1. 5. 이 사건에 대한 민원대책회의를 하여 대지경계선상의 담장축조 및 지하층 증평부분은 문제삼지 않기로 하고 지층노출문제는 원고의 승낙을 받아 감리자의 비용부담으로 노출부분을 성토한 다음 준공처리하여 주기로 하였으나 원고가 준공지연에 대한 손해배상을 요구하면서 현 상태로의 준공을 고집하자, 결국 구청은 1994. 5. 4. 그 동안 준공검사 거부사유로 삼았던 '지층 노출, 증평, 담장 재축조'등의 지적사항이 전혀 시정되지 않은 상태에서 감리사인 피고 안☆으로부터 위법사항이 없다는 건축물 사용조사 및 검사조서를 제출받아 원고에게 이 사건 주택에 대한 사용검사필증(1991. 5. 31. 건축법의 전면개정으로 '준공검사'가 '사용검사'로 변경되었음, 아래에서는 편의상 준공검사라 한다)을 교부하였다.

타. 구청에서는 서울시의 지시에도 불구하고 감리사에 대한 징계처리를 하지 않고 있다가 서울시의 거듭된 지시에 의하여 결국 1994. 3. 19. 감리건축사인 피고 안☆에게 이 사건 주택신축공사의 감리잘못(지층 노출, 증평등에 대한 위법사항 지연보고, 창호면적을 바닥면적의 10분의 1 미만으로 축소시공)을 이유로 업무정지 1개월의 행정처분을 하였다.

파. 원고 백△분 및 위 원고의 자녀인 원고 이광재, 원고 이선옥, 원고 이명재는 이 사건 주택의 완공 당시부터 현재까지 이 사건 주택에 거주하고 있다.

2. 원고의 청구에 대한 판단

가. 준공지연으로 인한 손해배상청구

(1) 손해배상책임의 발생

(가) 준공검사는 건축허가를 받은 건축물이 건축허가사항대로 건축되었는지를 확인하고 준공검사필증을 교부하여 줌으로써 건축주로 하여금 건물을 사용 수익하게 할 수 있게 하는 확인행위라 할 것이므로 건축허가자체에 하자가 없는 이상 건축물이 당초 허가내용대로 건축되었다면 준공처분을 거부할 수 없다고 할 것이다.

위 인정사실에 의하면 감리자인 피고 안☆, 피고 김슈중과 구청 담당공무원들이 이 사건 주택의 준공거부사유로 삼은 것은 '담장 미축조'와 '지층노출', '증평'의 문제인바, 이를 준공거부의 정당한 사유로 볼 수 있는지 여부에 관하여 본다.

(나) 우선 '담장 미축조'의 문제는, 구 건물을 헐고 새로 건물을 신축하는 경우에는 기존 담장이 인접대지의 경계선을 침범하였다면 기존 담장을 헐고 지적경계선에 따라 담장을 새로 축조하여야 신축건물에 대한 준공을 받을 수 있다는 것이다.

그러므로 보건대, 일반적으로 건축물이 지적경계선을 침범하여 타인의 대지를 일부 침범하여 건축되었다면 건축허가신청당시 대지사용승낙서를 첨부하지 아니한 이상 건축허가사항대로 건축된 것이라 할 수 없고 결국 건축법상 위법한 건축물이라 할 것이다. 그러나 이 사건의 경우는 위에서 인정한 바와 같이 원고가 기존의 담장은 그대로 두고 그 안에 이 사건 건물을 신축하였는데, 건물 자체는 인접대지의 경계를 침범한 바가 없고, 단지 20여년전에 축조한 기존 담장이 측량결과 인접대지를 약간 침범하고 있는 것으로 밝혀졌고, 위 담장 재축조문제는 설계도서나 건축허가내용으로 되어 있지 아니하므로 위 담장을 철거하고 경계선에 따라 새로 축조하여야 할 것인가 여부는 인접대지 소유자간의 사법상의 경계분쟁문제로서 당사자간에 해결하여야 할 문제이므로 준공검사단계에서 행정청이나 행정청의 준공조사업무를 대행하는 감리자가 이 문제에 직접 개입하여 위 담장의 재축조를 요구하면서 준공검사를 거부할 수는 없다고 할 것이다.(이 사건 준공지연과 관련하여 민원사항을 처리한 서울시에서도 이 사건 건축물의 위법사항으로 '지층노출'과 '증평'만을 지적하고, '담장 재축조문제'는 허가상의 문제가 아니고 민원해결차원의 이행촉구라는 결론을 내렸다. 을 가의 제19호증 참조)

다음으로 '지층 노출'의 문제는 위 구 건축법 제2조 제5호의 규정에 의하면 단독주택이나 다세대주택의 경우 지하층은 그 바닥으로부터 지표면까지의 높이가 그 층고의 2분의 1 이상이어야 하는데 이 사건 주택은 그 지하층 부분이 지표면으로 약 20 - 30센티미터 과다 노출되어 있으므로 건축법에 위반된 건축물이라 할 수 있으나, 위에서 본 바와 같이 이 위 건물 완공후 지층노출부분의 위법사항을 시정하기 위하여 1차 설계변경을 통하여 감리자인 피고 안☆, 피고 김슈중의 지시에 따라 지층노출부분을 성토하였음에도 (원고는 위 성토 당시 성토후에도 흙이 많이 남아 이를 버리는데 운반비까지 들었다고 주장한다) 여전히 위와 같이 지층이 노출된 상태에 있는 것으로 이는 감리상의 잘못에 기인한 것으로서 원고에게 그 책임을 돌리기 어려울 뿐만 아니라, 갑 제19호증의 1 내지 5의 기재와 시공자인 원심증인 김◇영의 증언에 의하면 은평구 관내의 거의 대부분의 신축주택의 지층이 과다 노출된 상태에 있는 사실을 인정할 수 있으므로 그 위법의 정도가 경미하여 건축행정상의 공익에 크게 반한다고도 보여지지 아니하므로 이를 이유로 준공검사를 거부하는 것도 부당하다.

마지막으로 '증평'의 문제는 지층 베란다를 유리시공함으로써 지층 면적이 약 4.7제곱미터 증평되었다는 것이다. 그러나 위 증인 김◇영의 증언에 변론의 전취지를 종합하면 위 지층 베란다의 유리시공은 구청 건축계장 유□현의 지시에 따라 열손실 방지를 위하여 지층 외부 베란다에 유리로 샷시를 설치하였을 뿐 건물의 면적 자체가 증가된 것은 아닌 사실을 인정할 수 있는바, 건물 구조상 샷시 유리창문을 건물 외벽으로 볼 수는 없으므로 이를 건축법상 증평이라고 볼 수 있을지 의문일 뿐만 아니라, 이를 증평으로 본다 하더라도 현존하는 공동주택의 대부분이 입주후 발코니에 샷시를 설치하는 것이 일반화 되어 있는 점에 비추어 볼 때 이는 통상 용인될 수 있는 사항으로서 그와 같이 경미한 사유를 들어 준공검사를 거부할 수는 없다고 할 것이다.

(다) 이상에서 살펴본 바와 같이 위 '담장 재축조', '지층 노출', '증평'의 문제는 위법사항으로 볼 수 없거나 그 위법의 정도가 경미하여 준공을 지연시킬 만한 정당한 사유가 될 수 없음에도, 이 사건 건물의 감리자로서 건물의 현장조사와 검사 및 확인업무를 대행하는 피고 안☆, 김♤중과 준공권자인 구청의 건축관계 담당자들은 경계분쟁에 따른 이웃 주민들의 민원해결에만 급급한 나머지 이 사건 주택의 매도를 위하여 빨리 준공을 마쳐야 하는 원고의 약점을 이용하여 원고에게만 일방적으로 양보를 강요하면서 이 사건 주택 완공후 1년여 동안은 준공검사시 조사대상사유도 아닌 20년 이상된 기존 담장을 헐고 새로 축조하지 아니 한다는 이유로 준공절차를 지연하다가, 위법사유가 경미할 뿐만 아니라 감리자나 위 유□현의 지시에 따라 시공된 것이어서 당초 이를 알고 있으면서도 문제를 삼지 않았던 '지층 노출'과 '증평'문제가 서울시 조사결과 위법사항으로 지적되자 그 동안 준공거부사유로 삼았던 담장 재축조문제를 해결하기 위한 방편으로 위 담장 재축조문제와 함께 이들 지적사항의 시정을 계속 촉구하다가 사소한 '지층 노출 및 증평'문제를 들어 고발조치와 함께 과태료 처분을 하고 압류예고통지를 하는 등 감정적인 행정처리를 함으로써 원고가 감리자에게 준공신청서류를 교부한 때로부터 3년 2개월여 동안 부당하게 준공절차를 지연시킨 잘못이 있다고 할 것이므로 감리자인 피고 안☆, 피고 김♤중과 구청장에게 건축법상의 직무집행행위를 위임한 피고 대한민국은 이 사건 주택에 대한 준공절차가 지연됨으로써 원고가 입은 손해를 각자 배상할 의무가 있다고 할 것이다.

(라) 이에 대하여 위 피고들은 위 손해배상채권은 불법행위시로부터 이미 3년이 경과된 후에 이 사건 소가 제기되어 시효소멸하였다고 주장하므로 살피건대, 이 사건 부당한 준공지연에 따른 불법행위는 준공검사가 부당하게 지연되고 있는 한 계속된다 할 것이므로 이 사건 준공지연에 따른 손해배상채권의 소멸시효 기산점은 준공검사가 완료된 1994. 5. 4.이라 할 것이고 이 사건 소는 그로부터 3년 이내인 1995. 4. 20. 제기된 사실은 기록상 명백하므로 위 피고들의 위 주장은 이유 없다.

(마) 원고는 설계사인 피고 이×환, 피고 김◑남도 위 피고들의 불법행위에 가담함으로써 준공절차를 지연시킨 책임이 있다고 주장하나, 원고가 준공이 지연되었다고 주장하는 시점인 1991. 3. 21.이후 위 피고 이×환, 피고 김◑남이 위 피고들의 준공절차 지연행위에 가담하였다고 인정할 수 있는 아무런 증거가 없으므로 원고의 위 피고 이×환, 피고 김◑남에 대한 이 부분 청구는 이유 없다.

(2) 책임의 제한

한편 위에서 인정한 사실에 의하면 원고로서도 인접 대지 소유자인 소외 박◎옥에게 이 사건 주택에 대한 준공신청 10일 전까지 새로 측량한 경계선에 따라 담장을 새로 축조하겠다고 임의로 각서(을 가 제2호증)를 작성해 주었음에도 이를 계속 이행하지 아니함으로써 소외인으로 하여금 민원을 제기하도록 한 잘못이 있을 뿐만 아니라, 위법사항으로 누차 시정 지시를 받은 '지층 노출, 증평'문제는 많은 비용을 들이지 않고도 바로 시정할 수 있었음에도 불구하고 현 상태로의 준공만을 고집하면서 이를 시정하려는 노력을 전혀 하지 아니한 잘못이 있고 원고의 위와 같은 잘못도 이 사건 준공지연의 한 원인이 되었다 할 것이므로 원고의 위 과실을 위 피고들의 손해배상액을 정함에 있어 참작하기로 하되 원고의 과실비율은 약 20퍼센트 정도로 봄이 상당하다.

(3) 손해배상의 범위

(가) 재산상 손해

원고가 당시의 활성화된 주택 경기를 이용하여 이 사건 다가구주택에 대한 준공을 받은 직후 이를 매도하여 수익을 올리려고 한 점 등을 고려하여 보면, 이 사건 주택에 대한 준공이 3년 2개월 정도 지연됨으로써 원고가 입은 재산상 손해는, 준공을 받을 수 있었던 때인 1991. 3.경의 이 사건 주택의 시가에 대한 3년 2개월 동안의 은행 정기예금 이율인 연 10퍼센트의 운용이익에서 원고가 이 사건 주택을 직접 사용, 수익함으로써 얻은 이익인 임료상당액을 공제한 금액 상당으로 봄이 타당하다고 할 것인바, 원심 감정인 최○도와 당심 감정인 태○양 감정평가법인의 감정결과에 의하면, 1991. 3.경의 이 사건 주택의 시가는 그 부지 가격과 건물 가격을 합하여 금269,649,000원이고, 이 사건 주택의 연간 임료는 13,848,000원인 사실을 인정할 수 있고, 이에 어긋하는 듯한 갑제23호증의 기재, 원심 증인 장▽웅의 증언, 원심 감정인 문○오의 감정결과는 믿지 아니하고 달리 반증이 없으므로, 결국 위 준공 지연으로 인하여 원고가 입은 재산상 손해액은 금41,536,850원[{(269,649,000원x0.1)-13,848,000원}x(3+2/12)]이라고 할 것이고, 결국 위 피고들이 원고에게 배상할 재산상 손해액은 위에서 인정한 원고의 과실비율을 참작하면 금33,229,480원(41,536,850원x0.8)이 된다.

(나) 정신적 손해

원고들은 앞서 본 바와 같은 피고 안☆, 피고 김☖중 및 피고 대한민국의 직무를 집행하는 위 구청 건축담당 공무원의 이 사건 건물에 대한 부당한 준공검사 지연과 그 과정에서 나타난 설계변경요구, 토지 양보 종용 등의 행위로 말미암아 상당한 정신적 고통을 받게 되었을 것임은 경험칙상 명백하므로 위 피고들은 각자 금전지급으로서 이를 위자할 책임이 있다 할 것인바, 원고들의 가족관계 및 이 사건 주택에 대한 준공검사가 부당하게 지연된 경위 및 그 기간, 원고의 과실정도, 그 밖에 이 사건 변론에 나타난 제반사정을 종합하여 보면, 위 피고들이 지급할 위자료액은 원고 백△분은 금5,000,000원, 나머지 원고들은 각 금500,000원으로 정함이 상당하다.

나. 부당한 설계변경으로 인한 손해배상청구

원고는 또한, 위에서 본 바와 같은 피고들의 부당한 창문위치에 대한 설계변경으로 인하여 변경된 설계에 따라 이 사건 주택의 동,서쪽의 창문들을 폐쇄하고, 북쪽으로 창문을 설치하는 추가공사를 함으로써 건축구조상 채광, 환기, 소방, 피난상의 문제가 있어 이를 다시 원상복구하여야 하는데 그 추가공사비용으로 금17,800,630원을 지출하였고, 그 복구공사비로 금20,152,860원이 소요되므로, 피고들은 원고에게 위 합계 금37,953,490원을 배상할 책임이 있다고 주장한다.

그러므로 살피건대, 구청 건축계장인 소외 유ㅁ현과 감리자인 피고 김☖중의 부당한 설계변경요구와 설계사인 피고 이×환, 피고 김◑남의 잘못된 1차 설계변경에 의하여 이 사건 주택이 채광 환기의 점에 있어 건축법에 위반된 위법 건축물이 된 사실은 위 기초사실 부분에서 인정한 바와 같으므로 피고들은 위 위법한 설계변경으로 인하여 원고가 입은 손해를 배상할 책임이 있다 할 것이나, 한편 불법행위로 인한 손해배상채권은 피해자가 그 손해 및 가해자를 안 날로부터 3년간 이를 행사하지 아니하면 시효로 인하여 소멸하게 되는바, 원고는 늦어도 이 사건과 관련하여 감사원에 진정서를 제출한 1991. 11. 25.경에는 위 부당한 설계변경으로 인한 손해 및 그 가해자를 알았다고 봄이 상당하고, 원고의 이 사건 소는 그로부터 3년이 이미 경과한 1995. 4. 20. 제기되었음이 기록상 명백하므로 위 부당한 설계변경으로 인한 손해배상채권은 소멸시효 완성으로 소멸되었다 할 것이므로 이 점을 지적하는 피고들의 항변은 이유 있고, 따라서 원고의 이 부분 손해배상청구는 그 손해액에 관하여 더 나아가 살필 필요 없이 이유 없다.

다. 부당한 강요로 인한 손해배상청구

원고는 또한 소외 김♡현 소유의 주택이 원고 소유의 토지 2평을 침범하였음에도 불구하고, 피고들이 위 2평을 위 김♡현에게 양도하도록 강요하여 원고가 위 김♡현에게 위 토지 2평 시가 금20,000,000원 상당을 양보하는 손해를 입었으므로 피고들은 원고에게 위 금20,000,000원을 배상할 의무가 있다고 주장하나, 피고들의 강요에 의하여 위 토지 2평을 김♡현에게 양보하였다는 점에 관하여는 이에 부합하는 듯한 갑 제18호증의 6, 7, 8, 13의 각 기재와 원심 증인 김◇영의 증언 및 원고 백△분 본인신문결과는 믿지 아니하고 달리 이를 인정할 수 있는 증거가 없고, 위 기초사실에 관한 부분에서 본 바와 같이 감리자인 피고 안☆, 피고 김♧중과 구청 건축담당 공무원인 소외 이▣훈이 위 김♡현과 사이에 담장문제가 해결되지 않으면 준공검사를 받을 수 없다고 하면서 원고가 양보를 해서라도 위 김♡현과의 담장문제를 해결하도록 요구하였고, 이에 원고가 준공검사를 빨리 받기 위하여 1991. 4. 27. 위 김♡현 소유 주택의 경계선으로부터 10센티미터 내지 20센티미터를 후퇴하여 담장을 축조한 사실은 인정되나, 위 인정사실만으로는 원고가 위 토지 2평의 소유권을 확정적으로 상실하였다고 보기는 어렵다 할 것이므로 원고의 이 부분 청구도 이유 없다.(설사 원고 주장과 같은 피고들의 불법행위로 인하여 원고가 위 토지 2평을 상실하는 손해를 입었다 하더라도, 이 사건 소는 원고가 감사원에 진정서를 제출한 1991. 11. 25.부터 3년이 이미 경과한 1995. 4. 20. 제기되었음이 명백하므로 위 손해배상채권은 이미 시효소멸하였다)

3. 결 론

그렇다면, 피고 대한민국, 피고 안☆, 피고 김♧중은 공동불법행위자로서, 각자 원고 백△분에게 부당한 준공지연으로 인한 재산상 손해배상금 33,229,480원, 위자료 금5,000,000원의 합계 금38,229,480원, 원고 이○재, 원고 이○옥, 원고 이○재에게 위자료 각 금500,000원 및 위 각 금원에 대하여 불법행위일 이후로서 원고들이 구하는 바에 따라 피고 대한민국은 이 사건 소장부본이 같은 피고에게 송달된 날의 다음날인 1996. 1. 17.부터, 피고 안☆, 피고 김♧중은 같은 1995. 5. 25.부터 위 피고들이 그 이행의무의 존부와 범위에 관하여 항쟁함이 상당하다고 인정되는 이 판결 선고일인 1998. 5. 13.까지는 민법 소정의 연 5푼의, 그 다음날부터 완제일까지는 소송촉진등에 관한특례법 소정의 연 2할5푼의 각 비율에 의한 지연손해금을 지급할 의무가 있다고 할 것이므로, 원고들의 이 사건 청구 중 피고 대한민국, 피고 안☆, 피고 김♧중에 대한 청구는 위 인정 범위 내에서 이유 있어 인용하고 나머지 청구는 이유 없어 이를 기각하며, 피고 이×환, 피고 김◑남에 대한 청구는 이유 없어 이를 기각할 것인바, 이와 일부 결론을 달리한 원심판결은 부당하고 피고 대한민국, 피고 안☆, 피고 김♧중의 항소는 일부 이유 있으므로 원심판결 중 같은 피고들에 대하여 위에서 인용한 부분을 초과하여 지급을 명한 같은 피고들의 패소부분을 취소하고 위 취소부분에 해당하는 원고들의 청구를 모두 기각하며, 같은 피고들의 나머지 항소와 원고들의 피고들에 대한 항소를 모두 기각하기로 하여 주문과 같이 판결한다.

대법원 1999. 3. 23. 선고 98다30285 판결 [공1999.5.1.(81),728]

【원고(상고인겸피상고인)】	백○분 외 3인
【피고(피상고인겸상고인)】	대한민국
【피고,피상고인】	피고 1외 3인
【원심판결】	서울고등법원 1998. 5. 13. 선고 97나8092 판결

【주 문】

원심판결 중 피고 대한민국의 패소 부분을 파기하고 이 부분 사건을 서울고등법원에 환송한다. 원고들의 상고를 모두 기각하고, 그 상고비용은 원고들의 부담으로 한다.

【이 유】

상고이유를 본다.

1. 먼저 원고들의 상고이유를 본다.

가. 소멸시효의 기산점에 대하여

불법행위에 의한 손해배상청구권의 단기소멸시효의 기산점이 되는 민법 제766조 제1항 소정의 '그 손해 및 가해자를 안 날'이라 함은 현실적으로 손해의 발생과 가해자를 알아야 할 뿐만 아니라 그 가해행위가 불법행위로서 이를 이유로 손해배상을 청구할 수 있다는 것을 안 때를 의미하고(대법원 1996. 8. 23. 선고 95다33450 판결 등 참조), 불법행위가 계속적으로 행하여지는 결과 손해도 역시 계속적으로 발생하는 경우에는 특별한 사정이 없는 한 그 손해는 날마다 새로운 불법행위에 기하여 발생하는 손해로서 민법 제766조 제1항을 적용함에 있어서 그 각 손해를 안 때로부터 각별로 소멸시효가 진행된다고 보아야 한다.

원심은 서울특별시 구청소속 건축계장인 소외 1과 감리자인 피고 2의 부당한 설계변경요구와 설계사인 피고 3, 4의 잘못된 설계변경에 의하여 이 사건 주택이 건축법에 위반된 위법 건축물이 되었고 그로 인하여 원고 백○분이 재산상 손해를 입은 사실을 인정하면서도, 위 원고가 그와 관련하여 감사원에 진정서를 제출한 1991. 11. 25.경에는 이러한 부당한 설계변경으로 인한 손해 및 그 가해자를 알았다고 봄이 상당하고, 원고의 이 사건 소는 그로부터 3년이 이미 경과한 1995. 4. 20. 제기되었음이 기록상 명백하므로 그로 인한 손해배상채권은 소멸시효의 완성으로 소멸하였다고 판단하였는바, 가사 원심 판시의 부당한 설계변경이 준공검사의 지연이라는 계속적인 불법행위의 일환으로 행하여진 것이고 그 후 준공검사의무의 해태라는 위법한 부작위가 계속되었다고 하더라도, 앞에서 본 법리에 비추어 볼 때, 부당한 설계변경으로 인한 손해에 관하여는 위 원고가 그 손해를 안 때로부터 민법 제766조 제1항 소정의 단기소멸시효가 별개로 진행되는 것이지 준공검사의 지연이란 불법상태가 해소된 준공검사시에 비로소 진행되는 것은 아니라고 할 것이고, 또한 기록에 의하면 위 원고가 감사원에 진정서를 제출할 무렵 부당한 설계변경으로 인한 손해를 알았다고 본 원심의 조치는 수긍이 가고, 거기에 소론과 같은 불법행위의 소멸시효에 있어서 그 기산점에 관한 법리오해 또는 채증법칙 위배로 인한 사실오인의 위법이 있다고 할 수 없다. 논지는 이유 없다.

나. 과실상계의 점에 대하여

원심은, 원고 백○분으로서도 이 사건 주택의 인접대지 소유자인 소외 박○옥에게 새로 측량한 경계선에 따라서 담장을 새로 축조하겠다고 각서를 작성하여 주고서도 이를 이행하지 아니하여 민원을 야기시켰고 그 밖에 감리사로부터 위법사항으로 지적받은 지층노출 등은 많은 비용을 들이지 않고 시정할 수 있었는데도 현상태로서의 준공만을 고집하고 이를 시정하려고 노력하지 아니한 잘못이 있고, 이러한 잘못이 준공지연의 한 원인이 되었다고 보아 위 원고의 과실비율을 20%로 정하였는바, 기록에 의하면 원심의 이러한 사실인정은 수긍이 가고, 그 과실상계의 비율도 형평의 원칙에 비추어 현저히 불합리하다고 인정되지 아니하므로, 거기에 소론과 같은 원고 백○분의 과실에 관하여 채증법칙 위배로 인한 사실오인 또는 과실상계에 관한 법리오인의 위법이 있다고 할 수 없다. 논지는 이유 없다.

다. 피고 3, 4의 불법행위책임에 대하여

기록에 의하면, 원심이 이 사건 주택을 설계한 건축설계사인 피고 3, 4에게 앞서 본 잘못된 설계변경은 별론으로 하고 1991. 3. 21. 이후에 나머지 피고들의 준공절차 지연행위에 가담하였다고 인정할 만한 증거가 없다고 판단한 조치는 정당하고, 거기에 소론과 같이 판결 결과에 영향이 있는 채증법칙 위배로 인한 사실오인 등의 위법이 있다고 할 수 없다. 논지도 이유 없다.

2. 다음 피고 대한민국의 상고이유를 본다.

가. 준공거부의 위법 여부에 대하여

구 건축법(1991. 5. 31. 법률 제4381호로 개정되기 전의 것) 제7조 소정의 준공검사처분은 건축허가를 받아 건축한 건물이 건축허가사항대로 건축행정목적에 적합한가의 여부를 확인하고 준공검사필증을 교부하여 줌으로써 허가받은 자로 하여금 건축한 건물을 사용·수익할 수 있게 하는 법률효과를 발생시키는 것이고(대법원 1992. 4. 10. 선고 91누5358 판결, 1993. 11. 9. 선고 93누13988 판결 참조), 공사감리자를 정한 건축공사에 대한 준공검사에 있어서, 같은 법 제6조 제2항, 제7조 제1항, 제2항, 제3항 및 구 건축사법(1995. 1. 5. 법률 제4918호로 개정되기 전의 것) 제23조의2의 각 규정에 의하여 건축주가 건축공사를 완료한 다음 그 준공신고서에 당해 공사감리자의 서명을 받아 이를 제출하면 행정관청이 직접 준공검사를 실시하여 합격 여부를 결정하거나 건축사가 대행한 준공에 관한 조사 및 검사에 터잡아 준공검사필증을 교부하도록 규정하고 있어 행정청의 준공검사의무가 법령상 일의적으로 결정되어 있으므로, 준공검사업무를 담당하는 공무원이 준공검사를 현저히 지연시켰고 그러한 지연이 직무에 충실한 보통 일반의 공무원을 표준으로 할 때 객관적 정당성을 상실하였다고 인정될 정도에 이른 경우에는, 국가배상법 제2조에서 말하는 위법의 요건을 충족하였다고 봄이 상당하고, 이 때 객관적 정당성을 상실하였는지 여부는 지연처리의 원인 및 이유 외에 건축주의 피침해이익의 내용, 당해 건축물의 종류 및 공사 내용 등 제반 사정을 종합적으로 고려하여 판단하여야 한다.

원심판결의 이유에 의하면, 원심은 거시 증거에 의하여, 이 사건 주택의 감리자로서 건물의 현장조사와 검사 및 확인업무를 대행하는 피고 1, 2와 준공권자인 위 구청의 건축관계 담당자인 소외 1등은 경계분쟁에 따른 이웃 주민들의 민원해결에만 급급한 나머지 위 원고에게만 일방적으로 양보를 강요하여 위법한 설계변경을 초래하였을 뿐만 아니라 1990. 10. 17. 이 사건 주택완공 후 1년여 동안은 준공검사시 조사대상사유도 아닌 사유인 20년 이상된 기존 담장을 헐고 새로 축조하지 아니한다는 이유로 준공절차를 지연한 사실, 이에 원고가 1991. 11. 25. 부당한 준공지연을 문제삼아 감사원에 진정한 결과 서울특별시는 1992. 2. 14. 구청장에게 이 사건 주택의 지층이 과다노출된 점, 지층 베란다 새시 설치로 위법증축(약 4.75㎡) 시공된 점 및 감리자가 경계담장 미축조를 이유로 준공검사를 장기간 방치한 잘못 등을 지적함과 아울러 감리건축사와 위법시공한 건축주를 의법조치하고, 감리자로 하여금 조속히 준공검사를 실시하도록 지시한 사실, 그러나 이 사건 주택의 위법사유는 감리자나 위 소외 1의 지시에 따른 것으로서 감리자나 구청소속 준공검사업무를 담당한 공무원들은 당초부터 이러한 내용을 알고 있으면서도 그 동안 문제삼지 아니하였던 것인데 담장 재축조문제를 해결하기 위한 방편으로 새삼스레 이러한 위법사항의 시정을 계속 촉구하면서 1994. 5. 4.까지 부당하게 준공검사절차를 지연시킨 잘못이 있는 사실, 위 소외 1은 1990. 12. 1. 이 사건 주택의 설계변경과 관련하여 문책을 받았고 피고 1은 1994. 3. 19. 이 사건 주택공사의 감리잘못을 이유로 업무정지 1개월의 행정처분을 받은 사실 등을 인정한 다음, 기존 담장의 재축조 여부는 설계도서나 건축허가내용으로 되어 있지 아니하므로 인접대지 소유자 간의 사법상의 경계분쟁으로서 당사자 간에 해결하여야 할 문제일 뿐이므로 준공검사단계에서 행정청이나 행정청의 준공조사업무를 대행하는 감리자가 이 문제에 직접 개입하여 위 담장의 재축조를 요구하면서 준공검사를 거부할 수는 없고, 지층노출의 문제는 감리상의 잘못에서 기인한 것으로서 그 위법의 정도가 경미하여 건축행정상의 공익에 크게 반한다고 볼 수 없으며, 증평의 문제는 위 소외 1의 지시에 따라 열손실을 막기 위하여 지층 외부 베란다에 유리로 새시를 설치한 것으로 통상 용인될 수 있는 사항이며 그와 같이 경미한 위법사유를 들어 준공검사를 거부할 수 없다는 이유로 구청장에게 건축법상의 직무집행행위를 위임한 피고 대한민국에게 감리자인 피고 1, 2와 공동으로 이 사건 주택에 대한 준공절차가 지연됨으로써 원고가 입은 손해를 배상할 의무가 있다고 판단하였는바, 기록에 의하면 원심의 이러한 사실인정은 수긍이 가고, 거기에 소론과 같은 채증법칙 위배로 인한 사실오인의 위법이 있다고 할 수 없고, 또한 구청소속 건축담당 공무원이 공법적 규제와는 무관한 사항에 관하여 민원처리를 내세워 이 사건 주택의 설계변경을 강요함과 아울러 준공검사시에 문제가 된 위법시공에 적극적으로 관여하였을 뿐만 아니라 서울특별시로부터 감리건축사를 의법조치하고 감리자로 하여금 조속히 준공검사를 실시하도록 하라는 구체적인 지시를 받았음에도 공사감리자의 부당한 업무지연을 계속하여 방치 내지는 조장함으로써 결과적으로 객관적 정당성을 상실한 정도로 이 사건 주택에 대한 준공검사를 현저히 지연시켰다고 할 것이므로, 같은 취지에서 이러한 담당공무원의 부작위가 위법하다고 본 원심 판단은 정당하고, 거기에 소론과 같은 준공검사 거부의 위법성에 관한 법리오해의 위법이 있다고 할 수 없다. 논지는 이유 없다.

나. 손해배상의 범위의 점에 대하여

원심은, 원고가 당시의 활성화된 주택경기를 이용하여 이 사건 다가구주택에 대한 준공을 받은 직후 이를 매도하여 수익을 올리려고 한 점 등을 고려하여 보면, 이 사건 주택에 대한 준공이 3년 2개월 정도 지연됨으로써 원고가 입은 재산상 손해는, 준공을 받을 수 있었던 때인 1991. 3.경의 이 사건 주택의 시가 금 269,649,000원에 대한 3년 2개월 동안의 은행 정기예금 이율인 연 10%의 운용이익에서 원고가 이 사건 주택을 직접 사용・수익함으로써 얻은 이익인 임료상당액을 공제한 금 41,536,850원[{(269,649,000원×0.1)－13,848,000원}×(3＋2/12)]으로 봄이 상당하다고 판단하였다.

그러나 준공검사는 앞에서 본 바와 같이 건축허가를 받은 자로 하여금 건축물을 사용・수익할 수 있게 하는 공법적 효과를 발생시키는 것에 불과하므로 이러한 준공검사의 지연으로 인한 통상의 손해라 함은 당해 건축물이 공법상 사용·수익이 금지됨으로 인하여 그 건축주가 입게 되는 손해라고 할 것이고, 당해 건물을 준공을 받은 직후 매도하여 수익을 올리지 못한 그 건물 및 부지 가격에 대한 은행 정기예금 이율인 연 10%의 운용이익 상당의 손해는 위법한 준공검사의 지연에 의하여 통상 발생할 수 있는 손해라고는 하기 어렵고 특별한 사정에 의하여 발생한 손해라고 할 것이고, 따라서 준공검사를 지연시킨 담당 공무원들이 불법행위 당시에 그 사정을 알았거나 알 수 있었을 때에 한하여 그에 대한 배상책임이 있다고 할 것이다.

그런데 원심이 들고 있는 그 판시와 같은 사정만으로는 해당 공무원들이 그러한 특별한 사정을 알았거나 알 수 있었다고 보기에는 부족하다 할 것이고, 따라서 원심이 이 사건 준공지연으로 인한 손해액을 산정함에 있어서 당해 건물 및 그 부지의 환가대금에 대한 위 운용이익 상당의 손해가 발생함을 전제로 하여 그 사용이익을 공제한 나머지 금액 상당의 배상을 명한 원심의 조치는 손해배상의 범위에 관한 법리오해로 인하여 심리를 다하지 아니한 위법이 있다고 할 것이고, 이 점을 지적한 논지는 이유 있다.

또한 소론은 원고 백남분과 이 사건 주택의 건축공사를 시공한 소외 김○영이 이 사건 주택을 공동투자하여 동업으로 건축하였으므로 이 사건 손해배상채권은 합유에 속하므로 필요적 공동소송이 되어야 하고 원고 단독으로 행사하는 것은 부적법하여 각하되어야 한다는 데에 있으나, 기록에 의하면 위 원고가 이 사건 주택을 건축함에 있어서 위 김○영이 공동투자하여 이 사건 손해배상청구권이 이들에게 합유적으로 귀속하였다고 볼 만한 자료가 없으므로 논지는 이유 없다.

다. 소멸시효의 점에 대하여

원심은, 이 사건 부당한 준공지연에 따른 불법행위는 준공검사가 부당하게 지연되고 있는 한 계속된다 할 것이므로 이 사건 준공지연에 따른 손해배상채권의 소멸시효 기산점은 준공검사가 완료된 1994. 5. 4.이라 할 것이고 이 사건 소는 그로부터 3년 이내인 1995. 4. 20. 제기되었다는 이유로 이 사건 손해배상채권이 불법행위시로부터 3년의 단기시효에 의하여 소멸하였다는 피고들의 항변을 배척하였다.

그러나, 앞에서 본 바와 같이, 준공검사의무의 해태라는 위법한 부작위가 계속되어 그로 인한 손해가 계속하여 발생하는 경우에는 그 손해는 날마다 새로운 불법행위에 기한 손해로서 그 각 손해를 안 때로부터 각별로 소멸시효가 진행된다고 보아야 하는데, 원고 백○분이 감사원에 진정서를 제출한 1991. 11. 25. 이후에는 그 손해가 발생할 때마다 위 원고가 이를 알았다고 할 것이므로, 이 사건 청구 중 소장이 접수된 1995. 4. 20.부터 소급하여 3년이 되는 1992. 4. 20. 이전의 재산상 손해 부분은 이미 3년의 소멸시효가 완성된 것으로 보아야 할 것인바, 이와 달리 이 사건 준공지연에 따른 모든 손해배상채권의 소멸시효가 그 준공검사가 완료된 1994. 5. 4.부터 기산된다고 본 원심 판단에는 계속적 불법행위로 인한 손해배상청구권의 단기소멸시효의 기산점에 관한 법리오해의 위법이 있다고 할 것이고, 이 점을 지적한 논지도 이유 있다.

3. 그러므로 원심판결 중 피고 대한민국의 패소 부분을 파기하고 이 부분 사건을 원심법원에 환송하며, 원고들의 상고를 모두 기각하고 그 상고비용은 패소자들의 부담으로 하기로 하여 관여 법관의 일치된 의견으로 주문과 같이 판결한다.

대법원 2018. 10. 30. 선고 2013다61381 전원합의체 판결

[손해배상(기)] 〈일제 강제동원 피해자의 일본기업을 상대로 한 손해배상청구 사건〉 [공2018하,2317]

[판시사항]

[1] 조약의 해석 방법

[2] 일제강점기에 강제동원되어 기간 군수사업체인 일본제철 주식회사에서 강제노동에 종사한 갑 등이 위 회사가 해산된 후 새로이 설립된 신일철주금 주식회사를 상대로 위자료 지급을 구한 사안에서, 갑 등이 주장하는 손해배상청구권은 '대한민국과 일본국 간의 재산 및 청구권에 관한 문제의 해결과 경제협력에 관한 협정'의 적용대상에 포함되지 않는다고 한 사례

[판결요지]

[1] 조약은 전문·부속서를 포함하는 조약문의 문맥 및 조약의 대상과 목적에 비추어 조약의 문언에 부여되는 통상적인 의미에 따라 성실하게 해석되어야 한다. 여기서 문맥은 조약문(전문 및 부속서를 포함한다) 외에 조약의 체결과 관련하여 당사국 사이에 이루어진 조약에 관한 합의 등을 포함하며, 조약 문언의 의미가 모호하거나 애매한 경우 등에는 조약의 교섭 기록 및 체결 시의 사정 등을 보충적으로 고려하여 의미를 밝혀야 한다.

[2] [다수의견] 일제강점기에 강제동원되어 기간 군수사업체인 일본제철 주식회사에서 강제노동에 종사한 갑 등이 위 회사가 해산된 후 새로이 설립된 신일철주금 주식회사(이하 '신일철주금'이라 한다)를 상대로 위자료 지급을 구한 사안에서, 갑 등의 손해배상청구권은, 일본 정부의 한반도에 대한 불법적인 식민지배 및 침략전쟁의 수행과 직결된 일본 기업의 반인도적인 불법행위를 전제로 하는 강제동원 피해자의 일본 기업에 대한 위자료청구권(이하 '강제동원 위자료청구권'이라 한다)인 점, '대한민국과 일본국 간의 재산 및 청구권에 관한 문제의 해결과 경제협력에 관한 협정'(조약 제172호, 이하 '청구권협정'이라 한다)의 체결 경과와 전후 사정들에 의하면, 청구권협정은 일본의 불법적 식민지배에 대한 배상을 청구하기 위한 협상이 아니라 기본적으로 샌프란시스코 조약 제4조에 근거하여 한일 양국 간의 재정적·민사적 채권·채무관계를 정치적 합의에 의하여 해결하기 위한 것이었다고 보이는 점, 청구권협정 제1조에 따라 일본 정부가 대한민국 정부에 지급한 경제협력자금이 제2조에 의한 권리문제의 해결과 법적인 대가관계가 있다고 볼 수 있는지도 분명하지 아니한 점, 청구권협정의 협상 과정에서 일본 정부는 식민지배의 불법성을 인정하지 않은 채 강제동원 피해의 법적 배상을 원천적으로 부인하였고, 이에 따라 한일 양국의 정부는 일제의 한반도 지배의 성격에 관하여 합의에 이르지 못하였는데, 이러한 상황에서 강제동원 위자료청구권이 청구권협정의 적용대상에 포함되었다고 보기는 어려운 점 등에 비추어, 갑 등이 주장하는 신일철주금에 대한 손해배상청구권은 청구권협정의 적용대상에 포함되지 않는다고 한 사례.

[대법관 이기택의 별개의견] 이미 환송판결은 '갑 등의 손해배상청구권은 청구권협정의 적용대상에 포함되지 아니하고, 설령 포함된다고 하더라도 그 개인청구권 자체는 청구권협정만으로 당연히 소멸하지 아니하고 다만 청구권협정으로 그 청구권에 관한 대한민국의 외교적 보호권이 포기되었을 뿐이다'라고 판시하였고, 환송 후 원심도 이를 그대로 따랐다.

상고심으로부터 사건을 환송받은 법원은 그 사건을 재판할 때에 상고법원이 파기이유로 한 사실상 및 법률상의 판단에 기속된다. 이러한 환송판결의 기속력은 재상고심에도 미치는 것이 원칙이다. 따라서 환송판결의 기속력에 반하는 상고이유 주장은 받아들일 수 없다.

[대법관 김소영, 대법관 이동원, 대법관 노정희의 별개의견] 청구권협정 및 그에 관한 양해문서 등의 문언, 청구권협정의 체결 경위나 체결 당시 추단되는 당사자의 의사, 청구권협정의 체결에 따른 후속 조치 등의 여러 사정들을 종합하여 보면, 강제동원 피해자의 손해배상청구권은 청구권협정의 적용대상에 포함된다고 봄이 타당하다.

그러나 청구권협정에는 개인청구권 소멸에 관하여 한일 양국 정부의 의사합치가 있었다고 볼 만큼 충분하고 명확한 근거가 없는 점 등에 비추어 갑 등의 개인청구권 자체는 청구권협정으로 당연히 소멸한다고 볼 수 없고, 청구권협정으로 그 청구권에 관한 대한민국의 외교적 보호권만이 포기된 것에 불과하다. 따라서 갑 등은 여전히 대한민국에서 신일철주금을 상대로 소로써 권리를 행사할 수 있다.

[대법관 권순일, 대법관 조재연의 반대의견] 청구권협정 제2조는 대한민국 국민과 일본 국민의 상대방 국가 및 그 국민에 대한 청구권까지 대상으로 하고 있음이 분명하므로 청구권협정을 국민 개인의 청구권과는 관계없이 양 체약국이 서로에 대한 외교적 보호권만을 포기하는 내용의 조약이라고 해석하기 어렵다.

청구권협정 제2조에서 규정하고 있는 '완전하고도 최종적인 해결'이나 '어떠한 주장도 할 수 없는 것으로 한다'라는 문언의 의미는 개인청구권의 완전한 소멸까지는 아니더라도 '대한민국 국민이 일본이나 일본 국민을 상대로 소로써 권리를 행사하는 것은 제한된다'는 뜻으로 해석하는 것이 타당하다.

결국, 대한민국 국민이 일본 또는 일본 국민에 대하여 가지는 개인청구권은 청구권협정에 의하여 바로 소멸되거나 포기되었다고 할 수는 없지만 소송으로 이를 행사하는 것은 제한되게 되었으므로, 갑 등이 일본 국민인 신일철주금을 상대로 국내에서 강제동원으로 인한 손해배상청구권을 소로써 행사하는 것 역시 제한된다고 보는 것이 옳다.

【참조조문】

[1] 헌법 제6조 제1항, 조약법에 관한 비엔나협약 제31조, 제32조 [2] 헌법 제6조 제1항, 대한민국과 일본국 간의 재산 및 청구권에 관한 문제의 해결과 경제협력에 관한 협정 제1조, 제2조, 대한민국과 일본국 간의 재산 및 청구권에 관한 문제의 해결과 경제협력에 관한 협정에 대한 합의의사록(Ⅰ) 제2호, 민법 제751조, 법원조직법 제8조, 민사소송법 제436조 제2항, 조약법에 관한 비엔나협약 제31조, 제32조

【전 문】

【원고, 피상고인】 망 소외인의 소송수계인 원고 1.의 가 외 8인 (소송대리인 법무법인 해마루 담당변호사 지기룡 외 1인)

【피고, 상고인】 신일철주금 주식회사 (소송대리인 변호사 주한일 외 2인)

【환송판결】 대법원 2012. 5. 24. 선고 2009다68620 판결

【원심판결】 서울고법 2013. 7. 10. 선고 2012나44947 판결

【주 문】

상고를 모두 기각한다. 상고비용은 피고가 부담한다.

【이 유】

상고이유(상고이유서 제출기간이 지난 후에 제출된 상고이유보충서 등 서면들의 기재는 상고이유를 보충하는 범위 내에서)를 판단한다.

1. 기본적 사실관계

환송 전후의 각 원심판결 및 환송판결의 이유와 환송 전후의 원심이 적법하게 채택한 증거들에 의하면 다음과 같은 사실을 알 수 있다.

가. 일본의 한반도 침탈과 강제동원 등

일본은 1910. 8. 22. 한일합병조약 이후 조선총독부를 통하여 한반도를 지배하였다. 일본은 1931년 만주사변, 1937년 중일전쟁을 일으킴으로써 점차 전시체제에 들어가게 되었고, 1941년에는 태평양전쟁까지 일으켰다. 일본은 전쟁을 치르면서 군수물자 생산을 위한 노동력이 부족하게 되자 이를 해결하기 위하여 1938. 4. 1. '국가총동원법'을 제정·공포하고, 1942년 '조선인 내지이입 알선 요강'을 제정·실시하여 한반도 각 지역에서 관(관) 알선을 통하여 인력을 모집하였으며, 1944. 10.경부터는 '국민징용령'에 의하여 일반 한국인에 대한 징용을 실시하였다. 태평양전쟁은 1945. 8. 6. 일본 히로시마에 원자폭탄이 투하된 다음, 같은 달 15일 일본 국왕이 미국을 비롯한 연합국에 무조건 항복을 선언함으로써 끝이 났다.

나. 망 소외인과 원고 2, 원고 3, 원고 4(이하 '원고들'이라 한다)의 동원과 강제노동 피해 및 귀국 경위

(1) 원고들은 1923년부터 1929년 사이에 한반도에서 태어나 평양, 보령, 군산 등에서 거주하던 사람들이고, 일본제철 주식회사(이하 '구 일본제철'이라 한다)는 1934. 1.경 설립되어 일본 가마이시(부석), 야하타(팔번), 오사카(대판) 등에서 제철소를 운영하던 회사이다.

(2) 1941. 4. 26. 기간(기간) 군수사업체에 해당하는 구 일본제철을 비롯한 일본의 철강생산자들을 총괄 지도하는 일본 정부 직속기구인 철강통제회가 설립되었다. 철강통제회는 한반도에서 노무자를 적극 확충하기로 하고 일본 정부와 협력하여 노무자를 동원하였고, 구 일본제철은 사장이 철강통제회의 회장을 역임하는 등 철강통제회에서 주도적인 역할을 하였다.

(3) 구 일본제철은 1943년경 평양에서 오사카제철소의 공원모집 광고를 냈는데, 그 광고에는 오사카제철소에서 2년간 훈련을 받으면 기술을 습득할 수 있고 훈련 종료 후 한반도의 제철소에서 기술자로 취직할 수 있다고 기재되어 있었다. 망 소외인, 원고 2는 1943. 9.경 위 광고를 보고, 기술을 습득하여 우리나라에서 취직할 수 있다는 점에 끌려 응모한 다음, 구 일본제철의 모집담당자와 면접을 하고 합격하여 위 담당자의 인솔하에 구 일본제철의 오사카제철소로 가서, 훈련공으로 노역에 종사하였다.

망 소외인, 원고 2는 오사카제철소에서 1일 8시간의 3교대제로 일하였고, 한 달에 1, 2회 정도 외출을 허락받았으며, 한 달에 2, 3엔 정도의 용돈만 지급받았을 뿐이고, 구 일본제철은 임금 전액을 지급하면 낭비할 우려가 있다는 이유를 들어 망 소외인, 원고 2의 동의를 얻지 않은 채 이들 명의의 계좌에 임금의 대부분을 일방적으로 입금하고 그 저금통장과 도장을 기숙사의 사감에게 보관하게 하였다. 망 소외인, 원고 2는 화로에 석탄을 넣고 깨뜨려서 뒤섞거나 철 파이프 속으로 들어가서 석탄찌꺼기를 제거하는 등 화상의 위험이 있고 기술습득과는 별관계가 없는 매우 고된 노역에 종사하였는데, 제공되는 식사의 양이 매우 적었다. 또한 경찰이 자주 들러서 이들에게 '도망치더라도 바로 잡을 수 있다'고 말하였고 기숙사에서도 감시하는 사람이 있었기 때문에 도망칠 생각을 하지 못하였는데, 원고 2는 도망가고 싶다고 말하였다가 발각되어 기숙사 사감으로부터 구타를 당하고 체벌을 받기도 하였다.

그러던 중 일본은 1944. 2.경부터 훈련공들을 강제로 징용하고, 이후부터 망 소외인, 원고 2에게 아무런 대가도 지급하지 않았다. 오사카제철소의 공장은 1945. 3.경 미합중국 군대의 공습으로 파괴되었고, 이때 훈련공들 중 일부는 사망하였으며, 망 소외인, 원고 2를 포함한 나머지 훈련공들은 1945. 6.경 함경도 청진에 건설 중인 제철소로 배치되어 청진으로 이동하였다. 망 소외인, 원고 2는 기숙사의 사감에게 일본에서 일한 임금이 입금되어 있던 저금통장과 도장을 달라고 요구하였지만, 사감은 청진에 도착한 이후에도 통장과 도장을 돌려주지 아니하였고, 청진에서 하루 12시간 동안 공장건설을 위해 토목공사를 하면서도 임금을 전혀 받지 못하였다. 망 소외인, 원고 2는 1945. 8.경 청진공장이 소련군의 공격으로 파괴되자 소련군을 피하여 서울로 도망하였고 비로소 일제로부터 해방된 사실을 알게 되었다.

(4) 원고 3은 1941년 대전시장의 추천을 받아 보국대로 동원되어 구 일본제철의 모집담당관의 인솔에 따라 일본으로 건너가 구 일본제철의 가마이시제철소에서 코크스를 용광로에 넣고 용광로에서 철이 나오면 다시 가마에 넣는 등의 노역에 종사하였다. 위 원고는 심한 먼지로 인하여 어려움을 겪었고 용광로에서 나오는 불순물에 걸려 넘어져 배에 상처를 입고 3개월간 입원하기도 하였으며 임금을 저금해 준다는 말을 들었을 뿐 임금을 전혀 받지 못하였다. 노역에 종사하는 동안 처음 6개월간은 외출이 금지되었고, 일본 헌병들이 보름에 한 번씩 와서 인원을 점검하였으며 일을 나가지 않는 사람에게 꾀를 부린다며 발길질을 하기도 하였다. 위 원고는 1944년이 되자 징병되어 군사훈련을 마친 후 일본 고베에 있는 부대에 배치되어 미군포로감시원으로 일하다가 해방이 되어 귀국하였다.

(5) 원고 4는 1943. 1.경 군산부(지금의 군산시)의 지시를 받고 모집되어 구 일본제철의 인솔자를 따라 일본으로 건너가 구 일본제철의 야하타제철소에서 각종 원료와 생산품을 운송하는 선로의 신호소에 배치되어 선로를 전환하는 포인트 조작과 열차의 탈선방지를 위한 포인트의 오염물 제거 등의 노역에 종사하였는데, 도주하다가 발각되어 약 7일 동안 심한 구타를 당하며 식사를 제공받지 못하기도 하였다. 위 원고는 노역에 종사하는 동안 임금을 전혀 지급받지 못하였고, 일체의 휴가나 개인행동을 허락받지 못하였으며, 일본이 패전한 이후 귀국하라는 구 일본제철의 지시를 받고 고향으로 돌아오게 되었다.

다. 샌프란시스코 조약 체결 등

태평양전쟁이 끝난 후 미군정 당국은 1945. 12. 6. 공포한 군정법령 제33호로 재한국 일본재산을 그 국유·사유를 막론하고 미군정청에 귀속시켰고, 이러한 구 일본재산은 대한민국 정부 수립 직후인 1948. 9. 20.에 발효한 「대한민국 정부 및 미국 정부 간의 재정 및 재산에 관한 최초협정」에 의하여 대한민국 정부에 이양되었다.

미국 등을 포함한 연합국 48개국과 일본은 1951. 9. 8. 전후 배상문제를 해결하기 위하여 샌프란시스코에서 평화조약(이하 '샌프란시스코 조약'이라 한다)을 체결하였고, 위 조약은 1952. 4. 28. 발효되었다. 샌프란시스코 조약 제4조(a)는 일본의 통치로부터 이탈된 지역의 시정 당국 및 그 국민과 일본 및 그 국민 간의 재산상 채권·채무관계는 위 당국과 일본 간의 특별약정으로써 처리한다는 내용을, 제4조(b)는 일본은 위 지역에서 미군정 당국이 일본 및 그 국민의 재산을 처분한 것을 유효하다고 인정한다는 내용을 정하였다.

라. 청구권협정 체결 경위와 내용 등

(1) 대한민국 정부와 일본 정부는 1951년 말경부터 국교정상화와 전후 보상문제를 논의하였다. 1952. 2. 15. 제1차 한일회담 본회의가 열려 관련 논의가 본격적으로 시작되었는데, 대한민국은 제1차 한일회담 당시 '한·일간 재산 및 청구권 협정 요강 8개항'(이하 '8개 항목'이라 한다)을 제시하였다. 8개 항목 중 제5항은 '한국법인 또는 한국자연인의 일본은행권, 피징용한국인의 미수금, 보상금 및 기타 청구권의 변제청구'이다. 그 후 7차례의 본회의와 이를 위한 수십 차례의 예비회담, 정치회담 및 각 분과위원회별 회의 등을 거쳐 1965. 6. 22. 「대한민국과 일본국 간의 기본관계에 관한 조약」과 그 부속협정인 「대한민국과 일본국 간의 재산 및 청구권에 관한 문제의 해결과 경제협력에 관한 협정」(조약 제172호, 이하 '청구권협정'이라 한다) 등이 체결되었다.

(2) 청구권협정은 전문(전문)에서 "대한민국과 일본국은, 양국 및 양국 국민의 재산과 양국 및 양국 국민 간의 청구권에 관한 문제를 해결할 것을 희망하고, 양국 간의 경제협력을 증진할 것을 희망하여, 다음과 같이 합의하였다."라고 정하였다. 제1조에서 '일본국이 대한민국에 10년간에 걸쳐 3억 달러를 무상으로 제공하고 2억 달러의 차관을 행하기로 한다'고 정하였고, 이어서 제2조에서 다음과 같이 규정하였다.

1. 양 체약국은 양 체약국 및 그 국민(법인을 포함함)의 재산, 권리 및 이익과 양 체약국 및 그 국민 간의 청구권에 관한 문제가 1951년 9월 8일에 샌프란시스코시에서 서명된 일본국과의 평화조약 제4조(a)에 규정된 것을 포함하여 완전히 그리고 최종적으로 해결된 것이 된다는 것을 확인한다.

2. 본조의 규정은 다음의 것(본 협정의 서명일까지 각기 체약국이 취한 특별조치의 대상이 된 것을 제외한다)에 영향을 미치는 것이 아니다.

(a) 일방 체약국의 국민으로서 1947년 8월 15일부터 본 협정의 서명일까지 사이에 타방 체약국에 거주한 일이 있는 사람의 재산, 권리 및 이익

(b) 일방 체약국 및 그 국민의 재산, 권리 및 이익으로서 1945년 8월 15일 이후에 있어서의 통상의 접촉의 과정에 있어 취득되었고 또는 타방 체약국의 관할하에 들어오게 된 것

3. 2.의 규정에 따르는 것을 조건으로 하여 일방 체약국 및 그 국민의 재산, 권리 및 이익으로서 본 협정의 서명일에 타방 체약국의 관할하에 있는 것에 대한 조치와 일방 체약국 및 그 국민의 타방 체약국 및 그 국민에 대한 모든 청구권으로서 동일자 이전에 발생한 사유에 기인하는 것에 관하여는 어떠한 주장도 할 수 없는 것으로 한다.

(3) 청구권협정과 같은 날 체결되어 1965. 12. 18. 발효된 「대한민국과 일본국 간의 재산 및 청구권에 관한 문제의 해결과 경제협력에 관한 협정에 대한 합의의사록(Ⅰ)」[조약 제173호, 이하 '청구권협정에 대한 합의의사록(Ⅰ)'이라 한다]은 청구권협정 제2조에 관하여 다음과 같이 정하였다.

(a) "재산, 권리 및 이익"이라 함은 법률상의 근거에 의거하여 재산적 가치가 인정되는 모든 종류의 실체적 권리를 말하는 것으로 양해되었다.

(e) 동조 3.에 의하여 취하여질 조치는 동조 1.에서 말하는 양국 및 그 국민의 재산, 권리 및 이익과 양국 및 그 국민 간의 청구권에 관한 문제를 해결하기 위하여 취하여질 각국의 국내조치를 말하는 것으로 의견의 일치를 보았다.

(g) 동조 1.에서 말하는 완전히 그리고 최종적으로 해결된 것으로 되는 양국 및 그 국민의 재산, 권리 및 이익과 양국 및 그 국민 간의 청구권에 관한 문제에는 한일회담에서 한국 측으로부터 제출된 "한국의 대일청구요

강"(소위 8개 항목)의 범위에 속하는 모든 청구가 포함되어 있고, 따라서 동 대일청구요강에 관하여는 어떠한 주장도 할 수 없게 됨을 확인하였다.

마. 청구권협정 체결에 따른 양국의 조치

(1) 청구권협정은 1965. 8. 14. 대한민국 국회에서 비준 동의되고 1965. 11. 12. 일본 중의원 및 1965. 12. 11. 일본 참의원에서 비준 동의된 후 그 무렵 양국에서 공포되었고, 양국이 1965. 12. 18. 비준서를 교환함으로써 발효되었다.

(2) 대한민국은 청구권협정에 의해 지급되는 자금을 사용하기 위한 기본적 사항을 정하기 위하여 1966. 2. 19. 「청구권자금의 운용 및 관리에 관한 법률」(이하 '청구권자금법'이라 한다)을 제정하였고, 이어서 보상대상이 되는 대일 민간청구권의 정확한 증거와 자료를 수집함에 필요한 사항을 규정하기 위하여, 1971. 1. 19. 「대일 민간청구권 신고에 관한 법률」(이하 '청구권신고법'이라 한다)을 제정하였다. 그런데 청구권신고법에서 강제동원 관련 피해자의 청구권에 관하여는 '일본국에 의하여 군인·군속 또는 노무자로 소집 또는 징용되어 1945. 8. 15. 이전에 사망한 자'만을 신고대상으로 한정하였다. 이후 대한민국은 청구권신고법에 따라 국민들로부터 대일 청구권 신고를 접수받은 후 실제 보상을 집행하기 위하여 1974. 12. 21. 「대일 민간청구권 보상에 관한 법률」(이하 '청구권보상법'이라 한다)을 제정하여 1977. 6. 30.까지 총 83,519건에 대하여 총 91억 8,769만 3,000원의 보상금(무상 제공된 청구권자금 3억 달러의 약 9.7%에 해당한다)을 지급하였는데, 그중 피징용사망자에 대한 청구권 보상금으로 총 8,552건에 대하여 1인당 30만 원씩 총 25억 6,560만 원을 지급하였다.

(3) 일본은 1965. 12. 18. 「재산 및 청구권에 관한 문제의 해결과 경제협력에 관한 일본국과 대한민국 간의 협정 제2조의 실시에 따른 대한민국 등의 재산권에 대한 조치에 관한 법률」(이하 '재산권조치법'이라 한다)을 제정하였다. 그 주된 내용은 대한민국 또는 그 국민의 일본 또는 그 국민에 대한 채권 또는 담보권으로서 청구권협정 제2조의 재산, 이익에 해당하는 것을 청구권협정일인 1965. 6. 22. 소멸하게 한다는 것이다.

바. 대한민국의 추가 조치

(1) 대한민국은 2004. 3. 5. 일제강점하 강제동원 피해의 진상을 규명하여 역사의 진실을 밝히는 것을 목적으로 「일제강점하 강제동원피해 진상규명 등에 관한 특별법」(이하 '진상규명법'이라 한다)을 제정하였다. 위 법률과 그 시행령에 따라 일제강점하강제동원피해진상규명위원회가 설치되어 '일제강점하강제동원 피해'에 대한 조사가 전면적으로 이루어졌다.

(2) 대한민국은 2005. 1.경 청구권협정과 관련한 일부 문서를 공개하였다. 그 후 구성된 '한일회담 문서공개 후속대책 관련 민관공동위원회'(이하 '민관공동위원회'라 한다)에서는 2005. 8. 26. '청구권협정은 일본의 식민지배 배상을 청구하기 위한 협상이 아니라 샌프란시스코 조약 제4조에 근거하여 한일 양국 간 재정적·민사적 채권·채무관계를 해결하기 위한 것이었으며, 일본군 위안부 문제 등 일본 정부와 군대 등 일본 국가권력이 관여한 반인도적 불법행위에 대해서는 청구권협정으로 해결된 것으로 볼 수 없고 일본 정부의 법적 책임이 남아 있으며, 사할린동포 문제와 원폭피해자 문제도 청구권협정 대상에 포함되지 않았다'는 취지의 공식의견을 표명하였는데, 위 공식의견에는 아래 내용이 포함되어 있다.

- ㅇ 한일협상 당시 한국 정부는 일본 정부가 강제동원의 법적 배상·보상을 인정하지 않음에 따라, "고통 받은 역사적 피해사실"에 근거하여 정치적 보상을 요구하였으며, 이러한 요구가 양국 간 무상자금산정에 반영되었다고 보아야 함

○ 청구권협정을 통하여 일본으로부터 받은 무상 3억불은 개인재산권(보험, 예금 등), 조선총독부의 대일채권 등 한국 정부가 국가로서 갖는 청구권, 강제동원 피해보상 문제 해결 성격의 자금 등이 포괄적으로 감안되었다고 보아야 할 것임

○ 청구권협정은 청구권 각 항목별 금액결정이 아니라 정치협상을 통해 총액결정방식으로 타결되었기 때문에 각 항목별 수령금액을 추정하기 곤란하지만, 정부는 수령한 무상자금 중 상당 금액을 강제동원 피해자의 구제에 사용하여야 할 도의적 책임이 있다고 판단됨

○ 그러나 75년 우리 정부의 보상 당시 강제동원 부상자를 보호대상에서 제외하는 등 도의적 차원에서 볼 때 피해자 보상이 불충분하였다고 볼 측면이 있음

(3) 대한민국은 2006. 3. 9. 청구권보상법에 근거한 강제동원 피해자에 대한 보상이 불충분함을 인정하고 추가 보상 방침을 밝힌 후, 2007. 12. 10. 「태평양전쟁 전후 국외 강제동원희생자 등 지원에 관한 법률」(이하 '2007년 희생자지원법'이라 한다)을 제정하였다. 위 법률과 그 시행령은, ① 1938. 4. 1.부터 1945. 8. 15. 사이에 일제에 의하여 군인·군무원·노무자 등으로 국외로 강제동원되어 그 기간 중 또는 국내로 돌아오는 과정에서 사망하거나 행방불명된 '강제동원희생자'의 경우 1인당 2,000만 원의 위로금을 유족에게 지급하고, ② 국외로 강제동원되어 부상으로 장해를 입은 '강제동원희생자'의 경우 1인당 2,000만 원 이하의 범위 안에서 장해의 정도를 고려하여 대통령령으로 정하는 금액을 위로금으로 지급하며, ③ 강제동원희생자 중 생존자 또는 위 기간 중 국외로 강제동원되었다가 국내로 돌아온 사람 중 강제동원희생자에 해당하지 못한 '강제동원생환자' 중 생존자가 치료나 보조장구 사용이 필요한 경우에 그 비용의 일부로서 연간 의료지원금 80만 원을 지급하고, ④ 위 기간 중 국외로 강제동원되어 노무제공 등을 한 대가로 일본국 또는 일본 기업 등으로부터 지급받을 수 있었던 급료 등을 지급받지 못한 '미수금피해자' 또는 그 유족에게 미수금피해자가 지급받을 수 있었던 미수금을 당시 일본 통화 1엔에 대하여 대한민국 통화 2,000원으로 환산하여 미수금지원금을 지급하도록 규정하였다.

(4) 한편 진상규명법과 2007년 희생자지원법이 폐지되는 대신 2010. 3. 22.부터 제정되어 시행되고 있는 「대일항쟁기 강제동원 피해조사 및 국외강제동원 희생자 등 지원에 관한 특별법」(이하 '2010년 희생자지원법'이라 한다)은 사할린지역 강제동원피해자 등을 보상대상에 추가하여 규정하고 있다.

2. 상고이유 제1점에 관하여

환송 후 원심은 그 판시와 같은 이유를 들어, 망 소외인, 원고 2가 이 사건 소송에 앞서 일본에서 피고를 상대로 소송을 제기하였다가 이 사건 일본판결로 패소·확정되었다고 하더라도, 이 사건 일본판결이 일본의 한반도와 한국인에 대한 식민지배가 합법적이라는 규범적 인식을 전제로 하여 일제의 '국가총동원법'과 '국민징용령'을 한반도와 망 소외인, 원고 2에게 적용하는 것이 유효하다고 평가한 이상, 이러한 판결 이유가 담긴 이 사건 일본판결을 그대로 승인하는 것은 대한민국의 선량한 풍속이나 그 밖의 사회질서에 위반하는 것이고, 따라서 우리나라에서 이 사건 일본판결을 승인하여 그 효력을 인정할 수는 없다고 판단하였다.

이러한 환송 후 원심의 판단은 환송판결의 취지에 따른 것으로서, 거기에 상고이유 주장과 같이 외국판결 승인요건으로서의 공서양속 위반에 관한 법리를 오해하는 등의 위법이 없다.

3. 상고이유 제2점에 관하여

환송 후 원심은 그 판시와 같은 이유를 들어, 원고들을 노역에 종사하게 한 구 일본제철이 일본국 법률이 정

한 바에 따라 해산되고 그 판시의 '제2회사'가 설립된 뒤 흡수합병의 과정을 거쳐 피고로 변경되는 등의 절차를 거쳤다고 하더라도, 원고들은 구 일본제철에 대한 이 사건 청구권을 피고에 대하여도 행사할 수 있다고 판단하였다.

이러한 환송 후 원심의 판단 역시 환송판결의 취지에 따른 것으로서, 거기에 상고이유 주장과 같이 외국법 적용에 있어 공서양속 위반 여부에 관한 법리를 오해하는 등의 위법이 없다.

4. 상고이유 제3점에 관하여

가. 조약은 전문·부속서를 포함하는 조약문의 문맥 및 조약의 대상과 목적에 비추어 그 조약의 문언에 부여되는 통상적인 의미에 따라 성실하게 해석되어야 한다. 여기서 문맥은 조약문(전문 및 부속서를 포함한다) 외에 조약의 체결과 관련하여 당사국 사이에 이루어진 그 조약에 관한 합의 등을 포함하며, 조약 문언의 의미가 모호하거나 애매한 경우 등에는 조약의 교섭 기록 및 체결 시의 사정 등을 보충적으로 고려하여 그 의미를 밝혀야 한다.

나. 이러한 법리에 따라, 앞서 본 사실관계 및 채택된 증거에 의하여 알 수 있는 다음과 같은 사정을 종합하여 보면, 원고들이 주장하는 피고에 대한 손해배상청구권은 청구권협정의 적용대상에 포함된다고 볼 수 없다. 그 이유는 다음과 같다.

(1) 우선 이 사건에서 문제 되는 원고들의 손해배상청구권은, 일본 정부의 한반도에 대한 불법적인 식민지배 및 침략전쟁의 수행과 직결된 일본 기업의 반인도적인 불법행위를 전제로 하는 강제동원 피해자의 일본 기업에 대한 위자료청구권(이하 '강제동원 위자료청구권'이라 한다)이라는 점을 분명히 해두어야 한다. 원고들은 피고를 상대로 미지급 임금이나 보상금을 청구하고 있는 것이 아니고, 위와 같은 위자료를 청구하고 있는 것이다.

이와 관련한 환송 후 원심의 아래와 같은 사실인정과 판단은 기록상 이를 충분히 수긍할 수 있다. 즉 ① 일본 정부는 중일전쟁과 태평양전쟁 등 불법적인 침략전쟁의 수행과정에서 기간 군수사업체인 일본의 제철소에 필요한 인력을 확보하기 위하여 장기적인 계획을 세워 조직적으로 인력을 동원하였고, 핵심적인 기간 군수사업체의 지위에 있던 구 일본제철은 철강통제회에 주도적으로 참여하는 등 일본 정부의 위와 같은 인력동원정책에 적극 협조하여 인력을 확충하였다. ② 원고들은 당시 한반도와 한국민들이 일본의 불법적이고 폭압적인 지배를 받고 있었던 상황에서 장차 일본에서 처하게 될 노동 내용이나 환경에 대하여 잘 알지 못한 채 일본 정부와 구 일본제철의 위와 같은 조직적인 기망에 의하여 동원되었다고 봄이 타당하다. ③ 더욱이 원고들은 성년에 이르지 못한 어린 나이에 가족과 이별하여 생명이나 신체에 위해를 당할 가능성이 매우 높은 열악한 환경에서 위험한 노동에 종사하였고, 구체적인 임금액도 모른 채 강제로 저금을 해야 했으며, 일본 정부의 혹독한 전시 총동원체제에서 외출이 제한되고 상시 감시를 받아 탈출이 불가능하였으며 탈출시도가 발각된 경우 혹독한 구타를 당하기도 하였다. ④ 이러한 구 일본제철의 원고들에 대한 행위는 당시 일본 정부의 한반도에 대한 불법적인 식민지배 및 침략전쟁의 수행과 직결된 반인도적인 불법행위에 해당하고, 이러한 불법행위로 인하여 원고들이 정신적 고통을 입었음은 경험칙상 명백하다.

(2) 앞서 본 청구권협정의 체결 경과와 그 전후 사정, 특히 아래와 같은 사정들에 의하면, 청구권협정은 일본의 불법적 식민지배에 대한 배상을 청구하기 위한 협상이 아니라 기본적으로 샌프란시스코 조약 제4조에 근거하여 한일 양국 간의 재정적·민사적 채권·채무관계를 정치적 합의에 의하여 해결하기 위한 것이었다고 보인다.

① 앞서 본 것처럼, 전후 배상문제를 해결하기 위하여 1951. 9. 8. 미국 등 연합국 48개국과 일본 사이에 체결된 샌프란시스코 조약 제4조(a)는 '일본의 통치로부터 이탈된 지역(대한민국도 이에 해당)의 시정 당국 및 그 국민과 일본 및 일본 국민 간의 재산상 채권·채무관계는 이러한 당국과 일본 간의 특별약정으로써 처리한다'고 규정하였다.

② 샌프란시스코 조약이 체결된 이후 곧이어 제1차 한일회담(1952. 2. 15.부터 같은 해 4. 25.까지)이 열렸는데, 그때 한국 측이 제시한 8개 항목도 기본적으로 한·일 양국 간의 재정적·민사적 채무관계에 관한 것이었다. 위 8개 항목 중 제5항에 '피징용한국인의 미수금, 보상금 및 기타 청구권의 변제청구'라는 문구가 있지만, 8개 항목의 다른 부분 어디에도 일본 식민지배의 불법성을 전제로 하는 내용은 없으므로, 위 제5항 부분도 일본 측의 불법행위를 전제로 하는 것은 아니었다고 보인다. 따라서 위 '피징용한국인의 미수금, 보상금 및 기타 청구권의 변제청구'에 강제동원 위자료청구권까지 포함된다고 보기는 어렵다.

③ 1965. 3. 20. 대한민국 정부가 발간한 '한일회담백서'(을 제18호증)에 의하면, 샌프란시스코 조약 제4조가 한·일 간 청구권 문제의 기초가 되었다고 명시하고 있고, 나아가 "위 제4조의 대일청구권은 승전국의 배상청구권과 구별된다. 한국은 샌프란시스코 조약의 조인당사국이 아니어서 제14조 규정에 의한 승전국이 향유하는 '손해 및 고통'에 대한 배상청구권을 인정받지 못하였다. 이러한 한·일 간 청구권 문제에는 배상청구를 포함시킬 수 없다."는 설명까지 하고 있다.

④ 이후 실제로 체결된 청구권협정문이나 그 부속서 어디에도 일본 식민지배의 불법성을 언급하는 내용은 전혀 없다. 청구권협정 제2조 1.에서는 '청구권에 관한 문제가 샌프란시스코 조약 제4조(a)에 규정된 것을 포함하여 완전히 그리고 최종적으로 해결된 것'이라고 하여, 위 제4조(a)에 규정된 것 이외의 청구권도 청구권협정의 적용대상이 될 수 있다고 해석될 여지가 있기는 하다. 그러나 위와 같이 일본 식민지배의 불법성이 전혀 언급되어 있지 않은 이상, 위 제4조(a)의 범주를 벗어나는 청구권, 즉 식민지배의 불법성과 직결되는 청구권까지도 위 대상에 포함된다고 보기는 어렵다. 청구권협정에 대한 합의의사록(Ⅰ) 2.(g)에서도 '완전히 그리고 최종적으로 해결되는 것'에 위 8개 항목의 범위에 속하는 청구가 포함되어 있다고 규정하였을 뿐이다.

⑤ 2005년 민관공동위원회도 '청구권협정은 기본적으로 일본의 식민지배 배상을 청구하기 위한 것이 아니라 샌프란시스코 조약 제4조에 근거하여 한일 양국 간 재정적·민사적 채권·채무관계를 해결하기 위한 것이다'라고 공식의견을 밝혔다.

(3) 청구권협정 제1조에 따라 일본 정부가 대한민국 정부에 지급한 경제협력자금이 제2조에 의한 권리문제의 해결과 법적인 대가관계가 있다고 볼 수 있는지도 분명하지 아니하다.

청구권협정 제1조에서는 '3억 달러 무상 제공, 2억 달러 차관(유상) 실행'을 규정하고 있으나, 그 구체적인 명목에 대해서는 아무런 내용이 없다. 차관의 경우 일본의 해외경제협력기금에 의하여 행하여지는 것으로 하고, 위 무상 제공 및 차관이 대한민국의 경제발전에 유익한 것이어야 한다는 제한을 두고 있을 뿐이다. 청구권협정 전문에서 '청구권 문제 해결'을 언급하고 있기는 하나, 위 5억 달러(무상 3억 달러와 유상 2억 달러)와 구체적으로 연결되는 내용은 없다. 이는 청구권협정에 대한 합의의사록(Ⅰ) 2.(g)에서 언급된 '8개 항목'의 경우도 마찬가지이다. 당시 일본 측의 입장도 청구권협정 제1조의 돈이 기본적으로 경제협력의 성격이라는 것이었고, 청구권협정 제1조와 제2조 사이에 법률적인 상호관계가 존재하지 않는다는 입장이었다.

2005년 민관공동위원회는, 청구권협정 당시 정부가 수령한 무상자금 중 상당 금액을 강제동원 피해자의 구제에 사용하여야 할 '도의적 책임'이 있었다고 하면서, 1975년 청구권보상법 등에 의한 보상이 '도의적 차원'에서 볼 때 불충분하였다고 평가하였다. 그리고 그 이후 제정된 2007년 희생자지원법 및 2010년 희생자지원법 모두 강제동원 관련 피해자에 대한 위로금이나 지원금의 성격이 '인도적 차원'의 것임을 명시하였다.

(4) 청구권협정의 협상 과정에서 일본 정부는 식민지배의 불법성을 인정하지 않은 채, 강제동원 피해의 법적 배상을 원천적으로 부인하였고, 이에 따라 한일 양국의 정부는 일제의 한반도 지배의 성격에 관하여 합의에 이르지 못하였다. 이러한 상황에서 강제동원 위자료청구권이 청구권협정의 적용대상에 포함되었다고 보기는 어렵다.

청구권협정의 일방 당사자인 일본 정부가 불법행위의 존재 및 그에 대한 배상책임의 존재를 부인하는 마당에, 피해자 측인 대한민국 정부가 스스로 강제동원 위자료청구권까지도 포함된 내용으로 청구권협정을 체결하였다고 보이지는 않기 때문이다.

(5) 환송 후 원심에서 피고가 추가로 제출한 증거들도, 강제동원 위자료청구권이 청구권협정의 적용대상에 포함되지 않는다는 위와 같은 판단에 지장을 준다고 보이지 않는다.

위 증거들에 의하면, 1961. 5. 10. 제5차 한일회담 예비회담 과정에서 대한민국 측이 '다른 국민을 강제적으로 동원함으로써 입힌 피징용자의 정신적, 육체적 고통에 대한 보상'을 언급한 사실, 1961. 12. 15. 제6차 한일회담 예비회담 과정에서 대한민국 측이 '8개 항목에 대한 보상으로 총 12억 2,000만 달러를 요구하면서, 그중 3억 6,400만 달러(약 30%)를 강제동원 피해보상에 대한 것으로 산정(생존자 1인당 200달러, 사망자 1인당 1,650달러, 부상자 1인당 2,000달러 기준)'한 사실 등을 알 수 있기는 하다.

그러나 위와 같은 발언 내용은 대한민국이나 일본의 공식 견해가 아니라 구체적인 교섭 과정에서 교섭 담당자가 한 말에 불과하고, 13년에 걸친 교섭 과정에서 일관되게 주장되었던 내용도 아니다. '피징용자의 정신적, 육체적 고통'을 언급한 것은 협상에서 유리한 지위를 점하려는 목적에서 비롯된 발언에 불과한 것으로 볼 여지가 크고, 실제로 당시 일본 측의 반발로 제5차 한일회담 협상은 타결되지도 않았다. 또한 위와 같이 협상 과정에서 총 12억 2,000만 달러를 요구하였음에도 불구하고 정작 청구권협정은 3억 달러(무상)로 타결되었다. 이처럼 요구액에 훨씬 미치지 못하는 3억 달러만 받은 상황에서 강제동원 위자료청구권도 청구권협정의 적용대상에 포함된 것이라고는 도저히 보기 어렵다.

다. 환송 후 원심이 이와 같은 취지에서, 강제동원 위자료청구권은 청구권협정의 적용대상에 포함되지 않는다고 판단한 것은 정당하다. 거기에 상고이유 주장과 같이 청구권협정의 적용대상과 효력에 관한 법리를 오해하는 등의 위법이 없다.

한편 피고는 이 부분 상고이유에서, 강제동원 위자료청구권이 청구권협정의 적용대상에 포함된다는 전제하에, 청구권협정으로 포기된 권리가 국가의 외교적 보호권에 한정되어서만 포기된 것이 아니라 개인청구권 자체가 포기(소멸)된 것이라는 취지의 주장도 하고 있으나, 이 부분은 환송 후 원심의 가정적 판단에 관한 것으로서 더 나아가 살펴볼 필요 없이 받아들일 수 없다.

5. 상고이유 제4점에 관하여

환송 후 원심은, 1965년 한일 간에 국교가 정상화되었으나 청구권협정 관련 문서가 모두 공개되지 않은 상황에서 청구권협정으로 대한민국 국민의 일본국 또는 일본 국민에 대한 개인청구권까지도 포괄적으로 해결된 것이라는 견해가 대한민국 내에서 널리 받아들여져 온 사정 등 그 판시와 같은 이유를 들어, 이 사건 소 제기 당시까지도 원고들이 피고를 상대로 대한민국에서 객관적으로 권리를 행사할 수 없는 장애사유가 있었다고 봄이 상당하므로, 피고가 소멸시효 완성을 주장하여 원고들에 대한 채무의 이행을 거절하는 것은 현저히 부당하여 신의성실의 원칙에 반하는 권리남용으로서 허용될 수 없다고 판단하였다.

이러한 환송 후 원심의 판단 또한 환송판결의 취지에 따른 것으로서, 거기에 상고이유 주장과 같이 소멸시효에 관한 법리를 오해하는 등의 위법이 없다.

6. 상고이유 제5점에 관하여

불법행위로 입은 정신적 고통에 대한 위자료 액수에 관하여는 사실심법원이 제반 사정을 참작하여 그 직권에 속하는 재량에 의하여 이를 확정할 수 있다(대법원 1999. 4. 23. 선고 98다41377 판결 등 참조).

환송 후 원심은 그 판시와 같은 이유로 원고들에 대한 위자료를 판시 액수로 정하였다. 환송 후 원심판결 이유를 기록에 비추어 살펴보면, 이 부분 판단에 상고이유 주장과 같이 위자료 산정에 있어서 현저하게 상당성을 결하는 등의 위법이 없다.

7. 결론

그러므로 상고를 모두 기각하고, 상고비용은 패소자가 부담하도록 하여, 주문과 같이 판결한다. 이 판결에는 상고이유 제3점에 관한 판단에 대하여 대법관 이기택의 별개의견, 대법관 김소영, 대법관 이동원, 대법관 노정희의 별개의견이 각 있고, 대법관 권순일, 대법관 조재연의 반대의견이 있는 외에는 관여 법관의 의견이 일치되었으며, 대법관 김재형, 대법관 김선수의 다수의견에 대한 보충의견이 있다.

8. 상고이유 제3점에 관한 판단에 대한 대법관 이기택의 별개의견

가. 이 부분 상고이유 요지는, 원고들이 주장하는 피고에 대한 손해배상청구권은 청구권협정의 적용대상에 포함되고, 청구권협정에 포함된 청구권은 국가의 외교적 보호권뿐만 아니라 개인청구권까지 완전히 소멸한 것으로 보아야 한다는 것이다.

이 문제에 관하여 이미 환송판결은 '원고들의 손해배상청구권은 청구권협정의 적용대상에 포함되지 아니하고, 설령 포함된다고 하더라도 그 개인청구권 자체는 청구권협정만으로 당연히 소멸하지 아니하고 다만 청구권협정으로 그 청구권에 관한 대한민국의 외교적 보호권이 포기되었을 뿐이다'라고 판시하였고, 환송 후 원심도 이를 그대로 따랐다.

상고심으로부터 사건을 환송받은 법원은 그 사건을 재판할 때에 상고법원이 파기이유로 한 사실상 및 법률상의 판단에 기속된다. 이러한 환송판결의 기속력은 재상고심에도 미치는 것이 원칙이다. 따라서 환송판결의 기속력에 반하는 위와 같은 상고이유 주장은 받아들일 수 없다. 구체적으로 살펴보면 다음과 같다.

나. 법원조직법 제8조는 "상급법원 재판에서의 판단은 해당 사건에 관하여 하급심을 기속한다."라고 규정하고 있고, 민사소송법 제436조 제2항은 "사건을 환송받거나 이송받은 법원은 다시 변론을 거쳐 재판하여야 한다. 이 경우에는 상고법원이 파기의 이유로 삼은 사실상 및 법률상 판단에 기속된다."라고 규정하고 있다. 따라서 상고법원으로부터 사건을 환송받은 법원은 그 사건을 재판할 때에 상고법원이 파기이유로 한 사실상 및 법률상의 판단에 기속된다. 다만 환송 후 심리과정에서 새로운 주장이나 증명이 제출되어 기속적 판단의 기초가 된 사실

관계에 변동이 생긴 경우에는 예외적으로 기속력이 미치지 아니할 수 있다(대법원 1988. 3. 8. 선고 87다카1396 판결 등 참조).

이 사건에서 만약 환송 후 원심의 심리과정에서 새로운 주장이나 증명을 통해 환송판결의 이 부분 판단의 기초가 된 사실관계에 변동이 생겼다고 평가할 수 있다면, 기속력이 미치지 아니한다고 볼 수 있다.

그러나 우선 다수의견이 적절히 설시한 것과 같이, 환송 후 원심에서 피고가 추가로 제출한 증거들에 의하여 알 수 있는 제5차 및 제6차 한일회담 예비회담 과정에서의 대한민국 측의 발언 내용들만으로는, 도저히 '원고들의 손해배상청구권은 청구권협정의 적용대상에 포함되지 아니한다'라는 환송판결의 기속적 판단의 기초가 된 사실관계에 변동이 생긴 경우라고 보기 어렵다.

또한 환송판결의 가정적 판단, 즉 '개인청구권 자체는 청구권협정만으로 당연히 소멸하지 아니하고 다만 청구권협정으로 그 청구권에 관한 대한민국의 외교적 보호권이 포기되었을 뿐이다'라는 부분도 그 판단의 기초가 된 사실관계에 변동이 생겼다고 보기 어렵기는 마찬가지이다. 이와 관련하여 환송 후 원심에서 새로 제출된 증거들은 주로 청구권협정의 해석에 대한 각자의 견해를 밝힌 것에 불과하여 '사실관계'의 변동이라고 평가하기도 어렵다.

다. 환송판결의 기속력은 환송 후 원심뿐만 아니라 재상고심에도 미치는 것이 원칙이다(대법원 1995. 8. 22. 선고 94다43078 판결 등 참조).

다만 대법원 2001. 3. 15. 선고 98두15597 전원합의체 판결은 "대법원은 법령의 정당한 해석적용과 그 통일을 주된 임무로 하는 최고법원이고, 대법원의 전원합의체는 종전에 대법원에서 판시한 법령의 해석적용에 관한 의견을 스스로 변경할 수 있는 것인바(법원조직법 제7조 제1항 제3호), 환송판결이 파기이유로 한 법률상 판단도 여기에서 말하는 '대법원에서 판시한 법령의 해석적용에 관한 의견'에 포함되는 것이므로 대법원의 전원합의체가 종전의 환송판결의 법률상 판단을 변경할 필요가 있다고 인정하는 경우에는, 그에 기속되지 아니하고 통상적인 법령의 해석적용에 관한 의견의 변경절차에 따라 이를 변경할 수 있다고 보아야 할 것이다."라고 하여, 환송판결의 기속력이 재상고심의 전원합의체에는 미치지 아니한다는 취지로 판시한 바 있다.

그러나 위 98두15597 전원합의체 판결의 의미를 '전원합의체에서 판단하는 이상 언제라도 환송판결의 기속력에서 벗어날 수 있다'는 것으로 이해하여서는 아니 된다. '환송판결에 명백한 법리오해가 있어 반드시 이를 시정해야 하는 상황이거나 환송판결이 전원합의체를 거치지 아니한 채 종전 대법원판결이 취한 견해와 상반된 입장을 취한 때와 같은 예외적인 경우에 한하여 기속력이 미치지 아니한다'는 뜻으로 새겨야 한다. 이렇게 보지 아니할 경우 법률에서 환송판결의 기속력을 인정한 취지가 무색하게 될 우려가 있기 때문이다. 실제로 위 98두15597 전원합의체 판결의 사안 자체도, 환송판결에 명백한 법리오해의 잘못이 있었을 뿐만 아니라 환송판결이 전원합의체를 거치지도 아니한 채 기존 대법원판결에 저촉되는 판단을 한 경우였다.

이러한 법리에 따라 이 사건에 돌아와 살펴보면, 청구권협정의 효력과 관련하여 환송판결이 설시한 법리에 명백한 오류가 있다거나 종전 대법원판결에 반하는 내용이 있었다고는 보이지 않는다. 따라서 이 사건을 전원합의체에서 판단한다고 하더라도 쉽사리 환송판결이 설시한 법리를 재심사하거나 뒤집을 수 있다고 볼 수는 없다.

라. 결국, 어느 모로 보나 이 부분 상고이유 주장은 환송판결의 기속력에 반하는 것으로서 받아들일 수 없다.

한편 앞서 본 상고이유 제1, 2, 4점에 관한 판단 부분에서 '환송 후 원심의 판단이 환송판결의 취지에 따른 것으로서 상고이유 주장과 같은 위법이 없다'고 판시한 것은, 위와 같은 환송판결의 기속력에 관한 법리에 따른 것으로 볼 수 있으므로, 이 부분 판단에 대해서는 다수의견과 견해를 달리하지 아니한다는 점을 덧붙여 두고자 한다.

이상과 같은 이유로, 상고를 기각하여야 한다는 결론에서는 다수의견과 의견을 같이하지만 상고이유 제3점에 관하여는 다수의견과 그 구체적인 이유를 달리하므로, 별개의견으로 이를 밝혀 둔다.

9. 상고이유 제3점에 관한 판단에 대한 대법관 김소영, 대법관 이동원, 대법관 노정희의 별개의견

가. 청구권협정에도 불구하고 원고들이 피고를 상대로 강제동원 피해에 대한 위자료청구권을 행사할 수 있다는 점에 관해서는 다수의견과 결론을 같이한다. 다만 그 구체적인 이유에서는 다수의견과 견해를 달리한다.

다수의견은 '원고들이 주장하는 피고에 대한 손해배상청구권은 청구권협정의 적용대상에 포함된다고 볼 수 없다'는 입장을 취하고 있다. 그러나 청구권협정의 해석상 원고들의 손해배상청구권은 청구권협정의 적용대상에 포함된다고 보아야 한다. 다만 원고들 개인의 청구권 자체는 청구권협정으로 당연히 소멸한다고 볼 수 없고, 청구권협정으로 그 청구권에 관한 대한민국의 외교적 보호권만이 포기된 것에 불과하다. 따라서 원고들은 여전히 대한민국에서 피고를 상대로 소로써 권리를 행사할 수 있다.

이렇게 보아야 하는 구체적인 이유는 다음과 같다.

나. 우선 조약의 해석 방법에 관하여 다수의견이 밝힌 법리에 관하여는 견해를 달리하지 않는다. 이러한 법리에 따라, 환송 후 원심에서 비로소 제출된 증거들(을 제16 내지 18, 37 내지 39, 40 내지 47, 50, 52, 53, 55호증)까지 포함하여 원심이 적법하게 채택·조사한 증거들에 의하여 알 수 있는 사실관계를 살펴보면, 다수의견과 달리, 원고들의 피고에 대한 손해배상청구권은 청구권협정의 적용대상에 포함된다고 보는 것이 타당하다.

(1) 환송 후 원심에서 제출된 증거들을 비롯한 채택 증거들에 의하여 알 수 있는 청구권협정의 구체적인 체결 과정은 다음과 같다.

(가) 앞서 보았듯이, 1952. 2. 15. 개최된 제1차 한일회담 당시 대한민국은 8개 항목을 제시하였는데, 이후 일본의 역청구권 주장, 독도 및 평화선 문제에 대한 이견, 양국의 정치적 상황 등으로 제4차 한일회담까지는 8개 항목에 관한 논의가 제대로 이루어지지 못하였다.

(나) 제5차 한일회담에서부터 8개 항목에 대한 실질적인 토의가 이루어졌는데, 제5차 한일회담에서는 아래와 같은 논의가 있었다.

① 1961. 5. 10. 제5차 한일회담 예비회담 일반청구권소위원회 제13차 회의에서 대한민국 측은 8개 항목 중 위 제5항(한국법인 또는 한국자연인의 일본은행권, 피징용한국인의 미수금, 보상금 및 기타 청구권의 변제청구)과 관련하여 '강제징용으로 피해를 입은 개인에 대한 보상'을 일본 측에 요구하였다. 구체적으로 '생존자, 부상자, 사망자, 행방불명자 그리고 군인·군속을 포함한 피징용자 전반에 대하여 보상을 요구하는 것'이라면서 '이는 다른 국민을 강제적으로 동원함으로써 입힌 피징용자의 정신적·육체적 고통에 대한 보상을 의미한다'는 취지로 설명하였다. 이에 일본 측이 개인의 피해에 대한 보상을 요구하는 것인지, 대한민국에서 한국인 피해자에 대한 구체적인 조사를 할 용의가 있는지 등에 대하여 묻자, 대한민국 측은 '나라로서 청구하는 것이며, 피해자 개인에 대한 보상은 국내에서 조치할 성질의 것'이라는 입장을 밝히기도 하였다.

② 일본 측은 대한민국 측의 위와 같은 개인 피해 보상요구에 반발하면서 구체적인 징용·징병의 인원수나 증

거자료를 요구하거나 양국 국교가 회복된 뒤에 개별적으로 해결하는 방안 등을 제시하는 등 대한민국 측의 요구에 그대로 응할 수 없다는 입장을 피력하였다.

③ 제5차 한일회담의 청구권위원회에서는 1961. 5. 16. 군사정변에 의해 회담이 중단되기까지 8개 항목의 제1항부터 제5항까지 토의가 진행되었으나, 근본적인 인식의 차이를 확인하였을 뿐 실질적인 의견 접근을 이루는 데는 실패하였다.

(다) 제6차 한일회담이 1961. 10. 20. 개시된 후에는 청구권에 대한 세부적 논의가 시일만 소요될 뿐 해결이 요원하다는 판단에서 정치적 측면의 접근이 모색되었는데, 아래와 같은 협상 과정을 거쳐 제7차 한일회담 중 1965. 6. 22. 마침내 청구권협정이 체결되었다.

① 1961. 12. 15. 제6차 한일회담 예비회담 일반청구권소위원회 제7차 회의에서 대한민국 측은 일본 측에 8개 항목에 대한 보상으로 총 12억 2,000만 달러를 요구하면서, 강제동원에 대한 피해보상으로 생존자 1인당 200달러, 사망자 1인당 1,650달러, 부상자 1인당 2,000달러를 기준으로 계산한 3억 6,400만 달러(약 30%)를 산정하였다.

② 1962. 3.경 외상회담에서는 대한민국 측의 지불요구액과 일본 측의 지불용의액을 비공식적으로 제시하기로 하였는데, 그 결과 대한민국 측의 지불요구액인 순변제 7억 달러와 일본 측의 지불용의액인 순변제 7,000만 달러 및 차관 2억 달러 사이에 현저한 차이가 있음이 확인되었다.

③ 이러한 상황에서, 일본 측은 당초부터 청구권에 대한 순변제로 하면 법률관계와 사실관계를 엄격히 따져야 될 뿐 아니라 그 금액도 적어져서 대한민국이 수락할 수 없게 될 터이니, 유상과 무상의 경제협력의 형식을 취하여서 금액을 상당한 정도로 올리고 그 대신 청구권을 포기하도록 하자고 제안하였다. 이에 대하여 대한민국 측은 청구권에 대한 순변제로 받아야 하는 입장이나 문제를 대국적 견지에서 해결하기 위하여 청구권 해결의 테두리 안에서 순변제와 무상조 지불의 2개 명목으로 해결할 것을 주장하다가, 후에 다시 양보하여 청구권 해결의 테두리 안에서 순변제 및 무상조 지불의 2개 명목으로 하되 그 금액을 각각 구분하여 표시하지 않고 총액만을 표시하는 방법으로 해결할 것을 제의하였다.

④ 이후 김종필 당시 중앙정보부장은 일본에서 이케다 일본 수상과 1차, 오히라 일본 외상과 2차에 걸쳐서 회담을 하였는데, 오히라 외상과 한 1962. 11. 12. 제2차 회담 시 청구권 문제의 금액, 지불세목 및 조건 등에 관하여 양측 정부에 건의할 타결안에 관한 원칙적인 합의를 하였다. 그 후 구체적 조정 과정을 거쳐 제7차 한일회담이 진행 중이던 1965. 4. 3. 당시 외무부 장관이던 이동원과 일본의 외무부 대신이었던 시이나 에쓰사부로오 사이에 '한·일 간의 청구권 문제 해결 및 경제협력에 관한 합의'가 이루어졌다.

(2) 앞에서 본 것처럼, 청구권협정 전문은 "대한민국과 일본국은, 양국 및 양국 국민의 재산과 양국 및 양국 국민 간의 청구권(이하 '청구권협정상 청구권'이라 한다)에 관한 문제를 해결할 것을 희망하고, 양국 간의 경제협력을 증진할 것을 희망하여, 다음과 같이 합의하였다."라고 전제하고, 제2조 1.은 "양 체약국은 양 체약국 및 그 국민(법인을 포함함)의 재산, 권리 및 이익과 양 체약국 및 그 국민 간의 청구권에 관한 문제가 1951. 9. 8.에 샌프란시스코시에서 서명된 일본국과의 평화조약 제4조(a)에 규정된 것을 포함하여 완전히 그리고 최종적으로 해결된 것이 된다는 것을 확인한다."라고 정하였다.

또한 청구권협정과 같은 날 체결된 청구권협정에 대한 합의의사록(Ⅰ)은 위 제2조에 관하여 "동조 1.에서 말하는 완전히 그리고 최종적으로 해결된 것으로 되는 청구권협정상 청구권에 관한 문제에는 한일회담에서 한국측으로부터 제출된 '한국의 대일청구요강'(소위 8개 항목)의 범위에 속하는 모든 청구가 포함되어 있고, 따라서 동 대일청구요강에 관하여는 어떠한 주장도 할 수 없게 됨을 확인하였다."라고 정하였는데, 8개 항목 중 제5항에는 '피징용한국인의 미수금, 보상금 및 기타 청구권(이하 '피징용 청구권'이라 한다)의 변제청구'가 포함되어 있다.

이러한 청구권협정 등의 문언에 의하면, 대한민국과 일본 양국은 국가와 국가 사이의 청구권에 대해서뿐만 아니라 일방 국민의 상대국 및 그 국민에 대한 청구권까지도 협정의 대상으로 삼았음이 명백하고, 청구권협정에 대한 합의의사록(Ⅰ)은 청구권협정상 청구권의 대상에 피징용 청구권도 포함됨을 분명히 하고 있다.

(3) 청구권협정 자체의 문언은 제1조에 따라 일본이 대한민국에 지급하기로 한 경제협력자금이 제2조에 의한 권리문제의 해결에 대한 대가인지에 관하여 명확하게 규정하고 있지는 아니하다.

그러나 앞에서 본 것처럼, ① 대한민국은 1961. 5. 10. 제5차 한일회담 예비회담 일반청구권소위원회 제13차 회의에서 피징용 청구권 관련하여 '생존자, 부상자, 사망자, 행방불명자 그리고 군인·군속을 포함한 피징용자 전반에 대한 보상'을 요구하며 '다른 국민을 강제적으로 동원함으로써 입힌 피징용자의 정신적·육체적 고통에 대한 보상'까지도 적극적으로 요청하였을 뿐만 아니라, 1961. 12. 15. 제6차 한일회담 예비회담 일반청구권소위원회 제7차 회의에서 강제동원으로 인한 피해보상금을 구체적으로 3억 6,400만 달러로 산정하고 이를 포함하여 8개 항목에 대한 총 보상금 12억 2,000만 달러를 요구하였고, ② 제5차 한일회담 당시 대한민국이 위 요구액은 국가로서 청구하는 것이고 피해자 개인에 대한 보상은 국내에서 조치할 것이라고 주장하였으나 일본은 구체적인 징용·징병의 인원수나 증거자료를 요구하여 협상에 난항을 겪었으며, ③ 이에 일본은 증명의 곤란함 등을 이유로 유상과 무상의 경제협력의 형식을 취하여 금액을 상당한 정도로 올리고 그 대신 청구권을 포기하도록 하는 방안을 제안하였고, 대한민국은 순변제 및 무상조 등 2개 명목으로 금원을 수령하되 구체적인 금액은 항목별로 구분하지 않고 총액만을 표시하는 방법을 다시 제안함에 따라, ④ 이후 구체적인 조정 과정을 거쳐 1965. 6. 22. 제1조에서는 경제협력자금의 지원에 관하여 정하고 아울러 제2조에서는 권리관계의 해결에 관하여 정하는 청구권협정이 체결되었다.

이러한 청구권협정의 체결에 이르기까지의 경위 등에 비추어 보면, 청구권협정상 청구권의 대상에 포함된 피징용 청구권은 강제동원 피해자의 손해배상청구권까지도 포함한 것으로서, 청구권협정 제1조에서 정한 경제협력자금은 실질적으로 이러한 손해배상청구권까지 포함한 제2조에서 정한 권리관계의 해결에 대한 대가 내지 보상으로서의 성질을 그 안에 포함하고 있다고 보이고, 양국도 청구권협정 체결 당시 그와 같이 인식하였다고 봄이 타당하다.

(4) 8개 항목 중 제5항은 피징용 청구권과 관련하여 '보상금'이라는 용어만 사용하고 '배상금'이란 용어는 사용하고 있지 않다. 그러나 그 '보상'이 '식민지배의 적법성을 전제로 하는 보상'만을 의미한다고 보기는 어렵다. 위와 같이 협상 과정에서 양측이 보인 태도만 보더라도 양국 정부가 엄밀한 의미에서의 '보상'과 '배상'을 구분하고 있었다고는 보이지 않는다. 오히려 양국은 '식민지배의 불법성을 전제로 한 배상'도 당연히 청구권협정의 대상에 포함시키는 것으로 상호 인식하고 있었다고 보인다.

(5) 그뿐 아니라 대한민국은 청구권협정에 의해 지급되는 자금을 사용하기 위한 기본적 사항을 정하기 위하여 청구권자금법 및 청구권신고법 등을 제정·시행하여, 일본에 의하여 노무자로 징용되었다가 1945. 8. 15. 이전에 사망한 자의 청구권을 청구권협정에 따라 보상하는 민간청구권에 포함시켜 그 피징용사망자에 대한 신고 및 보상 절차를 마쳤다. 이는 강제동원 피해자의 손해배상청구권이 청구권협정의 적용대상에 포함되어 있음을 전

제로 한 것으로 보인다.

그리고 청구권협정 관련 일부 문서가 공개된 후 구성된 민관공동위원회도 2005. 8. 26. 청구권협정의 법적 효력에 관하여 공식의견을 표명하였는데, 일본국 위안부 문제 등 일본 정부와 군대 등 일본 국가권력이 관여한 반인도적 불법행위에 대해서는 청구권협정으로 해결되었다고 볼 수 없다고 하면서도, 강제동원 피해자의 손해배상청구권에 관하여는 '청구권협정을 통하여 일본으로부터 받은 무상 3억 달러에는 강제동원 피해보상 문제 해결 성격의 자금 등이 포괄적으로 감안되었다'고 보았다.

나아가 대한민국은 2007. 12. 10. 청구권자금법 등에 의하여 이루어진 강제동원 피해자에 대한 보상이 불충분하였다는 반성적인 고려에서 2007년 희생자지원법을 제정·시행하여, 1938. 4. 1.부터 1945. 8. 15.까지 사이에 일제에 의하여 노무자 등으로 국외로 강제동원된 희생자·부상자·생환자 등에 대하여 위로금을 지급하고, 강제동원되어 노무를 제공하였으나 일본 기업 등으로부터 지급받지 못한 미수금을 대한민국 통화로 환산하여 지급하였다.

이와 같이 대한민국은 청구권협정에 강제동원 피해자의 손해배상청구권이 포함되어 있음을 전제로 하여, 청구권협정 체결 이래 장기간 그에 따른 보상 등의 후속 조치를 취하였음을 알 수 있다.

(6) 이상의 내용, 즉 청구권협정 및 그에 관한 양해문서 등의 문언, 청구권협정의 체결 경위나 체결 당시 추단되는 당사자의 의사, 청구권협정의 체결에 따른 후속 조치 등의 여러 사정들을 종합하여 보면, 강제동원 피해자의 손해배상청구권은 청구권협정의 적용대상에 포함된다고 봄이 타당하다.

그럼에도 이와 달리, 원고들의 피고에 대한 손해배상청구권이 청구권협정의 적용대상에 포함되었다고 보기 어렵다고 본 환송 후 원심의 이 부분 판단에는, 조약의 해석에 관한 법리 등을 오해한 잘못이 있다.

다. 그러나 위와 같은 잘못에도 불구하고, '원고들의 개인청구권 자체는 청구권협정만으로 당연히 소멸한다고 볼 수 없고, 다만 청구권협정으로 그 청구권에 관한 대한민국의 외교적 보호권이 포기됨으로써 일본의 국내 조치로 해당 청구권이 일본 내에서 소멸하여도 대한민국이 이를 외교적으로 보호할 수단을 상실하게 될 뿐이다'라는 환송 후 원심의 가정적 판단은 아래와 같은 이유에서 이를 수긍할 수 있다.

(1) 청구권협정에는 개인청구권 소멸에 관하여 한일 양국 정부의 의사합치가 있었다고 볼 만큼 충분하고 명확한 근거가 없다.

과거 주권국가가 외국과 교섭을 하여 자국국민의 재산이나 이익에 관한 사항을 일괄적으로 해결하는 이른바 일괄처리협정(lump sum agreements)이 국제분쟁의 해결·예방을 위한 방식의 하나로 채택되어 왔던 것으로 보이기는 한다. 그런데 이러한 협정을 통해 국가가 '외교적 보호권(diplomatic protection)', 즉 '자국민이 외국에서 위법·부당한 취급을 받은 경우 그의 국적국이 외교절차 등을 통하여 외국 정부를 상대로 자국민에 대한 적당한 보호 또는 구제를 요구할 수 있는 국제법상의 권리'를 포기하는 것에서 더 나아가, 개인의 청구권까지도 완전히 소멸시킬 수 있다고 보려면, 적어도 해당 조약에 이에 관한 명확한 근거가 필요하다고 보아야 한다. 국가와 개인이 별개의 법적 주체라는 근대법의 원리는 국제법상으로도 받아들여지고 있는데, 권리의 '포기'를 인정하려면 그 권리자의 의사를 엄격히 해석하여야 한다는 법률행위 해석의 일반원칙에 의할 때, 개인의 권리를 국가가 나서서 대신 포기하려는 경우에는 이를 더욱 엄격하게 보아야 하기 때문이다.

그런데 청구권협정은 그 문언상 개인청구권 자체의 포기나 소멸에 관하여는 아무런 규정도 두고 있지 않다. 이 점에서 연합국과 일본 사이에 1951. 9. 8. 체결된 샌프란시스코 조약 제14조(b)에서 "연합국은 모든 보상청구,

연합국과 그 국민의 배상청구 및 군의 점령비용에 관한 청구를 모두 포기한다."라고 정하여 명시적으로 청구권의 포기(waive)라는 표현을 사용한 것과 구별된다. 물론 청구권에 관한 문제가 '완전히 그리고 최종적으로 해결된 것이 된다'는 표현이 사용되기는 하였으나, 위와 같은 엄격해석의 필요성에 비추어 이를 개인청구권의 '포기'나 '소멸'과 같은 의미로 보기는 어렵다.

앞서 든 증거들에 의하면, 청구권협정 체결을 위한 협상 과정에서 일본은 청구권협정에 따라 제공될 자금과 청구권 간의 법률적 대가관계를 일관되게 부인하였고, 청구권협정을 통해 개인청구권이 소멸되는 것이 아니라 국가의 외교적 보호권만이 소멸된다는 입장을 견지하였다. 이에 대한민국과 일본 양국은 청구권협정 체결 당시 향후 제공될 자금의 성격에 대하여 합의에 이르지 못한 채 청구권협정을 체결한 것으로 보인다. 따라서 청구권협정에서 사용된 '해결된 것이 된다'거나 주체 등을 분명히 하지 아니한 채 '어떠한 주장도 할 수 없는 것으로 한다'는 등의 문언은 의도적으로 사용된 것으로 보아야 하고, 이를 개인청구권의 포기나 소멸, 권리행사제한이 포함된 것으로 쉽게 판단하여서는 아니 된다.

이러한 사정 등에 비추어 보면, 청구권협정에서 양국 정부의 의사는 개인청구권은 포기되지 아니함을 전제로 정부 간에만 청구권 문제가 해결된 것으로 하자는 것, 즉 외교적 보호권에 한정하여 포기하자는 것이었다고 봄이 타당하다.

(2) 앞서 본 것처럼, 일본은 청구권협정 직후 일본국 내에서 대한민국 국민의 일본국 및 그 국민에 대한 권리를 소멸시키는 내용의 재산권조치법을 제정·시행하였다. 이러한 조치는 청구권협정만으로는 대한민국 국민 개인의 청구권이 소멸하지 않음을 전제로 할 때 비로소 이해될 수 있다. 즉 앞서 본 바와 같이 청구권협정 당시 일본은 청구권협정을 통해 개인청구권이 소멸하는 것이 아니라 국가의 외교적 보호권만 포기된다고 보는 입장이었음이 분명하고, 협정의 상대방인 대한민국도 이러한 사정을 잘 알고 있었다고 보인다. 따라서 양국의 진정한 의사 역시도 외교적 보호권만 포기된다는 점에서 일치하고 있었다고 보는 것이 합리적이다.

대한민국이 1965. 7. 5. 발간한 '대한민국과 일본국 간의 조약 및 협정 해설'에는 청구권협정 제2조에 관하여 "재산 및 청구권 문제의 해결에 관한 조항으로 소멸되는 우리의 재산 및 청구권의 내용을 보면, 우리 측이 최초에 제시한 바 있는 8개 항목의 대일청구 요강에서 요구한 것은 모두 소멸케 되는바, 따라서 피징용자의 미수금 및 보상금, 한국인의 대일본 정부 및 일본 국민에 대한 각종 청구 등이 모두 완전히 그리고 최종적으로 소멸케 되는 것이다."라고 되어 있다. 이에 따르면, 당시 대한민국의 입장이 개인청구권까지도 소멸되는 것이었다고 볼 여지도 없는 것은 아니다. 그러나 위와 같이 당시 일본의 입장이 '외교적 보호권 한정 포기'임이 명백하였던 상황에서 대한민국의 내심의 의사가 위와 같았다고 하여 청구권협정에서 개인청구권까지 포기되는 것에 대한 의사의 합치가 있었다고 볼 수는 없다. 더욱이 이후 대한민국에서 청구권자금법 등 보상입법을 통하여 강제동원 피해자에 대하여 이루어진 보상 내역이 실제 피해에 대비하여 극히 미미하였던 점에 비추어 보더라도, 대한민국의 의사가 청구권협정을 통해 개인청구권까지도 완전히 포기시키겠다는 것이었다고 단정하기도 어렵다.

(3) 일괄처리협정의 효력 및 해석과 관련하여 국제사법재판소(ICJ)가 2012. 2. 3. 선고한 독일 대 이탈리아 주권면제 사건(Jurisdictional Immunities of the State, Germany v. Italy: Greece intervening)이 국제법적인 관점에서 논의되고 있다. 그러나 다른 많은 쟁점은 차치하더라도, 1961. 6. 2. 이탈리아와 서독 사이에 체결된 「특정 재산 관련, 경제적·재정적 문제의 해결에 관한 협정(Treaty on the Settlement of certain property-related, economic and financial questions)」 및 「나치의 박해를 받은 이탈리아 국민들에 대한 보상에 관한 협정(Agreement on

Compensation for Italian Nationals Subjected to National-Socialist Measures of Persecution)」이 체결된 경위, 그 내용이나 문언이 청구권협정의 그것과 같지 아니하므로 청구권협정을 이탈리아와 서독 사이의 위 조약과 단순 비교하는 것은 타당하지 아니하다.

라. 결국, 원고들의 피고에 대한 손해배상청구권이 청구권협정의 적용대상에 포함되지 않는다고 한 다수의견의 입장에는 동의할 수 없지만, 청구권협정에도 불구하고 원고들이 피고를 상대로 강제동원 피해에 대한 손해배상청구권을 행사할 수 있다고 본 환송 후 원심의 결론은 타당하다. 거기에 이 부분 상고이유 주장과 같이 청구권협정의 효력, 대한민국 국민의 일본 국민에 대한 개인청구권의 행사가능성에 관한 법리 등을 오해한 잘못이 없다.

10. 대법관 권순일, 대법관 조재연의 반대의견

가. 대법관 김소영, 대법관 이동원, 대법관 노정희의 별개의견(이하 '별개의견2'라고 한다)이 상고이유 제3점에 관하여, 청구권협정의 해석상 원고들의 손해배상청구권이 청구권협정의 적용대상에 포함된다는 입장을 취한 데 대해서는 견해를 같이한다.

그러나 별개의견2가 청구권협정으로 대한민국의 외교적 보호권만이 포기된 것에 불과하다고 보아 원고들이 대한민국에서 피고를 상대로 소로써 권리를 행사할 수 있다고 판단한 것은 동의하기 어렵다. 그 이유는 다음과 같다.

나. 청구권협정 제2조 1.은 "… 양 체약국 및 그 국민 간의 청구권에 관한 문제가 … 완전히 그리고 최종적으로 해결된 것이 된다는 것을 확인한다."라고 규정하고 있다. 여기서 '완전히 그리고 최종적으로 해결된 것이 된다'라는 문언의 의미가 무엇인지, 즉 청구권협정으로 양 체약국이 그 국민의 개인청구권에 관한 외교적 보호권만을 포기한다는 의미인지 또는 그 청구권 자체가 소멸한다는 의미인지, 아니면 양 체약국 국민이 더 이상 소로써 청구권을 행사할 수 없다는 의미인지는 기본적으로 청구권협정의 해석에 관한 문제이다.

(1) 헌법에 의하여 체결·공포된 조약과 일반적으로 승인된 국제법규는 국내법과 같은 효력을 가진다(헌법 제6조 제1항). 그리고 구체적 사건에서 당해 법률 또는 법률조항의 의미·내용과 적용 범위를 정하는 권한, 곧 법령의 해석·적용 권한은 사법권의 본질적 내용을 이루는 것으로서, 이는 대법원을 최고법원으로 하는 법원에 전속한다(대법원 2009. 2. 12. 선고 2004두10289 판결 참조).

청구권협정은 1965. 8. 14. 대한민국 국회에서 비준 동의되어 1965. 12. 18. 조약 제172호로 공포되었으므로 국내법과 같은 효력을 가진다. 그러므로 청구권협정의 의미·내용과 적용 범위는 법령을 최종적으로 해석할 권한을 가진 최고법원인 대법원에 의하여 최종적으로 정하여질 수밖에 없다.

(2) 조약의 해석은 1969년 체결된 '조약법에 관한 비엔나협약(Vienna Convention on the Law of Treaties, 이하 '비엔나협약'이라 한다)'을 기준으로 한다. 비엔나협약은 대한민국에 대하여는 1980. 1. 27., 일본에 대하여는 1981. 8. 1. 각각 발효된 것이기는 하나, 그 발효 이전에 이미 형성되어 있던 국제관습법을 규정한 것이므로 청구권협정을 해석할 때 비엔나협약을 적용하더라도 시제법상 문제는 없다.

비엔나협약 제31조(해석의 일반규칙)에 의하면, 조약은 전문 및 부속서를 포함한 조약문의 문맥 및 조약의 대상과 목적에 비추어 그 조약의 문언에 부여되는 통상적 의미에 따라 성실하게 해석하여야 한다. 여기에서 조약의 해석상 문맥이라고 할 때에는 조약문 외에 조약의 체결과 관련하여 당사국 사이에 이루어진 그 조약에 관한 합의 등을 포함한다. 그리고 비엔나협약 제32조(해석의 보충적 수단)에 의하면, 제31조의 적용으로부터 도출되는 의미를 확인하기 위해 또는 제31조에 따라 해석하면 의미가 모호해지거나 또는 애매하게 되는 경우, 명확하게 불합리하거나 또는 부당한 결과를 초래하는 경우에는 그 의미를 결정하기 위해 조약의 준비작업 또는 조약체결 시의 사정을 포함한 해석의 보충적 수단에 의존할 수 있다.

(3) 청구권협정 전문은 "양국 및 양국 국민의 재산과 양국 및 양국 국민 간의 청구권에 관한 문제를 해결할 것을 희망하고"라고 전제하고, 제2조 1.은 "양 체약국은 양 체약국 및 그 국민(법인을 포함함)의 재산, 권리 및 이익과 양 체약국 및 그 국민 간의 청구권에 관한 문제가 … 평화조약 제4조(a)에 규정된 것을 포함하여 완전히 그리고 최종적으로 해결된 것이 된다는 것을 확인한다."라고 규정하고 있으며, 제2조 3.은 "… 일방 체약국 및 그 국민의 타방 체약국 및 그 국민에 대한 모든 청구권으로서 … 어떠한 주장도 할 수 없는 것으로 한다."라고 규정하였다. 또한 청구권협정에 대한 합의의사록(Ⅰ)은 청구권협정 제2조에 관하여 "동조 1.에서 말하는 완전히 그리고 최종적으로 해결된 것으로 되는 양국 및 그 국민의 재산, 권리 및 이익과 양국 및 그 국민 간의 청구권에 관한 문제에는 한일회담에서 한국 측으로부터 제출된 '한국의 대일청구요강'(소위 8개 항목)의 범위에 속하는 모든 청구가 포함되어 있고, 따라서 동 대일청구요강에 관하여는 어떠한 주장도 할 수 없게 됨을 확인하였다."라고 정하였고, 대일청구요강 8개 항목 중에는 '피징용한국인의 미수금, 보상금 및 기타 청구권의 변제청구'가 포함되어 있다.

위와 같은 청구권협정 제2조, 청구권협정에 대한 합의의사록(Ⅰ) 등의 문언, 문맥 및 청구권협정의 대상과 목적 등에 비추어 청구권협정 제2조를 그 문언에 부여되는 통상적 의미에 따라 해석하면, 제2조 1.에서 '완전히 그리고 최종적으로 해결된 것'은 대한민국 및 대한민국 국민의 일본 및 일본 국민에 대한 모든 청구권과 일본 및 일본 국민의 대한민국 및 대한민국 국민에 대한 모든 청구권에 관한 문제임이 분명하고, 제2조 3.에서 모든 청구권에 관하여 '어떠한 주장도 할 수 없는 것으로 한다'라고 규정하고 있는 이상, '완전히 그리고 최종적으로 해결된 것이 된다'라는 문언의 의미는 양 체약국은 물론 그 국민도 더 이상 청구권을 행사할 수 없게 되었다는 뜻으로 보아야 한다.

(4) 국제법상 국가의 외교적 보호권(diplomatic protection)이란, 외국에서 자국민이 위법·부당한 취급을 받았으나 현지 기관을 통한 적절한 권리구제가 이루어지지 않을 경우에 최종적으로 그의 국적국이 외교절차나 국제적 사법절차를 통하여 외국 정부를 상대로 자국민에 대한 적당한 보호 또는 구제를 요구할 수 있는 권리이다. 외교적 보호권의 행사 주체는 피해자 개인이 아니라 그의 국적국이며, 외교적 보호권은 국가 사이의 권리의무에 관한 문제일 뿐 국민 개인의 청구권 유무에 직접 영향을 미치지 아니한다.

그런데 앞서 살펴본 것처럼, 청구권협정 제2조는 대한민국 국민과 일본 국민의 상대방 국가 및 그 국민에 대한 청구권까지 대상으로 하고 있음이 분명하므로 청구권협정을 국민 개인의 청구권과는 관계없이 양 체약국이 서로에 대한 외교적 보호권만을 포기하는 내용의 조약이라고 해석하기 어렵다. 또한 청구권협정 제2조 1.에서 규정한 '완전히 그리고 최종적으로 해결된 것'이라는 문언은 청구권에 관한 문제가 체약국 사이에서는 물론 그 국민들 사이에서도 완전하고도 최종적으로 해결되었다는 뜻으로 해석하는 것이 그 문언의 통상적 의미에 부합하고, 단지 체약국 사이에서 서로 외교적 보호권을 행사하지 않기로 한다는 의미로 읽히지 않는다.

(5) 일본은 청구권협정 체결 이후 청구권협정으로 양 체약국 국민의 개인청구권이 소멸하는 것이 아니라 양 체약국이 외교적 보호권만을 포기한 것이라는 입장을 취해 왔다. 이는 일본 정부가 자국 국민에 대한 보상의무를 회피하기 위하여 '재한청구권에 대하여 외교적 보호권을 포기하였다'는 입장을 취한 데에서 비롯된 것이다.

그러나 아래에서 보는 바와 같이 대한민국은 처음부터 대일청구요강 8개 항목을 제시하면서 강제징용 피해자에 대한 보상을 요구하였고, 청구권자금의 분배는 전적으로 국내법상의 문제라는 입장을 취하였으며, 이러한 입장은 청구권협정 체결 당시까지 유지되었다.

앞서 본 사실관계 및 기록에 의하면 다음과 같은 사실을 알 수 있다. 즉, ① 대한민국 측은 1952. 2. 15. 제1차 한일회담에서부터 8개 항목을 일본 측에 제시하였고, 1961. 5. 10. 제5차 한일회담 예비회담 일반청구권소위원회 제13차 회의에서 8개 항목 중 제5항과 관련하여 '강제징용으로 피해를 입은 개인에 대한 보상'을 일본 측에 요구하였으며, 개인의 피해에 대한 보상을 요구하는 것인지에 대한 일본 측의 질의에 대하여 '나라로서 청구하는 것이며 피해자 개인에 대한 보상은 국내에서 조치할 성질의 것'이라는 입장을 밝혔다. ② 1961. 12. 15. 제6차 한일회담 예비회담 일반청구권소위원회 제7차 회의에서 대한민국 측은 일본 측에 8개 항목에 대한 보상으로 총 12억 2,000만 달러를 요구하면서 그중 강제동원에 대한 피해보상금을 3억 6,400만 달러로 산정하여 제시하였다. ③ 청구권협정 체결 직후인 1965. 7. 5. 대한민국 정부가 발간한 '대한민국과 일본국 간의 조약 및 협정 해설'에는 "재산 및 청구권 문제의 해결에 관한 조항으로 소멸되는 우리의 재산 및 청구권의 내용을 보면, 우리 측이 최초에 제시한 바 있는 8개 항목의 대일청구요강에서 요구한 것은 모두 소멸케 되는바, 따라서 … 피징용자의 미수금 및 보상금, … 한국인의 대일본 정부 및 일본 국민에 대한 각종 청구 등이 모두 완전히 그리고 최종적으로 소멸케 되는 것이다."라고 기재되어 있다. ④ 1965. 8. 장기영 경제기획원장관은 청구권협정 제1조의 무상 3억 달러는 실질적으로 피해국민에 대한 배상적인 성격을 가진 것이라는 취지의 발언을 하였다. ⑤ 청구권협정 체결 후 대한민국은 청구권자금법, 청구권신고법, 청구권보상법, 2007년 및 2010년 희생자지원법 등을 제정하여 강제징용 피해자에 대한 보상금을 지급하였다. 2010년 희생자지원법에 따라 설치된 '대일항쟁기 강제동원 피해조사 및 국외강제동원희생자 등 지원위원회'의 결정(전신인 '태평양전쟁 전후 국외 강제동원희생자 지원위원회'의 결정을 포함한다)을 통하여 2016. 9.경까지 지급된 위로금 등의 내역을 살펴보면, 사망·행방불명 위로금 3,601억 원, 부상장해 위로금 1,022억 원, 미수금지원금 522억 원, 의료지원금 1인당 연 80만 원 등 5,500억 원가량이 된다.

이러한 사실을 종합하여 보면, 청구권협정 당시 대한민국은 청구권협정으로 강제징용 피해자의 개인청구권도 소멸되거나 적어도 그 행사가 제한된다는 입장을 취하였음을 알 수 있다. 그러므로 청구권협정 당시 양국의 진정한 의사가 외교적 보호권만을 포기한다는 데에 일치하고 있었던 것도 아니다.

(6) 한편 국제법상 전후 배상문제 등과 관련하여 주권국가가 외국과 교섭을 하여 자국국민의 재산이나 이익에 관한 사항을 국가 간 조약을 통하여 일괄적으로 해결하는 이른바 '일괄처리협정(lump sum agreements)'은 국제분쟁의 해결·예방을 위한 방식의 하나로서, 청구권협정 체결 당시 국제관습법상 일반적으로 인정되던 조약 형식이다.

일괄처리협정은 국가가 개인의 청구권 등을 포함한 보상 문제를 일괄 타결하는 방식이므로, 그 당연한 전제로 일괄처리협정에 의하여 국가가 상대국으로부터 보상이나 배상을 받았다면 그에 따라 자국민 개인의 청구권은 소멸되는 것으로 처리되고, 이때 그 자금이 실제로 피해국민에 대한 보상 용도로 사용되지 아니하였다고 하더라도 마찬가지이다[국제사법재판소(ICJ)가 2012. 2. 3. 선고한 독일 대 이탈리아 주권면제 사건(Jurisdictional Immunities of the State, Germany v. Italy: Greece intervening), 이른바 '페리니(Ferrini) 사건' 판결 참조].

청구권협정에 관하여도 대한민국은 일본으로부터 강제동원 피해자의 손해배상청구권을 포함한 대일청구요강 8개 항목에 관하여 일괄보상을 받고, 청구권자금을 피해자 개인에게 보상의 방법으로 직접 분배하거나 또는 국민경제의 발전을 위한 기반시설 재건 등에 사용함으로써 이른바 '간접적으로' 보상하는 방식을 채택하였다. 이러한 사정에 비추어 볼 때, 청구권협정은 대한민국 및 그 국민의 청구권 등에 대한 보상을 일괄적으로 해결하기 위한 조약으로서 청구권협정 당시 국제적으로 통용되던 일괄처리협정에 해당한다고 볼 수 있다. 이 점에서도 청구권협정이 국민 개인의 청구권과는 관계없이 단지 양 체약국이 국가의 외교적 보호권만을 포기하기로 하는 합의를 담은 조약이라고 해석하기는 어렵다.

다. 청구권협정 제2조에서 규정하고 있는 '완전하고도 최종적인 해결'이나 '어떠한 주장도 할 수 없는 것으로 한다.'라는 문언의 의미는 개인청구권의 완전한 소멸까지는 아니더라도 '대한민국 국민이 일본이나 일본 국민을 상대로 소로써 권리를 행사하는 것은 제한된다'는 뜻으로 해석하는 것이 타당하다.

(1) 청구권협정은 그 문언상 개인청구권 자체의 포기나 소멸에 관하여는 직접 정하고 있지 않다. 이 점에서 샌프란시스코 조약 제14조(b)에서 "연합국은 모든 보상청구, 연합국과 그 국민의 배상청구 및 군의 점령비용에 관한 청구를 모두 포기한다."라고 정하여 명시적으로 청구권의 포기(waive)라는 표현을 사용한 것과 구별된다. 그러므로 청구권협정에 따라 개인청구권이 실체법적으로 완전히 소멸되거나 포기되었다고 보기 어렵다는 데에는 별개의견2와 견해를 같이한다.

(2) 청구권협정 제2조 1.은 청구권에 관한 문제가 '완전히 그리고 최종적으로 해결된 것이 된다는 것을 확인한다.'라고 규정하고 있고, '완전하고도 최종적인 해결'에 이르는 방식은 제2조 3.에서 규정하고 있는 '어떠한 주장도 할 수 없는 것으로 한다.'라는 문언에 의하여 실현된다. 즉 '어떠한 주장도 할 수 없는 것'이라는 방법을 통하여 청구권 문제의 '완전하고도 최종적인 해결'을 기하고 있다. 그런데 '어떠한 주장도 할 수 없는 것으로 한다.'라는 문언의 의미는 앞서 살펴본 것처럼 청구권에 관한 대한민국의 외교적 보호권만을 포기한다는 뜻으로 해석할 수 없고, 그렇다고 청구권 자체가 실체법적으로 소멸되었다는 의미라고 단정하기도 어렵다. 그렇다면 '어떠한 주장도 할 수 없는 것으로 한다.'라는 문언의 의미는 결국 '대한민국 국민이 일본이나 일본 국민을 상대로 소로써 권리를 행사하는 것이 제한된다'는 뜻으로 해석할 수밖에 없다.

(3) 앞서 본 것처럼 대한민국은 청구권협정 체결 후 청구권보상법, 2007년 및 2010년 희생자지원법 등을 제정하여 강제징용 피해자들에게 보상금을 지급하였다. 이는 청구권협정에 따라 대한민국 국민이 소송으로 청구권을 행사하는 것이 제한된 결과 대한민국이 이를 보상할 목적으로 입법조치를 한 것이다. '외교적 보호권 한정 포기설'에 따르면 대한민국이 위와 같은 보상 조치를 취할 이유를 찾기 어렵다.

라. **(1)** 별개의견2가 대한민국에서 청구권자금법 등 보상입법을 통하여 강제동원 피해자에 대하여 이루어진 보상 내역이 실제 피해에 대비하여 매우 미흡하였다는 점을 들어 청구권협정의 효력을 해석하는 근거로 삼는 것도 받아들이기 어렵다. 앞서 본 것처럼 '일괄처리협정(lump sum agreements)'에 따라 국가가 보상이나 배상을 받았다면 그 국민은 상대국 또는 그 국민에 대하여 개인청구권을 행사할 수 없는 것이고, 이는 지급받은 자금이 실제로는 피해국민에 대한 보상 용도로 사용되지 않았더라도 달리 볼 수 없기 때문이다.

(2) 일제강점기에 일본이 불법적인 식민지배와 침략전쟁 수행을 위해 강제징용 피해자들에게 가한 고통에 비추어 볼 때, 대한민국이 피해자들에게 한 보상이 매우 미흡한 것은 사실이다. 대한민국은 2006. 3. 9. 청구권보상법에 근거한 강제동원 피해자 보상이 불충분함을 인정하고 추가보상 방침을 밝힌 후 2007년 희생자지원법을 제정하였고, 이후 2010년 희생자지원법을 추가 제정하였다. 그러나 이러한 추가적인 보상조치에 의하더라도 국내 강제동원 피해자는 당초부터 위로금 지급대상에 포함되지 않았고, 국외강제동원 생환자에 대하여는 2007년 희

생자지원법 제정 당시 국회에서 1인당 500만 원의 위로금을 지급하는 내용의 법안이 의결되었으나, 추가적인 재정부담 등을 이유로 대통령이 거부권을 행사하여 결국 그들에 대한 위로금 지급은 이루어지지 않았다.

(3) 일본 정부가 청구권협정의 협상 과정에서 식민지배의 불법성을 인정하지 않고 있던 상황에서 대한민국 정부가 청구권협정을 체결한 것이 과연 옳았는지 등을 포함하여 청구권협정의 역사적 평가에 관하여 아직도 논란이 있는 것은 사실이다. 그러나 청구권협정이 헌법이나 국제법을 위반하여 무효라고 볼 것이 아니라면 그 내용이 좋든 싫든 그 문언과 내용에 따라 지켜야 하는 것이다. 청구권협정으로 개인청구권을 더 이상 행사할 수 없게 됨으로써 피해를 입은 국민에게 지금이라도 국가는 정당한 보상을 하여야 한다. 대한민국이 이러한 피해국민에 대하여 지는 책임은 법적 책임이지 이를 단순히 인도적·시혜적 조치로 볼 수는 없다. 대한민국은 피해국민의 소송 제기 여부와 관계없이 정당한 보상이 이루어지도록 할 책무가 있으며 이러한 피해국민에 대하여 대한민국이 소송에서 그 소멸시효 완성 여부를 다툴 것도 아니라고 본다.

마. 결국, 대한민국 국민이 일본 또는 일본 국민에 대하여 가지는 개인청구권은 청구권협정에 의하여 바로 소멸되거나 포기되었다고 할 수는 없지만 소송으로 이를 행사하는 것은 제한되게 되었으므로, 원고들이 일본 국민인 피고를 상대로 국내에서 강제동원으로 인한 손해배상청구권을 소로써 행사하는 것 역시 제한된다고 보는 것이 옳다.

이와 다른 취지로 판시한 원심의 판단에는 청구권협정의 적용 범위 및 효력 등에 관한 법리를 오해한 잘못이 있고, 원심이 근거로 삼은 환송판결의 청구권협정에 관한 견해 역시 이에 배치되는 범위 내에서 변경되어야 한다.

이상과 같은 이유로 다수의견에 반대한다.

11. 대법관 김재형, 대법관 김선수의 다수의견에 대한 보충의견

가. 원고들이 주장하는 피고에 대한 손해배상청구권, 즉 '강제동원 위자료청구권'이 청구권협정의 대상에 포함되지 않는다고 하는 다수의견의 입장은 조약의 해석에 관한 일반원칙에 따른 것으로서 타당하다. 그 구체적인 이유는 다음과 같다.

나. 조약 해석의 출발점은 조약의 문언이다. 당사자들이 조약을 통해 달성하고자 하는 의도가 문언으로 나타나기 때문이다. 따라서 조약의 문언이 가지는 통상적인 의미를 밝히는 것이 조약의 해석에서 가장 중요한 일이다. 그러나 당사자들이 공통적으로 의도한 것으로 확정된 내용이 조약 문언의 의미와 다른 경우에는 그 의도에 따라 조약을 해석하여야 한다.

이때 문언의 사전(사전)적인 의미가 명확하지 않은 경우에는 문맥, 조약의 목적, 조약 체결 과정을 비롯한 체결 당시의 여러 사정뿐만 아니라 조약 체결 이후의 사정도 종합적으로 고려하여 조약의 의미를 합리적으로 해석하여야 한다. 다만 조약 체결 과정에서 이루어진 교섭 과정이나 체결 당시의 사정은 조약의 특성상 조약을 해석하는 데 보충적으로 고려해야 한다.

한편 조약이 국가가 아닌 개인의 권리를 일방적으로 포기하는 것과 같은 중대한 불이익을 부과하는 경우에는 약정의 의미를 엄격하게 해석하여야 하고, 그 의미가 불분명한 경우에는 개인의 권리를 포기하지 않는 것으로 보아야 한다. 개인의 권리를 포기하도록 조약을 체결하고자 한다면 이를 명확하게 인식하고 조약의 문언에 포함시킴으로써 개개인들이 그러한 사정을 알 수 있어야 하기 때문이다.

1969년에 체결된 비엔나협약은 대한민국에 대해서는 1980. 1. 27., 일본에 대해서는 1981. 8. 1. 발효되었기 때문에, 이 협약은 1965년에 체결된 청구권협정 해석의 기준으로 곧바로 적용할 수는 없다. 다만 조약 해석에 관한 비엔나협약의 주요 내용은 기존의 국제관습법을 반영한 것이라고 볼 수 있으므로, 청구권협정을 해석하는 데도 참고할 수 있다. 조약의 해석기준에 관한 다수의견은 비엔나협약의 주요 내용을 반영한 것으로서, 조약 해석에 관한 일반원칙과 다르지 않다. 다만 비엔나협약이 청구권협정에 직접 적용되는 것은 아니므로, 청구권협정을 해석할 때 비엔나협약을 문구 그대로 따라야 하는 것은 아니다.

다. 이 사건의 주된 쟁점은 청구권협정 전문과 제2조에 나오는 '청구권'의 의미를 어떻게 해석할 것인지이다. 구체적으로는 위 '청구권'에 '일본 정부의 한반도에 대한 불법적인 식민지배·침략전쟁의 수행과 직결된 일본 기업의 반인도적인 불법행위를 전제로 하는 강제동원 피해자의 일본 기업에 대한 정신적 손해배상청구권', 즉 '강제동원 위자료청구권'이 포함되는지 여부가 문제 된다.

청구권협정에서는 '청구권'이 무엇을 뜻하는지 따로 정하고 있지 않다. 청구권은 매우 다양한 의미로 사용될 수 있는 용어이다. 이 용어에 불법행위에 기한 손해배상청구권, 특히 이 사건에서 문제 되는 강제동원 위자료청구권까지 일반적으로 포함된다고 단정할 수 없다.

그러므로 청구권협정의 문맥이나 목적 등을 함께 살펴보아야 한다. 우선 청구권협정 제2조에서 샌프란시스코 조약 제4조(a)를 명시적으로 언급하고 있으므로, 샌프란시스코 조약 제4조가 청구권협정의 기초가 되었다는 것에는 별다른 의문이 없다. 즉 청구권협정은 기본적으로 샌프란시스코 조약 제4조(a)에서 말하는 '일본의 통치로부터 이탈된 지역(대한민국도 이에 해당)의 시정 당국·국민과 일본·일본 국민 간의 재산상 채권·채무관계'를 해결하기 위한 것이다. 그런데 이러한 '채권·채무관계'는 일본 식민지배의 불법성을 전제로 하는 것이 아니고, 그러한 불법행위와 관련된 손해배상청구권이 포함된 것도 아니다. 특히 샌프란시스코 조약 제4조(a)에서는 '재산상 채권·채무관계'에 관하여 정하고 있기 때문에, 정신적 손해배상청구권이 포함될 여지는 없다고 보아야 한다.

샌프란시스코 조약을 기초로 열린 제1차 한일회담에서 한국 측이 제시한 8개 항목은 다음과 같다. '① 1909년부터 1945년까지 사이에 일본이 조선은행을 통하여 대한민국으로부터 반출하여 간 지금(지김) 및 지은(지은)의 반환청구, ② 1945. 8. 9. 현재 및 그 이후 일본의 대(대) 조선총독부 채무의 변제청구, ③ 1945. 8. 9. 이후 대한민국으로부터 이체 또는 송금된 금원의 반환청구, ④ 1945. 8. 9. 현재 대한민국에 본점, 본사 또는 주사무소가 있는 법인의 재일(재일) 재산의 반환청구, ⑤ 대한민국 법인 또는 대한민국 자연인의 일본은행권, 피징용한국인의 미수금, 보상금 및 기타 청구권의 변제청구, ⑥ 한국인의 일본국 또는 일본인에 대한 청구로서 위 ① 내지 ⑤에 포함되지 않은 것은 한일회담 성립 후 개별적으로 행사할 수 있음을 인정할 것, ⑦ 전기(전기) 여러 재산 또는 청구권에서 발생한 여러 과실(과실)의 반환청구, ⑧ 전기(전기) 반환 및 결제는 협정성립 후 즉시 개시하여 늦어도 6개월 이내에 완료할 것'이다.

위 8개 항목에 명시적으로 열거된 것은 모두 재산에 관한 것이다. 따라서 위 제5항에서 열거된 것도 가령 징용에 따른 노동의 대가로 지급되는 임금 등 재산상 청구권에 한정된 것이고 불법적인 강제징용에 따른 위자료청구권까지 포함된 것으로 볼 수는 없다. 더욱이 여기에서 말하는 '징용'이 국민징용령에 따른 징용만을 의미하는지 아니면 원고들과 같이 모집방식 또는 관 알선방식으로 이루어진 강제동원까지 포함되는지 명확한 것도 아니다. 또한 제5항은 '보상금'이라는 용어를 사용하고 있는데, 이는 징용이 적법하다는 전제에서 사용한 용어로서 불법성을 전제로 한 위자료가 포함될 수 없음은 명백하다. 당시 대한민국과 일본의 법제는 '보상'은 적법한 행위로 인한 손실을 전보하는 것이고 '배상'은 불법행위로 인한 손해를 전보하는 것으로 명확하게 구별하여 사용하고 있었다. 청구권협정 직전에 대한민국 정부가 발간한 '한일회담백서'에서도 '배상청구는 청구권 문제에 포함되지 않는다.'고 설명하였다. '기타'라는 용어도 앞에 열거한 것과 유사한 부수적인 것이라고 보아야 하므로, 강제동원 위자료청구권을 포함한다고 보는 것은 지나친 해석이다.

청구권협정에 대한 합의의사록(Ⅰ)에서는 청구권협정에서 완전히 그리고 최종적으로 '해결되는 것으로 되는' 청구권에 8개 항목의 범위에 속하는 모든 청구가 포함된다고 정하고 있지만, 위와 같이 위 제5항의 '피징용한국인의 미수금, 보상금 및 기타 청구권의 변제청구'가 일본 식민지배의 불법성을 전제로 한 것으로 볼 수 없으므로, 강제동원 위자료청구권이 여기에 포함된다고 볼 수 없다.

결국, 청구권협정, 청구권협정에 대한 합의의사록(Ⅰ)의 문맥, 청구권협정의 목적 등에 비추어 청구권협정의 문언에 나타난 통상적인 의미에 따라 해석할 경우 청구권협정에서 말하는 '청구권'에 강제동원 위자료청구권까지 포함된다고 보기는 어렵다.

라. 위와 같은 해석 방법만으로는 청구권협정의 의미가 분명하지 않아 교섭 기록과 체결 시의 여러 사정 등을 고려하여 그 의미를 밝혀야 한다고 하더라도, 위와 같은 결론이 달라지지 않는다.

우선 청구권협정 체결 당시 양국의 의사가 어떠하였는지를 살펴볼 필요가 있다. 일반적인 계약의 해석과 마찬가지로 조약의 해석에서도, 밖으로 드러난 표시에도 불구하고 양국의 내심의 의사가 일치하고 있었다면 그 진의에 따라 조약의 내용을 해석하는 것이 타당하다. 만일 청구권협정 당시 양국 모두 강제동원 위자료청구권과 같은 일본 식민지배의 불법성을 전제로 하는 청구권도 청구권협정에 포함시키기로 하는 의사가 일치하고 있었다고 볼 수 있다면, 청구권협정에서 말하는 '청구권'에 강제동원 위자료청구권도 포함된다고 볼 수 있다.

그러나 일본 정부가 청구권협정 당시는 물론 현재까지도, 강제동원 과정에서 반인도적인 불법행위가 자행되었다는 점은 물론 식민지배의 불법성에 대해서도 인정하지 않고 있음은 주지의 사실이다. 또한 청구권협정 당시 일본 측이 강제동원 위자료청구권을 청구권협정의 대상으로 삼았다고 볼 만한 자료도 없다. 당시 강제동원 위자료청구권의 존재 자체도 인정하지 않고 있던 일본 정부가 청구권협정에 이를 포함시키겠다는 내심의 의사를 가지고 있었다고 볼 수 없다.

이는 청구권협정 당시 대한민국 정부도 마찬가지였다고 보는 것이 합리적이다. 다수의견에서 본 것처럼, 청구권협정 체결 직전인 1965. 3. 20. 대한민국 정부가 발간한 공식 문서인 '한일회담백서'에서는 샌프란시스코 조약 제4조가 한·일 간 청구권 문제의 기초가 되었다고 명시하고 있고, 나아가 '위 제4조의 대일청구권은 승전국의 배상청구권과 구별된다. 대한민국은 샌프란시스코 조약의 조인당사국이 아니어서 제14조 규정에 의한 승전국이 향유하는 손해와 고통에 대한 배상청구권을 인정받지 못하였다. 이러한 한·일 간 청구권 문제에는 배상청구를 포함시킬 수 없다.'는 설명까지 하고 있다.

한편 위와 같은 청구권협정 체결 당시의 상황 외에 체결 이후의 사정도 보충적으로 조약 해석의 고려요소가 될 수 있는데, 이에 따르더라도 청구권협정에서 말하는 '청구권'에 강제동원 위자료청구권이 포함된다고 볼 수 없다는 점이 뒷받침된다. 청구권협정 이후 대한민국은 청구권자금법, 청구권신고법, 청구권보상법을 통해 1977. 6. 30.까지 피징용사망자 8,552명에게 1인당 30만 원씩 총 25억 6,560만 원을 지급하였다. 이는 위 8개 항목 중 제5항의 '피징용한국인의 미수금, 보상금 및 기타 청구권의 변제청구'가 청구권협정의 대상에 포함됨에 따른 후속조치로 보일 뿐이므로, 강제동원 위자료청구권에 대한 변제라고 보기는 어렵다. 더욱이 그 보상 대상자도 '일본국에 의하여 군인·군속 또는 노무자로 소집 또는 징용되어 1945. 8. 15. 이전에 사망한 자'로 한정되어 있었다. 또한 이후 대한민국은 2007년 희생자지원법 등을 통해 이른바 '강제동원희생자'에게 위로금이나 지원금을 지급하기는 하였으나, 해당 법률에서 그 명목이 '인도적 차원'의 것임을 명시하였다. 이러한 대한민국의 조치는, 청구권협정에 강제동원 위자료청구권은 포함되어 있지 않고 대한민국이 청구권협정 자금으로 강제동원 위자료청구권자에 대하여 법적인 지급의무를 부담하지 않음을 전제로 하는 것으로 볼 수밖에 없다.

마. 국가 간 조약을 통해서 국민 개개인이 상대국이나 상대국의 국민에 대해서 가지는 권리를 소멸시키는 것이 국제법상 허용된다고 하더라도, 이를 인정하기 위해서는 해당 조약에서 이를 명확하게 정하고 있어야 한다. 더욱이 이 사건과 같이 국가와 그 소속 국민이 관여한 반인도적인 불법행위로 인한 손해배상청구권, 그중에서도 정신적 손해에 대한 위자료청구권의 소멸과 같은 중대한 효과를 부여하고자 하는 경우에는 조약의 의미를 더욱 엄격하게 해석하여야 한다.

샌프란시스코 조약 제14조가 일본에 의해 발생한 '손해와 고통'에 대한 '배상청구권'과 그 '포기'를 명확하게 정하고 있는 것과 달리, 청구권협정은 '재산상 채권·채무관계'만을 언급하고 있을 뿐이고, 청구권협정의 대상에 불법행위로 인한 '손해와 고통'에 대한 '배상청구권'이 포함된다거나 그 배상청구권에 대한 '포기'를 명확하게 정하고 있지 않다.

일본 정부의 한반도에 대한 불법적인 식민지배와 침략전쟁의 수행과 직결된 일본 기업의 반인도적인 불법행위로 강제 동원되어 인간으로서의 존엄과 가치를 존중받지 못한 채 온갖 노동을 강요당했던 피해자인 원고들은 정신적 손해배상을 받지 못하고 여전히 고통 받고 있다. 대한민국 정부와 일본 정부가 강제동원 피해자들의 정신적 고통을 지나치게 가볍게 보고 그 실상을 조사·확인하려는 노력조차 하지 않은 채 청구권협정을 체결한 것일 수도 있다. 청구권협정에서 강제동원 위자료청구권에 관하여 명확하게 정하지 않은 책임은 협정을 체결한 당사자들이 부담해야 하는 것이고 이를 피해자들에게 전가해서는 안 된다.

이상과 같은 이유로 다수의견의 논거를 보충하고자 한다.

대법원장 김명수(재판장) 대법관 김소영(주심) 조희대 권순일 박상옥 이기택 김재형 조재연 박정화 민유숙 김선수 이동원 노정희

손해배상의 산정

손해배상의 산정

1 인적 손해의 산정

(1) 대법원 1986.3.25. 선고 85다카538 판결 [집34(1)민,155;공1986.5.15.(776),692]

【원고, 피상고인】 배○찬
【피고, 상고인】 김○자 외 1인
【원심판결】 서울고등법원 1985. 1. 21. 선고 84나3396 판결
【주 문】

원심판결중 재산상 손해에 관한 피고 패소 부분을 파기하고, 이 부분 사건을 서울고등법원에 환송한다. 피고의 나머지 상고를 기각하고, 이 상고기각 부분에 관한 상고비용은 피고의 부담으로 한다.

【이 유】

피고들 소송대리인의 상고이유를 본다.

1. 타인의 불법행위로 인하여 상해를 입은 피해자가 부상이 없었더라면 장차 얻을 수 있을 이익 즉 일실이익을 소극적 손해로서 주장하는 경우에 그 일실이익의 산정방법으로는 첫째로, 사고가 없었더라면 피해자가 얻을 수 있는 개개소득의 상실을 일실이익으로 보고 사고당시 소득과 사고후 향후소득과의 차액을 산출하는 방법과 둘째로, 일실이익의 본질을 소득창출의 근거가 되는 노동능력의 상실자체로 보고 상실된 노동능력의 가치를 사고당시의 소득이나 추정소득에 의하여 평가하는 방법을 생각할 수 있다.

그런데 일실이익과 같은 장래의 기대수익의 인정은 불확정한 미래사실의 예측이므로 당해사건에서 현출된 구체적 사정을 기초로 하여 합리적이고 객관성있는 기대수익액을 산정할 수 있으면 그로서 족한 것이고 위에 말한 두 가지 방법중 어느 한쪽만이 유일한 산정방법이라고 단정할 수 없으며 그와 같은 단정은 독단에 지나지 않는다.

그러므로 사고당시 일정한 직업에 종사하여 수입을 얻고 있던 자가 사고로 인한 부상으로 신체기능장애가 생겨 그 직업에는 더 이상 종사할 수 없게 된 경우에 그 일실이익은 종전직업의 소득으로부터 잔존한 신체기능을 가지고 장차 다른 직업에 종사하여 얻을 수 있을 것이 예상되는 향후소득을 공제하는 방법으로 산정할 수 있음은 물론 종전직업의 소득에 피해자의 노동능력상실율을 곱하는 방법으로 일실이익을 산정할 수도 있다고 할 것인 바, 다만 예상되는 향후소득을 공제하는 방법에 의할 경우에는 그 향후소득의 예측이 합리적이고 객관성있는 근거에 터잡은 것임을 요하며 또 노동능력상실율을 적용하는 방법에 의할 경우에도 그 노동능력상실율은 단순한 의학적 신체기능장애율이 아니라 피해자의 연령, 교육정도, 종전직업의 성질과 직업경력 및 기능숙련정도, 신체기능장애정도 및 유사직종이나 타직종에의 전업가능성과 그 확률 기타 사회적, 경제적 조건을 모두 참작하여 경험칙에 따라 정한 수익상실율로서 법관의 자의가 배제된 합리적이고 객관성있는 것임을 요한다고 할 것이므로, 당해사건에서 어느 방법을 채택할 것인가는 구체적으로 현출된 증거와 사실을 기초로 하여 어느 방법이 보다 합리적이고 객관성있는 장래가득수익을 반영하는 것인가에 따라 결정되어야 할 것이다.

2. 일실이익을 종전직업의 소득에서 향후소득을 공제하는 방법으로 산정할 경우에 그 향후소득에 대한 입증책임은 손해배상소송에 있어서의 손해의 주요사실을 생명, 신체의 침해와 같은 손해원인사실 외에 그로 인해 지급될 치료비 또는 일실이익 등 손해액까지 포함한 사실이라고 보는 이상 일실이익손해를 주장하는 피해자에게 있고 만일 피해자가 이를 입증하지 못하면 그 불이익은 피해자에게 돌아갈 수 밖에 없을 것이다.

그런데 손해원인사실이 인정되고 따라서 가해자에게 손해배상책임이 있음이 분명한데도 그 손해액에 관한 입증이 미흡하다 하여 입증책임의 형식논리에 구애되어 피해자의 배상청구를 배척해 버리는 것은 아무래도 공평과 정의의 관념에 어긋나는 처사라고 하지 않을 수 없으므로 일찍부터 당원은 손해원인이 인정되는 이상 손해액에 관한 당사자의 주장과 입증이 미흡하더라도 법원은 적극적으로 석명권을 행사하고 입증을 촉구하여야 하며 경우에 따라서는 직권으로 손해액을 심리판단할 필요가 있음을 선명해 온바 있다(1961.12.7 선고 4293민상853 판결; 1962.3.22 선고 4294민상1259 판결; 1965.9.28 선고 65다1577, 1578 판결; 1967.9.5 선고 67다1295 판결; 1967.9.26 선고 67다1024 판결 및 1971.12.28 선고 71다2151 판결 각 참조).

종래의 재판실무가 일실이익을 산정함에 있어서 그 향후소득을 도시 또는 농촌일용노임을 가지고 인정해 온 것은 이러한 최저 일반노임의 입증으로서 일단 피해자는 그 입증책임을 다한 것으로 보고 그 보다 높은 예상소득에 대한 입증의 필요를 가해자측에 돌림으로써 향후소득에 관한 피해자의 입증곤란을 완화해 주고자 하는데에 그 본래의 뜻이 있었다고 생각된다.

그러나 피해자의 연령, 교육정도, 종전직업의 성질, 직업경력 및 기능숙련정도, 신체기능장애정도 및 유사직종이나 타직종에의 전업가능성과 확률 기타 사회적, 경제적 조건과 경험칙에 비추어 피해자가 장차 도시 또는 농촌일용노동에 종사할 것으로 예상되는 경우에만 위 일용노임을 가지고 향후소득으로 인정할 수 있는 것이며 그렇지 않는 경우에까지 일률적으로 위 일용노임을 가지고 향후소득으로 인정한다는 것은 합리성과 객관성을 결여하여 부당하다고 하지 않을 수 없다(1985.9.24 선고 85다카449 판결 참조).

이러한 경우에 법원으로서는 당사자가 도시 또는 농촌일용노임외에 별다른 향후소득의 입증을 하지 않고 있다고 하더라도 적극적으로 석명권을 행사하고 입증을 촉구하여 위에서 설시한 피해자의 연령, 교육정도등 여러 사정에 비추어 장차 피해자가 종사 가능하다고 보여지는 직업과 그 소득을 조사 심리하여야 할 것이며, 이러한 향후의 예상소득에 관한 입증에 있어서 그 증명도는 과거 사실에 대한 입증에 있어서의 증명도 보다 이를 경감하여 피해자가 현실적으로 얻을 수 있을 구체적이고 확실한 소득의 증명이 아니라 합리성과 객관성을 잃지 않는 범위내에서의 상당한 개연성이 있는 소득의 증명으로서 족하다고 보아야 할 것이다.

위와 같은 석명권행사와 입증촉구의 노력에도 불구하고 향후소득의 예측이 불가능한 경우에는 법원은 합리적이고 객관성 있는 노동능력상실율(수익사실율)을 가려낼 수 있는 한 직권으로 이를 적용하여서라도 일실이익을 산정하여야 할 것이며 향후소득의 예측이 불가능하다고 하여 바로 원고의 청구를 배척하여서는 안될 것이다.

3. 원심판결 이유에 의하면, 원심은 원고가 제1종 보통운전면허를 가지고 소외 안○교통주식회사의 운전사로 종사하면서 월 267,410원의 급여와 1년에 288,000원의 상여금을 지급받고 있었는데 원심판시 사고로 말미암아 좌안의 각막단층열창과 안면부 다발성열창등을 입고 치료를 받았으나 아직도 좌안의 각막 중심부에 유리파편이 매몰되어 있고 선상백색각막혼탁이 있으며 좌안시력이 0.1로서 교정불능의 신체장애가 남아 있어 더이상 위 직종에 종사할 수 없게 되어 퇴직하였고 일반도시일용노동에 종사하는 경우에도 그 노동능력의 27%를 상실한 사실, 위 사고당시에 가까운 1983.11.의 일반도시일용노동에 종사하는 성인남자의 임금은 1일 금 5,900원인 사실을 인정한 후, 원고는 위 사고로 말미암아 위 퇴직일 이후로서 원고가 구하는 1984.1.1부터 정년인 55세가 될 때까지 23년 1개월간 사고당시 얻고 있었던 월수입금 291,410원중에서 잔존하는 노동능력으로서 일반도시일용노동에 종사하여 얻게 되는 월수입금 107,675원을 공제한 183,735원씩의 각 가득수입을 상실하는 손해를 입었다고 판단하고 있다.

그러나 원심이 채용한 서울특별시 경찰국장회시에 보면, 한쪽눈의 시력이 0.3이하이거나 실명된 자라도 다른 쪽 눈의 시력이 0.7이상이고 시야가 150이상인 때에는 제2종 보통운전면허를 교부받을 수 있는 사실이 인정되는 바, 원심증인 이○상의 증언에 보면 원고의 눈의 장애정도로 보아 운전업무에 종사하지 못할 것으로 안다는 취지의 진술이 있고 또 서울대학교병원 의사 윤○호의 사실조회 회신에도 운전기사로 종사할 수 없을 것으로 생각된다는 취지의 기재가 있기는 하나 위 진술 및 회신의 취지가 원고는 장차 자동차운전사로서의 종사가능성이 전혀 없다고 본 취지라면 이는 위 경찰국장회시 내용에 비추어 선뜻 믿기 어려운 것이라고 할 수 밖에 없다.

그 밖에 기록을 살펴보아도 원고가 사고당시 종사하던 제1종 보통운전면허에 의한 운전업무 외에 제2종 보통운전면허에 의한 운전업무나 기타 자동차운전관련업무에까지도 종사할 수 없고 단지 일용노동에 종사할 수 밖에 없다고 인정할 만한 뚜렷한 자료가 없음에도 불구하고, 원심이 당사자에게 석명권을 행사하거나 입증을 촉구하여 이점을 좀더 심리해 봄이 없이 만연히 도시일용노임을 가지고 향후소득을 인정하였음은 일실이익에 관한 법리오해와 심리미진및 채증법칙위반으로 판결에 영향을 미친 위법을 저지른 것으로서 이는 소송촉진등에 관한 특례법 제12조 제2항 소정의 파기사유에 해당하므로 이점 논지는 이유있다.

4. 그러므로 원심판결중 재산상 손해에 관한 피고 패소부분을 파기하고, 이 부분 사건을 다시 심리케 하고자 원심법원에 환송하며 위 파기부분외의 나머지 피고 패소부분에 대하여는 별다른 상고이유의 주장이 없으므로 나머지 상고를 기각하고, 그 상고비용은 패소자의 부담으로 하여 관여법관의 일치된 의견으로 주문과 같이 판결한다.

(2-1) 서울고등법원 2005. 1.27. 선고 2004나37715 판결

【원고, 항소인】 원고

【피고, 피항소인】 전△택시운송사업조합연합회

【변론종결】 2004. 11. 25.

【제1심판결】 서울중앙지방법원 2004. 5. 4. 선고 2001가단124966 판결

【주 문】

1. 원고의 항소를 기각한다.

2. 항소비용은 원고의 부담으로 한다.

【청구취지 및 항소취지】

1. 청구취지

피고는 원고에게 52,729,791원과 이에 대하여 1999. 2. 25.부터 제1심 판결선고일까지는 연 5%의, 그 다음날부터 다 갚는 날까지는 연 25%의 각 비율로 계산한 돈을 지급하라.

2. 항소취지

제1심 판결 중 원고 패소부분을 취소한다. 피고는 원고에게 31,066,183원과 이에 대하여 1999. 2. 25.부터 제1심 판결선고일까지는 연 5%의, 그 다음날부터 다 갚는 날까지는 연 25%의 각 비율로 계산한 돈을 지급하라.

【이 유】

1. 손해배상청구권의 발생

가. 인정사실

소외 1은 1999. 2. 24. 16:00경 서울 ○○구 ○○동17 도봉경찰서 옆 도로를 녹천역 쪽에서 방학동 쪽으로 피고 피◇험차량인 서울 (차량번호 생략)호 쏘나타 택시를 운전하여 편도 3차로 중 1차로를 따라 진행 중, 시속 약 10㎞로 2차로로 차로를 변경하다가 마침 2차로를 시속 약 50㎞로 직진 중인 원고 운전의 서울 (차량번호 생략)호 티코 승용차의 운전석 쪽 뒷문 부분을 위 택시의 오른쪽 앞범퍼 부분으로 들이받아 그 충격으로 원고에게 경추부염좌상 등을 입게 하였다(이하 '이 사건 사고'라 한다).

나. 위 인정사실에 의하면, 피고는 위 택시의 보험자로서 위 택시의 운행 중에 일어난 이 사건 사고로 인하여 원고가 입은 손해를 배상할 책임이 있다.

다. 책임의 제한 여부

이 사건 사고 당시 소외 1은 시속 10㎞의 저속으로 차로를 변경하던 중이었으므로, 원고로서도 이 사건 사고 당시 전방·좌우를 잘 살피고 조향장치와 제동장치를 제대로 조작하여 위 승용차를 운전함으로써 차로를 변경하는 위 택시와 부딪치지 않도록 하여야 할 의무가 있음에도 불구하고 이를 게을리 한 잘못이 있는바, 이러한 원고의 잘못도 사고 발생의 한 원인이 되었다 할 것인데, 이 사건 경위에 비추어 볼 때 원고의 위 과실이 사고 발생에 10% 정도 기여하였다고 볼 것이므로, 피고의 책임은 그 나머지인 90%로 제한된다.

[증 거] 다툼 없는 사실, 갑 제2, 4호증, 갑 제12호증의 1 내지 14의 각 기재, 변론 전체의 취지

2. 손해배상의 범위

가. 일실수입

(1) 인정사실 및 평가내용

(가) 성별 : 남자 생년월일 : 1964. 5. 18. 연령 : 사고발생 당시 34세 9개월 남짓 기대여명 : 38.61세

(나) 직업 및 가동연한 : 원고는 1995. 12. 1.부터 택시회사인 (상호 생략)주식회사에 취업하여 이 사건 사고 당시까지 택시운전사로 일을 하고 있었는데, 위 회사의 단체협약 상 정년은 60세이다.

(다) 가동능력에 대한 금전적 평가

원고는 원고가 실제로는 임금대장의 수입보다 많은 수익을 얻었으므로, 임금대장 상의 소득이 아닌 임금구조기본통계조사보고서 상의 자동차운전원의 소득을 일실수입 산정의 기초가 되는 소득으로 하여야 한다고 주장한다.

피해자가 사고 당시 직장에 근무하면서 일정한 수입을 얻고 있었던 경우에 있어서, 피해자에 대한 사고 당시의 실제수입을 확정할 수 있는 객관적인 자료가 현출되어 있어 그에 기하여 합리적이고 객관성 있는 기대수입을 산정할 수 있다면 사고 당시의 실제수입을 기초로 일실수입을 산정하여야 하고, 임금구조기본통계조사보고서 등의 통계소득이 실제수입보다 높다면 사고 당시에 실제로 얻고 있던 수입보다 높은 통계소득만큼 수입을 장차 얻을 수 있으리라는 특수사정이 인정되는 경우에 한하여 그러한 통계소득을 기준으로 일실수입을 산정할 수 있는바(대법원 1994. 9. 27. 선고 94다26134 판결, 2001. 7. 27. 선고 2001다29001 판결 등 참조), 을 제7호증의 1, 2의 각 기재에 의하면, 원고는 1998. 1. 1.부터 1998. 12. 31.까지 원고는 위 (상호 생략)주식회사로부터 급여로 합계 7,717,716원을 수령하여 월평균 643,143원의 수입을 얻었던 사실을 인정할 수 있을 뿐, 갑 제17, 21호증의 각 1, 2, 갑 제18, 19, 20, 22호증의 각 기재, 당심 증인 소외 2의 증언만으로는 원고가 이 사건 사고 당시에 위 신고소득보다 많은 소득을 얻고 있었다거나 임금구조기본통계조사보고서 등의 통계소득만큼 수입을 장차 얻을 수 있으리라는 특수한 사정이 있었음을 인정하기에 부족하고, 달리 이를 인정할 아무런 증거가 없으므로, 원고의 위 주장은 받아들이지 않는다.

한편, 불법행위로 인하여 피해자가 취득할 장래의 일실수익을 산정함에 있어서 직장의 급료보다 변론종결 당시의 일반일용노임이 다액일 때에는 일반일용노임을 선택하여 그 기준으로 삼을 수 있는바(대법원 1991. 1. 15. 선고 90다13710 판결 참조), 위 수입은 아래 표의 도시일용노임에 의한 월소득보다 낮으므로, 원고는 만 60세가 될 때까지 도시일용노임 상당의 수입을 얻을 수 있는 것으로 보아 이를 기준으로 일실수입을 산정한다.

(라) 입원치료기간 및 노동능력 상실률 : 상해의 부위 및 정도, 입원기간, 기왕증 기여도 등을 고려할 때, 사고일부터 3개월 간 노동능력의 100% 상실을 인정함이 상당하다.

(마) 후유장해 및 노동능력 상실률 : 원고는 이 사건 사고로 입은 경추 4-5-6번 사이 추간판 탈출증(기왕증 50%)으로 영구적으로 12%의 노동능력을 상실하였다.

(2) 계산 : 위 인정사실에 의하면, 원고의 이 사건 사고로 인한 일실수입은 아래 표 기재와 같이 합계 27,363,106원이다. <표 생략>

나. 치료비

원고는 이 사건 사고로 입은 상해의 치료를 위하여 1,320,350원(원고는 2000. 7. 13.에 379,300원을 지출하였다고 주장하나, 갑 제11호증의 8의 기재에 의하면, 310,000원이다)을 지출하였다. 그러나 원고는 1995.부터 수회에 걸쳐 교통사고로 인한 병력이 있었고, 경추부위에 퇴행성 변화가 있는바, 이러한 기왕증은 상해의 발현에 기여하였다고 볼 것이고, 그 정도는 변론에 나타난 제반 사정을 고려할 때 50%로 봄이 상당하다. 따라서 이 사건 사고로 인한 기왕치료비는 660,175원(= 1,320,350원 × 0.5)이다.

다. 과실상계 (과실 10%)

(1) 일실소득 : 24,626,795원(= 27,363,106원 × 0.9)

(2) 치료비 : 594,157원(= 660,175원 × 0.9)

라. 손익상계

피고가 지급한 기치료비 17,376,990원 중 위에서 본 기왕증으로 인한 8,688,495원(= 17,376,990원 × 0.5)과 원고 과실로 인한 부분인 868,849원{= (17,376,990원 - 8,688,495원) × 0.1}의 합계 9,557,344원을 위 손해배상금에서 공제한다.

마. 위자료

원고의 연령, 직업, 과실정도, 상해와 후유장해의 각 부위 및 정도, 사고발생 경위 등 제반 사정을 참작하여 600만 원으로 정함이 상당하다. <증 거> 다툼 없는 사실, 갑 제3, 8호증, 갑 제11호증의 1 내지 13, 을 제1호증, 을 제2호증의 1, 2, 을 제3호증, 을 제4호증의 1 내지 4, 을 제7호증의 1, 2, 을 제9, 11호증의 각 기재, ㅇㅇ학교 병원장에 대한 신체감정촉탁결과, (상호 생략)주식회사 · 엘지화재해상보험 주식회사 · 삼성화재해상보험 주식회사에 대한 각 사실조회결과, 법원에 현저한 사실, 변론 전체의 취지

3. 결 론

그렇다면, 피고는 원고에게 21,663,608원(= 24,626,795원 + 594,157원 - 9,557,344원 + 6,000,000원)과 이에 대하여 원고가 구하는 바에 따라 이 사건 사고 다음날인 1999. 2. 25.부터 제1심 판결선고일인 2004. 5. 4.까지는 민법에서 정한 연 5%의, 그 다음날부터 다 갚는 날까지는 소송촉진등에관한특례법에서 정한 연 20%의 각 비율로 정한 금액을 지급할 의무가 있다.

따라서, 원고의 청구는 위 인정범위 내에서 이유 있어 이를 인용하고, 나머지 청구는 이유 없어 이를 기각할 것인바, 제1심 판결이 지연손해금을 1999. 2. 24.부터 기산함으로써 위 인정범위를 초과하여 지급을 명한 피고 패소부분은 부당하나, 이에 대하여 항소를 하지 아니한 피고에게 유리하고 항소인인 원고에게 불리하도록 제1심 판결을 변경할 수는 없으므로, 결국 원고의 항소를 기각하기로 하여 주문과 같이 판결한다.

(2-2) 대법원 2006.3.9. 선고 2005다16904 판결 [공2006.4.15.(248),581]

【원고, 상고인】 원고

【피고, 피상고인】 전국택시운송사업조합연합회

【원심판결】 서울고등법원 2005. 1. 27. 선고 2004나37715 판결

【주 문】

원심판결 중 소극적 손해에 관한 원고 패소 부분을 파기하고, 이 부분 사건을 서울고등법원으로 환송한다.

【이 유】

상고이유를 본다.

1. 상고이유 제1점에 대하여

가. 원심의 조치

원심판결 이유에 의하면, 원심은, 1995. 12. 1.부터 택시회사인 소외 1 주식회사에서 택시기사로 근무하고 있는 원고의 일실수입을 소외 1 주식회사가 세무당국에 1998년도의 원고의 소득으로 신고한 금액인 월 평균 소득

643,143원을 기초로 산정하였고, 원고가 이 사건 사고 당시 신고소득보다 많은 소득을 올리고 있었으므로 임금구조통계조사보고서상의 경력 3-4년의 자동차운전원의 월 평균 수입 1,292,767원을 기초로 일실수입을 산정하여야 한다는 원고의 주장에 대해서는 원고가 이 사건 사고 당시 신고소득보다 많은 소득을 얻고 있었다거나 위 통계소득만큼 수입을 장차 얻을 수 있으리라는 특수한 사정이 있었음을 인정하기에 부족하고, 달리 이를 인정할 아무런 증거가 없다고 하여 원고의 위 주장을 배척하였다.

나. 대법원의 판단

그러나 원심의 판단은 다음과 같은 이유로 수긍할 수 없다.

불법행위 당시 일정한 수입을 얻고 있던 피해자의 일실수입손해액은 객관적이고 합리적인 자료에 의하여 피해자가 사고 당시에 실제로 얻고 있었던 수입금액을 확정하여 이를 기초로 산정하여야 하고, 이 경우 피해자가 세무당국에 신고한 소득이 있을 때에는 신고소득액을 사고 당시의 수입금액으로 보는 것이 원칙이라 할 것이지만, 만일 신고된 소득액이 피해자의 직업, 나이, 경력 등에 비추어 현저히 저액이라고 판단되거나 신고소득 이외에 다른 소득이 있었다는 점에 대한 객관적이고 합리적인 자료가 있다면 신고소득액만을 피해자의 사고 당시 수입금액으로 삼을 수는 없다(대법원 1993. 2. 23. 선고 92다37642 판결, 1994. 9. 30. 선고 93다37885 판결 등 참조).

또한, 피해자가 사고 당시 직장에 근무하면서 일정한 수입을 얻고 있었던 경우에 있어서, 피해자에 대한 사고 당시의 실제수입을 확정할 수 있는 객관적인 자료가 현출되어 있어 그에 기하여 합리적이고 객관성 있는 기대수입을 산정할 수 있다면, 사고 당시의 실제수입을 기초로 일실수입을 산정하여야 하고, 임금구조기본통계조사보고서 등의 통계소득이 실제수입보다 높다고 하더라도 사고 당시에 실제로 얻고 있던 수입보다 높은 통계소득만큼 수입을 장차 얻을 수 있으리라는 특수사정이 인정되는 경우에 한하여 그러한 통계소득을 기준으로 일실수입을 산정하여야 하나(대법원 1994. 9. 27. 선고 94다26134 판결, 2001. 7. 27. 선고 2001다29001 판결 등 참조), 한편 불법행위로 인한 손해배상사건에서 피해자의 일실수입은 사고 당시 피해자의 실제소득을 기준으로 하여 산정할 수도 있고 통계소득을 포함한 추정소득에 의하여 평가할 수도 있는 것인바, 피해자가 일정한 수입을 얻고 있었던 경우 신빙성 있는 실제 수입에 대한 증거가 현출되지 아니하는 경우에는 피해자가 종사하였던 직종과 유사한 직종에 종사하는 자들에 대한 통계소득에 의하여 피해자의 일실수입을 산정하여야 한다(대법원 1992. 11. 13. 선고 92다14526 판결, 1997. 4. 25. 선고 97다5367 판결 등 참조).

이 사건에 관하여 보건대, 기록에 나타나는 다음과 같은 점, 즉 ①소외 1 주식회사에서 1998. 3. 12.부터 택시운전사로 근무하고 있는 소외 2의 원심 증언에 의하면, 소외 1 주식회사의 임금체계는 1998. 4.경 2-3달 정도 업적급제(월급제)를 운영하다가 그 이후 사납급제(정액제)를 1년 이상 운영하였고, 2000.경부터는 전액관리제를 운영하고 있다는 것인데, 업적급제는 택시기사가 요금계산기(미터기)에 찍힌 그 날의 운행수입금 전액을 회사에 입금시키되, 입금액 중 1일 입금기준액을 초과하는 금액에 대해서는 기사와 회사가 6 : 4로 분배하여 업적급의 형식으로 지급하고, 회사로부터 유류 전량을 지원받는 형식으로, 사납금제는 택시기사가 그 날의 운송수입금 중 1일 입금기준액 만을 회사에 입금하고 나머지는 기사 개인의 수입으로 하며, 회사로부터 입금액을 기준으로 하는 급료를 지급받고, 1일 연료량을 초과하는 연료에 대해서는 기사 개인이 부담하는 형식으로, 전액관리제는 미터기에 찍힌 그 날의 운행수입금 전액을 회사에 입금하되 1일 입금기준액에 1달 근무일수 26일을 곱하여 산출된 1달 입금기준액을 기초로 매달 급여를 지급하고, 1달 입금기준액을 초과하는 금액에 대해서는 기준 연료량을 초과하는 연료량 대금을 공제한 나머지를 급여와는 별도로 환급하는 형식으로 운영되었다는 것이어서, 업적급제에 의하면, 입금기준액을 초과하는 금액에 대한 기사 몫이 업적급의 형식으로 급료에 포함되어 지급되므로 급료 외에 추가 소득이 있었다고 인정하기는 곤란하다고 할 것이지만, 이 사건 사고 무렵이나 그 이후에 시행되었다는 사납금제나 전액관리제에 의하면, 1일 입금기준액 또는 1달 입금기준액을 초과하는 운송수입을 올리는 이상 택시기사는 회사로부터 받는 급료 외에 추가 수입을 얻을 수 있는 것은 명백하다고 보이고, 나아가 위 소외 2는 사납금제나 전액관리제하에서의 택시기사들의 실제 수입은 180만 원 정도라고 증언하고 있는 점, ② 원심에서의 소외 1 주식회사에 대한 2004. 10. 25.자 사실조회 결과에 의하더라도, 소외 1 주식회사는 1998년 4월과 5월 업적급제를 시행하다가 그 이후로는 사납금제를 시행한다고 하고 있고, 제1심에서의 소외 1 주식회사에 대한 2004. 1. 8.자 사실조회 회신에 첨부된 임금대장사본(기록 527면 이하)의 각 기재에 의하면, 소외 1 주식회사는 1998년 4월 및 5월에는 급료에 포함하여 업적급을 지급해 오다가 1998. 6. 이후에는 업적급을 지급한 적이 없어, 1998. 6. 무렵부터 사납금제를 시행하였다는 위 소외 2의 증언을 뒷받침하고 있는 점, ③ 을 제11호증(운전자별 월계표, 기록 397면 이하)의 각 기재에 의하면, 1998. 6. 이후에도 기준요금(1998. 10.까지는 1일 72,000원, 그 이후는 1일 73,000원)을 초과하는 금액이 입금되기도 하였으나, 이는 기준요금에 못 미치는 금액이 입금된 경우나 초과 유류 사용분에 대한 정신을 위해 지급된 것으로 보이므로 초과입금 사실이 사납금제 인정에 방해가 되는 것은 아닌 점, ④ 신고소득인 월 평균 643,143원은 당시 도시일용노임에 의한 월 소득 742,610원(33,755원 × 22일)은 물론 4인 가구 최저생계비 901,357원에도 미치지 못하는 저액이어서 당시 만 34세로 택시 운전 경력 3년 이상인 원고의 실제소득이라고는 보기에는 너무 저액인 점 등을 종합하면, 위 신고소득은 원고가 회사택시를 운행하면서 원고가 번 수입금 중 일정한 액수를 사납금이라는 명목으로 위 회사에 입금한 금액을 기준으로 하여 위 회사가 원고에게 지급한 급여일 뿐 원고의 실제 수입은 회사로부터 받은 위 급여에다가 택시운행 수입금 중 사납금을 제외한 나머지 금액을 합한 것이라고 할 것인데, 이 사건에 있어서는 위 사납금을 기초로 하여 원고가 위 회사로부터 받은 급여에 관한 자료만이 현출되었을 뿐 위 급여를 제외한 원고의 나머지 수입에 관한 객관적인 자료는 현출된 바가 없어 사고 당시의 원고의 실제 수입을 산출할 방법이 없으므로 결국 통계소득에 의하여 일실수입을 산정할 수밖에 없다고 할 것이다.

그럼에도 불구하고, 원고의 일실수입을 신고소득을 기초로 산정하면서 신고소득보다 많은 수익을 올리고 있었으므로 통계소득에 의하여 일실수입을 산정하여야 한다는 원고의 주장을 배척한 원심판결에는 채증법칙을 위배하여 사실을 잘못 인정하였거나 일실수입 산정에 관한 법리를 오해하여 판결에 영향을 미친 위법이 있다고 할 것이니(상고이유서의 내용에 의하면, 원고는 채증법칙 위배로 인한 사실오인 주장도 하고 있음이 명백하다), 이 점을 지적하는 원고의 상고논지는 이유 있다.

2. 상고이유 제2점에 대하여

일반적으로 사고로 인하여 입원치료를 받는 경우 그 치료가 당해 사고와 관계가 없는 상해에 대한 것이거나 의학적으로 입원치료가 필요하지 않음에도 치료를 빙자하여 입원을 한 것이라거나 상해의 부위나 정도, 치료의 경과 등에 비추어 입원기간이 명백하게 장기이어서 과잉진료로 인정되는 사정이 있다는 등 그 입원치료의 전부 또는 일부가 상당하지 아니한 것이라고 볼 만한 특별한 사정이 없는 한, 사고로 인한 입원기간 동안에는 노동능력을 전부 상실하였다고 보아야 하고(대법원 2003. 12. 12. 선고 2003다49252 판결 참조), 한편 타인의 불법행위로 상해를 입은 피해자의 일실이익을 산정하기 위한 방법의 하나인 피해자의 노동능력상실률을 인정·평가함에 있어, 궁극적으로는 법관이 피해자의 연령, 교육 정도, 노동의 성질과 신체기능 장애 정도, 기타 사회적·경제적 조건 등을 모두 참작하여 경험칙에 비추어 규범적으로 결정할 수밖에 없다(대법원 2001. 2. 9. 선고 2000다16763 판결 참조).

원심판결 이유에 의하면, 원심은 상해의 부위 및 정도, 입원기간, 기왕증 기여도 등을 고려하여 1999. 3. 9.부터 2000. 3. 29.까지 12개월 20여 일의 입원기간 중 이 사건 사고일부터 3개월 동안에 대해서만 노동능력의 100% 상실을 인정하였는바, 원심이 들고 있는 사정 외에 기록에 나타난 다음과 같은 점, 원고가 이 사건 사고 전인 1995. 4. 13.부터 1998. 6. 18.까지 매년 1차례 이상 교통사고로 부상을 입어 치료를 받았고, 이 사건 사고 후 1999. 3. 9. 입원하기 전까지 정상적으로 택시운전을 한 사정 등에 비추어 보면, 12개월 20여 일의 입원기간 전체에 대해 노동능력 100% 상실을 인정하는 것은 상당하지 않다고 보이는바, 원심이 위 입원기간 중 3개월에 대해서만 노동능력의 100% 상실을 인정한 것은 수긍할 수 있고, 거기에 상고이유로 주장하는 채증법칙 위배로 인한 사실오인, 이유불비 등의 위법이 없다. 이 점을 탓하는 상고이유는 받아들일 수 없다.

3. 결 론

그러므로 원심판결 중 소극적 손해에 관한 원고 패소 부분을 파기하고, 이 부분 사건을 다시 심리·판단하게 하기 위하여 원심법원으로 환송하기로 하여 관여 대법관의 일치된 의견으로 주문과 같이 판결한다.

2 물적 손해

서울고등법원 2001.11.20. 선고 2001나3650 판결

【원고, 항소인】 망 홍△광의 소송수계인 심♡희외 4인

【피고, 피항소인】 태☆산업 주식회사

【변론종결】 2001. 10. 30.

【제1심 판결】 서울지방법원 2000. 12. 8. 선고 2000가합8859 판결

【주 문】

1. 제1심 판결 중 아래에서 추가로 지급을 명하는 부분에 해당하는 원고들 패소부분을 취소한다. 피고는 원고 심♡희에게 금 5,454,545원, 원고 홍○숙, 홍○화, 홍○오, 홍○찬에게는 각 금 3,636,363원 및 위 각 금원에 대한 1999. 7. 11.부터 2001. 11. 20.까지는 연 5%, 그 다음날부터 완제일까지는 연 25%의 각 비율에 의한 금원을 지급하라.
2. 원고들의 나머지 항소를 기각한다.
3. 항소비용은 이를 10분하여 그 9는 원고들의, 나머지는 피고의 각 부담으로 한다.
4. 제1항에서 지급을 명한 부분은 가집행 할 수 있다.

【청구취지 및 항소취지】

1. 청구취지

피고는 원고 심♡희에게 금 108,696,767원, 원고 홍○숙, 홍○화, 홍○오, 홍○찬에게는 각 금 72,464,511원 및

위 각 금원에 대한 1999. 7. 11.부터 이 사건 소장부본 송달일까지는 연 6%, 그 다음날부터 완제일까지는 연 25%의 각 비율에 의한 금원을 지급하라는 판결(원고들은 당심에 이르러 그 청구취지를 감축하였다).

2. 항소취지

제1심 판결 중 원고들 패소부분을 취소하고, 제1심 판결 인용금액 이외 추가로 피고는 원고 심♡희에게 금 34,438,268원, 원고 홍○숙, 홍○화, 홍○오, 홍○찬에게는 각 금 22,958,845원 및 위 각 금원에 대한 1999. 7. 11.부터 이 사건 소장부본 송달일까지는 연 6%, 그 다음날부터 완제일까지는 연 25%의 각 비율에 의한 금원의 지급을 구함.

【이 유】

변경하는 부분의 판시

「마. 위자료 원고들이 이 사건 사고로 인하여 망 홍△광 및 원고들의 생활기반이 되는 광○호가 전파됨으로 인하여 상당한 정도의 정신격 충격을 받았음이 인정되고, 이로 인하여 위 홍△광은 상당한 기간 동안 생업에 종사하지 못하였으며, 대체선을 구입하여 다시 생업에 종사한지 얼마 되지 않아 사망하여 원고들은 위 대체선을 매도하는 등 다시 그 생활기반을 상실하게 되는 등의 사정이 있었으므로 피고는 이 사건 사고로 인하여 위 홍△광이 입은 정신적 손해를 배상할 책임이 있다고 할 것이고, 이 사건 자료에 나타난 제반 사정을 참작하면 그 액수는 금 20,000,000원으로 정함이 상당하다. ...

4. 결 론

그렇다면, 피고는 원고 심♡희에게 금 79,713,044원{재산적 손해 금 74,258,499원 + 정신적 손해 금 5,454,545원(20,000,000원 * 3/11, 원미만 버림, 이하 같다)}, 원고 홍○숙, 홍○화, 홍○오, 홍○찬에게는 각 금 53,142,029원{재산적 손해 금 49,505,666원 + 정신적 손해 금 3,636,363원(20,000,000원 * 2/11)} 및 위 각 금원에 대한 1999. 7. 11.부터 피고가 그 채무이행의 범위에 관하여 항쟁함이 상당한 이 사건 당심 판결선고일인 2001. 11. 20.까지는 민법 소정 연 5%, 그 다음날부터 완제일까지는 소송촉진등에관한특례법 소정 연 25%의 각 비율에 의한 금원을 지급할 의무가 있다고 할 것이다(단, 재산상 손해에 대한 지연손해금에 관한 부분은 피고가 항소하지 아니하였으므로 제1심 판결을 유지하기로 한다).」

2. 그렇다면, 원고들의 이 사건 청구는 위 인정범위 내에서 이유 있어 이를 인용하고, 나머지 청구는 이유 없어 이를 기각할 것인바, 제1심 판결에서 지급을 명한 금원 외에 피고는 원고 심♡희에게 금 5,454,545원, 원고 홍○숙, 홍○화, 홍○오, 홍○찬에게는 각 금 3,636,363원 및 위 각 금원에 대한 1999. 7. 11.부터 2001. 11. 20.까지는 연 5%, 그 다음날부터 완제일까지는 연 25%의 각 비율에 의한 금원의 지급을 추가로 명하는 부분에 해당하는 원고들 패소부분을 취소하고, 그 지급을 명하며, 원고들의 나머지 항소는 이를 모두 기각하기로 하여 주문과 같이 판결한다.

대법원 2004. 3. 18. 선고 2001다82507 전원합의체 판결

【공2004.4.15.(200),627】

【원고, 상고인 겸 피상고인】 망 홍○광의 소송수계인 심○희 외 4인

【피고, 피상고인 겸 상고인】 태○산업 주식회사

【원심판결】 서울고등법원 2001. 11. 20. 선고 2001나3650 판결

【주 문】

원심판결 중 일실 휴업손해에 관한 부분 및 위자료에 관한 피고 패소 부분을 각 파기하고, 이 부분 사건을 서울고등법원에 환송한다. 원고들의 나머지 상고를 기각한다.

【이 유】

1. 원고들의 상고이유에 대한 판단

가. 원심은, 원고들의 피상속인인 소외 홍○광이 이 사건 사고로 인하여 그 소유의 피해 선박이 침몰로 멸실되자 대체 선박을 마련한 후 1999. 11. 9.부터 어업을 재개하였다고 주장하면서 사고일인 같은 해 7. 11.부터 조업재개일인 같은 해 11. 9.까지 약 4개월간 홍○실이 입은 영업수익 상실손해인 금 76,273,648원의 지급을 구하는 원고들의 청구에 대하여, 선박이 침몰하여 멸실된 경우 선박소유자가 입은 손해액은 그 멸실된 선박의 교환가격에 그치고 그 이외에 선박을 이용하여 얻을 수 있는 수입 상당은 그 교환가격의 이자 상당액에 포괄된다 할 것이어서 교환가격의 배상을 구하는 외에 선박을 이용함으로써 얻을 수 있었던 이익을 별도의 손해로 청구할 수는 없다는 제1심의 판결 이유를 인용하여 원고들의 위 청구를 배척하였다.

그러나 불법행위로 영업용 물건이 멸실된 경우, 이를 대체할 다른 물건을 마련하기 위하여 필요한 합리적인 기간 동안 그 물건을 이용하여 영업을 계속하였더라면 얻을 수 있었던 이익, 즉 휴업손해는 그에 대한 증명이 가능한 한 통상의 손해로서 그 교환가치와는 별도로 배상하여야 하고, 이는 영업용 물건이 일부 손괴된 경우, 수리를 위하여 필요한 합리적인 기간 동안의 휴업손해와 마찬가지라고 보아야 할 것이다.

이와 달리 불법행위로 영업용 선박, 자동차, 건물 등의 물건이 멸실된 경우에 그 물건의 교환가격 상당액의 배상 이외에 그 물건을 대체할 다른 물건의 제조 또는 구입시까지의 기간 동안 그 멸실된 물건을 사용・수익하지 못하여 입은 손해의 배상을 구할 수 없다는 취지로 판시한 대법원 2001. 1. 16. 선고 2000다29325 판결, 대법원 1990. 10. 16. 선고 90다카20210 판결, 대법원 1990. 8. 28. 선고 88다카30085 판결, 대법원 1980. 12. 9. 선고 80다1840 판결을 비롯하여 이 판결의 견해에 배치되는 판결들은 그 배치되는 범위 내에서 이를 변경하기로 한다.

따라서 이와 반대의 견해에서 대체 선박을 마련하는 데 필요한 합리적인 기간 및 그 기간 동안의 조업수입액 등에 관하여 심리하지 아니한 채 원고들의 위 청구를 배척한 원심판결에는 불법행위로 인하여 영업용 물건이 멸실된 경우의 손해배상액 산정에 관한 법리를 오해하여 판결에 영향을 미친 위법이 있다 할 것이다. 이 점을 지적하는 상고이유의 주장은 정당하다.

나. 원심판결 중 위자료 청구를 일부 기각한 부분에 대하여는, 원고들이 상고이유서 제출기간 내에 상고이유를 제출하지 아니하였다.

2. 피고의 상고이유에 대한 판단

원심은, 위 홍실광이 이 사건 선박충돌 사고로 생활기반이 되는 어선이 완전파손됨으로 인하여 상당한 정도의 정신적 충격을 받았음이 인정되고, 이로 인하여 상당한 기간 동안 생업에 종사하지 못하였으며 대체선박을 구입하여 다시 생업에 종사한지 얼마 되지 않아 사망하는 등의 사정이 있었으므로 피고는 이 사건 사고로 인하여 위 홍○광이 입은 정신적 손해를 배상할 책임이 있다고 할 것이고, 이 사건 자료에 나타난 제반 사정을 참작하면 그 액수는 금 20,000,000원으로 정함이 상당하다고 판단하였다.

그러나 일반적으로 타인의 불법행위 등에 의하여 재산권이 침해된 경우에는 그 재산적 손해의 배상에 의하여 정신적 고통도 회복된다고 보아야 할 것이므로 재산적 손해의 배상에 의하여 회복할 수 없는 정신적 손해가 발생하였다면, 이는 특별한 사정으로 인한 손해로서 가해자가 그러한 사정을 알았거나 알 수 있었을 경우에 한하여 그 손해에 대한 위자료를 청구할 수 있는 것이다(대법원 1996. 11. 26. 선고 96다31574 판결 등 참조).

따라서 이 사건 선박충돌 사고로 위 홍○광이 입게 된 정신적 고통을 위자할 의무가 있다고 하기 위해서는 위 홍○광에게 위와 같은 특별한 사정이 있고, 피고가 이를 알았거나 알 수 있었어야 할 것인데, 원심이 이러한 점에 관하여 제대로 심리·판단을 하지 않은 채 만연히 앞서 설시한 이유만으로 피고에게 정신적 손해에 대하여도 위자할 의무가 있다고 판단하였으니 이는 재산권 침해로 인한 위자료의 인정에 관한 법리오해, 심리미진 내지 이유불비의 위법을 저지른 것이라고 할 것이다. 이 점을 지적하는 상고이유의 주장은 이유 있다.

3. 그러므로 원심판결 중 일실 휴업손해에 관한 부분 및 위자료에 관한 피고 패소 부분을 각 파기하고, 이 부분 사건을 다시 심리·판단하도록 하기 위하여 원심법원에 환송하며, 원고들의 나머지 상고는 이유 없어 이를 기각하기로 관여 대법관 전원의 의견이 일치되어 주문과 같이 판결한다.

3 정신적 손해

부산지방법원 1998. 7.23. 선고 98나2614 판결

【원고(선정당사자), 피항소인, 부대항소인】 최○희
【피고, 항소인, 부대피항소인】 대한민국
【변론종결】 1998. 7. 2.
【원심판결】 부산지방법원 1998. 1. 15. 선고, 96가단33262 판결

【주 문】

1. 피고의 항소 및 원고(선정당사자)의 부대항소를 모두 기각한다.
2. 항소비용과 부대항소비용은 각자의 부담으로 한다.

【청구취지】

피고는 선정자 김○경에게 돈 19,000,000원, 선정자 김○성, 최○희에게 각 돈 5,000,000원 및 각 이에 대하여 1993.9.4.부터 이 사건 원심소장부본 송달일까지는 연 5푼, 그 다음날부터 다 갚는 날까지는 연 2할 5푼의 각 비

율에 의한 돈을 각 지급하라.

【항소취지】

원심판결 중 피고 패소부분을 취소하고, 원고의 청구를 기각한다.

【부대항소취지】

원심판결중 원고(선정당사자) 패소부분을 취소하고, 피고는 선정자 김○경에게 돈 18,000,000원, 선정자 김○성, 최○희에게 각 돈 4,500,000원 및 각 이에 대하여 1993.9.4.부터 이 사건 원심소장부본 송달일까지는 연 5푼, 그 다음날부터 다 갚는 날까지는 연 2할 5푼의 각 비율에 의한 돈을 각 지급하라.

【이 유】

1. 인정사실

이 부분에서 당원이 설시할 이유는 원심판결의 각 해당부분에서 '원고 김○경'을 '선정자 김○경'으로, '같은 원고'를 '위 김○경'으로 각 고쳐쓰고, 원심판결문 제3쪽 2째줄 '증인 김우철'을 '원심증인 이○철'로, 같은 면 5째줄부터 6째줄까지 '원고 김○성, 원고 최○희'를 '선정자 김○성, 최○희'로, 같은면 8째줄 ' ○○학교'를 ' ○○학교'로 각 고쳐쓰는 외에 원심판결의 이유와 같으므로 민사소송법 제390조에 의하여 이를 그대로 인용하기로 한다. (이하, 원심판결과 같다라고만 한다)

2. 원고(선정당사자)의 주장

원고(선정당사자)는 이 사건 청구원인으로, 동래경찰서 소속 경찰공무원인 위 전○도, 위 이○철은 위 고소사건을 수사함에 있어 당시 위 윤○태로부터 상해를 입고 거동조차 불가능할 정도였던 위 김○경을 적법한 절차를 거치지 아니한 채 불법연행, 감금하였고, 위 이◇태는 위와같은 상태에 있던 위 김○경을 수사하면서 마땅히 구속집행정지나 구속취소를 하였어야 함에도 이를 해태함으로써 결국 위 김○경에게 노동능력을 24%나 상실하게 하는 손해를 입혔으므로, 피고 대한민국은 위 이◇태, 위 전○도, 위 이○철의 사용자로서 위 김○경에게 일실수익 손해 중 4,000,000원, 위자료 15,000,000원을, 나머지 선정자들에게 위자료로서 각 5,000,000원을 지급할 의무가 있다고 주장한다.

3. 판 단

가. 소외 이◇태의 불법행위 여부에 관한 판단

그러므로, 먼저 위 이◇태에게 직무수행과 관련한 불법행위가 있었는지 여부에 관하여 보건대, 구속된 피의자를 수사하는 검사로서는 피의자의 건강상태, 도주 및 증거인멸의 우려등 여러 사정을 종합판단하여 구속의 사유가 없거나 소멸된 때에는 구속을 취소하고, 상당한 이유가 있는 때에는 구속의 집행을 정지하여야 할 것인 바, (형사소송법 제209조, 제93조, 제101조 제1항) 개개의 구속사유의 소멸이나 상당한 이유의 존재에 대한 판단은 그 내용중 일부가 불확정개념으로 되어 있어 위 법에 엄격히 기속되는 범위 내에서 구체적인 경우 수사검사가 이를 합목적적으로 판단하여야 하는 사항이기는 하나, 구속의 사유가 없어졌음이 명백한 때, 혹은 구속상태를 유지함으로 인하여 피의자에게 도저히 감내할 수 없을 정도의 신체적 위험이 초래되는 때에는 수사검사는 그 즉시 구속을 취소하거나 그 집행을 정지하여 피의자가 구속되지 않은 상태로 수사를 받도록 하여야 하고, 만일 이러한 조치를 취하지 아니하고 피의자를 계속 구속해 둔다면 이는 위 구속사유의 소멸이나 상당한 이유의 존재 여부에 관한 판단에 있어 검찰의 재량권을 일탈한 것으로 위법하다고 보아야 할 것이다.

그런데, 앞서 본 바와 같이 위 김○경에게는 구속사유가 소멸하였음을 인정할 아무런 증거가 없고, 위에서 인정한 위 김○경의 나이, 경력, 가족관계, 상해의 정도, 동□광혜병원 의사인 양○봉의 진단서의 기재 내용, 기타 이 사건 변론에 나타난 여러 사정 등에 비추어 볼 때, 그 집행을 정지할 상당한 이유도 찾아보기 어려우므로 위 이◇태가 구속취소나 구속집행정지처분을 하지 아니하였다하여 재량권을 이탈한 검찰권의 남용이라고 하기는 어렵고, 달리 위 이◇태가 검찰권을 남용하였음을 인정할 만한 증거도 없으므로 위 이◇태가 직접적인 불법행위자임을 전제로 한 원고(선정당사자)의 주장은 이유없다.

나. 위 전○도, 이○철의 불법행위 여부에 관한 판단

다음으로, 경찰공무원인 위 전○도, 이○철에게 직무수행과 관련한 불법행위가 있었는지 여부에 관하여 본다.

(1) 먼저, 강제연행의 점에 관하여 보건대, 위 인정사실에 의하면, 위 전○도, 이○철이 위 박○○의 고소를 접수하고 그 수사를 위하여 위 김○경의 집에 찾아가 그에게 경찰서로의 동행을 요구할 때, 위 김○경에게 자신의 신분을 밝히고, 위 박○○의 강간 등 고소에 따른 수사라고 명시함으로써 혐의사실을 개략적으로나마 고지한 점, 위와 같은 동행에 있어 물리력을 사용하지 않았던 점에 비추어 당시 위 김○경이 심적으로 거절할 수 없는 상당한 압박감을 느낀 상태였다고 하더라도 위 행위 자체만으로 우리법상 허용될 수 없는 강제적인 연행 즉, 불법적인 체포라고 할 수는 없다고 할 것이어서 위 전○도 등이 불법체포를 하였음을 이유로 한 원고(선정당사자)의 이 부분 주장은 이유 없다 할 것이다.

(2) 다음으로, 불법구금의 점에 관하여 보건대, 법관의 영장이 필요없는 임의수사가 성립되기 위하여서는, 수사관서로의 동행이 임의적이어야 할 뿐 아니라, 피의자는 그 수사 도중 언제라도 그 수사관서로부터 자유롭게 퇴거할 수 있어야 할 것이며, 이것이 보장되지 않는다면 이는 벌써 임의수사가 아닌 강제처분으로서 이에는 반드시 법관의 영장이 필요하다고 할 것이다. 그런데, 이 사건에 관하여 살피건대, 위 김○경이 위 전영도, 이○철로부터 수사를 받으면서 수사관서로부터 퇴거할 의사를 밝혔는지 여부는 기록상 명백치 않으나, 위에서 본 바와 같이 위 김○경에 대한 수사는 위 1993.9.3. 18:00경 종료되었으므로 사정이 그와 같다면 위 전○도, 이○철로서는 조사가 끝난 후 긴급구속절차를 취하거나, 바로 귀가조치를 시켰어야 할 것임에도, 이러한 조치를 취하지 아니한 채 단순히 경찰서 내부 결제 절차만을 밟고 같은 경찰서 형사보호실에 유치한 행위는 당시 수사의 관례가 그러하였다고 하더라도 위법을 면할 수 없다고 할 것이고 이러한 위법상태는 법관에 의한 구속영장이 발부되어 그 영장이 집행된 다음날 21:50까지 계속되었다고 할 것이다.(피고는 위 김○경을 경찰서 보호실에 유치한 행위를 들어 이는 당시에 용인되던 수사관행이므로 위 전○도, 이○철에게 귀책사유가 있다고 할 수 없고, 한편 위 김○경은 보호실에 유치된 이후에도 외부와 전화통화를 자유롭게 할 수 있는 등 신체의 자유가 보장되었고 담당 경찰공무원들에게 적극적인 귀가요구도 하지 아니하였으므로 이는 임의수사의 연장으로서 적법하고, 가사 위 보호실 유치행위가 위법하다고 하더라도 이는 절차적 불법에 불과하지 실체적 불법에 해당되지 않으므로 실체적 불법에 해당하는 손해에 대하여만 배상을 받을 수 있는 국가배상법상의 청구는 불가능하다고 주장하나, 조사가 끝난 피의자가 영장발부시까지 경찰서 보호실에 유치하는 행위는 계속 수사의 필요성에서 이루어지는 행위가 아니라 영장집행의 편의를 위하여 이루어지는 행위이므로 이를 임의수사의 연장선상에 있는 행위라고 보기 어려우며, 위와 같은 보호실 유치행위가 위법인 이상 그러한 행위가 당시의 일반적인 수사관행이었고 담당경찰

공무원 역시 위 관행을 따랐다고 하여 그 경찰공무원에게 귀책사유가 없다고 할 수 없으며, 또한 위와 같은 구금행위가 헌법과 법률이 보장한 영장주의의 원칙에 반하는 한 이는 단순한 절차적 불법에 그치는 것이 아니라 실체적인 불법 즉, 불법구금에 해당한다고 할 것이므로 피고의 위 주장은 이유 없다)

(3) 그렇다면, 피고는 그 소속 경찰공무원인 위 전○도, 이○철의 직무수행상의 불법구금행위로 인하여 원고들에게 가한 모든 손해를 배상할 책임이 있다고 할 것이다.

다. 손해배상의 범위

'원고 김○경'을 '위 김○경'으로, '원고 김○성, 원고, 최○희'를 '선정자 김○성, 최○희'로 각 고쳐쓰고, 아래 괄호안의 내용을 추가로 설시하는 외에 원심판결과 같다.(피고는 위 불법구금으로 인하여 침해되는 권리는 위 김○경이 판결선고시 받게되는 미결구금일수 통산상의 불이익인데, 위 김○경의 미결구금일수는 53일로 당시 5일 단위로 미결구금일수를 산입하던 형사재판의 관례에 비추어 보면, 위 김○경의 1일 더 구금되어 있었다 하여 따라 미결구금일수 통산상 불이익을 받았다고 할 수 없고, 실제 당시 형사재판에서도 위 보호실 유치사실을 참작하여 미결구금일수 중 50일을 본형에 산입하였으므로 위 김○경이 입은 피침해이익은 결과적으로 없다고 할 것이고 이러한 사정은 위자료 금액을 산정함에 있어 참작되어야 한다고 주장하나, 앞서 본 바와 같이 위 김○경이 불법구금을 당한 사실이 인정되는 이상 미결구금일수를 통산함에 있어 불이익이 없다고 하여 피침해이익이 없다고 할 수 없고 나아가 이로 인하여 불법구금으로 인한 정신적 손해가 위자된다고 볼 수 없으므로 피고의 위 주장 역시 이유 없다)

4. 결 론

그렇다면, 피고는 선정자 김○경에게 돈 1,000,000원, 같은 김○성, 최○희에게 각 돈 500,000원 및 각 이에 대하여 원고가 구하는 1993.9.4.부터 원심판결 선고일인 1998.1.15.까지는 민법 소정의 연 5푼의, 그 다음날부터 다 갚는 날까지는 소송촉진등에관한특례법 소정의 연 2할 5푼의 각 비율에 의한 지연손해금을 지급할 의무가 있다 할 것이므로{원고(선정당사자)는 원심소장부본 송달 다음날부터 원심판결 선고일까지에 대하여도 위 특례법 소정의 비율에 의한 지연손해금을 구하나 피고가 그 지급의무의 존부 및 범위에 관하여 항쟁함이 상당하다고 인정되므로 위 기간에 대하여는 위 특례법 소정 비율을 적용하지 않기로 한다.} 원고(선정당사자)의 피고에 대한 청구는 위 인정 범위 내에서 이유 있어 이를 인용하고, 나머지 청구는 이유 없어 이를 기각하여야 할 것인 바, 원심판결은 이와 결론을 같이 하여 정당하고, 피고의 항소 및 원고(선정당사자)의 부대항소는 이유 없어 이를 모두 기각하기로 하여 주문과 같이 판결한다.

대법원 1999. 4. 23. 선고 98다41377 판결 [공1999.6.1.(83),998]

【원고, 상고인 겸 부대피상고인(선정당사자)】 원고

【피고,피상고인겸부대상고인】 대한민국

【원심판결】 부산지방법원 1998. 7. 23. 선고 98나2614 판결

【주 문】

상고 및 부대상고를 모두 기각한다. 상고 및 부대상고비용은 각자 부담으로 한다.

【이 유】

상고이유를 판단한다.

1. 원고(선정당사자, 이하 원고라고만 쓴다)의 상고이유에 관하여

상고법원은 상고이유에 의하여 불복신청한 한도 내에서만 조사·판단할 수 있으므로, 상고이유서에는 상고이유를 특정하여 원심판결의 어떤 점이 법령에 어떻게 위반되었는지에 관하여 구체적이고도 명시적인 이유의 설시가 있어야 할 것이므로, 상고인이 제출한 상고이유서에 위와 같은 구체적이고도 명시적인 이유의 설시가 없는 때에는 상고이유서를 제출하지 않은 것으로 취급할 수밖에 없다(대법원 1983. 11. 22. 선고 82누297 판결, 1997. 12. 12. 선고 97누12235 판결, 대법원 1998. 3. 27. 선고 97다55126 판결 각 참조).

이 사건 상고장에는 상고이유의 기재가 없으며, 원고가 제출한 상고이유서에는 피해자인 선정자 김○경(이하 김○경이라고만 쓴다)과 강간 등 피해자라고 하는 소외인의 관계, 선정자 1의 건강상태 등에 관하여만 기재되어 있는 바, 위와 같은 상고이유서의 기재는 모두가 상고이유를 특정하여 원심판결 중 어떤 부분이 법령에 어떻게 위반되었는지에 관하여 구체적이고 명시적인 근거를 밝히지 아니하였으므로 이는 적법한 상고이유의 기재로 보기 어렵다 할 것이다.

더 나아가 그 기재를 이 사건 사실인정 과정에서의 채증법칙 위배로 인한 사실오인의 주장으로 선해한다 하더라도 원심판결에는 채증법칙에 위배하였거나 심리를 다하지 아니하여 판결에 영향을 준 사실오인의 위법이 없어 결국 원고의 상고이유의 주장은 받아들일 길이 없다.

2. 피고의 부대상고이유 제1점에 관하여

경찰서에 설치되어 있는 보호실은 영장대기자나 즉결대기자 등의 도주 방지와 경찰업무의 편의 등을 위한 수용시설로서 사실상 설치, 운영되고 있으나 이러한 보호실은 그 시설 및 구조에 있어 통상 철창으로 된 방으로 되어 있어 그 안에 대기하고 있는 사람들이나 그 가족들의 출입이 제한되는 등 일단 그 장소에 유치되는 사람은 그 의사에 기하지 아니하고 일정 장소에 구금되는 결과가 되므로, 경찰관직무집행법상 정신착란자, 주취자, 자살기도자 등 응급의 구호를 요하는 자를 24시간을 초과하지 아니하는 범위 내에서 경찰관서에 보호조치할 수 있는 시설로 제한적으로 운영되는 경우(경찰관직무집행법 제4조 제1항, 제7항)를 제외하고는 구속영장을 발부받음이 없이 피의자를 보호실에 유치함은 영장주의에 위배되는 위법한 구금이므로(대법원 1995. 5. 26. 선고 94다37226 판결, 1994. 3. 11. 선고 93도958 판결 등 참조), 긴급구속절차를 밟음이 없이 영장집행을 위한 편의를 위해 보호실에 유치하는 것은 불법구금에 해당하고 불법구금된 자로서는 신체의 자유를 박탈당하는 실질적인 손해를 입었다고 할 것이다.

원심이 같은 취지에서, 이 사건에서의 구금행위는 헌법과 법률이 보장한 영장주의의 원칙에 반하여 불법구금에 해당한다고 판단한 것은 정당하다. 원심의 그 인정과 판단에는 피고의 부대상고이유의 주장과 같은 헌법 제12조의 영장주의 및 헌법 제29조, 국가배상법 제2조 제1항 소정의 국가배상의 법리를 오해한 위법이 없다. 이 점에 관한 피고의 부대상고이유는 받아들이지 않는다.

3. 피고의 부대상고이유 제2점에 관하여

민법 제752조는 생명침해의 경우에 있어서의 위자료 청구권자를 열거 규정하고 있으나 이는 예시적 열거 규

정이라고 할 것이므로 생명침해 아닌 불법행위의 경우에도 불법행위 피해자의 부모는 그 정신적 고통에 관한 입증을 함으로써 일반 원칙인 같은 법 제750조, 제751조에 의하여 위자료를 청구할 수 있다고 해석하여야 할 것이다(대법원 1965. 5. 25. 선고 65다292 판결, 1978. 1. 17. 선고 77다1942 판결 등 참조).

일반적으로 타인의 불법행위로 부당하게 신체를 구금당한 피해자의 직계존속은 특별한 사정이 없는 한 경험칙상 정신적 고통을 받았다 할 것이므로 기록상 특별한 사정을 찾아 볼 수 없는 이 사건에 있어서 선정자 1의 부모인 선정자 선정자 2(이하 김○성이라고 한다), 원고도 그 정신적 고통에 대하여 위자료를 청구할 수 있다.

이와 같은 취지에서 김○성, 원고에 대한 위자료청구를 인정한 원심의 인정과 판단은 정당하고, 거기에 피고의 부대상고이유의 주장과 같은 채증법칙 위배, 경험칙 위배, 심리미진으로 인한 사실오인의 위법이 없다.

이 점에 관한 피고의 부대상고이유도 받아들이지 않는다.

4. 피고의 부대상고이유 제3점에 관하여

불법행위로 입은 정신적 고통에 대한 위자료 액수에 관하여는 사실심 법원이 제반 사정을 참작하여 그 직권에 속하는 재량에 의하여 이를 확정할 수 있다(대법원 1988. 2. 23. 선고 87다카57 판결 참조).

원심은 제1심판결을 인용하여, 선정자 1이 불법구금되게 된 경위, 그 후의 사건 처리 경과, 피해자들의 직업, 경력, 나이 등 이 사건에 나타난 제반 사정 등을 참작하여 위자료 수액을 확정하고 있는 바, 위와 같은 사정 아래에서 원심이 산정한 위자료 수액은 상당하고 거기에 피고의 부대상고이유의 주장과 같은 헌법, 형사소송법, 국가배상법의 법리를 오해한 위법이 없다. 이 점에 관한 피고의 부대상고이유 역시 받아들일 수 없다.

5. 그러므로 상고 및 부대상고를 모두 기각하고, 상고 및 부대상고비용은 각자 부담으로 하기로 관여 법관의 의견이 일치되어 주문에 쓴 바와 같이 판결한다.

4 과실상계

춘천지방법원 2003. 4. 3. 선고 2002나2574 판결

【원 고】 용△주

【피 고】 정◇학

【보조참가인】 사단법인 중앙시장조합

【제1심 판결】 춘천지방법원 강릉지원 2002. 11. 27. 선고 2002가단2085 판결

【변론종결】 2003. 3. 20.

【주 문】

1. 원심판결을 다음과 같이 변경한다.

가. 피고는 원고에게 11,317,936원 및 이에 대하여 1999.6.1.부터 2003.4.3.까지는 연 5%, 그 다음날부터 다 갚는 날까지는 연 25%의 각 비율로 계산한 돈을 지급하라.

나. 원고의 나머지 청구를 기각한다.

2. 소송총비용은 보조참가로 인한 부분을 포함하여 원고가 50%, 피고 및 피고보조참가인이 50%를 각 부담한다.

3. 제1의 가항은 가집행할 수 있다.

【청구취지 및 항소취지】

1. 청구취지

피고는 원고에게 31,137,150원 및 이에 대하여 1998.4.24.부터 이 사건 소장부본 송달일까지는 연 5%, 그 다음 날부터 다 갚는 날까지는 연 25%의 각 비율로 계산한 돈을 지급하라.

2. 항소취지

원심판결 중 원고패소부분을 취소한다. 피고는 원고에게 청구취지 기재 돈을 지급하라.

【이 유】

1. 손해배상책임의 발생

가. 책임의 근거

(1) 인정사실

다음의 사실은 당사자들 사이에 다툼이 없거나 갑 제1, 2, 5, 6, 8, 10, 11, 12, 14, 15호증, 을 제5호증, 을 제6, 7호증의 1, 2, 을 제8호증의 1 내지 3의 각 기재 및 변론의 전취지를 종합하면 이를 인정할 수 있다.

(가) 원고는 1993.6.1.부터 ○○시 ○○동55-5 소재 삼척중앙시장 내 1층 110호 16.4㎡(이하, "이 사건 점포"라 한다)를 구분소유하면서 그 곳에서 좌판의 형태로 수산물 소매업에 종사하여 왔고, 피고보조참가인(이하, "참가인"이라고만 한다)은 위 시장 상인들로 구성된 법인으로서 위 시장의 개설자이며, 피고는 1999.4.7. 참가인의 대표자인 조합장에 취임하였다.

(나) 원고는 1998.3.24. 참가인의 전(前)조합장인 소외 김▽권의 허락을 받아 이 사건 점포에 높이 90㎝의 냉장고(이하, "이 사건 냉장고"라 한다)를 설치하였는데, 김▽권은 1998.4.24. 소외 이♡자 등 위 시장 상인 25명을 소집하여 개최한 회의에서 그 날 이후 설치하는 냉장고는 높이를 70㎝로 제한하기로 의결하고, 1998.5.1. 및 1998.5.26. 2번에 걸쳐 원고에게 이 사건 냉장고의 높이를 70㎝로 낮출 것을 요구하는 통지서를 보냈으나, 원고는 그 요구에 응하지 아니한 채 영업을 계속하였다.

(다) 피고는 참가인의 조합장에 취임한 직후인 1999.5.3. 및 1999.5.20. 2번에 걸쳐 재차 원고에게 이 사건 냉장고의 높이를 70㎝로 낮출 것을 요구하였으나 원고가 이에 불응하자, 1999.6.1. 10:00경 조합원 총회 등의 절차를 거치지 아니한 채 일방적으로 이 사건 점포 및 이에 바로 인접한 소외 최◎윤 소유 점포에 대한 전기 공급을 중단하였다.

(라) 원고와 최◎윤 이외에 1998.4.24.자 회의에 참가하였던 이♡자 및 소외 김■자, 이◈녀 등도 높이 70㎝ 이상의 냉장고를 설치하여 위 시장에서 영업을 하고 있었으나, 피고는 이♡자, 김■자, 이◈녀 등에 대하여는 전기 공급 중단의 조치를 취하거나 냉장고 높이를 재조정하라는 요구를 하지 않았다.

(마) 원고는 1999.8.23.경 이 법원 99카합330호로 참가인을 상대로 방해금지가처분 신청을 제기하였고, 이 법원은 1999.10.7. 위 가처분 신청사건에서 "참가인은 이 사건 점포에서 원고가 영업을 하기 위하여 필요한 전기를 차단하여서는 아니된다"는 결정을 고지하였으며, 그 가처분 결정에 따라 1999.10.20. 이 사건 점포에 대한 전기

공급이 재개되었다.

(2) 판단

위 인정사실에 의하면, 이 사건 냉장고는 위 회의에서 의결한 규제대상에 포함되지 아니함에도 불구하고 피고가 이♡자 등 높이 70㎝ 이상의 냉장고를 설치하여 영업을 하고 있는 다른 사람들은 문제삼지 않으면서 유독 원고에 대해서만 전기의 공급을 중단한 행위는 원고의 영업권을 침해하는 행위로서 불법행위에 해당한다 할 것이므로, 피고는 이로 인하여 원고가 입은 손해를 배상할 책임이 있다(피고는 참가인의 이사회 결의에 따라 참가인의 대표로서 위와 같은 행위를 하였을 뿐이므로 개인인 피고에게는 책임이 없다는 취지로 주장하나, 민법 35조 1항에 의하면 법인이 그 대표자가 직무에 관하여 타인에게 가한 손해를 배상할 책임을 부담하는 경우에 그 사유를 들어 대표자가 자신의 손해배상책임을 면하지는 못한다 할 것이므로 위 주장은 이유 없다).

나. 책임의 제한

다만 앞서 인정한 사실과 채택한 증거에 의하면, 원고로서도 피고의 불법적인 전기 공급 중단 행위가 있었으면 빠른 시일 내에 가처분 신청과 같은 법적 조치를 취하여야 했음에도 불구하고, 전기 공급이 중단된 지 약 3개월이 지나서야 비로소 참가인에 대하여 영업방해를 배제하기 위한 가처분 신청을 제기하게 된 잘못이 있다고 할 것인바, 원고의 이러한 잘못은 피고의 불법행위로 인한 손해의 확대에 기여한 바 있다 할 것이므로, 피고의 손해배상책임을 정함에 있어 이를 참작하기로 하여, 피고의 손해배상책임을 70%로 제한한다.

2. 손해배상의 범위

가. 영업손실

피고가 위와 같이 1999.6.1.부터 10.19.까지 사이의 기간 동안 전기 공급을 중단함으로써 원고는 141일 동안 이 사건 점포에서 영업을 하지 못하게 되었는데, 갑 제20, 21호증의 1, 2, 갑 제26호증의 1 내지 19, 갑 제27, 28호증의 각 기재에 의하면, 원고가 전기 공급 중단으로 영업을 하지 못한 기간을 제외한 1999년도의 총 매출액은 65,277,000원에 달하고, 삼척중앙시장 내 수산물 소매업자의 총 매출액에 대한 이윤율은 약 35%인 사실을 인정할 수 있으므로, 그 인정사실에 따라 원고의 영업손실을 추정하면 다음과 같이 14,381,330원이 된다.

1일 평균 매출액 : 65,277,000원 / (365-141) = 291,415원(원 미만 버림, 이하 같다)

전기공급이 중단된 기간의 추정 매출액 : 291,415원 * 141일 = 41,089,515원

전기공급이 중단된 기간의 추정 이윤 : 41,089,515원 * 0.35 = 14,381,330원

나. 냉동수산물대금 등

갑 제4, 10호증의 각 기재에 의하면, 피고가 위와 같이 전기 공급을 중단함으로써 원고는 이 사건 냉장고에 보관 중이던 냉동오징어 등 시가 합계 1,541,500원 상당의 수산물이 부패되고, 그 청소비 등으로 145,650원을 지출하는 등 합계 1,687,150원의 손해를 입은 사실을 인정할 수 있다.

다. 교통비

원고가 피고의 위와 같은 부당한 전기 공급 중단행위에 대항하기 위하여 경찰서에 고소를 제기하는 등의 조치를 취할 수밖에 없었고, 그 과정에서 교통비로 100,000원을 지출하는 손해를 입은 사실은 당사자들 사이에 다툼이 없다.

라. 재산상 손해

합계액 16,168,480원(14,381,330원 + 1,687,150원 + 100,000원)

마. 과실상계

피고 과실비율 70% 상계 후 재산손해액 : 16,168,480원 * 0.7 = 11,317,936원

바. 위자료

일반적으로 타인의 불법행위로 인하여 재산권이 침해된 경우에는 그 재산적 손해의 배상에 의하여 정신적 고통도 회복된다고 보아야 할 것인바, 이 사건 전기 공급의 중단으로 인하여 원고에 대한 명예나 신용의 훼손이 있었다거나 달리 재산적 손해의 배상만으로는 회복할 수 없는 정신적 손해가 있었음을 인정할 자료가 없으므로, 원고의 이 부분 청구는 이유 없다.

3. 결 론

그렇다면, 피고는 원고에게 11,317,936원 및 이에 대하여 이 사건 불법행위일인 1999.6.1.부터 이 판결선고일인 2003.4.3.까지는 민법에 정한 연 5%의, 그 다음날부터 다 갚는 날까지는 소송촉진등에관한특례법에 정한 연 25%의 각 비율에 의한 지연손해금을 지급할 의무가 있으므로(원고는 이 사건 소장부본 송달 다음날부터 이 판결선고일까지의 기간에 대하여도 위 특례법 소정 비율에 의한 지연손해금의 지급을 구하나, 피고가 이 사건 이행의무의 존부 및 범위에 관하여 항쟁함이 상당하다고 인정되므로, 위 기간에 대하여는 위 특례법을 적용하지 않는다), 원고의 청구는 위 인정범위 내에서 이유 있어 이를 인용하고, 나머지 청구는 이유 없어 이를 기각할 것인바, 이와 결론을 달리한 원심판결은 부당하므로 원고의 항소를 일부 받아들여 원심판결을 위와 같이 변경하기로 하여 주문과 같이 판결한다.

대법원 2003. 7. 25. 선고 2003다22912 판결

【공2003.9.15.(186),1851】

【원고, 상고인】 용○주

【피고, 피상고인】 정○학

【피고보조참가인】 사단법인 중앙시장조합

【원심판결】 춘천지방법원 강릉지원 2003. 4. 3. 선고 2002나2574 판결

【주 문】

원심판결 중 재산상 손해에 관한 원고 패소 부분을 파기하고, 이 부분 사건을 춘천지방법원 강릉지원 합의부에 환송한다. 원고의 나머지 상고를 기각한다.

【이 유】

1. 상고이유 제1점에 관하여

가. 손해배상액 제한에 관한 원심의 판단

원심은, 그 채용 증거를 종합하여, 원고가 1993. 6. 1.부터 삼척중앙시장 내 1층 110호 16.4㎡(이하 '이 사건 점

포'라 한다)를 구분소유하면서 좌판 형태로 수산물 소매업에 종사하여 왔고, 피고보조참가인(이하 '참가인'이라 한다)은 시장상인들로 구성된 법인으로서 위 시장의 개설자이며, 피고는 1999. 4. 7. 참가인의 대표자인 조합장에 취임한 사실, 원고는 1998. 3. 24. 참가인의 전(전)조합장인 김○권의 허락을 받아 이 사건 점포에 높이 90㎝의 '이 사건 냉장고'를 설치하였는데, 김○권은 1998. 4. 24. 이월자 등 시장상인 25명을 소집하여 개최한 회의에서 그 날 이후 설치하는 냉장고의 높이를 70㎝로 제한하기로 의결하고, 1998. 5. 1. 및 1998. 5. 26. 2번에 걸쳐 원고에게 이 사건 냉장고의 높이를 70㎝로 낮출 것을 요구하는 통지서를 보냈으나, 원고는 그 요구에 응하지 아니한 사실, 피고는 참가인의 조합장에 취임한 직후인 1999. 5. 3. 및 1999. 5. 20. 2번에 걸쳐 재차 원고에게 같은 요구를 하였으나 원고가 이에 불응하자, 1999. 6. 1. 10:00경 조합원 총회 등의 절차를 거치지 아니한 채 일방적으로 이 사건 점포 및 바로 인접한 최○윤 소유의 점포에 대한 전기공급을 중단한 사실, 원고와 최○윤 이외에 1998. 4. 24.자 회의에 참가하였던 이○자, 김○자, 이○녀 등도 높이 70㎝ 이상의 냉장고를 설치하여 영업하고 있었음에도 피고는 그들에 대하여는 전기공급 중단조치를 취하거나 냉장고 높이를 조정하라는 요구를 하지 아니한 사실을 인정한 다음, 이 사건 냉장고는 위 회의에서 의결한 규제대상에 포함되지 아니함에도 불구하고 피고가 이월자 등 높이 70㎝ 이상의 냉장고를 설치하여 영업을 하고 있는 다른 사람들은 문제삼지 않으면서 원고에 대해서 전기공급을 중단한 행위는 원고의 영업권을 침해하는 행위로서 불법행위에 해당한다고 하여 피고의 손해배상책임을 인정하였다.

나아가 원심은, 원고가 1999. 8. 23.경 참가인을 상대로 전기공급을 중단하여서는 아니 된다는 내용의 단전금지등가처분신청(원심법원 99카합330호)을 제기하였고, 원심법원의 1999. 10. 7.자 '참가인은 이 사건 점포에서 원고가 영업을 하기 위하여 필요한 전기를 차단하여서는 아니된다.'는 가처분결정에 따라 1999. 10. 20. 이 사건 점포에 대한 전기공급이 재개된 사실을 인정하고, 원고로서도 피고의 불법적인 전기공급 중단행위가 있었으면 빠른 시일 내에 가처분신청과 같은 법적 조치를 취하여야 했음에도 불구하고, 전기공급이 중단된 지 약 3개월이 지나서야 비로소 참가인에 대하여 영업방해를 배제하기 위한 가처분신청을 제기한 잘못이 있다고 할 것인데, 원고의 이러한 잘못은 피고의 불법행위로 인한 손해확대에 기여하였다 하여 이를 30%로 평가하여 피고의 손해배상책임을 70%로 제한한다고 판단하였다.

나. 이 법원의 판단

신의칙 또는 손해부담의 공평이라는 손해배상제도의 이념에 비추어 볼 때, 불법행위의 피해자에게는 그로 인한 손해의 확대를 방지하거나 감경하기 위하여 노력하여야 할 일반적인 의무가 있으며 피해자가 합리적인 이유 없이 손해경감조치의무를 이행하지 않을 경우에는 법원이 그 손해배상액을 정함에 있어 민법 제763조, 제396조를 유추적용하여 그 손해확대에 기여한 피해자의 의무불이행의 점을 참작할 수 있다 (대법원 1999. 6. 25. 선고 99다10714 판결 참조).

한편, 손해의 확대를 방지하거나 경감하는데 적절한 법적 조치가 존재하는 경우 이는 손해경감조치에 해당될 수 있고, 피해자가 그 법적 조치를 취함에 있어 감당하기 어려운 많은 비용이 소요된다든가, 그 결과가 불확실하다거나, 판단을 받기까지 현저하게 많은 시간이 필요하다는 등의 사정이 없음에도 불구하고 합리적인 이유 없이 그 법적 조치를 취하지 아니한 경우에는 그 손해확대에 기여한 피해자의 의무불이행의 점을 손해배상액을 정함에 있어 참작할 수 있을 것이다. 위와 같은 법리에 비추어 보면, 원심이 단전금지등가처분신청을 위법한 전기공급 중단조치에 대한 손해경감조치의무로 본 것은 정당하다고 할 것이나, 피해자의 그러한 법적 조치가 시기에 늦었다 하여 이를 손해배상액을 정함에 있어 참작할 수 있는 지를 판단함에 있어서는 당해 법적 조치의 종류와 성질, 사전 준비에 소요되는 시간, 사전의 다른 조치의 이행 여부, 피해자의 법률적 지식 등을 감안하여 사회통념에 따라 신중하게 판단하여야 할 것이다.

기록에 의하면, 1999. 6. 1. 전기공급이 중단되자 원고는 피고 및 참가인에게 항의를 하고, 같은 해 6. 8. 전기공급 중단으로 인하여 영업을 방해받았다면서 경찰서에 피고를 고소하여 조사가 진행되었으나 전기공급이 재개되지 아니하자 단전조치가 있은 지 2개월 23일 만인 1999. 8. 23. 참가인을 상대로 단전금지등가처분신청을 제기하였고, 원심법원의 1999. 10. 7.자 가처분결정에 따라 1999. 10. 20. 이 사건 점포에 대한 전기공급이 재개된 사실을 알 수 있는바, 단전금지등가처분신청은 시장에서 생선판매업에 종사하는 원고에게는 익숙하지 아니한 법적 조치라 할 것이고, 전기공급이 중단되자 원고는 피고와 참가인을 찾아가 항의를 하고 단전으로 인한 영업방해를 제거할 의도로 경찰서에 피고를 고소하는 등 나름대로 사전의 조치를 취하였으나 그것이 효과가 없자 2개월 23일만인 1999. 8. 23. 원심법원에 단전금지등가처분신청을 제기하게 된 점에 비추어 보면, 단전금지등가처분신청의 제기가 원고의 손해배상액을 정함에 있어 참작하여야 할 정도로 시기에 늦었다고 보기는 어렵다고 할 것이다.

그럼에도 불구하고, 위 가처분신청이 시기에 늦었다고 하여 피고의 손해배상 책임을 70%로 제한한 원심은 손해경감조치의무의 이행에 관한 사실인정을 그르치고 손해경감조치의무에 관한 법리를 오해하여 판결에 영향을 미친 위법을 저지른 것이라 할 것이다.

2. 상고이유 제2점에 관하여

일반적으로 타인의 불법행위로 인하여 재산권이 침해된 경우에는 특별한 사정이 없는 한 그 재산적 손해의 배상에 의하여 정신적 고통도 회복된다고 보아야 할 것이고 재산적 손해의 배상만으로는 회복할 수 없는 정신적 손해가 있다면 그 위자료를 인정할 수 있다고 할 것이다(대법원 1996. 11. 26. 선고 96다31574 판결, 1997. 2. 14. 선고 96다36159 판결, 1998. 7. 10. 선고 96다38971 판결 등 참조).

원심은, 이 사건 전기공급의 중단으로 인하여 원고에 대한 명예나 신용의 훼손이 있었다거나 달리 재산적 손해의 배상만으로 회복할 수 없는 정신적 손해가 있었음을 인정할 자료가 없다 하여 원고의 위자료 청구를 배척하였는바, 앞서 본 법리와 기록에 비추어 살펴보면 원심의 위와 같은 판단은 정당하고, 거기에 위자료에 관한 법리오해의 위법이 없다.

3. 결 론

그러므로 원심판결 중 재산상손해에 관한 원고 패소 부분을 파기하고, 이 부분 사건을 다시 심리·판단하도록 원심법원에 환송하고, 원고의 나머지 상고를 기각하기로 하여 관여 대법관의 일치된 의견으로 주문과 같이 판결한다.

5 일실이익 산정시 일반 육체노동자의 가동연한

(1) 대법원 1989. 12. 26 선고 88다카16867 전원합의체 판결 [손해배상(자)] [공1990.2.15(866),356]

【판시사항】

[1] 일반육체노동자의 가동연한 개인택시운전사의 일실이익 산정에 있어서 개인택시운송사업면허를 자본적 수익재로 볼 것인지 여부(소극)

[2] 불법행위로 사망한 피해자의 개인택시운송사업면허를 유족들이 매도한 경우 그 처분가액에 대한 가동연한까지의 중간이자 상당액이 손익상계의 대상인지 여부(소극)

【판결요지】

[1] 우리나라의 사회적, 경제적 구조와 생활여건이 급속하게 향상발전됨에 따른 저반사정의 변화에 비추어 보면 이제 일반육체노동 또는 육체노동을 주된 내용으로 하는 생계활동의 가동연한이 만 55세라는 경험측에 의한 추정은 더 이상 유지되기 어렵다고 하지 않을 수 없으며 오히려 일반적으로 만 55세를 넘어서도 가동할 수 있다고 보는 것이 경험측에 합당하다고 할 것이다.

[2] 개인택시운송사업면허가 유상으로 양도되고 있어 사실상 교환적 가치를 지니고 있다고 하여도 이러한 사실만으로 곧 위 면허자체를 자본적 수익재에 해당한다고 말할 수는 없으므로, 개인택시운전사이던 피해자의 일실이득을 산정함에 있어서 위 면허가 차지하는 자본적 기여부분에 해당하는 면허처분가액의 법정이자 상당액을 공제하여야 하는 것은 아니다.

[3] 불법행위로 사망한 피해자 명의의 개인택시운송사업면허를 유족들이 다른사람에게 매도함으로써 발생한 그 처분가액에 대한 가동연한까지의 중간이자 상당의 이득은 직접적으로 불법행위로 인하여 발생한 이득이라고는 보기 어려울뿐 아니라, 위 망인의 가동연한이 도래한 때에 있어서의 위 개인택시의 처분가액이 유족들의 처분가액과 반드시 같은 것이라고 예측 할 수도 없는 것이어서 불법행위와 상당인과관계가 있는 이득이라고 보기도 어렵다고 할 것이므로 손익상계에 의하여 손해에서 공제할 수 있는 이득이라고 할 수 없다.

【참조법령】

민법 제763조,제393조: 민사소송법 제187조

【재판경과】

전원합의체대법원 1989. 12. 26 선고 88다카16867 전원합의체 판결

대구고등법원 1988. 5. 6 선고 87나1117 판결

【참조판례】

1956.1.26. 선고 4288민상352 판결(1984,520) 1966.10.11. 선고 66다1399 판결(1984,520)폐기 1967.1.31. 선고 66다2217 판결(1984,520)폐기 1968.7.16. 선고 68다997 판결(1984,520)폐기 1969.1.21. 선고 68다2237 판결(1984,520)

【따름판례】

대법원 1990. 1. 23 선고 89다카7723 판결, 대법원 1990. 2. 13 선고 88다카34100 판결, 대법원 1990. 2. 13 선고 88다카22435 판결, 대법원 1990. 3. 13 선고 89다카15472 판결, 대법원 1990. 3. 13 선고 89다카22975 판결, 대법원 1990. 3. 13 선고 89다카25257 판결, 대법원 1990. 4. 10 선고 89다카23244 판결, 대법원 1990. 4. 27 선고 90다카1172 판결, 대법원 1990. 5. 22 선고 90다카3024 판결, 대법원 1990. 6. 12 선고 90다카2397 판결, 대법원 1990. 7. 13 선고 90다카4324 판결, 대법원 1990. 11. 13 선고 89다카34176 판결, 대법원 1990. 12. 26 선고 90다10629 판결, 대법원 1991. 2. 22 선고 90다6248 판결, 대법원 1991. 12. 27 선고 91다35243 판결, 대법원 1992. 7. 24 선고 92다10135 판결, 대법원 1992. 7. 24 선고 92다10135 판결, 대법원 1993. 11. 26 선고 93다31917 판결, 대법원 1995. 7. 14 선고 94다51055 판결, 대법원 1996. 11. 29 선고 96다37091 판결, 대법원 1997. 3. 25 선고 96다49360 판결, 대법원 1997. 6. 27 선고 96다426 판결, 대법원 1997. 12. 23 선고 96다46491 판결, 대법원 2007. 11. 30 선고 2006다19603 판결

【전 문】

【원고, 상고인겸 피상고인】 백◎자 외 5인 원고들
소송대리인 변호사 오▽도 외 1인

【피고, 피상고인겸 상고인】 서×태
소송대리인 변호사 이◈영

【원심판결】 대구고등법원 1988.5.6. 선고 87나1117 판결

【주 문】

원심판결 중 원고들 패소부분을 파기하고 이 부분 사건을 대구고등법원에 환송한다.

피고의 상고를 기각하고 이 상고 기각부분에 관한 상고비용은 피고의 부담으로 한다.

【이 유】

1. 원고들 소송대리인들의 상고이유를 본다.

(1) 원심판결이유에 의하면, 원심은 개인택시운송사업면허를 가지고 개인택시를 운전하다가 이 사건 사고로 사망한 소외 망 박생▽의 일실이익을 산정함에 있어서 그 가동연한에 관하여 개인택시운송사업은 그 면허를 받은 자가 직접 운전함을 원칙으로 하고 있고 운전업무는 사고방지를 위하여 고도의 주의력이 요구될 뿐 아니라 그 육체적 활동이 일반육체노동에 비하여 가벼운 것은아닌 점을 들어 이 망인이 만60세가 끝날 때까지 가동할 수 있다는 원고들 주장을 배척한 후 위 망인의 가동연한은 만 55세가 끝날 때까지임이 경험칙에의하여 인정된다고 판단하고 있다.

(2) 당원은 종래에 일반육체노동 또는 육체노동을 주된 내용으로 하는 생계활동의 가동연한은 경험칙상 만 55세로 보아야 한다는 견해를 표명해 왔고 위원심판단은 이러한 당원의 견해에 따른 것으로 보인다.

그런데 경험칙이라는 것은 각개의 경험으로부터 귀납적으로 얻어지는 사물의 성상이나 인과의 관계에 관한 사실판단의 법칙을 말하는 것으로서 구체적인 경험적 사실로부터 도출되는 공통인식에 바탕을 둔 판단형식으므로, 그 기초가 된 경험적 사실의 변하에 따라 그 판단내용도 달라질 수 밖에 없음은 더말할 나위도 없다.

일반육체노동의 가동연합이 경험칙상 만 55세라고 본 당원의 판례는 1950년대(1956.1.26.선고, 4288민상352 판결 참조)와 1960년대(1966.10.11.선고, 66다1399 판결; 1967.1.31.선고, 66다2217 판결; 1968.7.16.선고, 68다997 판결, 1969.1.21.선고, 68다2237 판결 등 각 참조)에 형성되기 시작하였는 바, 이러한 판례형성의 초기에 있어서 위 경험칙의 기초가 된 제반사정을 당원에 현저한 사실관계에 터잡아 살펴보면 우리나라 국민의 평균여명(영세 기준)이 1950년대에는 남자 51.12세, 여자 53.73세이고 1960년대에는 남자 54.92세, 여자60.99세에 불과하였고(1960년도 한국통계연감(내무부) 및 1967년도 한국 통계연감(경제기획원) 각 참조), 육체노동을 주된 업무내용으로 하는 선로수, 토목수, 목공, 운전수 등 기능직공무원의 정년이 법령상 만 55세로 한정되어 있었으며(1963.4.17. 법률제132호로 공포시행된 국가공무원법 제74조, 1963.5.29. 각 령 제1317호로 공포시행된 공무원임용령 제3조 제2항 각 참조), 여기에 당시의 우리나라의 경제수준과 고용조건 등의 사회적, 경제적 여건을 감안하여 일반육체노동의 가동연한은 만 55세라는 경험칙에 의한 추정이 도출되었던 것으로 이것이 현재까지 유지되어 왔던 것이다. 그러나 그동안 우리나라의 사회적, 경제적 구조와 생활여건이 급속하게 향상발전됨에 따라 국민의 평균여명(영세기준)은 남자 63세, 여자 69세로 늘어났고(1981년도 한국통계연감(경제기획원 조사통계국)참조), 기능직공무원 중육체노동을 주된 업무내용으호 하는 철도원, 토목원, 건축원, 기계원등의 정년도 법령상 만 58세로 연장되었으며(1986.12.31. 대통령령 제12052호로 개정된 공무원임용령 제3조 제3항참조), 또 국민연금법상 노동능력을 상실한 노령자에게 지급되는 노령연금의 지급대상연령도 갱내작업광부와 어로작업선원등특수한 경우를 제외하고 만 60세로 규정되기에 이르렀다(1986.12.31. 법률제3902호로 공포시행된 국민연금법 제56조 제1항,같은법 시행령 제38조 참조).위에서 본 바와 같은 제반사정의 변화에 비추어보면 이제 일반육체노동 또는육체노동을 주된 내용으로 하는 생계활동의 가동연한이 만55세라는 경험칙에의한 추정은 더 이상 유지되기 어렵다고 하지 않을 수 없으며 오히려 일반적으로 만55세를 넘어서도 가동할 수 있다고 보는 것이 경험칙에 합당하다고 할것이므로, 당원이 종래에 일반육체노동또는 육체노동을 주로하는 생계활동의가동연한을 경험칙상 만 55세라고 본 견해는 이를 폐기하기로 한다.

다만 오늘날 만 55세를 넘어 가동할 수 있는 한계연령이 구체적으로 몇살인가 하는 점은 앞에서 당원이 현저한 사실관계에 더 잡아 살펴본 평균여명과기능직공무원의 정년 등 사유만가지고 정하기에 미흡하다고 생각되므로, 사실조사의 권능을 가진 사실심에서 앞에서 본 사유외에 연령별 근로자인구수,취업율 또는 근로참가율 및 직종별 근로조건과 정년제한등 제반사정을 조사하여이로부터 경험칙상 추정되는 일반육체노동의 가동연한을 도출하던가 또는 당해 피해자의 연령, 직업, 경력, 건강상태등 구체적인 사정을 고려하여 그 가동연한을 인정하든가 하여야 할 것이다.

(3) 결국 원심판결은 위 망 박생▽의 가동연한을 인정함에 있어서 채증법칙에 위반하여 판결에 영향을 미친 위법이 있고 이는 소송촉진등에관한특례법제12조 제2항 소정의 파기사유에 해당하므로 이 점에 관한 논지는 이유있다.

2. .피고소송대리인의 상고이유를 본다.

(1) 제1점

원심판결이유에 의하면, 원심은 소외 망 박 생▽가 이 사건 사고발생당시택시운전석에 부착되어 있던 안전벨트를 착용하지 아니한 과실이 있다는 피고의 주장에 대하여 이를 인정할 만한 증거가 없다는 이유로 배척하고 있는 바,기록에 나타난 증거관계를 살펴보면 위와 같은 원심판단은 정당하다.
논지는 피해자 망 박 생▽가 이 사건 사고로 입은 뇌좌상, 흉부좌상, 다발성 늑골골절상등 상해의 부위로 보아 안전벨트를 착용하지 않은 것이 명백한데도 위와 같이 판단한 원심판결에는 심리미진과 과실상계의 법리를 오해한위법이 있다는 것이나 기록에 의하면 위 피해자는 피해차량을 운전하던 중 가해차량과 정면 충돌하여 차량 전면이 부서지면서 흉부좌상과 다발성 늑골골절상을 입고 사망하였음이 명백하고 소론과 같이 뇌좌상을 입었다는 자료는 찾아볼수 없는 바, 위와 같은 흉부좌상 등의 상처는 안전벨트를 착용한 경우에도 운전대에 충격되어 생길 수있는 상처라고 보여지므로 위 논지는 이유없다.

(2) 제2점

개인택시운송사면허가 유상으로 양도되고 있어 사실상 교환적 가치를 지니고 있다고 하여도 이러한 사실만으로 곧 위 면허자체를 자본적 수익재에 해당한다고 말할 수는 없으므로, 위 면허가 자본적 수익재임을 전제로 위 망 박생▽의 일실이익을 산정함에 있어서 위 면허가 차지하는 자본적 기여부분에해당하는 면허처분가액의 법정이자 상당액을 공제하여야 한다는 논지는 받아들일 수 없다.
또 논지는 원고들이 위 망 박 생▽의 가동연한이 도래하기 전에 미리 위 개인택시운송사업면허를 다른 사람에게 처분함으로써 그 처분가액에 대한 가동연한까지의 법정이자 상당의 이익을 얻었으므로 이를 망인의 일실이익손해에서 공제하여야 한다고 주장하나, 손익상계에 의하여 손해에서 공제할 수 있는이익은 손해가 발생한 동일한 원인사실로부터 발생한 것이어야 하고 또 불법행위와 상당인과관계가 있는 것임을 요하는 바, 피고가 주장하는 중간이자상당이익은 원고들이 위 망인명의의 개인택시운송사업면허를 다른사람에게 매도함으로써 발생한 이익이고 직접적으로 이사건 불법행위로 인하여 발생한 이익이라고는 보기 어려울 뿐 아니라, 위 망인의 가동연한이 도래한 때에 있어서의 위 개인택시의 처분가액이 원고들의 처분가액과 반드시 같을 것이라고 예측할 수도 없는 것이어서 원고들의 처분가액에 대한 중간이자 상당액이 이 사건 불법행위와 상당인과 관계가 있는 이익이라고 보기도 어렵다고 할 것이다.
소론 당원 결정은 상고허가신청기각결정으로서 이유의 기재가 없는 것이므로 원심판결과 상반된 판례라고 볼 수 없다.
결국 원심판결에 손해범위에 관하여 법리를 오해하고 당원판례와 상반된 법률해석을 한 위법이 있다는 논지는 모두 이유없다.

3.. 그러므로 원심판결 중 원고들 패소부분을 파기하고, 이 부분 사건을 원심법원에 환송하며 피고의 상고는 이를 기각하고, 이 상고기각부분에 관한 상고비용은 패소자의 부담으로 하여 관여법관의 일치된 의견으로 주문과 같이 판결한다.

대법관 이일규(재판장) 김덕주 이회창 박우동 윤관 배석 이재성 김상원 배만운 안우만 김주한 윤영철 김용준

(2) 대법원 2019. 2. 21 선고 2018다248909 전원합의체 판결 [손해배상(기)(마) 파기환송]

[판시사항]

◇일반육체노동을 하는 사람 또는 육체노동을 주로 생계활동으로 하는 사람의 경험칙상 가동연한을 만 60세

로 보아 온 종래 견해의 유지 여부◇

【판결요지】

대법원은 1989. 12. 26. 선고한 88다카16867 전원합의체 판결(이하 '종전 전원합의체 판결'이라 한다)에서 일반 육체노동을 하는 사람 또는 육체노동을 주로 생계활동으로 하는 사람(이하 '육체노동'이라 한다)의 가동연한을 경험칙상 만 55세라고 본 기존 견해를 폐기하였다. 그 후부터 현재에 이르기까지 육체노동의 가동연한을 경험칙상 만 60세로 보아야 한다는 견해를 유지하여 왔다. 그런데 우리나라의 사회적·경제적 구조와 생활여건이 급속하게 향상·발전하고 법제도가 정비·개선됨에 따라 종전 전원합의체 판결 당시 위 경험칙의 기초가 되었던 제반 사정들이 현저히 변하였기 때문에 위와 같은 견해는 더 이상 유지하기 어렵게 되었다. 이제는 특별한 사정이 없는 한 만 60세를 넘어 만 65세까지도 가동할 수 있다고 보는 것이 경험칙에 합당하다. ☞ 원심이 피해자의 일실수입 산정의 기초가 되는 가동연한을 인정할 때에, 경험적 사실들을 조사하여 그로부터 경험칙상 추정되는 육체노동의 가동연한을 도출하거나 피해자의 가동연한을 위 경험칙상 가동연한과 달리 인정할 만한 특별한 구체적 사정이 있는지를 심리하여 그 가동연한을 정하였어야 함에도, 그에 이르지 아니한 채 막연히 종래 경험칙에 따라 피해자의 가동연한을 만 60세로 인정하였고, 이러한 원심판단에 가동연한에 관한 법리를 오해하여 필요한 심리를 다하지 아니하거나 논리와 경험의 법칙을 위반하여 자유심증주의의 한계를 벗어나는 등의 잘못으로 판결에 영향을 미친 위법이 있다는 이유로, 원심판결 중 일실수입에 관한 일부 원고들의 패소 부분을 파기환송한 사례 ☞ 위와 같은 다수의견에 대하여, 경험적 사실의 변화로 만 60세를 넘어서도 가동할 수 있다고 보는 것이 경험칙에 합당하다는 점에 대하여는 다수의견과 견해를 같이 하면서도, 제반 사정에 비추어 육체노동의 경험칙상 가동연한을 만 63세로 보는 것이 타당하다는 대법관 조희대, 대법관 이동원의 별개의견과, 육체노동의 경험칙상 가동연한을 일률적으로 만 65세 등 특정 연령으로 단정하여 선언하는 것은 적절하지 않고 만 60세 이상이라고 포괄적으로 선언하는 데에 그쳐야 한다는 대법관 김재형의 별개의견이 있음.

책임무능력자 감독자책임 등

책임무능력자 감독자책임 등

1 책임무능력자 감독자책임

(1) 대법원 1977. 5. 24. 선고 77다354 판결 [집25(2)민,74;공1977.7.1.(563)10111]

【원고, 상고인】 박○호 외 2명

【피고, 피상고인】 피고 1 외 1명

【원판결】 서울고등법원 1977. 2. 8. 선고 76나2308판결

【주 문】

원판결을 파기하고, 사건을 서울고등법원으로 환송한다.

【이 유】

원고들 소송대리인 변호사 김○석의 상고이유를 판단한다.

기록에 의하면 원심은 본건사고의 가해자인 피고들의 자 소외인은 당시 연령이 만 13년 5개월 된 성적이 우수한 중학생이였다는 사실만 가지고 동인이 본건 불법행위의 책임을 변식할 지능이 있는자였다고 단정하여 불법행위의 형태도 판시함이 없이 만연히 그 부모로서 감독자인 피고들의 본건 불법행위에 의한 책임이 없다고 인정하고 있다.

그러나 원고들 주장에 의하면 위 소외인은 길이가 70㎝의 탄력이 강한 고무줄총을 원고 박○호 뒤에서 겨누고는 "○호야"하고 불러 뒤를 돌아보는 순간 동인의 안면을 향하여 밤알만한 돌을 발사하였다고 주장하는바 만일 그것이 사실이라면 위 소외인이 법률상 책임을 변식할 능력이 충분한 행위자의 행동이라고는 도저히 볼 수 없으므로 원판결과 같은 판단은 내릴 수 없을 것임이 일상 경험칙상 명백하다.

그런데도 불구하고 원심이 이와 같은 점을 충분히 심리않고 만연히 위 소외인은 법률상 책임을 변식할 능력이 있다는 이유로 피고들에게 본건 손해배상의 책임이 없다고 인정하였음은 부당하므로 원심으로 하여금 이런 점을 다시 심리판단케 하기 위하여 관여법관의 일치된 의견으로 주문과 같이 판결한다.

(2) 대법원 1994. 2. 8. 선고 93다13605 전원합의체판결 [공1994.4.1.(965), 1000]

【원고, 상고인】 이○옥 외 3인

【피고, 피상고인】 김○식 외 1인

【원심판결】 서울고등법원 1993. 1. 26. 선고 92나52063 판결

【주 문】

상고를 모두 기각한다.
상고비용은 원고들의 부담으로 한다.

【이 유】

상고이유를 본다.

1. 민법 제750조에 대한 특별규정인 민법 제755조 제1항에 의하여 책임능력 없는 미성년자를 감독할 법정의 의무 있는 자가 지는 손해배상책임은 그 미성년자에게 책임이 없음을 전제로 하여 이를 보충하는 책임이고, 그 경우에 감독의무자 자신이 감독의무를 해태하지 아니하였음을 입증하지 아니하는 한 책임을 면할 수 없는 것이나, 반면에 미성년자가 책임능력이 있어 그 스스로 불법행위책임을 지는 경우에도 그 손해가 당해 미성년자의 감독의무자의 의무위반과 상당인과관계가 있으면 감독의무자는 일반불법행위자로서 손해배상책임이 있다 할 것이므로(당원 1991.11.8. 선고 91다32473 판결, 1992.5.22. 선고 91다37690 판결, 1993.8.27. 선고 93다22357 판결 각 참조), 이 경우에 그러한 감독의무위반사실 및 손해발생과의 상당인과관계의 존재는 이를 주장하는 자가 입증하여야 할 것이다.

소론이 인용하는 당원 1984.7.10. 선고 84다카474 판결의 해석은 위와 같은 견해와 저촉되는 것이므로 이를 변경하기로 한다.

2. 이 사건에서 원심은 제1심판결이유를 인용하여, 소외 김○일은 그가 오토바이를 운전하던 중 일으킨 이 사건 교통사고 당시 만 17세 9개월 남짓된 고등학교 3학년생으로서 자기 행위에 대한 책임을 변식할 지능이 있었으므로 그 부모인 피고들은 피해자인 원고 이○옥과, 그 가족인 나머지 원고들에 대하여 민법 제755조 제1항에 의한 손해배상책임이 없고, 위 김○일은 이 사건 사고를 일으키기 8개월여전에 원동기장치자전거운전면허를 취득하였는데, 그 판시와 같은 원고들의 입증만으로는 피고들이 위 김○일에 대한 감독을 게을리한 과실이 있고, 그로 말미암아 위 사고가 발생하였다고 인정하기에 부족하고, 달리 증거가 없으므로 피고들에게는 민법 제750조에 의한 손해배상책임이 없다고 판시하여 원고들의 청구를 모두 기각하였는 바, 기록에 나타난 증거관계에 비추어 보면 이러한 원심의 인정 및 판단은 정당하고, 거기에 소론이 지적하는 바와 같은 미성년자의 감독의무자의 손해배상책임이나, 입증책임에 관한 법리오해 또는 채증법칙위반의 위법이 없다. 논지는 이유 없다.

3. 그러므로 상고를 모두 기각하고 상고비용은 패소자들의 부담으로 하여 관여 법관 전원의 일치된 의견으로 주문과 같이 판결한다.

2 공작물 점유자책임

(1-1) 서울고등법원 2003. 4. 10. 선고 2002나25930 판결

【원고, 항소인】 함○웅 외 1인
【피고, 피항소인】 학교법인 ○광학원
【제1심 판결】 서울지방법원 북부지원 2002. 4. 18. 선고 2001가합5160 판결
【변론종결】 2003. 3. 13.

【주 문】

1. 가. 제1심 판결 중 다음에서 지급을 명하는 부분에 해당하는 원고들의 패소 부분을 모두 취소한다.

나. 피고는 원고들에게 각 5,000,000원과 위 각 금원에 대하여 2001. 7. 15.부터 2003. 4. 10.까지는 연 5%의, 그 다음날부터 갚는 날까지는 연 25%의 각 비율에 의한 금원을 지급하라.

2. 원고들의 나머지 항소를 각 기각한다.

3. 소송 총비용은 이를 10등분하여 그 1은 피고가, 나머지 9는 원고들이 부담한다.

4. 제1의 나항은 가집행할 수 있다.

【청구취지 및 항소취지】

1. 청구취지

피고는 원고 함○웅에게 136,307,512원, 원고 박○례에게 129,307,512원 및 위 각 금원에 대하여 2001. 7. 15.부터 제1심 판결 선고일까지는 연 5%. 그 다음 날부터 다 갚는 날까지는 연 25%의 각 비율에 의한 금원을 각 지급하라.

2. 항소취지

제1심 판결 중 다음에서 지급을 명하는 부분에 해당하는 원고들의 패소부분을 모두 취소한다. 피고는 원고 함○웅에게 74,424,392원, 원고 박○례에게 76,024,332원 및 위 각 금원에 대하여 2001. 7. 15.부터 제1심 판결 선고일까지는 연 5%, 그 다음 날부터 다 갚는 날까지는 연 25%의 각 비율에 의한 금원을 각 지급하라.

【이 유】

1. 손해배상책임의 발생

가. 책임의 근거

제1심 판결이유의 제1.항의 기재와 같으므로, 민사소송법 제390조에 의하여 이를 그대로 인용한다.

나. 판단

위 인정사실에 의하면, 이 사건 사고 당시 이 사건 담장이 군데군데 균열이 생겼고, 이 사건 공사 현장쪽으로 비스듬히 기울어져 있었을 뿐만 아니라 담장쪽 지반의 일부가 침하되어 있어 비가 많이 오면 이 사건 담장이 수압을 견디지 못하고 무너질 수 있는데도 피고가 이를 제대로 보수하지 아니한 채 그대로 방치하는 바람에 공작물인 이 사건 담장에 통상 갖추어야 할 안전성을 제대로 갖추지 못하는 등 하자가 있었던 상태였고, 위와 같은

이 사건 담장의 보존상의 하자로 인하여 결국 망인이 위와 같은 사고를 당하게 되었다 할 것이므로, 피고는 이 사건 담장의 점유자 및 소유자로서 위 망인과 원고들이 입은 손해를 배상할 책임이 있다.

다. 책임의 제한

한편, 앞서 든 증거에 의하면, 망인으로서도 집중호우로 인하여 이 사건 신축중인 건물 내부로 빗물이 유입되는 것을 막기 위한 작업을 함에 있어, 당시 이 사건 공사 현장에서 계속 근무하여 이 사건 담장 등 현장의 상황을 잘 알고 있는 상태였고, 이 사건 담장에 위와 같이 임시방편으로 버팀대를 설치하였는데, 그 중의 일부가 해체된 상태이어서 집중호우로 인하여 이 사건 담장이 빗물의 수압을 견디지 못하여 무너질 우려가 있음을 잘 알수 있었음에도 불구하고 만연히 이 사건 담장 근처에서 작업을 하던 중 이 사건 사고를 당한 사실을 인정할 수 있는바, 이러한 망인의 과실은 이 사건 손해의 발생 및 확대에 한 원인이 되었다 할 것이므로 피고가 배상할 손해액을 산정함에 있어 이를 참작하기로 하되, 위와 같은 사실관계에 비추어 망인의 과실비율을 70%로 봄이 상당하다.

2. 손해배상의 범위

가. 일실수입

망인이 이 사건 사고로 상실한 가동능력에 대한 금전적 총평가액 상당의 일실수입 손해를 아래 (1)과 같은 인정사실과 평가내용을 기초로 하여 월 5/12푼의 비율에 의한 중간이자를 공제하는 호프만식 단리할인법에 따라 이 사건 사고 당시의 현가로 계산하면 아래 (2)와 같다(다만, 계산의 편의를 위하여 중간기간의 월 미만은 일실수입이 적은 쪽에 산입하고, 마지막 기간의 월 미만은 버린다).

(1) 인정사실 및 평가내용

(가) 성별, 생년월일, 나이(사고당시), 기대여명, 가동연한은 별지 손해배상액 계산표 기초사항란의 기재와 같다.

(나) 직업 및 소득 : 보통인부의 일용노임으로 산정하되, 매월 22일씩 가동

별지 손해배상액 계산표 [일실수입(노임단가)]란 기재와 같다

(원고들은, 망인이 이 사건 사고 당시 경○건설(주)에 일용직 미장공으로 종사하고 있었으므로 미장공으로서의 노임을 기준으로 산정하여야 한다고 주장하나, 갑제9호증의 24, 을제19호증의 2, 4, 6, 8, 10, 11의 각 기재만으로는 이를 인정하기에 부족하다).

(다) 생계비 : 소득의 3분의 1

[증거] 다툼없는 사실, 현저한 사실, 경험칙, 갑제1호증, 갑제5호증, 갑제6호증, 갑제9호증의 10, 22, 24의 각 기재, 변론의 전 취지

(2) 계산 : 별지 손해배상액 계산표 일실수입란의 기재와 같다

나. 장례비

원고 함○웅은 망인의 장례비 손해로 7,000,000원의 지급을 구하나, 산업재해보상보험금으로 장의비 8,599,940원을 이미 지급 받았으므로 이와 별도의 장례비 손해는 인정하지 않는다. [증거] 갑제14호증의 3

다. 책임의 제한

(1) 피고의 책임비율 : 30%

(2) 계산 : 망인의 일실수입 151,390,626원 × 0.3 = 45,417,187원

라. 공제

(1) 원고들이 이 사건 사고로 인하여 산업재해보상보험금으로 수령한 유족보상일시금 106,566,360원(53,283,180원 +53,283,180원)

[증거] 갑제14호증의 1, 2

(2) 계산

45,417,187원 - 106,566,360원 = (-) 61,149,173원으로 망인의 재산상 손해는 모두 전보되었다.

마. 위자료

(1) 참작사유 : 이 사건 사고발생의 원인 및 경위, 망인의 가족관계, 망인의 과실 정도, 기타 이 사건 변론에 나타난 여러 사정

(2) 결정금액

망인 : 5,000,000원

원고 함○웅, 원고 박○례 : 각 2,500,000원

바. 상속관계

(1) 상속인 : 원고들

(2) 상속금액 : 각 2,500,000원 = 위자료 5,000,000원 × 1/2

[증거] 갑 제1호증

3. 결론

그렇다면, 피고는 원고들에게 각 5,000,000원(상속분 2,500,000원 + 위자료 2,500,000원) 및 위 각 금원에 대하여 이 사건 사고일인 2001. 7. 15.부터 피고가 그 이행의무의 존부 및 범위에 관하여 항쟁함이 상당한 이 판결 선고일인 2003. 4. 10.까지는 민법이 정한 연 5%, 그 다음날부터 갚는 날까지는 소송촉진등에관한특례법이 정한 연 25%의 각 비율에 의한 지연손해금을 지급할 의무가 있으므로, 원고들의 이 사건 청구는 위 인정범위 내에서 이유 있어 이를 각 인용하고, 나머지 청구는 이유 없어 이를 각 기각할 것인바, 이와 일부 결론을 달리한 제1심 판결 중 위 인용 부분에 해당하는 원고들의 패소부분은 이와 결론을 달리 하여 부당하므로 원고들의 항소를 받아들여 이를 취소하고 피고에게 위 금원의 지급을 명하며, 원고들의 나머지 항소는 이유 없어 이를 기각하기로 하여 주문과 같이 판결한다.

(1-2) 대법원 2005. 1. 14. 선고 2003다24499 판결 [공2005.3.1.(221), 271]

【원고, 피상고인】 함○웅 외 1인

【피고, 상고인】 학교법인 염○학원

【원심판결】 서울고등법원 2003. 4. 10. 선고 2002나25930 판결

【주 문】

원심판결 중 피고 패소 부분을 파기하고 이 부분 사건을 서울고등법원에 환송한다.

【이 유】

1. 원심의 판단

원심은 제1심판결을 인용하여, 원고 함○웅은 2001. 3. 말경 경○건설에게 서울 ○○구 ○○동 801-4 지상에 지하 1층, 지상 2층 교회건물을 신축하는 공사(이하 '이 사건 공사'라 한다)를 도급준 사실, 이 사건 공사현장과 피고 산하 ○광정보교육고등학교의 테니스장 사이에는 피고가 1990.경 설치한 높이 2m의 브로크 담장(이하 '이 사건 담장'이라 한다)이 있었는데, 경○건설측에서 터파기 공사를 하면서 이 사건 담장 바로 밑 부분을 파내는 바람에 이 사건 담장은 이 사건 공사현장 쪽을 향하여 비스듬히 기울게 되었고, 담장의 일부에서 균열이 발생하였으며, 이 사건 공사현장보다 20~30cm 정도 지반이 높은 테니스장의 바닥도 일부 침하된 사실, 위와 같이 이 사건 담장 등에 흠이 생기게 되자 경○건설측에서는 담장이 무너질 수도 있다는 생각에서 그에 대비하여 이 사건 담장에 2.5~3m 간격으로 각목 내지 쇠지지대로 버팀대를 설치하였고, ○광정보교육고등학교측에서는 이 사건 담장의 흠을 발견하고는 현장소장 서○길 및 원고 함○웅의 부인인 원고 박○례 등에게 수차례 담장의 보수를 요구하였는데, 현장소장 등은 이 사건 담장 주변은 이 사건 공사를 하는 사람들이 지나다니는 길이라서 담장 보수는 우리가 더 급하다라고 말하면서 공사가 모두 끝나는 대로 벽면에 대한 보수공사를 하여 주기로 약속만 한 채 여름 장마가 시작되었음에도 불구하고 이 사건 담장의 일부라도 보수를 하는 등의 특별한 조치를 달리 취하지 아니한 사실, 한편 2001. 7. 15. 02:00경 집중호우(280㎜)가 내리던 때에 이 사건 신축중인 건물 내부로 물이 들어오게 되자 원고들의 아들로서 경평건설에 의하여 미장공으로 채용되어 이 사건 공사현장에서 근무하던 함○현은 물길을 내기 위해 삽을 들고 이 사건 공사현장과 담장 사이를 지나가다가 위 담장 중 공사현장에 접한 부분 14m 정도가 갑자기 무너지는 바람에 담장 시멘트 더미에 깔려 사망한 사실 등을 인정한 다음, 이 사건 사고 당시 이 사건 담장이 군데군데 균열이 생겼고, 이 사건 공사현장 쪽으로 비스듬히 기울어져 있었을 뿐만 아니라, 담장쪽 지반의 일부가 침하되어 있어 비가 많이 오면 이 사건 담장이 수압을 견디지 못하고 무너질 수 있는데도 피고가 이를 제대로 보수하지 아니한 채 그대로 방치하는 바람에 공작물인 이 사건 담장에 통상 갖추어야 할 안전성을 제대로 갖추지 못하는 등 하자가 있었던 상태였고, 위와 같은 이 사건 담장의 보존상의 하자로 인하여 결국, 망인이 위와 같은 사고를 당하게 된 것이라고 하여, 피고는 이 사건 담장의 점유자 및 소유자로서 위 망인과 원고들이 입은 손해를 배상할 책임이 있다고 판단하였다.

2. 상고이유에 대한 판단

민법 제758조 제1항에서 말하는 공작물의 설치·보존상의 하자라 함은 공작물이 그 용도에 따라 통상 갖추어야 할 안전성을 갖추지 못한 상태에 있음을 말하는 것으로서, 이와 같은 안전성의 구비 여부를 판단함에 있어서는 당해 공작물의 설치·보존자가 그 공작물의 위험성에 비례하여 사회통념상 일반적으로 요구되는 정도의 방호조치 의무를 다하였는지의 여부를 기준으로 판단하여야 하고(대법원 2000. 1. 14. 선고 99다39548 판결 등 참조), 특히 공작물의 설치 후 제3자의 행위에 의하여 본래에 갖추어야 할 안전성에 결함이 발생된 경우에는 공작물에 그와 같은 결함이 있다는 것만으로 성급하게 공작물의 보존상의 하자를 인정하여서는 안 되고, 당해 공작물의 구조, 장소적 환경과 이용상황 등 제반 사정을 종합하여 그와 같은 결함을 제거하여 원상으로 복구할 수 있는데도 이를 방치한 것인지 여부를 개별적·구체적으로 심리하여 하자의 유무를 판단하여야 할 것이다(대법원 1992. 9. 14. 선고 92다3243 판결 등 참조).

그런데 원심이 인정한 사실에 의하더라도, 이 사건 담장이 이 사건 공사현장 쪽으로 비스듬히 기울고 그 일부에 균열이 생기며, 테니스장 바닥에 지반 침하현상이 발생한 것은 경평건설측이 이 사건 공사를 시행함에 있어 이 사건 담장 바로 밑 부분을 파내는 바람에 발생하였다는 것이고, 이 사건 담장은 피고의 테니스장과 이 사건 공사현장을 경계짓는 담장으로 그 주위에 일반인의 통행이 예상되는 곳이 아니어서 이 사건 담장에 발생한 위와 같은 기울기나 균열 등으로 인한 위험은 이 사건 공사현장에 국한되는 것임을 알 수 있으며, 더욱이 원심이 책임의 제한과 관련하여 인정한 사실과 기록에 의하면, 이 사건 사고 무렵 이 사건 담장에 설치되어 있던 버팀대 중 일부가 경○건설 또는 원고측에 의하여 해제되었던 것으로 보이는바, 사정이 이러하다면 피고로서는 이 사건 공사현장을 점유하며 공사를 시행하고 있던 경○건설의 현장소장 및 그 건축주인 원고 함○웅의 부인인 원고 박○례에게 수차례 이 사건 담장의 보수를 요구함으로써 공작물인 이 사건 담장의 위험성에 비례하여 사회통념상 일반적으로 요구되는 정도의 방호조치 의무를 다하였다고 봄이 상당하고, 나아가 경○건설이나 원고들이 이 사건 담장의 보수를 하지 않는다고 하여 직접 이 사건 공사현장을 점유하면서 이 사건 담장의 보수를 시행하여야 할 방호조치 의무까지 사회통념상 요구된다고 보기는 어렵다고 할 것이므로, 피고에게 이 사건 담장의 보존상의 하자가 있다고 단정할 수는 없다고 할 것이다.

그럼에도 불구하고, 원심이 그 판시와 같은 이유로 피고에게 이 사건 담장의 보존상의 하자가 있다고 판단하여 피고의 손해배상책임을 인정한 것에는 공작물의 보존상의 하자에 관한 법리를 오해하거나 채증법칙을 어겨 사실을 오인하거나 필요한 심리를 다하지 아니한 위법이 있다고 할 것이고, 이 점을 지적하는 취지의 상고이유의 주장은 이유 있다.

3. 그러므로 원심판결 중 피고 패소 부분을 파기하고, 이 부분 사건을 다시 심리·판단하게 하기 위하여 원심법원에 환송하기로 하여 관여 대법관의 일치된 의견으로 주문과 같이 판결한다.

(2-1) 서울고등법원 1993. 7. 15. 선고 92나50036 판결

【원고, 피항소인】 김△자외 3인
【피고, 항소인】 유▲근
【원심판결】 수원지방법원 1992. 7. 14. 선고 90가합12918 판결
【주 문】

1. 원심판결 중 피고에 대하여 원고 김△자에게 금14,424,717원, 원고 홍○유에게 금10,372,926원, 원고 홍○로, 홍○자에 대하여 각 금300,000원 및 위 각 금원에 대하여 1989. 12. 22.부터 1993. 7. 15.까지 연5푼의, 그 다음날부터 완제일까지 연2할5푼의 각 비율에 의한 금원을 초과하여 지급을 명한 피고 패소부분을 취소하고, 이에 해당하는 원고들의 청구를 각 기각한다.
2. 피고의 나머지 항소를 기각한다.
3. 소송비용은 제1,2심 모두 이를 5등분하여 그 4는 원고들의, 나머지는 피고의 각 부담으로 한다.

【청구취지】

피고는 원고 김△자에게 금69,623,588원, 원고 홍○유에게 금54,364,631원, 원고 홍○로, 홍○자에게 각 금 2,000,000원 및 위 각 금원에 대하여 1989. 12. 22.부터 원심판결선고일까지 연5푼의, 그 다음날부터 완제일까지

연2할5푼의 각 비율에 의한 금원을 각 지급하라.

【항소취지】

원심판결 중 피고 패소부분을 취소한다. 이에 해당하는 원고들의 청구를 모두 기각한다.

【이 유】

1. 손해배상책임의 발생

이 부분에 관하여 당원이 설시하는 판결이유는 원심판결의 인용증거에 당심증인 이○웅의 일부증언을 추가하고, 원심판결 제3쪽 제8행 중 "같은 해 22"를 "같은 달 22."로, 제6쪽 제4행의 "사전에 방문과 문설주 사이의 틈을 메워"를 "새로 연탄을 피울 경우 사전에 가스배출기의 작동여부를 살펴서 이를 제대로 작동시킨 후 방문을 꼭 닫고 방문과 문설주 사이의 틈을 메움으로써"로 각 고치고, 제3쪽 제13행의 "(나)" 다음에 "위 문간방은 본래 창고로 쓰이던 건물의 중간을 막아 일부는 방으로, 일부는 부엌으로 각 사용하도록 한 것인데,"를 삽입하고, 제6쪽 제12행 다음에 아래와 같은 피고의 주장에 대한 판단을 추가한 후 원고측의 과실비율을 원심에서 70퍼센트로 평가한 것을 80퍼센트로 달리 평가하는 외에는 원심판결의 해당부분 기재와 같으므로 이를 그대로 인용하기로 한다.(피고는, 이 사건 문간방의 임차인인 위 망 홍▼연 및 원고 김△자는 공작물의 점유자라 할 것이고 공작물의 점유자는 공작물의 하자로 인하여 타인에게 손해를 가한 때에 1차적으로 그 손해를 배상할 책임을 부담하여야 하므로 공작물의 하자로 인한 손해를 청구할 수 있는 "타인"에 해당되지 아니한다고 주장하나, 민법 제758조가 공작물의 점유자를 제1차적 배상책임자로 규정한 취지는 공작물의 소유자 및 점유자 이외의 타인이 공작물의 하자로 인하여 손해를 입은 경우를 예상한 것이라 할 것이고 공작물의 점유자 자신이 공작물의 하자로 인하여 손해를 입은 경우에는 공작물의 점유자도 공작물의 소유자에게 배상책임을 물을 수 있다고 보아야 할 것이므로 피고의 위 주장은 이유없다.)

2. 손해배상의 범위

이 부분에 관하여 당원이 설시하는 판결이유는 원심판결 제8쪽 제4행과 제9쪽 제8행의 각 "1989. 12. 20."을 "1989. 12. 22."로 고치고 원고 측의 과실비율을 원심판결과 달리 인정하고 위자료액을 각 감액함에 따라 아래와 같이 다시 계산하는 외에는 원심판결의 각 해당부분 기재와 같으므로 이를 그대로 인용하기로 한다.

라. 책임의 제한

망 홍▼연 : 일실수입 66,729,262원×0.2 = 금13,345,852원, 원고 김△자 : (일실수입 금8,807,687원+치료비 7,451,270원)×0.2 = 금3,251,791원, 원고 홍○유 : 장례비 1,000,000원×0.2 = 금200,000원

마. 위자료

위자료액을 다음과 같이 감액하는 외에는 원심판결과 같다.

망 홍▼연 : 금5,000,000원을 금4,000,000원으로

원고 김△자 : 금3,000,000원을 금2,500,000원으로

원고 홍○유 : 금2,000,000원을 금1,500,000원으로

원고 홍○로, 홍○자 : 각 금500,000원을 금300,000원으로

바. 상속관계

원고 홍원유, 김△자 : 각 (망인의 재산상 손해 13,345,852원+망인의 위자료 4,000,000원)×1/2 = 금8,672,926원

3. 결론

그렇다면, 피고는 이 사건 손해배상으로 원고 김△자에게 금14,424,717원(상속분 8,672,926원+재산상 손해 3,251,791원+위자료 2,500,000원), 원고 홍○유에게 금10,372,926원(재산상 손해 8,672,926원+장례비 200,000원+위자료 1,500,000원), 원고 홍○로, 홍○자에게 각 금300,000원 및 위 각 금원에 대하여 이 사건 사고발생일인 1989. 12. 22.부터 피고가 그 이행의무의 존부 및 범위에 관하여 항쟁함이 상당하다고 인정되는 당심판결선고일인 1993. 7. 15.까지 민법에 정한 연5푼의, 그 다음날부터 완제일까지 소송촉진등에관한특례법에 정한 연2할5푼의 각 비율에 의한 지연손해금을 지급할 의무가 있다고 할 것이므로 원고들의 이 사건 청구는 위 인정범위 내에서 이유있어 이를 각 인용하고, 나머지 청구는 이유없어 이를 각 기각하여야 할 것인 바, 원심판결은 이와 일부 결론을 달리하여 피고에 대하여 원고들에게 위 인용금액보다 더 많은 금액의 지급을 명하여 부당하므로 피고의 항소를 위 범위 내에서 일부 받아들여 원심판결의 피고 패소부분 중 해당부분을 취소하여 그 부분 원고들의 청구를 기각하고, 피고의 나머지 항소는 이유없어 이를 기각하기로 하여, 주문과 같이 판결한다.

(2-2) 대법원 1993. 11. 9. 선고 93다40560 판결 [공1994.1.1.(959),89]

【원고, 피상고인】 김○자 외 3인
【피고, 상고인】 유○근
【원심판결】 서울고등법원 1993. 7. 15. 선고 92나50036 판결

【주 문】

상고를 기각한다. 상고비용은 피고의 부담으로 한다.

【이 유】

1. 피고 소송대리인의 상고이유 제1점에 대한 판단

공작물의 설치 또는 보존의 하자로 인하여 타인에게 손해를 가한 때에는 제1차적으로 공작물의 점유자가 손해를 배상할 책임이 있고 공작물의 소유자는 점유자가 손해의 방지에 필요한 주의를 해태하지 아니한 때에 비로소 제2차적으로 손해를 배상할 책임이 있는 것이지만, 공작물의 임차인인 직접점유자나 그와 같은 지위에 있는 것으로 볼 수 있는 사람이 공작물의 설치 또는 보존의 하자로 인하여 손해를 입은 경우에는 소유자가 그 손해를 배상할 책임이 있는 것이고, 이 경우에 공작물의 보존에 관하여 피해자에게 과실이 있다고 하더라도 과실상계의 사유가 될 뿐이라는 것이 당원의 판례가 취하고 있는 견해이므로(1977.8.23. 선고 77다246 판결; 1989.3.14. 선고 88다카11121 판결; 1993.2.9. 선고 92다31668 판결 등 참조), 이와 같은 취지로 판단한 원심판결에 공작물 등의 점유자·소유자의 책임에 관한 법리를 오해한 위법이 있다고 비난하는 논지는 받아들일 수 없다.

2. 같은 상고이유 제2점에 대한 판단

소론이 지적하는 점(이 사건 연탄가스중독사고가 피고의 소유인 공작물의 설치 또는 보존의 하자로 인하여 발생하는 것이라는 점)에 관한 원심의 인정판단은 원심판결이 설시한 증거관계에 비추어 정당한 것으로 수긍이

되고, 그 과정에 소론과 같이 채증법칙을 위반하거나 공작물의 설치·보존의 하자에 관한 법리를 오해하여 사실을 잘못 인정한 위법이 있다고 볼 수도 없으므로, 논지도 이유가 없다.

3. 같은 상고이유 제3점에 대한 판단

사실관계가 원심이 적법하게 확정한 바와 같다면, 원심판결에 소론과 같이 과실상계에 관한 법리를 오해하여 피해자측의 과실을 과소하게 참작한 위법이 있다고 볼 수 없으므로, 논지도 이유가 없다.

4. 그러므로 피고의 상고를 기각하고 상고비용은 패소자인 피고의 부담으로 하기로 관여 법관의 의견이 일치되어 주문과 같이 판결한다.

사용자책임

사용자책임

(1) 대법원 1985.8.13. 선고 84다카979 판결 [집33(2)민,149;공1985.10.1.(761)1232]

【원고, 상고인 겸 피상고인】 박○문
【피고, 피상고인 겸 상고인】 금○통신주식회사
【원 판 결】 서울고등법원 1984. 4. 3. 선고 83나3725 판결

【주 문】

원심판결중 원고 패소부분을 파기하여, 이 부분 사건을 서울고등법원에 환송한다.
피고의 상고를 기각한다.
상고기각된 부분의 상고 소송비용은 피고의 부담으로 한다.

【이 유】

상고이유를 본다.
먼저 원고 소송대리인의 상고이유를 본다.

제1. 상고이유 제1점에 관하여,

원심판결 이유 기재에 의하면 원심은 그 거시증거를 종합하여 원고가 소외 김○호를 통하여 소외 1이 위조한 피고회사 명의의 이 사건 약속어음을 취득함에 있어서의 원고의 과실을 확정하고 있는바 원심거시의 증거를 모아보면 우리나라의 소위 지하경제에 있어서 엿보이는 사채중개업자와 전주들의 사채거래의 실상에서 원고의 과실은 그 부인의 길이 없다고 하겠으므로 같은 취지에서의 원심조치는 정당하고 이에 소론과 같은 위법이 있을 수 없다고 하겠다.

제2. 상고이유 제2점에 관하여,

불법행위로 인한 손해배상청구에 있어서 단순한 과실의 존부와 그 비율 등에 관한 사실의 확정은 사실심의 전권에 관한 것이므로 과실상계의 비율이 너무 많다는 것은 사실심의 전권에 관한 사항을 이유없이 비난하는 취지에 불과하여 채용할 수가 없다.

제3. 상고이유 제3점에 관하여,

원심판결 이유 기재에 의하면 원심은 피고의 이 사건 손해배상책임을 인정하면서 그 손해액의 기초를 원고가 이 사건 약속어음을 할인취득하기 위하여 지급한 할인금액으로 하여 산출하였다.

그러나 약속어음이나 수표의 소지인은 특단의 사정이 없는 한 지급일에 지급인으로부터 어음액면금 또는 수표액면금의 지급을 받을 수 있는 것이므로 이의 지급을 받지 못하였다면 그 지급을 받지 못한 만큼의 손해를 입게 됨이 당연한 법리이므로(당원 1966.9.20. 선고 66다1166 판결 등 참조) 원심의 이와 같은 판시는 잘못이라고 하지 않을 수 없으므로 원고의 상고는 이 점에서 그 이유가 있다고 하겠다.

다음 피고 소송대리인의 상고이유를 본다.

제1. 피고 소송대리인 변호사 김○행의 상고이유 제1점, 같은 이○순의 상고이유 제1점, 제4점, 제7점 및 제2점 중 이유불비 또는 이유모순과 사무집행의 법리오해에 관한 논점에 관하여,

1. 원심판결 이유 기재에 의하면 원심은 그 거시자료를 종합하여 원고는 사채중개업자인 소외 김○호가 피고회사 자금과 직원인 소외 1로부터 할인취득한 발행인이 피고 회사로 된 이 사건 약속어음 3매를 진정한 어음으로 믿고 1982.7.16 위 김○호에게 그 지급기일까지의 선이자 월 1.6퍼센트 상당을 공제하고 할인금으로 이를 양수취득하여 그 지급기일에 지급장소인 제일은행 퇴계로지점에 지급제시하였으나 위 어음은 소외 1이 위조한 것이었기 때문에 모두 지급거절된 사실, 소외 1은 1978.4.15 피고 회사에 입사한 이래 피고회사 재경부 자금과의 자금집행 담당직원으로 근무하면서 어음, 수표의 작성, 물품대금지급 등의 사무를 취급하여 오다가 1980.6.1 자금과가 자금 1과와 자금 2과로 나누어지면서 외환관리담당(외화채권 채무관리등 사무취급)으로, 다시 1982.5.23 부터는 자금관리담당(단기운전자금 차용, 예금 및 차용금관리, 유가증권관리 등 사무취급)으로 직분이 변경되었으나, 자금과가 1,2과로 분리된 1980.6.1 이후에도 자금 1과와 2과는 한 사무실을 쓰고 있고, 소외 1의 후임으로 자금집행사무를 담당한 소외 김○수의 업무처리가 미숙한데다가 자금과에서 하루에 발행하는 어음매수가 평균 100 내지 130매에 이르러 자금집행업무에 일손이 딸리는 관계로 상사의 양해 하에 자주 종전에 담당하였던 약속어음의 작성사무 등에 관여하였던 사실, 피고 회사에서 약속어음을 발행하는 과정은 자금지출지시서가 자금2과로 내려오면 담당직원이 자금2과장 책상위의 손금고안에 보관중인 어음번호와 지급은행이 인쇄된 약속어음용지를 꺼내어 액면금액, 발행일, 지급기일 등의 필요한 사항을 기재하고 발행인란에 피고회사 및 대표이사의 이름이 새겨진 명판을 찍은 다음 자금2과장, 재경본부장, 관리담당이사의 순으로 발행어음용지와 회사에 비치하는 어음부표 사이의 결재간인을 받고 관리담당이사로부터 그가 보관중인 피고회사 대표이사의 인감도장을 발행인란에 날인받음으로써 완성되도록 되어 있었던 사실, 소외 1은 어음작성사무에 관여함을 기화로 소외 2의 부탁을 받고 피고 회사에서 사용하는 약속어음용지가 위 자금2과장 책상위의 손금고 안에 허술하게 보관되어 있어 과장부재시에는 자금과 직원들이 이를 쉽게 꺼내어 사용할 수 있는 상태에 놓여 있음을 틈타서 1980.7.13 위 손금고 안에서 지급장소가 한국상업은행 서울역전지점으로 된 피고 회사의 백지약속어음 용지1매를 꺼낸 다음 피고회사에서 거래처에 물품대금으로 지급할 약속어음 여러 장을 결재 받으면서 위의 꺼낸 약속어음용지를 함께 숨겨 끼워넣는 방법으로 결재권자들의 눈을 속여 자금2과장, 재경본부장, 관리담당이사의 간인을 받고 위 약속어음 발행인란에 피고회사 대표이사의 인감도장을 날인받은 후 피고회사 사무실에서 위 백지약속어음 용지의 액면란에 금 7,800,000원이라고 기재하고 발행일자, 지급기일 등을 임의로 기재한 다음 발행인란에 피고회사 자금

과 사무실에 놓인 명판을 찍어 피고회사 명의의 액면 금 7,800,000원짜리 약속어음 1매를 위조발행하여 이를 소외 2에게 교부하여 주었고, 소외 2는 소외 정○식을 시켜 서울 중구 을지로2가 199의 21 황해빌딩 703호에서 동양화재보험회사 대리점을 경영하며 한편 사채중개업을 하는 소외 김○호에게 위 약속어음의 할인을 의뢰하여 위 김지호가 피고 회사에 위 약속어음발행의 진정여부를 확인하자 소외 1은 위 약속어음이 진정하게 발행된 것이라고 거짓 확인해 주어 위 약속어음이 진정하게 발행된 것이라고 믿은 위 김○호가 할인금을 교부하고 위 약속어음을 취득한 사실, 소외 1은 1980.9.16에도 같은 방법으로 피고회사 명의의 액면 금 14,000,000원짜리 약속어음 1매를 위조한 다음 위 김지호를 피고회사 사무실 밑의 다방으로 오게 하여 그곳에서 위 약속어음이 피고 회사에서 진정하게 발행된 것이라고 믿은 위 김○호로부터 위 약속어음을 할인받았고 그 후에도 1981.2.말경에 이르기까지 약12회에 걸쳐 같은 방법으로 피고회사 명의의 약속어음들을 각 위조하여 그때마다 위 김○호를 통하여 전주들로부터 위 약속어음들을 각 할인받은 후 한국상업은행 서울역전지점의 피고회사 구좌에 위조어음을 할인하여 마련한 자금 등으로 지급기일이 도래하는 위조어음의 액면 금액상당을 입금하는 방법으로 피고 회사의 예금잔고에는 아무런 변동없이 위 위조어음이 결재되도록 하였던 사실(위 은행구좌를 통하여 결재된 위조어음은 위의 처음2매의 어음이외에 18매가 더 있었다) 그러다가 위 위조어음의 매수와 거래액이 늘어나자 소외 1은 1981.3.15경부터는 인영이 실인과 육안으로는 구별하기 어려울 정도로 유사하게 피고회사 대표이사의 인감도장을 위조하는 외에 자금2과장, 재경본부장, 관리담당이사의 결재용 인장 및 피고 회사의 거래회사인 소외 동○정밀주식회사, 문○통신주식회사 등의 명판과 그 대표이사의 직인 등을 각 위조하고 어음발행기를 구입하는 한편 1981.3.15경부터 1982.1.경까지 사이에는 지급장소가 위 한국상업은행 서울역전지점으로 된 약속어음 용지 약 90매를 1982.2.경부터 1982.9.경까지 사이에는 지급장소가 제일은행 퇴계로지점으로 된 약속어음용지 약 70매를 피고 회사의 위 자금 2과장 책상위의 손금고안에서 각 꺼내어 피고 회사의 위 각 약속어음용지에 위 자금2과에 보관된 대표이사 명판을 몰래 찍은 다음 소외인의 주거지 등에서 위 어음발행기로 액면 등의 필요한 사항을 기재하고 위조한 위 각 인장을 날인하는 방법으로 피고 회사가 발행하고 위 동○정밀주식회사 등의 거래회사가 수취인 및 백지식배서를 한 것으로 된 약속어음들을 각 위조하여 위 김○호를 통해 전주들로부터 어음할인을 받아 왔으나 앞서 본 은행을 통한 결제방식으로 많은 위조어음을 결제하면 발각될 위험이 있게 되자 위 김○호에게 피고 회사나 위 약속어음에 배서한 회사들 측에서 세금관계로 은행을 통한 거래를 기피한다는 등의 이유를 내세워 은행을 통하지 않고 직접 거래하기를 종용하여 위 김○호의 승락을 얻어 그 지급기일이 되면 은행을 거치지 않고 위 김○호를 통하여 위조 약속어음의 소지인에게 어음액면금액을 현금으로 지급하거나 이자를 지급하고 그 지급기일을 연장하는 새로운 위조약속어음을 교부하는 방법으로 어음결제를 계속하여 온 사실, 소외 1은 피고회사 명의의 약속어음을 위조하여 할인하기 시작한 처음7-8개월 동안은 피고 회사가 어음 뒷면에 배서한 거래회사에 물품대금으로 발행한 약속어음의 할인을 알선하는 것처럼 가장하고, 그 후는 주로 피고 회사가 거래회사의 배서가 된 약속어음을 담보로 자금을 융통하는 것처럼 가장하여, 이에 속은 위 김○호를 통하여 각 어음할인을 하여 왔는데 소외 1이 위 김○호에게 피고 회사가 자금조달을 위하여 발행하는 어음이라고 하면서 할인의 알선을 의뢰하여 이를 진정한 어음이라고 믿은 김○호의 중개로 할인받은 위조약속어음 중 위조어음이라는 이유로 지급거절된 것이 1982.10. 현재 이 사건 약속어음을 포함하여 도합 28매, 액면 합계 금 980,000,000원 상당인 사실, 대기업회사가 약속어음 등을 담보로 사채시장에서 이를 할인하여 자금을 조달하는 경우에는 자금사정을 외부에 노출시키지 아니하고 어음의 신용도를 높이기 위하여 거래회사 또는 계열회사 등의 배서를 받아 유통시키는 것이 상례이고 피고 회사는 종전에 직접 사채시장에서 어음할인을 하여 자금융통을 한일은 없었지만 단자회사등 금융기관을 통하여 피고 회사가 발행한 약속어음을 담보로 자금조달을 한 일은 있었고 피고 회사로부터 물품대금조로 발행한 약속어음을 받은 거래회사 등이 어음지급기일전에 사채시장에서 어음할인을 한 사실은 종종 있었던 사실, 피고 회사는 앞서 인정한대로 어음발행과정에서 소외 1이 숨겨 끼워넣은 약속어음용지를 발견하지 못하고 피고회사 실명판과 거래은행으로부터 받은 약속어음용지를 도용 또는 부당유출을 막을 수 있는 사전조치없이 소홀히 보관하였을 뿐 아니라, 어음수불장을 비치하거나 회사의 어음발행장부, 출금표상의 이미 발행된 어음의 수와 남아 있는 어음용지수를 대조 점검하였더라면 소외 1에 의하여 어음용지가 대량으로 유출된 사실을 쉽게 발견할 수 있었고 그렇지 아니하더라도 거래은행에 조회하여 은행에 비치된 당좌거래원장상의 어음거래 실적과 회사비치 장부상의 그것을 대조하여 보았더라면 소외 1이 저지른 어음위조 사실을 발견할 수 있었을 것임에도 불구하고 위와 같은 보안조치를 취하지 않고 월말에 1회 거래은행에서 통지하는 당좌예금 잔액과 피고회사 장부상의 당좌예금 잔액만을 대조 확인하는 것에 그쳤기 때문에 1982.9.28경 외부인의 제보에 의하여 비로소 소외 1의 어음위조 사실을 알게 될 때까지 약 2년 2개월 가량 소외 1의 계속되는 어음위조 사실을 알지 못하여 그의 범행을 막지 못하는 피용자의 직무감독에 관한 잘못을 저질렀고 한편 소외 김○호는 소외 1이 위조한 약속어음의 할인을 원고등 전주들에게 중개함에 있어 (중개방법은 단순한 중개에 그치는 경우와 자기가 어음을 잠정적으로 할인받아 두었다가 전주들로부터 재할인받는 경우의 2가지가 있었다) 소외 1과 어음할인거래를 하기 시작한 당초에는 2-3차 피고회사 자금과에 피고 회사에서 발행한 어음의 진위를 전화로 문의 조회하였으나 이에 대비하고 있던 소외 1이 진정한 어음이라고 거짓 확인하여 주고 할인어음들이 피고회사 거래은행을 통하여 별탈없이 결제되자 그 이상의 확인을 하지 아니하였고 원고등 전주들도 위 김○호가 진정한 어음을 할인 알선하는 것으로 믿고 어음의 진위여부를 피고 회사나 어음에 배서인으로 기재된 소외 회사에 확인하지 아니한 사실을 인정한 다음 나아가 그렇다면 소외 1이 이 사건 어음을 위조하여 이를 할인받은 행위는 그의 사무집행 행위 자체에는 속하지 아니하나 이를 소외 1이 최초로 피고회사 명의의 어음을 위조하기 시작한 1980.7.13부터 1982.9. 이 사건 각 어음위조할인에 이르기까지 약 2년 2개월 가량의 기간에 걸쳐 행한 어음의 위조할인방법에 의한 일련의 어음금 편취행위와 연관시켜 전체적으로 관찰하여 본다면 위의 인정사실에 나타난 동인이 위조한 어음의 외형(위 위조어음은 피고 회사에 실제로 사용된 어음용지와 명판이 사용된 것이고 피고회사 대표이사의 실인이 날인되었거나 실인의 인영과 육안으로 구별하기 어려운 위조인의 인영이 찍힌 것이다.)소외 1이 피고 회사의 어음발행 주무부서인 자금과에서 수행한 직무의 내용, 자금과에 있어서의 소속직원들의 사무실 배치상황, 업무분장의 분화정도, 어음용지 및 명판의 보관상태, 직원 감독관계 기타 소외 1에게 장기간 어음위조의 기회를 줄 정도로 허술하였던 피고회사 어음사무처리에 관한 운영실태, 위 2년여의 기간사이에 소외 1이 어음할인 중개인인 김○호와 전주들을 속여 위조어음을 할인하고 지급기일이 도래한 어음을 결제하여 온 수단과 경우 등을 종합적으로 살펴볼 때 외형상으로는 소외 1의 본래의 사무 또는 이와 관련된 사무의 집행행위로 보여지므로 피고는 소외 1의 사용자로서 그의 직무에 관련된 위의 불법행위로 인하여 원고가 입은 손해를 배상할 책임이 있다고 판시하였다.

일건 기록에 의하여 원심거시의 증거를 자세히 살펴보면 원심의 위와 같은 사실인정은 그 줄거리에 있어서 대체로 정당하다고 보여지고 원심의 이에 이르는 심리과정이나 증거의 취사판단에 소론과 같은 위법사유를 가려낼 수가 없다.

논지 지적의 제1심 증인 김○호의 증언 및 동인에 대한 증인신문조서의 진술기재와 원심증인 소외 1의 증언 및 동인에 대한 증인신문조서의 진술기재에 다소간의 차이점이 설혹 있다고 하더라도 물품대금조로 발행한 약속어음을 사채시장에서 할인한다는 뜻에서 융통어음이라고도 말할 수 있을 것이므로 이점에 관하여 서로 말이 맞지 않는다던지 또는 그 진술이 일관하지 않는다는 사정만으로 그 진술의 신빙성을 부인할 수는 없다고 할 것이며 1980.11.14부터 1981.8.22 까지 상업은행 서울역전지점에서 결제된 소외 1이 위조한 피고회사 명의의 약속어음은 20매가 아니라 18매라는 등의 사실은 이 사건 판결결과에는 아무런 영향을 미칠 수 없는 지엽적인 것으로 소론 논지는 사실심의 전권에 속하는 사실의 확정을 비난하는 취지에 지나지 아니하여 그 이유없음이 명백하다.

2. 민법이 불법행위로 인한 손해배상으로서 특히 사용자의 책임을 규정한 것은 많은 사람을 고용하여 스스로의 활동영역을 확장하고 그에 상응하는 많은 이익을 추구하는 사람은 많은 사람을 하나의 조직으로 형성하고 각 피용자로 하여금 그 조직 내에서 자기의 담당하는 직무를 그 조직의 내부적 규율에 따라 집행하게 하는 것이나, 그 많은 피용자의 행위가 타인에게 손해를 가하게 하는 경우도 상대적으로 많아질 것이므로 이러한 손해를 이익귀속자인 사용자로 하여금 부담케 하는 것이 공평의 이상에 합치된다는 보상책임의 원리에 입각한 것이므로 사용자의 책임과 그 면책 및 그 책임의 한도 등을 가릴려면 이와 같은 원리에 따라 구체적 사안마다 그 구성요건을 따져 가려야 할 것이다.

민법 제756조의 사용자의 책임에 피용자가 그 사업의 집행에 관하여라는 뜻도 그 범위에 있어서 앞에서 설시한 이 규정의 입법근거인 보상관계에 따라 해석하여야 할 것이므로 원칙적으로는 그것이 피용자의 직무범위에 속하는 행위이어야 할 것이나 이와 같이 극단적으로 그 범위를 좁게 해석하면 사용자의 책임을 정한 민법의 규정을 그 존립의의마저 부정하고 거래의 안전을 도모하려는 입법취지 마저 도외시하는 결과를 초래하게 될 것이므로 이 사업의 범위는 피용자의 직무집행행위 그 자체는 아니나 그 행위의 외형으로 관찰하여 마치 직무의 범위내에 속하는 것과 같이 보이는 행위도 포함하는 것이라고 새겨야 할 것이다. 즉 피용자가 사용자의 구체적 명령 또는 위임에 따르지 아니하고 그 지위를 남용하여 자기 또는 제3자의 이익을 도모하였다고 하는 경우에도 사용자나 피용자의 이와 같은 주관적 사정에 따라 사용자의 책임을 부정하는 것은 이 제도의 목적이나 취지에 반하는 결과가 되기 때문이다.

외형상 피용자의 당해 행위가 피용자의 직무범위 내에 속한다고 보여지는 본래의 직무와 상당한 관련성이 있는 것이라면 피용자의 권한 외의 행위에 대하여 사용자의 지배가 가능한 것임에도 불구하고 피용자가 사용자의 이름으로 당해 행위를 하는 것이 객관적으로 용이하다는 상태에 있었다면 피용자의 행위는 그 직무범위 내에 있다는 외관을 나타내는 것이 일반이라 할 것이다.

돌이켜 이 사건에 관하여 원심이 적법하게 확정한 바에 따르면 앞서 1에서 판시한 바와 같거니와 이와 같은 사실관계에 의하면 이 사건 피용자인 소외 1의 행위는 그 본래의 책임을 일탈하고 그 지위를 남용하여 한 것임이 명백하다 하겠으나 그 행위는 그 본래의 직무와 밀접한 관련이 있어 외형상 본래의 직무의 집행이라고 볼 것이므로 피고 회사는 달리 특단의 사정이 없는 한 사용자로서의 책임을 면할 수 없다.

한편 사용자인 피고 회사는 피용자인 소외 1의 선임 감독에 상당한 주의를 다하고 소외 1이 그 직무상 지위를 이용하여 원심확정 사실과 같이 이 사건 약속어음을 발행하는 등의 일이 없도록 항상 감시경계를 다하였어야 할 것이므로 피고 회사가 그 주의의무를 다하지 아니하여 이 사건 약속어음을 발행하여 원고로 하여금 손해를 입게 하였다면 피고 회사는 이 손해를 배상할 책임을 면하지 못할 것이다.

결국 같은 취지에서 원고의 이 사건 청구를 일부 인용한 원심조치는 정당하고 이에 소론과 같은 위법사유가 있다고 할 수 없고 소론 지적의 당원판례는 이 사건과 그 구체적 사안을 달리하여 적절한 것이 되지 못하므로 상고논지는 모두 이유가 없다.

3. 사용자는 피용자의 선임과 그 사업의 감독에 관하여 상당한 주의를 하였을 때 또는 상당한 주의를 다하였으나 손해가 발생하였을 때는 이를 증명하여 그 손해배상책임을 면할 수가 있다.

이는 보상책임이론의 당연한 결과로서 사용자가 손해배상책임을 면하려면 피용자의 선임과 그 감독에 관하여 모두 과실이 없다는 것을 증명하여야 비로소 그 책임을 면할 수 있음은 당연한 것이다.

원심이 위와 같이 적법하게 확정한 바에 따르면 피고 회사는 소외 1의 사무의 감독에 적절한 주의의무를 다하지 못한 점이 있었다고 하겠으므로 피고 회사로서는 사용자로서의 책임을 면할 수 없다고 할 것인즉 같은 취지의 원심판시는 정당하여 소론과 같은 위법사유가 없을 뿐만 아니라, 소론 당원판례도 이 사건과 사안을 달리하여 적절한 것이 되지 못한다.

제2. 같은 김○행의 상고이유 제2점과 같은 이○순의 상고이유 제3점 및 제2점중 원고나 김○호의 과실에 관한 논점에 관하여,

일건기록에 의하여 원심거시의 증거를 살펴보면 원고는 물론 사채중개업자인 위 김○호가 이 사건 약속어음을 위조어음이라는 정을 알고 취득하였다고 인정할 만한 자료를 가려낼 수가 없고 한편 원심이 적법하게 확정한 바에 따르면 원고가 피고의 책임을 면하게 할 정도의 중대한 과실로 이 사건 약속어음이 위조된 것임을 알지 못하였다고 할 수 있을지 모르나 여러 가지 사정으로 보아 이 사건 약속어음이 위조어음이라는 것을 사전에 알지 못한 점에 과실이 있다고는 하겠으나 피고 회사의 과실에 비추어 피고 회사의 책임을 면제할 정도에는 이르지 아니한다고 보여지므로 같은 취지의 원심조치는 정당하고 이에 피해자과실에 관한 법리오해의 위법이 있다고 할 수 없으므로 논지는 그 이유가 없다.

제3. 같은 김○행의 상고이유 제3점과 같은 이○순의 상고이유 제6점에 관하여,

이점 상고이유의 요지는 위 김○호나 원고의 과실은 피고 회사의 배상책임을 면제하고도 남음이 있다고 할 것임에도 불구하고 그 과실을 40퍼센트 정도만 인정하고 과실상계를 한 것은 법령의 해석이나 적용을 잘못한 것이라고 함에 있다.

그러나 단순한 과실의 존부와 그 비례에 관한 사실의 확정은 사실심인 원심의 전권에 속하는 것이므로 상고논지는 사실심의 전권사항을 이유없이 비난하는데 지나지 아니하여 채용할 것이 되지 못한다. 논지는 그 이유가 없다.

제4. 같은 이○순의 상고이유 제5점에 관하여,

불법행위로 인한 손해배상에 있어서는 가해자의 행위로 인하여 통상 일반적으로 발생할 손해를 배상할 것을 원칙으로 하고 다만 당해 당사자간에 있어서 개별적, 구체적 사정으로 인한 손해도 그 특별사정에 관하여 가해자가 예견 가능한 것이라면 이것도 배상하여야 한다는 것이 상당인과관계설의 입장이다.

다시 말하여 불법행위로 인한 손해배상책임에 있어서의 상당인과관계는 가해자의 행위와 피해자의 손해 사

이에 인과관계가 있느냐의 문제이고 소론과 같이 피용자인 소외 1의 약속어음 위조행위 아닌 피고 회사의 자금2과장이었던 소외 김○현의 어음용지보관 소홀행위는 피고 회사의 문책의 문제 등은 될 수 있을지는 몰라도 소외 1의 불법행위를 청구원인으로 하고 있는 이 사건에 있어서는 인과관계 등의 문제는 제기될 여지가 없다고 할 수 밖에 없으므로 상고논지 역시 받아 드릴 것이 되지 못한다.

결론

결국 원고의 상고는 이유가 있으므로 원심판결중 원고 패소부분을 파기하여 이 부분 사건을 서울고등법원에 환송하고, 피고의 상고는 이유가 없으므로 이를 기각하고, 이 부분 상고 소송비용은 피고의 부담으로 하여 관여법관의 일치한 의견으로 주문과 같이 판결한다.

(2-1) 서울고등법원 1997.11.21. 선고 96나38782 판결

【원 고】 한△해운 주식회사

【피 고】 정◇복외 2인

【원심판결】 서울지방법원 1996. 8. 29. 선고 95가합68383 판결

【주 문】

1. 원심판결 중 다음에서 지급을 명하는 금원에 해당하는 원고 패소부분을 취소한다. 피고들은 각자 원고에게 금 398,110,431원 및 이에 대한 1995. 6. 1.부터 1997. 11. 21.까지는 연 5푼의, 그 다음날부터 완제일까지는 연 2할 5푼의 각 비율에 의한 금원을 지급하라.
2. 원고의 피고들에 대한 나머지 항소를 모두 기각한다.
3. 소송비용은 1, 2심 모두 4분하여 그 1은 원고의, 나머지는 피고들의 각 부담으로 한다.
4. 제1항의 금원지급부분은 가집행할 수 있다.

【청구취지】

원심판결을 취소한다. 피고 정◇복, 정▼준에 대하여는 선택적 및 항소 취지 으로, 피고 주식회사 하☆마치트레이딩에 대하여는 주위적 및 예비적으로, 피고들은 각자 원고에게 금 610,260,000원 및 이에 대하여 1995. 6. 1.부터 이 사건 소장부본 송달일까지는 연 5푼의, 그 다음날부터 완제일까지는 연 2할 5푼의 각 비율에 의한 금원을 지급하라.

【이 유】

1. 손해배상책임의 발생

가. 인정사실

다음의 사실은 당사자 사이에 다툼이 없거나, 갑1, 2호증, 갑3호증의 1 내지 32, 갑5 내지 10호증, 갑11호증의 1 내지 3, 갑12 내지 14호증, 갑15호증의 1, 2, 갑16 내지 21호증, 갑22호증의 1, 2, 갑23, 24호증, 갑25호증의 1 내지 36, 갑26 내지 28호증, 갑29호증의 1 내지 7, 갑30호증의 1 내지 3, 을1 내지 19호증의 각 1, 을20호증, 을22호증의 1 내지 26, 을23호증의 1 내지 5의 각 기재(다만 갑25호증의 33, 34의 각 일부기재 중 뒤에서 믿지 아니하

는 부분 제외)와 원심증인 권○한, 당심증인 이▼조, 권◎환의 각 증언, 피고 정▼준 본인신문결과(다만 뒤에서 믿지 아니하는 부분 제외)에 변론의 전취지를 종합하면 이를 인정할 수 있고, 위 인정에 반하는 갑25호증의 33, 34의 각 일부기재와 일부 피고 정▼준 본인신문결과는 믿지 않고, 을16 내지 19호증의 각 1의 기재는 위 인정에 방해가 되지 아니하고 달리 반증없다.

(1) 피고 정◇복은 친구인 피고 정▼준의 제의로 외국으로부터 고철을 수입 판매하여 전매차익을 얻을 목적으로 1994. 3.경 중고차 수출 전문업체인 피고 주식회사 하♤마치 트레이딩(이하 피고회사라 한다)을 인수하여 그 대표이사 회장이 된 후, 피고 정▼준으로 하여금 피고회사의 사장이란 직함을 사용하면서 피고회사의 고철 수입 판매사업을 전담하게 하였는데, 경비는 피고회사가 부담하고, 이익금은 분배하기로 하였다.

(2) 피고 정▼준은 1994. 6. 초순경 한국을 방문한 국제 고철중개인으로서 전에도 거래를 한 적이 있는 소외 브☆이언 라니(Brian Larney)를 만나 향후 상호간에 고철의 수출입에 관해 적극 협력하기로 약속하였는데, 같은 해 8. 27. 위 브☆이언 라니로부터 "탄자니아국의 다르 에스 살렘(DAR ES SALAAM)에 즉시 인도할 수 있는 고철 10,000톤이 있고, 같은 해 10. 중순까지는 추가로 10,000톤 내지 15,000톤의 인도가 가능하며, 100,000톤 정도까지는 보장할 수 있다"는 통지(을1호증의 1)를 받은 후, 위 브☆이언 라니의 중개로 같은 해 10. 초순경 피고회사 명의로 카타르국의 소외 아♤르 인터내셔날 이스테블리쉬먼트 리미티드(ASAR INTERNATIONAL TRADE ESTABLISHMENT LTD., 이하 아♤르라 한다)로부터 탄자니아산 고철(steel scrap) 20,000톤 내지 25,000톤(+/- 10%)을 FOB 조건으로 톤당 미화 102달러에 매수하고 중개수수료는 톤당 미화 3달러로 하기로 하는 가계약(을3호증)을 체결한 다음, 같은 해 10. 12.경 탄자니아로 가서 다르 에스 살렘항의 부두에 적재되어 있던 약 12,500톤의 고철 및 다르 에스 살렘 인근에 산재되어 있는 다른 고철 약 8,000톤을 확인하고, 같은 해 10. 18. 현지에서 아♤르와 같은 내용으로 위 고철에 대한 매매계약을 체결하였다.

(3) 피고회사는 위와 같이 고철을 매수한 후 같은 해 11. 24. 소외 현×종합상사 주식회사(이하 현×종합상사라 한다)의 일본 현지법인인 소외 현× 재팬 컴퍼니 리미티드(HYUNDAI JAPAN Co. LTD 이하 현× 재팬이라고 한다)에게 위 고철 22,000톤(+/- 10%)을 CIF FOINCHON 조건으로 톤당 미화 154달러에 매도하기로 하는 계약을 체결하였고, 이에 따라 현× 재팬은 소외 제◑은행 도◑지점에 신용장 개설의뢰를 하여 피고회사에게 1994. 12. 19. 수익자 피고회사, 신용장 금액 미화 3,388,000달러, 선적기한 1995. 1. 31. 유효기간 1995. 2. 20.로 된 취소불능 신용장(을5호증의 1)을 개설하도록 하였다.그리고 위 계약에 따라 피고회사는 위 계약의 이행보증을 위하여 소외 한△은행 응△동지점에 의뢰하여 1994. 12. 30. 현× 재팬에 대하여 유효기간 1995. 3. 20.까지로 된 미화 67,760달러의 계약이행보증서(을7호증)를 발행하여 주었다(그 후 위 보증서의 유효기간은 1995. 9. 30.까지로 연장되었다).

(4) 이와 같이 신용장이 개설되자 피고회사는 아♤르와의 위 계약에 따라 위 한△은행 응△동지점으로 하여금 위 아♤르에 대하여 위 제◑은행이 개설한 신용장의 백 투 백 신용장으로 1994. 12. 29. 수익자 아♤르, 신용장금액 미화 2,240,000달러, 유효기간 1995. 2. 20.로 된 취소불능 신용장(을9호증의 1)을 개설하여 주었고, 아♤르도 위 계약에 따라 위 계약의 이행보증을 위하여 소외 U.B.A.F.은행 서울지점으로 하여금 1994. 12. 30. 피고회사에 대하여 미화 44,880달러의 계약이행보증서(을10호증의 1)를 발행하도록 하였다.

(5) 위와 같이 현× 재팬이 개설하여 준 신용장상의 선적기한이 1995. 1. 31.로 되어 있어 피고 정▼준은 선박의 용선을 위하여 친구 동생인 소외 대◇상선 주식회사를 경영하는 설중식의 소개로 용선중개전문회사인 소외 가□해운의 정○용 사장을 소개받고, 1995. 1. 초순경부터 위 정○용의 소개로 소외 대▽해운 주식회사(이하 대

▽해운이라 한다)와 이 사건 고철을 운송할 선박을 용선하기 위해 협의하게 되었다.그런데, 위 고철의 운송을 위한 이와 같은 용선계약에 있어서는 피고회사가 현지에서 고철을 선적한 후 그 선적서류로 신용장대금을 받아 용선료를 지불할 예정이고, 용선자인 피고회사가 소규모 회사라 달리 용선료를 확보할 수단이 없는 상태이므로 만일 현지에 선적할 화물이 없는 경우 용선료를 받지 못하게 될 수 있는 사태가 예상되므로 대▽해운으로서는 현지에 화물이 확보되어 있는지 여부가 용선계약의 체결여부를 결정할 매우 중요한 사항이었다. 그리하여 대▽해운은 현지에 화물이 확보되어 있는지 여부를 확인하고자 하였는데, 아☆르를 대리하여 현지에서 고철의 확보 업무를 맡고 있던 씨. 에이취. 마구토 앤드 컴퍼니(C. H. MAGUTO& Co. 이하 마구토라 한다)로부터 1995. 1. 4. "화물인 고철 25,000톤의 선적 준비를 완료하지 못했고, 1. 14.까지 시간을 주면 선적을 위해 선박이 도착해야 할 일자를 알려 주겠다. 12,500톤은 이미 항구에 적재되어 있으나 우리가 이곳 현지에서 신용장을 받은 후 서류와 대금지불을 완료하여야 한다"는 내용의 통지(갑25호증의 12)를 받았고, 대▽해운은 이를 위 정○용에게 FAX로 보내 주었다. 그러자 아☆르의 현지 매니저인 모하메드 사디크 알라이에스(MOHAMED SADIQ AL-RAYES 이하 모하메드라 한다)는 1995. 1. 12. 피고 정▼준에게 "선적준비를 마쳤음을 확인하니 1. 25.까지 선박이 도착하도록 수배하여 달라"는 통지(을13호증의 1, 갑25호증의 13과 같다. 이는 뒤에서 보는 바와 같이 허위내용의 통지이다)를 보냈고, 피고 정▼준이 이를 대▽해운에게 전달하자, 대▽해운은 현지에 화물이 준비된 것으로 믿고, 같은 해 2. 9. 피고회사와 제반 용선계약조건을 합의하고 아폴론(APOLLON)호를 용선하기로 합의하였다. 그리고 대▽해운은 같은 날 마지막으로 대▽해운의 현지 선박대리점으로 지정된 소외 플♡스 쉽핑(FLEX SHIPPING)에 대하여 화물의 선적준비 여부를 신속히 확인하여 줄 것을 지시하였는데(갑25호증의 16) 플♡스 쉽핑은 그 다음날인 2. 10. 대▽해운에게 "송하인은 화물이 선적준비되었음을 확인한다고 하나 신용장에 사소한 문제가 있어 선적 개시 전에 이를 개정하여야 하고, 모하메드는 선적 준비를 위한 최종 마무리 작업 중"이라는 통지(갑25호증의 15)를 하였다.

(6) 한편 현×종합상사는 1995. 2. 10. 피고회사에 대하여 위 아폴론호의 용선계약조건을 승인하면서 그 다음날인 2. 11. 오전까지 그 결과를 통보하여 달라고 하였고, 이와 같이 위 선박에 대한 용선이 되면 위 신용장상의 선적기한인 1995. 2. 20.을 다시 연장하여 줄 것이라고 하였다{현× 재팬은 그 이전인 1995. 1. 27. 피고회사가 그때까지 용선을 하지 못하자 종전에 1995. 2. 20.로 되어있던 위 신용장의 유효기간을 1995. 3. 10.로, 1995. 1. 31.로 되어있던 선적기한을 1995. 2. 20.(을5호증의 1에는 1994. 2. 20.로 되어 있으나 1995. 2. 20.의 오기로 보인다)로 연장하여 주었다}.

(7) 그런데 위 2. 10. 오전에 피고 정▼준이 위 정○용을 통하여 대▽해운의 담당자인 소외 권◎환 이사에게 그 전날 합의한 용선계약조건 중 인천에서의 하루 양하량에 대한 조건을 변경하자는 등의 요구를 하였는데, 위 권◎환 이사는 피고회사와 인천제철 사이에 계약관계가 완료된 것이 아닐지 모른다는 의심이 들어 위 정○용에게 용선계약을 취소하겠다는 뜻을 표시하자, 위 정○용도 조건변경요청을 철회하고 피고 정▼준도 전화를 하여 "모든 것이 잘 될 테니 배를 넣어 달라. 배를 넣지 않으면 큰일난다"고 부탁을 하여 원래의 조건대로 하기로 하였다.

(8) 대▽해운의 위 권◎환 이사는 같은 날 오후 9:30경 용선계약을 체결하기 전 최종적으로 화물의 준비여부를 확인하기 위하여 플랙스 쉽핑과 전화통화를 한 결과 플랙스 쉽핑으로부터 첫째, 화물이 아직 준비되지 아니하였는데 배의 출항이 너무 빠르며, 둘째, 부두에 있는 고철 12,500톤도 아직 매수하지 못한 상태라는 내용의 통보를 받고 위 정○용에게 위와 같이 통보받은 사실을 말하면서 대▽해운을 속인 것에 대한 불쾌감을 표시하고

화물이 확보되지 못하였음을 이유로 용선계약을 취소한다고 통보하였다.

(9) 앞서 본 바와 같이 피고 정▼준은 같은 해 2. 11.까지 현×종합상사에게 위 아폴론호에 대한 용선계약체결 사실을 통보하여야 현재 재팬으로부터 신용장의 선적기한을 연장받을 수 있었는데, 위와 같이 같은 해 2. 10. 대▽해운과의 용선계약이 화물이 확보되지 못하여 실패로 돌아가자, 일단 피고 정▼준은 신용장의 선적기한 및 유효기간을 연장받을 목적으로 이와 같은 사실을 숨기고 그 다음날인 2. 11. 08:15 현×종합상사에 대하여 대▽해운에서 용선계약 확정을 위한 조건으로 현×종합상사가 위 신용장상의 선적기한을 1995. 3. 25.로, 유효기간을 1995. 4. 15.로 연장하는 것이 착오없이 진행될 것임을 증명하는 확인서를 송부하여 달라고 강력히 요구하고 있어 선처하여 달라는 내용의 팩스(갑25호증의 17)를 보내고, 약 2시간 후인 같은 날 10:20 위 대◇상선의 설○식 명의의 "당사 및 대▽해운이 탄자니아 대리점 최종확인 결과 신용장상의 선적기한을 이유로 취소되었음을 통보하니 조속히 신용장 변경을 하여 이런 일이 없도록 귀사의 협조를 구한다"는 허위 내용의 공문(갑25호증의 19)을 첨부하여 다시 현×종합상사에 대하여 위 대▽해운이 위 신용장 변경이 불확실하다는 이유로 위 용선계약을 취소한다고 통보하였으므로 이를 통보하며, 향후에도 선박용선계약상 신용장 변경문제가 계속적으로 제기될 것이니 위 갑25호증의 17 팩스대로 신용장 조건을 변경하여 달라는 팩스(갑25호증의 18)를 보내어 마치 2. 11.까지 대▽해운과 용선계약을 진행하다가 신용장의 선적기한 및 유효기간 연장문제로 용선계약이 결렬된 것처럼 가장하고 신용장 기간 연장을 받으려고 시도하였다. 그러나, 현×종합상사는 위 팩스를 받고 같은 날 피고 정▼준에게 대▽해운이 용선계약을 위하여 신용장 조건 변경을 요청하는 것은 상식에 맞지 않으며 위 선박의 용선계약이 확정되면 신용장의 선적기한을 연장하여 줄 것이므로 동일 오후 1:00까지 그 결과를 통보하여 달라는 답신(갑25호증의 20)을 보냈고, 이에 피고 정▼준은 같은 날 오후 1:15 현×종합상사에게 용선을 위하여 최선을 다하겠다는 내용의 회신(갑25호증의 21)을 보냈으며, 현×종합상사는 2. 13. 피고회사에 대하여 "신용장의 선적기한인 1995. 2. 20.까지 현×종합상사의 승인하에 용선을 확정할 경우에는 신용장 선적기한을 연장하여 줄 것이나 그 기간 내 용선을 확정하지 못할 경우에는 위 계약이행보증금을 몰수할 것"이라는 내용의 회신(갑25호증의 22)을 보냈다.

(10) 이와 같이 되자 피고회사 및 피고 정▼준은 위 1995. 2. 20.까지 용선을 확정하지 못할 경우 위 신용장이 효력을 상실하게 되어 위 고철수입계약도 더이상 추진할 수 없게 됨으로써 이로 인하여 얻을 수 있었던 미화 약 150,000달러 정도의 전매이익을 얻을 수 없게 될 뿐 아니라 위 미화 67,760달러의 계약이행보증금도 몰수당하게 될 상황이 되었다.

(11) 그리하여 피고 정▼준은 다시 위 가□해운의 정○용에게 의뢰하여 1995. 2. 16.경 원고와 용선계약 체결을 위한 협상을 시작하였는데, 위 정○용은 원고의 담당자인 소외 김▣근 과장에게 대▽해운과 용선계약을 추진하다가 내부적으로 대▽해운 경영진의 이견으로 성사되지 않았다고 하면서 화물이 현지에 준비되어 있으며 피고회사는 현×종합상사로부터 이미 수입신용장을 개설받았으니 탄자니아 현지의 선박대리점을 통하여 화물의 선적준비 여부를 확인하면 위험도 없을 것이라면서 위 플○스 쉽핑의 연락처를 알려 주었고, 같은 해 2. 18. 원고에게 위 신용장사본, 탄자니아 정부 발행의 수출허가서(갑12호증)와 위 모하메드로부터 피고 정▼준에게 같은 날짜로 온 "마구토로부터 화물이 선적준비되었다는 통지를 받았으니 같은 해 3. 10.까지 선박을 보내 달라"는 내용의 통지(갑25호증의 24, 을12호증의 1과 같다. 뒤에서 보는 바와 같이 이는 허위 내용의 통지이다) 및 위 1995. 1. 12.자 통지를 함께 보내 주었다.

(12) 앞서 본 바와 같이 대▽해운과 마찬가지로 용선료의 확보를 위하여 원고로서도 현지의 화물의 확보가

중요한 사항이었으므로{한△은행 응△동지점은 1995. 2. 28. 원고에게 이 사건 용선계약의 운임 전액에 대한 지급확인서(을22호증의 8)를 작성하여 주었으나 위 확인서도 선적선하증권이 제출되어야만 운임을 지급할 것임을 확인하는 것으로서 화물이 선적되지 않을 경우에는 운임에 대한 아무런 보장책이 없는 상태이다} 위 김■근 과장은 1995. 2. 20. 위 플♡스 쉽핑을 원고의 탄자니아 현지 대리점으로 지정하고 동 회사에게 "송하인인 마구토에 의하면 약 13,000톤이 부두에 준비되어 있고, 나머지는 트럭운송중에 있다고 하는데 화물준비여부를 조사하여 달라"는 텔렉스(갑15호증의 1 하단부)를 보냈고, 한편 가ㅁ해운은 같은 날 피고 정▼준에게 원고가 위와 같은 내용의 텔렉스를 보냈으니 송하인에게 이를 보내 대리점에 대하여 빨리 회신하도록 압력을 가하도록 부탁하게 하라는 내용의 텔렉스(갑15호증의 1 상단부)를 보냈다.

(13) 그런데, 위 매매계약의 목적물인 위 다르 에스 살렘항의 부두에 적재되어 있던 약 12,500톤의 고철은 탄자니아 철도청의 소유로서 모리셔스 회사인 소외 코◈탈 오버시즈사(COASTAL OVERSEAS LTD)가 철도청으로부터 경매형식으로 매수하였으나, 동 회사는 탄자니아 철도청에 대하여 현금으로 그 대금을 지급하여야 하는데 이를 마련하지 못하여 아직 그 대금을 지급하지 못하고 있었다. 이 사건 이전에도 여러 고철 브로커들이 코◈탈 오버시즈사로부터 위 고철을 매수하여 전매하려고 시도하였으나 고철 브로커들은 고철 대금에 해당하는 현금을 보유하고 있지 못하고 위 고철을 전매한 대금으로 코◈탈 오버시즈사에게 대금을 지불하려 하였기 때문에 이를 매수하지 못하였으며, 아♧르도 마구토를 통하여 코◈탈 오버시스사로부터 위 고철을 매수하여 피고회사에게 전매하려고 한 것인데, 아♧르 또한 피고회사로부터 받은 위 신용장만 있을 뿐 현금이 없어 매수를 하지 못하고 있는 상태였다. 그리고 나머지 위 약 8,000톤의 고철은 탄자니아의 전직 재무부장관 소유의 고철로서 아♧르는 위 고철 역시 아직 매수를 하지 못한 상태였다. 또 위 12,500톤의 고철은 선적을 위하여 이미 적당한 크기로 절단작업이 완료되어 있는 상태였으나, 위 8,000톤의 고철은 아직 절단작업이 이루어지지 않아 아♧르에서 이를 매수한다고 하더라도 항내에 운반되어 절단작업을 하는 경우 절단작업에 매 트럭 분량당 2일 정도가 소요되어 정박기간이 매우 장기화될 사정이었다.

(14) 플♡스 쉽핑은 앞서 본 바와 같이 대▽해운의 의뢰에 따라 조사한 결과 위와 같이 현지에서 화물확보가 되지 않아 원고가 용선계약을 체결함에 문제가 있음을 알고 있었으면서도 원고의 조사의뢰에 대하여 1995. 2. 20. "마구토는 1995. 2. 16. 아♧르에게 70%의 화물은 선박이 다르 에스 살렘항에 도착할 1995. 3. 9.까지는 항만에서 선적준비가 될 것이고 나머지 30%는 계속적으로 다르 에스 살렘항에 운송되어 올 것이므로 선적완료시까지 화물이 모두 준비될 것이라고 확인, 보장하였다. 계획대로 진행되면 아무런 문제가 없을 것이다"는 내용의 텔렉스(갑15호증의 2, 기록에 첨부된 번역문에는 화물의 70%는 이미 부두에 나와 있어 하시라도 선적할 수 있다고 번역되어 있으나 이는 잘못된 번역으로 보인다)를 보냈고, 원고는 플랙스 쉽핑으로부터 받은 위 텔렉스와 피고회사로부터 받은 위 허위 내용의 을12, 13호증의 각 1의 통보서등을 종합하여 현지의 화물확보에 아무런 문제가 없는 것으로 믿고 피고회사와 아나스타시아호(ANASTASIA, 이하 이 사건 선박이라 한다)를 용선하기로 합의한 후 같은 해 2. 24. 선적항을 다르 에스 살렘항으로 하고, 선적기간을 1995. 3. 7.부터 3. 17.까지로 하고, 용선료를 톤당 미화 19.95달러로 하는 위 선박에 대한 용선계약(갑2호증)을 체결하였다.

(15) 원고는 이에 따라 1995. 2. 27. 이 사건 선박의 선주인 몬로비아의 메인스트림 매리타임 코퍼레이션(MAINSTREAM MARITIME CORPORATION)과 일당 미화 8,000달러의 선박사용료를 지급하기로 하고 위 선박을 용선하였다(갑1호증).

(16) 이 사건 선박은 위 용선계약에 따라 1995. 2. 27. 인도국 봄베이항을 출발하여 같은 해 3. 6. 탄자니아국 소재 다르 에스 살렘항에 도착하여 같은 해 3. 11. 접안하였고, 피고 정▼준도 같은 해 3. 4. 탄자니아에 도착하여 있었는데, 같은 해 3. 8.경 다르 에스 살렘에 도착한 현×종합상사 카타르국 두바이 지점장인 소외 김▲회는 위 항구에 쌓여 있는 고철 12,500톤을 확인하고 모하메드로부터 나머지 고철은 운송 중에 있으니 선적에 지장이 없다는 설명을 들은 후 이를 믿고 같은 해 3. 11. 탄자니아를 떠났다.

(17) 원고는 이 사건 선박이 다르 에스 살렘항에 도착한 후 즉시 선적이 이루어지지 않아 피고 정▼준에게 화물의 선적을 독촉하자 피고 정▼준은 같은 해 3. 13. "고철이 항구로 운송되고 있고 송하인과 항만 당국 사이의 문제가 해결되는 대로 즉시 선적하겠으니 조금만 기다려 달라"는 취지의 통지(갑21호증)를 하였고, 원고는 다시 같은 해 3. 14. 피고 정▼준에게 "현재까지도 관련선적여부가 불투명한 상황으로서 같은 달 15.까지 뚜렷한 진행사항이 없을 시 이 사건 선박을 타 Traiding에 전용하겠다"는 취지의 통지(갑19호증)를 하였다. 그러자 마구토는 같은 해 3. 14. 탄자니아 항만청에 임시선적허가신청을 하여 같은 해 3. 15. 허가일로부터 4일 이내에 체납 항비를 정산한다는 조건으로 이 사건 선박에 대한 임시선적허가(갑20호증)를 받고, 이에 따라 마구토는 1995. 3. 16.부터 3. 22.까지 고철 472톤을 이 사건 선박에 선적한 후 다시 선적작업을 중단하였는데(갑18호증), 위와 같이 선적한 고철 472톤은 부두에 쌓여 있던 위 12,500톤의 고철과는 다른 고철로서 아☆르는 그 당시까지도 위 12,500톤의 고철을 매수하지 못한 상태였고, 위 선적된 고철 외에 1995. 3. 30.까지 아☆르가 확보하여 항만에 적재되어 있던 고철은 100 내지 200톤 정도밖에 되지 않았다.

(18) 그 후 마구토는 1995. 3. 30. 비로소 코◈탈 오버시즈사와 부두에 적재되어 있던 위 12,500톤의 고철을 미화 650,000달러에 매수하기로 하는 계약을 체결하고 선불로 당일 미화 20,000달러, 그 다음날 미화 30,000달러를 각 지급하였는데, 위 계약상 대금지급은 철도청의 허가를 받는대로 나머지 잔금을 납부하도록 되어 있었다(을14호증의 1). 그리고 탄자니아 철도청은 같은 해 4. 1. 마구토에게 5일 이내에 위 매매대금을 철도청 외환구좌에 송금하면 수출허가를 내어 주겠다고 통지하였다(갑25호증의 10). 그러나 피고 정▼준 및 아☆르, 마구토는 위 매매대금을 납부할 현금이 없었으므로 피고회사가 개설한 위 신용장을 이용하여 같은 해 4. 14.경 탄자니아 현지 은행에 대하여 신용장을 개설하고 이를 현금화하여 대금을 납부하고자 하였으나, 현×은행에서 미국, 영국 또는 일본계 은행이 개설한 신용장을 요구하여 이를 현금화하지 못하여 결국 대금지급을 하지 못하였다.

(19) 한편 위와 같이 피고회사가 더 이상 고철을 선적하지 못하자 원고는 이미 선적되어 있는 위 472톤의 고철을 하역하고 이 사건 선박을 출항시키려 하였으나, 탄자니아국법상 일단 선적된 화물은 수출한 것으로 간주되어 송하인이 다시 이를 하역하기 전에는 하역할 수 없도록 되어 있었는데, 송하인인 마구토는 변호사를 통하여 같은 해 4. 8. 원고의 공식 선박대리점인 나사코(NASACO)에 대하여 "마구토가 이미 화물을 선적하기 시작하였고, 탄자니아 코포레이션과 화물을 구매하는 계약을 곧 체결할 예정이며, 나머지 화물도 수일안에 시작될 것이므로 만일 배가 출항하면 관계자 전원에게 손해가 될 것이다"는 내용을 원고에게 알려 달라고 하는 한편(갑22호증의 2), 같은 해 4. 10. 원고의 한국 변호사에게 "배를 철수시킬 경우 법원에 제소하여 본선철수금지명령을 받도록 하겠다"는 내용을 통고(갑22호증의 1)하는 등 선박의 출항을 저지하고 화물의 하역에 전혀 협조를 하여 주지 않아 원고는 현지 한인교민회장인 소외 이▼조와 현지 변호사 칼룽가의 도움으로 관계당국으로부터 마구토가 위 472톤의 고철을 선적할 당시 선적 대행을 하여 위 고철에 대하여 담보권을 가지고 있는 소외 호☆리 프레이트를 화물의 수령인으로 하여 1995. 4. 30.부터 같은 해 5. 2.까지 위 472톤의 고철을 하역하고 발항하였다.

(20) 원고는 이 사건 선박의 용선과 관련하여 별지 계산서 기재와 같이 위 용선계약에 따라 원고가 부담하여야 하였던 운항비용으로 합계 미화 725,731.34달러, 보험료로 미화 4,819.66달러를 지출하였고, 위 각 지출일 당시의 미화 1달러당 매매기준율은 별지 계산서의 환율항과 같다.

나. 판단

위 인정사실에 의하면, 피고 정▼준은 위 고철을 현× 재팬에 매도하면서 이에 따른 신용장을 개설받은 후 이를 기초로 아☆르에 대하여 백 투 백 신용장을 개설하여 주고 아☆르는 위 신용장을 이용하여 현지에서 위 12,500톤 및 8,000톤의 고철을 매수하여 현×종합상사에게 인도하여 주기로 계획하였으며, 그 운송을 위한 용선은 피고 정▼준이 하기로 하였는데, 피고 정▼준이 1995. 2. 20.까지 용선을 확정하지 못할 경우 위 신용장도 효력을 상실하고 계약이행보증금도 몰수될 상황에서 원고와 용선협상을 하였는데, 당시 아직 고철이 확보되지 못한 사실을 원고가 알게 되면 당연히 대▽해운과 마찬가지로 용선계약을 체결하지 않을 것이므로(피고 정▼준은 최소한 앞서 본 바와 같이 대▽해운이 1995. 2. 10. 위 플랙스 쉽핑과 전화통화를 한 후 화물이 준비되지 아니하였음을 이유로 용선계약을 취소한다고 가□해운의 정○용에게 이를 통보한 이후에는 화물이 확보되지 않았음을 확실하게 알았다고 보여진다) 아☆르로 하여금 화물이 준비되었다는 내용의 위 같은 해 2. 18.자 허위 통보서(갑12호증의 1)를 보내게 한 후 원고에게 이를 제시하여 마치 화물이 확보된 것처럼 거짓말하여 이에 속은 원고와 용선계약을 체결하고 이 사건 선박을 현지로 운항하게 함으로써 원고에게 위와 같은 손해를 가하였다고 할 것이므로 피고 정▼준은 원고에게 이로 인한 손해를 배상할 책임이 있다고 할 것이다.

그리고, 피고 정▼준의 사용자는 피고회사이고, 피고 정◇복이 아니라고 할 것이나, 앞서 본 바와 같이 피고 정◇복이 대표이사로서 직접 피고 정▼준을 선임하여 피고회사 고철 수입, 판매업무를 담당하게 한 점에 비추어 볼 때 피고 정◇복은 피고 정▼준의 사용자인 피고회사에 갈음하여 피고 정▼준의 사무를 감독하는 자에 해당한다고 봄이 상당하다고 할 것이다. 그렇다면, 피고회사는 사용자로서, 피고 정◇복은 피고회사를 갈음하여 피고 정▼준의 사무를 감독하는 자로서 민법 제756조 제1항 및 제2항에 의하여 피고 정▼준이 그 사무집행에 관하여 원고에게 가한 손해를 피고 정▼준과 각자 배상할 책임이 있다고 할 것이다(피고 정◇복이 상법 제210조의 규정에 따라, 또는 피고 정▼준의 사용자로서 원고에 대하여 손해배상책임이 있다는 원고의 주장에는 이와 같은 민법 제756조 제2항의 대리감독자의 책임을 구하는 취지도 포함되어 있다고 봄이 상당하다).

다. 책임의 제한

한편 위 인정사실에 의하면, 원고의 이 사건 용선계약 담당자인 위 김▣근 과장은 위 정○용으로부터 용선의뢰를 받으면서 대▽해운과 용선계약을 추진하다가 내부적으로 경영진의 이견으로 성사되지 않았다는 말을 들었으므로, 대▽해운에 대하여 용선계약이 체결되지 않은 이유를 확인하여 보았다면 현지에 고철이 확보되지 않은 사실을 쉽게 알 수 있었을 것임에도 이를 확인하지 아니한 잘못이 있고, 또한 위 플랙스 쉽핑으로부터 받은 텔렉스(갑15호증의 2)의 내용이 "마구토는 1995. 2. 16. 아☆르에게 70%의 화물은 선박이 다르 에스 살렘항에 도착할 1995. 3. 9.까지는 항만에서 선적준비가 될 것이고 나머지 30%는 계속적으로 다르 에스 살렘항에 운송되어 올 것이므로 선적완료시까지 화물이 모두 준비될 것이라고 확인, 보장하였다. 계획대로 진행되면 아무런 문제가 없을 것이다"고 되어 있어 이를 자세히 살펴보았다면 화물의 선적준비가 완료되었다는 내용의 을12, 13호증의 각 1의 확인서와 약간의 차이가 있어 대▽해운처럼 이를 좀 더 확인하면 화물이 미처 준비되지 아니한 사실을 알 수 있었음에도 불구하고 만연히 화물이 준비되었다고 믿은 잘못이 있다고 할 것인바, 동인의 이러한 과실은 이 사건 손해의 발생의 한 원인이 되었다고 할 것이나, 이는 피고들의 책임을 면하게 할 정도는 아니므로 그 손해액의 산정에 있어서 이를 참작하기로 하되, 그 비율은 위 사실관계에 비추어 30% 정도로 봄이 상당하므로 피고들의 책임을 70%로 제한한다.

2. 손해배상책임의 범위

가. 손해액

(1) 원고가 입은 손해는 이 사건 용선계약으로 인하여 지출한 위 운항비용 미화 725,731.34달러와 보험료 중 원고가 구하는 미화 3,507.77달러를 각 지출일 당시의 매매기준율(다만 보험료에 대하여는 원고가 구하는 바에 따라 그 지출된 기간인 1995. 3. 3.부터 같은 해 5. 2. 사이의 최저환율인 1달러당 761.80원으로 환산하기로 한다)에 따라 별지 계산서 기재와 같이 우리나라 통화로 환산한 합계 금 568,729,188원이 된다.

(2) 원고는 탄자니아 출장비용으로 미화 23,540달러를 지출하였다고 주장하나 이를 인정할 아무런 증거가 없으므로 이 부분 주장은 이유없다.

(3) 원고는 또 이 사건 선박을 용선함으로 인한 예상수익인 미화 51,000달러의 기대이익을 상실하였으므로 이를 배상할 책임이 있다고 주장하나, 갑4호증의 1, 2의 기재만으로 이를 인정하기에 부족하고 달리 이를 인정할 증거가 없을 뿐 아니라, 원고가 구하는 위 기대이익은 이 사건 불법행위로 인하여 상실한 기대이익 즉 피고 정▼준의 기망행위가 없었다면 이 사건 선박을 다른 곳에 용선하는 등 하여 얻을 기대이익이 아니라 피고 정▼준의 기망행위 자체로 인하여 얻게 된 이익으로서(다만 용선료를 지급받지 못하여 용선료채권의 형태로 존재하고 있다) 이는 기망행위와 상당인과관계 있는 손해로 볼 수 없다고 할 것이므로 이 부분 주장도 이유없다.

나. 책임의 제한

금 568,729,188원 × 0.7 = 398,110,431원(원 미만 버림)

3. 결 론

그렇다면, 피고들은 각자 원고에게 금 398,110,431원 및 이에 대한 위 각 손해발생일 이후로서 원고가 구하는 1995. 6. 1.부터 피고들이 항쟁함이 상당하다고 인정되는 이 판결 선고일인 1997. 11. 21.까지는 민법 소정의 연 5푼의, 그 다음날부터 완제일까지는 소송촉진등에관한특례법 소정의 연 2할 5푼의 각 비율에 의한 금원을 지급할 의무가 있다고 할 것이므로, 원고의 피고들에 대한 청구는 위 인정범위 내에서 이유있어 이를 인용하고 나머지 청구는 이유없어 이를 기각하여야 할 것인바, 이와 일부 결론을 달리한 원심판결의 원고 패소부분은 부당하므로 이를 취소하고, 피고들에게 위 금원의 지급을 명하고, 원고의 나머지 항소를 기각하기로 하여 주문과 같이 판결한다.

(2-2) 대법원 1998. 5. 15. 선고 97다58538 판결 [공1998.6.15.(60),1631]

【원고,피상고인】 한○해운 주식회사

【피고,상고인】 피고 1외 2인

【원심판결】 서울고등법원 1997. 11. 21. 선고 96나38782 판결

【주 문】

상고를 모두 기각한다. 상고비용은 피고들의 부담으로 한다.

【이 유】

피고들의 상고이유를 함께 판단한다.

1. 원심은 그 채용 증거에 의하여, 피고 2 주식회사(이하 피고 회사라 한다)의 고철 수입·판매사업을 전담하던 피고 3이 1994. 10. 18. 카타르국의 소외 아사르 인터내셔널 트레이드 이스테블리쉬먼트 리미티드(ASAR INTERNATIONAL TRADE ESTABLISHMENT LTD., 이하 아사르라 한다)로부터 탄자니아국에 있는 고철 20,000t 내지 25,000t을 매수하기로 하였는데, 그 중 탄자니아국의 다르에스살렘항 부두에 있는 고철 12,500t은 아사르가 소유자로부터 매수하였으나 매매대금을 지급하지 못한 것이고, 그 인근에 산재되어 있는 고철 8,000t은 아사르가 아직 매수하지도 못하였을 뿐 아니라 이는 위 항구로 운송하여 장기간이 소요되는 절단작업을 거쳐야 하므로, 위 화물은 선박이 위 항구에 도착하더라도 선적이 가능한 정도로 준비되지 않았음에도 불구하고, 피고 3은 현지에 화물이 선적 가능한 상태로 확보되어 있는 것처럼 하면서 소외 대○해운 주식회사와 고철 운송을 위한 용선계약의 협의를 진행하여 합의단계에 이르렀으나 1995. 2. 10. 대○해운 주식회사의 이사인 권○환이 현지의 선박대리점으로 지정한 플렉스 쉽핑(FLEX SHIPPING)과 전화통화를 한 결과, 화물이 아직 준비되지 않았으며 고철 12,500t은 아사르가 아직 매수하지도 못한 상태임을 확인하고, 이를 이유로 위 계약을 중개한 정○용을 통하여 용선계약의 취소를 통보하자, 피고 3은 다시 원고와의 사이에 용선계약을 위한 협의를 하면서 아사르의 현지 매니저인 모하메드(MOHAMED SADIQ AL-RAYES)가 1995. 1. 12.자와 1995. 2. 18.자로 보낸 선적준비가 완료되었다는 허위 내용의 각 통보서를 원고에게 제시하고 마치 화물이 확보된 것처럼 거짓말을 하여, 이에 속은 원고와의 사이에 1995. 2. 24. 이 사건 용선계약을 체결하였고, 이에 따라 원고는 이 사건 선박을 위 항구로 운항하게 한 사실을 인정하고, 위 인정 사실에 의하면 피고 3은 최소한 1995. 2. 10. 대○해운 주식회사로부터 용선계약을 취소당한 이후에는 현지에 화물이 선적 가능한 상태로 확보되지 않았음을 확실하게 알았음에도 불구하고 그 사실을 원고가 알게 되면 용선계약을 체결하지 않을 것으로 판단하여 마치 화물이 확보된 것처럼 원고를 기망함으로써 원고에게 이 사건 선박의 운행으로 인한 손해를 가한 것이라고 하여 피고 3에 대하여 불법행위의 책임을 인정하였다.

기록에 의하여 살펴보면, 위와 같은 원심의 사실인정과 판단은 모두 정당하고, 거기에 상고이유에서 지적하는 바와 같이 채증법칙을 위반하여 피고 3의 고의·과실을 잘못 인정한 위법이 있다고 할 수 없다.

2. 원심이 적법하게 인정한 바와 같이, 위와 같은 경위로 체결된 피고 회사와의 용선계약에 따라 원고가 1995. 2. 27. 인도국 봄베이항에서 이 사건 선박을 출항시켜 탄자니아국의 위 항구까지 운행한 후 화물 선적을 기다리다가 선적이 되지 아니하여 1995. 5. 2. 발항시키기까지 이 사건 선박의 운항으로 인하여 그 판시와 같은 운항비

용 및 보험료를 지출하게 되었다면, 원고의 위 지출액은 피고 3의 불법행위로 인하여 입은 손해에 해당한다 할 것이고, 피고 회사가 원고와의 용선계약에 의한 채무를 여전히 부담하고 있다고 하여 불법행위로 인한 원고의 손해액에 영향을 미치지 아니한다 할 것이다.

위와 같은 취지의 원심판결은 정당하고, 거기에 불법행위에 있어서의 손해에 관한 법리를 오해한 위법이 있다고 할 수 없다.

3. 원심이 적법하게 인정한 사실과 기록에 의하면, 피고 회사의 대표이사인 피고 1은 자신의 오랜 친구로서 미국 국적을 취득하고 국내로 돌아온 피고 3으로 하여금 피고 회사의 사장이란 직함을 사용하면서 피고 회사의 명의로 고철을 수입·판매하는 사업을 전담하되, 그 사업의 경비는 피고 회사가 부담하고 그로부터 발생하는 이익금은 서로 분배하며, 피고 3에게 급여는 따로 지급하지 아니하기로 하여 그 사무를 집행하도록 하는 한편, 피고 1은 고철 수입에 관련된 신용장 발급, 용선계약, 현지에서의 선적문제 등에 관하여 피고 3으로부터 보고를 받고 이를 지휘하는 등 피고 3의 사무집행을 현실적으로 감독하여 왔음을 알 수 있다.

타인에게 어떤 사업에 관하여 자기의 명의를 사용할 것을 허용한 경우에 그 사업이 내부적으로는 그 타인과 명의자가 이를 공동운영하는 관계로서 그 타인이 명의자의 고용인이 아니라 하더라도 외부적으로는 그 타인이 명의자의 고용인임을 표명한 것과 다름이 없으므로 명의사용을 허가받은 사람이 업무수행을 함에 있어 고의 또는 과실로 다른 사람에게 손해를 끼쳤다면 명의사용을 허가한 사람은 민법 제756조 제1항에 의하여 그 손해를 배상할 책임이 있다고 할 것이므로(대법원 1996. 5. 10. 선고 95다50462 판결 참조), 위 사실관계에 비추어 보면 고철 수입·판매사업에 관하여 피고 3에게 명의사용을 허가한 피고 회사로서는 피고 3의 불법행위에 대하여 사용자로서 책임을 져야 한다고 본 원심의 판단은 정당하다.

또한 민법 제756조 제2항에 정한 '사용자에 갈음하여 사무를 감독하는 자'란 객관적으로 볼 때 사용자에 갈음하여 현실적으로 구체적인 사업을 감독하는 지위에 있는 자를 뜻한다고 할 것인바(대법원 1992. 7. 28. 선고 92다10531 판결 참조), 앞에서 본 바에 의하면 피고 1은 피고 회사의 대표이사로서 현실적으로 피고 3을 선임 및 감독하는 지위에 있었던 자라 할 것이므로, 피고 3의 불법행위에 대하여 피고 1은 민법 제756조 제2항에 의한 책임이 있다고 본 원심의 조치에 잘못이 있다고 할 수 없다.

한편 기록에 의하면, 원고는 제1심에서 진술한 1996. 7. 23.자 준비서면에서 피고 1은 피고 3을 고용하여 피고 회사의 사장 직함으로 고철 부문의 경영을 하게 하고, 고철사업의 상황에 대하여 전화와 서신으로 보고를 받았으면서도 적절한 지휘·감독을 하지 않았음을 내세우면서 피고 1에 대하여 피고 3에 대한 사용자로서의 책임을 주장하고 그에 대한 증거를 제출하고 있음이 분명한바, 위 주장은 피고 1에 대하여 민법 제756조 제2항에 따라 피고 회사에 갈음하여 피고 3의 사무를 감독하는 자로서의 책임을 주장하는 취지로 볼 수 있다 할 것이므로, 피고 1에 대하여 위 조항에 의한 책임을 인정한 조치가 위법하다고 할 수 없다.

결국 이 부분에 관한 원심의 판단은 모두 옳고, 거기에 상고이유에서 지적하는 바와 같은 심리미진, 법리오해, 판단유탈, 변론주의 위반이나 석명권 불행사 등의 위법이 있다고 할 수 없다.

4. 민법 제756조 제1항 및 제2항의 책임에 있어서 사용자나 그에 갈음하여 사무를 감독하는 자는 그 피용자의 선임과 사무감독에 상당한 주의를 하였거나 상당한 주의를 하여도 손해가 있을 경우에는 손해배상의 책임이 없으나, 이러한 사정은 사용자 등이 주장 및 입증을 하여야 하는 것인바(대법원 1969. 1. 28. 선고 68다578 판결

참조), 기록을 살펴보아도 피고 회사나 피고 1이 원심에 이르기까지 피고 3에 대한 선임 및 사무감독에 관하여 주의의무를 다하였다는 등의 사유를 주장한 바가 없을 뿐 아니라, 원심이 적법하게 확정한 바에 의하면 피고 회사나 피고 1은 피고 3의 사무감독에 적절한 주의의무를 다하지 못한 점이 있었다고 하겠으므로, 원심판결에 이에 관한 판단유탈이나 석명권 불행사의 위법이 있다고 할 수 없다.

5. 기록에 의하여 살펴보면, 원심이 적법하게 인정한 사실관계를 기초로 이 사건에 있어서 원고의 과실비율을 30% 정도라고 본 원심의 판단은 적정하다고 인정되므로, 위 판단이 합리성을 현저히 결하여 위법하다고 할 수 없다.

상고이유는 모두 받아들일 수 없다.

그러므로 상고를 모두 기각하고, 상고비용은 패소자들의 부담으로 하기로 하여 관여 법관의 일치된 의견으로 주문과 같이 판결한다.

(3-1) 서울고등법원 2003. 8. 22. 선고 2002나44245 판결

【원고, 항소인 겸 부대피항소인】 ○○○ 주식회사

【피고, 피항소인 겸 부대항소인】 김○수

【변론종결】 2003. 6. 27.

【제1심 판결】 서울지방법원 2002. 6. 27. 선고 2001가합3677 판결

【주 문】

1. 제1심 판결을 다음과 같이 변경한다.

가. 피고가 원고에 개설한 현물위탁계좌(계좌번호 0XXXX-XX-XXXXX) 및 선물옵션계좌(계좌번호 0XXXX-XX-XXXXX)를 통하여 한 주식거래 및 선물옵션거래와 관련한 원고의 피고에 대한 채무는 658,462,321원 및 이에 대한 2000. 6. 9.부터 2003. 8. 22.까지는 연 5%, 그 다음날부터 완제일까지는 연 20%의 각 비율에 따른 금원을 초과하는 부분은 존재하지 아니함을 확인한다.

나. 원고의 나머지 청구를 기각한다.

2. 소송 총비용은 이를 5분하여 그 3은 원고가, 나머지는 피고가 각 부담한다.

【청구취지 및 항소취지】

1. 청구취지 및 항소취지

제1심 판결 중 원고 패소부분을 취소한다. 피고가 원고에 개설한 현물위탁계좌(계좌번호 0XXXX- XX-XXXXX) 및 선물옵션계좌(계좌번호 0XXXX-XX-XXXXX)를 통하여 한 주식거래 및 선물옵션거래와 관련한 원고의 피고에 대한 채무는 존재하지 아니함을 확인한다.

2. 부대항소취지 제1심 판결 중 피고 패소부분을 취소하고 그 부분에 해당하는 원고의 청구를 기각한다.

【이 유】

1. 기초사실

다음 사실은 당사자 사이에 다툼이 없거나 갑 제1호증, 갑 제2호증의 1, 2, 3, 갑 제5호증, 갑 제7호증의 1, 2,

갑 제8, 9호증, 을 제2호증의 각 기재와 증인 윤▽기의 증언에 변론 전체의 취지를 종합하면 이를 인정할 수 있고 반증이 없다.

가. 피고는 원고 ○○○증권 주식회사(2002. 8. 5. ○○○○○증권 주식회사로 상호가 변경되었다. 이하 "원고 회사"라 한다.) 강▣센타지점에서 투자상담사 보조원으로 근무하던 조카 윤▽기가 원고 회사에 입사하였다고 하면서 자신의 약정고를 높이기 위해 원고 회사에 계좌를 개설하여 주식거래를 할 것을 권유하자 이를 받아들여 1999. 11. 13. 원고 회사 전◈지점에서 주식매매위탁거래를 위하여 현물위탁계좌(계좌번호 0XXXX-XX-XXXXX)와 선물옵션계좌(계좌번호 0XXXX-XX-XXXXX)를 개설하였고, 같은 날 그 계좌를 윤▽기가 근무하는 원고 회사 강▲센터지점으로 이관하였다.

나. 피고는 1999. 11. 15.에 SK증권 주식 8,000주, 1999. 11. 20.에 한통프리텔 주식 2,456주를 현물위탁계좌에 입고하고, 1999. 11. 16. 현금 1억 원을 현물위탁계좌에 입금하여 윤▽기로 하여금 계좌를 관리하도록 하였다.

다. 윤▽기는 피고의 현물위탁계좌 및 선물옵션계좌를 이용하여 주식거래 및 선물옵션거래를 반복한 결과, 2000. 6. 29. 현재 피고의 현물위탁계좌 및 선물옵션계좌에는 주식은 남지 않고 현금 5,437,108원만 남게 되었고, 피고는 같은 날 남아 있던 현금을 출금하였다.

2. 당사자들 주장

원고 회사는, 윤▽기는 원고 회사의 직원이 아니고, 피고는 윤▽기 개인에게 주식거래에 관하여 포괄적으로 일임하였으므로, 원고 회사는 윤▽기가 피고 계좌를 이용하여 주식거래를 함으로써 발생한 피고의 손해를 배상할 책임이 없다고 주장한다. 이에 대하여 피고는, 윤▽기는 피고 몰래 선물옵션계좌를 설정하여 임의로 선물옵션거래를 하였고, 현물위탁계좌를 통하여서도 임의로 주식거래를 하였을 뿐만 아니라 피고가 주식 거래대금으로 입금한 금원을 횡령하였는바, 윤▽기가 원고 회사의 정식 직원이 아니라 하더라도 원고 회사와 윤▽기 사이에는 객관적인 지휘/감독관계가 있어 사용관계가 인정되므로, 원고 회사는 윤▽기의 임의 주식거래 및 선물옵션거래와 횡령행위로 인한 피고의 손해를 배상할 책임이 있다고 주장한다.

3. 판단

가. 손해배상책임의 발생

(1) 인정사실

다음 사실은 당사자 사이에 다툼이 없거나 갑 제1호증, 갑 제2호증의 1, 2, 3, 갑 제5호증, 갑 제7호증의 1, 2, 갑 제8, 9호증, 을 제1호증의 1, 2, 을 제2 내지 9호증, 을 제14호증의 1, 2, 을 제22호증의 1, 2, 을 제24호증의 각 기재와 증인 윤▽기의 증언에 변론 전체의 취지를 종합하면 이를 인정할 수 있고 반증이 없다.

(가) 윤▽기의 임의매매 및 횡령

1) 피고는 1999. 11. 13. 이 사건 계좌개설 당시에 현물위탁계좌만을 개설하는 것으로 알고서 도장을 원고 회사의 여직원에게 건네주어 윤▽기가 작성한 계좌등록신청서 및 이관신청서에 날인하도록 하였고, 선물옵션계좌가 개설된다는 사실은 알지 못하였다.

2) 윤▽기는 1999. 11. 16. 피고의 허락 없이 피고의 현물위탁계좌에 입금된 1억 원을 선물옵션계좌에 이체하

고 선물옵션거래를 하면서, 1999. 11. 22. SK증권 주식 8,000주를 대용증권으로 설정한 것을 비롯하여, 그때부터 2000. 6. 13. 우리조명 주식 1,000주가 대용매도될 때까지 피고의 현물위탁계좌에 있던 주식들을 대용설정하여 그 중 일부는 대용매도되도록 하는 등 임의로 선물옵션거래를 하였다.

3) 윤▽기는 피고의 현물위탁계좌를 이용하여 1999. 11. 18.부터 2000. 5. 18.까지 주식매매거래를 하였는데, 계좌 개설 후 1999. 12. 28. 텔슨전자 주식 2,400주를 매수할 때까지 약 30회 이상의 주식매매거래를 하는 동안은 대부분 사전에 피고와 종목을 상의하여 매매하거나 임의로 매매한 후 사후 동의를 얻었고(일부 종목은 임의로 매매하기도 하였음), 신용으로 매수하여 미수금이 발생한 경우에는 피고로부터 송금받아 미수금을 결제하는 등 협의에 의한 거래를 하였으나, 1999. 12. 29.부터는 삼보정보 주식 540주를 피고의 허락 없이 임의로 매수한 것을 비롯하여 2000. 5. 18. 우리조명 주식 82주를 매도할 때까지 수익만 내면 피고가 문제삼지 않을 것이라 생각하고 피고의 현물위탁계좌를 이용하여 임의로 주식거래를 하였다(단, 1999. 12. 30. 텔슨전자 1,400주는 협의매도하였다).

4) 윤▽기는 1999. 11. 18. 피고 모르게 피고의 주소지를 "수원시 ㅇㅇ구 ㅇㅇ동112-10"으로 변경하여 피고에게 거래내역통지서가 송달되지 않도록 하고, 피고가 2000. 3. 10. 거래 내역을 통보해 달라고 요구하자 당시 피고의 계좌에는 코네스 주식 131주와 주성엔지니어링 주식 3,400주만이 남아 있었는데도 SK증권 주식 8,000주, 텔슨전자 주식 14,560주, 한통프리텔 주식 2,503주, 한국정보통신 주식 900주, 새롬기술 주식 480주, CJ39쇼핑 주식 100주, 세원텔레콤 주식 1,000주가 남아 있는 것으로 허위 기재된 계좌잔고서를 피고에게 팩스로 보내고, 2000. 3. 말까지 피고와 전화로 보유주식의 주가변동, 추가적인 주식 매입 등에 관하여 대화를 나누면서 주식거래 내역에 관하여 허위로 알려주는 등의 방법으로 피고가 윤▽기의 임의매매 사실을 알지 못하도록 하였다.

5) 한편, 윤▽기는 피고에게 실제로는 미수로 주식을 매수하지도 아니하였으면서 미수로 매수하였다고 거짓말하여 피고로부터 미수대금 입금 명목으로 별지 1 입금내역 제8, 9번 기재와 같이 1억 3,000만 원을 송금받아 자신의 위탁계좌에 입금하여 자신의 주식매매대금으로 임의로 사용함으로써 이를 횡령하였다.

(나) 윤▽기와 피고회사의 관계

1) 윤▽기는 1999. 8. 15. 처남인 강자승의 권유로 원고 회사 강▼지점장(강▼지점은 1999. 10.경 사무실을 이전하면서 지점명칭이 원고 회사 강▣센타지점으로 변경되었다.) 정성출의 승인을 받아 2000. 3.경까지는 원고 회사 투자상담사 장정열의 보조원으로, 그 이후에는 투자상담사 오용준의 보조원으로 근무하였다.

2) 윤▽기는 자신의 고객들로부터 주식거래 위탁을 받아 원고 회사 투자상담사인 장정열, 오용준 관리계좌로 하여 주식거래를 하고, 투자상담사와의 약정에 따라 성과급으로 투자상담사로부터 그 수수료 수입 중 일부를 일정한 비율에 따라 배분받아 왔다.

3) 원고 회사는 투자상담사들이 사용하는 방을 윤▽기로 하여금 사용하게 하고, 책상과 전화기 등의 사무용품과 "원고 회사 대리 윤▽기"라고 적혀 있는 명함을 제공하였으며, 원고 회사 강▣센타지점의 직원은 윤▽기를 "윤대리"라고 호칭하기도 하였고, 원고 회사 직원들이 매매주문 및 기타 영업과 관련된 일을 처리하기 위하여 사용하는 직원용 매매주문단말기를 윤▽기에게 제공하였으며, 윤▽기는 이를 이용하여 직접 매매주문을 하였다.

(2) 사용자책임

(가) 민법 제756조의 소정의 사용자책임 요건인 "사용관계"는 반드시 유효한 고용관계가 있는 경우에 한하는 것이 아니고, 사실상 어떤 사람이 다른 사람을 위하여 그 지휘/감독 아래 그 의사에 따라 사무를 집행하는 관계에 있으면 족하고(대법원 1996. 10. 11. 선고 96다30182 판결 등 참조), 그 피용자의 불법행위가 외형상 객관적으

로 사용자의 사업활동이나 사무집행 행위 또는 그와 관련된 것이라고 보일 때에는 주관적 사정을 고려함이 없이 이를 사무집행에 관하여 한 행위로 보아야 할 것인바(대법원 2001. 3. 9. 선고 2000다66119 판결 등 참조), 윤▽기는 피고의 지시나 위임을 받지 아니하고 임의로 1999. 11. 22.부터 2000. 6. 13.까지 선물옵션거래를 하면서 피고의 현물위탁계좌에 있던 주식을 대용증권으로 설정하거나 대용매도 되도록 하고, 1999. 12. 29.부터 2000. 5. 18.까지 임의로 주식매매거래를 하였으며, 또한 피고로부터 주식매수대금으로 송금받은 금원을 횡령함으로써 불법행위를 저질렀고, 원고 회사는 윤▽기로 하여금 강■센타지점에서 원고 회사의 직원인 투자상담사를 보조하여 주식 위탁거래업무를 수행하도록 함으로써 사실상 윤▽기의 업무를 지휘/감독하는 관계에 있고, 윤▽기가 피고의 계좌를 이용하여 주식거래를 하거나 피고로부터 주식거래를 위한 금원을 송금받는 행위는 외형상 객관적으로 원고 회사의 사무집행행위 또는 그와 관련된 것이라고 할 것이므로, 원고 회사는 사실상의 피용자인 윤▽기의 불법행위로 인한 피고의 손해를 배상할 책임이 있다.

(나) 이에 대하여 원고 회사는, 피고가 2000. 3. 31. 윤▽기에게 피고의 허락 없이 임의매매한 사실을 추궁하였고, 이에 윤▽기가 한달 안에 원상회복해 주겠다고 하자 피고가 이에 동의하고 윤▽기에게 계속 주식거래 및 선물옵션거래를 하도록 허용함으로써, 피고는 2000. 3. 31. 이전의 윤▽기의 임의매매를 추인함과 동시에 2000. 3. 31. 이후의 거래에 관하여 일임을 하였으므로, 윤▽기의 전체적인 거래행위는 임의매매라고 할 수 없다고 주장한다. 살피건대, 갑 제5호증, 을 제5호증의 각 기재와 증인 윤▽기의 증언에 변론 전체의 취지를 종합하면, 피고는 2000. 3. 31. 윤▽기가 출력하여 가지고 온 거래내역서(이 거래내역서에도 현물거래 부분만 기재되어 있고 선물거래 부분은 기재되어 있지 않았다.)를 통하여 피고의 계좌에 우리조명 주식 6,000주와 한국정보통신 주식 1,081주만 남아 있는 것을 확인하고 그 동안의 윤▽기의 임의매매 사실을 비로소 알게 되자 윤▽기에게 우리조명 주식은 그대로 두고 한국정보통신 주식을 처분하여 한 달 안에 한통프리텔 주식을 원상회복해 놓으면 그 동안의 거래에 대하여 문제삼지 않겠다고 하였으나, 윤▽기는 그 이후에도 한통프리텔 주식을 원상회복해 놓지도 아니하고 피고의 계좌를 이용하여 임의로 선물옵션거래 및 주식거래를 계속하여 2000. 6. 13.에는 피고의 계좌에 주식이 전혀 남아있지 않게 된 사실을 인정할 수 있는바, 이러한 사실에 비추어 보면, 피고가 윤▽기의 2000. 3. 31. 이전의 임의매매를 추인하였다거나 2000. 3. 31. 이후에 윤▽기가 피고의 계좌를 이용하여 주식거래 및 선물옵션거래를 하는 것을 허용하였다고 보기는 어렵고, 달리 이를 인정할 증거가 없으므로, 위 주장은 이유 없다.

나. 손해배상의 범위

(1) 임의매매로 인한 손해

(가) 손해계산 방법

1) 불법행위로 인한 재산상의 손해는 위법한 가해행위로 인하여 발생한 재산상의 불이익, 즉 불법행위가 없었더라면 존재하였을 재산상태와 불법행위가 가해진 이후의 재산상태의 차이를 말하는 것이므로, 임의매매로 인한 손해는 임의매매 당시의 주식의 시가 및 예탁금 잔고와 그 이후 임의매매가 종료되고 피해자가 임의매매사실을 알고 문제를 제기할 당시에 가지게 된 주식의 시가 및 예탁금 잔고의 차액이라 할 것이다(대법원 2000. 11. 10. 선고 98다39633 판결 참조).

2) 앞서 본 바와 같이 윤▽기는, 주식거래와 관련하여 계좌 개설 후 1999. 12. 28.까지는 대부분 피고와 사전협의를 거치거나 사후추인을 얻는 방식으로 주식매매를 하였으나 1999. 12. 29.부터는 전혀 피고의 동의를 받지 않고 임의매매를 하였고(단, 같은 달 30일 텔슨전자 1,400주 협의매도 제외), 선물옵션거래와 관련하여서는 처음

부터 피고의 동의 없이 선물옵션계좌를 개설한 후 임의로 현물위탁계좌에 있는 현금과 주식을 이체하거나 대용설정하여 거래를 하였는바, 갑 제7호증의 1, 2, 갑 제9호증, 을 제7, 24호증의 각 기재에 의하면 현물위탁계좌를 기준으로 1999. 12. 30.까지 거래한 내역은 별지 2와 같다.

3) 위 거래내역표에 따르면, 윤▽기는 계좌 개설 후 1999. 12. 28.까지 기간 동안 일부 주식을 임의로 매매하고 현물위탁계좌의 일부 주식을 선물거래를 위하여 임의로 대용설정하기도 하였으나, 임의매수한 주식은 모두 당일 또는 수일 내에 매도하고, 임의로 대용설정한 주식도 현실적인 대용매도가 이루어지지 않았으므로, 위 기간 동안의 주식거래는 협의매매로 인한 거래로 본다.

4) 위와 같은 사정을 참작하면, 윤▽기의 임의매매는 1999. 12. 29.부터 본격적으로 이루어졌다고 보아야 할 것이므로, 피고의 손해는 그 직전인 1999. 12. 28. 거래 종료 시점 현재 피고의 현물위탁계좌에 남아있는 주식이 임의매매로 처분될 당시의 시가와 예탁금을 합한 금액에서 윤▽기의 불법행위가 종료하고 난 후 피고가 이를 알고 남아 있던 금원을 출금할 당시인 2000. 6. 29.의 잔고를 뺀 금액이라 할 것이다.

5) 한편, 갑 제14호증의 1의 기재에 의하면 1999. 12. 28. 거래 종료 시점에 피고의 현물위탁계좌에 남아 있는 주식은 SK증권 8,000주, 한통프리텔 2,456주, 텔슨전자 13,400주, CJ39쇼핑 100주, 세원텔레콤 1,000주로 모두 피고가 계좌 개설시 입고한 주식이거나 협의매수한 주식이고, 예탁금 잔고는 16,485,873원이다.

6) 그러나 별지 2 거래내역표에서 보는 바와 같이 피고의 현물위탁계좌에는 피고가 1999. 11. 16.에 1억 원, 같은 해 12. 10.에 6,000만 원, 12. 14.에 6,000만 원, 12. 21.에 1,500만 원(선물계좌에 먼저 입금되었다가 현물계좌로 이체되었다), 12. 23.에 1,000만 원, 12. 28.에 2,000만 원(합계 265,000,000원)을 입금하고 같은 해 11. 30.에 4,300만 원을 출금하여 같은 해 12. 28.까지 222,000,000원(265,000,000원 - 43,000,000원)을 순입금하였고, 윤▽기 또한 선물거래에서 얻은 이익으로 1999. 11. 30.에 150,000,000원, 같은 해 12. 17.에 32,000,000원(합계 182,000,000원)을 입금하였는바, 1999. 12. 28. 거래 종료 시점 현재 현물위탁계좌에 남아 있는 주식 중 피고가 현물로 입고한 SK증권 8,000주와 한통프리텔 2,456주를 제외한 나머지 주식과 예탁금 잔고는 위와 같이 피고 및 윤▽기 양자가 입금한 돈으로 매수하거나 보유하게 되었다 할 것이므로, 그 중 윤▽기가 임의 선물옵션거래로 얻은 이익으로 매수하거나 보유하게 된 주식 및 예탁금 잔고는 그러한 불법행위가 없었더라면 존재하였을 재산 상태라고 보기 어려워 그 부분은 손해액 계산에서 공제하기로 하되, 그 공제 비율은 45%{ = 182,000,000원/(222,000,000원 + 182,000,000원)}이다.

7) 그리고, 갑 제7호증의 1, 2, 갑 제9호증, 을 제5호증, 24호증의 각 기재에 의하면, 피고는 윤▽기의 임의매매가 진행 중이던 2000. 2. 2. 텔슨전자 신주 청약금으로 1,800만 원을 윤▽기에게 송금하였고, 윤▽기는 위 금원으로 2000. 2. 21. 텔슨전자 신주 2,508주를 인수하였으나, 위 주식 역시 같은 달 23일 임의로 매도처분하였으므로 그로 인한 손해는 별도로 계산한다.

(나) 계산

1) 1999. 12. 28. 현재 현물 계좌에 남아 있던 주식의 임의매도 당시 가격 - 임의매도 일자, 수량, 가격은 갑 제7호증의 1, 2의 기재에 의해 인정됨 - 매수, 매도의 반복으로 1999. 12. 28. 현재 남아 있는 주식이 언제 매도되었는지 확정하기 불가능한 경우에는 가장 낮은 가격으로 거래가 이루어진 일시에 위 주식이 매도된 것으로 간주함 - 원 미만은 버림

① SK증권 8,000주 - 2000. 1. 14.에 모두 매도됨 3,450주 x 5,000원 = 17,250,000원 4,550주 x 4,990원 =

22,704,000원 합계 39,954,500원

② 한통프리텔 2,456주 - 1999. 12. 30.에 2,400주 매도됨 2,400주 299,000원 = 717,600,000원 - 2000. 2. 14.까지 나머지 56주가 모두 매도됨(매도, 매수가 반복되어 매도일시를 확정하기 불가능하므로 가장 낮은 가격에 거래가 이루어진 날을 기준으로 함) 2000. 1. 19.자 6주 119,000원 = 714,000원 2000. 2. 14.자 20주 128,500원 = 2,570,000원 2000. 2. 10.자 2,400주 중 30주 136,000원 = 4,080,000원 - 합계 724,964,000원

③ 텔슨전자 13,400주 - 1999. 12. 30.자 1,400주 22,100원 = 30,940,000원이나, 협의매도이므로 수수료 123,760원, 세금 92,820원을 공제한 30,723,420원 - 2000. 2. 14.자 12,000주 19,000원 = 228,000,000원(동일자 매도, 매수가 있으나 매도가 먼저이므로 위 12,000주가 같은 날 모두 매도된 것으로 봄) - 합계 258,723,420원

④ CJ39쇼핑 100주 - 2000. 1. 6.자 100주 71,000원 = 7,100,000원(매수, 매도가 반복되므로 가장 낮은 가격에 거래가 이루어진 날을 기준으로 함)

⑤ 세원텔레콤 1,000주 - 2000. 2. 14.자 1,000주 21,000원 = 21,000,000원

2) 위 ③, ④, ⑤ 중 피고가 예탁한 돈으로 매수한 주식의 가액 286,823,420원(= 258,723,420원 + 7,100,000원 + 21,000,000원) (1 - 0.45) = 157,752,881원

3) 1999. 12. 28. 현재 피고의 투자금으로 보유하게 된 주식의 임의매도 당시 가격위 ① + ② + 2) = 922,671,381원

4) 1999. 12. 28. 현재 예탁금 잔고 중 피고가 예탁한 금원 16,485,873원 (1 - 0.45) = 9,067,230원

5) 2000. 2. 21. 인수한 텔슨전자 신주 2,508주의 임의매도 당시 가격 - 2000. 2. 23. 모두 매도함 5주 17,300원 = 86,500원 2,503주 16,400원 = 41,049,200원 - 합계 41,135,700원

6) 2000. 6. 29. 현재 계좌 잔고 5,437,108원

7) 최종 계산 위 3) + 4) + 5) - 6) = 967,437,203원

(2) 횡령으로 인한 손해

윤▽기가 피고로부터 주식 미수금 명목으로 교부받은 금원을 자신의 주식거래대금으로 사용한 불법행위로 인한 피고의 손해액은 1억 3,000만 원이다.

(3) 과실 상계

앞서 인정한 사실관계에 의하면, 피고는 원고 회사 전◈지점에서 계좌를 개설할 당시에 계좌등록신청서나 약관 등을 살펴보지 아니함으로 인하여 선물옵션계좌가 개설되는 것을 알지 못하였고, 윤▽기가 피고의 주소지를 임의로 변경하여 주식거래내역서가 송달되지 아니하였는데도 자신의 계좌에 관한 거래내역을 전혀 확인하지 아니함으로 인하여 2000. 3. 31.까지 윤▽기의 임의매매사실 및 횡령사실을 발견하지 못하였으며, 2000. 3. 31. 윤▽기의 임의매매 사실을 알게 된 이후에도 윤▽기가 피고의 계좌를 이용하여 주식거래를 하지 못하도록 조치를 취하지 아니한 과실이 있음을 인정할 수 있는바, 피고의 이러한 과실은 이 사건 손해의 발생 또는 그 확대의 한 원인이 되었다고 할 것이므로, 원고 회사가 배상할 손해액에서 이를 참작하기로 하되 그 과실 비율은 40%로 정함이 상당하다. 따라서 원고 회사가 배상하여야 할 손해액을 그 책임 비율(60%)에 따라 계산하면 658,462,321원{(967,437,203원 + 130,000,000원)*60/100, 원 미만 버림}이 된다.

4. 결 론

그렇다면, 피고가 원고 회사에 개설한 현물위탁계좌(계좌번호 0XXXX-XX-XXXXX) 및 선물옵션계좌(계좌번

호 0XXXX-XX-XXXXX)를 통해 행한 주식거래 및 선물옵션거래와 관련한 원고 회사의 피고에 대한 채무는 658,462,321원 및 이에 대하여 불법행위일 이후로서 피고가 구하는 2000. 6. 9.부터 이 판결 선고일인 2003. 8. 22. 까지는 민법 소정의 연 5%, 그 다음날부터 완제일까지는 소송촉진등에관한특례법 소정의 연 20%의 각 비율에 따른 지연손해금을 초과하는 부분은 존재하지 아니하므로, 원고 회사의 이 사건 청구는 그 인정 범위 내에서 이유 있어 이를 인용하고 나머지 청구는 이유 없어 이를 기각하기로 하여 주문과 같이 판결한다.

(3-2) 대법원 2003. 12. 26. 선고 2003다49542 판결 [공2004.2.1.(195), 230]

【원고,상고인】 ○○○증권 주식회사
【피고,피상고인】 김○수
【원심판결】 서울고등법원 2003. 8. 22. 선고 2002나44245 판결
【주 문】
상고를 기각한다. 상고비용은 원고가 부담한다.
【이 유】

1. 상고이유 제1점에 대하여

가. 기록에 비추어 살펴보면, 원심이 소외인이 피고의 지시나 위임을 받지 아니하고 임의로 선물옵션거래를 하면서 피고의 현물위탁계좌에 있던 주식을 대용증권으로 설정하거나 대용매도 되도록 하고, 임의로 주식매매거래를 하였으며, 피고로부터 주식매수대금으로 송금받은 금원을 횡령함으로써 불법행위를 저질렀다고 판단한 것은 정당한 것으로 수긍이 가고, 거기에 상고이유로 주장하는 바와 같이 채증법칙을 위반하여 사실을 잘못 인정한 위법이 있다고 할 수 없다.

나. 증권회사의 고객이 그 직원의 임의매매를 묵시적으로 추인하였다고 하기 위하여는 자신이 처한 법적 지위를 충분히 이해하고 진의에 기하여 당해 매매의 손실이 자기에게 귀속된다는 것을 승인하는 것으로 볼 만한 사정이 있어야 할 것이고, 나아가 임의매매를 사후에 추인한 것으로 보게 되면 그 법률효과는 모두 고객에게 귀속되고 그 임의매매행위가 불법행위를 구성하지 않게 되어 임의매매로 인한 손해배상청구도 할 수 없게 되므로, 임의매매의 추인, 특히 묵시적 추인을 인정하려면, 고객이 임의매매 사실을 알고도 이의를 제기하지 않고 방치하였는지 여부, 임의매수에 대해 항의하면서 곧바로 매도를 요구하였는지 아니면 직원의 설득을 받아들이는 등으로 주가가 상승하기를 기다렸는지, 임의매도로 계좌에 입금된 그 증권의 매도대금을 인출하였는지 또는 신용으로 임의매수한 경우 그에 따른 그 미수금을 이의 없이 변제하거나, 미수금 변제독촉에 이의를 제기하지 않았는지 여부 등의 여러 사정을 종합적으로 검토하여 신중하게 판단하여야 할 것이다(대법원 2002. 10. 11. 선고 2001다59217 판결 참조).

원심판결 이유에 의하면, 원심은 피고가 2000. 3. 31. 소외인이 출력하여 가지고 온 거래내역서를 통하여 피고의 계좌에 우리조명 주식 6,000주와 한국정보통신 주식 1,081주만 남아 있는 것을 확인하고 그 동안의 소외인의 임의매매 사실을 비로소 알게 되자 소외인에게 우리조명 주식은 그대로 두고 한국정보통신 주식을 처분하여 한

달 안에 한통프리텔 주식을 원상회복해 놓으면 그 동안의 거래에 대하여 문제삼지 않겠다고 하였으나, 소외인은 그 이후에도 한통프리텔 주식을 원상회복해 놓지도 아니하고 피고의 계좌를 이용하여 임의로 선물옵션거래 및 주식거래를 계속하여 2000. 6. 13.에는 피고의 계좌에 주식이 전혀 남아있지 않게 된 사실을 인정하고, 이러한 사실에 비추어 보면, 피고가 소외인의 2000. 3. 31. 이전의 임의매매를 추인하였다거나 2000. 3. 31. 이후에 소외인이 피고의 계좌를 이용하여 주식거래 및 선물옵션거래를 하는 것을 허용하였다고 보기는 어렵다고 판단하였는바, 위에서 본 법리와 기록에 비추어 살펴보면, 원심의 위와 같은 사실인정과 판단은 정당한 것으로 수긍이 가고, 거기에 상고이유로 주장하는 바와 같이 채증법칙을 위반하여 사실을 잘못 인정하였거나 추인에 관한 법리를 오해한 위법이 있다고 할 수 없다.

2. 상고이유 제2점에 대하여

민법 제756조의 사용자와 피용자의 관계는 반드시 유효한 고용관계가 있는 경우에 한하는 것이 아니고, 사실상 어떤 사람이 다른 사람을 위하여 그 지휘·감독 아래 그 의사에 따라 사업을 집행하는 관계에 있을 때에도 그 두 사람 사이에 사용자, 피용자의 관계가 있다고 할 수 있으며(대법원 1996. 10. 11. 선고 96다30182 판결 참조), 피용자의 불법행위가 외형상 객관적으로 사용자의 사업활동 내지 사무집행행위 또는 그와 관련된 것이라고 보일 때에는 행위자의 주관적 사정을 고려함이 없이 이를 사무집행에 관하여 한 행위로 볼 것이고, 외형상 객관적으로 사용자의 사무집행에 관련된 것인지의 여부는 피용자의 본래 직무와 불법행위와의 관련 정도 및 사용자에게 손해발생에 대한 위험 창출과 방지조치 결여의 책임이 어느 정도 있는지를 고려하여 판단할 것이다(대법원 1992. 2. 25. 선고 91다39146 판결 참조).

원심판결 이유에 의하면, 원심은 원고 회사는 소외인으로 하여금 강남센타지점에서 원고 회사의 직원인 투자상담사를 보조하여 주식 위탁거래업무를 수행하도록 함으로써 사실상 소외인의 업무를 지휘·감독하는 관계에 있고, 소외인이 피고의 계좌를 이용하여 주식거래를 하거나 피고로부터 주식거래를 위한 금원을 송금받는 행위는 외형상 객관적으로 원고 회사의 사무집행행위 또는 그와 관련된 것이라고 할 것이므로, 원고 회사는 사실상의 피용자인 소외인의 불법행위로 인한 피고의 손해를 배상할 책임이 있다고 판단하였는바, 위에서 본 법리와 기록에 비추어 살펴보면, 원심의 위와 같은 사실인정과 판단은 정당한 것으로 수긍이 가고, 거기에 상고이유로 주장하는 바와 같이 채증법칙을 위반하여 사실을 잘못 인정하였거나 사용자책임에 관한 법리를 오해한 위법이 있다고 할 수 없다.

3. 상고이유 제3점에 대하여

일반적으로 불법행위로 인한 재산상의 손해는 위법한 가해행위로 인하여 발생한 재산상의 불이익, 즉 불법행위가 없었더라면 존재하였을 재산상태와 불법행위가 가해진 이후의 재산상태의 차이를 말하는 것인바, 임의매매의 불법행위로 인한 재산상의 손해는 임의매매 이전에 가지고 있던 고객의 주식 및 예탁금 등의 잔고와 그 이후 고객의 지시에 반하여 임의매매를 해 버린 상태, 즉 고객이 그 임의매매 사실을 알고 문제를 제기할 당시에 가지게 된 주식 및 예탁금의 잔고상 차이가 손해라고 보아야 한다(대법원 2000. 11. 10. 선고 98다39633 판결, 2002. 10. 11. 선고 2001다71590 판결 등 참조).

이와 같은 법리와 기록에 비추어 살펴보면, 원심이 소외인의 임의매매가 1999. 12. 29.부터 본격적으로 이루어졌고 소외인이 2000. 3. 31. 이후에도 피고의 계좌를 이용하여 임의로 선물옵션거래 및 주식거래를 계속한 것으로 보아 피고의 손해는 1999. 12. 28. 거래 종료 시점 현재 피고의 현물위탁계좌에 남아있는 주식이 임의매매로 처분될 당시의 시가와 예탁금을 합한 금액에서 소외인의 불법행위가 종료하고 난 후 피고가 이를 알고 남아 있던 금원을 출금할 당시인 2000. 6. 29.의 잔고를 뺀 금액이라고 판단한 것은 정당한 것으로 수긍이 가고(기록에 의하면 원・피고 쌍방 대리인이 제1심 5차 변론기일에 "1999. 12. 29.까지의 거래에서 피고가 손해를 입은 사실이 없다는 점에 대하여는 쌍방 다툼이 없다."고 진술하였음을 알 수 있고, 위와 같은 진술은 임의매매 시점이 1999. 12. 29.임을 전제로 한 것이라 할 것이므로, 임의매매 시점에 관한 원심의 위와 같은 판단이 잘못되었다는 원고의 주장은 결국 이유 없다), 거기에 상고이유로 주장하는 바와 같이 채증법칙을 위반하여 사실을 잘못 인정하였거나 손해액 산정에 관한 법리를 오해한 위법이 있다고 할 수 없다.

4. 결 론

그러므로 상고를 기각하고, 상고비용은 패소자가 부담하도록 하여 관여 법관의 일치된 의견으로 주문과 같이 판결한다.

(4-1) 부산지방법원 2001. 3. 30. 선고 2000나14153 판결

【원고, 항소인】 신△아화재해상보험주식회사

【피고, 피항소인】 주식회사 씨◇어넷 (변경전 상호 : 한국산업보안주식회사)

【변론종결】 2001.3.9.

【제1심 판결】 부산지방법원 2000. 7. 20. 선고 99가단27138 판결

【주 문】

1. 원고의 항소를 기각한다.
2. 항소비용은 원고의 부담으로 한다.

【청구취지 및 항소취지】

제1심 판결 중 피고에 대한 부분을 취소한다. 피고는 제1심 공동피고 이▽호와 연대하여 원고에게 돈 101,885,200원과 이에 대한 1999. 2. 21. 부터 이 사건 소장부본 송달일까지는 연 5%의, 그 다음날부터 다 갚는 날까지는 연 25%의 각 비율에 의한 돈을 지급하라는 판결

【이 유】

1. 기초사실

아래의 각 사실은 당사자 사이에 다툼이 없거나, 갑제1, 2, 3호증, 갑제4호증의 1, 2, 3, 갑제5호증의 1, 2, 갑제6호증의 1, 2, 갑제7호증의 1내지23, 갑제8호증의 1, 2, 갑제9호증, 갑제11호증의 1, 2, 3, 을제1, 2, 3호증의 각 기재 및 제1심 증인 이♡호, 박◎수의 각 증언에 변론의 전취지를 종합하여 인정할 수 있고, 반증이 없다.

가. 원고는 자동차보험 등 각종 보험의 계약체결 및 그 계약에 따른 보험료의 수납과 보험금의 지급 등을 목적으로 하는 사업자로서, 1998. 4. 2. 주식회사 경남은행(이하 경남은행이라 한다)과의 사이에 피보험자 경남은행 김☆지점, 피보험자동차 경남은행 소유의 경남 XX가XXXX 호 자가용 승용차(이하 이 사건 자동차라 한다), 보

험기간 1998. 4. 2.부터 1999. 4. 2.까지 등을 내용으로 하는 자동차 종합보험계약을 체결하였다.

나. 경남은행은 1998. 11. 20. 근로자 파견 용역 사업 등을 영위하고 있는 피고와의 사이에 업무내용은 운전, 계약기간 및 파견근로기간은 1998. 11. 20.부터 1999. 7. 31.까지, 파견근로의 대가는 경남은행이 피고에게 매월 일정액의 파견료를 지불하기로 하되 파견근로자들에 대한 지휘감독 및 관리는 경남은행과 피고가 업무지휘 명령자와 관리책임자를 각 1명씩 선임하여 그들로 하여금 파견근로자들에 대한 지휘 명령업무와 파견근로자의 고충처리 등의 관리업무를 분담하게 하는 내용의 근로자파견계약을 체결하고, 피고 소속의 근로자인 이▽호 등 11명을 파견 받아 그 중 이▽호로 하여금 경남은행 김☆지점에 상주하며 업무용 차량인 이 사건 자동차의 운전기사로 일하게 하였다.

다. 이▽호는 경남은행 김☆지점에서 업무시간 중 이 사건 자동차를 운전하여 현금 수송이나 거래처 방문 등의 일을 하고 있었는데, 1998. 12. 5. 경남은행 김☆지점장인 전◈호의 지시에 따라 이 사건 자동차를 운전하여 전◈호를 진주시까지 태워준 후, 전◈호로부터 경남은행 김☆지점으로 돌아가 이 사건 자동차를 주차시킨 후 퇴근하라는 지시를 받았다. 그런데 이▽호는 경남은행 김☆지점으로 돌아가지 않고 임의로 이 사건 자동차를 개인적인 용도로 운행하다가, 그 다음날인 12. 6. 03:00경 김해시 삼정동에 있는 재활용판매쇼핑 앞길에서 활천고개 방면에서 ○○시 ○○동방면으로 진행 중 그곳에 설치된 횡단보도를 따라 진행방향 우측에서 좌측으로 길을 건너고 있던 망 박□희를 발견하지 못하고 이 사건 자동차로 망인을 충격하여 위 망인으로 하여금 07:40경 김해시 어방동에 있는 자▼병원에서 두개골다발성골절 등의 상해로 인한 뇌간마비로 사망하게 하였다.

라. 원고는 이 사건 자동차의 보험자로서, 보험약관에 따라 피보험자인 경남은행 김☆지점을 대위하여 1999. 1. 27. 자▼병원에 망인의 치료비 명목으로 1,358,900원을 지급하였고, 1999. 2. 20. 위 망인의 공동상속인인 손○만 등에게 손해배상금 명목으로 100,526,300원을 지급하여 합계 101,885,200원의 보험금을 지급하였다.

2. 피고에 대한 청구에 관한 판단

가. 당사자의 주장

원고는, 이▽호가 위와 같이 이 사건 자동차를 업무 시간 외에 무단으로 운전하여 이 사건 교통사고를 일으켰고, 피고로서는 경남은행에 대하여 이▽호의 사용자로서 손해배상책임을 부담하며 또한 근로자 파견계약에 따른 파견근로자에 대한 감독 소홀로 인한 채무불이행책임도 부담한다고 할 것이므로, 보험자 대위의 법리에 따라 피보험자인 경남은행 김☆지점의 피고에 대한 위와 같은 구상권을 대위 행사한다고 주장한다.

이에 대하여 피고는, ① 그가 이 사건 보험계약의 기명피보험자인 경남은행 김☆지점과의 근로자파견계약에 따라 위 경남은행의 승낙을 얻어 이 사건 자동차를 운행하는 자에 해당하고, 따라서 자동차보험약관에 따른 승낙피보험자의 지위에 있으므로 보험자대위권을 행사할 수 있는 제3자에 해당하지 않고, ② 이▽호는 사용사업주인 경남은행의 지휘/명령을 받는 것이지 피고의 지휘/명령을 받는 것이 아니고, 이▽호의 무단운전은 피고의 업무와는 무관하므로 피고는 이▽호에 대한 사용자로서의 책임을 부담하지 않는다고 주장한다.

나. 판단

(1) 피고의 승낙피보험자 해당 여부

원고와 경남은행과의 사이에 체결된 이 사건 자동차종합보험계약의 내용이 된 업무용자동차보험보통약관 제

10조는 원고는 피보험자가 피보험자동차를 소유, 사용, 관리하는 동안에 생긴 피보험자동차의 사고로 인하여 남을 죽게 하거나 다치게 하여 법률상 손해배상책임을 짐으로써 입은 손해를 이 약관이 정한 바에 따라 보상하는 책임을 진다고 규정하고 있으며, 제12조는 피보험자로서 기명피보험자(제1항)외에 기명피보험자의 승낙을 얻어 피보험자동차를 사용 또는 관리중인 자(제3항) 등을 열거하여 규정하고 있는바, 기명피보험자의 승낙이라 함은 반드시 명시적이거나 개별적일 필요는 없고 묵시적 또는 포괄적 승낙도 가능하지만 특별한 사정이 없는 한 피보험자의 직접적인 승낙을 요한다고 할 것인데, 이 사건의 경우에 있어서 피고가 파견사업주로서 이▽호를 경남은행 김☆지점에 파견하여 운전업무에 종사하도록 한 사실만으로는 이 사건 보험계약의 기명피보험자인 경남은행 김☆지점으로부터 이 사건 자동차의 사용 또는 관리에 관하여 승낙을 받은 것으로 볼 수 없고 달리 이를 인정할 만한 아무런 증거가 없으므로 피고가 승낙피보험자에 해당한다는 피고의 위 주장은 이유 없다.

(2) 사용자책임 또는 채무불이행책임 여부

갑제5호증의 1, 2, 갑제6호증의 1, 2, 을제1, 2호증의 각 기재 및 제1심증인 박◎수의 증언에 변론의 전취지를 종합하면, 경남은행과 피고는 위 근로자파견계약에 따라 파견근로자에 대한 업무지휘 명령자와 관리책임자를 각 1명씩 선임하여 그들로 하여금 파견근로자들에 대한 지휘 명령업무와 파견근로자의 고충처리 등의 관리업무를 분담하게 하였는데, 그 실질에 있어서 피고는 파견사업주로서 파견근로자에 대한 근무지 이동배치, 급여지급, 파견근로자의 고충처리, 관리대장의 작성・보존 등의 업무만을 담당하고, 경남은행은 사용사업주로서 파견근로자에 대한 업무상 지휘・명령 및 감독업무를 담당한 사실, 파견근로자인 이▽호는 사용사업주인 경남은행 김☆지점 지점장 전▲호의 지시에 따라 이 사건 자동차를 운전하여 전◈호를 진주시까지 태워준 후, 전◈호로부터 경남은행 김☆지점으로 돌아가 이 사건 자동차를 주차시킨 후 퇴근하라는 지시를 받았음에도 이를 어기고 무단으로 이 사건 자동차를 운전하다가 이 사건 교통사고를 일으킨 사실, 이▽호가 위 지시를 어기고 이 사건 자동차를 경남은행 김☆지점에 주차시키지 않고 바로 퇴근하였음에도 이 사건 교통사고가 발생하기까지 경남은행에서는 피고에게 연락하는 등의 조치도 없었던 사실 등을 인정할 수 있고 반증이 없는바, 위 인정사실에 의하면 이▽호의 이 사건 자동차 운전업무에 관한 실질적인 지휘/감독권자는 피고가 아닌 경남은행이라고 할 것이고, 또한 이 사건 자동차의 운전업무는 외형상 객관적으로 경남은행의 사업 활동 내지 사무집행 행위와 관련된 것이지 근로자 파견 용역 사업 등을 영위하는 피고의 사업 활동 내지 사무집행 행위와 관련된 것이라고는 할 수 없으므로 적어도 경남은행과 피고 사이에서는 이 사건 교통사고에 관하여 피고가 이▽호의 사용자라거나 또는 피고에게 이 사건 교통사고 발생에 대한 위험 창출과 방지조치 결여의 책임이 있다고 할 수 없으므로 경남은행을 대위하여 피고에게 사용자책임 또는 채무불이행책임을 묻는 원고의 위 주장은 이유 없다.

3. 결 론

그렇다면, 원고의 피고에 대한 이 사건 청구는 이유 없어 이를 기각하여야 할 것인바, 이와 결론을 같이 한 제1심 판결은 정당하고, 그에 대한 원고의 항소는 이유 없어 이를 기각하며, 항소비용은 패소자인 원고의 부담으로 하기로 하여 주문과 같이 판결한다.

(4-2) 대법원 2003. 10. 9. 선고 2001다24655 판결 [공2003.11.15.(190), 2146]

【원고, 상고인】 신○아화재해상보험 주식회사

【피고, 피상고인】 주식회사 씨○어넷 (변경 전 상호 : 한국산업보안 주식회사)

【원심판결】 부산지방법원 2001. 3. 30. 선고 2000나14153 판결

【주 문】

원심판결을 파기하고, 사건을 부산지방법원 본원 합의부에 환송한다.

【이 유】

1. 원심의 인정 및 판단

가. 원심은 그의 채용 증거들을 종합하여, 원고는 1998. 4. 2. 주식회사 경남은행(아래에서는 '경남은행'이라고 한다)과의 사이에 피보험자를 경남은행 김해지점, 피보험자동차를 경남은행 소유의 경남 44가5291호 자가용 승용차(아래에서는 '이 사건 자동차'라고 한다), 보험기간을 1998. 4. 2.부터 1999. 4. 2.까지로 정하여 자동차 종합보험계약을 체결한 사실, 경남은행은 1998. 11. 20. 근로자 파견 용역사업 등을 하고 있던 피고와의 사이에 업무내용은 운전, 계약기간 및 파견근로기간은 1998. 11. 20.부터 1999. 7. 31.까지, 파견근로의 대가는 경남은행이 피고에게 매월 일정액의 파견료를 지불하기로 하되 파견근로자들에 대한 지휘감독 및 관리는 경남은행과 피고가 업무지휘・명령자와 관리책임자를 각 1명씩 선임하여 그들로 하여금 파견근로자들에 대한 지휘・명령업무와 파견근로자의 고충처리 등의 관리업무를 분담하게 하는 내용의 근로자 파견계약을 체결한 사실, 경남은행은 그 계약에 따라 피고 소속의 근로자인 소외 1등 11명을 파견받아 그 중 소외 1로 하여금 경남은행 김해지점에 상주하면서 업무용 차량인 이 사건 자동차를 운전하게 한 사실, 소외 1은 경남은행 김해지점에서 업무시간 중 이 사건 자동차를 운전하여 현금 수송이나 거래처 방문 등의 일을 하고 있었는데, 토요일인 1998. 12. 5. 경남은행 김해지점장인 전○호의 지시에 따라 이 사건 자동차를 운전하여 전○호를 진주시까지 태워준 후 전○호로부터 경남은행 김해지점으로 돌아가 이 사건 자동차를 주차시킨 후 퇴근하라는 지시를 받은 사실, 그런데 소외 1은 경남은행 김해지점으로 돌아가지 않고 임의로 이 사건 자동차를 개인적인 용도로 운행하다 그 다음날인 12. 6. 03:00.경 김해시 삼정동에 있는 도로를 진행하던 중 그 곳에 설치된 횡단보도를 따라 도로를 건너던 박○희를 발견하지 못하고 이 사건 자동차로 들이받아 그녀로 하여금 그 무렵 사망하게 한 사실, 그 후 원고는 이 사건 자동차의 보험자로서 보험약관에 따라 피보험자인 경남은행 김해지점을 대위하여 박○희의 치료비로 1,358,900원을 지급하고, 박○희의 유족들에게 손해배상금으로 100,526,300원을 지급하여 합계 101,885,200원의 보험금을 지출하였다는 요지의 사실을 인정하였다.

나. 원고는 먼저 피고는 소외 1의 사용자로서 위의 사고로 인하여 박○희의 유족들이 입게 된 손해에 대하여 손해배상책임을 지게 되는 바, 원고가 경남은행의 보험자로서 경남은행을 대위하여 박○희의 유족들에게 손해를 배상함으로써 피고가 면책되게 되었으므로 원고는 보험자로서 피보험자인 경남은행이 피고에 대하여 가지게 된 구상권을 대위 행사하는 터이므로 피고는 원고에게 원고가 박선희의 유족들에게 손해배상금으로 지급한 101,885,200원을 지급할 의무가 있다고 주장하였다.

다. 이에 대하여 원심은 그의 채용 증거들을 종합하여, 경남은행과 피고는 근로자 파견계약에 따라 파견근로자에 대한 업무지휘·명령자와 관리책임자를 각 1명씩 선임하여 그들로 하여금 파견근로자들에 대한 지휘·명령업무와 파견근로자의 고충처리 등의 관리업무를 분담하기로 약정하였으나 실제로는 피고는 파견사업주로서 파견근로자에 대한 근무지 이동배치, 급여지급, 파견근로자의 고충처리, 관리대장의 작성·보존 등의 업무만을 담당하고, 경남은행은 사용사업주로서 파견근로자에 대한 업무상 지휘·명령 및 감독업무를 담당한 사실, 파견근로자인 소외 1은 사용사업주인 경남은행의 김해지점 지점장인 전○호의 지시에 따라 이 사건 자동차를 운전하여 전○호를 진주시까지 태워준 후 전○호로부터 경남은행 김해지점으로 돌아가 이 사건 자동차를 주차시킨 후 퇴근하라는 지시를 받았음에도 이를 어기고 무단으로 이 사건 자동차를 운전하다가 이 사건 교통사고를 일으킨 사실, 소외 1이 전○호의 지시를 어기고 이 사건 자동차를 경남은행 김해지점에 주차시키지 않고 바로 퇴근하였음에도 이 사건 교통사고가 발생하기까지 경남은행측에서는 피고에게 연락하는 등의 조치도 취하지 아니한 사실을 인정하였다.

원심은 그와 같은 사실관계를 토대로 하여, 소외 1의 이 사건 자동차 운전업무에 관한 실질적인 지휘·감독권자는 피고가 아닌 경남은행이고, 또한 이 사건 자동차의 운전업무는 외형상 객관적으로 경남은행의 사업 활동 내지 사무집행 행위와 관련된 것이지 근로자 파견 용역사업 등을 영위하는 피고의 사업 활동 내지 사무집행 행위와 관련된 것이라고는 할 수 없으므로 위의 사고에 관하여 피고가 소외 1의 사용자라고 볼 수 없다고 보아 원고의 그 주장을 받아들이지 아니하였다.

2. 이 법원의 판단

파견근로자보호등에관한법률에 의한 근로자 파견은 파견사업주가 근로자를 고용한 후 그 고용관계를 유지하면서 사용사업주와 사이에 체결한 근로자 파견계약에 따라 사용사업주에게 근로자를 파견하여 근로를 제공하게 하는 것으로서, 파견근로자는 사용사업주의 사업장에서 그의 지시·감독을 받아 근로를 제공하기는 하지만 사용사업주와의 사이에는 고용관계가 존재하지 아니하는 반면, 파견사업주는 파견근로자의 근로계약상의 사용자로서 파견근로자에게 임금지급의무를 부담할 뿐만 아니라, 파견근로자가 사용사업자에게 근로를 제공함에 있어서 사용사업자가 행사하는 구체적인 업무상의 지휘·명령권을 제외한 파견근로자에 대한 파견명령권과 징계권 등 근로계약에 기한 모든 권한을 행사할 수 있으므로 파견근로자를 일반적으로 지휘·감독해야 할 지위에 있게 되고, 따라서 파견사업주와 파견근로자 사이에는 민법 제756조의 사용관계가 인정되어 파견사업주는 파견근로자의 파견업무에 관련한 불법행위에 대하여 파견근로자의 사용자로서의 책임을 져야 하는 것이다.

다만, 파견근로자가 사용사업주의 구체적인 지시·감독을 받아 사용사업주의 업무를 행하던 중에 불법행위를 한 경우에 파견사업주가 파견근로자의 선발 및 일반적 지휘·감독권의 행사에 있어서 주의를 다하였다고 인정되는 때에는 면책된다고 할 것이다.

원심이 인정한 바에 따르더라도, 피고는 경남은행과의 근로자 파견계약에 따라 소외 1을 고용한 후 그를 경남은행에 파견하여 파견업무를 하도록 한 파견사업주이고, 또 경남은행과 근로자 파견계약을 체결함에 있어 피고측의 업무지휘·명령 및 관리책임자를 선임하여 파견근로자를 관리하기로 약정하였다는 것이니, 피고는 소외 1을 일반적으로 지휘·감독하여야 할 사용자의 지위에 있다고 볼 수 있어서 외형상 소외 1의 파견업무인 자동차의 운전업무와 관련하여 발생한 이 사건 사고에 대하여는 소외 1에 대한 일반적 지휘·감독권을 갖는 피고로서도 그 사고의 위험이 생길 원인을 제공한데 또는 그 위험 방지조치를 다하지 못한 데에 책임이 있다고 할 것이다.

그럼에도 견해를 달리하여, 피고와 소외 1사이에는 사용자 관계가 인정되지 아니하여 피고가 소외 1의 사용자가 아니고, 소외 1의 이 사건 자동차의 운전은 경남은행의 사업활동 내지 사무집행에 관련될 것일 뿐, 피고의 그것에 관련된 것이 아니라는 이유로 피고의 사용자책임을 인정하지 아니한 원심판결에는 파견근로관계에서의 사용자책임에 관한 법리를 오해하여 판결의 결과에 영향을 끼친 잘못이 있으며, 이를 지적하는 상고이유의 주장은 정당하기에 이 법원은 그 주장을 받아들인다.

3. 결 론

그러므로 원고의 나머지 상고이유의 주장에 대한 판단을 생략한 채 원심판결을 파기하고, 사건을 더욱 심리한 후 판단하게 하기 위하여 원심법원에 환송하기로 관여 대법관들의 의견이 일치되어 주문에 쓴 바와 같이 판결한다.

공동불법행위

공동불법행위

(1) 대법원 1998. 6. 12. 선고 96다55631 판결 [공1998.7.15.(62),1858]

【원고,상고인】 엄○덕 외 7인

【피고,피상고인】 피고

【원심판결】 대구고등법원 1996. 11. 14. 선고 96나939 판결

【주 문】

원심판결 중 원고들 패소 부분을 파기하고 이 부분 사건을 대구고등법원에 환송한다.

【이 유】

상고이유를 판단한다.

1. 원심판결 이유에 의하면, 원심은, 소외 1이 그 판시 일시경 판시 그레이스 승합차를 운전하여 경북 군위군 소재 편도 1차선인 5번 국도상을 시속 약 50km로 중앙선을 침범하여 운행하다가 반대편에서 진행해 오던 소외 박○하 운전의 판시 프레스토 승용차의 앞 좌측 부분을 위 그레이스 승합차의 앞범퍼 좌측 부분으로 들이받았고(이하 1차 충돌사고라 한다), 피고는 판시 소나타 승용차를 운전하여 위 프레스토 승용차의 바로 뒤를 따라 내리막 커브길인 위 도로를 운행하던 중 위와 같이 충돌되어 도로 가장자리에 걸쳐 있는 프레스토 승용차를 미처 피하지 못하고 위 소나타 승용차의 앞범퍼 우측 부분으로 위 프레스토 승용차의 좌측 앞문짝 부분을 들이받은 사실(이하 2차 충돌사고라 한다), 위 교통사고로 인하여 위 프레스토 승용차의 운전자인 박○하가 사망하고, 위 프레스토 승용차에 동승하고 있던 원고 엄○덕, 박○수, 전○원, 김○득이 그 판시와 같은 상해를 입은 사실, 피고가 2차 충돌사고를 일으키게 된 것은 내리막 커브길에서 전방을 제대로 주시하지 아니하고 다소간 과속한 상태에서 앞차와의 안전거리를 유지하지 아니하고 운행한 때문인 사실을 인정한 다음, 1차 충돌사고로 위 프레스토 승용차의 앞 좌측 부분이 크게 부서지고 위 그레이스 승합차는 전도되기에 이르러 그 충격이 매우 큰 반면에, 2차 충돌사고는 위 소나타 승용차가 제동조치를 취하면서 그 차 앞 우측 부분으로 위 프레스토 승용차의 좌측 옆 부분을 약간 밀고 들어가 긁는 듯이 들이받고 멈추게 되어 그 충격이 다소 가벼웠던 것은 사실이지만, 1차 충돌사고로 위 프레스토 승용차의 운전석 문짝 부분이 밀려나온 것이 2차 충돌사고로 다시 약간 안으로 우그러지면서 위 프레스토 승용차가 뒤로 밀려나기까지 하였고 피고 운전 차량의 보닛(bonnet) 등 차량 전면 우측 부분이 손괴된 사실이 인정되므로, 이 정도의 충격과 손괴라면 2차 충돌사고가 위 사망이나 상해의 결과에 전혀 영향을 미치지 아니하였다고는 할 수 없고, 나아가 위 1, 2차 충돌사고는 시간상 매우 근접하여 일어난 것으로 공동불법행위에 해당하므로 피고는 위 1, 2차 충돌사고로 야기된 사망이나 상해의 결과에 대하여 소외 1과 연대하

여 손해배상책임이 있다고 판단하고, 나아가 위 프레스토 승용차의 운전자인 망인도 전방주시를 게을리하여 약간 비틀거리며 중앙선을 침범하여 마주 오는 위 그레이스 승합차를 뒤늦게 발견하고도 계속하여 중앙선에 근접하여 운행하였고, 위 프레스토 승용차의 뒷좌석에 승차한 원고 박○범, 김○득, 박○수, 전○원은 안전띠를 착용하지 아니한 채 승차하고 있다가 이 사건 사고를 당한 사실이 인정되고 이러한 망인 및 그의 가족인 원고들측의 과실은 이 사건 사고 발생 및 손해 확대의 한 원인을 이루었다고 할 것이므로 이는 피고가 배상하여야 할 손해액을 산정함에 있어 참작되어야 하고, 또한 이 사건 사고는 1차적으로 위 그레이스 승합차의 운전사인 소외 1의 중대한 과실에 의하여 발생하였고 망인과 원고들측의 손해도 주로 소외 1에 의한 1차 충돌사고로 인하여 일어나 피고에 의한 2차 충돌사고는 이 사건 손해에 기여한 정도가 비교적 작은 점, 그리고 손해배상소송의 기본이념인 손해의 공평분담이라는 관점에서 보아, 망인 및 원고들과 피고 사이에 있어서 피고가 부담하여야 할 책임 부분은 전체의 30%로 봄이 상당하다고 판단하였다.

2. 공동불법행위의 성립에는 공동불법행위자 상호간에 의사의 공통이나 공동의 인식이 필요하지 아니하고 객관적으로 각 그 행위에 관련공동성이 있으면 족하고 그 관련공동성 있는 행위에 의하여 손해가 발생하였다면 그 손해배상책임을 면할 수 없으며(당원 1982. 6. 8. 선고 81다카1130 판결, 1988. 4. 12. 선고 87다카2951 판결, 1997. 11. 28. 선고 97다18448 판결 등 참조), 또한 공동불법행위책임은 가해자 각 개인의 행위에 대하여 개별적으로 그로 인한 손해를 구하는 것이 아니라 그 가해자들이 공동으로 가한 불법행위에 대하여 그 책임을 추궁하는 것으로, 법원이 피해자의 과실을 들어 과실상계를 함에 있어서는 피해자의 공동불법행위자 각인에 대한 과실비율이 서로 다르더라도 피해자의 과실을 공동불법행위자 각인에 대한 과실로 개별적으로 평가할 것이 아니고 그들 전원에 대한 과실로 전체적으로 평가하여야 하는 것이다(당원 1991. 5. 10. 선고 90다14423 판결, 1997. 4. 11. 선고 97다3118 판결 등 참조).

사실관계가 원심이 확정한 바와 같다면, 소외 1과 피고에 의하여 발생한 위 1, 2차 충돌사고는 객관적으로 보아 그 행위에 관련공동성이 있다고 할 것이므로 소외 1과 피고는 공동불법행위자로서 위 1, 2차 충돌사고로 야기된 위 사망이나 상해로 인한 손해배상책임의 전부에 대하여 연대책임을 부담한다고 할 것이고, 이 사건 사고를 야기함에 있어서 피고보다는 오히려 위 소외 1에게 보다 큰 과실이 있다거나 망인과 원고들측의 손해가 주로 위 소외 1에 의한 1차 충돌사고로 인하여 일어난 것으로 피고에 의한 2차 충돌사고는 이 사건 손해에 기여한 정도가 비교적 작다는 등의 사정이 인정된다고 하여 달리 볼 것은 아니라고 하겠다.

원심이, 위 1, 2차 충돌사고가 공동불법행위에 해당하므로 피고는 위 1, 2차 충돌사고로 야기된 사망이나 상해의 결과에 대하여 위 소외 1과 연대하여 손해배상책임이 있다고 판단하고서도, 앞에서 본 바와 같은 사정 등을 들어 망인 및 원고들과 피고 사이에 있어서 피고가 부담하여야 할 책임 부분은 전체의 30%로 봄이 상당하다고 판단하고만 조치는 이유모순에 해당할 뿐 아니라 공동불법행위자의 손해배상책임에 관한 법리를 오해한 나머지 판결에 영향을 미친 위법을 저지른 것이라고 할 것이다. 상고이유 중 이 점을 지적하는 부분은 이유 있다.

3. 그러므로 나머지 상고이유에 대한 판단을 생략한 채 원심판결 중 원고들 패소 부분을 파기하고, 이 부분 사건을 다시 심리・판단하도록 하기 위하여 원심법원에 환송하기로 하여 관여 법관의 일치된 의견으로 주문과 같이 판결한다.

(2-1) 대구고등법원 2004. 8. 18. 선고 2003나2995 판결

【원고, 항소인 겸 피항소인】 이OO외 2인

【피고, 피항소인 겸 항소인】 김△O외 2인

【제1심 판결】 대구지방법원 2003. 3. 25. 선고 2000가합18732 판결

【변론종결】 2004. 7. 7.

【주 문】

1. 당심에서 변경된 청구를 포함하여 제1심판결을 다음과 같이 변경한다.

가. 피고들은 각자 원고 이OO에게 61,187,522원, 원고 정OO, 정OO에게 각 200만 원 및 그 중 원고 이OO에 대한 47,909,762원, 원고 정OO, 정OO에 대한 각 200만 원에 대하여는 2000. 9. 18.부터 2003. 5. 31.까지는 연 5%, 그 다음날부터 다 갚는 날까지는 연20%, 원고 이OO에 대한 13,277,760원에 대하여는 2000. 9. 18.부터 2004. 8. 18.까지는 연5%, 그 다음날부터 다 갚는 날까지는 연 20%의 각 비율에 의한 금원을 지급하라.

나. 원고들의 피고들에 대한 나머지 청구를 각 기각한다.

2. 소송비용은 제1, 2심 모두 이를 3분하여 그 중 2는 원고들의, 나머지는 피고들의 각 부담으로 한다.

3. 제1의 가.항은 가집행할 수 있다.

【청구취지 및 항소취지】

1. 청구취지 피고들은 연대하여 원고 이OO에게 151,778,589원, 원고 정OO, 정OO에게 각 500만원 및 각 이에 대하여 2000. 9. 18.부터 제1심판결 선고일까지는 연 5%, 그 다음날부터 다 갚는 날까지는 연 20%의 각 비율에 의한 금원을 지급하라(원고들은 당심에서 청구취지를 위와 같이 변경하였다).

2. 항소취지

원고들 : 제1심판결을 청구취지 기재와 같이 변경한다.

피고들 : 제1심판결 중 피고들 패소 부분을 취소하고, 그 취소 부분에 해당하는 원고들의 청구를 각 기각한다.

【이 유】

1. 손해배상책임의 발생

가. 인정사실

다음 사실은 당사자 사이에 다툼이 없거나, 갑 제1 내지 4, 7 내지 18호증(가지번호붙은 서증을 포함한다, 이하 같다.), 제20, 25호증, 을 제1, 2호증의 각 기재, 갑 제19, 21, 22, 24, 26호증의 각 일부 기재, 제1심증인 김△O의 증언, 제1심법원의 대한의사협회장에 대한 진료기록감정촉탁결과, 국민건강보험공단 대구중부지사장에 대한 사실조회결과와, 당심의 ○○학교병원장에 대한 진료기록감정 및 감정보완의 각 촉탁결과 일부, 제1심법원의 ○○학교병원장에 대한 사실조회결과 일부, 피고 김△O본인신문 결과 일부에 변론 전체의 취지를 종합하여 이를 인정할 수 있고, 이에 반하는 갑 제19, 21, 22, 24, 26호증의 각 일부 기재, ○○학교병원장에 대한 진료기록감정 및 감정보완의 각 촉탁결과 일부, ○○학교병원장에 대한 사실조회결과 일부, 피고 김△O의 본인신문결과 일부는 믿기 어려우며, 갑 제30호증, 을 제3호증의 각 기재만으로는 이를 뒤집기에 부족하고, 달리 반증이 없다.

(1) 피고 김△O은 현○병원(이하 '피고 병원'이라고 한다.)을 운영하는 자로서 피고 김△O, 류◇O의 사용자이

고, 피고 김△O은 피고 병원의 성형외과 전문의, 같은 류◇O은 정형외과 전문의로서 정OO에 대한 의료행위를 한 의사들이다.

(2) 정OO은 2000. 9. 17. 10:30경 대구 ○○구 ○○동3가 229-3에 있는 선○정밀 주식회사 내 작업장에서 프레스 기계로 자동차 부품인 기어카바를 찍어내는 작업을 하던 중 양손이 프레스 기계에 압착되어 좌, 우측 제1, 2수지 절단상 등의 상해를 입고는 그 절단된 손가락을 가지고 같은 날 11:10경 대구 ○○구 ○○동266-5에 있는 피고 병원 응급실로 후송되었다.

(3) 피고 병원의 의료진은 정OO에 대하여 전혈검사, 소변검사, 혈액응고검사, 심전도 검사, 흉부 X-ray 촬영 등의 수술 전 기본검사를 하고 생체활력징후를 체크한 다음 타벨(Tabel, 진통제), 하이퍼텍트(Hypertect, 파상풍예방주사) 등을 근육주사하였다.

(4) 1차 수술

(가) 정OO에 대한 수술 전 기본검사 결과가 모두 정상으로 나오자, 부재중인 주치의 피고 김△O을 대신하여 피고 류◇O은 같은 날 17:30경 수지접합을 위한 미세현미경수술{절단된 손가락에 골고정술을 하고, 인대봉합 후 동정맥문합(동맥과 정맥을 피가 통하게 연결하는 것), 신경봉합, 피부봉합 순으로 진행되는 수술이다.}을 시작하여 좌측 제2수지를 절단하고 좌측 제1수지의 골고정술 및 인대봉합을 한 다음 같은 날 20:00경 복귀한 피고 김△O에게 이를 인계하여 동인으로 하여금 동정맥문합 등의 후속 시술을 하도록 하였고, 계속하여 피고 류◇O은 우측 제2수지를 절단하고 우측 제1수지의 골고 정술 및 인대봉합을 한 다음 피고 김△O에게 이를 인계하여 동인으로 하여금 동정맥문합 등의 후속 시술을 하도록 하여 같은 날 24:00경 위 수술을 모두 종료하였는데, 수술 중 정OO의 심전도, 혈압, 산소분압 등은 모두 정상이었다.

(나) 피고 병원의 의료진은 1차 수술 전 정OO에게 플라즈마(Plasma, 수술 전에 투여하는 체액 성분과 유사한 수액) 1,000cc, 노말셀린(Normal Saline, 생리식염수로서 N/S로 약칭됨) 1,000cc 등 합계 약 2,000cc의 수액을 투여하였고, 1차 수술 중 티오펜탈(Thiopental, 마취유도액) 등의 약제와, 레오마크로덱스(Reomarkrodex, 미세현미경수술시 혈관을 확장시키는 기능을 하고, RMD로 약칭됨) 1,000cc, 플라즈마 1,000cc, 노말셀린 1,000cc, 하트만용액(Hartman's Solution, 수술 전 준비 링겔액으로서 H/S로 약칭됨) 1,000cc 등 합계 약 4,000cc를 투여함과 아울러 혈액 320cc짜리 4봉 합계 1,280cc도 수혈하였다.

(다) 1차 수술 후 정OO은 혈압, 맥박 등이 정상인 상태로 입원실로 옮겨졌고, 피고 김△O의 지시에 따라 정OO에게 하트만용액 1,000cc(MT 2앰플 혼합), 노말셀린 1,000cc(헤파린 10cc 혼합), 5% 포도당 용액 1,000cc{알프로(Alpro, 혈전용해제) 3앰플혼합} 등 약 3,000cc와 맥소롱(MXL, 구토억제제) 등이 투여되었다.

(라) 그런데 피고 병원의 의료진은 1차 수술 후인 같은 달 18. 00:30경 이후부터 2차 수술 후인 같은 날 16:00경 이전까지 정OO의 소변배출 여부와 배출량을 기록하지 아니하였는데, 다만 같은 날 10:00경에 정○○의 소변색깔이 붉다고만 간호기록지에 기재되어 있을 뿐이다.

(5) 2차 수술 1차 수술 후 정OO의 우측 제1수지 정맥의 혈류가 원활하지 못하여 피고 김△O은 2000. 9. 18. 10:00경부터 같은 날 14:00경까지 사이에 1차 수술에서 접합한 정OO의 우측 제1수지 동맥과 정맥을 절단하고 다시 이를 접합하는 수술을 실시하였는데, 수술전 정OO에게 하트만용액 1,000cc가 투여되었고(갑 제11호증), 수술 중 2%의 리도카인 20cc 등이 투여되었다.

(6) 2차 수술을 마친 후 같은 달 18. 14:10경 피고 김△O의 지시에 따라 정OO에 대하여 흉부 X-ray를 촬영하

고 항생제 등을 투여하였으나, 같은 날 16:00경 정OO의 얼굴이 창백해지고 소변배출이 없으며 오심과 구토를 일으키고 혈압이 90㎜Hg - 40㎜Hg까지 떨어지며 중심정맥압이 정상인의 3 - 4배인 25CmH$_2$O까지 이르자, 간호사 이OO이 이를 피고 김△O에게 전화로 보고하였고, 이에 김△O은 맥소롱 1/2앰플을 투약하라고 지시하고 흉부외과 의사 조OO에게 진찰을 부탁하였는데, 조OO은 같은 날 16:20경 그제서야 찍어놓은 흉부 X-ray 사진을 뒤늦게 보고 아침부터 그때까지의 정OO의 소변배출량이 50cc 밖에 되지 않은 것을 확인한 다음 동맥혈검사와 소변배출을 위하여 라식스(Lasix, 이뇨제) 1앰플, 비본(Bivon, 대사성 산증 중화제) 2앰플의 투여를 지시하였고, 이에 따라 이OO이 위 앰플을 주사하자 갑자기 정OO이 자리에서 벌떡 일어나 가슴이 답답하다고 호소하면서 쓰러지는 응급상황이 발생하여 같은 날 17:06경 정OO에게 산소호흡기를 부착시키고 중환자실로 이송하였다.

(7) 중환자실로 이송할 당시 정OO은 맥박과 의식이 없었고, 같은 날 17:08경 자가 호흡 마저 없어져 피고 병원의 소아과장 김△O이 급히 심폐소생술을 실시하고 계속하여 피고 김△O등이 가세하여 여러 차례 심폐소생술을 실시하였으나, 같은 날 17:30경 정OO의 동공이 열리고 심장박동이 정지함으로써 같은 날 18:20경 정OO에 대하여 사망이 선언되었다.

(8) 정OO(이하 '망인'이라고 한다.)의 사인은 심장 탐포나데(Cardiac Tamponade, 심장압전)로 추정되는데, 이는 심낭(심장 전체를 싸고 있는 얇고 투명한 장막으로 심낭의 내측막인 장측심막과 외측막인 벽측심막으로 되어 있고, 이 두 막 사이를 심낭강이라 하는데, 정상인의 경우 심낭강에 15cc - 20cc 정도의 심낭액이 들어있다.) 내에 필요 이상의 삼출액 또는 혈액이 고여 심장에 압박을 가함으로써 이완기에 심실내로 충분한 양의 혈액이 들어올 수 없게 되어 뇌를 위시한 전신 장기가 급성 허혈상태에 빠져 사망에 이르게 되는 질환으로서 그 원인은 악성종양이나 심낭염, 요독증, 심낭내의 출혈등이라고 한다.

(9) 일반적으로 정상 성인의 경우 수술 전후 금식기간 동안 투여되는 수액의 양은 1.5cc/kg/hr이므로 체중 70kg인 망인의 경우 수술 전후 1시간 당 105cc 정도의 수액이 투여될 수 있을 뿐임에도, 망인이 피고 병원에 후송된 2000. 9. 17. 11:10경부터 2차 수술 시작 전인 2000. 9. 18. 10:00경까지 사이에 1차 수술 시간 6시간 30분을 뺀 약 16시간 20분의 금식기간 동안 망인에게 플라즈마, 노말셀린, 하트만용액 등 약 6,000cc(즉 1시간 당 약 367cc)의 수액이 투여되었다.

(10) 망인에 대한 부검결과 망인의 심낭 내에는 혈액성분이 없는 담황색의 맑은 삼출물이 400cc(400㎖) 가량 고여 있었고, 폐포강 내에 삼출액이 가득 들어 있었으며, 망인의 심장 심외벽과 심낭에 림프구 등 만성 염증세포가 부분적으로 침윤되어 있기는 하였으나, 심낭염의 정확한 원인이나 발병 시기, 경과 등은 알 수 없는 반면, 심낭염 그 자체로 인하여 망인과 같이 단시간 내에 심낭에 400cc 가량의 삼출물이 차는 경우는 드물고, 다른 병적인 조건 없이 심장과 심낭의 조건만 가지고 수시간 만에 400cc 가량의 삼출물이 차려면 심장 또는 대동맥의 파열 또는 해리가 있어야 하는데, 부검결과 망인에게는 심장 또는 대동맥의 파열 또는 해리가 없었고, 망인은 이 사건 수술 훨씬 이전인 1998. 1.경부터 사망에 이를 때까지 심장질환 등의 질병으로 치료받은 적이 전혀 없으며, 피고 병원에 내원할 무렵 호흡곤란이나 흉통 등의 증상이 없었고, 피고 병원에서 1차 수술 전에 한 각종 검사에서도 심장 등에 어떠한 이상도 발견되지 아니하였다.

(11) 원고 이OO은 망인의 어머니이고, 원고 정OO, 정OO은 그의 형제자매이다.

나. 판단

살피건대, 원래 의료행위에 있어서 주의의무위반으로 인한 불법행위 또는 채무불이행으로 인한 책임이 있다고 하기 위하여는 다른 경우와 마찬가지로 의료행위상의 주의의무의 위반, 손해의 발생 및 주의의무의 위반과 손해의 발생과의 사이의 인과관계의 존재가 전제되어야 한다고 할 것이나, 의료행위가 고도의 전문적 지식을 필요로 하는 분야이고, 그 의료의 과정은 대개의 경우 환자 본인이 그 일부를 알 수 있는 외에 의사만이 알 수 있을 뿐이며, 치료의 결과를 달성하기 위한 의료기법은 의사의 재량에 달려 있기 때문에 손해발생의 직접적인 원인이 의료상의 과실로 말미암은 것인지 여부는 전문가인 의사가 아닌 보통인으로서는 도저히 밝혀낼 수 없는 특수성이 있어서 환자측이 의사의 의료행위상의 주의의무위반과 손해의 발생과 사이의 인과관계를 의학적으로 완벽하게 입증한다는 것은 극히 어려우므로, 이 사건에 있어서와 같이 환자가 치료 도중에 사망한 경우에 있어서는 피해자측에서 일련의 의료행위 과정에 있어서 저질러진 일반인의 상식에 바탕을 둔 의료상의 과실있는 행위를 입증하고 그 결과와 사이에 일련의 의료행위 외에 다른 원인이 개재될 수 없다는 점, 이를테면 환자에게 의료행위 이전에 그러한 결과의 원인이 될 만한 건강상의 결함이 없었다는 사정을 증명한 경우에 있어서는, 의료행위를 한 측이 그 결과가 의료상의 과실로 말미암은 것이 아니라 전혀 다른 원인으로 말미암은 것이라는 입증을 하지 아니하는 이상, 의료상 과실과 결과 사이의 인과관계를 추정하여 손해배상책임을 지울 수 있도록 입증책임을 완화하는 것이 손해의 공평.타당한 부담을 그 지도원리로 하는 손해배상제도의 이상에 맞는다고 하지 않을 수 없다(대법원 1995. 2. 10. 선고 93다52402 판결 참조).

이 사건에 돌이켜 보면, 위에서 인정한 바와 같은 다음과 같은 사정, 즉 ① 손가락이 절단된 응급상황에서 이 사건 수술을 받게 된 망인에게 추가적인 수액공급이 필요하였다는 사정을 감안한다고 하더라도, 1차 수술 시간을 뺀 약 16시간 20분의 금식기간 동안 피고 김△O, 류◇O등 피고 병원의 의료진이 환자로서 전신기능이 저하된 망인에게 적정수액투여량을 약 3.5배 초과한 1시간 당 약 367cc의 수액을 과다 투여한 점, ② 위와 같이 과다한 수액이 투여되고 있음에도 불구하고 피고 병원의 의료진은 1차 수술을 마친 2000. 9. 18. 00:30경 이후부터 같은 날 16:00경 이전까지 망인의 소변배출 체크를 제대로 하지 않았을 뿐 아니라 같은 날 14:10경 흉부 X-ray를 촬영하고도 이를 확인하지 아니하고 같은 날 16:20경에 이르러서야 이를 확인한 점, ③ 피고 김△O등 피고 병원의 의료진은 2차 수술 30분전인 2000. 9. 18. 09:30경 망인의 소변이 붉어지는 등의 소변배출에 이상이 생겼음에도 이를 간과한 점, ④ 비록 망인의 심장 심외벽과 심낭에 부분적으로 침윤되어 있던 만성 염증세포가 있었다고는 하나, 피고 병원에 내원하기 이전 심장질환 등으로 치료받은 적이 없고, 피고 병원에 내원할 무렵 호흡곤란이나 흉통 등의 증상이 없었으며, 피고 병원에서 1차 수술 전에 한 각종 검사에서도 이상이 발견되지 아니하고, 부검결과 심장 또는 대동맥의 파열 또는 해리가 없었던 망인에게 단시간 내에 심낭에 400cc 가량의 삼출물이 차는 경우는 드문 점에 비추어, 심장 탐포 나데의 직.간접적인 원인은 심낭염이라기 보다는 수액의 과다 투여로 추정되는 점(대한의사협회장에 대한 진료기록감정촉탁결과), ⑤ 부검결과 망인의 폐포강 내에 삼출액이 가득 들어있는 점에 비추어 수액 과다투여의 의심이 드는 점(ㅇㅇ학교병원장에 대한 진료기록감정보완촉탁결과) 등을 고려할 때, 주치의와 집도의인 피고 김△O, 류◇O으로서는 이 사건 수술을 위하여 전신기능이 저하된 망인에게 수액을 투여함에 있어 그 용량을 철저히 지키고 투여 후에도 망인의 소변배출 여부와 배출량 등을 제대로 관찰하며 신체상태를 세심하게 살펴보아 수액 투여로 인한 부작용의 기미가 보이면 이를 즉시 중단하거나 조절하여야 할 주의의무가 있음에도 이러한 조치를 제대로 취하지 아니하고 수액을 계속 투여하고 망인의 소변배출 여부나 X-ray 결과 등 신체상태를 제대로 살펴보지 아니한 잘못으로 인하여 망인으로 하여금 심폐기능에 갑작스런 장애를 발생시켜 심장 탐포나데로 사망에 이르게 하였다고 봄이 상당할 것이므로, 피고 김△O,류◇O은 망인에 대한 불법행위자로서, 피고 김△O은 위 피고들의 사용자로서 각자 이 사건 사고로 인하여 망인 및 원고들이 입게 된 모든 손해를 배상할 책임이 있다. 이에 대하여 피고들은, 망인의 사인인 심장 탐포나데는 오로지 망인이 앓아오던 만성 심낭염에 의하여 발생한 것으로 피고들에게는 어떠한 의료상의 과실도 없다고 주장하나, 앞서 배척한 증거 이외에는 이를 인정할 증거가 없으므로 피고들의 위 주장은 이유 없다.

다. 책임의 제한

한편, 앞에서 본 증거들에 의하면, 망인에게는 정확한 원인이나 발병시기, 경과 등은 알 수 없으나 피고 병원에 내원 전에 경미하나마 만성 심낭염 증상이 있었던 사실을 인정할 수 있는바, 망인의 이러한 기왕 병력이 이 사건 손해 발생 및 확대에 어느 정도 기여하였다고 할 것이어서 피고들에게 이 사건 의료과실로 인하여 생긴 모든 손해를 배상하도록 하는 것은 신의칙이나 형평의 원칙에 반한다고 할 것이므로, 피고들의 손해배상의 범위를 제한하기로 하되, 망인의 위와 같은 기왕 병력 및 응급을 요하는 이 사건에 있어서 정밀검사를 통하여 심낭염을 발견하기가 용이하지 않았던 점, 만일 이 사건 수술이 성공적으로 마쳐졌다고 하더라도 망인의 좌, 우측 제2수지는 절단된 상태로 남아 있고, 좌, 우측 제1수지 역시 그 운동범위가 제한되는 점 등에 비추어 피고들의 책임을 전체의 60%로 제한한다.

2. 손해배상의 범위

가. 일실수입

망인이 상실한 가동능력에 대한 금전적 총평가액 상당의 일실수입 손해액은 아래(1)과 같은 인정사실 및 평가내용을 기초로 하여 아래 (2)와 같이 월 5/12푼의 비율에 의한 중간이자를 공제하는 호프만식 계산법(단리할인법)에 따라 사고 당시의 현가로 계산한다.

(1) 인정사실 및 평가내용

(가) 성별, 연령 및 기대여명 : 망인은 1965. 8. 21.생으로 사고 당시 35세 남짓된 신체 건강한 남자로서 그 기대여명은 37년 가량 된다.

(나) 직업 : 망인은 사고 당시 도시지역인 대구 ㅇㅇ구 ㅇㅇ동660-3에 거주하면서 대구 ㅇㅇ구 ㅇㅇ동3가 229-3에 있는 선ㅇ정밀 주식회사에서 생산직 직원으로 근무하고 있었다.

(다) 소득실태 : 망인의 사고 당시의 직업, 거주지 등에 비추어 볼 때 망인은 도시일용 보통인부로 매월 22일씩 60세가 될 때까지 가동하여 최소한 그 노임 상당의 소득을 얻을 수 있었으므로, 망인의 월수입은 적어도 사고일로부터 2001. 5. 17.까지는 824,626원(37,483원 × 22일), 그 다음날부터 2001. 9. 17.까지는 856,504원(38,932원 × 22일), 그 다음날부터 2002. 5. 17.까지는 900,284원(40,922원 × 22일), 그 다음날부터 2002. 9. 17. 까지는 990,682원(45,031원 × 22일), 그 다음날부터 2003. 5. 17.까지는 1,115,026원 (50,683원 × 22일), 그 다음날부터 60세가 될 때까지는 1,154,626원(52,483원 × 22일) 상당이다.

(라) 생계비 : 수입의 1/3(다툼 없는 사실) [증거] 갑 제1, 2, 6, 28호증의 각 기재, 제1심증인 김ㅇ문의 증언, 변론 전체의 취지, 경험칙

(2) 계산

(가) 사고일로부터 2001. 5. 17.까지 4,317,411원(824,626원 × 2/3 × 7.8534, 원 미만은 버림. 이하 같다.)

(나) 그 다음날부터 2001. 9. 17.까지 2,188,310원{856,504원 × 2/3 × (11.6858 - 7.8534)}

(다) 그 다음날부터 2002. 5. 17.까지 4,493,017원{900,284원 × 2/3 × (19.1718 - 11.6858)}

(라) 그 다음날부터 2002. 9. 17.까지 2,415,414원{990,682 × 2/3 × (22.8290 - 19.1718)}

(마) 그 다음날부터 2003. 5. 17.까지 5,315,997원{1,115,026원 × 2/3 × (29.9804 - 22.8290)}

(바) 그 다음날부터 60세가 될 때까지(월 미만은 버린다.) 126,178,222원{1,154,626원 × 2/3 × (193.9013 - 29.9804)}

(사) 합계 144,908,371원 나. 장례비 원고 이OO이 망인의 장례비로 200만 원을 지출한 사실은 당사자 사이에 다툼이 없으나, 위 원고가 근로복지공단으로부터 장의비로 5,755,730원을 지급받았음을 자인하고 있으므로, 위 원고의 장례비 청구는 이유 없다.

다. 책임의 제한

(1) 피고들의 책임비율 : 60%(위 제1의 다.항)

(2) 계산 망인의 일실수입 : 86,945,022원(144,908,371원 × 60%)

라. 공제

(1) 근로복지공단 대구지역본부장에 대한 각 사실조회결과에 의하면, 원고 이OO이 근로복지공단으로부터 산업재해보상법에 따른 유족일시금으로 36,757,500원을 지급받은 사실이 인정되고, 원고 이OO은 소외 회사로부터 손해배상금조로 1,000만 원을 지급받았음을 자인하고 있다.

(2) 계산 40,187,522원{86,945,022원 - (36,757,500원 + 1,000만 원)}

마. 위자료

(1) 참작사유 : 망인의 나이, 가족관계, 재산 및 교육정도, 이 사건 사고의 발생 경위 및 결과, 피고들의 책임비율, 망인의 재산상 손해의 정도, 기타 이 사건 변론에 나타난 여러 사정

(2) 결정금액 망인 1,500만 원, 원고 이OO600만 원, 원고 정OO, 정OO각 200만 원

바. 상속관계

원고 이OO이 망인의 손해배상채권 55,187,522원(40,187,522원 + 1,500만 원)을 단독 상속하였다.

3. 결 론

그렇다면 피고들은 각자 원고 이OO에게 61,187,522원(상속분 55,187,522원 + 위자료 600만 원), 원고 정OO, 정OO에게 각 200만 원 및 그 중 제1심에서 인용된 원고 이OO에 대한 47,909,762원, 원고 정OO, 정OO에 대한 각 200만 원에 대하여는 사고발생일인 2000. 9. 18.부터 2003. 5. 31.까지는 민법 소정의 연 5%, 그 다음날부터 다 갚는 날까지는 소송촉진등에관한특례법 소정의 연 20%, 당심에서 추가로 인용되는 원고 이OO에 대한 13,277,760원(61,187,522원 - 47,909,762원)에 대하여는 2000. 9. 18.부터 피고들이 그 이행의무의 존부 및 범위에 관하여 항쟁함이 상당하다고 인정되는 당심판결 선고일인 2004. 8. 18.까지는 민법 소정의 연 5%, 그 다음날부터 다 갚는 날까지는 소송촉진등에관한특례법 소정의 연 20%의 각 비율에 의한 지연손해금을 지급할 의무가 있으므로, 원고들의 피고들에 대한 이 사건 청구는 위 인정범위 내에서 이유 있어 인용하고 나머지 청구는 이유 없어 기각할 것인바, 제1심판결은 이와 결론을 일부 달리하여 부당하므로 당심에서 변경된 청구를 포함하여 제1심판결을 위와 같이 변경하기로 하여 주문과 같이 변경한다.

(2-2) 대법원 2005. 9. 30. 선고 2004다52576 판결 [공2005.11.1.(237), 1689]

【원고, 피상고인 겸 부대상고인】 원고 1
【원고, 피상고인】 원고 2외 1인
【피고,상고인】 피고 1
【피고, 상고인 겸 피부대상고인】 피고 2외 1인
【원심판결】 대구고등법원 2004. 8. 18. 선고 2003나2995 판결

【주 문】

피고들의 상고와 원고 1의 부대상고를 모두 기각한다. 상고비용은 피고들이, 부대상고비용은 원고 1이 각각 부담한다.

【이 유】

1. 피고들의 상고이유에 대한 판단

가. 상고이유 제1 내지 3점에 대하여

행위에 있어서 주의의무위반으로 인한 불법행위 또는 채무불이행으로 인한 책임이 있다고 하기 위하여는 의료행위상 주의의무의 위반, 손해의 발생 및 주의의무의 위반과 손해발생과의 사이에 인과관계가 존재하여야 함은 물론이나, 의료행위가 고도의 전문적 지식을 필요로 하는 분야이고 그 의료의 과정은 대개의 경우 환자 본인이 그 일부를 알 수 있는 외에 의사만이 알 수 있을 뿐이며, 치료의 결과를 달성하기 위한 의료기법은 의사의 재량에 달려 있기 때문에, 손해발생의 직접적인 원인이 의료상의 과실로 말미암은 것인지 여부는 전문가인 의사가 아닌 보통인으로서는 도저히 밝혀낼 수 없는 특수성이 있어서 환자측이 의사의 의료행위상의 주의의무위반과 손해발생과 사이의 인과관계를 의학적으로 완벽하게 입증한다는 것은 극히 어려운 일이므로, 의료사고가 발생한 경우 피해자측에서 일련의 의료행위 과정에 있어서 저질러진 일반인의 상식에 바탕을 둔 의료상의 과실이 있는 행위를 입증하고 그 결과와 사이에 일련의 의료행위 외에 다른 원인이 개재될 수 없다는 점, 이를테면 환자에게 의료행위 이전에 그러한 결과의 원인이 될 만한 건강상의 결함이 없었다는 사정을 증명한 경우에 있어서는, 의료행위를 한 측이 그 결과가 의료상의 과실로 인한 것이 아니라 전혀 다른 원인에 의한 것이라는 입증을 하지 아니하는 이상, 의료상 과실과 결과 사이의 인과관계를 추정하여 손해배상책임을 지울 수 있도록 입증책임을 완화하는 것이 손해의 공평·타당한 부담을 그 지도원리로 하는 손해배상제도의 이상에 맞는다고 할 것이다(대법원 1995. 2. 10. 선고 93다52402 판결, 1999. 9. 3. 선고 99다10479 판결, 2003. 1. 24. 선고 2002다3822 판결 등 참조).

또한, 다수의 의사가 의료행위에 관여한 경우 그 중 누구의 과실에 의하여 의료사고가 발생한 것인지 분명하게 특정할 수 없는 때에는 일련의 의료행위에 관여한 의사들 모두에 대하여 민법 제760조 제2항에 따라 공동불법행위책임을 물을 수 있다고 봄이 상당하다

같은 취지에서 원심은 그 채용 증거들에 의하여, 망 소외인(이하 '망인'이라고 한다)은 소외 선○정밀 주식회사(이하 '소외 회사'라고 한다) 내 작업장에서 프레스 기계를 이용하여 작업을 하던 중 양손이 위 기계에 압착되

어 좌, 우측 각 제1, 2 수지가 절단되는 사고를 당한 사실(이하 '1차 산재사고'라고 한다), 망인은 피고 1이 운영하는 현○병원(이하 '피고 병원'이라 한다)으로 후송되어 피고 병원 소속 의사들인 피고 2, 3으로부터 수지절단 및 접합수술을 받은 사실, 피고 병원의 의료진은 수술을 전후하여 전신기능이 저하된 망인에게 적정수액량을 훨씬 초과하여 수액을 과다투여하였음에도 망인의 소변배출 여부와 소변량 등 환자의 동태를 제대로 살피지 아니하였고, 망인은 수술 이후 심장을 둘러싸고 있는 심낭에 400cc 가량의 삼출물이 차서 심장을 압박하는 바람에 심폐기능에 갑작스런 장애를 일으켜 심장 탐포나데로 사망에 이르게 된 사실(이하 '2차 의료사고'라고 한다), 망인은 피고들 병원에 내원하기 전부터 경미하나마 만성 심낭염 증세가 있었으나 심장질환 등으로 치료받은 적은 없고, 피고 병원에 내원할 무렵에도 호흡곤란이나 흉통 등의 증상이 없었으며, 수술 전 피고 병원에서 행한 각종 검사에서도 별다른 이상이 발견되지 아니한 사실, 심장 또는 대동맥의 파열 또는 해리가 없을 경우 단시간 내에 심낭에 400cc 가량의 삼출물이 차는 경우란 극히 드문 일인 사실 등을 인정한 다음, 이 사건 2차 의료사고는 전신기능이 저하된 망인에게 수액을 투여함에 있어 그 용량을 철저히 지키고 투여 후에도 망인의 소변배출 여부와 배출량 등을 제대로 관찰하며 신체상태를 세심하게 살펴보아 수액 투여로 인한 부작용의 기미가 보이면 즉시 이를 중단하거나 적절한 대응조치를 취하여야 할 주의의무가 있음에도, 이러한 조치를 제대로 취하지 아니한 채 수액을 계속 투여하고 망인의 신체상태를 제대로 살펴보지 아니한 피고 2, 3의 잘못으로 인하여 발생한 것으로 봄이 상당하다고 판단한 후, 망인은 위 피고들의 의료상 과실 때문이 아니라 오로지 기존에 앓아오던 만성 심낭염 증세로 인하여 사망한 것뿐이라는 피고들의 주장을 배척하였는바, 기록 및 위 법리에 비추어 살펴보면, 원심의 증거취사와 사실인정 및 판단은 정당한 것으로 수긍할 수 있고, 거기에 상고이유로 주장하는 바와 같은 증거 없이 사실을 인정한 채증법칙 위배나 의료사고에 있어 인과관계에 관한 법리를 오해한 위법 등이 있다고 할 수 없다.

나. 상고이유 제4점에 대하여

산재사고로 인하여 상해를 입은 피해자가 치료를 받던 중 치료를 하던 의사의 과실 등으로 인한 의료사고로 증상이 악화되거나 새로운 증상이 생겨 손해가 확대된 경우에는, 다른 특별한 사정이 없는 한 그와 같은 손해와 산재사고 사이에도 상당인과관계가 있다고 보아야 하므로, 산재사고와 의료사고가 각기 독립하여 불법행위의 요건을 갖추고 있으면서 객관적으로 관련되고 공동하여 위법하게 피해자에게 손해를 가한 것으로 인정된다면, 공동불법행위가 성립되어 공동불법행위자들이 연대하여 그 손해를 배상할 책임이 있다 할 것이다(대법원 1994. 11. 25. 선고 94다35671 판결, 1997. 8. 29. 선고 96다46903 판결, 1998. 11. 24. 선고 98다32045 판결 등 참조).

위와 같은 법리와 기록에 비추어 살펴보면, 이 사건 1차 산재사고와 2차 의료사고는 공동불법행위를 구성한다고 봄이 상당하고, 같은 취지의 원심도, 망인의 수지 절단에 따른 노동능력 상실률을 별도로 고려하지 아니한 채 100%의 가동능력을 기준으로 망인의 일실수입을 산정하는 한편, 그 이유 설시에 있어 미흡한 점은 있으나, 1차 산재사고 발생에 있어서의 과실을 포함한 망인의 과실을 공동불법행위자들인 소외 회사와 피고들 전원에 대하여 전체적으로 평가한 후 이를 최종 배상액의 산정에 있어 반영한 취지로 볼 수 있으므로, 원심판결에 이유모순 내지 이유불비 등의 위법이 있다고 할 수 없다. 이 부분에 관한 상고이유의 주장도 받아들일 수 없다.

2. 원고 1의 부대상고이유에 대한 판단

기록에 비추어 살펴보면, 원심이 그 채용 증거들에 의하여 판시와 같은 사실들을 인정한 후 그 인정 사실들을 종합하여 이 사건 각 사고로 인한 피고들의 책임을 전체 손해의 60%로 제한한 조치도 수긍할 수 있고, 거기에 채증법칙 위배 등의 위법이 있다는 부대상고이유는 받아들일 수 없다.

3. 그러므로 피고들의 상고와 원고 1의 부대상고를 모두 기각하고, 상고비용 및 부대상고비용은 패소자들이 각각 부담하기로 하여 관여 대법관의 일치된 의견으로 주문과 같이 판결한다.

(3-1) 서울고등법원 2005. 5. 25. 선고 2004나62339 판결

【원고, 피항소인 겸 항소인】 원고
【피고, 항소인 겸 피항소인】 피고
【변론종결】 2005. 5. 11.
【제1심판결】 수원지방법원 성남지원 2004. 7. 30. 선고 2003가합3016 판결

【주 문】

1. 제1심 판결 중 아래에서 지급을 명하는 금원에 해당하는 원고 패소부분을 취소한다.

피고는 원고에게 192,790,000원 및 이에 대하여 2003. 7. 8.부터 2005. 5. 25.까지 연 5%, 그 다음날부터 다 갚는 날까지 연 20%의 각 비율에 의한 금원을 지급하라.

2. 원고의 나머지 항소 및 피고의 항소를 각 기각한다.
3. 소송비용은 제1, 2심을 통틀어 10%는 원고가, 나머지는 피고가 각 부담한다.
4. 제1항의 금원 지급 부분은 가집행할 수 있다.

【청구취지 및 항소취지】

1. 청구취지

피고는 원고에게 385,580,000원 및 이에 대한 이 사건 소장 송달 다음날부터 다 갚는 날까지 연 20%의 비율에 의한 금원을 지급하라.

2. 항소취지

원고 : 제1심 판결 중 아래에서 지급을 명하는 금원에 해당하는 원고 패소부분을 취소한다. 피고는 원고에게 192,790,000원 및 이에 대한 이 사건 소장 송달 다음날부터 다 갚는 날까지 연 20%의 비율에 의한 금원을 지급하라.

피고 : 제1심 판결 중 피고 패소부분을 취소하고, 그 부분에 관한 원고의 청구를 기각한다.

【이 유】

1. 인정사실

아래 각 사실은 당사자 사이에 다툼이 없거나, 갑 제1호증, 갑 제2호증의 1 내지 4, 갑 제4호증의 1, 2, 갑 제5호증, 갑 제10호증, 갑 제11호증의 1, 2, 3, 갑 제12, 13, 14호증, 갑 제15호증의 6 내지 9, 12 내지 29, 을 제6호증의 1 내지 4, 을 제12호증의 1, 4, 5, 을 제14호증의 1, 3, 4, 6, 을 제26호증, 을 제28호증의 1 내지 5의 각 기재와 제1심 증인 소외 7의 증언에 변론 전체의 취지를 종합하여 인정할 수 있고, 이에 어긋나는 갑 제15호증의 1, 을 제14호증의 2, 10, 을 제15호증의 각 기재와 갑 제15호증의 15, 16, 23, 25, 26의 각 일부 기재 및 위 증인의 일부 증언은 믿지 아니하며, 을 제1호증, 을 제12호증의 2, 3의 각 기재는 그 인정에 방해가 되지 아니하고 달리 이를

뒤집을 증거가 없다.

가. (상호 생략)자산관리 주식회사의 투자유치 등 경위

(1) (상호 생략)자산관리 주식회사(2000년 말경 이전 상호인 ‘ (상호 생략) 주식회사’에서 위와 같이 변경되었고, 그 뒤 다시 ‘ (상호 생략)자산관리 주식회사’로 상호가 변경되었다. 이하 ‘소외 회사’라고 한다)는 2000년경 부실채권 매입 및 매입자산의 관리, 채권 매입의 알선·중개 등을 주된 업무로 하는 자산유동화 전문회사를 표방하여 설립된 이래 서울 서초구 서초동에 본사 사무소를, 서울 강남구 역삼동에 영업소를 두고 영업을 하여 왔다.

(2) 소외 회사는 설립자이자 대표이사인 소외 1의 총괄 아래 사장 소외 2가 일반 경비와 직원들에 대한 급여 등의 지출과 관리 업무를, 부사장 소외 3이 채권의 매입 업무를, 전무이사 소외 4가 자금관리 업무를, 상무이사 소외 5가 매입채권에 대한 분석 등 업무를, 영업이사 소외 6이 투자자 모집 및 채권 판매 등 영업 업무를 분담하며 경영하여 왔고, 이들 경영진 밑으로 피고와 같은 영업부장이나 영업과장의 직함을 가진 수십 명의 중간간부들이 스스로 투자를 하는 한편으로 소외 회사로부터 일정한 수당을 받으며 투자자를 모집하고 소외 회사가 매입한 채권을 판매하는 등의 업무를 담당하여 왔다.

(3) 위 소외 1 등 소외 회사 경영진은 소외 회사를 찾는 투자자들과 영업부장들에게 소외 회사가 추진하는 부실채권 매매 등 사업이 획기적인 수익구조를 갖고 있어 그로부터 얻는 막대한 이익으로 고액의 이자 등을 지급할 수 있는 것처럼 선전하며 투자자들을 끌어 모았다. 당시 위 소외 1 등은, 첫째 2000. 9.경부터 같은 12.경까지 시행한 무담보채권 매입 상품과 관련하여서는 “자산관리공사 등으로부터 무담보채권(저당권 등 물적 담보를 수반하지 않는 금융기관 보유의 부실채권)을 채권액의 5% 정도에 매입하여 그 중 70% 정도만 회수해도 큰 이익을 볼 수 있으니 이에 투자하면 만기가 되는 3개월 후 투자금의 10%에 상당하는 이자를 포함하여 원금을 상환하겠다.”는 취지로 설명하였고, 둘째 2001. 1.경부터 시행한 담보부채권 매입 상품과 관련하여서는 “자산관리공사나 외국회사로부터 매입하는 담보부채권이 있는데 자금을 투자하면 만기가 되는 3개월 또는 6개월 후 월 4%의 이자를 포함한 원금을 반환할 것이며, 투자자가 원하면 그 앞으로 저당권이전등기를 해주고 또 그 저당권이 실행되면 낙찰금에서 투자원금과 이미 지급한 이자 등을 공제한 금액을 회사와 투자자가 50 대 50으로 분배할 수 있다.”라는 취지로 설명하였으며, 셋째 2001. 5.경 내놓은 조흥은행 상각채권 입찰 상품과 관련하여서는 “액면가 8천억 원 상당의 조흥은행 상각채권을 싸게 낙찰받아 매각하면 많은 이익을 남길 수 있는데 조흥은행에 리베이트로 10억 원을 미리 건네주었기 때문에 우리 회사에서 낙찰받기로 내정되어 있다. 장기 1년간 투자금을 예탁하면 투자원금 외에 투자수익금으로 처음 3개월간은 투자금의 20%, 이후 2개월간은 투자금의 7%, 이후 2개월간은 투자금의 8%, 이후 2개월간은 투자금의 9%, 이후 2개월간은 투자금의 10%, 나머지 1개월은 투자금의 12%를 배당해주어 투자금의 100%를 회수할 수 있다.”라는 취지로 설명하였고, 넷째 조흥은행 상각채권의 낙찰에 실패한 후 2001. 7.경 추진한 (상호생략) 리츠(REITs')라는 부동산투자신탁회사의 설립과 관련하여서는 “한국○○신탁, 엘지증권, 삼정회계법인 등이 주관사가 되어 리츠회사를 설립하여 주식을 상장할 예정으로 있는데 우리 회사에서는 삼정회계법인의 주식 지분을 인수하기로 되어 있다. 1주당 액면가 5천원 권 주식을 1만 1천 원에 매입해 놓으면 상장 후 주가가 5만 원 내지 7만 원을 상회할 것이다. 주식 가격 하락으로 인한 손실은 원금 선에서 회사가 책임지겠다.”라는 취지로 설명하였다.

(4) 그런데 소외 회사가 제시한 위와 같은 부실채권 매매사업은 그 사업방식이 갖는 한계 및 소외 회사의 역

량 미비와 수익사업의 부존재 등으로 인하여 일정기간 내 수익이 발생할지 여부가 극히 불확실하여 신규 투자금이 지속적으로 증가하지 않는 한 후순위 투자금이 전순위 투자금보다 감소한 시점부터는 출자를 받더라도 투자자들에게 일정액의 이자는 물론 투자원금조차 지급할 수 없는 상황이었고, 조흥은행 상각채권의 낙찰에 실패하였을 무렵에는 소외 회사의 자금사정이 극도로 악화되어 있었을 뿐 아니라 소외 회사가 추진하는 사업이 법령이 금지하는 유사수신행위에 해당하는 업태였던 관계로 리츠회사의 설립이 이루어지더라도 그 회사 발행주식의 인수가 불확실하였음에도 불구하고 위 소외 1 등 소외 회사 경영진은 투자자들에게 이를 알리지 아니하였고, 피고를 비롯한 영업부장들은 각자가 관리하는 영업과장들과 함께 투자자들을 모집하면서 위와 같이 경영진으로부터 교육받은 내용을 그대로 투자자들에게 다시 설명하며 투자금을 유치하였다.

나. 원고의 투자 경위와 피고의 역할

(1) 피고는 2001. 1.경부터 소외 회사에 투자하기 시작한 후로 같은 해 3.경부터는 투자자들을 모집하는 일을 하였고 그에 따라 소외 회사로부터 영업부장의 직책을 부여받았다. 피고는 같은 해 4. 1.부터 같은 해 9. 18.까지 중개팀장이라는 직함을 사용하며 투자자들을 모집하였는데, 피고와 같은 영업부장들은 소외 회사로부터 채권매입 관련 투자유치에 따른 수당으로 2000년에는 투자금의 10%, 2001년에는 투자금의 8% 상당액을 지급받았고, 조흥은행 상각채권과 관련한 투자금에 대하여는 투자금의 10%, 리츠회사 주식 구입대금에 대하여는 주당 2,000원의 수당을 지급받았다.

(2) 그러던 중 피고는 2001. 4.경 자신 밑에서 영업과장으로 일하던 소외 7의 소개로 원고를 만나 경영진으로부터 설명들은 대로 조흥은행 상각채권에 관한 입찰계획 등을 들려주며 투자를 적극 권유하였고, 이에 원고는 같은 해 5. 4. 소외 회사 역삼동 영업소에서 열린 투자설명회에 참석하여 소외 3 등으로부터 소외 회사의 부실채권 매입, 리츠회사 설립 등 향후 투자계획과 투자이익의 분배 등에 관한 설명을 들은 후 소외 회사와 투자약정을 맺고 같은 해 5. 7. 2,010만 원, 같은 해 5. 10. 1억 20만 원, 같은 해 5. 15. 2,010만 원, 같은 해 5. 19. 1억 20만 원 합계 2억 4,060만 원을 조흥은행 상각채권 등 부실채권 매입자금으로 소외 회사에 투자하고 소외 회사의 주식을 교부받았다.

(3) 또한 피고는 경영진으로부터 설명들은 대로 부실채권 매입자금을 투자하면 소외 회사가 담보권을 관리, 처분하여 얻는 이익으로 월 5%의 이자를 보장한다는 등의 설명을 하며 투자를 권유하였고, 이에 원고는 2001. 6. 12.과 같은 해 8. 2. 각 6,000만 원, 2001. 8. 28. 4,000만 원 합계 1억 6,000만 원을 예탁금 형식으로 소외 회사에 납입하였으나, 소외 회사는 실제로는 채권을 구입하지 못한 채 허위의 매수신청 내용을 기재한 저당권채권 신청금증서만을 피고를 통하여 원고에게 교부하였다.

(4) 한편 소외 회사는 2001. 5. 말경 조흥은행 상각채권 입찰에 참가하였으나 낙찰에 실패하였고, 그러자 소외 회사 경영진과 피고 등은 같은 해 7. 중순경 원고 등 투자자들에게 위 상각채권 구입을 위해 투자한 금원을 위 리츠회사 주식의 구입자금으로 전환하면 당초 투자원금의 20%를 가산하여 주식을 취득하게 해주겠다고 하며 투자금 전환을 유도하였다. 이에 원고는 기존 투자금을 리츠회사 주식대금으로 전환함과 함께 같은 해 7. 27. 278만 원, 같은 해 8. 2. 220만 원을 추가로 투자함으로써 같은 해 8. 6. 소외 회사와 사이에 리츠회사 주식 26,700주를 대금 293,700,000원에 인수하는 계약을 체결하였는데, 그 뒤 위 리츠회사는 발기인조합조차 구성되지 못한 채 설립이 무산되었다.

(5) 피고가 2001. 2.경부터 같은 해 9.경까지 부실채권 매입 등 명목으로 투자자들로부터 유치한 투자금은 총

22억 원 이상이었고, 조흥은행 상각채권 매입자금에서 리츠회사 주식 구입자금으로 전환된 투자금을 포함하여 리츠회사 주식의 구입 명목으로 유치한 투자금은 총 8억 4,590만 원이었으며, 위와 같은 투자금에 대하여 영업부장으로서 지급받은 수당은 6,000만 원 정도에 이르렀다.

이 과정에서 피고는 원고 등 투자자들로부터 투자를 받는 과정에서 소외 회사가 추진하던 사업이 갖는 수익구조상의 한계 등 제반 문제점은 제쳐놓은 채 통상의 범위를 뛰어넘는 고율의 투자이익이 보장된다는 등 경영진으로부터 교육받은 내용을 투자자들에게 그대로 들려주며 투자를 유도하였다.

다. 소외 회사의 영업중단 및 원고의 손해

(1) 소외 회사는 투자자들로부터 납입받은 투자금으로 부실채권을 구입하지 못하는 등 수익사업이 제대로 이루어지지 아니하자 상당액을 유사업체 등에 투자하거나 대여하였다가 회수하지 못한데다 신규 투자금으로 기존 투자자들에 대한 고액의 이자 등을 지급하느라 보유자금이 바닥나게 되었고, 그러던 중 2001. 9. 18. 무렵 소외 회사의 위와 같은 투자유치행위가 사기 및 유사수신행위에 해당한다는 이유로 경영진에 대한 경찰의 수사가 시작되어 위 소외 1 등이 행방을 감추자 투자금 수신업무를 전면 중단한 채 사실상 폐업하기에 이르렀다.

(2) 이에 따라 원고는 소외 회사에 대한 투자금을 회수하지 못하였는바, 그 금액은 위에서 본 총 405,580,000원{(2,010만 원 + 1억 20만 원 + 2,010만 원 + 1억 20만 원) + (6,000만 원 + 6,000만 원 + 4,000만 원) + (278만 원 + 220만 원)} 중에서 원고가 소외 회사로부터 이자 등 명목으로 지급받았음을 자인하는 20,000,000원을 제외한 나머지 385,580,000원이다.

라. 피고 등 소외 회사 관련자들에 대한 형사처벌

(1) 소외 회사의 영업중단 후 위 소외 3과 소외 4는 위에서 본 바와 같은 경위로 소외 1 등 다른 임원진 및 피고 등 영업부장 등과 공모하여 소외 회사가 추진하는 사업의 수익구조 등에 관하여 투자자들을 기망하여 합계 45,312,050,000원을 편취하였다는 사실 및 법령에 의한 인·허가를 받거나 등록·신고를 하지 않은 채 장래에 투자금의 전액 또는 이를 초과하는 금액을 지급할 것을 약정하고 불특정 다수인으로부터 투자금을 조달하는 유사수신행위를 하였다는 사실로 기소되어 2003. 9. 4. 유죄판결(서울중앙지방법원 2003고단3088 사건)을 선고받았다.

(2) 한편 피고는 이와 관련하여 소외 회사의 임원진과 순차적으로 또는 암묵적으로 공모하여 위와 같은 유사수신행위를 하였다는 사실로 2003. 4. 21. 기소되어 유죄판결을 선고받았다.

2. 판 단

가. 이행불능에 의한 손해배상청구에 관한 판단

원고는, 피고가 원고에게 약속한 부실채권 및 리츠회사 주식 구입의무가 이행불능에 빠졌으므로 그 전보배상으로 원고에게 위 4억 558만 원 중에서 원고가 이미 지급받은 2,000만 원을 뺀 나머지 385,580,000원을 지급하여야 한다고 주장한다.

살피건대, 위 인정과 같이 부실채권 매입약정, 상각채권 구입을 위한 투자약정, 리츠회사 주식 구입약정은 원고와 피고 사이에 체결된 것이 아니라 모두 원고와 소외 회사 사이에 체결된 것이어서 그 약정에 따른 의무를 부담하고 이행불능으로 인한 책임을 질 자는 소외 회사라고 할 것이므로, 원고의 위 주장은 나아가 살필 필요 없이 이유 없다.

나. 약정금 반환청구에 관한 판단

원고는, 피고가 원고에게 투자를 권유하면서 투자금 전액 및 이를 초과하는 금원을 지급하겠다고 약정하였으므로 원고에게 위 미회수 투자금을 반환하여야 한다고 주장하나, 피고가 원고에게 위 주장과 같은 약정을 하였다는 점을 인정할 증거가 없으므로, 원고의 위 주장 역시 더 살필 필요 없이 이유 없다.

다. 불법행위로 인한 손해배상청구에 관한 판단

(1) 위에서 인정한 사실에 비추어 보면 소외 1과 소외 3 등 소외 회사의 경영진은 상호 공모하여, 소외 회사가 추진하는 부실채권 매매 등 사업이 소외 회사의 역량 미비와 별도의 수익사업의 부존재, 사업방식 자체가 갖는 한계 등으로 인하여 수익의 발생 여부가 극히 불안정·불확실하여 투자자들에게 약속한 고율의 이자는 커녕 투자원금조차 상환하기 어렵고 위 사업의 위법적 성격과 회사의 자금사정 악화로 인해 리츠회사가 설립되더라도 그 회사 발행주식의 인수가 불확실한 사정 등을 숨긴 채 위와 같은 부실채권 매매 등 사업이 획기적인 수익구조를 갖고 있어 그로부터 얻는 막대한 이익으로 투자자들에게 통상의 범위를 뛰어넘는 고율의 이자 등을 지급하거나 주식을 배정할 수 있는 것처럼 투자자들을 기망하여 채권 매입대금 등 명목의 자금을 끌어들이는 유사수신행위를 통해 거액의 금원을 편취하였고, 소외 회사의 영업부장이던 피고로서는 비록 위와 같은 경영진의 투자금 편취행위에 직접 가담하거나 이에 관하여 구체적인 공모를 하지는 않았다고 하더라도 투자자 중 한 사람인 원고가 소외 회사에 부실채권 매입 등을 위해 자금을 투자하더라도 위와 같은 사업상의 문제점들로 말미암아 투자약정의 궁극적 실현이 어렵다는 사정을 미필적으로나마 인식하면서도 원고에게 소외 회사 경영진으로부터 교육받은 내용을 그대로 들려주며 투자를 권유하고 소외 회사의 투자설명회에 참석하도록 적극 유도함으로써 소외 회사 경영진으로 하여금 원고가 투자한 금원을 불법적으로 수신하여 편취할 수 있도록 방조하였다고 봄이 상당하므로(피고가 투자매개자로서의 주의의무에 위반하여 위와 같은 투자에 따른 문제점을 간과한 채 원고에게 투자를 적극 권유한 과실로 투자의 위험성을 올바르게 인식하지 못한 원고로 하여금 투자금 상당의 손해를 입게 하였다고 하더라도 그와 같은 투자유치행위가 소외 회사 경영진의 유사수신행위를 통한 투자금 편취행위와 객관적으로 관련공동성이 있는 방조행위로서 공동불법행위를 구성하는 데 장애가 없다고 할 것이다), 피고는 소외 1 등 소외 회사 경영진과 공동불법행위자로서 그들과 연대하여 원고에게 위 투자로 인하여 원고가 입은 손해를 배상할 책임이 있다 할 것이다.

(2) 이에 대하여 피고는, 소외 회사의 영업중단 후 원고가 (상호 생략)기업구조조정전문 주식회사로부터 합계 19,492,350원을 투자금 반환 명목으로 지급받았으므로 이를 손해배상액에서 공제하여야 한다고 주장하므로 살피건대, 을 제27호증의 기재에 변론 전체의 취지를 보태어 보면 소외 회사의 계열사인 위 회사가 원고에게 투자금에 대한 이자 명목으로 2001. 12. 19. 6,497,000원, 2002. 1. 26. 4,497,500원, 2002. 2. 26. 6,497,850원을 각 지급한 사실을 인정할 수는 있으나, 다른 한편으로 위 금원은 원고가 투자금 중에서 이미 회수한 금액으로 공제를 자인한 2,000만원 중에 포함된 것으로 보이므로, 위 금원의 추가 공제를 주장하는 피고의 위 주장은 받아들일 수 없다.

(3) 다시 피고는, 원고로서도 부실채권 매입 등을 위한 투자가 갖는 위험성을 간과하고 고액의 배당을 장담하는 소외 회사 경영진과 피고의 말만 믿고 만연히 투자에 임한 잘못이 있고, 이러한 원고의 과실도 이 사건 손해의 발생이나 확대에 기여하였다고 할 것이므로 피고가 배상하여야 할 손해액을 정함에 있어 이를 참작하여야 한다는 취지로 주장한다.

살피건대, 피해자의 부주의를 이용하여 고의로 불법행위를 저지른 자가 바로 그 피해자의 부주의를 이유로 자신의 책임을 감하여 달라고 주장하는 것은 허용될 수 없고(대법원 1987. 7. 21. 선고 87다카637 판결, 1995. 11. 14. 선고 95다30352 판결, 2000. 9. 29. 선고 2000다13900 판결 등 참조), 공동불법행위 책임은 가해자 각 개인의 행위에 대하여 개별적으로 그로 인한 손해를 구하는 것이 아니라 그 가해자들이 공동으로 가한 불법행위에 대하여 그 책임을 추궁하는 것이므로, 공동불법행위로 인한 손해배상책임의 범위는 피해자에 대한 관계에서 가해자들 전원의 행위를 전체적으로 함께 평가하여 정하여야 하고, 그 손해배상액에 대하여는 가해자 각자가 그 금액의 전부에 대한 책임을 부담하는 것이며, 가해자 1인이 다른 가해자에 비하여 불법행위에 가공한 정도가 경미하다고 하더라도 피해자에 대한 관계에서 그 가해자의 책임 범위를 위와 같이 정하여진 손해배상액의 일부로 제한하여 인정할 수는 없다 할 것이다(대법원 1998. 10. 20. 선고 98다31691 판결, 2000. 9. 29. 선고 2000다13900 판결 참조).

이 사건에 관하여 보건대, 원고에게 소외 회사가 추진하는 부실채권 매입 등 사업의 불투명한 수익구조와 이에 따른 투자의 위험성을 제대로 살피지 않고 투자에 임한 과실이 있다고 하더라도, 고의의 불법행위자들인 소외 1 등 소외 회사 경영진은 물론 그와 공동불법행위 책임이 있는 피고 역시, 위 소외 1 등이 원고와 같은 투자자들의 과실을 틈타 고의로 유사수신행위를 통해 투자금을 편취한 이상 피해자인 원고에게 그와 같은 과실이 있다는 사정을 들어 과실상계의 주장을 하는 것은 허용되지 아니할 뿐 아니라, 피고가 소외 1 등 다른 공동불법행위자들에 비하여 불법행위에 가공한 정도가 경미하다고 하더라도 피해자인 원고에 대한 관계에서 피고의 책임범위를 그 일부로 제한하여 인정할 수는 없다 할 것이다. 따라서 피고의 위 주장도 받아들일 수 없다.

3. 결 론

그렇다면 피고는 원고에게 손해배상으로 위 미회수 투자금 385,580,000원 및 이에 대하여 원고가 구하는 바에 따라 이 사건 소장 송달 다음날인 2003. 7. 8.부터, 그 중 제1심 인용금액인 192,790,000원에 대하여는 제1심 판결 선고일인 2004. 7. 30.까지, 당심 추가 인용금액인 192,790,000원에 대하여는 당심 판결 선고일인 2005. 5. 25.까지 피고가 그 이행의무의 존부 및 범위에 관하여 항쟁함이 상당하다고 인정되므로 각 민법 소정의 연 5%의, 그 각 다음날부터 다 갚는 날까지 소송촉진등에관한특례법 소정의 연 20%의 각 비율에 의한 지연손해금을 지급할 의무가 있다 할 것이므로, 원고의 청구는 위 인정범위 내에서 이유 있어 이를 인용하고, 나머지 청구는 이유 없어 이를 기각할 것인바, 제1심 판결은 이와 결론을 달리하여 부당하므로 그 중 위 추가 인용금액에 해당하는 원고 패소부분을 취소하여 피고에게 위 금원의 지급을 명하고, 원고의 나머지 항소 및 피고의 항소는 이유 없어 이를 각 기각하기로 하여 주문과 같이 판결한다.

(3-2) 대법원 2007. 6. 14. 선고 2005다32999 판결 [공2007.7.15.(278), 1045]

【원고, 피상고인】 원고

【피고, 상고인】 피고

【원심판결】 서울고등법원 2005. 5. 25. 선고 2004나62339 판결

【주 문】

원심판결을 파기하고, 이 사건을 서울고등법원으로 환송한다.

【이 유】

상고이유를 본다.

1. 고의의 방조행위의 성립 여부에 대하여

원심은 원심 판시 사실관계에 비추어 보면 (상호 생략)자산관리 주식회사(이하 '소외 회사'라고 한다)의 영업부장이던 피고로서는 비록 위와 같은 경영진의 투자금 편취행위에 직접 가담하거나 이에 관하여 구체적으로 공모를 하지는 않았다고 하더라도 투자자 중 한 사람인 원고가 소외 회사에 부실채권 매입 등을 위해 자금을 투자하더라도 위와 같은 사업상의 문제점들로 말미암아 투자약정의 궁극적 실현이 어렵다는 사정을 미필적으로나마 인식하면서도 원고에게 소외 회사 경영진으로부터 교육받은 내용을 그대로 들려주며 투자를 권유하고 소외 회사의 투자설명회에 참가하도록 적극 유도함으로써 소외 회사 경영진으로 하여금 원고가 투자한 금원을 불법적으로 수신하여 편취할 수 있도록 방조하였다고 봄이 상당하다고 판단하였다.

그러나 이러한 원심의 판단은 수긍할 수 없다.

기록에 의하면, 피고는 2001. 1.경 최초 투자를 시작하여 같은 해 4.경부터 소외 회사의 영업부장직에 있으면서 원고가 투자를 종료한 같은 해 8. 28.경 이후인 같은 해 9.경 회사가 폐업할 때까지도 투자를 계속한 사실, 또한 피고는 원고가 기존 투자금을 (상호 생략)리츠라는 부동산투자신탁회사 주식대금으로 전환하면서 2001. 8. 6. 위 리츠회사 주식 26,700주를 대금 293,700,000원에 인수하는 계약을 체결한 이후인 같은 달 11.에도 피고 본인이 직접 위 리츠회사 주식을 인수한 사실, 그 과정에서 피고는 총 9억 원 이상을 투자하여 현재까지도 6억 원 이상의 손해를 입고 소외 회사를 상대로 소송을 진행한 사실이 인정되는데, 이러한 사정에 비추어 보면 원심이 그 판시의 사실관계만으로 피고가 소외 회사의 사업상의 문제점들로 말미암아 투자약정의 궁극적 실현이 어렵다는 사정을 미필적으로나마 인식하였다고 추단한 것은 경험칙에 반한다고 판단된다.

그렇다면 원심의 이 부분 판시는 채증법칙을 위배한 위법이 있다고 할 것이나, 원심이 과실에 의한 방조를 원인으로 한 공동불법행위책임을 인정하였고, 아래와 같이 이 점에 대한 상고이유를 받아들이지 아니하는 이상 이러한 원심의 위법은 불법행위책임의 존부에 관한 원심 판단의 결론에는 영향이 없다.

2. 과실의 방조행위의 성립 여부 등에 대하여

민법 제760조 제3항은 교사자나 방조자는 공동행위자로 본다고 규정하여 교사자나 방조자에게 공동불법행위자로서 책임을 부담시키고 있는바, 방조라 함은 불법행위를 용이하게 하는 직접, 간접의 모든 행위를 가리키는 것으로서 작위에 의한 경우뿐만 아니라 작위의무 있는 자가 그것을 방지하여야 할 여러 조치를 취하지 아니하는 부작위로 인하여 불법행위자의 실행행위를 용이하게 하는 경우도 포함하는 것이고, 이러한 불법행위의 방조는 형법과 달리 손해의 전보를 목적으로 하여 과실을 원칙적으로 고의와 동일시하는 민법의 해석으로서는 과실에 의한 방조도 가능하다고 할 것이며, 이 경우의 과실의 내용은 불법행위에 도움을 주지 않아야 할 주의의무가 있음을 전제로 하여 이 의무에 위반하는 것을 말하고, 방조자에게 공동불법행위자로서의 책임을 지우기 위해서는 방조행위와 피방조자의 불법행위 사이에 상당인과관계가 있어야 한다(대법원 1998. 12. 23. 선고 98다31264 판결 참조).

원심은 그 채용 증거들을 종합하여 그 판시와 같은 사실을 인정한 후, 피고가 투자매개자로서의 주의의무를 위반하여 위와 같은 투자에 따른 문제점을 간과한 채 원고에게 투자를 적극 권유한 과실로 투자의 위험성을 올바르게 인식하지 못한 원고로 하여금 투자금 상당의 손해를 입게 하였다고 하더라도 그와 같은 투자유치행위가 소외 회사 경영진의 유사수신행위를 통한 투자금 편취행위와 객관적으로 관련공동성이 있는 방조행위로서 공동불법행위를 구성하는데 장애가 없다고 할 것이라고 판단하였다.

앞서 본 법리와 기록에 비추어 살펴보면, 원심의 위와 같은 판단은 정당한 것으로 수긍할 수 있고, 거기에 상고이유로 주장하는 바와 같은 공동불법행위에 관한 법리오해 등의 위법이 없다.

한편, 원심이 그 판결에서 채용하고 있는 증거들을 종합하여 피고가 소외 회사 경영진의 유사수신행위를 통한 투자금 편취행위를 방조하였다고 판단한 다음 원고의 투자금 중 조흥은행 상각채권 매입자금으로 위 리츠회사의 주식을 교부받은 2억 4,060만 원과 투자금 전환에 따라 추가로 투자한 금액을 손해배상의 범위에 포함시킨 조치는 수긍이 가고 거기에 손해배상의 범위에 관한 채증법칙 위배 등의 위법이 없다.

3. 과실상계에 대하여

가. 원심판결 이유에 의하면 원심은, 이 사건 피해자인 원고에게 소외 회사가 추진하는 부실채권 매입 등 사업의 불투명한 수익구조와 이에 따른 투자의 위험성을 제대로 살피지 않고 투자에 임한 과실이 있다고 하더라도, 고의의 불법행위자들인 소외인등 소외 회사 경영진은 물론 그와 공동불법행위책임이 있는 피고 역시, 소외인등이 원고와 같은 투자자들의 과실을 틈타 고의로 유사수신행위를 통해 투자금을 편취한 이상 피해자인 원고에게 그와 같은 과실이 있다는 사정을 들어 과실상계의 주장을 하는 것은 허용되지 아니할 뿐 아니라 피고가 소외인등 다른 공동불법행위자들에 비하여 불법행위에 가공한 정도가 경미하다고 하더라도 피해자인 원고에 대한 관계에서 피고의 책임 범위를 그 일부로 제한하여 인정할 수는 없다는 이유로 과실상계에 관한 피고의 주장을 배척하고 있다.

나. 우선, 피고가 고의에 의한 방조행위를 하였다고 인정한 원심의 판결은 잘못된 것이고, 피고에 대하여는 과실에 의한 방조행위자로서의 불법행위책임을 물을 수 있을 뿐임은 앞서 설시한 바와 같다.

다. 공동불법행위로 인한 손해배상책임의 범위는 피해자에 대한 관계에서 가해자들 전원의 행위를 전체적으로 함께 평가하여 정하여야 하고, 그 손해배상액에 대하여는 가해자 각자가 그 금액의 전부에 대한 책임을 부담하는 것이며, 가해자의 1인이 다른 가해자에 비하여 불법행위에 가공한 정도가 경미하다고 하더라도 피해자에 대한 관계에서 그 가해자의 책임 범위를 위와 같이 정하여진 손해배상액의 일부로 제한하여 인정할 수는 없는 것이고(대법원 1998. 10. 20. 선고 98다31691 판결, 2001. 9. 7. 선고 99다70365 판결 등 참조), 한편 공동불법행위의 경우 법원이 피해자의 과실을 들어 과실상계를 함에 있어서는 피해자의 공동불법행위자 각인에 대한 과실비율이 서로 다르더라도 피해자의 과실을 공동불법행위자 각인에 대한 과실로 개별적으로 평가할 것이 아니고 그들 전원에 대한 과실로 전체적으로 평가하여야 할 것이며(대법원 1998. 11. 10. 선고 98다20059 판결, 2000. 4. 11. 선고 99다34055 판결 등 참조), 이 경우 피해자의 부주의를 이용하여 고의로 불법행위를 저지른 자가 바로 그 피해자의 부주의를 이유로 자신의 책임을 감하여 달라고 주장하는 것은 허용될 수 없는 것이나(대법원 1987. 7. 21. 선고 87다카637 판결, 1995. 11. 14. 선고 95다30352 판결 등 참조), 이는 그러한 사유가 있는 자에게 과실상계의 주장을 허용하는 것이 신의칙에 반하기 때문이므로, 불법행위자 중의 일부에게 그러한 사유가 있다고 하여 그러한 사유가 없는 다른 불법행위자까지도 과실상계의 주장을 할 수 없다고 해석할 것은 아니다.

라. 그렇다면 피고가 과실로써 방조행위를 하여 공동불법행위책임을 부담하게 된 이 사건에서 다른 공동불법행위자인 소외인등이 원고의 부주의를 이용하여 고의로 불법행위를 저질렀다는 사유만으로 피고의 과실상계 주장이 허용되지 않는 것으로 볼 수는 없음에도 불구하고, 위 설시와 같은 이유로 피고의 과실상계 항변을 배척한 원심판결에는 공동불법행위에 있어서의 과실상계에 관한 법리를 오해하여 판결 결과에 영향을 미친 위법이 있고, 이를 지적하는 상고이유의 주장은 이유 있다.

4. 결 론

그러므로 원심판결을 파기하고, 이 사건을 다시 심리・판단하게 하기 위하여 원심법원으로 환송하기로 하여 관여 대법관의 일치된 의견으로 주문과 같이 판결한다.

(4) 대법원 2002. 9. 24. 선고 2000다69712 판결 [공2002.11.15.(166), 2482]

【원고, 피상고인】	전국버스운송사업조합연합회
【피고, 상고인】	ㅇㅇ화재해상보험 주식회사
【원심판결】	창원지방법원 2000. 11. 2. 선고 2000나1178, 2000카기1915 판결

【주 문】

원심판결을 파기하고, 사건을 창원지방법원 본원 합의부에 환송한다.

【이유】

상고이유를 본다.

1. 사실오인에 대하여

원심은, 그 채용 증거에 의하여 서○철이 1995. 2. 6. 19:30경 정○숙 소유인 경남 5거9469호 그레이스 승합차(이하 '이 사건 1차량'이라고 한다)를 운전하여 마산시 회원구 구암동 소재 남해고속도로 하행선 382.9km 지점을 함안 방면에서 마산 방면으로 2차로를 따라 시속 약 80km로 운행하였고, 같은 도로의 1차로상에는 백○종 운전의 경남 2초2700호 승용차, 이○일 운전의 부산 6라8979호 베스타승합차, 허○춘 운전의 천일여객 주식회사 소유인 경남 5아1157호 버스(이하 '이 사건 2차량'이라고 한다), 유○재 운전의 경남 7자6296호 중형화물차가 순차로 줄을 지어 같은 속도로 운행중에 있었던 사실, 이러한 상황하에서 위 서○철은 2차로에서 앞서 가던 번호불상의 트럭을 추돌한 후 1차로로 급히 차로를 변경하면서 위 경남 2초2700호 차량의 앞범퍼부분을 위 1차량 뒷부분으로 충격하였고, 이로 인하여 위 경남 2초2700호 차량이 정차하는 바람에 후방에서 같은 방향으로 진행중이던 위 이○일 운전의 부산 6라8979호 차량이 위 경남 2초2700호 차량과 충돌하고, 계속하여 이 사건 2차량이 선행하던 위 부산 6라8979호 차량을 미처 피하지 못하고 그 좌측 앞범퍼부분으로 위 선행차량의 뒷부분을 충돌한 다음 연쇄적으로 위 경남 7자6296호 차량이 위 부산 6라8979호 차량과 충돌하는 교통사고를 일으킨 사실, 위 사고로 인하여 위 부산 6라8979호 차량의 운전사인 이○일과 위 차량에 탑승한 박○곤, 유○연, 유○연, 송○복 그리고 이 사건 2차량에 타고 있던 김○기가 각 상해를 입은 사실을 인정하였다.

관련 증거를 기록에 비추어 살펴보면, 원심의 위와 같은 인정은 정당한 것으로 수긍할 수 있고, 거기에 채증법칙 위배로 인한 사실오인이나 심리미진 등의 위법이 있다고 할 수 없다. 이 부분 상고이유는 받아들일 수 없다.

2. 구상권 행사의 범위에 대하여

가. 원심의 판단

원심은, 위 제1항과 같은 사실인정을 기초로 하여, 이 사건 1차량의 운전자인 서○철로서는 당시 2차로상을 운행하면서 전방에 진행중인 트럭과 안전거리를 유지하여야 하고, 또한 충격 이후 차로 변경시에는 1차로로 진행하는 차량의 동태를 잘 살핀 후 충분한 안전거리를 확보한 후 안전하게 차로를 변경하여야 할 주의의무가 있음에도 불구하고 이를 게을리 한 과실이 있고, 이 사건 2차량의 운전자인 위 허○춘으로서도 앞차와의 안전거리를 확보하고 운행하여야 할 주의의무가 있음에도 이를 게을리한 과실이 있으므로, 이 사건 교통사고는 위 서○철, 허○춘의 위와 같은 과실이 경합하여 발생한 것이라 할 것이고, 그 과실의 정도에 비추어 위 서○철과 허○춘의 과실비율은 6 : 4 정도로 봄이 상당하다 할 것이므로 이 사건 2차량에 대한 공제사업자인 원고가 이 사건 1차량의 보험자인 피고에게 구상할 수 있는 범위는 원고가 그 판시와 같이 피해자들에게 손해배상금을 지급함으로써 공동면책된 금액 중 피고의 분담비율에 해당하는 10분의 6 상당액과 이에 대한 공동면책일 이후의 법정이자 등이라고 판단하였다.

나. 대법원의 판단

구상권 행사의 범위에 관한 원심의 위와 같은 판단은 수긍할 수 없다.

공동불법행위자는 채권자에 대한 관계에서는 연대책임(부진정연대채무)을 지되, 공동불법행위자들 내부관계에서는 일정한 부담 부분이 있고, 이 부담 부분은 공동불법행위자의 과실의 정도에 따라 정하여지는 것으로서 공동불법행위자 중 1인이 자기의 부담 부분 이상을 변제하여 공동의 면책을 얻게 하였을 때에는 다른 공동불법행위자에게 그 부담 부분의 비율에 따라 구상권을 행사할 수 있다고 할 것이고(대법원 1999. 2. 26. 선고 98다52469 판결, 2000. 8. 22. 선고 2000다29028 판결, 2001. 1. 19. 선고 2000다33607 판결 등 참조), 위와 같은 구상권 행사를 위하여는 전체 공동불법행위자 가운데 구상의 상대방이 부담하는 부분의 비율을 정하여야 하므로 단순히 구상의 당사자 사이의 상대적 부담 비율만을 정하여서는 아니 되며, 또한 피해자가 여럿이고 피해자별로 공동불법행위자 또는 공동불법행위자들 내부관계에 있어서의 일정한 부담 부분이 다른 경우에는 피해자별로 구상관계를 달리 정하여야 할 것이다.

그렇다면 원심으로서는, 이 사건 각 사고유형에 따라 피해자(특별한 사정이 없는 한 ① 피해자 이○일, ② 위 이○일 차량의 동승자인 피해자 박○곤, 송○복, 유○연, 유○연, ③ 이 사건 2차량의 승객인 피해자 김○기 등으로 나눌 수 있을 것이다.)별로 각 교통사고에 관하여 자동차손해배상보장법 또는 민법상의 불법행위로 인하여 손해배상책임을 지는 자(하나의 가해차량에 관하여 손해배상책임을 지는 자가 여럿인 경우에는 원칙적으로 이를 하나의 단위로 보아야 할 것이다.)를 정하고, 각 피해자별로 손해배상책임을 지는 자 중 구상의 상대방이 부담하는 부분의 비율을 정한 다음, 각 피해자별 공동면책금액 중 구상의 상대방이 부담하는 부담비율에 따른 구상액을 계산한 후 이를 합하여 전체 구상의 범위를 확정하여야 함에도 불구하고, 이 사건 구상의 당사자 사이의 상대적인 부담비율만을 정하여 전체 피해자에 대한 공동면책금액 전부에 대하여 단일한 부담비율을 적용하여 구상의 범위를 확정하였으니, 원심에는 심리미진 또는 부진정연대채무자 사이의 구상권 행사의 범위에 관한 법리를 오해함으로써 판결에 영향을 미친 위법이 있다고 할 것이다. 따라서 이 점을 지적하는 취지의 상고이유의 주장은 이유 있다.

3. 그러므로 원심판결을 파기하고, 사건을 다시 심리 · 판단하게 하기 위하여 원심법원에 환송하기로 하여 관여 대법관의 일치된 의견으로 주문과 같이 판결한다.

부당이득(1)

부당이득(1)

1 타 제도와의 관계

대법원 2003. 11. 14. 선고 2001다61869 판결 [공2003.12.15.(192),2327]

【원고, 상고인】 주식회사 동○그로발

【피고, 피상고인】 한국전력공사

【원심판결】 서울지방법원 2001. 8. 24. 선고 2001나11955 판결

【주 문】

원심판결 중 원고 패소 부분을 파기하고, 이 부분 사건을 서울지방법원 본원 합의부에 환송한다.

【이 유】

상고이유를 판단한다.

원심은, 피고가 아무런 권원 없이 원고 소유 토지의 상공에 송전선을 설치하여 소유함으로써 판시 면적에 해당하는 부분을 사용·수익하였으니 그 구분지상권에 상응하는 임료 상당액을 반환할 의무가 있다고 인정한 다음 나아가 이에 대하여 점유일 이후 소장부본 송달일까지의 법정이자 및 그 이자에 대한 지연손해금을 구하는 청구에 대하여는 민법 제201조 제2항이 민법 제748조 제2항에 우선하여 적용되므로 악의의 점유자는 수취한 과실만을 반환하면 족하고 여기에 이자를 가산하여 지급할 필요가 없다는 이유로 이를 배척하였다. 그러나 위 이자 등 청구 부분을 배척한 원심의 조치는 수긍할 수 없다.

타인 소유물을 권원 없이 점유함으로써 얻은 사용이익을 반환하는 경우 민법은 선의 점유자를 보호하기 위하여 제201조 제1항을 두어 선의 점유자에게 과실수취권을 인정함에 대하여, 이러한 보호의 필요성이 없는 악의 점유자에 관하여는 민법 제201조 제2항을 두어 과실수취권이 인정되지 않는다는 취지를 규정하는 것으로 해석되는바, 따라서 악의 수익자가 반환하여야 할 범위는 민법 제748조 제2항에 따라 정하여지는 결과 그는 받은 이익에 이자를 붙여 반환하여야 한다.

즉, 악의 점유자는 과실을 반환하여야 한다고만 규정한 민법 제201조 제2항이, 민법 제748조 제2항에 의한 악의 수익자의 이자지급의무까지 배제하는 취지는 아니기 때문에, 악의 수익자의 부당이득금 반환범위에 있어서 민법 제201조 제2항이 민법 제748조 제2항의 특칙이라거나 우선적으로 적용되는 관계를 이루는 것은 아니다.

그리고 위 조문에서 규정하는 이자는 당해 침해행위가 없었더라면 원고가 위 임료로부터 통상 얻었을 법정이자상당액을 말하는 것이므로 악의 수익자는 위 이자의 이행지체로 인한 지연손해금도 지급하여야 할 것이다.

그럼에도 원심은 민법 제201조 제2항이 민법 제748조 제2항의 특칙이라는 이유로 임료상당의 부당이득에 대한 점유일 이후 소장부본 송달일까지의 법정이자 및 그 이자에 대한 지연손해금 청구 부분을 배척하고 말았으니 이러한 원심판결에는 부당이득 반환의무의 범위에 관한 법리오해로 인하여 판결 결과에 영향을 미친 위법이 있다. 이 점을 지적하는 상고이유의 주장은 정당하다.

그러므로 원심판결 중 원고 패소 부분을 파기하여, 이 부분사건을 다시 심리·판단하게 하기 위하여 원심법원으로 환송하기로 관여 대법관의 의견이 일치되어 주문과 같이 판결한다.

2 성립요건

(1) 대법원 1984. 5. 15. 선고 84다카108 판결 [집32(3)민,31;공1984.7.1.(731),1021]

【원고, 피상고인】 홍○욱

【피고, 상고인】 홍○표

【원심판결】 서울고등법원 1983. 11. 10. 선고 83나873 판결

【주 문】

원심판결중 부당이득반환청구에 관한 피고 패소부분을 파기하고, 이 부분 사건을 서울고등법원에 환송한다.
피고의 나머지 상고를 기각하고, 이 기각부분에 관한 상고비용은 피고의 부담으로 한다.

【이 유】

1. 피고 소송대리인의 상고이유 제1점을 본다.

원심판결 이유에 의하면, 원심은 원고와 피고 사이에 체결된 이 사건 임대차계약이 1982.2.25 합의해지된 사실은 당사자 사이에 다툼이 없고, 피고가 위 임차건물에서 다방경영을 하기 위하여 투입한 주방시설비, 내부수리비등 2,378,150원과 임대차보증금에서 연체차임 및 전기사용료 등으로 과다공제한 301,797원, 도합 2,679,947원의 반환과 위 임차건물의 명도를 동시이행키로 약정하였다는 피고 항변은 이를 인정할 증거가 없다하여 배척하고 있다.

기록에 의하여 살펴보면, 원고는 이 사건 임대차계약의 합의해지일자가 1982.2.25이라고 주장한데에 대하여 피고는 사실상 합의해지일자가 1982.2.7이라고 주장하고 있음이 분명하므로 1982.2.25에 합의해지된 것이 다툼이 없는 것처럼 판시하였음은 잘못이라고 하겠으나 이 점은 피고가 상고한 이 사건에 있어서 원심의 판결 결론에 아무런 영향이 없으므로 이 점을 다투는 논지는 이유없으며, 또 위 동시이행 항변을 배척함에 있어서 원심이 거친 증거취사과정을 살펴보면 정당하고, 거기에 소론과 같이 채증법칙을 위반하거나 심리를 다하지 아니 하여 증거판단을 그르친 잘못이 없으므로 이 점에 관한 논지는 이유없다.

2. 같은 상고이유 제2, 3점을 함께 본다.

원심판결 이유에 의하면, 원심은 이 사건 임대차계약이 합의해지된 뒤에도 피고가 임차목적물인 지하실을 계속 점유한 사실을 인정한 후 피고는 위 지하실을 점유함으로써 법률상 원인없이 차임 상당의 이익을 얻고 그로 인하여 원고에게 동액상당의 손해를 가하였다고 할 것이므로 위 해지익일인 1982.2.26부터 명도시까지 그 차임에 상당한 월 400,000원의 비율에 의한 부당이득금을 반환할 의무가 있다고 판단하여 그 지급을 명하고 있다.

그러나 법률상 원인없이 이득하였음을 이유로 한 부당이득반환에 있어서 이득이라 함은 실질적인 이익을 가리키는 것이므로 법률상 원인없이 건물을 점유하고 있다고 하여도 이를 사용수익하지 못하였다면 실질적인 이익을 얻었다고 볼 수 없는 것이다(당원 1979.3.13. 선고 78다2500,2501 판결;1981.11.10. 선고 81다378 판결 참조).

성립에 다툼이 없는 을 제1호증의 1,2와 같은 5호증의 기재에 의하면, 원고 자신이 1982.2.7 피고가 경영하는 위 지하실다방에 관한 휴업신고를 관할세무서장에게 제출하고 피고는 그해 2.8 이후 위 지하실에서의 다방영업을 중단하여 출입문에 시정을 한 채 사용수익을 하지 아니한 사실이 엿보임에도 불구하고, 원심이 위와 같은 증거관계에 관하여 아무런 판단도 함이 없이 피고가 위 지하실을 점유한 사실만으로 차임상당의 이익을 얻은 것이라고 인정하여 그 이득의 반환을 명하였음은 부당이득반환의 법리를 오해한 것이거나 아니면 증거판단을 유탈한 잘못을 저지른 것이라고 보지 않을 수 없고 이는 소송촉진등에 관한 특례법 제12조 제2항 소정의 파기사유에 해당하므로 이 점에 관한 논지는 이유있다.

3. 그러므로 원심판결중 부당이득반환청구에 관한 피고 패소부분을 파기하고, 이 부분 사건을 서울고등법원에 환송하기로 하며 피고의 나머지 상고를 기각하고, 이 기각부분에 관한 상고비용은 패소자의 부담으로 하여 관여 법관의 일치된 의견으로 주문과 같이 판결한다.

(2-1) 대구고등법원 1974. 6. 19. 선고 73나516 판결

【원 고】 오△동

【피 고】 주식회사 해◇대극◈호텔

【원심판결】 제1심 부산지방법원(72가합1435판결)

【주 문】

1. 원판결을 다음과 같이 변경한다.

(가) 피고는 원고에게 부산 ○○구 ○○동1123 대지 856평중 별지도면표식 , , , , , ″, ″, ″, ″, ′, ′, ′ ′, ′, ′ ′, ′ ′, , 각 점을 순차로 잇는 금안에 든 대지 689평 가운데 위 같은 도면표시 , , , , , ′, ′, ′, 의 각점을 순차로 잇는 금안에 든 대지 (가)부분 26평 8홉 및 그 인접대지에 걸쳐 건립된 목조단층 식당 1동중 위 지상부분 건평 26평 8홉, 위 같은 도면표시 O ″, ″, ″, ″, ″, ″의 각점을 잇는 금안에 든 대지 2평 8홉 및 그 인접대지에 걸쳐 건립된 브록크조 스라브지붕 단층 창고 1동중 위 지상부분 건평 2평 8홉과 역시 같은 도면표시 ′, ′, ′, ′, ′, ′ ′, ′, ′, ′, 위 각점을 순차로 잇는 금안에 든 대지 (라)부분 46평 및 그 인접 각 대지에 걸쳐 건립된 철근콩크리트조 스라브즙 평가건 관▣호텔 1동 건평 428평 6홉중 위 지상부분 목욕탕 건평 46평 과 같은 도면표시 ″ ″, ″, ″,의 각 점을 잇는 대지 5홉 및 그 인접지에 걸쳐 건립되어 있는 브로크조 스라브집 단층 창고 1동중 위 지상부분 건평 5평을 각 수거하여 위 대지689평을 명도하고, (나) 금 4,368,400원 및 1973.5.1.부터

위 대지의 명도완료에 이르기까지 매월 금 99,525원의 비율에 의한 금원을 지급하라.

2. 원고의 그 나머지 금원 지급청구 및 피고의 항소는 이를 각 기각한다.

3. 소송비용은 1,2심 모두 피고의 부담으로 한다.

4. 위 제1항(나)의 금원가운데 금 4,368,400원에서 금 2,963,960원을 초과하는 금액부분에 한하여 가집행할 수 있다.

【원고의 항소 및 청구취지】

원 판결중 원고 패소부분을 취소한다.

주문 제1항(가), 제3항 및 피고는 원고에게 금 6,853,827원 및 1973.5.1.부터 위 명도완료에 이르기까지 매월금 155,025원의 비율에 의한 금원을 지급하라 라는 판결과 가집행선고.

【피고의 항소취지】

원판결중 피고 패소부분을 취소한다. 원고의 청구를 기각한다.

소송비용은 1,2심 모두 원고의 부담으로 한다.

【이 유】

먼저 피고소송대리인은 본안전 항변으로 원고가 당초에는 부당이득의 반환만 구하다가 그후 건물의 수거와 대지의 명도를 추가하는 것은 부당한 소외 변경이라고 말하므로 보건대, 원고가 그와 같이 청구원인을 후에 추가적으로 변경한 것은 사실상 분명한 바이나 뒤에 보는 바와 같이 이 사건에서 원고가 주장하는 생활사실은 모두 같은 대지의 소유권을 중심으로 한 그 방해의 배제와 사용으로 인한 부당이득의 반환을 구하는 것으로서 위 변경전후의 각 청구는 단지 그 해결방법의 차이에 불과하여 서로 밀접한 관련이 있는 것이어서 그 기초에 변경이 있다 할 수 없고, 이 사건 소송의 경과로 보아 위 소의 변경이 소송절차를 현저히 지연되게 하거나 피고의 방어에 곤란을 야기케 하는 경우에도 해당되지 아니하므로 피고의 위 주장은 이유없다.

나아가 본안에 관하여 살핀다. 주문기재 대지 856평에 관하여 원고 앞으로 소유권이전등기가 되어있는 사실은 당사자사이에 다툼이 없는 바이므로 위 대지는 원고의 소유인 것으로 추정된다 할 것인데, 피고소송대리인은 위 토지가 원고에게 농지로서 분배된 양 하여 위와 같이 등기되었으나 그 토지는 당초부터 농지가 아니었고, 원고도 농가가 아니어서 분배되거나 원고가 상환한 사실조차 없었음에도 불구하고 농지분배당시 관계공무원이었던 소외 윤▽준이 분배관계문서를 위조하여 문서철에 삽입하는 등의 방법으로 농지분배를 가장함으로써 위와 같이 등기되게 한 것이므로 원고 앞으로의 위 등기는 원인없는 등기라고 말하나 이에 일부 부합하는 취지의 을6호증의 기재는 갑6호증의 1 내지 3의 각 기재에 비추어 쉽사리 믿을 수 없는 것이고, 당심증인 김○환의 증언은 이를 인정할 자료가 되기에 부족하고, 달리 이를 인정할만한 아무런 증거가 없으므로 피고의 위 주장은 받아들일 수 없고, 달리 위 추정을 뒤집을 자료가 없으므로 따라서 위 토지는 원고의 소유라 할 것이고, 성립에 다툼이 없는 갑2, 3호증의 각 기재와 당심 및 원심의 각 현장검증결과 및 원심감정인 문○환의 감정결과에 원심증인 유○평의 증언과 당사자변론의 전취지를 종합하면, 피고가 위 대지 및 그 인근지상에 걸쳐 건립된 극◈호텔에 소유권을 취득한 1967.12.13.이전부터 위 대지중 주문기재 689평부분(이하 편의상 이를 본건대지라 부른다)은 그 주위에 위 호텔을 둘러싼 철조망이 둘러쳐져 있었고, 그 지상에는 일부 위 호텔에 딸린 주문기재와 같은 각 건물, 부속종업원식당, 창고 등의 가건물이 건축되어 있었음으로써 그와 같은 각 건물들의 부지 및 주변토지로서, 그 나머지 부분을 위 호텔의 정원, 세탁장, 주차장 물◎적치장등으로 각 사용되고 있었음으로 인하여 피고가 위와 같이 위 호텔의 소유권을 취득할 때부터 지금까지 계속하여 주문기재와 같이 본건 토지를 점거 사용하고 있는 사실을 인정할 수 있고, 원심증인 이○주의 증언이나 을5호증의 1,2의 각 기재 등은 위 인정사실을 뒤집을 자료가 될 수 없는 것이고, 달리 이를 좌우할 만한 아무런 증거없다.

피고소송대리인은 그렇다고 하여도 피고는 당초부터 본건 대지부분을 원고의 승낙하에 점거 사용해 온 것이고, 또 그렇지 않다하여도 피고는 위 각 지상건물을 건립한 소외 극♡건설주식회사로부터 주식만 인수하고 상호만 변경하여 같은 호텔업을 경영하는 것인데 위 소외 회사가 당초 위 호텔을 건립할 때 본건대지의 소유자이던 소외 대한민국의 사용승낙을 얻었던 것인즉, 설사 원고가 소유권을 취득하였더라도 그 지상건물의 철거를 조건으로 한 것이 아닌 이상 수거청구는 부당하다는 뜻을 말하나 원고가 피고에게 본건 대지의 사용을 승낙하였다는 점에 관하여는 이를 인정할만한 아무런 증거가 없고, 소외회사와 피고가 다만 명칭만 바꾼 동일인이라거나 위 건립당시 본건대지의 소유자가 소외 대한민국이었다고 볼만한 아무런 흔적도 없거니와 설사 피고가 그전 대지소유자의 승낙을 얻어 건물을 건축하였다 하여도 특단의 사정이 없는 한 그 사용승낙을 원고가 인수하여야 할 이유도 없는 것이므로 피고의 위 각 주장은 모두 이유없다.

그렇다면 그밖에 달리 피고가 본건대지를 점거 사용할 정당한 권원이 있다고 볼만한 사유에 관한 주장과 입증이 없는 이 사건에서 피고의 위 점거는 불법임을 면할 수 없고, 따라서 피고는 원고에게 위 지상건물들을 수거하여 본건대지를 명도하여야 할 것이고, 또 특단의 사정이 없는 이상 원고가 주장하는 바와 같이 피고가 그와 같이 아무런 권원없이 원고소유인 본건대지를 점거하여 사용함으로써 그 사용기간 동안 법률상 원인없이 그 대지의 임료상당의 이익을 얻고 이로 인하여 원고에게는 그 금액상당의 손해를 입게 한 셈이 된다 할 것인즉 피고는 이를 원고에게 반환할 의무가 있다 할 것이다.

그런데 피고소송대리인은 그렇다고 하여도 원고가 본건 토지를 두고 소외 대한민국과 농지부정분배여부로 소송 중에 있을 때 피고에게 그 소송에 상대방을 위하여 보조참가하지 않을 것을 부탁하면서 그 소송의 원고승소 확정시까지는 이에 대한 사용료를 받지 않기로 약속하였고 그 소송은 1971.12.28. 비로소 확정되었으니 그 이전의 손실금청구는 부당하고, 그렇지 않다 하더라도 원고로서는 피고가 위 호텔을 인수할 때부터 피고의 본건 대지점거를 알고 있었으므로 위 불법점거로 인한 손해배상청구권은 이 사건 제소일로부터 기산하여 3년을 넘는 기간 해당부분은 시효에 의하여 소멸하였다고 말하나 을2-4호증의 각 기재만으로는 원, 피고간에 그와 같은 사용료청구의 포기 내지 면제약정이 있었던 것으로 볼 자료가 되지 못하고 달리 그러한 사실을 인정할만한 아무런 증거없고 원고가 주장하는 이 사건 청구원인이 부당이득의 반환청구임이 그 주장 자체에 의하여 명백하므로 그것이 불법행위로 인한 손해배상청구임을 전제로 하는 피고의 위 시효소멸항변 또한 더 나아가 따질 필요없이 이를 받아들일 수 없다.

그러므로 나아가 피고가 반환할 이득의 액수를 살피면, 원심감정인 박명규의 감정결과에 의하면, 본건 토지는 비교적 이용도가 높은 부분 389평과 그렇지 않은 부분 300평으로 되어 있고, 이를 연도별로 나누어 평가하고 그 금액을 합산하면 그 임료상당금액은 별표기재와 같은 사실을 인정할 수 있고, 이에 일부 반하는 원심감정인 김○상의 감정결과와 원심에서의 같은 사람의 증언은 이를 받아들이지 않는 바이고, 달리 이에 반하는 증거없으므로 이에 따르면 위 피고가 본건 토지를 점거 사용하기 시작한 1967.12.13.부터 원고가 구하는 1973.4.30.까지의 본건대지에 관한 임료상당금액의 합산액은 별표와 같이 합계 금 4,368,400원(100원미만은 버린다)이 되고, 1973.5.1. 이후 현재까지의 월임료는 금 99,525원 상당이 되는 것이 계산상 명백한 바인즉, 특별한 사정이 엿보이지 않는 이 사건에서 피고는 결국 위 각 금액 및 그 비율에 따른 임료상당금액을 원인없이 이득한 셈이 된다 하겠다.

이리하여 원고의 이 사건 청구는 피고에게 본건 대지상의 주문기재 각 건물과 건물부분의 수거 및 본건 대지의 명도와 위 금 4,368,400원 및 1973.5.1.부터 위 명도완료에 이르기까지 매월 금 99,525원의 지급을 구하는 범위 내에서 이유있다 할 것이어서 이를 인용하고, 이를 넘는 그 나머지 금원지급 청구부분은 이유 없으므로 기각할 것인바 원판결은 이와 부합하지 아니하므로 원고의 항소 (이는 부대항소로 본다)에 의하여 이를 주문과 같이 변경하기로 하고, 따라서 원판결에 대한 피고의 항소는 이유 없으므로 민사소송법 384조에 의하여 이를 기각하고, 소송비용의 부담에 관하여는 같은 법 96조,89조,92조를, 당심에서 증액된 금원지급부분에 대한 가집행선고에 관하여는 199조를 각 적용하여 주문과 같이 판결한다.

(2-2) 대법원 1975. 4. 22. 선고 74다1184 전원합의체 판결 [집23(1)민,228; 공1975.6.15.(514),8434

【원고, 피상고인】 오○동

【피고, 상고인】 주식회사 해○대극○호텔

【원판결】 대구고등법원 1974. 6. 19. 선고 73나516 판결

【주 문】

상고를 기각한다. 상고 소송비용은 피고의 부담으로 한다.

【이 유】

피고 소송대리인 변호사 임○성의 상고이유 제1점의 요지는,

원심은 피고가 원고소유의 본건 토지를 불법점거하였으므로 그 임대료 상당의 부당이득금을 원고에게 지급하라고 명함에 있어서 원심결심 당시까지의 이미 발생한 부분 뿐만 아니라 피고가 동 토지를 원고에게 명도 완료할 때까지 즉, 장래에 발생할 부당이득 상당금액까지를 지급하라는 판결을 하였다. 그러나 부당이득의 성질상 장래에 발생할 임대료 상당의 손해를 미리 청구할 수 없는 것인데도 불구하고 (또 이와 동 취지의 본원 1960.10.6. 선고 4298민상260 사건의 판례에 반하여)피고가 그 악의의 점거자라는 판시도 없이 이를 인정하였으니 원심은 부당이득의 법리를 오해한 위법을 범하였다는 데 귀착한다.

그러나 원래 장래의 이행을 청구하는 소는 미리 그 청구할 필요가 있는 경우에 한하여 제기할 수 있다고 우리 민사소송법 229조가 규정하고 있는데 그 입법 취지는 가령 현재(즉 사실심의 변론종결당시에)조건부 또는 기한부 권리관계 등이 존재하고 단지 그 이행기가 도래않고 있는데 불과한 때에 만일 그 채무의 이행기가 도래하였다 하여도 채무자가 그 채무를 자진하여 이행하지 않을 것이 명백히 예상되는 경우에도 채권자는 속수무책격으로 아무 대책도 강구 못하고 그 이행기가 도래하였을 때까지 기다렸다가 비로소 그 이행기가 도래한 부분에 한하여 현재의 급부의 소만을 제기하여야 한다면 채권자의 보호가 충분치 못하므로(특히 원금과 그 지급완료시까

지의 이식, 손해금의 지급청구 및 월부금의 지급 본건과 같은 부동산명도완료시까지의 임료 또는 손해금 등 계속적으로 발생하는 채무의 경우를 상기하여 보면) 그 이행기 도래전에 미리 장래에 이행할 채무의 이행기에 있어서의 이행을 청구하는 확정판결을 얻어서 두었다가 그 이행기가 도래하면 즉시 강제집행을 할 수 있게 하기 위하여 이행기에 즉시 이행을 기대할 수 없다고 인정할 때에는 언제나 소위 위 규정에 의한 장래의 이행의 소를 청구할 수 있는 방도를 법제적으로 규정하여 두자는 데 있다. 그러므로 이 규정은 이와 같은 의미의 필요성이 인정되는 한 모든 장래의 이행청구권에 널리 이용할 수 있도록 특별한 제한을 두고 있지 않은 것이다.

한편 본건에 있어서 피고가 현재 원심변론종결당시까지 본건 원고소유 토지를 불법으로 점거하면서 임대료 상당의 부당이득금의 지급의무가 없다는 이유로 그 지급을 않고 있는 사실을 원심이 적법히 인정하였다. 나아가서 원심은 피고는 원고에게 대하여 위 불법점거에 인하여 그 임대료 상당의 부당이득금을 지급할 의무가 있으며 또 피고는 현재 그 이행기에 있는 부당이득 부분도 원고에게 지급않고 있으므로 그 장래에 이행기가 올 부분도 그 이행기가 장래에 정작 왔다 하여도 그 지급을 기대할 수 없으므로 미리 청구할 필요가 있다는 전제하에 이 두 (2)부분을 모두 인용하였음을 엿볼 수 있다. 이와 같은 원심의 판단은 위에서 설시한 위 규정의 입법취지로 보나 경험칙상으로 보나 타당하다고 인정한다.

또 우리의 누차의 판례에 의하면 본건과 같은 경우에 피고의 불법행위에 의한 손해배상채무와 악의의 점유에 의한 부당이득을 원인으로 한 임료상당의 부당이득금을 지급할 채무는 서로 경합하여 발생한다고 판결하여 왔고 전자에 있어서는 그 명도시까지 임대료 상당의 손해를 지급하라고 판결하여 왔다 .

그런데 유독 부당이득 상당금의 지급채무에 있어서만 그 성질상 장래 발생할 채무의 지급을 명하여서는 안된다고 할 아무 합리적 이유도 없다고 할 것이다(민법 741조, 747조, 748조가 「얻은 이익」 「받은 목적물」은 「반환한다」 라고 규정한 점에 현혹되어서 위 민사소송법 229조의 입법취지를 몰각하는 반대해석을 하여서는 안 될 것이다)

그러므로 이 점에 있어서 전시 본원판결은 이를 유지할 아무 근거가 없으므로 이 판결로서 폐기하기로 한다.

그리고 원심은 당사자변론의 전취지에 의하여 피고가 시초부터 소위 악의의 점유자라는 점은 당사자간에 다툼없는 사실로 적법히 인정하고 이를 전제로 하여 판단하였음이 기록과 원판결에 의하여 명백하므로 이 점에 관한 소론도 이유없다.

상고이유 2점과 3점에 대하여 판단한다.

소론은 요컨대 원심이 인용한 증거와 기록에 의하면 적법히 한 증거조사의 정도의 결정과 그 조사한 증거의 취사선택에 의한 사실인정을 공격하는데 지나지 않어 모두 이유 없다고 인정한다.

그러므로 상고를 기각하기로 하여 관여 법관 전원일치의 의견으로 주문과 같이 판결한다.

(3-1) 서울고등법원 2003. 1. 8. 선고 2002나16455 판결

【원고, 피항소인겸 항소인】	대한석탄공사
【피고, 피항소인】	허△경
【피고, 항소인】	손▼선외 2인
【원심판결】	서울지방법원 남부지원 2002. 2. 8. 선고 2001가합6061 판결
【변론종결】	2002. 10. 23.

[주 문]

1. 원심판결 중 피고 손▼선, 공▽성, 이♡문에 대한 부분을 취소한다.
2. 원고의 위 피고들에 대한 주위적 청구와 예비적 청구를 모두 기각한다.
3. 원고의 피고 허△경에 대한 항소를 기각한다.
4. 원고와 피고 손▼선, 공▽성, 이♡문 간의 제1, 2심 소송비용 및 원고의 피고 허△경에 대한 항소비용은 모두 원고의 부담으로 한다.

[청구취지 및 항소취지]

1. 청구취지

원고에게, 피고 허△경은 금 56,200,000원, 피고 손▼선은 금 94,950,000원, 피고 공▽성은 금 83,200,000원, 피고 이♡문은 금 65,000,000원 및 위 각 금원에 대한 이 사건 소장부본 송달 다음날부터 완제일까지 연 25%의 비율에 의한 금원을 지급하라.

2. 항소취지

원고 : 원심판결 중 피고 허△경에 대한 원고 패소부분을 취소한다. 피고 허△경은 원고에게 금 56,200,000원 및 이에 대하여 2001. 6. 2.부터 완제일까지 연 25%의 비율에 의한 금원을 지급하라.

피고 손▼선, 공▽성, 이♡문 : 원심판결 중 피고 손▼선, 공▽성, 이♡문에 대한 부분을 취소하고, 원고의 위 피고들에 대한 청구를 기각한다.

[이 유]

1. 기초사실

이 법원이 이 부분에 관하여 설시할 판결이유는 원심판결 이유란의 제1항 기초사실 기재와 같으므로 민사소송법 제420조에 의하여 이를 그대로 인용한다.

2. 원고의 주위적 청구에 대한 판단

가. 원고의 주장

원고는, 피고들이 손▣희가 원고의 금원을 횡령하여 송금한다는 사정을 알았거나, 알 수 있었음에도 불구하고 이를 인출하여 사용하였으므로, 주위적으로는 부당이득의 반환으로서, 예비적으로는 공동불법행위에 의한 손해배상으로서, 원고에게 송금받은 금원에 상당하는 금원을 지급할 의무가 있다고 주장한다.

나. 주위적 주장에 대한 판단

일반적으로 부당이득제도는 어떤 사람의 재산적 이득이 법률상 원인 또는 정당한 사유가 없는 경우에 법률이 공평의 관념에 근거하여 이득자에게 그 이득의 반환의무를 부담시키는 것이다. 그 취지에 비추어 볼 때, A가 B의 금전을 횡령 또는 편취하여 그 금전으로 자신의 채권자 C에 대한 채무를 변제한 경우, C가 A로부터 위 금전을 취득함에 있어서 악의 또는 중대한 과실이 있는 경우에는 C의 위 금전의 취득은 편취 또는 횡령 피해자인 B에 대한 관계에 있어서 법률상 원인이 없는 것이 되고, 따라서 부당이득으로 된다고 봄이 상당하다.

그러므로 피고들이 손▣희로부터 송금받은 금전을 취득함에 있어 악의 또는 중과실이 있는지의 여부에 관하여 살펴본다. 앞서 인정한 사실에 의하면 피고 허△경은 손■희의 처이고, 피고 손▼선은 손■희의 누나이고, 피고 공▽성은 손■희와 ○○학교 동기동창으로서 차용증도 없이 수년간 수천만원을 빌려 줄 수 있는 절친한 사이이며, 피고 이♡문은 원고가 당좌거래를 개설하여 손■희를 회계관계직원으로 신고까지 한 원고의 주거래 금융기관인 농협 여◈도지점의 과장으로서 원고의 각종 자금의 출납을 담당하고 있던 손■희와는 평소 잘 알고 있던 자로서 차용증이나 계약서도 없이 손■희에게 수천만원의 주식투자금을 맡길 정도로 손■희와 가까이 지내면서 손■희가 원고의 출납담당과장으로서 각종 자금의 출납업무를 수행하고 있다는 것을 잘 알고 있었던 사실, 손■희는 주식투자의 실패 등으로 2000. 4.부터 시작하여 이미 7차례에 걸쳐 원고의 공금을 횡령하여 피고들에 대한 위 각 송금 전까지 횡령한 금액이 무려 7억원에 이르고 있었던 사실, 피고들에 대한 위 각 돈의 송금의뢰인이 손■희 개인 명의가 아닌 "대한석탄공사"로 되어 있고 송금받는 사람도 피고들이 아닌 상호명이 기재되어 있었는데도, 피고들이 이에 대하여 별다른 확인조치를 취하지 않은 사실 등을 알 수 있다.

그러나 한편 당심증인 손■희의 증언에 의하면, 손■희는 주식투자 실패로 인하여 경제적으로 곤란한 상황에 있었음에도 부족한 금원을 원고의 공금을 몰래 횡령하는 방법으로 보충하면서 위 송금 당시를 비롯하여 그 전후로 피고들에게 어려운 경제사정을 계속하여 숨겨온 사실을 인정할 수 있고, 또한 앞서 인정한 사실에 의하면 피고 허△경은 송금받은 돈을 남편 손■희에게 다시 송금하였고, 피고 손▼선, 송◎성, 이♡문도 송금받았던 돈의 전부 또는 일부를 주식에 투자해 달라며 다시 손■희에게 맡긴 사실 등을 알 수 있으므로, 이 점들에 비추어 보면 피고들이 손■희와 가까운 사이라는 것만으로는 손■희가 원고의 금원을 횡령한 사실을 알았거나 알 수 있었다는 사정을 인정하기에 부족하고, 송금의뢰인 및 송금받는 자의 명의가 손■희 및 피고들의 실명이 아니라는 것을 가볍게 생각하고 확인을 해보지 아니한 점만으로는 피고들이 금원을 취득한 것에 중대한 과실이 있다고 보기도 어렵다.

그 밖에 당원이 그대로 믿기 어려운 갑7호증의 1, 갑제8호증의 22(각 고소장) 외에는 피고들의 악의, 중과실을 입증할 자료가 없다. 따라서 원고의 부당이득 주장은 이유가 없다.

다. 예비적 주장에 대한 판단

다음으로 원고의 불법행위 주장에 대하여 보건대, 위에서 본 바에 의하면 피고들이 손■희의 횡령사실을 과실없이 알지 못하고 송금된 금원을 인출하여 사용한 것으로 보아야 할 것이므로, 피고들에게 고의/과실이 없는 이상 피고들의 금원취득행위가 불법행위가 되지 아니하고, 또한 위 사실관계 하에서는 피고들의 행위가 원고의 횡령행위와 공동불법행위의 관계에 있지도 아니하므로, 원고의 예비적 주장도 더 나아가 살필 필요 없이 이유 없다.

4. 결 론

그렇다면, 원고의 피고들에 대한 청구는 이유 없어 이를 모두 기각할 것인바, 원심판결 중 피고 허△경에 대한 부분은 이와 결론을 같이하여 정당하므로, 이에 대한 원고의 항소는 이유 없어 이를 기각하고, 원심판결 중 나머지 피고들에 대한 부분은 결론을 달리하여 부당하므로, 이를 취소하고 나머지 피고들에 대한 원고의 청구를 기각하기로 하여 주문과 같이 판결한다.

(3-2) 대법원 2003. 6. 13. 선고 2003다8862 판결 [공2003.7.15.(182), 1531]

【원고, 상고인】 대한석탄공사
【피고, 피상고인】 피고 1외 3인
【원심판결】 서울고등법원 2003. 1. 8. 선고 2002나16455 판결
【주 문】
상고를 기각한다. 상고비용은 원고가 부담한다.

【이 유】

1. 상고이유 제1점에 관하여

부당이득제도는 이득자의 재산상 이득이 법률상 원인을 결여하는 경우에 공평·정의의 이념에 근거하여 이득자에게 그 반환의무를 부담시키는 것인바, 채무자가 피해자로부터 횡령한 금전을 그대로 채권자에 대한 채무변제에 사용하는 경우 피해자의 손실과 채권자의 이득 사이에 인과관계가 있음이 명백하고, 한편 채무자가 횡령한 금전으로 자신의 채권자에 대한 채무를 변제하는 경우 채권자가 그 변제를 수령함에 있어 악의 또는 중대한 과실이 있는 경우에는 채권자의 금전 취득은 피해자에 대한 관계에 있어서 법률상 원인을 결여한 것으로 봄이 상당하나, 채권자가 그 변제를 수령함에 있어 단순히 과실이 있는 경우에는 그 변제는 유효하고 채권자의 금전 취득이 피해자에 대한 관계에 있어서 법률상 원인을 결여한 것이라고 할 수 없다.

같은 취지에서, 원심이, 채권자가 채무자로부터 변제를 수령함에 있어 과실만 있으면 채권자의 변제수령으로 인한 금전 취득이 피해자에 대한 관계에 있어서 법률상 원인을 결여한 것으로 보아야 한다는 원고의 주장을 받아들이지 아니한 것은 정당하고, 거기에 상고이유로 주장하는 부당이득의 성립요건에 관한 법리오해의 위법이 없다.

2. 상고이유 제2점에 관하여

가. 피고 1에 대하여

원심판결 이유(인용한 제1심판결 이유 포함)에 의하면, 소외 1은 판시와 같이 횡령한 돈 5,620만 원을 원고로부터 퇴직금 중간정산금으로 받은 것이라면서 그 보관을 부탁하며 처인 피고 1의 예금계좌로 송금하였으나, 피고 1이 송금 받은 그 날 남편인 소외 1에게 처분 용도를 문의하여 소외 1의 지시에 따라 2회에 걸쳐 5,600만 원은 소외 1의 예금계좌로 송금하고, 그 이후 나머지 20만 원은 소외 1에게 교부한 사실을 확정하였으면서도, 부당이득의 성립 여부를 판단함에 있어서는 소외 1이 채무변제조로 위 돈을 송금하였음을 전제로 피고 1이 이를 송금 받음에 있어 고의나 중과실이 있는지의 여부를 판단하고 있는바, 이러한 원심판결에는 이유모순의 위법이 있다고 할 것이다.

소외 1이 횡령한 돈 5,620만 원이 처인 피고 1의 예금계좌로 입금되었다고 하더라도, 그로 인하여 피고 1이 위 돈 상당을 이득하였다고 하기 위해서는 피고 1이 위 돈을 영득할 의사로 송금 받았다거나 소외 1로부터 이를 증여받는 등으로 위 돈에 관한 처분권을 취득하여 실질적인 이득자가 되었다고 볼 만한 사정이 인정되어야 할 것인데, 원심이 인정한 사실은, 피고 1이 남편인 소외 1로부터 퇴직금 중간정산금이라며 그 보관을 의뢰 받고

자신의 계좌로 위 돈을 송금 받았다가 송금 받은 그 날 소외 1에게 처분 용도를 물어 소외 1의 지시에 따라 송금된 돈의 대부분을 곧바로 소외 1에게 송금하고 나머지 돈도 그 무렵 소외 1에게 교부하여 주었다는 것인바, 이와 같은 송금 및 반환 경위에 비추어 볼 때 피고 1이 위 돈을 자신의 구좌로 송금받았다고 하여 실질적으로 이익의 귀속자가 되었다고 보기는 어려우므로, 이와 다른 전제에 선 원고의 피고 1에 대한 부당이득반환 주장은 나아가 살필 필요 없이 이유 없다.

결국, 피고 1의 경우 위 돈을 송금받음에 있어 고의·중과실이 있었는지의 여부는 이를 판단할 필요 없이 부당이득이 성립되지 아니하므로 원심의 결론은 정당하다고 할 것이다.

나. 나머지 피고들에 대하여

원심은, 피고 손○선은 소외 1의 누나, 피고 공○성은 고등학교 동기동창으로서 절친한 친구, 피고 이○문은 원고의 주거래 금융기관인 농협 여의도지점의 과장으로서 모두 원고에게 거액의 돈을 차용하여 준 자들로서 소외 1이 원고의 출납담당 과장으로서 각종 자금의 출납업무를 담당하고 있다는 사실을 잘 알고 있었던 사실, 소외 1은 주식투자의 실패 등으로 2000. 4.경부터 이미 7차례에 걸쳐 원고의 공금을 횡령하여 피고들에 대한 이 사건 송금 이전에 횡령한 금액이 7억 원에 이르고 있었던 사실, 피고들에 대한 각 돈의 송금의뢰인이 소외 1개인 명의가 아닌 대한석탄공사로 되어 있었고, 송금받는 사람도 피고들 명의가 아닌 상호명이 기재되어 있었는데도 피고들은 이에 대한 별다른 확인조치를 하지 아니한 사실은 인정할 수 있으나, 한편, 소외 1은 주식투자 실패로 인하여 경제적으로 곤란한 상황에 있었음에도 부족한 금원을 원고의 공금을 몰래 횡령하는 방법으로 보충하면서 송금 당시를 비롯하여 그 전후로 피고들에게 어려운 경제사정을 계속 숨겨왔고, 피고들은 소외 1로부터 송금받은 돈의 전부 또는 일부를 주식에 투자하여 달라며 다시 소외 1에게 맡긴 사실에 비추어 보면, 피고들이 소외 1과 가까운 사이라는 것만으로 소외 1이 원고의 금원을 횡령한 사실을 알았다고 단정하기에 부족하고, 송금의뢰인 및 송금받는 자의 명의가 소외 1및 피고들의 실명이 아니라는 점을 가볍게 생각하고 이를 확인하여 보지 아니하였다고 하여 피고들이 위 금원을 송금 받아 취득한 것에 중대한 과실이 있다고 보기 어렵다고 판단하였다.

기록에 비추어 살펴보면, 원심의 위와 같은 사실인정과 판단은 정당하고 거기에 상고이유로 주장하는 사실오인이나 중과실에 관한 법리오해의 위법이 없다.

3. 결 론

그러므로 상고를 기각하고 상고비용은 패소자가 부담하는 것으로 하여 관여 대법관의 일치된 의견으로 주문과 같이 판결한다.

(4-1) 대구지방법원 1997. 7. 2. 선고 96나12236 판결

【원고, 피항소인】 광△기계공업 주식회사
【피고, 항소인】 대◇리스금융 주식회사
【변론종결】 1997. 6. 4.
【원심판결】 대구지방법원 1996. 9. 2. 선고 96가단20274 판결
【주 문】

1. 원심판결을 취소한다.

2. 원고의 청구를 기각한다.
3. 소송비용은 제1, 2심 모두 원고의 부담으로 한다.

[청구취지]

피고는 원고에게 금 22,081,573원 및 이에 대한 이 사건 소장부본 송달일 다음날부터 완제일까지 연 2할 5푼의 비율에 의한 금원을 지급하라.

[항소취지]

주문과 같다.

[이 유]

1. 원고의 주장

원고는 소외 옥□섬유 주식회사(이하 옥□섬유라고 한다.)에게 원고가 생산한 자동진공셋팅기 1식(이하 이 사건 기계라고 한다.)을 판매하면서 매매대금이 모두 지급될 때까지 이 사건 기계의 소유권이 원고에게 유보되는 것으로 약정하였다가 옥□섬유가 매매대금을 지급하지 아니하여 옥□섬유를 상대로 이 사건 기계에 대한 매매계약을 해제하고 그 반환을 구하는 명도소송을 제기하여 승소확정판결을 받았는데, 옥□섬유의 공장 및 그 부지에 대하여 근저당권을 가지고 잇던 소외 주식회사 대구은행이 이 사건 기계를 포함한 옥□섬유의 공장 및 그 부지에 대하여 임의경매신청을 함에 따라 이 사건 기계가 경락되어 피고에게 이 사건 기계의 경락대금이 배당되었는바, 경락자가 이 사건 기계를 선의취득함에 따라 원고가 그 소유권을 상실함으로써 원고는 이 사건 기계 가액 상당의 손해를 입은 반면 피고는 근저당권의 효력이 미치지 않는 이 사건 기계의 경락대금을 배당받아 법률상 원인 없이 위 금액 상당의 이익을 취득하였다 할 것이므로, 피고는 원고에게 위 금액 상당을 부당이득금으로 반환하여야 할 의무가 있다고 주장한다.

2. 인정사실

그러므로 살피건대, 당사자 사이에 다툼이 없거나, 갑 제1 내지 4호증, 제5호증의 1 내지 8, 제6호증의 1, 2, 3, 을 제3호증의 각 기재와 원심증인 홍○수의 증언에 변론의 전취지를 종합하면 다음과 같은 사실을 인정할 수 있고, 달리 반증이 없다.

가. 기계 제작, 판매업에 종사하는 원고는 1994. 7. 8. 일○직물이라는 상호로 임직업에 종사하는 소외 남▽준과 사이에 원고가 생산하는 이 사건 기계에 관하여 대금을 금 39,000,000원으로 하는 매매계약을 체결하면서, 기계는 같은 해 8. 10.까지 납품하여 설치하고 계약당일 지급되는 계약금 10,000,000원을 제외한 나머지 잔금은 설치완료 후 시운전을 한 날로부터 7일 이내에 현금 또는 지급일이 30일 이내인 수표로 지급받되 매매대금이 모두 지급될 때까지는 기계의 소유권이 원고에게 유보되는 것으로 약정하였다.

나. 위 남▽준은 1994. 8. 1. 공장을 확장하면서 ○○시 ○○읍 ○○리 236의 3.에서 옥□섬유를 설립하고 그 대표이사로 취임한 뒤 원고에게 이 사건 기계를 옥□섬유에 설치하여 줄 것을 요청하였고, 이에 원고는 약정한 일자에 이 사건 기계를 옥□섬유에 설치하여 주었는데, 위 남▽준이 기계잔대금조로 지급한 약속어음은 그 지급기일에 지급거절되었고, 그 후에도 위 남▽준이 잔대금을 지급하지 아니하여, 원고는 1995. 11. 3. 위 남▽준에게

위와 같은 잔금미지급을 이유로 이 사건 기계에 관한 매매계약을 해제하는 통보를 하였다.

다. 한편, 옥□섬유는 위 주식회사 대구은행으로부터 옥□섬유 소유의 공장건물 및 그 대지인 ○○시 ○○읍 ○○리 236의 3. 대 5,923㎡(이하 이 사건 대지 및 건물이라고 한다.)에 근저당권을 설정하여 주고 금원을 대출받았다가 변제하지 못하여, 위 주식회사 대구은행은 1995. 5. 2. 이 사건 대지 및 건물에 대하여 부동산임의경매신청을 하였고, 이에 따라 개시된 경매절차에서 위 주식회사 대구은행에 이어 2순위로 옥□섬유에 대한 채권의 담보를 위하여 이 사건 대지 및 건물과 이 사건 기계를 포함한 기계, 기구 20점에 근저당권(채권최고액 3억 5천만원)을 가지고 있던 피고도 배당요구를 하였으며, 1995. 12. 26. 소외 박♡식에게 이 사건 대지 및 건물외에 위 각 근저당권의 공장저당법상 기계, 기구 목록에 등재되어 있던 기계, 기구 20점도 함께 경락되었는데, 이 사건 기계도 그중에 포함되어 있었다.

라. 그리하여 1996. 2. 23.자 배당표에 의하여 1순위 근저당권자인 위 주식회사 대구은행에게 이 사건 대지 및 건물의 경락대금인 금 627,598,951원, 2순위 근저당권자인 피고에게 기계, 기구의 경락대금 금 278,225,079원이 각 배당되었으며, 위 경락대금 중 이 사건 기계의 경락대금은 금 22,084,508원이다.{금 278,225,079원(기계, 기구의 경락대금에서 집행비용을 제외한 실제로 교부된 금액) × 금 33,462,000원(이사건 기계의 감정가) / 금 421,561,000원(기계, 기구의 감정가)}

3. 판 단

위 인정사실에 의하면, 위 박♡식이 이 사건 기계를 경락받을 당시 이 사건 기계의 소유권이 여전히 원고에게 유보되어 있음을 알지 못하였고 알지 못한 데 과실도 없어서 위 박♡식이 이 사건 기계를 선의취득함에 따라 원고는 그 소유권을 상실하여 그 가액 상당의 손해를 입었다고 하더라도, 원고가 이 사건 기계 가액 상당의 손해를 본 것은 이 사건 기계가 위 박♡식에게 경락됨으로써 그가 선의취득하였기 때문이고, 한편 피고가 이 사건 기계 경락대금 상당액을 교부받게 된 것은 위 주식회사 대구은행이 이 사건 대지 및 건물에 대한 임의경매신청을 하면서 이 사건 기계도 포함시킨 결과 이 사건 기계가 경락되자 피고는 이 사건 기계에 대한 근저당권자로서 그의 채권에 기하여 법원으로부터 경락대금을 배당받은 것에 불과하므로 피고가 이를 법률상 원인 없이 취득하였다고 단정할 수 없고, 따라서 원고의 손해와 피고의 이득 사이에는 부당이득이 성립하기 위한 인과관계가 없다고 할 것이어서, 원고로서는 옥□섬유를 상대로 부당이득 내지 손해배상으로서 이 사건 기계 가액 상당의 지급을 구함은 별론으로 하고, 피고에 대하여 부당이득으로서 이 사건 기계 경락대금 상당의 반환을 구할 수는 없다고 할 것이다.

4. 결 론

그렇다면, 원고의 이 사건 청구는 이유 없어 이를 기각할 것인바, 원심판결은 이와 결론을 달리하여 부당하므로 원심판결을 취소하여 원고의 청구를 기각하고, 소송비용의 부담에 관하여는 민사소송법 제96조, 제95조, 제89조를 적용하여 주문과 같이 판결한다.

(4-2) 대법원 1998. 3. 27. 선고 97다32680 판결

【원고, 상고인】 광△기계공업 주식회사

【피고, 피상고인】 대◇리스금융 주식회사

【원심판결】 대구지방법원 1997. 7. 2. 선고 96나12236 판결

【주 문】

원심판결을 파기한다. 사건을 대구지방법원 본원 합의부에 환송한다.

【이 유】

상고이유를 판단한다.

1. 원심판결 이유에 의하면, 원심은 그 판결에서 채용하고 있는 증거들을 종합하여, 원고가 1994. 7. 8. 소외 남ㅁ준에게 잔대금이 모두 지급될 때까지 그 소유권이 원고에게 유보하는 것으로 약정하고 매도한 자동진공셋팅기 1식(이하 '이 사건 기계'라고 한다)을 남ㅁ준이 경영하는 이 사건 대지 위에 있는 공장에 설치하여 주었는데, 그 후 잔대금을 지급하지 않아 그 매매계약을 해제하였음에도 불구하고, 주식회사 대구은행이 이 사건 기계가 설치되어 있는 이 사건 대지 및 공장건물과 함께 임의경매신청을 하여 소외 박▽식에게 경락되었으며, 그 후 이 사건 기계의 경락대금이 피고에게 배당된 사실을 인정한 다음, 박▽식은 이 사건 기계를 경락받을 당시 기계의 소유권이 여전히 원고에게 유보되어 있음을 알지 못하였고 이를 알지 못한 데 과실도 없어서 이 사건 기계를 선의취득 하였으며, 원고는 이로 인하여 그 소유권을 상실하고 그 가액 상당의 손해를 입었다고 하더라도 원고가 이 사건 기계 가액 상당의 손해를 본 것은 이 사건 기계가 박▽식에게 경락됨으로써 그가 선의취득하였기 때문이고, 피고가 이 사건 기계 경락대금 상당액을 교부받게 된 것은 주식회사 대구은행이 이 사건 대지 및 건물에 대한 임의경매신청을 하면서 이 사건 기계까지 포함시킨 나머지 그에 대한 경락이 이루어져 이 사건 기계에 대한 근저당권자로서 법원으로부터 경락대금을 배당받은 것에 불과하므로 피고가 이를 법률상 원인 없이 취득하였다고 단정할 수 없고, 따라서 원고의 손해와 피고의 이득 사이에는 인과관계가 없다고 할 것이므로 원고로서는 피고에 대하여 그가 배당받은 이 사건 기계의 경락대금 상당을 부당이득이라 하여 반환청구할 수 없다는 이유로 이 사건 기계에 관한 경락대금 상당의 부당이득의 반환을 구하는 원고의 이 사건 청구를 배척하고 있다.

2. 채무자 이외의 자의 소유에 속하는 동산을 경매한 경우에도 경매절차에서 그 동산을 경락받아 경락대금을 납부하고 이를 인도받은 경락인은 특별한 사정이 없는 한 그 소유권을 선의취득 한다고 할 것이지만, 그 동산의 매득금은 채무자의 것이 아니어서 채권자가 이를 배당받았다고 하더라도 그 채권은 소멸하지 않고 계속 존속한다고 할 것이므로, 배당을 받은 채권자는 이로 인하여 법률상 원인 없는 이득을 얻고 소유자는 경매에 의하여 그 소유권을 상실하는 손해를 입게 되었다고 할 것이니, 그 동산의 소유자는 배당을 받은 채권자에 대하여 부당이득으로서 배당받은 금원의 반환을 청구할 수 있다고 할 것이다(대법원 1997. 6. 27. 선고 96다51332 판결 참조).

이와 같은 이치는 제3자 소유의 기계・기구가 그의 동의 없이 공장저당법 제4조, 제5조의 규정에 의한 저당권의 목적이 되어 같은 법 제7조의 목록에 기재되는 바람에 공장에 속하는 토지 또는 건물과 함께 일괄경매 되어 경락되고 채권자가 그 기계・기구의 경락대금을 배당받은 경우에도 경락인이 그 기계・기구의 소유권을 선의취득 하였다면 마찬가지라고 보아야 할 것이다.따라서 원심이 적법하게 확정하고 있는 바와 같이 경락인인 박▽식

이 이 사건 기계를 선의취득 하였다면 그로 인하여 원고는 이 사건 기계의 소유권을 상실하였고, 이 사건 기계의 경락대금을 배당받은 피고로서는 법률상 원인 없이 그 경락대금 상당의 이익을 얻었다고 할 것이므로 피고는 원고에게 이를 반환할 의무가 있다고 할 것임에도 불구하고, 원심이 이와 반대되는 견해에서 위와 같이 판단하고 말았으니, 원심판결에는 선의취득과 부당이득에 관한 법리를 오해하여 판결에 영향을 미친 위법이 있다고 하지 않을 수 없다. 상고이유 중 이 점을 지적하는 부분은 이유 있다.

3. 그러므로 원심판결을 파기하고, 사건을 다시 심리 · 판단케 하기 위하여 원심법원에 환송하기로 관여 법관의 의견이 일치되어 주문과 같이 판결한다.

부당이득(2)

부당이득(2)

1 다원설에 의한 판례

(1-1) 대전고등법원 2003.10.23. 선고 2002나8757 판결 부당이득금

【원고, 피항소인】 원고

【피고, 항소인】 피고

【제1심 판결】 대전지방법원 2002. 10. 17. 선고 2001가합9339 판결

【변론종결】 2003. 8. 14.

【주 문】

1. 제1심 판결을 취소한다.

2. 원고의 주위적 및 예비적 청구를 모두 기각한다.

3. 가. 원고는 피고에게 가지급물의 반환으로 금 198,290,409원 및 이에 대하여 2002. 11. 1.부터 2003. 10. 23.까지는 연 5%의, 그 다음날부터 완제일까지는 연 20%의 각 비율에 의한 금원을 지급하라.

나. 피고의 나머지 가지급물반환신청을 기각한다.

다. 위 가.항은 가집행할 수 있다.

4. 소송총비용 및 가지급물반환신청비용은 모두 원고의 부담으로 한다.

【청구취지 및 항소취지】

1. 청구취지

주위적 및 예비적으로, 피고는 원고에게 금 160,000,000원 및 이에 대하여 2001. 7. 6. 부터 이 사건 소장 송달일까지는 연 5%의, 그 다음날부터 완제일까지는 연 25%의 각 비율에 의한 금원을 지급하라(원고는 주위적으로 부당이득반환을, 예비적으로 약속어음금의 지급을 구하고 있다).

2. 항소취지

주문 제1, 2항과 같다.

3. 가지급물반환신청취지

원고는 피고에게 금 198,290,409원 및 이에 대하여 2002. 11. 1.부터 이 사건 가지급물반환신청서 송달일까지는 연 5%의, 그 다음날부터 완제일까지는 연 25%의 각 비율에 의한 금원을 지급하라.

[이 유]

1. 사실관계

갑 제1호증의 1 내지 4, 갑 제2, 3, 4호증의 각 1, 2, 갑 제6 내지 11호증, 을 제1, 2호증, 을 제3호증의 1 내지 3의 각 기재와 제1심 법원의 00은행 신♡동지점장에 대한 사실조회결과, 이 법원의 금융결제원장에 대한 사실조회결과에 변론 전체의 취지를 종합하면, 다음과 같은 사실을 인정할 수 있고 반증이 없다.

가. 00건설 주식회사(이하 '00건설'이라 한다)는 1999. 11. 23. 원고은행(합병전 상호 000000) 삼◎동지점(현재 '0000000'으로 명칭 변경)과 당좌거래약정을 체결하고 지급장소를 원고은행 삼◎동지점으로 한 어음을 발행해 오던 중, 2001. 4. 4. 지급지 대전, 지급장소 원고은행 삼◎동지점, 지급기일 2001. 7. 5., 액면금 5,000만원인 약속어음 2장(어음번호 자가03600578, 자가03600579)을 발행하고, 2001. 5. 3.에는 지급지, 지급장소, 지급기일은 위 어음과 같고, 액면금은 3,000만원인 약속어음 2장(어음번호 자가 03601543, 자가03601544)을 발행하였다(이하 '이 사건 어음'이라 한다).

나. 이 사건 어음의 소지인이 된 피고는 2001. 6. 4. 주식회사 0000 신♡동지점과 보관추심어음거래약정을 체결하고 보관추심어음계좌(고객번호 : 0XXXX-XX-XXXXX-4)를 개설한 후, 이 사건 어음을 위 지점에 추심위임배서 후 보관시키면서, 추심금이 입금될 계좌로 이미 개설된 위 지점 기업자유예금계좌(계좌번호 : 0XXXX-XX-XXXXX-0)를 지정하였다.

다. 0000은 2001. 7. 4. 이 사건 어음을 서울어음교환소에 제출하여, 2001. 7. 5. 위 어음교환소를 통하여 상호교환의 방식으로 원고은행 삼◎동지점에 지급제시하였다. 그런데 원고은행은 00건설의 당좌계좌에 예금이 부족한 상태에서 '은행마감시각 전까지 이 사건 어음금을 입금시킬 것이니 부도어음통보를 유예하여 달라'는 00건설측의 요청에 따라, 0000 신♡동지점에 이 사건 어음 중 액면금 5,000만원짜리 어음 2장에 대하여는 어음교환업무규약상의 미결제어음통보(연장통보)를 하였으나(이 때 부도어음통보는 같은 날 17:00까지 하는 것으로 합의하였다), 나머지 어음에 대하여는 미결제어음통보를 하지 않았으며, 부도어음통보시각이 경과하도록 이 사건 어음 전부에 대하여 부도어음통보를 하지 않았다.

라. 0000은 위 합의된 부도어음통보시각이 경과하도록 원고은행으로부터 부도어음통보가 없자, 같은 날 피고의 위 기업자유예금계좌에 이 사건 어음금 합계 금 1억 6,000만원을 입금하였다.

마. 한편, 위 서울어음교환소는 같은 날 이 사건 어음금을 포함하여 원고은행, 0000 등 참가은행 사이의 어음금 채권·채무액을 집계한 후 대등액으로 상계처리하였고, 그 차액은 한국은행에 있는 참가은행 당좌예금계좌에서 대차결제하였는데, 00건설이 원고은행에 어음금 상당액을 입금하지 않자, 원고은행은 어음에 부도표시를 한 후 그 곳에 임의로 부여한 부도확인번호를 기재하고 같은 날 22:00경 위 어음을 부도어음으로 어음교환에 회부하여 제시은행인 0000에게 반환하고자 하였으나, 00은행은 부도어음통보가 없었다는 이유로 그 어음의 수령을 거절하고 이를 원고은행에 다시 돌려주었다. 이에 원고은행은 위 어음교환소에 이 사건 어음을 예금 부족의 부도사유에 의한 부도어음으로 신고하였다.

바. 어음교환업무규약 및 그 시행세칙1) 중 관련규정은 다음과 같다(서울어음교환소지역, 평일 기준).

(1) 각 참가은행이 입금된 어음.수표 및 교환가능한 증서(이를 '어음'으로 통칭한다)를 교환일(결제일과 같다,

어음의 경우 만기를 교환일로 함이 원칙)의 전 영업일 영업종료(오후 4시 30분) 5시간 30분 후까지 서울어음교환소에 제출하면(규약 제9조, 시행세칙 제29조 제1항), 어음교환소에서는 교환일에 각 참가은행별로 상대은행에 지급해야 할 액면금을 집계하여 대등액으로 상계처리한 후, 차액은 한국은행에 있는 참가은행 당좌예금계좌에서 교환일 13:30까지 대차결제로서 결제하고, 만일 한국은행에 예치된 참가은행의 당좌예금 잔액이 차액결제에 부족할 경우 참가은행은 교환일 14:30까지 부족한 금액을 입금하여야 한다(규약 제11조, 제13조, 시행세칙 제42조, 제60조 내지 제66조).

(2) 지급은행은 지급어음을 그 다음날(교환일) 영업개시(오전 9시 30분) 2시간 30분 전까지 수취하고(시행세칙 제45조), 수취한 어음 중 거래처로부터 결제가 되지 않은 미결제어음에 대하여는 교환일 영업종료 2시간 전(오후 2시 30분; 이를 '미결제통보시각'이라 한다)까지 제시은행에 통보하여야 하고, 통보된 미결제어음 중 어음금이 입금되지 않은 부도어음에 대해서는 교환일 영업종료시각(오후 4시 30분; 이를 '부도통보시각'이라 한다)까지 부도어음통보를 하여야 하며, 미결제 사실이 통보되지 않은 어음에 대해서는 부도어음통보를 할 수 없다(규약 제15조, 시행세칙 제77조, 제78조).

(3) 지급은행은 부도어음통보된 어음을 부도발생 다음 영업일의 어음교환을 통하여 제시은행에게 반환하되, 그 어음의 앞면 또는 부전에 부도표시를 하고, 부도표시란 상단에는 부도어음통보시 제시은행으로부터 부여받은 부도확인번호를 표시하여야 하며(시행세칙 제81조 내지 제83조), 부도어음을 반환하는 은행은 부도어음에 그 대금을 기재한 부도어음대금 회수용 영수증을 발행하여 첨부하고 이를 당일 수납한 어음에 포함, 교환에 회부하여 부도어음 대금을 회수하여야 하고(시행세칙 제84조), 부도가 확실시 되는 어음이라도 일단 결제한 후 대금을 청산하여야 한다(시행세칙 제85조 제1항).

(4) 지급은행은 부도어음의 발생 여부에도 불구하고 부도어음내역을 어음교환소에 신고하여야 하고2), 신고를 받은 어음교환소는 이를 참가은행에 통지하며, 부도어음 발행인에 대하여 거래정지처분을 하여야 한다(규약 제15조, 제16조, 제18조, 시행세칙 제87조).

사. 한편, 예금거래기본약관, 입출금이 자유로운 예금약관 및 보관추심어음약관중 관련규정의 내용은 다음과 같다.

(1) 거래처(예금주)는 현금이나 즉시 추심할 수 있는 수표, 어음, 기타 증권등으로 입금할 수 있는바(예금거래기본약관 제6조), 현금으로 입금한 경우에는 은행이 이를 받아 확인한 때, 현금으로 계좌송금하거나 계좌이체한 경우에는 예금원장에 입금의 기록을 한 때, 증권으로 입금한 경우에는 은행이 그 증권을 교환에 돌려 부도반환시한이 지나고 결제를 확인한 때에 예금이 된다(위 약관 제7조).

(2) 은행은 당좌예금의 지급자금을 초과하는 수표나 어음금은 지급하지 않는다(입출금이 자유로운 예금약관 제9조 제1항).

(3) 의뢰인이 대금 추심을 의뢰한 보관추심어음통장에 기재된 어음은 추심결제 후 의뢰인이 지정한 계좌로 지급하고(보관추심어음약관 제3조 제1항), 추심대전의 지급 또는 어음의 반환으로 추심위임은 종료한다(위 약관 제7조).

2. 주위적 청구에 관한 판단

가. 당사자들의 주장

(1) 원고는 주위적으로, 이 사건 어음을 결제할 자금이 발행인인 00건설로부터 입금되지 않아 위 어음을 부도어음으로 반환하려 하였으나, 제시은행인 0000이 접수를 거절하여 이를 반환하지 못하고 결국 원고은행이 그 어음금 결제자금인 금 1억 6,000 만원을 부담하게 됨으로써 그 금액 상당의 손해를 입었고, 위 어음을 외환은행에 입금한 피고는 그 어음이 부도된 것이어서 적법한 예금계약이 성립되지 않았음에도 불구하고 외환은행으로부터 위 어음금 상당액을 예금계좌로 지급받아 부당하게 이득을 얻었으므로, 피고는 원고에게 위 부당이득을 반환하여야 한다고 주장한다.

(2) 이에 대하여 피고는, 원고은행이 제시은행인 외환은행에 부도어음통보시각이 경과하도록 미결제어음통보 내지 부도어음통보를 하지 않은 이상, 어음교환업무규약 및 시행세칙에 따라 이 사건 어음은 정상적으로 결제된 것으로 보아야 하고, 또 피고는 외환은행에 이 사건 어음의 추심을 의뢰하였을 뿐 위 어음 자체를 예금으로 입금한 것이 아니므로, 피고가 0000으로부터 위와 같이 정상적으로 결제된 어음금을 추심위임 계약에 따라 지급받은 것을 부당이득이라고 할 수는 없으며, 가사 이를 부당이득으로 본다고 하더라도, 원고은행은 00건설의 당좌거래계좌에 예금잔고가 이 사건 어음을 결제하기에 부족하였음을 잘 알고 있었음에도 불구하고, 00건설의 부탁을 받고 정해진 시각까지 부도어음통보를 하지 않음으로써 결국 어음교환소를 통해 결제된 부도어음 대금을 회수할 수 없게 된 것이므로, 이는 민법 제742조의 악의의 비채변제에 해당하거나, 그 반환을 구하는 것이 신의칙에 위배된다고 주장한다.

나. 판단

그러므로 과연 피고가 이 사건 어음금을 위 예금계좌로 입금받은 것이 부당이득에 해당되는지 여부에 관하여 살펴본다. 앞서 인정한 사실관계에 의하면 지급은행인 원고은행으로서는 이 사건 어음금이 지급지 점포인 삼◎동지점에서 예금부족으로 현실적으로 추심되지 않았음에도 불구하고, 교환일 당일 어음교환업무규약 및 시행세칙에 정해진 시각까지 미결제어음통보 및 부도어음통보를 하지 않아 제시은행인 00은행에 이 사건 어음을 부도어음으로 반환할 수 없게 되어 같은 날 대차결제된 결제자금을 회수하지 못하게 됨으로써 그 결제자금 상당의 손해를 입었고, 추심의뢰인인 피고로서도 이 사건 어음금이 현실적으로 추심되지 않았음에도 원고은행이 위와 같은 사정으로 이 사건 어음을 반환하지 못하게 된 결과, 이 사건 어음이 자금화하여 위 어음금 상당액을 예금계좌로 입금받게 된 것임은 원고의 주장과 같다.

그러나 앞서 본 약관규정(입출금이 자유로운 예금약관 제9조 제1항)에 의하면 지급은행은 발행인의 당좌예금계좌의 지급자금을 초과하여 어음금을 지급하지 않게 되어있고, 또 어음교환업무규약과 그 시행세칙에 의하면 어음교환소에 제출된 어음은 예금부족 등 부도사유의 발생 여부와 관계 없이 일단 그 어음금이 참가은행간 대차결제의 방법으로 결제되고, 지급은행이 정해진 시각까지 미결제어음통보 및 부도어음통보를 하지 않을 경우 다음날 부도어음반환을 할 수 없어 이미 대차결제된 어음금 상당의 금원을 회수할 수 없게 되어 있는데, 원고은행으로서는 이러한 사정을 잘 알고 있었음에도, 당좌예금계좌에 지급자금이 부족하였던 00건설의 요청을 받아들여 정해진 시각이 경과하도록 임의로 미결제어음통보 및 부도어음통보를 하지 않은 것이므로, 이와 같이 어음교환업무규약 등에 정해진 절차에 따라 이 사건 어음이 대차결제되고 난 후 지급은행인 원고은행이 미결제어음통보 및 부도어음통보를 하지 않음으로써 위 어음의 정당한 소지인인 피고가 그 어음금을 지급받게 된 것을 법률상 원인없는 이득이라고 할 수는 없으며, 또한 원고은행은 00건설이 당일 어음금 상당액을 입금하지 않음으로써 위와 같은 대차결제된 금원 상당의 손해를 입을 가능성이 있음에도 그 위험을 감수하고 위 통보를 하지 않은 셈이므로, 부당이득반환제도의 이념으로서의 공평의 원칙에 비추어 보더라도 원고은행의 위 손해는 원고 스스로 그 손해의 위험을 부담한 데 따른 것이라고 보아야 할 것이다(원고는 이 사건 부당이득반환청구를 하는 근거로 대법원 1995. 6. 16. 선고 95다9754, 95다9761 판결, 대법원 1996. 9. 20. 선고 96다1610 판결, 대법원 1997. 11. 28. 선고 96다21751 판결, 대법원 1999. 2. 5. 선고 97다34822 판결 등을 내세우고 있으나, 위 각 판결은 각각 중개점포 담당직원의 실수로 부도어음통지가 되지 않은 경우나, 지급은행이 제시은행에 대하여 부당이득반환청구를 한 경우, 또는 지급은행이 수표의 위조를 뒤늦게 발견한 경우, 증권을 예입받은 은행이 예금주의 대리인의 기망행위로 인하여 증권의 결제자금을 출연한 경우 등에 관한 것으로서, 지급은행이 거래처의 요청을 받아들여 부도어음통보를 하지 않은 이 사건과는 사안을 달리하여 이 사건에 직접 적용하기에 적절하지 않다).

덧붙여, 위와 같이 스스로의 판단 하에 결제자금을 회수할 수 없는 손해의 위험을 감수하고 임의로 부도어음통보를 하지 않은 원고은행이, 그가 부도어음통보를 하지 아니함으로써 이미 대차결제된 금원을 회수할 수 없게 된 결과, 00은행으로부터 어음금 상당액을 입금받아 위 어음이 정상적으로 추심된 것으로 신뢰하게 된 피고에게 그 어음금 상당액의 반환을 구하는 것은 신의칙에도 반하여 허용될 수 없다고 봄이 상당하다(원고는, 위 어음금 상당액은 어음교환업무규약 시행세칙 제85조 제1항에 따라 어쩔 수 없이 결제하게 된 것이지 원고의 자유로운 의사에 의하여 지급한 것은 아니라고 주장하나, 앞서 본 바와 같이 위 규약 및 시행세칙상의 부도어음대금 회수방식을 잘 알고 그에 따라 어음대금을 결제하고 결제된 부도어음대금을 회수하여 온 원고은행이 스스로의 판단에 따라 위 규약 및 시행세칙에 의한 부도어음통보를 하지 않은 결과 결제대금을 회수할 수 없게 되었다면, 이를 두고 자유로운 의사로 어음금을 지급한 것이 아니라고 할 수도 없다). 따라서, 원고의 주위적 청구에 관한 주장은 이유 없다.

3. 예비적 청구에 관한 판단

원고는 예비적으로, 이 사건 어음이 지급거절된 이상 위 어음의 배서인인 피고는 그 어음의 소지인으로서 소구권을 행사하는 원고에게 어음금 1억 6,000만원 및 이에 대한 법정이자를 지급할 의무가 있다고 주장한다. 그러나, 앞서 인정한 사실관계에 의하면 이 사건 어음의 지급담당자인 원고은행은 당좌거래약정 및 그에 부수한 어음.수표의 지급위탁계약에 따라 자기의 명의로 발행인을 대신하여 어음금을 지급하거나 또는 이를 거절할 법률상의 지위에 있을 뿐이므로, 어음을 배서.교부받은 자와는 달리 어음금을 지급하면서 어음을 회수하더라도 이로써 어음상의 권리를 취득하지는 못하며, 또한 피고는 공연한 추심위임배서를 한 자로서 이후의 어음소지자에 대하여 담보책임이 없어 소구의무를 부담하지 않으므로, 원고의 예비적 청구에 관한 주장도 어느 모로 보나 받아들일 수 없다.

4. 결 론

그렇다면, 원고의 주위적 및 예비적 청구는 모두 이유 없어 이를 기각할 것인바, 이와 결론을 달리한 제1심 판결은 부당하므로, 이를 취소하여 원고의 주위적 및 예비적 청구를 모두 기각하기로 한다. 그런데, 제1심의 가집행선고도 이 판결선고로 인하여 실효된다고 할 것인바, 원고는 피고에게 원고가 가지급물로서 수령한 금

198,290,409원 및 이에 대하여 위 가지급물수령일인 2002. 11. 1.부터 원고가 그 반환의무의 존부 및 범위에 관하여 항쟁함이 상당한 이 사건 판결선고일인 2003. 10. 23.까지는 민법에 정해진 연 5%의, 그 다음날부터 완제일까지는 소송촉진등에관한특례법에 정해진 연 20%의 각 비율에 의한 이자 및 지연손해금을 지급할 의무가 있다고 할 것이니, 피고의 위 가지급물반환신청은 위 인정 범위 내에서 이유 있어 이를 인용하고, 나머지는 이유 없어 이를 기각하기로 하여 주문과 같이 판결한다.

각주 1) 원고은행, 외환은행을 포함한 서울어음교환소의 참가은행간의 사적 자치규범으로서의 효력을 가진다고 할 것이다. 2) 이는 어음교환소에 대하여 하는 것으로 어음교환업무규약 시행세칙 제78조의 제시은행에 대하여 하는 부도어음통보와 구별된다.

(1-2) 대법원 2006. 5. 26. 선고 2003다65643 판결 [공2006.7.1.(253), 1141]

【원고, 상고인】 주식회사 ○○은행

【피고, 피상고인】 주식회사 ○○상호저축은행

【원심판결】 대전고등법원 2003. 10. 23. 선고 2002나8757 판결

【주 문】

원심판결을 파기하고, 이 사건을 대전고등법원으로 환송한다.

【이 유】

상고이유(상고이유서 제출기간 경과 후에 제출된 2004. 3. 15.자 준비서면은 상고이유를 보충하는 범위 내에서)를 본다.

1. 원심이 그 채택 증거를 종합하여 인정한 사실관계는 아래와 같다.

소외 주식회사가 원고 은행 삼천동지점과 당좌거래약정을 체결하고 위 지점을 지급장소로 하여 발행한 약속어음 중 각 지급기일을 2001. 7. 5.로 하는 판시 이 사건 어음 4장의 소지인이 된 피고는 2001. 6. 4. 위 어음의 추심을 의뢰하면서 주식회사 외환은행 신사동지점에 개설한 보관추심어음계좌에 추심위임배서 후 이를 보관시켰다.

위 보관추심어음약관 제3조 제1항, 제7조에는 보관추심어음통장에 기재된 어음은 추심결제 후 의뢰인이 지정한 계좌로 지급하고, 추심대전의 지급 또는 어음의 반환으로 추심위임은 종료한다고 기재되어 있다. 외환은행은 2001. 7. 4. 이 사건 어음을 서울어음교환소(이하 '어음교환소'라고 한다)에 제출하여 그 다음날 어음교환소를 통하여 상호교환의 방식으로 원고 은행 삼천동지점에 지급제시하였다. 원고 은행은 소외 주식회사의 당좌계좌에 예금이 부족한 상태에서 '은행 마감시각 전까지 어음금을 입금시킬 것이니 부도어음통보를 유예하여 달라'는 소외 주식회사의 요청에 따라 이 사건 어음 전부에 대하여 부도어음통보시각이 지나도록 부도어음통보를 하지 않았고, 그 중 2장의 어음에 대하여는 그에 앞서 하도록 되어 있는 미결제어음통보조차 하지 않았다. 외환은행은 부도어음통보시각이 지나도록 원고 은행으로부터 부도어음통보가 없자 피고가 이 사건 어음 추심금의 입금계좌로 미리 설정해 둔 판시 기업자유예금계좌에 이 사건 어음 액면금 합계 1억 6,000만 원을 입금하는 한편, 소외

주식회사가 약정대로 위 어음 결제금을 입금하지 아니하자 뒤늦게 이 사건 어음에 부도표시를 한 후 같은 날 22:00경 위 어음을 반환하고자 하는 원고 은행의 요청을 적법한 부도어음통보가 없었다는 이유로 거절하였다. 이에 원고 은행은 어음교환소에 이 사건 어음을 예금부족으로 인한 부도어음으로 신고하였다. 원고 은행과 외환은행을 포함한 어음교환소의 참가은행들 사이의 사적 자치규범으로서의 효력을 가지는 어음교환업무규약 및 그 시행세칙(이하 '규약 등'이라고 한다)에 의하면, 각 참가은행이 입금된 어음 등 교환 가능한 증서를 교환일(결제일) 전날 영업종료 5시간 30분 후까지 어음교환소에 제출하면 어음교환소에서 교환일 13:30까지 참가은행별 상계처리 및 대차결제 등의 절차를 취하고, 지급은행은 교환일 영업개시 2시간 30분 전까지 지급어음을 수취하여 그 중 미결제어음에 대하여 당일 영업종료 2시간 전(14시 30분, 이를 '미결제어음통보시각'이라고 한다)까지 제시은행에 통보하며, 그 중에서 어음금이 입금되지 않은 부도어음에 대해서는 당일 영업종료시각(16시 30분, 이를 '부도어음통보시각'이라고 한다)까지 부도어음통보를 하여야 하고(미결제통보를 하지 않은 어음에 대하여는 부도어음통보를 할 수 없다), 지급은행은 부도어음통보된 어음에 대하여 소정의 부도확인번호를 표시한 다음 교환일 다음날의 어음교환을 통하여 제시은행에 반환하고 부도어음대금을 회수한다. 한편, '입출금이 자유로운 예금약관'에 의하면 은행은 당좌예금의 지급자금을 초과하는 어음금은 지급하지 않고(제9조 제1항), '예금거래기본약관'에 의하면 거래처(예금주)가 어음 등 증권으로 입금한 경우에는 은행이 그 증권을 교환에 돌려 부도반환시한이 지나고 결제를 확인한 때에 예금이 된다고 규정되어 있다(제7조).

2. 예금계약에 적용되는 예금거래기본약관 제7조의 규정은 다른 은행이나 점포(이하 '지급은행'이라고 한다)에서 지급될 어음 등 증권으로 입금하는 경우에는 이를 교환에 돌려 지급은행에서 그 증권이 정상적으로 추심되었는지 또는 부도처리되어 추심이 이루어지지 않았는지 여부에 관계없이 추심을 의뢰한 은행이나 점포(이하 '제시은행'이라고 한다)에 위 부도반환시한까지 부도통보가 없으면 무조건 예금계약이 성립한다는 취지는 아니다. 따라서 소지인이 제시은행에 추심을 의뢰, 예입한 약속어음이 지급은행에 개설된 발행인의 당좌계좌의 예금부족으로 현실적으로 추심되지 않았음에도 불구하고, 어음교환일 당일 위 규약 등에 정해진 시각까지 미결제어음통보 혹은 부도어음통보(이하 묶어서 '부도어음통보'라고 한다)가 이루어지지 않아 지급은행이 어음교환소에서 대차결제된 결제자금을 제시은행으로부터 회수하지 못하게 됨으로써 그 어음이 정상적으로 추심된 것처럼 입금·처리되고 소지인이 이를 인출하여 간 경우, 소지인이 얻은 위 인출금 상당액은 원칙적으로 지급은행의 결제자금 상당의 손해로 인한 것이므로 사회통념상 법률상 원인 없는 부당이득으로 반환할 의무가 발생하고(대법원 1995. 6. 16. 선고 95다9754, 9761 판결, 1996. 9. 20. 선고 96다1610 판결, 1997. 11. 28. 선고 96다21751 판결, 1999. 2. 5. 선고 97다34822 판결 등 참조), 이러한 법리는 이 사건처럼 약속어음 액면금 상당의 예금에 앞서 그 어음을 제시은행 보관추심어음계좌에 넣어 추심을 의뢰한 경우라 하여 달리 볼 것은 아니다.

3. 그런데 원심은, 이 사건 어음이 현실적으로 추심되지 않았음에도 지급은행인 원고 은행이 정해진 시각까지 부도어음통보를 하지 않는 바람에 어음교환소에서 대차결제된 결제자금을 회수하지 못하게 되어 그 결제자금 상당의 손해를 입었고, 그로 인하여 피고가 동액 상당을 제시은행인 외환은행의 예금계좌에 입금받게 된 것임을 인정하면서도, 원고 은행으로서는 부도어음통보를 하지 아니할 경우 결제자금 미입금에도 불구하고 제시은행에게 부도어음반환을 할 수 없게 되는 관계로 위 대차결제된 결제자금 상당의 손해를 입을 위험을 감수하고서 적시에 부도어음통보를 하지 아니한 이상, 이 사건 어음의 정당한 소지인인 피고가 위 규약 등에 정한 대로 어음금

을 지급받은 것이 법률상 원인 없는 이득이 될 수 없다고 판단하였다.

그러나 이러한 원심의 판단은 아래의 이유에서 이를 받아들이기 어렵다.

지급은행이 규약 등에서 정한 부도어음통보시각을 어긴 것이 단순히 사무착오나 전산 기타 기술상의 오류 등 지급은행의 구체적 인식 없이 야기된 것인지 아니면 이 사건의 경우처럼 은행 마감시각까지 결제자금을 입금할 것을 조건으로 부도어음통보의 일시 유예를 요청한 데에 따른 의식적인 조치인지 여부는 실제에 있어서 그 구분이 반드시 쉽지 아니하고 오히려 보통은 후자의 경우가 일반적이라 할 것인데, 위와 같은 사정으로 부도어음통보를 일시 유예하여 준 조치만으로 지급은행에게 어음금 대위지급의 부담을 감수할 의사까지 있었다고 보는 것은 지급은행과 발행인 사이의 일반적 관계 및 당좌예금거래의 실제, 위 대위지급관계를 인정할 경우 지급은행 담당 임직원들이 받게 될 민·형사적 책임 등을 감안할 때 합리적인 의사해석으로 받아들이기 어렵다. 또한 어음교환소를 통한 어음결제제도는 어음의 지급과 관련한 개별적, 실체적 권리관계의 확정 내지 안정과는 상관없이 어음교환소 및 참가은행들 사이의 업무처리방법을 획일화함으로써 대규모 어음교환결제의 신속, 원활 및 편의 도모를 주목적으로 '선이행(결제) 후분쟁'을 원칙으로 하는 참가은행들 사이의 다자간 상계결제 시스템으로서, 규약 등에서 정한 어음의 교환결제에 수반되는 법률적 분쟁에 대하여는 해당 은행들 사이의 개별적 해결절차를 유보하고 있으므로(부도가 확실시되는 사고어음을 발견한 경우에도 일단 지급은행이 이를 수취, 결제한 후 추후 대금을 청산하도록 하고, 교환된 어음의 부도, 금액의 오인 또는 교환 착오 등으로 인한 분쟁은 해당 참가은행들 사이에 자율적으로 해결하도록 하는 위 규약 제25조 제1항 및 그 시행세칙 제85조 제1항 등의 규정이 그러하다.), 이에 비추어 부도어음통보시각을 어긴 지급은행의 의사는 제시은행에게 부도어음을 반환할 수 있는 기회의 상실 등 위 규약 등에서 정한 절차적 불이익의 감수는 별론으로 하고, 관련 이해당사자에 대한 실체적 권리관계의 포기까지 용인한 것으로 보기는 어렵다. 어음 소지인의 입장에서도 어음의 현실적인 결제가 없었음에도 지급은행의 출연으로 추심금 상당액을 수령하게 된 것은 부도어음통보시각의 경과 이후 위 규약 등의 절차상 교환어음의 상계 및 대차결제가 이루어진 데에 따른 반사적 효과에 불과할 뿐, 부도어음통보시각이 경과하였다 하여 어음의 현실적인 결제 여부와 상관없이 그 어음의 추심금을 청구할 법률상 권리가 존재한다거나 그에 관한 법률상 보호되어야 할 정당한 기대권이 발생한다고 보기 어렵다.

그렇다면 지급은행인 원고 은행이 이 사건 부도어음통보시각을 어긴 것이 일시적이나마 발행인인 소외 주식회사를 위하여 대위지급하여 줄 의도에서 비롯된 것이어서 어음 소지인이 제시은행 및 어음교환소를 거치지 않고 원고 은행에 직접 어음을 제시하였더라도 어음금을 지급하여 주었을 것이라는 등의 특별한 사정이 인정되지 않는 한, 단순히 어음교환일 당일의 은행 마감시각까지 결제자금을 입금하겠다는 발행인의 약속을 믿고 부도어음통보시각을 넘긴 사정만으로는 위 결제자금 미입금에 따른 대위지급의 손해까지 감수할 의사가 있었다고 단정하여서는 안 될 것이고, 이는 공평에 반하는 재산상의 가치이동이 행하여진 경우에 수익자의 이득을 손실자에게 되돌려 재산상태의 조정을 도모하는 것을 목적으로 하는 부당이득제도의 취지에 비추어 보아도 그러하다. 그럼에도 불구하고 이와 달리 해석하여 이 사건 부당이득반환청구권의 성립을 부정한 원심의 조치는 잘못이라 할 것이다.

한편 원심은, 가사 피고가 부당이득한 사실이 인정된다 하더라도 원고 은행의 귀책에 기하여 이 사건 어음금이 정상적으로 추심된 것으로 신뢰한 피고에 대하여 그 반환을 구하는 것은 신의칙 위반으로 허용되지 아니한다고 판단하였다. 그러나 위와 같은 사유로 인한 원고 은행의 뒤늦은 반환청구가 피고에 대하여 현저히 불공정한 결과를 초래하게 됨을 인정할 만한 특별한 사정이 존재하지 않는 한 단지 부도어음통보시각의 경과 이후 위 규약 등에서 정한 절차의 진행에 따라 부도어음이 정상적으로 추심된 것과 같은 외관을 형성하였다는 사정만으로는 그 반환을 구하는 것이 신의칙에 반한다고 단정할 수 없다 할 것이니 이 점에 관한 원심의 조치도 잘못이라 할 것이다.

따라서 앞서 본 바와 같은 특별한 사정의 존부에 관하여 살펴보지 아니한 채 그 판시와 같은 사정만을 들어 이 사건 부당이득의 성립에 관한 원고 은행의 주장을 배척한 원심의 판단에는 부도어음의 교환결제에 따른 부당이득 및 신의칙 등에 관한 법리오해의 위법이 있어 더 이상 유지될 수 없고, 이 점을 지적하는 취지의 상고이유의 주장은 이유 있다.

4. 그러므로 원심판결을 파기하고, 이 사건을 다시 심리·판단하게 하기 위하여 원심 법원에 환송하기로 하여 관여 대법관의 일치된 의견으로 주문과 같이 판결한다.

(2-1) 서울고등법원 2009. 1. 13. 선고 2008나42951 판결 양수금

【원고, 항소인】 OO에스티엘 주식회사
서울 강남구 OOO837-19
대표이사 박재O
소송대리인 법무법인 신촌
담당변호사 송재원

【피고, 피항소인】 김영O
화성시 OOOOOO공업
소송대리인 변호사 정대용
소송복대리인 법무법인 한영 담당변호사 김성건

【제 1 심 판 결】 서울중앙지방법원 2008. 4. 16. 선고 2007가합64414 판결

【변 론 종 결】 2008. 9. 2.

【판 결 선 고】 2009. 1. 13.

【주 문】

1. 제1심 판결을 취소한다.
2. 당심에서 추가된 선택적 청구에 의하여, 피고는 원고에게 135,096,324원 및 이에 대하여 2008. 6. 4.부터 2009. 1. 13.까지는 연 5%의, 그 다음 날부터 갚는 날까지는 연 20%의 각 비율로 계산한 금액을 지급하라.
3. 원고의 나머지 청구를 기각한다.
4. 소송총비용은 피고가 부담한다.
5. 제2항은 가집행할 수 있다.

【청구취지 및 항소취지】

제1심 판결을 취소한다. 피고는 원고에게 135,096,324원 및 이에 대하여 2007. 3. 26.부터 이 사건 소장 부본 송달일까지는 연 5%의, 그 다음 날부터 갚는 날까지는 연 20%의 각 비율로 계산한 금액을 지급하라.

[이 유]

1. 기초사실

가. 원고는 2006. 12. 4. 주식회사 OOO씨에스티(이하 'OOO씨에스티'라고 줄여 쓴다)와 철강제품 공급계약(이하 '이 사건 공급계약'이라 한다)을 체결하고, 2006. 12. 23.까지 합계 135,096,324원 상당의 철근, 에이치(H)형강 등 철강제품(이하 '이 사건 철강제품'이라 한다)을 OOO씨에스티에게 공급하였다.

위 공급계약 당시 원고와 OOO씨에스티는, 물품대금으로 입금된 어음이나 수표가 지급기일에 정상 결제될 때까지 철강제품의 소유권은 매도인인 원고에게 있다는 내용의 소유권유보에 관한 특약을 하였는데, 원고는 아직까지 OOO씨에스티로부터 위 물품대금 135,096,324원을 지급받지 못하고 있다.

나. OOO씨에스티는 2006. 12. 2. 피고로부터 화성시 OOO에 있는 OOO공업 공장 건물을 증축 및 신축하는 공사를 공사대금 583,000,000원, 공사기간 2006. 12. 7.부터 2007. 4. 7.까지로 정하여 도급받는 계약(이하 '이 사건 도급계약'이라 한다)을 체결하였다.

다. OOO씨에스티는 피고 명의로 건축허가를 받고, 위 도급계약에 따라 공사를 진행하던 중, 2007. 3. 말경 기성고가 80%인 상태에서 공사를 중단하였다.

피고는 2007. 4. 3. 및 2007. 4. 10. 2회에 걸쳐 OOO씨에스티에게 공사 속행을 촉구하다가, 위 회사가 공사를 속행하지 않자, 피고가 직접 잔여공사를 진행하여 2007. 7.경 공사를 완료하고, 신축된 건물에 관하여 2007. 7. 20. 피고 명의로 소유권보존등기를 마쳤다.

라. OOO씨에스티가 원고로부터 공급받은 이 사건 철강제품은 모두 위 공장건물의 골조공사 자재로 투입되었다.

[인정 근거] 갑 제1, 2호증, 갑 제4호증의 1 내지 갑 제7호증의 5, 갑 제12호증, 갑 제17호증의 1 내지 6, 을 제1호증, 을 제8, 9, 10호증의 각 기재, 제1심 증인 김성O, 문상O, 당심 증인 박민O의 각 증언에 변론 전체의 취지

2. 판단

가. 이 사건 철강제품이 공장 건물들에 부합되었는지 여부

위 인정사실에 의하면, OOO씨에스티가 이 사건 철강제품을 위 공사 자재로 사용한 결과, 이 사건 철강제품은 완공된 위 공장 건물들의 주요 구조체인 뼈대를 이루어, 위 건물들을 심하게 훼손하지 않고는 분리해 낼 수 없게 되었으므로, 위 건물들의 구성부분으로 부합되었다고 보아야 한다.

나. 부합 당시의 소유자

(1) 동산의 매매계약을 체결하면서, 매도인이 대금을 모두 지급받기 전에 목적물을 매수인에게 인도하기는 하지만 대금이 모두 지급될 때까지는 목적물의 소유권은 매도인에게 유보되며 대금이 모두 지급된 때에 그 소유권이 매수인에게 이전된다는 내용의 이른바 소유권유보의 특약을 한 경우, 목적물의 소유권을 이전한다는 당사자 사이의 물권적 합의는 매매계약을 체결하고 목적물을 인도한 때 이미 성립하지만 대금이 모두 지급되는 것을 정지조건으로 하므로, 목적물이 매수인에게 인도되었다고 하더라도 특별한 사정이 없는 한 매도인은 대금이 모

두 지급될 때까지 매수인뿐만 아니라 제3자에 대하여도 유보된 목적물의 소유권을 주장할 수 있으며, 이와 같은 법리는 소유권유보의 특약을 한 매매계약이 매수인의 목적물 판매를 예정하고 있고, 그 매매계약에서 소유권유보의 특약을 제3자에 대하여 공시한 바 없고, 또한 그 매매계약이 종류물을 목적물로 하고 있다 하더라도 다를 바 없다(대법원 1999. 9. 7. 선고 99다30534 판결).

위 인정사실에 의하면, 원고가 이 사건 공급계약을 체결하면서 위와 같은 소유권유보의 특약을 하였고, 이 사건 철강제품이 건물에 부합될 당시까지 OOO씨에스티로부터 이 사건 철강제품에 대한 물품대금 135,096,324원을 지급받지 못하고 있었던 이상, 원고는 OOO씨에스티뿐만 아니라 제3자인 피고에 대하여도 이 사건 철강제품에 대한 소유권을 주장할 수 있었다고 보아야 한다.

(2) 그리고 위 공장 건물들에 대하여는 피고가 건축허가를 받았고 완공 후 피고 명의로 소유권보존등기를 한 점 등에 비추어 볼 때, 피고와 OOO씨에스티 사이에는 완공된 건물의 소유권을 피고에게 원시적으로 귀속시킨다는 약정이 있었다고 봄이 상당하므로, 이 사건 철강제품이 위 공장 건물들에 부합될 당시 위 공장 건물들의 소유권은 피고에게 있었다고 보아야 한다.

다. 피고의 부당이득반환의무 발생

(1) 따라서 원고 소유이던 이 사건 철강제품의 소유권은 부합으로 인하여 위 공장 건물들의 소유자인 피고에게 귀속되었고(민법 제256조), 원고는 원고에게 유보되어 있던 이 사건 철강제품의 소유권을 상실하는 손해를 입게 되었으므로, 원고는 민법 제261조에 의하여 피고에게 부당이득에 관한 규정에 의한 보상을 청구할 수 있다. 위 인정사실에 의하면 이 사건 철강제품이 위 공장 건물들에 부합됨으로써 피고는 위 철강제품의 매매대금인 135,096,324원 상당의 이득을 얻고, 원고는 그 대금 상당의 손해를 입었으므로, 피고는 원고에게 위 금액 상당을 부당이득금으로 반환할 의무가 있다.

(2) 이에 대하여 피고는, 원고가 OOO씨에스티와의 이 사건 공급계약에 따라 이 사건 철강제품을 OOO씨에스티에게 인도하였고, 피고는 제3자에 불과하므로, 원고는 위 제품 공급대금을 OOO씨에스티에게 청구할 수 있을 뿐, 피고에게 직접 부당이득반환을 구할 수는 없다고 주장한다. 그러나 원고의 청구는 이 사건 공급계약상의 급부에 기초한 부당이득반환을 구하는 것이 아니라, 위 법률 규정에 의하여 이 사건 철강제품에 대한 소유권이 피고에게 귀속됨으로써 피고가 얻은 이득의 반환을 구하는 것이므로, 피고의 위 주장은 이유 없다.

3. 결론

피고는 원고에게 135,096,324원 및 이에 대하여 부당이득반환 청구일(원고의 2008. 6. 2.자 준비서면이 피고에게 송달된 날)의 다음 날인 2008. 6. 4.부터 피고가 그 이행의무의 존부 및 범위에 관하여 항쟁함이 상당하다고 인정되는 당심 판결 선고일인 2009. 1. 13.까지는 민법에서 정한 연 5%, 그 다음 날부터 갚는 날까지는 소송촉진 등에 관한 특례법에서 정한 연 20%의 각 비율로 계산한 지연손해금을 지급할 의무가 있다.

원고의 이 사건 청구는 위 인정범위 내에서 이유 있으므로 이를 인용하고, 나머지 청구는 이유 없으므로 기각하여야 한다. 제1심 판결은 양수금 또는 채무인수금 청구를 기각하였으나, 당심에서는 이와 선택적으로 추가된 부당이득반환책임을 인정하는 바이므로, 제1심 판결을 취소하고, 위 인정금액의 지급을 명하며, 원고의 나머지 청구를 기각한다.

(2-2) 대법원 2009.9.24. 선고 2009다15602 판결 【양수금】

【원고, 피상고인】 원고 주식회사(소송대리인 법무법인 신촌 담당변호사 송재원)

【피고, 상고인】 피고(소송대리인 법무법인 광장 담당변호사 이규홍외 2인)

【원심판결】 서울고법 2009. 1. 13. 선고 2008나42951 판결

【주 문】

원심판결을 파기하고, 사건을 서울고등법원에 환송한다.

【이 유】

상고이유를 판단한다.

1. 상고이유 1점에 관하여

어떠한 동산이 민법 제256조에 의하여 부동산에 부합된 것으로 인정되기 위해서는 그 동산을 훼손하거나 과다한 비용을 지출하지 않고서는 분리할 수 없을 정도로 부착ㆍ합체되었는지 여부 및 그 물리적 구조, 용도와 기능면에서 기존 부동산과는 독립한 경제적 효용을 가지고 거래상 별개의 소유권의 객체가 될 수 있는지 여부 등을 종합하여 판단하여야 할 것이고(대법원 2003. 5. 16. 선고 2003다14959, 14966 판결 참조), 이러한 부동산에의 부합에 관한 법리는 건물의 증축의 경우(대법원 2002. 10. 25. 선고 2000다63110 판결 참조)는 물론 건물의 신축의 경우에도 그대로 적용될 수 있다.

위 법리에 비추어 보면, 원심이, 원고의 소유권 유보에도 불구하고 원고 소유이던 이 사건 철강제품이 공장건물들의 증축 및 신축에 사용되어 공장건물들에 부합됨으로써 공장건물들의 소유자인 피고가 이 사건 철강제품의 소유자가 되었다고 인정한 판단은 정당하고, 거기에 상고이유로 주장하는 부합에 관한 법리오해의 위법이 없다.

2. 상고이유 2점에 관하여

가. 민법 제261조에서 첨부로 법률규정에 의한 소유권 취득(민법 제256조 내지 제260조)이 인정된 경우에 "손해를 받은 자는 부당이득에 관한 규정에 의하여 보상을 청구할 수 있다"라고 규정하고 있는바, 이러한 보상청구가 인정되기 위해서는 민법 제261조 자체의 요건만이 아니라, 부당이득 법리에 따른 판단에 의하여 부당이득의 요건이 모두 충족되었음이 인정되어야 한다.

나. 계약 당사자 사이에 계약관계가 연결되어 있어서 각각의 급부로 순차로 소유권이 이전된 경우 계약관계에 기한 급부가 법률상의 원인이 되므로 최초의 급부자는 최후의 급부수령자에게 법률상 원인 없이 급부를 수령하였다는 이유로 부당이득반환청구를 할 수 없다(대법원 2003. 12. 26. 선고 2001다46730 판결 참조).

이와 달리, 매매 목적물에 대한 소유권이 유보된 상태에서 매매가 이루어진 경우에는 대금이 모두 지급될 때까지는 매매 목적물에 대한 소유권이 이전되지 않고 점유의 이전만 있어 매수인이 이를 다시 매도하여 인도하더라도 제3자는 유효하게 소유권을 취득하지 못하므로(대법원 1999. 9. 7. 선고 99다30534 판결 참조), 위와 같은 계약관계에 의한 급부만을 이유로 제3자는 소유자의 반환 청구를 거부할 수 없고, 부합 등의 사유로 제3자가 소유권을 유효하게 취득하였다면 그 가액을 소유자에게 부당이득으로 반환함이 원칙이다. 다

만, 매매 목적물에 대한 소유권이 유보된 경우라 하더라도 이를 다시 매수한 제3자의 선의취득이 인정되는 때에는, 그 선의취득이 이익을 보유할 수 있는 법률상 원인이 되므로 제3자는 그러한 반환의무를 부담하지 않는다고 할 것이다.

다. 그리고 매도인에 의하여 소유권이 유보된 자재를 매수인이 제3자와 사이의 도급계약에 의하여 제3자 소유의 건물 건축에 사용하여 부합됨에 따라 매도인이 소유권을 상실하는 경우에, 비록 그 자재가 직접 매수인으로부터 제3자에게 교부된 것은 아니지만 도급계약에 따른 이행에 의하여 제3자에게 제공된 것으로서 거래에 의한 동산 양도와 유사한 실질을 가지므로, 그 부합에 의한 보상청구에 대하여도 위에서 본 선의취득에서의 이익보유에 관한 법리가 유추적용된다고 봄이 상당하다.

따라서 매도인에게 소유권이 유보된 자재가 제3자와 매수인과 사이에 이루어진 도급계약의 이행에 의하여 부합된 경우 보상청구를 거부할 법률상 원인이 있다고 할 수 없지만, 제3자가 도급계약에 의하여 제공된 자재의 소유권이 유보된 사실에 관하여 과실 없이 알지 못한 경우라면 선의취득의 경우와 마찬가지로 제3자가 그 자재의 귀속으로 인한 이익을 보유할 수 있는 법률상 원인이 있다고 봄이 상당하므로 매도인으로서는 그에 관한 보상청구를 할 수 없다고 할 것이다.

라. 이와 같은 법리에 비추어 보면, 원고에게 소유권이 유보된 이 사건 철강제품이 소외 주식회사에 의한 도급계약상의 급부에 의하여 피고의 공장건물들의 증축 및 신축에 사용됨에 따라 공장건물들에 부합된 이 사건에서, 그 도급계약상의 이행에 의하여 부합이 이루어졌다는 사정만으로는 피고가 그 자재에 관한 이익을 보유할 법률상의 원인이 있다고 할 수 없지만, 피고의 공장건물들에 부합된 이 사건 철강제품의 소유권이 원고에게 유보되어 있다는 사정을 피고가 과실 없이 알지 못하였음이 인정되는 경우에는 피고가 그 자재에 관한 이익을 보유할 법률상의 원인이 있다고 보아 부당이득에 의한 보상청구를 부정하여야 할 것이다.

마. 그렇다면, 자신은 원고와 주식회사 소외 주식회사사이의 공급계약에서 제3자에 불과하므로 원고가 피고에게 직접 부당이득을 구할 수 없다는 피고의 주장 부분을 배척한 원심 판단은 정당하고 이를 다투는 피고의 상고이유의 주장 부분은 이유 없다 할 것이지만, 피고가 이 사건 철강제품의 소유권이 원고에게 유보되어 있다는 사정에 관하여 선의임을 주장하고 있는 이 사건에서 그 선의 및 과실 여부에 관하여 판단하지 아니하고 부당이득에 의한 보상청구를 받아들인 원심판결에는 민법 제261조의 해석 및 부당이득 법리를 오해하여 필요한 심리를 다하지 아니한 위법이 있고, 이러한 위법은 판결에 영향을 미쳤음이 분명하므로, 이 점을 지적하는 상고이유 주장 부분은 이유 있다.

3. 결 론

그러므로 원심판결을 파기하고, 사건을 다시 심리·판단하게 하기 위하여 원심법원에 환송하기로 하여 관여 대법관의 일치된 의견으로 주문과 같이 판결한다.

2 다수당사자 관계

(1-1) 대전고등법원 1999. 10. 21. 선고 97나4515 판결

【원고(반소피고), 항소인 겸 피항소인】 김△진
【피고(반소원고), 피항소인 겸 항소인】 김◇원
【변론종결】 1999. 7. 22.
【원심판결】 대전지방법원 1997. 6. 26. 선고 96가합9342 판결

【주 문】

1. 원심판결을 다음과 같이 변경한다.

가. 피고(반소원고)는 원고(반소피고)에게, (1) 원고(반소피고)로부터 금 74,889,848원 및 이에 대한 1998. 3. 21.부터 1999. 10. 21.까지는 연 5푼의, 그 다음날부터 완제일까지는 연 2할 5푼의 각 비율에 의한 금원을 지급받음과 동시에 별지부동산목록 기재 건물 1층 중 별지도면 표시 1, 2, 4, 5, 1의 각 점을 순차 연결한 선내 ㉠ 부분 74.34㎡와 같은 건물 2층 중 같은 도면 표시 29, 30, 31, 32, 29의 각 점을 순차 연결한 선내 ㉥ 부분 148.84㎡를 명도하고, (2) 금 1,778,367원 및 1996. 8. 29.부터 별지도면 표시 ㉠, ㉥ 부분의 명도완료일까지 월 금 180,000원의 비율에 의한 금원을 지급하라.

나. 원고(반소피고)의 나머지 청구를 기각한다.

2. 당심에서 제기된 반소청구에 기하여, 원고(반소피고)는 피고(반소원고)로부터 별지도면 표시 ㉠, ㉥ 부분의 건물을 명도받음과 동시에 피고(반소원고)에게 제1항.가.(1).기재 금원을 지급하라.

3. 피고(반소원고)의 나머지 반소청구를 기각한다.

4. 소송총비용은 본소, 반소를 통하여 이를 2분하여 그 1은 원고(반소피고)의, 나머지는 피고(반소원고)의 각 부담으로 한다.

5. 제1항.가. 및 제2항은 가집행할 수 있다.

【청구취지】

본소 : 피고(반소원고, 이하 피고라고만 한다)는 원고(반소피고, 이하 원고라고만 한다)에게, 별지부동산목록 기재 건물 1층 중 별지도면 표시 1, 2, 4, 5, 1의 각 점을 순차 연결한 선내 ㉠ 부분 74.34㎡와 같은 건물 2층 중 같은 도면 표시 29, 30, 31, 32, 29의 각 점을 순차 연결한 선내 ㉥ 부분 148.84㎡를 명도하고, 금 4,498,500원 및 1996. 8. 29.부터 별지도면 표시 ㉠, ㉥ 부분의 명도완료일까지 월 금 180,000원의 비율에 의한 금원을 지급하라.

반소 : 원고는 피고에게 금 250,000,000원 및 이에 대한 1997. 1. 1.부터 이 사건 반소장부본송달일까지는 연 5푼의, 그 다음날부터 완제일까지는 연 2할 5푼의 각 비율에 의한 금원을 지급하라.

【항소취지】

원고 : 원심판결의 피고에 대한 명도청구에 관한 부분 중 원고 패소부분을 취소한다. 피고는 원고에게 별지부동산목록 기재 건물 1층 중 별지도면 표시 1, 2, 4, 5, 1의 각 점을 순차 연결한 선내 ㉠ 부분 74.34㎡와 같은 건물

2층 중 같은 도면 표시 29, 30, 31, 32, 29의 각 점을 순차 연결한 선내 ㉥ 부분 148.84㎡를 명도하라. 피고 : 원심판결 중 피고 패소부분을 취소하고, 이에 해당하는 원고의 청구를 기각한다.

【이 유】

1. 인정사실

가. 다음의 사실은 당사자 사이에 다툼이 없거나 갑 제1호증의 1 내지 18, 갑 제2, 3호증, 을 제7호증의 각 기재와 원심 및 당심법원의 현장검증결과 및 원심 감정인 박○영의 측량감정결과에 변론의 전취지를 종합하여 인정할 수 있고, 반증이 없다.

(1) 원고는 1991. 6. 8. 별지부동산목록 기재 건물(이하 이 사건 건물이라고 한다) 중 2/4지분에 관하여 소유권이전등기를 경료하였고, 이 사건 건물을 소외 정◎섭, 정▲화(각 지분 1/4)와 공유하고 있다.

(2) 피고는 이 사건 건물 1층 중 별지도면 표시 1, 2, 4, 5, 1의 각 점을 순차 연결한 선내 ㉠ 부분 74.34㎡를 알루미늄샷시제작공장으로, 이 사건 건물 2층 중 별지도면 표시 29, 30, 31, 32, 29의 각 점을 순차 연결한 선내 ㉥ 부분 148.84㎡를 사무실로 점유, 사용하고 있다.

나. 위 인정사실에 의하면, 피고는 특별한 사정이 없는 한 원고에게 이 사건 건물 중 위 각 점유부분을 명도하고, 그 점유, 사용으로 인한 차임 상당의 부당이득 중 원고의 지분 2/4에 해당하는 금원을 지급할 의무가 있다 할 것이다.

2. 건물 명도 청구에 관한 피고의 주장 및 반소청구

가. 이에 대하여 피고는, 피고는 1994. 5. 10. 이 사건 건물의 1/4지분권자인 위 정◎섭으로부터 이 사건 건물의 1, 2층 창호공사를 금 250,000,000원에 도급받아 공사를 완공하였는데, 원고는 1993. 4. 26.경 위 정◎섭에게 이 사건 건물에 관한 개보수의 권한을 위임한 적이 있고, 위 공사의 완공 후인 1994. 10. 말경부터 1995. 1.경까지 사이에 피고에게 위 공사대금을 지급하여 주겠다고 약속하였으므로, 피고는 원고 또는 위 정◎섭으로부터 위 공사대금을 지급받을 때까지는 유치권을 행사하여 원고의 명도청구에 응할 수 없다는 취지로 항변하면서, 반소로서 원고에 대하여 위 공사대금의 지급을 구한다.

그러므로 살피건대, 을 제1, 2호증의 각 1, 2, 을 제4호증, 을 제5호증의 1, 2, 을 제6호증의 1 내지 3의 각 기재와 원심 증인 정ㅁ조, 박▽랑, 김♡호의 각 일부 증언(다만 뒤에서 믿지 아니하는 부분 각 제외)에 변론의 전취지를 종합하면, 피고는 1994. 5. 10. 이 사건 건물의 1/4지분권자인 위 정◎섭으로부터 이 사건 건물의 1, 2층 창호공사를 금 250,000,000원(1층 금 150,000,000원, 2층 금 100,000,000원)에 도급받아 약정공사완료일인 1994. 8. 9.까지 위 공사를 완료한 사실을 인정할 수는 있으나, 나아가 원고가 위 정◎섭에게 이 사건 건물에 관한 개보수권한을 위임하였다거나 피고에게 위 공사대금의 지급을 약속하였다는 점에 관하여는 이에 부합하는 취지의 을 제33호증의 16, 17의 각 기재, 원심 증인 정◎섭, 정ㅁ조, 김♡호, 원심 및 당심 증인 박▽랑, 당심 증인 박▣연의 각 일부 증언은 당심 증인 김◈옥의 증언, 특히 위 1994. 5. 10. 당시 이 사건 건물은 각 공유자의 지분에 관하여 수차례에 걸쳐 가압류 및 가처분등기, 압류등기가 경료되어 있어서 이 사건 건물에 공사비를 투자하여 개보수를 하더라도 이 사건 건물을 다른 곳에 분양하거나 임대하여 투자금을 회수하기가 매우 어려울 것으로 예상되고 있었던 점 등 제반 사정에 비추어 이를 믿지 아니하고, 을 제3호증의 기재만으로는 이를 인정하기 부족하며, 달리 이를 인정할 아무런 증거가 없고, 한편 이 사건 건물에 대한 1, 2층의 창호공사는 이 사건 건물에 새로운 시설을 하는 행위로서 이는 공유물의 관리행위에 해당한다고 할 것이고, 공유물의 관리에 관한 사항을 정하기 위하여서는 공유자의 지분의 과반수 이상의 동의가 있어야 하는바(민법 제265조), 위 정◎섭의 공유지분이 1/4에 불과한 사실은 앞서 본 바와 같고, 위 창호공사에 대하여 이 사건 건물의 공유지분 과반수 이상의 동의가 있었다고 볼 만한 아무런 증거가 없으므로, 공유지분의 과반수에 미달하는 위 정◎섭과 사이에 위 창호공사계약을 체결하고 공사를 하여 이 사건 건물을 점유하게 된 피고로서는 위 정◎섭에 대하여 위 공사대금을 청구할 수 있을 뿐이고, 피고의 위와 같은 점유경위에 비추어 볼 때, 피고는 공유물의 보존행위로서 이 사건 건물의 명도를 구하는 원고에 대하여는 위 공사대금채권을 이유로 유치권을 행사할 수는 없다고 할 것이므로, 피고의 위 유치권 항변 및 반소청구에 관한 주장은 모두 이유 없다.

나. 다시 피고는, 원고가 위 정◎섭과 피고 사이의 위 공사계약을 묵시적으로 추인하였으며, 그렇지 않다고 하더라도 원고는 위 공사대금 중 최소한 이 사건 건물 중 원고의 지분에 해당하는 금 125,000,000원의 공사대금은 지급하여 주기로 약정하였으므로, 원고는 피고에게 위 공사대금 중 이 사건 건물에 관한 원고의 지분인 2/4에 해당하는 금 125,000,000원을 지급할 의무가 있다고 주장한다.

그러나, 앞서 믿지 아니한 을 제3호증의 16, 17의 각 기재 및 원심 증인 정◎섭, 정ㅁ조, 김♡호, 원심 및 당심 증인 박▽랑, 당심 증인 박▣연의 각 일부 증언이외에는 이를 인정할 아무런 증거가 없으므로, 피고의 위 주장도 이유 없다.

다. 마지막으로 피고는, 피고가 이 사건 건물에 대하여 위 창호공사를 한 결과 이 사건 건물의 가치가 증대하였으므로 원고는 피고에게 그 가치가 증대한 부분 중 원고의 지분에 상응하는 2/4에 해당하는 금액을 부당이득 내지 유익비로서 피고에게 반환할 의무가 있다고 주장한다.

그러므로 살피건대, 당심 법원의 현장검증결과, 당심 감정인 정태영의 감정결과, 당심의 위 감정인 정태영에 대한 사실조회회보결과에 변론의 전취지를 종합하면, 피고는 1994. 5. 10.부터 같은 해 8. 9.까지 사이에 이 사건 건물 중 1, 2층에서 별지유익비목록의 세부공사내용란 기재와 같이 이 사건 건물을 상가로 이용하기 위한 창호공사를 시행한 사실, 피고가 위 공사를 시행한 결과 별지유익비목록의 현존가액란 기재와 같이 이 사건 건물의 가액이 증대하여 현존하고 있는 사실, 이 사건 건물의 1층의 용도는 시장이고, 2층의 용도는 시장 및 미용실인 사실을 인정할 수 있고, 갑 제22, 23호증의 각 기재는 위 인정에 방해가 되지 아니하며, 달리 반증이 없는바, 위 인정사실에 의하면, 피고가 시행한 위 공사의 결과 별지유익비목록의 현존가액 합계란 기재의 금 149,779,696원에 상당하는 만큼 이 사건 건물부분의 객관적 가치가 증가하였다고 할 것이고, 피고의 당초 도급금액이 금 250,000,000원이었던 점에 비추어 위 현존가액은 이 사건 창호공사에 실제 지출된 비용 보다는 작은 금액이라고 보여지므로, 원고는 위 현존가액의 총합계인 금 149,779,696원 중 피고가 구하는 바에 따라 이 사건 건물에 대한 원고의 지분인 2/4에 해당하는 금 74,889,848원을 피고에게 지급할 의무가 있고, 피고는 위 금원을 지급받기 위하여 이 사건 건물 중 피고의 점유부분을 유치할 권리가 있다고 할 것이다.

3. 차임상당의 부당이득반환청구

가. 피고는, 이 사건 건물에 대한 공사대금을 지급받을 때까지는 이 사건 건물을 유치할 권리가 있으므로 이를

점유, 사용함으로써 얻은 이익은 부당이득이 아니므로 원고에게 이를 반환할 의무가 없다고 주장하나, 유치권자가 유치권 행사로 채권을 상환받을 때까지 유치물건의 반환을 거부할 수 있는 정당한 권원이 있다 하여도 유치물건을 사용함에 따른 차임상당의 이득을 취할 수 있는 권리는 없다 할 것이므로, 피고의 위 주장은 이유 없다.

나. 나아가 피고가 지급하여야 할 부당이득금의 범위에 관하여 보건대, 원심 감정인 최○기의 임료감정결과에 변론의 전취지를 종합하면, 이 사건 건물 중 별지도면 표시 ㉠ 부분의 1995년도 1년간의 임료는 금 1,701,640원이고, 1996. 1. 1.부터 같은 해 8. 28.까지의 임료는 금 1,170,000원이며, 별지도면 표시 ㉥ 부분의 1995년도 1년간의 임료는 금 2,433,500원이고, 1996. 1. 1.부터 같은 해 8. 28.까지의 임료는 금 1,673,000원인 사실, 1996. 8. 29. 이후 위 ㉠ 부분의 월 임료는 금 148,000원, 위 ㉥ 부분의 월 임료는 금 212,000원인 사실을 인정할 수 있고, 반증이 없는바, 위 인정사실을 기초로 피고의 점유개시일인 1995. 10. 30.(원고는 피고가 이 사건 건물 중 그 점유부분을 1994. 6. 28.부터 점유, 사용하여 왔다고 주장하나, 피고가 점유개시일이라고 자인하고 있는 1995. 10. 30. 전날까지의 기간 동안은 피고가 이를 점유, 사용하고 있었음을 인정할 만한 아무런 증거가 없으므로 원고의 청구는 1995. 10. 30. 이후의 부당이득반환을 구하는 범위 내에서만 이유있고, 이를 초과하는 부분은 이유 없다.)부터 1996. 8. 28.까지의 임료를 계산하면 합계 금 3,556,735원[{ ㉠ 부분 : 1995년도분 금 293,707원(금 1,701,640원 x 63/365) + 1996년도분 금 1,170,000원} + { ㉥ 부분 : 1995년도분 금 420,028원(금 2,433,500원 x 63/365) + 1996년도분 금 1,673,000원}, 원 미만 버림, 이하 같다]이고, 그 이후의 임료는 월 금 360,000원(㉠ 부분의 월 임료 금 148,000원 + ㉥ 부분의 월 임료 금 212,000원)가 됨은 계산상 분명하고, 특별한 사정이 없는 한 위 월 임료는 장래 하락할 것이라고는 보여지지 아니한바, 그중 원고의 지분인 2/4에 해당하는 금액을 보면 1995. 10. 30.부터 1996. 8. 28.까지의 임료는 금 1,778,367원(금 3,556,735원 x 2/4), 1996. 8. 29.부터 위 건물부분의 명도완료일까지의 월 임료는 금 180,000원(금 360,000원 x 2/4)이 된다.

4. 결 론

그렇다면, 가. 이 사건 본소청구에 의하여, 피고는 원고에게, (1) 원고로부터 위 유익비 금 74,889,848원 및 이에 대한 이 사건 반소장부본송달일임이 기록상 명백한 1998. 3. 21.부터(피고는 1997. 1. 1.부터 지연손해금의 지급을 구하나, 피고로부터 유익비의 상환청구를 받기 전날까지의 기간에 대하여는 원고에게 지연손해금의 지급의무가 있다고 할 수 없으므로, 이 사건 반소장부본송달일로부터 지연손해금을 계산한다) 원고가 이행의무의 범위에 관하여 항쟁함이 상당한 당심판결선고일인 1999. 10. 21.까지는 민법 소정의 연 5푼의, 그 다음날부터 완제일까지는 소송촉진등에관한특례법 소정의 연 2할 5푼의 각 비율에 의한 지연손해금을 지급받음과 동시에 이 사건 건물 1층 중 별지도면 표시 ㉠ 부분 74.34㎡와 이 사건 건물 2층 중 별지도면 표시 ㉥ 부분 148.84㎡를 명도하고, (2) 임료상당부당이득금으로서, 위 금 1,778,367원 및 1996. 8. 29.부터 위 ㉠, ㉥ 부분의 명도완료일까지 위 월 금 180,000원의 비율에 의한 금원을 지급할 의무가 있고, 나. 이 사건 반소청구에 의하여, 원고는 피고로부터 위 ㉠, ㉥ 부분의 건물을 명도 받음과 동시에 피고에게 위 가. (1). 기재 금원을 지급할 의무가 있다 할 것이므로, 원고의 피고의 이 사건 본소 및 반소 청구는 위 인정범위내에서 이유 있어 이를 각 인용하고, 나머지 청구는 이유 없어 이를 각 기각할 것인바, 이 사건 본소 청구에 관한 원심판결은 이와 결론을 일부 달리하여 부당하므로, 원심판결을 주문 제1항과 같이 변경하기로 하고, 당심에서 제기된 반소 청구에 관하여는 위 인정범위내에서 이유 있어 이를 인용하고, 나머지 반소청구는 이유 없어 이를 기각하기로 하여, 주문과 같이 판결한다.

(1-2) 대법원 2002. 8. 23. 선고 99다66564, 66571 판결 [공2002.10.1.(163), 2174]

【원고(반소피고), 상고인】 김○진

【피고(반소원고), 피상고인】 김○원

【원심판결】 대전고등법원 1999. 10. 21. 선고 97나4515, 98나1568 판결

【주 문】

원심판결 중 원고(반소피고) 패소 부분을 파기하고, 이 부분 사건을 대전고등법원에 환송한다.

【이 유】

1. 원심은, 이 사건 건물에 관하여 원고(반소피고, 이하 '원고'라고만 한다)가 1/2 지분, 소외 정○섭, 정○화가 각 1/4 지분으로 공유한 사실, 위 정○섭은 공유자인 원고의 동의 없이 1994. 5. 10. 피고(반소원고, 이하 '피고'라고만 한다)에게 이 사건 건물의 1, 2층 창호공사를 금 250,000,000원에 도급하는 계약을 체결하고 피고가 약정기간 내에 위 공사를 완료하였으나 피고에게 공사대금을 지급하지 않은 사실, 위 공사로 인하여 이 사건 건물의 가치가 금 149,779,696원 상당 증가한 사실을 인정한 다음, 원고는 피고에게 위 공사로 인하여 이 사건 건물의 가치가 증가한 부분 중 원고 지분에 상응하는 금 74,889,848원을 부당이득 내지 유익비로서 반환할 의무가 있다고 판단하였다.

2. 계약상의 급부가 계약의 상대방뿐만 아니라 제3자의 이익으로 된 경우에 급부를 한 계약당사자가 계약 상대방에 대하여 계약상의 반대급부를 청구할 수 있는 이외에 그 제3자에 대하여 직접 부당이득반환청구를 할 수 있다고 보면, 자기 책임 하에 체결된 계약에 따른 위험부담을 제3자에게 전가시키는 것이 되어 계약법의 기본원리에 반하는 결과를 초래할 뿐만 아니라, 채권자인 계약당사자가 채무자인 계약 상대방의 일반채권자에 비하여 우대받는 결과가 되어 일반채권자의 이익을 해치게 되고, 수익자인 제3자가 계약 상대방에 대하여 가지는 항변권 등을 침해하게 되어 부당하므로, 위와 같은 경우 계약상의 급부를 한 계약당사자는 이익의 귀속 주체인 제3자에 대하여 직접 부당이득반환을 청구할 수는 없다고 보아야 할 것이다.

한편, 유효한 도급계약에 기하여 수급인이 도급인으로부터 제3자 소유 물건의 점유를 이전받아 이를 수리한 결과 그 물건의 가치가 증가한 경우, 도급인이 그 물건을 간접점유하면서 궁극적으로 자신의 계산으로 비용지출과정을 관리한 것이므로, 도급인만이 소유자에 대한 관계에 있어서 민법 제203조에 의한 비용상환청구권을 행사할 수 있는 비용지출자라고 할 것이고, 수급인은 그러한 비용지출자에 해당하지 않는다고 보아야 할 것이다.

위와 같은 법리에 비추어 볼 때, 이 사건에서 위 정기섭으로부터 이 사건 건물에 관한 공사를 도급받아 공사를 완료한 피고로서는 이 사건 건물의 공유자 중 1인인 원고에 대하여 직접 부당이득반환을 청구하거나 유익비상환을 청구할 수 없다고 보아야 할 것임에도 불구하고, 원심은 피고에게 원고에 대한 부당이득반환 내지 유익비상환청구권이 있다고 판단하였으니, 거기에는 부당이득반환청구 등에 관한 법리를 오해하여 판결 결과에 영향을 미친 잘못이 있다 할 것이고, 이러한 취지의 상고이유의 주장은 이유 있다.

3. 그러므로 나머지 상고이유에 관하여 판단할 필요도 없이 원심판결 중 원고 패소 부분을 파기하고, 이 부분

사건을 다시 심리·판단하도록 원심법원에 환송하기로 하여, 관여 법관의 일치된 의견으로 주문과 같이 판결한다.

(2-1) 서울고등법원 2004. 8. 19. 선고 2003나54997 판결

【원고, 항소인】 허○ 외 1인

【피고, 피항소인】 비○씨종합개발 주식회사 외 1인

【제1심 판결】 인천지방법원 2003. 8. 1. 선고 2003가합1843 판결

【변론종결】 2004. 7. 8.

【주 문】

1. 제1심 판결 중 피고 비○씨종합개발 주식회사에 대하여 아래에서 지급을 명하는 금원에 해당하는 원고들 패소부분을 취소한다.

피고 비○씨종합개발 주식회사는 원고 허○에게 97,956,360원, 원고 조○자에게 46,657,520원 및 위 각 금원에 대하여 2003. 3. 8.부터 2004. 8. 19.까지 연 5%, 그 다음날부터 갚는 날까지 연 20%의 각 비율에 의한 금원을 지급하라.

2. 원고들의 피고 비○씨종합개발 주식회사에 대한 나머지 항소 및 피고 주식회사 한국○○신탁에 대한 항소를 모두 기각한다.

3. 원고들과 피고 비○씨종합개발 주식회사 사이에 생긴 소송비용은 1, 2심을 합하여 이를 4분하여 그 중 1은 원고들의, 나머지는 피고 비○씨종합개발 주식회사의 각 부담으로 하고, 원고들과 피고 주식회사 한국○○신탁 사이에 생긴 항소비용은 원고들의 부담으로 한다.

4. 제1항 중 금원 지급 부분은 가집행할 수 있다.

【청구취지 및 항소취지】

제1심 판결을 취소한다.

주위적 청구취지 : 피고들은 각자 원고 허○에게 139,866,350원, 원고 조○자에게 64,225,520원 및 이에 대한 이 사건 소장 부본 송달 다음날부터 다 갚는 날까지 연 20%의 비율에 의한 금원을 지급하라.

예비적 청구취지 : 피고 비○씨종합개발 주식회사는 원고 허○과 원고 조○자가 별지 목록 제1 기재 각 상가의 수분양권자의 지위에 있음을 확인한다.(원고들은 당심에서 주위적 청구취지 중 지연손해금 부분을 일부 감축하고, 예비적 청구취지를 추가하였다)

【이 유】

1. 기초사실

[인정근거] 다툼 없는 사실, 갑1의 1·2, 갑2의 1 내지 17, 갑3의 1·2, 갑4의 1 내지 12, 갑5의 1 내지 8, 갑6, 7, 갑8의 1 내지 3, 갑10의 1 내지 3, 갑12, 14, 갑18의 1 내지 3, 갑19, 갑23의 1 내지 3, 갑25, 을가 2, 을가 3의 2, 을가 4 내지 6, 을가 13, 을가 14의 8, 을가 15의 2·3·5, 을가 16, 을가 17의 1·2의 각 기재, 제1심 증인 노○수의 증언, 변론 전체의 취지

가. 엡스201패션몰 분양사업의 추진 경위

(1) '주식회사 엡스201'의 대표이사로 있던 정○철은 무○건설이 시공하다 부도로 중단된 인천 부평구 부평동 205-2 소재 미준공 건물을 인수하여 완공 후 엡스201 부평점이라는 명칭으로 쇼핑몰을 분양하던 자로서, 인천 남구 주안역 부근에도 같은 내용의 엡스201쇼핑몰 주안점(이하 이 사건 상가라 한다)을 설립·분양하기로 하고 2000. 2.경 이를 시행할 별도의 법인을 '엡스이공일 주식회사'(이하 '엡스이공일'이라 한다)라는 상호로 설립하였다.

(2) 정○철은 위 부평점의 경우 수금된 분양대금만으로 부지, 건물 및 공사대금을 충당할 수 없고, '이 사건 상가'의 경우에도 그 부지로서 인천 남구 주안동 140-5 대 234.8㎡ 외 7필지(이하 '이 사건 대지'라 한다)를 100억 원 상당에 매수하게 되는 등 자금 압박을 받게 되자, 위 부평점의 수분양자들로부터 개발비 명목으로 추가 수금한 돈 중 약 130억 원을 다른 명목으로 유용하기도 하면서, 이 사건 상가 분양으로서 수금되는 분양대금을 위 부평점의 부족한 사업자금으로 전용하기로 하고 이 사건 상가에 대한 분양업무를 개시하였다.

나. 이 사건 분양계약의 체결

(1) 엡스이공일과 사이에, 원고 허○은 2000. 6. 25. 이 사건 상가 중 1층 38호를 97,680,000원(부가가치세 별도)에, 비(B)1층 37호를 54,900,000원(부가가치세 별도)에 각 분양받기로 하는 분양계약을 체결하고, 원고 조○자는 2000. 6. 16. 이 사건 상가 1층 96호를 74,340,000원(부가가치세 별도)에, 2000. 11. 23. 4층 97호 및 97-1호를 각 36,294,400원(각 부가가치세 포함)에 각 분양받기로 하는 분양계약(이하 위 각 분양계약을 '이 사건 분양계약'이라 한다)을 체결하는 한편, 이 사건 각 분양계약의 체결과 동시에 이 사건 상가의 인테리어와 상가활성화를 위한 홍보 비용 등에 소요되는 개발비로서 엡스이공일에게 원고 허○은 위 1층 38호에 관하여는 19,800,000원(부가가치세는 10%로 하고 별도 계산, 이하 같다), 비(B)1층 37호에 관하여는 18,300,000원, 원고 조○자는 위 1층 96호에 관하여는 15,200,000원, 4층 97호 및 97-1호에 관하여는 각 12,720,000원을 각 지급하기로 약정하였다.

(2) 이 사건 분양계약 및 개발비 지급약정에 따라 엡스이공일에게 각 분양대금 및 개발비 명목으로, 원고 허○은 별지 제2 목록 기재 분양대금 납입현황과 같이 20회에 걸쳐 합계 139,866,360원[1]을, 원고 조○자는 별지 제3목록 기재 분양대금 납입현황과 같이 17회에 걸쳐 합계 66,225,520원을 지급하였다.

다. 엡스이공일의 부도 및 신탁계약의 체결

(1) 당초 이 사건 상가의 시공업체이던 금○개발이 2001. 1.경 공사를 중단한 이후 이를 인수한 주식회사 근○건설(이하 '시공업체'라 한다)도 같은 해 11.경 정○철의 자금유용 및 위 부평점의 부도 등으로 공사를 중단하게 되었다.

(2) 이에 엡스이공일은 2002. 2. 5. 피고 주식회사 한국○○신탁(이하 '피고 한국○○신탁'이라 한다)과 사이에 이 사건 대지에 관한 부동산신탁계약을 체결한 다음 위 피고 앞으로 이 사건 대지에 관하여 신탁계약을 원인으로 한 소유권이전등기를 경료하여 주고, 같은 달 20. 피고 한국○○신탁, 시공업체 등 3자 사이에, 피고 한국○○신탁이 이 사건 대지를 신탁 받아 관리하면서 이 사건 상가의 분양에 따른 분양대금 등 자금의 수납·관리 및 집행과 대출업무지원 등의 업무를 수행하기로 하고, 공사비는 엡스이공일의 요청에 의해 피고 한국○○공사가 시공업체에 직접 지급하기로 하면서 위와 같은 업무에 대한 보수로 수납한 총 분양대금의 1.5%를 지급받기로 약정하는 등을 내용으로 한 자금관리대리사무계약을 체결하였다.

---

1) 약정 내용과 달리 금액이 다소 줄어든 이유는 각 중도금 납기일보다 선납하여 선납할인율을 적용받은 결과이다.

라. 엡스이공일 분양자조합의 설립 및 계약인수

(1) 이 사건 상가의 수분양자 756명 중 원고들을 포함한 400명은 2002. 2. 23. 공사중단과 대지소유권신탁 등에 대한 대책을 마련하기 위하여 엡스이공일 분양자조합(이하 '이 사건 조합'이라 한다)을 설립하고, 원고 허○을 조합장으로 선출하였다.

(2) 엡스이공일은 2002. 3. 11. 이미지 개선 차원에서 상호를 원앤○○엔씨 주식회사로 변경하고, 이에 따라 이 사건 조합도 명칭을 원앤○○엔씨 분양자조합으로 변경하였다.

(3) 그 무렵 이 사건 조합은 원고 허○ 이외에 장○옥, 박○순을 공동 조합장으로 선출하고, 2002. 5. 22. 원고 허○ 및 장○옥, 박○순은 공동으로 이 사건 조합을 대표하여 엡스이공일과 사이에, 이 사건 조합이 선임하는 감독관으로 하여금 공사진행을 확인·감독하고, 엡스이공일 및 시공업체는 이에 협력하며 이 사건 조합은 조합원의 분양대금의 원활한 수납을 위해 최대한 협조한다는 등의 내용으로 된 업무협약을 하였다.

(4) 한편, 박○순은 피고 한국○○신탁의 사업조사 보고서에 터 잡아 엡스이공일로부터 이 사건 상가에 관한 분양자 지위를 이전 받아 상가분양을 정상화할 목적으로, 2002. 8. 28. 다른 공동 조합장 없이 단독으로 이 사건 조합을 대표하여 엡스이공일과 사이에 다음과 같은 내용의 약정(갑6, 이하 '이 사건 인수약정'라고 한다)을 하였다.

① 현 시행사인 엡스이공일은 이 사건 상가 수분양자를 대표하는 이 사건 조합에게 모든 시행사의 권리를 양도한다(제1조).

② 엡스이공일이 합의일 현재 분양 완료한 분양계약은 이 사건 조합이 유효한 계약으로 일괄 승계한다. 이 사건 조합은 시행법인을 조속히 설립하여 동 법인으로 분양계약을 승계조치하며 엡스이공일의 분양계약서는 회수하고 이 사건 조합이 설립한 시행법인명의로 분양계약서를 재교부한다. 단, 분양계약자는 이 사건 조합에 가입해야 분양계약서 재교부를 보호받을 수 있으며 해약 요구시 엡스이공일 발행 분양계약서에 명시한 내용에 의거 처리한다(제2조).

③ 이 사건 조합은 엡스이공일로부터 이 사건 상가건설공사와 관련하여 엡스이공일이 시공업체에게 미지급한 공사비 정산 합의금액, 미지급 설계비 및 감리비, 엡스이공일의 임직원 중 등기 임원을 제외한 직원의 미지급 임금, 분양자 미지급 해약환불금, 미지급 제세공과금 등을 승계하여 지급하고, 그 이외의 엡스이공일의 채무는 위 회사가 책임지기로 한다(제3조).

마. 피고 비○씨종합개발 주식회사의 설립

(1) 박○순은 2002. 9. 9. 이 사건 인수약정에서 정한 시행법인으로서 피고 비○씨종합개발 주식회사(이하 '피고 비○씨'라고 한다)를 설립하였다.

(2) 한편, 원고 허○은 2002. 8. 28. 열린 이 사건 조합의 임원회의(임원 17인 중 13인 참석)에서 박○순에 의하여 이루어 진 이 사건 인수약정에 대하여 조합에 추가 손실이 발생하는 것은 아닌지 등에 대한 검토 작업을 해보자고 하였으나, 같은 해 9. 26. 열린 임원회의(임원 17인 참석)에서는 논의 방향이 본인의 생각과 다르게 진행되자 조합장직을 사퇴하겠다고 밝히고 조합에서 탈퇴하였으며, 원고 조○자도 이 사건 조합 설립 당시부터 이사로 선임된 자로서 위 각 임원회의에 참석하면서 원고 허○과 의견을 같이 하던 중 그 시경 피고 회사로부터 중도금 납부 독촉을 받자 9. 말경 피고 회사에게 이 사건 인수 약정에 동의할 수 없다면서 기 납부한 계약금 등의 반환을 구한다는 의사표시를 하고 그 시경 이 사건 조합을 탈퇴하였다.

2. 판 단

가. 피고 비○씨에 대한 청구에 관한 판단

(1) 원고들의 주장

원고들은, ① 피고 비○씨는 이 사건 인수약정에 따라 이 사건 조합을 거쳐 엡스이공일로부터 분양계약상 분양자 지위를 승계하였는바, 원고들이 이 사건 인수약정 이전인 2001. 7월경, 엡스이공일의 분양계약상 의무의 이행지체를 이유로 엡스이공일의 부사장으로 있던 이○주에 대하여 이 사건 분양계약 해제의 의사표시를 하였고, 또한 이 사건 소장 송달로서도 피고 비○씨에게 이 사건 인수약정에 대한 승낙의 의사표시를 함과 아울러 이 사건 분양계약 해제의 의사표시를 하는 바이므로, 피고 비○씨는 엡스이공일에 대한 권리의무의 승계인으로서 적법한 해제권을 행사한 원고에 대하여 계약해제를 원인으로 한 원상회복으로서 원고들의 기 지급 분양대금 및 개발비를 반환할 의무가 있으며, ② 설사 피고 비○씨에게 이 사건 분양계약 및 인수약정에 따른 계약상 책임이 인정되지 아니하더라도 피고 비○씨는 법률상 원인 없이 원고들이 납부한 분양대금 및 개발비 상당을 엡스이공일로부터 인수하여 동액 상당의 부당이득을 취하였으므로 원고들에게 이를 반환할 의무가 있다고 주장한다.

(2) 계약해제를 원인으로 한 원상회복청구에 관한 판단

(가) 이 사건 인수약정과 계약인수

먼저, 원고들은 피고 비○씨가 이 사건 조합을 거쳐 엡스이공일로부터 그의 원고들에 대한 분양자로서의 권리 의무를 포괄적으로 승계하였음을 전제로 피고 비○씨에 대하여 직접 또는 그 승계인임을 이유로 한 이 사건 분양계약의 해제에 따른 원상회복의무 이행을 구하므로 그 점에 관하여 살피건대, 앞서 본 바와 같이 이 사건 인수약정은 이 사건 조합이 엡스이공일의 이 사건 상가분양에 관한 분양자로서의 지위를 포괄적으로 승계하는 것을 목적으로 하는 이른바 계약인수의 약정이고, 이에 따라 사건 조합이 승계한 이 사건 분양계약상의 권리, 의무는 위 약정내용에 따라 설립된 피고 비○씨에게 그대로 승계되었다고 봄이 상당하다.

다만, 원고들이 이 사건 인수약정 이전의 해제와 인수약정 이후의 해제가 있다고 주장하므로 이를 차례로 살피기로 한다.

(나) 이 사건 인수약정 이전의 해제 여부

원고들은 이 사건 인수약정 이전에 이미 엡스이공일에 대하여 이 사건 분양계약상 해제권을 행사하였으므로, 피고 비○씨는 이 사건 인수약정에 의하여 엡스이공일의 원고에 대한 분양계약해제를 원인으로 한 기 납부 분양대금 상당을 반환할 의무를 승계한 자로서 같은 의무가 있다고 주장하므로 살피건대, 앞서 본 이 사건 인수약정의 경위, 목적 및 그 내용 등을 종합하여 보면, 이 사건 조합은 이 사건 인수약정이 체결된 2002. 8. 28. 당시까지 적법하게 해제된 분양계약에 관하여만 그 원상회복의무를 인수하였다고 봄이 상당한바, 원고들이 이 사건 인수약정 이전에 엡스이공일에 대하여 적법하게 이 사건 분양계약에 관한 계약해제 의사표시를 하였다는 점을 인정할 만한 아무런 증거가 없으므로, 원고들의 이 부분 주장은 더 나아가 살필 필요 없이 이유 없다.

(다) 이 사건 인수약정 이후의 해제 여부

원고들은 이 사건 소장 부본 송달로서 이 사건 인수약정에 동의함과 동시에 이 사건 분양계약을 해제한다고 주장하므로 살피건대, 계약당사자로서의 지위의 승계를 목적으로 하는 이른바 계약인수는 3면 계약 또는 관계당사자 중 2인의 합의와 나머지 당사자의 동의 또는 승낙으로 이루어져야 성립하고, 위 승낙은 명시적 또는 묵시적으로 할 수 있고 어떤 특정한 방식을 요구하지 아니하므로 채권자가 인수인에 대하여 이행의 최고를 하거나 이행의 소를 제기하는 방법으로도 할 수 있으나, 한편 채권자로서는 일단 거절의 의사를 표시하여 그 계약의 당사자 지위에서 벗어난 후에는 신의칙상 이를 번복할 수는 없다할 것인바, 앞서 본 바에 의하면, 원고들은 이 사건 인수약정 직후 조합임원회의에 참석하여 이를 동의할 수 없다는 취지로 주장하다가 본인들의 의사와는 달리 이를 인정하는 방향으로 일이 진행되자 이 사건 조합을 탈퇴하였으므로, 결국 위 탈퇴로서 이 사건 인수약정에 부동의 내지 승낙 거절의 의사표시를 한 것이라 할 것이므로, 이와 달리 다시 이를 번복하여 이 사건 소장 부본 송달로써 이를 승낙한다는 것은 허용될 수 없다 할 것이니, 이와 전제사실을 달리 한 원고들의 위 주장 역시 더 나아가 살필 것도 없이 이유없다.

(라) 소결

따라서 원고들이 피고 비○씨와 유효한 분양계약관계에 있음을 전제로 구하는 계약해제를 원인으로 한 원상회복 주장부분은 더 나아가 살필 필요 없이 이유 없다.

(3) 부당이득반환청구에 관한 판단

(가) 부당이득의 성립 여부

앞서 본 바와 같이, 피고 비○씨는 엡스이공일로부터 이 사건 분양계약상 시행자로서의 모든 제반 권리를 포괄적으로 승계하고도 원고들이 미처 엡스이공일에 대하여 분양계약 해제권을 적법하게 행사하지 못하는 사이 엡스이공일과 사이에서 일방적으로 정한 내용의 이 사건 인수약정을 하고 위 내용을 원고들이 거절한다는 이유로 원고들에 대한 아무런 계약상 의무를 부담하지 않게 되는 결과가 야기되었는바, 결국 이로써 피고 비○씨는 엡스이공일로부터 인계 받은 원고들의 기지급의 분양대금 상당의 돈을 법률상 원인 없이 얻은 셈이 되고, 이로 인하여 원고들에게 동액 상당의 손실을 가하게 되었다 할 것이므로, 피고 비○씨는 원고들에 대하여 위 분양대금 상당을 부당이득으로 반환할 책임이 있다 할 것이다.

(나) 부당이득의 범위

1) 피고 비○씨는 원고들이 납부한 개발비는 물론 분양대금은, 이 사건 인수약정 당시 이미 정○철이 다량의 분양광고로 인한 비용으로 소비하거나 다른 곳에 전용하여 실제로 피고 비○씨가 인수한 바가 없으므로 반환할 수 없다는 취지로 항쟁한다.

① 그러므로 먼저, 개발비 부분에 관하여 살피건대, 법률상 원인 없는 이득을 이유로 한 부당이득반환에 있어서 이득이라 함은 실질적인 이익을 의미한다 할 것인데, 앞서 본 바와 같이 이 사건 개발비는 엡스이공일이 이 사건 상가의 원활한 개점을 위하여 기본인테리어, 상가활성화를 위한 광고, 홍보비 이벤트 행사비, 분양광고 및 분양중개수수료 기타 영업활성화를 위한 소요 경비로 사용하기로 하고 원고들과 별도의 개발비 약정을 한 다음 그 별도 약정에 기하여 분양대금과 분리하여 납부 받은 점, 실제 정○철이나 이 사건 조합은 조합활성화를 위하여 상당한 물량 및 비용으로 팜플렛, 전단지 배부, 인물광고(을가 8 내지 10, 각 가지번호 포함) 등을 실시한 점 등에 비추어 이 사건 분양계약 당시 실비 변상 차원으로 약정한 돈으로서, 실제 이 사건 인수 약정 당시에는 이미 소비된 비용에 불과하다 할 것이므로, 피고 비○씨에게 잔존하는 실질이득이라 할 수 없다 할 것이다. 따라서 이 부분은 공제되어야 마땅하므로 개발비 부분도 부당이득이라는 취지의 원고들 주장은 이유없다.

② 다음, 분양대금 부분에 관하여 보건대, 분양대금은 이 사건 분양계약상 목적물의 가치 상당이라 보이는 점, 원고들이 납부한 분양대금은 현금으로서 이를 수령한 엡스이공일에게 잔존하는 이득으로 추정되는 점, 피고 비

○씨는 엡스이공일의 분양자 지위를 포괄적으로 승계한 자인 점 등에 비추어, 달리 피고 비○씨가 원고들의 분양대금 전액이 피고 비○씨에게 남아 있지 아니하다는 점을 입증하지 아니한 이상 이는 피고 비○씨에게 잔존하는 이득으로 봄이 상당한바, 그와 같은 점을 인정할 아무런 증거가 없으므로, 이 부분에 관한 피고 비○씨의 항쟁은 이유없다.

2) 나아가, 반환할 부당이익의 수액에 관하여 보건대, 엡스이공일에 대한 분양대금으로, 원고 허○은 합계 97,956,360원(1층 38호 62,710,560원 + B1층 37호 35,245,800원), 원고 조○자는 합계 46,657,520원(1층 96호 31,817,520원 + 4층 97호 7,420,000원 + 4층 97-1호 7,420,000원)을 각 지급한 점은 앞서 본 바와 같고, 피고 비○씨는 원고들의 이 사건 소 제기 이전에 이미 여러 차례 원고들과 이 사건 상가의 분양대금납부와 관련하여 서신을 주고 받다가 결국 원고들이 이를 거부한다는 이유로 계약해제의 의사표시를 한 적이 있는 점 등에 비추어 적어도 이 사건 소장 부본 송달일 이후로는 악의의 수익자로 봄이 상당하므로, 피고 비○씨는 부당이득금으로 원고 허○에게 97,956,360원, 원고 조○자에게 46,657,520원 및 위 각 금원에 대하여 이 사건 소장 부본 송달일 다음날인 2003. 3. 8.부터 피고 비○씨가 그 의무이행의 존부 및 범위에 관하여 항쟁함이 상당한 당심 판결 선고일인 2004. 8. 19.까지는 법정이자로 민법 소정의 연 5%, 그 다음날부터 갚는 날까지는 소송촉진등에관한특례법 소정의 연 20%의 각 비율에 의한 지연손해금을 지급할 의무가 있다할 것이다.

나. 피고 한국○○신탁에 대한 청구에 관한 판단

원고들은, 원고들이 엡스이공일과 사이의 이 사건 분양계약은 엡스이공일의 귀책사유로 인한 원고들의 해제권 행사로 적법하게 해제되었는바, 피고 한국○○신탁은 2002. 2. 5. 엡스이공일과 사이에 부동산신탁계약을 체결하고 피고 한국○○신탁 명의로 이 사건 대지에 관한 소유권이전등기를 경료함으로써 이 사건 대지 지상에 이 사건 상가를 신축하고 분양한 엡스이공일의 이 사건 분양계약에 따른 권리의무까지도 함께 승계받았다 할 것이므로, 원고들에 대하여 피고 비○씨와 공동하여 분양계약해제로 인한 원상회복으로서 원고들이 엡스이공일에게 지급한 분양대금 등을 반환하여야 한다고 주장한다.

살피건대, 피고 한국○○신탁이 엡스이공일로부터 이 사건 대지를 신탁받고, 엡스이공일과 사이에 이 사건 상가 분양과 관련하여 분양대금 등 자금의 수납관리 및 집행 등의 업무를 수행하기로 하는 내용의 자금관리대리사무계약을 체결한 점은 앞서 본바와 같으나, 그로 인하여 피고 한국○○신탁이 당연히 이 사건 상가에 관한 분양계약자로서의 지위를 승계하거나 분양계약의 해제에 따른 원상회복의무를 부담하는 것은 아닐 뿐 아니라, 갑 20, 21의 각 기재만으로는 피고 한국○○신탁이 엡스이공일의 이 사건 분양계약상의 권리의무를 승계하였다는 원고들의 주장 사실을 인정하기 부족하고 달리 이를 인정할 증거가 없으므로 원고들의 위 주장은 이유 없다.

한편, 원고들은 피고 한국○○신탁이 이 사건 대지를 신탁받았으므로 신탁법 제21조 제1항 단서에 따라 원고들이 엡스이공일에게 지급한 분양대금 및 개발비 등을 반환할 의무가 있다고 주장하나, 신탁법 제21조 제1항 단서는 신탁재산에 대한 강제집행에 관한 사항을 규정한 것으로서 이 사건에 적용할 성질의 규정이 아니므로 원고들의 위 주장 역시 이유 없다.

3. 결 론

그렇다면, 원고들의 피고 비○씨에 대한 청구는 위 인정범위 내에서 이유 있어 인용하고, 피고 비○씨에 대한 나머지 청구와 피고 한국○○신탁에 대한 청구는 모두 이유 없어 이를 기각할 것인바, 제1심 판결 중 피고 비○

씨에 대한 부분은 이와 결론을 일부 달리하여 부당하고, 피고 한국○○신탁에 대한 부분은 이와 결론을 같이 하여 정당하므로, 피고 비○씨에게 위에서 지급을 명하는 금원에 해당하는 원고들 패소부분을 취소하고, 원고들의 피고 비○씨에 대한 나머지 항소 및 피고 한국○○신탁에 대한 항소를 모두 기각하기로 하여 주문과 같이 판결한다.

(2-2) 대법원 2005. 4. 15. 선고 2004다49976 판결 [공2005.5.15.(226), 740]

【원고,피상고인】 허○ 외 1인

【피고,상고인】 비○씨종합개발 주식회사

【원심판결】 서울고등법원 2004. 8. 19. 선고 2003나54997 판결

【주 문】

원심판결 중 피고 패소 부분을 파기하고, 그 부분 사건을 서울고등법원으로 환송한다.

【이 유】

원심은 그 설시의 증거들을 종합하여 다음과 같은 사실, 즉 소외 엡스이공일 주식회사(나중에 주식회사 원앤○○앤씨로 그 상호가 변경되었으나, 이하 편의상 '엡스이공일'이라 한다)와 사이에, 원고 허○은 2000. 6. 25. 인천 남구 주안역 부근에서 신축중이던 쇼핑몰(이하 '이 사건 상가'라 한다) 중 1층 38호를 9,768만 원(부가가치세 별도)에, B1층 37호를 5,490만 원(부가가치세 별도)에, 원고 조○자는 2000. 6. 16. 이 사건 상가 1층 96호를 7,434만 원(부가가치세 별도)에, 2000. 11. 23. 4층 97호와 97-1호를 각 36,294,400원씩(각 부가가치세 포함)에 각 분양받기로 하는 분양계약(이하 위 각 분양계약을 '이 사건 분양계약'이라 한다)을 체결하면서, 원고들이 엡스이공일에게 이 사건 상가의 인테리어와 상가 활성화를 위한 홍보비용 등에 소요되는 개발비 명목으로 일정액을 추가로 각 지급하기로 약정하였고, 이에 따라 엡스이공일에게 각 분양대금과 개발비 명목으로 원고 허○은 합계 139,866,360원을, 원고 조○자는 합계 66,225,520원을 각 지급한 사실, 그런데 엡스이공일의 대표이사이던 소외 정순철의 분양대금 횡령 등으로 2001. 11.경 이 사건 상가의 신축공사가 중단되자, 엡스이공일은 2002. 2. 5. 원심 공동피고였던 소외 주식회사 한국○○신탁(이하 '한국○○신탁'이라 한다)과 사이에 이 사건 상가의 대지에 관한 부동산신탁계약을 체결하고, 이에 따라 한국○○신탁 앞으로 위 대지에 관하여 신탁등기를 마쳐준 다음, 2002. 2. 20. 한국○○신탁, 시공업체 등 3자 사이에 자금관리대리사무계약을 체결한 사실, 한편 이 사건 상가의 수분양자 756명 중 원고들을 포함한 약 400명은 2002. 2. 23. 이 사건 상가의 공사 중단과 대지의 소유권신탁 등에 관련된 대책을 마련하기 위하여 엡스이공일 분양자조합(이하 '이 사건 조합'이라 한다)을 설립하고, 원고 허○을 조합장으로 선출하였으며, 그 직후 소외 장○옥, 박○순도 이 사건 조합의 공동 조합장으로 선출된 사실, 원고 허○과 장○옥, 박○순은 공동으로 이 사건 조합을 대표하여 2002. 5. 22. 엡스이공일과 사이에 이 사건 조합이 선임하는 감독관으로 하여금 공사의 진행을 확인·감독하도록 하고, 엡스이공일과 시공업체는 이에 협력하며 이 사건 조합은 조합원의 분양대금의 원활한 수납을 위하여 최대한 협조한다는 등의 내용으로 된 업무협약을 체결한 사실, 그런데 위 3인의 공동대표자 중 박○순은 한국○○신탁의 사업조사보고서에 터잡아 엡스이공일로부터 이 사건 상가에 관한 사업시행자 지위를 넘겨받아 상가분양을 정상화할 목적으로 2002. 8. 28. 다른 공동 조합장들의 동의 없이 단독으로 이 사건 조합을 대표하여 엡스이공일과 사이에 엡스이공일이 당시까지 분양 완료한 분양

계약을 일괄 승계하기로 하는 내용 등이 포함된 이 사건 인수약정을 체결하였고, 이 사건 인수약정에서 이 사건 조합의 사업시행자로서의 지위를 승계할 별도의 법인을 설립하기로 한 약정에 따라 2002. 9. 9. 피고 회사가 설립되자, 이에 불만을 갖게 된 원고들이 2002. 9.경 이 사건 조합의 조합장이나 이사를 사퇴하고 이 사건 조합에서 탈퇴한 사실 등을 인정하였다. 그리고 원심은, 그 인정 사실에 터잡아, 이 사건 인수약정은 이른바 계약인수로 봄이 상당한데, 이 사건 인수약정에 따라 피고는 엡스이공일로부터 이 사건 분양계약에 따른 사업시행자로서의 모든 권리를 포괄적으로 승계하고도 원고들이 이 사건 인수약정에 부동의하였다는 이유로 정작 원고들에 대하여는 계약에 따른 어떠한 의무도 부담하지 않게 되는 셈이 되어, 결국 법률상 원인 없이 원고들이 이미 납부한 분양대금 상당액의 이익을 얻고 이로 인하여 원고들에게 동액 상당의 손해를 가하였다고 판단하여, 그 각 분양대금 상당액 등의 부당이득반환을 구하는 원고들의 피고에 대한 이 사건 주위적 청구를 일부 인용하였다.

그러나 원심이 위와 같은 사실관계하에서 원고들의 부당이득반환청구를 일부 인용한 조치는 다음과 같은 이유로 수긍할 수 없다.

원래 계약당사자 사이에서 그 계약의 이행으로 급부된 것은 그 급부의 원인관계가 적법하게 실효되지 아니하는 한 부당이득이 될 수 없는 것이고, 한편 계약에 따른 어떤 급부가 그 계약의 상대방 아닌 제3자의 이익으로 된 경우에도 급부를 한 계약당사자는 계약상대방에 대하여 계약상의 반대급부를 청구할 수 있을 뿐이고 그 제3자에 대하여 직접 부당이득을 주장하여 반환을 청구할 수 없는 것이다(대법원 2002. 8. 23. 선고 99다66564, 66571 판결 참조). 원심이 적법하게 확정한 사실관계에 의하면, 원고들이 이 사건 인수약정에 명시적으로 부동의함으로써 원고들과 피고 사이에는 직접적으로 어떠한 법률관계도 성립되어 있지 아니한 상태이고, 기록에 비추어 보아도 엡스이공일과 원고들 사이에 체결되었던 이 사건 분양계약이 적법하게 실효되었다고 볼 만한 사정도 없다. 사정이 이러하다면, 피고가 원고들 납부분 분양대금액 상당의 이익을 얻었다고 단정할 근거를 찾아보기 어려울 뿐만 아니라, 가사 원고들의 주장과 같이 이 사건 인수약정에 따라 피고가 실질적으로 어떤 이익을 얻게 되었다고 하더라도, 위의 법리에 비추어 보면 원고들이 이러한 경위로 피고에게 귀속된 이익을 부당이득으로 주장하여 직접 피고를 상대로 반환을 청구할 수 없다고 보아야 한다.

그럼에도 불구하고, 원심이 그 판시와 같은 이유만으로 원고들의 이 사건 부당이득반환청구를 선뜻 받아들인 데에는 부당이득반환청구권의 성립요건에 관한 법리를 오해하여 판결에 영향을 미친 위법이 있다고 아니할 수 없다.

그러므로 원심판결 중 피고 패소 부분을 파기하고, 그 부분 사건을 원심법원으로 환송하기로 하여 주문과 같이 판결한다.

(3-1) 서울고등법원 2006. 9. 1. 선고 2005나96926 판결 부당이득금반환

【원고, 피항소인】 대한민국
법률상 대표자 법무부장관 천정배
소송수행자 공익법무관 김선우

【피고, 항소인】 별지 1. 목록 기재와 같다.
피고 28.을 제외한 나머지 피고들 소송대리인 변호사 안수화

【제1심 판결】 의정부지방법원 2005. 8. 12. 선고 2002가합2291 판결

【변 론 종 결】 2006. 6. 30.

【판 결 선 고】 2006. 9. 1.

【주 문】

1. 제1심 판결 중 피고들 패소부분을 취소한다.
2. 위 취소부분에 해당하는 원고의 청구를 기각한다.
3. 소송비용은 제1, 2심 모두 원고의 부담으로 한다.

【청구취지 및 항소취지】

1. 청구취지

피고들은 원고에게 별지 2. 목록 청구금액란 기재의 각 금원 및 각 이에 대하여 이 사건 소장부본 최후송달일 다음날부터 다 갚는 날까지 연 25%의 비율로 계산한 돈을 지급하라.

2. 항소취지

주문과 같다.

【이 유】

1. 기초사실

다음 사실은 당사자 사이에 다툼이 없거나, 갑 제1 내지 6, 8, 9, 10호증의 각 기재에 변론 전체의 취지를 종합하면 이를 인정할 수 있고, 반증이 없다.

가. OOO종합건설 주식회사(이하 'OOO건설'이라고 한다)는 1997. 6. 22. 원고로부터 육군 제O군단 관할 제OO사단 예비군훈련장 시설공사를 2,909,363,065원에 도급받아, 1997. 12. 31. 위 공사의 진행에 따른 기성금의 일부로 1,806,563,050원을 지급받고, 나머지 782,770,077원은 1998년도 예산에서 지급받기로 하였다.

나. 한편 OOO건설이 자금융자를 위하여 1998. 1. 15. 주식회사 OOO상호신용금고(이하 'OOO금고'라고 한다)에게 위 공사잔금채권 중 7억 원을 양도하자, 원고는 같은 날 확정일자 있는 증서로 이의를 보류하지 아니한 채 위 채권양도를 승인하였다.

다. OOO건설이 부도로 인하여 1998. 2. 3. 위 공사를 포기하자 원고는 OOO건설의 기성고에 따른 공사대금채권 잔액을 808,954,330원으로 확정하였다.

라. 한편 OOO건설의 부도로 인하여 OOO건설로부터 임금 또는 공사대금을 지급받지 못한 피고들 또는 그 피상속인을 포함한 하도급업체들의 근로자 등이 원고에게 OOO건설에게 지급하여야 할 공사대금의 직불을 요구하면서 담당 부대 앞에서 농성을 벌이자, 당시 육군 제O군단 관리참모였던 강영O은 공사대금채권의 양도는 공사 이행 목적을 위하여만 유효한 것인데도, OOO금고에 양도된 공사대금채권 중 3억 원을 초과한 부분은 이와 무관하게 양도되어 무효이므로 그 부분 채권이 여전히 OOO건설에 귀속된다고 판단하고서, 위와 같이 확정된 공사대금채권 잔액 가운데 합계 2억 3,263만 원을 1998. 5. 2. OOO건설의 하도급업체들에게 지급하고(그 중 피고들 및 그 피상속인들이 지급받은 금액은 별지 2. 목록 청구금액란 기재와 같다), 3억 원을 1998. 5. 19. OOO금고

를 위하여 변제공탁하는 한편, 나머지 276,324,330원을 다수의 채권자가 경합하였음을 이유로 1998. 6. 24. 집행공탁하였다.

마. 그런데 OOO금고는 4억 원의 채권양도도 유효하다면서 원고를 상대로 그 지급을 구하는 소송을 제기하여 전부 승소판결을 선고받고, 2000. 3. 10.경 위 판결이 확정되었다(서울중앙지방법원 98가합48366 판결, 서울고등법원 99나818 판결, 대법원 99다59870 판결).

바. 한편 박덕O이 2001. 9. 10. 사망하여 그의 형제자매들인 피고 박봉O, 박왕O 및 박연O가, 장병O이 2001. 3. 15. 사망하여 그의 처인 피고 김미O, 자인 피고 장인O이 각 피상속인들을 공동상속하였다.

2. 원고의 주장 및 판단

가. 원고는, OOO건설에 지급할 공사대금채무가 없음에도 불구하고 착오로 OOO금고에 대한 4억 원의 채권양도가 무효라서 OOO건설에 위 금액 상당의 공사대금채무가 있다고 오인하고서, OOO건설의 채권자인 피고들 및 그 피상속인들에게 별지 2. 목록 청구금액란 기재 돈을 지급하였으니, 피고들은 원고에게 부당이득으로 이를 반환할 의무가 있다고 주장한다.

나. 살피건대, 위 인정사실에 의하면, 원고는 그와 공사도급계약관계를 맺고 있는 OOO건설에게 지급하여야 할 공사대금 잔액을 그 급부과정을 단축하여 OOO건설과 또다른 계약관계(하도급계약)를 맺고 있는 피고들 및 그 피상속인들에게 직접 지급하였다고 할 것인바, 이와 같은 경우 그 급부로써 원고의 OOO건설에 대한 공사대금 지급이 이루어질 뿐 아니라 OOO건설의 피고들 및 그 피상속인들에 대한 하도급 공사대금의 지급도 이루어지는 것이므로, 설사 원고가 OOO건설에 지급하여야 할 공사대금이 이미 OOO금고에게 채권양도되어 그 부분에 관하여는 OOO건설에게 지급할 것이 없는데도 착오로 잘못 지급하게 된 것이라 하더라도 위와 같이 OOO건설이 피고들 및 그 피상속인들에게 지급하여야 할 하도급 공사대금이 남아 있었던 이상, 원고로서는 OOO건설을 상대로 부당이득반환을 구하여야지 피고들을 상대로 부당이득반환을 구할 수는 없다 할 것이므로(대법원 2003. 12. 26. 선고 2001다46730 판결, 2005. 7. 22. 선고 2005다7566, 7573 판결 참조), 원고의 이 사건 청구는 나머지 점에 대하여 살펴 볼 필요 없이 이유 없다.

3. 결 론

그렇다면, 원고의 이 사건 청구는 이유 없으므로 이를 기각하여야 할 것인바, 이와 결론을 달리한 제1심 판결은 부당하므로 제1심 판결 중 피고들 패소부분을 취소하고 위 취소부분에 해당하는 원고의 청구를 기각하기로 하여 주문과 같이 판결한다.

(3-2) 대법원 2008.6.26. 선고 2006다63884 판결 【부당이득금반환】

【원고, 상고인】 대한민국

【피고, 피상고인】 피고 1외 51인 (소송대리인 변호사 안수화)

【원심판결】 서울고법 2006. 9. 1. 선고 2005나96926 판결

【주 문】

상고를 모두 기각한다. 상고비용은 원고가 부담한다.

【이 유】

상고이유를 판단한다.

건설산업기본법 제35조 제1항은 "발주자는 다음 각 호의 1에 해당하는 경우에는 하수급인이 시공한 분에 해당하는 하도급대금을 하수급인에게 직접 지급할 수 있다. 이 경우 발주자의 수급인에 대한 대금지급채무는 하수급인에게 지급한 한도 안에서 소멸한 것으로 본다."고 규정하고 있고, 구 하도급거래 공정화에 관한 법률(1999. 2. 5. 법률 5816호로 개정되기 전의 것, 이하 같다) 제14조는 "발주자는 수급사업자가 제조·수리 또는 시공한 분에 해당되는 하도급대금을 대통령령이 정하는 바에 의하여 직접 수급사업자에게 지급할 수 있다. 이 경우 발주자의 원사업자에 대한 대금지급채무와 원사업자의 수급사업자에 대한 하도급대금지급채무는 그 지급한 한도에서 소멸한 것으로 본다."고 규정하고 있는바, 발주자가 위 규정들에 의하여 하도급대금을 직접 하수급인 또는 수급사업자(이하 '하수급인 등'이라 한다)에게 지급하게 되면 발주자의 수급인 또는 원사업자(이하 '수급인 등'이라 한다)에 대한 공사대금지급채무와 수급인 등의 하수급인 등에 대한 하도급대금지급채무가 발주자가 하수급인 등에게 지급한 한도에서 함께 소멸하게 되는 점에 비추어 볼 때, 발주자의 하수급인 등에 대한 하도급대금의 지급으로써 발주자의 수급인 등에 대한 공사대금지급과 수급인 등의 하수급인 등에 대한 하도급대금지급이 함께 이루어지는 것으로 볼 수 있다. 따라서 발주자가 수급인 등에 대하여 공사대금지급채무를 부담하지 않고 있음에도 이를 부담하고 있는 것으로 잘못 알고 위 규정들에 의하여 하도급대금을 직접 하수급인 등에게 지급하였다고 하더라도, 하수급인 등이 발주자로부터 하도급대금을 지급받은 것은 수급인 등과의 하도급계약에 의한 것이어서 이를 법률상 원인 없이 하도급대금을 수령한 것이라고 볼 수 없으므로 발주자는 수급인 등에 대하여 부당이득반환청구를 할 수 있을 뿐 하수급인 등을 상대로 부당이득반환청구를 할 수는 없다.

원심은, 그 채택 증거에 의하여 판시 사실을 인정한 다음, 원고는 그와 공사도급계약관계를 맺고 있는 OOO종합건설 주식회사(이하 'OOO건설'이라 한다)에게 지급하여야 할 공사대금 잔액을 그 급부과정을 단축하여 OOO건설과 또 다른 계약관계(하도급계약)를 맺고 있는 피고들 및 그 피상속인들에게 직접 지급하였다고 할 것인바, 이와 같은 경우 그 급부로써 원고의 OOO건설에 대한 공사대금지급이 이루어질 뿐 아니라 OOO건설의 피고들 및 그 피상속인들에 대한 하도급공사대금의 지급도 이루어지는 것이므로, 설사 원고가 OOO건설에 지급하여야 할 공사대금이 이미 제3자에게 채권양도되어 그 부분에 관하여는 OOO건설에게 지급할 것이 없는데도 착오로 잘못 지급하게 된 것이라 하더라도 위와 같이 OOO건설이 피고들 및 그 피상속인들에게 지급하여야 할 하도급공사대금이 남아 있었던 이상, 원고로서는 OOO건설을 상대로 부당이득반환을 구하여야지 피고들을 상대로 부당이득반환을 구할 수는 없다고 판단하였다.

원심이 확정한 사실관계에 의하면, 원고가 하도급대금을 직접 하수급인인 피고들 및 그 피상속인들에게 지급한 것은 건설산업기본법 제35조 제1항 또는 구 하도급거래 공정화에 관한 법률 제14조에 의한 것으로 보이므로, 설령 원고가 OOO건설에게 지급할 것이 없는데도 착오로 하도급대금을 피고들 및 그 피상속인들에게 지급한 것이라고 하더라도 위 법리에 따라 원고로서는 OOO건설을 상대로 부당이득반환을 구할 수 있을 뿐 피고들을 상대로 부당이득반환을 구할 수는 없는바, 원심의 위 이유 설시에 다소 부적절한 점은 있지만 원고의 주장을 배척한 결론에 있어서는 정당하며, 따라서 이 부분 상고이유의 주장은 결국 이유 없다.

OOO건설의 채권자인 피고들이나 그 피상속인들이 OOO건설에 대한 하도급대금채권을 보전하기 위해 OOO건설의 채무자인 원고에 대하여 채권자대위권을 행사하여 원고로부터 OOO건설에 대한 공사대금을 지급받았음을 전제로 하는 상고이유의 주장은, 원심에 이르기까지 주장한 바 없던 새로운 사실에 관한 주장이므로 원심판결에 대한 적법한 상고이유가 될 수 없다.

그러므로 상고를 모두 기각하고, 상고비용은 패소자가 부담하기로 하여 관여 대법관의 일치된 의견으로 주문과 같이 판결한다.

부당이득(3)

부당이득(3)

1 부당이득의 효과

(1) 대법원 1995.5.12. 선고 94다25551 판결 [공1995.6.15.(994),2104]

【원고, 상고인】 최○호
【피고, 피상고인】 임○토건주식회사
【원심판결】 광주고등법원 1994. 4. 20. 선고 93나3638 판결

【주 문】

1. 원심판결의 원고 패소부분 중 위자료 청구에 관한 부분을 파기하여, 이 부분 사건을 광주고등법원에 환송한다.
2. 원고의 나머지 상고를 기각한다.

【이 유】

상고이유를 판단한다.

1. 일반적으로 수익자가 법률상 원인 없이 이득한 재산을 처분함으로 인하여 원물반환이 불가능한 경우에 있어서 반환하여야 할 가액은 특별한 사정이 없는 한 그 처분 당시의 대가라 할 것이나(대법원 1965.4.27. 선고 65다181 판결; 1981.8.11. 선고 80다2885, 2886 판결 등 참조), 이 경우에 수익자가 그 법률상 원인 없는 이득을 얻기 위하여 지출한 비용은 수익자가 반환하여야 할 이득의 범위에서 공제되어야 할 것이고, 수익자가 자신의 노력 등으로 부당이득한 재산을 이용하여 남긴 이른바 운용이익도 그것이 사회통념상 수익자의 행위가 개입되지 아니하였더라도 부당이득된 재산으로부터 손실자가 당연히 취득하였으리라고 생각되는 범위 내의 것이 아닌 한 수익자가 반환하여야 할 이득의 범위에서 공제되어야 할 것이다.

원심이 적법하게 확정한 바와 같이 피고가 정당한 권원 없이 원고 소유의 이 사건 임야에서 중장비인 포크레인과 덤프트럭을 이용하여 굴취한 토석을 전남 해남농지개량조합이 시행하는 해남지구 고천암 간척지 제방성토작업장에 운반하여 사용하고 위 조합으로부터 그 토석성토대금으로 토석 1 ㎥ 재료비 388원, 노무비 277원, 경비 833원 합계 1,498원을 받았던 것이라면, 위 토석성토대금 중 노무비 및 경비명목의 금원에는 원심이 판시한 이 사건 임야에서 위 토석을 굴취하는데 지출된 경비(포크레인 사용비 및 노무비) 외에, 굴취한 위 토석을 위 작업장까지 덤프트럭을 사용하여 운반하기 위한 비용, 위 토석을 사용하여 제방성토작업을 함에 소요되는 비용 및 위 성토작업을 함으로써 얻게 되는 피고 자신의 이윤도 포함된 것이라고 봄이 상당하다. 따라서 피고가 위 토석을 취득하기 위하여 지출한 비용 및 위 토석을 사용하여 제방성토작업을 하기 위하여 지출한 비용은 반환할 이득의 범위에서 공제되어야 할 것이고, 또한 피고가 이 사건 임야에서 굴취한 토석을 위 작업장에 사용하여 위 조합으로부터 지급받은 위 토석성토대금 중에 이윤이 포함되어 있다 하더라도 이는 피고의 노력에 의한 것이지 사회통념상 위 토석 그 자체로부터 당연히 그 이윤이 발생한다고 할 수는 없으므로 그 이윤 상당 부분도 반환할 이득의 범위에 포함되지 아니한다 할 것이다. 원심이 위 토석성토대금 중 노무비 및 경비 부분을 반환이득의 범위에서 제외한 것은 결론적으로 정당하다고 판단된다. 상고이유 중 이 점을 지적하는 부분은 이유 없다.

2. 일반적으로 타인의 불법행위로 인하여 물적 침해를 입은 피해자는 그 재산상 손해의 배상에 의하여 정신적 고통도 회복된다고 보아야 할 것이므로 이를 이유로 위자료 청구권을 행사하는 것이 허용되지 아니한다 할 것이나(대법원 1991.6.11. 선고 90다20206 판결 ; 1991.12.10. 선고 91다25628 판결 ; 1992.5.26. 선고 91다38334 판결 등 참조), 재산상 손해의 배상이 이루어진다 하여도 그것만으로 회복될 수 없는 정신적 손해가 남는 경우라고 인정된다면 그 물적 침해로 인한 정신적 고통에 대한 위자료 청구를 그냥 배척할 것은 아니다.

원심이 적법하게 확정한 바에 의하면, 이 사건 임야는 원고의 조부모 묘가 설치되어 있는 임야인데, 피고는 산림훼손허가 등 적법한 절차를 거치지 아니한 채 1989.10.10.부터 같은 해 12.19.까지 사이에 원고 소유의 이 사건 임야 27,868㎡당 중 11,478㎡에서 중장비인 포크레인과 덤프트럭을 사용하여 약 52,038㎥의 토석을 굴취하여 이 사건 임야를 훼손하였다는 것인 바, 이에 의하면 피고가 이 사건 임야를 훼손함에 있어 적법한 절차를 거치지 아니하였음은 물론 그 훼손정도도 전체면적의 41%에 이를 정도로 광범위한데다가, 원심이 채용한 증거들에 의하면 그 피해정도가 심하여 그 원상회복을 위한 복구비만도 당해 임야의 교환가격을 훨씬 초과하는 과다한 것이고, 이 사건 임야는 원고의 조부모의 묘가 설치되어 있음에도 불구하고 이 때문에 원상복구가 불가능하여 흉하게 훼손된 상태대로 계속 남게 되어 있음을 알아볼 수 있으므로, 피고의 이 사건 임야의 훼손행위로 말미암아 이 사건 임야의 소유자인 원고가 그 재산상 손해의 배상이나 피고로부터 그가 얻은 이득을 반환받음에 의하여 회복될 수 없는 정신적 고통을 받았다고 보아야 할 것이다.

따라서 원심이 이 사건 임야가 훼손됨으로써 원고가 입은 정신적 고통은 재산상 손해의 배상에 의하여 회복될 수 없는 특별한 사정으로 인한 손해로 본 다음, 이 사건 임야에 원고의 조부모 묘소가 있다는 것만으로는 이러한 특별한 사정에 해당한다고 보기 어렵고, 달리 이 사건에서 특별한 사정으로 인한 손해가 발생하였고 또 피고가 이를 알았거나 알 수 있었다는 점에 관하여 아무런 주장・입증이 없다 하여 원고의 위자료 청구를 배척한 것은 심리를 미진하였거나 채증법칙을 위배한 잘못이 있다고 할 것이다. 상고이유 중 이 점을 지적하는 부분은 이유 있다.

3. 그러므로 원심판결의 원고 패소부분 중 위자료 청구에 관한 부분을 파기하여 이 부분 사건을 다시 심리・판단케 하기 위하여 원심법원에 환송하고, 원고의 나머지 상고는 이유 없으므로 이를 기각하기로 관여 법관의 일치된 의견으로 주문과 같이 판결한다.

(2) 대법원 1987. 8. 18. 선고 87다카768 판결 [집35(2)민,333;공1987.10.1.(809),1460]

【원고, 상고인】 ㅇ완
【피고, 피상고인】 사회복지법인 혜ㅇ복지원
【원심판결】 서울고등법원 1987. 2. 17. 선고 85나2872 판결

【주 문】

상고를 기각한다.
상고비용은 원고의 부담으로 한다.

【이 유】

원고 소송대리인의 상고이유를 본다.

1. 제1점에 대하여.

원심판결 이유에 의하면, 원심은 그 거시의 증거에 의하여 원고가 피고로부터 이를 매수하기로 매매계약을 체결하고, 그 계약금과 중도금을 지급하였을 뿐 소유권이전등기도 되지 아니한 이 사건 토지에서 객토작업을 시행한다는 명목으로 모래를 채취하여 금 5,950,160원 상당의 이득을 얻고 이로 인하여 피고에게 동액상당의 손해를 입힌 사실, 한편 원·피고 사이의 위 매매계약은 이 사건 토지가 모두 피고법인의 기본재산이었기 때문에 주무부장관인 보건사회부장관의 처분허가를 조건으로 하여 체결되었던 것인데, 그 후 피고의 3차례에 걸친 처분허가신청이 1975.11.25 마지막으로 반려됨으로써 위 매매계약은 조건불성취로 인하여 그 효력이 발생되지 않는 것으로 확정되어 피고로서도 이에 따른 원상회복으로서 이미 받은 계약금과 중도금 3,500,000원의 반환의무를 부담하게 된 사실 및 피고는 이 사건 소송계속중인 1986.1.20자 준비서면에 의하여 자신의 원고에 대한 위 부당이득반환청구채권과 원고의 위 매매대금반환청구채권을 대등액에서 상계한다는 의사표시를 한 사실을 확정한 다음, 피고의 원고에 대한 위 부당이득반환청구채권은 위 상계당시에는 이미 소멸시효가 완성되었다 하더라도 위 매매계약이 무효로 확정되어 피고에 대한 매매대금반환청구채권이 발생한 1975.11. 말경에는 위 매매대금반환청구채권과 서로 상계적상에 있었다 할 것이므로, 피고의 위 상계의 의사표시에 의하여 양 채권은 위 상계적상에 있었던 때에 이미 대등액에서 소멸하였다고 판단하고 있는 바, 소멸시효가 완성된 채권이라 하더라도 그 시효완성 전에 상계할 수 있었던 것이면 그 채권자는 상계할 수 있는 것이고, 또 상계의 효과는 각 채무가 상계할 수 있는 때에 대등액에 관하여 소멸한 것으로 보는 것이므로, 같은 취지로 판시한 원심의 위 판단은 정당하고, 거기에 소론이 지적하는 소멸시효가 완성된 채권에 의한 상계에 관한 법리를 오해한 위법이 있음을 찾아볼 수 없으므로 논지는 이유 없다.

2. 제2점에 대하여,

법률상 원인 없이 타인의 재산 또는 노무로 인하여 이익을 얻고 이로 인하여 타인에게 손해를 가한 경우 그 이득금산정의 시기와 방법에 관하여는 법률상 특별한 제한이 없고, 또 그 취득한 것이 금전상의 이득인 때에는 그 금전은 이를 취득한 자가 소비하였는가의 여부를 불문하고 현존하는 것으로 추정되는 것이므로(당원

1969.9.30. 선고 69다1093 판결 참조), 원심이 원고가 이 사건 토지로부터 모래를 채취함으로써 얻은 부당이득액을 산정함에 있어서 공인감정사에게 감정을 명하여 그 채취당시를 기준으로 채취한 모래의 양에 대한 싯가를 산출하게 하고, 또 그 채취에 소요된 경비를 산출하게 하여 그 차액을 부당이득금액으로 보고, 이로 인하여 토지소유자인 피고에게 동액상당의 손해를 입힌 것이라고 판단한 것은 정당하게 수긍이 가고, 거기에 소론이 지적하는 부당이득금액 산정에 관한 법리오해 또는 심리미진의 위법이 있음을 찾아볼 수 없으므로 논지 또한 이유 없다.

3. 따라서 상고를 기각하고, 상고비용은 패소자의 부담으로 하기로 관여법관의 의견이 일치되어 주문과 같이 판결한다.

(3) 대법원 1993. 5. 14. 선고 92다45025 판결 [공1993.7.15.(948),1698]

【원고, 피상고인】 김○식
【피고, 상고인】 창원시
【원심판결】 창원지방법원 1992. 9. 4. 선고 92나1265 판결
【주 문】
상고를 기각한다.
상고비용은 피고의 부담으로 한다.

【이 유】

피고 소송대리인의 상고이유에 대하여

1. 원심은 채택증거에 의하여 원고는 이 사건 잔여지를 포함한 이 사건 토지 전부가 피고의 사업대상토지에 편입되어 그 토지 전부를 피고에게 임의로 양도하지 않더라도 재결에 의하여 강제수용 당할 것이라고 오인하고 피고의 협의요청을 수락한 것이라고 인정하였는바, 이러한 사실인정은 수긍이 되고 그 과정에 채증법칙위배의 잘못이 있다고 할 수 없다.

한편 원심은 이 사건 토지에 관한 수용협의 중 위 잔여지 부분에 관하여서는 원고의 취소의 의사표시에 의하여 적법하게 취소되었다고 인정하고, 원고가 피고로부터 보상금을 지급받은 다음 피고 앞으로 소유권이전등기를 마친 1984.3.5.(원심판결의 3.15은 오기로 보인다) 무렵 취소의 원인인 착오상태에서 벗어났기 때문에 원고의 취소권은 위 등기일로부터 3년이 지나 소멸되었고, 그렇지 않더라도 원고가 위와 같이 착오상태에서 벗어나 위와 같이 소유권이전등기를 마친 것은 수용협의를 추인한 것으로 간주된다고 하는 피고의 항변에 대하여, 원심은 이 사건 토지에 관하여 피고 명의로 소유권이전등기가 경료된 그 무렵 원고가 위 착오상태에서 벗어났다는 점을 인정할 증거가 없다 하여 위 항변을 배척하였는바, 이러한 판단도 정당하고 이와 다른 전제에서 원심판결에 착오에 의한 의사표시에 대한 추인 및 취소권에 관한 법리오해의 위법이 있다는 주장은 채용할 수 없다. 그리고 이 사건 취소의 의사표시가 신의성실의 원칙이나 금반언의 원칙에 반한다고 할 수도 없다. 논지는 이유 없다.

2. 동시이행의 항변권을 규정한 민법 제536조의 취지는 공평의 관념과 신의칙에 합당하기 때문이며 동조가 민법 제549조에 의하여 계약해제의 경우 각 당사자의 원상회복의무에 준용되고 있는 점을 생각할 때, 쌍무계약이

무효로 되어 각 당사자가 서로 취득한 것을 반환하여야 하는 경우에도 동시이행관계가 있다고 보아 민법 제536조를 준용함이 옳다고 해석된다. 공평의 관념상 계약이 무효인 때의 원상회복의무이행과 계약해제 때의 그것이 다를 바 없어 이를 구별하여야 할 이유가 없으며, 계약무효의 경우라 하여 어느 일방의 당사자에게만 먼저 그 반환의무이행이 강제된다면 공평과 신의칙에 위배되기 때문이다(당원 1976.4.27. 선고 75다1241 판결 참조).

따라서 이 사건 매매계약이 취소됨으로 인하여 부담하게 된 원고의 매매대금반환의무와 피고의 소유권이전등기말소의무가 동시이행관계에 있다고 본 원심판단은 정당하다.

그리고 원심은 원고가 선의의 수익자이므로 이자를 가산하여 반환할 필요가 없다는 취지로 판시하였는바 이러한 판단 또한 정당하다. 쌍무계약이 취소된 경우 선의의 매수인에게 민법 제201조가 적용되어 과실취득권이 인정되는 이상 선의의 매도인에게도 민법 제587조의 유추적용에 의하여 대금의 운용이익 내지 법정이자의 반환을 부정함이 형평에 맞는 것이기 때문이다. 논지는 이유 없다.

이상의 이유로 상고를 기각하고 상고비용은 패소자의 부담으로 하여 관여 법관의 일치된 의견으로 주문과 같이 판결한다.

2 비채변제

(1-1) 서울고등법원 1997. 11. 21. 선고 97나30891 판결

【원고, 피항소인】 서울특별시
【피고, 항소인】 박○신
【변론종결】 1997. 10. 24.
【원심판결】 서울지방법원 1997. 5. 22. 선고 95가합59716 판결

【주 문】

1. 원심판결 중 원고에 대하여 피고에게 금 83,853,000원 및 이에 대한 1995. 6. 26.부터 1997. 5. 22. 까지는 연 5푼, 그 다음날부터 완제일까지는 연 2할 5푼의 각 비율에 의한 금원을 초과하여 지급을 명한 피고 패소부분을 취소하여, 그 취소부분에 해당하는 원고의 청구를 기각한다.
2. 피고의 나머지 항소를 기각한다.
3. 소송비용은 제1,2심 모두 이를 20등분하여 그 중 1은 원고의, 나머지는 피고의 각 부담으로 한다.

【청구취지】

피고는 원고에게 금 83,853,000원 및 그 중 금 50,292,000원에 대하여는 1992. 2. 8.부터, 금 33,561,000원에 대하여는 1992. 8. 28.부터 각 원심판결 선고일까지는 연 5푼, 그 다음날부터 완제일까지는 연 2할 5푼의 각 비율에 의한 금원을 지급하라.

【항소취지】

원심판결을 취소하고, 원고의 청구를 기각한다.

[이 유]

1. 인정사실 및 판단

가. 아래 각 사실은 당사자 사이에 다툼이 없거나 갑 제1호증의 1 내지 5, 갑 제2호증의 1 내지 3, 갑 제3호증의 1 내지 3, 을 제5호증, 을 제7호증의 2, 3, 을 제10호증, 을 제11호증의 1, 2, 3, 을 제12호증의 각 기재에 변론의 전취지를 종합하여 이를 인정할 수 있고, 달리 반증이 없다.

(1) 피고는 1975. 10. 4. 별지 기재 ①토지를 당시 등기부상 소유명의자이던 소외 김○진으로부터 금 12,400,000원에, 1976. 7. 20. 별지 기재 ②,③토지를 역시 당시 등기부상 소유명의자이던 소외 이○룡, 조○형으로부터 금 4,300,000원에 각 매수하였으나, 위 토지들에 대하여 소유권이전등기를 경료하지 아니하였다. 그런데 대한민국이 위 토지들이 직할하천인 한강의 하천구역임을 이유로 대한민국 명의의 보존등기를 촉탁하여 위 소외인들 명의의 소유권이전등기가 등재되어 있던 각 구등기부를 폐쇄시킨 후, 이 사건 ①토지에 관하여는 1975. 12. 20., 이 사건 ②토지에 관하여는 1978. 1. 12., 이 사건 ③토지에 관하여는 1978. 3. 8. 각 대한민국 명의의 소유권보존등기를 경료한 다음, 위 ①,②토지에 관하여는 1978. 9. 28., 위 ③토지에 관하여는 1983. 6. 25. 각 양여를 원인으로 하여 원고 명의의 소유권이전등기를 각 경료하였다.

(2) 위 ①토지는 그 지목이 1975. 12. 20.에는 하천으로, 1979. 5. 31.에는 대지로 순차 변경되었다가 1985. 4. 12. 같은 동 503의 1 대 1,327㎡ 및 같은 동 503 대 197㎡로 분할되었으며, 위 503 대 197㎡ 및 위 ②,③토지(그 뒤 지목이 대지로 각 변경되었다)는 1986. 3. 15. 다른 수십 필지와 함께 합병되어 현재 별지 기재 ④토지에 각 속하게 되었는데, 위 ④토지에 관하여는 1986. 3. 26. 소외 현대건설 주식회사 명의의 소유권이전등기가 경료되었으며, 위 503의 1 대 1,327㎡는 1987. 12. 14. 다른 수십 필지와 함께 합병되어 현재 별지 기재 ⑤토지에 속해 있다.

(3) 하천법(1971. 1. 19. 법률 제2292호)의 시행으로 보상 없이 그 소유 토지가 국유가 됨으로써 손실을 받은 자 등에 대한 보상을 그 내용으로 하는 하천법 중 개정법률 부칙 제2조(1984. 12. 31. 개정 법률 제3782호, 이하 '개정법률 부칙 제2조'라 한다)와 동 규정에 근거한 "법률제3782호하천법중개정법률부칙제2조의규정에의한하천편입토지의보상에관한규정"(1986. 6. 12. 제정 대통령령 제11919호, 이하 '보상규정'이라 한다)이 시행되자, 피고는 자신이 매수한 위 ①,②,③토지들에 대한 보상금을 수령하기 위하여 1986. 7.경 위 소외 김○진, 이○룡, 조○형으로부터 위 ①,②,③ 토지의 손실보상청구권을 양도받고, 위 ①토지에 관하여는 같은 해 7. 26.에, 위 ②,③토지에 관하여는 같은 해 8. 14.에 각 보상청구를 하였다. 그에 따라 원고는 위 보상규정에 의거하여 위 ①토지에 대한 보상금으로 금 50,292,000원, 위 ②토지에 대한 보상금으로 금 35,112,000원, 위 ③토지에 대한 보상금으로 금 8,283,000원을 각 결정한 다음, 1987. 12. 7. 피고에게 그 각 보상금을 수령하라는 통보를 하였으나, 피고는 적정한 보상금이 아니라는 이유로 위 각 보상금의 수령을 거절하였다.

그리하여 원고는 1988. 2. 16. 서울지방법원 동부지원에 피고를 피공탁자로 하여, 위 ①토지에 대한 보상금 50,292,000원을 88년 금제1261호로, 위 ②토지에 대한 보상금 35,112,000원을 88년 금제1292호로, 위 ③토지에 대한 보상금 8,283,000원을 88년 금제1293호로 각 변제공탁하였다. 피고는 보상금의 일부라는 이의를 유보한 채, 1992. 2. 7.에는 위 ①토지에 관한 위 공탁금 50,292,000원을, 같은 해 8. 27.에는 위 ②,③토지에 관한 위 공탁금 35,112,000원과 금 8,283,000원을 각 출급하였다.

(4) 그런데, 원래 위 ①토지 및 위 ②토지 중 별지도면 표시 25, 15, 16, 17, 18, 19, 20, 21, 22, 23, 24, 5, 4,

10, 11, 12, 13, 14, 25의 각 점을 순차로 연결한 선내 ㉣부분 977㎡, 위 ③토지 중 별지도면 표시 7, 8, 9, 10, 4, 5, 7의 각 점을 순차로 연결한 선내 ㉯부분 40㎡의 합계 2,541㎡는 1925년 이른바 을축년 대홍수이래 원고가 1975. 8.경부터 시행한 제방축조 및 성토공사 이전까지 한강의 하수가 미치는 부분으로서 홍수 기타 일시적인 현상을 제외하고 매년 1, 2회 이상 상당한 유속으로 물이 흐른 흔적을 나타내던 토지였다.

(5) 피고는 원고가 공탁한 위 손실보상금이 시가에 훨씬 못 미친다는 이유로 원고를 상대로 위 ①,②,③토지에 대한 시가 감정가액으로 평가한 금 4,238,214,000원에서 피고가 이미 출급 수령한 공탁금 50,292,000원을 공제한 나머지 금 4,187,922,000원의 지급을 구하는 소송을 제기하였으나, 서울민사지방법원 1992. 7. 2. 선고 92가합4302호 판결(청구기각) 및 서울고등법원 1993. 12. 8. 선고 92나48699호 판결(항소기각)로, 위 ①토지 전체와 위 ②토지 중 별지도면 표시 ㉣부분 977㎡, 위 ③토지 중 별지도면 표시 ㉯부분 40㎡는 1925 이래 한강의 하수가 미치는 부분으로서 매년 1,2회 이상 상당한 유속으로 물이 흐른 흔적을 나타내던 토지여서 건설부장관이 구하천법(1961. 12. 30. 법률 제892호) 제12조 및 동법 제8조의2에 따라 1964. 6. 1. 공포한 건설부고시(제897호)에서 인정 고시한 하천구역에 해당하게 되어 위 건설부고시가 공포된 1964. 6. 1.에 국유로 되어 그 소유자의 사권이 소멸되었고, 이 경우에는 개정법률 부칙 제2조가 적용되지 않으므로 피고에게는 보상청구권이 없다는 이유로 피고의 청구와 항소가 모두 기각되고, 대법원 1994. 4. 26. 선고 94다3407호 판결 및 1995. 4. 25. 선고 94재다260호 판결로 피고의 상고와 재심청구도 모두 기각되었다.

나. 위 인정사실에 의하면, 피고가 출급한 공탁금 중에서 위 ①토지에 대한 보상금 50,292,000원 전액과 위 ②토지 중 위 ㉣부분 977㎡에 해당하는 손실보상금 32,241,000원(위 ②토지 전체에 대한손실보상금 35,112,000원 x 977㎡/1,064㎡), 위 ③토지 중 위 ㉯부분 40㎡에 해당하는 손실보상금 1,320,000원(위 ③토지 전체에 대한 손실보상금 8,283,000원 x 40㎡/251㎡), 합계 금 83,853,000원은 피고가 위 하천편입토지에 대한 손실보상금으로 수령할 법률상 원인 없이 이득을 취하여 원고에게 동액 상당의 손해를 가하였다 할 것이므로, 피고는 원고에게 위 금원을 모두 반환할 의무가 있다 할 것이다.

피고는, 원고가 공탁한 손실보상금의 전부 또는 상당 부분이 국고 보조에 의한 것이므로 원고에게는 특별한 손해가 없어 부당이득금 반환청구권이 없다고 다투나, 원고가 위 보상규정에 의한 관리청으로서 피고에 대한 보상금액을 결정하고 이를 공탁한 이상 그 보상금의 재원이 일부 국고에서 조달되었다는 사정만으로는 원고의 위 보상금의 반환청구권의 행사에 아무런 방해가 되지 않는다.

2. 피고의 항변에 대한 판단

가. 피고는, 원고가 그 보상채무 없음을 알고도 자유로운 의사로 피고에게 그 보상금을 지급한 것이므로 민법 제742조에 의하여 그 반환을 구할 수 없다고 항변하나, 원고가 보상의무 없음을 알고도 피고에게 위 보상금을 공탁하였다고 볼 아무런 증거가 없다. 오히려 앞서 인정한 사실에 비추어 보면, 원고는 위와 같이 보상금을 공탁할 당시에는 위 토지들이 위 보상규정에 따라 손실보상의무가 있는 것으로 잘못 판단하고 보상금을 공탁하였다가 피고의 위 보상금청구소송이 제기되어 위 대법원판결(94재다260호)이 선고됨으로써 확정적으로 원고에게 보상의무 없음을 알게 되었다고 할 것이므로 피고의 위 항변은 이유 없다.

피고는, 원고가 채무 없음을 알지 못하였다 하더라도 이는 원고 측의 중대한 과실에 기인한 것이므로 악의인 경우와 마찬가지로 원고에게 부당이득 반환청구권이 없다고 주장하나, 앞서 본 증거에 의하면, 위 건설부 고시에서 하천구역으로 인정 고시함에 있어 그 해당 지번이나 지역들을 특정하지 아니하여 위 ①,②,③토지들이 위 건설부 고시가 정하는 토지구역에 해당되어 구 하천법의 규정에 따라 하천구역으로 된 것인지, 아니면 현행 하천법의 시행으로 비로소 하천구역에 편입되었는지 여부가 위 공탁 당시까지도 확실하지 아니하였고, 그 후 피고의 보상금청구소송과정에서 비로소 밝혀지게 되었다고 할 것이므로, 원고가 위 공탁 당시 보상채무 없음을 알지 못한 데에 중대한 과실이 있다고는 볼 수 없으므로, 피고의 위 주장은 이유 없다.

나. 피고는, 위 각 토지가 위 하천법 개정법률 부칙 제2조 및 보상규정에 의한 손실보상 대상토지가 아니라 할지라도 위 공탁금 83,853,000원은 어떠한 대가를 지급함이 없이 토지 소유권을 취득한 측에서 그 토지 소유권을 상실하게 된 피고에게 보상금으로 지급한 것이니 만큼, 이는 사회생활상의 도리이자 미풍인 것으로 사회일반인의 도의관념에 적합한 비채변제에 해당하여 원고에게는 반환청구권이 없다고 항변하나, 그와 같은 사정만으로는 피고의 소송 도중 또는 패소판결 선고 후의 공탁금 출급이 도의관념에 적합한 것이라고는 보기 어려우므로 위 항변 역시 받아들일 수 없다.

다. 다시 피고는 위 보상금반환채권의 소멸시효기간은 5년인데, 위 각 보상금은 1988. 2월경에 변제공탁되어 그 변제공탁시에 그 지급의 효과가 발생된 것이어서, 그때부터 그 반환청구권이 발생함과 동시에 그 반환청구권을 행사할 수 있었던 것이고, 그 반환청구권행사에 어떠한 법률상의 장애사유도 없었으므로, 원고의 위 반환채권은 위 1988. 2. 경부터 5년이 경과한 1993. 2월에 소멸되었다고 항변하나, 이 사건 부당이득금반환청구권은 피고가 위 공탁금을 출급하여 원고가 공탁금을 회수할 수 없게 된 때에 발생한다고 할 것인바, 피고가 위 공탁금을 출급한 1992. 2. 7. 및 같은 해 8. 27.로부터 5년 이내인 1995. 6. 26. 이 사건 소가 제기되었음이 기록상 명백하므로 위 항변도 이유 없다.

3. 결 론

그렇다면, 피고는 원고에게 위 금 83,853,000원 및 이에 대하여 이 사건 소 제기일임이 기록상 명백한 1995. 6. 26.부터 피고가 그 이행의무의 존부나 범위에 관하여 항쟁함이 상당하다고 인정되는 이 사건 원심판결 선고일인 1997. 5. 22. 까지는 민법 소정의 연 5푼의, 그 다음날부터 완제일까지는 소송촉진등에관한특례법 소정의 연 2할 5푼의 각 비율에 의한 지연손해금을 지급할 의무가 있다할 것이므로{원고는 피고가 위 보상금을 각 수령한 다음날부터 그 지연손해금의 지급을 구하나, 부당이득금 반환채무는 그 수익자가 악의인 경우 등 특별한 사정이 있는 경우를 제외하고는 기한의 정함이 없는 채무로서, 그 이행을 청구한 때로부터 상당한 기간이 경과한 다음부터 이행지체에 빠진다 할 것인데, 피고의 악의인 점에 관하여 원고의 입증이 없다. 다만, 선의의 수익자가 패소한 때에는 그 소를 제기한 때부터 악의의 수익자로 보므로(민법 제749조 제2항), 피고가 이 사건 소에서 패소함이 명백하므로 그 지체책임은 이 사건 소 제기일인 1995. 6. 26.부터 발생한다고 할 것이다}, 그 이행을 구하는 원고의 이 사건 청구는 위 인정 범위 내에서 이유 있어 이를 인용하고, 그 나머지 청구는 이를 기각할 것인바, 이와 결론을 일부 달리한 원심판결의 피고 패소부분은 부당하므로 이를 취소하고, 그 부분에 해당하는 원고의 청구를 기각하기로 하며, 피고의 나머지 항소는 이유 없어 이를 기각하기로 하여, 주문과 같이 판결한다.

[토지의 표시]

① 서울 성동구 광장동 503; 전 1,524㎡

② 같은 동 473의 1; 하천 1,064㎡

③ 같은 동 473의 2; 하천 251㎡

④ 서울 성동구 광장동 484; 대 35,124㎡ (등기부상), 대 35,131㎡ (토지대장상)

⑤ 같은 동 486의 1; 대 139㎡ (등기부상), 대 32,306㎡ (토지대장상).

끝.

(1-2) 대법원 1998. 11. 13. 선고 97다58453 판결 [공1998.12.15.(72),2858]

【원고, 피상고인】 서울특별시

【피고, 상고인】 박○신

【원심판결】 서울고등법원 1997. 11. 21. 선고 97나30891 판결

【주 문】

상고를 기각한다. 상고비용은 피고의 부담으로 한다.

【이 유】

상고이유를 판단한다.

1. 제1점에 대하여

민법 제742조 소정의 비채변제에 관한 규정은 변제자가 채무 없음을 알면서도 변제를 한 경우에 적용되는 것이고, 채무 없음을 알지 못한 경우에는 그 과실 유무를 불문하고 적용되지 아니한다 할 것이다.

원심이 적법하게 인정한 사실관계에 의하면, 이 사건 각 토지는 구 하천법(1971. 1. 19. 법률 제2292호로 개정되기 전의 것) 시행 당시 건설부고시(제897호)에 의하여 이미 하천구역으로 편입된 토지인데, 개정된 하천법(1971. 1. 19. 법률 제2292호)의 시행으로 인하여 하천구역으로 편입되어 사권을 상실한 토지 소유자에 대한 보상을 위하여 하천법중개정법률(1984. 12. 31. 법률 제3782호) 부칙 제2조 및 이에 근거한 법률 제3782호 하천법중개정법률부칙제2조의규정에의한하천법편입토지의보상에관한규정(1986. 6. 12. 대통령령 제11919호)이 시행되자, 원고는 이 사건 각 토지와 같이 구 하천법에 의하여 이미 하천구역으로 편입된 토지에 대하여는 위 법령에 근거한 보상금을 지급하여야 할 아무런 의무가 없음에도 불구하고 이러한 토지에 대하여도 자신에게 보상책임이 있는 것으로 잘못 알고 피고 앞으로 이 사건 토지에 대한 보상금을 변제공탁하자 피고가 공탁금을 출급하였다는 것인바, 사실관계가 그러하다면, 원고가 자신에게 이 사건 각 토지에 대한 보상의무가 없음을 알지 못한 데에 어떠한 과실이 있다 하더라도 원고는 피고에 대하여 그 반환을 청구할 수 있다고 보아야 할 것이다.

원심이 원고가 위 보상금 상당액을 공탁한 것은 중대한 과실로 그 보상금을 지급할 의무가 없음을 알지 못함으로 인한 것이므로 민법 제742조 소정의 비채변제에 해당하여 그 반환을 청구할 수 없다는 피고의 주장을 배척한 것은, 그 이유 설시에 있어 다소 미흡한 점이 있으나 결과적으로 정당하고, 거기에 소론과 같은 비채변제에 관한 법리오해 등의 위법이 없다. 논지는 이유 없다.

2. 제2점에 대하여

앞서 본 바와 같이, 이 사건 각 토지가 구 하천법 시행 당시 하천구역으로 편입되어 원고에게 그 보상금을

지급하여야 할 아무런 의무가 없음에도 불구하고 원고가 법령을 잘못 해석하여 자신에게 그 보상의무가 있는 것으로 알고 그 보상금 상당액을 공탁하여 피고가 이를 수령한 것이라면 이는 채무자 아닌 자가 착오로 인하여 타인의 채무를 변제한 것이므로, 특별한 사정이 없는 한, 원고는 그 반환을 청구할 수 있다 할 것인바, 이 사건 각 토지가 하천구역으로 편입됨으로써 피고가 소유권을 상실하였고, 위 공탁금이 위 각 토지에 대한 보상금으로 공탁된 것이라고 하더라도 그러한 사유만으로 채무자도 아닌 원고가 한 위 변제공탁이 도의관념에 적합한 비채변제에 해당하는 것이라고 볼 수는 없다.

같은 취지의 원심판결은 정당하고, 거기에 비채변제에 관한 법리오해 등의 위법이 없다. 논지는 이유 없다.

3. 제3점에 대하여

원심은, 이 사건 공탁금의 출급으로 인한 원고의 피고에 대한 부당이득반환청구권은 피고가 위 공탁금을 출급하여 원고가 이를 회수할 수 없게 된 때에 발생하고 그 소멸시효 또한 그 때부터 진행한다고 전제한 다음, 피고가 위 공탁금을 출급한 날로부터 5년이 경과하기 전인 1995. 6. 26. 이 사건 소를 제기한 이상 소멸시효는 완성되지 아니하였다고 판단하고 있는바, 기록에 비추어 살펴보면, 원심의 이러한 판단은 정당하고, 거기에 소멸시효의 완성에 관한 법리오해의 위법이 없다. 논지도 이유 없다.

4. 그러므로 상고를 기각하고 상고비용은 패소자의 부담으로 하여 관여 법관의 일치된 의견으로 주문과 같이 판결한다.

(2-1) 서울민사지방법원 1989. 6. 27. 선고 89나5088 판결

【원 고】 조△기

【피 고】 김◇환

【주 문】

피고의 항소를 기각한다.
항소비용은 피고의 부담으로 한다.
원판결 주문 제 1항은 가집행할 수 있다.

【청구취지】

피고는 원고에게 금 5,245,399원 및 이에 대한 이 사건 소장부본송달 다음날부터 이 판결선고일까지 연 5푼의, 그 다음날부터 완제일까지 연 2할 5푼의 각 비율에 의한 금원을 지급하라. 소송비용은 피고의 부담으로 한다는 판결 및 가집행선고.

【항소취지】

원판결을 취소한다. 원고의 청구를 기각한다. 소송비용은 제1, 2심 모두 원고의 부담으로 한다.

【이 유】

각 성립에 다툼이 없는 갑 제1호증의 1,2,3(각 공탁서), 갑 제2호증의 1,2 (각 판결정본)의 각 기재에 변론의 전취지를 종합하면, 원고는 1973.4.20.소외 지♡철로부터 금 6,000,000원을 이자 월 3푼, 변제기 차용일로부터 2개월 후로 정하여 차용하면서 그 담보로 원고 소유의 별지목록기재 제1부동산에 관하여 1973.2.8. 대전지방법원 공주지원 접수 제4455호로, 같은 목록기재 제2부동산에 관하여 같은 해 4.20 서울민사지방법원 동대문등기소 접수 제16225호로, 같은 목록기재 제3부동산에 관하여 같은 해 4.23. 위 같은 지원 접수 제4456호로써 각 소외 지♡철 명의의 소유권이전청구권보전의 가등기를 마친 사실, 그 후 원고가 위 약정 변제기일이 경과하도록 위 차용원리금을 변제하지 아니하자 위 지♡철은 위 각 가등기에 비하여 위 제1부동산에 관하여 1977.11.21. 위 같은 지원 접수 제13687호로, 위 제2부동산에 관하여 같은 해 12.21. 서울민사지방법원 동대문등기소 접수 제70217호로, 위 제3부동산에 관하여 같은 해 11월경 위 지♡철 명의로 각 소유권이전의 본등기를 마친 사실, 한편 위 지♡철은 1981.7.20. 피고로부터 금 4,200,000원을 이자 월 4푼, 변제기 1982.2.20로 정하여 차용하면서 그 담보로 동인명의로 소유권이전등기를 마친 위 제2부동산에 관하여 피고 명의로 1981.7.29. 서울민사지방법원 동대문 등기소 접수 제21223호로 소유권이전청구권보전의 가등기 및 같은 날 같은 등기소접수 제21224호로 근저당권설정등기를 각 마친 사실, 그 후 위 지♡철과 피고는 1982.1.28. 서울민사지방법원 28자280호로써 제소전화해신청을 하여 같은 날 (1) 피고는 위 지♡철로부터 1982.2.20.까지 금 4,200,000원을 수령함과 상환으로 위 지♡철에게 위 제2부동산에 관한 가등기의 말소절차를 이행한다. (2) 위 지♡철이 피고에 대하여 전항의 기일까지 위 금원을 지급하지 아니할 때에는 위 지♡철은 피고에게 위 부동산에 관하여 전항의 가등기에 기한 본등기절차를 담보의 목적으로 이행한다. (3) 화해비용은 각자의 부담으로 한다는 내용으로 제소전화해를 하고, 이어서, 위 지♡철이 위 약정 변제기일이 경과하도록 이 차용원리금을 변제하지 아니하자 피고는 위 제2부동산에 관하여 위 가등기에 기하여 1982.4.13. 서울민사지방법원 동대문등기소 접수 제11500호로써 피고 명의의 소유권이전의 본등기를 마친 사실, 이에 원고는 1979.8.23. 소외 지♡철이 승낙하에 위 제3부동산을 제3자에게 매각하여 그 대금으로 위 지♡철에 대한 차용금채무 금 6,000,000원의 원금의 일부로 금 4,000,000원을 변제한 이후 1983.1월경 서울민사지방법원 83가합960호로써 위 지♡철 및 피고를 상대로 하여 위 제1,2부동산에 관하여 각 담보의 목적으로 마쳐진 동인들 명의의 위 각 가등기 및 본등기등의 말소등기절차의 이행을 구하는 소를 제기하여 제1심에서 원고 전부 패소판결을 선고받고, 동 판결에 불복, 항소하여 서울고등법원 84나501호로 항소심 계속중에 원고는 1984.7.24. 같은 해 12.4. 및 1985.2.4.등 3회에 걸쳐 서울민사지방법원에 위 지♡철을 대위하여 피고를 공탁물수령자로 해서 위 제2부동산의 피담보채무로 계산한 차용원금 4,200,000원 및 이에 대한 그 차용일부터 위 최종공탁일인 1985.2.4. 까지의 이자제한법상의 제한 최고이율범위내의 이자 및 지연손해금 5,245,399원과 위 지♡철과 피고 사이의 금전차용시 위 지♡철이 부담하기로 약정한 담보권설정등기비용, 취득세등 금 768,224원등 도합금 10,213,623원을 변제공탁한 사실, 그리하여 서울고등법원 1985.7.4.선고 위 84나501호 판결에서 위 제2부동산으로 담보된 위 지♡철의 피고에 대한 채무원리금을 도합금 9,445,396원(원금 4,200,000원+이자 및 지연손해금 5,245,396원)으로 확정하고, 위 원고의 대위변제 공탁을 적법한 변제공탁으로 보아 위 제2부동산으로 담보된 위 지♡철의 피고에 대한 채무가 전액 소멸하였음을 이유로 위 제2부동산에 관하여 마쳐진 피고 명의의 가등기, 소유권이전등기 및 근저당권설정등기 등의 각 말소를 명하는 피고에 대한 청구부분에 관하여 원고 승소판결이 선고되고, 위 지♡철에 대한 청구부분에 관하여는 채무금일부가 변제되지 아니하였음을 이유로 동 잔존채무금의 지급을 조건으로 위 제1,2부동산에 관하여 마쳐진 위 지♡철 명의의 각 가등기 및 소유권이전등기의 말소등기절차를 이행하라는 원고 일부 승소판결이 선고된 사실, 위 지♡철 및 피고가 동 판결에 불복 상고하였던 바, 1988.1.19. 선고 85다카1792호로 판결에서 위 지♡철에 대한 청구부분에 관하여 위 제2부동산으로 담보된 위 지

♡철의 피고에 대한 채무금이 위 1982.1.28. 자 제소전화해조서상의 화해금채무금 4,200,000원에 한 함에도 원고의 위 지♡철에 대한 구상금채권을 원고가 피고에게 대위변제공탁한 위 화해금채무액을 초과하는 부분까지 인정하여 동 초과계산된 구상금채권으로써 원고의 위 지♡철에 대한 차용원리금채무에 상계충당하였다는 이유로 파기환송판결이 선고되고, 피고에 대한 청구부분은 상고기각되어 그대로 확정된 사실 등을 각 인정할 수 있고 반증이 없으며, 피고가 위 판결 확정후 위 변제공탁금 전액을 수령한 사실은 이를 자인하고 있다.

위 인정사실에 의하면, 제소전화해의 창설 효력에 의하여 위 제소전화해일인 1982.1.28. 이후부터 위 지♡철의 피고에 대한 채무는 위 화해금 채무 금 4,200,000원이라 할 것이고 위 제2부동산의 피담보채권 역시 종전의 소비대차상의 채권이 아닌 위 화해금 채무 금 4,200,000원이 할 것이므로 원고는 변제할 정당한 이익있는 자로서 채무자인 위 지♡철을 대위하여 피고에게 위 화해금 채무금 4,200,000원만을 변제하고 피고에 대하여 제2부동산에 관하여 담보목적으로 마쳐진 피고 명의의 위 가등기 및 본등기와 근저당권설정등기의 각 말소등기절차를 청구할 권리가 있다 할 것이니 원고가 위 서울고등법원 84나501호 소송과정에서 위 지♡철의 피고에 대한 채무원리금 조로 계산, 변제공탁하여 피고가 수령한 위 변제공탁금 9,445,399원 중 위 화해금 채무 금 4,200,000원을 초과하는 금 5,245,399원은 피고가 이를 법률상 원인 없이 이득하게 된 것이고, 이로 인하여 원고에게 동액 상당의 손해를 가하였다 할 것이므로 피고는 특단의 사정이 없는 한 원고에게 위 부당이득금 5,245,399원을 반환할 의무가 있다 할 것이다.

이에 대하여 피고는, 원고의 이 사건 청구는 원고와 피고 사이의 위 확정된 서울고등법원 1985.7.4. 선고 84나501호 판결의 기판력에 저촉되는 주장이거나 가사 그렇지 아니하더라도 원고 스스로 위 사건 항소심 계속중에 위 지♡철의 피고에 대한 채무원리금을 금 9,445,399원으로 계산, 공탁하고 위 변제공탁이 적법함을 이유로 동 사건 판결에서 원고 승소판결을 받고, 동 판결이 확정되었음에도 새로이 이 사건 청구를 함은 선행행위와 모순되는 거동으로서 소송법상의 신의칙에 반하는 것이므로 부당하다는 취지로 항쟁하므로 살피건대, 원고가 위 지♡철을 대위하여 피고를 상대로 위 제2부동산에 관하여 마쳐진 피고 명의의 가등기 및 본등기 등의 말소등기절차의 이행을 구한 위 서울고등법원 84나501호 소송계속중 원고가 지♡철의 채무원리금을 금 9,445,399원으로 계산, 이를 변제공탁하고, 동 사건 판결에서 위 변제공탁을 적법한 것으로 인정하여 피고에 대한 원고 승소판결이 선고되고, 동 판결이 확정된 사실은 앞서 판시한 바와 같으나, 판결의 기판력은 주문 중에서 판단되는 사항에 한하여 그 효력이 미친다 할 것이므로 위 항소심판결의 기판력은 위 지♡철과 피고사이의 위 제2부동산에 관한 가등기 및 소유권이전등기등의 말소등기청구권의 존재에 대하여 미칠 뿐이고, 동 판결 이유 중에서 판단된 위 제2부동산의 피담보채권의 범위에 대하여는 미치지 아니한다 할 것이고, 또한 위 피고 주장과 같은 사유만으로 원고의 이 사건 청구가 신의칙에 반한다고 볼 수 없으므로 위 피고의 항쟁은 모두 이유없다.

피고는 위 지♡철과 피고 사이에 위 1982.1.28.자 제소전화해를 하게 된 경위는 위 지♡철은 1981.7.20. 피고로부터 금 4,200,000원을 이자 월 4푼, 변제기 1982.2.20.로 정하여 차용하면서 그 담보로 위 제2부동산에 관하여 피고 명의로 소유권이전청구권보전의 가등기를 마친후 위 차용원리금을 변제하지 못하게 되자 피고에게 위 제2부동산을 금 10,000,000원에 매수할 것을 요청하여 피고는 1981.12.31. 위 지♡철과 사이에 위 지♡철 소유의 위 제2부동산에 관하여 매매대금 10,000,000원으로 하는 매매계약을 체결하고 위 매매대금을 위 차용금 채무금 4,200,000원으로 일부대체하고 위 부동산상의 소외 박◎구에 대한 저당채무금 1,000,000원을 피고가 인수하고, 위 계약당일 피고가 위 지♡철에게 나머지 금 4,800,000원을 지급함으로써 대금을 완불하였는데 위 매매계약 체결이후 피고가 위 지♡철에게 위 부동산에 관한 소유권이전등기절차의 이행을 구하자 위 지♡철은 이미 피고 명의로 마쳐져 있는 가등기에 기하여 본등기절차를 이행하기로 하되 위 지♡철에게 부과될 양도소득세를 줄이기 위하여 피담보채무를 금 4,200,000원으로 줄여달라고 요청하여 피고는 위 지♡철의 편의를 위하여 위 제소전화해를 하게 된 것이므로 위 제소전화해는 위 지♡철과 피고 사이에 통정허위표시로 무효이므로 동 화해조서내용에 근거한 원고의 이 사건 청구는 부당하다는 취지로 항쟁하나, 이에 부합하는 듯한 을 제1호증의 1(준비서면),2,3(각 피의자신문조서),5(진술조서), 을 제2호증의 1(합의서),2(영수증)의 각 기재 및 원심증인 김ㅁ환의 증언은 이를 믿지 아니하고, 을 제1호증의 4(약정서), 을 제3호증의 1(수표회수확인서),2(거래사실증명원), 을 제4호증의 1(매매계약서),2(영수증), 을 제5호증의 1,2(각 소송위임장),3(부동산매매 예약서)의 각 기재만으로는 이를 인정하기에 부족하며, 달리 이를 인정할 증거가 없으므로 위 피고의 항쟁 역시 이유없다.

피고는, 소외 지♡철과 피고 사이에 위 1982.1.28.자 제소전화해 성립이후 원고가 위 지♡철 및 피고를 상대로 형사고소를 하여 같은 해 12월경 수사기관에 소환되어 조사받는 과정에서 위 지♡철은 피고에게 위 화해조서에 기하여 제2부동산에 관하여 피고 명의로 소유권이전의 본등기절차를 이행함으로 인하여 피고가 손해를 입게되는 경우에는 위 차용원금 4,200,000원에 월 4푼의 이자를 가산하여 손해배상을 해주기로 약정하였던바, 따라서 위 지♡철과 피고 사이의 위 1982.1.28.자 화해조서의 효력은 위 같은 해 12월경의 약정에 의하여 소멸되었고, 위 지♡철은 피고에게 위 새로운 약정에 기하여 위 차용원금 4,200,000원 및 이에 대한 차용일이후의 월 4푼의 비율에 의한 이자 등을 지급할 의무가 있다 할 것이므로 위 지♡철의 피고에 대한 채무가 금 4,200,000원 뿐임을 전제로 하는 원고의 이 사건 청구는 부당하다는 취지로 항쟁하나 앞서 배척한 증인 김ㅁ환의 증언이외에는 이를 인정할 아무런 증거가 없으므로 위 피고의 주장 역시 이유없다.

피고는, 위 지♡철의 피고에 대한 채무금은 위 1982.1.28.자 화해조서상의 화해금 채무금 4,200,000원 및 이에 대한 동 화해조서상의 변제기인 같은 해 2.20. 이후의 민법 소정의 연 5푼의 비율에 의한 지연손해금인데 원고는 이 사건 대위변제공탁을 함에 있어서 위 차용원금 4,200,000원 및 이에 대한 차용일 이후 변제공탁일까지의 연 4할 또는 연 2할 5푼의 비율에 의한 이자 및 지연손해금을 스스로 가산 공탁하여 피고가 이를 수령하였으므로 위 연 5푼의 비율에 의한 지연손해금을 초과하는 부분은 임의 지급된 지연손해금이므로 원고가 그 반환을 구할 수 없다는 취지의 항쟁을 하므로 살피건대, 앞서 판시한 바와 같이 위 1982.1.28.자 화해조서상 위 지♡철의 피고에 대한 금 4,200,000원의 화해금 지급의무와 피고의 위 지♡철에 대한 위 제2부동산에 관한 가등기의 말소등기절차 이행의무는 상호 동시이행 관계에 있으므로 피고가 원고의 위 대위변제공탁시까지 위 지♡철에게 위 가등기의 말소등기절차를 이행하였다거나 그 현실적인 이행의 제공을 하였음에 관하여 아무런 주장, 입증이 없는 이상 위 지♡철의 피고에 대한 위 화해금채무는 이행지체로 되지 아니하여 그 지연손해금 채무 역시 발생하지 아니한다 할 것이니 그 지연손해금 채무가 발생하였음을 전제로 하는 위 피고의 항쟁 역시 이유없다.

피고는, 원고가 이 사건 대위변제 공탁당시 위 지♡철의 피고에 대한 채무가 금 4,200,000원 뿐이므로 동 금원을 초과하는 채무가 부존재함을 알고 있으면서도 동 금액을 초과하여 변제공탁하여 피고가 이를 수령한 것이므로 원고의 이 사건 청구는 부당하다는 취지로 항쟁하므로 살피건대, 성립에 다툼이 없는 을 제6호증(준비서면)의 기재에 의하면, 원고가 이 사건 대위변제 공탁시 위 지♡철과 피고 사이에 앞서 판시한 바와 같은 내용의 1982.1.28.자 제소전화해가 있었던 점을 알고 있었던 사실은 인정할 수 있으나 그 사실만으로 원고가 이 사건 대위변제 공탁당시 위 초과 공탁부분에 해당하는 위 지♡철의 차용원금 4,200,000원에 대한 이자 및 지연손해금

지급채무가 부존재한다는 사실까지 알고 있었다고 단정하기 어렵고, 오히려 앞에든 갑 제1호증의 1,2,3(각 공탁서), 갑 제2호증의 1,2(각 판결)의 각 기재에 변론의 전취지를 종합하면, 원고역시 위 서울고등법원 84나501호 소송계속중에는 위 지♡철과 피고 사이의 위 1982.1.28.자 제소전화해의 효력을 간과하고 있다가 1985.7.4. 선고, 동 사건 판결이 상고되어 1988.1.19. 선고 85다카1792호로써 위 지♡철과 피고 사이의 위 1982.1.28.자 제소전화해에 의하여 확정된 동인들 사이의 채무금 내용이 간과되었음을 주된 파기사유로 하여 파기환송되어서 비로소 위 지♡철의 피고에 대한 채무가 위 화해조서상의 화해금채무 금 4,200,000원 뿐이고 동 금액을 초과한 부분에 대한 채무없음을 알게 된 사실을 엿볼 수 있으므로 위 피고의 항쟁 역시 이유 없다.

피고는, 원고가 위 화해금채무 금 4,200,000원을 초과하여 한 변제공탁부분은 도의 관념에 적법한 것이므로 원고의 이 사건 청구는 부당하다고 항쟁하나 피고의 전거증에 의하더라도 이를 인정할 아무런 증거가 없으므로 위 피고의 항쟁 역시 이유없다.

피고는 마지막으로, 원고는 위 지♡철을 대위하여 이 사건 변제공탁을 한 것이므로 가사 원고가 위 지♡철의 피고에 대한 채무금을 초과하여 변제공탁하고 피고가 이를 수령함으로써 동 초과부분 금원에 한하여 피고의 부당이득이 발생하였다 하더라도 동 부당이득의 반환청구권은 위 지♡철에게 귀속하는 것이니 원고가 직접 피고를 상대로 위 부당이득금의 반환을 구할 수 없고 다만 원고는 위 지♡철을 대위하여 위 부당이득금의 반환을 할 수 있을 것인데 원고는 채권자 대위 내지 법정대위의 요건을 구비하지 못하였으므로 원고의 이 사건 부당이득금반환청구는 부당하다는 취지의 주장을 하나 앞서 판시한 바와 같이 원고가 위 지♡철의 피고에 대한 채무금을 초과하여 피고를 공탁물수령자로 하여 대위변제공탁하고 피고가 공탁금을 수령함으로써 피고는 동 초과부분에 해당하는 금원을 법률상 원인 없이 이득하고, 이로 인하여 원고는 동 금원 상당의 손실을 입게 되었다 할 것이니(이 경우 위 지♡철로서는 아무런 손실이 없으므로 위 지♡철의 피고에 대한 부당이득금반환청구권은 발생할 여지가 없다) 원고는 직접 피고에게 위 초과변제공탁금을 부당이득금으로 반환을 구할 수 있다 할 것이므로 위 피고의 항쟁은 나머지 점에 관하여 더 나아가 살필필요 없이 역시 이유없다.

그렇다면, 피고는 원고에게 위 부당이득금 5,245,399원 및 이에 대한 원고가 구하는 이 사건 소장부본송달 다음날임이 기록상 명백한 1988.4.22.부터 이 사건 제1심판결 선고일인 같은 해 12.28.까지 민법 소정의 연 5푼의, 그 다음날부터 완제일까지 소송촉진등에관한특례법 소정의 연 2할 5푼의 각 비율에 의한 지연손해금을 지급할 의무가 있다 할 것인바, 원판결은 이와 결론을 같이하여 정당하고, 피고의 항소는 부당하여 이를 기각하며, 소송비용의 부담에 관하여는 민사소송법, 제95조, 제89조를, 가집행선고에 관하여는 위 특례법 제6조, 민사소송법 제199조를 각 적용하여 주문과 같이 판결한다.

(2-2) 대법원 1990. 6. 8. 선고 89다카20481 판결 [집38(2)민,48;공1990. 8.1.(877),1443]

【원고, 피상고인】 조○기

【피고, 상고인】 김○환

【원심판결】 서울민사지방법원 1989.6.27. 선고 89나5088 판결

【주 문】

원심판결을 파기하고, 사건을 서울민사지방법원 합의부에 환송한다.

[이 유]

피고의 상고이유에 대하여,

1. 소론은 요컨대 원고가 구하는 이 사건 부당이득금은 원고가 소외 지○철을 대위하여 동인의 피고에 대한 채무원리금이라면서 변제공탁한 금원에 관하여 발생한 것이므로 이에 관하여 가령 피고가 부당이득을 한 것이 있다 하더라도 이는 지○철에 대한 부당이득은 될 수 있을 망정 원고에 대한 부당이득은 될 수 없고, 원고는 지○철과 피고사이의 제소전 화해에 의하여 동인의 피고에 대한 채무가 원금 420만원뿐임을 알면서 이 사건 금원을 이자조로 지급하였으므로 이는 비채변제로서 그 반환을 청구할 수 없다는 취지이다.

원심이 이 사건 금원의 지급을 부당이득에 해당한다고 한 것은 원고가 지○철의 피고에 대한 채무에 관하여 변제할 정당한 이익이 있는 자로서 그 변제조로 지급한 금원 중 이 사건 금원에 해당하는 채무는 존재하지 아니하여 대위변제가 성립하지 아니하기 때문에 피고는 원고에 대하여 부당이득을 한 것이 된다는 것이며, 부당이득의 성립여부는 어디까지나 원고와 피고사이의 문제이므로 채무가 없음을 알고 변제한 여부는 원고를 기준으로 판단하여야할 것이므로 원심이 원고가 채무없음을 알고 이 사건 금원을 지급하였다고 인정할 만한 증거가 없다고 한것은 정당하다.

2. 원심판결 이유에 의하면 원심은, 소외 지○철과 피고사이의 1982.1.28. 서울민사지방법원 82자280호로써 한 제소전 화해에 의한 지○철의 피고에 대한 금 420만원의 지급의무와 피고의 지○철에 대한 가등기의 말소등기절차 이행의무는 서로 동시이행의 관계에 있다 할 것인바, 원고의 대위변제공탁시까지 피고가 지○철에 위 가등기의 말소등기절차를 이행하였다거나 그 현실적인 이행의 제공을 하였음에 관하여 아무런 주장입증이 없으므로 지○철의 피고에 대한 위 금원의 지급채무는 이행지체로 되지 아니하고, 따라서 지연손해금이 발생하지 아니한다고 판단하였다.

원심이 인정한 위 제소전화해의 내용을 보면 ① 피고는 지○철로부터 1982.2.20.까지 금 420만원을 수령함과 상환으로 지○철에게 이 사건 부동산에 관한 가등기의 말소등기절차를 이행한다. ② 지○철이 피고에 대하여 위 기일까지 위 금원을 지급하지 아니할 때에는 지○철은 피고에게 위 부동산에 관하여 가등기에 기한 _본등기절차를 담보의 목적으로 이행한다라는 것인바, 이처럼 화해조항에 채무의 변제기와 채무원금만 정하고 변제기 이후의 지연손해금에 관하여 아무런 규정을 두고 있지 아니한 경우에는 원칙으로 돌아가 변제기 이후에는 민법 소정의 연 5푼의 비율에 의한 지연손해금을 지급하여야 하며(당원 1986.9.9. 선고 84다464, 84다카1951 판결 참조) 위 화해조항 ①의 금원지급과 가등기말소의 동시이행관계도 그 변제기인 1982.2.20.까지 금원을 지급하는 경우에만 적용되고, 변제기 이후에는 채무의 변제와 담보권말소의 일반원칙으로 돌아가 채무의 이행이 선이행관계에 있다고 보아야 할 것이다.

원심판결은 화해조서 내용의 해석을 잘못하여 판결에 영향을 미친 위법을 저질렀다 할 것이고 이는 소송촉진등에관한특례법 제12조 제2항에 해당하므로 논지는 이 점에서 이유있다.

이에 원심판결을 파기하고, 사건을 원심법원에 환송하기로 하여 관여 법관의 일치된 의견으로 주문과 같이 판결한다.

불법원인급여/
사무관리 서설

불법원인급여/사무관리 서설

1 불법원인급여

(1-1) 부산지방법원 1979. 2. 23. 선고 78나232 판결

【원 고】 정△옥

【피 고】 박◇환

【주 문】

항소를 기각한다. 항소비용은 피고의 부담으로 한다.

【청구취지】

피고는 원고에게 ○○시 ○○동산 182 임야 16,760평방미터에 관하여 1977.11.29. 부산지방법원 울산등기소 접수 제40743호로 한 매매예약에 의한 소유권이전등기청구권보전의 가등기의 말소등기절차를 이행하라. 소송비용은 피고의 부담으로 한다.

【항소취지】

원판결을 취소한다. 원고의 청구를 기각한다. 소송비용은 1,2심 모두 원고의 부담으로 한다.

【이 유】

당원의 판결이유는 원심의 그것과 같으므로 민사소송법 제390조에 의하여 이를 인용한다. 따라서 피고의 항소는 이유없으므로 이를 기각하고, 항소비용의 부담에 관하여는 같은 법 제95조, 제89조를 적용하여 주문과 같이 판결한다.

(1-2) 대법원 1979. 11. 13. 선고 79다483 전원합의체 판결 [집27(3)민,140; 공1980.1.1.(623),12338]

【원고, 피상고인】 원고

【피고, 상고인】 피고

【원 판 결】 부산지방법원 1979. 2. 23. 선고 78나232 판결

【주 문】

상고를 기각한다.

상고 소송비용은 피고의 부담으로 한다.

【이 유】

피고 소송대리인의 상고이유 제1점을 본다.

민법 제746조는 불법의 원인으로 인하여 재산을 급여한 때에는, 그 이익의 반환을 청구하지 못한다고 규정하고 있는 바, 일반의 법리에 따른다면, 불법의 원인에 의한 급여는, 법률상의 원인이 없는 것이되므로, 부당이득이 되어 그 이익의 반환을 청구할 수 있게 되는 것이나, 이러한 청구를 인정하는 것은, 법의 이념에 어긋나는 행위를 한 사람의 주장을 시인하고 이를 보호하는 것이 되어, 공평의 이념에 입각하고 있는 부당이득제도의 근본취지에 어긋날 뿐만 아니라, 법률 전체의 이념에도 어긋나게 되기 때문에, 이 규정은 선량한 풍속, 기타 사회질서에 위반한 사항을 내용으로 하는 법률행위를 무효로 하는 민법 제103조와 표리를 이루어, 사회적 타당성이 없는 행위를 한 사람을 보호할 수 없다는 법의 이념을 실현하려고 하는 것이다.

이리하여 민법 제746조는 민법 제103조와 함께 사법의 기저를 이루는 하나의 큰 이상의 표현으로서 이것이 비록 민법 채권편 부당이득의 장에 규정되어 있기는 하나, 이는 일반적으로 사회적 타당성이 없는 행위의 복구가 부당이득의 반환청구라는 형식으로 주장되는 일이 많기 때문이고, 그 근본에 있어서는 단지 부당이득제도만을 제한하는 이론으로 그치는 것이 아니라, 보다 큰 사법의 기본 이념으로 군림하여, 결국 사회적 타당성이 없는 행위를 한 사람은 그 스스로 불법한 행위를 주장하여, 복구를 그 형식 여하에 불구하고 소구할 수 없다는 이상을 표현하고 있는 것이라고 할 것이다.

따라서 급여를 한 사람은 그 원인행위가 법률상 무효라 하여 상대방에게 부당이득을 원인으로 한 반환청구를 할 수 없음은 물론, 그 원인행위가 무효이기 때문에 급여한 물건의 소유권은 여전히 자기에게 있다고 하여, 소유권에 기한 반환청구도 할 수 없는 것이고, 그리하여 그 반사적 효과로서 급여한 물건의 소유권은 급여를 받은 상대방에게 귀속하게 되는 것이라고 해석함이 타당하다고 할 것이다.

이 사건에서 보건대 원심은 제1심 판결을 인용한 그 판결이유에서, 이 사건 임야는 원래 피고의 아버지 소외인의 소유였는데, 그가 원고와 불륜의 내연관계를 맺고 그 대가로 원고에게 이를 증여하여, 소유권이전등기를 넘겨 주었다는 취지의 사실을 인정한 다음, 그렇다면 원고는 민법 제746조에 의하여 그대로 그 소유권을 취득한다고 하여, 원고앞으로 된 위 소유권이전등기가 불법원인급여를 원인으로 한 것이기 때문에 무효라는 취지의 피고의 주장을 배척하고 있는 바, 원심의 위와 같은 판단은 결과적으로 위의 설시와 같은 취지로 보여지므로 정당하고, 거기에 소론과 같은 불법원인급여의 법리를 오해한 위법이 있다고 할수 없으므로, 논지는 이유없고, 이 법원이 종전의 다른 판결(대법원 1960.9.15 선고 4293민상57 판결; 1977.6.28 선고 77다728 판결등)에서, 이와 다르게 판시한 의견은 모두 이 판결로써 변경하기로 한다.

같은 상고이유 제2점을 본다.

소론은 사실심인 원심의 전권사항에 속하는 증거의 취사와 사실의 인정을 들어 원심판결을 비난하는 취지로 밖에 보여지지 아니하는 바, 원심판결이 인용한 제1심 판결을 기록에 의하여 살펴보더라도 그 판시와 같은 사실을 인정하는 데에 거친 채증의 과정에 소론과 같은 채증법칙을 어긴 잘못이 있음을 찾아 볼 수 없고, 그밖에 심리를 다하지 아니하였거나 이유를 제대로 갖추지 아니한 허물이 있다고도 할 수 없다. 논지는 이유없다.

따라서 이 상고는 이유없으므로 이를 기각하기로 하고, 상고 소송비용은 패소자의 부담으로 하여, 상고이유 제1점에 대한 대법원판사 양병호, 임항준 및 김윤행의 반대의견을 제외하고 일치된 의견으로 주문과 같이 판결한다.

대법원판사 양병호, 임항준 및 김윤행의 반대의견은 다음과 같다.

민법 746조는 부당이득의 장에 규정되어 있는 부당이득의 반환청구권에 관한 조문인 바, 채권적 청구권인 부당이득반환청구권을 제한하는 위 법조가 채권적 청구권과는 전연 그 근거를 달리하는 물권적 청구권까지를 제한하는 효력이 있다 함은 논리의 비약을 넘어서 법의 규정을 떠난 해석이라고 아니할 수 없다.

원래 민법 746조의 규정을 둔 것은 자기가 불법행위를 하였다는 것을 이유로 하여 권리의 주장을 한다는 것은 우리의 정의감에 반하는 것이므로 동 규정을 두어 다만 청구자가 자기의 불법행위를 청구의 근거로 삼는 것만을 막아 보자는 것 뿐이므로 동 조문이 있다 하여 법률상 이를 저지할 아무런 이유가 없는 다른 청구권까지를 모조리 봉쇄할 수 있다는 해석은 나올 도리가 없다 할 것이다.

즉 물상청구권을 행사함에 있어서는 자기의 소유권만을 주장하면 족하고, 불법행위가 있었다는 것은 법률상의 청구원인으로 할 필요가 없을 것이니 이와 같이 자기에게 불법원인이 있다는 주장은 전연 없이 다만 소유권에 기하여 하는 청구가 어떠한 근거로 당사자가 주장도 하지도 않는 불법원인으로 인한 급부라 하여 이를 저지할 수 있을 것인가.

다수의견은 소유권에 기한 청구권도 배척하여 수익자에게 권리가 귀속되게 하는 것이 사법의 기저를 이루는 이상의 표현이라고 설시하였으나 불법원인으로 인한 급부가 이루어지는 경우에는 대개 수익자에게도 불법원인으로 수령하는 경우가 많고 경우에 따라서는 급부자의 불법행위보다도 수령자에게 더욱 중한 불법행위가 있는 경우도 있을 것인데, 이러한 경우에 동 행위는 민법 103조에 위배되어 수령자가 그 소유권을 취득할 수가 없는데 급부자의 반환청구 불능이라는 반사적 효과로 법에 근거없이 수령자가 권리를 취득하는 결과가 된다는 것은 공평의 이념에 맞는다고도 할 수 없고 법률의 이상의 표현이라고는 더욱 보기 어렵다 할 것이요 차라리 급부자에게 원상회복시켜 양자가 다 법률상 근거없는 이득을 취할 수 없게 하는 편이 훨씬 공평의 이념에 부합하는 결과가 된다고 아니할 수 없다.

(2-1) 서울고등법원 1992. 6. 25. 선고 91나63813 판결

【원고, 피항소인】 홍△겸

【피고, 항소인】 오◇근

【원심판결】 서울지방법원 동부지원 1991. 11. 1. 선고 91가합8195 판결

【주 문】

원심판결을 취소한다.

원고의 청구를 기각한다.

소송비용은 제1,2심 모두 원고의 부담으로 한다.

【청구취지】

피고는 원고에게 금80,230,000원 및 이에 대한 이 사건 소장부본 송달 다음날부터 완제일까지 연 2할 5푼의 비율에 의한 금원을 지급하라.

【항소취지】

주문과 같다.

【이 유】

1. 성립에 다툼이 없는 갑 제1호증(피고는 위 문서가 강박에 의하여 작성된 것이라고 항변하나 이에 부합하는 원심증인 박○희의 증언과 원심법원의 피고본인신문결과는 아래 인정 사실에 비추어 믿기 어렵고 달리 이를 인정할 증거가 없다), 변론의 전취지에 의하여 각 진정성립이 인정되는 갑 제2호증의 1,2의 각 기재, 원심증인 정○영의 증언과 원심법원의 원고본인신문결과에 변론의 전취지를 종합하면, 원고는 '창○물산'이라는 상호로 필리핀과 인도네시아에서 패각류를 수입하여 가공, 판매하는 영업을 하고 있던 중 1981. 5. 9. 암달러상을 하던 피고에게, 패각류를 수입함에 있어 수출업자에게 신용장에 기재된 금액 외의 별도의 추가 금액을 비밀리에 송금하고자 하니 미화 60,000달러는 필리핀 마닐라시 사서함 241호 마셀 무역회사(Marcel Trading Corp.)에, 미화 53,000달러는 인도네시아 우중판당시 사서함 17호 가하야 세멜랑회사(C.V. Cahaya Cemerrang)에 송금해 줄 것을 위탁하면서 한화80,230,000원(미화 113,000달러를 당시 시중환율에 수수료를 합하여 달러당 710원으로 환산한 금액)을 교부하였으나 위와 같은 위탁취지에 따른 송금이 이루어지지 아니한 사실, 원고는 1991. 5. 3.경 피고의 채무불이행을 이유로 위 위탁계약을 해제한 사실을 인정할 수 있고 이에 반하는 원심증인 박○희의 증언과 원심법원의 피고본인신문결과는 위에서 든 증거들에 비추어 믿기 어렵고 달리 반증이 없으므로, 피고는 원고에게 일응 위 위탁계약해제로 인한 원상회복으로서 위 금 80,230,000원을 지급할 의무가 있다 할 것이다.

2. 피고는, 원고가 피고에게 위와 같이 비밀 송금을 부탁한 이유는 패각류를 수입함에 있어 관세를 포탈하기 위한 것이며 또 이러한 외화의 비밀송금을 위하여 교부한 금원은 외국환관리법에 위반된 것이므로 이는 불법원인급여에 해당하여 원고에게 반환할 의무가 없다고 항변하므로 살피건대, 당심증인 김□옥의 증언과 원심법원의 원고 및 피고에 대한 각 본인신문결과(다만, 원고에 대한 본인신문결과 중 뒤에서 믿지 아니하는 부분 제외)에 변론의 전취지를 종합하면 원고가 외국환관리법에 의하여 재무부장관으로부터 환전상 인가를 받지 아니한 피고에게 동법의 적용을 받는 지급수단인 달러화의 비밀송금을 부탁한 이유는 패각류를 수입함에 있어 신용장상의 수입대금을 실제 거래 가액보다 낮게 기재하여 그 기재 금액만을 신용장 개설 은행을 통하여 결제하고 나머지 금액은 비밀송금을 함으로써 비밀송금하는 금액에 관한 관세를 포탈하기 위한 것이었고 이러한 사정은 당시 피고도 알고 있었던 사실, 피고는 소외 김□옥에게, 동인은 소외 강▽옥에게 원고로부터 받은 돈에서 약간의 보수를 각 공제하고 순차로 교부하여 위 강▽옥이 이 돈에서 상당한 보수를 공제한 후 이를 달러로 환전하여 소외 김♡일에게 비밀송금을 부탁하였는데 위 김♡일이 이를 가지고 일본으로 출국하여 횡령하고 원고가 지정한 각 회사에 송금하지 아니한 사실을 인정할 수 있고, 이에 일부 배치되는 원심법원의 원고본인신문결과 중 일부는 위에서 든 증거들에 비추어 믿지 아니하고 달리 반증이 없는바, 위에서 인정한 바와 같이 원고와 피고 사이에 양해된 외화의 밀송금 목적인 관세의 포탈은 구 관세법(1983. 12. 29. 법률 제3666호로 개정되기 전의 것) 제180조 제1항 소정의 "사위 기타 부정한 방법으로 관세의 일부를 포탈한 경우"에 해당하고 그 해당자는 1년 이상 10년 이하의 징역 또는 그 포탈한 세액의 2배 이상 10배 이하에 상당한 벌금에 처하도록 규정되어 있는 점{포탈세액에 따라서는 구 특정범죄가중처벌등에관한법률(1990. 12. 31. 법률 제4291호로 개정되기 전의 것) 제6조 제2항에 의하여 가중처벌될수도 있다}, 관세법은 관세의 부과, 징수 및 수출입물품의 통관을 적정하게 하여

국민경제의 발전에 기여하고 관세수입의 확보를 기함을 목적으로 하고 있는 점(같은 법 제1조), 또한 원고의 위와 같은 외화의 밀송금 위탁행위는 강행법규인 구 외국환관리법(1991. 12. 27. 법률 제4447호로 개정되기 전의 것) 제21조 제1호가 금지하고 있는 "외국에 대한 지급", 제27조가 금지하고 있는 "지급수단의 수출"에 해당한다 할 것인데 외국환과 그 거래 기타 대외거래를 관리하여 국제수지의 균형, 통화가치의 안정과 외화자금의 효율적인 운용을 기함을 목적으로 하는(같은 법 제1조) 위 법 제35조는 위 제21조, 제27조 위반행위를 한 자에 대하여 10년 이하의 징역 또는 20,000,000원 이하의 벌금(벌금등임시조치법 제4조 제5항에 의한 금액)에 처하고 있는 점, 국민경제의 건전한 발전과 국제수지의 균형을 위하여는 위와 같은 사위 기타 부정한 방법에 의한 관세포탈 목적의 외화 밀송금은 절대 용인될 수 없는 점 등에 비추어 볼 때 원고가 관세를 포탈하기 위하여 외화를 밀송금하도록 피고에게 위탁한 행위는 선량한 풍속 기타 사회질서에 반하는 행위로 봄이 상당하다 할 것이다.

따라서, 원고가 위 각 법률에 위반하여 피고에게 위 인정과 같이 지급한 금원은 불법원인급여에 해당하는 것으로서 그 반환을 청구할 수 없다 할 것이므로 피고의 위 항변은 이유 있다.

3. 그렇다면, 외화 밀송금 위탁계약 해제를 이유로 한 원상회복으로서 그 지급금의 반환을 구하는 원고의 이 사건 청구는 이유없어 이를 기각할 것인바, 원심판결은 이와 결론을 달리하여 부당하므로 피고의 항소를 받아들여 원심판결을 취소하고, 원고의 이 사건 청구를 기각하며 소송비용은 제1, 2심 모두 패소자인 원고의 부담으로 하여 주문과 같이 판결한다.

(2-2) 대법원 1992. 12. 11. 선고 92다33169 판결 [공1993.2.1.(937),457]

【원고, 상고인】 원고
【피고, 피상고인】 피고
【원심판결】 서울고등법원 1992. 6. 25. 선고 91나63813 판결
【주 문】
상고를 기각한다.
상고비용은 원고의 부담으로 한다.

【이 유】

상고이유를 본다.

불법원인급여에 관한 민법 제746조의 규정취지는 민법 제103조와 함께 사법의 기본이념으로 사회적 타당성이 없는 행위를 한 사람은 그 형식 여하를 불문하고 스스로 한 불법행위의 무효를 주장하여 그 복구를 소구할 수 없다는 법의 이상을 표현하는 것이고 부당이득반환청구권만을 제한하는 규정이 아니므로 불법의 원인으로 인하여 금원을 급여한 사람이 그 금원의 교부가 송금위탁계약에 기한 것으로 이의 해제를 전제로 그 반환을 구하는 것도 허용되지 아니한다고 할 것이다(당원 1991.3.22. 선고 91다520 판결 참조).

원심판결 이유에 의하면 원심은 패각류수입가공판매업자인 원고가 패각류를 수입함에 있어 신용장상의 수입대금을 실제거래가액보다 낮게 기재하여 그 기재금액만을 신용장개설은행을 통하여 결제하고 나머지 금액은 수출업자에게 비밀송금을 하기로 하고 이를 위하여 1981.5.9. 암달러상인 피고에게 금 80,230,000원을 교부하면서

그 금액에 상당하는 미화를 해외의 수출업자에게 비밀리에 송금하여 달라고 부탁하였으나 그 취지에 따른 송금이 이루어지지 않자 위 송금위탁계약을 해제하고 교부한 금액의 반환을 청구하는 이 사건에 있어서, 거시증거에 의하여 원고가 외국환관리법에 의하여 재무부장관으로부터 환전상 인가를 받지 아니한 피고에게 비밀송금을 부탁한 이유는 그 송금액에 해당하는 수입품에 대한 관세를 포탈하기 위한 것이었고, 피고 역시 그러한 사정을 잘 알고 원고의 부탁을 수락하였던 것으로 사실을 인정한 후, 외국환관리법(1991.12.27. 법률 제4447호로 개정되기 전의 것) 제21조 제1호와 제27조 뿐 아니라 구 관세법(1983.12.29. 법률 제3666호로 개정되기 전의 것) 제180조 제1항에 위반되는 범죄를 저지르기 위한 이와 같은 비밀송금의 위탁행위는 선량한 풍속 기타 사회질서에 반하는 행위로서 민법 제746조 소정의 불법원인급여에 해당한다고 보아 원고의 청구를 기각하였다.

기록에 의하면 위 비밀송금의 위탁행위는 적어도 관세포탈을 위한 위 법 제182조 제2항 소정의 예비에 해당한다고 보여지고, 원심이 취사한 증거관계와 위 판례의 법리에 비추어 볼 때 원심의 위 사실인정과 판단은 정당한 것으로 수긍되고 거기에 소론과 같은 채증법칙위반이나 법리오해등의 위법이 있다할 수 없으며, 소론이 내세우는 당원 판례는 이 사건과 사안을 달리하여 여기서 인용하기에 적절하지 않다. 논지는 이유 없다.

이에 상고를 기각하고 상고비용은 패소자의 부담으로 하기로 관여 법관의 의견이 일치되어 주문과 같이 판결한다.

(3-1) 서울중앙지방법원 2004. 8. 5. 선고 2003나56006 판결

【원고, 피항소인】 원고

【피고, 항소인】 피고 1외 1인

【변론종결】 2004. 7. 15.

【제1심판결】 서울지방법원 남부지원 2003. 10. 9. 선고 2002가단40115 판결

【주 문】

1. 제1심 판결 중 '26,223,442원 및 그 중 13,352,603원에 대하여 2002. 8. 10.부터 다 갚는 날까지 연 25%의 비율에 의한 금원'을 초과하여 지급을 명한 피고들 패소부분을 취소하고, 그 부분에 해당하는 원고의 청구를 기각한다.
2. 피고들의 나머지 항소를 각 기각한다.
3. 소송비용은 제1, 2심을 통틀어 3/5은 원고가, 2/5는 피고들이 각 부담한다.

【청구취지 및 항소취지】

1. 청구취지

피고들은 연대하여 원고에게 48,000,000원 및 그 중 15,750,000원에 대하여 이 사건 소장부본 송달 다음날부터 다 갚는 날까지 연 25%의 비율에 의한 금원을 지급하라.

2. 항소취지

제1심 판결을 취소하고, 원고의 청구를 기각한다.

【이 유】

1. 청구원인에 대한 판단

가. 인정사실

다음 사실은 당사자들 사이에 다툼이 없거나, 갑 제1호증, 갑 제3호증, 갑 제6호증의 각 기재에 변론 전체의 취지를 종합하여 인정할 수 있고, 달리 반증이 없다.

(1) 원고는 2001. 2. 6. 피고 2에게 12,000,000원을 변제기는 대여일로부터 15일, 이자는 15일에 10%로 정하여 대여하면서 선이자 1,200,000원 및 수수료 등을 공제하고 10,000,000원만을 실제로 교부하였는데, 피고 1은 아내인 위 피고 2의 위 차용금채무를 연대보증하였다.

(2) 원고는 다시 2001. 2. 10. 피고들을 연대채무자로 하여 3,750,000원을 변제기는 대여일로부터 15일, 이자는 15일에 10%로 정하여 대여하면서 선이자 375,000원 및 수수료 등을 공제하고 3,000,000원만을 실제로 교부하였다.

나. 판 단

위 인정사실에 의하면, 피고들은 특별한 사정이 없는 한 연대하여 원고에게 위 차용금 합계 15,750,000원(=12,000,000원 + 3,750,000원) 및 위 각 차용금에 대하여 각 변제기 다음날부터 다 갚는 날까지 위 약정이율에 의한 지연손해금을 지급할 의무가 있다.

2. 피고들의 항변에 대한 판단

가. 채무 면제

피고들은, 피고들이 원고가 재직하고 있는 ' 주식회사 (명칭 생략)'을 국세청에 신고하지 아니하여 약 3,000만원의 세금을 내지 않도록 해 주었고, 그 대가로 원고는 2002. 5. 14. 피고들에게 위 차용금 채무를 모두 면제하기로 하면서 가압류를 해제하여 주었다고 항변한다.

살피건대, 을 제5호증의 1, 2, 갑 제5호증의 1, 2의 각 기재에 변론 전체의 취지를 종합하면, 원고가 2001. 3. 29. 서울지방법원 남부지원 2001카단5315호로 청구금액을 48,000,000원으로 하여 피고 1 소유의 서울 강서구 화곡동 (지번 생략) 대 190㎡ 및 그 지상 3층 다가구주택에 대한 부동산가압류결정을 받아 그 가압류등기를 경료하였다가 2001. 5. 14. 위 가압류를 해제한 사실, 피고 2가 2001. 6. 8.경 중부지방국세청으로부터 '원고가 이사로 재직하고 있는 주식회사 (명칭 생략)에 대한 대출금채무에 관하여 그 대출원금, 선이자, 실수령액, 이자율 등을 밝혀 달라.'라는 내용의 우편을 받은 사실은 인정할 수 있으나, 위와 같은 사실만으로는 피고들 주장과 같이 피고들이 위 주식회사 (명칭 생략)를 국세청에 신고하지 않는 대가로 원고가 피고들에게 위 차용금채무를 모두 면제하여 주었다고 인정하기에는 부족하고, 달리 이를 인정할 증거가 없으므로, 피고들의 위 항변은 이유 없다.

나. 약정이율의 무효

피고들은 이 사건 대여금에 대한 위 약정이율은 지나치게 높은 이율로서 사회질서에 반하여 무효라고 항변한다.

살피건대, 위 약정이율은 15일에 원금의 10%에 해당하는 금액으로서 이를 연리로 환산하면 연 243%(=10%×365일/15일, 소수점 이하 버림)에 이르러 1년분 이자액만도 원금의 2.43배에 이르는 점, 비록 이 사건 대여계약 이후에 제정된 법률이기는 하나 대부업자 등의 불법적 채권추심행위 등을 규제함으로써 대부업의 건전한 발전을 도모하고 거래상대방을 보호하는 것을 목적으로 제정된 '대부업의 등록 및 금융이용자 보호에 관한 법률'에 의하면, 금전의 대부 또는 중개업을 영위하고자 하는 자가 개인에게 금전을 대부하는 경우 대부금 중 30,000,000원 이내의 금액에 대한 이자율은 연 70%의 범위 내에서 대통령령이 정하는 비율을 초과할 수 없도록 규정하고 있고(위 법 제8조 제1항), 다시 위 법 시행령은 이를 연 66%로 정하고 있는 점(위 시행령 제5조 제3항), 그 밖에 이 사건 대여계약 당시의 원고와 피고들의 경제적 지위 등의 모든 사정을 고려하면, 앞서 본 연 243%의 이자 약정 중 연 66%를 초과하는 부분은 지나치게 높은 이율로서 사회질서에 반하여 무효라 할 것이므로, 피고들의 위 항변은 이유 있다.

나아가 이 사건 이자 약정 중 연 66%를 초과하는 이자를 선이자로 공제한 경우 그 초과부분은 무효이므로, 채무자는 실제 교부받은 대여금액에다가 이에 대한 변제기까지의 위 연 66%의 이율 범위 내의 이자액을 합산한 금액만을 변제기일에 대여원금으로서 변제할 의무가 있다 할 것인바, 이에 따라 위 각 대여금의 대여원금을 계산해보면, 위 2001. 2. 6.자 대여금의 대여원금은 10,271,233원{= 10,000,000원+(10,000,000원×66%×15일/365일, 원 미만 버림, 이하 같다}, 2001. 2. 10.자 대여금의 대여원금은 3,081,370원{= 3,000,000원+(3,000,000원×66%×15일/365일}이 되고, 결국 피고들이 지급할 총 대여원리금은 13,352,603원(= 10,271,233원+3,081,370원) 및 그 중 10,271,233원에 대하여는 그 변제기 다음날인 2001. 2. 22.부터, 나머지 3,081,370원에 대하여는 그 변제기 다음날인 2001. 2. 26.부터 각 다 갚는 날까지 연 66%의 비율에 의한 지연손해금이라 할 것인바, 이를 이 사건 소장부본 송달일임이 기록상 명백한 2002. 8. 9.까지 계산하여 보면 26,223,442원[= 20,189,023원{= 10,271,233원+10,271,233원×66%×(534일/365일) + 6,034,420원{= 3,081,370원+3,081,370원×66%×(530일/365일)]이 됨이 계산상 명백하다.

다. 상계 항변

(1) 피고들은, 이 사건 차용금 이전에도 1999. 9. 17.부터 2000. 10. 30.까지 사이에 원고로부터 7차례에 걸쳐 합계 32,030,000원을 이자 월 40%로 차용하였다가 2001년 2월경까지 그 차용원리금으로 약 110,000,000원을 모두 변제하였는바, 위 변제액 중 정당한 이율 범위를 초과하는 금원은 부당이득으로서 피고들에게 반환되어야 할 것이므로, 그 부당이득 반환채권과 피고들의 이 사건 차용금채무를 대등액에서 상계한다는 취지로 항변한다.

살피건대, 당사자 사이에 약정된 이율의 일부가 사회질서에 반하는 것으로서 일부 무효가 된다 하더라도, 채무자가 당초 약정이율에 따른 이자를 임의로 지급한 경우에는 이를 무효라 할 수 없고 따라서 그 반환을 구하는 것도 허용되지 아니한다고 보아야 할 것이므로, 피고들의 위 항변은 더 나아가 살펴 볼 필요 없이 이유 없다.

이에 대하여 피고들은 다시, 위와 같이 정당한 이율을 초과하는 이자를 지급한 것은 원고가 이른바 해결사들을 동원하여 피고들 및 그 가족에 대하여 협박과 폭언을 함으로 인해 어쩔 수 없이 지급하게 된 것이라고 주장하나, 이를 인정할 아무런 증거가 없으므로 위 주장 역시 받아들이지 아니한다.

(2) 피고들은, 2000. 10. 30. 원고로부터 12,750,000원을 변제기는 차용일로부터 2개월로 정하여 차용한 후 이자 및 원금 일부로 합계 12,490,000원을 지급하는 등 착실히 위 차용금 채무를 변제하고 있었는데, 원고는 2000. 12. 20. 일방적으로 피고 1 소유의 위 화곡동 주택 및 대지에 채권최고액 48,000,000원의 근저당권을 설정하였고, 이로 인하여 피고들은 새로운 임차인과의 임대차계약이 파기되어 9,000,000원의 위약금을 무는 등 총 63,630,000

원 상당의 손해를 입었는바, 그 손해배상채권과 피고들의 이 사건 차용금채무를 대등액에서 상계한다는 취지로 항변한다.

살피건대, 위 차용 당시 원고와 피고들 사이에 변제기 도래 전에는 근저당권설정등기를 경료하지 않기로 약정하였음에도 원고가 그 약정을 어겼다거나 또는 원고가 피고들로부터 불법적으로 근저당권설정 관계서류를 탈취하여 위와 같이 근저당권설정등기를 경료하였다고 볼 아무런 자료가 없는 이상, 단순히 피고들이 당시 위 차용금 중 상당액을 변제하고 있었고 아직 변제기가 도래하지 않은 상태였다는 점만으로는 원고의 위 근저당권설정행위가 피고들에 대하여 채무불이행 또는 불법행위를 구성한다고는 볼 수 없으므로, 나머지 점에 관하여는 더 나아가 살펴 볼 필요 없이 피고들의 위 항변도 이유 없다.

3. 결 론

그렇다면 피고들은 연대하여 원고에게 위 26,223,442원 및 그 중 대여원금 13,352,603원에 대하여 이 사건 소장부본 송달 다음날인 2002. 8. 10.부터 다 갚는 날까지 유효한 약정이율 범위 내로서 원고가 구하는 연 25%의 비율에 의한 지연손해금을 지급할 의무가 있다 할 것이므로, 원고의 피고들에 대한 청구는 위 인정범위 내에서 이유 있어 이를 각 인용하고, 나머지 청구는 이유 없어 이를 각 기각할 것인바, 제1심 판결의 피고들 패소부분 중 이와 결론을 일부 달리하는 부분은 부당하므로 이를 취소하고 그 부분에 해당하는 원고의 청구를 기각하며, 피고들의 나머지 항소는 이유 없어 이를 기각하기로 하여 주문과 같이 판결한다.

(3-2) 대법원 2007. 2. 15. 선고 2004다50426 전원합의체 판결 [공2007. 3.15.(270),437]

【원고, 피상고인】 원고

【피고, 상고인】 피고 1외 1인

【원심판결】 서울중앙지방법원 2004. 8. 5. 선고 2003나56006 판결

【주 문】

원심판결 중 피고들 패소 부분을 파기하고, 이 부분 사건을 서울중앙지방법원 합의부로 환송한다.

【이 유】

상고이유를 판단한다.

1. 상고이유 제1점에 대하여

채무의 면제는 반드시 명시적인 의사표시만에 의하여야 하는 것은 아니고 채권자의 어떠한 행위 내지 의사표시의 해석에 의하여 그것이 채무의 면제라고 볼 수 있는 경우에도 이를 인정하여야 할 것이기는 하나, 이와 같이 인정하기 위하여는 당해 권리관계의 내용에 따라 이에 대한 채권자의 행위 내지 의사표시의 해석을 엄격히 하여 그 적용 여부를 결정하여야 한다(대법원 1987. 3. 24. 선고 86다카1907, 1908 판결 등 참조).

원심이, 2001. 3. 29. 원고가 피고들에 대한 대여금채권을 피보전권리로 하여 피고 1소유 부동산에 가압류 집행을 하였다가 2001. 5. 14. 그 가압류를 해제한 사실, 2001. 6. 8. 피고 2가 국세청으로부터 “원고가 이사로 있는 주식회사 (명칭 생략)에 대한 채무내역을 밝혀달라.”는 내용의 우편을 받은 사실만으로는 피고들 주장과 같이

피고들이 주식회사 (명칭 생략)을 국세청에 신고하지 않는 대가로 원고가 피고들의 채무를 모두 면제한 것으로 볼 수 없다고 판단한 것은 위 법리에 비추어 보면 정당하고, 거기에 채무 면제에 관한 법리를 오해하여 판결에 영향을 미친 위법은 없으며, 그에 관한 원심의 증거취사와 사실인정을 다투는 주장은 적법한 상고이유가 되지 못한다.

2. 상고이유 제2점에 대하여

가. 금전 소비대차계약과 함께 이자의 약정을 하는 경우, 양쪽 당사자 사이의 경제력의 차이로 인하여 그 이율이 당시의 경제적·사회적 여건에 비추어 사회통념상 허용되는 한도를 초과하여 현저하게 고율로 정하여졌다면, 그와 같이 허용할 수 있는 한도를 초과하는 부분의 이자 약정은 대주가 그의 우월한 지위를 이용하여 부당한 이득을 얻고 차주에게는 과도한 반대급부 또는 기타의 부당한 부담을 지우는 것이므로 선량한 풍속 기타 사회질서에 위반한 사항을 내용으로 하는 법률행위로서 무효라 할 것이다.

이와 같이 선량한 풍속 기타 사회질서에 위반하여 무효인 부분의 이자 약정을 원인으로 차주가 대주에게 임의로 이자를 지급하는 것은 통상 불법의 원인으로 인한 재산 급여라고 볼 수 있을 것이나, 불법원인급여에 있어서도 그 불법원인이 수익자에게만 있는 경우이거나 수익자의 불법성이 급여자의 그것보다 현저히 커서 급여자의 반환청구를 허용하지 않는 것이 오히려 공평과 신의칙에 반하게 되는 경우에는 급여자의 반환청구가 허용된다고 해석되므로(대법원 1993. 12. 10. 선고 93다12947 판결 등 참조), 대주가 사회통념상 허용되는 한도를 초과하는 이율의 이자를 약정하여 지급받은 것은 그의 우월한 지위를 이용하여 부당한 이득을 얻고 차주에게는 과도한 반대급부 또는 기타의 부당한 부담을 지우는 것으로서 그 불법의 원인이 수익자인 대주에게만 있거나 또는 적어도 대주의 불법성이 차주의 불법성에 비하여 현저히 크다고 할 것이어서 차주는 그 이자의 반환을 청구할 수 있다고 봄이 상당하다.

나. 그럼에도 불구하고, 원심이 1999. 9. 17.부터 2000. 10. 30.까지 사이에 원고로부터 차용한 돈에 대하여 지급한 이자 중 정당한 이율 범위를 초과하는 부분은 부당이득으로서 피고들에게 반환되어야 한다는 피고들의 상계항변을 판단함에 있어서, 위에서 본 법리와는 달리 당사자 사이에 약정된 이율의 일부가 사회질서에 반하는 것으로서 일부 무효가 된다 하더라도 채무자가 그 이율에 따라 이자를 임의로 지급한 경우에는 그 반환을 구할 수 없다고 보아 상계항변을 배척한 데에는 사회질서에 반하여 고율로 약정된 이자의 지급으로 인한 부당이득 내지 불법원인급여 반환에 관한 법리를 오해한 결과 그 무효 사유를 판단하지 아니하여 판결에 영향을 미친 위법이 있다. 이와 같은 점을 지적하는 취지의 상고이유는 이유 있으므로 이를 받아들이기로 한다.

3. 결 론

그러므로 원심판결 중 피고들 패소 부분을 파기하고, 이 부분 사건을 다시 심리·판단하게 하기 위하여 원심법원에 환송하기로 하여 주문과 같이 판결한다. 이 판결에는 상고이유 제2점에 대한 판단에 관하여 대법관 고현철, 대법관 김황식, 대법관 박일환, 대법관 안대희의 반대의견이 있는 외에는 관여 법관들의 의견이 일치하였다.

4. 대법관 고현철, 대법관 김황식, 대법관 박일환, 대법관 안대희가 밝힌 반대의견은 다음과 같다.

가. 다수의견은, 금전 소비대차계약과 함께 이자의 약정을 하는 경우, 양쪽 당사자 사이의 경제력의 차이로 인하여 그 이율이 당시의 경제적·사회적 여건에 비추어 사회통념상 허용되는 한도를 초과하여 현저하게 고율로 정하여졌다면, 그 한도를 초과하는 부분의 이자 약정은 선량한 풍속 기타 사회질서에 위반한 사항을 내용으로 하는 법률행위로서 무효로 되고, 차주가 그 한도를 초과하는 이자를 임의로 지급하였다고 하더라도 오로지 대주에게만 불법성이 있거나 적어도 대주의 불법성이 차주의 불법성에 비하여 현저히 크다고 보아야 하므로, 차주의 반환청구가 허용되어야 한다고 하고 있다.

나. 그러나 차주가 임의로 지급한 이자의 반환을 구할 수 있다고 본 다수의견에는 다음과 같은 이유에서 찬성할 수 없다.

(1) 금전 소비대차 약정 당시의 경제적·사회적 여건이나 당사자의 경제적 지위 등에 비추어 지나치게 고율의 이자 약정을 한 경우 사회통념상 허용될 수 있는 한도를 초과하는 부분의 이자 약정이 일정한 요건하에 민법 제103조에 위반된 법률행위로서 무효로 평가될 수 있음은 다수의견이 지적하는 바와 같다. 그러나 사회통념상 허용될 수 있는 한도란 약정 당시의 경제적·사회적 여건의 변화에 따라 유동적일 수밖에 없을 뿐만 아니라 법률적인 평가나 가치판단이 개입되어야만 비로소 그 구체적인 범위를 확정할 수 있어, 당사자로서는 무효의 기준과 범위를 명확하게 인식할 수 없다는 문제가 있다.

종래에는 이자제한법에 의해 무효로 되는 이자 약정의 범위를 명확하게 인식할 수 있었지만, 당사자 사이의 이율 결정은 자유로운 시장경제 기능에 맡기는 것이 타당하다는 고려에서 1998. 1. 13. 이자제한법이 폐지된 만큼, 더 이상 이를 기준으로 삼을 수는 없게 되었으며, 다수의견도 구체적으로 무효로 되는 기준과 범위를 제시하지는 못하고 있다. 원심은 이 사건 소비대차 이후에 시행된 대부업의 등록 및 금융이용자보호에 관한 법률 소정의 제한이율을 일응의 기준으로 삼아 이를 초과하는 이자 약정을 무효로 본 것으로 이해되나, 위 법률 소정의 제한이율이 절대적인 기준이 될 수는 없다 할 것이며, 나아가 사회통념상 허용될 수 있는 적정이율(이하 편의상 '적정이율'이라고 한다)이란 오로지 이율만을 기준으로 판단할 문제가 아니라 당시의 경제적·사회적 여건이나 당사자의 경제적 지위, 소비대차에 이르게 된 경위 등을 종합적으로 고려하여 판단해야 할 문제인 만큼, 이자제한법이 폐지된 현 상황에서 오로지 이율만을 기준으로 적정이율 여부를 판단하는 것은 결코 타당하다고 할 수 없다.

결국, 일정한 경우 고율의 이자 약정이 무효로 평가될 수 있다 하더라도, 무효의 기준과 범위, 즉 어느 범위 내에서 이자 약정이 무효로 되며 대주가 받아서는 아니 될 이자가 과연 얼마인지에 관하여 대주에게 예측가능성이 있다고 보기는 어려우며, 따라서 대주가 차주로부터 적정이율을 초과하는 이자를 지급받았다고 하더라도 대주가 명확하게 불법성을 인식했다고 평가하기는 어렵다 할 것이다.

(2) 다수의견은 차주가 적정이율을 초과하여 지급한 이자는 불법원인급여에 해당하는 것으로 볼 수 있다고 하면서도, 그 불법성이 오로지 대주에게만 있거나 대주의 불법성이 차주의 불법성에 비하여 현저히 크기 때문에 이 경우 차주의 반환청구는 허용되어야 한다고 하고 있다.

그러나 적정이율을 초과하는 이자 약정이 민법 제103조에 위반되어 무효라고 보더라도 당사자 사이의 약정에 따라 이자가 지급된 것인 이상 그 불법원인은 대주와 차주 쌍방 모두에게 있다고 볼 수밖에 없고, 일반적으로 차주가 대주보다 경제적으로 열악한 지위에 있다는 점을 감안하더라도 앞서 본 바와 같이 대주가 불법성을 명확하게 인식했다고 평가하기는 어렵다는 점에 비추어 보면, 일률적으로 대주의 불법성이 차주의 그것에 비해 현저히 크다고 단정할 수만은 없다고 할 것이다.

특히, 이 사건과 같이 금융기관과 사이의 거래가 아닌 사인 간에 거래를 함에 있어 아무런 물적 담보 없이 차주나 보증인의 신용만을 담보로 금원을 대여하는 경우 대주로서는 차주의 파산이나 도피, 사망 등의 사유로 인해 채권을 회수할 수 없게 되는 위험을 감수하는 대가로 고율의 이자를 요구하는 것이 일반적이고, 반면 차주로서는 금융기관으로부터 대출을 받을 경우에 비해 고율의 이자를 부담해야 하지만 만약 이러한 부담을 감수하지 않는다면 달리 마땅한 자금 융통의 수단이 없기 때문에 다소 고율의 이자를 부담하더라도 그것이 경제적으로 보아 유리하다는 판단 아래 금원을 차용하게 될 것이다. 이와 같이 대주로서는 고수익을 올릴 수 있는 대신 그만큼 고위험의 부담을 안을 수밖에 없는 점, 차주의 경제적 필요에 의해 금전거래가 이루어진다고 볼 수 있는 점 등을 감안하여 볼 때, 오로지 대주에게만 불법성이 있다고 보거나 대주의 불법성만을 지나치게 강조하는 것은 결코 적절치 않다고 할 것이다.

과거 이자제한법이 적용되던 사안에 관하여 대법원은 이자제한법 소정의 제한이율을 초과한 이자를 임의로 지급한 경우 이는 불법원인급여에 해당하고, 그 불법원인이 대주와 차주 쌍방에게 있어 차주는 지급된 이자의 반환을 구할 수는 없다고 판시하여 왔는바(대법원 1961. 7. 20. 선고 4293민상617 판결, 1988. 9. 27. 선고 87다카422, 423 판결, 1994. 8. 26. 선고 94다20952 판결 등 참조), 명확한 무효의 기준이 없어진 현 상황에서 오히려 대주의 불법성을 강조하는 것은 균형이 맞지 않는 해석이라 아니할 수 없다.

임의로 이자를 지급함으로써 이미 거래가 종료된 상황에서 다시 차주의 반환청구를 허용한다면 법적 안정성을 해칠 우려도 있다.

(3) 결국, 차주가 적정이율을 초과한 이자를 임의로 지급한 경우, 오로지 대주에게만 불법성이 있다거나 대주의 불법성이 차주의 불법성보다 현저히 크다고 보기는 어렵다고 할 것이고, 따라서 민법 제746조 본문에 따라 차주의 반환청구는 허용될 수 없다고 봄이 상당하다.

다. 같은 취지에서 피고들의 상계 주장을 배척한 원심의 조치는 정당한 것으로 수긍할 수 있고, 거기에 상고이유로 주장하는 바와 같은 부당이득반환에 관한 법리오해 등의 위법이 있다고 볼 수는 없으므로, 상고를 기각함이 상당하다.

2 사무관리 서설

대법원 1997. 10. 10. 선고 97다26326 판결 [공1997.11.15.(46),3440]

[원고, 상고인] 이○준
[피고, 피상고인] 이○우
[원심판결] 대전지방법원 1997. 5. 30. 선고 96나6781 판결
[주 문]

상고를 기각한다. 상고비용은 원고의 부담으로 한다.

【이 유】

상고이유를 판단한다.

1. 제1점, 제3점에 대하여

원심이, 그 내세운 증거에 의하여 판시와 같은 사실을 인정한 다음, 원고의 위임에 의한 비용상환 청구 및 부당이득반환 청구에 대하여 그 판시와 같이 배척한 것을 기록에 비추어 검토하여 보면 옳다고 여겨지고, 거기에 상고이유의 주장과 같은 심리미진이나 채증법칙 위배로 인한 사실오인, 자유심증주의의 한계를 벗어나 판단을 한 위법이 있다고 할 수 없다. 상고이유의 주장은 원심의 전권사항에 속하는 증거의 취사선택이나 사실인정을 비난하거나 원심이 인정한 사실과 상치되는 사실을 전제로 원심의 판단을 흠잡는 것에 지나지 아니하여 받아들일 수 없다.

2. 제2점에 대하여

사무관리가 성립하기 위하여는 우선 그 사무가 타인의 사무이고 타인을 위하여 사무를 처리하는 의사, 즉 관리의 사실상의 이익을 타인에게 귀속시키려는 의사가 있어야 함은 물론 나아가 그 사무의 처리가 본인에게 불리하거나 본인의 의사에 반한다는 것이 명백하지 아니할 것을 요하고(대법원 1994. 12. 22. 선고 94다41072, 41089 판결 참조), 따라서 의무 없이 타인을 위하여 사무를 관리하는 자는 그 타인과의 사이에서 사무관리가 성립하고 제3자에 대한 관계에서는 사무관리가 성립하지 아니한다고 할 것이다.

원심판결 이유에 의하면 원심은, 소외 심○만은 소외 이○우가 그로부터 금 950만 원 상당의 금원을 편취하였다고 이○우를 고소하여 위 이○우가 조사를 받게 되자, 위 이○우는 처벌을 면하기 위하여 위 심○만에게 손해배상으로 금 2,000만 원을 지급하기로 약정하였고, 그 과정에서 형인 피고의 허락을 받아 피고 명의로 위 심○영만에게 액면금 1,000만 원인 약속어음 2장(금액 합계 금 2,000만 원)을 발행하여 위 심○만에게 교부한 사실, 위 이○우가 위 심○만에 대한 위 합의금을 지급하지 못하자 위 심○만은 위 약속어음의 지급기일에 피고에게 위 약속어음의 지급을 요구하였는데 피고가 위 각 약속어음이 위조되었다고 주장하며 그 지급을 거절하자 위 심○만은 위 이○우를 위 각 약속어음을 위조하였다고 다시 고소한 사실, 위 이○우는 경찰서에서 다시 조사를 받던 중 친구인 원고에게 그 자신을 대신하여 원고가 손해배상금으로 금 2,500만 원을 위 심○만에게 지급하고 위 심○만과 대신 합의하여 줄 것을 부탁하여 원고가 이를 승낙하고 이에 따라 위 이○우를 대신한 원고가 1992. 11. 27. 위 심○만에게 금 2,500만 원을 지급하기로 하여 그에 따라 위 심○만은 고소를 취소하기로 위 이○우와 합의하였고, 위 심○만은 원고로부터 금 500만 원을 지급받고 고소를 취소하였으며 그 후 원고는 위 심○만에게 1993. 8. 2.경까지 약 6차례에 걸쳐 금 2,000만 원을 분할 지급한 사실, 원고가 위 금 2,000만 원을 대위변제하고서도 피고 명의의 약속어음을 회수하지 아니하고 자신이 합의 과정에서 위 심○만에게 발행한 금 2,000만 원의 약속어음(갑 제3호증)만 회수한 사실을 인정하였는바, 사실관계가 위와 같다면 피고가 발행을 허락하여 위 이○우가 심○만에게 피고 명의로 발행한 위 약속어음 2장에 대한 지급을 거절하자 위 심○만이 위 이○우를 유가증권 위조로 다시 고소한 사건에서 위 약속어음의 지급과는 관련 없이 그와는 별도로 원고가 위 이○우를 대신하여 위 이○우가 위 심○만에게 금 2,500만 원을 지급하기로 합의하여 그 합의금 중 금 2,000만 원을 분할하여 지급한 것으로서 원고는 위 이○우를 위하여 부담하게 된 합의금을 지급한 것에 불과하고, 피고가 명백히 지급을 거절한 피고 명의의 위 약속어음금 2,000만 원을 지급한 것으로 볼 수 없고, 기록을 살펴보아도 원고가 피고를 위하여 피고 명의의 약속어음금 2,000만 원을 지급하려는 의사로 위 금 2,000만 원을 지급하였다고 볼 만한 증거가 없으므로 결국 원고와 피고 사이에는 사무관리는 성립할 수가 없다고 할 것인바, 이와 같은 취지에서 원고의 사무관리에 의한 비용상환 청구를 배척한 원심의 그 판단은 옳다고 여겨지고, 거기에 사무관리에 관한 법리오해의 위법이 있다고 할 수 없다. 이 점에 관한 상고이유의 주장도 이유 없다.

3. 그러므로 상고를 기각하고 상고비용은 패소자의 부담으로 하기로 관여 법관들의 의견이 일치되어 주문과 같이 판결한다.

사무관리

사무관리

1 사무관리의 성립요건

(1-1) 서울고등법원 1974.12.18. 선고 73나1682 판결

【원 고】 대한민국
【피 고】 박△신
【주 문】

1.피고는 원고에게 별지 목록기재 부동산중 6분지 2 지분(등기부상 오♡업, 황◎연 지분)에 관하여는 1974.8.21. 나머지 6분지 3(등기부상 이◇영, 서ㅁ순,황▽준 지분)에 관하여는 1974.11.20. 각 사무관리 종료를 원인으로 한 지분 소유권이전등기 절차를 이행하라.

2. 소송비용은 1,2심 모두 피고의 부담으로 한다.

【청구취지】 (당심에서 교환적 변경)

【주청구】

피고는 원고에게 별지목록기재 부동산중 6분의 5지분에 관하여 1974.8.21. 사무관리 종료를 원인으로 한 소유권이전등기절차를 이행하라. 소송비용은 피고의 부담으로 한다.

【제1예비적 청구】

피고는 별지목록기재 부동산 중 6분의 5지분에 대한 대전지방법원 홍성지원 1972.6.28. 접수 4338호 1950.2.10. 매매를 원인으로 한 지분 소유권 이전등기의 말소등기절차를 이행하라. 소송비용은 피고의 부담으로 한다.

【제2예비적청구】

피고는 별지목록기재 부동산 중 소외 망 이◇영, 동 서ㅁ순, 동 황▽준에 대한 각 6분의 1지분에 대한 위 같은 지원 1972.6.28. 접수 4338호 1950.2.10. 매매를 원인으로 한 소유권이전등기를 말소하고, 원고에게 위 부동산 중 6분의 2 지분에 대하여 이건 소장 송달일자 신탁해제에 인한 소유권이전등기절차를 이행하라. 소송비용은 피고의 부담으로 한다.

【제3예비적청구】

피고는 원고에게 별지목록 부동산에 대하여 1972.7.1. 취득시효 완성에 의한 소유권이전등기절차를 이행하라. 소송비용은 피고의 부담으로 한다.

【항소취지】

원판결을 취소한다.

원고의 청구를 기각한다.

소송비용은 1,2심 모두 원고의 부담으로 한다.

【이 유】

별지목록기재 부동산 (이하 이건 대지, 건물이라 한다)중 6분의 5지분에 관하여 1972.6.28. 대전지방법원 홍성지원 접수 제4338호 1950.2.10. 지분매매를 원인으로 한 지분 소유권이전등기가 피고명의로 경료된 사실은 당사자 사이에 다툼이 없는 바, 성립에 다툼이 없는 갑 제5호증의 1 내지 6(공문), 동 제 6호증의 1 내지 4(재산대장), 동 제7호증의 1 내지 5(기부원서), 동 제8호증의 1 내지 5(각서), 동 제 10호증의 1,2 (기록표지 및 소장),51,52(판결확정증명 및 판결),동 제11호증의 1,2(사무인계서 표지 및 내용),동 제14호증의 1,2,4(각 진술조서),원심증인 전□호의 증언에 의하여 진정성립이 인정되는 갑제9호증(진술서 사본)의 각 기재내용에 원심증인 천◑임, 허△섭, 장◇환, 전□호, 당심증인 전□호의 각 증인 및 변론의 전 취지를 종합하면,1924.7.17. 당시 홍☖곡물조합 조합원들인 소외 망 이◇영, 동 서□순, 동 황▽준, 소외 오♡업, 동 황◎연 및 일본인 근목우희태 등 6인이 이건 대지를 공동매입하고, 당시 금×조합으로부터 당시 화폐로 금 4,000원을 융자받아 위 대지상에 이건 건물을 건축한 후 이건 대지와 건물 그 당시 원고산하 농산물 검사소 홍성출장소의 사무실과 그 부지로 사용하도록 하기 위하여 원고에게 증여하여, 위 금×조합에 대한 채무는 원고산하 위 출장소가 매월 금 35원씩을 출연하여 변제하고, 이건 대지와 건물의 등기부의 소유명의는 위 6인의 공유로 각 6분지 1씩의 지분소유권이전등기를 완료한 후, 원고산하 위 출장소가 위 금×조합에 대한 채무를 모두 변제하면 원고에게 증여세를 원인으로 소유권이전등기를 경료하기로 한 사실, 위 원고 산하 농산물검사소 홍성출장소는 1924.7.17. 이건 건물이 완공된 때로부터 지금에 이르기까지 이건 대지와 건물을 점유 사용하여 오면서 위 금×조합에 대한 채무의 분할상환금을 1952.6.까지 모두 상환한 사실, 이건 대지와 건물의 지분 중 일본인 근목우희태 지분은 8.15 해방 후 원고 나라에 귀속되고, 나머지 한국인 5인 소유지분에 대하여는 위 분할상환 후 원고 나라명의로 지분 소유권이전등기절차를 경료하기 위하여 원고 산하 위 출장소의 역대 소장들이 그 이전등기에 필요한 서류를 위 소외인들로부터 교부받으려고 노력하던 중, 피고 자신도 1954.4.15. 위 출장소의 소장에 취임한 이래 소장으로 재직하면서 그 경과를 상부에 수시로 보고하여 오다가 1965.5.6.경부터 같은 달 27.경까지 위 소외인들과 그중 사망한 소외인들의 상속인들로부터 위 서류를 원고에게 교부하여 줄 것을 승락받았으나 소외 오♡업과 소외 망 이◇영의 상속인들 대리한 동 망인의 4남인 소외 이▣만은 무상으로는 위 서류를 교부할 것을 거절하여 일부서류 미비로 그 등기를 마치지 못하고 있던 중, 소외 오♡업, 동 황◎연과 소외 망 이◇영, 동 서□순, 동 황▽준의 상속인들을 상대로 타인이 위 6분지 5지분을 매수하려 하므로, 이를 방지하려고 위 출장소의 소장으로 재직하던 피고는 원고를 위하여 원고에게 경료 되어야 할 위 6분지 5 지분 소유권이전등기절차를 우선 피고 개인 앞으로 경료하기로 하여 1972.4.21. 소외 오♡업, 동 황◎연, 동 이◇영(위 이◇영은 1951.9.8. 사망하여 장남인 소외 이◈시에게 상속되었다) 소외 망 서□순의 상속인인 장남 서▼철, 동 망 황▽준의 상속인인 소외 황▲철 외 6인등을 상대로 1950.2.10. 매매를 원인으로 피고 앞으로의 지분 소유권이전등기절차이행의 소를 대전지방법원 홍성지원에 제기하여 동 지원에서 1972.5.18. 피고(동 소송에서 원고)승소판결을 받고 그 경 위 판결이 확정되어 전단 인정과 같이 피고 앞으로 지분 소유권이전등기가 경료되고, 피고는 1972.10.13. 원고에게 피고가 취득한 위 소유권이전등기를 원고에게 이전하기로 약정하였으나, 이를 이행하지 아니하여 원고는 이건 소제기에 이르게 된 사실을 인정할 수 있고, 위 인정에 반하는 을 제1 내지 4호증(각 영수증), 갑 제14호증의 4(진술조서)의 각 기재와 원심증인 오♡업, 이◈시, 서○준, 이○점의 각 증언은 이를 믿지 아니하고, 달리 반증이 없는 바, 위 인정사실에 의하면, 피고는 법률상 의무 없이 원고를 위하여 원고가 그 앞으로 경료할 이건 대지와 건물의 6분지 5 지분 소유권 이전등기 사무를 관리하여 피고 앞으로 경료하였고, 원고가 이건 소를 제기하고 1974.8.20.자와 동년 11.18.자 청구취지변경신청서(사무관리 종료를 원인으로)가 피고에 송달됨으로써, 피고의 위 사무관리는 종료하였으므로, 피고는 위 각 청구취지변경신청서가 피고에게 송달된 날 사무관리 종료를 원인으로, 피고 앞으로 경료된 위 지분소유권 이전등기를 원고에게 이전등기할 의무가 있다 할 것이다.

그런데 피고는 원고가 1924.7.17. 이건 대지와 건물을 위 소외 이◇영 외 5인으로 증여받았다 하더라도 신민법 시행일로부터 6년 이내에 원고 앞으로 소유권이전등기를 경료하지 못하였으므로, 그 소유권을 취득하지 못하여 원고의 소유권에 기한 이건 청구는 부당하고, 가사 원고가 위 소외인등에 대하여 이전등기청구권을 가졌다 하더라도, 원고는 본소에서 위 소외인등에 대하여 위 이전등기청구권을 행사하지 아니하고 있으므로, 위 이전등기청구권을 대위행사하여 피고에게 이전등기 청구를 구할 수 없는 것이고, 피고는 확정판결에 의하여 위 소외인등으로부터 소유권을 취득하였으므로, 재심에 의하여 위 판결이 취소되지 아니하고는 위 판결의 효력을 다툴 수 없는 것이고, 위 판결의 기판력이 원고에게 미치지 아니한다 해도 위 판결이 재심에 의하여 취소되지 않는 이상, 위 소외인 등은 피고에게 등기상의 청구권을 가지고 있지 아니 하므로 원고는 위 소외인 등의 등기상의 청구권을 대위하여 행사할 수 없으니 원고의 이건 청구에 응할 수 없다고 주장하나 원고가 위 소외인 등으로부터 이건 대지와 건물을 증여 받고 피고가 원고를 위하여 사무관리로서 자기 앞으로 그 소유권이전등기를 경료한 후, 피고가 취득한 지분소유권을 원고에게 이전하기로 약정하여 원고가 이건 소에 이르렀음은 전단 인정과 같으므로 피고의 위 주장은 모두 이유 없다.

그렇다면 피고는 원고에게 피고명의로 취득한 이건 대지와 건물의 6분지 5 지분 소유권 중 6분지 2 지분(소외 오♡업, 동 황◎연 지분)에 대하여는 1974.8.20.자 청구취지변경 신청서가 피고에게 송달된 날 이미 기록상 명백한 같은 달21.나머지 6분지 3 지분(소외 이◇영, 서□순, 황▽준 지분)에 대하여는 동년 11.18.자 청구 취지변경 신청서가 피고에게 송달되었음이 기록상 명백한 1974.11.20. 각 사무관리 종료를 원인으로 한 지분 소유권이전등기절차를 이행할 의무가 있으므로 원고의 이건 청구는 나머지 예비적 청구에 대한 판단의 필요없이 정당하여 이를 인용할 것인 바 원고는 당심에 이르러 그 주된 청구원인을 교환적으로 변경하였으므로 원판결은 실효되고 소송비용의 부담에 관하여는 민사소송법 96조, 89조를 적용하여 주문과 같이 판결한다.

(1-2) 대법원 1975. 4. 8. 선고 75다254 판결 [집23(1)민,212;공1975.6.1.(513),8413]

【원고, 피상고인】 대한민국

【피고, 상고인】 박○신

【원판결】 서울고등법원 1974. 12. 18. 선고 73나1682 판결

【주 문】

상고를 기각한다. 상고비용은 피고의 부담으로 한다.

【이 유】

피고소송대리인의 상고이유를 판단한다.

제1점,

상고논지는 원고가 본건 부동산의 6분지 2 지분에 대하여는 사무관리종료의 의사표시를 하였으나 6분지 3 지분에 대하여는 사무관리종료의 의사표시를 아니 하였음에도 불구하고 6분지 3 지분에 대하여도 위 의사표시를 한 것으로 판단하여 이를 주문에 표시하였음은 원고의 청구범위를 일탈하였거나 아니면 원고가 주장하지 아니한 사실을 주장한 것처럼 오해한 위법이 있다는 취지이나 사무관리는 의무 없이 타인을 위하여 사무를 관리한다는 사실만 있으면 성립되는 것이고 의사표시를 요소로 하는 법률행위가 아니므로 본인이 사무관리의 목적이었던 사무를 직접 관리하려면 사무관리자에게 그 관리를 종료하여 줄 것을 내용으로 하는 의사표시를 하여야 하는 것이 아니고 본인 자신이 직접 관리하겠다는 의사가 외부적으로 명백히 표현된 경우에는 사무관리는 그 이상 성립할 수 없는 것이다.

그러므로 이 사건에 있어 원고의 1974.11.18 자 준비서면의 진술로 인하여 이건 부동산의 소유권명의를 원고에게 이전하여 달라는 취지는 결국 원고가 직접 관리할 의사가 명백히 표시된 것으로서 그 이상의 피고의 사무관리의 계속이 원고의 의사에 반하고 원고에게 불리함이 명백한 경우에 해당한다 할 것이니 이건 사무관리는 민법 737조 단서에 의하여 종료되었음이 분명하므로 논지는 그 이유 없다.

제2점,

원심판결이 그 적시한 증거에 의하여 피고가 이건 부동산의 소유권이전등기를 자기명의로 이전하여 가지고 있는 행위가 원고를 위한 사무관리 행위로 인정한 바, 위 증거들을 기록에 대조하여 검토하니 원심의 위 조치는 적법하여 채증상의 잘못이 없으며, 또 원고는 1974.11.18자 준비서면에서 피고가 본건 부동산의 5/6지분을 취득한 것은 원고를 위한 사무관리라고 주장하고 논지와 같이 원고가 피고에게 신탁한 것이라는 주장 또는 피고 앞으로의 소유권이전등기가 원인무효라는 취지의 주장등은 예비적 청구에 대한 공격방법으로 주장한 것으로써 피고의 행위를 사무관리가 아니라고 주장한 것은 아님이 기록상 명백하니 원판결이 채증법칙에 위배하거나 원고 주장과 상반되는 사실인정을 하여 사무관리에 관한 법리를 오해하였다는 취지의 논지는 그 이유 없다.

그러므로 관여 법관의 일치된 의견으로 주문과 같이 판결한다.

(2) 대법원 1995. 9.15. 선고 94다59943 판결

【원고, 피상고인】 곽○수

【피고, 상고인】 주식회사 한○여객

【원심판결】 서울민사지방법원 1994. 11. 17. 선고 94나22001 판결

【주 문】

원심판결 중 피고 패소부분을 파기하고, 이 부분 사건을 서울지방법원 합의부에 환송한다.

【이 유】

피고소송대리인의 상고이유(상고이유서 제출기간이 지난 뒤에 제출 된 상고이유보충서에 기재된 보충상고이유는 상고이유를 보충하는 한도 내에서)에 대하여 판단한다.

1. 원심판결이유에 의하면, 원심은 원고가 1990.6.21. 소외 백△삼으로부터 피고 회사에서 폐차되어 나오는 중고버스 5대를 구입하여 주겠다는 말을 듣고 같은 달 22. 위 중고버스구입대금의 일부로 피고 회사 부사장인 소외 최◇봉 명의로 개설된 조♡은행통장에 금 30,000,000원을 입금한 사실은 다툼이 없다고 하고, 나아가 그 채택한 증거들을 종합하여 위 백△삼은 1988.4.경부터 버스운송여객업체인 피고 회사에서 폐차되어 나오는 중고버스의 대부분을 수의계약의 형식으로 인수하여 다시 다른 사람에게 처분하여 오던 중 1990.6.21.경 원고로부터 피고 회사에서 폐차되어 나오는 중고버스를 인수하고 싶다는 요청을 받고는 그 다음날 원고에게 피고 회사에서 같은 해 7.15.경 폐차되어 나오는 중고버스중 5대를 인수시켜 줄 터이니 우선 매매대금의 일부로 금 30,000,000원을 지급하되 위 금원은 피고 회사의 부사장인 위 최◇봉 명의로 개설된 통장에 입금시키라고 하면서 위 최◇봉 명의의 통장계좌번호를 알려주자 원고가 이를 승낙하고 위 백△삼의 요구대로 위 최◇봉의 통장에 금 30,000,000원을 입금하기로 한 사실, 원고는 위 백△삼과의 계약에 따라 위 금원을 입금함에 있어서 피고 회사의 폐차업무 담당자인 관리과장 소외 변ㅁ열에게, 소외 최◇봉이 피고 회사의 부사장이고 위 최◇봉의 구좌번호가 위 백△삼이 알려준 것이 맞느냐, 피고 회사에서 위 백△삼에게 폐차되는 중고버스를 줄 것이 있느냐, 앞으로 나올 폐차가 있느냐 등을 확인한 다음 위 금 30,000,000원을 입금하고, 다시 그의 처인 소외 박▽옥을 통하여 위 금원의 입금확인함과 동시에 위 금원은 그녀의 남편인 원고가 위 백△삼으로부터 새로이 폐차되는 중고버스 5대의 계약금으로 입금한 것이라고 통지한 사실, 한편 위 백△삼은 1988.4.경부터 피고 회사에서 출고되는 폐버스를 인수하여 원매자들에게 처분함에 있어 피고 회사로부터 어떤 보수나 수수료를 받는 것이 아니라 인수한 가격에 적당한 금액을 덧붙여 다시 매도하는 방법으로 이득을 취해 왔고, 피고 회사로부터 중고버스를 인수한 경우에도 언제나 인수대금 전액을 지급한 후에만 중고버스를 그 자신 또는 그가 지정하는 사람이 인도받아 그에 따른 명의이전을 하여 온 사실, 그런데 위 백△삼은 원고와 사이에 위 중고버스 인수문제를 논의할 당시 사전에 피고 회사로부터 새로이 폐차되어 나오는 중고버스의 인수에 관하여 아무런 확약을 받은 사실이 없고, 다만 원고와의 위 계약체결 전인 1990.6.경 피고 회사로부터 중고버스 9대를 1대 당 금 13,500,000원씩에 인수한 후 같은 달 19.까지 7대에 대해서는 그 대금을 지급하고서 인도받아 갔으나 나머지 2대는 그 대금을 마련하지 못하여 이를 인도받아 가지 못함에 따라 같은 달 20. 위 변ㅁ열로부터 위 나머지 2대에 대한 인수대금을 즉시 지급하지 아니하면 그에 대한 인수계약을 해제하겠다는 통보를 받고 있던 차에 원고가 중고버스를 매수하겠다는 제의를 하자 원고로부터 전도금을 받아 위 인도받지 못한 중고버스 2대의 인도자금으로 지급하기로 마음먹고, 원고와 위 중고버스매매계약을 체결하면서 전도금으로 요구한 위 금원을 피고 회사의 부사장인 위 최◇봉의 예금구좌에 입금시키게 하여 원고를 안심시킨 뒤 원고가 위 금원을 입금시킨다고 하자 피고 회사의 폐차업무 담당자인 위 변ㅁ열에게 전화하여 본인이 위 금 30,000,000원을 아직 인도받지 못한 위 2대의 중고버스 인수대금으로 위 최◇봉의 통장에 입금시켰다고 통지한 사실, 위 변ㅁ열은 위 백△삼으로부터 위 미수금 입금사실을 통지받은 후 얼마 지나지 않아 위 박▽옥으로부터 앞서 본 바와 같은 입금확인 및 그녀의 남편인 원고가 위 백△삼으로부터 새로이 폐차되는 중고버스 5대를 구입하기 위한 계약금으로 위 금원을 입금한 것이라는 전화통지를 받고서도 일방적으로 위 금원은 위 백△삼으로부터 새로 중고버스를 구입하는 계약금으로서가 아니라 이미 인수한 중고버스에 대한 미수금으로 받은 것이라고 답변한 사실, 위 변ㅁ열은 1990.6.23. 위 백△삼의 요구에 따라 위 최◇봉의 통장에 입금된 위 금 30,000,000원을 인출하여 위 백△삼에게 교부하고 그 중에서 이미 위 백△삼이 인수한 중고버스 2대의 인수대금 27,500,000원을 다시 지급받았는데, 그때 위 변ㅁ열은 위 금30,000,000원을 송금한 사람이 위 백△삼이 아

닌 원고인데다 위 박▽옥과의 전화통화내용을 고려하여 위 백△삼으로부터 위 금원을 수령하여 이용하는데 따른 모든 책임을 지겠다는 내용의 각서(을 제1호증의 14)를 교부받고서 위 금 30,000,000원을 교부한 사실을 인정한 다음, 그렇다면 원고 명의로 입금된 위 금 30,000,000원은 위 백△삼이 기왕에 인수한 중고버스 2대의 인수대금으로 입금한 것이 아니라 원고가 위 백△삼으로부터 피고 회사에서 새로이 출고된 폐차 5대분을 구입하기 위하여 피고 회사의 부사장 명의의 예금계좌에 입금한 것으로서, 피고 회사에서는 새로이 폐차되는 차량이 없어 위 금원을 수령할 권원이 없다는 사정을 알고 나서도 이를 원고에게 반환하지 아니하고 위 백△삼의 요구에 따라 함부로 위 금원을 인출하여 위 백△삼에게 교부함으로써 원고가 이를 반환받지 못하게 하였으니 피고는 의무없이 타인의 사무를 관리하는 자로서 이로 인하여 원고가 입은 손해를 배상할 책임이 있다고 판단하였다.

2. 그러나 민법 제734조 제1항의 규정에 의하면 사무관리라 함은 의무없이 타인을 위하여 그의 사무를 처리하는 행위를 말하는 것이므로 만약 그 사무가 타인의 사무가 아니라거나 또는 사무를 처리한 자에게 타인을 위하여 처리한다는 관리의사가 없는 경우에는 사무관리가 성립될 수 없다 할 것이다. 그런데, 사실관계가 원심이 확정한 바와 같다면, 위 예금을 관리하거나 이를 인출하는 행위가 원고의 사무라고 할 수 없을 뿐만 아니라, 위 금원이 입금되어 인출된 경위에 비추어 보면 피고 회사에게 원고를 위하여 사무를 처리한다는 관리의사가 있었다고 볼 수도 없으므로, 피고 회사가 원고를 위하여 그의 사무를 관리하였다고 볼 수는 없다 할 것이다.

그럼에도 불구하고 원심은 피고 회사는 의무없이 원고의 사무를 관리한 자로서 그 설시와 같은 손해금 30,000,000원을 원고에게 배상할 책임이 있다고 판단하였으니, 원심판결에는 사무관리에 관한 법리를 오해한 위법이 있다 할 것이고, 이와 같은 위법은 판결결과에 영향을 미친 것임이 명백하므로, 이점을 지적하는 논지는 이유가 있다.

3. 그러므로 나머지 상고이유에 대한 판단을 생략한 채 원심판결 중 피고 패소부분을 파기하고, 다시 심리판단하게 하기 위하여 이 부분 사건을 원심법원에 환송하기로 관여법관의 의견이 일치되어 주문과 같이 판결한다.

(3-1) 광주고등법원 2007. 7. 13. 선고 (제주)2006나1246 판결 폐기물처리비용

【원고, 항소인】 OOO산업 주식회사
제주시 OOO294-22
대표이사 현창O
소송대리인 변호사 강석보

【피고, 피항소인】 OO주식회사
용인시 OOO15-1
대표이사 태기O
소송대리인 변호사 김선우

【제1심 판결】 제주지방법원 2006. 10. 12. 선고 2005가합3164 판결

【변 론 종 결】 2007. 6. 1.

【판 결 선 고】 2007. 7. 13.

【주 문】

1. 제1심 판결을 취소한다.

2. 당심에서 추가된 사무관리에 관한 선택적 청구에 기하여, 피고는 원고에게 돈 131,862,202원과 이에 대하여 2007. 5. 16.부터 2007. 7. 13.까지는 연 5%의, 그 다음날부터 다 갚는 날까지는 연 20%의 각 비율로 계산한 돈을 지급하라.

3. 사무관리에 관한 원고의 나머지 선택적 청구를 기각한다.

4. 소송총비용은 피고가 부담한다.

5. 제2항은 가집행할 수 있다.

【청구취지 및 항소취지】

제1심 판결을 취소한다. 피고는 원고에게 돈 131,862,202원과 이에 대하여 소장이 송달된 다음날부터 다 갚는 날까지 연 20%의 비율로 계산한 돈을 지급하라(원고는 당초 지급약정 혹은 폐기물관리법에 의한 폐기물처리의무를 원인으로 폐기물처리비용 청구를 하다가 당심에서 사무관리 혹은 부당이득을 원인으로 한 청구를 선택적으로 추가하였다).

【이 유】

1. 기초사실

가. 대한주택공사는 2003. 3. 10. 피고 및 세기건설 주식회사에게 제주시 노형동 일원에 시행하던 아파트 신축공사 중 "제주노형 아파트 1공구 건설공사"(이후부터는 편의상 "이 사건 공사"라고만 한다)를 도급하였고, 이와 별도로 2003. 4. 24. 원고(일반폐기물 중간처리업 등을 목적으로 설립된 회사이다)에게 이 사건 공사로 인하여 발생하는 건설폐기물 처리 용역을 계약금액 5,764만 원으로 정하여 도급하였다

나. 원고는 2003. 5. 6.경부터 2005. 2. 10.경까지 이 사건 공사 현장에서 배출되는 폐콘크리트, 폐아스콘 및 혼합폐기물 등 건설폐기물을 수집·운반하여 처리하였고 그 처리비용은 모두 184,064,202원인데, 원고는 대한주택공사로부터 위 처리비용 중 52,202,200원만을 지급받았다.

다. 한편, 피고는 2004. 12.경 이 사건 공사를 모두 완료하였고 그 후 2005. 6.경 마지막 기성금을 지급받음으로써 공사대금을 모두 지급받았다.

[인정근거] 일부 다툼 없는 사실, 갑 1호증의 1, 2, 갑 3호증, 을 1, 4호증의 각 기재, 변론 전체의 취지

2. 원고의 주장

원고는 이 사건 청구원인으로 다음과 같이 주장한다.

가. 피고의 담당과장인 김인O는 2004. 9.경 원고가 대한주택공사와의 계약금액을 초과하는 건설폐기물이 발생하고 있다는 이유로 건설폐기물의 처리를 중단하자 대한주택공사가 지급하지 않는 폐기물 처리비용을 피고가 지급할 것이라고 약속하였으므로, 피고는 원고에게 원고가 구하는 폐기물 처리비용을 지급할 의무가 있다.

나. 피고는 폐기물관리법 제25조에 규정된 사업장폐기물배출자로서 폐기물을 처리하여야 할 의무가 있으므로

피고는 폐기물 처리업무를 위탁받아 수행한 원고에게 원고가 구하는 폐기물 처리비용을 지급할 의무가 있다.

다. 피고는 이 사건 공사를 시행하면서 공사 현장에서 발생한 건설폐기물을 분리수거 하지 않는 등 현장을 잘못 관리하여 과다한 양의 건설폐기물을 발생하게 하였고 원고가 그 모든 건설폐기물을 처리하였음에도 일부 처리비용을 지급받지 못하였으므로, 피고는 원고에게 부당이득(不當利得) 혹은 사무관리(事務管理)의 법리에 따라 원고가 대한주택공사로부터 지급받지 못한 폐기물 처리비용에 상당하는 금액을 지급할 의무가 있다.

3. 판 단

우선 당심에서 선택적으로 추가된 사무관리를 원인으로 한 폐기물처리비용 청구에 관하여 본다.

가. 인정사실

(1) 대한주택공사가 위와 같이 이 사건 공사와 별도로 원고에게 건설폐기물 처리 용역을 도급한 것은 공사발주자가 폐기물처리업체에게 충분한 처리비용을 지급함으로써 건설폐기물의 적정한 처리를 기하기 위하여 폐기물관리법(2003. 5. 29. 법률 제6912호로 개정되기 전의 것, 이하 같다) 제4조, 같은 법 시행규칙(2004. 8. 11. 부령 제128호로 개정되기 전의 것, 이하 같다) 제8조에 따라 도입된 소위 "건설폐기물 분리발주제"에 따른 것이다

(2) 원고는 대한주택공사와의 계약에 따라 이 사건 공사 현장에서 발생하는 건설폐기물을 처리하던 중인 2004. 2.경 당초의 계약금액에 따른 물량을 초과하는 건설폐기물이 발생할 것이 예상되자 그때부터 대한주택공사 및 피고에게 이에 대한 대책을 요구하였는데, 대한주택공사는 설계변경 등 초과물량이 발생할만한 사정이 없다고 하였고 피고는 대한주택공사와 협의하여 초과물량에 대한 용역대금을 지급받을 수 있도록 하여 주겠다고만 하였다.

(3) 그 후 원고는 대한주택공사 및 피고로부터 초과물량에 대한 용역대금을 지급하여 주겠다는 확실한 약속을 받지 못하자 2004. 9.경 이 사건 공사현장에서 건설폐기물을 반출하는 것을 중단하였다가 피고의 요청으로 하는 수 없이 용역 업무를 재개하여 2005. 2. 10.까지 위와 같이 당초의 계약금액을 초과하는 건설폐기물을 처리하였다.

(4) 이 사건 공사 현장에서 발생한 혼합폐기물은 926.75t으로서 이는 원고와 대한주택공사 사이의 당초의 계약물량(136.9t)을 789.9t이나 초과하는 것인데(이에 비하여 이 사건 공사와 공사기간, 연면적, 공사비 등이 비슷한 "제주노형 아파트 2공구 건설공사" 현장에서 발생한 혼합폐기물의 초과물량은 132t이다), 그 원인은 피고가 폐기물 관리를 잘못하여 폐콘크리트, 마감자재의 포장지, 생활쓰레기 등이 분리되지 않은 채 혼합폐기물과 섞여 배출되도록 방치한 데에 있다.

(5) 한편, 폐기물관리법 제25조는 사업장폐기물배출자는 그의 사업장에서 발생하는 폐기물을 스스로 처리하거나 같은 법에 의한 폐기물처리업의 허가를 받은 자 등에게 위탁하여 처리하여야 한다는 취지로 규정하고 있는데, 이 사건 공사현장에서 발생한 건설폐기물처리확인서에 피고가 "폐기물배출자"로 기재되어 있다.

[인정근거] 갑 2, 5호증, 을 2호증의 각 기재, 당심 증인 양송O의 증언, 제1심 법원의 대한주택공사 제주지역본부장에 대한 사실조회 결과, 변론 전체의 취지

나. 판단

의무 없이 타인을 위하여 그 사무를 처리한 자는 민법 제734조, 제739조에 따라 타인을 위하여 지출한 필요비 또는 유익비의 상환을 청구할 수 있다.

위 인정사실에 의하면, 이 사건 공사를 시행한 피고는 폐기물관리법상의 "폐기물배출자"로서 이 사건 공사현장에서 발생하는 건설폐기물을 처리하여야 할 의무가 있고(이에 관하여 피고는, 대한주택공사가 소위 건설폐기물 분리발주제에 따라 이 사건 공사와 별도로 원고에게 폐기물처리 용역을 도급한 것이어서 대한주택공사가 직접 폐기물배출자가 되어야 한다고 주장하나, 대한주택공사는 위 분리발주제에 따라 원고와 폐기물처리 용역계약을 체결하여 용역대금을 지급할 책임이 있을 뿐이고, 현장에서 발생하는 건설폐기물을 관리하여야 할 책임은 이 사건 공사의 시공자인 피고에게 있다고 보아야 하며, 이는 대한주택공사가 피고에게 이 사건 공사를 도급하면서 공사시방서 및 현장설명서를 통하여 피고에게 폐기물 처리 및 재활용에 관한 의무를 지운 것에서도 확인되고 있으므로, 피고의 위 주장은 받아들일 수 없다) 따라서 원고와 대한주택공사 사이의 계약금액을 초과하는 건설폐기물을 처리할 업무는 피고의 사무라고 할 것이며, 또한, 원고는 대한주택공사 및 피고로부터 초과물량에 대한 용역대금을 지급하여 주겠다는 확실한 약속을 받지 못하는 상황에서 시공자인 피고의 요청으로 폐기물 처리 용역을 완료하였으므로, 원고는 타인인 피고를 위하여 사무를 처리하는 의사, 즉 관리의 사실상의 이익을 피고에게 귀속시키려는 의사를 가지고 계약금액을 초과하는 건설폐기물을 처리한 것으로 보인다.

따라서 피고는 원고에게 사무관리에 따른 비용 등의 상환으로 131,862,202원(= 184,064,202원 - 52,202,200원, 이와 같이 원고가 구하는 폐기물처리비용에는 사무관리를 위하여 지출한 필요비 외에 그의 이윤 등도 포함되어 있다고 볼 수 있으나, 유상으로 일하는 관리자의 직업 내지 영업의 범위 내에서 사무관리가 이루어졌다면 관리자는 통상의 보수도 함께 청구할 수 있다고 할 것이어서 원고가 구하는 금액 모두를 인정한다)과 이에 대하여 2007. 5. 16.(선택적 청구를 추가한 청구원인변경서가 피고에게 송달된 다음날)부터 2007. 7. 13.(이 사건 판결을 선고하는 날, 피고가 이행의무가 존부에 관하여 항쟁함이 상당하다고 인정하는 시점)까지는 연 5%(민법이 정한 이율)의, 그 다음날부터 다 갚는 날까지는 연 20%(소송촉진등에관한특례법이 정한 이율)의 각 비율로 계산한 돈을 지급할 의무가 있다.

4. 결 론

원고의 당심에서 추가된 이 사건 청구는 위 인정범위 내에서 이유가 있어 인용하고 나머지 청구를 이유가 없어 기각하여야 할 것이므로, 제1심 판결을 취소하고 피고에게 그 금원의 지급을 명하며 사무관리에 관한 원고의 나머지 선택적 청구는 기각하기로 하여 주문과 같이 판결한다.

(3-2) 대법원 2010.1.14. 선고 2007다55477 판결 【폐기물처리비용】

【원고, 피상고인】 원고 주식회사(소송대리인 변호사 강석보)

【피고, 상고인】 피고 주식회사(소송대리인 법무법인(유) 태평양 담당변호사 이준외 1인)

【원심판결】 광주고법 2007. 7. 13. 선고 (제주)2006나1246 판결

【주 문】

상고를 기각한다. 상고비용은 피고가 부담한다.

【이 유】

상고이유를 판단한다.

1. 제1점에 관하여

가. 피고의 사무인지 여부

원심판결 이유 및 원심이 적법하게 채택한 증거에 의하면, 대한주택공사는 피고에게 이 사건 공사를 도급하면서 공사시방서 및 현장설명서를 통하여 이 사건 공사 현장에서 발생하는 건설폐기물의 분리수거, 재활용 및 이와 관련한 폐기물배출자 신고, 관리 등에 관한 업무를 피고가 처리하도록 한 사실, 이에 따라 피고는 이 사건 공사 현장에서 발생할 건설폐기물량을 산출하여 그 관리 등에 관한 업무에 소요되는 비용을 도급내역에 반영하였으며 나아가 관할 행정기관에 피고를 이 사건 공사 현장의 사업장폐기물배출자로 신고하여 이 사건 공사 현장에서 발생하는 건설폐기물의 처리확인서에 피고가 폐기물배출자로 기재되어 있는 사실, 공사발주자로 하여금 폐기물처리업체에게 충분한 처리비용을 지급하도록 함으로써 건설폐기물의 적정한 처리를 기할 목적으로 구 폐기물관리법(2003. 5. 29. 법률 제6912호로 개정되기 전의 것) 제4조 및 같은 법 시행규칙(2004. 8. 11. 환경부령 제128호로 개정되기 전의 것) 제8조에 의하여 건설폐기물 분리발주제가 도입되었는데, 대한주택공사는 위 분리발주제에 따라 이 사건 공사에 관한 도급계약과 별도로 원고와의 사이에 이 사건 공사로 발생하는 건설폐기물의 처리에 관한 용역계약(이하 '이 사건 계약'이라 한다)을 체결하여 원고로 하여금 이 사건 공사 현장에서 발생한 건설폐기물을 처리하도록 한 사실, 그런데 이 사건 공사의 시행 과정에서 당초 이 사건 계약에서 예정하였던 양을 훨씬 초과한 건설폐기물이 발생하였고, 이는 피고가 이 사건 공사를 시행하는 과정에서 폐기물 관리를 잘못하여 폐콘크리트, 마감자재의 포장지, 생활쓰레기 등이 분리되지 않은 채 혼합폐기물과 섞여 배출되도록 방치한 데 기인한 사실을 알 수 있는바, 사실관계가 위와 같다면 위 초과 발생한 건설폐기물의 처리에 관한 종국적인 의무는 피고와 대한주택공사 사이의 위 도급계약에 따라 이 사건 공사현장에서 발생하는 건설폐기물에 관한 전반적인 관리책임을 맡고 있는 피고가 부담한다고 봄이 타당하다.

같은 취지에서 원심이 위 초과 발생한 건설폐기물을 처리할 업무는 피고의 사무라고 판단한 것은 정당하고, 거기에 상고이유에서 주장하는 바와 같은 사무관리에 있어서의 사무관리 본인에 관한 법리오해 등 위법이 없다.

상고인이 들고 있는 대법원 2002. 10. 22. 선고 2002다46331 판결은 사업장폐기물배출자의 사업을 인수한 자는 사업장폐기물배출자의 공법상 권리·의무를 승계할 뿐 그의 사법상 권리·의무까지 당연히 승계하는 것은 아니라는 취지로서, 피고가 이 사건 공사의 시공자로서 대한주택공사와의 공사도급계약에 따라 공사현장의 폐기물 처리 및 재활용에 관한 사법상의 의무를 부담하기로 되어 있는 이 사건과는 사안을 달리하여, 이 사건에 원용하기에 적절하지 아니하다.

나. 사무관리 의사

사무관리가 성립하기 위해서는 관리자가 법적인 의무 없이 타인의 사무를 관리해야 하는바, 관리자가 처리한 사무의 내용이 관리자와 제3자 사이에 체결된 계약상의 급부와 그 성질이 동일하다고 하더라도, 관리자가 위 계약상 약정된 급부를 모두 이행한 후 본인과의 사이에 별도의 계약이 체결될 것을 기대하고 사무를 처리하였다면 그 사무는 위 약정된 의무의 범위를 벗어나 이루어진 것으로서 법률상 의무 없이 사무를 처리한 것이며, 이 경우 특별한 사정이 없는 한 그 사무처리로 인한 사실상의 이익을 본인에게 귀속시키려는 의사, 즉 타인을 위하여 사무를 처리하는 의사가 있다고 봄이 상당하다.

원심판결 이유에 의하면 원심은, 이 사건 공사 현장에서 발생하는 폐기물의 처리에 관하여 원고와 대한주택공사 사이에 이 사건 계약이 체결되었지만 당초의 계약 물량을 초과한 건설폐기물이 발생하자 원고가 건설폐기물의 처리를 중단하였다가 피고의 요청으로 용역업무를 재개하여 위 초과 건설폐기물을 처리한 사실을 인정한 다음, 위 초과 건설폐기물의 처리에 관하여는 원고가 계약상의 의무를 부담하지 아니한다는 전제에서 원고는 피고를 위하여 사무를 처리하는 의사, 즉 관리의 사실상의 이익을 피고에게 귀속시키려는 의사를 가지고 위 초과 건설폐기물을 처리하였다고 판단하였는바, 원심의 위와 같은 판단은 앞서 본 법리에 따른 것으로서 정당하고, 거기에 상고이유에서 주장하는 바와 같은 사무관리 의사에 관한 법리오해 또는 심리미진 등 위법이 없다.

2. 제2점에 관하여

민법 제739조 제1항은 "관리자가 본인을 위하여 필요비 또는 유익비를 지출한 때에는 본인에 대하여 그 상환을 청구할 수 있다"고만 규정하고 있을 뿐, 사무관리자가 사무관리 본인에 대하여 보수를 청구할 수 있는지 여부에 관하여는 명시적으로 규정하고 있지 않다. 그러나, 직업 또는 영업에 의하여 유상으로 타인을 위하여 일하는 사람이 향후 계약이 체결될 것을 예정하여 그 직업 또는 영업의 범위 내에서 타인을 위한 행위를 하였으나 그 후 계약이 체결되지 아니함에 따라 타인을 위한 사무를 관리한 것으로 인정되는 경우에 상법 제61조는 상인이 그 영업범위 내에서 타인을 위하여 행위를 한 때에는 이에 대하여 상당한 보수를 청구할 수 있다고 규정하고 있어 직업 또는 영업의 일환으로 제공한 용역은 그 자체로 유상행위로서 보수 상당의 가치를 가진다고 할 수 있으므로 그 관리자는 통상의 보수를 받을 것을 기대하고 사무관리를 하는 것으로 보는 것이 일반적인 거래 관념에 부합하고, 그 관리자가 사무관리를 위하여 다른 사람을 고용하였을 경우 지급하는 보수는 사무관리 비용으로 취급되어 본인에게 반환을 구할 수 있는 것과 마찬가지로, 다른 사람을 고용하지 않고 자신이 직접 사무를 처리한 것도 통상의 보수 상당의 재산적 가치를 가지는 관리자의 용역이 제공된 것으로서 사무관리 의사에 기한 자율적 재산희생으로서의 비용이 지출된 것이라 할 수 있으므로 그 통상의 보수에 상응하는 금액을 필요비 내지 유익비로 청구할 수 있다고 봄이 타당하고, 이 경우 통상의 보수의 수준이 어느 정도인지는 거래관행과 사회통념에 의하여 결정하되, 관리자의 노력의 정도, 사무관리에 의하여 처리한 업무의 내용, 사무관리 본인이 얻은 이익 등을 종합적으로 고려하여 판단하여야 한다.

다만, 사무관리 제도는 사회생활에서의 상호부조의 이상에 터잡은 것으로서, 사무관리가 성립하기 위해서는 우선 그 사무가 타인의 사무이고 타인을 위하여 사무를 처리하는 의사, 즉 관리의 사실상의 이익을 타인에게 귀속시키려는 의사가 있어야 함은 물론 그 사무의 처리가 본인에게 불리하거나 본인의 의사에 반한다는 것이 명백하지 아니할 것을 요하는바(대법원 1997. 10. 10. 선고 97다26326 판결 참조), 특히 관리자가 본인의 사무를 관리하게 된 주된 의도나 목적이 사무관리에 따른 보수를 지급받아 자신의 경제적 이익을 추구하고자 하는 데 있는 것으로 볼 수 있는 경우에는, 위와 같은 경제적 이익의 추구라고 하는 동기 때문에 관리자가 타인의 생활관계에 지나치게 개입함으로써 사적 자치의 원칙을 훼손시키고 오히려 사회적 상호부조의 이상에도 반할 우려가 있으므로, 이러한 경우 관리자에게 사무관리에 따른 비용청구권이 있는지를 판단함에 있어서는 그 사무의 처리가 본인의 이익과 의사에 부합하는지 여부 등 사무관리 성립요건의 충족 여부에 관하여 보다 엄격하고도 신중한 판단이 이루어져야 할 것이다.

위 법리에 비추어 원심판결의 이유를 이 사건 기록과 대조하여 보면, 유상으로 일하는 관리자의 직업 내지 영업의 범위 내에서 사무관리가 이루어졌다면 관리자는 통상의 보수도 함께 청구할 수 있다고 보고 이 사건 계약에서 정하여진 건설폐기물 처리비용 단가에 기초하여 위 초과 건설폐기물의 처리비용을 산출한 원고의 청구를 받아들인 원심의 판단은 수긍할 수 있고, 거기에 상고이유에서 주장하는 바와 같은 사무관리자의 비용상환청구권에 대한 법리오해 또는 심리미진 등 위법이 없다.

상고이유 가운데 피고의 비용상환의무가 현존이익에 한하여야 한다는 주장은 원심이 인정한 사실관계와 다른 사실관계를 전제로 한 것으로서 적법한 상고이유가 될 수 없다.

3. 결 론

그러므로 상고를 기각하고 상고비용은 피고의 부담으로 하기로 하여 관여 대법관의 일치된 의견으로 주문과 같이 판결한다.

2 사무관리의 효과

대법원 1995. 9. 29. 선고 94다13008 판결 [집43(2)민,222;공1995.11.15.(1004),3585]

【원고, 피상고인】 이○수
【피고, 상고인】 피고
【원심판결】 서울고등법원 1994. 1. 26. 선고 93나24324 판결
【주 문】

원심판결을 파기하고 사건을 서울고등법원에 환송한다.

【이 유】

상고이유를 판단한다.

1. 제1점에 대하여

원심판결 이유에 의하면 원심은, 원고 경영의 이 사건 레스토랑 부근 판시 레스토랑 주방장으로 일하던 피고가 이 사건 레스토랑에 들렀다가 마침 손님이 들어와서 식사가 되느냐고 묻자 으레 식사를 주문할 것으로 알고 주방에 들어가 기름용기 등이 올려져 있는 가스레인지에 불을 켜 놓았다가, 손님이 식사를 주문하지 아니하고 음료수만을 주문하여 위 가스레인지의 불이 불필요하게 되었음에도 위 가스레인지의 불을 끄지 아니하고 줄여만 놓은 채 위 레스토랑을 나가는 바람에 위 가스레인지 위의 기름용기가 과열되어 기름이 용기 밖으로 넘치면서 화재가 발생한 사실을 인정한 다음, 피고가 원고를 대신하여 손님이 주문할 음식의 조리를 위한 준비로 위 가스레인지를 점화하여 원고의 사무를 개시한 이상 위 가스레인지의 사용이 필요없게 된 경우 스스로 위 가스레인지의 불을 끄거나 위 레스토랑의 종업원으로 하여금 그 불을 끄도록 조치하는 등 원고에게 가장 이익되는 방법으로 이를 관리하여야 함에도 이를 위반하였으므로 피고는 사무관리자로서 이로 인하여 발생한 이 사건 손해에 대하여 본인인 원고가 입은 손해를 배상할 책임이 있다는 취지로 판단하고 있는바, 원심의 이러한 조치는 정당하고 거기에 상고이유로 주장하는 채증법칙을 위반하거나 사무관리 및 그로 인한 손해배상의 법리를 오해한 위법이 있다고 할 수 없다. 상고이유의 주장은 이유 없다.

2. 제2점에 대하여

채무불이행으로 소유물이 훼손되었을때 그 손해는 그 수리가 가능하다면 그 수리비, 그 수리가 불가능하다면 그 훼손 당시의 교환가치(시가)가 통상의 손해라 할 것이다.

원심판결 이유에 의하면 원심은, 각 그 내세운 증거에 의하여 이 사건 화재로 인하여 위 레스토랑의 주방 및 실내, 원고 소유의 가전제품 등 합계 금 33,563,650원 상당의 집기류 등이 소훼되었다고 인정하고 있다.

먼저 원심이 들고 있는 이에 부합하는 증거로서는 갑 제1호증의1(견적서), 갑 제2호증(사고발생사실확인서), 을 제2호증의9(피고에 대한 피의자신문조서)의 각 기재 등이 있는바, 위 갑 제2호증 및 을 제2호증의9의 각 기재는 모두 위 갑 제1호증의1의 기재에 근거한 것으로, 위 갑 제1호증의1의 기재에 의하면, 이 사건 피해액 총액을 산출함에 있어 1) 철거비, 2) 2층(13평) 시설비, 3) 3층 (13평) 수리비, 4) 가스오븐시설비, 5) 에어콘, 냉장고, 전축, 6) 주방식기그릇, 7) 전기배선 및 조명, 8) 집기, 의자, 탁자 등에 대하여 구체적인 품목 및 시설부분을 특정하지 아니한 채 대강의 품목에 관하여 일괄적으로 그 금액을 기재하고 있을 따름으로, 각 피해 품목의 구체적 내역 즉 각 품목의 제품명, 품질, 사용연수와 수리가능 여부 및 그 금액이 수리비인지 교환가격인지의 여부 등을 밝히고 있지 아니하며 달리 그 금액이 어떻게 산출되었는지에 관하여 이를 확인할 아무런 자료도 없을 뿐 아니라(그 중 가스오븐시설비에 대하여는 갑 제1호증의2의 기재가 있으나 단지 각 품목 및 금액을 특정하고 있는 정도에 지나지 않으며, 에어콘, 냉장고, 주방식기그릇, 전기배선 및 조명시설에 대하여는 원고가 각 구체적인 품목 및 금액에 관한 해당 견적서를 갑 제1호증의3 내지 5로서 제출하고 있으나 증거목록상 원고 제출의 서증으로 기재되어 있지도 아니하다), 사고 당일 작성된 경찰의 실황조사서인 갑 제3호증의4의 기재에 의하면 이 사건 레스토랑(2, 3층 포함하여 약 25평 정도이다) 3층에는 약간의 그을음이 있을 뿐 별다른 상황을 발견할 수 없으며, 2층도 주방부근 및 2, 3층 사이의 목조계단이 검게 탔고, 그 내부에 테이블 및 냉장고 등이 부분적으로 타고 주방 내부에는 주변 등이 검게 타 그을리는 등 별다른 상황을 발견치 못하였다는 것으로 피해액을 부동산 8평에 대한 시가 금 24만원 상당, 동산 시가 약 금 91만원 상당 등 도합 금 115만원으로 추산하고 있으며, 사고 당일 피해자인 원고에 대한 경찰의 진술조서인 을 제2호증의3의 기재에 의하면 원고 자신이 피해액을 약 금 900만원 정도로 진술하고 있는 점에 비추어 위 갑 제1호증의1의 기재는 일견하여도 그 금액이 상당하지 않음을 충분히 엿볼 수 있음에도 원심은 이 사건 피해액을 산정함에 있어 구체적 피해 품목 내지 시설 부분을 특정하고 각 그 수리가능 여부 및 수리비 내지 훼손 당시의 그 물건들의 교환가격을 심리하여 이를 확정하지 아니한 채 만연히 위 증거를 취신하여 가볍게 이를 인정하고 말았으니, 원심의 이러한 조치에는 필경 심리미진, 채증법칙 위반 등의 위법이 있다는 비난을 면할 수 없다. 이점에 관한 상고이유의 주장은 이유 있다.

3. 그러므로 원심판결을 파기하고 사건을 원심법원에 환송하기로 관여 법관들의 의견이 일치되어 주문과 같이 판결한다.

연세대학교 법학전문대학원 불법행위법판례교재 간행위원

김영희

박동진

안춘수

오병철(가나다 순)

민법판례교재 _ **불법행위법**(2020 개정판)

2009년 2월 28일 초판 발행
2010년 2월 28일 초판 2쇄 발행
2011년 2월 28일 개정판 발행
2013년 2월 28일 2013년 개정판 발행
2014년 3월 15일 2014년 개정판 발행
2018년 3월 10일 2018년 개정판 발행
2019년 3월 15일 2019년 개정판 발행
2020년 2월 28일 2020년 개정판 발행

편저자 연세대학교 법학전문대학원
불법행위법판례교재 간행위원회
발행인 황 영 성
발행처 **법 우 사**
서울특별시 관악구 봉천로 485 (3층)
전화 (02) 876-2261 팩스 (02) 875-2263
E-mail: hys8009@hanmail.net
등록 2001. 4. 30. 제301-10-1747호

정가 30,000원

ISBN 978-89-97060-62-7 93360

이 도서의 국립중앙도서관 출판예정도서목록(CIP)은 서지정보유통지원시스템 홈페이지(http://seoji.nl.go.kr)와 국가자료종합목록 구축시스템(http://kolis-net.nl.go.kr)에서 이용하실 수 있습니다. (CIP제어번호 : CIP2020008031)